2016年主题出版重点出版物

中国高速铁路隧道

赵 勇 肖明清 肖广智 编著

中国铁道出版社

2016年·北京

内 容 简 介

本书结合中国高速铁路的发展，分析了中国高速铁路隧道的特点，系统总结了中国高速铁路隧道采用的技术标准体系，全面介绍了中国高速铁路隧道在勘察设计、施工技术、建设与运营管理方面取得的成就，阐述了中国高速铁路取得的创新技术成果，并对截至 2015 年底中国投入运营和在建高速铁路隧道的工程实绩进行了介绍。

本书内容丰富，信息量大，实践性强，是一本全面反映中国高速铁路隧道发展规划、创新成果与技术标准体系的综合书籍，可供从事隧道与地下工程研究、设计、施工、建设与运营管理等相关工程技术人员以及高等院校师生等参考使用。

图书在版编目（CIP）数据

中国高速铁路隧道/赵勇，肖明清，肖广智编著．—北京：中国铁道出版社，2016. 10

ISBN 978-7-113-22420-2

Ⅰ．①中… Ⅱ．①赵…②肖…③肖… Ⅲ．①高速铁路－铁路隧道－隧道施工－中国 Ⅳ．①U459. 1

中国版本图书馆 CIP 数据核字（2016）第 234681 号

书　　名：中国高速铁路隧道
作　　者：赵　勇　肖明清　肖广智

策　　划：傅希刚
责任编辑：江新锡　陈小刚　傅希刚　　**编辑部电话：**010-51873193
封面设计：崔　欣
责任校对：孙　玫
责任印制：陆　宁　高春晓

出版发行：中国铁道出版社（100054，北京市西城区右安门西街 8 号）
网　　址：http://www.tdpress.com
印　　刷：北京盛通印刷股份有限公司
版　　次：2016 年 10 月第 1 版　2016 年 10 月第 1 次印刷
开　　本：880 mm×1 230 mm　1/16　印张：36. 75　字数：1 130 千
书　　号：ISBN 978-7-113-22420-2
定　　价：190. 00 元

编审委员会

序　一

在近短短十几年的时间内，中国高速铁路经历了从无到有、从少到多、从弱到强的飞速发展。截至2016年9月，我国运营的高速铁路总里程已经突破2万公里，占全世界高速铁路总量的60%。中国目前是世界上高速铁路运营里程最长、在建规模最大的国家，高速铁路总体技术水平位居世界前列。中国高速铁路技术也经历了从原始创新，集成创新，引进、消化、吸收、再创新，到形成中国高速铁路技术标准体系，实现“走出去”发展战略的伟大转变。经过多年的建设和运营实践，中国高速铁路技术先进、安全可靠、节能环保、方便快捷、性价比高等主要技术经济特点日益凸显。与世界其他国家相比，中国高速铁路在技术经济等方面具有较强的适应性和竞争优势。

建设高速铁路，离不开路基、桥梁、隧道和轨道等基础设施的技术进步。特别是大断面、复杂地质隧道技术的发展，使高速铁路采用大曲线半径、穿山越岭成为可能。中国幅员辽阔，地形复杂，气候多变，被极寒、高温地热、崇山峻岭、风沙戈壁等恶劣地理环境和气候条件下淬炼出的中国高铁设计技术、建造技术、施工技术，为中国高铁的快速发展奠定了基础，给予了强有力支撑。同时，也为推进世界高铁建设发展发挥了垂范作用，引领着世界高铁技术发展潮流。中国高速铁路隧道具有乘车舒适度高、地质适用性广等显著技术优势，通过近十几年来的探索实践，初步形成了集勘察设计、工程施工、建设管理、运营维护等一体化的高速铁路隧道标准技术体系。很好地总结中国高速铁路隧道技术成果，对更好建设中国高速铁路，促进世界高速铁路的技术发展，更好服务于“一带一路”交通基础设施的实施具有重要作用。

《中国高速铁路隧道》一书，作为第一本全面介绍中国高速铁路隧道建造技术的书籍，它系统阐述了中国高速铁路隧道的发展历程，科学总结了中国高速铁路隧道在勘察设计、工程施工、建设和运营管理方面的关键技术，展现了这些年中国隧道技术的最新成果，同时对中国已经运营和在建的高速铁路的工程实例进行了介绍，为国内外同行提供了翔实的技术数据，对加强隧道行业技术交流、促进行业技术进步具有重要意义，对推动国际隧道技术的发展也具有重要作用。

高速铁路的发展方兴未艾。当前，中国高速铁路技术标准体系仍需不断完善，中国高铁在设计建造、装备制造等全方位、重要领域正努力实现中国标准向国际标准的引领性跨越。高速铁路隧道的设计标准还有优化空间，围绕实现隧道施工机械化、工厂化、标准化、信息化的目标还需要继续努力，建设工程质量控制体系、安全保障体系以及后期运营养护体系等还需要进一步完善。为此，我希望广大隧道科技工作者，要贯彻落实2016年全国科技创新大会精神，采用创新思维模式，来研究解决高铁隧道建设中遇到的新问题，力争在理论创新上有新突破，施工方法创新上有新发展，工艺技术创新上有新成果，建设管理和运营维护创新上有新探索，为中国高铁的发展继续努力奋斗，为世界交通运输事业的发展做出新的更大贡献。

中国科协副主席
中国工程院院士

2016年10月

序　二

自2008年中国第一条设计时速350公里的京津城际高速铁路通车以来，中国高速铁路发展迅猛，并受到广大老百姓的青睐，乘高铁出行已经成为商务人士和人民群众的首选。同时，中国高铁也成为中国友谊外交的一张名片，对于实施“走出去”战略具有重要意义。高速铁路的建设和发展为隧道技术的发展创造了前所未有的机遇，同时铁路隧道技术的创新，反过来又大大促进了高速铁路的发展。因为，只有隧道工程才可以使高速铁路采用较大曲线半径穿山越岭成为可能，可以说，没有隧道工程技术的进步，就没有中国高速铁路。

据统计，截至2015年年底，中国已经通车运营的铁路隧道有13 000多公里，在建铁路隧道约8 000公里，正在设计和规划的铁路隧道约10 000公里，预计到2030年，中国铁路隧道的总长将突破30 000公里，其中高速铁路隧道约10 000公里。当前，中国隧道比世界上其他国家隧道的总和还要多，中国已经成为名副其实的隧道大国、隧道强国。

中国隧道工程分布区域广，世界其他国家隧道工程所遇到的各种地质类型，在中国都可以遇到，这就给中国高速铁路的修建带来诸多挑战。高速铁路隧道在中国东北、华北、华东、中南、东南沿海、西南和西北地区均有分布，所通过地形及地质情况异常复杂。如东北地区气候寒冷，隧道工程要重点考虑防冻害问题；西北地区黄土分布广泛，隧道工程要重点解决大断面黄土隧道的施工技术问题；东南沿海地区岩性坚硬，要解决火成岩的不均匀风化技术难题；中南地区江河较多，经常遇到长距离在水下穿越的技术难题；西南地区岩溶发育，需要攻克岩溶隧道的突泥突水等地质灾害问题等。

该书阐述了中国高速铁路隧道的发展概况以及中国高速铁路隧道主要技术标准；系统介绍了中国高速铁路隧道的洞口及洞门设计、支护结构设计、防排水、附属构筑物、空气动力学效应、缓冲结构、耐久性设计、防灾疏散救援与运营通风和专业接口设计情况；对高速铁路隧道主要施工方法、施工工艺、施工装备及机械化配套技术、施工地质超前预报、监控量测和复杂地质施工技术等进行了全面总结；交流了高速铁路隧道风险管理、安全质量管理、隧道质量检测及评价技术、工程验收和运营养护维修管理等相关经验；最后对中国高速铁路隧道的工程实绩进行了介绍，包括已经投入运营的高速铁路隧道、正在建设的高速铁路隧道情况以及代表性隧道工程。该书既有设计、施工技术，又有建设及运营管理经验，全面真实地反映了中国高速铁路发展的技术成果，是一本既有理论又有实践的好书。

该书的作者，均是从事中国高速铁路隧道的研究设计和施工管理的技术骨干，具有丰富的工程实践经验，代表了当前中国高速铁路隧道的技术水平，所以，我愿把这本书推荐给大家，希望广大隧道科技工作者继续共同努力，为中国隧道事业的发展再作贡献、再立新功。

中国工程院院士 

2016 年 10 月

前　言

2006 年，我曾组织编著《高速铁路隧道》一书。当时，中国还没有建成过一座高速铁路隧道，对于如何设计和施工高速铁路隧道缺乏经验。为了支持高速铁路隧道建设，我们组织国内铁路隧道专家，在前期研究的基础上，广泛考察学习国外高铁隧道技术，借鉴其他国家和地区的工程实践，并充分吸纳我国普速铁路隧道的建设经验，编著完成了那本书，对修建高速铁路和高速铁路隧道发挥了预期的作用。

编写《高速铁路隧道》时，我曾设想十年后要根据我们自己的工程实践再编著一本书，书名就叫《中国高速铁路隧道》，以全面介绍中国人自己修建的高速铁路隧道，总结中国人自己的高速铁路隧道修建技术。时间过得很快，今年已是 2016 年了。在这十年间，中国的高速铁路从无到有，从少到多，从线到网，从弱到强，已经成为举世瞩目的国家名片。截至 2015 年年底，中国投入运营的高速铁路已超过 1.9 万 km，其中包含高速铁路隧道约 3 200 km，是国外高速铁路运营隧道总长度的两倍多。如果加上当前正在修建的几千公里高速铁路隧道，以及正在设计和规划的高速铁路上的隧道，中国高速铁路隧道的总量将突破 10 000 km。

十年来，伴随着大规模的高速铁路建设，已形成了大量的高速铁路隧道工程实例、科技成果和实践经验，已经形成中国自主的高速铁路隧道标准技术体系，为高速铁路隧道技术水平和建设能力的进一步发展奠定了坚实的基础，也为我们编著《中国高速铁路隧道》提供了丰富的素材，让我们圆了一个梦。

本书主要由五部分组成。第一部分是概况，介绍中国高速铁路隧道的发展情况以及中国高速铁路隧道的主要技术标准。第二部分是勘察设计，系统介绍中国高速铁路隧道的洞口及洞门设计、支护结构设计、防排水、附属构筑物、空气动力学效应、缓冲结构、耐久性设计、防灾疏散救援与运营通风和专业接口设计。第三部分是施工技术，主要介绍高速铁路隧道主要施工方法、施工工艺、施工装备及机械化配套技术、施工地质超前预报、监控量测和复杂地质施工技术。第四部分是建设与运营管理，主要介绍高速铁路隧道风险管理、安全技术和环境管理、隧道质量检测及评价技术、工程验收和运营养护维修管理等。第五部分是工程实绩，主要介绍中国高速铁路隧道的工程实例，包括已经投入运营的高速铁路隧道、正在建设的高速铁路隧道情况以及代表性隧道工程。

本书由中国铁路经济规划研究院、中国铁路总公司工程设计鉴定中心组织编著，参加单位有中国铁路总公司工程管理中心、中国铁道科学研究院、中铁第一勘察设计院集团有限公司、中铁二院工程集团有限责任公司、铁道第三勘察设计院集团有限公司、中铁第四勘察设计院集团有限公司、中铁第五勘察设计院集团有限公司、中铁工程设计咨询集团有限公司、西南交通大学等，赵勇、肖明清、肖广智担任主编，其他参加编著人员有马伟斌、王明年、唐国荣、田四明、李光伟、马志富、马超峰、刘俊成、郭小雄、莫阳春、赵文成、赵鹏、刘玉乾等。全书由关宝树、蔡申夫主审。

本书编著过程中，得到很多专家学者和高速铁路隧道建设单位、设计单位、施工单位、科研单位的大力支持，特别是各铁路设计院的隧道设计负责人，提供了大量翔实的高速铁路隧道的有关数据资料、现场照片等，各铁路设计院的隧道总工程师参加了本书的审稿工作。中国铁路经济规划研究院院长、中国铁路总公司工程设计鉴定中心主任周孝文对本书的编著给予高度重视，对编写内容提出具体要求，并对主要章节进行统校定稿。中国工程院院士王梦恕、何华武为本书作序，并对本书的编著给予技术指导。中国铁道出版社编审傅希刚对本书的定位、内容形式给予了明确要求，并多次参与书稿的审定。在此，谨向以上单位和个人一并表示感谢！

本书共有插图600余幅，数据表格320多个，内容丰富，信息量大，资料全面，反映了已经建设的中国高速铁路隧道的实践情况，可供从事高速铁路隧道设计、施工、建设及运营管理、教育和技术研究的人员参考。

由于本书篇幅较大、编著时间仓促、资料来源和编者水平有限，不足之处在所难免，敬请读者不吝赐教，多提批评指导意见，以利修正。

赵　勇

2016年8月

目　录

第一篇　概　况

第二篇　勘察设计

第三篇　施工技术

第四篇　建设与运营管理

第五篇　工程实绩

Contents

Part Ⅰ Overview

Part Ⅱ Survey and design

Part Ⅲ Construction technologies

Part Ⅳ Management for construction and operation

Part V Cases

第一篇 概 况

绪　　论

自2008年8月1日中国大陆第一条时速350 km的高速铁路——京津城际铁路开通运营以来，高速铁路在中国大陆迅猛发展，其安全、快捷、正点、舒适、环保等优越性已经得到广大旅客的青睐和认可。截至2015年底，中国大陆已经建成1.9万多公里高速铁路，占世界高速铁路总量的60%，“中国高铁”这一名牌在世界的知名度正在逐步地提升，已经成为走向全球、技术外交的名片。与此同时，高速铁路的技术与需求正在国际舞台上发挥影响，也加强了中国与世界国际贸易战略大合作的力度，中国高铁也将藉此走向世界。

1. 高速铁路隧道的作用

随着中国高速铁路的崛起，作为支撑高速铁路基础设施的重点学科——高速铁路隧道工程也得到快速发展，为中国高速铁路的技术进步增添动力。中国工程院院士王梦恕曾经说过，正是有了长大隧道、各种复杂地质隧道修建技术的进步，才为高速铁路采用大曲线半径、使高速列车穿山越岭成为可能。以前修建的普速铁路隧道，一般断面较小，长大隧道少，遇到不良地质尽量绕避，修建技术相对简单。而高速铁路需要采用直线或大曲线半径，很难绕避不良地质或障碍物，需要隧道方案下穿通过，有时“明知山有虎，偏向虎山行”，这给隧道工程带来很大的挑战。特别是高速铁路隧道具有断面积大、长隧道多、施工风险大、耐久性要求高等特点，往往成为控制全线工期的重点难点工程。所以，高速铁路隧道工程是高速铁路建造基础工程的重中之重。

2. 中国高速铁路隧道的发展

中国高速铁路隧道技术的快速发展是近10年的事情。中国台湾台北至高雄高速铁路，全长345 km，于2007年1月5日正式通车，共有隧道48座，总延长47.217 km（不含松山至板桥段约16 km的地下结构），是中国最早通车有隧道工程的高速铁路。中国大陆第一条通车运营的有隧道工程的高速铁路是沪汉蓉客运专线通道中合肥至南京铁路，该项目全长148 km，于2008年4月18日开通运营，仅有2座隧道，全长2 005 m。但是到2015年年底，中国建成通车的高速铁路隧道累计总长度约3 200 km，数量超过2 200座。各年度高速铁路隧道通车数量和长度见表1。

表1　已投入运营的中国高速铁路隧道年度统计*

年　度	2007	2008	2009	2010	2011	2012	2013	2014	2015
座数（座）	48	2	352	165	54	57	205	727	640
累计长度（km）	47	2	404	310	59	61	269	1 129	917

注：*表中数据已包含中国台湾地区高速铁路隧道。

3. 高速铁路隧道与普通铁路隧道的区别

高速铁路隧道与普速铁路隧道最大的区别就是当列车以高速度通过隧道时，产生的空气动力学效应对行车、旅客舒适度、列车相关性能和洞口环境的不利影响十分明显，同时对于防排水标准、防灾救援和耐久性等方面也有较高的要求。因此高速铁路隧道需要制定合理的乘车舒适度标准，从如何缓解和消减旅客列车进入隧道时诱发的空气动力学效应的影响出发，确定隧道净空有效面积、断面形式、洞口形式等主要技术标准，对于支护和衬砌设计参数、防排水、防灾救援、衬砌结构耐久性等具有特殊要求。

高速铁路暗挖施工的隧道多采用复合式衬砌，局部围岩较完整、无地下水的Ⅰ级围岩和部分地段Ⅱ级围岩隧道可采用单层衬砌。根据二次衬砌在运营期间是否承受水压力，复合式衬砌可分为排水型衬砌和防水型衬砌两种结构类型，前者二次衬砌不承受水压力，后者承受水压力。这两种类型结构的设计原则与支护参数有所不同。

与普速铁路隧道相比，高速铁路隧道的支护和衬砌设计参数有以下特点：第一，初期支护参数考虑支护结构耐久性因素，喷射混凝土的厚度按满足钢架保护层设计。第二，双线隧道衬砌内轮廓均采用单心圆，更加有利于结构受力。第三，突出“加强基底”和注重“刚度变化”的原则。针对以往隧道底部易发生病害和高速列车运行要求，加强了基底设计，Ⅲ～Ⅴ级围岩衬砌均采用有仰拱结构，且仰拱厚度较拱墙大；Ⅱ级围岩隧道底板采用钢筋混凝土结构，部分地下水发育地段也采用有仰拱结构。第四，Ⅴ级围岩、浅埋Ⅳ级和Ⅲ级围岩偏压段二次衬砌均采用钢筋混凝土结构，主要考虑列车长期的振动作用，以及减少大跨混凝土结构的收缩裂缝，同时对软弱围岩大跨隧道可增加衬砌的承载能力，满足有时需及时施作的要求。

高速铁路隧道更加注重防灾疏散与救援的工程设计。针对高速铁路的运营特点，设计贯彻“以人为本、方便自救、安全疏散、利于救援”的防灾设计原则。当列车在隧道内发生火灾时，应控制列车驶出隧道进行疏散；如果列车失去动力不能运行或因隧道太长无法及时拉出洞外时，必须考虑在洞内实施快速疏散和消防救援。隧道内设置有贯通的疏散通道和必要的紧急出口。总长大于 20 km 的特长隧道或隧道群的防灾救援方案优先采用定点救援站疏散救援模式。在需要防灾救援的隧道内，设置必要的监控系统、防灾报警系统、消防灭火系统、防排烟系统等。

相对于传统的铁路隧道挡墙式洞门，高速铁路隧道洞口结构的设计，本着简洁大方、美观实用、保护环境的原则，以不刷坡或少刷坡施作的突出山体的切削式洞口为主要建筑形式。除个别需要的工点(靠近城市、旅游景区等)外，不做更多的建筑装饰，体现自然美的环境意识，同时考虑有效缓解空气动力学效应等因素。

中国高速铁路隧道采用可维护的防排水系统，其基本原理是采用耐久性好、可靠性高的防排水材料，提高防排水系统的使用功能，关键部位发生损坏或防排水功能不能满足使用要求时，可以进行维护、检修或更换，恢复其应有的使用功能，满足隧道设计使用年限内的防排水作用。所有的排水沟、中央排水管、排水盲管等均可以检查和疏通。

4. 中国高速铁路隧道的特点

中国高速铁路隧道标准体系既不同于德国、法国等欧洲国家标准，也不同于日本、韩国等亚洲国家标准，而是结合中国国情和中国地质条件、环境条件、建设与运营管理水平创建的中国特色的标准体系。与国外高速铁路隧道比较，中国高速铁路隧道主要有以下特点：

（1）隧道分布区域广，所处环境和地质条件复杂。

中国国土面积大，高速铁路隧道在东北、华北、华东、中南、东南沿海、西南和西北地区均有分布，所通过地形及地质情况异常复杂。东北地区气候寒冷，隧道工程要重点考虑防冻害问题；西北地区黄土分布广泛，隧道工程要重点解决大断面黄土隧道的施工技术问题；东南沿海地区岩性坚硬，要解决火成岩的不均匀风化技术难题；中南地区江河较多，经常遇到长距离穿越江河的技术难题；西南地区岩溶隧道发育，需要攻克岩溶隧道的突泥突水等地质灾害问题等。

（2）采用相对严格的乘车舒适度标准。

当列车高速进入隧道时，列车前方的空气受到压缩，列车后方则形成一定的负压，这样隧道内的瞬变压力将有一个波动，瞬变压力的变化会造成旅客耳朵的不适，这种舒适度通常采用一定时间内压力单调变化值来进行评估。不同国家采用的舒适度标准不同，有些国家相对严格，而有些国家比较宽松。中国高速铁路采用相对严格的乘车舒适度标准，双线铁路隧道采用 1.25 kPa/3 s，单线隧道采用 0.8 kPa/3 s，仅双线隧道在会车时采用相对宽容值 2.0 kPa/3 s。

（3）采用较大的隧道断面有效净空面积。

高速铁路隧道的净空有效面积的大小与相应的移动设备标准、乘车舒适度标准、防灾救援以及经济性有关，各国采用的标准相差比较大。以日本新干线隧道为代表的采用较小隧道断面积方案，通过提高运营车辆的密封性能，达到节约工程投资目的，日本新干线运营速度 270 km/h 的双线隧道断面净空面积采用 64 m^2。以韩国高速铁路隧道为代表的适当加大隧道断面净空面积的方法，缓解高速铁路隧道的空气动力学效应，韩国首尔至釜山高速铁路设计速度 350 km/h，双线隧道断面净空面积采用 107 m^2。德国科隆至法兰克福高速铁路设计速度 300 km/h，双线隧道净空面积采用 92 m^2。中国高速铁路是相对较大断面积标准的方案，设计速度 350 km/h 的双线隧道净空有效面积采用 100 m^2，设计速度 250 km/h 的双线隧道净空有效面积采用 92 m^2。

（4）采取安全可靠而又相对经济的衬砌结构形式。

由于高速铁路的安全性要求极高，隧道的支护结构必须满足安全可靠和耐久性要求。所以中国高速铁路暗挖法施工的隧道均采用复合式衬砌，明挖法施工的隧道采用明洞式钢筋混凝土结构，盾构法施工的隧道采用管片式衬砌。主要施工方法以矿山法为主。复合式衬砌的初期支护承担施工阶段全部荷载和运营阶段的主要荷载，二次衬砌作为安全储备，承担由于初期支护可能劣化而作用于二次衬砌上的荷载或由于软岩蠕变、环境条件变化等引起的附加荷载。

（5）采用以方便人员安全疏散为核心的防灾救援系统。

中国高速铁路隧道防灾救援系统是按照“列车在隧道内发生火灾时，应控制列车驶出隧道进行疏散；如果列车不能驶出隧道，应控制列车停靠在紧急救援站进行疏散和救援”的指导思想进行设计。隧道防灾疏散遵循洞外疏散和紧急救援站疏散为主的原则。高速铁路隧道内均设置一定宽度的疏散通道，另外根据隧道的分布情况不同，设置有紧急救援站、紧急出口、避难所等疏散设施。紧急救援站满足火灾和非火灾事故列车停车后人员疏散要求；紧急出口、避难所及横通道满足非火灾事故列车人员疏散要求。

（6）采用易于养护维修的无砟轨道结构。

由于中国是人口大国，高速铁路客流量巨大，列车运行密度大，可用于运营维护的天窗时间非常短。另外中国高速铁路隧道数量多，里程长，运营维护工作量也比较大。为尽量减少高速铁路隧道的运营维护工作量，中国高速铁路隧道内采用以易于养护的无砟轨道为主的道床形式。设计速度目标值为 350 km/h 的高铁隧道，全部采用无砟轨道；设计速度目标值为 250 km/h 的长度大于 1 km 的隧道内，一般采用无砟轨道，其他隧道内也可采用有砟道床。

5. 中国高速铁路隧道的发展方向

中国虽然修建了 3 200 km 的高速铁路隧道，初步形成了中国高速铁路隧道技术体系，但是，还有很多不足之处，很多方面还需要完善和提高。今后中国高速铁路隧道的发展，重点在以下几个方面：

（1）形成更加完善的技术体系。

中国高速铁路隧道虽然初步形成了自主的技术体系，但对有些技术标准的研究还不够深入，理论基础还需要加强。未来中国高速铁路隧道应立足国情，自主创新，形成科学的设计标准、施工技术、建设管理和运营维护标准等更加完善的技术体系。

（2）隧道断面尺寸和设计参数的优化。

中国高速铁路经过十几年的快速发展，已经成为名副其实的高铁大国，中国高速动车组的研发和制造技术已经达到国际领先水平。随着这些移动装备水平的提高，应进一步研究优化高速铁路隧道的有效净空面积，并且相应优化隧道结构的设计参数，在确保安全可靠的前提下，提高中国高速铁路隧道的经济性。

（3）提高大型机械化施工水平。

由于中国高速铁路隧道建设迅猛，隧道大型机械需求量大，而国内成熟的隧道施工专用的大型机械比较少，以至于很多隧道施工是采用人工操作小型机具进行开挖和支护作业的局面。随着大型隧道施工机械国产化程度的提高，以及中国劳动力成本的不断提高，今后中国的高速铁路隧道施工发展方向应该是大型机械化配套作业的模式。形成地质超前预报、施工超前支护、开挖作业、初期支护作业、仰拱施工、防水板铺设、二次衬砌的浇筑和养护作业等多条机械化配套作业线。有条件的隧道采用 TBM、盾构机等大型机械的非钻爆作业，显著节约人力资源，更好地保证施工安全和质量。

（4）提高隧道建设信息化管理水平。

利用信息化手段对高速铁路隧道建设过程中的勘察、设计、施工和监测等方面的数据进行集中、高效管理，借助于虚拟现实、地理信息空间分析等技术手段，为高速铁路隧道的建设、管理、运营、维护等提供信息共享方式，实现对隧道全生命周期的数字化管理等是未来高速铁路隧道的发展方向。并且随着计算机技术、数据库技术、GIS 技术、空间信息技术、三维仿真与模拟技术、数控技术等高新技术在铁路隧道方面的应用与研究的不断深入，以及物联网技术、云计算技术的逐步引入，将隧道的建设和运营全生命周期运用信息化、数字化的手段进行管理是必然发展趋势。

参 考 文 献

[1] 卢春房，等. 中国高速铁路[M]. 北京：中国铁道出版社，2013.

[2] 台湾高速铁路工程局. 高速铁路土建工程——隧道新奥工法施工概述[M]. 台湾高速铁路工程局，2005.

[3] 赵勇，唐国荣，倪光斌，等. 我国高速铁路隧道主要技术标准和关键技术[J]. 铁道经济研究，2006,(6)：29-33，42.

[4] 铁道部工程设计鉴定中心. 高速铁路隧道[M]. 北京：中国铁道出版社，2006.

1 中国高速铁路隧道的发展

自 2005 年 6 月中国第一条有特长隧道工程的设计时速为 250 km 的石家庄至太原客运专线铁路开工建设以来，中国高速铁路隧道发展迅猛。至 2015 年底，中国已成功建成累计总长 3 200 km 的高速铁路隧道，成为全世界拥有高速铁路隧道最多的国家。另外，正在建设的高速铁路隧道尚有 2 900 km，加上正在设计和规划的高速铁路隧道，总长度将超过 1 万 km，中国已经成为名副其实的高铁大国、隧道大国，初步形成了一套完整的中国标准的高速铁路隧道技术体系。本章重点介绍中国高速铁路发展及规划，以及运营、在建和规划高速铁路隧道情况。

1.1 中国高速铁路发展及规划

中国高速铁路是指新建设计速度为 250 ~ 350 km/h、运行动车组列车的标准轨距客运专线铁路。

1.1.1 中国高速铁路的发展历程

长期以来，中国铁路执行“速度、密度、重量”并举的技术政策，绝大部分铁路实行客货混跑运行。从 20 世纪 90 年代初，中国就开始进行高速铁路的研究，并把“提高旅客列车速度”上升到铁路发展的战略高度，对高速铁路的设计建造技术、高速列车、运营管理的基础理论和关键技术组织攻关，开展大量的科学研究。以此为基础，中国铁路进行了广州至深圳铁路提速改造，修建了秦皇岛至沈阳客运专线，实施了既有铁路的六次大提速等，为构建中国高速铁路技术标准体系奠定了必要的基础。

2002 年 12 月建成的秦皇岛至沈阳客运专线，是中国自己研究、设计、施工的目标速度为 200 km/h，基础设施预留运行 250 km/h 高速列车条件的第一条客运专线铁路。自主研制的“中华之星”电动车组在秦沈客运专线创造了当时“中国铁路第一速”——321. 5 km/h。

2005 年以来，按照国家中长期铁路网规划(至 2020 年)和铁路“十一五”、“十二五”规划，以“四纵四横”快速客运网为主骨架的高速铁路建设全面加快推进，建成北京至天津、上海至南京、北京至上海、北京至广州、哈尔滨至大连、郑州至西安等一批设计时速 350 km、具有世界先进水平的高速铁路，形成比较完善的高速铁路技术体系。通过引进消化吸收再创新，系统掌握了时速 200 ~ 250 km 动车组制造技术，成功搭建了时速 350 km 的动车组平台，研制生产了 CRH(China Railway High-speed)380 型新一代高速列车，正在研发的中国标准动车组列车，运营性能更好，已经成功下线并在大同至西安铁路完成测试，不久也将批量生产。

中国高速铁路坚持走自主创新、集成创新和引进消化吸收再创新相结合的创新之路。经过十多年坚持不懈的努力，中国高速铁路在工务工程、高速列车、牵引供电、通信信号、客运枢纽、运营管理、安全监控、系统集成等技术领域，取得一系列重大成果，形成具有中国特色的高速铁路技术体系，总体技术水平进入世界先进行列。

1.1.2 中国高速铁路的发展规划

2004 年 1 月国务院批准的《中长期铁路网规划》，确定铁路网要扩大规模，完善结构，提高质量，快速扩充运输能力，迅速提高装备水平。确定到 2020 年，全国铁路营业里程达到 10 万 km，主要繁忙干线实现客货分线，复线率和电化率均达到 50%，运输能力满足国民经济和社会发展需要，主要技术装备达到或接近国际先进水平。

2007 年 11 月国务院常务会议审议并原则通过的《综合交通网中长期发展规划》，确定到 2020 年，铁路网总规模达到 12 万 km 以上，复线率和电化率分别达到 50% 和 60%。

2008 年 10 月国家发展和改革委员会批准《中长期铁路网规划(2008 年调整)》，确定到 2020 年，全国铁路营业里程达到 12 万 km 以上，复线率和电化率分别达到 50% 以上和 60% 以上，主要繁忙干线实现客货分线，基本形成布局合理、结构清晰、功能完善、衔接顺畅的铁路网络，运输能力满足国民经济和社会发展需要，主要技术装备达到或接近国际先进水平。重点规划“四纵四横”等客运专线通道及经济发达和人口稠密地区城际客运系统。建设客运专线 1.6 万 km 以上。中国中长期铁路网规划图(2008 年调整)如图 1.1.1 所示。

图 1.1.1　中国中长期铁路网规划(2008 年调整)

1. “四纵”客运专线通道

一是北京至上海客运专线通道，包括蚌埠至合肥、南京至杭州客运专线，贯通京津至长江三角洲东部沿海经济发达地区。该通道连接北京、天津、济南、南京、上海、合肥、杭州七个直辖市和省会级城市，全长 1 703 km，包括京沪高速铁路 1 318 km、合肥至蚌埠客运专线 131 km 和南京至杭州客运专线 254 km。

二是北京至武汉至广州至深圳客运专线通道，连接华北和华南地区。该通道连接北京、石家庄、郑州、武汉、长沙、广州六个省会级城市，向南连接深圳市和香港、澳门特别行政区，全长 2 391 km，包括北京至石家庄客运专线长 281 km、石家庄至武汉客运专线长 921 km、武汉至广州客运专线长 1 079 km 和广深港客运专线长 110 km。

三是北京至沈阳至哈尔滨(大连)客运专线通道，连接东北和关内地区。该通道为北京至东北地区的最主要客运通道，连接北京、天津、沈阳、哈尔滨、大连五个超大城市，全长 1 822 km，包括北京至天津城际铁路长 118 km、天津至秦皇岛客运专线长 288 km、秦皇岛至沈阳客运专线长 405 km、哈尔滨至大连客运专线长 921 km 和盘锦至营口客运专线长 90 km。

四是上海至杭州至宁波至福州至深圳客运专线通道，连接长江、珠江三角洲和东南沿海地区。该通道经过杭州、宁波、台州、温州、福州、厦门、深圳等中心城市，全长 1 464 km，包括杭州至宁波客运专线长 155 km、甬台温铁路长 351 km、温州至福州铁路长 211 km、福州至厦门铁路长 234 km 和厦门至深圳铁路长 513 km。

2. “四横”客运专线通道

一是徐州至郑州至兰州至乌鲁木齐客运专线，连接西北和华东地区。该通道为东中部地区通往西北地区的客运通道，连接徐州、郑州、洛阳、西安、兰州、西宁、乌鲁木齐等特大城市，全长 3 230 km，包括郑州至徐州客运专线长 362 km、郑州至西安客运专线长 554 km、西安至宝鸡客运专线长 137 km、宝鸡至兰州客运专线长 401 km 和兰新第二双线铁路长 1 776 km。

二是上海至杭州至南昌至长沙至贵阳至昆明客运专线通道，连接西南、华中和华东地区。该通道连接华东、中南、西南三大经济区，是我国南部的一条重要客运专线通道，连接上海、杭州、南昌、长沙、贵阳、昆明等省会级城市，全长 2 221 km，包括上海至杭州客运专线长 159 km、杭州至长沙客运专线长 924 km 和长沙至昆明客运专线长 1 138 km。

三是青岛至石家庄至太原客运专线通道，连接华北和华东地区。该通道位于我国北部地区，连接东中西三大经济带，连接青岛、淄博、潍坊、济南、德州、石家庄、阳泉、太原等中心城市，连接京沪和京广两条客运专线，全长 943 km，包括胶济客运专线长 393 km、石家庄至济南客运专线长 323 km 和石家庄至太原客运专线长 227 km。

四是上海至南京至武汉至重庆至成都客运专线通道，连接西南和华东地区。该通道连接长江中下游与西部和西南地区，是联系沿海与内陆、沟通沿江主要城市的客运专线通道，连接上海、南京、合肥、武汉、重庆、成都等超大城市，全长 1 991 km，包括上海至南京城际铁路长 324 km、合肥至南京铁路长 157 km、合肥至武汉铁路长 359 km、武汉至宜昌铁路长 292 km、宜昌至万州铁路宜昌至利川凉雾段长 289 km、重庆至利川铁路长 265 km 和成都至重庆客运专线长 305 km。

3. 其他客运专线

其他连接主要城市和完善铁路网的客运专线，包括南京至杭州客运专线、合肥至福州铁路、贵阳至广州铁路、南宁至广州铁路、长春至吉林城际铁路、吉林至珲春铁路、海南东环铁路、海南西环铁路、大同至西安铁路、西安至成都铁路、沈阳至丹东客运专线、北京至沈阳客运专线、商丘至合肥至杭州铁路、合肥至安庆铁路、安庆至九江铁路、南昌至赣州客运专线、济南至青岛高速铁路、北京至张家口铁路、张家口至呼和浩特铁路、郑州至万州铁路、重庆至万州铁路、成都至贵阳铁路、杭州至黄山铁路、哈尔滨至佳木斯铁路和哈尔滨至牡丹江客运专线等。

1.2 运营高速铁路隧道概况

1.2.1 基本情况

截至 2015 年年底，中国已投入运营或建成的高速铁路有 66 条，总长 20 987 km。其中，设计速度目标值为 300～350 km/h 的高速铁路有 25 条，总长 12 828 km；设计速度 250 km/h 的高速铁路有 32 条，总长 7 147 km；其他高速铁路或城际铁路有 9 条，总长 1 012 km。共有高速铁路隧道 2 202 座，总长约 3 151 km，其中长度大于 10 km 的特长隧道 29 座，总长约 370 km。高速铁路及隧道情况见表 1.2.1，其中已运营高速铁路特长隧道情况见表 1.2.2。

表 1.2.1　已运营或建成高速铁路及隧道情况

序号	通道及线路名称	营业里程（km）	线路起止	设计速度等级（km/h）	开工时间	开通时间	设计单位	隧道座数（座）	隧道长度（m）	隧线比（%）
1	北京至天津城际	118	北京南—天津	350	2005.7	2008.8.1	铁三院	0	0	0
2	北京至天津城际延伸线	43	天津—于家堡	350	2009.9	2015.9.21	铁三院	1	2 850	6.6

续上表

序号	通道及线路名称		营业里程（km）	线路起止	设计速度等级（km/h）	开工时间	开通时间	设计单位	隧道座数（座）	隧道长度（m）	隧线比（%）
3	上海至昆明客运专线通道	沪杭客运专线	159	上海虹桥—杭州东	350	2009. 4	2010. 10. 26	铁四院	0	0	0
4		杭长客运专线	924	杭州东—长沙南	350	2010. 5	2014. 12. 10	铁四院	99	66 147	7. 2
5		长昆客运专线	420	长沙南—新晃西	350	2010. 12	2014. 12. 16	铁三院	122	191 933	45. 7
6			286	新晃西—贵阳北	350	2010. 12	2015. 6. 18	铁二院	138	173 038	60. 5
7	合肥至蚌埠客运专线		131	蚌埠南—合肥	350	2009. 6	2012. 10. 16	中铁上海院	0	0	0
8	南京至杭州客运专线		254	南京南—杭州东	350	2009. 4	2013. 7. 1	铁四院	16	27 044	10. 6
9	徐州至兰州客运专线通道	郑西客运专线	553	郑州东—西安北	350	2005. 9	2010. 2. 6	铁四院、铁二院、铁一院	38	76 903	13. 9
10		西宝客运专线	137	西安北—宝鸡南	350	2009. 11	2013. 12. 28	铁一院	1	903	0. 7
11	北京至广州客运专线	京郑客运专线	676	北京西—郑州东	350	2008. 10	2012. 12. 26	铁三院	3	9 524	1. 4
12		郑武客运专线	536	郑州东—武汉	350	2008. 10	2012. 9. 28	铁四院	38	39 535	7. 4
13		武广客运专线	1 069	武汉—广州南	350	2005. 6	2009. 12. 26	铁四院、铁二院	226	177 662	16. 6
14	京沪高速铁路		1 318	北京南—上海虹桥	350	2008. 4	2011. 6. 30	铁三院、铁四院	21	16 098	1. 2
15	哈尔滨至大连客运专线		921	大连北—哈尔滨西	350	2007. 10	2012. 12. 1	铁一院、铁三院	8	9 776	1. 1
16	盘锦至营口客运专线		90	盘锦北—营口东	350	2009. 6	2013. 9. 12	铁三院	0	0	0
17	天津至秦皇岛客运专线		288	天津—秦皇岛	350	2008. 11	2013. 12. 1	铁三院	14	11 117	3. 9
18	合肥至福州铁路		850	合肥北城—福州	350	2010. 4	2015. 6. 28	铁四院	210	340 611	40. 1
19	成都至重庆客运专线		305	成都东—重庆	350	2010. 9	2015. 12. 26	铁二院	56	60 417	19. 8
20	石家庄至太原客运专线		227	石家庄北—太原	250	2005. 6	2009. 4. 1	铁三院	32	74 887	33. 0
21	上海至南京城际		324	上海—南京	300	2008. 7	2010. 7. 1	铁四院	5	3 426	1. 1
22	上海至武汉至成都客运专线通道	合宁铁路	157	南京南—合肥南	250	2004. 12	2008. 4. 18	铁四院	2	2 005	1. 3
23		合武铁路	359	合肥南—汉口	250	2005. 6	2009. 4. 1	铁四院	36	63 857	17. 8
24		汉宜铁路	292	汉口—宜昌东	200	2008. 9	2012. 7. 1	铁四院	8	2 408	0. 8
25	长春至吉林城际		111	长春—吉林	250	2008. 4	2011. 1. 11	铁三院、中铁咨询	6	5 510	5. 0
26	吉林至珲春铁路		361	吉林—珲春	250	2011. 6	2015. 9. 18	中铁咨询	85	155 704	43. 1
27	杭州至深圳客运专线通道	杭甬客运专线	155	杭州东—宁波	350	2009. 4	2013. 7. 1	铁四院	9	12 617	8. 1
28		甬温铁路	351	宁波—苍南	250	2005. 9	2009. 9. 28	铁四院	58	87 928	25. 1
29		温福铁路	211	苍南—福州	250	2005. 8	2010. 4. 26	铁四院	65	159 169	75. 4
30		福厦铁路	234	福州—厦门北	250	2005. 9	2010. 4. 26	铁二院	35	40 083	17. 1
31		厦深铁路	513	厦门北—深圳北	250	2007. 11	2013. 12. 28	铁二院、铁四院	71	134 454	26. 2
32	九江至南昌城际		138	南昌西—九江	250	2007. 6	2010. 8. 28	铁四院	3	1 067	0. 8
33	海南东环铁路		308	海口—三亚	250	2007. 9	2010. 12. 30	铁二院	18	26 368	8. 6

续上表

序号	通道及线路名称	营业里程(km)	线路起止	设计速度等级(km/h)	开工时间	开通时间	设计单位	隧道座数(座)	隧道长度(m)	隧线比(%)
34	海南西环铁路	345	海口—三亚	200	2013.10	2015.12.30	铁二院	13	16513	4.8
35	秦皇岛至沈阳客运专线	405	秦皇岛—沈阳北	250	1999.8	2003.7.1	铁三院	0	0	0
36	广深港客运专线 广深段	102	广州南—深圳北	350	2005.12	2011.12.26	铁四院	23	32780	32.1
37	广深港客运专线 深港段	8	深圳北—福田站	200	2008.1	2015.12.30	铁四院	1	6236	78.0
38	武汉至咸宁城际	76	南湖东—咸宁南	250	2009.4	2013.12.28	铁四院	2	1212	1.6
39	湘桂铁路柳南段	223	柳州—南宁	250	2009.12	2013.12.28	铁二院	24	22152	9.9
40	南宁至广州铁路	574	南宁—广州南	250	2008.12	2014.12.26	铁二院、中铁咨询	120	126876	22.1
41	武汉至黄石城际	91	花山南—大冶北	250	2009.9	2014.6.18	铁四院	14	6742	7.4
42	武汉至黄冈城际	36	葛店南—黄冈东	250	2010.2	2014.6.18	铁四院	0	0	0
43	大同至西安铁路	536	太原南—西安北	300	2010.3	2014.7.1	铁三院、铁一院	27	46418	8.7
44	兰新第二双线铁路	1776	兰州西—乌鲁木齐南	350(250)	2010.1	2014.12.26	铁一院	74	188004	10.6
45	贵阳至广州铁路	857	贵阳北—广州南	300	2008.10	2014.12.26	铁二院、铁四院	234	464152	54.2
46	青岛至荣成城际 青荣正线	276	即墨北—荣城	250	2010.10	2014.12.28	铁三院	28	24501	8.9
47	青岛至荣成城际 烟台连接线	19	西陌堂—烟台	250	2010.10	2015.2.19	铁三院	2	6405	33.7
48	绵阳至成都至乐山客运专线 江成段	153	江油—成都东	250	2009.7	2014.12.20	铁二院	9	14172	4.5
49	绵阳至成都至乐山客运专线 成乐段	135	成都东—乐山	250	2009.7	2014.12.20	铁二院			
50	成昆铁路成都至峨眉段	27	乐山—峨眉	250	2009.7	2014.12.20	铁二院			
51	哈尔滨至齐齐哈尔客运专线	282	哈尔滨—齐齐哈尔南	250	2009.7	2015.8.17	铁三院	0	0	0
52	沈阳至丹东客运专线	208	沈阳—丹东	250	2010.4	2015.9.1	铁三院	58	90152	43.3
53	南京至安庆铁路	257	南京—安庆	250	2010.1	2015.12.6	铁三院、铁四院	12	6009	2.3
54	兰州至中川机场铁路	61	兰州—中川机场	200	2012.12.21	2015.9.30	铁一院	5	6782	11.1
55	郑州至新郑机场城际	27	郑州东—新郑机场	200	2012.7	2015.12	中铁咨询	1	3463	12.7
56	郑州至焦作铁路	78	郑州—焦作	250	2010.8	2015.6.26	中铁咨询	0	0	0
57	天津至保定铁路	73	天津—霸州西	250	2010.3.21	2015.12.28	铁三院	0	0	0
58	广州至珠海城际	143	广州南—珠海	200	2005.12	2011.1.7	铁四院	4	4172	2.9
59	成都至都江堰铁路	65	成都—青城山	200	2008.11	2010.5.10	铁二院	1	3241	5.0
60	成都至都江堰铁路彭州支线	21	郫县西—彭州	200	2010.4	2013.12.28	铁二院	0	0	0
61	胶济客运专线	393	青岛—济南	250	2007.1	2008.7.20	铁二院	0	0	0
62	郑州至开封城际	50	郑州东—宋城路	200	2010.1	2014.12.28	中铁咨询	0	0	0
63	湘桂铁路衡阳至柳州段扩能	498	衡阳东—柳州	250	2009.4	2013.12.26	铁二院	62	57679	11.6
64	广西沿海铁路钦州北至北海段扩能	100	钦州东—北海	250	2009.6.23	2013.12.28	铁二院	4	1292	0.7
65	广西沿海铁路钦州北至防城港段扩能	51	钦州—防城港北	250	2009.6.23	2013.12.28	铁二院	2	288	0.6
66	云桂铁路	222	南宁—百色	250	2009.12.27	2015.12.11	铁二院	58	49203	22.2
合计		20987						2202	3151485	14.9

表 1.2.2 已运营高速铁路特长隧道情况

序号	隧道名称	长度(m)	线别	设计速度(km/h)	设计单位	施工单位	建成时间
1	太行山隧道	27 839	石太客运专线	250	铁三院	中铁五、十一、十六、十七、隧道局	2009.4
2	大坂山隧道	15 897	兰新第二双线铁路	350	铁一院	中铁十八局	2014.12
3	岩山隧道	14 693	贵广铁路	300	铁二院	中铁五局	2014.12
4	三都隧道	14 637	贵广铁路	300	铁二院	中铁隧道局	2014.12
5	北武夷山隧道	14 629	合福铁路	350	铁四院	中铁十九、二十四局	2015.6
6	天平山隧道	14 009	贵广铁路	300	铁二院	中铁十二局	2014.12
7	同马山隧道	13 931	贵广铁路	300	铁二院	中铁隧道局	2014.12
8	宝峰山隧道	13 727	贵广铁路	300	铁二院	中铁二十三局	2014.12
9	大别山隧道	13 256	合武铁路	250	铁四院	中铁十七、隧道局	2009.4
10	霞浦隧道	13 099	温福铁路	250	铁四院	中铁十九局	2010.4
11	大南山隧道	12 697	厦深铁路	250	铁四院	中铁隧道局	2013.12
12	两安隧道	12 668	贵广铁路	300	铁二院	中铁十三局	2014.12
13	高家山隧道	12 572	兰新第二双线铁路	350	铁一院	中国港湾	2014.12
14	北岭山隧道	12 438	南广铁路	250	中铁咨询	中铁隧道局	2014.12
15	五指山隧道	12 213	南广铁路	250	中铁咨询	中铁隧道局	2014.12
16	三清山隧道	11 850	合福铁路	350	铁四院	中铁十一局	2015.6
17	雪峰山 1 号隧道	11 670	长昆客运专线湖南段	350	铁三院	中铁十二局	2014.12
18	南梁隧道	11 526	石太客运专线	250	铁三院	中铁十一、十二局	2009.4
19	洛香隧道	11 232	贵广铁路	300	铁二院	中铁十八局	2014.12
20	高青隧道	10 953	贵广铁路	300	铁二院	中铁十八局	2014.12
21	狮子洋隧道	10 800	广深港客运专线	350	铁四院	中铁十二局	2011.12
22	金寨隧道	10 766	合武铁路	250	铁四院	中铁十二局	2009.4
23	福川隧道	10 649	兰新第二双线铁路	350	铁一院	中国港湾	2014.12
24	黄岗隧道	10 649	贵广铁路	300	铁二院	中铁二十一局	2014.12
25	古田隧道	10 633	合福铁路	350	铁四院	中铁十七、二局	2015.6
26	闽清隧道	10 518	合福铁路	350	铁四院	中铁二局	2015.6
27	浏阳河隧道	10 115	武广客运专线	350	铁四院	中铁四局	2009.12
28	大瑶山 1 号隧道	10 081	武广客运专线	350	铁四院	中铁隧道局	2009.12
29	拉法山隧道	10 028	吉珲铁路	250	中铁咨询	中铁隧道局	2015.9
合计		369 775					

1.2.2 已运营设计速度 300 ~ 350 km/h 高速铁路隧道

据统计，截至 2015 年年底，中国已投入运营的设计速度 300 ~ 350 km/h 的高速铁路中，有隧道工程的项目共 21 个，共有设计速度在 300 km/h 及以上的隧道工程 1 348 座，累计长度为 1 921 km。其中，长度大于等于10 km 的特长隧道 20 座，累计长度为 246 km；长度大于等于 3 km、小于 10 km 的长隧道 165 座，累计长度为 880 km；长度大于等于 500 m、小于 3 km 的隧道 518 座，累计长度为 635 km；长度小于 500 m 的隧道 645 座，累计长度为 160 km，详见表 1.2.3。

表 1.2.3 设计速度 300～350 km/h 已运营高速铁路隧道分段统计

隧道长度 L(m)	$L<500$	$500 \leqslant L<3000$	$3000 \leqslant L<10000$	$L \geqslant 10000$	合　计
座数(座)	645	518	165	20	1 348
累计长度(km)	160	635	880	246	1 921

1.2.3 已运营设计速度 250 km/h 高速铁路隧道

截至 2015 年年底，中国已投入运营的设计时速 250 km 的高速铁路隧道工程 808 座，累计长度为 1 151 km。其中，长度大于等于 10 km 的特长隧道 9 座，累计长度为 124 km；长度大于等于 3 km、小于 10 km 的长隧道 99 座，累计长度为 503 km；长度大于等于 500 m、小于 3 km 的隧道 346 座，累计长度为 429 km；长度小于 500 m 的隧道 354 座，累计长度为 95 km，详见表 1.2.4。

表 1.2.4 设计速度 250 km/h 已运营或建成高速铁路隧道分段统计

隧道长度 L(m)	$L<500$	$500 \leqslant L<3000$	$3000 \leqslant L<10000$	$L \geqslant 10000$	合　计
座数(座)	354	346	99	9	808
累计长度(km)	95	429	503	124	1 151

1.2.4 已运营其他客运专线和城际铁路隧道

截至 2015 年年底，中国已投入运营的设计时速 200 km 及以下的客运专线和城际铁路隧道工程共 46 座，累计长度为 80 km。其中，长度大于等于 3 km、小于 10 km 的长隧道 11 座，累计长度为 49 km；长度大于等于 500 m、小于 3 km 的隧道 19 座，累计长度为 27 km；长度小于 500 m 的隧道 16 座，累计长度为4 km，详见表 1.2.5。

表 1.2.5 设计速度 200 km/h 及以下已运营客运专线和城际铁路隧道分段统计情况

隧道长度 L(m)	$L<500$	$500 \leqslant L<3000$	$3000 \leqslant L<10000$	$L \geqslant 10000$	合　计
座数(座)	16	19	11	0	46
累计长度(km)	4	27	49	0	80

1.3 在建高速铁路隧道概况

截至 2015 年年底，中国正在建设的有隧道工程项目的高速铁路及城际铁路有 28 条，总长 8 452 km，共有隧道工程 1 331 座，累计长度约为 2 868 km。其中，设计速度目标值为 300～350 km/h 的高速铁路隧道有 406 座，累计长度约为 1 011 km；设计速度为 250 km/h 的高速铁路隧道有 770 座，累计长度约为 1 585 km；其他客运专线或城际铁路隧道有 155 座，累计长度为 273 km。其中，长度大于 10 km 的特长隧道有 56 座，累计长度为 726 km。在建高速铁路隧道情况见表 1.3.1，在建高速铁路特长隧道情况见表 1.3.2。

表 1.3.1 在建高速铁路隧道情况

序号	线路名称	线路起止	线路长度(km)	设计速度(km/h)	隧道座数(座)	隧道长度(m)	设计单位	开工日期	计划竣工时间	备　注
1	宝鸡至兰州客运专线	宝鸡—兰州	400	250	73	272 145	铁一院	2012. 10. 19	2017	最长隧道为朱家山隧道，长 15 989 m
2	西安至成都铁路	西安—川陕界	342	250	34	188 963	铁一院	2012. 10. 27	2017	最长隧道为秦岭天华山隧道，长 15 989 m
3		川陕界—江油	166	250	42	98 054	铁二院	2013. 3. 26	2017	最长隧道为小安隧道，长 13 430 m

续上表

序号	线路名称	线路起止	线路长度（km）	设计速度（km/h）	隧道座数（座）	隧道长度（m）	设计单位	开工日期	计划竣工时间	备　　注
4	长沙至昆明客运专线	贵阳—昆明段	423	350	121	215 899	铁二院	2010. 12. 3	2016	最长隧道为壁板坡隧道，长 14 756 m
5	安顺至六盘水铁路	安顺西—六盘水	118	250	63	53 775	铁二院	2014. 6. 29	2018	最长隧道为茨竹林隧道，长 4 572 m
6	成都至贵阳铁路	乐山—贵阳东	515	250	189	245 840	铁二院	2013. 12. 25	2018	最长隧道为姚家坪隧道，长 8 836 m
7	重庆至万州铁路	重庆北—万州北	247	250	54	57 714	铁二院	2012. 12	2016. 12	最长隧道为分水镇隧道，长 9 167 m
8	北京至沈阳客运专线	北京星火—沈阳	697	350	94	228 099	铁三院	2014. 2. 28	2018. 12	最长隧道为辽西隧道，长 13 205 m
9	哈尔滨至牡丹江客运专线	太平桥—牡丹江	293	250	39	68 504	铁三院	2014. 12. 15	2019. 6	最长隧道为虎峰岭隧道，长 8 755 m
10	广深港客运专线	福田—深港分界	4	200	1	3 886	铁四院	2010. 9	2017. 1	深港连接隧道，长 3 886 m
11	武汉至孝感城际铁路	汉口—孝感	61	200	2	4 846	铁四院	2009. 9	2016. 6	最长隧道为天河机场 2 号隧道，长 2 800 m
12	武汉至九江快速铁路	大冶北—九江	115	250	31	22 078	铁四院	2014. 1. 1	2016. 8	最长隧道为南阳隧道，长 5 731 m
13	杭州至黄山铁路	杭州—黄山	265	250	87	139 303	铁四院	2014. 7	2018. 7	最长隧道为天目山隧道，长 12 013 m
14	张家口至呼和浩特铁路	张家口—呼和浩特	287	250	30	41 942	中铁咨询	2014. 3. 27	2018	最长隧道为东土村隧道，长 4 560 m
15	北京至张家口铁路	北京北—张家口南	174	350	10	48 060	中铁咨询	2015. 12	2019	最长隧道为新八达岭隧道，长 12 010 m
16	济南至青岛高速铁路	济南东—红岛	308	350	2	17 195	铁三院	2015. 5	2019	最长隧道为青阳隧道，长 10 140 m
17	商丘至合肥至杭州铁路	商丘—湖州	795	350	5	9 129	铁四院	2015	2019	最长隧道为太湖山隧道，长 3 618 m
18	武汉至十堰铁路	孝感东—十堰北	399	350	42	70 655	铁四院	2015. 12	2019. 9	最长隧道为余家山隧道，长 10 148 m
19	合肥至安庆铁路	合肥西—安庆西	163	350	2	7 060	铁五院	2015. 12	2019	最长隧道为磨山隧道，长 6 180 m
20	安庆至九江铁路	安庆西—庐山	167	350	3	1 890	铁五院	2015. 12	2019	最长隧道为龙山隧道，长 845 m
21	郑州至万州铁路	郑州—万州	818	350	64	344 413	铁四院、铁二院	2015. 12	2020	最长隧道为小三峡隧道，长 18 954 m
22	大同至张家口高速铁路	大同—张家口	141	250	1	13 410	铁三院	2015. 12	2019	最长隧道为大梁山隧道，长 13 410 m
23	赤峰连接京沈客运专线快速铁路	赤峰西—喀左	168	250	15	30 731	铁三院	2015. 12	2019	最长隧道为天秀山隧道，长 11 925 m
24	云桂铁路	百色—昆明	488	250	112	352 518	铁二院	2010. 6	2016. 6	最长隧道为石林隧道，长 18 228 m
25	重庆至贵阳铁路	重庆西—贵阳北	345	200	145	203 749	铁二院	2012. 12	2017	最长隧道为天坪隧道，长 13 978 m

续上表

序号	线路名称	线路起止	线路长度（km）	设计速度（km/h）	隧道座数（座）	隧道长度（m）	设计单位	开工日期	计划竣工时间	备 注
26	南昌至赣州客运专线	南昌—赣州	416	350	63	68 512	铁四院	2014. 12	2019. 12	最长隧道为万安隧道，长 13 928 m
27	东莞至惠州城际铁路	东莞—惠州	99	200	4	54 428	中铁咨询	2009. 5	2016. 3	最长隧道为松山湖隧道，长 38 813 m
28	广州至清远城际铁路	广州—清远	38	200	3	5 743	中铁咨询	2012. 11	2016	最长隧道为银盏 3 号隧道，长 3 405 m
合 计			8 452		1 331	2 868 541				

表 1. 3. 2 在建高速铁路特长隧道情况

序号	隧 道 名 称	长 度（m）	线 别	设计速度（km/h）	设计单位	施 工 单 位	备 注
1	小三峡隧道	18 954	郑万铁路	350	铁二院		单洞双线
2	新华隧道	18 770	郑万铁路	350	铁二院		单洞双线
3	石林隧道	18 228	云桂铁路	250	铁二院	中铁十九局	单洞双线
4	巫山隧道	16 571	郑万铁路	350	铁二院		单洞双线
5	秦岭天华山隧道	15 989	西成铁路	250	铁一院	中铁十二、十七局	单洞双线
6	老安山隧道	15 161	西成铁路	250	铁一院	中铁十二局	单洞双线
7	香炉坪隧道	15 154	郑万铁路	350	铁二院		单洞双线
8	朱家山隧道	14 950	宝兰客运专线	250	铁一院	中铁十九局	
9	大秦岭隧道	14 846	西成铁路	250	铁一院	中交二航局、中铁十七局	
10	壁板坡隧道	14 756	长昆客运专线贵昆段	350	铁二院	中铁五局	双洞分修
11	笔架山隧道	14 751	宝兰客运专线	250	铁一院	中铁十局、中铁建大桥局	
12	保康隧道	14 574	郑万铁路	350	铁二院		
13	红石岩隧道	14 559	云桂铁路	250	铁二院	中铁二十五局	
14	得利隧道	14 167	西成铁路	250	铁一院	中铁十二局、中水十四局	
15	六郎隧道	14 123	云桂铁路	250	铁二院	中铁十七局	
16	天坪隧道	13 978	渝黔铁路	200	铁二院	中铁隧道局	
17	麦积山隧道	13 932	宝兰客运专线	250	铁一院	中铁建大桥局	
18	万安隧道	13 928	昌赣客运专线	350	铁四院	中铁三局	
19	富宁隧道	13 748	云桂铁路	250	铁二院	中铁隧道局	
20	巴东隧道	13 553	郑万铁路	350	铁二院		
21	奉节隧道	13 473	郑万铁路	350	铁二院		
22	小安隧道	13 430	西成铁路	250	铁二院	中铁十九局	
23	大梁山隧道	13 410	大张高速铁路	250	铁三院	中铁十七局、中铁二十二局	活动断层
24	辽西隧道	13 205	京沈客运专线	350	铁三院	中铁十二局	
25	岗乌隧道	13 187	长昆客运专线贵昆段	350	铁二院	中铁二十局	岩溶隧道
26	福仁山隧道	13 102	西成铁路	250	铁一院	中水十四局	
27	新莲隧道	12 930	云桂铁路	250	铁二院	中铁十九局	
28	幸福隧道	12 800	云桂铁路	250	铁二院	中铁十局	
29	长庆坡隧道	12 693	云桂铁路	250	铁二院	中铁十局	
30	清凉山隧道	12 553	西成铁路	250	铁一院	中交二航局	
31	香树湾隧道	12 476	郑万铁路	350	铁二院		

续上表

序号	隧道名称	长度(m)	线别	设计速度(km/h)	设计单位	施工单位	备注
32	何家梁隧道	12406	西成铁路	250	铁一院	中铁隧道局	
33	梨花顶隧道	12243	京沈客运专线	350	铁三院	中铁十九局	
34	金家岩隧道	12029	西成铁路	250	铁二院	中铁五局	
35	天目山隧道	12013	杭黄铁路	250	铁四院	中铁隧道局	
36	新八达岭隧道	12010	京张铁路	250	中铁咨询	中铁五局	地下车站
37	坡录元隧道	11925	云桂铁路	250	铁二院	中铁十九局	
38	大独山隧道	11882	长昆客运专线贵昆段	350	铁二院	中铁二十局	岩溶隧道
39	干溪沟隧道	11883	郑万铁路	350	铁二院		
40	黄家梁隧道	11632	西成铁路	250	铁二院	中铁五局	
41	革朗隧道	11585	云桂铁路	250	铁二院	中铁二十五局	
42	新哨隧道	11506	云桂铁路	250	铁二院	中铁十八局	
43	胡营西山隧道	11332	京沈客运专线	350	铁三院	中交一航局	
44	建平隧道	11315	赤峰京沈连接线	250	铁三院	中铁十九局	
45	东风隧道	11306	云桂铁路	250	铁二院	中铁十八局	
46	东伍岭隧道	11033	京沈客运专线	350	铁三院	中交一航局	
47	罗家山隧道	10640	郑万铁路	350	铁二院		
48	吴家岔隧道	10456	宝兰客运专线	250	铁一院	中铁二局	
49	古城岭隧道	10365	宝兰客运专线	250	铁一院	中铁隧道局	
50	兴国隧道	10345	昌赣客运专线	350	铁四院	中铁隧道局	
51	余家山隧道	10149	武十铁路	350	铁四院	中铁十一局	
52	北台子隧道	10130	京沈客运专线	350	铁三院	中铁一局	
53	青阳隧道	10100	济青高速铁路	350	铁三院	中铁隧道局	
54	兴山隧道	10085	郑万铁路	350	铁二院		
55	渭河隧道	10016	宝兰客运专线	250	铁一院	中铁十二局	
56	孟村隧道	10002	云桂铁路	250	铁二院	中铁隧道局	
合计		726339					

1.3.1 在建设计速度 300 ~ 350 km/h 高速铁路隧道

截至 2015 年年底，中国正在建设的设计速度 300 ~ 350 km/h 的高速铁路中，有隧道工程的项目共 10 个，共有隧道工程 395 座，累计长度为 949 km。其中，长度大于等于 10 km 的特长隧道 23 座，累计长度为 297 km；长度大于等于 3 km、小于 10 km 的长隧道 73 座，累计长度为 424 km；长度大于等于 500 m、小于 3 km 的隧道 154 座，累计长度为 187 km；长度小于 500 m 的隧道 145 座，累计长度为 41 km，详见表 1.3.3。

表 1.3.3 在建设计速度 300 ~ 350 km/h 高速铁路隧道分段统计

隧道长度 L(m)	$L<500$	$500\leq L<3000$	$3000\leq L<10000$	$L\geq 10000$	合计
座数(座)	145	154	73	23	395
累计长度(km)	41	187	424	297	949

1.3.2 在建设计速度 250 km/h 高速铁路隧道

截至 2015 年年底，中国正在建设的设计速度 250 km/h 的高速铁路中，有隧道工程的项目共 13 个，共有隧道工程 757 座，累计长度为 1596 km。其中，长度大于等于 10 km 的特长隧道 32 座，累计长度为 414 km；长度大于等于 3 km、小于 10 km 的长隧道 126 座，累计长度为 691 km；长度大于等于500 m、小于 3 km 的隧道 314 座，累计长度为 420 km；长度小于 500 m 的隧道 285 座，累计长度为 71 km，详见表 1. 3. 4。

表 1. 3. 4　在建设计速度 250 km/h 高速铁路隧道分段统计

隧道长度 L(m)	$L<500$	$500\leqslant L<3\,000$	$3\,000\leqslant L<10\,000$	$L\geqslant 10\,000$	合　计
座数(座)	285	314	126	32	757
累计长度(km)	71	420	691	414	1 596

1. 3. 3　在建其他客运专线和城际铁路隧道

截至 2015 年年底，中国正在建设的设计速度 200 km/h 及以下的客运专线和城际铁路中，有隧道工程的项目共 5 个，共有隧道工程 180 座，累计长度为 323 km。其中，长度大于等于 10 km 的特长隧道 3 座，累计长度为 68 km；长度大于等于 3 km、小于 10 km 的长隧道 23 座，累计长度为 122 km；长度大于等于 500 m、小于 3 km 的隧道 74 座，累计长度为 111 km；长度小于 500 m 的隧道 80 座，累计长度为 22 km。详见表 1. 3. 5。

表 1. 3. 5　在建设计速度 200 km/h 及以下客运专线和城际铁路隧道分段统计

隧道长度 L(m)	$L<500$	$500\leqslant L<3\,000$	$3\,000\leqslant L<10\,000$	$L\geqslant 10\,000$	合　计
座数(座)	80	74	23	3	180
累计长度(km)	22	111	122	68	323

1. 4　规划高速铁路隧道概况

2016 年 7 月 13 日，国家发展和改革委员会、交通运输部和中国铁路总公司正式印发了经国务院批准的新版《中长期铁路网规划》。该规划是我国铁路基础设施的中长期空间布局规划，是推进铁路建设的基本依据，是指导我国铁路发展的纲领性文件；规划期为 2016 ~ 2025 年，远期展望到 2030 年。该规划在原“四纵四横”的高速铁路基础上，补充增加标准适宜、发展需要的高速铁路，形成以“八纵八横”主通道为骨架、区域连接线和城际铁路为补充的高速铁路网，实现省会城市高速铁路通达、区际之间高速铁路相连。按此规划，高速铁路主通道将达 4. 5 万 km，高速铁路连接线 1 万 km，城际铁路 1 万 km 以上。到 2030 年之前，中国将再建设一大批高速铁路和城际铁路隧道，预计总规模在 1 万 km 以上。

截至 2015 年年底，正在开展设计的高速铁路隧道有贵阳至南宁客运专线、太原至焦作城际铁路、银川至西安客运专线、重庆至昆明客运专线、福州至厦门客运专线、赣州至深圳客运专线、佳木斯至牡丹江客运专线、张家界至吉首至怀化铁路、川南城际铁路、崇礼铁路、鲁南高速铁路、长白山至敦化客运专线等。

1. 5　中国高速铁路隧道技术特点

(1) 形成两种速度级别为基础的高速铁路隧道体系。

为了适应各地域经济发展的需求，中国高速铁路分为 250 km/h、300 ~ 350 km/h 两种速度等级。隧道工程必须适应两种等级的要求。为了确保列车高速运行的可靠性、舒适性，高速铁路隧道的净空有效断面积有很大的差异。例如，速度 250 km/h 的隧道净空有效断面积为不小于 90 m^2，速度 300 ~ 350 km/h 的隧道则逐渐扩大到 100 m^2，两种等级高速铁路的最小曲线半径分别为 3 200 m 和 7 000 m。

(2) 以大断面长隧道为重要特征。

在近 6 000 km 的运营和在建高速铁路隧道中，长度超过 10 km 的特长隧道达 85 座，总延长达 1 096 km，占全部隧道长度的 1/5 左右。特长高速铁路隧道，对缩短线路长度、改善线形、提高运营舒适性贡献巨大。大断面隧道(开挖断面面积为150～170 m^2甚至更大)约有1 760座，总延长约2 885 km，占全部隧道的1/2以上。通过这些隧道的修建，解决了由这些大断面、特长隧道诱发的新问题，如大断面隧道的设计、施工方法，特长隧道的防灾救援、通风设施的配套技术以及特长隧道的合修、分修的原则等等。

(3) 灵活处理合修与分修方式。

在已经通车和正在修建的高速铁路隧道中，主要采用单洞双线形式，仅有部分隧道采用双洞单线分修的形式。如石太客运专线太行山隧道，全长27 839 m，长度超过20 km，考虑运营通风、防灾救援等要求，采用分修的形式。与其相连的南梁隧道，长度为11 526 m，受太行山隧道为两条单线隧道影响，南梁隧道内由线间距4.6 m的双线隧道过渡到线间距35 m的两条单线隧道。进口长5 315 m为双线隧道；中间长480 m为喇叭口隧道(线间距为4.6～12.591 m)，最大开挖断面积达300 m^2；出口5 731 m左线隧道和5 741 m右线隧道为单线隧道。

另外，有些隧道受引入铁路枢纽修建疏解线的影响，采用三线大断面形式，如温福铁路福州枢纽的燕前2号隧道为三线喇叭口隧道，部分隧道为三线隧道，隧道总长2 036 m，三线隧道部分长576 m；荆山隧道为三线车站隧道，长200 m。部分隧道根据桥梁梁体运输的需要，对隧道断面进行了加宽，如哈大客运专线台山隧道、笔架山隧道为满足运梁车通行，隧道断面轨面以上内净空面积由100 m^2加大到134.66 m^2。

长昆客运专线贵阳至昆明段的壁板坡隧道，长14 756 m，由于地质和地形条件复杂，进口采用合修方案，洞身及出口均采用分修方案。受壁板坡隧道出口分修影响，与其相邻的中安隧道长1 275 m，采用双洞分修方案。

京沈客运专线的北京城区的望京隧道，长8 000 m，采用双洞分修盾构法施工。广深港客运专线深圳福田站为国内第一座在城市区设立的地下火车站，福田站至深港分界隧道，长3 886 m，采用盾构法施工。隧道进口段1.4 km合修段采用直径为13.2 m的泥水平衡盾构，管片外径为12.8 m；黄冈公园至香港段为分修方案，采用两台管片外径为9.6 m的泥水平衡盾构机施工穿越深港分界，在香港工作井吊出。

京张铁路新八达岭隧道，长12 010 m，隧道下穿北京八达岭长城，并在隧道内设置八达岭长城地下车站，轨面至地表高度为62 m，地下车站采用三洞分修法，长度450 m，车站两端与区间隧道设过渡段，过渡段总长346 m，是国内第一座用暗挖法施工的高速铁路地下车站。济青高速铁路下穿青岛新机场，并设置机场地下车站，隧道全长7 095 m，设计速度为250 km/h。

(4) 修建了一批城市隧道及水下隧道。

在建成高速铁路隧道中，受城市区建筑物和环境条件等影响，修建了很多城市隧道，如京广高速铁路穿越石家庄城市中心地带，周边建筑稠密、道路纵横交错、管线密布，采用长度为4 980 m的六线隧道并行、局部七线形式，包含京石客运专线正线(双线)、改建京广线正线(双线)、石青客运专线正线(双线)和石太联络线(单线)，其中改建京广线、京石客运专线和石济客运专线，速度目标值分别为160 km/h、350 km/h和160 km/h。广深港客运专线在深圳北和香港西九龙段，下穿深圳和香港市区，全部采用地下隧道通过，在深圳市中心设福田地下高速铁路车站。其中，深圳北至深港分界长度为11.4 km，设置长度为6 236 m的益田路隧道和长度为3 886 m的深港连接线隧道，香港段隧道长度约为26 km。

京广高速铁路在长沙东部市区通过，下穿浏阳河，采用长度为10 115 m的浏阳河隧道，是国内第一座铁路矿山法水下隧道，也是国内第一座采用全封闭防水抗水压衬砌的矿山法水下隧道和国内断面最大的防水型隧道。广深港客运专线狮子洋隧道为中国第一座长距离下穿江河的水下铁路隧道，水下段长度达8 km。

(5) 建成一批与机场交通枢纽连通的机场隧道。

已经建成的高速铁路中，有一些是与机场连通的交通枢纽工程，在机场设地下车站，形成公路、铁路及航空的客流换乘综合枢纽。已建成的机场隧道有海口美兰机场隧道长4 600 m，设美兰机场地下车站，是海南东环铁路通过美兰机场的隧道；吉林龙嘉机场隧道长3 028 m，设龙嘉机场地下车站，是长吉城际铁路通过龙嘉国际机场站的隧道；成都双流机场隧道长 6 470 m，设双流机场地下车站，是成绵乐客运专线通过成都双流国际机场的隧道；郑州新郑机场隧道长 3 463 m，是郑州东至新郑机场城际铁路连通机场站的隧道。

（6）部分隧道采用盾构法施工。

中国高速铁路隧道一般采用矿山法施工，仅有部分城市及水下隧道采用盾构法施工。在已运营的高速铁路隧道中，共有 3 座隧道采用盾构法施工。分别是广深港客运专线狮子洋水下隧道，全长为 10 800 m，设计为双洞单线形式，管片外径为 10.8 m，采用 4 台直径为 11.12 m 的复合泥水平衡盾构机两两相向施工，地中对接解体；广深港客运专线深圳北至福田段益田路隧道，全长为 6 236 m，穿越较长的软硬不均花岗岩和变质砂岩复合地层，并且位于城市密集居民区下面，本隧道采用直径为 13.23 m 的气垫式泥水平衡盾构机施工，隧道管片外直径达 12.8 m，是目前中国城市最大直径的高速铁路隧道工程；京津城际铁路延伸线解放路隧道，全长为 2 850 m，位于塘沽市区繁华地段，盾构隧道长 2 250 m，管片外径为11.7 m，采用直径为 12 m 的泥水平衡盾构机施工，盾构隧道最小平曲线半径为 450 m，是目前国内同类条件下曲线半径最小的大直径盾构隧道。

参 考 文 献

[1] 中国铁路总公司. 铁路技术管理规程(高速铁路部分)[S]. 北京：中国铁道出版社，2014.
[2] 卢春房，等. 中国高速铁路[M]. 北京：中国铁道出版社，2013.
[3] 王亦军. 中国高速铁路建设回顾与发展思考[J]. 铁道经济研究，2016,(1):9-14.
[4] 国家铁路局. 高速铁路设计规范(TB 10621—2014)[S]. 北京：中国铁道出版社，2014.
[5] 肖明清，邓朝辉，赵勇. 高速铁路水下隧道研究与设计[M]. 北京：中国铁道出版社，2015.

2 主要技术标准和设计原则

高速铁路隧道主要技术标准和设计原则是中国高速铁路隧道技术体系的最重要组成部分。本章主要介绍中国高速铁路隧道的建筑限界及不同速度目标值的单线及双线隧道衬砌内轮廓和净空有效面积的确定方法，以及高速铁路隧道采用单洞双线和双洞单线形式的研究比较，最后介绍中国高速铁路隧道的主要设计原则。

2.1 建筑限界和隧道衬砌内轮廓

2.1.1 建筑限界

建筑限界是一个和线路中心线垂直的极限横断面轮廓。在此轮廓内，除机车车辆和与机车车辆有相互作用的设备(车辆减速器、路签授受器、接触电线及其他)外，其他设备或建筑物均不得侵入。我国高速铁路建筑限界的制定主要在高速铁路机车车辆限界的基础上，考虑车辆高速运行时，由于横摆、侧滚和随机振动而产生的横向和垂向偏移量；由于线路状态(如轨道的水平、轨距变化)引起的车辆偏移量；车辆各部件之间的游间及车体允许制造误差引起的横向位移量。将上述各种因素产生的偏移量按最不利情况进行组合，得出车辆在曲线和直线上的振动总偏移量，再考虑接触网悬挂方式、导线高度、结构高度、绝缘距离等和一些未定因素(如施工误差、车辆摇头、点头振动、列车交会时会车压力波等)的影响而留有的安全裕量，同时参考国外高速铁路建筑限界，从而确定了我国高速铁路建筑限界(包括站台建筑限界)的基本尺寸和轮廓图。中国高速铁路建筑限界如图 2.1.1 所示。

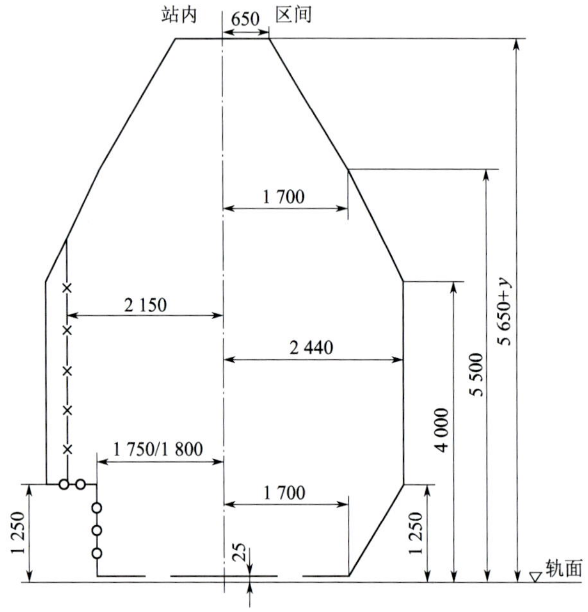

图 2.1.1　高速铁路建筑限界轮廓及基本尺寸(单位：mm)

注：—×——×——×— 信号机、高架候车室结构柱和接触网、跨线桥、天桥、电力照明、雨棚等杆柱的建筑限界(正线不适用)。

—o——o——o— ①站台建筑限界(侧线站台为 1 750 mm；正线站台，无列车通过或列车通过速度不大于 80 km/h 时为 1 750 mm，列车通过速度大于 80 km/h 时为 1 800 mm)。②站内反方向运行矮型出站信号机的限界为 1 800 mm。

———————— 各种建筑物的基本限界，也适用于桥梁和隧道。

y 为接触网结构高度。

2.1.2 隧道衬砌内轮廓

高速铁路隧道衬砌内轮廓的确定一般应考虑隧道建筑限界、股道数及线间距、隧道设备空间、空气动力学效应、轨道结构形式及其运营维护方式、养护及工程技术作业空间、疏散通道空间、机车车辆类型及密封性等因素。

中国高速铁路隧道建筑限界轨面以上高度通常为 7 250 mm，困难情况下，根据接触网结构高度的优化，限界高度也可以适当减小。

正线线间距不应小于表 2.1.1 所示的标准。

表 2.1.1 高速铁路正线线间距

设计行车速度(km/h)	350	300	250
线间距(m)	5.0	4.8	4.6

高速铁路隧道由于行车速度高引起的空气动力学效应对乘车的舒适度和周围环境有较大影响，对隧道的净空有效面积、车辆的密封性能等有严格的要求。另一方面，高速铁路上通行的列车全部为客车，列车一旦在隧道内发生事故，失去动力或无法及时将列车拉出洞外时，车上人员的紧急疏散、逃生和救援成为非常关键和重要的问题。所以，高速铁路隧道净空断面设计时需要预留各种空间。

1. 净空有效面积

高速铁路隧道净空有效面积，即隧道衬砌内轮廓内轨顶面以上的净空断面积。我国根据不同行车速度目标值和高速铁路机车车辆限界，考虑空气动力学效应的各种情况，拟定的隧道净空有效面积标准如表 2.1.2 所示。

表 2.1.2 中国高速铁路隧道净空有效面积(m^2)

序 号	类 别	单 线	双 线
1	设计速度 250 km/h 的高速铁路	58	90
2	设计速度 300 ~ 350 km/h 的高速铁路	70	100

2. 安全空间

安全空间(或称安全区)是为铁路内部员工和特殊情况下抢修和养护人员预留的，安全区内包括靠衬砌侧安放的施工设施(宽0.3 m)或开关柜(宽0.4 m，长1.3 m)的空间(图 2.1.2)。安全区是相对于危险区而言的。当隧道内行车速度大于160 km/h 时，危险区为线路中线至边缘 3.0 m。行车速度小于等于 200 km/h 时，人员可以在隧道内停留；行车速度大于 200 km/h 时，一般情况下，人员不准在隧道内停留。

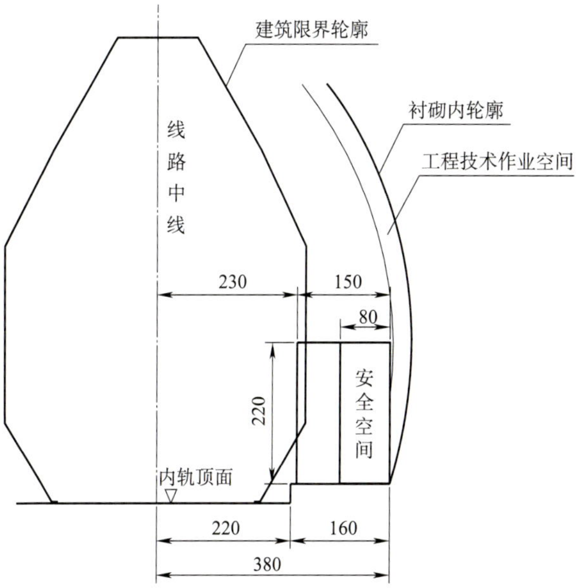

图 2.1.2 安全空间(单位：cm)

安全空间的配置应遵守以下规定：

(1) 安全空间应设在距线路中线 3.0 m 以外，单线隧道应设在有紧急出口一侧，两座平行单线隧道宜设在相邻侧，双线及多线隧道应在双侧设置。

(2) 安全空间的高度不应小于 2.2 m，宽度不应小于 0.8 m。

(3) 安全空间的地面不应低于内轨顶面，地面与接触网设备带电部件间的距离不应小于 3.95 m。

一般情况下，安全空间地面设计为与水沟电缆槽盖板面齐平，允许有 3% 的横向排水坡。德国规范规定的安全空间宽度和高度与我国的设计规定相同，其地面与接触导线及支撑部件间的距离至少为

3.95 m。我国高速铁路隧道中，安全空间与隧道内水沟、电缆槽上部空间是共用的。根据我国的高速铁路养护维修体制，在运营期间，除特殊情况外，隧道内禁止人员进入。

3. 技术作业空间

技术作业空间用于安放施工辅助设施，作为预留加强衬砌或安装隔声板等的空间。该空间内允许在有限的长度范围内设置一些设备，如接触导线张力调整器和接触导线以及接头的紧回装置等。技术作业空间沿隧道衬砌内轮廓环向设置，其宽度为0.3 m。隧道的施工误差不应占用技术作业空间。

4. 疏散通道

疏散通道是指在隧道内设置的用于紧急情况下旅客疏散和救援人员及专用救援小车走行的通道。用于自救疏散或外部救援。疏散通道的配置应遵守以下规定：

（1）高速铁路隧道内应设置贯通的疏散通道(图2.1.3)。

（2）疏散通道应设在安全空间一侧，距线路中线不应小于2.3 m。

（3）疏散通道走行面不应低于内轨顶面，地表必须平整。

（4）高速铁路隧道疏散通道的宽度不宜小于1.5 m，装设专业设施处宽度可适当减少，但不得小于0.75 m；净高度不应小于2.2 m。设计速度目标值为200 km/h的客货共线铁路疏散通道宽度不宜小于1.25 m，城际铁路隧道疏散通道宽度不宜小于1.0 m，高度宜为2.2 m，内侧至线路中线不宜小于1.8 m，走行面高度宜与轨面齐平。

疏散通道空间可部分侵入建筑限界，但不能侵入车辆限界，因为疏散通道是在列车停运的情况下才使用的。

5. 隧道衬砌内轮廓的拟定

（1）250 km/h铁路单线隧道衬砌内轮廓

250 km/h单线隧道衬砌内轮廓，采用曲墙形式，隧道单侧设置宽1.5 m、高2.2 m的疏散通道，外侧距线路中心线2.3 m，疏散通道与内轨顶面齐平，其内轮廓形式如图2.1.4所示。隧道内轮廓内考虑了30 cm厚的技术作业空间。疏散通道侧设置两槽一沟，电缆槽宽度分别为40 cm和30 cm，水沟宽度为50 cm；另一侧设置一槽一沟，电缆槽宽度为40 cm，水沟宽度为50 cm。

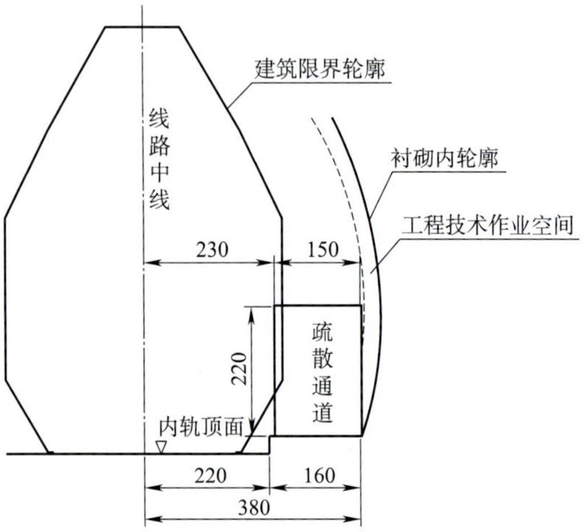

图2.1.3 高速铁路隧道疏散通道(单位：cm)

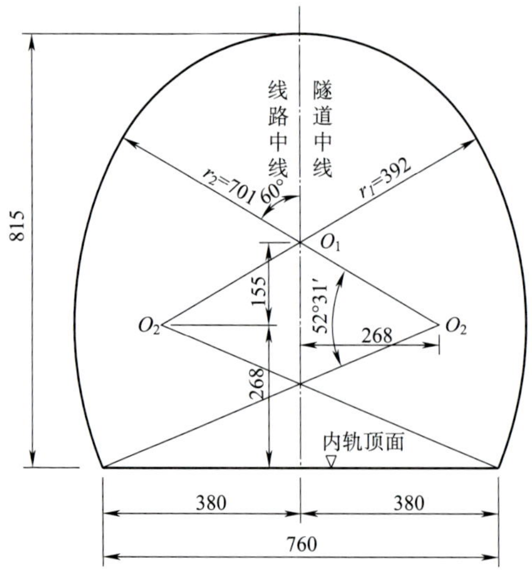

图2.1.4 250 km/h高速铁路单线隧道衬砌内轮廓(单位：cm)

（2）250 km/h铁路双线隧道衬砌内轮廓

按满足250 km/h速度行车的双线隧道衬砌内轮廓采用单心圆，半径为641 cm，线间距为4.6 m。隧道双侧设置宽1.5 m、高2.2 m的疏散通道，外侧距线路中心线2.3 m，疏散通道底面高出内轨顶面30 cm，其内轮廓形式如图2.1.5所示。隧道底部结构根据隧道长度和地质条件分别按有砟道床和无砟道床设计。隧道采用曲墙衬砌形式，通常Ⅱ级围岩隧道设置钢筋混凝土底板，Ⅱ级以下围岩设置仰拱。隧道两侧各设置两槽一沟，电缆槽宽度分别为35 cm和30 cm，水沟宽度为30 cm。两侧排水沟的功能主要是集水，间隔适当距离与中心排水沟(管)连通。在隧道中线处仰拱填充内设置中心排水沟(管)。

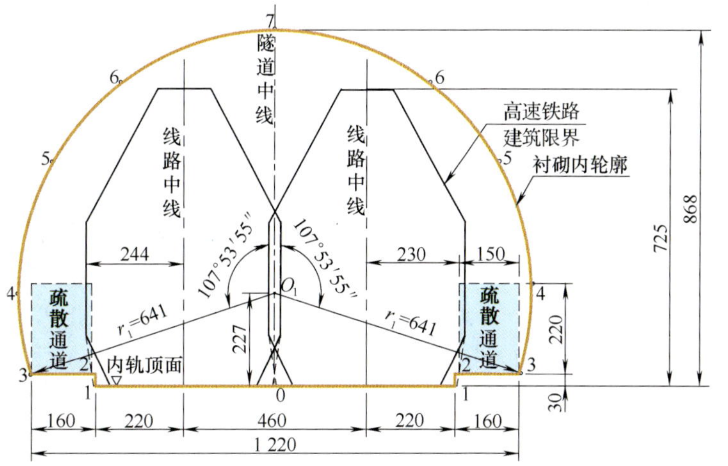

图2.1.5　250 km/h高速铁路双线隧道衬砌内轮廓(单位：cm)

(3) 300～350 km/h铁路单线隧道衬砌内轮廓

由于350 km/h单线隧道衬砌内轮廓净空有效面积达到70 m²，疏散通道及技术作业空间的布置相当自由，隧道两侧均可设置宽为1.5 m的疏散通道，其内轮廓形式如图2.1.6所示。

(4) 300～350 km/h铁路双线隧道衬砌内轮廓

隧道内轮廓采用单心圆，半径为655 cm，线间距为5.0 m。隧道双侧设置宽1.5 m、高2.2 m的疏散通道，外侧距线路中线2.3 m，疏散通道底面高出内轨顶面30 cm，其内轮廓形式如图2.1.7所示。隧道底部结构按无砟道床设计。隧道采用曲墙衬砌形式，通常Ⅱ级围岩设置钢筋混凝土底板，Ⅱ级以下围岩设置仰拱。隧道内轮廓内考虑了30 cm厚的技术作业空间。隧道两侧各设置两槽一沟，电缆槽宽度分别为35 cm和30 cm，水沟宽度为30 cm。两侧排水沟的功能主要是集水，间隔适当距离与中心排水沟(管)连通。在隧道中线处仰拱填充内设置中心排水管。

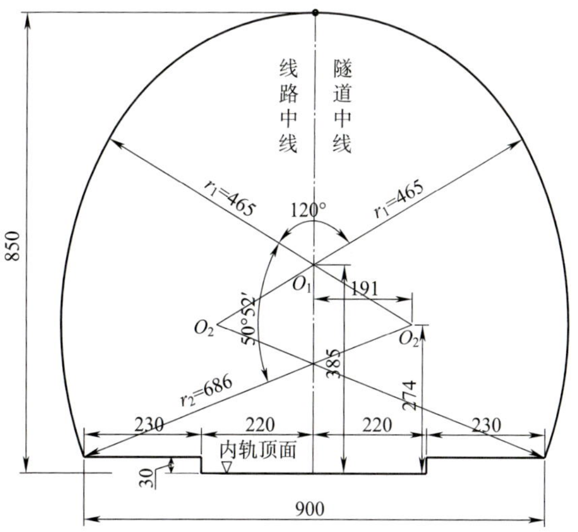

图2.1.6　300～350 km/h高速铁路单线隧道衬砌内轮廓(单位：cm)

(5) 圆形隧道断面衬砌内轮廓

采用隧道掘进机(或盾构)施工的隧道一般采用圆形断面，如广深港客运专线狮子洋水下隧道即为圆形断面。下面结合该隧道的设计对圆形隧道断面内轮廓进行简单介绍。

狮子洋隧道位于广深港客运专线东涌站至虎门站区间，穿越珠江口狮子洋河段，是国内第一座水下高速铁路隧道。隧道设计行车速度目标值为300 km/h及以上，采用双洞单线圆形结构，单线隧道净空有效面积采用66 m²。考虑隧道建筑限界，在综合考虑和合理布置隧道内各种管线、设备和沟槽后，盾构隧道内径确定为9.8 m，外径为10.8 m，管片厚度为50 cm，采用“7＋1”分块方式的通用楔形环钢筋混凝土单层管片衬砌。

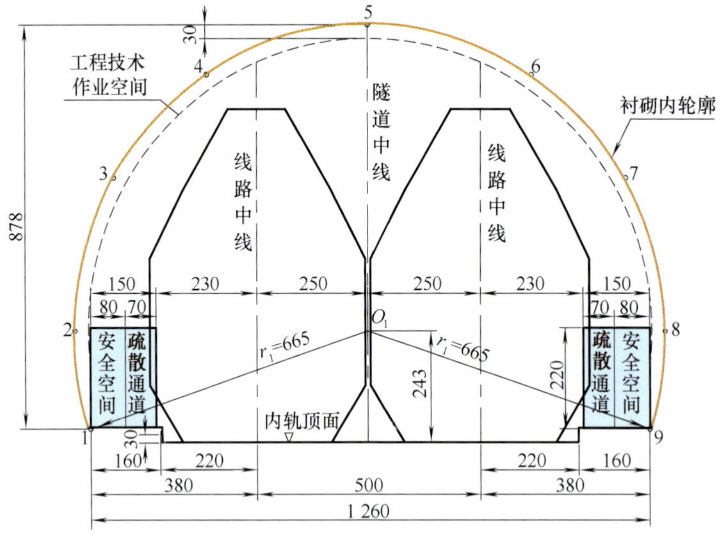

图 2.1.7 300 ~ 350 km/h 高速铁路双线隧道衬砌内轮廓(单位：cm)

隧道净空断面内设置两个信号电缆槽(宽 35 cm、深 58 cm)，一个电力电缆槽(宽 30 cm、深43 cm)，DN400 排水管和水喷雾 DN300 水管用管槽，消火栓箱及变压器箱空间等。疏散通道宽 150 cm。图 2.1.8 为狮子洋隧道建筑限界及衬砌内轮廓。

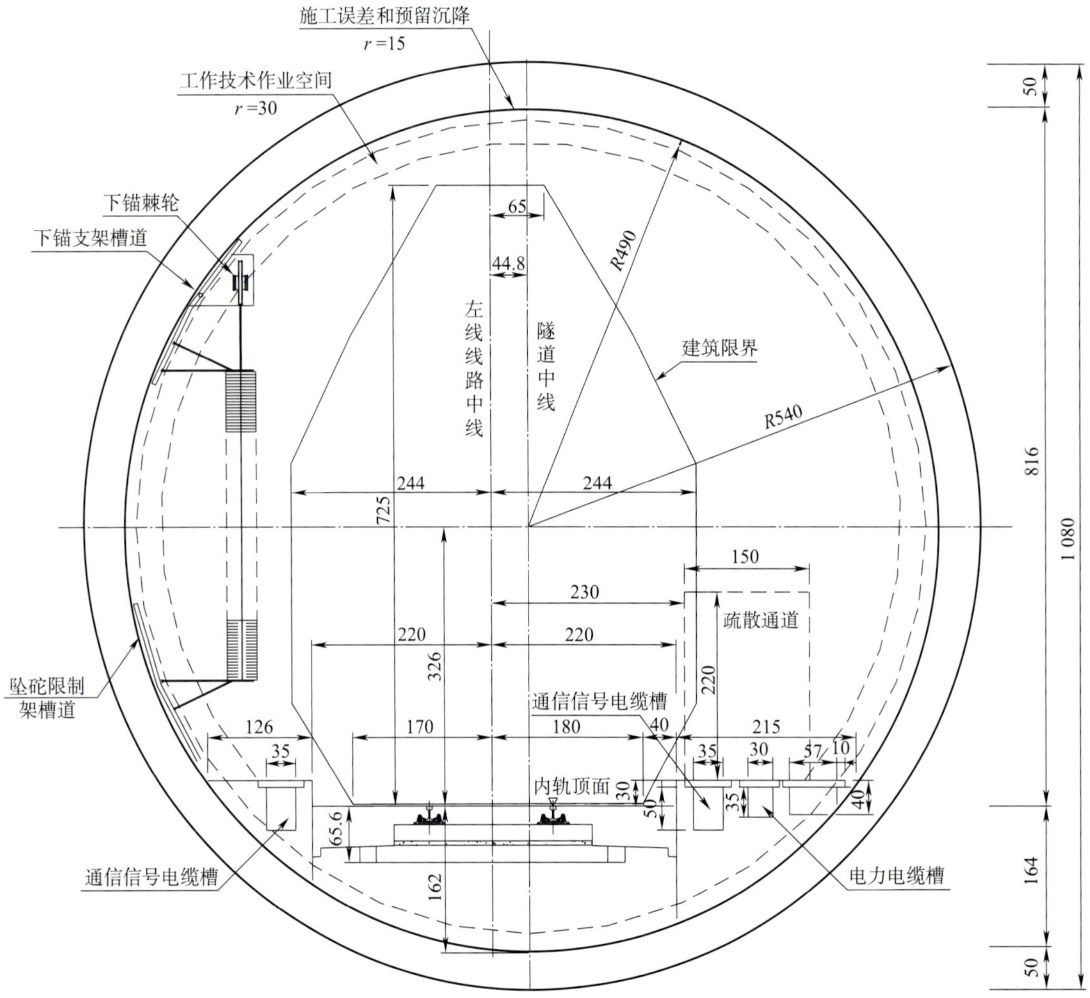

图 2.1.8 狮子洋隧道建筑限界及衬砌内轮廓(单位：cm)

2.2 单洞双线和双洞单线隧道形式比较

高速铁路均设计为双线，隧道工程设计需进行设一座双线隧道(单洞双线)和设两座单线隧道(双洞单线)形式的比较。

日本新干线上的隧道，考虑到空气动力学效应的影响，几乎全部采用单洞双线隧道断面，如新八甲田隧道(长度为26.455 km)、岩手一户隧道(长度为25.81 m)、饭山隧道(长度为22.2 km)等。在单洞双线和双洞单线方案比较中，采用一座双线隧道的横断面积要比两座单线隧道横断面积总和小，经济性较好。这是日本新干线隧道采用一座双线隧道方案的主要原因。

在欧洲，当隧道长度较短时，采用单洞双线隧道较为普遍。如德国高速铁路隧道在设计时重点考虑高速列车进入隧道所诱发的空气动力学效应，很注意考虑隧道横断面的形状和选择较大的净空有效面积。对于长隧道，考虑防灾救援等因素，一般采用两座单线隧道方案，其线间距一般为30～50 m，按250～400 m的距离设置横通道，用作救援通道。如瑞士圣哥达山底隧道(长57 km)和西班牙帕哈雷斯隧道(长25 km)，均采用两座单线隧道方案。

关于高速铁路隧道是采用单洞双线断面还是采用双洞单线断面形式，作者从相关标准规范、国外工程实例、线路方案及相关工程影响、地质条件及施工风险、工程投资等多方面开展比较研究。

2.2.1 有关标准规范

(1) 联合国经济和社会委员会《多学科专家组对铁路隧道安全的建议》(2003年12月1日发布)中C.101单孔双线/双孔单线隧道的表述是，就安全方面而言，单孔双线、双孔单线隧道各有优缺点。双孔单线可能更安全，因为这样就可以防止一孔发生脱轨事故时阻塞相邻轨道，而且有第二孔隧道作为可能的安全场所。另一方面，单孔双线有更大的空间用于救援活动，但与此同时，烟雾和火苗也会有更大扩散空间。对于高速客车，单孔双线更好，但对于客货共线，要考虑空气动力学因素，双孔单线更合适一些。是选择单孔双线还是选择双孔单线，应根据与安全有关的各种因素综合评价结果以及造价来确定。

(2) 国际铁路联盟(UIC)规程779-9/R《铁路隧道安全》(2003年版)指出，用双孔单线隧道替代单孔双线隧道，可以避免因列车脱轨而阻断邻近的轨道，并能够在发生事故(特别是火灾事故)时更好地采取救援行动。但在洞口，双孔单线隧道需要占用更多的土地；如果桥隧相连，有时需要两座平行的桥梁(费用和征用土地较多)；根据现场条件，与单洞隧道相比，施工费用可能会增加；还要考虑行车安全的因素，如行车密度和运营类型(如混合交通)、制定具有合理逃生距离的救援方案的可能性、隧道长度等；对于新建项目，管理部门明确倾向于评定最短的逃生距离、制定混合交通的安全和预防措施，如果采用单孔双线隧道和逃生设施不能满足这些要求，则双孔单线隧道可能是解决方案；关于隧道最终采用何种方案，应通盘评估所有这些参数的结果。

(3) 德国联邦铁路技术标准《铁路工程设计一般设计原则》(DS800-01)，第22节第105条规定，双线铁路应设计为双线隧道。在地质条件不良或有其他强制性原因时，允许在征得中心局同意后分成两条单线隧道来建设。在其条文解释中描述，双线铁路隧道区段的安全设计有以下三种技术解决方案：双线隧道，根据隧道长度设置紧急出口；两条单线隧道，通过横通道相连接；双线隧道，通过平行救援导坑与隧道相连。双线隧道与两条单线隧道相比，有在隧道养护作业时有较好的活动余地、辅助和救援工作时有较好的活动余地、纯快速运输时空气动力性能好、短中长的隧道一般工程费用少、施工状态下易于通风等明显优点。

(4) 日本铁路中所有隧道均采用单洞方案。防灾疏散和救援充分利用斜井、横洞、平行导坑等。

可见相关国外规范中，对采用单洞双线和双洞单线隧道形式并没有明确的规定，而是根据不同的情况，通过比较确定。

2.2.2 国外特长铁路隧道采用单洞、双洞情况统计

通过对国外共70座特长铁路隧道情况的调查(表2.2.1),其中采用双洞单线方案的共有8座,采用单洞双线方案的有49座,采用部分单洞部分双洞的有3座,采用单洞单线的隧道有10座。其中,长度小于20 km的隧道中,采用双洞单线的隧道仅有2座,其中一座长度为19.8 km。日本、韩国、意大利等国家特长铁路隧道均采用单洞形式。由此可见,国外通常长度大于20 km的隧道才考虑采用双洞形式,小于20 km的隧道通常采用单洞双线形式。采用TBM法施工的隧道通常采用双洞单线形式。

表2.2.1 国外特长铁路隧道断面形式统计

序号	国家	隧道名称	长度(m)	开通时间	洞型
1	瑞士	圣哥达山底隧道	57 072	2016.6.1	双洞
2	奥地利—意大利	布伦纳山底隧道	55 392	2026	双洞
3	日本	青函海底隧道	53 850	1988.3.13	单洞(贯通平导)
4	英国—法国	英法海峡隧道	50 450	1994.5.6	双洞
5	瑞士	列奇山隧道	34 577	2007.6.15	单洞/部分双洞
6	奥地利	科拉姆隧道	32 800	2018	双洞
7	西班牙	瓜达拉马隧道	28 419	2007.12.22	双洞
8	日本	八甲田隧道	26 455	2010.12.4	单洞
9	日本	岩手一户隧道	25 810	2002.12.1	单洞
10	西班牙	帕哈雷斯隧道	24 667	2010	双洞
11	奥地利	莱茵泽/维也纳森林隧道	23 844	2015	双洞/部分单洞
12	日本	饭山隧道	22 225	2013	单洞
13	日本	大清水隧道	22 221	1982.11.15	单洞
14	韩国	金井隧道	20 300	2009	单洞
15	意大利—瑞士	辛普伦Ⅱ线隧道	19 824	1922.10.16	双洞
16	意大利—瑞士	辛普伦Ⅰ线隧道	19 803	1906.6.1	双洞
17	瑞士	费尔艾那隧道	19 058	1999.11.19	单洞单线
18	日本	新关门隧道	18 713	1975.3.10	单洞
19	意大利	瓦利亚隧道	18 711	2009.12.5	单洞
20	意大利	亚平宁隧道	18 507	1934.4.21	单洞
21	日本	六甲隧道	16 250	1972.3.15	单洞
22	瑞士	富卡基底隧道	15 442	1982.6.25	单洞单线
23	日本	榛名隧道	15 350	1982.11.15	单洞
24	俄罗斯	北穆依隧道	15 300	2001.12.21	单洞单线
25	意大利	菲伦佐拉隧道	15 285	2009.12.5	单洞
26	日本	五里峰隧道	15 175	1997.10.1	单洞
27	意大利	圣马科山隧道	15 040	1987.7.31	单洞单线
28	瑞士	圣哥达隧道	15 003	1882.1.1	单洞
29	日本	中山隧道	14 857	1982.11.15	单洞
30	加拿大	麦克唐纳山隧道	14 723	1988.12	单洞单线
31	奥地利	勒奇山隧道	14 612	1913.7.15	单洞
32	挪威	鲁默里克隧道	14 580	1999.8.22	单洞
33	日本	福井隧道	13 870	1962.6.10	单洞
34	意大利—法国	弗雷瑞斯(森尼西奥)隧道	13 636	1871.9.17	单洞

续上表

序 号	国 家	隧 道 名 称	长度(m)	开通时间	洞 型
35	日 本	新清水隧道	13 500	1967. 9. 28	单洞单线
36	芬 兰	乌萨里港口隧道	13 500	2008	单洞单线
37	南 非	海克斯河谷隧道	13 400	1989. 11. 27	单洞
38	韩 国	元晓隧道	13 300	2004	单洞
39	意大利	斯西里隧道	13 159	1993	单洞
40	意大利	卡波内罗—佛得角隧道	13 135	2001. 9. 27	单洞
41	日 本	安芸隧道	13 030	1975. 3. 10	单洞
42	意大利	培罗瑞塔纳隧道	12 800	2001. 11. 25	单洞
43	奥地利	茵谷隧道	12 696	1994. 5. 28	单洞
44	美 国	新喀斯喀特隧道	12 537	1929. 1. 12	单洞单线
45	俄罗斯	诺夫库斯内斯基隧道	12 200	1957	单洞
46	日 本	筑紫隧道	11 865	2013	单洞
47	日 本	北九州隧道	11 747	1975. 3. 10	单洞
48	奥地利	维也纳森林隧道	11 640	2007	双洞/部分单洞
49	奥地利	拉德费尔德—维兴隧道	11 387	2008	单洞
50	日 本	颈城隧道	11 353	1969. 9. 29	单洞
51	美 国	弗拉特黑德铁路隧道	11 300	1970	单洞单线
52	日 本	盐泽隧道	11 217	1982. 11. 15	单洞
53	日 本	藏王隧道	11 215	1982. 6. 23	单洞
54	日 本	福岛隧道	11 075	1982. 6. 23	单洞
55	意大利	蒙特罗通多隧道	11 050		单洞
56	意大利	圣多纳托隧道	10 954	1986. 6. 1	单洞
57	意大利	皮亚诺罗隧道	10 850	2008	单洞
58	德 国	兰德吕肯隧道	10 779	1988. 5. 29	单洞
59	挪 威	里尔拉森隧道	10 723	1973. 1. 1	单洞
60	奥地利	阿尔贝格铁路隧道	10 589	1884. 9. 21	单洞
61	挪 威	芬瑟隧道	10 589	1993. 5. 23	单洞
62	奥地利	斯坦斯—特尔芬斯隧道	10 570	2008	单洞
63	德 国	明德讷隧道	10 514	1991. 6. 2	单洞
64	日 本	赤仓隧道	10 472	1997. 3. 22	单洞单线
65	意大利	拉蒂科萨隧道	10 450	2008	单洞
66	日 本	生田隧道	10 359	1976. 3. 7	单洞
67	意大利	圣露西亚山底隧道	10 265	1977. 5. 25	单洞
68	韩 国	日直隧道	10 200		单洞
69	英 国	斯特拉福德西隧道	10 105	2007. 9. 4	双洞
70	日 本	第三紫尾山隧道	10 010	2004. 3. 13	单洞

2. 2. 3 线路方案及相关工程影响分析

在线路方案研究阶段，对于新建双线铁路，一般采用双线桥梁、双线隧道、双线路基等建筑物，其占地少、投资低、车站布点合理，运营组织方便灵活；如新建双线铁路采用分修方案，桥梁、隧道、路基均需按两条单线设计，占地多、投资高。

根据我国《高速铁路设计规范》(TB 10621—2014)，设计速度为250 km/h时，其线路最小曲线半径为3 200 m，困难条件下为2 800 m；设计速度为350 km/h时，其线路最小曲线半径为7 000 m，困难条件下为5 500 m。当按两座单线隧道修建时，两端引线影响段落长，长大段落的引线工程需修建为两条单线。如兰新高铁大阪山隧道群和祁连山隧道群地段，当大阪山隧道(长度约15 km)和祁连山隧道(长度约10 km)采用两座单线隧道时，两段越岭分别有38 km和39 km隧道(桥)群地段需分修单线，对线路方案影响巨大。

2.2.4 地质条件及施工风险分析

地质条件好的隧道，自稳性好，光面爆破效果好，施工难度小，投入相对低，施工风险低，方便大型机械化作业，施工进度快，采用双线隧道方案经济合理。

对软弱破碎围岩地段，隧道自稳性差，易变形，出现坍塌概率高，特长隧道施工工期压力大，从施工难度和安全风险方面考虑，若采用双线隧道时，由于其开挖跨度较大，施工的安全风险性大，工期保证程度也较低，而跨度较小的两座单线隧道方案则可规避这些风险。

2.2.5 投资影响分析

对于高速铁路线路，由于曲线半径比较大，采用分修方案时，两端引线比较长，相邻工程影响较大。有些工点并没有分修的条件，或者分修隧道的施工风险极大，或分修工程代价极高。例如沪昆高速铁路设计速度目标值为350 km/h，其中安顺至普安段线路，地层主要为石灰岩、泥灰岩、碳酸盐岩、碎屑岩、煤系地层等，断层发育，围岩软弱破碎，其隧道长度在10～15 km的是大独山隧道和岗乌隧道，两隧道中间是跨度340 m、桥高200多米的北盘江特大桥。如采用分修方案，则特大桥也需要分修，桥位条件极其困难，工程方案极不合理，两端也是隧道群相连，如果线间距由5 m变到30 m，由分修过渡到合修段落，最少需要3～4 km的过渡段隧道，喇叭口最大开挖断面面积将达300 m^2以上。根据该区域地质条件，施工难度和风险会显著提高，如尽量不在地质条件较差的隧道内过渡，则整个线路长度影响范围达100 km，投资会增加50多亿元。另外，兰新高速铁路的高家山和福川两座特长隧道间，是黄河特大桥工程，如采用分修方案，则在此处要并行修建两座黄河桥，航道论证很难通过，工程代价也是非常大的。

通过对西成、宝兰、兰新、成贵、长昆、大西、合福等几条高速铁路长度为10～15 km的特长隧道采用单洞双线和双洞单线方案投资比较论证分析，考虑引线相邻工程条件，采用分修方案比采用合修方案，工程投资增加比例一般在30%～50%。

2.2.6 运输组织及运营通风分析

1. 运输组织

若采用两座单线隧道方案，当一座隧道出现严重事故中断行车时，另一座隧道可组织成单线运行，不会中断行车，两座单线隧道更加快捷。若采用一座双线隧道，当出现严重事故时，上、下行线会同时中断行车。

2. 运营通风

从运营通风角度分析，两座单线隧道运营通风可充分利用列车活塞风效应进行自然换气，使隧道少设或不设机械通风，可减少初期工程投资和运营养护管理费用。如太行山隧道列车活塞风效应明显，节省运营成本的效果显著。一座双线隧道难以充分利用列车活塞风效应，在同样的条件下，隧道内的环境条件不如两座单线隧道。

由此可见，从运输组织和运营通风方面比较，双洞单线隧道方案更具有优势。

2.2.7 采用单洞双线和双洞单线隧道形式的原则

通过以上综合比较分析，中国高速铁路隧道在作单洞双线和双洞单线选择时，主要遵循以下原则：

一般情况下，长度大于 20 km 的隧道采用双洞方案；长度小于 10 km 的隧道采用单洞方案；长度在10 ~ 20 km 之间的隧道根据地形地质条件，需结合施工方法、施工组织要求，以及运营及防灾救援疏散工程等需要，经修建单洞双线隧道和双洞单线隧道方案的技术经济比较后确定。

2.3 主要设计原则

高速铁路隧道是一个系统工程，是多门学科的融合。高速铁路隧道要实现安全运营，首先就应该进行准确的地质勘查和系统的设计，然后通过精心的组织施工，确保安全质量，最后竣工验收，交付运营。勘察设计是龙头，一个优质的隧道工程，首先应把好勘察设计这道关。本节重点介绍中国高速铁路隧道设计的主要原则。

2.3.1 隧道位置的选择和洞口位置的选定

1. 隧道位置的选择

隧道位置的选择，需根据线路所在地区的地形地貌特征以及地质条件等因素进行综合比较，从而达到隧道方案技术可行、经济合理、施工方便等目标。高速铁路隧道，应力求选择在地质构造简单、岩性较好的稳固地层中通过，尽量避免通过断层、崩塌、滑坡、流砂、溶穴以及偏压显著、地下水丰富等地质不良地段。在沿河、傍山选线时，应根据地形、地质条件，对沿河傍山隧道和靠山内移修建隧道方案进行比选。

2. 洞口位置的选定

隧道洞口位置应根据隧道所处地形、地质、水文等条件，结合环保、洞外工程、坡面防护、洞口排水、施工场地及便道引入、弃渣处理及施工干扰等相关工程综合研究，进行技术和经济比较，确定最佳位置。

（1）隧道应贯彻“早进晚出”的原则，进、出口位置结合边仰坡情况及地质条件等综合确定，洞口优先考虑接长明洞，确保洞口附近危岩落石不影响线路的安全，尽量减少对边仰坡的开挖，并做好洞口环境保护工作。

（2）隧道洞门根据洞口附近的地形、地质、周边环境、隧道所在地区地震动峰值加速度值等综合确定。

（3）洞口两侧设置集水井及沉淀池，汇集仰坡面的水后集中引排至路基侧沟。

（4）隧道洞口边坡、仰坡永久防护形式与洞口外路基工程尽量一致，一般采用骨架护坡、孔窗护坡及孔窗护墙等防护形式。

2.3.2 衬砌支护类型的确定

1. 隧道衬砌形式

高速铁路隧道暗挖隧道均采用复合式衬砌。Ⅱ级围岩和部分基础较完整、地下水不发育的Ⅲ级围岩一般采用曲墙带底板的结构，其他围岩衬砌结构均采用曲墙带仰拱形式。

部分地形平缓、隧道顶覆土较薄的浅埋隧道地段采用明挖施工，采用整体式明洞衬砌。

2. 衬砌类型适用条件

（1）地震动峰值加速度为 0.1g 及以上地段，洞口浅埋、偏压地段需进行抗震设防，隧道二次衬砌采用钢筋混凝土衬砌。洞口暗挖段设防长度一般为 40 m。

（2）山岭隧道Ⅱ级围岩、Ⅲ级围岩、Ⅳ级围岩深埋地段二次衬砌采用素混凝土时，衬砌内掺加一定比例的纤维，并在接触网滑道槽处增设钢筋网片及架立钢架，以确保接触网滑道的受力要求。

2.3.3 辅助工程措施

1. 超前支护

高速铁路隧道一般采用超前大管棚、超前中管棚、双层小导管、单层小导管等超前支护等形式，其一般规格和适用条件可参考表 2. 3. 1 选择。

表 2. 3. 1 超前支护形式及适用条件

超前支护形式	规 格	适 用 条 件
超前大管棚	直径为 108～159 mm，壁厚为 6 mm，长度为 20～40 m；拱部呈 140°设置，环向间距为 0. 33 m	隧道洞口及洞身明暗分界处向暗洞部分设置
超前中管棚	直径为 89 mm，壁厚为 5 mm，长度为 10 m/环，纵向搭接长度不小于 3 m；拱部呈 140°设置，环向间距为 0. 33 m	隧道洞身覆土小于 5 m 的暗挖地段
双层小导管	一层直径为 42 mm，壁厚为 3. 5 mm，长度为 3. 5 m；另一层直径为 60 mm，壁厚为 5 mm，长度为 7. 5 m；纵向为两榀钢架/环；拱部呈 140°设置，环向间距为 0. 33 m	隧道洞身覆土 5～12 m 的暗挖地段
单层小导管	直径为 42 mm，壁厚为 3. 5 mm，长度为 3. 5 m，纵向为两榀钢架/环；拱部呈 140°设置，环向间距为 0. 33 m	Ⅳ、Ⅴ级围岩一般地段

2. 注浆措施

对富水断层破碎带地段和隧道排水可能影响生态环境或居民生产生活用水的隧道段，采用注浆堵水等措施。注浆通常采用超前帷幕注浆或开挖后径向注浆等形式。一般对高压富水断层破碎带、可能发生涌泥(砂)突水的第三系未成岩砂层、受地质构造作用明显的富水破碎地层、地下水特别发育地表生态环境敏感地段、掌子面不能自稳需采取加固围岩措施的，应采用帷幕注浆为主的方法。其他以基岩裂隙水为主的涌水，地表环境不敏感，在能够保证施工安全的前提下，宜采用开挖后径向注浆或局部注浆的方法。

3. 地基处理

明洞段地基处理，原则上与洞口路堑处理方式一致。当隧道基底置于湿陷性黄土地段时，根据湿陷性黄土地层厚度采用水泥土挤密桩、柱锤冲扩桩或换填等措施对基底进行处理，明洞地段应与洞外路基相适应。当地基承载力达不到 180 kPa 时，采用 C20 片石混凝土换填或 CFG 桩等措施提高地基承载力。

4. 洞口边仰坡防护

若隧道洞口存在危岩、落石等情况，按照坡度、危石情况采取清除等措施；清除有困难时，采取主动或被动防护网以及锚杆框架梁或锚索格梁等方式进行防护。在陡峭的危岩落石洞口，当场地和洞口顺接工程有条件时，可适当接长明洞、棚洞或型钢结构防护棚等结构，确保运营的安全。

5. 洞口、洞身浅埋铺砌

若明洞为过水明洞或洞身浅埋段覆土小于 3 m 时，需要对地面进行浆砌片石防护，防止雨水下渗及冲刷洞顶填土。

2. 3. 4 隧道洞门及洞口缓冲结构

隧道洞门形式应综合考虑地形、地貌、地质及环境条件，按照“确保安全，简约实用，因地制宜，保护环境”的原则设计。一般设计速度目标值为 300～350 km/h 的高速铁路隧道，洞口有条件时，宜优先采用缓冲结构式洞门；当洞口边仰坡低缓，洞外路基工程没有特殊支挡工程，以及洞门外无特殊环境要求时，可采用帽檐式洞门；当洞口边仰坡高陡又无法接长明洞时，为防止仰坡落石，可选用直切式洞门或倒斜切式洞门；当洞口外路基工程有特殊支挡结构(挡土墙、桩板墙等)时，为保证洞口工程整体美观，可采用翼墙、挡墙、台阶式洞门；当不可避免地出现桥隧串接时，为防止落石等危害，可采用桥隧串接式洞门。

2. 3. 5 隧道防灾救援疏散

高速铁路隧道防灾救援疏散应贯彻“以人为本、安全疏散、自救为主、方便救援”的工作方针。健全防灾救援疏散系统，预防灾害发生，将列车发生灾害事故后所产生的影响减少至最低程度。列车在隧道内发生火灾时，应控制列车驶出隧道进行疏散；如果列车不能驶出隧道，应控制列车停靠在紧急救援站进行疏散和救援。

1. 疏散通道

结合隧道内的使用空间，隧道两侧设置贯通整个隧道的疏散通道，单线隧道单侧设置，多线隧道双侧设置。疏散通道宽 1.5 m，净高 2.2 m。疏散通道每隔 100 m 应设图像文字标记，指示两个方向分别到下一个洞口或紧急出口的整百米数，并配备灯光显示方向。

2. 疏散救援设施

长度为 5 ~ 10 km 的隧道，在隧道洞身段宜结合施工辅助坑道设置一处紧急出口或避难所；长度为 10 km 及以上的单洞隧道，应在洞身段设置不少于一处紧急出口或避难所；长度为20 km 及以上的隧道或隧道群应设置紧急救援站，紧急救援站之间的距离不应大于 20 km。隧道口紧急救援站、紧急出口洞口处宜设置临时待避场地，并具有接受外部救援的条件。

3. 防灾疏散救援工程的设计

防灾疏散救援工程设计一般应包括以下内容：

（1）总体方案设计。包括防灾疏散救援工程设置形式、规模和数量等。

（2）土建工程技术参数确定。包含疏散通道尺寸，横通道的间距、断面净空尺寸，紧急救援站、紧急出口、避难所、防护门等相关技术参数等。

（3）相关设施配套。包括通风、应急照明、供电、应急通信、设备监控、消防等设备系统等。

（4）疏散救援设施及设备的接口设计以及疏散救援方案设计。

2.3.6 隧道结构耐久性

隧道结构应具有足够的耐久性，主体结构按满足 100 年正常使用的要求设计。隧道衬砌采用 C30 混凝土或 C35 钢筋混凝土。抗渗等级一般不小于 P8，当地下水对混凝土具有侵蚀性，混凝土最低抗压强度等级满足《铁路混凝土结构耐久性设计规范》(TB 10005—2010) 相关要求时，抗渗等级不小于 P12。

2.3.7 建筑材料的确定

建筑材料应符合结构强度和耐久性的要求，同时满足其抗冻、抗渗和抗侵蚀的需要。隧道主要建筑材料见表 2.3.2。

表 2.3.2 隧道主要建筑材料

项目		材料
二次衬砌	拱部、边墙和仰拱	C30 防水混凝土、C35 防水钢筋混凝土
初期支护	喷混凝土	C25 或 C30 喷混凝土
	系统锚杆	ϕ22 mm 组合中空注浆锚杆、ϕ22 mm 砂浆锚杆、ϕ22 mm 树脂早强药包锚杆
	钢筋网	HPB300 钢筋，ϕ6 mm、ϕ8 mm
	格栅、钢架	HPB300、HRB400，工字钢、HW 型钢
	锁脚锚管	热轧无缝钢管，ϕ42 mm，t = 5 mm
超前支护	超前小导管	热轧无缝钢管，ϕ42 mm，t = 3.5 mm；ϕ60 mm，t = 5 mm
	大管棚	ϕ108 mm 钢管，t = 6 mm；ϕ159 mm 钢管，t = 6 mm
	中管棚	ϕ89 mm 钢管，t = 5 mm
水沟电缆槽	水沟、电缆槽	C30 混凝土、C35 钢筋混凝土
	水沟、电缆槽盖板	C35 钢筋混凝土
仰拱填充		C20 混凝土
洞门	直切、斜切式洞门	C35 钢筋混凝土
	端墙	C35 钢筋混凝土
	挡墙、翼墙	C30 混凝土
	截水天沟	C25 钢筋混凝土，湿陷性黄土地段加设三七灰土垫层

注：本表适用于 T1、T2 环境作用等级的隧道，其他环境作用等级隧道二次衬砌混凝土最低抗压强度根据《铁路混凝土结构耐久性设计规范》(TB 10005—2010) 设计。

2.3.8 防水及排水措施

隧道的防排水设计，采用“防、排、堵、截结合，因地制宜，综合治理”的原则，对于隧道穿过断裂破碎带，预计地下水较大，采用以排为主可能影响生态环境时，可根据实际情况采用“以堵为主，限量排放”的原则，达到堵水有效、防水可靠、经济合理的目的。设计总体原则如下：

（1）隧道防水等级满足《地下工程防水技术规范》(GB 50108—2008)规定的一级防水标准，即隧道衬砌和设备洞室衬砌不渗水，目测检测表面观察无湿渍，安装设备的孔眼不渗水。

（2）隧道二次衬砌混凝土采用防水混凝土，抗渗等级不小于P8。当地下水对混凝土具有侵蚀性时，抗渗等级不小于P12。

（3）暗挖隧道拱墙初期支护与二次衬砌之间铺设防水层。防水层由EVA或ECB防水板和土工布缓冲层组成，防水板厚度不小于1.5 mm，土工布质量不小于400 g/m^2。

2.3.9 抗震设计及国防要求

根据《铁路工程抗震设计规范(2009年版)》(GB 50111—2006)，对符合表2.3.3条件的隧道进行验算，视情况而定是否需要设防。

表2.3.3 隧道抗震验算范围

项 目	动峰值加速度	
	0.1g，0.15g	0.2g及以上
洞门墙及洞口挡土墙(翼墙)	不验算	验算
洞口、浅埋和偏压地段隧道衬砌	验算	验算
明洞或区域性断层破碎带地段隧道衬砌	验算	验算

抗震隧道洞门结构通常采用钢筋混凝土浇筑。隧道洞门及洞口段衬砌、明洞、浅埋和偏压地段设防段长度一般不小于40 m，并设置变形缝。

长度大于等于5 km的隧道洞口及洞身浅埋段，根据国防要求设防。隧道设防段的衬砌采用钢筋混凝土结构，设防段长度为40 m。

2.3.10 洞内附属工程设计

隧道内设备洞室的设置以满足专业要求为主。长度大于500 m的隧道洞内可根据相关专业的需要设置综合设备洞室。洞室间距为单侧500 m，两侧交错布置。隧道内设置双侧电力电缆槽和通信、信号电缆槽(其中通信、信号电缆同槽合设，并采用分束敷放)。根据接触网专业要求，隧道二次衬砌内预埋滑道槽。滑道槽处增设钢筋网片及架立钢架，以确保安全。按专业要求设置洞室及管线过轨。

2.3.11 辅助坑道设计

辅助坑道设置的目的是增加隧道施工的工作面以缩短工期，改善施工通风、排水条件，缩短运输距离等。辅助坑道一般为临时性隧道附属工程，当作为运营及防灾服务使用时，如运营通风风道、救援疏散通道、泄水洞等，则为隧道永久性工程。

1. 辅助坑道的选择

辅助坑道的选择通常遵循以下原则：

（1）辅助坑道的设置，应根据隧道长度、工期、地形、地质、水文等条件，结合施工和运营期间通风、排水、防灾救援、人员疏散及弃渣的需要，通过技术经济比较确定。辅助坑道可单个设置或多个组合设置。

（2）辅助坑道的设置必须具有改善施工条件、缩短工期、为运营服务，并兼顾探明地质情况等的综合作用。

（3）辅助坑道方式的选择，首先选择横洞，其次为斜井及平行导坑。

（4）平行导坑一般用在工程、水文地质条件复杂的隧道，一般情况下不选择竖井。

（5）辅助坑道尽量采用无轨运输形式，以便与正洞的运输形式相协调。

（6）辅助坑道的座数及位置，根据隧道长度、地质条件、工期、防灾救援及存在风险程度等条件综合确定。

（7）井底车场与隧道中线连接处的平面交角宜采用40°~45°，确实因为地形原因导致角度偏小时，可以将斜井中线设置成折线形式。

（8）无轨斜井的最大纵坡不宜大于10%，横洞井身坡度不宜大于-3%。

（9）斜井与正洞相交处斜井设置井底缓坡段，长度为40 m。当在运营期间斜井作为避难所使用时，井底应留出足够长的避难空间(60 m)，避难空间坡度不大于3%。井深每200~250 m设置一处错车平台，错车平台的长度为25 m，井底车场及错车平台的纵坡为3%。

2. 辅助坑道尺寸

一般单车道无轨运输辅助坑道的断面采用5.0 m×6.0 m(宽×高)，双车道无轨运输辅助坑道断面采用7.5 m×6.2 m(宽×高)。辅助坑道内轮廓Ⅱ、Ⅲ级围岩采用直墙形式，Ⅳ、Ⅴ级围岩采用曲墙形式。

2.3.12 生态环境及水土保持措施

隧道修建对生态环境的影响主要表现在边仰坡开挖对植被的破坏、隧道弃渣占地、施工期间污水的排放等几方面。针对以上影响，隧道施工主要采取以下措施：

（1）隧道洞口位置的选择贯彻“早进晚出”的原则，优先采用帽檐式等环保型洞门。

（2）隧道边仰坡尽量少开挖，减少对地表植被的破坏。边仰坡开挖后，应采用绿色防护手段设计和施工，保持与周边环境相协调。

（3）隧道修建可能引起大量地下水流失地段，采取“以堵为主”的防排水原则，尽量减少地下水的流失。

（4）隧道出渣经检验合格，应尽量用作混凝土骨料及路基填料。不能利用的渣石，弃在选定的渣场内。渣场尽量选择在荒地、旱地中，尽量不占用条件好的农田。渣场要修建挡渣墙等护渣砌体，或结合环境条件进行绿化，恢复植被，防止水土流失。有条件的地方，应造地还田。

（5）施工场地及临时工程用地要安排合理、紧凑，尽量不占良田。对施工排放的污水、污浊空气、粉尘及其他废弃物，要先进行处理，再排放至指定地点，不能对当地环境造成污染。

（6）隧道附近有建筑物或居民点时，采用控制爆破开挖，减少施工对附近居民的影响。

（7）沉淀池设在洞口附近，两端施工时隧道两端均设置沉淀池，一端施工时则只施工端设置。设置辅助坑道时，沉淀池设在辅助坑道口。沉淀池的净尺寸一般为4 m×4 m×1.5 m(长×宽×深)，并用30 cm厚浆砌片石铺砌，当隧道洞身地下水丰富时可适当加大沉淀池尺寸。

参考文献

[1] 徐鹤寿，郝有生. 高速铁路建筑限界的研究[J]. 中国铁道科学，1998,(4):76-83.

[2] 中国铁路总公司. 铁路技术管理规程(高速铁路部分)[S]. 北京：中国铁道出版社，2014.

[3] 国家铁路局. 高速铁路设计规范(TB 10621—2014)[S]. 北京：中国铁道出版社，2014.

[4] 赵勇，唐国荣，倪光斌，等. 我国高速铁路隧道主要技术标准和关键技术[J]. 铁道经济研究，2006,(6)：29-33，42.

[5] 赵勇，倪光斌，唐国荣. 客运专线隧道衬砌断面优化的研究[J]. 铁道标准设计，2005,(12)：4-6.

[6] 铁道部工程设计鉴定中心. 关于特长铁路隧道采用单洞双线和双洞单线形式的比较[R]. 2009.
[7] 铁道部工程设计鉴定中心. 高速铁路隧道[M]. 北京: 中国铁道出版社, 2006.
[8] 国家铁路局. 城际铁路设计规范(TB 10623—2014)[S]. 北京: 中国铁道出版社, 2015.
[9] 中华人民共和国铁道部. 铁路隧道防灾救援疏散工程设计规范(TB 10020—2012)[S]. 北京: 中国铁道出版社, 2012.
[10] 中华人民共和国建设部, 中华人民共和国国家质量监督检验检疫总局. 铁路工程抗震设计规范(GB 50111—2006)[S]. 北京: 中国计划出版社, 2006.

第二篇　勘察设计

3 地质勘察

设计是工程建设的灵魂，工程勘察是设计的基础。隧道工程是典型的岩土工程，地质勘察尤为重要。本章重点叙述高速铁路隧道地质勘察的特点、地质勘察技术、主要工程地质问题，最后介绍隧道围岩分级方法。

3.1 地质勘察的特点

高速铁路具有运行速度高、曲线半径和限制坡度大、安全标准高等技术特征。尤其是山区高速铁路，隧道工程的占比很高，隧道勘察和选址直接控制着线路方案的比选，传统意义上的地质选线在高速铁路勘察中更显重要。高速铁路隧道勘察是以地质选线为先导，以提高线路抵御自然灾害能力和控制建设风险为原则，以保证运营安全为目标渐次开展的。与常规铁路隧道勘察相比，高速铁路隧道勘察主要有以下特点：

1. 综合地质勘探技术的应用更为广泛

综合地质勘探技术是测绘、物探和钻探综合运用的一项地质勘察技术，也是我国铁路勘察 60 多年来总结出来的一套行之有效的方法，其精髓已经贯穿于铁路现行规范、规程和铁路勘察各阶段。与普通铁路相比，高速铁路的隧道比重更大，长于 10 km 的隧道更多。与此同时，近 10 年来综合地质勘探技术也得到了广泛应用。大面积地质测绘和工程地质详细测绘主要以遥感技术为主，在遥感工程地质解译的基础上指导地面地质测绘工作；地面地质测绘又指导工程物探，物探技术主要以(人工源、天然源)大地电磁、综合测井、常规电法、激化法为主；与普通铁路隧道相比，高速铁路隧道深孔钻探的密度更大，数量更多，深孔勘探及其综合测井技术有了很大的提高，隧道深孔内的地应力、地温、放射性、有害气体测试已经极为普遍。隧道围岩稳定性评价和围岩分级几乎都是在地质测绘、物探和钻探资料的基础上综合分析确定的。

2. 工程地质测绘和隧道方案比选的范围更大

在高速铁路选线中，由于线路曲线半径大，局部的线路平纵断面优化都会导致较长范围的线路方案变化，这就要求大面积地质测绘不仅仅局限于需要加深地质和开展专项地质工作的地形困难、地质复杂地段，而是几乎涵盖全部山区。隧道方案比选中，隧道群的整体地质条件评价往往比单一的隧道地质条件评价更重要。换言之，山区高速铁路选线的核心就是那些地质风险较高的隧道地质条件的评价和风险控制。地质选线是地质、地形、站位、环境保护、技术经济、技术风险、运营安全等诸多因素的综合比选。

3. 施工期、运营期地质灾害风险评估的安全性要求更高

地质灾害带来的风险会直接影响高速铁路隧道的运营安全，地质灾害风险评估需要在勘察设计阶段从源头上加以控制。致灾的地质因子很多，如采空区、大型滑坡、活动断裂带、岩溶及岩溶水、煤层瓦斯、高地温、膨胀岩(土)、多年冻土、湿陷性黄土等。在勘察设计阶段，都需要对涉及的可能致灾地质因子进行评价和评估，高致灾的因子应通过地质选线避免。如石家庄至太原客运专线，原设计方案是石家庄经阳泉、寿阳至太原，受阳泉、平定附近大量采空区的影响，后来选线采用石家庄经盂县至太原方案，绕避了煤系地层和采空区，采用长度为 27.8 km 的隧道穿越太行山，这是典型的采空区致灾控制的地质选线实例。

4. 隧道洞口斜坡稳定性及重力地质灾害的评价更精细

高速铁路隧道洞口段，列车风压变化和微气压波的影响更大，洞口斜坡也明显受气象、地震等自然

因素的影响，洞口上方岩土体的稳定性问题对运营安全而言更加突出。因此，洞口斜坡的范围应包含整个自然斜坡，自然斜坡和人工边坡应分别进行稳定性评价。我国是地震多发国家，在地震区，还应在罕遇地震条件下对斜坡进行稳定性评价。我国地形地貌复杂多变，山区多高陡斜坡，危岩落石对运营安全的影响问题已经越来越突出，甚至多数情况下影响了隧道选址。一些高陡斜坡上的危岩落石，不仅治理困难，治理效果也难于评估。通常情况下，危岩落石严重的隧道洞口应通过地质选线避免，原则上隧道应选择在山嘴或低矮边坡进洞，并在深切河谷区、危岩落石发育区，尽量采用较长隧道来减少隧道洞口的数量。例如贵阳至南宁高速铁路，在河池至都安段，通过岩溶峰丛地貌区，曾设计了投资较少的短隧道群方案，由于峰丛高陡、危岩落石较多，已影响到隧道群洞口的运营安全，故而舍去，采用长隧道群、减少洞口数量的相对安全的线路方案。

5. 隧道的环境地质评价更敏感

隧道工程与地表环境密切相关。随着全社会对环境状态的持续关注，隧道工程引发的环境问题需要从勘测设计阶段加以重视，尽量减少其对环境的影响。隧道的环境问题可以分为两类：一类是城市区浅埋隧道，隧道工程的环境影响主要是周边建(构)筑物的结构安全、地下水下降、施工噪声、施工排水等；另一类是山区隧道，隧道工程的环境影响主要是地表失水、跨流域隧道排水、地表植被生态、施工污水等，如果涉及各类保护区及饮用水源地问题，环境地质评价就更为敏感和谨慎。

6. 隧道群整体地质条件的评价更重要

以隧道群的方式穿越山区是高速铁路常采用的选线原则，由于线路标准高，很难绕避所有的不良地质问题，隧道工程地质条件评价和选址就演变为长大段落的地质选线问题。它不是单个工点的问题，而是整段线路的问题，要从全局的角度去评价每一段隧道、桥梁、路基工程的地质条件，着重于控制整段线路各类工程的地质风险，做出经济合理的选择。

7. 地质专题研究更深入

高速铁路建设遭遇的各类复杂地质问题越来越多，有些已经超出规范规定的的范围和深度，因此常需要开展一些地质专题研究与评价。比如在地震区，常开展活动断层鉴定评价与地震安全性评价；在采空区，常开展采空区专题研究；在含煤或天然气田地层区，常开展有害气体专题研究评价；在地热区，常开展高地温专题研究与评价；在花岗岩区，常开展放射性专题研究评价；在高地应力区，常开展软岩变形和硬岩岩爆专题研究评价。

8. 施工地质和超前地质预报技术的推广应用更全面

由于我国基础地质资料相对薄弱，铁路建设周期相对较短，勘察阶段对隧道围岩体的认知无法做到准确无误，因此施工地质对于隧道设计、施工尤为重要。现行规范、规程将勘察工作延伸到隧道建设的全过程，不仅是在工程建设的前期预可研、可研和初步设计阶段重视地质勘察工作，在施工过程中，也大力推广施工地质工作和全面实行隧道施工地质超前预报技术，采用掌子面地质素描和勘探相结合、长距离和短距离预报相结合、物探和超前钻孔相结合等形式，为隧道工程的施工提供准确的地质参数，并用于调整初期支护措施和结构设计，减少地质灾害的发生，保证运营阶段的安全。

3.2 地质勘察技术

3.2.1 勘察基本要求

隧道勘察，主要是根据勘察不同阶段的任务、目的和要求，针对隧道工程的特点，开展调查、测绘、勘探和试验等工作，并编制勘察报告，做到搜集资料齐全、准确，满足设计要求。隧道勘察各阶段调查的内容及范围等见表 3.2.1。

隧道勘察应从宏观到微观，由粗到细，遵循综合地质勘探原则。

表 3.2.1 隧道勘察各阶段调查的内容及范围

阶段	时期	目的	内容	范围
初测	从研究比较线路到决定隧道线路	获取可行性研究选线所需的地形、地质及其他环境条件的资料，并为下一阶段调查提供基础资料；为判断隧道工程采用合理的施工方法提供必要的依据	地形、地质、环境、障碍物调查，大件设备运输条件调查等，一般根据既有资料及现场踏勘	包括比较线路在内的范围
定测	从决定隧道线路后到施工前	获取初步设计、施工组织、概算等所需资料；为设计提供地质参数	地形、地质、环境、障碍物调查属于详细调查，包括各项措施、施工设备、弃渣场等具体内容	与隧道有关的地点及周围地区
施工勘察	施工期内	预测和确认施工中产生的问题，变更设计、施工管理等	地形、地质、环境等调查，洞内量测、开挖工作面观察、预计对施工的影响并制定措施等	隧道内及受施工影响的范围

1. 隧道工程外部环境条件调查

隧道工程外部环境条件调查主要包括以下内容：

（1）自然条件调查，主要以地形地貌特征为主，其中包括自然地理，如山脉、水系、地形的陡缓、高程、地表植被、建筑物分布、与地质结构有关的地形地貌特征（如河流形态、阶地、溶蚀洼地、漏斗、峰丛、断层崖、沙丘）等的概括情况。

（2）施工环境调查，主要包括周围建筑物及人居状态，用以评估隧道施工对周围居民生产生活可能产生的影响及应采取的措施。

（3）环境保护调查，主要包括隧址区自然、生态、农林资源、水源等保护区的分布、范围、保护等级等，并确定相应的环境保护措施。

（4）气象调查，包括气温、气压、风、湿度、降雨量、洪水、晴雨情况、降雪量、积雪及雪融期以及地层冻结深度，这些资料对隧道设计和施工都是必需的。

（5）施工条件调查，主要包括建筑材料及水、电供应情况，交通条件，施工场地及弃渣条件，也包括生活供应、医药卫生条件及开挖洞口的用地和建筑物拆迁等。

2. 隧道工程地质、水文地质调绘

隧道工程地质、水文地质调绘主要包括以下内容：

（1）查明地层、岩性及地质构造特征，重点查明地层岩性分布、地质构造性质、类型、规模，断层、节理、软弱结构面特征及其与隧道的组合关系和围岩的基本物理力学性质等。

（2）查明地表水水系和井泉分布；查明地下水类型及地下水位，含水层的分布范围及相应的渗透系数、水量、水压、水温和补给关系，水质及其对混凝土的侵蚀性，有无异常涌水、突水等。

（3）查明影响隧道洞口安全或洞身稳定的崩塌、错落、岩堆、滑坡、岩溶、人为坑洞、泥石流、雪崩、冰川等不良地质现象和偏压等地质问题，分析其类型和规模及发生原因、发展趋势，判明对隧道影响的程度。对于隧道浅埋段及洞口段，应查明覆盖层厚度、岩土体的风化和破碎程度、含水情况，评价其对隧道洞身围岩及洞口边、仰坡稳定的影响。对于傍山隧道，外侧洞壁较薄时，应预测偏压危害。

（4）查明不良地质、特殊岩土对隧道的影响，评价隧道可能发生的地质灾害，特别是对洞口及边仰坡的影响，提出工程措施意见。查明含水砂层、风积沙、黄土、盐岩、膨胀土、多年冻土、软土、填土等特殊岩土，分析其成因、范围及岩土力学特性及对隧道的影响程度。

（5）查明有害气体、矿体及具有放射性危害的地层，确定分布范围、成分和含量。查明洞身是否通过煤层、气田、膨胀性地层、采空区、有害矿体及放射性核素富集的地层等，并进行工程地质条件评价。

（6）查明地应力水平，重点评价高地应力可能引起的大变形、岩爆分布范围及影响程度。评价深埋及构造应力集中地段，对坚硬、致密、性脆岩层应预测岩爆的可能性，对软质岩层应预测围岩大变形的可能性。

（7）濒临水库地区的隧道位于水库规划水位以下时，评价其与水库的水力联系。

（8）通过地震动峰值加速度0.1g及以上的地区时，应调查历史地震对既有建筑物的毁损情况、自然破坏现象等，结合岩性、构造、水文地质等条件，确定地震动参数，分析评价其对隧道洞身稳定性和洞口斜坡稳定性的影响。

3. 隧道地质勘察和试验

隧道工程地质勘探和试验一般应满足以下要求：

（1）对于地质条件复杂的隧道，应在遥感判释的基础上，加强地质调绘，采用物探、钻探、试验与测试相结合的综合勘探方法；应综合利用深钻孔，进行多种参数试验。系统评价隧道的工程地质条件及水文地质条件。

（2）对于特长或地质条件复杂的隧道，应采用多种勘测方法进行勘探和测试。重点地段应布置两条以上测线，并增加横向勘测断面。

（3）钻孔位置和数量应视地质复杂程度而定。洞门附近有覆盖层时，应布置勘探点；地质复杂、长度大于1 000 m的隧道，洞身应按不同地貌及地质单元布置勘探孔查明地质条件；主要的地质界线，主要的断层、重要的不良地质、特殊岩土地段，可能产生突泥、突水地段等处应有钻孔控制，重要物探异常点应有钻探验证；穿越城市和大江大河的隧道应按相关规定进行勘探或专题研究。洞身地段的钻孔位置宜布置在中线外8～10 m；钻探完毕，应回填封孔。

（4）钻探深度应至隧底以下3～5 m；遇溶洞、暗河及其他不良地质时，应适当加深至溶洞及暗河底以下5 m。

（5）埋深小于100 m的较浅隧道或洞身段沟谷较发育的隧道，勘探点间距不宜大于500 m；埋深较大隧道勘探点的布置应根据地质调查及物探成果专门研究确定。

（6）区域性断层和重大物探异常点应布设控制性勘探点。

（7）钻探中应作好水位观测和记录，探明含水层的位置和厚度，并取样作水质分析。水文地质条件复杂的隧道，应做水文地质试验，测定岩土的渗透性，计算涌水量，必要时应进行地下水动态观测，并测定地下水的流向和流速。

（8）应取代表性岩土试样进行物理力学性质试验。

（9）对有害矿体和气体，应取样作定性、定量分析。

（10）通过粉土、黏性土、黄土地段的隧道，应根据设计需要增加渗透系数和固结系数等项目的试验。

4. 施工阶段地质勘察

施工阶段地质勘察宜采用掌子面地质素描、物探、超前钻孔、孔内摄像、导坑等综合超前地质预报方法，主要包括以下内容：

（1）核定围岩岩性、结构、构造、地下水及围岩级别等情况，为验证或修改设计提供依据。

（2）超前预测掌子面前方的地质状况，解决施工中遇到的工程地质及水文地质问题。

（3）当施工揭示地质条件与勘察差别较大时，应进行必要的洞内外补勘工作。

3.2.2 勘察方法

高速铁路具有曲线半径大、沉降要求高等特点，对勘察质量的深广度和设计资料参数的准确性提出了更高的要求。铁路隧道勘察以查明隧道工程地质和水文地质条件为目标，通常采用综合地质勘探技术，必要时进行专题地质研究。勘察方法主要有遥感工程地质解译、工程地质与水文地质测绘、物探、钻探、原位测试、岩土试验与测试等。

1. 综合勘探

1）综合勘探的含义

综合勘探方法就是根据地形、地质条件、工作阶段、工程类型等，采用多种配合手段，使取得的地质资料互相验证、取长补短，综合分析，以最小的勘探工作量达到最佳勘察效果的技术方法。

为适应中国复杂的自然条件和不断提高的技术标准，高速铁路隧道的勘探摒弃了传统的以地面调绘和钻探为主的勘探技术模式，发展为综合利用航天、航空遥感技术、物探技术(包括电探、磁探、震探、电磁、重力、层析、测井、航空等)、钻探、挖探(包括井探、坑探、槽探)、原位测试与室内土工试验等多种手段进行综合勘察的技术模式，从整体上提高了铁路地质勘察的质量和效率。开展综合勘探，已成为铁路系统工程地质勘察的基本勘探原则。各种勘探方法的选用，主要根据地形及地质条件、地层岩性、地质构造特征确定。

2）综合勘探中各种方法的应用原则

综合勘探中使用的方法包括遥感地质、地质调查测绘、物探、原位测试、钻探、土工试验等。

(1) 遥感地质：利用遥感图像信息丰富的特点，从遥感图像上判释、解译出铁路沿线区域的地层、岩性，地质构造、不良地质等主要工程地质条件，形成遥感工程地质判释成果，指导地面地质调绘。

(2) 地质调查测绘：在综合勘探中，地质调查测绘是最基本的、全局性的工作，是各种技术方法选择和布置勘探点的依据，是对各种地质信息进行综合分析的纽带和基础，贯穿于整个勘测阶段的全过程。

(3) 物探：物探具有方法多、勘探深度大、易于面积施测的特点，合理应用物探，能提高地质勘探宏观控制水平，减少钻孔布置的盲目性。采用物探方法可测定地层电阻率、极化率、磁化率、弹性波速度、地基刚度、地脉动、放射性、地温、地应力等各类物性和地质参数，为工程设计直接提供各种所需地质参数。

(4) 原位测试：原位测试是一种在现场对地基岩土直接进行多种参数测定的综合方法。

(5) 钻探：钻探用于查明基础地质条件，验证地质调绘以及其他勘探手段的推断与解释；进行水文地质试验，获得土工试样，进行物探测井，取得工程地质、水文地质参数。

(6) 土工试验：土工试验就是通过野外取样，对试样进行按工程设计及施工需要的化学、物理力学等指标的试验，是钻探、原位测试、物探鉴别土名和取得试验参数的主要依据。

3）综合勘探工作程序

综合勘探工作可按图 3.2.1 所示流程安排。

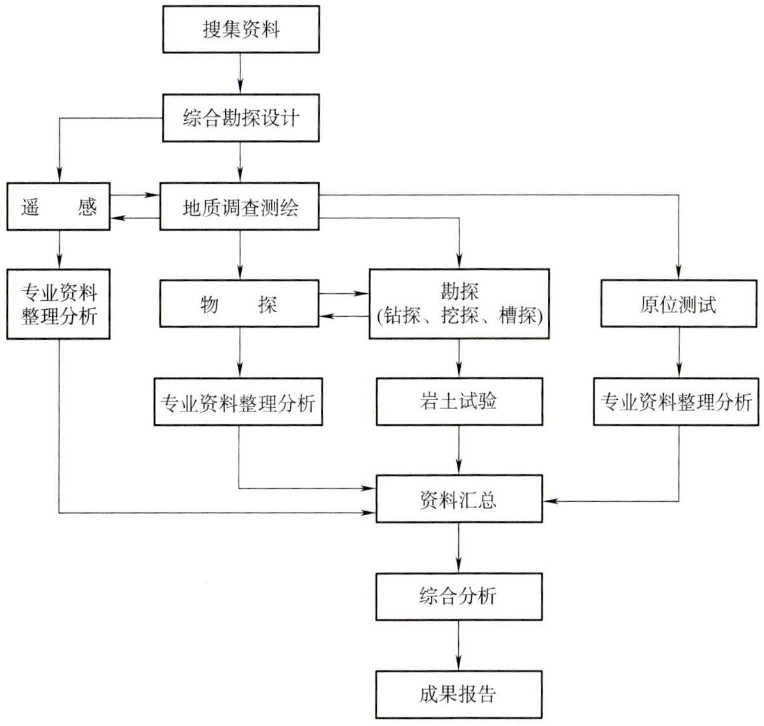

图 3.2.1　综合勘探流程

4）不同地质条件典型综合勘探模式

通过近年来高速铁路隧道的修建，针对不同的地质条件，形成以下各种综合勘探模式：

（1）岩浆岩、深变质岩基岩裸露地区综合勘探模式

在搜集区域地质资料、航片判释和地质调绘的基础上，初步查明岩体界线、地质构造、地下水发育特征，采用综合物探方法，查明重要的物探异常区（段），采用深孔钻探验证物探异常区。物探方法可以根据侵入岩、喷出岩和变质岩的电性、磁性特征，查明其分布状况，根据弹性波速度确定岩层完整性和风化程度，为隧道围岩分级提供参数。隧道埋深较大（200～2 000 m）地区，常采用天然场高频大地电磁法或大地可控源音频大地电磁法。

（2）岩浆岩、深变质岩基岩覆盖地区综合勘探模式

在探测较大范围的覆盖层厚度及穿过覆盖层探测其地下地质构造时，应探测和追踪陡立的低阻岩层、岩脉、断层的位置和产状。采用电剖面法和地震折射波法精度较高；采用电测深法和地震折射波法探测覆盖层和风化层厚度效果较好；探测含水断层破碎带及含水情况，可采用高密度电法或高密度震法；当覆盖层下不同岩层有明显磁性差异时，用磁法可探查隐伏的基岩岩性和隐伏的断层位置。重要异常部位应布置钻孔验证。

（3）沉积岩、浅变质岩单斜岩层构造区综合勘探模式

首先应充分发挥遥感判释和地面调绘的作用，通过地区标准地层层序对比，查明基本地质构造格局。当岩层呈单斜产状倾向山体，地质调绘资料能从地表将各层岩性推测到隧道设计高程时，宜采用地震折射波法探测浅部完整基岩界面速度，将地层波速推至设计高程（隧道洞身），并充分利用钻孔对各地层岩性进行声波测试，将地表和钻孔两种方法测得的纵波速度进行比较，与完整岩芯波速值对比，得出合理的波速值、波速分段和完整系数，结合地质资料综合分析，确定隧道围岩分级。

（4）沉积岩、浅变质岩平缓褶曲构造区综合勘探模式

对于以砂页岩交互、软硬相间的地层，特别是含煤地层或千枚岩及含石膏等极软的地层地段，岩层产状平缓，呈平缓褶曲构造时，采用地震反射波法、电测深法，取得二维或三维地层反射图像，配合控制性钻孔，准确查明地层岩性及其弹性波速度。

（5）沉积岩、浅变质岩覆盖层厚的强磁性地层综合勘探模式

覆盖层下基岩的不同岩层有明显的磁性差异时，用磁法并与弹性波探测和电法相结合，探查隐伏的基岩岩性分层和隐伏的断层位置。

（6）土石界面综合勘探模式

地表为第四系松散地层覆盖，下伏基岩，需查明覆盖层厚度及基岩面埋深时，常采用在地质调绘的基础上，以综合物探配合钻探（或静、动探）的综合勘探模式。

（7）覆盖型岩溶塌陷区综合勘探模式

岩溶塌陷区可采用钻探结合物探方法（电测深法、激发极化法、多频电磁法、瞬变电磁法、地震反射波法或瑞雷波法）。

当岩溶洞穴埋深大于洞径数倍，用地面物探不易发现和确定其空间位置时，宜采用地下电磁波法、声波透视法和地震波透视法或综合测井进行二维或三维探测。

（8）可溶岩与非可溶岩混杂分布区综合勘探模式

先结合航片、卫片判释，用电法（电测深、电剖面或高密度电法）、电磁法（多频电磁法、瞬变电磁法）、磁法、地震折射波法从面上划分出可溶岩分布范围，然后在可溶岩地区进行详细勘探工作。

（9）地下暗河及深层大型岩溶综合勘探模式

追索暗河通道和测定地下水流速、流向，可采用充电法、电剖面法及自然电场法。深层大型岩溶采用音频大地电磁法。在此基础上布置钻孔，钻探后再做孔内物探（跨孔电磁波透视）。

（10）浅层岩溶综合勘探模式

裸露型或覆盖层厚度较薄的浅层岩溶分布地段，探测深度在 10 m 以内时，在地质调绘的基础上可采用地质雷达配合钻探。

(11) 有电性差异的滑坡体及岩堆综合勘探模式

当滑动面和岩堆底界面上、下岩体电性有明显区别时，采用电测深法，查明滑坡和岩堆的地下空间条件和地下水、过湿带的空间分布形态、地层物理特征、岩体结构与构造格局，确定滑动面和岩堆底界面的位置及空间几何形态，而后在确定的中轴位置钻探或挖探。

(12) 有弹性波速差异的滑坡体及岩堆综合勘探模式

当滑动面和岩堆底界面上、下岩体弹性波速有差异时，可采用地震折射波法或瑞雷波法探测滑动面和岩堆底界面大体位置。滑坡和岩堆体较厚(大于30 m)时，可采用地震反射波法进行横纵两个方向的剖面测量，获取二维或三维直观的滑坡和岩堆体地层结构剖面图，并指导布置钻孔。

(13) 地下水丰富的滑坡综合勘探模式

当在滑坡中测试地下水条件变化时，应利用钻孔充电法测定地下水的流速和流向，配合电测深工作进一步确定滑坡体含水层埋深、厚度、地下水的补给关系、排泄条件及水力联系。钻孔充电等电位线法还可定性评价地下水对滑坡稳定性的影响程度。

(14) 活动性断裂带综合勘探模式

在充分搜集和利用区域地质、地震资料的基础上，使用航测遥感手段，在地面进行详细地质调查测绘，建立小区岩层层序剖面图，然后采用各种物探手段进行普查，最后在重点工程位置和关键部位采取以钻(挖)探为主、物探为辅的详查，综合应用地质学、地貌学、地震学、测量学、同位素测年法等多学科进行理论分析。

2. 遥感技术

遥感技术具有探测范围广、采集数据快，能动态反映地物光谱和几何特征，具有图像信息量大、信息综合性强等特点，因此，在地质勘探中得到广泛、有效的应用。

遥感地质解译，分航天卫星遥感图像解译和航空遥感图像解译。航天卫星遥感图像多以数字遥感影像为信息源，解译过程通常采用ERDAS、ENVI、ArcGIS等遥感图像处理和地理信息系统软件为解译平台，采用人工解译和图像智能识别相结合的方法，根据地质体遥感解译标志，判释解译岩性、构造、接触关系、不良地质等地质现象；航空遥感图像多数为各类航空像片，解译过程通常采用立体镜进行人工判释解译，航空像片具有分辨率高、几何立体影像逼真等特点，尤其适合大比例尺工程地质图的遥感解译，在铁路部门已有60年的应用历史和经验，是铁路系统遥感应用的主要手段。遥感图像判释解译过程，是地质人员以遥感图像地物波谱和几何特征为基础，综合运用地形、地貌、地质知识，判释地层岩性、地质构造和重力不良地质现象的过程。铁路遥感地质解译填绘的工程地质图通常采用1∶10000或者更大比例尺图件。

大比例尺工程地质遥感解译，首先从搜集分析区域地质、地震、地形、地貌资料开始，详细梳理测区内地层岩性层序和地层上的标准剖面，根据工程地质岩组及其组合特征、岩石抗风化能力、岩石微地貌特征等，建立测区内各地层群组(岩组)的遥感解译标志层。通常，一些地层岩组内的软岩带、厚层硬岩带都可以作为地层的解译标志。地质解译实际上就是从空中近距离观测浅地表地质现象，与地面地质测绘异曲同工，解译质量主要取决于解译人员的地质经验和对测区地质资料的研究程度。因此，与地面地质测绘一样，地层岩性的解译是其他地质解译的基础，也是最困难和最需要经验的。地质构造和不良地质现象解译是在地层解译之后开始的，解译的难度相对较小，判对率也较高。遥感解译标志的建立是至关重要的，往往需要反复深入地研究区域地质资料，经历几个建立解译标志、解译、现场验证、修改解译标志、再解译的循环过程。地面地质调绘中的由点到线、由线到面的方法，同样适用于遥感地质解译。

地质解译是一项集中体现解译人员的知识和经验的综合性极强的工作，遥感图像的信息量极为丰富，解译就是信息的综合分析判断。大自然总体上是协调的，任何微地貌上的差异都是地质内、外营力综合营造的结果，判释人员需要具备极其敏锐的发现力和地质综合知识。

谁解译谁验证调查是铁路系统一贯坚持的遥感地质工作的原则。经过解译—验证—再解译—再验证的过程，它不仅可以提高本区的地质解译质量，也会丰富解译人员的经验积累。

3. 工程地质调绘

工程地质调绘是铁路工程地质勘察工作最基本的方法，它是在遥感地质解译的基础上进行的，其成果是选择采用各种地质勘探手段的基础和依据，并指导各种勘探手段的进行，指导对各种勘探手段获取的勘探成果的分析验证。

工程地质调绘工作按照资料收集(区域地质资料、既有工程地质勘察资料、航卫片资料、气象资料、地震资料、水文地质资料、矿产分布资料、地区建筑经验)、航卫片判释、野外调绘等三个步骤进行，需要完成地形地貌、地层岩性、地质构造、不良地质、特殊岩土、水文地质等多项地质调绘内容，最终分析整理完成工程地质调绘成果资料，是一个认识不断深化的过程。

1) 工程地质调绘准备工作

(1) 资料收集

主要收集区域地质资料，其中航片资料一般采用1:10 000、1:35 000、1:50 000比例尺，卫片资料一般采用1:200 000、1:500 000比例尺。

(2) 航卫片判释

结合既有地质资料，在室内进行判释(解译)，划分地形地貌、地质构造、地层岩性和不良地质等。采用遥感影像资料解译手段进行工程地质测绘时，现场地质验证观测点的数量宜为工程地质测绘点数的30% ~50%。

2) 工程地质调绘内容

(1) 地　　貌

调查地貌的成因类型和形态特征，划分地貌单元，分析各地貌单元的发生、发展及其相互关系，并划分各地貌单元的分界线。

(2) 地层岩性

①沉积岩地区：岩相的变化情况、沉积环境、接触关系，观察层理类型，岩石成分、结构厚度和产状要素；可溶岩地区岩溶发育规律和岩溶形态的大小、形状、位置、充填情况及岩溶发育与岩性、层理、构造断裂等的关系。

②岩浆岩地区：岩浆岩的类型、形成时代、产状和分布范围；岩脉、岩墙产状、厚度及其与断裂的关系，侵入体间的穿插关系。

③变质岩地区：研究变质岩的变质类型、变质程度，并划分变质带；产状、原始成分、原有性质和节理、劈理、片理、带状构造等微构造的性质。

(3) 地质构造

各构造形迹的分布、形态、规模和结构面的力学性质、序次、级别、组合方式以及所属的构造体系，褶皱的性质、类型和两翼的产状、对称性及舒展程度，断裂构造的性质、类型、规模、产状、上下盘相对位移量及断裂带宽度、充填物及胶结程度，富水程度、断裂破碎带及影响带宽度，新构造运动的性质、强度、趋向、频率，分析升降变化规律及各地段的相对运动，特别是新构造与地震、地热的关系，节理、裂隙的产状、性质、宽度、成因和充填胶结程度。

(4) 不良地质作用

滑坡、错落、崩塌(危岩落石)、岩堆、泥石流、人工坑洞、有害气体、放射性、岩溶、风沙等不良地质作用的形成条件、规模、性质及发展状况。

(5) 第四纪地质

沉积物的年代、成因类型。

(6) 地表水和地下水

河流及小溪的水位、流量、流速、洪水水位和淹没情况；水井的水位、水量、变化幅度及水井结构和深度；泉的出露位置、类型、温度、流量和变化幅度；地下水的埋藏条件、水位变化规律和变化幅度；地下水的流向和水力梯度、地下水的类型和补给来源、化学成分及其对各种建筑材料的腐蚀性；岩溶区需对岩溶水做专题研究。

3）工程地质调绘范围和精度

（1）工程地质调绘范围

铁路建设引起的工程地质现象可能影响的范围，影响铁路建设的不良地质作用的发育阶段及其分布范围，对查明沿线地层岩性、地质构造、地貌单元等问题有重要意义的邻近地段，地质条件特别复杂时可适当扩大范围。

（2）区域工程地质图

区域工程地质图包括全线工程地质图（1∶100 000～1∶200 000）、卫片遥感判释图（1∶100 000～1∶200 000）、构造纲要图（1∶1 000 000～1∶2 000 000）等，主要依据区域地质资料（地质志、1∶200 000 区域地质报告等），范围应包括线路两侧各 10～30 km，根据区域地质资料和现场核对的成果，填绘纵断面示意图和代表性横断面图。

（3）详细工程地质图

详细工程地质平面图采用 1∶2 000～1∶10 000 平面图，范围包括线路两侧 200～1 000 m；详细工程地质断面图（纵、横）应与详细工程地质平面图对应，充分反映与工程有关的主要地质条件。岩溶区岩溶水文地质填图范围应涵盖完整的岩溶水文地质单元。

4. 物探技术

物探工作贯穿于铁路的勘察设计（包括加深地质工作、初测、定测、补定测）、施工、运营各个阶段，其中大部分物探工作集中在定测和补定测阶段。

物探由于带状和面状上的连续分布特性，在众多勘探方法中有不可替代的作用。在高速铁路隧道勘察中，物探可提供地层岩性、地质构造、地下水富水性和围岩完整程度等极其重要的地质参数。

勘察设计期间的隧道工程勘探，主要采用在隧道上方地面进行的以音频大地电磁法为主的物探。例如，沪昆高速铁路贵州和云南段，线路全长 744 km，共有隧道 256 座，总长 389 km，隧线比超过 52%，所做的音频大地电磁法勘探工作最具代表性，物探在宏观探测隧道的工程地质条件、指导深孔钻探布置方面发挥了重要作用。

施工期间则采用以在隧道掌子面进行以隧道地震波预报法为主的物探。目前在建的大部分铁路隧道，特别是高风险隧道和极高风险隧道均进行了超前地质预报工作，即在地质调查法的基础上，在隧道掌子面采用地震波预报法（如 TSP）进行超前地质预报，同时在隧道地震波预报法预报的岩溶强烈发育异常段落补充进行地质雷达法或时域瞬变电磁法预报工作，在物探法预报工作结束后，对物探异常段落进行超前钻探（超前地质钻探、加深炮孔）法预报和验证工作。

物探方法众多，各有优点和缺点。采用两种或两种以上的物探方法，即综合物探取长补短，资料相互印证，可以增加物探资料的可靠度。表 3.2.2 为不同地质或环境条件下物探方法选择及其组合。

表 3.2.2 不同地质或环境条件下物探方法选择及其组合

铁路工程地质勘探或工程检测问题	优先选用或组合的物探方法
探测深度小于 30 m 的土石界线、断层、滑坡和岩堆勘探	1. 地震反射波法 2. 地震折射波法 3. 直流电测深法
探测深度小于 30 m 的岩溶勘探	1. 普查：直流电测深法 2. 无覆盖土且地面平整时探测：地质雷达法 3. 精细探测：井间电磁波层析成像法
探测深度小于 30 m 的软土勘探	1. 瑞雷面波法 2. 直流电测深法
探测深度小于 30 m 的冻土勘探	1. 直流电测深法 2. 瑞雷面波法 3. 地质雷达法
探测深度大于 50 m 的勘探	1. 探测深度小于 2 km：音频大地电磁（CSAMT 或 AMT）法 2. 探测深度大于 2 km：大地电磁（MT）法

续上表

铁路工程地质勘探或工程检测问题	优先选用或组合的物探方法
水(海)域勘探	地震反射波法
小煤窑采空区勘探	1. 采空区埋深大于50 m：音频大地电磁法和放射性测试 2. 采空区埋深小于50 m： (1) 普查：直流电测深法以及放射性测试 (2) 中等精度探测：超高密度电法或地震反射与散射联合成像法 (3) 比较精细探测：井间地震波层析成像法
隧道掌子面超前地质预报	隧道地震波预报法为主，瞬变电磁法、地质雷达和红外线探测法为辅
隧道衬砌质量检测	地质雷达法，多波法
桩基检测	地震反射波法(小应变法)，孔间投射波法，高应变法
道床检测	1. 瑞雷面波法 2. 地质雷达法 3. 直流电测深法
地下管线探测	1. 金属管线：管线探测仪法 2. 非金属管线：地质雷达法
测　　试	1. 大地导电率：直流电测深法(等比装置) 2. 土壤电阻率：直流电测深法 3. 剪切波速度：地震横波测井 4. 围岩弹性波速度：地震纵波或声波测井 5. 放射性辐射强度：放射性测井

5. 钻探技术

钻探是最直观、最可靠的方法之一。地质钻探可较准确地了解地层岩性、地质构造、岩体的风化破碎程度、土体的软硬性质、地下水的特征及它们的分布范围，并通过岩土、水的取样试验、孔内原位测试、物探综合测井、水文地质试验、地应力测试和瓦斯压力测试等工作，满足设计和施工需要的工程地质和水文地质资料及各种参数。

在施工阶段，根据物探等超前地质预报的情况，对前方地质体判释不明时，也应采取超前钻探技术，探明前方详细的工程地质情况，特别是水量、水压、断层破碎带范围等。

6. 原位测试技术

原位测试技术的优点是在工程场地进行测试，无需采样；试样体积比室内试验样品大，能反映宏观结构(如裂隙、夹层等)对岩土体性质的影响，很多测试技术方法可连续进行，更能反映岩土体剖面及其物理力学性质指标。其缺点是难于控制测试中的边界条件。

原位测试方法众多，目前采用的主要方法、测试内容见表3.2.3。

表3.2.3　原位测试试验项目

试验方法	测定参数	主要试验目的
标准贯入试验	标准贯入击数 N(击)	1. 判别土层均匀性和划分土层 2. 判别地基液化可能性及等级(标准贯入试验) 3. 估算砂土密实度、黏性土状态 4. 估算土体基床系数和比例系数 5. 估算土体强度指标 6. 选择桩基持力层，估算单桩承载力 7. 判断沉桩的可能性
动力触探试验	动力触探击数 N_{10}、$N_{63.5}$、N_{120}(击)	
旁压试验	初始压力 p_0(kPa)，临塑压力 p_f(kPa)，极限压力 p_L(kPa)和旁压模量 E_m(kPa)	1. 估算地基土强度和变形指标 2. 计算土的侧向基床系数 3. 估算桩基承载力 4. 确定土的原位水平应力和静止侧压力系数(自钻式旁压试验)

续上表

试验方法	测定参数	主要试验目的
静力触探试验	单桥比贯入阻力 p_s(MPa)，双桥锥尖阻力 q_c(MPa)，侧壁摩阻力 f_s(kPa)，摩阻比 R_f(%)，孔压静力触探的孔隙水压力 u(kPa)	1. 判别土层均匀性和划分土层 2. 估算地基土强度和变形指标 3. 估算土的侧向基床系数和比例系数 4. 判断盾构推进难易程度 5. 估算桩基承载力 6. 判断沉桩可能性 7. 判别地基土液化可能性及等级
载荷试验（平板、螺旋板）	比例界限压力 p_0(kPa)，极限压力 p_u(kPa)，地基基床系数 K_s(kN/m^3)	1. 评定岩土承载力 2. 估算土的变形模量 3. 计算土体竖向基床系数
扁铲侧胀试验	侧胀模量 E_D(kPa)，侧胀土性指数 I_D，侧胀水平应力指数 K_D和侧胀孔压指数 U_D	1. 划分土层和区分土类 2. 计算土的侧向基床系数 3. 判别地基土液化可能性
十字板剪切试验	不排水抗剪强度峰值 c_u(kPa)和残余值 c'_u(kPa)	1. 测求饱和黏性土的不排水抗剪强度和灵敏度 2. 估算地基土承载力和单桩侧阻力 3. 计算边坡稳定性 4. 判断软黏性土的应力历史

7. 岩土试验及测试

试验及测试主要内容是土工试验、岩石试验和岩土化学分析。

土工试验包括含水率、密度、颗粒密度、颗粒分析等常规物理性质试验；固结、直接剪切、三轴压缩、无侧限抗压强度、承载比等力学性试验；界限含水率、渗透、湿化、毛细管水上升高度、自由膨胀率、膨胀率、膨胀力、收缩等水理性试验；动三轴、共振柱等动力特性试验；击实、地基系数 K_{30}、动态变形模量 E_{vd}、二次变形模量 E_{v2} 等施工控制性指标试验；导热系数、导温系数、比热容等热物理指标试验；黄土湿陷性、冻土、改良土等特殊性试验。

岩石试验主要有岩石的含水率、颗粒密度、密度、吸水率及饱和吸水率等岩石的物理性试验，岩石的单轴抗压、抗剪、抗拉、单轴压缩变形试验等力学性试验，岩石的薄片鉴定试验、岩石黏粒含量测定试验、岩石的膨胀性试验、岩石耐崩解性指数试验、岩石的声波速度试验等。

岩土化学分析包括水和土的腐蚀性试验、土的膨胀性试验、有机质含量试验、易容盐含量试验、难溶岩含量试验、烧失量含量试验等。

3.3 主要工程地质问题

高速铁路隧道中遭遇的主要工程地质问题，如围岩失稳、突发涌水、涌泥、岩爆、地热、有害气体等与普通铁路隧道大同小异，但由于大断面隧道及特长隧道的大量出现，也带来一些新问题，如高地应力软弱围岩大变形问题、高压富水构造带突水涌泥问题、第三系泥质弱胶结饱水砂岩失稳问题等。本节结合工程实践进行简单介绍。

3.3.1 高地应力软弱围岩大变形问题

高速铁路隧道开挖断面大，如设计时速为 350 km 的双线铁路隧道开挖断面积达 160 ~ 175 m^2，开挖跨度达到 14 ~ 15 m，洞室稳定性差，变形控制难度大。对于硬质岩隧道，地应力较高时，极易发生岩爆现象；对于软质岩隧道，地应力较高时，可能会发生大变形现象。在中国已经修建的高速铁路隧道中，高地应力软弱围岩大变形问题比较突出。如兰新第二双线大梁隧道，全长 6 550 m，就有长度为3 333 m 的隧道段发生大变形，初期支护混凝土多处出现开裂、剥落，钢架扭曲变形，部分地段累计沉降量达 545 mm，累计最大收敛值为 503 mm。经补充勘察，分析发生大变形的原因主要有以下几方面：

1. 高地应力影响

隧道位于青藏高原东北缘，该区新构造运动比较活跃，其类型和表现形式多样，地应力场复杂多变。区域主应力方向以北北东为主，勘测阶段实测最大水平主应力方向为 N10°E ~ N21°E，最大水平主应力优势方向为 N35°E，最大水平主应力最大值为 12 MPa（孔深270 m）；施工阶段实测最大水平主应力方向为 N15°E ~ N44°E，最大水平主应力最大值为 25. 1 MPa，整体为高地应力状态。

2. 软岩工程性质差

进口和斜井工区围岩以薄层状板岩为主，夹炭质板岩，出口段以灰岩夹板岩为主，岩体破碎 ~ 极破碎，岩质软，且软硬不均，夹层较多，变化频繁，岩石的物理力学性质差，岩体破碎、强度低，开挖后自稳能力差。

3. 岩体受区域地质构造影响严重

变形段位于祁连山地槽北祁连褶皱带内，该带为地壳厚度高度变异地带，地质构造复杂，新构造运动强烈，且经历了构造变形，褶皱、断裂发育，隧道出口段通过 F_5 区域性断裂。

4. 地下水作用

大梁隧道地处祁连山中高山区，在大地构造位置上位于祁连褶皱系一级大地构造单元，隧道通过 F_5 区域性断裂及五牛河脑—托拉沟上游向斜，受构造影响，洞身段褶曲发育，岩体较破碎 ~ 破碎。根据施工揭示，地下水分布不均匀，主要在进出口段出露基岩裂隙水，对软岩和软弱夹层具有明显软化作用，减小了结构面间摩擦系数和岩体间结合力，使围岩稳定性变差。

针对以上问题，设计采取了注浆加固围岩、加强支护结构、增设泄水洞、优化施工工艺等工程措施。

3. 3. 2　高压富水构造带突水涌泥问题

通常认为，水压高于 1 MPa、水量大于 1 000 m^3/d 的构造称为高压富水构造。富水构造围岩稳定性极差，高速铁路隧道穿越高压富水构造时易产生突水涌泥，给施工安全带来极大风险。当前，由于勘察手段有限，地质勘察很难查清每个构造的详细水文地质情况，在构造中地质钻孔困难，易卡钻、掉钻，因此，勘察时对水量、水压一般很少提供定量数据。厦深铁路梁山隧道在建设过程中，遇到富水全风化软弱带，多次发生突水涌泥，涌泥总量达 5 万 m^3，对施工造成极大影响。

1. 基本情况

厦深铁路梁山隧道位于福建省漳浦县和云霄县境内，全长 9 888 m。隧道穿越地层主要为花岗岩地层，但在 DK96 + 505 处（埋深为270 m）隧道揭示软弱构造（L_7），软弱带宽 20 ~ 25 m，发生数次大规模突水涌泥及地表塌陷。该软弱带具有深埋、富水、陡倾等特点，其涌泥过程复杂、规模大，地质条件罕见，扰动后围岩力学性质特殊，处理难度大。

2. 工程地质条件分析

由于梁山隧道地处特定的大地构造环境、多期次的岩脉侵入地带、湿热温润的亚热带，水化学作用强烈等特殊环境形成隧道特殊的构造软弱带。由于构造作用，节理、拉张裂隙发育，又有多期岩脉侵入、蚀变、囊槽状风化作用，加之富水软化、水化学作用等综合因素，形成软弱带，因此梁山隧道地层具有岩性、地质构造相对简单，但水文地质、工程地质条件比较复杂的特点。由于地面地质勘察的局限性，很难从地面勘察判断出深部岩脉发育的确切分布位置和工程特性。

（1）特定的大地构造环境

梁山隧道所在构造单元为闽东火山断坳带的福鼎—云霄断陷带，该断陷带呈北东向带状展布，长 480 km，宽 50 ~ 80 km，是福建最主要的火山喷发带，在漫长的地质历史时期，形成多旋回的构造运动、多期次的岩浆活动、多期的变质作用，形成复杂的构造。

（2）多期次的岩脉侵入

梁山区域经历了晚侏罗至早白垩四次燕山期侵入岩的多旋回改造，加上太平洋板块的 NW 向俯冲，在中性和酸性花岗岩侵入体上形成 NW 向构造裂隙带。这些构造裂隙带延伸几百米至数千米规模不等，后期的基性岩浆和中性岩浆沿这些裂隙带侵入，且以岩脉或岩墙产状表现为主，辉绿结构的辉绿岩具有斑杂构造，属低温浅成侵入岩。矿物中钙镁铁化学成分相对中酸性侵入岩较高，遇水极易产生水化学风化，与其两侧的中酸性花岗岩体产生差异风化及侵入蚀变，形成带状深层风化岩体。

（3）复杂的水文地质特征

由于该区存在两个水库及两条地表沟槽，且地表线路中心及右侧为负地形，地表水的补给较丰富；而地下水则有构造裂隙水、基岩裂隙水、孔隙水等，同时受不同岩性、节理裂隙等控制，其赋水、补给、运移、排泄等均十分复杂。该区位于湿热温润的亚热带，以水化学风化为主，故在岩体破碎、地下水发育等条件下，水化学作用强烈，在地下水的水解和淋滤作用下，破碎花岗岩和周边完整基岩产生差异风化，形成带状软弱带。

3. 工程措施

针对梁山隧道富水涌泥带，设计采用迂回坑道排水降压、旋喷桩超前加固掌子面、双层初期支护加强、双侧壁导坑法施工等工程措施，历时两年多，攻克了该处富水软弱带突水涌泥的难题。

3.3.3 第三系泥质弱胶结饱水砂岩失稳问题

在中国高速铁路隧道修建过程中，遇到一些特殊不良地质问题，其中第三系泥质弱胶结饱水砂岩失稳问题非常有代表性。第三系泥质弱胶结饱水砂岩是一种具有特殊工程性质的岩层，现有的勘察方法和手段难以查明其复杂的岩性特性。该类地层受地下水影响大，掌子面扰动后工程性质迅速恶化，掌子面自稳能力差，易滑动、涌砂、坍塌；饱水后泥质弱胶结丧失，演变为高密实度、低渗透系数的饱水砂层，采用管棚超前支护，开挖后管棚间漏砂严重；基底浸泡后软化，加之施工扰动，基底呈稀糊状，导致基底承载力不足、翻浆冒泥，两侧边墙常发生片帮、侧向涌砂等灾害。以下结合具体工程实践作简单介绍。

1. 干庆隧道第三系未胶结含水砂层

大同至西安客运专线干庆隧道地处山西省运城市闻喜县境内，全长 6 693 m，设计为 350 km/h 双线大断面隧道。隧道于 2010 年 5 月开工，2013 年 9 月贯通。

（1）工程地质

隧道洞身穿越地层为上更新统（Q_3）新黄土、粉砂，中更新统（Q_2）老黄土、粉砂，第三系上新统（N_2）粉质黏土、细砂、粉砂、圆砾土，局部夹砂岩，不同地层间结合差。

（2）水文地质

该区域地下水按赋存条件为第四系孔隙潜水、第三系上层滞水性质囊状水。其中，第四系孔隙潜水主要赋存于第四系松散层中，主要含水层为碎石类土及砂类土，在黄土与下伏地层接触带附近存有少量上层滞水，水位随季节的变化而变化；第三系上层滞水性质囊状水，赋存于第三系砂类土、碎石类土以及半胶结砂岩裂隙中，受地层复合程度影响，差异性大，分布极不均匀。

（3）砂层主要特点

干庆隧道开挖揭示的第三系上新统地层的主要特点：拱部上台阶或上中台阶为细砂，密实，稍湿，少量泥质半胶结，遇水易软化；中台阶或中下台阶为粉质黏土，棕红色，硬塑～软塑，遇水易软化，强度降低较多，手捏呈软塑状；下台阶或仰拱底为含水砂层、圆砾，密实，呈压密结构，局部具泥质半胶结；出水点位于上台阶拱腰及两侧拱脚部位，砂层富水后灵敏度变高，触变性增强，施工中一旦隔水层被打穿，地下水的运移路径发生变化，动水可诱发砂层和粉质黏土等围岩失稳，存在较大的涌水、涌砂风险。

开挖揭示的第四系上更新统地层的主要特点：上台阶或局部上台阶为粉砂，含水率高，隧道左侧局部有流水，流量为 5～10 m^3/h，可注性差；中下台阶为老黄土，硬塑，局部夹细砂，遇水易软化，砂土分界面含水率较高，强度降低较多，手捏呈软塑状，均属于软弱围岩。

(4) 工程难点

第一，掌子面开挖时多次发生涌水、涌泥、涌砂。涌泥、涌砂段地层主要由第三系上新统粉质黏土、砂类土、碎石类土、半胶结状砂岩及第四系上更新统细砂、黄土等组成，岩性复杂多变，各向异性，软硬不均。涌水、涌泥是隧道开挖后地下水运移路径变化、动水诱发砂层、粉质黏土失稳所致，短时间内形成堆积体，无阻挡封闭时间，难以施工，且一旦在前方开挖扰动过程中发生流砂、涌砂等情况，会促使断面外部砂层呈现漏斗形扩散状态，即在后方初期支护背后形成较大空腔，如处理不当容易留下安全隐患，如图 3.3.1 和图 3.3.2 所示。

图 3.3.1　隧道掌子面涌砂情况

图 3.3.2　掌子面涌砂喷混凝土封闭

第二，拱脚承载力不足，容易收敛失稳。初期支护钢拱架立设在承载力较差的富水细砂、粉质黏土、黄土等软弱地层中，如何控制其变形成为该隧道的技术难题。

第三，初期支护完成后易发生大变形。受涌水、涌泥影响，粉质黏土、细砂地层受开挖扰动，使地下水运移路径发生变化，砂层中的地下水向粉质黏土层渗流并浸泡形成软塑状，导致隧道产生挤压大变形，容易造成支护侵限。

(5) 工程措施

针对该隧道地质问题，现场有针对性地采取纤维锚杆、水平旋喷桩超前加固掌子面，扩大拱脚并加强锁脚锚管控制拱脚变形，超前大管棚注浆超前支护，加强钢架和喷混凝土初期支护，洞外地表井点降水和洞内超前排水降压等综合措施，控制了工作面的稳定和支护变形。

2. 上白隧道第三系未胶结干砂地层

大西客运专线上白隧道位于山西省闻喜县东镇境内，全长 1 717 m，设计为 350 km/h 双线大断面隧道，最大埋深为 126 m。洞身穿越第四系上更新统坡、洪积层(Q_3^{dl+pl})新黄土，第四系中更新统洪积层(Q_2^{pl})老黄土、细砂，上第三系上新统(N_2)粉质黏土、细砂、细圆砾土及砂岩。

开挖和取样试验揭示，该隧道穿越的砂层的主要特点是：第一，以浅黄褐色粉砂、细砂为主，颗粒粒径主要集中在 0.075 ~ 0.25 mm 区间，约占总重的 80% ~ 93%，颗粒较均匀，颗粒级配差；第二，干燥，天然含水率仅为 2% ~ 4%；第三，密实状态，黏聚力低。此类砂层灵敏度高，触变性强，施工过程中受施工扰动，极易引起漏砂及涌砂。开挖过程中由于掌子面处失去侧限，出现砂层表层剥落、坍塌，出现涌砂，给施工造成很大困难。

补充勘探后的地质资料揭示，全隧道穿越不同程度的干燥水平细砂层。由于开挖漏砂严重，超前管棚方案无法实施，后经研究并经专家论证，决定采用全断面洞内超前水平深层咬合桩预加固方案，并采用上、中、下三台阶开挖配合临时仰拱的施工工法通过了粉细砂层。

3.3.4　岩溶及突、涌水问题

中国的西南山区，特别是鄂西、贵州和川渝地区，岩溶极其发育，高速铁路隧道在修建过程和运营后，经常受到岩溶及大量突然涌水问题的影响。

1. 岩　　溶

可溶岩和水是岩溶发育的基本条件，岩石的可溶性、透水性、水中 CO_2 含量和流动性都是影响岩溶发育的重要因素。岩溶主要分布在石灰岩、白云岩、石膏、大理岩等可溶岩地区，可溶岩石受水体以化学溶蚀为主、机械侵蚀和崩塌为辅的地质营力综合作用，所产生的地质现象有溶洞、溶槽、溶沟、溶陷洼地、落水洞、暗河等。岩溶洞穴及突泥、突水是影响隧道施工和运营安全的主要隧道灾害，包括土体失稳、地表开裂下沉塌陷、洞顶板过薄塌陷、隧道大量涌水等。

岩溶勘察主要是查明场地安全和对地基稳定有影响的岩溶发育规律、岩溶形态的规模、密度及空间分布情况，可溶岩顶部土体厚度、空间分布，岩溶水的循环交替等。勘察应采用地质调绘、物探、钻探、测试等综合勘探方法。

2. 岩溶突水、涌水

在隧道施工中经常会遇到大量、突然涌水的灾害，重者造成人身伤亡、隧道及设备被淹、地表水疏干，轻者造成停工减产。经分析总结，隧道发生大量涌水的基本规律如下：

（1）长隧道遇地下水危害的概率较大，随着长度的增加，其出现地下水危害的可能性也增大；越岭隧道绝大部分都有地下水，涌水量相对也较大；浅埋于河、海、湖下的隧道，其涌水补给量大，涌水数量也大。

（2）隧道涌水常与气候条件有关。气候湿润、雨雪多、地表径流大的地区，隧道发生地下水危害的概率大于干旱少雨雪地区，且与季节有关；旱季时洞内只是滴渗水或有相对稳定涌水量，雨季涌水量猛增，特别是岩溶水在这方面表现尤为突出；在寒冷地区冬季则有冻害。

（3）有涌水的隧道及涌水地段，常在开始开挖时有大量涌水，随着隧道开挖的推进，涌水量逐渐增大，其初期涌水量也达到最高峰。当有稳定补给源时，经过一段时间，动、静储量相对平衡，即保持较稳定的涌水量；无稳定补给源时，随着静储量的流失或上层滞水的渲泄，地下水位降低，其涌水量逐渐减小，以致仅有滴水和渗水。衬砌施作完成后，洞身出水点处于被封闭状态，地下水在新的水文地质条件下达到补排平衡。

（4）隧道涌水与地质条件密切相关。透水岩层与相对不透水岩层的接触带、可溶性岩层与非溶解岩层的交接带、断层破碎带尤其是深大断裂破碎带、向斜构造的轴部与背斜构造的两翼等地下水较发育。孔隙裂隙多和可溶性岩石地层，遇地下水危害的可能性较大。在节理裂隙极多的风化砂岩、砾岩和石灰岩地区的隧道，大多会有较大涌水。

（5）从地下水类型看，以岩溶水危害最大。在高速铁路隧道修建过程中，涌水超 10 000 m^3/d 的隧道约 70% 属于岩溶水，它不仅具有突发性，而且随季节变化极端剧烈，特别是连续大雨后涌水量猛增，而平时或旱季则水量极小甚至断流。

3. 主要工程措施

对于岩溶溶腔的处理，根据开挖揭示，不同的岩溶形态可采取填充、架桥、混凝土路基、支顶、隧道护拱等有针对性的工程措施。如针对沪昆客运专线贵州段朱砂堡 2 号隧道特大溶腔，就采用了综合处理的措施。

朱砂堡 2 号隧道位于沪昆客运专线贵州段玉屏东至三穗车站间，起讫里程为 D2K473 + 452 ~ D2K473 + 957，全长 505 m，最大埋深为 49 m，洞身主要通过寒武系下统薄层灰岩，地表植被发育。原勘察设计发现隧道出口附近发育克麻塘暗河进口，并在线路右侧发现有暗河出口，且暗河水流量较大，虽采取物探和钻探等手段，但未发现隧道洞身存在大的物探异常。2011 年 5 月隧道开挖时揭示，D2K473 + 505 ~ D2K473 + 800 段洞身附近为一巨型溶洞，隧道靠近溶洞侧上方通过，溶洞底部纵向长约 90 m、横向宽约 53 m、高约 58 m，溶洞下方 40 m 还发育有暗河和落水洞，暗河顺线路方向延伸至 D2K473 + 780 处与隧道相交，预测暗河最大流量为 233 万 m^3/d。为确保岩溶段隧道结构的长期安全稳定，满足无砟轨道基础沉降控制的要求，经多次专家会审，决定对朱砂堡 2 号隧道 D2K473 + 505 ~ D2K473 + 800 长 295 m 段岩溶采取综合整治方案，即在隧道山体下方增设泄水洞，截断暗河在隧道底部和溶洞空腔的水流，将暗河水在洞外引排；在正洞左侧设置迂回平导，绕开溶腔，增加工作面；在溶腔底部设置施工导洞，开辟工作面，以清理溶腔底部的填充物，加固溶腔基底；对于隧道底部溶腔，采用混凝土圬工回填；正洞支护结构采取加强措施等。

对于大量突然涌水问题，由于高速铁路隧道排水沟能力所限，为确保高速列车运营安全，通常采用增加泄水洞进行排水降压的工程措施。如长昆客运专线贵州段和贵广客运专线隧道就设置了大量的泄水洞，见表3.3.1。

表3.3.1　贵广客运专线及长昆客运专线贵州段设置泄水洞隧道统计

序号	隧道名称	隧道长度（m）	线　别	地下水性质	最大涌水量（m^3/d）	设置泄水洞长度（m）
1	麻拉寨隧道	2640	长昆客运专线	岩溶水	19800	1494
2	茅坪山隧道	7713	长昆客运专线	岩溶水、裂隙水	144000	6908
3	高旁隧道	5321	长昆客运专线	岩溶水	243000	1467
4	茶厅隧道	1475	长昆客运专线	岩溶水	133000	470
5	坡桑隧道	3140	长昆客运专线	岩溶水	565000	3233
6	捧古隧道	9376	长昆客运专线	岩溶水	522000	4601
7	马桑哨隧道	4725	长昆客运专线	岩溶暗河水	1430000	1937
8	小高山隧道	2857	长昆客运专线	岩溶水	260000	743
9	斗磨隧道	2076	长昆客运专线	暗河水	23000	328
10	大独山隧道	11882	长昆客运专线	岩溶暗河、管道	1368000	12435
11	岗乌隧道	13187	长昆客运专线	岩溶水	2330000	6663
12	丫口寨隧道	4497	长昆客运专线	岩溶暗河、岩溶水	684000	2664
13	光照隧道	5523	长昆客运专线	岩溶水	567000	2093
14	何家寨隧道	8000	长昆客运专线	岩溶水、基岩裂隙水	55000	1175
15	刘家庄隧道	7583	长昆客运专线	岩溶水	60000	1783
16	林家屋基隧道	5843	长昆客运专线	岩溶水	47000	3441
17	白岩脚隧道	4480	长昆客运专线	向斜富水构造、岩溶水	32000	1078
18	太阳庄隧道	4509	贵广客运专线	岩溶水	59400	718
19	斗篷山隧道	7368	贵广客运专线	岩溶水	90000	2090
20	团寨隧道	2014	贵广客运专线	岩溶水	20000	124
21	胡山隧道	4112	贵广客运专线	岩溶水	122690	1865
22	大源隧道	525	贵广客运专线	岩溶水	3000	102
23	东科岭隧道	4947	贵广客运专线	岩溶水	100155	1090
24	坪山隧道	6360	贵广客运专线	岩溶水	147260	3000
25	三都隧道	14637	贵广客运专线	岩溶水	134307	1107
26	油竹山隧道	9896	贵广客运专线	岩溶水	168250	2371
合　计						64980

3.3.5　地下有害气体

在我国西南地区高速铁路隧道施工中，经常遇到瓦斯等有害气体的涌出，对施工和运营造成安全隐患。所以，地下有害气体也是高速铁路隧道常见的主要工程地质问题。

1. 有害气体的特征

地下有害气体的总称叫瓦斯。常见的有害气体及其特征见表3.3.2。

表 3.3.2 常见的有害气体的种类及特征

有害气体名称	特征
甲烷(CH_4)，即一般所指的瓦斯	为无色、无味、无臭的气体，比重为0.554，常聚集在隧道顶部。当瓦斯浓度达43%～57%时，空气中含氧量降低到9%～12%，足以引起人的窒息。瓦斯含量在5%～6%以下时，不会产生爆炸，但会在高温下燃烧；当含量达6%～16%时，就会产生爆炸
一氧化碳(CO)	遇氧易燃烧、易爆炸，具毒性
二氧化碳(CO_2)	比重大(1.524)，常聚集在坑道下部。含量达6%时，会引起剧烈喘息；含量达10%时，可使人呼吸停止
硫化氢(H_2S)	虽然有毒，但微量对人体无害；有臭味，易发觉；易燃，易溶于水，对水泥有侵蚀性
氮气(N_2)	无毒，但易形成无氧空气；比重小，常聚集在坑道顶部。多出现于新近期岩浆岩地层

2. 瓦斯的危害

瓦斯对人的危害主要是燃烧和爆炸。瓦斯燃烧时遇到障碍会受压缩，能转燃烧为爆炸。瓦斯爆炸时，体积能扩大4倍或更大。隧道内瓦斯爆炸后，洞内会充满灼热的瓦斯混合物，主要为氮气和二氧化碳，空气中几乎完全没有氧气。爆炸时会产生高温，封闭状态的爆炸温度可达2150～2650℃，能向四周自由扩散时的爆炸温度也可达1850℃。因此，隧道内瓦斯爆炸会造成极大的事故，在勘察设计和建设过程中应给予高度重视。

瓦斯爆炸必须具备两个条件，一是洞内空气中的瓦斯已达到爆炸限度含量，二是火源。

3. 瓦斯从地层中逸出的类型

瓦斯从地层中逸出有瓦斯涌出、瓦斯突出、煤和瓦斯突出三种形式。

(1) 瓦斯涌出：从煤层或岩层中均匀地放出瓦斯，放出速度缓慢，但延续时间长，有时带一种嘶音(轻微的破裂音响或轻微的哨响)。

(2) 瓦斯突出：大量瓦斯在压力状态下，从煤层裂隙中放出，包括短时间的喷出或长时间的喷出。

(3) 煤和瓦斯突出：在压力状态下，在很短时间(几分钟乃至几秒钟)内煤和瓦斯突然大量喷出，并伴随有强烈的声响和强大的机械效应(冲击力量)，喷出的松散煤块可由几吨至几千吨。

4. 成贵铁路瓦斯隧道情况

成都至贵阳铁路是在建设计速度目标值为250 km/h的高速铁路，全长515 km，共有隧道189座，总长246 km。成贵铁路所经地区为云南、贵州、四川三省资源相对集中的地区，煤层瓦斯、天然气贯穿全线，四川省境内主要为天然气，部分为煤层瓦斯，云南、贵州省境内主要为煤层瓦斯，均给隧道施工安全带来隐患。全线瓦斯、天然气情况分述如下：

(1) 煤层瓦斯

沿线有37座隧道穿过煤层，其中穿过龙潭组煤系地层有13座，穿过须家河组地层有15座，穿过梁山组等其他地层9座。龙潭组煤层和须家河组煤层煤质较好。沿线煤层均为高硫、高瓦斯煤层，沿线已探明煤层气储量达1000亿 m^3 以上。

成贵铁路在勘察期间共收集了886个大型煤矿资料，实测17个煤矿，对46个隧道进行了深孔勘探及孔内瓦斯压力测试、煤层解析等试验，经对所收集隧道附近煤矿资料及钻孔内测试资料的综合分析，全线共判定1座为瓦斯突出隧道(玉京山隧道)、17座为高瓦斯隧道(表3.3.3)，另外27座穿煤层隧道及受压覆煤层影响的隧道为低瓦斯隧道。

表 3.3.3 成贵铁路煤层区高瓦斯隧道一览表

序号	隧道名称	长度(m)	瓦斯涌出量(m^3/min)	煤层气地质概况	附近煤矿有无瓦斯爆炸或突出史
1	老房子隧道	6423	0.714	含煤1～10层，钻孔瓦斯压力为0.46 MPa	有瓦斯爆炸历史
2	天蓬隧道	8463	0.714	含煤1～10层，其中可采煤层为1～4层	有瓦斯爆炸历史
3	埂上隧道	5461	0.714	瓦斯压力为0.6 MPa	有瓦斯爆炸历史

续上表

序 号	隧 道 名 称	长　度（m）	瓦斯涌出量（m^3/min）	煤 层 气 地 质 概 况	附近煤矿有无瓦斯爆炸或突出史
4	玉京山隧道	6 306	7. 901	瓦斯含量为 13. 27 mL/g，瓦斯压力为 0. 9 MPa，为瓦斯突出隧道	多次爆炸、突出
5	下坝隧道	3 784	0. 714	地层夹煤线，局部为高瓦斯煤层	有瓦斯爆炸历史
6	文阁隧道	5 778	0. 714	地层夹煤线及炭屑，局部煤层为高瓦斯	有瓦斯爆炸历史
7	大地坎 1 号隧道	1 572	10. 876	煤层 11 ~ 31 层，瓦斯压力为 0. 15 ~ 0. 62 MPa	有瓦斯爆炸历史
8	庙埂隧道	4 841	2. 457	有煤层 7 ~ 10 层	有瓦斯爆炸历史
9	田坝隧道	4 882	0. 76	测试瓦斯压力为 1. 18 MPa	邻近正在勘探天然气，附近煤矿有瓦斯爆炸历史
10	高坡隧道	7 939	3. 224	煤层 11 ~ 31 层，瓦斯压力为 0. 15 ~ 0. 62 MPa	有瓦斯爆炸历史
11	小寨隧道	2 995	4. 59	煤层 7 ~ 10 层，瓦斯压力为 0. 21 MPa	有瓦斯爆炸历史
12	七扇岩隧道	2 548	2. 811	煤层 7 层，瓦斯压力为 1. 37 MPa	有瓦斯爆炸历史
13	观音山隧道	4 296	3. 144	煤层 5 ~ 8 层，瓦斯压力为 0. 4 MPa	有瓦斯爆炸历史
14	白杨林隧道	1 780	4. 55	瓦斯压力为 0. 48 MPa	有瓦斯爆炸历史
15	家祝湾隧道	3 480	4. 55	深孔气体测试结果为高瓦斯	有瓦斯爆炸历史
16	瓦窑湾隧道	1 487	4. 55	含煤层共 10 层，为区内主要开采矿层	有瓦斯爆炸历史
17	燕子岩隧道	1 723	4. 55	含煤层共 10 层，为区内主要开采矿层	有瓦斯爆炸历史
18	马堰隧道	1 333	4. 55	煤层 4 层，为高瓦斯隧道	有瓦斯爆炸历史

（2）天 然 气

四川盆地是三大天然气主产地之一，油气储层众多，已探明储量高达 5. 18 万亿 m^3。成贵铁路乐山至兴文段长约 236 km，沿线分布 19 个油气田、含油气构造，下伏 9 ~ 11 个产气层，油气垂向运移、浸染上部盖层，使得浅表砂泥岩中普遍含有天然气，且在垂向上深度与含气量呈正相关关系，部分深大裂隙具有导气功能；工业气藏埋深为 806 ~ 2 358 m。

勘察期间，现场共检测隧道 28 座，其中有天然气显示隧道 27 座，无天然气显示隧道 1 座。共检测钻孔 70 个，其中有天然气显示钻孔 67 个，占 95. 7%；无天然气显示钻孔 3 个，占 4. 3%。天然气显示最浅深度为 25 m，最大浓度为 6 500 ppm；孔深 70 m 内有天然气显示的钻孔 45 个，占所有钻孔的 64. 3%，测试天然气最大浓度为 14 680 ppm，天然气浓度值增加明显，存在天然气聚集浓度达到其燃爆极限的可能。孔深 70 m 以下，天然气浓度与深度总体呈正相关关系，天然气浓度随深度增加而增加，测试浓度最高达 526 350 ppm（可点燃）。成贵铁路天然气区高瓦斯隧道共 3 座。

3. 4　隧道围岩分级

隧道围岩系指隧道周围一定范围内对隧道稳定性能产生影响的岩（土）体。围岩的质量与岩体或土体特征，岩石的坚硬程度，岩体的完整程度、风化程度、地下水情况等地质条件密切相关。为方便隧道工程的设计和施工，国际上通用的做法是对隧道的围岩进行分类和分级，对应不同等级的围岩，采取不同支护参数和施工方法，所以围岩分级是正确进行高速铁路隧道设计和施工的基础条件。

中国现行的铁路隧道围岩分级方法总体上沿用了 1975 年原铁道部颁发的《铁路工程技术规范 · 第 3 篇　隧道》的分级思路及框架体系。其后，虽历经多次修改和补充，但其分级思路及框架体系始终未有大的变动。近几年，随着修建隧道经验的积累和研究的深入，提出分设计阶段围岩分级及施工阶段围岩详细分级共两阶段的围岩分级方法。

3.4.1 围岩分级指标

1. 围岩分级指标体系

围岩分级指标体系一般由基本分级指标、修正分级指标和综合分级指标组成。所谓基本分级指标，是指围岩所固有的、影响围岩稳定性的最基本属性的分级指标；所谓修正分级指标，是指对于不同类型的工程，对围岩稳定性影响程度不同的分级指标；所谓综合分级指标，是指由于测试条件、测试方法、测试标准的不统一，或不能经常被测试，因而不能经常采用，但是能够一定程度上综合反映围岩稳定状况的分级指标。

一般岩质围岩的分级指标体系中，基本指标采用岩石坚硬程度、岩体完整程度，修正指标采用地下水状态、初始地应力状态，综合指标采用弹性波速。碎石土围岩分级指标体系中，基本指标采用密实程度、细料含量、细料含水率，修正指标采用地下水状态；砂类土围岩分级指标体系中，基本指标采用密实程度、细粒含量、细粒含水率，修正指标亦采用地下水状态；黏质土围岩分级指标体系为液性指数(稠度状态)、塑性指数和天然密度。

2. 围岩分级指标表达方式

围岩分级指标可用定性值表达，也可用定量值表达。对于同一分级指标定量值，可以直接转换为定性值，但由定性值只能获得定量值的范围。

(1) 岩石坚硬程度

岩质围岩岩石坚硬定性值按表3.4.1确定，表中岩性类型A～E按表3.4.2确定。风化程度定性值按表3.4.3确定。

表3.4.1 岩质围岩岩石坚硬程度定性值

岩石类别		定性鉴定	代表性岩石
硬质岩	极硬岩	锤击声清脆，有回弹，震手，难击碎；浸水后，大多无吸水反应	未风化～微风化的A类岩石
	硬岩	锤击声较清脆，有轻微回弹，稍震手，较难击碎；浸水后，有轻微吸水反应	微风化的A类岩石；未风化～微风化的B、C类岩石
软质岩	较软岩	锤击声不清脆，无回弹，较易击碎；浸水后，指甲可刻出印痕	强风化的A类岩石；弱风化的B、C类岩石；未风化～微风化的D类岩石
	软岩	锤击声哑，无回弹，有凹痕，易击碎；浸水后，手可掰开	强风化的A类岩石；弱风化～强风化的B、C类岩石；弱风化的D类岩石；未风化～微风化的E类岩石
	极软岩	锤击声哑，无回弹，有较深凹痕，手可捏碎；浸水后，可捏成团	全风化的各类岩石和成岩作用差的岩石

表3.4.2 岩质围岩岩性类型划分

岩性类型	代表岩性
A	岩浆岩(花岗岩、闪长岩、正长岩、辉绿岩、安山岩、玄武岩、石英粗面岩、石英斑岩等)； 变质岩(片麻岩、石英岩、片岩、蛇纹岩等)； 沉积岩(熔结凝灰岩、硅质砾岩、硅质石灰岩等)
B	沉积岩(石灰岩、白云岩等碳酸盐类)
C	变质岩(大理岩、板岩等)； 沉积岩(钙质砂岩、铁质胶结的砾岩及砂岩等)
D	第三纪沉积岩类(页岩、砂岩、砾岩、砂质泥岩、凝灰岩等)； 变质岩(云母片岩、千枚岩等)，且岩石单轴饱和抗压强度 $R_c>15$ MPa
E	晚第三纪～第四纪沉积岩类(泥岩、页岩、砂岩、砾岩、凝灰岩等)，且岩石单轴饱和抗压强度 $R_c\leq15$ MPa

岩质围岩岩石坚硬程度定量值可用岩石单轴饱和抗压强度 R_c 表示。R_c 与岩石坚硬程度定性值的对应关系见表3.4.4。

表 3.4.3　岩石风化程度定性值

名　称	风　化　特　征
未风化	岩石结构构造未变，岩质新鲜
微风化	岩石结构构造、矿物成分和色泽基本未变，部分裂隙面有铁锰质渲染或略有变色
弱风化	岩石结构构造部分破坏，矿物成分和色泽较明显变化，裂隙面风化较剧烈
强风化	岩石结构构造大部分破坏，矿物成分和色泽明显变化，长石、云母和铁镁矿物已风化蚀变
全风化	岩石结构构造完全破坏，已崩解和分解成松散土状或砂状，矿物全部变色，光泽消失，除石英颗粒外的矿物大部分风化蚀变为次生矿物

表 3.4.4　R_c与岩石坚硬程度定性值的对应关系

R_c(MPa)	>60	60~30	30~15	15~5	<5
定性值	极硬岩	硬岩	较软岩	软岩	极软岩

无 R_c实测值时，可采用岩石点荷载强度指数 $I_{s(50)}$ 换算成岩石单轴饱和抗压强度 R_c，即

$$R_c = 22.82 I_{s(50)}^{0.75} \tag{3.4.1}$$

$I_{s(50)}$ 与岩石坚硬程度定性值的对应关系见表 3.4.5。

表 3.4.5　$I_{s(50)}$ 与岩石坚硬程度定性值的对应关系

$I_{s(50)}$(MPa)	>3.63	3.63~1.44	1.44~0.57	0.57~0.13	<0.13
定性值	极硬岩	硬岩	较软岩	软岩	极软岩

岩石风化程度定量值可用风化系数 K_f表示，K_f 按式(3.4.2)计算。

$$K_f = \frac{R'_{cw}}{R_{cw}} \tag{3.4.2}$$

式中　R'_{cw}——风化岩石饱和单轴抗压强度；

R_{cw}——新鲜岩石饱和单轴抗压强度。

K_f与岩石风化程度定性值的对应关系见表 3.4.6。

表 3.4.6　K_f与岩石风化程度定性值的对应关系

K_f	0.9~1.0	0.8~0.9	0.4~0.8	<0.4	—
定性值	未风化	微风化	弱风化	强风化	全风化

(2) 岩体完整程度

岩体完整程度定性值可按表 3.4.7 确定，表中结构面结合程度可按表 3.4.8 确定，岩层厚度可按表 3.4.9 确定。

表 3.4.7　岩体完整程度定性值

<table>
<tr><th rowspan="2">完整程度</th><th colspan="3">结构面发育程度</th><th rowspan="2">主要结构面结合程度</th><th rowspan="2">主要结构面类型</th><th rowspan="2">相应结构类型</th></tr>
<tr><th>定性描述</th><th>组数</th><th>平均间距(m)</th></tr>
<tr><td>完　整</td><td rowspan="2">不发育</td><td>1~2</td><td>>1.0</td><td>结合好或一般</td><td>节理、裂隙、层面</td><td>整体状或巨厚层状结构</td></tr>
<tr><td rowspan="2">较完整</td><td>1~2</td><td>>1.0</td><td>结合差</td><td rowspan="2">节理、裂隙、层面</td><td>块状或厚层状结构</td></tr>
<tr><td rowspan="2">较发育</td><td>2~3</td><td>1.0~0.4</td><td>结合好或一般</td><td>块状结构</td></tr>
<tr><td rowspan="3">较破碎</td><td>2~3</td><td>1.0~0.4</td><td>结合差</td><td rowspan="3">节理、裂隙、劈理、层面、小断层</td><td>裂隙块状或中厚层状结构</td></tr>
<tr><td rowspan="3">发　育</td><td rowspan="2">≥3</td><td rowspan="2">0.4~0.2</td><td>结合好</td><td>镶嵌碎裂结构</td></tr>
<tr><td>结合一般</td><td>薄层状结构</td></tr>
<tr><td rowspan="2">破　碎</td><td>≥3</td><td>0.4~0.2</td><td>结合差</td><td rowspan="2">各种类型结构面</td><td>裂隙块状结构</td></tr>
<tr><td>很发育</td><td>≥3</td><td>≤0.2</td><td>结合一般或差</td><td>碎裂结构</td></tr>
<tr><td>极破碎</td><td>无　序</td><td>—</td><td>—</td><td>结合很差</td><td></td><td>散体结构</td></tr>
</table>

表 3.4.8 结构面的结合程度

结合程度	结构面特征
结合好	张开度小于1 mm，为硅质、铁质或钙质胶结，或结构面粗糙，无充填物； 张开度为1~3 mm，为硅质或铁质胶结； 张开度大于3 mm，结构面粗糙，为硅质胶结
结合一般	张开度小于1 mm，结构面平直，钙泥质胶结或无充填物； 张开度为1~3 mm，为钙质胶结； 张开度大于3 mm，结构面粗糙，为铁质或钙质胶结
结合差	张开度为1~3 mm，结构面平直，为泥质胶结或钙泥质胶结； 张开度大于3 mm，多为泥质或岩屑充填
结合很差	泥质充填或泥夹岩屑充填，充填物厚度大于起伏差

表 3.4.9 岩层厚度划分

类　型	层　厚(cm)
巨厚层	≥100
厚　层	50~100
中厚层	30~50
互　层	10~30
薄　层	<10

岩体完整程度定量值可用岩体完整性系数 K_v 表示，K_v 按式(3.4.3)计算。

$$K_v=(v_{pm}/v_{pr})^2 \tag{3.4.3}$$

式中　v_{pm}，v_{pr}——岩体和岩石的压缩波速度(m/s)。

K_v 的测试应针对不同的工程地质岩组或岩性段，选择有代表性的点和段，测定围岩弹性纵波速度，并应在同一围岩取样测定岩石弹性纵波速度。对于火成岩，岩体弹性纵波速度测试测线长度宜覆盖岩体内各裂隙组发育区域；对于沉积岩和沉降变质岩层，弹性波测线和测试方向宜垂直于或大角度相交于岩层层面。K_v 与岩体完整程度定性值的对应关系见表 3.4.10。

表 3.4.10 K_v 与岩体完整程度定性值的对应关系

K_v	>0.75	0.75~0.55	0.55~0.35	0.35~0.15	<0.15
定性值	完整	较完整	较破碎	破碎	极破碎

K_v 无实测值时，可用岩体体积节理数 J_v 表示，J_v 按式(3.4.4)计算。

$$J_v=\frac{N_1}{L_1}+\frac{N_2}{L_2}+\cdots+\frac{N_n}{L_n}+S_k=\frac{1}{d_1}+\frac{1}{d_2}+\cdots+\frac{1}{d_n}+S_k \tag{3.4.4}$$

式中　J_v——岩体体积节理数(条/m^3)；

L_n——第 n 组节理面法向计算测线长度(m)；

N_n——第 n 组节理面法向计算测线长度内节理条数；

d_n——第 n 组节理垂直间距；

S_k——每立方米岩体非成组节理条数。

K_v 测试应针对不同的工程地质岩组或岩性段，选择有代表性的露头或开挖壁面进行节理(结构面)统计。除成组节理外，对于延伸长度大于1 m 的分散节理，亦应予以统计。已为硅质、铁质、钙质充填再胶结的节理不予统计。统计每组结构面数目时，应沿着有关结构面组的垂直方向计数。每一测点的统计面积，不应小于 $2\times5\ m^2$。J_v 与岩体完整程度定性值的对应关系见表 3.4.11。

表 3.4.11 J_v 与岩体完整程度定性值的对应关系

J_v	<3	3~10	10~20	20~35	>35
定性值	完整	较完整	较破碎	破碎	极破碎

(3) 地下水状态

地下水状态定性值与定量值的对应关系见表3.4.12。

表3.4.12 地下水状态定性值与定量值的对应关系

定性值［出水状态］	定量值［10 m洞长出水量(L/min)］
潮湿或点滴状出水	≤25
淋雨状或线流状出水	25～125
涌流状出水	>125

(4) 初始地应力状态

初始地应力状态定性值与定量值的对应关系见表3.4.13。

表3.4.13 初始地应力状态定性值与定量值的对应关系

定 性 值	定 量 值［强度应力比 $G_n=R_c/\sigma_{max}$］
一般地应力	>7
高地应力	4～7
极高地应力	<4

注：R_c为岩石单轴饱和抗压强度(MPa)；σ_{max}为垂直洞轴线方向的最大初始地应力值(MPa)。

(5) 密实程度

碎石土围岩密实程度定量值应采用重型或超重型动力触探锤击数$N_{63.5}$或N_{120}确定，也可用相对密度D_r来评定，$N_{63.5}$、N_{120}、D_r与密实度定性值的对应关系见表3.4.14。

表3.4.14 碎石土围岩密实程度定性值与定量值的对应关系

定 性 值	定 量 值	
	动力触探锤击数$N_{63.5}$或N_{120}	相对密度D_r
稍密～松散	$N_{63.5}\leqslant10$ 或 $N_{120}\leqslant6$	$D_r<0.49$
中 密	$10<N_{63.5}\leqslant20$ 或 $6<N_{120}\leqslant11$	$0.49\leqslant D_r<0.73$
密 实	$N_{63.5}>20$ 或 $N_{120}>11$	$0.73\leqslant D_r$

砂类土围岩密实程度定量值可采用标准贯入试验锤击数N确定，也可用相对密度D_r来评定，N、D_r与密实度定性值的对应关系见表3.4.15。

表3.4.15 砂类土围岩密实程度定性值与定量值的对应关系

定 性 值	定 量 值	
	标准贯入试验锤击数N	相对密度D_r
松 散	$N<10$	$0\leqslant D_r<0.27$
稍 密	$10\leqslant N<15$	$0.27\leqslant D_r<0.5$
中 密	$15\leqslant N<30$	$0.5\leqslant D_r<0.67$
密 实	$N\geqslant30$	$0.67\leqslant D_r$

(6) 液性指数

黏质土围岩液性指数(稠度状态)定性值与定量值的对应关系见表3.4.16。

表3.4.16 黏质土围岩液性指数(稠度状态)定性值与定量值的对应关系

定量值(I_L)	≤0	0～0.25	0.25～0.5	≥0.5
定性值	坚硬	硬塑	可塑	可塑～流塑

3. 围岩分级指标值获取方法

一般岩质围岩两阶段分级指标值获取方法见表3.4.17。

表 3.4.17 一般岩质围岩两阶段分级指标值获取方法

围岩分级指标				两阶段指标值获取方法	
				初勘阶段	详勘阶段及施工阶段
基本指标	岩石坚硬程度	定性指标	地层岩性	初勘阶段主要采用调查和测绘，配合物探及少量钻探获取	详勘阶段主要采用钻探，结合调绘及物探等获取；施工阶段通过对揭露围岩直接观察并结合定性鉴别方法获取
			风化程度		
		定量指标	单轴饱和抗压强度	单轴抗压强度试验	
			风化系数		
			点荷载强度指数	点荷载强度试验	
	岩体完整程度	定性指标	结构面发育程度	初勘阶段主要采用调查和测绘，配合物探及少量钻探获取	详勘阶段主要采用钻探，结合调绘及物探等获取；施工阶段通过数码摄像或对揭露围岩的直接观察获取
			结构面结合程度		
			结构面类型		
		定量指标	岩体完整性指数	弹性波测试	
			岩体体积节理数	初勘阶段一般不进行测试，必要时配合钻探进行	详勘阶段以钻探为主；通过数码摄像，或采用地质罗盘、倾斜仪、测尺等在揭露围岩上直接量测
			结构面组数		
			结构面平均间距		
			结构面张开度		
修正指标	地下水状态	定性指标	出水状态	初勘阶段主要以所收集的定性资料进行预测计算	详勘阶段在钻孔中进行提水、注水、压水或抽水等试验后，应用各种预测公式进行预测；施工阶段通过对揭露围岩的直接观察获取
		定量指标	10 m 洞长涌水量		详勘阶段在钻孔中进行提水、注水、压水或抽水等试验后，应用各种预测公式进行预测；施工阶段通过抽水试验获取
	初始地应力状态	定性指标	初始地应力状态	初勘阶段主要采用调查并结合少量钻探获取，也可进行地应力测试	通过对施工过程围岩状况观察获取
		定量指标	初始地应力	地应力测试	
综合指标	弹性波速	定量指标	弹性波速	弹性波测试	

碎石土围岩两阶段分级指标值获取方法见表 3.4.18。

砂类土围岩两阶段分级指标值获取方法见表 3.4.19。

表 3.4.18 碎石土围岩两阶段分级指标值获取方法

围岩分级指标				两阶段指标值获取方法	
				初勘阶段	详勘阶段及施工阶段
基本指标	密实程度	定性指标	密实度	通过对揭露围岩的肉眼观察和镐锹钻考察获取	
		定量指标	动力触探锤击数	动力触探试验	
			相对密度	利用最大、最小干密度及天然密度进行计算	
	细料含量	定量指标	细料含量	颗粒分析试验	
	细料含水率	定量指标	细料含水率	颗粒分析试验、烘干法或酒精烧干法	
修正指标	地下水状态	定性指标	出水状态	初勘阶段主要采用调查和测绘，配合物探及少量钻探获取	详勘阶段主要采用钻探，结合调绘及物探等获取；施工阶段通过对揭露围岩的直接观察获取
		定量指标	10 m 洞长涌水量	初勘阶段主要以所收集的定性资料进行预测计算	详勘阶段在钻孔中进行提水、注水、压水或抽水等试验后，应用各种预测公式进行预测；施工阶段通过现场抽水试验获取

表 3.4.19 砂类土围岩两阶段分级指标值获取方法

围岩分级指标				两阶段指标值获取方法	
				初勘阶段	详勘阶段及施工阶段
基本指标	密实程度	定性指标	密实度	通过对揭露围岩的肉眼观察和镐锹钻考察获取	
		定量指标	标准贯入试验锤击数	标准贯入试验	
			相对密度	利用最大、最小干密度及天然密度进行计算	
	细粒含量	定量指标	细粒含量	颗粒分析试验	
	细粒含水率	定量指标	细粒含水率	颗粒分析试验、烘干法或酒精烧干法	
修正指标	地下水状态	定性指标	出水状态	初勘阶段主要采用调查和测绘，配合物探及少量钻探获取	详勘阶段主要采用钻探，结合调绘及物探等获取；通过对揭露围岩的直接观察获取
		定量指标	10 m 洞长涌水量	初勘阶段主要以所收集的定性资料进行预测计算	详勘阶段在钻孔中进行提水、注水、压水或抽水等试验后，应用各种预测公式进行预测；施工阶段通过现场抽水试验获取

黏质土围岩两阶段分级指标值获取方法见表 3.4.20。

表 3.4.20 黏质土围岩两阶段分级指标值获取方法

黏质土围岩分级指标			两阶段指标值获取方法	
			初勘阶段	详勘阶段及施工阶段
液性指数（稠度状态）	定性指标	稠度状态	手捻鉴定	
	定量指标	液性指数	天然含水率试验和液塑限试验	
塑性指数	定量指标	塑性指数	天然含水率试验和塑限试验	
天然密度	定量指标	天然密度	天然密度试验	

3.4.2 围岩分级方法

1. 各级围岩稳定性特征

铁路隧道围岩分级是以围岩的稳定性为基础建立的，各级围岩的稳定性特征按表 3.4.21 确定。

表 3.4.21 各级围岩的稳定性特征

围岩级别		围岩稳定性
基本级别	亚级	
Ⅰ	—	围岩充分稳定，无坍塌；暂时自稳跨度大于 20 m
Ⅱ	—	暴露时间长，可能会出现局部小坍塌，破坏以掉块为主，侧壁稳定，层间结合差的平缓岩层顶板易塌落；暂时自稳跨度为 17 ~ 20 m
Ⅲ	$Ⅲ_1$	拱部无支护时可产生小坍塌，既有以掉块为主的破坏，也有以变形为主的破坏，侧壁基本稳定，爆破振动过大时易塌落；拱顶相对沉降为 0.12% ~ 0.21%，暂时自稳跨度为 14 ~ 16 m
	$Ⅲ_2$	拱部无支护时可产生小坍塌，既有以掉块为主的破坏，也有以变形为主的破坏，侧壁基本稳定，爆破振动过大时易塌落；拱顶相对沉降为 0.21% ~ 0.30%，临界支护力小于等于 0.05 MPa，暂时自稳跨度为 10 ~ 13 m
Ⅳ	$Ⅳ_1$	拱部无支护时可产生较大的坍塌，既有以掉块为主的破坏，也有以变形为主的破坏，侧壁有时会失去稳定性；拱顶相对沉降为 0.30% ~ 0.55%，临界支护力为 0.05 ~ 0.20 MPa，暂时自稳跨度为 7 ~ 9 m
	$Ⅳ_2$	拱部无支护时可产生较大的坍塌，既有以掉块为主的破坏，也有以变形为主的破坏，侧壁有时会失去稳定性；拱顶相对沉降为 0.50% ~ 0.80%，临界支护力为 0.20 ~ 0.45 MPa，暂时自稳跨度为 5 ~ 6 m
Ⅴ	$Ⅴ_1$	围岩易坍塌，处理不当时将出现大坍塌，破坏以变形为主，侧壁经常出现小坍塌，浅埋时易出现地表下陷或塌穿至地表；拱顶相对沉降为 0.80% ~ 1.10%，临界支护力为 0.45 ~ 0.60 MPa，暂时自稳跨度为 3 ~ 4 m

续上表

围岩级别		围岩稳定性
基本级别	亚级	
Ⅴ	V_2	围岩易坍塌，处理不当时将出现大坍塌，破坏以变形为主，侧壁经常出现小坍塌，浅埋时易出现地表下陷或塌穿至地表；拱顶相对沉降为1.10%~1.40%，临界支护力为0.60~0.85 MPa，暂时自稳跨度小于3 m
Ⅵ	—	围岩极易坍塌变形，破坏以变形为主，有水时土砂常与水一起涌水，浅埋时易塌穿至地表；拱顶相对沉降大于等于1.40%，临界支护力大于等于0.85 MPa

2. 初勘阶段围岩分级方法

(1) 定性分级

初勘阶段围岩定性基本分级方法见表3.4.22。

表3.4.22 初勘阶段围岩定性基本分级

围岩级别	岩体特征
Ⅰ	极硬岩(单轴饱和抗压强度 R_c>60 MPa)：受地质构造影响轻微，节理不发育，无软弱面(或夹层)；层状岩层为巨厚层或厚层，层间结合良好，岩体完整
Ⅱ	硬质岩(R_c>30 MPa)：受地质构造影响较重，节理较发育，有少量软弱面(或夹层)和贯通微张节理，但其产状及组合关系不致产生滑动；层状岩层为中厚层或厚层，层间结合一般，很少有分离现象，或为硬质岩石偶夹软质岩石
Ⅲ	硬质岩(R_c>30 MPa)：受地质构造影响严重，节理发育，有层状软弱面(或夹层)，但其产状及组合关系尚不致产生滑动；层状岩层为薄层或中层，层间结合差，多有分离现象，硬、软质岩石互层 较软岩(R_c=15~30 MPa)：受地质构造影响轻微，节理不发育；层状岩层为厚层、巨厚层，层间结合良好或一般
Ⅳ	硬质岩(R_c>30 MPa)：受地质构造影响极严重，节理很发育；层状软弱面(或夹层)已基本破坏 软质岩(R_c≈5~30 MPa)：受地质构造影响较重或严重，节理较发育或发育 具压密或成岩作用的黏性土、粉土及砂类土 黄土(Q_1、Q_2) 一般钙质、铁质胶结的碎石土、卵石土、大块石土
Ⅴ	较软岩，岩体破碎；软岩，岩体较破碎至破碎；全部极软岩及全部极破碎岩(包括受构造影响严重的破碎带) 一般第四系坚硬、硬塑黏性土，稍密及以上、稍湿、潮湿的碎石土、卵石土、圆砾土、角砾土、粉土及黄土(Q_3、Q_4)
Ⅵ	受构造影响严重，呈碎石、角砾及粉末、泥土状的富水断层带，富水破碎的绿泥石或炭质千枚岩；软塑状黏性土，饱和的粉土、砂类土等，风积沙，严重湿陷性黄土

初勘阶段应根据水文地质条件、地质调查或地应力测试结果，在围岩定性基本分级的基础上，考虑地下水状态及初始地应力状态修正。地下水状态对围岩基本级别的修正方法见表3.4.23，初始地应力状态对围岩基本级别的修正方法见表3.4.24。

表3.4.23 初勘阶段地下水状态对围岩基本级别的修正

地下水状态	围岩基本级别				
	Ⅰ	Ⅱ	Ⅲ	Ⅳ	Ⅴ
潮湿或点滴状出水	Ⅰ	Ⅱ	Ⅲ	Ⅳ	Ⅴ
淋雨状或线流状出水	Ⅰ	Ⅱ	Ⅲ或Ⅳ*	Ⅴ	Ⅵ
涌流状出水	Ⅱ	Ⅲ	Ⅳ	Ⅴ	Ⅵ

注：1. * 围岩岩体为较完整的硬岩时定为Ⅲ级，其他情况定为Ⅳ级；
2. 对于Ⅰ~Ⅲ级围岩，若围岩内结构面密闭，或结构面虽然张开但无泥化物充填，可不进行修正。

表3.4.24 初勘阶段初始地应力状态对围岩基本级别的修正

初始地应力状态	围岩基本级别				
	Ⅰ	Ⅱ	Ⅲ	Ⅳ	Ⅴ
一般地应力	Ⅰ	Ⅱ	Ⅲ	Ⅳ	Ⅴ
高地应力	Ⅰ	Ⅱ	Ⅲ	Ⅳ或Ⅴ*	Ⅵ
极高地应力	Ⅰ	Ⅱ	Ⅲ或Ⅳ**	Ⅴ	Ⅵ

注：1. * 围岩岩体为破碎的极硬岩、较破碎及破碎的硬岩时定为Ⅳ级，其他情况定为Ⅴ级；
2. ** 围岩岩体为较破碎的极硬岩、较完整的硬岩时定为Ⅲ级，其他情况定为Ⅳ级。

(2) 定量分级

初勘阶段若有可靠、充分的弹性波速测试资料，可按弹性波速对围岩进行定量分级，见表3.4.25。

表3.4.25　初勘阶段围岩弹性波速(km/s)分级

岩　类	围岩级别					
	Ⅰ	Ⅱ	Ⅲ	Ⅳ	Ⅴ	Ⅵ
A	≥5.3	4.5~5.3	4.0~4.5	3.0~4.0	2.0~3.0	<2.0
B		≥5.3	4.3~5.3	3.3~4.3	2.0~3.3	<2.0
C		≥5.0	3.5~5.0	3.0~3.5	2.0~3.0	<2.0
D			≥4.0	3.0~4.0	1.5~3.0	<1.5
E				2.0~3.0	1.0~2.0	<1.0

3. 详勘和施工阶段围岩分级方法

(1) 岩质围岩定性分级

一般岩质围岩的定性基本分级方法见表3.4.26。地下水状态、初始地应力状态对围岩级别的定性修正方法分别见表3.4.27和表3.4.28。

表3.4.26　一般岩质围岩的定性基本分级方法

围岩级别		围岩基本地质特征
基本级别	亚级	
Ⅰ		极硬岩(单轴饱和抗压强度 R_c >60 MPa)，岩体完整
Ⅱ		极硬岩(R_c >60 MPa)，岩体较完整 硬岩(R_c =30~60 MPa)，岩体完整
Ⅲ	Ⅲ$_1$	极硬岩(R_c >60 MPa)，岩体较破碎，结构面较发育、结合差 硬岩(R_c =30~60 MPa)或软硬岩互层以硬岩为主，岩体较完整，结构面不发育、结合差
	Ⅲ$_2$	极硬岩(R_c >60 MPa)，岩体较破碎，结构面发育、结合良好 硬岩(R_c =30~60 MPa)或软硬岩互层以硬岩为主，岩体较完整，结构面较发育、结合良好 较软岩(R_c =15~30 MPa)，岩体完整，结构面不发育、结合良好
Ⅳ	Ⅳ$_1$	极硬岩(R_c >60 MPa)，岩体破碎，结构面发育、结合差 硬岩(R_c =30~60 MPa)，岩体较破碎，结构面较发育、结合差或结构面发育、结合良好 较软岩(R_c =15~30 MPa)或软硬岩互层以软岩为主，岩体较完整，结构面较发育、结合良好 软岩(R_c =5~15 MPa)，岩体完整，结构面不发育、结合良好
	Ⅳ$_2$	极硬岩(R_c >60 MPa)，岩体破碎，结构面很发育、结合差 硬岩(R_c =30~60 MPa)，岩体破碎，结构面发育或很发育、结合差 较软岩(R_c =15~30 MPa)或软硬岩互层以软岩为主，岩体较破碎，结构面发育、结合良好 软岩(R_c =5~15 MPa)，岩体较完整，结构面较发育、结合良好
Ⅴ	Ⅴ$_1$	较软岩(R_c =15~30 MPa)，岩体破碎，结构面发育或很发育 软岩(R_c =5~15 MPa)，岩体较破碎，结构面较发育、结合差或结构面发育、结合良好
	Ⅴ$_2$	软岩、岩体破碎；全部极软岩及全部极破碎岩(包括受构造影响严重的破碎带)

表3.4.27　地下水状态围岩级别修正方法

地下水状态	围岩级别							
	Ⅰ	Ⅱ	Ⅲ		Ⅳ		Ⅴ	
			Ⅲ$_1$	Ⅲ$_2$	Ⅳ$_1$	Ⅳ$_2$	Ⅴ$_1$	Ⅴ$_2$
潮湿或点滴状出水	Ⅰ	Ⅱ	Ⅲ$_1$	Ⅲ$_2$	Ⅳ$_1$	Ⅳ$_2$	Ⅴ$_1$	Ⅴ$_2$
淋雨状或线流状出水	Ⅰ	Ⅱ	Ⅲ$_2$	Ⅳ$_1$	Ⅴ$_1$	Ⅴ$_2$	Ⅵ	Ⅵ
涌流状出水	Ⅱ	Ⅲ	Ⅳ$_1$	Ⅳ$_2$	Ⅴ$_1$	Ⅴ$_2$	Ⅵ	Ⅵ

表 3.4.28 初始地应力状态围岩级别修正方法

初始地应力状态	围岩级别							
	Ⅰ	Ⅱ	Ⅲ		Ⅳ		Ⅴ	
			$Ⅲ_1$	$Ⅲ_2$	$Ⅳ_1$	$Ⅳ_2$	$Ⅴ_1$	$Ⅴ_2$
一般地应力	Ⅰ	Ⅱ	$Ⅲ_1$	$Ⅲ_2$	$Ⅳ_1$	$Ⅳ_2$	$Ⅴ_1$	$Ⅴ_2$
高地应力	Ⅰ	Ⅱ	$Ⅲ_1$	$Ⅲ_2$	$Ⅳ_2$	$Ⅴ_1$	Ⅵ	Ⅵ
极高地应力	Ⅰ	Ⅱ	$Ⅲ_2$	$Ⅳ_1$	$Ⅴ_1$	$Ⅴ_2$	Ⅵ	Ⅵ

注：本表不适用于岩体强度应力比小于0.15的极高地应力软岩。

对于层状围岩，应考虑岩层产状修正。岩层产状修正应考虑岩层产状与洞轴线的组合关系，并结合结构面工程特性、富水情况等因素综合分析确定。

(2) 岩质围岩定量分级

施工阶段可按岩体基本质量 BQ 对一般岩质围岩进行定量分级。

岩体基本质量 BQ 按式(3.4.5)计算。

$$BQ = 100 + 3R_c + 250K_v \tag{3.4.5}$$

使用公式(3.4.5)计算时，应符合以下规定：

①当 $R_c > 90K_v + 30$ 时，应以 $R_c = 90K_v + 30$ 和 K_v 代入计算 BQ 值；

②当 $K_v > 0.04R_c + 0.4$ 时，应以 $K_v = 0.04R_c + 0.4$ 和 R_c 代入计算 BQ 值。

按 BQ 值确定围岩的基本级别见表 3.4.29。

表 3.4.29 一般岩质围岩按 BQ 值定量基本分级

围岩级别		BQ 值范围
基本级别	亚级	
Ⅰ	—	≥551
Ⅱ	—	550～451
Ⅲ	$Ⅲ_1$	450～391
	$Ⅲ_2$	390～351
Ⅳ	$Ⅳ_1$	350～311
	$Ⅳ_2$	310～251
Ⅴ	$Ⅴ_1$	250～211
	$Ⅴ_2$	≤210

在 BQ 基本分级的基础上，应考虑地下水状态和初始地应力状态修正，然后根据修正后的岩体基本质量指标[BQ]按表 3.4.29 确定围岩的最终级别。

$$[BQ] = BQ - 100(K_1 + K_2) \tag{3.4.6}$$

地下水状态影响修正系数 K_1 见表 3.4.30，初始地应力状态影响修正系数 K_2 见表 3.4.31。

表 3.4.30 地下水状态影响修正系数 K_1

地下水状态	BQ				
	>550	550～451	450～351	350～251	≤250
潮湿或点滴状出水	0	0	0～0.1	0.2～0.3	0.4～0.6
淋雨状或线流状出水	0～0.1	0.1～0.2	0.2～0.3	0.4～0.6	0.7～0.9
涌流状出水	0.1～0.2	0.2～0.3	0.4～0.6	0.7～0.9	1.0

对于岩质围岩，可按由表 3.4.32 所示的判别卡采用数量化理论分级。

(3) 碎石土围岩分级

详勘阶段及施工阶段碎石土围岩定性基本分级可按表 3.4.33 确定。地下水状态对围岩基本级别的修正方法见表 3.4.34。

表 3.4.31　初始地应力状态影响修正系数 K_2

初始地应力状态	BQ				
	>550	550~451	450~351	350~251	≤250
高地应力	0.5	0.5	0.5	0.5~1.0	0.5~1.0
极高地应力	1.0	1.0	1.0~1.5	1.0~1.5	1.0

表 3.4.32　施工阶段围岩数量化理论分级判别卡

隧道名称			断面里程			施工单位					评　定
岩体完整程度判定	裂隙组数(组)及判别系数	1 组	2 组	3 组	>3 组	无　序		实测值	判别系数	小计	完整：≤1610
		0	5	10	115	575					较完整：1611~1730
	裂隙平均间距(m)及判别系数	0~0.2 m	0.2~0.4 m	0.4~1 m	>1 m	不定					
		235	140	115	0	565					较破碎：1731~1850
	裂隙宽度(mm)及判别系数	0~1 mm	1~3 mm	>3 mm	充填物厚度大于起伏差						
		0	470	475	790						破碎：1851~2500
	裂隙充填物及判别系数	无	硅质	钙质	泥质	岩屑	泥夹岩屑				
		0	1110	1130	1225	1240	1265				极破碎：>2500
围岩亚级级别判定	岩石坚硬程度及判别系数	R_c(MPa)	>60	30~60	15~30	5~15	<5				Ⅰ：>1900
		$I_{s(50)}$(MPa)	>3.63	1.44~3.63	0.57~1.44	0.13~0.57	<0.13				Ⅱ：1751~1900
		地层岩性	坚硬岩	较坚硬岩	较软岩	软岩	极软岩				$Ⅲ_1$：1551~1750
			770	610	430	210	0				$Ⅲ_2$：1501~1550
	岩体完整程度及判别系数		完整	较完整	较破碎	破碎	极破碎				$Ⅳ_1$：1381~1500
			1000	740	510	210	0				$Ⅳ_2$：1051~1380
	地下水状态及判别系数	10 m 洞长涌水量(L/min)	<10	10~25	25~125	>125					$Ⅴ_1$：901~1050
			无水	点滴状	淋雨状或线状	涌流状					$Ⅴ_2$：621~900
			270	265	165	0					Ⅵ：≤620

监测单位：　　　　　　　　　　　　监测人员：　　　　　　　　　　　　年　月　日

表 3.4.33　碎石土围岩定性基本分级方法

围岩级别		定性描述	分级指标				
			密实程度			细料含量 w(%)	细料含水率 w_L(%)
			定性描述	定量指标			
基本级别	亚级			动力触探锤击数	相对密度 D_r		
Ⅵ	$Ⅵ_2$	一般钙质、铁质胶结的碎石土、卵石土、大块石土	密实	$N_{63.5}>20$ 或 $N_{120}>11$	$D_r \geqslant 0.73$	<30	—
						≥30	≤14
Ⅴ	$Ⅴ_1$	稍湿至潮湿的碎石土，卵石土、圆砾、角砾土	密实	$N_{63.5}>20$ 或 $N_{120}>11$	$D_r \geqslant 0.73$	—	>14
			中密	$10<N_{63.5}\leqslant 20$ 或 $6<N_{120}\leqslant 11$	$0.49\leqslant D_r<0.73$	<30	—
						≥30	<18
	$Ⅴ_2$	稍湿至潮湿且较松散的碎石土，卵石土、圆砾、角砾土	中密	$10<N_{63.5}\leqslant 20$ 或 $6<N_{120}\leqslant 11$	$0.49\leqslant D_r<0.73$		≥18
			稍密	$N_{63.5}\leqslant 10$ 或 $N_{120}\leqslant 6$	$D_r<0.49$	—	—

表 3.4.34 地下水状态对碎石土围岩基本级别的修正

地下水出水状态	围岩基本亚级级别				
	Ⅳ$_3$（细料含量≥30%）	Ⅳ$_3$（细料含量<30%）	Ⅴ$_1$	Ⅴ$_2$	Ⅵ
潮湿或点滴状出水	Ⅳ$_3$	Ⅳ$_3$	Ⅴ$_1$	Ⅴ$_2$	Ⅵ
淋雨状或线流状出水	Ⅴ$_2$	Ⅵ	Ⅵ	Ⅵ	Ⅵ
涌流状出水	Ⅵ	Ⅵ	Ⅵ	Ⅵ	Ⅵ

（4）砂类土围岩分级

详勘阶段及施工阶段砂类土围岩定性基本分级可按表 3.4.35 确定。

表 3.4.35 砂类土围岩定性基本分级方法

围岩级别		围岩状态定性描述	指标值组合				
			密实程度			细粒含量 w(%)	细粒含水率 w_L(%)
			定性描述	定量指标			
基本级别	亚级			标准贯入锤击数 N	相对密度 D_r		
Ⅳ	Ⅳ$_2$	压密或成岩作用的砂类土	密实	≥30	≥0.67	<10	—
						≥30	≤18.75
Ⅴ	Ⅴ$_1$	压密状态稍湿至潮湿或胶结程度较好的砂类土	密实	≥30	≥0.67	≥30	18.75~43.29
						10~30	—
			密实~中密	15~30	0.5~0.67	<10	—
			密实以下	<30	<0.67	≥30	≤18.75
	Ⅴ$_2$	密实以下但胶结程度较好的砂类土	中密~稍密	10~15	0.5~0.27	<10	—
			稍密~密实	10~30	0.27~0.67	10~30	—
			密实以下	<30	<0.67	≥30	18.75~43.29
Ⅵ	—	松散潮湿、呈饱和状态的粉细砂等砂类土	稍密以下	<10	<0.27	<30	—
			—	—	—	≥30	≥43.29

详勘阶段及施工阶段砂类土围岩定量基本分级可采用基本质量 SBQ 按表 3.4.36 确定。SBQ 值预测方法见表 3.4.37。

表 3.4.36 砂类土围岩 SBQ 定量分级方法

围岩级别		SBQ 值
基本级别	亚级	
Ⅳ	Ⅳ$_2$	≥0.7
Ⅴ	Ⅴ$_1$	0.6~0.7
	Ⅴ$_2$	0.5~0.6
Ⅵ	—	<0.5

表 3.4.37 砂类土围岩 SBQ 值预测方法

适用条件	预测公式
$w>30\%$ 且 $w_L \leqslant 18.75\%$	$SBQ=0.587+0.176D_r$
$w>30\%$ 且 $w_L \geqslant 43.29\%$	$SBQ<0.5$
除上述情况外	$SBQ=0.66468-0.00445w+0.13923D_r-0.00057w_L$

详勘阶段及施工阶段应考虑地下水状态对砂类土围岩分级基本级别的修正，地下水状态对砂类土围岩基本级别的修正方法见表 3.4.38。

表 3.4.38 地下水状态对砂类土围岩基本级别的修正

地下水出水状态	围岩基本亚级级别				
	IV_2(细粒含量≥30%)	IV_2(细粒含量<10%)	V_1	V_2	Ⅵ
潮湿或点滴状出水	IV_2	IV_2	V_1	V_2	Ⅵ
淋雨状或线流状出水	V_2	Ⅵ	Ⅵ	Ⅵ	Ⅵ
涌流状出水	Ⅵ	Ⅵ	Ⅵ	Ⅵ	Ⅵ

(5)黏质土围岩分级

详勘阶段及施工阶段黏质土围岩按表 3.4.39 确定围岩级别。

表 3.4.39 黏质土围岩分级方法

围岩级别		围岩状态定性描述	分级指标			
基本级别	亚级		液性指数(稠度状态)		天然密度(kN/m^3)	塑性指数
			定性描述	定量指标		
Ⅳ	IV_2	压密的坚硬黏性土	坚硬	$I_L<0$	$\gamma\geq 20$	—
Ⅴ	V_1	一般坚硬黏性土、较大天然密度硬塑状黏性土及一般硬塑状黏性土	坚硬	$I_L<0$	$\gamma<20$	—
			硬塑	$0\leq I_L<0.25$	$\gamma\geq 20$	—
					$\gamma<20$	$I_p\leq 18$
	V_2	一般硬塑状黏性土及可塑状黏性土	硬塑	$0\leq I_L<0.25$	$\gamma<20$	$I_p>18$
			可塑	$0.25\leq I_L\leq 0.5$	$\gamma\geq 16$	—
Ⅵ	—	软塑~流塑状黏性土或近软塑状及低天然密度可塑状黏性土	可塑	$0.25\leq I_L\leq 0.5$	$\gamma<16$	—
			可塑~流塑	$I_L\geq 0.5$	—	—

4. 铁路隧道围岩分级建议表

综上所述，铁路隧道围岩分级建议详见表 3.4.40。

表 3.4.40 铁路隧道围岩分级表

围岩级别		围岩基本特征					围岩稳定性
基本级别	亚级	岩质围岩				土质围岩地质特征描述	
		地质特征定性描述	v_{pm}(km/s)	BQ	QT		
Ⅰ	—	极硬岩(单轴饱和抗压强度 R_c>60 MPa)，岩体完整	A：>5.3	≥551	>1 900	—	围岩稳定，无坍塌，可能产生岩爆；暂时自稳跨度大于 20 m
Ⅱ	—	极硬岩(R_c>60 MPa)，岩体较完整 硬岩(R_c=30~60 MPa)，岩体完整	A：4.5~5.3 B：>5.3 C：>5.0	451~550	1 751~1 900	—	暴露时间长，可能会出现局部掉块，侧壁稳定；暂时自稳跨度为 17~20 m
Ⅲ	III_1	极硬岩(R_c>60 MPa)，岩体较破碎，结构面较发育、结合差 硬岩(R_c=30~60 MPa)或软硬岩互层以硬岩为主，岩体较完整，结构面不发育、结合差	A：4.0~4.5 B：4.3~5.3 C：3.5~5.0 D：>4.0	391~450	1 551~1 750	—	拱部无支护时可产生小坍塌，侧壁基本稳定，爆破振动过大时易塌落；拱顶相对沉降为 0.12%~0.21%，暂时自稳跨度为 14~16 m
	III_2	极硬岩(R_c>60 MPa)，岩体较破碎，结构面发育、结合良好 硬岩(R_c=30~60 MPa)或软硬岩互层以硬岩为主，岩体		351~390	1 501~1 550	—	拱部无支护时可产生小坍塌，侧壁基本稳定，爆破振动过大时易塌落；拱顶相对沉降为 0.21%~0.30%，临界支护力小于等于

续上表

围岩级别		围岩基本特征					围岩稳定性
		岩质围岩				土质围岩地质特征描述	
基本级别	亚级	地质特征定性描述	v_{pm}(km/s)	BQ	QT		
Ⅲ	Ⅲ$_2$	较完整，结构面较发育、结合良好 较软岩(R_c = 15 ~ 30 MPa)，岩体完整，结构面不发育、结合良好	A：4.0～4.5 B：4.3～5.3 C：3.5～5.0 D：>4.0	351～390	1 501～1 550	—	0.05 MPa，暂时自稳跨度为10～13 m
Ⅳ	Ⅳ$_1$	极硬岩(R_c > 60 MPa)，岩体破碎，结构面发育、结合差 硬岩(R_c = 30 ~ 60 MPa)，岩体较破碎，结构面较发育、结合差或结构面发育、结合良好 较软岩(R_c = 15 ~ 30 MPa)或软硬岩互层以软岩为主，岩体较完整，结构面较发育、结合良好 软岩(R_c = 5 ~ 15 MPa)，岩体完整，结构面不发育、结合良好	A：3.0～4.0 B：3.3～4.3 C：3.0～3.5 D：3.0～4.0 E：2.0～3.0	311～350	1 381～1 500	—	拱部无支护时可产生较大的坍塌，侧壁有时会失去稳定性；拱顶相对沉降为0.30%～0.55%，临界支护力为0.05～0.20 MPa，暂时自稳跨度为7～9 m
	Ⅳ$_2$	极硬岩(R_c > 60 MPa)，岩体破碎，结构面很发育、结合差 硬岩(R_c = 30 ~ 60 MPa)，岩体破碎，结构面发育或很发育、结合差 较软岩(R_c = 15 ~ 30 MPa)或软硬岩互层以软岩为主，岩体较破碎，结构面发育、结合良好 软岩(R_c = 5 ~ 15 MPa)，岩体较完整，结构面较发育、结合良好		276～310	1 051～1 380	1. 具压密或成岩作用的黏性土、粉土及砂类土 2. 黄土(Q_1、Q_2) 3. 一般钙质、铁质胶结的碎石土、卵石土、大块石土	拱部无支护时可产生较大的坍塌，侧壁有时会失去稳定性；拱顶相对沉降为0.50%～0.80%，临界支护力为0.20～0.45 MPa，暂时自稳跨度为5～6 m
Ⅴ	Ⅴ$_1$	较软岩(R_c = 15 ~ 30 MPa)，岩体破碎，结构面发育或很发育 软岩(R_c = 5 ~ 15 MPa)，岩体较破碎，结构面较发育、结合差或结构面发育、结合良好	A：2.0～3.0 B：2.0～3.3 C：2.0～3.0 D：1.5～3.0 E：1.0～2.0	251～275	901～1 050	一般坚硬黏质土、较大天然密度硬塑状黏质土及一般硬塑状黏质土；压密状态稍湿至潮湿或胶结程度较好的砂类土；稍湿或潮湿的碎石土，卵石土，圆砾、角砾土及黄土(Q_3、Q_4)	围岩易坍塌，处理不当时将出现大坍塌，侧壁经常出现小坍塌，浅埋时易出现地表下陷或塌穿至地表；拱顶相对沉降为0.80%～1.10%，临界支护力为0.45～0.60 MPa，暂时自稳跨度为3～4 m
	Ⅴ$_2$	软岩，岩体破碎；全部极软岩及全部极破碎岩(包括受构造影响严重的破碎带)		211～250	621～900	一般硬塑状黏土及可塑状黏质土；密实以下但胶结程度较好的砂类土；稍湿或潮湿且较松散的碎石土，卵石土，圆砾、角砾土；一般或坚硬松散结构的新黄土	围岩易坍塌，处理不当时将出现大坍塌，侧壁经常出现小坍塌，浅埋时易出现地表下陷或塌穿至地表；拱顶相对沉降为1.10%～1.40%，临界支护力为0.60～0.85 MPa，暂时自稳跨度小于3 m

续上表

围岩级别		围岩基本特征					围岩稳定性
		岩质围岩				土质围岩地质特征描述	
基本级别	亚级	地质特征定性描述	v_{pm}(km/s)	BQ	QT		
Ⅵ	—	受构造影响，严重呈碎石、角砾及粉末、泥土状的富水断层带，富水破碎的绿泥石或炭质千枚岩	<1.0(饱和状态的土<1.5)	≤210	<620	软塑状黏性土，饱和的粉土、砂类土等，风积沙，严重湿陷性黄土	围岩极易坍塌变形，有水时土砂常与水一起涌水，浅埋时易塌穿至地表；拱顶相对沉降大于等于1.40%，临界支护力大于等于0.85 MPa，无自稳能力

注：1. A、B、C、D、E 为岩性类型，详见表3.4.2；
2. 数量化分级 QT 值仅适用于一般岩质围岩；
3. 本表不包括强膨胀岩(土)、第三系富水弱胶结砂泥岩、岩体强度应力比小于0.15的极高地应力软岩等特殊围岩(T)。

5. 围岩物理力学指标值

(1) 岩质围岩物理力学指标

各级岩质围岩的物理力学指标标准值应根据相关试验确定，无试验资料时可按表3.4.41选用。

表3.4.41 岩质围岩物理力学指标推荐值

围岩级别		容重 γ(kN/m^3)	弹性反力系数 K(MPa/m)	变形模量 E(GPa)	泊松比 ν	内摩擦角 φ(°)	黏聚力 c(MPa)
基本级别	亚级						
Ⅰ	—	26~28	1 800~2 800	>33	<0.2	>60	>2.1
Ⅱ	—	25~27	1 200~1 800	20~33	0.2~0.25	50~60	1.5~2.1
Ⅲ	$Ⅲ_1$	24~25	850~1 200	10.7~20	0.25~0.26	44~50	1.1~1.5
	$Ⅲ_2$	23~24	500~850	6~10.7	0.26~0.3	39~44	0.7~1.1
Ⅳ	$Ⅳ_1$	22~23	400~500	3.8~6	0.3~0.31	35~39	0.5~0.7
	$Ⅳ_2$	20~22	200~400	1.3~3.8	0.31~0.35	27~35	0.2~0.5
Ⅴ	$Ⅴ_1$	18~20	150~200	1.3~2	0.35~0.39	22~27	0.12~0.2
	$Ⅴ_2$	17~18	100~150	1~1.3	0.39~0.45	20~22	0.05~0.12
Ⅵ	—	15~17	<100	<1	0.4~0.5	<22	<0.1

注：本表中数值不包括黄土地层及特殊围岩。

(2) 土质围岩物理力学指标

各级土质围岩的物理力学指标标准值应根据相关试验确定，无试验资料时可根据土质围岩类型按表3.4.42选用。

表3.4.42 土质围岩物理力学指标推荐值

围岩级别		围岩	容重 γ(kN/m^3)	变形模量 E(GPa)	泊松比 ν	内摩擦角 φ(°)	黏聚力 c(MPa)
基本级别	亚级						
Ⅳ	$Ⅳ_2$	黏质土	20~23	0.03~0.045	0.25~0.33	30~45	0.06~0.25
		砂类土	18~19	0.024~0.03	0.29~0.31	33~40	0.012~0.024
		碎石土	22~24	0.050~0.075	0.15~0.3	43~50	0.019~0.030
Ⅴ	$Ⅴ_1$	黏质土	18~20	0.015~0.03	0.33~0.37	20~30	0.03~0.06
		砂类土	16.5~18	0.009~0.024	0.31~0.33	30~33	0.006~0.012
		碎石土	20~22	0.033~0.05	0.2~0.3	37~43	0.008~0.019
	$Ⅴ_2$	黏质土	16~18	0.005~0.015	0.37~0.43	15~20	0.015~0.03
		砂类土	15~16.5	0.003~0.009	0.33~0.36	25~30	0.003~0.006

续上表

围岩级别		围　岩	容　重 γ(kN/m³)	变形模量 E(GPa)	泊松比 ν	内摩擦角 φ(°)	黏聚力 c(MPa)
基本级别	亚级						
V	V_2	碎石土	17～20	0.01～0.033	0.25～0.35	30～37	<0.008
Ⅵ	—	黏质土	14～16	<0.005	0.43～0.5	<15	<0.015
		砂类土	14～15	0.0005～0.003	0.36～0.42	10～25	<0.003

参考文献

[1] 中华人民共和国铁道部. 铁路工程地质勘察规范(TB 10012—2007)[S]. 北京：中国铁道出版社，2007.

[2] 铁道第三勘察设计院集团有限公司，等. 高速铁路勘察设计技术总结(上册)[R]. 2012.

[3] 铁道第三勘察设计院集团有限公司，等. 高速铁路勘察设计技术总结(下册)[R]. 2012.

[4] 国家铁路局. 铁路隧道设计规范(TB 10003—2016)(报批稿)[S].

[5] 中铁二院工程集团有限责任公司. 高瓦斯隧道无轨运输安全风险论证报告[R]. 2015.

[6] 中铁第一勘察设计院集团有限公司. 新建铁路兰新第二双线大梁隧道五项Ⅰ类变更设计补充说明材料[R]. 2015.

[7] 肖广智. 不良、特殊地质条件隧道施工技术及实例[M]. 北京：人民交通出版社股份有限公司，2015.

4 洞口位置选择及洞门设计

洞口是隧道唯一外露的部分，其设计的好坏不仅直接影响隧道的形象，更影响使用安全。洞门位于隧道进出口处，联系着隧道和路堑（或桥梁），其主要作用是维持洞口边仰坡的稳定，拦截边仰坡上方的少量剥落和掉块，并引排坡面流水，保障洞口线路安全。高速铁路隧道由于其安全性要求高，洞口工程受空气动力学效应影响明显，需要更加重视洞口位置选择和洞门设计。

4.1 洞口位置选择

高速铁路隧道洞口的位置，应根据隧址区地形、地质、水文、周边环境等条件，结合工程运营安全、施工安全、空气动力学效应、环境保护、洞口相关工程（与洞口外桥梁和路基的连接、坡面防护、洞口排水、施工场地及便道引入、弃渣处理、施工干扰）等因素，在全面的安全技术经济综合比选基础上合理确定。

一般情况下，隧道洞口位置选择应满足以下要求：

（1）洞口应设在山体稳定、地质条件较好、排水有利、有足够宽度的山嘴处，尽量避开沟谷低洼处和汇水沟处；避免大挖大刷，破坏边仰坡稳定；在条件容许的情况下，尽可能地不刷坡进洞，或接长明洞进洞。

（2）洞口路肩设计高程应高出设计洪水位 0.5 m 以上，以避免洪水侵入隧道。

（3）洞口位置应尽可能与地形等高线大角度相交，特别是在土质松软、岩层破碎、构造不利地段，以免边仰坡开挖过高。当洞口线路与等高线斜交或加设支挡的路堑方案不能保证安全时，应适当修建明洞，使洞口外移，且洞口段线路应避免与地形等高线长区段平行。

（4）漫坡及浅埋地段也应早进洞晚出洞，无暗挖条件时可修建明洞，以减少占地和对植被的破坏。

（5）若隧道穿越陡壁进洞，要考虑陡壁岩石的稳定性。如岩壁有落石或崩坍可能，在清除、预加固或采取拦石防护措施的同时，有条件时应接长明洞，将洞口置于坍落影响范围以外 5～10 m，无条件时应采用合适的洞门形式（如倒切式洞门）以降低其影响。

（6）洞口位于山麓堆积层、松散破碎带或植被良好的松软地层时，不宜采用清方刷坡的方法缩短隧道，以免破坏山体稳定导致坍方滑坡病害，可通过接长明洞维持山体稳定。

（7）桥梁与隧道距离较近时，为提高行车舒适性和轨道平顺性，应采取适当延长隧道长度或桥梁长度的方式消除短路基。在桥隧紧密相连时，要考虑洞口和桥台施工的相互影响和架梁要求。

（8）当隧道需要设置开孔型缓冲结构时，宜适当接长明洞，利用明洞设置开孔。

（9）黄土地区因生态环境脆弱，保护黄土地貌环境尤应引起重视，因此应尽量提前进洞。对于湿陷性黄土地区，可适当加大挖深进洞，之后再以接长明洞方式实现“早进晚出”，并合理控制洞口路堑深度，减少雨水冲刷，如图 4.1.1 所示。如果临近隧道洞口较近，且黄土直立、地形较陡时，可考虑将洞口通过明洞连接，确保洞口安全，如图 4.1.2 所示。

高速铁路由于平面曲线半径大，洞口选择自由度相对较小，往往难以完全满足前述隧道洞口选择的原则要求，致使隧道洞口经常出现浅埋、偏压、一侧露空、山体稳定性差、无洞口施工场地等情况，此时应根据具体情况采取合适的处理措施。

图 4.1.1　黄土隧道洞口接长

图 4.1.2　黄土隧道洞口连接

4.2　洞门形式与设计

4.2.1　洞门形式及其适用性

隧道洞门主要有墙式洞门和切削式洞门两种形式。

1. 墙式洞门

墙式洞门是我国铁路隧道的传统洞门，主要有端墙式、挡(翼)墙式、柱式、台阶式等结构形式，其组成主要为端墙、翼墙、挡墙等挡土结构。传统墙式洞门的设计主要考虑洞口开挖的挡土功能，较少考虑对洞口环境的保护和美化，少数洞门需要进行美学处理时，主要采用片石镶面或者在既有端墙结构上进行局部造型处理，如图 4.2.1 所示。同时，墙式洞门施工过程中，需不同程度地对洞口边坡和仰坡进行永久刷坡处理，过多的刷坡会破坏原有地貌及植被，有时甚至危及洞口山体的稳定。

(a) 挡翼墙式　　(b) 柱　式　　(c) 挡　墙　式

图 4.2.1　传统墙式洞门(普速铁路隧道)

墙式洞门目前仍是高速铁路隧道的主要洞门类型之一，主要适用于地形较为陡峭、偏压较大或横断面地形复杂的洞口，如图 4.2.2 所示。其与传统墙式洞门设计不同之处主要有两点：一是结构材料选择。传统洞门主要采用浆砌片石，少数采用低强度等级混凝土，而高速铁路隧道洞门主要采用 C30 及以上强度等级的混凝土，同时洞门墙与隧道衬砌之间设置保证结构整体性的连接钢筋，高烈度地震区甚至采用抗震性能好的钢筋混凝土。二是洞门墙的装修。传统洞门普遍采用片石(或混凝土砌块)进行表面美化装修，而高速铁路由于行车速度快、振动大，隧道洞门一般不进行墙面装修，以免其掉落影响行车安全。

2. 切削式洞门

随着人们环保意识的提高和隧道施工技术的进步，不刷坡或少刷坡、凸出式的切削式洞门有长足的发展。这种结构形式最大限度地减少了施工对洞口山体的扰动和破坏，对保持洞口山体稳定和保护环境

(a) 单侧挡墙式

(b) 端墙式

(c) 挡翼墙式

(d) 双侧挡墙式

图 4.2.2　高速铁路隧道墙式洞门

具有重要意义。切削式洞门简洁大方，美观实用，不仅体现环保和生态理念，而且有利于缓解高速铁路隧道空气动力学效应，已成为高速铁路隧道洞门的主导形式。

1）切削式洞门的形式

根据切削方式的不同及一些功能上的要求，切削式洞门的基本类型有直切、正切、倒切、弧形挡墙加切削等，如表 4.2.1 和图 4.2.3 所示。正切式洞门中，为提高洞门的防护功能(防止少量土石塌落至线路)和排水功能，并利于运营维护人员的安全，在洞口斜切面上附加一个帽檐，成为帽檐正切削式洞门，目前该种类型的洞门已成为高速铁路隧道最为常用的洞门。

表 4.2.1　切削式洞门基本形式汇总

基本造型	正　　交		斜　交
	侧　面	平　面	
直　切	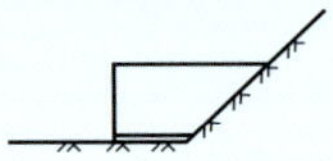	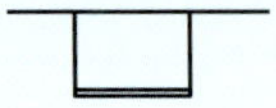	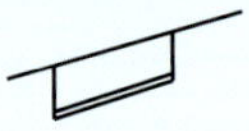
正　切	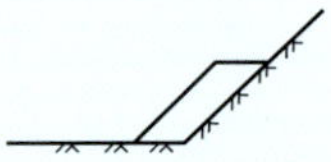		
倒　切	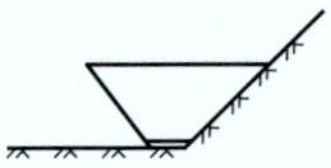	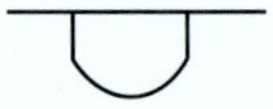	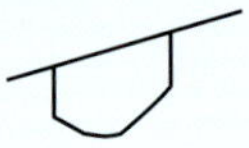
弧形挡墙	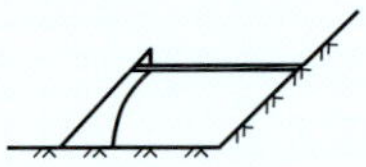	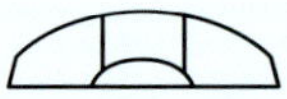	

(a) 正切　　(b) 直切　　(c) 倒切　　(d) 弧形挡墙加切削

图 4.2.3　高速铁路切削式洞门

在基本形式的基础上，洞身延出式(凸出式)的切削形式，又可分为平面切削和曲面切削两种，如表4.2.2 和图 4.2.4 所示。

表 4.2.2　洞身延出式的切削形式汇总表

基本造型	平面切削	曲面切削
直切	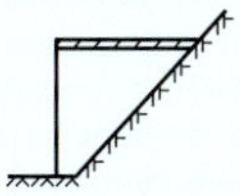	
正切	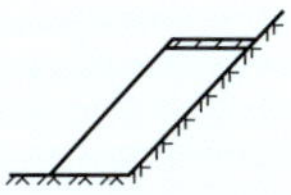	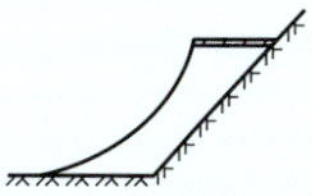
倒切	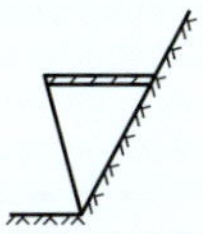	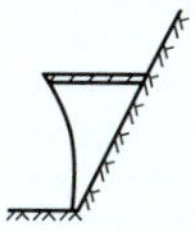

(a) 曲线切削型(京沪高铁公司提供)　　(b)直线切削型(京沪高铁公司提供)

图 4.2.4　切削式洞门不同切削形式

对于倒切式洞门，其倒切突出山体的洞口段可以像喇叭口那样扩大，按扩大的形式又可分为直线型和曲线型两种，按扩大开始位置的不同分为渐变Ⅰ型和渐变Ⅱ型。渐变Ⅰ型洞口从与山体相交位置开始扩大，渐变Ⅱ型是洞身先延伸出山体一定长度，洞口再逐渐扩大，详见表4.2.3。

表 4.2.3　倒切渐变斜切形式汇总

	渐变Ⅰ型	渐变Ⅱ型
直线型	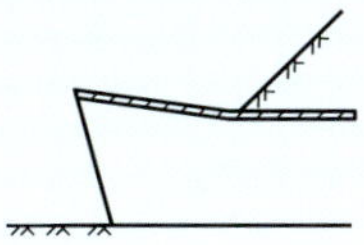	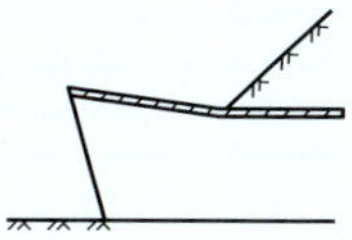

续上表

	渐 变 Ⅰ 型	渐 变 Ⅱ 型
曲 线 型	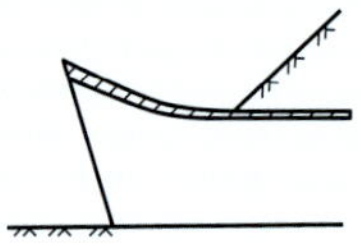	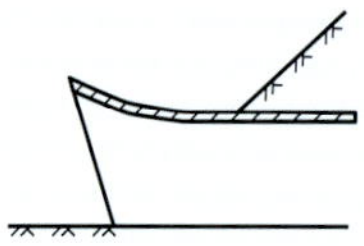

2）切削式洞门的适用范围

（1）直切式洞门

直切式洞门适用于洞口山体坡度较陡(地面坡率一般为1∶1.25～1∶1)，或距离城市较近或有景观要求的隧道。

（2）倒切式洞门

倒切式洞门适用于线路中线与地形等高线基本正交、洞口山体坡度较陡(地面坡率一般为1∶1～1∶0.5)或峭壁岩体处、洞口仰坡存在落石的可能性及桥隧相连的隧道。

（3）正切式洞门

正切式洞门适用于线路中线与地形等高线基本正交、洞口山体坡度较缓(地面坡率一般缓于1∶1.25)、地表植被较好、无落石等不良地质情况或距离城市较近、有景观要求的隧道。

4.2.2 洞门结构计算方法

1. 墙式洞门

墙式洞门采用素混凝土时，一般按挡土墙理论进行计算。洞门墙上的主要作用力有墙背土压力、墙身自重和地震作用力。作用于洞门墙墙背上的主动土压力可按照库仑理论计算，以土压力的水平分力控制设计，墙前部的被动土压力可不计入。结构设计时，一般取最不利位置处的单延米宽度范围进行计算。首先按照工程类比法初步拟定洞门墙尺寸，然后对墙身截面强度、偏心距、基底应力、抗滑和抗倾覆稳定性进行验算，再根据验算结果调整墙身厚度，直至选定一个安全、经济的结果。结构验算应满足的要求见表4.2.4。为提高其经济性，对于整体性好的钢筋混凝土结构，可以把洞门和隧道衬砌作为整体结构进行计算。此时由于墙身截面内不仅存在水平向弯矩，而且存在竖直向弯矩，因此两个方向的强度均需校核，且应与隧道衬砌作为整体来校核稳定性。

表4.2.4 墙式洞门结构验算要求

墙身截面应力	≤容许应力
墙身截面偏心距	≤0.3倍截面厚度，并控制截面拉应力
基底应力	≤地基容许应力
基底偏心距	≤B/4(岩石地层)，≤B/6(土质地层)(B为墙底厚度)
滑动稳定安全系数	≥1.3
倾覆稳定安全系数	≥1.5

2. 切削式洞门

切削式洞门既是洞门，又是洞口段衬砌结构的一部分，结构处于复杂的三维受力状态，不仅存在横向轴力、弯矩，也存在纵向轴力、弯矩，设计时应将洞口段一定长度范围作为整体结构进行三维计算。以下以最为常用的帽檐切削式洞门为例，对切削式洞门结构计算作简单叙述。

1）设计标准与计算模型

（1）设计标准

设计使用年限为100年，结构重要性系数为1.1。

（2）计算模型

采用荷载—结构模型进行内力分析，按《铁路隧道设计规范》(TB 10003—2005)的要求采用破损阶段法进行强度校核。洞门结构采用三维壳单元进行模拟(图 4. 2. 5)，混凝土采用线弹性材料。图 4. 2. 5 中，BC-1 代表洞门最深处边界(与正洞主体结构之间设置变形缝)，该边界处除 1、2 方向约束解除外，其余方向均施加约束；BC-2 代表仰拱部分，采用接地弹簧沿径向进行约束，模型其他与土体接触部分均采用径向受压弹簧模拟(图 4. 2. 6)。

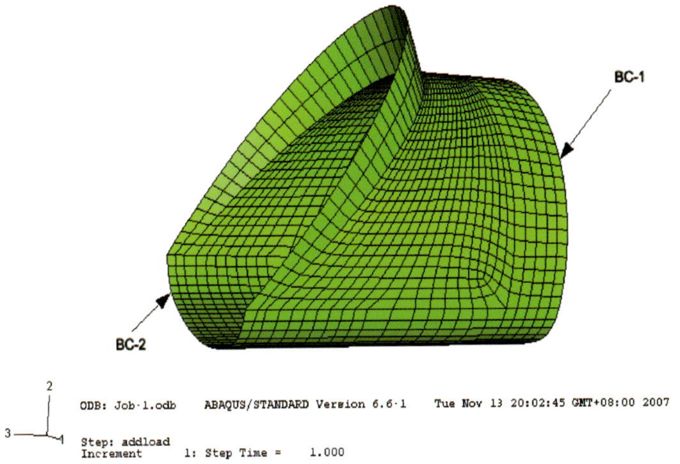

图 4. 2. 5　洞门模型

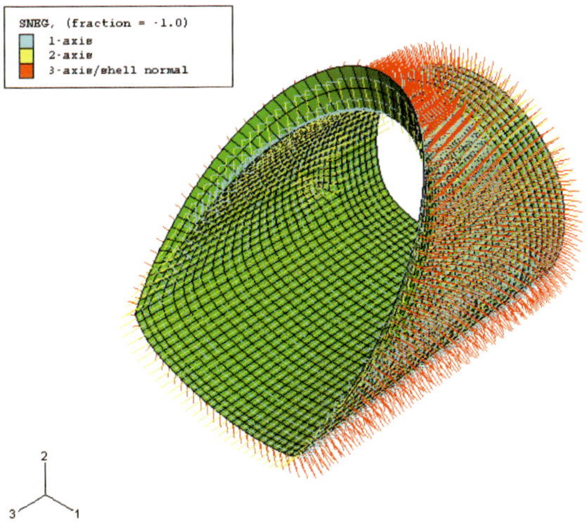

图 4. 2. 6　结构与地层相互作用模型

2）主要计算参数

(1）荷载与组合

结构上作用的荷载分为主要荷载、附加荷载和偶然荷载。

主要荷载包括结构自重、仰拱填充与轨道自重、围岩压力、混凝土收缩和徐变等，其中混凝土收缩和徐变通过壳体的温度改变来实现，按降温 10℃进行模拟。

附加荷载包括温度变化、气动压力、列车荷载等，其中：

①温度荷载是指隧道内表面与地层之间的温差，按壳体截面厚度相差 10℃计算。

②气动荷载是列车通过隧道时引起的气压变化荷载，分正压和负压两种情况，其中正压表示压力沿着衬砌径向指向围岩，负压则与正压方向相反。空气压力幅值与衬砌断面大小、行车速度及机车等诸多因素有关。根据相关测试和研究数据，双线隧道空气压力幅值取为 ±5. 5 kPa。

③列车荷载按等效静载模拟，分单线行车和列车交会两种情况。每条线路的等效静载为线路中线两侧各 1. 5 m 范围作用 56 kPa 的压力。

④偶然荷载主要为地震荷载，根据《铁路工程抗震设计规范》(GB 50111—2006)计算。

荷载组合考虑主要荷载、主要荷载 + 附加荷载、主要荷载 + 附加荷载 + 偶然荷载三种，所有荷载的组合系数均采用 1. 0。

(2）物理力学参数

洞门材料和围岩的物理力学指标根据《铁路隧道设计规范》(TB 10003—2005)和《混凝土结构设计规范》(GB 50010—2010)选用。

3）结构强度检算方法

洞门衬砌的截面强度采用破损阶段法校核，根据结构所受的不同荷载组合，在计算中分别选用不同的安全系数，并不小于表 4. 2. 5 所列数值。

表 4. 2. 5　钢筋混凝土结构的强度安全系数

荷载组合 / 破坏原因	主要荷载	主要荷载 + 附加荷载	主要荷载 + 附加荷载 + 偶然荷载
钢筋达到计算强度或混凝土达到抗压或抗剪极限强度	2. 0	1. 7	1. 5

4.2.3 洞门结构设计参数与材料

1. 墙式洞门

1）结构参数与构造

洞口仰坡坡脚至洞门墙背的水平距离应不小于1.5 m，洞门与仰坡之间的排水沟底部至衬砌外缘的高度应不小于1 m，洞门墙顶高出仰坡脚应不小于0.5 m。

洞门与仰坡之间的排水沟设置于洞门墙体上。当设置于回填土上时，回填土应夯填密实(压实度不小于90%)或用强度等级较低的混凝土、砌体填筑，并在沟底设置防渗层。

洞门墙每间隔10~20 m设置变形缝，宽度宜为2 cm，缝内应填塞沥青麻絮、沥青木丝板等低弹性模量材料。

端墙式洞门宜设计为仰斜式或衡重式墙身，墙面坡率为1∶0.05~1∶0.25，最小厚度应不小于50 cm。墙身应嵌入两侧路堑边坡，其深度对于硬质岩层应不小于0.3 m，对于软岩或土层应不小于0.5 m。

墙式洞门需要设置维修阶梯，维修阶梯可结合截水沟(或急流槽)设置或单独设置。

2）洞门基础

洞门基础必须置于稳固的地基上。当洞门地基承载力不足时，应根据具体情况采用换填、地基改良等措施进行加强，或采用扩大基础。当采用砌体或素混凝土基础时，洞门扩大基础的台阶坡线与竖直线之间的夹角(刚性角)，砌体基础不应大于35°，混凝土基础不应大于45°。

洞门基础底面埋入土质地基的深度不应小于1 m，埋入石质地基的深度不应小于0.5 m，并不高于洞门范围内隧道衬砌的墙脚底面。此外，基础底面埋深还应低于冻结深度线不少于0.5 m。

3）洞门材料

墙式洞门一般采用C30或C35混凝土浇筑，一方面可以提高结构的整体性，另一方面还可以避免在列车风和列车振动作用下的掉块。

2. 切削式洞门

切削式洞门的形式多种多样，难以一一详述。现以帽檐切削式洞门和倒切式洞门为例进行简述。

1）帽檐切削式洞门

(1）切削面坡率

隧道洞口的地质条件一般较差，仰坡坡率一般为1∶1~1∶1.5或更缓，洞门切削面的坡率应与之协调，可采用与之相同或略陡的坡率。从缓解洞口微气压波的效果看(详见第8章)，较为平缓的切削面更为有利，但造价更高，因此常用的切削面坡率有1∶1和1∶1.25两种，如图4.2.7所示。

(2）帽檐夹角与高度

帽檐夹角是指洞门衬砌与帽檐在隧道中心线处的竖直面内的夹角，该夹角一般采用115°和105°两种，其选用可根据洞口地形而定。洞口地形较陡时采用105°，较缓时采用115°，如图4.2.7所示。

帽檐高度以满足挡土及排水要求控制，一般要求不小于1.5 m，设计中多采用1.8 m。

(3）纵向长度(L)

切削式洞门可以与复合式衬砌的二次衬砌连接，也可以与明洞连接。当与二次衬砌连接时，洞门纵向长度以满足暗挖施工条件来确定，一般按洞门顶最大覆盖层厚度2~3 m控制，且仰坡坡脚至帽檐与衬砌交接距离不小于1.5 m。当与明洞连接时，洞门纵向长度按伸入回填土2~3 m确定。因此，切削式洞门的长度不是固定的，需根据切削面坡率、边仰坡坡率及末端覆土厚度等具体情况确定。对于双线隧道，由于不同速度目标值的隧道结构高度差别不大，因此切削式洞门的纵向长度可以采用相同值(一般为14~19 m)，同时可根据具体条件适当延长，但一般不宜超过25 m。不同切削面坡率、不同仰坡坡率情况下的洞门纵向长度见表4.2.6。

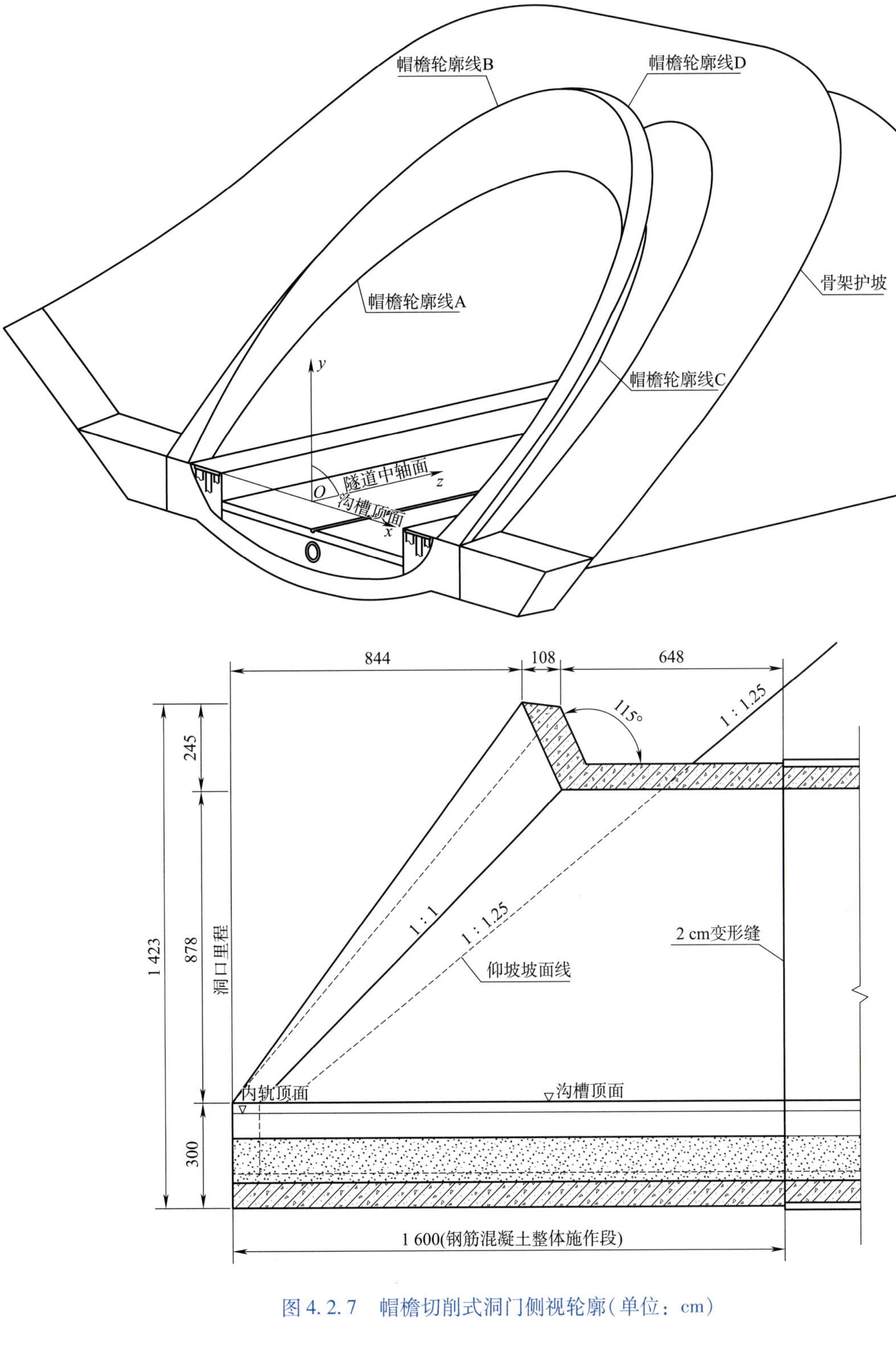

图 4.2.7　帽檐切削式洞门侧视轮廓(单位：cm)

表 4.2.6　高速铁路双线隧道切削式洞门纵向长度 L

序　　号	L(m)	备　　　注
1	14	切削面坡率为 1∶1，仰坡坡率为 1∶1
2	16	切削面坡率为 1∶1，仰坡坡率为 1∶1.25
3	19	切削面坡率为 1∶1，仰坡坡率为 1∶1.5
4	17	切削面坡率为 1∶1.25，仰坡坡率为 1∶1.25
5	19	切削面坡率为 1∶1.25，仰坡坡率为 1∶1.5

（4） 洞口仰坡挡台

由于洞外路基宽度大于洞门衬砌宽度，因此洞门衬砌与路基边坡之间的洞口仰坡坡脚应设置挡土结构，即洞口仰坡挡台。为美观起见，仰坡挡台的顶面与隧道内疏散通道面齐平，底部基础埋深不少于0.5～1 m（岩石地层取小值，土质地层取大值），且应埋置于地层冻结深度线以下不少于0.5 m。

（5） 洞门基础

隧道洞门应设置在稳固的地基上，并埋入地面下一定深度，地基容许承载力应不小于180 kPa。当地基承载力不足时，应采取基础加深、换填、注浆、桩基础等加强措施。

2） 倒切式洞门设计参数

倒切式洞门的侧视轮廓如图4.2.8所示。倒切面坡率一般采用1:（0.3～0.5），倒切段结构一般采用直线或弧线逐步扩大，其最外端应高出仰坡坡脚不少于0.5 m。倒切扩大段与标准段的连接线距离仰坡的起点一般不应少于1.5 m。

倒切式洞门应特别注意其纵向整体稳定性（包括地震工况），因此其埋入地层内的长度应根据纵向抗倾覆整体稳定性计算确定，且不小于2 m。

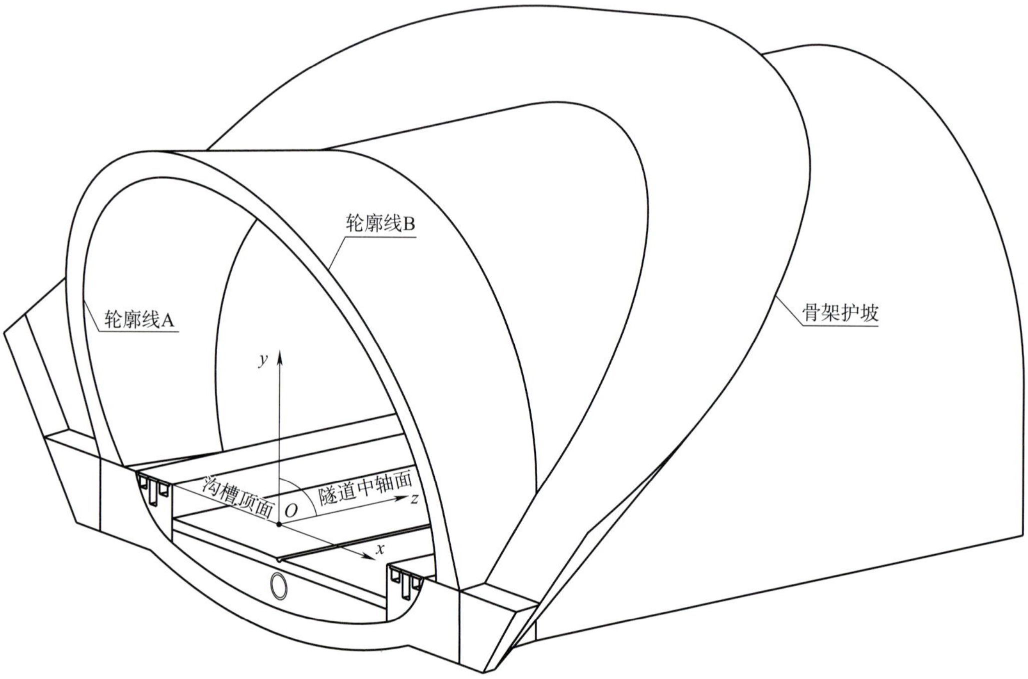

图4.2.8 倒切式洞门侧视轮廓

3） 洞门结构建筑材料

切削式洞门主体结构采用钢筋混凝土，混凝土强度等级不低于C35；其余部位采用素混凝土，强度等级不低于C30。

4.2.4 洞门结构防排水

1. 墙式洞门

墙式洞门不设置防水措施，但必须采取排水措施，以避免结构承受水压力。

1） 端墙排水

端墙顶设置排水沟，尺寸（宽×深）不小于50 cm×50 cm；为提高端墙的美观性并方便混凝土整体浇筑，端墙面一般不设置泄水孔，因此在端墙背后设置排水管网：排水管横、竖间距均为2 m，横向排水管采用HDPE50单壁打孔波纹管，竖向排水管采用107/93双壁打孔波纹管，并用ϕ100 mm PVC管按1.5%的坡度将排水管流水引排至侧沟。排水管采用凿槽铺设，横排水管与纵排水管采用接头连接，外包土工布(重量不小于350 g/m^2)。图4.2.9、图4.2.10所示为挡翼墙式洞门端墙的排水系统。

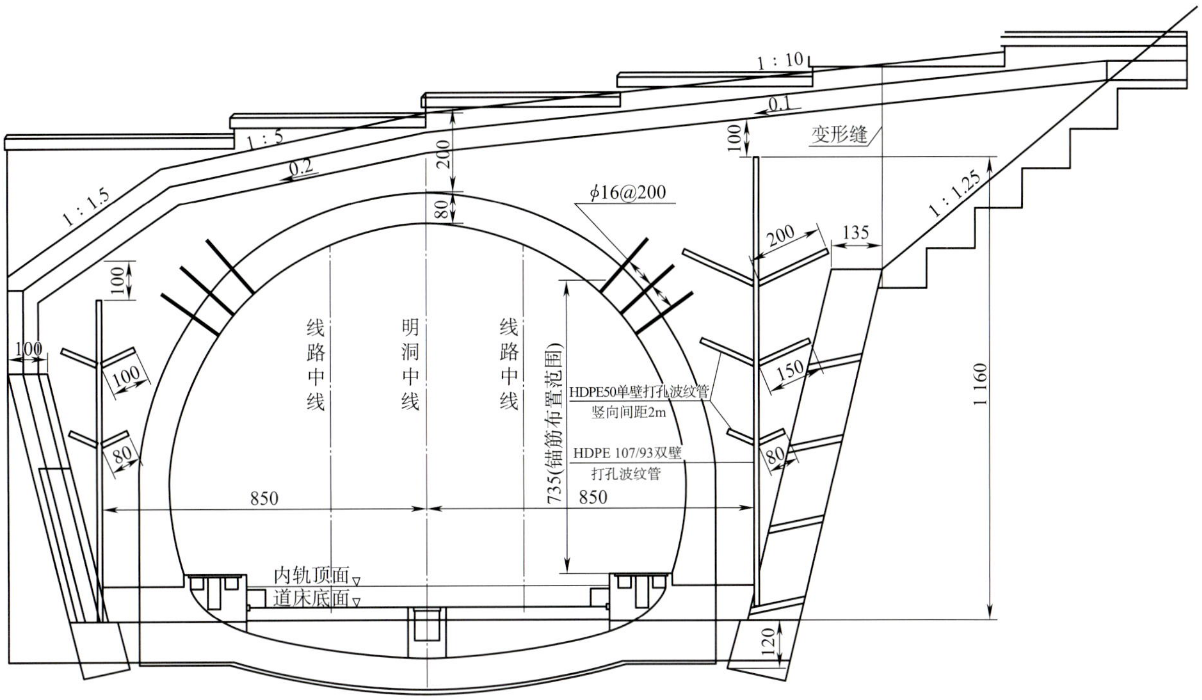

图4.2.9　洞门端墙排水系统正面(单位：cm)

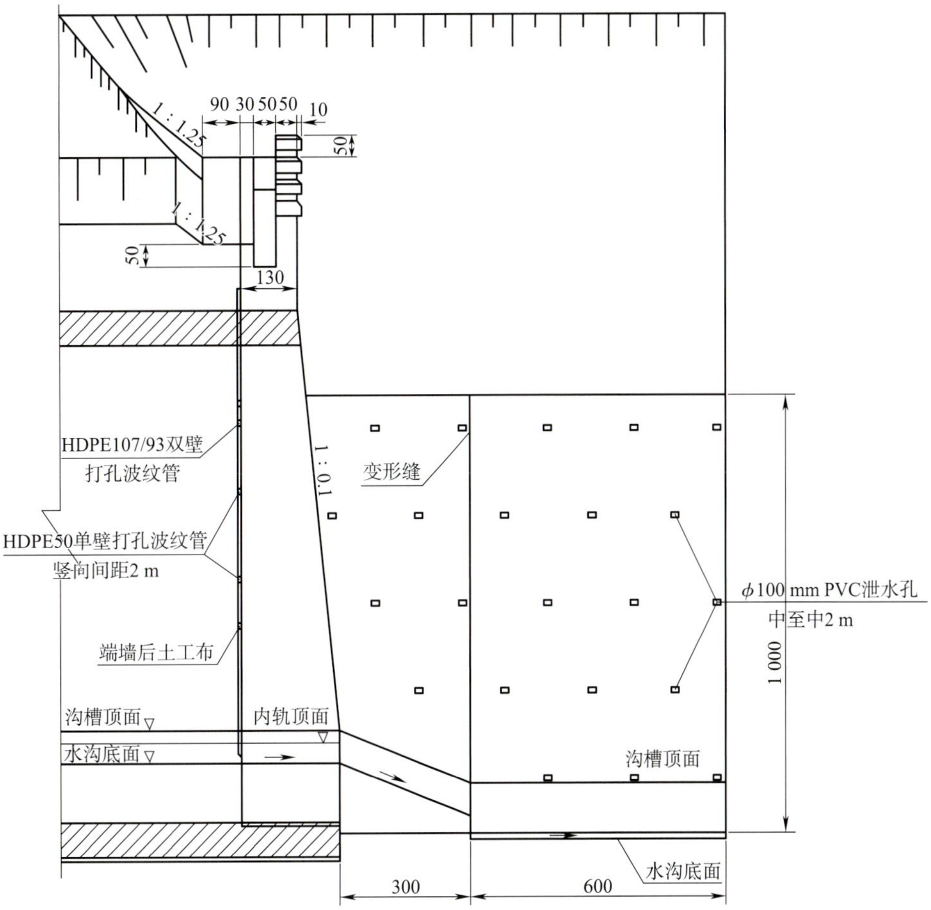

图　4.2.10

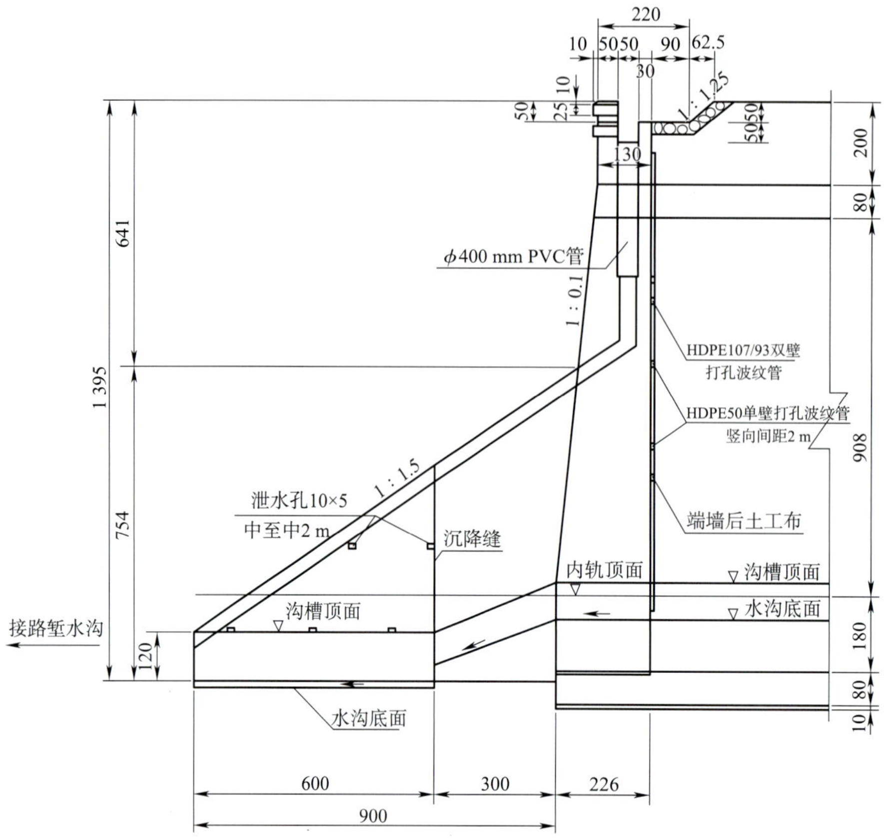

图 4.2.10 洞门端墙排水系统剖面(单位：cm)

2）挡墙防排水设计

墙身设置 ϕ100 mm 的泄水孔，泄水孔间距为 2 m×2 m，呈梅花形布置。挡墙背后设置反滤层，墙后岩性不同，反滤层的设置方式也不同，具体设置形式如图 4.2.11 所示。

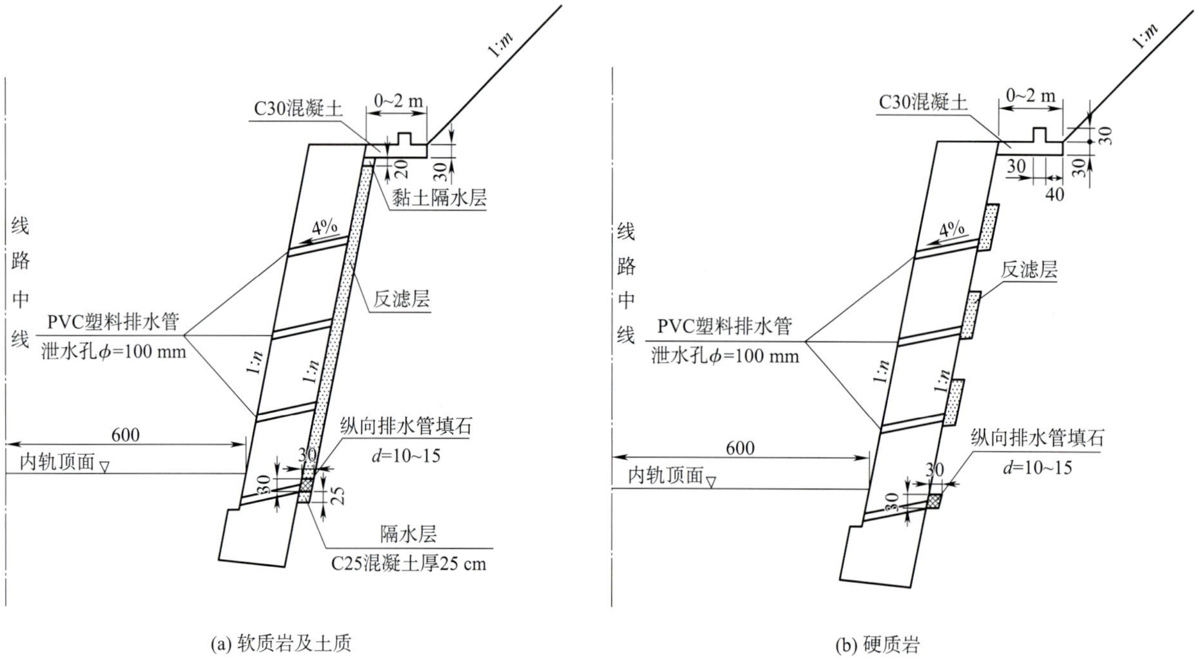

图 4.2.11 挡墙排水系统(单位：cm)

2. 切削式洞门

切削式洞门衬砌防水等级与正洞相同。洞门衬砌结构外的防水，一般是在拱墙部位外表面刷涂 1～2 mm 厚水泥基渗透结晶型防水涂料（也可采用喷膜防水），并铺设防水板。防水板铺设前应设置一层厚 10～20 mm 的 M10 水泥砂浆找平层，防水板外采用土工布保护，然后再施作 60 mm 厚的砖砌保护层或砂浆，保护后回填。

为提高结构自防水能力，主体结构混凝土抗渗等级应不低于 P8。

结构两侧墙脚部位在防水板外侧通长设置纵向排水盲沟，以排出衬砌背后的积水，降低结构的水压力。

4.2.5 洞门结构施工方法

1. 墙式洞门

墙式洞门与明洞连接时，可以随明洞衬砌施工一起浇筑结构混凝土。

墙式洞门与二次衬砌连接时，应及早修筑洞门，其施工工艺流程一般为：洞口段路基与洞门范围内土体分层开挖→边仰坡分层采用喷锚临时支护→适时施作正洞超前支护→开挖进洞一段距离→浇筑正洞二次衬砌并预留与洞门端墙连接的钢筋→端墙及挡翼墙基础开挖→沿端墙坡面施作排水盲管→端墙混凝土浇筑并与正洞结构预留钢筋进行连接→挡翼墙分层施作反滤层、分层浇筑混凝土及泄水孔→强度达到设计要求后拆除模板。

2. 切削式洞门

切削式洞门一般采用全明挖法施工，且以放坡开挖为主。

洞门主体结构施工时，一般与洞口段明洞衬砌或二次衬砌结合施作，利用隧道衬砌模板台车作为洞门结构内模（图 4.2.12），外侧和端头采用木模或特制钢模。采用帽檐切削式洞门时，帽檐结构施作较为复杂，施工前首先应利用计算机三维制图确定结构轮廓边线的坐标，之后采用曲线拟合的方法制作各部小模板。施工中要做好帽檐和主体结构的钢筋连接。

切削式洞门施工的主要工艺流程为：洞口段土体开挖→切削段仰拱施工→切削段衬砌台车定位→切削段钢筋绑扎→切削面模板放样→安装外模和切削面模板→浇筑切削段拱墙混凝土→强度达到设计要求后拆除外模和切削面模板→帽檐模板加工、安装帽檐模板→浇筑帽檐混凝土→强度达到设计要求后拆除模板→回填覆盖→绿化。

(a) 帽檐切削式洞门　　(b) 喇叭口正切式洞门

图 4.2.12　切削式洞门浇筑

4.3 洞口相关工程设计

4.3.1 截水天沟

对于洞口汇水面积较大或边仰坡开挖高度较大的洞门，必须做好截水天沟，以防止雨水冲刷影响边仰坡的施工安全和运营安全。

截水天沟中线距边仰坡开挖线边缘应不小于5 m，流水坡度应不小于3‰，并根据地形、汇水流量等合理选择天沟形式及设置位置。洞口截水天沟一般有如图 4. 3. 1 所示的三种形式，以适应不同的地形条件。

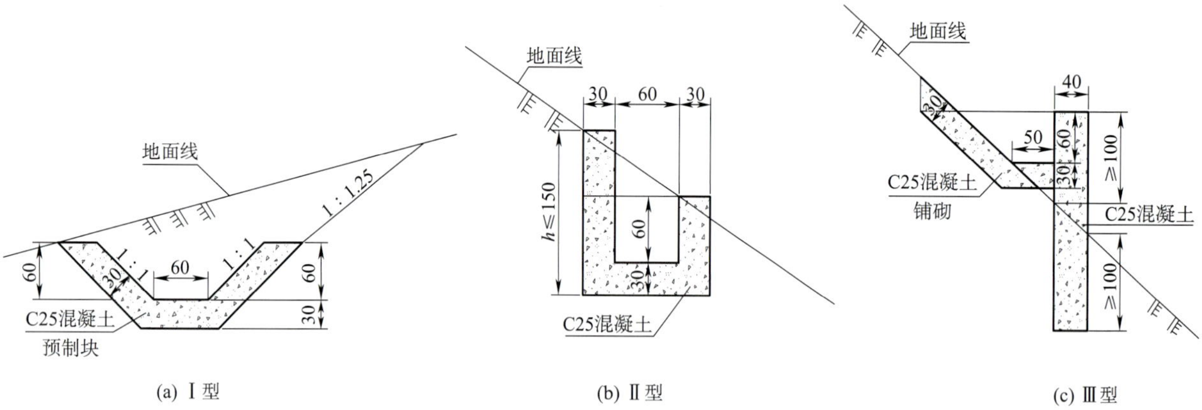

图 4. 3. 1　截水天沟断面(单位：cm)

Ⅰ型截水天沟采用 C25 混凝土预制块拼接，预制块之间的缝隙采用 M10 水泥砂浆勾缝，预制块内设置 ϕ8 mm 的钢筋网，网格间距为 20 cm × 20 cm。该类型天沟适用于地面自然坡度较缓地段，多用于自然坡率缓于 1∶1. 25 地段。

Ⅱ型截水天沟采用 C25 混凝土现浇，混凝土内设置 ϕ8 mm 的钢筋网，网格间距为 20 cm × 20 cm。该类型天沟适用于地面自然坡度较陡地段，多用于自然坡率为 1∶1 ~ 1∶1. 25 地段。

Ⅲ型截水天沟采用 C25 混凝土现浇，混凝土内设置双层 ϕ12 mm 的钢筋网，网格间距为 20 cm × 20 cm。该类型天沟适用于地面自然坡度很陡地段，多用于自然坡率陡于 1∶1 地段。

4. 3. 2　切削式洞门结构回填与绿化

切削式洞门大多采用明挖施工，主体结构浇筑后，其与基坑坡面之间的空隙须及时回填，并保证回填密实，且回填后的土体内摩擦角不低于设计要求。

回填材料应根据实际情况采用土石或改良土等，回填土体压实度不小于 0. 8，粒径小于等于 15 cm，并不得含有石块、碎砖、灰渣及有机杂物，也不得采用带有膨胀性的黏土；回填施工应均匀对称进行，并分层夯实，两侧回填土面高差不得大于 0. 5 m，人工夯实每层厚度不得大于 0. 25 m，机械夯实每层厚度不得大于 0. 3 m。由于回填土的施工场地狭小，当难以达到设计要求的压实度时，应分层在土体内设置土工格栅，对回填土体起加筋作用，减少运营沉降和溜坍。

土体回填后应及时绿化，可采用种草或喷播植草、喷混植生、土工网种草、三维植被网种草、骨架护坡等方式绿化洞口边仰坡，如图 4. 3. 2 所示。

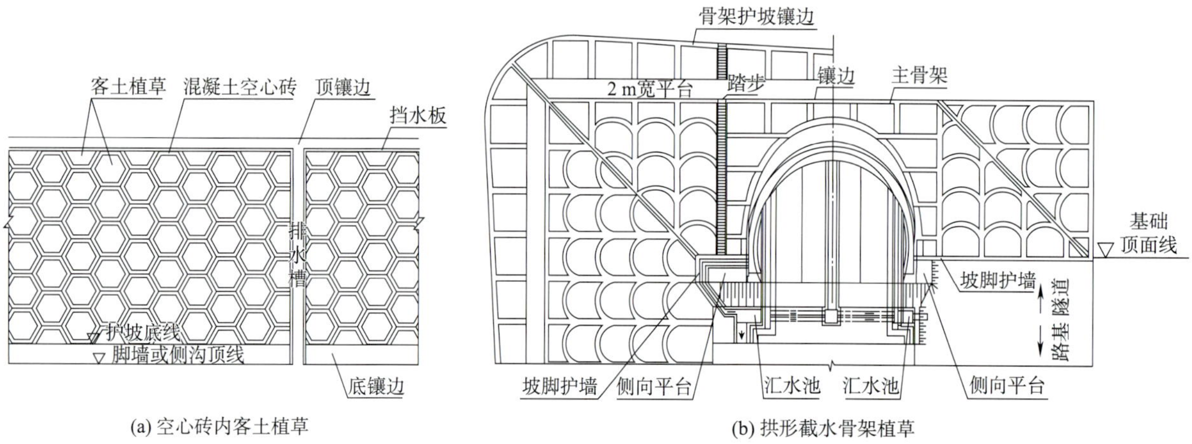

图 4. 3. 2　边仰坡植草护坡

4.3.3 边仰坡防护

1. 边仰坡控制高度

洞口边仰坡开挖中，如地质条件较差，应采取喷锚等临时支护措施，以保证边仰坡的稳定。同时，应尽量减少边仰坡开挖，保护生态环境和植被。边坡与仰坡连接处的刷方一般采用圆弧顺接开挖。边仰坡的开挖高度不应过大，其高度与坡率一般按表 4.3.1 选择。

表 4.3.1 洞口边仰坡坡率及物理力学指标

地层岩性	边坡高度(m)	边坡平台(m)	边坡坡率	物理力学指标	备注
一般黏性土	≤6	—	1:1.25～1:1.5	$\gamma=18\sim19$ kN/m^3 $\varphi=30°\sim35°$ $\sigma_0=200\sim250$ kPa $f=0.3$	含软、硬质岩全风化层相对应土性；非膨胀性极软岩及花岗岩全风化层同一般黏性土
	6＜H≤12	2.0～3.0	1:1.5		
	12＜H≤18	3.0	1:1.75		
膨胀土	≤6	—	1:1.5～1:1.75	$\gamma=18\sim19$ kN/m^3 $\varphi=26°\sim30°$ $\sigma_0=220\sim250$ kPa $f=0.3$	
	6＜H＜15	2.0～3.0	1:1.75～1:2		
软质岩	≤8	—	1:0.75～1:1.25	$\gamma=20\sim21$ kN/m^3 $\varphi=35°\sim45°$ $\sigma_0=300\sim500$ kPa $f=0.3\sim0.45$	强～弱风化砂岩、粉砂岩、片岩、千枚岩、板岩、页岩及强风化硬质岩等
	8＜H＜20	2.0～3.0			
硬质岩	≤12	—	1:0.5～1:0.75	$\gamma=22\sim24$ kN/m^3 $\varphi=50°\sim55°$ $\sigma_0=800\sim1\,200$ kPa $f=0.5\sim0.6$	弱风化石英砂岩、花岗岩、混合花岗岩、变粒岩、石灰岩、白云岩、片麻岩等
	12＜H＜25	2.0	1:0.75～1:1		

注：在土石分界处、透水与不透水层交界面处，设置宽 2～3.0 m 的平台。

2. 边仰坡防护形式

土质边仰坡可采用骨架护坡，石质边仰坡可采用框架锚杆防护；强风化硬质岩、土质或软岩及存在顺层时的边仰坡，根据地质条件采用框架锚索防护。

1）骨架护坡

骨架护坡主要适用于洞口回填土地段及稳定的土质边仰坡(如坡率为 1:1.25、1:1.5、1:1.75)，永久边仰坡高度小于 6 m。骨架内应绿化。

2）喷 锚 网

喷锚网主要适用于全风化～强风化地层的临时边仰坡(如洞门回填线以下的临时护坡)，支护参数一般为：C25 喷混凝土厚度为 10～15 cm；ϕ22 mm 砂浆锚杆长度为 4～6 m，间距为 1.5 m×1.5 m，呈梅花形布置；采用 ϕ8 mm 的钢筋网，网格间距为 10～15 cm。

3）喷混植生

喷混植生主要适用于坡率为 1:0.75～1:1 的永久岩质边坡(弱风化～强风化)或植被无法直接生长地段。

4）框架锚杆

框架锚杆主要适用于岩质边仰坡结构面发育、岩体破碎和土质永久高边仰坡(如洞门回填线以上的部分)，其坡率一般为 1:1～1:1.25，永久边坡高度一般为 6～12 m。常用的防护锚杆长度为 8～12 m(图 4.3.3)。

5）框架锚索

框架锚索主要适用于设计边坡坡率陡于稳定坡率，永久边坡高度大于 12 m 的地段，边坡应分级设置平台，每级边坡高度为 8～10 m。

6）防 护 桩

防护桩主要适用于开挖边坡高度大于 25 m，且地层为土质、软岩或存在顺层时的情况，并与框架

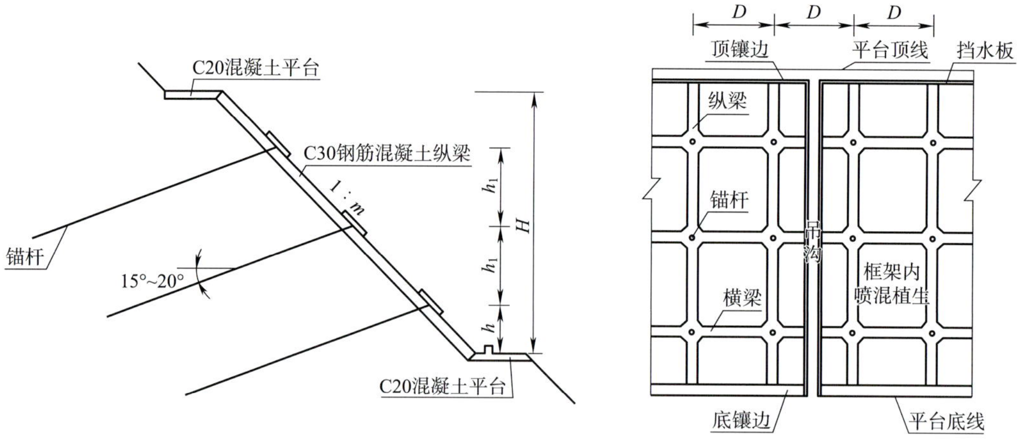

图 4.3.3　框架锚杆防护

锚索配合使用，以控制边坡开挖高度，保证安全。

3. 洞口绿色防护

洞口一般按“草灌结合、内灌外乔”进行绿色防护，且植物防护与工程防护应有效结合，达到恢复自然景观、与周边环境和谐的效果，如图 4.3.4 所示。

图 4.3.4　边仰坡植草护坡效果

4.3.4　桥隧相连洞口的处理

对于桥隧相连的洞口，一般存在以下三种情况：第一种是桥台端部与隧道洞门端部重合；第二种是桥梁伸入隧道内；第三种是仅桥台与隧道洞口段重叠。洞口桥隧相连时，需要处理好两种结构的相互关系及隧道排水问题。

1. 桥台端部与隧道洞门端部重合时的结构处理

对于桥台端部与隧道洞门端部重合的桥隧相连方式，由于桥台开挖深度低于隧道仰拱，因此应根据地质条件确定二者的施工先后次序。当地质条件较好时，可采用隧道先开挖进洞，待洞口段二次衬砌施工完成后再施工桥台和隧道洞门。在桥台开挖时，应采取特别的边仰坡防护措施，确保隧道不发生沉降。当地质条件较差时，应先施工桥台再开挖隧道，防止后期桥台开挖时引起隧道开裂变形，也可先施工隧道洞口段的初期支护，待桥台开挖并浇筑后，再浇筑隧道二次衬砌和洞门结构。图 4.3.5 为该种桥隧相连方式建成后的情况。

图 4.3.5　桥台端部与隧道洞门端部重合的桥隧相连结构处理

2. 桥梁伸入隧道内时的结构处理

桥梁伸入隧道内时，除隧道结构内净空需要按桥梁架设要求加宽、加深外，还应计算分析桥台荷载对隧道的影响。常用的处理方式有两种：一种是隧道采用整体加宽、加深结构的方式，另一种是隧道与桥梁采用分离式结构的方式。

（1）隧道采用整体加宽、加深结构的方式

该种方式将隧道结构加宽、加深，使之能包容整个桥梁结构。由于隧道为埋置于地中的结构，可以直接利用隧道仰拱和部分隧底填充作为桥台，桥台端部里程处，隧道宜设置一道变形缝。该种方式适用于地质条件较好、隧底承载能力较大的条件。图 4.3.6 为该种方式的结构处理方式。

施工工序：当隧道为暗洞时，可先施工隧道洞口段，在二次衬砌浇筑完成后，底部填土恢复至与隧道仰拱填充面齐平，待施工桥台时再铲除。当隧道为明洞且开挖的边仰坡高度不大时，可考虑桥隧相连段后施工。图 4.3.7 为隧道采用整体加宽、加深结构方式时建成后的情况。

（2）隧道与桥梁采用分离式结构的方式

该种方式的隧道与桥梁为分离式结构，桥梁及桥台可按其预定的方式施作，而将重叠段的隧道及洞门采用桩基础支承，同时为避免桩间土流失，在左右两排桩基的内侧设置挡土结构，其中在桥梁梁体部位采用 U 形槽钢筋混凝土结构，在桥台部位采用钢筋混凝土挡墙结构。该种方式适用于地质条件较差、隧底承载能力较低的条件。图 4.3.8 为该种方式的结构处理方式。

施工工序：首先施工隧道两侧的桩基础及冠梁，然后开挖重叠部位的土体至预定深度，再浇筑 U 形槽钢筋混凝土挡墙、桥台及两侧挡墙，之后施工隧道拱墙衬砌结构和洞门结构，最后架设桥梁。图 4.3.9 为隧道与桥梁采用分离式结构方式时建成后的情况。

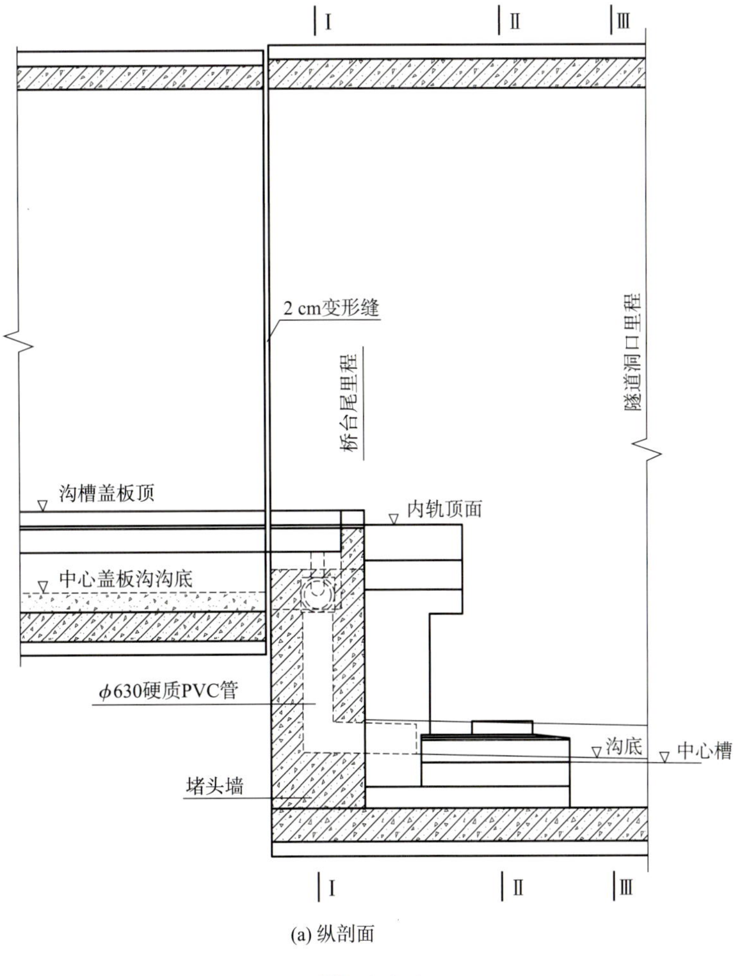

(a) 纵剖面

图 4.3.6

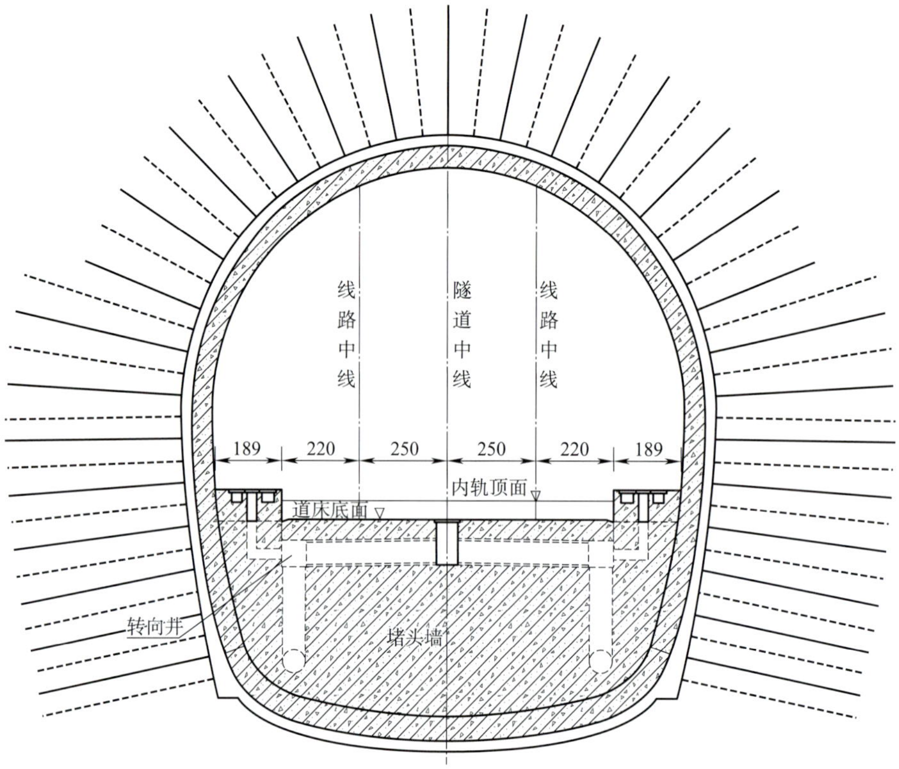

(b) Ⅰ—Ⅰ剖面

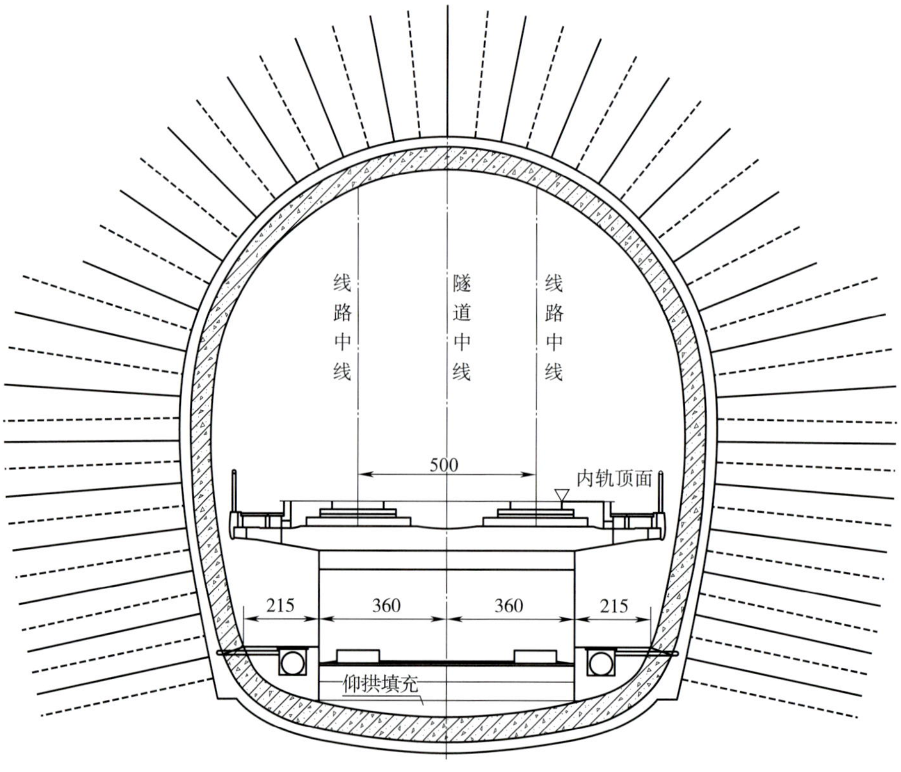

(c) Ⅱ—Ⅱ剖面

图 4.3.6

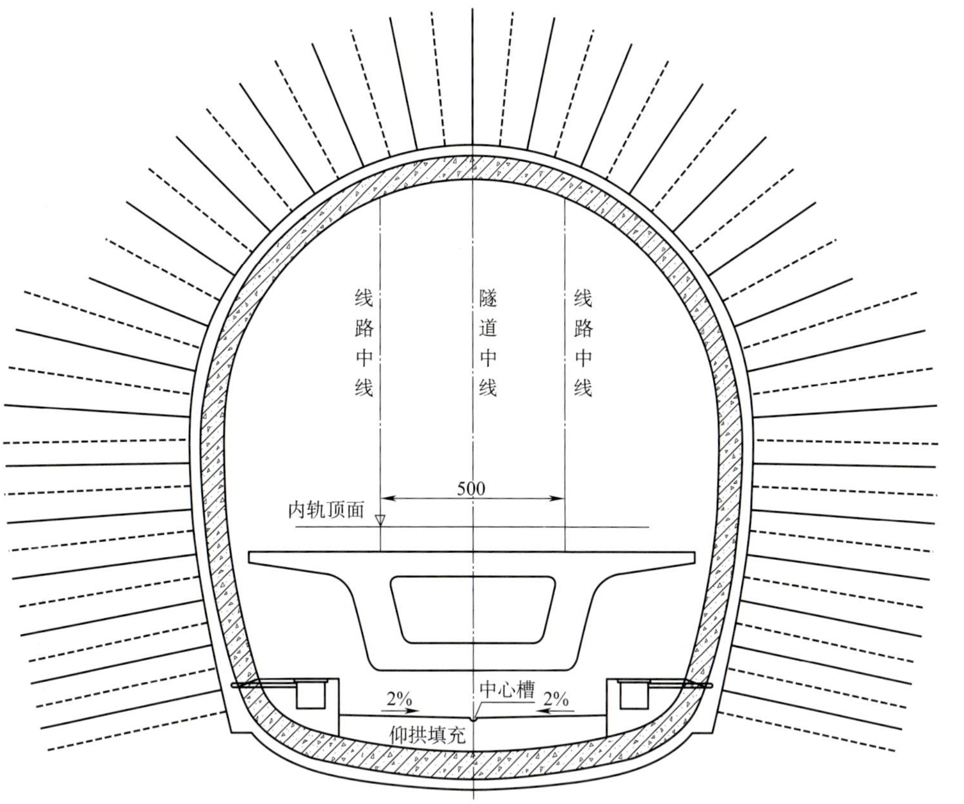

(d) Ⅲ—Ⅲ剖面

图 4.3.6　隧道采用整体加宽、加深方式进行桥隧相连处理(单位：cm)

图 4.3.7　隧道采用整体加宽、加深结构方式建成后的情况

3. 桥台与隧道洞口段重叠时的结构处理

当仅桥台部位与隧道洞口段重叠时，隧道与桥台可以采用分离式结构(类似图 4.3.8 的处理方式)，也可以将隧道结构直接坐落在桥台上，但桥台应进行相应的加宽处理，并考虑隧道荷载对桥台的影响。图 4.3.10 为某高速铁路隧道洞门直接坐落在桥台上的情况。

4. 洞口排水处理

桥隧相连段隧道排水系统需根据出洞方向为上坡还是下坡两种情况分别处理。当出洞方向为上坡时，需要设置截水墙，以防止桥面流水进入隧道；当出洞方向为下坡时，隧道侧沟和中心水沟应通过埋管方式穿过桥台排水，同时应采取措施防止水量过大而冲刷桥台基础。

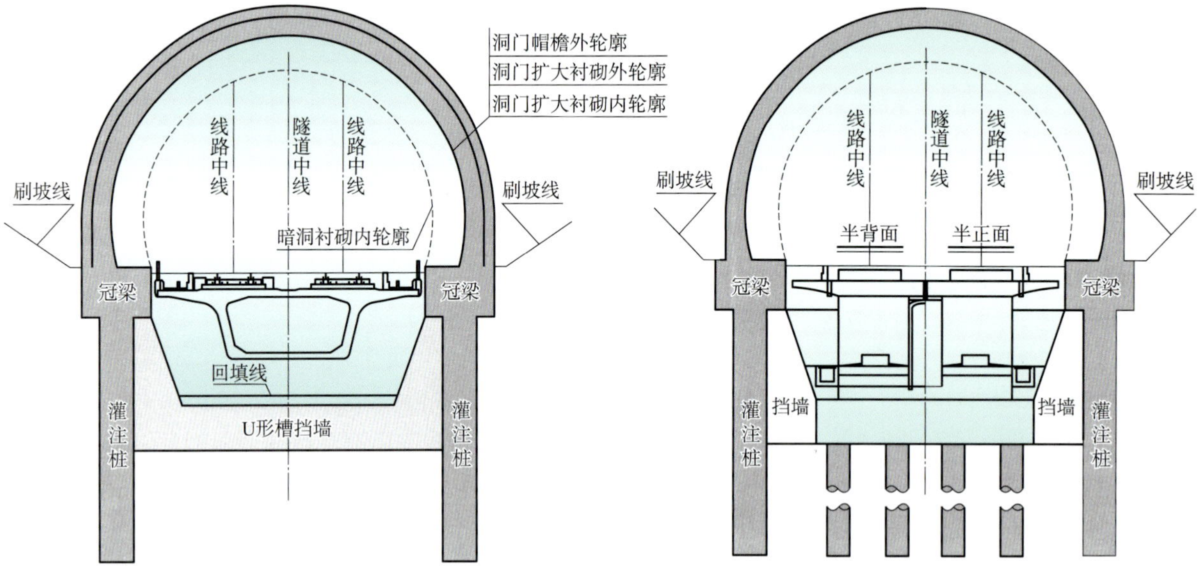

(a) 桥梁梁段处断面　　(b) 桥梁桥台处断面

图 4.3.8　隧道与桥梁采用分离式结构方式进行桥隧相连处理

图 4.3.9　隧道与桥梁采用分离式结构方式建成后的情况

图 4.3.10　隧道洞门直接坐落在桥台上的桥隧相连方式

参 考 文 献

[1] 国家铁路局. 高速铁路设计规范(TB 10621—2014)[S]. 北京：中国铁道出版社，2014.
[2] 中华人民共和国铁道部. 铁路隧道设计规范(TB 10003—2005)[S]. 北京：中国铁道出版社，2005.
[3] 中华人民共和国住房和城乡建设部. 混凝土结构设计规范(GB 50010—2010)[S]. 北京：中国建筑工业出版社，2010.
[4] 中华人民共和国住房城乡建设部，中华人民共和国国家质量监督检验检疫总局. 地下工程防水技术规范(GB 50108—2008)[S]. 北京：中国计划出版社，2009.
[5] 铁道部第二勘测设计院. 铁路工程设计技术手册·隧道[M]. 北京：中国铁道出版社，1995.
[6] 铁道部经济规划研究院. 时速250公里客运专线铁路双线隧道斜切式洞门(通隧〔2009〕0221)[S]. 2009.
[7] 铁道部经济规划研究院. 时速350公里客运专线铁路双线隧道斜切式洞门(通隧〔2009〕0321)[S]. 2009.
[8] 铁道部工程设计鉴定中心. 高速铁路隧道[M]. 北京：中国铁道出版社，2006.
[9] 中铁第四勘察设计院集团有限公司. 武广铁路客运专线施工设计隧道工程[R]. 2005.
[10] 中铁第四勘察设计院集团有限公司. 合福铁路客运专线施工设计隧道工程[R]. 2010.
[11] 铁道第三勘察设计院集团有限公司. 沪昆铁路客运专线施工设计隧道工程[R]. 2011.
[12] 铁道第三勘察设计院集团有限公司. 京沪高速铁路施工设计隧道工程[R]. 2011.

5 隧道支护结构设计

隧道支护结构通常指由围岩和人工支护构成的结构体系，其设计与施工方法密切相关。根据隧道所处的地形、地质条件及周边环境，隧道可采用明挖法、矿山法、盾构法等工法施工。由于采用的施工方法不同，其支护结构的构成也有所不同。矿山法隧道常用的支护结构类型有喷锚衬砌、整体式衬砌、复合式衬砌、拼装式衬砌等；明挖法隧道常用的支护结构类型主要是整体式衬砌；盾构法隧道常用的支护结构类型有管片衬砌、模筑混凝土衬砌以及双层衬砌等。

本章以高速铁路隧道采用较多的复合式衬砌、明洞的整体式衬砌及盾构法采用的管片衬砌为重点说明其设计情况。

5.1 复合式衬砌设计

5.1.1 复合式衬砌的构成和形式

复合式衬砌由围岩＋初期支护＋二次衬砌构成，并在初期支护与二次衬砌之间设置防水隔离层。复合式衬砌的形式，根据围岩级别及地下水状况，按以下原则确定：

（1）Ⅰ、Ⅱ级围岩隧道的复合式衬砌一般采用曲墙带底板的结构形式（图 5.1.1），当地下水特别发育时，可采用曲墙带浅仰拱形式。

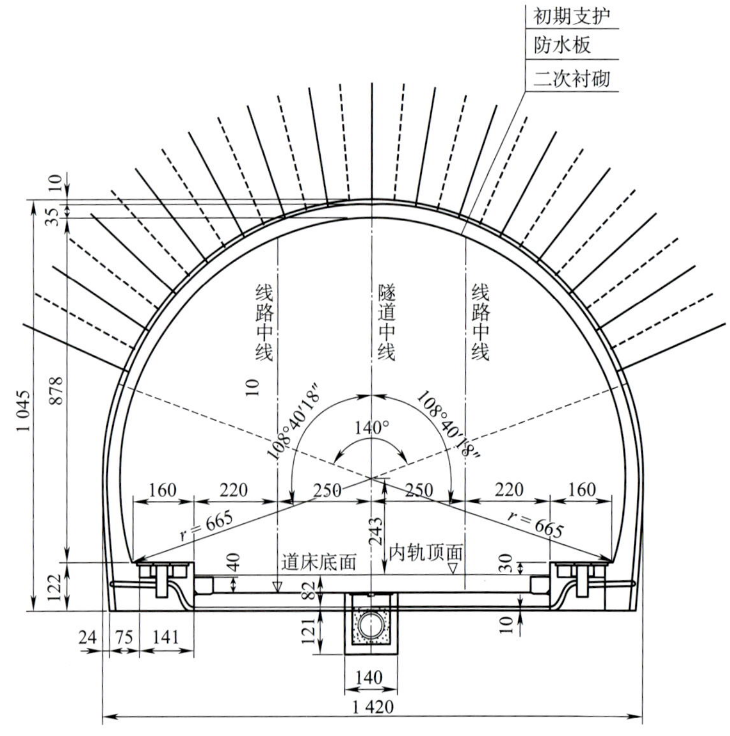

图 5.1.1 曲墙带底板衬砌代表性断面（单位：cm）

（2）Ⅲ级围岩隧道的底部位于弱风化、完整性好的硬质岩时，可采用拱墙加底板结构形式。底板施工前先施作 10 cm 厚 C20 混凝土找平层。底部为软质岩、节理裂隙较发育的硬质岩，或为缓倾斜岩层时，可采用曲墙带仰拱的结构形式。

(3) Ⅳ~Ⅵ级围岩隧道采用曲墙带仰拱的结构形式(图5.1.2)。

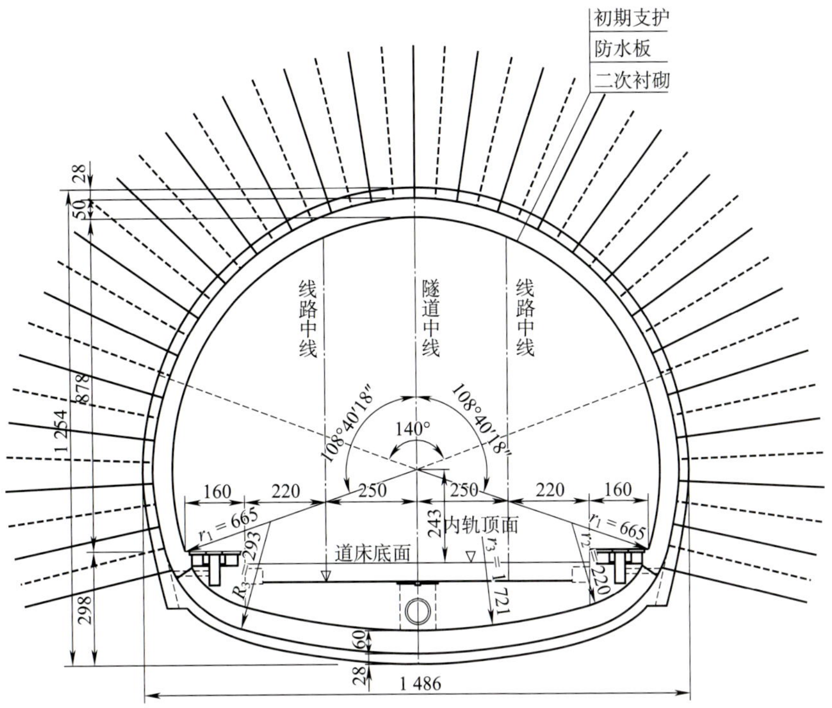

图5.1.2 曲墙带仰拱衬砌结构代表性断面(单位：cm)

5.1.2 复合式衬砌设计参数

1. 深浅埋判别

当地表水平或接近水平，且隧道拱顶以上覆盖厚度小于表5.1.1的判定值时，按浅埋隧道处理。当有不利于山体稳定的地质条件时，表中判定值应适当加大。

表5.1.1 高速铁路隧道深浅埋分界的覆盖厚度值(m)

围岩级别	Ⅲ	Ⅳ	Ⅴ
单线隧道	5~7	10~14	18~25
双线隧道	8~10	15~20	30~35

2. 设计参数确定

一般情况下，时速250 km、350 km高速铁路单、双线隧道复合式衬砌设计参数可按表5.1.2~表5.1.5采用(表中下角标a表示不考虑特殊情况的正常衬砌类型，下角标b表示考虑浅埋情况的加强衬砌类型)。特殊情况下，如二次衬砌承受高水压力、地下水具有强侵蚀性、软岩大变形、地形地质严重偏压、冻胀地层、地震动峰值加速度超过0.15g、坍方地段、小净距下穿既有铁路或公路等，应在对结构进行计算分析后再合理确定设计参数。

表5.1.2 时速350 km高速铁路单线隧道复合式衬砌设计参数

衬砌类型	预留变形量(cm)	初期支护												二次衬砌	
		C25喷混凝土		钢筋网			锚杆			格栅(型钢)钢架					
		设置部位	厚度(cm)	设置部位	网格间距(cm)	钢筋规格	设置部位	间距(环向×纵向)(m)	长度(m)	设置部位	类型(mm)	间距(m)		拱墙(cm)	仰拱/底板(cm)
Ⅱ型	1~3	拱墙	5	—	—	—	局部	—	2.0	—	—	—		30	/30*
$Ⅲ_a$型	3~5	拱墙	10	拱部	25×25	ϕ6	拱墙	1.2×1.5	2.5	—	—	—		35	35

续上表

衬砌类型	预留变形量(cm)	初期支护											二次衬砌	
		C25喷混凝土		钢筋网			锚杆			格栅(型钢)钢架				
		设置部位	厚度(cm)	设置部位	网格间距(cm)	钢筋规格	设置部位	间距(环向×纵向)(m)	长度(m)	设置部位	类型(mm)	间距(m)	拱墙(cm)	仰拱/底板(cm)
Ⅲ$_b$型	3~5	拱部	20	拱部	25×25	ϕ6	拱墙	1.2×1.5	2.5	拱墙180°	高130、ϕ22格栅	1.2	35	35
		边墙	10											
Ⅳ$_a$型	5~8	拱墙	20	拱墙	25×25	ϕ6	拱墙	1.2×1.2	3.0	拱墙	高130、ϕ22格栅	1.2	40	40
		仰拱	10											
Ⅳ$_b$型	5~8	拱墙	23	拱墙	20×20	ϕ6	拱墙	1.2×1.2	3.0	拱墙	高150、ϕ22格栅或I16型钢	1.0	40*	40*
		仰拱	10											
Ⅴ$_a$型	8~12	拱墙	23	拱墙	20×20	ϕ8	拱墙	1.2×1.0	3.5	全环	高150、ϕ22格栅或I16型钢	1.0	45*	45*
		仰拱	23											
Ⅴ$_b$型	8~12	拱墙	25	拱墙	20×20	ϕ8	拱墙	1.2×1.0	3.5	全环	I18型钢	0.8	45*	45*
		仰拱	25											

注：1. Ⅱ型衬砌底板设钢筋网(纵向采用间距为250 mm的ϕ10 mm钢筋，横向采用间距为200 mm的ϕ14 mm钢筋)；
2. Ⅳ$_b$、Ⅴ$_b$型衬砌结构拱部位于土质地层时可不设置拱部系统锚杆，石质围岩系统锚杆应根据岩层产状、节理裂隙发育情况等具体条件设置；
3. Ⅳ$_a$型衬砌结构初期支护也可根据具体情况选择不设置钢架或仅局部设置钢架；
4. 表中带“*”号者表示为钢筋混凝土。

表5.1.3 时速350 km高速铁路双线隧道复合式衬砌设计参数

衬砌类型	预留变形量(cm)	初期支护											二次衬砌	
		C25喷混凝土		钢筋网			锚杆			格栅(型钢)钢架				
		设置部位	厚度(cm)	设置部位	网格间距(cm)	钢筋规格	设置部位	间距(环向×纵向)(m)	长度(m)	设置部位	类型(mm)	间距(m)	拱墙(cm)	仰拱/底板(cm)
Ⅱ$_a$型	3~5	拱墙	5	—	—	—	局部	—	2.5	—	—	—	35	/30*
Ⅱ$_b$型	3~5	拱墙	5	—	—	—	局部	—	2.5	—	—	—	35	45
Ⅲ$_a$型	5~8	拱墙	12	拱部	25×25	ϕ6	拱墙	1.2×1.5	3	—	—	—	40	50
Ⅲ$_b$型	5~8	拱部	23	拱部	25×25	ϕ6	拱墙	1.2×1.5	3	拱部	高130、ϕ22格栅	1.2	40	50
		边墙	12											
Ⅳ$_a$型	8~10	拱墙	25	拱墙	20×20	ϕ6	拱墙	1.2×1.2	3.5	拱墙	高150、ϕ22格栅	1.0	45	55
		仰拱	10											
Ⅳ$_b$型	8~10	拱墙	25	拱墙	20×20	ϕ6	拱墙	1.2×1.2	3.5	全环	高150、ϕ25格栅或I18型钢	1.0	45*	55*
		仰拱	25											
Ⅴ$_a$型	10~15	拱墙	28	拱墙	20×20	ϕ8	拱墙	1.2×1.0	4	全环	高180、ϕ25格栅或I20a型钢	0.8	50*	60*
		仰拱	28											
Ⅴ$_b$型	10~15	拱墙	28	拱墙	20×20	ϕ8	拱墙	1.2×1.0	4	全环	I20a型钢	0.6	50*	60*
		仰拱	28											

注：1. Ⅱ$_a$型衬砌底板设钢筋网(纵向采用间距为250 mm的ϕ10 mm钢筋，横向采用间距为200 mm的ϕ14 mm钢筋)；
2. Ⅲ$_b$型复合式衬砌结构，拱部180°范围内设置格栅钢架，钢架拱脚位置设置锁脚锚杆(管)；
3. Ⅳ$_a$、Ⅴ$_a$、Ⅴ$_b$型衬砌结构拱墙喷混凝土中可根据需要掺合成纤维，掺量为0.9 kg/m^3；
4. 表中带“*”号者表示为钢筋混凝土。

表 5.1.4　时速 250 km 高速铁路单线隧道复合式衬砌设计参数

衬砌类型	预留变形量(cm)	初期支护								二次衬砌	
		C25 喷混凝土		钢筋网			锚杆参数				
		设置部位	厚度(cm)	设置部位	网格间距(cm)	钢筋规格	设置部位	间距(环向×纵向)(m)	长度(m)	拱墙(cm)	仰拱/底板(cm)
Ⅱ型	0~2	拱墙	5	—	—	—	局部	—	2	30	30*
Ⅲ型	3~4	拱墙	8	拱部	25×25	ϕ6	拱墙	1.2×1.5	2.5	35	40
Ⅳ$_{a}$型	3~5	拱墙	12	拱墙	25×25	ϕ6	拱墙	1.2×1.2	3	40	40
Ⅳ$_{b}$型	6~8	拱墙	23	拱墙	20×20	ϕ6	拱墙	1.2×1.2	3	40	40
Ⅴ$_{a}$型	8~10	拱墙	23	拱墙	20×20	ϕ8	拱墙	1.2×1.0	3	45*	45*
		仰拱	10								
Ⅴ$_{b}$型	8~10	拱墙	25	拱墙	20×20	ϕ8	全环	1.2×1.0	3	45*	45*
		仰拱	25								

注：1. Ⅱ型衬砌底板设钢筋网(纵向采用间距为 250 mm 的 ϕ10 mm 钢筋，横向采用间距为 200 mm 的 ϕ14 mm 钢筋)；
2. Ⅳ$_{b}$、Ⅴ$_{a}$型衬砌设置格栅钢架，间距分别为 1.0 m 和 0.8 m，Ⅴ$_{b}$型衬砌设置型钢钢架，间距为 0.8 m；
3. Ⅴ$_{a}$型衬砌必要时应设置仰拱钢架并及时封闭初期支护；
4. 表中带“*”号者表示为钢筋混凝土。

表 5.1.5　时速 250 km 高速铁路双线隧道复合式衬砌设计参数

衬砌类型	预留变形量(cm)	初期支护											二次衬砌	
		C25 喷混凝土		钢筋网			锚杆参数			钢架				
		设置部位	厚度(cm)	设置部位	网格间距(cm)	钢筋规格	设置部位	间距(环向×纵向)(m)	长度(m)	设置部位	类型	间距(m)	拱墙(cm)	仰拱/底板(cm)
Ⅱ$_{a}$型	3~5	拱墙	5	—	—	—	拱部	局部	2.5	—	—	—	35	/30*
Ⅱ$_{b}$型	3~5	拱墙	5	—	—	—	拱部	局部	2.5	—	—	—	35	/35*
Ⅲ$_{a}$型	5~8	拱墙	12	拱部	25×25	ϕ6	拱墙	1.2×1.5	3	—	—	—	40	50
Ⅲ$_{b}$型	5~8	180°拱部	23	180°拱部	25×25	ϕ6	拱墙	1.2×1.5	3	180°拱部	格栅	1.5	40	50
		边墙	12											
Ⅳ$_{a}$型	8~10	拱墙	25	拱墙	20×20	ϕ6	拱墙	1.2×1.2	3.5	拱墙	格栅	1.0	45	55
		仰拱	10											
Ⅳ$_{b}$型	8~10	拱墙	25	拱墙	20×20	ϕ6	拱墙	1.2×1.2	3.5	拱墙	型钢或格栅	1.0	45*	55*
		仰拱	15											
Ⅴ$_{a}$型	10~15	拱墙	28	拱墙	20×20	ϕ8	拱墙	1.2×1.0	4	全环	型钢或格栅	0.8	50*	60*
		仰拱	28											
Ⅴ$_{b}$型	10~15	拱墙	28	拱墙	20×20	ϕ8	拱墙	1.2×1.0	4	全环	型钢或格栅	0.6	50*	60*
		仰拱	28											

注：1. Ⅱ$_{a}$、Ⅱ$_{b}$型衬砌底板设钢筋网(纵向采用间距为 250 mm 的 ϕ10 mm 钢筋，横向采用间距为 200 mm 的 ϕ14 mm 钢筋)；
2. 表中带“*”号者表示为钢筋混凝土。

由于偏压隧道在地形条件、地质条件、荷载不对称程度等方面的复杂性，高速铁路偏压隧道目前尚未形成统一的设计标准。表 5.1.6 和表 5.1.7 分别为武广高铁(设计速度为 350 km/h)、合武和厦深铁路(设计速度为250 km/h)等项目采用的双线隧道偏压复合式衬砌设计参数。

第二篇　勘察设计

表 5.1.6 武广高铁双线隧道偏压复合式衬砌设计参数

衬砌类型			Ⅳ$_c$		Ⅴ$_c$	
预留变形量(cm)			8～10		10～15	
初期支护	C25 喷混凝土	设置部位/厚度(cm)	拱墙、仰拱/25		拱墙、仰拱/28	
	钢筋网(ϕ8 mm)	网格间距(cm)(环向×纵向)	20×20		20×20	
		设置部位	拱墙		拱墙	
	锚　　杆	设置部位	拱墙		拱墙	
		长度(m)	3.5		4	
		间距(m)(环向×纵向)	1.0×0.8		0.8×1	
	钢　　架	设置部位	拱墙、仰拱		拱墙、仰拱	
		规　格	I18	工字钢	I22a	工字钢
		间距(m)	0.8	(全环)	0.5	(全环)
二次衬砌	拱墙钢筋混凝土厚度(cm)		50		55	
	仰拱钢筋混凝土厚度(cm)		60		65	

表 5.1.7 合武、厦深铁路双线隧道偏压复合式衬砌设计参数

衬砌类型			Ⅳ$_c$	Ⅴ$_c$
预留变形量(cm)			8～10	10～15
初期支护	C25 喷混凝土	设置部位/厚度(cm)	拱墙、仰拱/25	拱墙、仰拱/28
	钢筋网(ϕ8 mm)	网格间距(cm)(环向×纵向)	20×20	20×20
		设置部位	拱墙	拱墙
	锚　　杆	设置部位	拱墙	拱墙
		长度(m)	3.5	4
		间距(m)(环向×纵向)	1.0×1.0	1.0×0.8
	钢　　架	设置部位	拱墙、仰拱	拱墙、仰拱
		规　格	I18 型钢	I20a 型钢
		纵向间距(m)	0.8	0.5
二次衬砌	拱墙钢筋混凝土厚度(cm)		50	55
	仰拱钢筋混凝土厚度(cm)		60	65

3. 初期支护设计

初期支护是复合式衬砌的重要组成部分和主要承载结构。初期支护既要能与围岩共同变形，又要有足够的强度和刚度抑制围岩变形。初期支护的组成形式应根据工程地质与水文地质条件、隧道净空、隧道埋深、开挖方法、施工工序等因素选用。施工过程中，应根据监控量测提供的围岩和支护应力、应变及位移等信息，对设计参数和施工方法进行必要的调整和修改，以保证施工阶段的安全和支护体系有足够的安全性。

1）初期支护主要措施

初期支护主要措施包括系统锚杆、钢筋网、钢架以及喷混凝土。

（1）喷混凝土

喷混凝土与围岩表面密贴，是喷混凝土发挥支护作用的关键。此外，喷混凝土还可以把围岩压力传递到锚杆和钢支撑上，反过来看，喷混凝土也可以提高锚杆和钢支撑的支护效果。因此，在支护组成上，任何情况下都不能缺少喷混凝土。喷混凝土与围岩的粘附性能异常重要，这是发挥喷混凝土支护效果的基本保证，也是喷混凝土最主要的力学作用。

喷混凝土应满足以下要求：

①对作用荷载有足够的强度，但也不宜过厚；

②具有早期需要的强度；设计上对喷混凝土不同时期的强度要有明确的规定，通常都规定 8 h、24 h 和 28 d 的强度值；

③与围岩充分粘附和密实；

④喷混凝土最小厚度不应小于 5 cm，网喷混凝土的最小厚度不宜小于 10 cm；

⑤具有规定的耐久性；

⑥为减少喷混凝土的回弹，保证支护质量，应采用湿喷工艺。

为减少喷混凝土喷射过程中回弹量大以及流淌、滴落等问题，一般在初喷混凝土后挂设钢筋网片或者在喷混凝土中掺加纤维，这在一定程度上也可以避免素喷混凝土受力后开裂掉块，还可增强喷混凝土的抗剪能力，提高粘附性，防止破坏时喷混凝土的剥落。在喷混凝土中掺入合成纤维，既可减少回弹量，也可减少喷混凝土硬化过程中的早期裂缝，有利于防水和提高耐久性。

(2) 锚　　杆

锚杆是从内部补强围岩的方法，是初期支护的主要组成部分。锚杆锚入岩体内部，使围岩成为一体，可达到提高围岩的力学性能、改善围岩的受力状态、实现加固围岩、维护围岩稳定的目的。大量试验和工程实践表明，锚杆对保持隧道围岩稳定、抑制围岩变形可以发挥很好作用。锚杆支护不仅对硬质围岩，而且对软质围岩也能起到良好的支护效果。

为发挥锚杆与围岩的一体效果，应根据围岩特性注意以下几点：

①硬　　岩

在围岩强度应力比(岩石强度与地应力的比值)大、隧道周边围岩没有塑化的情况时，不需要锚杆支护力产生的“内压”效果。同时，由于硬岩本身的强度是充分的，隧道的稳定通常是由裂隙等力学上的不连续面所控制，所以，锚杆可以控制岩块移动，使围岩成为一体，并促进平衡拱的形成。因此，在设计锚杆时，应考虑围岩的裂隙状态。

②软　　岩

在围岩强度应力比小的软岩中，隧道周边围岩可能发生塑性变化，此时需要锚杆的“内压”效果和形成平衡拱的效果。围岩采用完全弹塑性体假定进行解析，因内压的存在而使塑性区域和壁面位移减少。但如要使围岩不产生塑性区，则在开挖初期需要很大的支护能力。因此，锚杆必须与其他支护手段(如喷混凝土等)配合使用。

③土砂围岩

在埋深小的土砂围岩中，根据大量的量测结果，拱顶附近的锚杆几乎不受拉力而只受压力作用的情况较为普遍。因此，在这种场合，锚杆主要是以加强钢架与围岩的连接、加强拱脚附近强度、防止掌子面崩塌为主。

锚杆的种类、长度、间距是锚杆支护设计的重要参数，应根据隧道围岩条件、断面大小、锚杆的作用、施工条件等合理选择。

通常采用的锚杆分为全长粘结型锚杆、端头锚固型锚杆、摩擦型锚杆和预应力锚杆四类。

初期支护中的系统锚杆多采用全长粘结型锚杆，拱部采用 ϕ22 mm 组合中空锚杆或 ϕ25 mm × 7 普通中空锚杆，边墙采用 ϕ22 mm 砂浆锚杆。各种锚杆均必须设置垫板，采用砂浆锚杆时应保证注浆的饱满度。

(3) 钢 筋 网

钢筋网在初喷混凝土后挂设，采用 HPB300 钢筋，钢筋直径为 6 ~ 8 mm，网格间距为 20 ~ 25 cm，保护层厚度不小于 3 cm。

(4) 钢　　架

钢架主要在软弱破碎或土质围岩中使用。使用钢架的目的：一是作为喷混凝土支护功能出现前的支持物；二是对喷混凝土进行补强；三是作为超前支护的支点；四是与喷混凝土、锚杆共同发挥初期支护的作用。

钢架的最大特点是承载能力大。因此，钢架多用于隧道开挖后围岩容易产生沉降、收敛或者掉块的地段。

钢架有格栅钢架和型钢钢架两类。格栅钢架由钢筋加工制作而成，型钢钢架由工字形型钢、H 形型钢、钢管、U 形型钢等制作而成。钢架应按初期支护轮廓分节预制，分节长度以方便洞内运输和架设为准，以便洞内快速组装。格栅钢架制作应注意其自身的结构稳定性，采用合理的构造。两榀钢架之间应采用纵向钢筋连接，以提高其整体稳定性。

2）预留变形量

复合式衬砌的开挖断面除应满足隧道净空要求外，还应预留初期支护变形量。初期支护变形量值应根据工程地质、岩体特性、隧道埋深、施工方法、支护情况及监控量测数据等确定。

4. 二次衬砌设计

二次衬砌是复合式衬砌的内层结构，与外层的初期支护及围岩共同组成完整的支护体系。二次衬砌采用模筑混凝土或纤维混凝土或钢筋混凝土，视具体情况而定。

二次衬砌应根据围岩及初期支护的变形监控量测资料综合分析后确定施作时机。一般情况下，二次衬砌应在围岩和初期支护基本稳定后施作。在浅埋及地质条件较差地段，仰拱应紧跟开挖面施作，尽可能地让开挖断面闭合成环，抑制变形的发展。

初期支护变形达到基本稳定，可参考以下条件判定：

（1）隧道水平净空变化速度及拱顶或底板垂直位移速度明显下降；

（2）水平收敛(拱脚附近 7 d 平均值)小于 0. 2 mm/d、拱顶下沉速度小于 0. 15 mm/d；

（3）累积位移值已达极限位移值的 90% 以上。

5. 复合式衬砌设计及施工中应注意的问题

（1）隧道断面形状应力求圆顺

为减少围岩和衬砌的应力集中，衬砌断面应尽量圆顺。从计算结果(详见后述)看，不管是初期支护喷混凝土还是二次衬砌，仰拱与侧墙连接处的负弯矩(外侧受拉)均较大，在该处做圆顺连接是十分必要的。

（2）采用分部开挖时应加强各连接点的强度

分部开挖时，临时支护与永久初期支护连接处的应力集中现象十分明显，因此应加强接头处的连接，防止接头先于支护而破坏。

（3）衬砌支护参数与施工方法关系密切

高速铁路大断面隧道支护参数应根据施工方法适当调整。所采用的施工方法不同，开挖对围岩的扰动以及围岩应力释放过程也不同，所需要的支护强度及刚度也不同。

（4）合理设置二次衬砌纵向施工缝

二次衬砌纵向施工缝一般设置在仰拱与边墙的连接部位，但该处内力较大，为加强仰拱与边墙的连接，施工缝处宜设置加强钢筋，且施工缝所在截面不应为水平，而应沿隧道的径向设置，施工缝尽量设在沟槽盖板以下位置。

（5）应加强施工中的监控量测

监控量测是确保大断面隧道施工安全的重要措施，同时也可通过监控量测结果合理调整支护参数，做到安全与经济的协调。

（6）注重时空效应

地下工程是在“无限大”的地层中进行局部开挖施工，地层本身的力学性质具有随时间推移而变化的特点，具有明显的时间效应；同时，由于开挖和支护过程是分步进行的，每步施工都会使周边围岩和已成结构产生应力重分布，具有明显的空间效应。因此，地下工程施工应合理利用这种时空效应，实现安全、经济、快速施工。

5.1.3 初期支护参数计算分析

高速铁路隧道初期支护参数在工程类比的基础上辅以计算确定，计算方法主要有地层—结构法和荷载—结构法。以下以时速 350 km 双线隧道为例，对初期支护参数的计算进行说明。

1. 采用地层—结构法分析

采用地层—结构法对初期支护进行分析时，一般采用有限元数值模拟。由于开挖及支护将会导致一定范围内围岩应力状态变化，形成新的平衡状态，因而分析围岩的稳定及支护受力状态时应考虑开挖及支护施工步骤的影响。又由于隧道轴线很长，因而可视为平面应变问题处理，从而使计算得到简化。

1）计算模型

计算整体模型如图 5.1.3 所示。计算范围取结构两侧各 60 m，底部取至结构下 45 m。对于浅埋及偏压隧道，顶部取为覆土厚度；对于深埋隧道，埋深按 300 m 考虑。

图 5.1.3　计算整体模型

计算中仅考虑自重应力场，不考虑构造应力场。初期支护喷混凝土采用弹性梁单元模拟，地层采用弹塑性单元模拟，计算中不考虑锚杆的作用，仅作为安全储备。计算边界左右水平约束，底部竖向约束，顶面自由。

2）计算参数

各级围岩采用的物理力学指标见表 5.1.8。

表 5.1.8　围岩物理力学参数

围岩级别	容　重（kN/m^3）	弹性抗力系数（MPa/m）	弹性模量（GPa）	泊 松 比	内摩擦角（°）	黏 聚 力（MPa）	计算摩擦角（°）
Ⅲ	24	780	6	0.3	39	0.7	64
Ⅳ	21.5	320	2	0.35	27	0.2	54
Ⅴ	18.5	140	1.4	0.41	23.5	0.125	44

初期支护喷混凝土强度等级采用 C25，材料物理力学参数见表 5.1.9。当计算所得喷混凝土拉应力超出设计值时，其拉力由钢架承担。

表 5.1.9　喷混凝土物理力学参数

喷混凝土强度等级	容　重（kN/m^3）	弹 性 模 量（GPa）	泊松比	轴心抗压强度（MPa）	弯曲抗压强度（MPa）	抗拉强度（MPa）
C25	22	23	0.2	12.5	13.5	1.3

3）计算工况

对Ⅲ级围岩考虑浅埋对称和深埋两种模式，对Ⅳ～Ⅴ级围岩各考虑三种工况模式，即浅埋地面对称模式、浅埋偏压模式和深埋模式，详见表 5.1.10。各工况计算过程考虑了不同的施工方法。

表 5.1.10　初期支护计算工况

围岩级别	工　况		衬 砌 类 型
Ⅲ	工况一	地形对称，覆土厚 10 m	Ⅲ$_b$
	工况二	深埋，覆盖厚 300 m	Ⅲ$_a$
Ⅳ	工况一	地形对称，覆土厚 20 m	Ⅳ$_b$
	工况二	地面横坡 1:1.5 偏压，隧道中线覆土厚 20 m	Ⅳ$_c$
	工况三	深埋，覆盖厚 300 m	Ⅳ$_a$
Ⅴ	工况一	地形对称，覆土厚 40 m	Ⅴ$_b$
	工况二	地面横坡 1:1.5 偏压，隧道中线覆土厚 40 m	Ⅴ$_c$
	工况三	深埋，覆盖厚 300 m	Ⅴ$_a$

4）施工过程模拟

（1）主要施工步骤

支护参数的确定与施工方法关系密切，不同的施工方法要求的支护强(刚)度不同，为此，设计中对施工过程中支护的强度进行了分析。以下以Ⅴ级围岩采用 CRD 工法施工为例列出其分析结果。计算模型采用表 5.1.10 中Ⅴ级围岩工况一，即地形对称，覆土厚 40 m。

模拟的施工步骤及相应应力释放率如下：

①初始自重应力场计算；

②左侧上部开挖，释放 30%；

③左侧上部初期支护，释放 30%；

④左侧上部应力释放 40%(全部释放)，左侧中部开挖，释放 30%；

⑤左侧中部初期支护，释放 30%；

⑥左侧中部应力释放 40%(全部释放)，右侧上部开挖，释放 30%；

⑦右侧上部初期支护，释放 30%；

⑧右侧上部应力释放 40%(全部释放)，右侧中部开挖，释放 30%；

⑨右侧中部初期支护，释放 30%；

⑩右侧中部应力释放 40%(全部释放)，左侧下部开挖，释放 30%；

⑪左侧下部初期支护，释放 30%；

⑫左侧下部应力释放 40%(全部释放)，右侧下部开挖，释放 30%；

⑬右侧下部初期支护，释放 30%；

⑭右侧下部应力释放 40%(全部释放)；

⑮拆除临时仰拱；

⑯拆除中壁。

（2）计算结果分析

部分施工步骤初期支护及临时支护的内力如图 5.1.4 和图 5.1.5 所示。经计算，施工过程中，中隔壁及临时仰拱均承受了较大荷载，其中中隔壁最大轴力达 1 280 kN，临时仰拱最大轴力达 744 kN，但均未超出临时支护(钢架与喷混凝土)的极限承载能力。

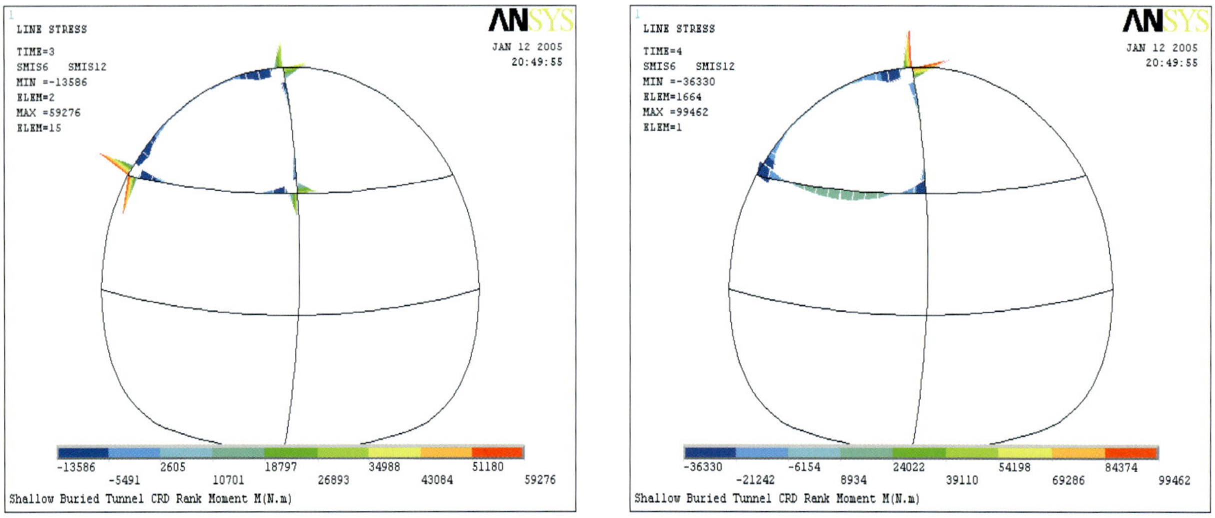

(a) 左侧上部初期支护　　(b) 左侧中部开挖

图　5.1.4

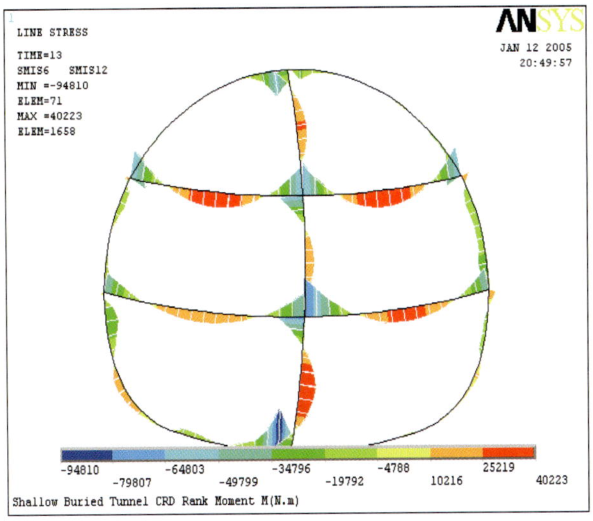

(c) 左侧全部完成，右侧中部初期支护

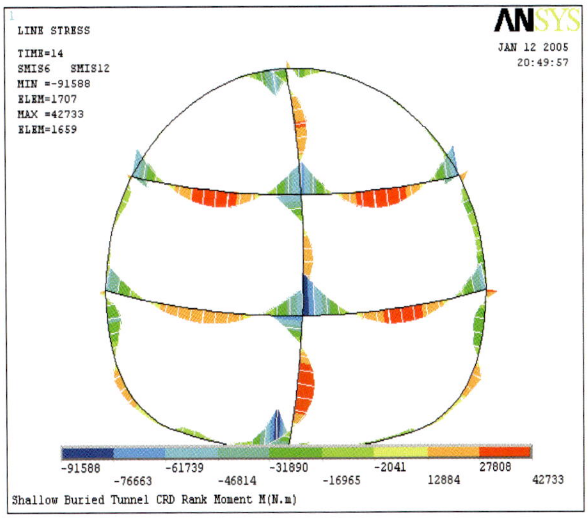

(d) 右侧下部开挖

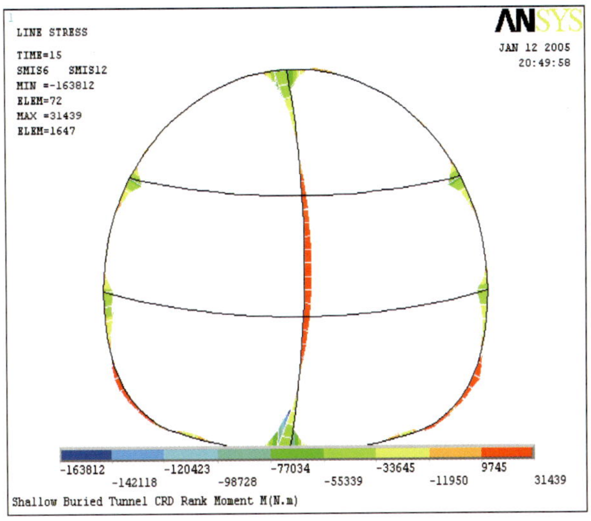

(e) 全断面完成初期支护

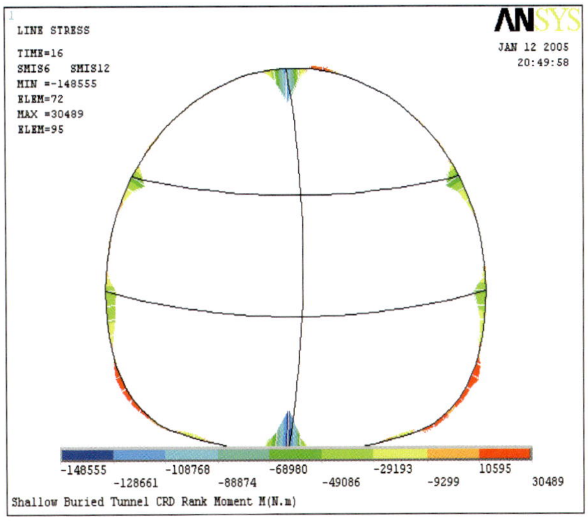

(f) 临时支护拆除

图 5.1.4 CRD 工法施工部分阶段初期支护及临时支护弯矩

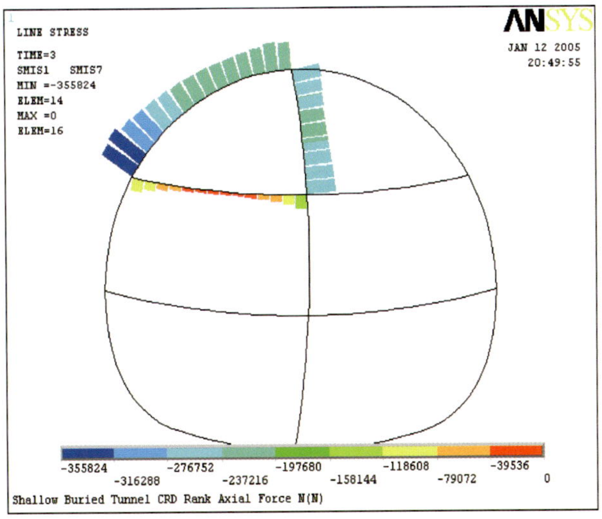

(a) 左侧上部初期支护

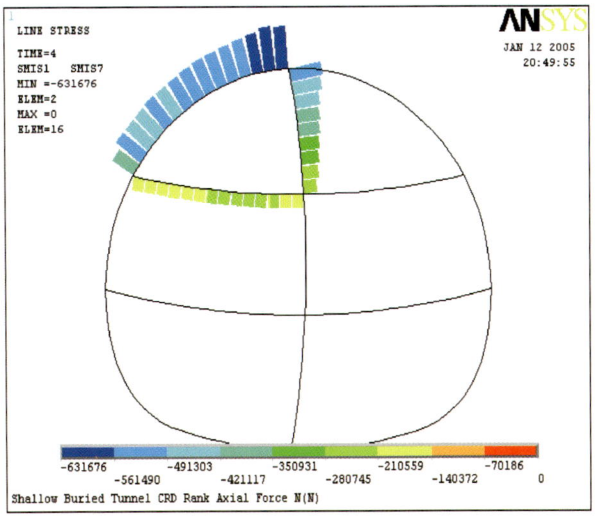

(b) 左侧中部开挖

图 5.1.5

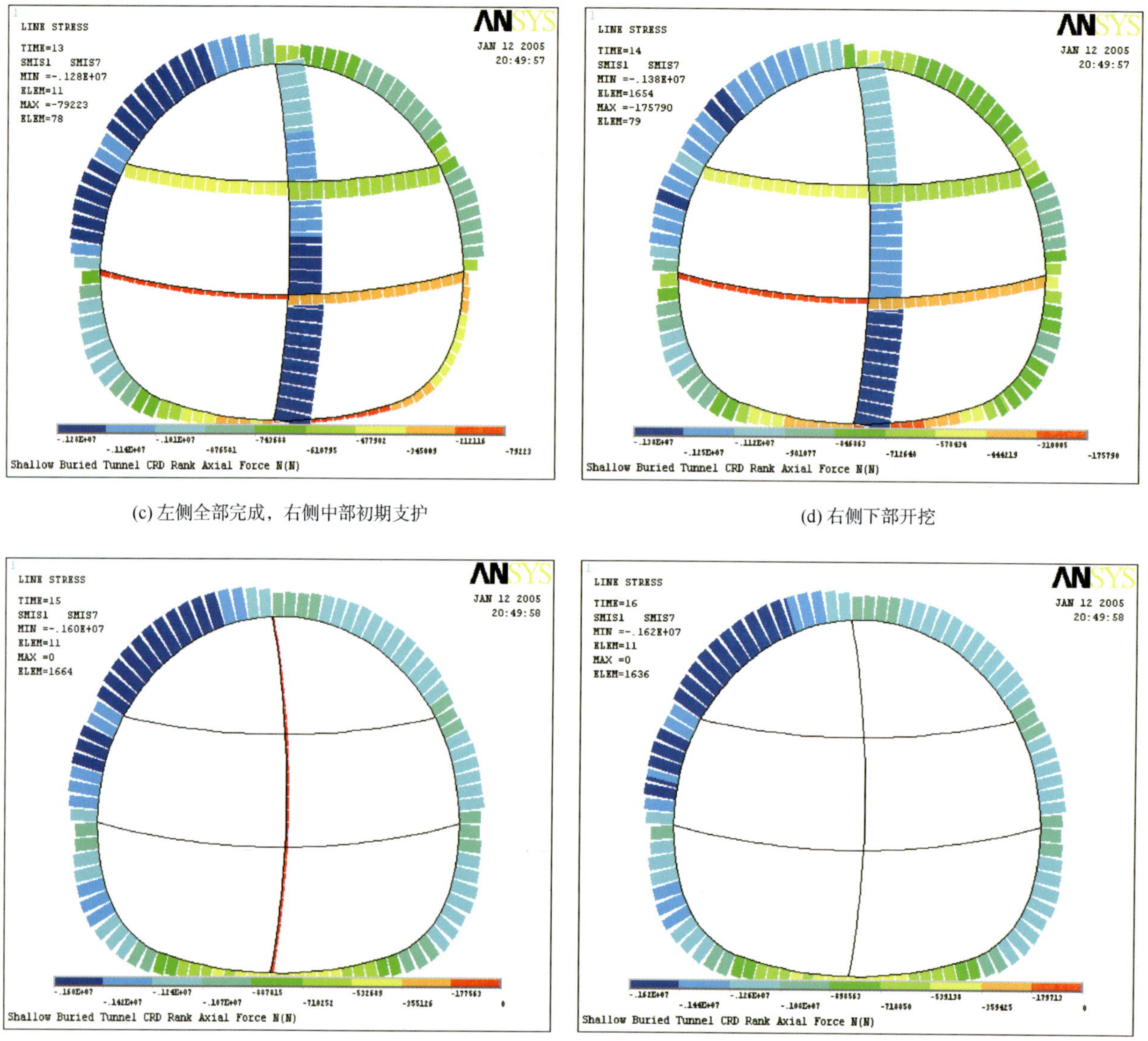

(c) 左侧全部完成，右侧中部初期支护

(d) 右侧下部开挖

(e) 全断面完成初期支护

(f) 临时支护拆除

图 5.1.5　CRD 工法施工部分阶段初期支护及临时支护轴力

5）喷混凝土强度计算

各工况喷混凝土最大应力见表 5.1.11，除Ⅳ、Ⅴ级围岩深埋情况下的混凝土应力超出设计强度需采用钢架加强外，其余工况混凝土应力均满足设计强度要求。

表 5.1.11　各工况喷混凝土最大应力情况

围岩级别	衬砌类型	计算工况	喷混凝土内侧控制应力(MPa)	喷混凝土外侧控制应力(MPa)
Ⅲ	$Ⅲ_b$	工况一	2.5	2.87
	$Ⅲ_a$	工况二	10.2	11.6
Ⅳ	$Ⅳ_b$	工况一	7.16	5.98
	$Ⅳ_c$	工况二	8.30	9.93
	$Ⅳ_a$	工况三	16.6	19.8
Ⅴ	$Ⅴ_b$	工况一	10.4	12.2
	$Ⅴ_c$	工况二	12.0	15.1
	$Ⅴ_a$	工况三	16.6	19.4

2. 采用荷载—结构法分析

以下以时速350 km双线隧道Ⅴ级围岩浅埋隧道和深埋隧道为例，对初期支护采用荷载—结构法的计算进行说明。

1）计算模型及方法

初期支护采用荷载—结构法进行计算也可以获得较好的、实用的结果。

计算中，隧道开挖采用台阶法，围岩压力按《铁路隧道设计规范》(TB 10003—2005)中的计算方法确定。为模拟施工过程的影响，荷载采用增量法模拟，即上台阶开挖和支护后，全部围岩压力的60%作用于“喷混凝土＋钢架”上；下台阶开挖和支护后，全部围岩压力的90%作用于新形成的边墙部分的“喷混凝土＋钢架”上，同时全部围岩压力的30%作用于拱部结构；仰拱开挖并支护后，全部围岩压力(侧压力)的100%作用于新形成的仰拱部分，同时全部围岩压力的10%作用于其余拱墙结构上。初期支护各部位的最终内力为各阶段内力的叠加。

喷混凝土和钢架采用梁单元模拟，围岩与喷层结构(含钢架)的相互作用采用径向弹簧单元和切向弹簧单元来模拟，切向弹簧刚度取径向弹簧的1/3。在计算型钢钢架时，考虑钢架接头的影响，对整体刚度进行折减，折减系数取0.95。计算中，锚杆仅起加强喷层(含钢架)与围岩的抗拉和抗剪作用，不单独承受围岩压力。

围岩、喷混凝土的计算参数按表5.1.8和表5.1.9取值。格栅钢架主筋采用HRB400钢筋，其抗拉或抗压的计算强度为400 MPa；型钢钢架采用Q235钢，其抗拉或抗压的计算强度为235 MPa。

施工模拟分析模型如图5.1.6所示。

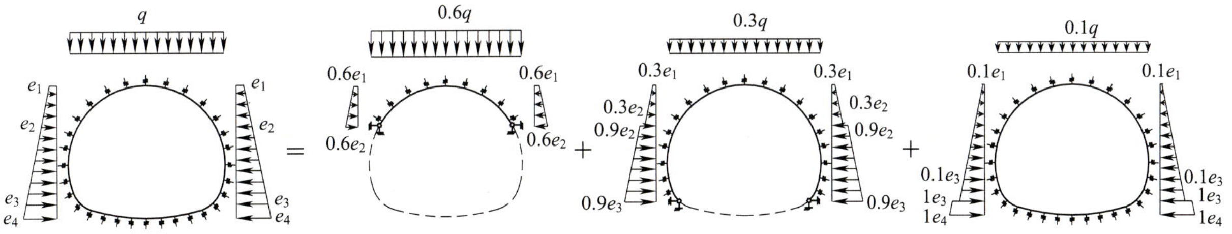

图5.1.6　荷载增量法初期支护分析模型(以浅埋为例)

结构强度校核采用破损阶段法。在进行安全性校核时，不仅要考虑最终的内力，还要考虑各阶段的内力。轴力一般由喷混凝土和钢架按抗压刚度进行分担，弯矩一般由钢架全部承担。对于型钢钢架，将钢架翼缘部位的钢材等效为同等面积的钢筋后按钢筋混凝土结构进行强度校核。

2）Ⅴ级围岩深埋衬砌

Ⅴ级围岩深埋衬砌采用表5.1.3中的$Ⅴ_a$型衬砌。

(1) 上台阶施工阶段

该阶段的内力如图5.1.7所示，内力值和强度安全系数见表5.1.12。

(2) 下台阶施工阶段

该阶段的内力如图5.1.8所示，内力值和强度安全系数见表5.1.13。

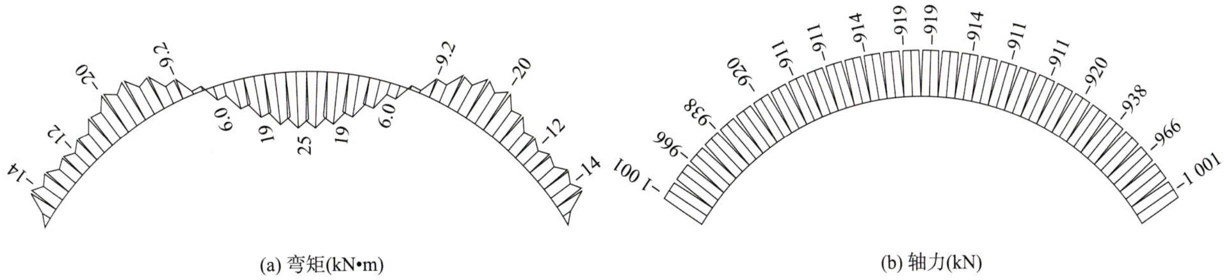

图5.1.7　上台阶施工初期支护内力

表 5.1.12　深埋隧道上台阶施工阶段内力计算结果

名　　称	截　面	弯矩(kN·m)	轴力(kN)	截面高度(m)	截面宽度(m)	大小偏心	安全系数
I20a 型钢＋喷混凝土（间距 0.8 m）	拱顶	25	－917	0.28	0.8	小偏心	4.23
	拱肩	－20	－920	0.28	0.8	小偏心	4.41
	拱脚	－14	－966	0.28	0.8	小偏心	4.48

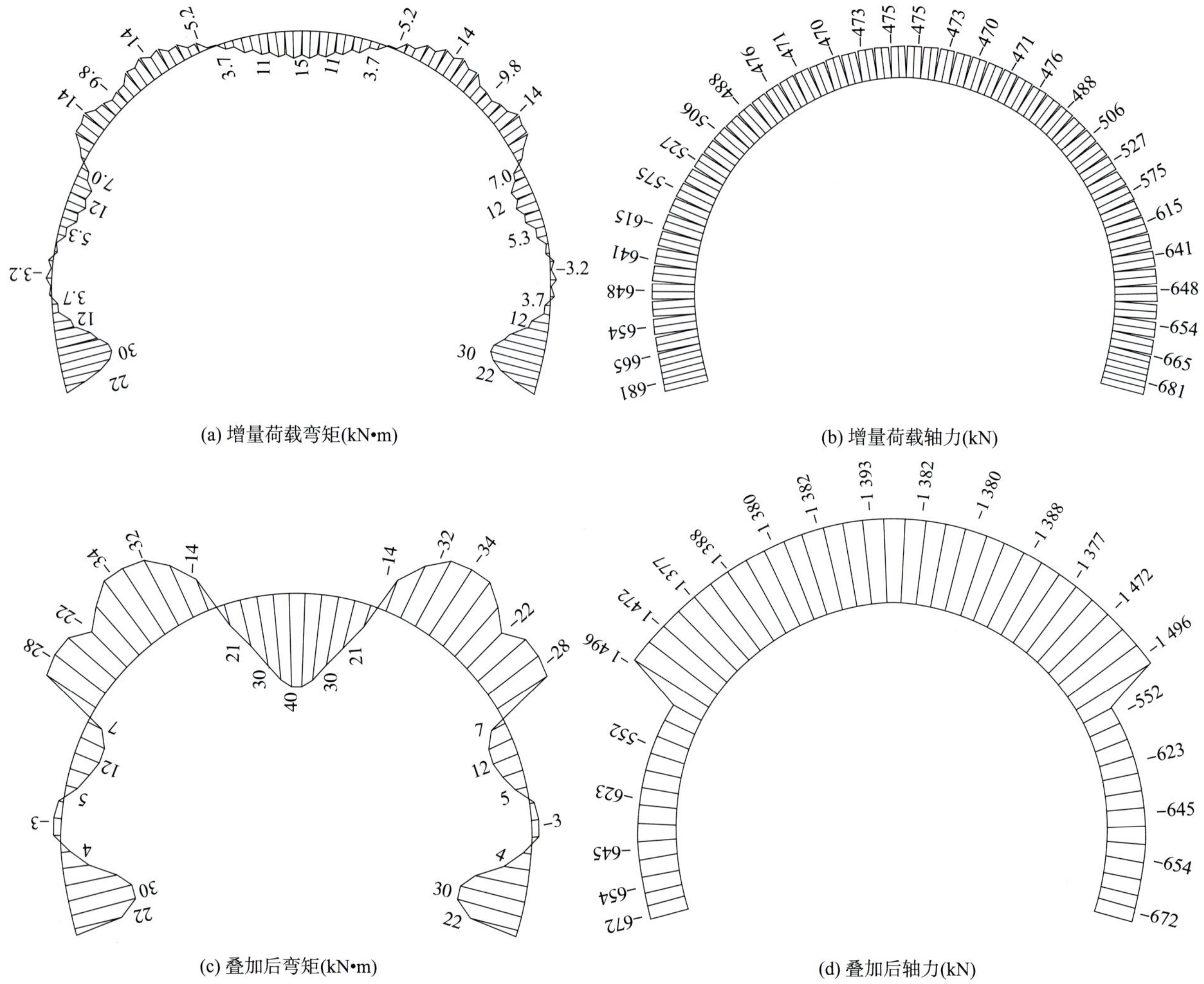

图 5.1.8　下台阶施工初期支护内力

表 5.1.13　深埋隧道下台阶施工阶段内力计算结果(叠加后)

名　　称	截　面	弯矩(kN·m)	轴力(kN)	截面高度(m)	截面宽度(m)	大小偏心	安全系数
I20a 型钢＋喷混凝土（间距 0.8 m）	拱顶	40	－1 393	0.28	0.8	小偏心	2.75
	拱肩	－28	－1 496	0.28	0.8	小偏心	2.79
	边墙	－3	－645	0.28	0.8	小偏心	7.38
	墙脚	30	－663	0.28	0.8	小偏心	5.09

（3）仰拱施工阶段

该阶段的内力如图 5.1.9 所示，内力值和强度安全系数见表 5.1.14。

由以上各表可见，初期支护各施工阶段的计算安全系数最小值为 2.75，满足铁路隧道设计规范的安全系数要求(规范规定，施工阶段安全系数不小于“主要荷载＋附加荷载”栏内数值乘以折减系数 0.9，即 $1.7\times0.9=1.53$)；施工完成后的计算安全系数最小值为 2.44，满足铁路隧道设计规范的安全系数要求(规范规定，钢筋达到计算强度或混凝土达到抗压强度时不小于 2.0)。

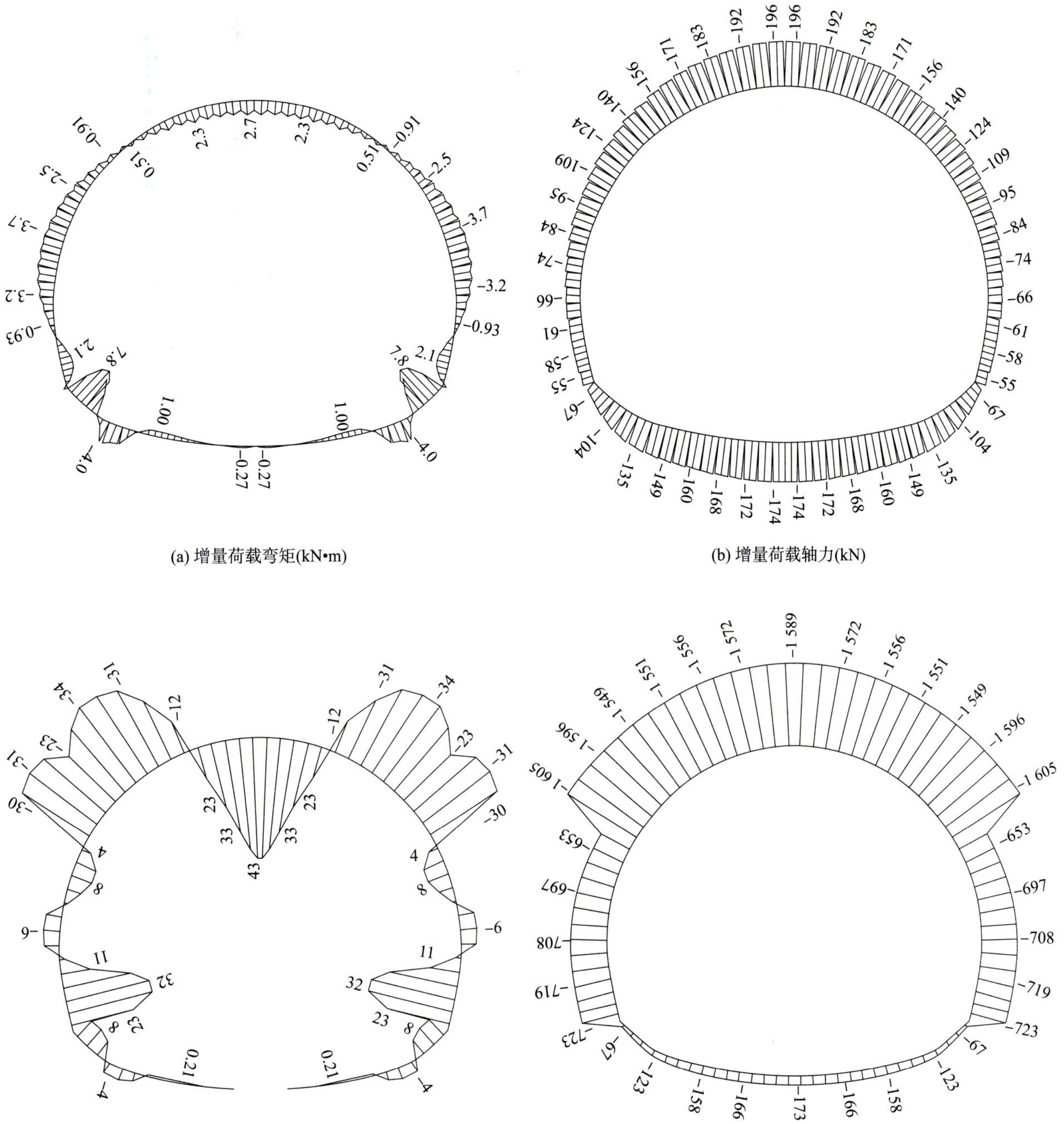

(a) 增量荷载弯矩(kN•m)　(b) 增量荷载轴力(kN)

(c) 叠加后弯矩(kN•m)　(d) 叠加后轴力(kN)

图 5.1.9　仰拱施工初期支护内力

表 5.1.14　深埋隧道仰拱施工阶段内力计算结果(叠加后)

名　　称	截　面	弯矩(kN·m)	轴力(kN)	截面高度(m)	截面宽度(m)	大小偏心	安全系数
I20a 型钢＋喷混凝土(间距 0.8 m)	拱顶	43	－1 589	0.28	0.8	小偏心	2.44
	拱肩	－30	－1 596	0.28	0.8	小偏心	2.61
	边墙	－6	－714	0.28	0.8	小偏心	6.42
	墙脚	32	－716	0.28	0.8	小偏心	4.73
	仰拱	0.27	－173	0.28	0.8	小偏心	28.40

3） Ⅴ级围岩浅埋衬砌

Ⅴ级围岩浅埋衬砌采用表 5.1.3 中的 V_b 型衬砌，计算中隧道顶部覆土厚度取 30 m。计算过程同深埋隧道，各阶段计算结果见表 5.1.15～表 5.1.17。

表 5.1.15　浅埋隧道上台阶施工阶段内力计算结果

名　称	截　面	弯矩(kN·m)	轴力(kN)	截面高度(m)	截面宽度(m)	大小偏心	安全系数
I20a 型钢 + 喷混凝土(间距 0.6 m)	拱顶	35	-1 163	0.28	0.6	小偏心	2.54
	拱肩	-28	-1 206	0.28	0.6	小偏心	2.59
	拱脚	-22	-1 304	0.28	0.6	小偏心	2.53

表 5.1.16　浅埋隧道下台阶施工阶段内力计算结果(叠加后)

名　称	截　面	弯矩(kN·m)	轴力(kN)	截面高度(m)	截面宽度(m)	大小偏心	安全系数
I20a 型钢 + 喷混凝土(间距 0.6 m)	拱顶	55	-1 775	0.28	0.6	小偏心	1.65
	拱肩	-35	-1 942	0.28	0.6	小偏心	1.68
	边墙	-6	-799	0.28	0.6	小偏心	4.51
	墙脚	41	-818	0.28	0.6	小偏心	3.10

表 5.1.17　浅埋隧道仰拱施工阶段内力计算结果(叠加后)

名　称	截　面	弯矩(kN·m)	轴力(kN)	截面高度(m)	截面宽度(m)	大小偏心	安全系数
I20a 型钢 + 喷混凝土(间距 0.6 m)	拱顶	59	-2 012	0.28	0.6	小偏心	1.47
	拱肩	-40	-2 085	0.28	0.6	小偏心	1.55
	边墙	-10	-876	0.28	0.6	小偏心	3.96
	墙脚	46	-891	0.28	0.6	小偏心	2.82
	仰拱	-0.38	-241	0.28	0.6	小偏心	15.87

由以上各表可见，初期支护各施工阶段的计算安全系数最小值为 1.65，满足铁路隧道设计规范的安全系数要求；施工完成后的计算安全系数最小值为 1.47，低于规范的安全系数要求。因此，为安全计，浅埋隧道需要采用 CD、CRD 或双侧壁导坑法等工法施工，以确保安全。

5.1.4　二次衬砌计算

1. 排水型隧道二次衬砌计算分析

1）围岩压力计算

围岩压力按《铁路隧道设计规范》(TB 10003—2005)相关公式计算。

2）作用在隧道衬砌上的气动荷载

普速铁路一般无须考虑列车振动及洞内空气压力变化对结构的影响，但对于高速铁路隧道而言，这些因素会直接影响结构安全性以及对衬砌混凝土的密实度、混凝土表面裂缝的控制等方面要求，些微的缺陷在动荷载的长期作用下，均可能导致恶性事件。

根据隧道空气动力学效应研究成果，取作用于衬砌内表面的气动荷载为 ±5.5 kPa(正压表示压力沿着衬砌径向指向围岩，负压与正压方向相反)。

3）计算模型

二次衬砌计算采用荷载—结构模型，衬砌采用弹性梁单元模拟，初期支护对二次衬砌的约束采用无拉弹簧单元模拟。

4）荷载模型

由于隧道围岩压力由初期支护和二次衬砌共同承受，因此，二次衬砌计算时，围岩压力仅取全部计算荷载的一部分，其中Ⅲ级围岩取计算荷载的 20%，Ⅳ级围岩取 50%，Ⅴ级围岩取 70%。深埋隧道和浅埋隧道的荷载模型分别如图 5.1.10 和图 5.1.11 所示。

5）排水型隧道受力特征

排水型隧道结构内力的典型形状如图 5.1.12 所示。由图 5.1.12 可见，衬砌结构最大弯矩发生在拱部，结构仰拱部位受力比拱顶小，拱顶是结构的控制截面。

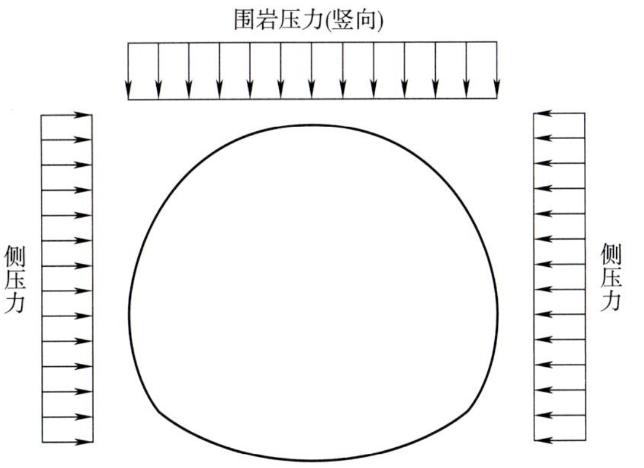

图 5.1.10　深埋时荷载模型

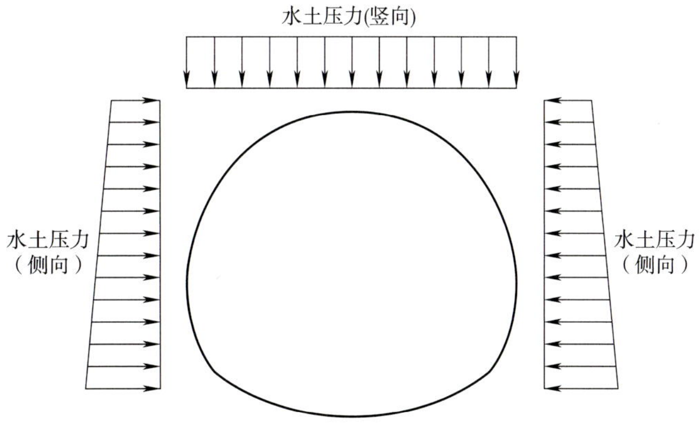

图 5.1.11　浅埋时荷载模型(水土合算)

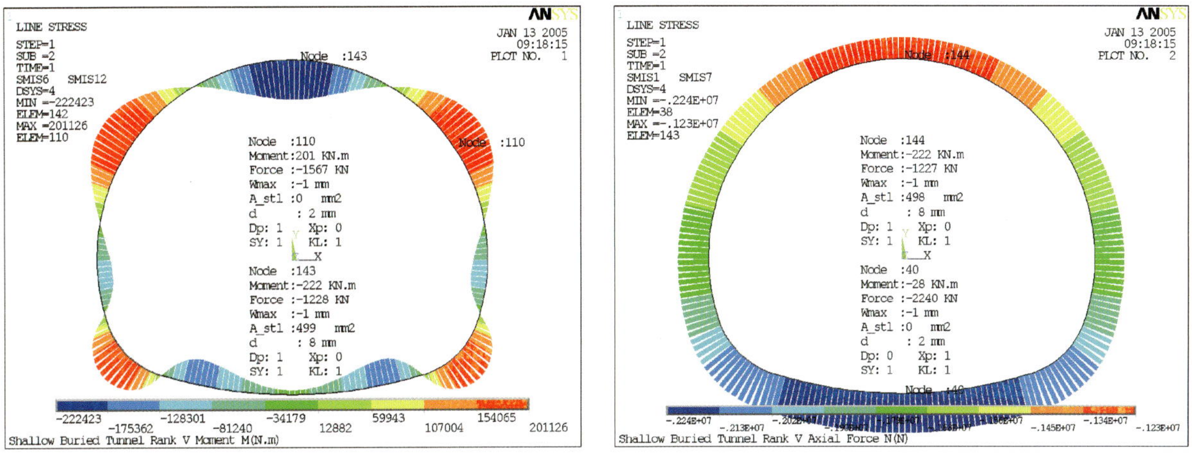

(a) 弯矩(N•m)　　(b) 轴力(N)

图 5.1.12　排水型衬砌结构内力

6) Ⅲ ~ Ⅴ级围岩二次衬砌内力计算结果及强度校核

二次衬砌按《铁路隧道设计规范》(TB 10003—2005)采用破损阶段法进行结构强度检算。对表 5.1.10 中所列的各级围岩各工况二次衬砌均进行计算，其中Ⅳ、Ⅴ级围岩各工况控制截面内力及强度校核结果见表 5.1.18。为节省篇幅，仅列出如图 5.1.13 ~ 图 5.1.15 所示的Ⅴ级围岩二次衬砌的内力。

表 5.1.18　二次衬砌内力及强度校核计算结果

衬砌类型	计算工况	控制位置	弯矩(kN·m)	轴力(kN)	每延米钢筋量	安全系数
$Ⅳ_b$	工况一	拱顶	139	751	5ϕ20	6.93
$Ⅳ_{偏}$	工况二	拱顶	159	739	5ϕ22	7.06
$Ⅳ_a$	工况三	拱顶	117	558	5ϕ18	6.91
$Ⅴ_b$	工况一	拱顶	222	1 228	5ϕ22	5.80
$Ⅴ_{偏}$	工况二	拱顶	218	1 236	5ϕ22	7.11
$Ⅴ_a$	工况三	拱顶	276	1 097	5ϕ20	3.53

7) Ⅱ级围岩底板结构计算

对Ⅱ级围岩衬砌底板(C35钢筋混凝土)在高速列车及其冲击荷载下的强度进行计算，底板按弹性地基梁模拟，弹性抗力系数取 1 200 MPa/m，荷载及冲击系数按“ZK 标准活载(二)”作为设计活载，动力系数按涵洞结构计算，考虑活载布置方式的不同可以有两种工况，即单列车作用和双列车作用。单列车作用下的荷载情况见表 5. 1. 19。

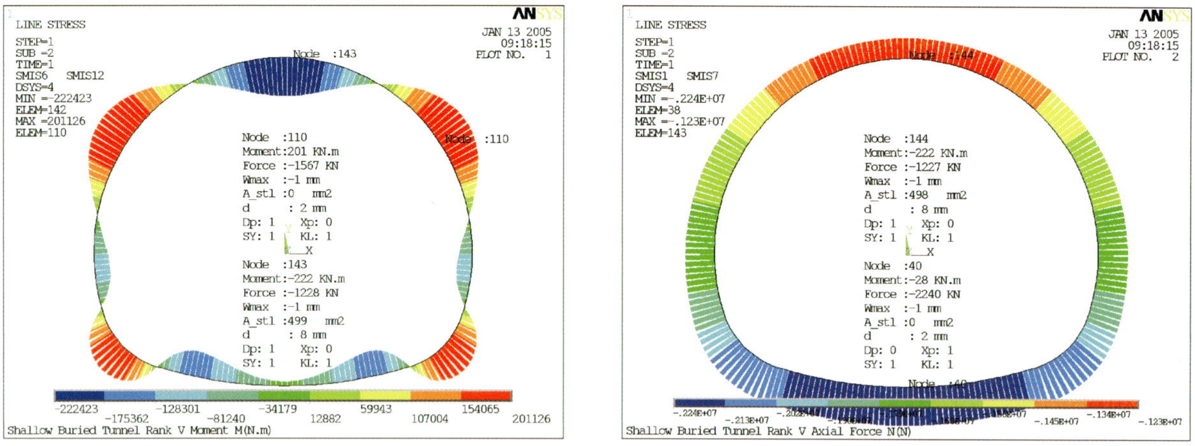

(a) 弯矩(N•m)　　(b) 轴力(N)

图 5. 1. 13　V级围岩工况一内力

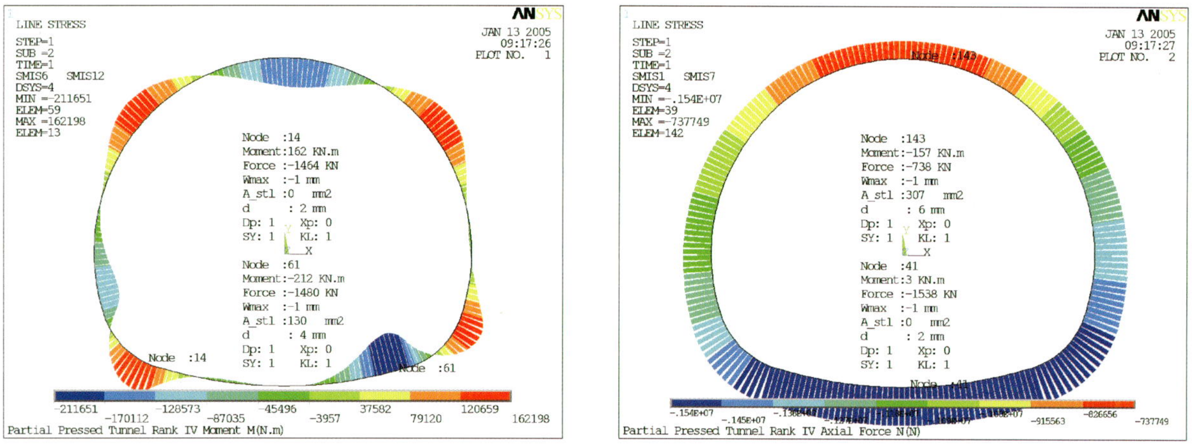

(a) 弯矩(N•m)　　(b) 轴力(N)

图 5. 1. 14　V级围岩工况二内力

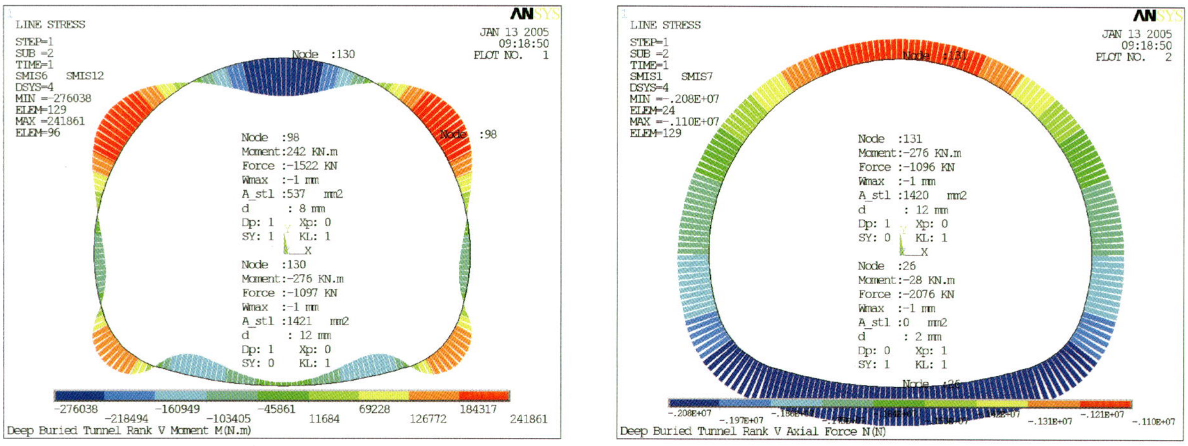

(a) 弯矩(N•m)　　(b) 轴力(N)

图 5. 1. 15　V级围岩工况三内力

表 5.1.19 单列车作用下的荷载

道床高度(m)	作用宽度(m)	静活载(kPa)	动力系数	计算活载(kPa)
0.57	3.6	43.4	1.39	60.4

两种工况的最大拉压应力为 0.28 MPa，最大拉应力小于混凝土容许弯曲拉应力 0.55 MPa，压应力小于容许弯曲压应力 11.2 MPa，因此底板无需配筋，在实际设计中考虑疲劳影响设置双层钢筋网。

2. 排水型隧道盲沟堵塞情况下二次衬砌抗水压能力计算

在排水型隧道衬砌结构中，纵、环向盲管经过长时间的使用后，有可能由于泥砂淤积、钙质结晶等原因造成堵塞，此时水压将作用在二次衬砌上，使得二次衬砌的荷载增大。因此，为掌握盲管堵塞情况下二次衬砌的安全度，有必要对二次衬砌的抗水压能力进行分析。

计算中仍然采用荷载—结构模型，水压按静水场分布在结构上，并逐级变化；荷载主要考虑结构自重 + 围岩压力 + 水压力，其中Ⅲ级围岩荷载取《铁路隧道设计规范》(TB 10003—2005)中计算值的 30%，Ⅳ级取 40%，Ⅴ级取 50%；结构检算采用破损阶段法；考察承受的水压力大小和安全系数之间的关系，对于混凝土抗压控制的截面安全系数限值取 2.4，对于混凝土抗拉控制的截面安全系数限值取 3.6。

不同衬砌类型的计算结果见表 5.1.20 和图 5.1.16。由表 5.1.20 和图 5.1.16 可见，现有排水型隧道的二次衬砌具有一定的抗水压能力，但可承受的水压力较小(约为 0.15 ~0.18 MPa)，因此，运营中应保证排水盲沟系统的通畅，防止因水压力过高而影响结构安全。

表 5.1.20 不同衬砌类型不同水压时二次衬砌内力及安全系数

衬砌类型	水压(MPa)	控制位置	弯矩(kN·m)	轴力(kN)	安全系数	安全性控制类型	按墙脚部位计算的可承受最大水压力(MPa)
$Ⅲ_a$型	0.14	墙脚	233.7	1428.9	2.44	受压破坏	0.15
	0.15	墙脚	266.8	1512.9	2.01	受压破坏	
$Ⅳ_a$型	0.18	墙脚	290.2	2088.7	2.6	受压破坏	0.18
	0.2	墙脚	348.3	2255.3	2.18	受压破坏	
$Ⅳ_b$型	0.14	墙脚	271.3	1479.0	2.66	受压破坏	0.15
	0.15	墙脚	304.4	1553.1	2.26	受压破坏	
$Ⅴ_a$型	0.15	墙脚	352.0	1967.6	2.65	受压破坏	0.16
	0.16	墙脚	372.9	2041.9	2.49	受压破坏	
$Ⅴ_b$型	0.1	拱顶	333.2	1487.2	2.48	受压破坏	0.15
	0.15	墙脚	389.9	2370.1	2.4	受压破坏	

3. 防水型隧道二次衬砌计算分析

武广高速铁路浏阳河、金沙洲等隧道由于穿越环境敏感或地质敏感地段，采用了抗水压衬砌结构(亦称为防水型衬砌)。工程技术人员对于超大断面抗水压衬砌结构的受力特征与安全性，进行了深入研究和分析。

1）计算模型

防水型隧道采用抗水压衬砌，二次衬砌计算采用荷载—结构模型。计算考虑的荷载为结构自重 + 土压力 + 水压力，各种作用的组合系数取 1.0。围岩压力可根据《铁路隧道设计规范》分深埋和浅埋分别进行计算。由于隧道为不排水结构，对于地下水位以下的围岩，应按浮容重计算围岩压力。计算模型如图 5.1.17 所示。需说明的是，图 5.1.17 中，基底反力为拱部围岩压力和衬砌结构自重之和再扣除浮力后作用于隧底的力。基底反力应根据地质条件确定。在地质条件较差的地段，基底反力可以作为外荷载施加；在地质条件较好的地段，基底反力不作为外荷载，而采用地基弹簧来模拟，也可以仅将部分反力作为外荷载，其余采用地基弹簧模拟。

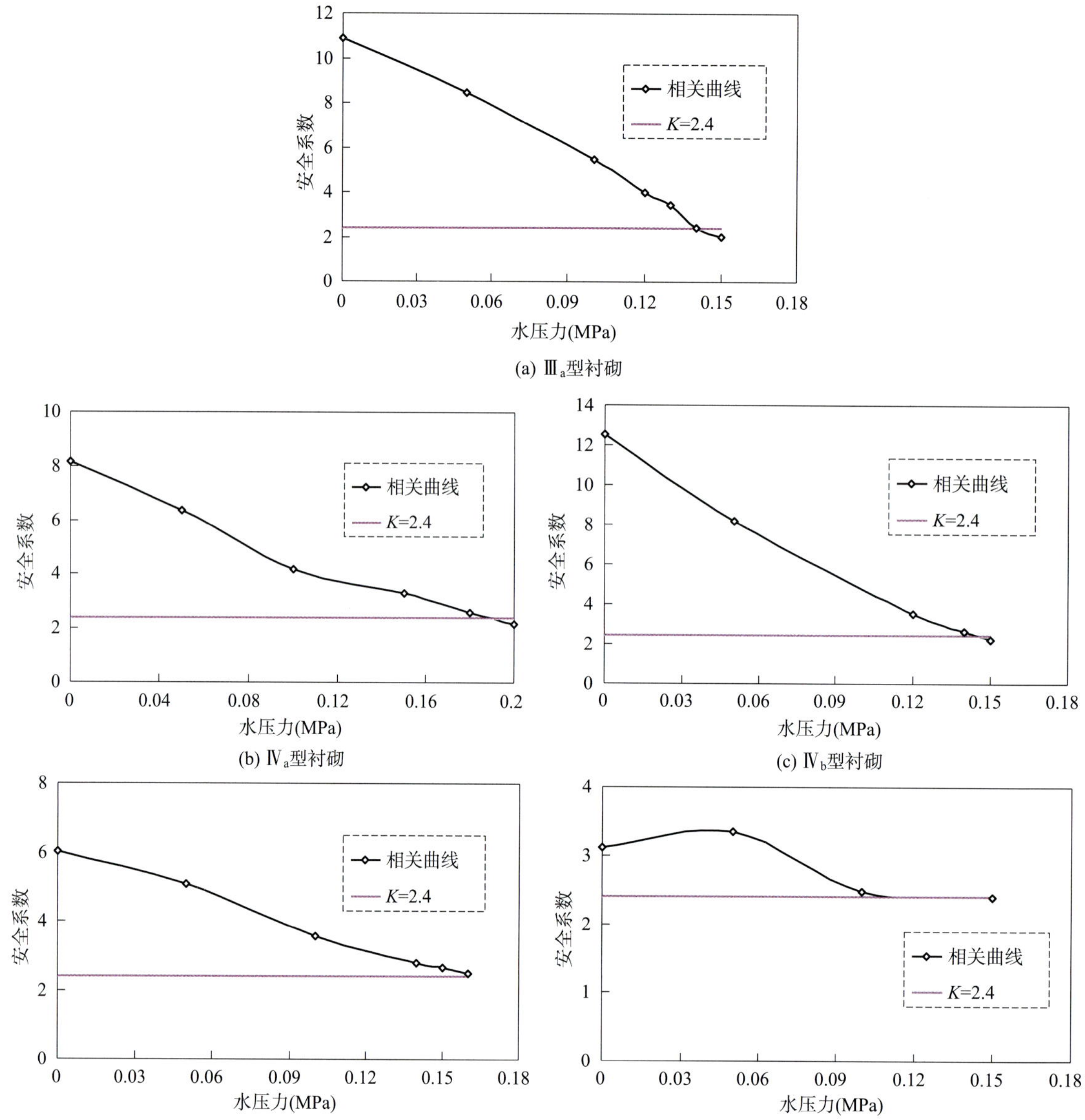

(a) Ⅲ$_a$型衬砌

(b) Ⅳ$_a$型衬砌

(c) Ⅳ$_b$型衬砌

(d) Ⅴ$_a$型衬砌

(e) Ⅴ$_b$型衬砌

图 5.1.16 不同衬砌类型不同水压力与二次衬砌结构安全系数的关系曲线

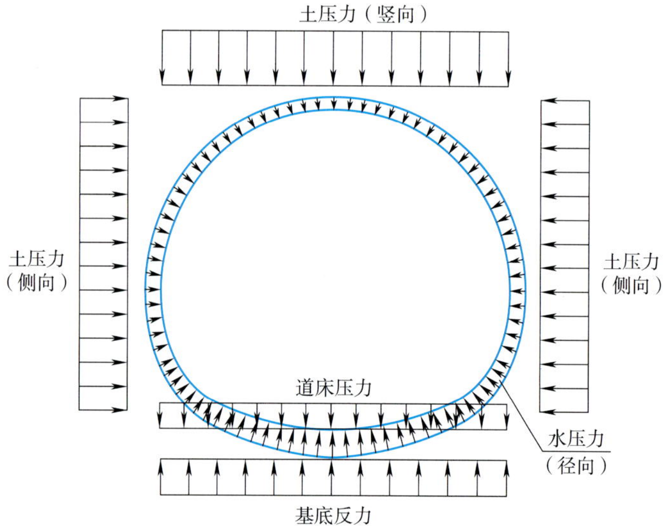

图 5.1.17 防水型隧道结构计算模型(深埋隧道)

注：隧道浅埋时，侧压力采用梯形分布。

2）水压力计算

对于防水型复合式衬砌，如果二次衬砌毫无渗漏可能，则二次衬砌所承受的水头压力完全等于地下水位，但由于各种原因(如防水板有破损、施工缝有渗漏或二次衬砌混凝土本身有渗漏等)，作用在二次衬砌上的水头压力较实际地下水位会有所折减，且二次衬砌的外水压力与排水量有关。水压力计算模型如图 5.1.18 所示。该计算模型中，假定围岩为各向同性均匀连续介质，隧道为圆形，地下水水头很高(设为 H)，水流为稳定流，其运动规律服从 Darcy 定理，并忽略初期支护喷混凝土的影响。由于二次衬砌厚度相对于地下水水头较小，衬砌渗透力可以简化为作用在衬砌外缘的表面力。经理论分析推导，可得到排水量及二次衬砌水压力的计算公式如下：

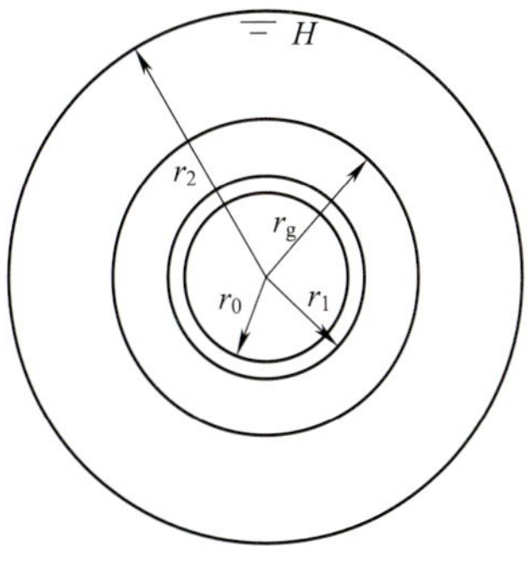

图 5.1.18 计算隧道排水量及衬砌水压力的简化模型

(1) 无注浆情况下

无注浆情况下，隧道排水量及二次衬砌水压力分别按式(5.1.1)和式(5.1.2)计算。

$$Q = 2\pi k_r H \Big/ \left(\frac{k_r}{k_1}\ln\frac{r_1}{r_0} + \ln\frac{r_2}{r_1} \right) \tag{5.1.1}$$

$$P = \gamma H \ln\frac{r_1}{r_0} \Big/ \left(\frac{k_1}{k_r}\ln\frac{r_2}{r_1} + \ln\frac{r_1}{r_0} \right) \tag{5.1.2}$$

式中 Q——隧道排水量(m^3/s)；
P——衬砌承受的水压力(kPa)；
k_r——围岩渗透系数(m/s)；
H——地下水位与隧道圆心的水位差(m)；
k_1——二次衬砌渗透系数(m/s)；
r_0——衬砌结构内表面的半径(m)；
r_1——衬砌结构外表面的半径(m)；
r_2——远场距离，等于 H；
γ——水的重度(kN/m^3)。

(2) 有注浆情况下

有注浆情况下，隧道排水量、二次衬砌水压力、注浆圈外表面的水压力分别按式(5.1.3)~式(5.1.5)计算，注浆加固圈厚度按式(5.1.6)计算。

$$Q = \frac{2\pi H k_r}{\ln\dfrac{r_2}{r_g} + \dfrac{k_r}{k_g}\ln\dfrac{r_g}{r_1} + \dfrac{k_r}{k_1}\ln\dfrac{r_1}{r_0}} \tag{5.1.3}$$

$$P = \gamma h_1 = \frac{\gamma H \ln\dfrac{r_1}{r_0}}{\ln\dfrac{r_1}{r_0} + \dfrac{k_1}{k_r}\ln\dfrac{r_2}{r_g} + \dfrac{k_1}{k_g}\ln\dfrac{r_g}{r_1}} \tag{5.1.4}$$

$$P_g = \gamma h_g = \frac{\gamma H \ln\dfrac{r_g}{r_1}}{\dfrac{k_g}{k_r}\ln\dfrac{r_2}{r_g} + \ln\dfrac{r_g}{r_1}} + \frac{\gamma h_1 \ln\dfrac{r_2}{r_g}}{\ln\dfrac{r_2}{r_g} + \dfrac{k_r}{k_g}\ln\dfrac{r_g}{r_1}} \tag{5.1.5}$$

$$E = r_g \cdot r_2 \tag{5.1.6}$$

式中 k_g——注浆体渗透系数(m/s)；
h_1——衬砌外表面的水头(m)；
h_g——注浆加固圈外的水头(m)；
r_g——注浆加固圈的外半径(m)；

P_g——注浆加固圈外水压力(kPa)；

E——注浆加固圈的厚度(m)；

其余符号含义同前。

3）抗水压衬砌受力特征分析

（1）不同水头高度对结构受力的影响

图 5.1.19 为Ⅴ级围岩浅埋情况下，将排水型V_b型衬砌直接改为防水型衬砌时，结构拱顶上水头高度分别取 15 m 和 20 m 时的计算结果。通过计算发现，水头高度为 15 m 时，最大弯矩为 973.7 kN·m；水头高度为 20 m 时，最大弯矩为 1 286.0 kN·m；水压力会对结构(特别是仰拱)产生明显的不利影响。

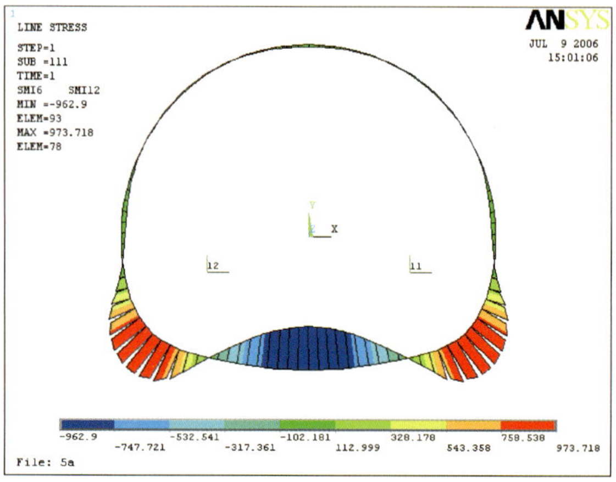

(a) 水头高度15 m

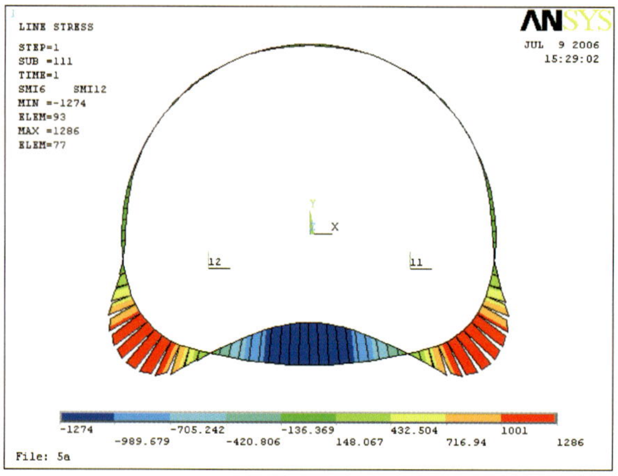

(b) 水头高度20 m

图 5.1.19　将V_b型衬砌改为防水型衬砌并承受不同水压力时的弯矩

（2）抗水压衬砌结构的优化

通过上例计算可见，结构在承受外水压力时，弯矩分布及受力大小发生很大的改变，仰拱处受力很大。当隧道承受较大水压力时，需要采用与排水型衬砌断面不同的断面，即对衬砌断面进行优化来改善结构的受力。优化的方式主要是加深仰拱深度和加大仰拱结构厚度。

以Ⅴ级围岩深埋工况为例，对于同样的水压力，结构仰拱加深断面与不加深断面的受力进行比较。图 5.1.20 为V_a型衬砌断面在承受 50 m 水压力情况下的结构内力。

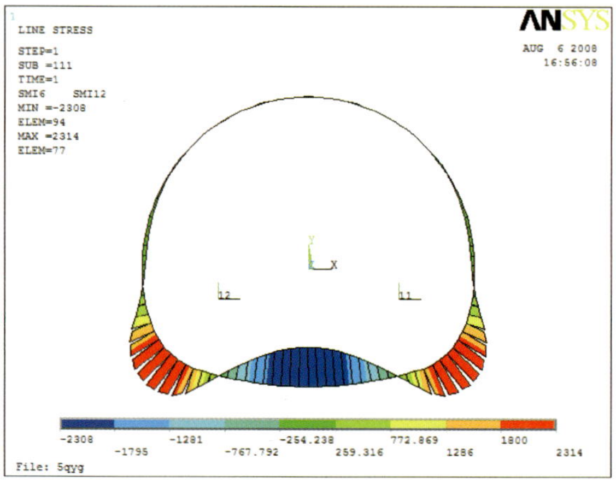

(a) 弯矩

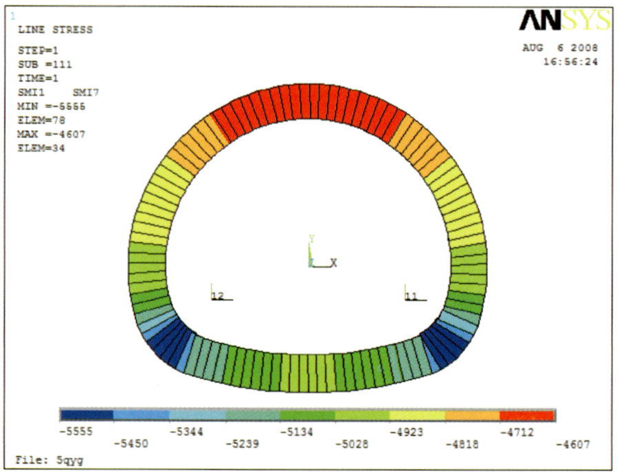

(b) 轴力

图 5.1.20　按V_a型衬砌断面计算的内力(水压50 m)

由图 5.1.20 可见，如果深埋情况下仍采用排水型衬砌断面，则结构极值控制点弯矩值和轴力值分

别为 $M_{min}=-2\,309$ kN·m、$M_{max}=2\,314$ kN·m 和 $N_{min}=-5\,555$ kN、$N_{max}=-4\,607$ kN。现有结构无法承受如此大的内力，必须优化结构断面，因此提出了加深仰拱的结构形式。对仰拱加深 0.5 m 之后（即仰拱最低点至隧底填充面的深度由 1.5 m 增加至 2.0 m）的断面进行计算，计算结果如图 5.1.21 所示。

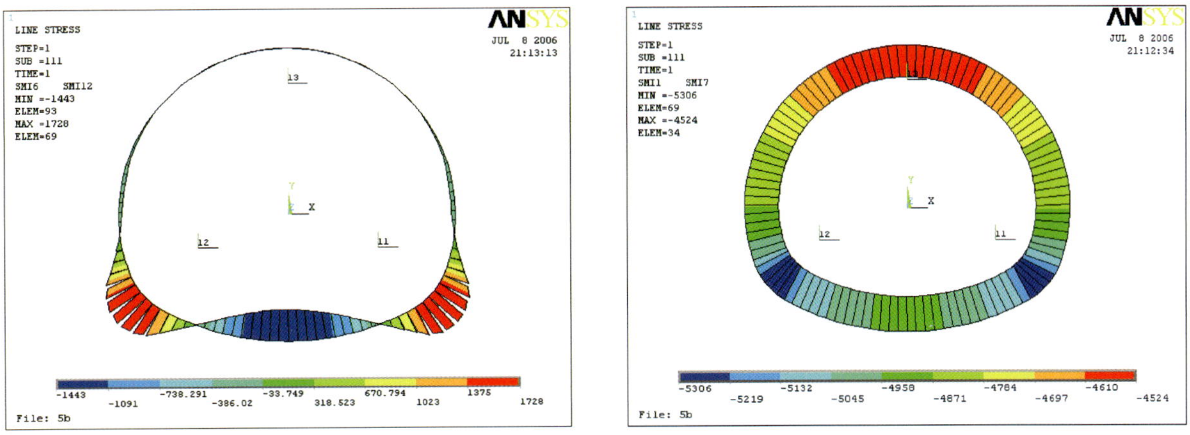

(a) 弯矩　　(b) 轴力

图 5.1.21　V 级围岩衬砌仰拱加深后的结构内力

由图 5.1.21 可见，仰拱加深后的结构极值控制点弯矩值和轴力值为 $M_{min}=-1\,443$ kN·m、$M_{max}=1\,728$ kN·m 和 $N_{min}=-5\,306$ kN、$N_{max}=-4\,524$ kN。与仰拱加深之前相比，仰拱加深后结构的受力情况明显改善，弯矩极值分别减少 37.5 % 和 25.3%，结构更为经济合理。

进一步的分析表明，当隧道拱部水头超过 80 m 后，对于高速铁路超大断面隧道，如仍采用防水型结构则不经济，宜采用排水型衬砌。此时，如隧道涌水量大，长期排水不合理时，可以采用"以堵为主，限量排放"的原则进行设计，以减少地下水的排放量。

（3）防水型隧道与排水型隧道衬砌结构受力特征比较

图 5.1.22 为同样围岩及支护结构参数情况下防水型和排水型两种衬砌结构的弯矩图对比。对比发现，防水型隧道的边墙墙脚和仰拱处弯矩很大，是结构配筋的控制截面；排水型隧道的内力分布与防水型隧道不同，总体上结构受力较小，最大弯矩位于结构拱部，为结构配筋的控制截面。

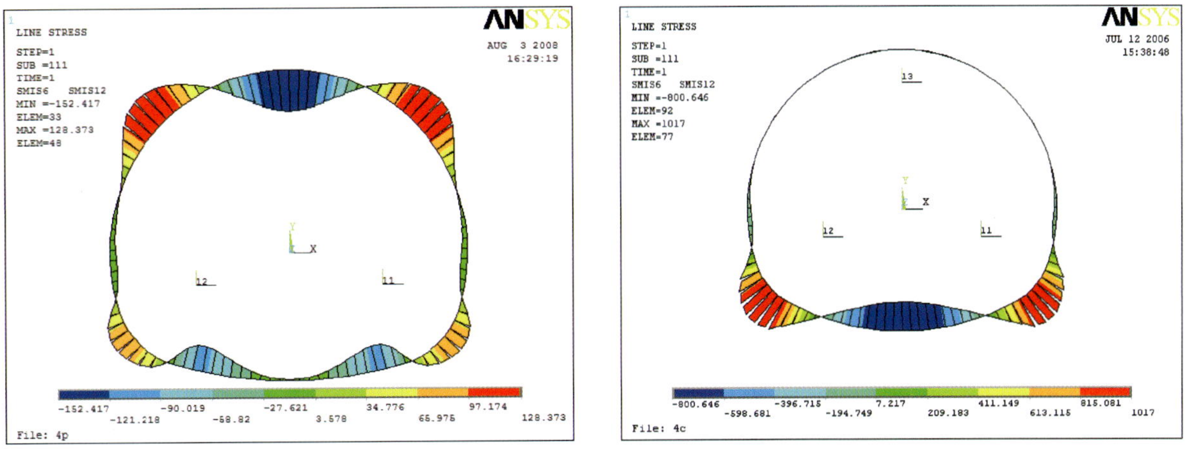

(a) 排水型隧道　　(b) 防水型隧道

图 5.1.22　排水型隧道与防水型隧道结构弯矩图对比

4）防水型隧道衬砌断面设计

武广高速铁路浏阳河隧道大部分地段设计为防水型隧道，设计中针对不同埋深及水压力采用不同的结构厚度、仰拱深度和配筋参数，以提高其经济性。以 V 级围岩为例，隧道埋深小于 30 m 为浅埋，按

5 m 分一级，分为 V_{q1}（适用埋深为 0～10 m）、V_{q2}（适用埋深为 10～15 m）、V_{q3}（适用埋深为 15～20 m）、V_{q4}（适用埋深为 20～25 m）和 V_{q5}（适用埋深为 25～30 m）五种断面；隧道埋深超过 30 m 为深埋，按 5～10 m 分一级，分为 V_{s1}（适用埋深为 30～35 m）、V_{s2}（适用埋深为 35～40 m）和 V_{s3}（适用埋深为 40～50 m）三种断面。以下分别给出该隧道浅埋和深埋地段的代表断面，其中图 5.1.23 为Ⅴ级围岩浅埋隧道衬砌断面，浅埋结构的适用水头小于 30 m，采用与排水型相同的断面（即仰拱不加深）；图 5.1.24 为Ⅴ级围岩深埋隧道衬砌断面，结构承受水压力较大，采用仰拱加深的断面形式。

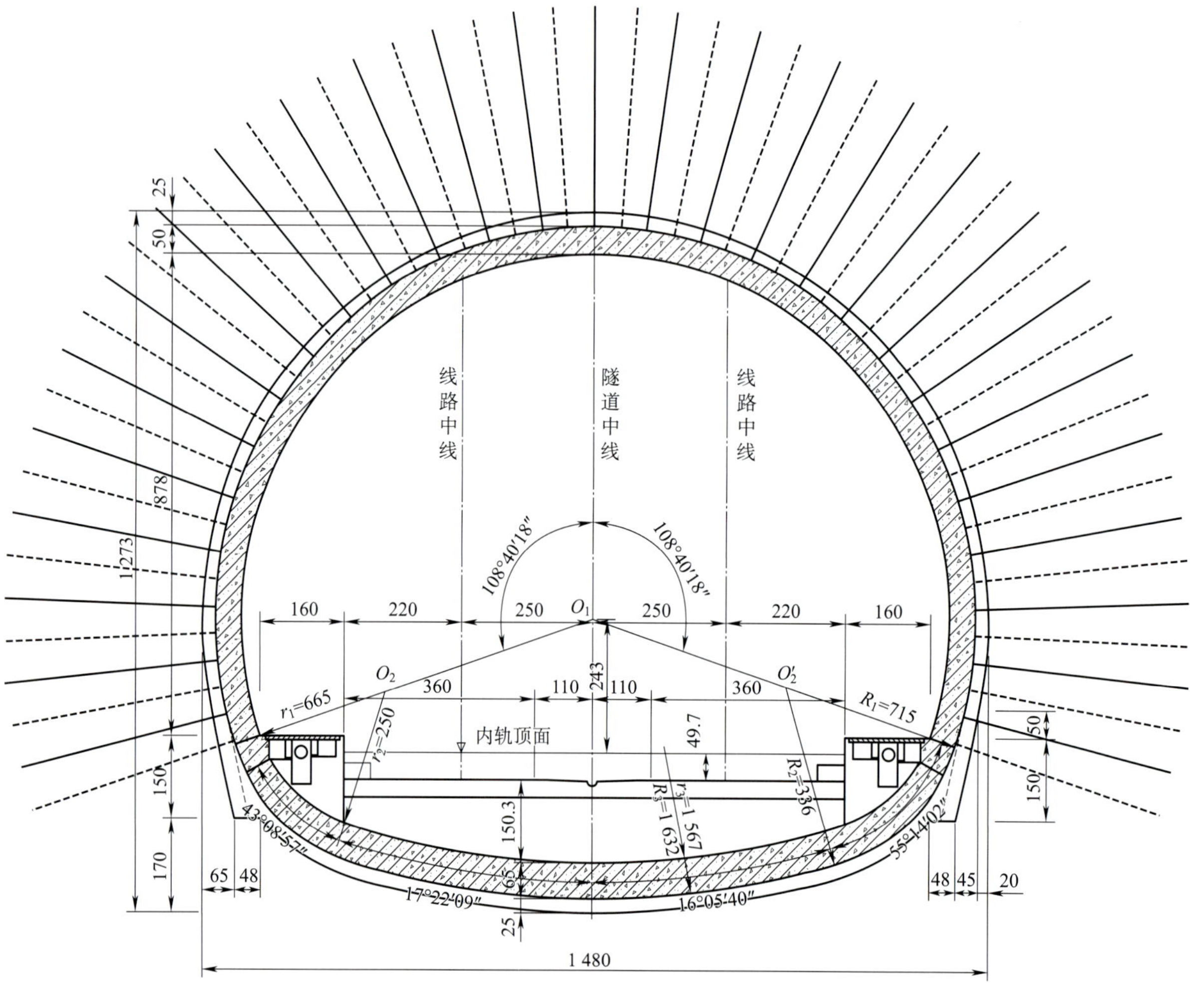

图 5.1.23　Ⅴ级围岩浅埋隧道防水型衬砌断面（单位：cm）

5.1.5　纤维混凝土的性能及其在二次衬砌中的应用

1. 二次衬砌混凝土开裂掉块可能性分析

1）二次衬砌混凝土安全性分析

国外在早期建设的高速铁路隧道中，地层条件较好地段的二次衬砌曾采用素混凝土结构，投入运营后衬砌表面出现裂缝，并随着运营时间的推移，二次衬砌裂缝也在不断加大、加密，导致后期维护工程量加大，甚至影响运营安全。如日本新干线曾发生了几起混凝土掉块事故，在对可能造成事故的外部原因和内部原因进行全面分析后，推定事故原因及过程如下：

（1）采用下导坑法施工，二次衬砌存在施工缝。

（2）由于混凝土浇筑时支撑振动或脱模的影响，施工缝下侧的内部有很大范围的开裂发生。

（3）受长时间漏水、温度变化、空气压力变化和列车振动等的影响，结合面徐徐开裂发展。

（4）最终因空气压力变化、列车振动而剥落。

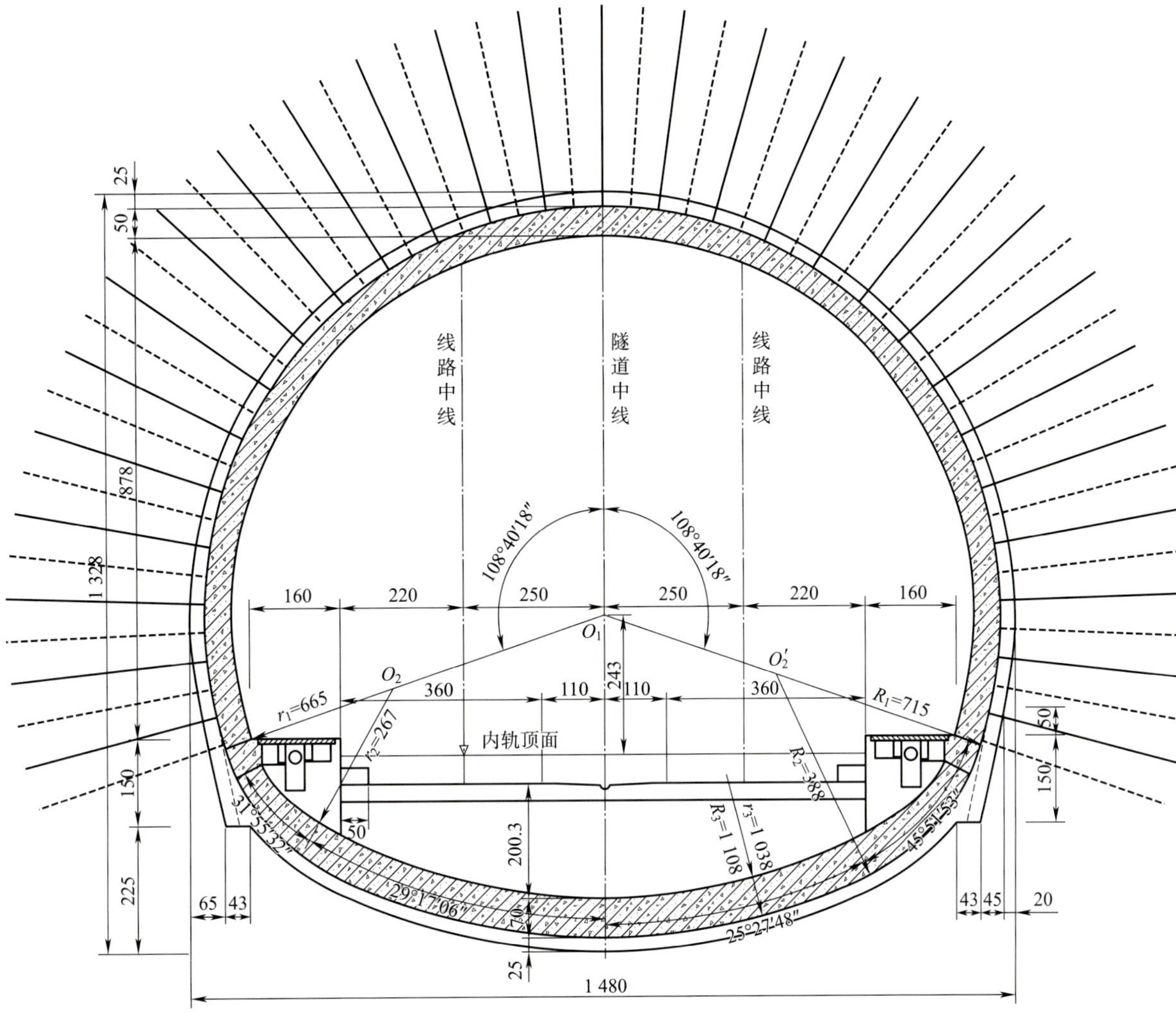

图 5.1.24　V 级围岩深埋隧道防水型衬砌断面(单位：cm)

混凝土裂缝可分为混凝土早期塑性开裂和混凝土正常使用过程中出现的变形开裂。从裂缝产生机理来分析，混凝土早期开裂主要是由于混凝土浇筑后塑性收缩、干燥失水等导致的收缩开裂，混凝土后期开裂则是由于荷载、温度变化、变形等原因引起的开裂。早期建设的普速铁路隧道大量采用素混凝土结构，运营之后均未发生结构破坏，但部分隧道受水压力等不利影响，微裂缝开展、扩大，甚至交错贯通，发生渗漏水及混凝土剥落现象，给铁路运营安全造成一定影响。

高速铁路行车速度快，隧道受动荷载作用大，作用次数多，需要采取措施控制混凝土结构裂缝开展，避免动载影响下结构加速老化，出现结构使用寿命降低甚至影响结构安全的情况。为解决高速铁路隧道二次衬砌结构在空气动力学效应作用下可能发生掉块现象等安全隐患，需要对素混凝土二次衬砌结构抗裂防掉块措施进行研究。

2）衬砌开裂原因分析

衬砌开裂的原因是多方面的。在排除施工质量缺陷的前提下，开裂的原因主要是混凝土性能和施工工艺，以及运营期的荷载变化。

根据工程实践经验，对于隧道衬砌而言，施工过程中容易产生裂缝的部位主要是施工缝附近。我国高速铁路隧道二次衬砌均采用拱墙整体浇筑，水平施工缝位于墙脚，该部位即使有裂缝也不会产生掉块危险。而环向施工缝的裂缝面虽然不是隧道结构的承载截面，但如存在混凝土不密实甚至空洞情况，则有可能掉块，而其避免措施主要是严格控制施工工艺。

至于运营期承载开裂，则与设计理念和设计方法有关，特别是二次衬砌是否承担围岩压力及分担比例。根据计算，随着二次衬砌承担围岩压力比例的提高，结构承载安全系数逐渐下降。对于Ⅱ、Ⅲ、Ⅳ

级围岩衬砌，当围岩压力分担比例分别达到50%、30%和30%时，素混凝土可以满足安全要求；当Ⅲ、Ⅳ级围岩衬砌分担比例达到50%时，素混凝土均不满足规范对安全系数的要求，需采取加强措施。

3）高速铁路隧道列车振动响应研究

服役铁路隧道衬砌结构病害产生的原因主要包括列车振动荷载、地质变化及衬砌材料老化等。对于高速铁路而言，有以下不同之处：

（1）高速列车通过狭长隧道时会产生气动荷载。

（2）高速列车运行时振动会对衬砌结构产生影响。

（3）由于振动导致隧道的地质变化，从而对衬砌结构产生影响。

图5.1.25给出隧道衬砌顶点和底点的变形时程序列，在列车靠近时，振动由小逐渐增大，在列车到达的时刻振动基本达到最大值，然后随着列车驶过并远离，该点振动又逐渐减小。衬砌顶点振动形状和底点基本一样，幅值为底点的1/4～1/2，时间也比底点滞后约0.05 s，二者的加速度时程序列也反映出同样的特征，如图5.1.26所示。

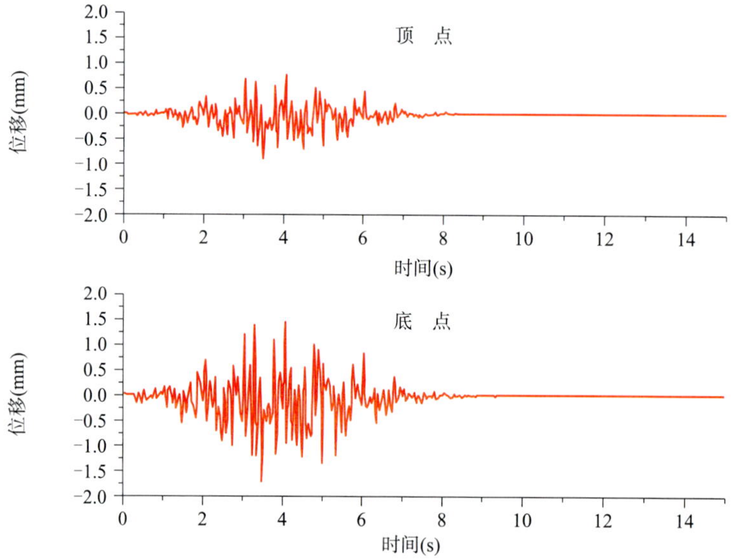

图5.1.25　隧道振动反应的位移时程曲线

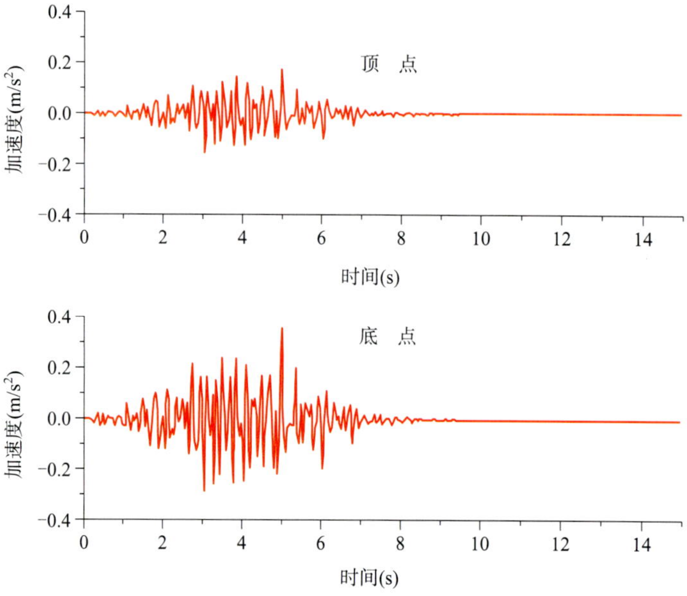

图5.1.26　隧道振动反应的加速度时程曲线

通过隧道列车振动响应分析，可得出以下结论：

（1）列车振动荷载对隧道衬砌结构动力响应的影响主要集中在隧道仰拱、拱脚和侧墙部位，对拱腰和拱顶部位的影响相对较小。

（2）列车振动传递至隧道衬砌结构上的振动频率较低，一般在 5 ~ 40 Hz 之间。

（3）隧道衬砌在高速动载作用下的动力响应问题本质上是衬砌结构的疲劳问题。

4）考虑列车振动、气动效应对二次衬砌结构受力的影响分析

为掌握国内高速铁路隧道素混凝土二次衬砌结构的安全系数及应力状态，比较分析了不同比例系数的围岩荷载、混凝土收缩、空气压力、列车振动荷载等因素对二次衬砌的影响。同时对日本新干线高速铁路隧道、国内普速铁路隧道二次衬砌结构的受力进行分析，并与国内高速铁路隧道的安全性进行对比。分析时采用的衬砌及围岩材料参数主要参照《铁路隧道设计规范》。

计算的衬砌结构以时速 350 km 高速铁路隧道的Ⅱ、Ⅲ、Ⅳ级围岩衬砌为主，同时比较分析了日本新干线隧道(250 km/h)、国内以往普速铁路(140 km/h)单线隧道及双线隧道二次衬砌。

（1）计算荷载取值

①混凝土收缩荷载用拱墙混凝土温度降低 15℃来模拟。

②列车振动荷载是动荷载，拟静力计算时考虑动力响应放大系数(采用 1.5)，参照桥梁 ZK 荷载，按照 37.5 kPa 折算荷载施加在仰拱填充面上。

③空气压力考虑正压和负压两种情况，正压表示压力沿着衬砌径向指向围岩，负压与正压方向相反。空气压力幅值与衬砌断面大小、速度目标值及机车等诸多因素有关，根据相关测试和研究数据，高速铁路双线隧道取 5.5 kPa，日本新干线隧道取 5 kPa，国内以往普速铁路双线隧道取 1.5 kPa、单线隧道取 4 kPa。

④围岩荷载取规范中的深埋荷载，Ⅱ、Ⅲ、Ⅳ级围岩的围岩压力计算高度分别为 1.7 m、3.4 m 和 6.8 m。二次衬砌分担围岩压力的比例系数按 0.0、0.1、0.3 和 0.5 四种情况考虑(分担系数为 0.0 表示不承受围岩压力)。

（2）计算结果

经对比计算分析，混凝土收缩荷载对衬砌结构受力的影响较小，且考虑收缩荷载主要发生在拆模前，由于拆模后对拱顶防水板与二次衬砌之间采用注浆填充，因此在下述二次衬砌受力分析中没有考虑混凝土收缩的影响。由于日本新干线、普速国铁在不同围岩级别及不同围岩荷载分担系数下计算结论基本相同，因此以下仅列出其Ⅱ级围岩不受围岩压力情况的计算结果。

为便于比较分析，表 5.1.21 和表 5.1.22 列出各种工况下最小安全系数的计算结果，由于拱顶是受力较大部位，为便于了解不同情况下拱顶的应力变化幅度，表中列出了对最小安全系数不在拱顶时拱顶的计算结果。表中“位置描述”栏空缺时，说明该位置位于拱顶。

表 5.1.21　不同铁路Ⅱ级围岩各工况最小安全系数比较

围岩级别	衬砌种类及速度目标值	振动荷载	结点	位置描述	弯矩(kN·m)	轴力(kN)	最小安全系数	最大应力(kPa)
Ⅱ	日本新干线(250 km/h)	正压	115		-1.89	-6.21	28.34	105
		无	115		-2.49	-29.77	44.77	66.4
		负压	115		-2.98	-53.57	68.24	20.3
		负压	2	墙脚	0.29	-113.16	41.28	-358.2
	国内普速双线(140 km/h)	正压	32		-1.95	-20.72	48.83	60.9
		无	32		-1.96	-27.46	76.34	39
		负压	32		-1.96	-34.23	105.03	16.6
		无	73	墙脚	-0.01	-91.55	50.8	-304.6
		负压	43	拱脚	5.05	-58.19	20.87	142.6

续上表

围岩级别	衬砌种类及速度目标值	振动荷载	结 点	位置描述	弯 矩（kN·m）	轴 力（kN）	最小安全系数	最大应力（kPa）
Ⅱ	国内普速单线（140 km/h）	正压	47		-1.06	-1.19	30.64	97.1
		无	47		-1.14	-10.57	44.35	67.1
		负压	47		-0.19	-27.7	141.09	-92.3
		负压	14	边墙	-9.23	-60.29	4.61	644.6
	高速铁路隧道（350 km/h）	正压	157		-3.22	-13.69	32.52	118.4
		无	157		-4.29	-49.86	56.86	67.7
		负压	157		-5.18	-86.37	74.7	7.2
		无	2	墙脚	0.01	-139.21	56.58	-397
		负压	86	墙脚	-0.62	-176.05	44.97	-472.6

表 5.1.22　高速铁路隧道Ⅱ、Ⅲ、Ⅳ级围岩各工况最小安全系数比较

围岩级别	围岩压力分担系数	气动压力	结 点	位置描述	弯 矩（kN·m）	轴 力（kN）	最小安全系数	最大应力（kPa）
Ⅱ	0	正压	157		-3.22	-13.69	32.52	118.4
		无	157		-4.29	-49.86	56.86	67.7
		负压	157		-5.18	-86.37	74.7	7.2
		无	2	墙脚	0.01	-139.21	56.58	-397
		负压	86	墙脚	-0.62	-176.05	44.97	-472.6
	0.1	正压	157		-7.5	-61.9	20.23	190.3
		无	157		-8.63	-97.95	26.98	142.7
		负压	157		-9.65	-134.22	43.14	89.2
		负压	86	墙脚	-0.67	-252.98	31.26	-690.1
	0.3	正压	157		-16.06	-158.31	11.52	334.2
		无	157		-17.22	-194.29	13.34	288.5
		负压	157		-18.32	-230.43	16.12	238.9
	0.5	正压	157		-24.62	-254.73	8.05	478.1
		无	157		-25.79	-290.71	8.9	432.5
		负压	157		-26.95	-326.69	9.95	386.8
Ⅲ	0	列车+正压	14	墙脚	-36.38	-107.3	5.55	1095.9
		无	142		-9.39	-52.49	17.42	221.1
		列车+正压	141		-8.52	-15.62	13.74	280.3
		列车+负压	141		-10.62	-89.08	21.94	175.5
		列车+负压	16	墙脚	-39.96	-189.95	6.65	1023.6
	0.1	列车+正压	141		-21.03	-100.32	7.16	537.9
		无	142		-22.07	-136.95	7.93	485.3
		列车+负压	141		-23.56	-173.16	8.54	450.8
	0.3	列车+正压	141		-45.8	-270.12	3.69	1042.4
		无	142		-46.88	-306.69	3.88	991.3
		列车+负压	141		-48.51	-342.69	4	962.4
	0.5	列车+正压	141		-70.47	-440.09	2.5	1542.4
		无	142		-71.61	-476.57	2.58	1493.8

续上表

围岩级别	围岩压力分担系数	气动压力	结点	位置描述	弯矩 (kN·m)	轴力 (kN)	最小安全系数	最大应力 (kPa)
Ⅲ	0.5	列车+负压	141		-73.32	-512.43	2.62	1468.4
Ⅳ	0	列车+正压	14	墙脚	-38.34	-124.65	7.65	859.1
		无	142		-14.77	-55.84	13.68	313.5
		列车+正压	142		-14.09	-18.55	11.39	376.3
		列车+负压	142		-16.26	-92.46	15.51	276.4
		列车+负压	17	墙脚	-43.06	-212.47	9.17	803.7
	0.1	列车+正压	142		-38.02	-182.91	5.95	720.1
		无	142		-38.78	-220.11	6.5	659.9
		列车+负压	142		-40.5	-256.46	6.8	630.2
	0.3	列车+正压	142		-85.56	-512.04	3.07	1397.3
		无	142		-86.35	-549.2	3.2	1338.1
		列车+负压	142		-88.23	-585.36	3.26	1313.3
	0.5	列车+正压	142		-133.1	-841.17	2.07	2074.4
		无	142		-133.89	-878.33	2.13	2015.3
		列车+负压	142		-135.77	-914.49	2.15	1990.5

（3）计算结论

①对于Ⅱ级围岩衬砌，当不考虑围岩压力时，在结构自重和正、负风压作用下，拱顶最大拉应力很小，仅为7.2～118.4 kPa，抗拉安全系数大于32.5；当考虑50%的围岩压力时，拱顶拉应力仍较小，仅为386.8～478.1 kPa，抗拉安全系数大于8.0。

②对于Ⅲ级围岩衬砌，当不考虑围岩压力时，在结构自重和正、负风压作用下，拱顶最大拉应力很小，仅为175.5～280.3 kPa，抗拉安全系数大于13.7；当考虑30%的围岩压力时，拱顶拉应力较小，为962.4～1 042.4 kPa，抗拉安全系数大于3.6；当考虑50%的围岩压力时，拱顶拉应力较大，为1 468.4～1542.4 kPa，抗拉安全系数约为2.5，不满足规范要求，需采取加强措施。

③对于Ⅳ级围岩衬砌，当不考虑围岩压力时，在结构自重和正、负风压作用下，拱顶最大拉应力较小，为276.4～376.3 kPa，抗拉安全系数大于11.3；当考虑30%的围岩压力时，拱顶拉应力较大，为1 313.3～1 397.3 kPa，抗拉安全系数约为3.1，基本满足规范要求；当考虑50%的围岩压力时，拱顶拉应力很大，为1 990.5～2 074.4 kPa，抗拉安全系数约为2.1，不满足规范要求，需采用钢筋混凝土结构。

④所有计算工况中，有部分工况的抗拉最小安全系数截面位于墙脚，但最小安全系数仍大于5.5，满足规范要求。

⑤对于Ⅱ级围岩衬砌，当不考虑围岩压力时，在结构自重和正、负风压作用下，日本新干线隧道、国内普速双线隧道、国内普速单线隧道、国内高速铁路隧道拱顶的拉应力均很小，拱顶最小抗拉安全系数分别为28.3、48.8、30.6和32.5，表明结构具有足够的安全性。按相同的计算方法，各衬砌结构在相同工况下的安全系数仍基本相当。

由此可见，隧道内空气压力变化和列车振动不是混凝土开裂的原因，但会促进已开裂混凝土裂缝的发展。

2. 二次衬砌混凝土添加纤维材料的优选

为解决高速铁路隧道二次衬砌混凝土开裂掉块危及运营安全问题，世界各国都在积极研究试验相应的措施和方法，如对二次衬砌混凝土加筋或加强配筋，包括单层钢筋网护面结构、钢纤维混凝土结构和纤维素纤维混凝土结构等。钢筋网护面结构的缺点是造价高、施工困难、工序耗时长；钢纤维混凝土结构的缺点是造价高、施工困难、易产生电力紊流而影响信号传输等；隧道衬砌采用非钢纤维的纤维混凝土具有工艺简单、耐久性好、价格低廉等明显优势，是一种很好的处理方案。

1）常用纤维材料

国内市场常用合成纤维包括聚丙烯纤维、聚丙烯醇纤维、改性聚酯纤维、纤维素纤维等，为了对比各种纤维对混凝土性能的影响，选择市场常用的五种纤维材料，在东南大学材料实验室进行了单掺纤维和复合掺加纤维混凝土性能试验。

（1）纤维素纤维（UF500）：单丝纤维平均长度为 2.1 mm，相对密度为 1 100 kg/m^3。

（2）聚乙烯醇纤维（PVAF）：单丝纤维长度为 12 mm，相对密度为 1 300 kg/m^3。

（3）钢纤维（SF）：单丝纤维长度为 30 mm，直径为 0.5 mm，相对密度为 7 715 kg/m^3。

（4）聚丙烯纤维（PPF）：单丝纤维长度为 12 mm，相对密度为 900 kg/m^3。

（5）改性聚酯纤维（PETF）：单丝纤维长度为 12 mm，相对密度为 1 300 kg/m^3。

各种纤维形貌如图 5.1.27 所示。

图 5.1.27　各种纤维形貌

2）配合比设计及优化

根据高速铁路隧道二次衬砌混凝土的要求，模筑混凝土的设计强度等级为 C30，设计使用年限为一级，使用寿命为 100 年；混凝土坍落度为 160 ~ 200 mm，并保证在 30 min 内无坍落度损失；抗渗等级不低于 P8。

配合比设计思路为：胶凝材料总量为 380 kg/m^3，其中粉煤灰等质量取代 30% 的水泥，水胶比为 0.41，砂灰比为 1.8，砂率为 0.42，粗集料的体积含量为 38%，高效外加剂 PC-Ⅳ 的掺量为胶凝材料总量的 0.8% ~ 1.2%。在隧道潮湿环境下，混凝土中的碱含量不超过 3.0 kg/m^3。混凝土的基本配合比（质量比）为：

水泥: 粉煤灰: 砂: 石子: 拌和水 = 266: 114: 760: 1 050: 155（kg/m^3）

试验设计采用掺加纤维体积率为 0.1% 的有机纤维、0.5% 的钢纤维或钢纤维和有机纤维复合掺加。由于纤维的品种及掺加量不同，试验共设计 12 组，每组配合比见表 5.1.23。外加剂掺量约为胶凝材料总量的 1%，并根据新拌混凝土的坍落度微量调整外加剂掺量。

表 5.1.23　室内试验混凝土配合比设计（单位：kg/m^3）

编号	水泥	水	砂	石	粉煤灰	外加剂	PVAF	UF	PPF	PETF	SF
T1	266	155	760	1 050	114	3.04					
T2	266	155	760	1 050	114	3.04		0.9			
T3	266	155	760	1 050	114	3.04		1.1			
T4	266	155	760	1 050	114	3.04		1.65			
T5	266	155	760	1 050	114	3.04			0.9		
T6	266	155	760	1 050	114	3.04				1.3	
T7	266	155	760	1 050	114	3.04	1.3				

续上表

编 号	水 泥	水	砂	石	粉煤灰	外加剂	PVAF	UF	PPF	PETF	SF
T8	266	155	760	1 050	114	3. 04					39
T9	266	155	760	1 050	114	3. 8	1. 3				39
T10	266	155	760	1 050	114	3. 8		0. 9			39
T11	266	155	760	1 050	114	3. 8			0. 9		39
T12	266	155	760	1 050	114	3. 8				1. 3	39

每组混凝土成型的试件尺寸和测试内容见表 5. 1. 24。

表 5. 1. 24　每组混凝土成型试件尺寸及测试内容

试件尺寸(mm)	测 试 内 容	参 照 标 准
100 × 100 × 400	56 d 弯曲强度，断裂韧性	《普通混凝土力学性能试验方法标准》(GB/T 50081—2002)
	弯曲疲劳性能，冻融循环性能	《普通混凝土长期性能和耐久性能试验方法标准》(GB/T 50082—2009)
100 × 100 × 515	干燥收缩性能	《普通混凝土长期性能和耐久性能试验方法标准》(GB/T 50082—2009)
100 × 100 × 100	28 d/56 d 抗压强度，56 d 劈裂抗拉强度	《普通混凝土力学性能试验方法标准》(GB/T 50081—2002)
	56 d 电通量	《铁路混凝土工程施工质量验收补充标准》(铁建设〔2005〕160 号)和《普通混凝土长期性能和耐久性能试验方法标准》(GB/T 50082—2009)
ϕ150 × 150	抗渗性能	《普通混凝土长期性能和耐久性能试验方法标准》(GB/T 50082—2009)
圆 环	混凝土抗裂性能	《铁路混凝土工程施工质量验收补充标准》(铁建设〔2005〕160 号)和《普通混凝土长期性能和耐久性能试验方法标准》(GB/T 50082—2009)

3）试验混凝土的工作性能

混凝土搅拌完成后需进行坍落度、坍落扩展度、含气量、抗离析指标的测定，测定方法依照《普通混凝土拌合物性能试验方法标准》(GB/T 50080—2002)和《欧洲自密实混凝土指南》的有关规定，测试结果见表 5. 1. 25(表中所示纤维掺量均为体积掺量)。

表 5. 1. 25　试验新拌混凝土工作性能

试验编号	纤 维 品 种	新拌混凝土性能			
		坍落度(mm)	坍落扩展度(mm)	含气量(%)	抗离析指标(%)
T1	无	190	390 × 390	1. 9	4. 72
T2	0. 08% 纤维素纤维(UF)	205	360 × 340	2. 5	0. 03
T3	0. 1% 纤维素纤维	180	300 × 270	2. 8	0. 20
T4	0. 15% 纤维素纤维	190	340 × 340	2. 6	0. 08
T5	0. 1% 聚丙烯纤维(PPF)	180	310 × 340	2. 0	0. 19
T6	0. 1% 聚酯纤维(PETF)	110	—	2. 9	—
T7	0. 1% 聚乙烯醇纤维(PVAF)	190	—	2. 4	0. 53
T8	0. 5% 钢纤维(SF)	190	400 × 410	2. 8	0. 23
T9	0. 1% PVAF + 0. 5% SF	200	400 × 400	2. 7	0. 87
T10	0. 1% UF + 0. 5% SF	180	360 × 390	2. 8	0. 12
T11	0. 1% PPF + 0. 5% SF	195	380 × 390	2. 7	1. 11
T12	0. 1% PETF + 0. 5% SF	185	—	2. 3	0. 15

通过对坍落度、坍落扩展度、含气量、抗离析指标的分析可以看出，纤维混凝土具有很好的工作性能，即高流动性、适中含气量和低离析，适合应用于二次衬砌等对工作性能有较高要求的结构部位。

4）试验结论

通过对12组配合比纤维混凝土进行28 d和56 d龄期基本力学性能和韧性（抗压强度、抗弯强度）、抗裂性及干缩性能、耐久性（电通量、抗渗性能、碳化性能、抗冻性能、疲劳—抗渗耦合性能）对比试验，得出如下结论：

（1）12组配合比混凝土在28 d龄期时的强度等级都达到了C30的要求。

（2）不论单掺还是复掺纤维，均未明显提高混凝土28 d和56 d龄期的抗压强度和抗弯强度。

（3）28 d龄期时，在单掺纤维情况下，除了T3（体积掺量0.1%纤维素纤维）混凝土的弯压强度比增大10%、混凝土韧性略有提高之外，其余类型单掺纤维混凝土的弯压强度比均未显著提高；在复掺纤维情况下，只有T9（体积掺量0.1%聚丙烯醇纤维及体积掺量0.5%钢纤维混掺）纤维混凝土的弯压强度比比基准混凝土提高15%之外，其余双掺纤维混凝土的弯压强度比均未高于基准混凝土。56 d龄期时，纤维混凝土的弯压强度比均高于基准混凝土。其中，T9的弯压强度比仍然是最高的，约为基准混凝土的1.44倍；T3的弯压强度比略低于T9，约为基准混凝土的1.31倍。

（4）在单掺纤维情况下，纤维素纤维混凝土的早期收缩性能、综合抗裂性能、电通量和抗渗性能均优于其他类型有机纤维；有机纤维与钢纤维复掺情况下，混凝土的早期收缩性能和抗裂性均优于单掺纤维混凝土。

（5）12组配合比混凝土抗渗等级均达到P12，其中，单掺纤维素纤维的三组配合比纤维混凝土和纤维素纤维与钢纤维复掺的混凝土，其抗渗性能均明显高于其他配合比纤维混凝土。

综合以上结论可见，掺加纤维素纤维的混凝土，其早期收缩、综合抗裂、耐久性等综合性能最优。

3. 纤维素纤维混凝土工作性能对比试验

1）试验材料

（1）纤维素纤维

所采用的纤维素纤维（UF500）基体取自经过基因改良的特殊树种，直径小且纤维表面不规则，因此比表面积高于其他合成纤维。其与水泥浆基体结合力更强，而且具备较好的亲水性，在新拌混凝土中能够吸附一部分自由水；基体内部有天然空腔，能够蓄存自由水。在水泥水化过程中，这两部分水分会缓慢释放，可促进水泥继续水化，补偿混凝土收缩，从而改善混凝土微观结构。纤维素纤维外观如图5.1.28、图5.1.29所示，其物理力学性质见表5.1.26。

图5.1.28　纤维素纤维形貌

图5.1.29　纤维素纤维分散情况

表5.1.26　纤维素纤维物理力学性质

抗拉强度（MPa）	弹性模量（GPa）	极限伸长率（%）	单丝长度（mm）	密度（kg/m^3）
500～600	9.0～10.0	35	2.1	1 100

（2） 其他材料

试验用其他材料包括水泥、砂、石、粉煤灰、塑化剂、水等。试验所用水泥为海螺 P·O 42.5 级普通硅酸盐水泥；砂为中粗河砂，细度模数为 2.6；石为碎石，粒径范围为 5 ~ 31.5 mm；外加剂为聚羧酸高效减水剂 NOF-AS，减水率大于 30%；粉煤灰为Ⅱ级，细度为 19.8%；水为自来水。

2） 配合比及施工工艺

为满足规范和设计要求，选定水胶比为 0.41、砂率为 42% 的普通混凝土（试件1）和纤维混凝土（试件 2）进行试验，其配合比见表 5.1.27。纤维素纤维掺量为 0.9 kg/m^3，成型后 1 d 拆模，将试件放入养护室（温度为 20℃ ±2℃，湿度大于 90%）养护，并在规定龄期内进行测试。

表 5.1.27　试验材料配合比（单位：kg/m^3）

编　号	水　泥	粉煤灰	水	砂	石	外加剂	纤　维
试件 1	266	114	155	760	1 040	2.9	—
试件 2	266	114	155	760	1 040	2.9	0.9

由于纤维素纤维成型前为块状物体，每块约含纤维 5 万根，为便于将纤维更好地分散在混凝土中，纤维混凝土试件采用以下施工工艺：

（1） 将石子、砂、纤维素纤维倒入搅拌机，均匀搅拌 10 ~ 30 s。

（2） 将水泥、粉煤灰倒入搅拌机，均匀搅拌 30 s。

（3） 将减水剂充分倒入水中，开动搅拌机，将水缓慢均匀倒入工作搅拌机，搅拌 3 min。

（4） 关闭电源，将新拌混凝土倒出，开始成型。

3） 试验结果

（1） 混凝土工作性能

新拌混凝土工作性能主要包括坍落度、坍落扩展度、含气量、抗离析指标等内容，试验结果见表 5.1.28。由表 5.1.28 可见，混凝土坍落度均大于 180 mm，满足高速铁路隧道模筑混凝土衬砌设计要求。新拌混凝土含气量可用于控制硬化混凝土质量。由于减水剂具有引气功能，因此混凝土含气量基本在 3% 左右，满足小于 4% 的设计要求。离析使混凝土内部结构不均匀，导致混凝土的力学性能以及耐久性等下降。纤维混凝土抗离析指标小于 1%，满足不大于 15% 的要求。综上，纤维混凝土流动性能高、含气量适中、离析可能低，适用于隧道二次衬砌等工作性能有较高要求的结构。

表 5.1.28　新拌混凝土工作性能对比

编　号	坍落度（mm）	坍落扩展度（mm）	含气量（%）	抗离析指标（%）
试件 1	190	400	1.9	4.7
试件 2	210	450	3.2	0.9

（2） 混凝土强度指标

混凝土强度指标包括立方体抗压强度、劈裂抗拉强度和抗折强度，试验结果见表 5.1.29。由表 5.1.29 可见，普通混凝土养护 28 d 后，立方体抗压强度已达到 C30 设计强度等级要求，而纤维混凝土立方体抗压强度在 28 d 和 56 d 均略低于普通混凝土，抗折强度和劈裂抗拉强度均高于普通混凝土（提高约 10%）。

表 5.1.29　混凝土强度指标对比

编　号	立方体抗压强度（MPa）		抗折强度（MPa）		劈裂抗拉强度（MPa）	
	28 d	56 d	28 d	56 d	28 d	56 d
试件 1	40.3	47.2	4.67	5.16	2.41	2.78
试件 2	39.2	45.9	5.20	5.77	2.56	2.94

(3) 混凝土早期塑性抗裂性能

混凝土早期塑性开裂采用平板法进行试验，以混凝土初裂时间、裂缝总面积评价混凝土抵抗早期塑性开裂性能，试验结果见表5.1.30。普通混凝土试件在中部有贯穿裂缝，而纤维素纤维混凝土试件未开裂，说明纤维素纤维具有较好的抵抗早期塑性开裂的能力。

表5.1.30 平板法试验结果

编　号	纤维掺量(kg/m^3)	初裂时间(min)	裂缝总面积(mm^2)
试件1	0	95	168.91
试件2	0.9	—	—

(4) 混凝土耐久性能

根据隧道所处环境和二次衬砌受力特点，选取水渗透性、氯离子渗透性和碳化等三个指标进行测试。其中氯离子渗透性采用电通量法，各项指标测试遵循《普通混凝土长期性能和耐久性能试验方法标准》(GB/T 50082—2009)相关规定。表5.1.31为混凝土不同龄期下抗水渗性能、抗氯离子渗透性能和抗碳化性能。由表可知，除28 d电通量外，其他耐久性能指标均满足设计要求。纤维素纤维混凝土抗渗性能(包括水渗透、氯离子渗透)和碳化性能均优于普通混凝土。

表5.1.31 混凝土耐久性指标对比

编　号	电通量(C)		抗水渗性能		碳化深度(mm)		
	28 d	56 d	抗渗等级	渗水高度(cm)	7 d	28 d	56 d
试件1	1 450	1 130	P10	8.7	10.2	15.2	19.6
试件2	1 262	917	P10	6.5	8.8	12.7	14.9

综合上述对混凝土工作性能、力学性能、抗渗性、电通量和早期塑性抗裂性能分析，可以认为，纤维素纤维混凝土可以提高混凝土劈裂抗拉强度和抗弯强度，且其早期抗裂性能优于普通混凝土，部分耐久性能指标略优于普通混凝土。

4. 纤维素纤维混凝土性能改善机理

纤维素纤维对混凝土性能的改善主要有两方面，即提高混凝土早期抗裂性能和渗透性能。纤维素纤维在水泥基体中乱向分布(约1亿根/m^3)，在混凝土内部构成均匀乱向支撑体系，从而优化混凝土中孔、空隙结构，减少毛细孔个数及内部孔隙率。从硬化混凝土中的气泡参数看，纤维素纤维混凝土气泡含量仅为普通混凝土的60%，而且气泡间距更小，多集中在小于0.1 mm范围内。这不仅使混凝土更加密实，而且可有效阻挡水分子、CO_2分子和氯离子渗透，渗透性明显得到改善。

从纤维素纤维在混凝土中分布的微观形貌看，纤维素纤维既乱向分布，又与水泥基体牢固粘结。这既可有效减少微裂缝萌生和扩展概率，提高混凝土极限拉伸应变和断裂能，又可减少混凝土表面及内部应力梯度，使应力松弛增大，残余拉应力减小。同时，根据“纤维间距理论”，纤维根数越多，纤维间距愈小，从而减小混凝土原始缺陷及其早期塑性开裂概率。

5. 纤维混凝土二次衬砌的工程应用

1) 工点试验

在某选定的高速铁路隧道内对纤维混凝土进行现场试验，分别采用纤维素纤维混凝土和普通混凝土浇筑长12 m的二次衬砌结构。工点要求二次衬砌设计强度不低于C30；新拌混凝土坍落度要求为160～200 mm，且2 h内坍落度损失小于10%；混凝土所处环境等级为T2、H1。现场使用水胶比为0.41的纤维素纤维混凝土，并浇筑相同水胶比普通混凝土作为对比，二者材料、施工工艺均相同。对搅拌站拌和完毕混凝土坍落度进行测试，并在混凝土运送至施工现场时对坍落度损失进行测试。混凝土浇筑完毕后，预留部分混凝土试件和二次衬砌同条件养护。对其28 d和56 d立方抗压强度、劈裂抗拉强度、抗折强度和电通量等进行测试，各测试结果见表5.1.32。现场试验段混凝土工作性、强度指标均满足设计要求。

表 5.1.32　试验段混凝土相关性能指标对比

项　目	坍落度(mm)	2 h 坍落度损失(mm)	立方体抗压强度(MPa)		抗折强度(MPa)		劈裂抗拉强度(MPa)		56 d 电通量(C)
			28 d	56 d	28 d	56 d	28 d	56 d	
普通混凝土	190	40	35.2	44.3	5.24	5.67	2.41	2.74	988
纤维混凝土	220	50	36	47.2	5.38	6.54	2.67	3.02	915

另外，分别在二次衬砌浇筑成型后 70 d、280 d 对混凝土表面状况和强度指标进行监测，以确定其是否可以正常使用。隧道内常年温度为 16℃ ±5℃，湿度为 50% ±10%。图 5.1.30 为成型后 70 d、280 d 后二次衬砌混凝土表面状态。

(a) 70 d普通混凝土　(b) 70 d纤维混凝土　(c) 280 d普通混凝土　(d) 280 d纤维混凝土

图 5.1.30　70 d、280 d 后二次衬砌混凝土表面形态

通过微焦点 X 射线 CT 系统和混凝土气孔结构分析仪的无损三维扫描及孔隙三维分布测试可知，70 d 和280 d 衬砌混凝土在 0.01 ~0.2 mm 尺度范围内均无裂纹存在；纤维素纤维混凝土的气泡含量低于基准混凝土，仅为基准混凝土的 60%；纤维素纤维混凝土中的气泡平均弦长和气泡间距系数均小于基准混凝土，均为基准混凝土的 52%；纤维素纤维混凝土内部多为直径 0.1 ~0.01 mm 的小气泡，而基准混凝土内部存在较多直径大于 0.1 mm 的气泡，这表明纤维素纤维混凝土内部结构的均匀性优于基准混凝土，这些气孔结构都有利于提高纤维素纤维混凝土的耐久性能。

2）批量使用后的现场调查

对武广高速铁路若干座隧道的现场调查显示，无论是素混凝土还是纤维混凝土、钢筋网片混凝土，二次衬砌基本上都没有裂缝，仅极少数未掺加纤维素纤维地段衬砌发现少量小于 0.2 mm 的裂纹；添加纤维素纤维不需改变配合比，纤维分散性好，拌和、施工方便，添加后的衬砌表观光滑；部分施工单位反映掺加纤维素纤维后混凝土黏稠度增加，坍落度损失较素混凝土大，实测电通量偏大，抗裂、抗折强度提高。

5.2　明洞衬砌结构设计

5.2.1　明洞结构类型及适用条件

高速铁路隧道洞口和部分浅埋段常采用明挖法施工，设置明洞衬砌。明洞按照结构形式分为对称路堑式、偏压路堑式、单压路堑式和全回填式。边坡开挖方式有墙底开挖和墙顶开挖两种。

1. 明洞结构类型

1）对称路堑式

对称路堑式明洞适用于地面横坡较为平缓、两侧地形基本对称的情况。根据洞顶回填土厚度的不同，对称路堑式明洞又分为浅埋式明洞和深埋式明洞。浅埋式明洞洞顶填土厚度小于 3 m，深埋式明洞洞顶填土厚度为 3～10 m。深埋式明洞主要适用于漫坡地形暗挖施工困难，且明挖后如填土不足又对环境影响较大的地段，此外在上软下硬地层也经常需采用深埋式明洞。明洞断面如图 5.2.1 所示。由于完全符合对称路堑式明洞的情况较少，因此，经常将其与偏压路堑式明洞合并成一种类型。

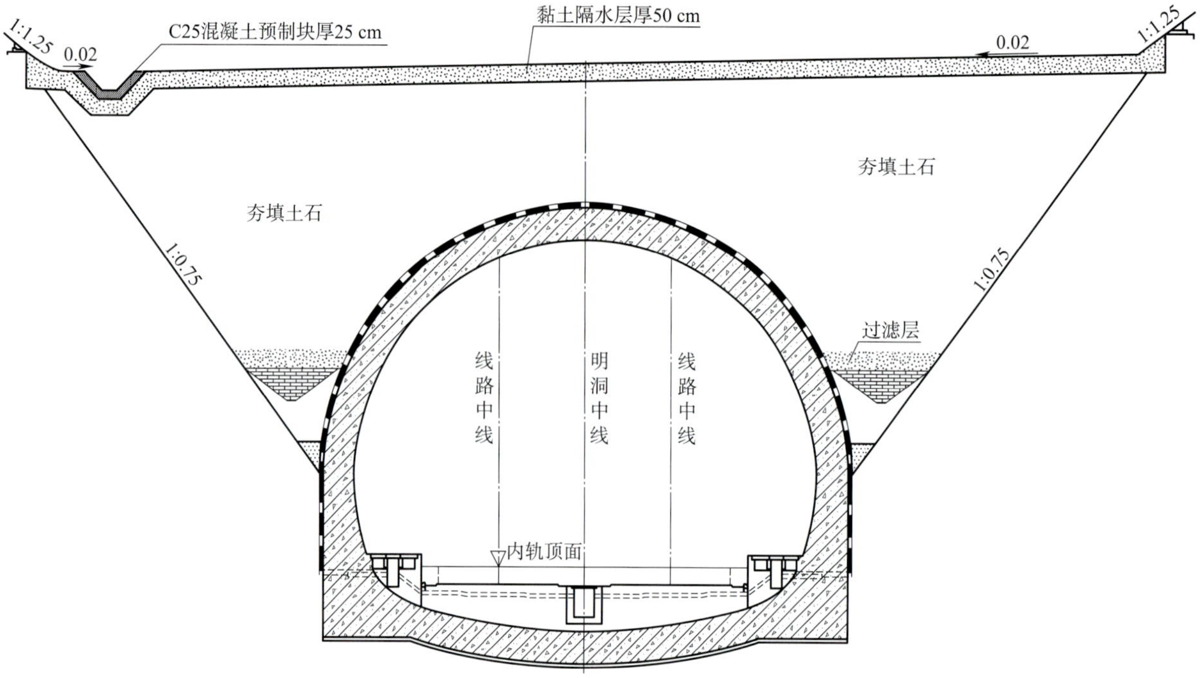

图 5.2.1　对称路堑式明洞断面

2）偏压路堑式

偏压路堑式明洞适用于地面横坡较大，但明洞外墙未露出地面，且外墙侧地层稳定的情况。明洞顶填土厚度一般小于 5 m，其断面如图 5.2.2 所示。

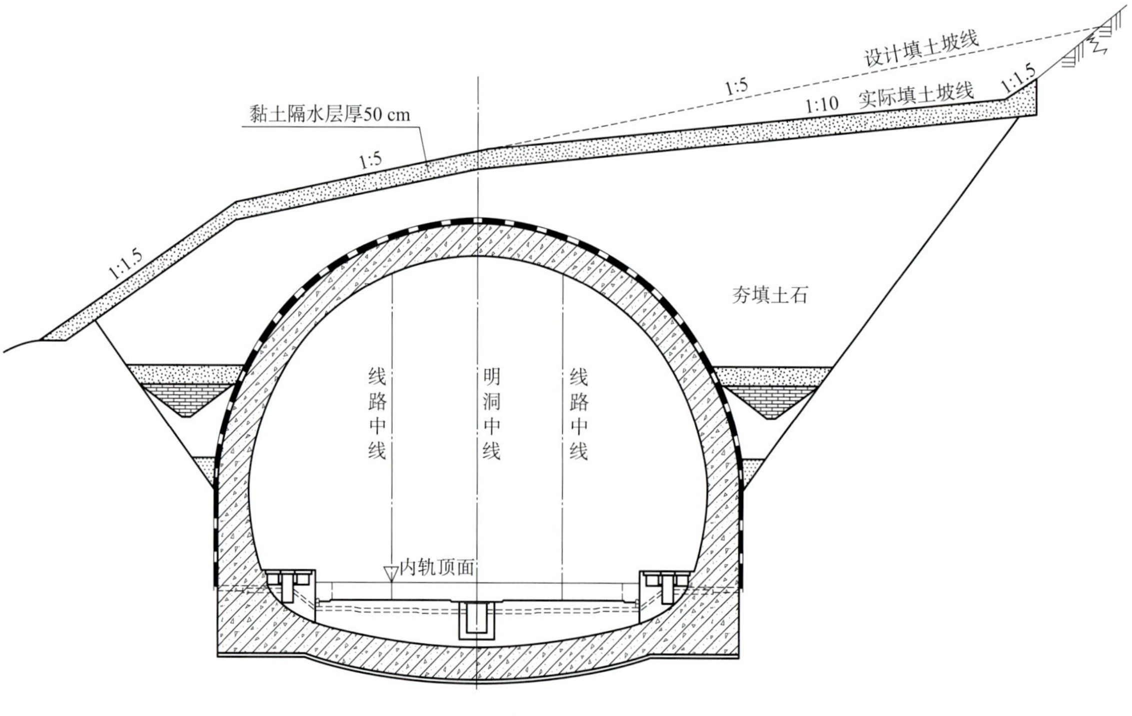

图 5.2.2　偏压路堑式明洞断面

3）单压路堑式

单压路堑式明洞适用于地面横坡较陡、明洞外墙露出地面，或外墙虽未露出地面但外墙侧地层不稳定的情况。明洞顶填土厚度一般小于 3 m，其断面如图 5.2.3 所示。

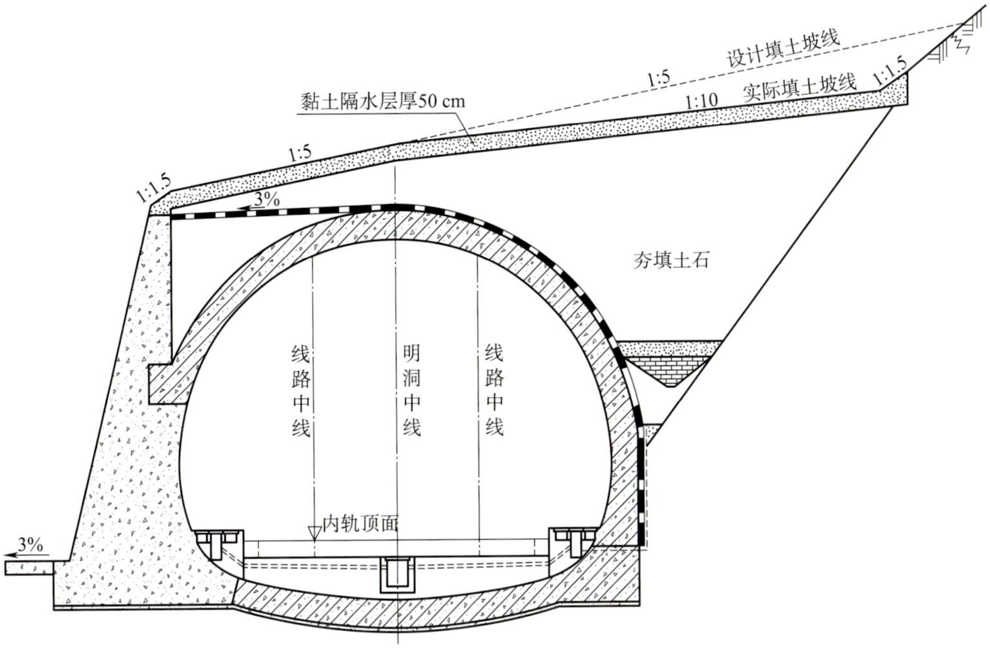

图 5.2.3 单压路堑式明洞断面

4）全回填式

全回填式明洞适用范围包括：陡坎进洞，仰坡陡峻且有少量坍塌落石，需接长明洞防落石地段；需要隧道接长明洞以恢复地表环境、减少占地地段；洞口存在少量不稳定坡体，需要接长明洞确保安全地段；缓冲结构较长地段。明洞顶填土厚度一般小于 4 m，其断面如图 5.2.4 所示。此外，当仅为设置缓冲结构需要时，明洞也可以不回填。

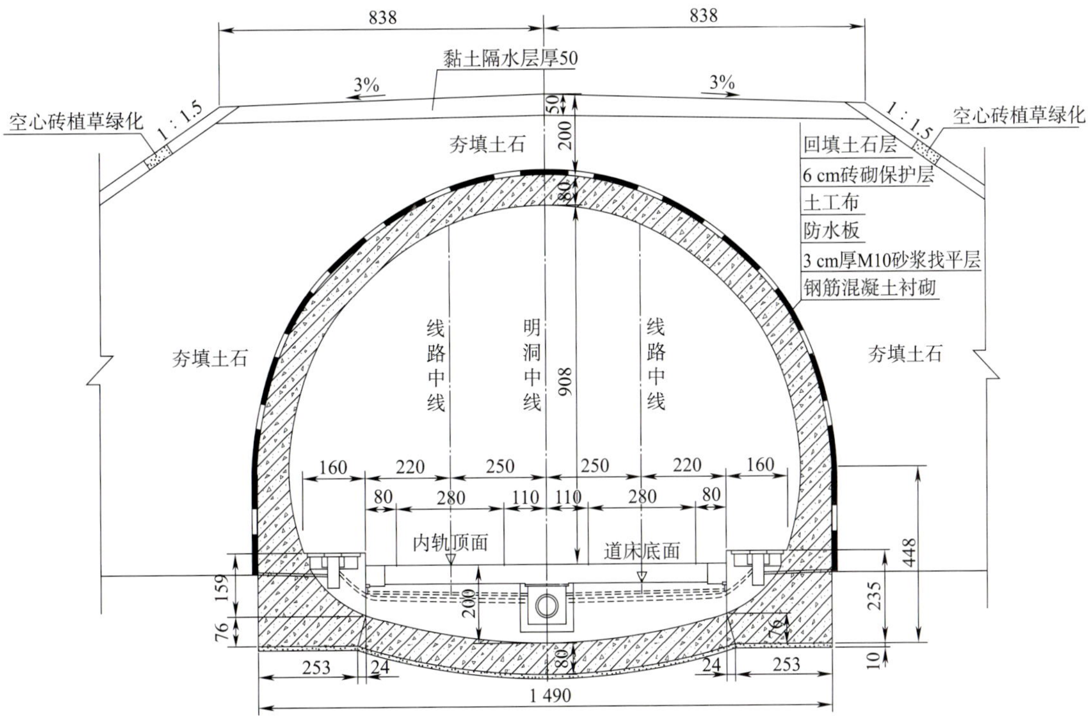

图 5.2.4 全回填式明洞断面（单位：cm）

2. 明洞开挖方式

当明洞周围地质条件较好，直立边坡(或坡率较陡)具有较长的自稳时间时，采用墙顶开挖，反之则采用墙底开挖，如图 5.2.5 所示。

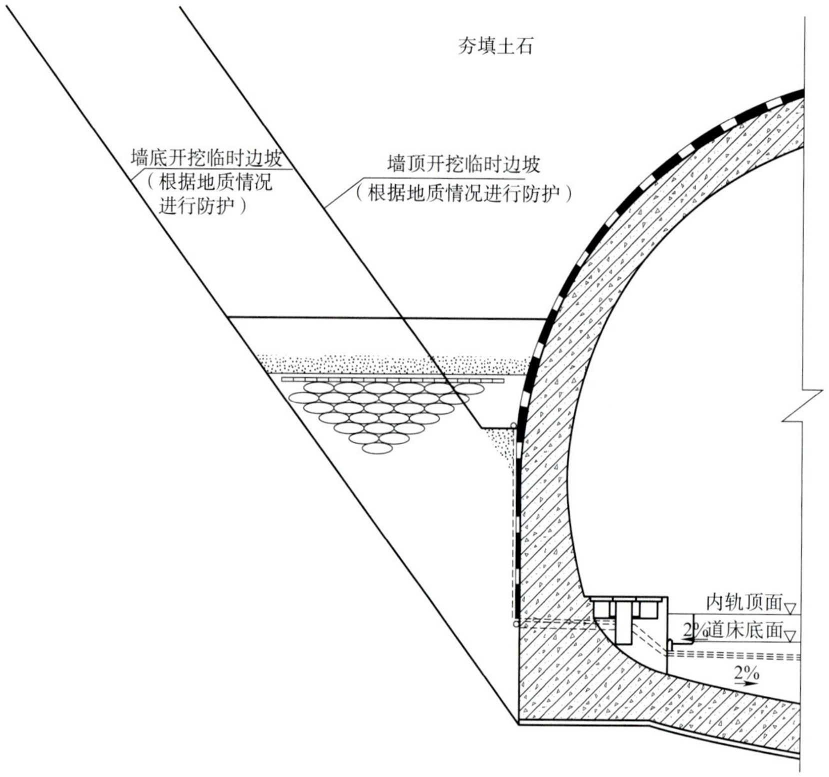

图 5.2.5 墙底开挖及墙顶开挖断面

5.2.2 明洞结构设计参数及计算

1. 明洞结构设计参数

明洞一般采用全环 C35 钢筋混凝土整体式衬砌，并根据地质条件及覆土厚度的不同，采用不同的结构厚度和配筋，如表 5.2.1 所示。

表 5.2.1 明洞衬砌参数

序号	围岩级别	明洞形式	衬砌厚度(cm)	配筋
1	Ⅳ级	路堑偏压式(填土2 m)	70	ϕ22@250
2		路堑偏压式(填土4 m)	70	ϕ22@200
3		半路堑单压式	70	ϕ22@250
4	Ⅴ级	路堑偏压式(填土2 m)	80	ϕ25@250
5		路堑偏压式(填土4 m)	80	ϕ25@200
6		半路堑单压式	80	ϕ25@250
7	全回填式(填土2 m)		80	2ϕ20@250
8	全回填式(填土4 m)		80	2ϕ25@250

2. 明洞结构计算

1) 计算模型

明洞结构采用荷载—结构法计算，计算中考虑两种情况，即不考虑两侧围岩弹性抗力和考虑弹性抗力。衬砌采用弹性梁单元模拟，仰拱底围岩对衬砌的约束采用无拉弹簧模拟。结构计算模型如图 5.2.6

所示。

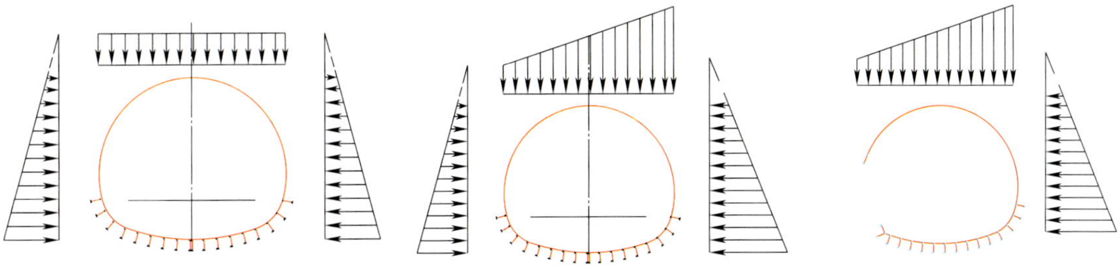

(a) 对称路堑式　　(b) 偏压路堑式　　(c) 单压路堑式

图 5.2.6　明洞结构计算模型

2）荷　　载

明洞结构的荷载应根据地形、地质条件、填土高度、结构特征、工作条件、施工方法等因素确定，主要包括结构自重、回填土石（含规定的坍方储备）垂直压力及侧向压力、墙背（单压式明洞靠山侧及偏压式明洞的两侧边墙）及仰拱底部弹性反力、墙背主动土压力，可不考虑列车活载；附加荷载包括温度变化的影响、冻胀力、施工荷载等；偶然荷载包括落石冲击力、地震力等。部分荷载的计算方法如下：

（1）回填土石垂直压力

回填土石垂直压力计算方法见式（5.2.1）和图 5.2.7。

$$q_i = \gamma_1 h_i \tag{5.2.1}$$

式中　q_i——明洞结构上计算点的回填土石垂直压力值（kN/m^2）；

γ_1——回填土石重度（kN/m^3）；

h_i——明洞结构上计算点的土柱高（m）。

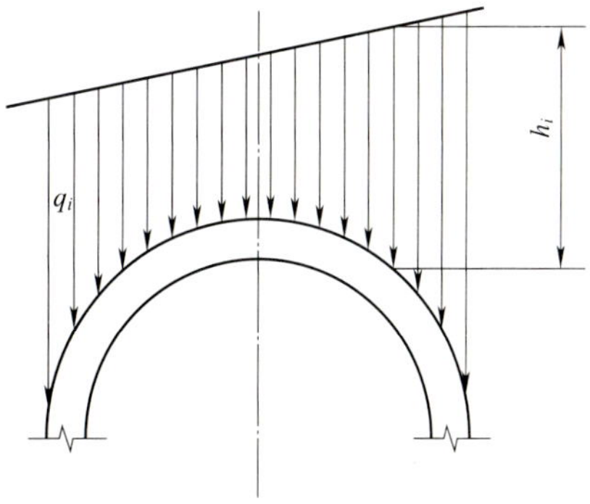

图 5.2.7　拱顶垂直压力计算简图

（2）拱圈回填土石侧向压力

拱圈回填土石侧向压力计算方法见式（5.2.2）和图 5.2.8。

$$e_i = \gamma_1 h_i \lambda_1 \tag{5.2.2}$$

式中　λ_1——拱圈侧向压力系数，按《铁路隧道设计规范》（TB 10003—2005）相关公式计算。

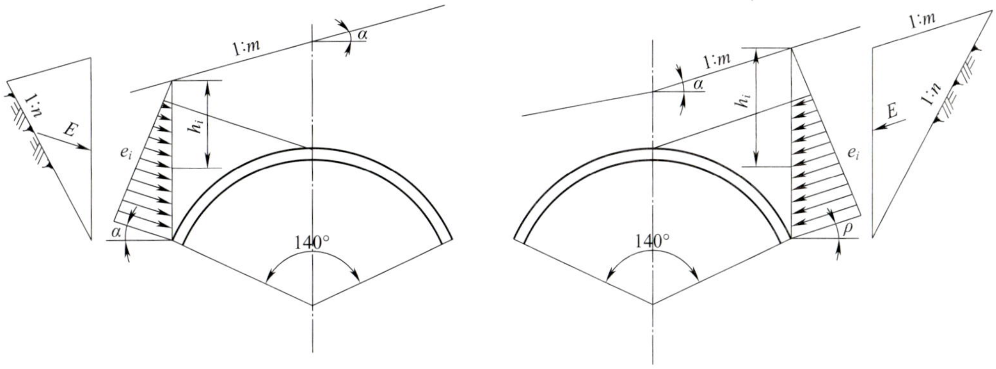

图 5.2.8　拱圈回填土石侧向压力计算简图

（3）边墙侧向压力（作用方向水平）

边墙侧向压力计算方法见式（5.2.3）、式（5.2.4）和图 5.2.9。

$$e_1 = \gamma_1 h_1 \lambda_2 \tag{5.2.3}$$

$$e_i = e_1 + \gamma_2 h_i \lambda_2 \tag{5.2.4}$$

式中 e_1——边墙顶处的侧向压力值(kN/m^2)；

e_i——边墙计算点 i 处的侧向压力值(kN/m^2)；

h_1——填土坡面至边墙顶的垂直高度(m)；

h_i——边墙计算点至边墙顶的垂直高度(m)；

γ_1——拱部回填土石重度(kN/m^3)；

γ_2——墙背围岩(或回填石)重度(kN/m^3)；

λ_2——边墙侧向压力系数，按《铁路隧道设计规范》(TB 10003—2005)相关公式计算。

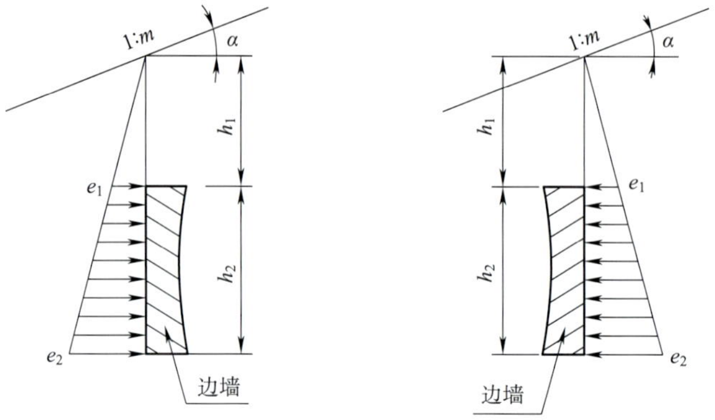

图 5.2.9　边墙侧向压力计算简图

（4）弹性反力

弹性反力计算方法见式(5.2.5)。

$$\sigma_i = K\delta_i \tag{5.2.5}$$

式中 σ_i——弹性反力强度(MPa)；

K——围岩弹性反力系数(MPa/m)；

δ_i——衬砌向岩层方向的变形值(m)，一般情况下，Ⅳ、Ⅴ级围岩分别取 200 MPa/m 和 100 MPa/m，全回填式明洞不计两侧弹性抗力。

（5）落石冲击力

①落石冲击力计算

落石冲击力可近似地按式(5.2.6)计算。

$$P = \frac{Qv_0}{gT} \tag{5.2.6}$$

式中 P——落石冲击力(kN)；

Q——落石重量(kN)；

g——重力加速度，$g = 9.81 m/s^2$；

v_0——冲击时的速度(m/s)；

T——冲击持续时间(s)。

②落石冲击速度计算

当石块直接从陡崖滚落到洞顶时，落石冲击速度按式(5.2.7)计算。

$$v_0 = \mu\sqrt{2gH} \tag{5.2.7}$$

式中 H——落石高度(m)；

μ——系数，其计算式为

$$\mu = \sqrt{1 - K\cot\alpha} \tag{5.2.8}$$

其中 α——山坡坡度角，

K——石块沿山坡滚动阻力系数，类似物体沿斜面运动时的摩擦系数。

③冲击持续时间计算

落石冲击持续时间的计算，近似地按压缩的冲击波考虑，弹性波在缓冲回填土内的往复时间可按式(5.2.9)求出。

$$T = 2h/c \tag{5.2.9}$$

式中 h——缓冲回填土计算厚度(m)；

c——压缩波在缓冲回填土中的往复速度，其计算式为

$$c = \sqrt{\frac{1-\mu}{(1+\mu)(1-2\mu)} \frac{E}{\rho}} \tag{5.2.10}$$

其中 μ——回填土的横向变形系数(泊松系数)，无实测数据时可参照表5.2.2选取，

E——回填土的弹性模量，无实测数据时可参照表5.2.3选取，

ρ——回填土的密度(kg/m^3)，按 $\rho=\gamma/g$ 计算，

γ——回填土石重度。

表5.2.2 回填土的横向变形系数(泊松系数)μ

序　号	按颗粒成分区分的土的名称	横向变形系数(泊松系数)μ
1	砂砾碎石	0.12~0.17
2	砂	0.17~0.29
3	黏砂土	0.21~0.29
4	砂黏土	0.30~0.37
5	黏土	0.36~0.39
6	重黏土	0.4

表5.2.3 回填土的弹性模量 E

序　号	土 壤 名 称	E(MPa)	
1	A. 粗碎土壤		
2	1. 砾石及卵石	65~54	
3	2. 碎石	65~29	
4	3. 角砾	42~14	
5	B. 砂质土壤	密实的	中等密实的
6	1. 粗砂土和砾石砂土，不受湿度影响	48	38
7	2. 中粒砂土，不受湿度影响	42	31
8	3. 细粒干砂土	36	25
9	C. 黏土质土壤	硬的	塑性的
10	1. 砂土	59~16	16~4
11	2. 砂黏土	39~16	16~4

④落石嵌入回填土内的最大深度计算

$$x = v_0 \sqrt{\frac{Q}{2g\gamma F}} \sqrt{\frac{1}{2\tan^4\left(45° + \frac{\varphi}{2}\right) - 1}} \tag{5.2.11}$$

式中 x——落石嵌入回填土内的最大深度(m)；

φ——回填土的内摩擦角(°)；

F——落石嵌入回填土部分的表面，在垂直于冲击方向的平面上的投影面积(m^2)；假设石块为半径等于 R 的球形，则

当 $0<x<R$ 时，$F=\pi x(2R-x)$；

当 $x \geqslant R$ 时，$F=\pi R^2$；

其他符号意义同前。

⑤冲击强度计算

假定受冲击的不利位置在拱顶正上方填土面上，冲击强度按式(5.2.12)计算。

$$q=\frac{P}{\pi(R+h_0\tan\varepsilon)^2} \tag{5.2.12}$$

式中 R——球形石块半径(m)；

ε——石块冲击的分布角，可按与垂线约成40°角计算；

h_0——缓冲层最小计算厚度(m)，

当 $x<R$ 时，$h_0=h-x$；

当 $x \geqslant R$ 时，$h_0=h+R-x$。

根据相关研究资料，缓冲层最小厚度可参考表5.2.4选取。

表5.2.4 缓冲层厚度参考值

序　号	石块尺寸(m^3)	最小计算厚度 h(m)
1	0.25	1.5
2	0.5	1.5~2.0
3	0.75	2.0~2.25
4	1	2.25~2.5

3）强度校核

明洞按《铁路隧道设计规范》(TB 10003—2005)采用破损阶段法进行结构强度检算。

4）整体稳定性分析

单压式明洞应进行抗滑移和抗倾覆稳定检算，其整体稳定要求：滑动稳定安全系数大于等于1.3，倾覆稳定安全系数大于等于1.5。

3. 构造要求

(1) 明洞一般为排水型衬砌结构，运营期不承受水压力作用，因此应有可靠的排水措施。

(2) 为改善衬砌结构受力，衬砌仰拱与边墙采用较圆顺连接，仰拱矢跨比不小于1/12。

(3) 仰拱和仰拱填充应分开灌注，且仰拱应一次灌注。

(4) 偏压式明洞拱圈及边墙、单压式明洞拱圈及内边墙截面轴向力偏心距不宜大于0.45h(h为截面厚度)；单压式明洞外墙墙身截面偏心距应不大于0.3d(d为墙身)。

(5) 明洞衬砌在软硬地基分界处、与其他衬砌衔接处应设置变形缝。当明洞较长时，每隔20~30 m应设置一道变形缝，单压式明洞由于外边墙为素混凝土，每隔10~20 m应设置一道变形缝。

(6) 单压式明洞外边墙可每隔10 m设置一侧洞，其尺寸(宽×高)一般为4 m×2.8 m，侧洞应离地质变化、断层及深浅基础分界点、施工缝及衬砌断面形式变化处的净距不小于2.0 m，洞室底面与侧沟盖板顶面齐平。

5.2.3 明洞设计及施工中应注意的问题

1. 回　填

明洞两侧回填土体应密实。明洞结构(全回填式除外)考虑到边墙及围岩的共同作用，边墙施工时应尽量减少超挖。超挖较小时，用与边墙同等级的材料整体灌注；超挖较大时，用M10浆砌片石紧密回填，确保两侧回填体能够提供一定的弹性抗力。

明洞回填应在明洞外防水层及排水系统施作完成且混凝土强度达到设计强度的90%后进行。侧墙回填应对称进行，石质地层中岩壁与墙背间空隙较小时用混凝土回填，空隙较大时用片石混凝土或浆砌片石回填。土质地层应在墙背用片石分层码砌，缝隙用碎石填塞密实，回填至与拱脚平齐后，再采用土石分层回填至设计高度。

明洞拱顶回填土石应对称夯实，且压实度不小于 0.9，每层厚度不宜大于 0.3 m，其两侧回填土面高差不宜大于 0.5 m，回填至与拱顶齐平后，再分层满铺至设计高度，严禁任意抛填。如采用机械回填，应在人工夯填超过拱顶 1 m 以上后进行。为保护环境，明洞顶回填土尽量采用原状土，但不得采用膨胀性土。回填面与原有山体应均匀过渡，避免出现错台、陡坎等。

2. 地基处理

地基处理时，应采取措施保证仰拱底地基土的均匀。当仰拱底地基土软硬差别较大时，应采取换填、加固等措施进行处理。地基土的基本承载力应不小于 180 kPa。

3. 单压路堑式明洞外边墙基础

为防止结构整体滑移，单压路堑式明洞外边墙的基础应位于稳定的地基上。当地基软硬不均时，地基应进行加固处理。当外边墙基础置于斜坡岩层上时，基础应有足够的埋置深度，其趾部距外侧稳固地层的边缘应保持适当的水平距离；若基础深度超过路基面以下 3 m 时，宜设置横向拉杆或用锚杆锚固于稳定的岩层内。

4. 结构浇筑

仰拱宜超前施工。在明洞混凝土达到设计强度的 90% 以上，且拱顶以上回填高度达到 0.7 m 时，方可拆除明洞内模板。仰拱开挖后应及时灌注，以免引起地基软化变形。仰拱底的虚渣及扰动岩块必须清除干净，其超挖部分用同强度等级的圬工回填。

5. 开　挖

对于明洞边坡，应根据地形、地质情况，选择合适的坡率、开挖方式和防护措施，并尽量避开雨季施工，以确保边坡稳定。

5.3 盾构法隧道结构设计

在结构设计方面，高速铁路盾构法隧道与其他用途盾构法隧道基本相同，但因其自身特点也有不同之处。由于高速铁路隧道内的行车速度高，振动作用大，且对轨面的平顺性要求极为严格，因而在衬砌结构选型和沉降控制方面需要特别考虑。

5.3.1 衬砌结构选型

1. 衬砌结构类型

盾构法隧道衬砌是直接支承地层，保持规定的隧道净空，防止渗漏，同时又能承受施工、运营阶段荷载作用的结构，一般是由管片拼装的一次衬砌和必要时在其内部浇筑的混凝土二次衬砌组成。制造管片的材料有铸铁、钢材、混凝土及一些复合材料等。钢筋混凝土管片是目前最为常用的，其原因有：①具有较高的强度；②加工制作比较容易，且具有较好的制作精度(能达到 ±0.5 mm)；③耐腐蚀；④造价低。

采用钢筋混凝土管片作为衬砌的盾构隧道，常用的衬砌类型有单层管片衬砌和“管片 + 内衬”的双层衬砌两种。对于双层衬砌，一般管片衬砌是承载的主要结构，二次衬砌是为了一次衬砌的补强、防火、防撞、抗沉降、抗侵蚀等主要因素修筑的。大量的工程实践经验证明，交通隧道采用单层钢筋混凝土管片衬砌是成功的。单层衬砌具有施工工艺单一、工期短和投资省等优点，但有些情况也需采用双层衬砌。我国首座铁路水下隧道——广深港高速铁路狮子洋隧道即采用单层衬砌与双层衬砌相结合的衬砌类型。

2. 衬砌结构选择

高速铁路盾构隧道的衬砌除应满足承载安全要求外，还必须考虑火灾、撞击、爆炸等意外荷载对结构安全的影响。以下以狮子洋隧道为例对衬砌结构选型进行说明。该隧道盾构段两端各约 1 000 m 为软土、粉细砂等软弱地层，中间约 7 300 m 为岩石地层。

（1）从地层稳定性和结构可靠性分析设置内衬的必要性

从防止火灾方面分析，公路交通隧道一般采用在拱顶和墙部设置防火涂料或防火板的方式加强结构的抗火能力，但作为运行高速列车的狮子洋隧道，该方式存在巨大的安全隐患。这是因为，高速列车在隧道内运行时，将产生急剧的空气压力变化和巨大的活塞风，极有可能造成防火涂料或防火板的掉落，从而引发严重的交通事故，因此必须采取其他更为可靠的防火措施。显然，设置足够厚度的混凝土内衬是一种安全可靠的选择。但必须看到，在基岩地段，由于围岩具有一定的自承载能力，即使火灾引起管片结构局部损坏，在结构和地层的共同作用下，隧道仍具有一定的承载能力，不致于发生整体垮塌事故，因此，在基岩地段可以不设置内衬。而在粉细砂、黏土等软弱地层段，火灾引起的结构局部破坏可能造成整体垮塌事故，故从防火灾角度来说，设置内衬是必要的。

对于爆炸、撞击、人为错误等偶然事件，同样应根据地层条件确定是否需要设置混凝土内衬。在软弱地层地段，这些偶然事件即使仅造成管片衬砌的局部破坏，由于隧道衬砌为拼装式结构，整体性差，也极有可能出现水砂大量涌入隧道甚至出现结构整体垮塌的事故，因此有必要设置内衬来加强结构的整体性。而对于基岩地段，同样因为围岩本身具有一定的自承载能力，因此不会发生结构整体垮塌，故无须设置内衬。

（2）从风险评估角度分析设置内衬的必要性

根据风险分析可以确定，对于火灾、列车脱轨撞击、列车爆炸等意外灾害，显然其发生的概率极低，概率等级为1级（很不可能），而后果可能是结构破坏、人员大量伤亡，因此后果等级为5级（灾难性的），综合风险等级处于合理可靠降低区。对于此类风险，需要对火灾、列车脱轨撞击、列车爆炸等三种意外灾害造成的风险损失费期望值以及降低风险的投入进行比较分析。

通过比较分析，上述三种灾害发生在软弱地层盾构段时的风险损失费期望值之和为1 352. 5万元，而采取设置内衬的措施来降低风险损失的投入为1 600万元。由此可见，降低风险的投入费用要高于风险损失费的期望值，因此可以不采取风险降低措施，即可以不设置内衬。

（3）狮子洋隧道衬砌结构选型

由上可见，盾构隧道是否需设置内衬，需要结合围岩稳定性条件、隧道用途、风险评估等因素综合分析确定。对于狮子洋隧道，尽管根据风险评估结论，可以不设置内衬，但考虑到其为我国第一座铁路水下隧道，施工和运营管理经验少，且增加内衬的费用与风险损失费期望值基本相当，因此适当加强结构也是可以考虑的。对于内衬的具体设置地段，应基于“围岩稳定性与结构抗灾可靠性相匹配”的方法进行设计。据此，狮子洋隧道在软弱地层段采用“管片+混凝土内衬”的双层衬砌，基岩段则仅采用管片衬砌。

5. 3. 2 软弱地层隧道列车振动响应及沉降控制

1. 列车振动响应分析及减缓措施

狮子洋隧道在两岸边段穿越软土地层，隧道底部为饱和粉细砂层或饱和黏土层。在饱和粉细砂层中，列车频繁运行的振动可能使隧底产生砂土液化，而高速铁路随着列车速度的提高，列车对轨道的冲击振动作用随之加剧，液化的可能性也会加大，从而危及行车安全。

高速列车荷载通过轨道传递至轨道板，通过轨道板、无砟轨道基础均化后传递至隧底填充，并经过隧底填充下方的管片衬砌作用于隧道周边地层。由螺栓连接的管片衬砌环结构整体刚度较小，隧道的整体性能较差，因此如何提高隧道结构刚度与整体性，降低列车振动响应是该隧道的关键问题之一。

1）典型分析断面及计算模型

选择粉细砂地层中覆土相对较浅的断面作为典型分析断面进行二维数值模拟。首先进行初始地应力场和施工开挖模拟，得到动力分析前的有效应力场，然后施加列车激励进行动力分析。计算断面模型如图5. 3. 1所示。计算中考虑有轨道减振垫层和无轨道减振垫层两种情况。

图 5.3.1 计算断面模型

2）人工数定激励力

影响列车荷载的因素包括：(1)车辆本身的影响因素，包括车身本身的轴重、非悬挂质量；(2)轨道不平顺的影响；(3)行车速度影响；(4)车辆荷载的周期性和振动特性；(5)列车荷载的移动组合及钢轨、轨枕对荷载的传递分散作用等。

综合考虑以上各因素，列车在不平顺的轨道上行驶，竖向激振荷载可用一个激振函数来模拟，其表达式为

$$F(t)=p_0+p_1\sin(\omega_1 t)+p_2\sin(\omega_2 t)+p_3\sin(\omega_3 t) \tag{5.3.1}$$

式中 p_0——车轮静载；

p_1, p_2, p_3——振动荷载(kN)，分别对应于表 5.3.1 中的控制条件①～③中的某一典型值：令列车簧下质量为 M_0，则相应的振动荷载幅值为

$$p_i=M_0 a_i \omega_i^2 (i=1,2,3) \tag{5.3.2}$$

a_i——典型矢高，与表 5.3.1 中的三种情况相对应；

ω_i——对应车速下不平顺振动波长的圆频率，分别对应于表 5.3.1 中相应条件①、②和③，其计算式为

$$\omega_i=2\pi v/L_i (i=1,2,3) \tag{5.3.3}$$

v——列车的运行速度(m/s)；

L_i——典型波长(m)，对应于表 5.3.1 中①、②和③三种情况。

表 5.3.1 英国轨道几何不平顺管理值

控制条件	波长(m)	正矢(mm)
按行车平顺性①	50.00	16.00
	20.00	9.00
	10.00	5.00
按作用到线路上的动力附加荷载②	5.00	2.50
	2.00	0.60
	1.00	0.30
波形磨耗③	0.50	0.10
	0.05	0.005

3）列车振动荷载

由数定激励所得到的列车振动荷载是轮轨之间的相互作用力，而分析列车荷载作用下隧道结构的动力响应需要得到的外部激励荷载为作用在轨道板上的钢轨支点荷载。同时，由于无砟轨道对垂向力的分散作用，直接使用数定激励荷载作为外部激励荷载也是不正确的。

无砟轨道的荷载应力宜采用弹性地基梁板模型进行计算，计算中按所采用的无砟轨道结构及 CRH2 型列车有关参数进行分析。

采用列车—轨道动力分析模型，计算可得在不同速度下的钢轨支点压力，如图 5.3.2 所示。

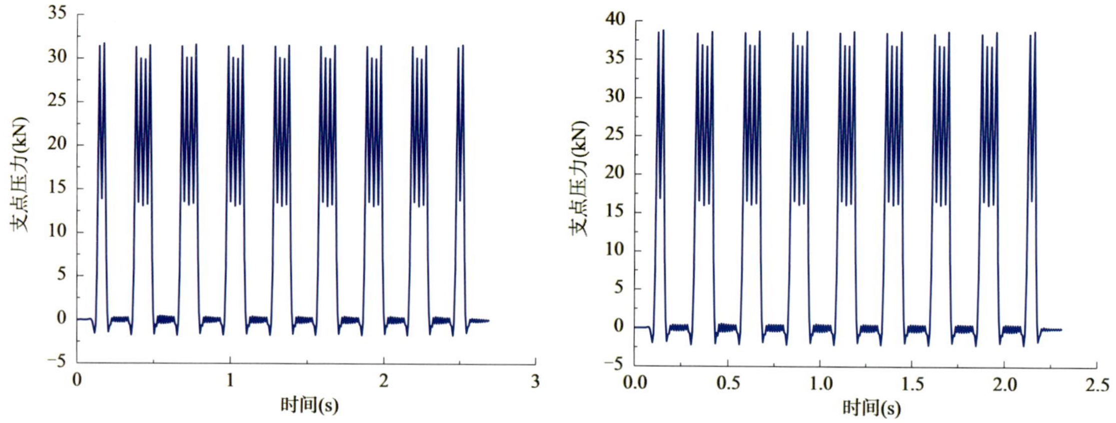

(a) v=300 km/h　　(b) v=350 km/h

图 5.3.2　钢轨支点压力时程曲线

4）隧底地层液化剪应力计算结果

不考虑双层衬砌，仅考虑轨道减振措施时，可计算得到隧底地层剪应力。当采取隧道设置内衬、利用隧底填充层设置为钢筋混凝土纵梁加强整体性、轨道设置减振垫层的综合减振措施时，进行同样的计算，并与仅设置轨道减振措施进行对比，其结果见表 5.3.2。

表 5.3.2　隧道综合减振效果综合对比分析

工　况	最大剪应力（kPa）	抗液化剪应力（kPa）	比　率	最大加速度（m/s^2）	振　级（dB）	应力收益（%）	加速度收益（%）
轨道减振	6.205	8.429	0.736	10.52	140.44	33.02	82.98
综合减振	4.156	8.429	0.493	1.79	125.06		

5）隧底厚度计算结果分析

根据计算，在隧道采取综合减振措施后，可以显著降低地层的超孔隙水压比和液化剪应力。对于不采取设置内衬、不采取轨道减振措施进行同样的计算，对比发现，在隧底相同超孔隙水压比的控制条件下，与采取综合减振措施相比，所需隧道外径由 10.8 m 加大至 11.2 m。因此，采取综合减振措施的效果显著，大幅度缩小隧道直径，降低了造价和施工难度。狮子洋隧道盾构段采用的轨下结构如图 5.3.3 所示。

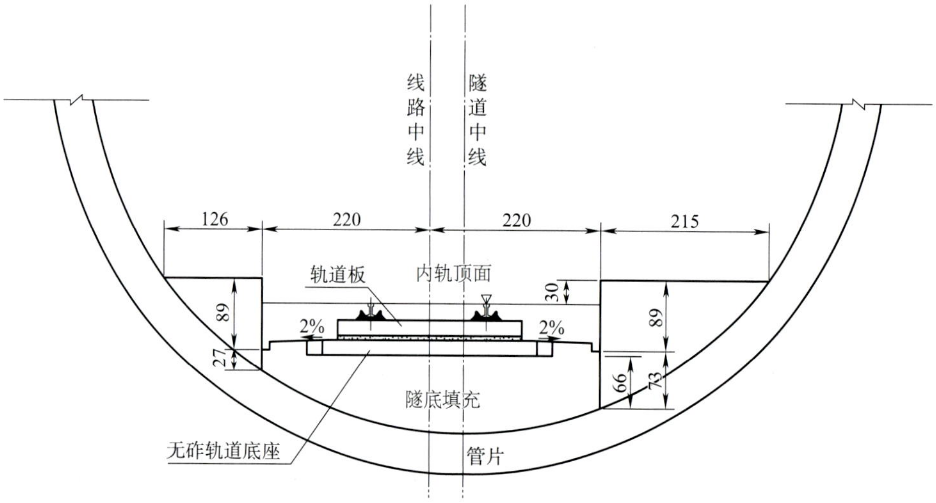

图 5.3.3　狮子洋隧道盾构段轨下结构(单位：cm)

2. 列车荷载反复作用下地基土累积变形分析

1）反复荷载作用下地基土的累积应变模型

迄今为止，国内外很多学者针对地基土累积塑性应变模型开展了很多研究，提出了各种经验模型。为了对狮子洋隧道软土及砂层段在列车长期荷载作用下的累积塑性变形进行较为准确的计算，采用Anand J. Puppala 模型和 DingQing Li 模型对隧道典型断面的累积塑性变形分别进行计算。

2）计算断面及计算参数

选取狮子洋隧道三个典型计算断面 DIK33 +985、DIK33 +775 和 DIK42 +850，其中 DIK42 +850 断面仍考虑了加内衬和不加内衬两种情况，计算断面地质剖面如图 5. 3. 4 ~ 图 5. 3. 6 所示。地层的具体计算参数见表 5. 3. 3。

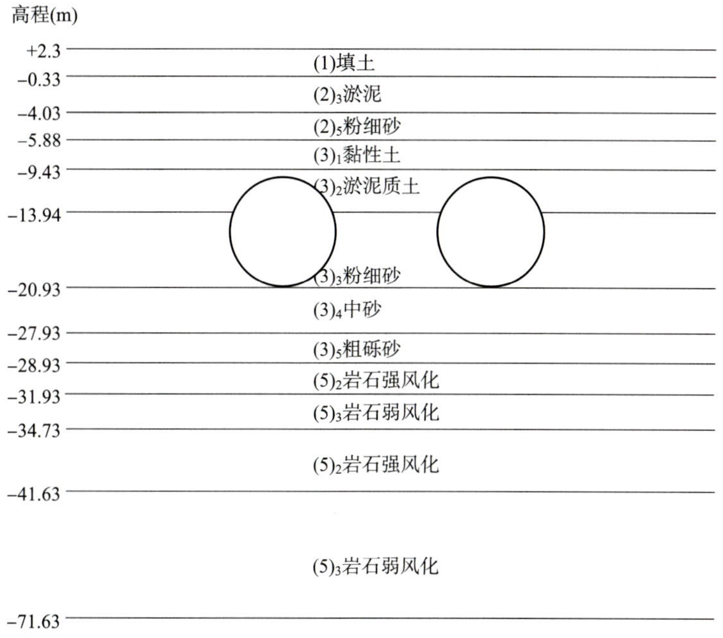

图 5. 3. 4 DIK33 +985 计算断面地质剖面

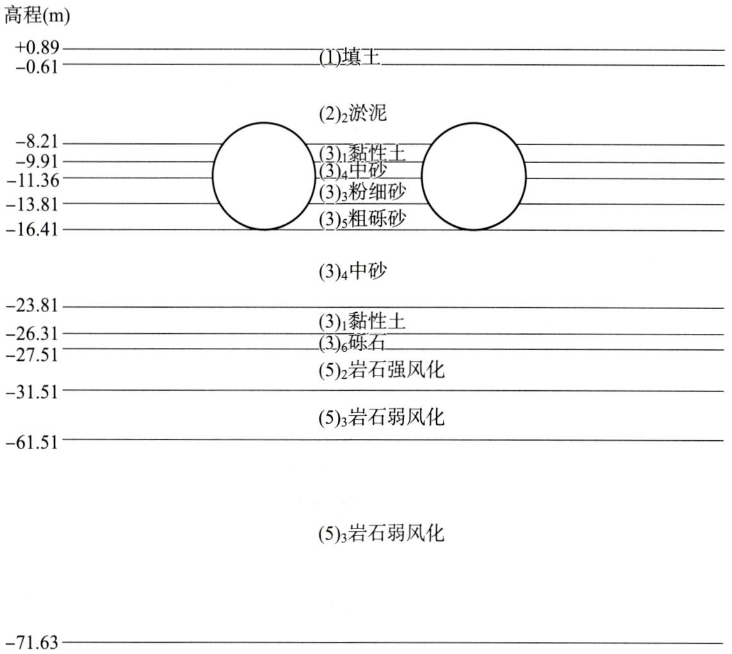

图 5. 3. 5 DIK33 +775 计算断面地质剖面

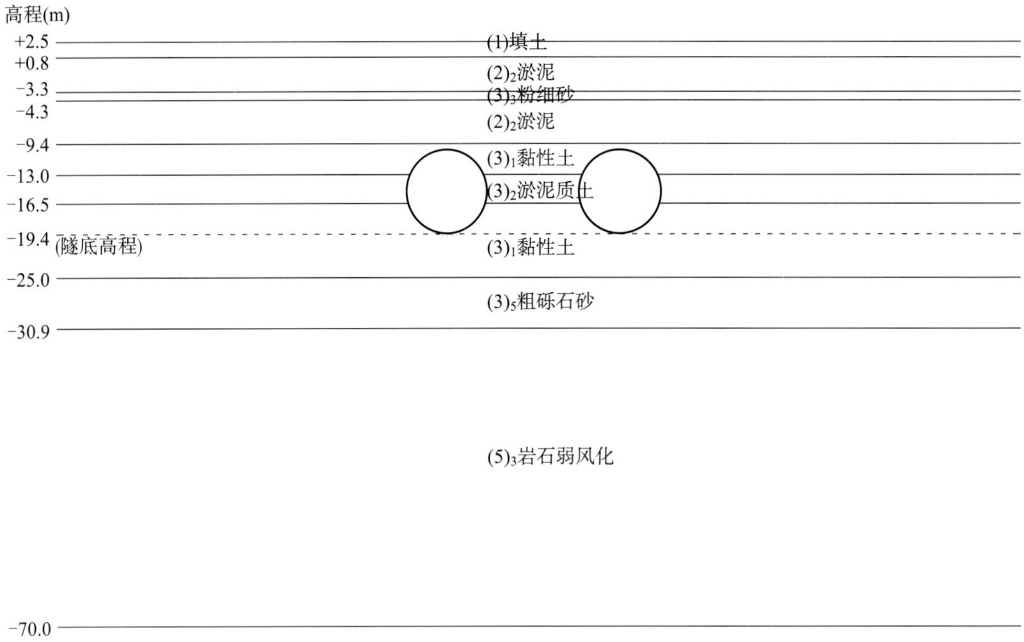

图 5.3.6 DIK42 +850 计算断面地质剖面

表 5.3.3 土层材料参数

土层	天然重度 (kN/m^3)	变形模量 (MPa)	泊松比	黏聚力 (kPa)	内摩擦角 (°)	标贯击数 (击)	渗透系数 (m/d)
(1)填土	18.0	7.5	0.31	19.5	26.8	3	0.9
$(2)_1$粉质黏土	18.3	4.0	0.35	17.0	11.5	3	0.003 2
$(2)_2$淤泥层	15.3	1.5	0.41	6.5	3.6	3	0.000 1
$(2)_3$淤泥质土层	16.8	2.0	0.41	11.0	7.1	3	0.000 1
$(2)_5$粉细砂	19.0	20.0	0.28	0.0	30.0	6	5.0
$(3)_1$黏性土	19.2	5.0	0.35	36.0	20.0	9	0.003 2
$(3)_2$淤泥质土	17.6	2.0	0.41	14.6	6.4	5	0.000 1
$(3)_3$粉细砂	19.5	20.0	0.28	0.0	30.0	15	5.0
$(3)_4$中砂	19.8	25.0	0.31	0.0	32.0	20	12.0
$(3)_5$粗砾石砂	20.0	30.0	0.31	0.0	35.0	26	15.0
$(5)_2$岩石强风化	22.0	600	0.26	80.0	40.0	54	1.2
$(5)_3$岩石弱风化	26.0	2 530	0.23	150	50.0	80	0.8

根据地质勘察报告，岩石强风化带水平基床系数为 180 MPa/m，垂直基床系数为 200 MPa/m；岩石弱风化带水平基床系数为 500 MPa/m，垂直基床系数为 500 MPa/m。结合日本的资料，当基床表层$K_{30}\geq$150 MPa/m，底层 $K_{30}\geq$70 ~110 MPa/m，荷载作用次数为 150 万次(相当于日本主要干线1年的作用次数)时，累积下沉量仅为 0.1 ~0.25 cm，且经过 1 年时间行车后便能趋于稳定而不会再发展，因此列车反复荷载作用下隧底地基的累积塑性变形主要发生在软土层和砂层。以下只针对隧道拱底以下中砂层、粗砂层、黏性土层及砾石层计算列车循环荷载作用下地基的累积塑性变形。

3）计算结果及分析

（1） Anand J. Puppala 模型计算结果及分析

①采用 Anand J. Puppala 模型进行计算时，列车运行 650 万次(相当于隧道运行100年)以后，DIK33 +985 断面的塑性累积变形为 14.511 mm；DIK33 +775 断面的塑性累积变形为 16.047 mm；DIK42 +850 断面无内衬条件下的塑性累积变形为 21.297 mm，有内衬条件下的塑性累积变形为17.523 mm。总体来说，列车长期运行引起的隧道底部地基土的累积变形相对较小。

②在隧道内部加内衬对减小隧道底部地基土的累积变形有一定的效果，加内衬后地基土的累积变形减小约18%。

③随着列车运行次数的增加，隧道基底地基土的累积变形逐渐增大，但在列车运行初期基底变形增加较快，列车运行后期隧道地基土的累积变形增加速度明显减慢，对列车运行的影响也逐渐减弱。

（2）DingQing Li 模型计算结果及分析

①采用 DingQing Li 模型进行计算时，列车运行650万次（相当于隧道运行100年）以后，DIK33+985断面的塑性累积变形为8.985 mm；DIK33+775断面的塑性累积变形为21.951 mm；DIK42+850断面无内衬条件下的塑性累积变形为26.594 mm，有内衬条件下的塑性累积变形为23.564 mm。总体来说，列车长期运行引起的隧道底部地基土的累积变形相对较小。

②与 Anand J. Puppala 模型计算结果类似，隧道基底地基土的累积变形随着列车运行次数的增加而逐渐增大，但在列车运行初期基底变形增加很快，列车运行约1年（约6.5万次）后，隧道基底地基土的累积塑性变形达到总变形值的1/2左右，后期隧道地基土的累积变形增加速度明显减慢。

（3）两种模型对比分析及结论

①与 Anand J. Puppala 模型计算结果相比，DingQing Li 模型 DIK33+985断面的计算结果小一些，而DIK33+775断面和DIK42+850断面的计算结果则大一些。进一步分析可知，DIK33+775断面隧道基底有一层约2.5 m左右的黏土层，DIK42+850断面隧道基底有一层约5.4 m左右的黏土层，DIK33+775断面和DIK42+850断面隧道基底的累积塑性变形主要是由黏土层引起的。

②由于 DingQing Li 模型主要适用于黏土和粉土，Anand J. Puppala 模型主要适用于砂土、粉土和粉质黏土，而狮子洋隧道基底以砂土为主，因此 DingQing Li 模型计算结果相对有一定的偏差，而 Anand J. Puppala 模型的计算结果更为准确。

综合分析以上两种模型的计算结果可知，在列车长期荷载作用下，两种计算模型得到的狮子洋隧道典型断面基底地基土的累积塑性变形均小于30 mm，满足相关设计规范要求，可以保证列车的长期运营安全。盾构隧道设置内衬后，基底累积塑性变形量可较无内衬时减少约18%，可进一步提高轨道的平顺性。

参 考 文 献

[1] 国家铁路局. 高速铁路设计规范(TB 10621—2014)[S]. 北京：中国铁道出版社，2014.
[2] 中华人民共和国铁道部. 铁路隧道设计规范(TB 10003—2005)[S]. 北京：中国铁道出版社，2005.
[3] 中华人民共和国住房和城乡建设部. 混凝土结构设计规范(GB 50010—2010)[S]. 北京：中国建筑工业出版社，2010.
[4] 铁道部工程设计鉴定中心. 高速铁路隧道[M]. 北京：中国铁道出版社，2006.
[5] 关宝树. 隧道工程设计要点集[M]. 北京：人民交通出版社，2003.
[6] 关宝树. 隧道工程施工要点集[M]. 北京：人民交通出版社，2003.
[7] 铁道部第二勘测设计院. 铁路工程设计技术手册·隧道[M]. 北京：中国铁道出版社，1995.
[8] 翟婉明. 车辆—轨道耦合动力学[M]. 第2版. 北京：中国铁道出版社，2002.
[9] 肖明清，邓朝辉，赵勇. 高速铁路水下隧道研究与设计[M]. 北京：中国铁道出版社，2015.
[10] 王建宇，胡元芳. 对岩石隧道衬砌结构防水问题的讨论[J]. 现代隧道技术，2001，38(1)：20-25.
[11] 王建宇. 再谈隧道衬砌水压力[J]. 现代隧道技术，2003，40(3)：5-9.
[12] 肖明清. 防水型复合式衬砌隧道的设计要点[J]. 铁道工程学报，2008，119(8)：54-57.
[13] 铁道部经济规划研究院. 时速350公里客运专线铁路双线隧道复合式衬砌(通隧〔2008〕0301号)[S]. 2008.
[14] 铁道部经济规划研究院. 时速350公里客运专线铁路双线黄土隧道复合式衬砌(通隧〔2008〕0302号)[S]. 2008.
[15] 铁道部经济规划研究院. 时速350公里高速铁路单线隧道复合式衬砌(通隧〔2013〕0303号)[S]. 2013.
[16] 中铁第四勘察设计院集团有限公司，等. 武广客运专线隧道全封闭防水技术研究[R]. 2009.
[17] 中铁第四勘察设计院集团有限公司，等. 高速铁路路桥隧工程技术总结[R]. 2014.

6 防排水设计

防排水系统是高速铁路隧道工程的重要组成部分，直接关系到隧道结构本身的安全性和耐久性、环保水保、运营成本和运营安全，因此在设计和施工阶段必须高度重视防排水系统的质量。本章主要介绍高速铁路隧道防排水设计标准和原则、暗挖及明挖隧道防排水设计、严寒地区防排水设计原则以及防排水材料标准和工艺等。

6.1 隧道防排水设计标准和原则

6.1.1 防排水设计标准

1. 防排水对隧道安全的影响

（1）良好的防排水是隧道正常运营的需要。

隧道是运营维护人员长期工作的地方，也是轨道、电力通信等设备安装的地点，这些都要求隧道内保持干燥，以防止洞内设备因受潮损坏、失灵或影响轨道构件的使用寿命。对于电力牵引的高速铁路，隧道渗漏水可能引发电路或牵引失效，危及运行安全。

（2）良好的防排水是结构安全可靠性和耐久性的要求。

隧道出现滴水或渗漏水会增大洞内空气的湿度，在列车风作用下，结构内表面出现“干湿交替”，不利于结构的耐久性。对于软弱地层中的隧道，渗漏水还会带走地层中的细颗粒，使结构发生沉降，产生较大的附加应力，影响结构安全性和运营安全性。隧底的涌水往往造成道床基底被软化或掏空，在列车振动荷载作用下，可能引起翻浆冒泥，破坏道床，或使道床下沉开裂。

（3）合理的排水措施是环境保护、水资源保护的需要，是避免引发地质灾害事故的需要。

盲目的排水会导致隧道地面草木枯萎，也是对宝贵地下水资源的一大浪费。在软弱地层中，可能由于长期排水或水土流失造成地面建筑物和地下管线产生不均匀沉降甚至破坏。

（4）良好的防排水效果对减少隧道运营阶段的维修成本有重要的作用。

隧道一旦出现渗漏水，会影响运营安全与结构安全或耐久性，必须加以整治，但整治不仅投入大，根治困难，而且会影响正常使用，甚至由于天窗时间短而无法开展工作。

2. 高速铁路隧道防排水标准

为了保证高速铁路安全运行和设备正常运转，高速铁路隧道防水标准非常严格，要求满足《地下工程防水技术规范》(GB 50108)的一级防水标准，即：

（1）隧道衬砌和设备洞室衬砌不渗水，安装设备的孔眼不渗水。

（2）目测检测表面观察不到湿渍。

（3）道床排水通畅，不浸水。

（4）在有冻害地段的隧道，衬砌背后不积水，排水沟不冻结。

6.1.2 防排水设计原则

高速铁路隧道应采取切实可靠的防排水设计施工措施，保障结构物和设备的正常使用以及行车安全。在进行防排水设计时，需要考虑以下因素：

（1）隧道的水文地质、工程地质条件及当地的水文和气候条件。

(2) 地下水位。

(3) 地下水成分(是否具有侵蚀性)。

(4) 地下水排放对周围生态环境的影响。

(5) 隧道开挖方法和隧道衬砌设计等。

隧道防排水作为一个系统，其设计内容涵盖地表水、地下水、围岩、防排水措施、结构设计等。根据地下水排放方式的不同，隧道可以分为排水型隧道、防水型隧道两种。当允许地下水通过隧道排水系统排放时，隧道设计为排水型；考虑环境保护及运营使用等因素，不允许地下水大量排放时，隧道需设计为防水型或“以防为主、限量排放”型。

1. 排水型隧道

排水型隧道的防排水设计应因地制宜，视围岩和地下水状况采取“防、排、堵、截”相结合的综合治理原则。

当隧道穿过断裂破碎带或强透水地层，预计地下水量较大时，应根据实际情况采取“以堵为主，限量排放”的原则；在岩溶发育地段，当排水对生态环境影响小时，可采取“以排为主、以堵为辅”的原则，否则应采取“以堵为主，以排为辅”的原则，且任何情况下均应尽量维系岩溶暗河的既有通路；一般不透水或弱透水岩层，采取“防、排、截”相结合的处理原则。

排水型隧道必须保证排水畅通，防排水系统实施必须做到结构与围岩间无空隙、防水卷材无破损、衬砌结构无裂缝、排水通路无阻塞，并且一旦排水系统发生堵塞，应满足“可维护”的要求，达到“堵水有效，防水可靠，排水畅通”的目的。

2. 防水型隧道

当隧道涌水量大于隧道排水能力，排放可能影响水环境，或者隧道位于敏感环境(比如城区)，隧道排水可能引发地面沉降等不良后果时，隧道应设计为防水型隧道，并采用抗水压的二次衬砌。通过有关研究，防水型衬砌承受的水压一般不大于0.6 MPa。当水压过高或排水量远大于隧道排水能力时，宜另行设计地下水引排通道，降低水压，并把所排地下水抽排补给至失水地层。

对于同一个隧道工点，根据洞身所处的不同环境条件，可分段设置防水型或排水型结构。

6.2 复合式衬砌隧道防排水设计

6.2.1 排水型隧道防水设计

1. 隧道防水系统

隧道防水系统主要由二次衬砌自防水、围岩注浆堵水、薄弱部位防水和防水板(层)防水四部分构成。

(1) 二次衬砌自防水：隧道二次衬砌应采用防水混凝土，抗渗等级不低于P8，寒冷地区隧道防冻害设防段二次衬砌混凝土抗渗等级不应低于P12。

(2) 围岩注浆堵水：地下水水量较大影响施工作业和运营使用时，采用超前注浆或径向注浆，提高围岩的防渗性能。

(3) 薄弱部位防水：施工缝、变形缝、安装设备的孔眼等防水薄弱部位设置可靠的防水措施。

(4) 防水板(层)防水：在喷混凝土和二次衬砌间设置防水层，所选用的防水层除应具有防水功能外，还应有引排地下水的功能。

由上述四部分构成的隧道防水体系如图6.2.1所示。

2. 隧道防水措施

1) 围岩注浆堵水

围岩注浆堵水是补强围岩、减少地下水排放的重要手段，可分为地表预注浆、开挖前超前深孔注浆、开挖后径向注浆或局部注浆等。一般在地下水排放影响生态环境、水压力高影响围岩稳定或影响施工安全等情况时，采用地表预注浆、开挖前超前深孔注浆进行处理，否则可以在开挖后采用径向注浆或局部注浆。

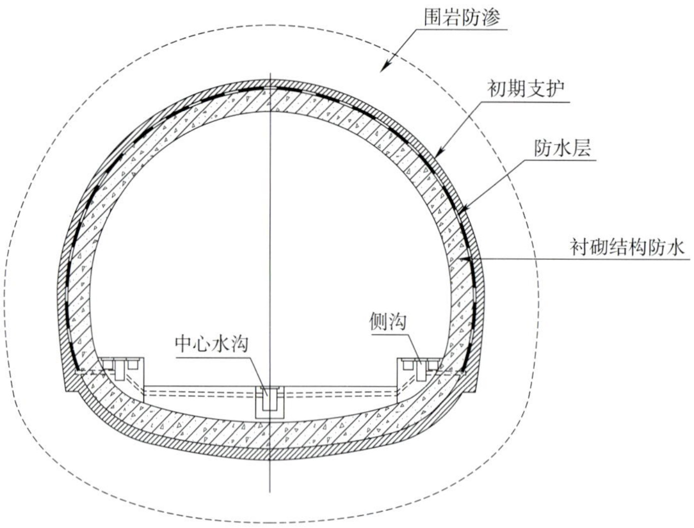

图 6.2.1 隧道防水系统

（1）地表预注浆

地表预注浆就是在隧道两侧地表钻孔注浆，以形成隔水帷幕，一般适用于覆盖层较薄的地段。地表预注浆的主要优点是工作条件好，全部作业在地面进行，可以采用大型注浆设备以及多台钻机同时作业，并能提前施工，不受洞内掘进限制。较常采用的地表预注浆方法有地表旋喷注浆加固法和袖阀管注浆法等。

（2）洞内超前注浆

洞内超前注浆（图 6.2.2）是在隧道开挖面对前方围岩采用钻孔进行注浆，主要适用于埋深大的极软弱围岩、大的富水断层破碎带、岩溶地段、地下水发育可能引起大量地下水流失的隧道。

超前注浆可分为超前帷幕注浆和超前全断面注浆。根据掌子面前方富水区的规模、水压大小、围岩节理裂隙情况及自稳能力等具体条件，应通过计算确定加固圈及止浆墙（岩盘）厚度、浆液扩散半径及每循环的注浆段落及其搭接长度（止浆岩盘厚度）等参数。一般情况下可遵循以下原则：

○ 注浆孔数、布孔方式及钻孔角度应根据岩层裂隙状态、地下水情况、加固范围、设备性能、浆液扩散半径和对注浆效果的要求等综合分析确定。

○ 每循环注浆长度应视隧道开挖断面大小、注浆机械配置等具体情况合理确定，宜为 15 ~ 50 m；掘进时必须保留止水岩盘的厚度，一般为 3 ~ 6 m。

○ 岩石地层的注浆设计压力应根据围岩水文地质条件合理确定，宜比静水压力大 0.5 ~ 1.5 MPa；当静水压力较大时，宜为静水压力的 2 ~ 3 倍。

○ 注浆方式及材料应根据水文地质情况、被注浆岩体结构特征、机械设备等综合因素选择。

①注浆加固圈厚度计算

超前注浆加固圈厚度应根据围岩的水文地质特性及限排标准确定，一般情况下可参照以下方法进行分析。

a. 按渗透理论模式

按渗透理论模式确定注浆加固圈厚度时，一般应先确定隧道内的允许排水量，其渗流模型如图 5.1.18 所示，地下水排放量和注浆加固圈厚度分别按式（5.1.3）和式（5.1.6）计算。

b. 按厚壁圆筒理论模式

按厚壁圆筒理论模式计算时，注浆加固圈厚度 E 按式（6.2.1）计算。

$$E = r_2\left[\sqrt{\delta/(\delta - \sqrt{3}P_j)} - 1\right] \tag{6.2.1}$$

式中 δ——注浆加固体的综合抗压强度（MPa）；

P_j——注浆加固圈外的静水压力（MPa）；

r_2——隧道开挖轮廓的当量半径（m）。

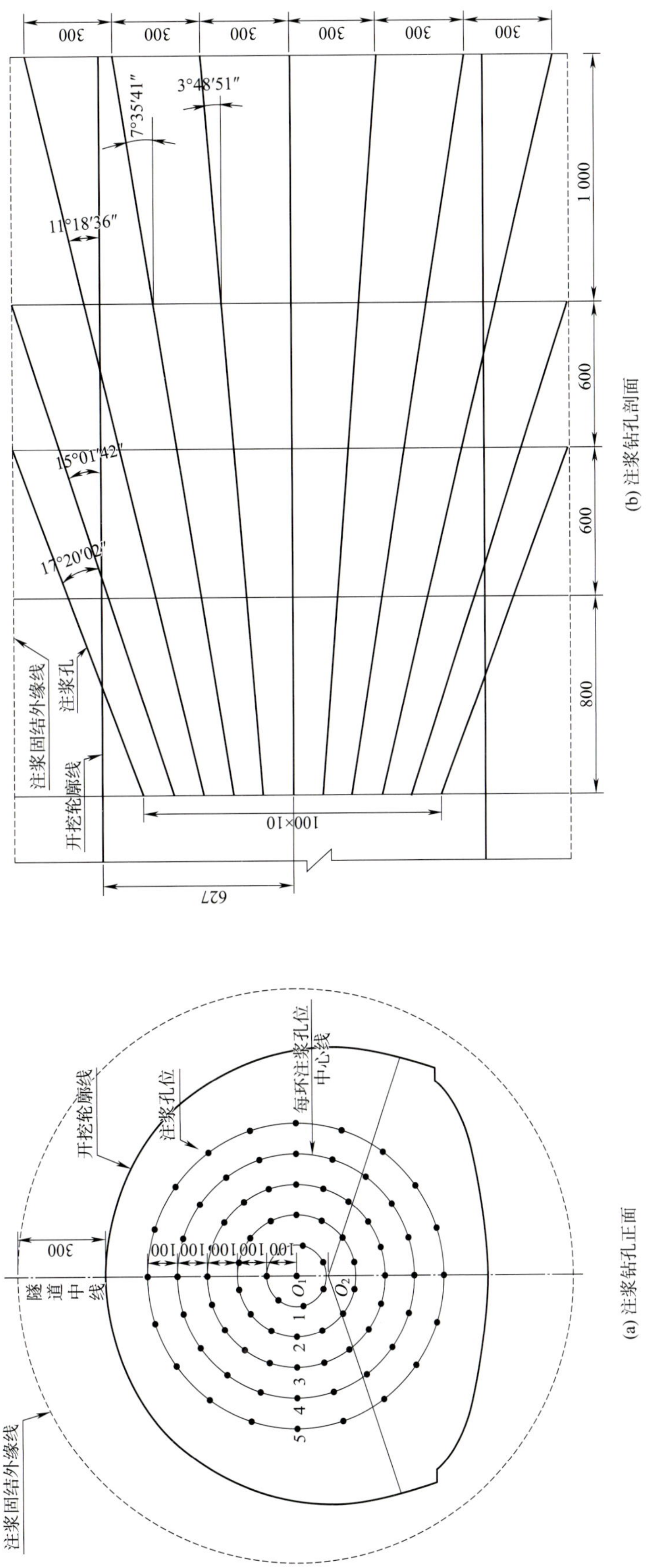

图 6.2.2 超前预注浆(单位：cm)

②止浆墙厚度计算

止浆墙厚度 d 按式(6.2.2)计算。

$$d=\frac{P_z r_2}{2[\tau]} \tag{6.2.2}$$

式中 P_z——注浆压力(MPa)；

$[\tau]$——混凝土止浆墙或止浆岩体的允许抗剪强度(MPa)；

其余符号意义同前。

止浆墙厚度 d 也可按式(6.2.3)计算。

$$d=\frac{r_2}{\tan\alpha}\left(\sqrt{\frac{R_\sigma}{R_\sigma-P_z}}-1\right) \tag{6.2.3}$$

式中 α——止浆墙墙面与垂直面的夹角；

R_σ——混凝土止浆墙或止浆岩体的抗压计算强度(MPa)；

其余符号意义同前。

以堵水为目的的超前注浆宜采用水泥浆、超细水泥浆、水泥—水玻璃浆，必要时可采用化学浆液。注浆完成后，应打设检查孔对注浆效果进行检查。

(3) 径向注浆

径向注浆是在隧道开挖后，沿隧道径向进行的全周或局部钻孔注浆方法，如图6.2.3所示。径向注浆主要适用于封堵因前期超前注浆效果较差或开挖后隧道周边局部股流或小面积渗水以及固结局部围岩。一般情况下，径向注浆应遵循以下原则：

- ○ 应根据岩层裂隙状态、地下水情况、加固范围、浆液扩散半径和对注浆效果的要求等，综合分析确定注浆孔数及布孔位置。
- ○ 利用径向注浆作为超前预注浆的补充注浆时，注浆参数选择应根据预注浆的效果选取。
- ○ 注浆孔一般沿开挖轮廓线径向钻设，钻孔深度应视具体情况合理确定，宜为3～5 m。
- ○ 注浆材料宜以水泥基浆材为主，水量较大时可采用快凝早强的水泥系浆材。
- ○ 注浆设计压力根据施工揭示的地质条件、地下水量、水压、初期支护强度等情况合理确定，一般为1.0～1.5 MPa。

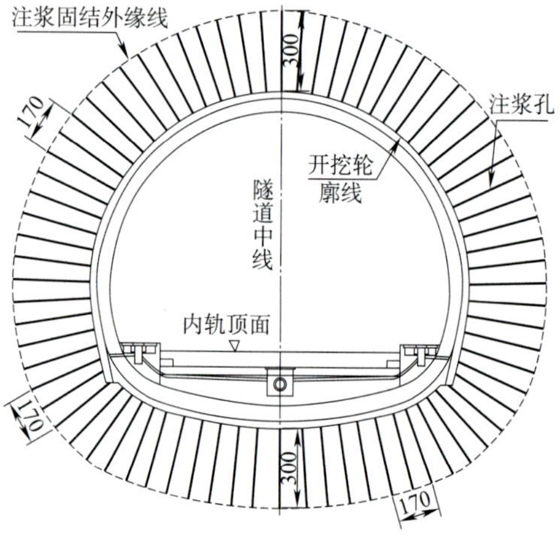

(a) 注浆钻孔正面

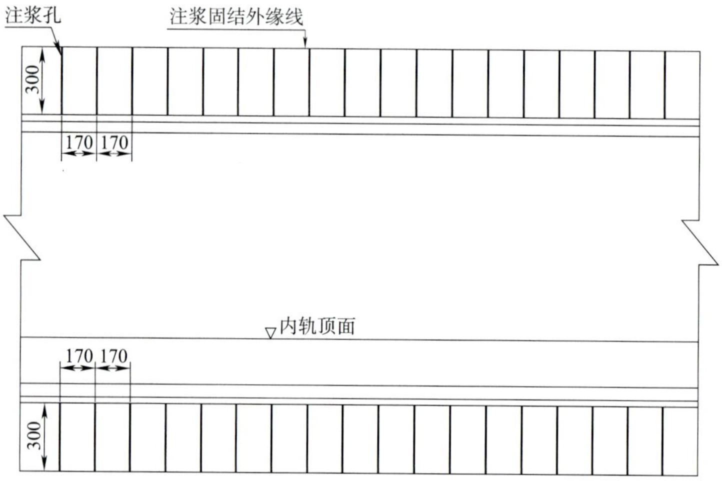

(b) 注浆钻孔剖面

图6.2.3 围岩径向注浆(单位：cm)

注浆后必须进行注浆效果检查。当未达到设计要求时，必须进行补充注浆。

(4) 初期支护背后注浆

已完成的初期支护表面有较大面积的渗漏水，或初期支护与围岩间存在不允许的空隙而导致渗漏水时，应进行初期支护背后回填注浆。

初期支护背后注浆的孔径不宜小于 40 mm，间距宜为 2 ~ 4 m，深入围岩不应小于 30 cm，注浆材料与径向注浆相同，但与径向注浆相比，应适当降低注浆压力，以防止破坏初期支护。

2）喷混凝土的防水

喷混凝土作为防水层是有争议的，但采取一定措施，提高喷混凝土的防渗性能，是完全可以实现的。为提高喷混凝土的防渗性能，应做到以下几点：

（1）对喷混凝土的围岩面进行处理

在喷射前对围岩面进行处理十分必要。一方面，松散危石的节理、已经张开的裂隙是喷层背后的主要积水空间；另一方面，围岩渗漏水也会直接影响喷混凝土的质量。大股涌水宜采用注浆堵水，小股水或渗漏水宜采用岩面注浆或导管引排后再喷混凝土，大面积潮湿的岩面宜采用粘结性强的混凝土，如添加合适的外加剂、掺合料来改善其粘结强度。

（2）对喷混凝土背后的空隙进行注浆

在软弱围岩段，喷层内要设置钢架，再加上锚杆、钢筋网、纵向连接筋等，使喷混凝土层内部钢筋密布，会加大喷射难度，有可能造成喷混凝土与围岩结合不紧密，或喷混凝土内部不密实。对支护及其背后进行注浆，可以提高支护抗渗能力。

（3）对突出的锚杆头进行处理

突出于喷混凝土面的锚杆端部或钢筋头，应对其切割后再补喷或用砂浆覆盖。

（4）加强喷混凝土的湿润养护，减少裂缝

若喷混凝土发生裂缝时，应视裂缝情况，采用补喷混凝土、注浆等方式将裂缝封闭。

（5）调整混凝土配合比或掺加外加剂等，提高混凝土的抗渗能力

通过试验确定喷混凝土的最佳配合比，通过掺加抗渗外加剂来提高混凝土的抗渗能力。

喷混凝土作为复合式衬砌的最外层支护，是隧道防水系统的一部分，其施作质量受围岩开挖、施作工艺及结构形式影响很大，不作任何处理的喷混凝土的防水能力是非常有限的。

3）衬砌混凝土自防水

利用衬砌混凝土的自防水能力进行防水是高速铁路隧道防水体系中的重要环节。二次衬砌应采用高性能混凝土浇筑，提高混凝土的密实度和抗裂性。

（1）隧道衬砌应采用防水混凝土，其抗渗等级不低于 P8，施工配合比应通过现场试验确定，抗渗等级要比设计要求提高一级(0.2 MPa)。

（2）防水混凝土衬砌厚度不应小于 30 cm，裂缝宽度不得大于 0.2 mm，并不得贯通；钢筋混凝土衬砌迎水面主筋保护层厚度不小于 50 mm。

（3）优化混凝土浇筑工艺，提高混凝土的密实度。

混凝土应两侧分层对称浇筑，控制相邻高差。采用插入式振捣器和模板台车上固定的附着式振动器相结合，保证捣固密实，并保证连续浇筑，消除拱墙内部施工缝，减少防水薄弱环节。拆模后及时喷雾养生，避免拆模过早混凝土表面风干或养护不及时出现的收缩裂缝现象。

（4）衬砌背后回填注浆。

回填注浆是二次衬砌完成后，为了填充二次衬砌与防水板之间的空隙而进行的注浆。回填注浆应在衬砌混凝土强度达到 70% 后进行，宜采用图 6.2.4 所示的纵向预贴注浆管道法。

预贴注浆花管宜采用 ϕ20 mm ~ ϕ30 mm 的 PVC 管，并在管身布设梅花形溢浆液孔。排气管不布孔，应根据排气需要安设。回填注浆应采用微膨胀性水泥砂浆，有特殊要求的地段可采用强度高、流动性好的自流平水泥浆。回填注浆应在孔口封堵材料达到一定强度后进行，注浆压力达到 0.2 MPa 或排气孔出浆时，即可结束注浆。

4）防水板防(排)水

防水板是隧道防排水体系的重要组成部分，是保证隧道防水功能的重要措施。通过在初期支护和二次衬砌之间铺设防水板，形成一个防水隔离层，将通过初期支护渗漏进来的地下水阻挡在二次衬砌之外，保证隧道内壁的干燥，并通过防水板后面的排水层(土工布和环向盲管)将水流引导到排水系统中，以免形成积水而对衬砌产生水压力。同时，防水板还隔离了二次衬砌和初期支护，能减少二次衬砌混凝

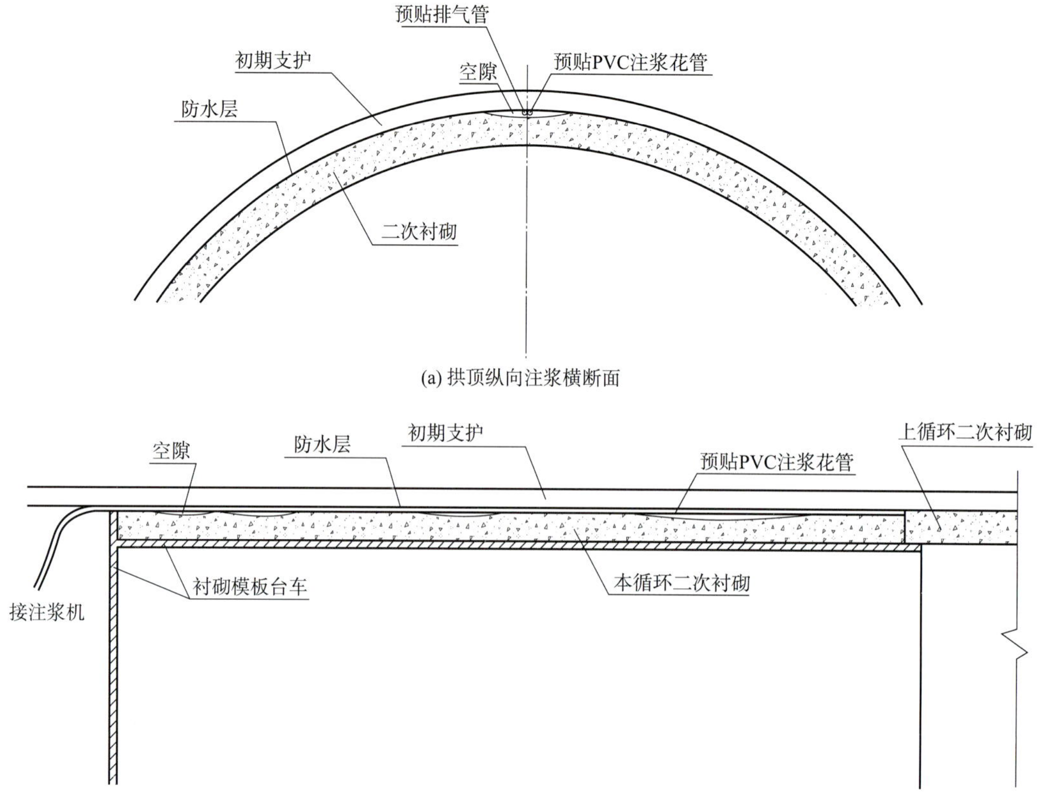

(a) 拱顶纵向注浆横断面

(b) 拱顶纵向注浆纵断面

图 6.2.4　隧道拱顶回填注浆(纵向预贴注浆管道法)

土浇筑中裂缝的出现，增加其密实性和自防水性。

防水层通常由缓冲垫层和防水板两部分组成。防水板一般采用表面光滑的高分子卷材，缓冲垫层直接安设在基层上，作为防止防水板被刺穿的保护层，也提供一定的排水能力。

(1) 防水板材料的选择

高速铁路隧道应用的塑料防水材料主要有聚氯乙烯(PVC)、乙烯—醋酸乙烯共聚物(EVA)、低密度聚乙烯(LDPE)、高密度聚乙烯(HDPE)、聚乙烯—醋酸乙烯与沥青共聚物(ECB)等。各种防水板应符合下列规定：①幅宽 2 ~ 4 m；②厚度不得小于 1.5 mm；③耐穿刺性好；④耐久性、耐水性、耐腐蚀性、耐菌性好；⑤物理力学性能符合要求(详见后述)。

(2) 防水板的技术要求

防水板在施工过程中可能会出现破损等问题，由于防水层的破损，在二次衬砌的施工缝和变形缝处产生渗漏水。出现这些问题，除管理方面的原因外，防水板的施工和材料性能存在的不足也是重要因素。其中，施工方面的主要原因有以下几点：

○ 在喷混凝土表面上存在着大量锚喷支护时遗漏处理的呈尖锐状的锚杆头等凸出物，易将防水板扎破，导致漏水。

○ 防水板表面应平顺整齐，但如遇壁面混凝土有较大空洞和凹凸不平，二次衬砌挤压使防水板受拉伸，易断裂破坏。

○ 防水板之间的接合部是防水的薄弱环节，对施工精度要求高，稍有不慎，会导致粘结部位失效。防水板接缝和修补一般采用手动式热焊机熔焊，因防水板呈悬挂状态，再加上施工作业条件欠佳，极易造成防水板焊缝欠严密，产生空鼓开裂，从而造成防水失效。

○ 防水板固定后，附近进行锚杆头部的熔断和钢筋焊接时产生的火花对防水板产生损伤。

针对以上问题，为保证防水层达到预期效果，一般应该满足以下要求：

①对喷混凝土基面进行平整处理，并清除锚杆头等凸出物。

②防水层的铺设必须严格按工艺执行，板间接缝严密可靠。

③防水板背后需铺设较柔软且具有相当强度的土工布缓冲层，以克服喷混凝土基面粗糙、凹凸不平易损伤防水板的弊病。

④防水板材料本身应具有足够的强度，在二次衬砌混凝土浇筑时，能承受机械作用而不损伤。

⑤防水板材料除应具有规定的耐久性外，其重量和柔韧性应便于施工操作。

5）施工缝、变形缝的防水

施工缝、变形缝是防水薄弱部位，其防水构造措施应根据工程的防水等级要求确定，并宜优先选用可修复的防水构造形式及材料。

隧道衬砌混凝土应尽量减少施工缝，拱、墙应避免出现纵向施工缝，隧底结构应整幅浇筑；施工缝也可采用混凝土界面剂加强新老混凝土界面的连接，以加强防水性能。

（1）施工缝处理

①墙体水平施工缝不应留在剪应力和弯矩最大处或底板与侧墙交接处，应留在高出底板表面（仰拱填充顶面）不小于300 mm的墙体上。拱（板）墙结合的水平施工缝，宜留在拱（板）墙接缝线以下150～300 mm处。墙体有预留孔洞时，施工缝距孔洞边缘不应小于300 mm。

②垂直施工缝应避开地下水和裂隙水较多的地段，并宜与变形缝相结合。

③施工缝可采用设置中埋式止水带、外贴式止水带、防水密封材料、遇水膨胀橡胶止水条及预埋注浆管等防水措施，并根据所处部位和防水等级要求组合使用。

纵向施工缝一般采用中埋式钢板止水带、遇水膨胀止水条防水；环向施工缝的防水方式有多种，如图6.2.5所示。

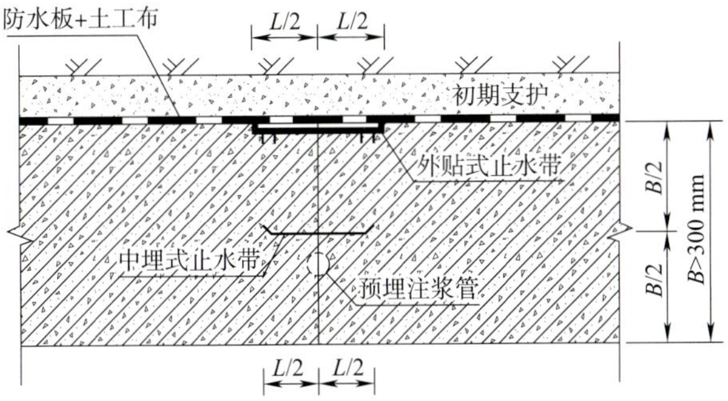

(a) 外贴式止水带+中埋式止水带+注浆管

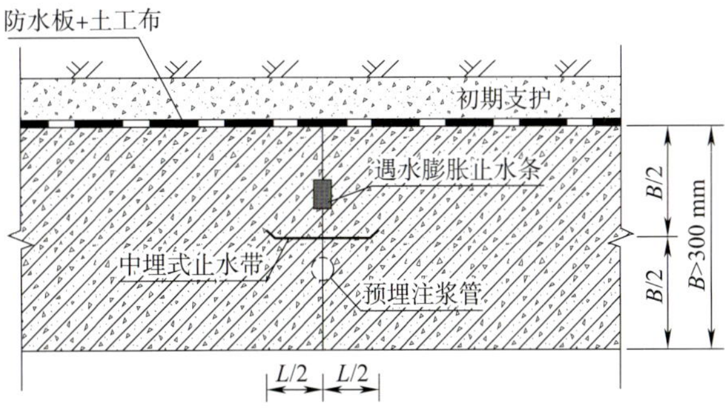

(b) 中埋式止水带+注浆管+遇水膨胀橡胶止水条

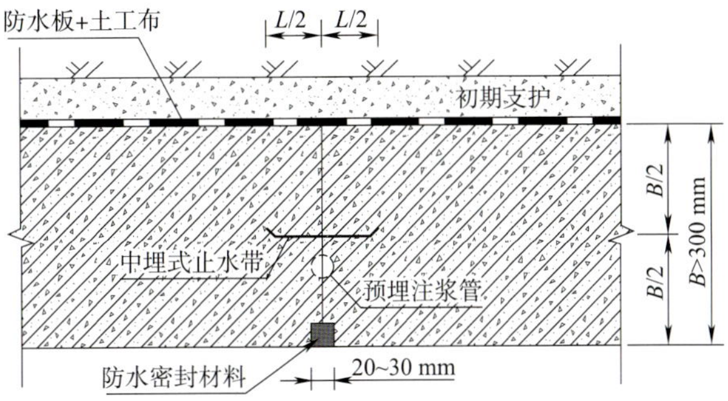

(c) 中埋式止水带+注浆管+防水密封材料

图6.2.5　环向施工缝防水处理方式

（2）变形缝处理

变形缝的设置应满足以下要求：

①变形缝应满足密封防水、适应变形、施工方便、检修容易等要求。严寒地区洞口段应设多条伸缩缝。变形缝处混凝土结构的厚度不宜小于30 cm。

②用于沉降的变形缝其最大允许沉降量差值不应大于15 mm，当计算沉降量大于15 mm时，应在设

计时采取控制措施。

③用于沉降的变形缝宽度宜为 20～30 mm，用于伸缩的变形缝的宽度宜小于此值。

④变形缝的材料包括橡胶止水带、钢边止水带、遇水膨胀橡胶条和嵌缝填料，均需满足相应的性能指标。其中，嵌缝填料的最大拉伸强度不应小于 0.2 MPa，最大伸长率应大于 300%。

⑤变形缝在产生规定的变形后仍应能够承受一定的水压力。

常见的变形缝防水措施有设置中埋式止水带、外贴式止水带、防水密封材料、遇水膨胀橡胶止水条等，可根据不同的条件组合使用。变形缝常见防水处理方式如图 6.2.6 所示。当变形缝两侧可能出现不均匀沉降时，应在变形缝内设置抗剪钢筋，如图 6.2.7 所示。

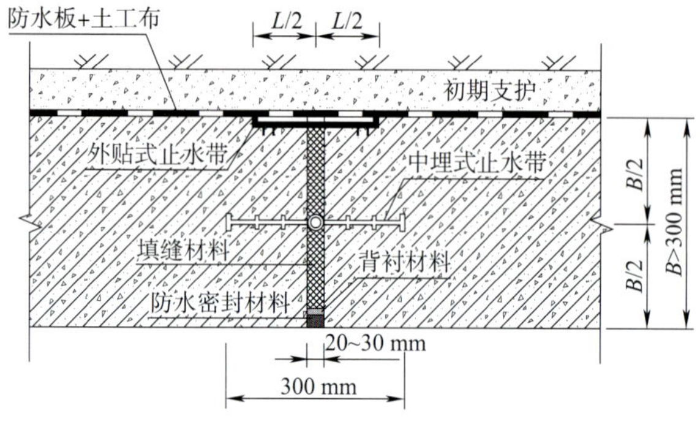

(a) 外贴止水带+中埋式止水带+内侧嵌缝

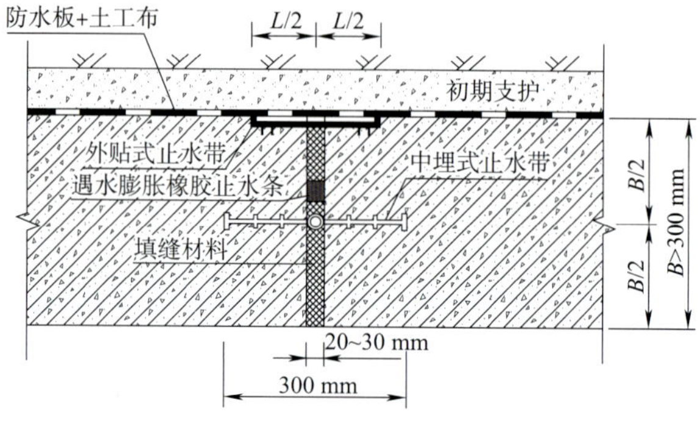

(b) 外贴止水带+止水条+中埋式止水带

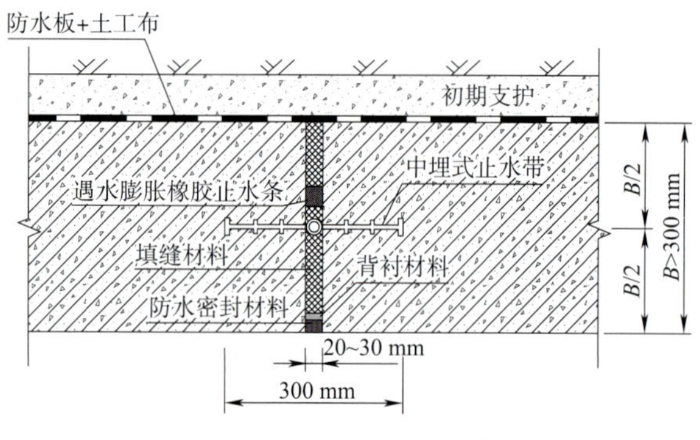

(c) 止水条+中埋式止水带+内侧嵌缝

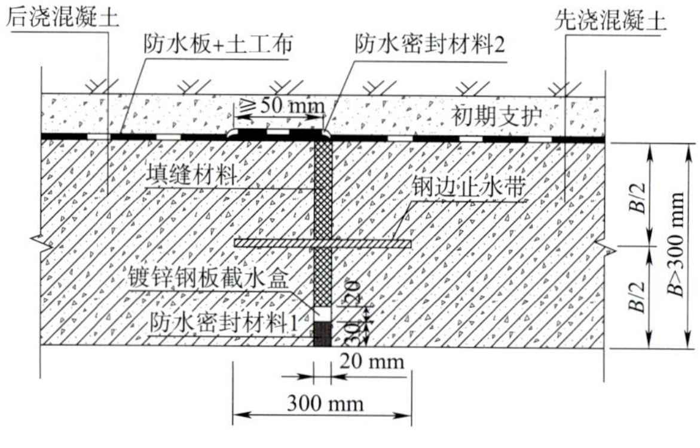

(d) 中埋式止水带+接水盒+内侧嵌缝

图 6.2.6　变形缝防水处理方式

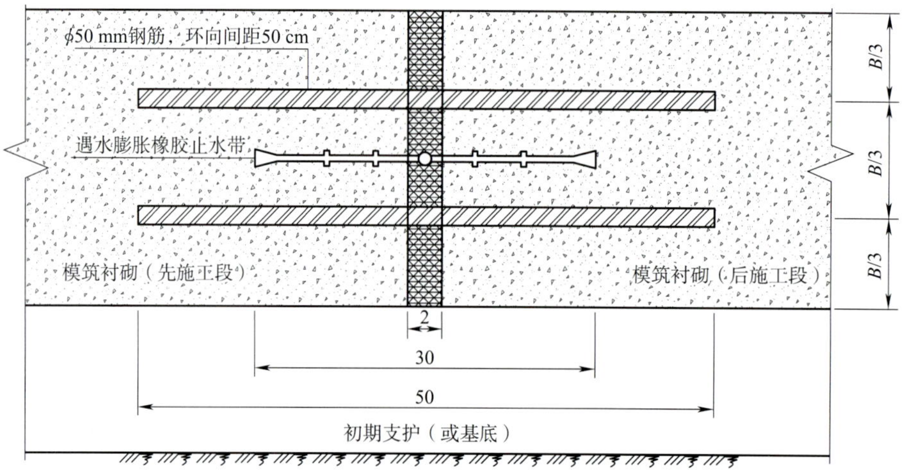

图 6.2.7　变形缝加设抗剪钢筋的方式(单位：cm)

6）埋设件及穿墙管防水

隧道穿墙管应在浇筑混凝土前预埋，穿墙管与衬砌变化处的距离应大于 25 cm。穿墙管线较多时，管与管的间距应大于 30 cm，并宜相对集中布置。

结构变形或管道伸缩量较小时，穿墙管可采用主管直接埋入混凝土内的固定式防水法，并应预留凹槽，槽内用嵌缝材料嵌填密实；结构变形或管道伸缩量较大或有更换要求时，穿墙管应采用套管式防水法，套管应加焊止水环。两种做法如图 6.2.8 所示。

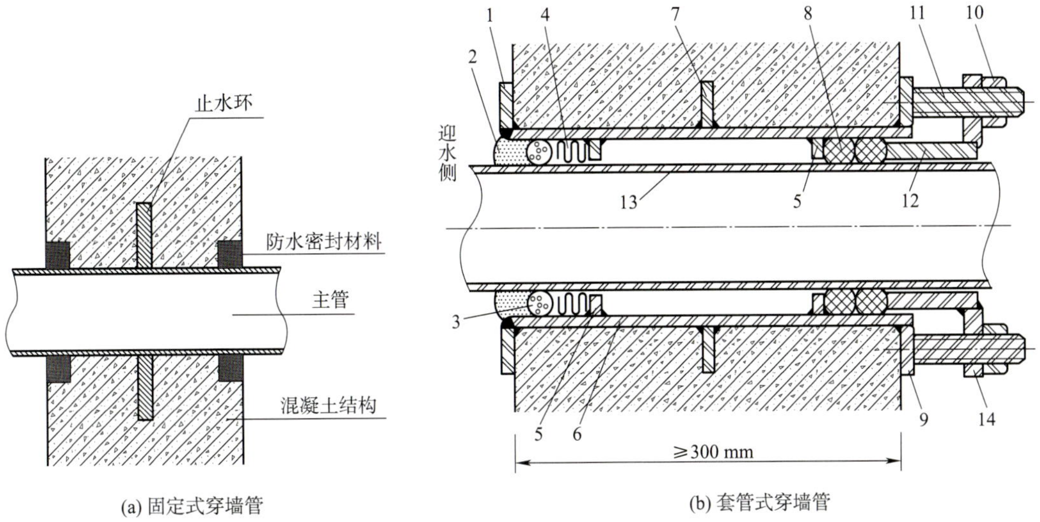

图 6.2.8 穿墙管防水

1—翼环；2—密封材料；3—背衬材料；4—充填材料；5—挡圈；6—套管；7—止水环；8—橡胶圈；9—翼盘；10—螺母；11—双头螺栓；12—短管；13—主管；14—法兰盘

隧道衬砌上的埋设件宜预埋。埋设件端部或预留孔底部的混凝土厚度不得小于 10 cm，有水压或侵蚀性环境等级较高地段不应小于 25 cm。当小于 25 cm 时，应采取局部加厚或其他防水措施。

6.2.2 排水型隧道排水

1. 洞内排水系统组成

隧道洞内排水设计的主要目的是使地下水(围岩渗入水或通过注浆堵水措施后的限量排放水)经过防排水措施的有效疏导，再经由排水管路、管沟自行排至洞外。隧道排水系统主要由环向排水盲管、纵向排水盲管、侧沟、横向排水盲管和中央排水管(沟)构成(图 6.2.9)。

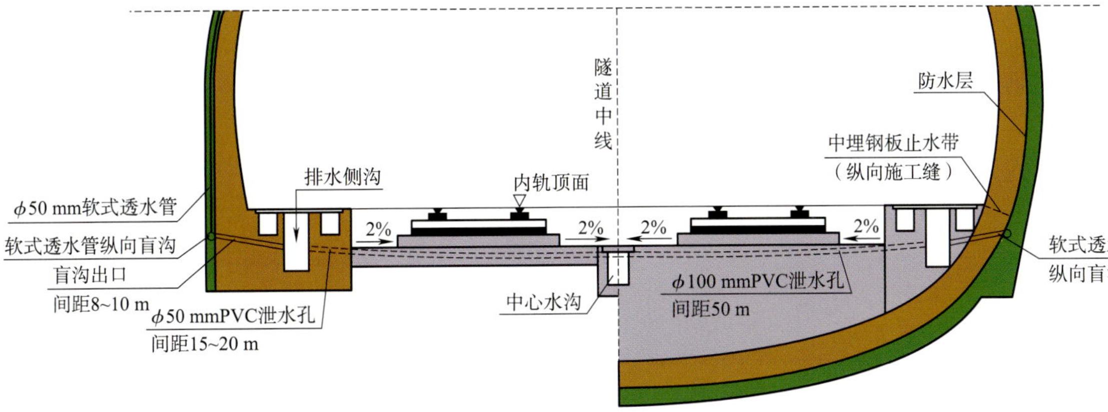

图 6.2.9 隧道横向排水系统

2. 洞内排水沟

高速铁路双线隧道洞内排水沟由双侧水沟和中心水沟组成。侧沟主要用于汇集地下水，并将地下水引入中央排水管（沟），同时起到沉淀和兼顾部分排水的作用，两侧水沟与中心水沟通过横向导水管在检查井处（间距一般为30 m）连接。单线隧道洞内排水沟一般由两侧水沟组成。

排水沟设置要符合以下要求：（1）侧沟坡度应与线路坡度一致。（2）水沟断面应根据水量大小确定，要保证有足够的过水能力，且便于清理和检查。单线隧道水沟断面一般不得小于 25 cm × 40 cm（高 × 宽），双线隧道水沟断面一般不应小于 30 cm × 40 cm（高 × 宽）。（3）侧沟靠围岩侧应与环、纵向排水盲管连通；侧沟与中心水沟间应设置满足引排侧沟水要求的横向导水管，其孔径不得小于 0.1 m，纵向间距不宜大于 50 m，与侧沟连接处孔口距侧沟底面不小于 0.1 m（防淤塞）；横向导水管应顺直，以确保排水顺畅、便于维护。

1）双线隧道洞内排水沟

根据地下水量的大小，可分别选择以下三种排水沟设置方式：

方式一 两侧沟排水，侧沟排水深度为 25 cm，适用于隧道地下水量少，且均为带仰拱衬砌的隧道；

方式二 两侧沟 + ϕ400 mm 中心排水管（或中心盖板沟）排水，适用于水量较大的隧道；

方式三 两侧沟 + ϕ600 mm 中心排水管（或中心盖板沟）排水，适用于水量大的隧道。

2）中心水沟

中心水沟除具有排水功能外，同时还具有汇集道床顶部积水、疏干底板和无砟轨道底座下积水的功能。双线隧道仰拱填充面应设横向排水坡，坡度不小于 2%。中心水沟采用暗埋管沟（图 6.2.10）时，应设置透水层和反滤层，并在仰拱填充面（或底板顶面）设纵向排水明槽，将表面明水通过检查井排入中心水沟。

3. 排水盲管

排水盲管由环向排水盲管（沟）、纵向排水盲管（沟）、横向排水盲管、局部引水盲管等组成，如图 6.2.11 所示。

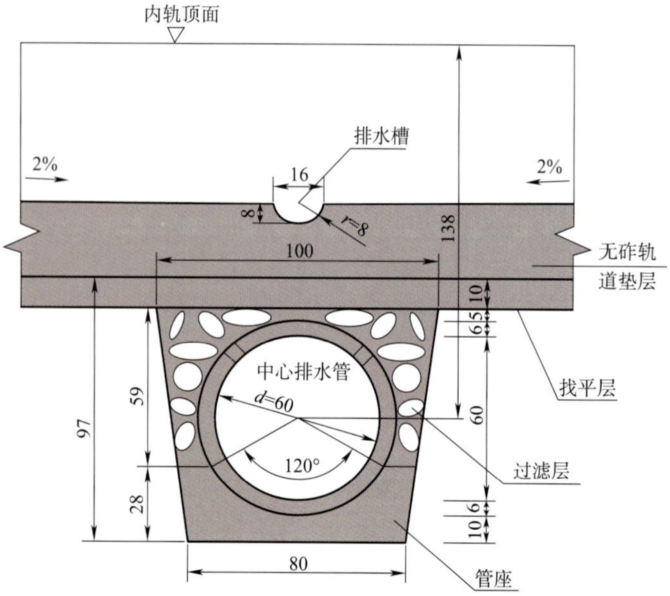

图 6.2.10 中心管沟设置（单位：cm）

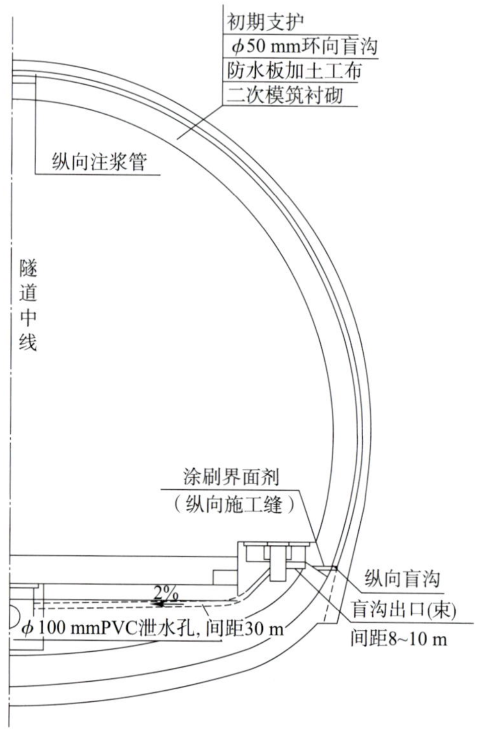

图 6.2.11 纵向盲管和环向盲管的设置

1）环向盲管及纵向盲管

环向排水盲管的作用是在岩面与喷混凝土之间、喷混凝土与防水板之间提供过水通道，并将其引排至洞内侧沟。环向盲管一般选用 ϕ50 mm 软式透水管。环向排水盲管视施工期间地下水的出露情况设置，具有很大的灵活性，间距一般不应大于10 m。

纵向排水盲管沿隧道纵向设置在衬砌墙脚部位的防水板与喷混凝土间，其作用是将防水板等引排下来的水汇集并排到洞内侧沟。纵向排水盲管可采用双壁打孔波纹管，按15 m左右分段设置，并分段引入侧沟(图6.2.12)，如此可以有效减少盲管的堵塞，并利于运营期的冲洗维护。为加大排水能力，每段纵向盲管中间可设PVC泄水管一处。当水量特别大时，应适当加大纵向盲管的直径。为防止纵向盲管堵塞，盲管应设置碎石反滤层，并采用防水板包裹(图6.2.13)。

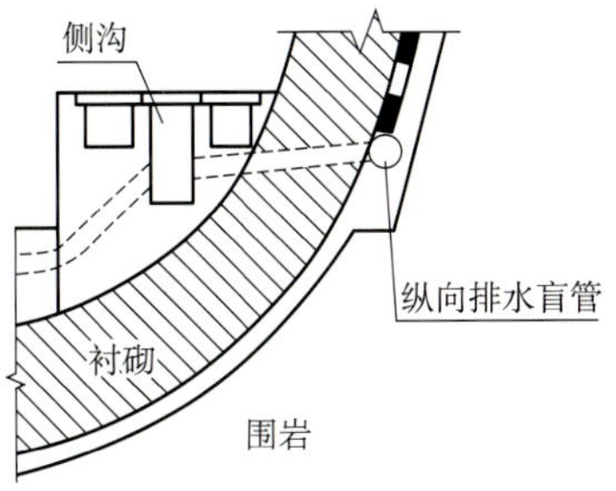

(a) 纵向盲管与侧沟连接

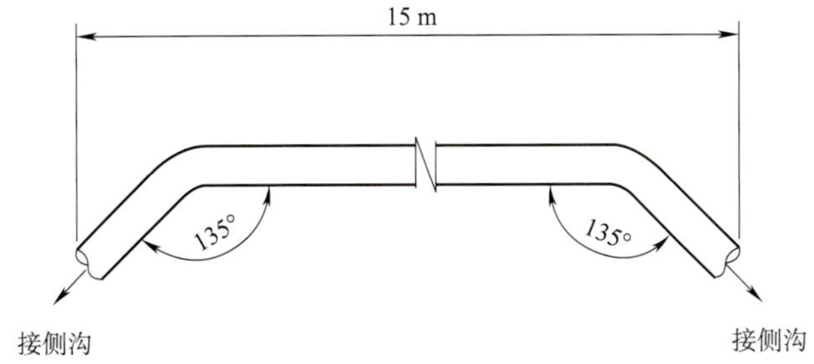

(b) 纵向盲管分段设置

图6.2.12 纵向排水盲管设置

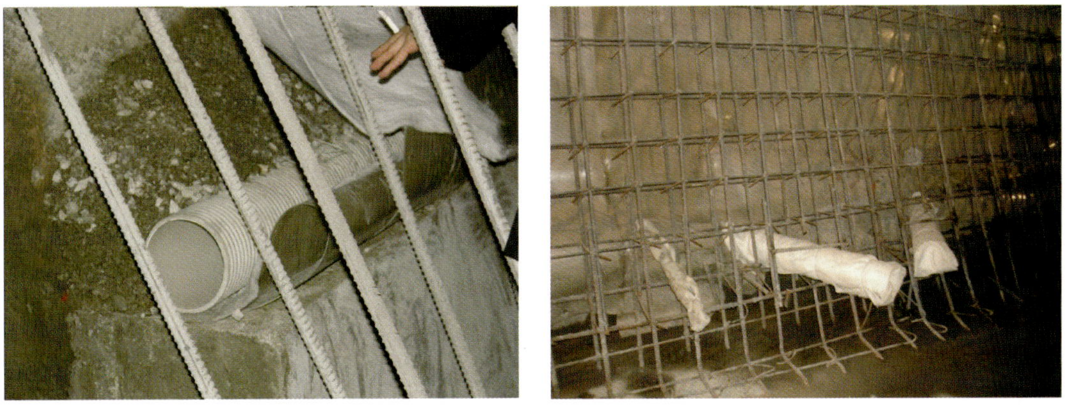

图6.2.13 纵向盲管反滤层设置

2） 横向排水盲管

横向排水盲管位于底板(或仰拱填充对应部位)下部，布设方向与隧道轴线垂直，是连接隧道侧沟与中心排水管(沟)的水流通道。横向排水盲管通常为高强度硬质塑料管，直径不小于100 mm。

3） 局部引水盲管

局部引水盲管是针对隧道开挖轮廓面局部涌水量较大时，为了将涌水及时排出而设置，如图6.2.14所示。局部引水盲管应将隧道出水点来水引排至隧道侧沟。

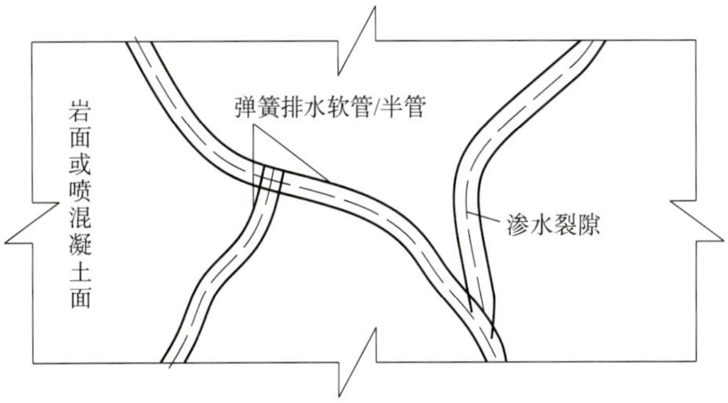

图6.2.14 涌水部位排水处理

6.2.3 防水型隧道防排水

1. 防水型隧道防水

防水型隧道是采用防水板全包的抗水压结构，由于防水板在隧道横断面上是全封闭的，故又称全封闭防水型衬砌。防水板材料既可以选择与排水型隧道相同材质的塑料防水板，也可以选择与现浇混凝土有较好粘结性能的自粘式防水板。

防水型隧道需要采用多种措施，从围岩、结构和附加防水层方面入手，拒水于结构之外，不让地下水进入隧道内部。防水型隧道在初期支护喷混凝土防水、围岩注浆堵水、施工缝和变形缝防水等方面与排水型隧道基本相同，在此不再赘述。

1）自粘式防水板

采用自粘式防水板进行防水的设计理念是，利用自粘式防水板和现浇混凝土的粘结性能实现“皮肤式”防水，即使施工过程中防水板局部出现破损，也不会使地下水在防水板与二次衬砌之间窜流。

自粘式防水板分为单面自粘型和双面自粘型。单面自粘型防水板由胎基、粘胶层及保护膜三层组成，如图6.2.15所示。单面自粘型防水板的胎基与普通防水板一样，为EVA或ECB等高分子材质；粘胶层可以与现浇混凝土发生湿固化反应而牢固粘结；保护膜用于防水板运输和铺设过程中对粘胶层的保护，避免其受污染或损害。为实现防水板自身之间的连接，在防水板的幅宽边缘应留出宽15～20 cm、可以焊接的无粘胶层。双面自粘型防水板是在胎基的两侧均设有粘胶层和保护膜，用于单面自粘型接缝部位的防水补强。

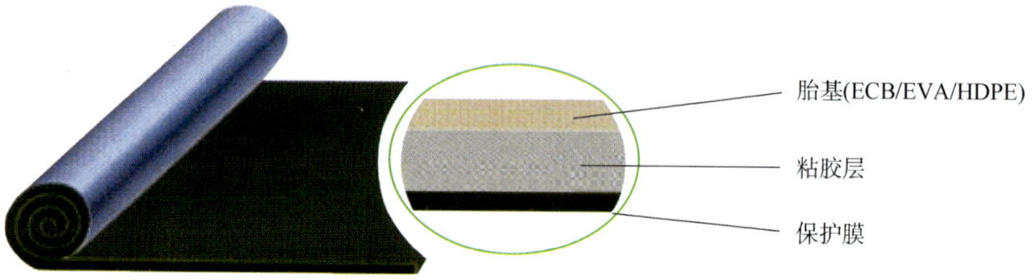

图6.2.15　自粘式防水板材料结构大样

2）混凝土自防水

防水型隧道二次衬砌采用防水混凝土，抗渗等级不低于P12。混凝土的配置、浇筑、养护等与排水型隧道相同。

3）分区防水

对于采用普通塑料防水板的防水型隧道，为降低渗漏水的处理难度，可以采用分区防水，如图6.2.16所示。分区防水借鉴了“潜水艇”的工作原理，在全封闭防水设计中，假定防水板会被破坏，为了限制窜水的范围，用分舱的方法，采用背贴式止水带与防水板热风密实焊接，将整个隧道分成若干个小区。这样，一旦某个区域发生防水板破坏而漏水，不会“窜流”而影响其他分区。同时，在每个分区内预先设置注浆管，可针对漏水的分区进行注浆修补。背贴式止水带一般安装在施工缝和变形缝处，必要时在中间非施工缝、变形缝部位设置防渗肋条，隔离地下水的纵向流动，从而缩小分区面积。

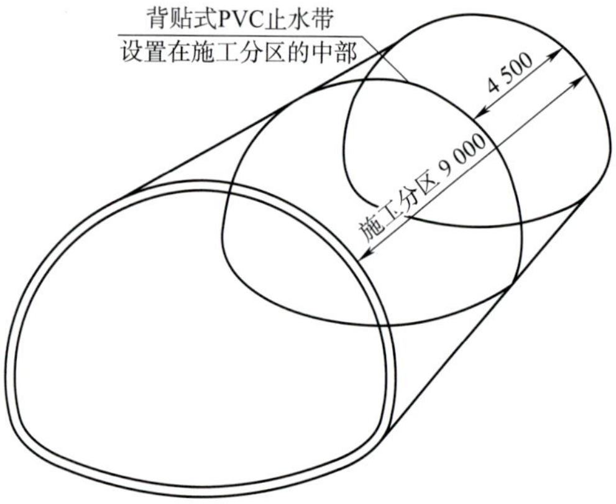

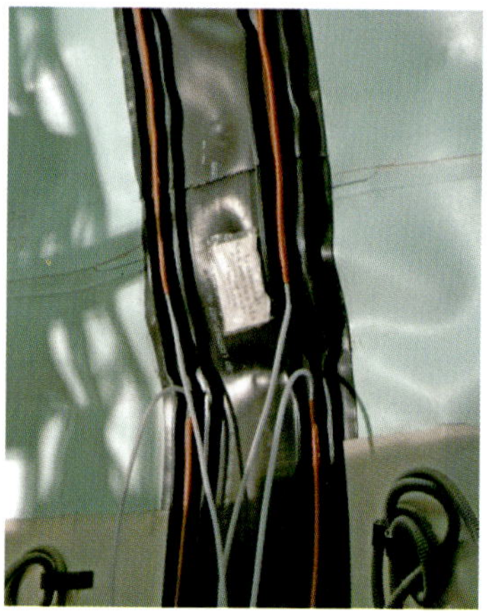

图6.2.16　分区防水设计示意及现场安装(单位：mm)

分区防水的做法：根据衬砌模板台车的长度(通常为12 m左右)，每环模筑衬砌作为一个防水分区(图6.2.17)，在每环模筑衬砌施工缝位置设置背贴式止水带，使环向和纵向均设置防水分区，同时在每个分区内预埋注浆管，针对漏水区域进行注浆修补。每个分区范围不宜超过200 m^2。

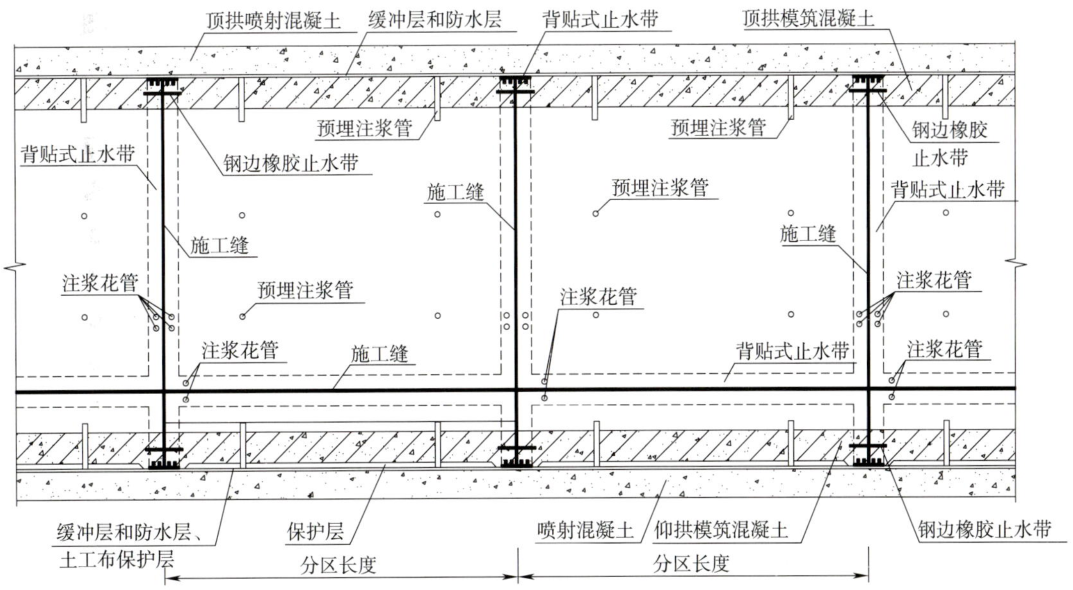

图 6.2.17　隧道分区防水纵剖面

2. 防水型隧道排水

防水型隧道也需要设置一定的排水设施，一是为了排除可能存在的少量渗漏水，二是对因防水系统万一失效而导致的少量渗漏水进行有序排放，使地下水通过环向排水盲管和纵向排水盲管，流入隧道内的排水沟内。防水型隧道洞内排水沟的设置与排水型隧道基本相同，在此不再赘述。

1）纵向排水盲管

排水型隧道纵向排水盲管设置于防水板的外侧，而防水型隧道则设置于防水板的内侧，一般采用 HDPE110/96 双壁打孔波纹管，纵向每 30 m 分段并直接与隧道侧沟连通。为避免浇筑二次衬砌混凝土时堵塞排水盲管，在排水盲管位置靠二次衬砌侧附加设置幅宽 60 cm 的双面自粘式防水板保护，其上侧 20 cm 与正洞自粘防水板之间通过刷涂一层橡化沥青非固化防水涂料（宽 20 cm，厚 2 mm）粘结，下侧 40 cm 包绕盲管并固定，如图 6.2.18 所示。

2）环向排水盲管

排水型隧道环向排水管设置于隧道拱墙初期支护与防水板之间，而防水型隧道则设置于防水板与二次衬砌之间的环向施工缝附近，一般采用 HDPE50 打孔波纹管，并直接与隧道侧沟连通。为避免浇筑二次衬砌混凝土时堵塞排水盲管，应采取类似于纵向盲管的保护措施，如图 6.2.19 所示。

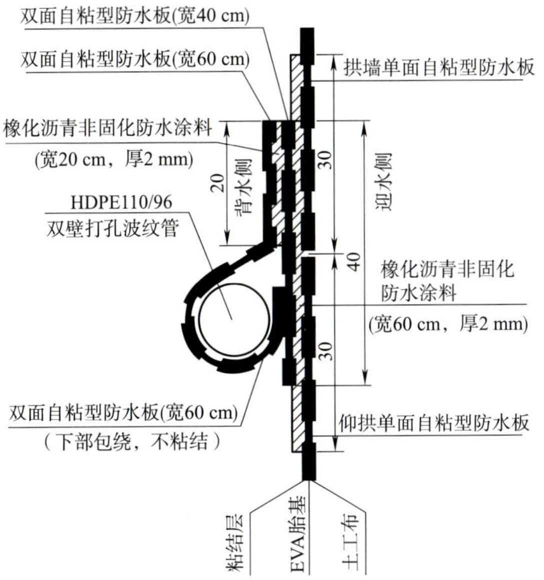

图 6.2.18　防水型隧道纵向盲管安装(单位：cm)

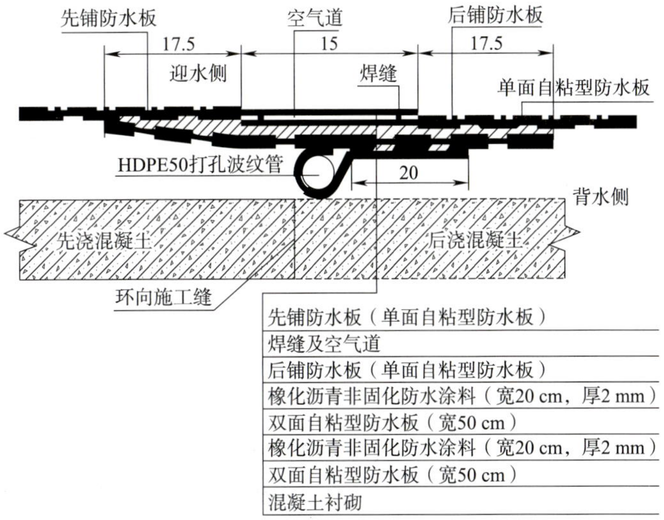

图 6.2.19　防水型隧道环向盲管安装(单位：cm)

6.2.4 特殊地段隧道防排水设计

我国地域广阔，高速铁路隧道分布范围广，地形地貌和地质条件差异大，存在高水压、岩溶、瓦斯、侵蚀性地下水等多种复杂条件，应根据具体条件采取相应的防排水措施。

1. 高水压地段防排水

长大山岭隧道一般都处于地下水位以下，形成较高的水头，特别是在地下水发育、岩溶发育地段，如果采用“以排为主”的防排水方式，可能会对地表或地下水环境产生较大影响，严重时可能产生极大的社会影响。如果采用“以防为主”的全封闭防水型衬砌，则隧道将承受很大的水压力，不仅技术上有很大难度，效果较差，而且也不经济。

高水压深埋隧道的防排水设计一般按以下原则进行：

（1）根据水压、地层渗透性、地下水补给来源及水量、地表环境等因素，合理确定地下水的处理方式。当地层渗透性小、地下水补给充分、地下水的排放不影响当地水资源和生态环境时，可以采用自由排放的方式，否则应采用“以堵为主，限量排放”的方式。

（2）采用“以堵为主，限量排放”方式时，加强围岩的注浆堵水，通过注浆降低围岩的渗透系数，限制地下水的流出量，实现“大堵小排”；同时，在二次衬砌背后，精心设置地下水排导系统，并在运营期限间经常维护，以保持排水系统的畅通，避免因堵塞诱发衬砌高水压力。

（3）在围岩注浆堵水的前提下，加强高水压地段仰拱部位的排水能力，避免因水压力的积聚产生仰拱上抬、轨道变形等病害。

2. 岩溶地区防排水

岩溶对铁路隧道的影响主要表现为以下几点：

（1）使结构部分甚至全部悬空，或两侧失去抗力，大大降低隧道结构的安全性；

（2）使隧道围岩的初始应力分布不均，使隧道结构受力不均，影响稳定性；

（3）地下水对结构和排水系统产生危害，影响其耐久性；

（4）溶洞涌泥、季节性的岩溶洞穴涌水，给隧道施工和支护体系带来不安全和不稳定因素。

溶蚀洞穴大多与地表相通，地表降水极易汇集灌入洞内。岩溶洞穴涌水量随季节变化较大，特别是在暴雨季节，溶洞涌水、突水量可达一般降雨时的几十倍到几百倍，而且涌水爆发时间仅比暴雨滞后几个小时，具有涌水量巨大、持续时间短、破坏性强的特点。

岩溶发育地段的隧道，对岩溶水的处治应采取“截、堵、排、防”综合措施，并以堵、排为主，且应对相关的水利设施予以保护，并对生态环境的影响程度做出评价。对看似无水的溶洞，防排水处理时也应每隔适当距离设置泄水盲管（沟），拱部或全周设置防水板。对特大溶洞、地下暗河的防排水，首先要严格限制向溶洞暗河内弃渣，及时探明溶洞暗河系统分布及水文地质情况，疏通暗河通路；预测隧道内最大涌水量超过隧道施工排水能力时，可结合施工排水或为运营安全专门设置泄水洞、平行导坑等引排突发性的涌水。

3. 瓦斯隧道防排水

1）瓦斯隧道防水

瓦斯地段隧道全断面（拱、墙、仰拱）设置闭孔PE泡沫塑料垫层（厚度不小于4 mm）及塑料防水板（厚度为1.5 mm），PE泡沫塑料垫层及防水板宜采用专用的防水板台车进行铺设，喷混凝土表面必须平整，确保铺设后的PE泡沫塑料垫层和防水板表面平滑。

二次衬砌混凝土采用抗侵蚀性气密性防水混凝土，初期支护喷混凝土透气系数不大于10^{-10} cm/s，二次衬砌混凝土的透气系数不大于10^{-11} cm/s，二次衬砌施工缝封闭瓦斯性能不小于衬砌本体。

二次衬砌尽量不设置变形缝。对于环向及纵向施工缝，采用混凝土界面剂、背贴式橡胶止水带、中埋式橡胶止水带和内侧聚硫密封胶嵌缝等多道防水防气处理措施，其中背贴式橡胶止水带施工前应提前将其和防水板焊接成整体。

此外，为防止运营期瓦斯向非瓦斯地段扩散，隧道上坡端与非瓦斯地段衔接处取消泡沫塑料垫层和防水板，直接浇筑模筑混凝土衬砌，之后对衬砌背后注浆，注浆完毕后进行瓦斯检测。

2）瓦斯隧道排水

瓦斯设防段与非瓦斯段交界处应设置气水分离室，将瓦斯与地下水进行可靠分离后，再单独排出洞外；地下水可以沿二次衬砌背后排出隧道，也可从洞内水沟排出。

4. 含侵蚀性地下水地层防排水

环境水对混凝土的侵蚀，应根据其中SO_4^{2-}、Mg^{2+}、HCO_3^-、溶出性固体(蒸发残渣)的含量及pH值等，按相关规范的规定判断其侵蚀类型及侵蚀程度，并进行防护。混凝土抗侵蚀措施应根据环境水所含侵蚀介质及侵蚀类型，选择相应的抗侵蚀水泥品种。

对于含侵蚀性地下水的地层，防排水处理时，一方面应尽量减少地下水与衬砌结构的直接接触，通过提高混凝土的密实度来加强混凝土的抗渗和抗侵蚀能力，洞内排水沟所用混凝土材料也应加强其抗侵蚀能力；另一方面，防水层、排水盲管(沟)等用材除应具有足够的抗侵蚀能力外，还应加大盲管直径，以提高排水能力并便于清洗。

6.3 明挖隧道防排水设计

6.3.1 排水型明挖隧道防排水

1. 排水型明挖隧道防水

1）防水体系组成

明挖隧道防水系统由主体结构、防水层、回填土石、表面隔水层等构成，如图6.3.1所示。其中，主体结构防水混凝土、防水板、施工缝和变形缝的处理基本与复合式衬砌隧道相同，此处不再赘述。

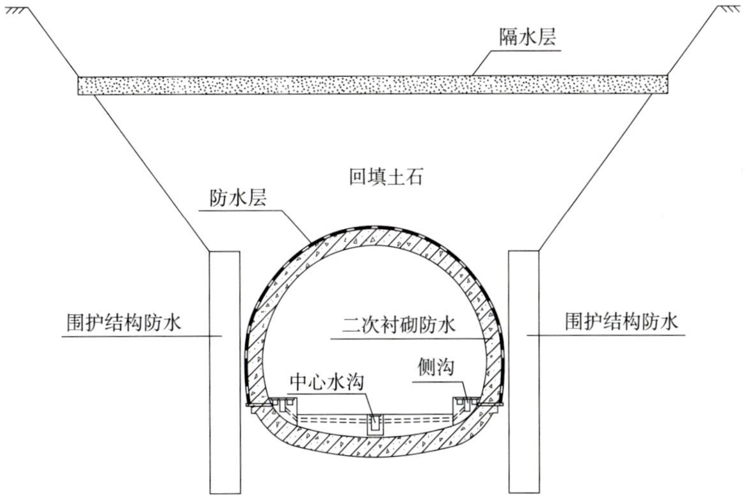

图6.3.1 明挖隧道防水系统

2）防水层设置要求

明挖隧道防水层一般由防水涂料和防水板两层组成，根据地下水的具体情况也可仅设置其中一种。双层设置时，结构外缘与回填土石之间由里到外依次为防水涂料、1~2 cm厚M10水泥砂浆找平层、防水板、土工布及保护层。

明挖隧道外贴防水层应符合以下规定：

(1) 应根据环境条件、结构形式、防水等级要求等选择设置一层或两层防水层。高聚物改性沥青类卷材，单层使用时厚度不宜小于4 mm，双层使用时总厚度不宜小于6 mm；塑料防水板，单层使用时厚度不宜小于1.5 mm，双层使用时总厚度不宜小于2.4 mm。

(2) 防水保护层可采用细石混凝土、普通水泥砂浆或砖砌保护。顶板或拱部采用机械回填土石时，其厚度不宜小于70 mm；顶板或拱部采用人工回填土石时，其厚度不宜小于50 mm。底板或仰拱部位设置防水层时，应采用细石混凝土保护，厚度不宜小于 50 mm。

（3）涂料防水层包括无机防水涂料和有机防水涂料，应根据工程所处地区环境的气候条件、施工方法、结构形式等选择防水涂料品种，涂料防水层外表面宜铺设厚度不小于 20 mm 的水泥砂浆保护层。

（4）明挖隧道洞顶需要种植时，应根据所种植物的根系深度和回填土的厚度确定是否需采取耐根穿刺保护措施。该措施可以是直接采用耐根穿刺防水层，也可以在常规防水层之外再单独设置耐根穿刺防水层。当回填土厚度大于根系深度时，可以不设耐根穿刺保护层。

3）回填土石防水

明挖隧道洞顶回填土石表面应设隔水层，以防止地表水下渗，且表面应做成不小于 1% 的排水坡；隔水层应嵌入边坡并良好衔接，以保证回填土体的防水效果。隔水层应符合以下要求：

（1）一般采用黏土，其厚度不小于 50 cm，并种草防护。

（2）采用石灰和砂黏土(体积配合比为 2∶8 ~ 3∶7)作为隔水层时，应待回填土体沉降稳定后施作，其厚度不小于 30 cm。

（3）缺乏土料地区，可采用防水板上覆干砌片石作为隔水层，其厚度不小于 30 cm，并在回填土体沉降稳定后，采用水泥砂浆勾缝封闭。

4）明挖隧道与暗挖隧道的防水连接

明挖隧道与暗挖隧道分界处一般要设置变形缝，防水板应进行焊接连接，其处理如图 6.3.2 所示。

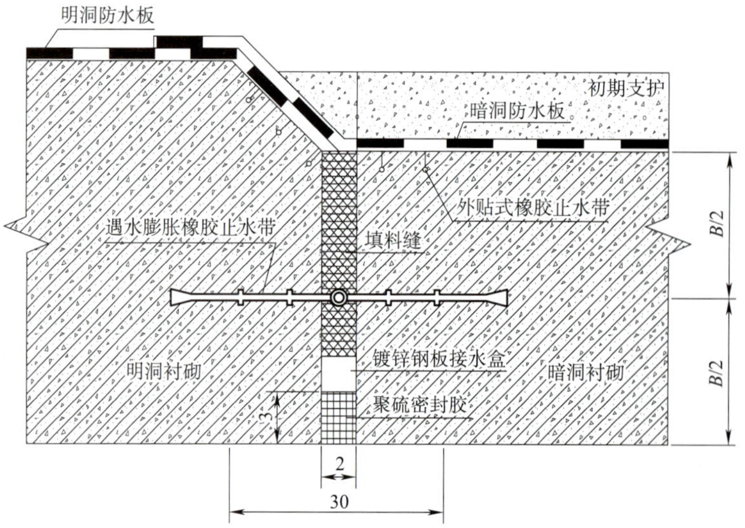

图 6.3.2　明暗洞连接处变形缝防水处理(单位：cm)

2. 排水型明挖隧道排水

1）开挖与回填范围内的排水

明挖隧道洞顶排水应符合以下规定：

（1）明挖隧道回填土体宜高于周边地表，否则应在回填土体表面设置可防渗的排水系统。

（2）明挖坡面应采取防护措施，以防止地表水下渗和冲刷。

（3）明挖隧道回填体表面应设置不小于 1% 的排水坡倾向洞外或低侧排水天沟。

（4）对称路堑式明挖隧道洞顶应设置纵向排水沟，排水沟一般应向洞门方向排水。如线路出洞为上坡时，反坡排水坡度不得小于 1%；当明挖隧道较长且有条件时，可横向拉槽向山坡较低一侧排水。

（5）明挖隧道洞顶有沟、渠通过时，应有防止沟、渠沉陷、渗漏的措施。

明挖隧道拱脚或边墙脚外缘应设置纵向盲管(沟)，并通过竖直排水盲管(沟)、边墙泄水孔将水引排至洞内水沟。衬砌背后纵向盲管(沟)的纵坡应与线路纵坡一致，并不小于 3‰，竖向盲管(沟)间距宜为 5 ~ 10 m，并根据地下水情况调整。

2）洞口及地表防排水

隧道内侧沟或中心沟与路堑侧沟顺接，上坡洞口应在洞外设反向排水沟或截水墙，避免洞外水流入洞内。

隧道开挖边线 5 m 以外一般需设置截水天沟，并根据地形确定水沟流向。

当隧址区地表有漏斗、洼地等不良地形地貌时，应判别地表水与地下水的联系，对漏斗、洼地采取铺设防水板、填土平整、浆砌铺面等防止下渗的措施，并采用截排地表水的措施，避免地表水的汇集。

6.3.2 防水型明挖隧道防排水

防水型明挖隧道所采用的混凝土自防水、施工缝及变形缝防水、回填层防水等措施与排水型复合式衬砌隧道基本相同，所采用的排水盲管系统与防水型复合式衬砌隧道基本相同，在此均不再赘述。与排水型明挖隧道防水不同的是，防水型明挖隧道的防水层应全包封闭，防水板宜采用自粘型高分子复合防水板(防水板胎基厚 1.5 mm)，也可采用喷膜防水。

自粘式防水板的铺设工艺应根据基坑围护方式选择：当采用垂直围护开挖时，宜优先采用预铺法工艺安装(基本同防水型暗挖隧道防水板铺设)；当采用放坡开挖时，防水板采用后铺法施工。

对于采用后铺法施工的防水板，为实现防水板与主体结构的粘结，应在结构外表面先刷涂一层橡化沥青非固化防水涂料(厚 2 mm)，然后再铺设防水板。

6.4 严寒地区隧道防排水

为了防止严寒地区隧道排水系统冻结病害，隧道排水设施通常采用保温水沟、深埋水沟、深埋保温水沟、防寒泄水洞及相关的配套排水设施形成排水系统。

6.4.1 保温水沟

保温水沟采用浅埋方式，在水沟内采取保温措施以达到冬季水流不冻结的目的。保温水沟一般采用侧沟式，其结构一般结合隧道衬砌断面设计，如图 6.4.1 所示。水沟上部设置双层盖板，在上下两层盖板之间充填保温材料作为保温层，保温层厚度一般不小于 30 cm。下层盖板下部为流水槽，其过水断面一般为 30 cm × 30 cm(有效宽度 × 有效高度)，纵坡应与隧道纵坡相同且不小于 3‰。

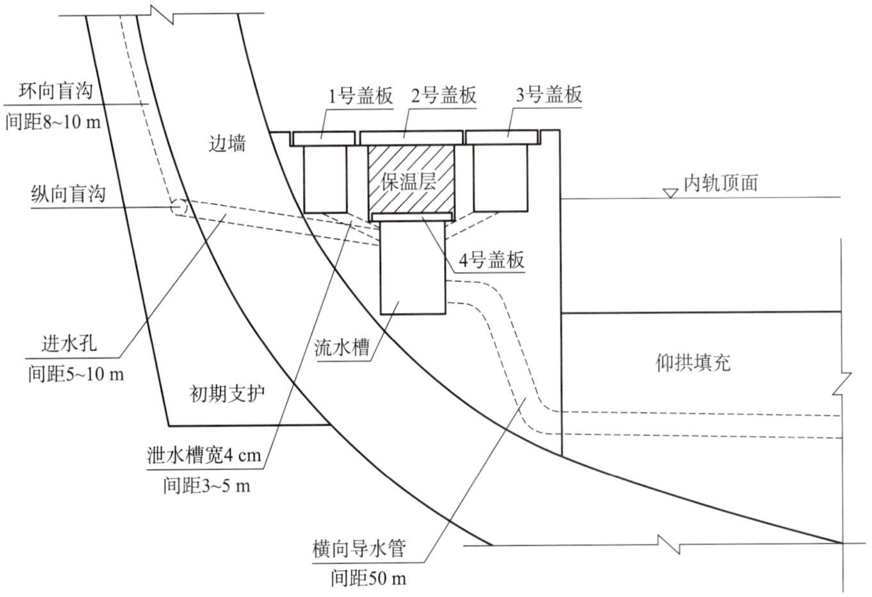

图 6.4.1 保温水沟

6.4.2 深埋水沟

深埋水沟即将水沟流水面埋置于冻结深度之下，以保证水沟内流水不冻结的排水设施。深埋水沟一般放置在仰拱以下，水沟身采用预制的钢筋混凝土管，管径一般为 50 ~ 60 cm，也有采用 80 m 的，壁厚一般为 6～12 cm，也可根据隧道水量调整，如图 6.4.2 所示。

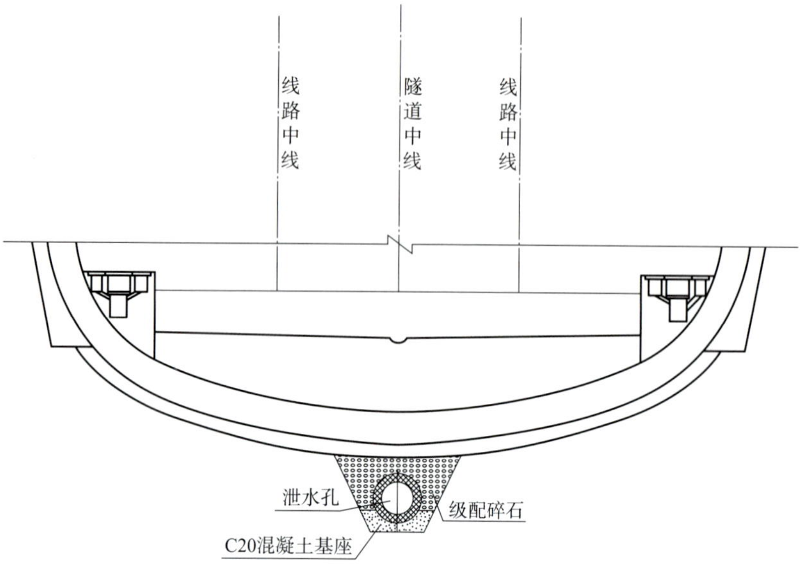

图 6.4.2　深埋水沟

为保证深埋水沟的排水效果，应选用既能满足保温且渗水性好又能防止石屑、泥沙等进入水沟引起水沟淤积堵塞的回填材料。

6.4.3　深埋保温水沟

深埋保温水沟的设置位置、埋设方式、材料等与深埋水沟相同。所不同的是，为加强保温效果，在深埋水沟与仰拱之间设置保温层，如图 6.4.3 所示。

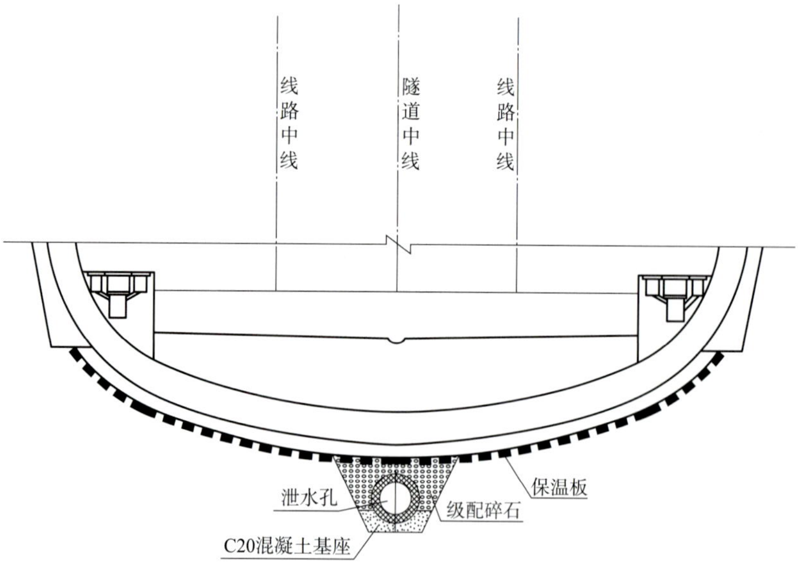

图 6.4.3　深埋保温水沟

6.4.4　防寒泄水洞

防寒泄水洞应埋置于隧址区最大冻结深度以下，一般采用暗挖法施工和模筑衬砌，如图 6.4.4 所示。防寒泄水洞断面尺寸应根据地质情况、地下水情况确定，一般不小于 1.8 m×1.2 m(高×宽)。

6.4.5 配套排水设施

1. 保温检查井

为防止淤积堵塞，便于检查维修，深埋水沟和深埋保温水沟应设置保温检查井。检查井间距一般为30～50 m，截面尺寸一般为1 m×1 m。保温检查井设置双层盖板，盖板之间填充保温层，保温层厚度一般为35～50 cm，如图6.4.5所示。有条件时也可设置两层保温层，盖板周边密封完好，防止冷空气进入。

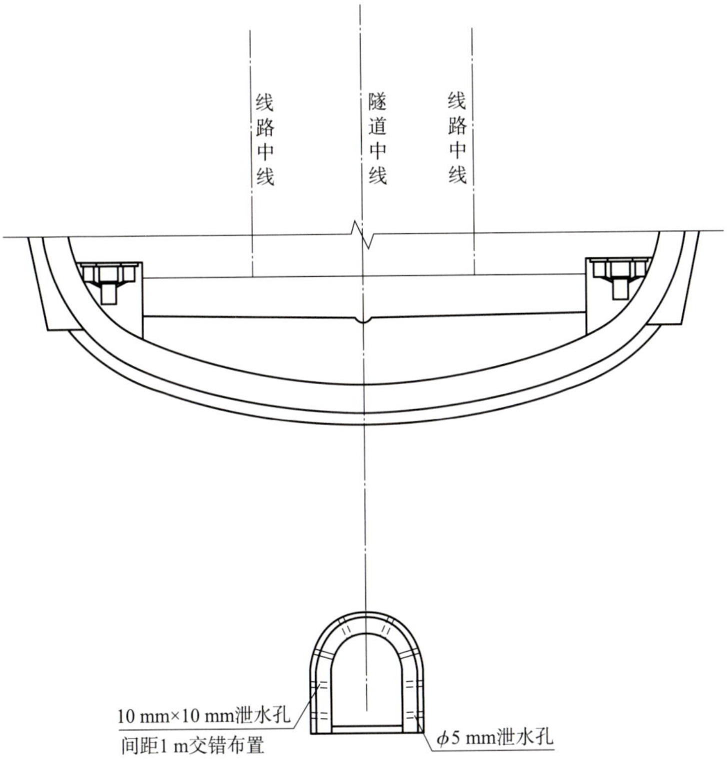

图6.4.4 防寒泄水洞

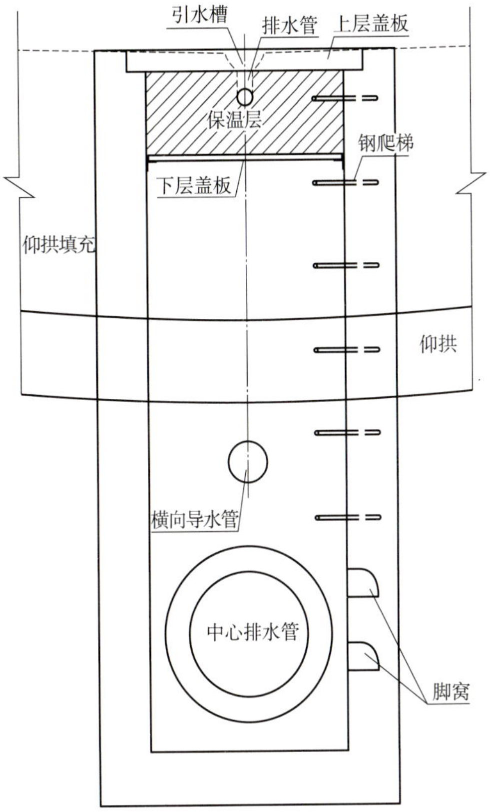

图6.4.5 保温检查井

2. 深埋盲沟及排水横沟

设置深埋水沟段应设置位于冻结线之外的深埋环向盲沟，盲沟内的水均直接引入排水横沟内，再经排水横沟引至深埋水沟内，如图6.4.6和图6.4.7所示。

3. 洞外排水暗沟

保温水沟、深埋水沟及防寒泄水洞中的水流出隧道后，应结合洞口地形条件采用暗沟形式将水排入地形低洼处或河道内。排水暗沟一般采用明挖法施工，埋置于最大冻结深度之下，其坡度不宜小于5‰，纵向间隔约50 m设置一个检查井。洞外排水暗沟一般采用钢筋混凝土预制管，其管径可与深埋保温水沟相同。

4. 保温出水口

在洞外排水暗沟的末端，应于地形低洼且背风向阳处设置保温出水口。目前常用的保温出水口形式有圆包式、端墙式以及三排管式，如图6.4.8～图6.4.10所示。

圆包式保温出水口适用于地形较为陡峭、洞外排水条件较好的位置；端墙式保温出水口适用于地形陡峭、洞外排水条件非常好且隧道内的水经保温出水口后能迅速排走的位置；三排管式保温出水口适用于地面平缓、洞外排水条件较为困难的位置，如图6.4.11所示。

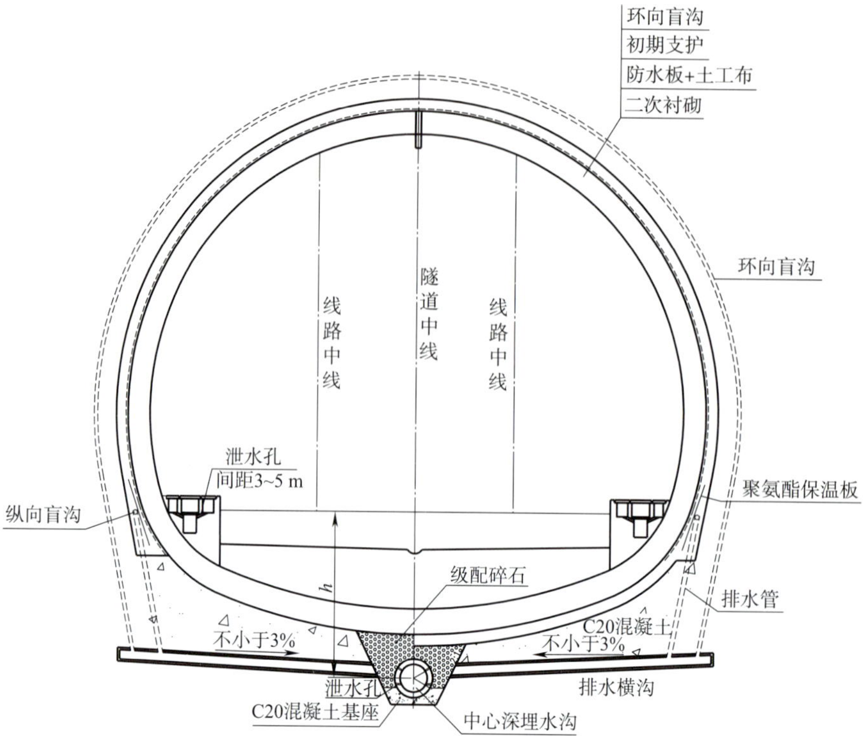

图 6.4.6 设置深埋水沟段的保温盲沟及排水横沟

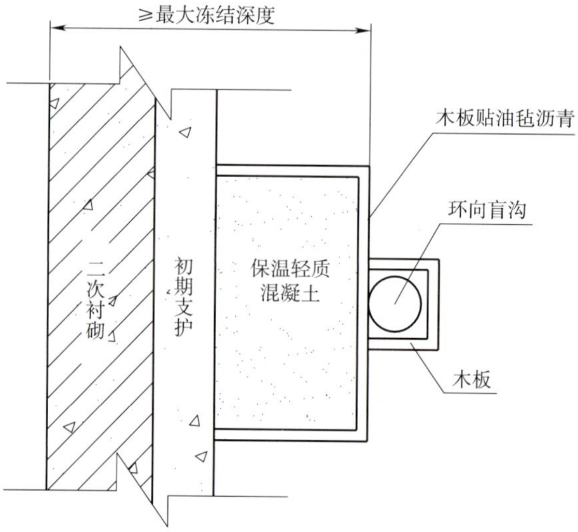

图 6.4.7 环向保温盲沟

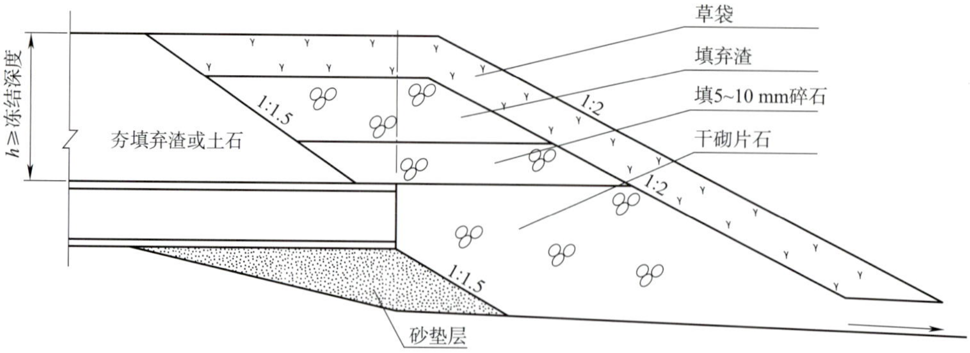

图 6.4.8 圆包式保温出水口

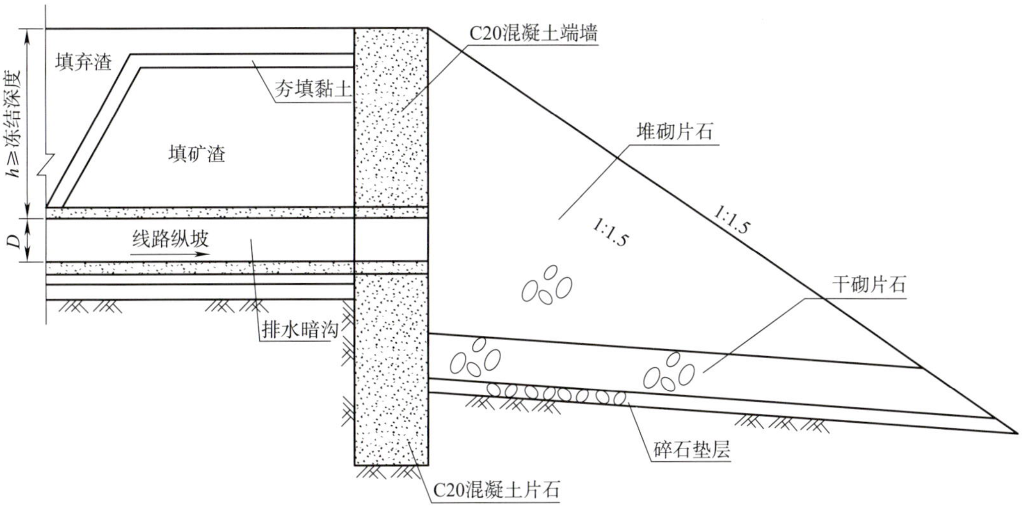

图 6.4.9 端墙式保温出水口

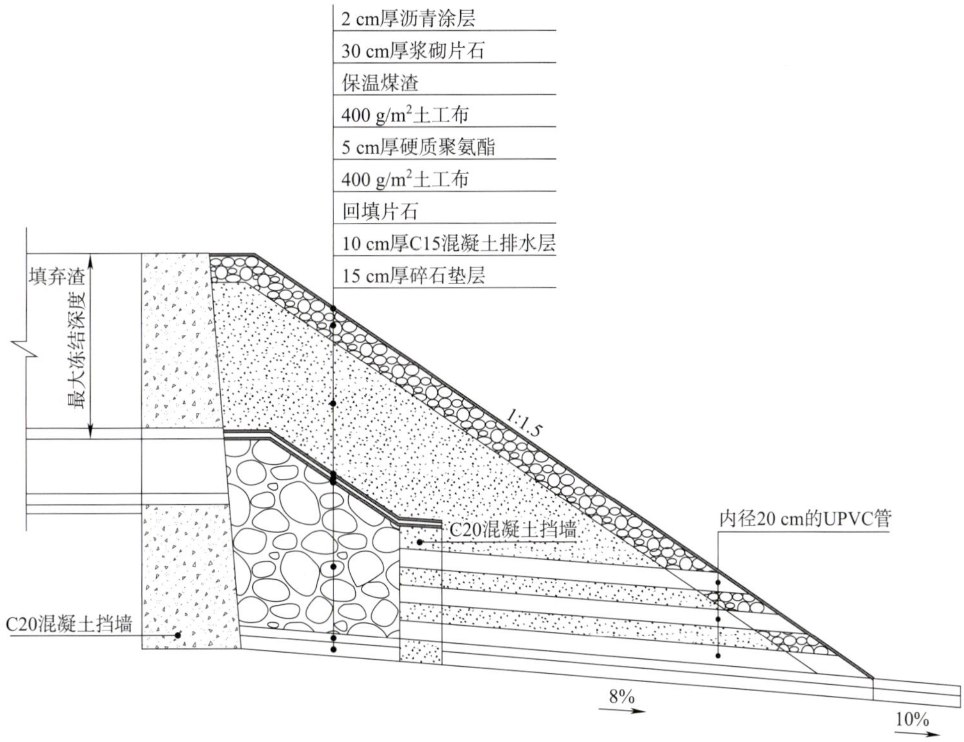

图 6.4.10 三排管式保温出水口

图 6.4.11 保温出水口实景

6.5 防排水材料标准及工艺

6.5.1 主要防排水材料技术指标

1. 防 水 板

1）塑料防水板

（1）原材料要求

防水板生产用原材料不得使用再生料。

（2）规格尺寸及偏差

防水板的规格尺寸及允许偏差见表 6.5.1，特殊规格由供需双方商定。

表 6.5.1 防水板的规格尺寸及允许偏差

项　目	厚　度(mm)	宽　度(m)	长　度(m)
规　格	1.5，2.0，2.5，3.0	2.0，3.0，4.0	20 以上
平均偏差	不允许出现负值	不允许出现负值	不允许出现负值
极限偏差(%)	-5	-1	—

（3）外观质量

防水板在规格确定的长度内不允许有接头，表面应平整，边缘应整齐，无裂纹、机械损伤、折痕、孔洞、气泡及异常黏着部分等影响使用的缺陷。其外观颜色应为材料本色，不得添加颜料和填料，特殊要求除外。在不影响使用的条件下，防水板表面凹痕深度不得超过厚度的 5%。

（4）物理力学性能

防水板的物理力学性能应符合表 6.5.2 的规定。

表 6.5.2 防水板的物理力学性能

序　号	项　目		指　标		
			EVA	ECB	PE
1	断裂拉伸强度(MPa)		≥18	≥17	≥18
2	扯断伸长率(%)		≥650	≥600	≥600
3	撕裂强度(kN/m)		≥100	≥95	≥95
4	不透水性(0.3 MPa/24 h)		无渗漏	无渗漏	无渗漏
5	低温弯折性(℃)		≤-35	≤-35	≤-35
6	加热伸缩量(mm)	延　伸	≤2	≤2	≤2
		收　缩	≤6	≤6	≤6
7	热空气老化(80℃×168 h)	断裂拉伸强度(MPa)	≥16	≥14	≥15
		扯断伸长率(%)	≥600	≥550	≥550
8	耐碱性〔饱和 $Ca(OH)_2$ 溶液×168 h〕	断裂拉伸强度(MPa)	≥17	≥16	≥16
		扯断伸长率(%)	≥600	≥600	≥550
9	人工候化	断裂拉伸强度保持率(MPa)	≥80	≥80	≥80
		扯断伸长率保持率(%)	≥70	≥70	≥70
10	刺破强度(N)	1.5 mm	300	300	300
		2.0 mm	400	400	400
		2.5 mm	500	500	500
		3.0 mm	600	600	600

2）自粘式防水板

自粘式防水板生产用原材料不得使用再生料，其余技术要求见表 6.5.3。

表 6.5.3 自粘型高分子复合防水板技术性能指标

项目		单面自粘型	双面自粘型	检测依据
材料性能	胎基	EVA 新料，单面自粘型厚 1.5 mm，双面自粘型厚 0.8 mm，透明或半透明		GB 18173.1—2012 附录 A
	粘结面（带浅色保护膜，与胎基复合）	单面自粘，可湿铺	双面自粘，可湿铺	
	土工布（与胎基复合）	复合土工布 350 g/m^2		
	幅宽（m）	≥2		GB 18173.1—2012 中 5.1
外观		成卷卷材应卷紧、卷齐，里进外出小于等于 20 mm；卷材表面平整，无可见缺陷；柔度要求是规定温度以上易展开；接头不超过一个		
断裂拉伸强度（N/cm）	常温	≥210	≥200	GB 18173.1—2012 中 6.3.2 复合片方法
扯断伸长率（%）	常温	≥110	≥100	
撕裂强度（N）		≥120	≥100	
不透水性	24 h 无渗漏	≥0.8 MPa		JC 898—2002 中 5.4.3
耐温度（℃）	70℃，加热 2 h	无气泡，无滑动		JC 898—2002 中 5.4.4
低温柔性（℃）		≤ -35℃		JC 898—2002 中 5.4.6
与混凝土剪切性能（N/mm）	常温	≥4.0		参照 Q/JL 1—2007 标准
与混凝土剥离性能（N/mm）	常温	≥2.0		
与水泥砂浆粘结强度（N/mm）	常温	剪切性能大于等于 6.0 或粘合面外断裂		
	常温	剥离性能大于等于 2.0 或粘合面外断裂		
粘结面耐水性	与水泥砂浆剪切性能保持率（%）	≥80		
人工候化	拉力保持率（%）	≥80		GB/T 18244—2000
	柔度（-10℃，φ20 mm，3 s）	180°无裂纹		
	100% 伸长率外观	无裂纹，无气泡		

2. 防水涂料

最常用的防水涂料是水泥基渗透结晶型防水涂料，其技术指标详见表 6.5.4。

表 6.5.4 水泥基渗透结晶型防水涂料主要技术指标

序号	试验项目		性能指标
1	外观		均匀、无结块
2	含水率（%）		≤1.5
3	细度，0.63 mm 筛余（%）		≤5
4	氯离子含量（%）		≤0.10
5	施工性	加水搅拌后	刮涂无障碍
		20 min	刮涂无障碍
6	28 d 抗折强度（MPa）		≥2.8
7	28 d 抗压强度（MPa）		≥15.0

续上表

序号	试验项目		性能指标
8	28 d 湿基面粘结强度(MPa)		≥1.0
9	砂浆抗渗性能	28 d 抗渗压力比(带涂层)(%)	≥250
		28 d 抗渗压力比(去除涂层)(%)	≥175
10	混凝土抗渗性能	28 d 抗渗压力比(带涂层)(%)	≥250
		28 d 抗渗压力比(去除涂层)(%)	≥175
		56 d 带涂层混凝土的第二次抗渗压力(MPa)	≥0.8
11	基准砂浆和基准混凝土 28 d 抗渗压力应为 0.40 MPa，并在产品质量检验报告中列出		

3. 施工缝、变形缝防水材料

施工缝、变形缝主要防水材料有止水带(包括橡胶止水带、塑料止水带、钢板腻子止水带)、遇水膨胀止水条、聚硫密封胶、混凝土界面剂等。各种防水材料的技术指标详见表 6.5.5 ~ 表 6.5.8。

表 6.5.5 橡胶止水带物理力学性能

序号	项目		变形缝用	施工缝用
1	硬度(邵氏 A)		60 度 ±5 度	60 度 ±5 度
2	拉伸强度(MPa)		≥15	≥12
3	扯断伸长率(%)		≥450	≥450
4	压缩永久变形(%)	70℃ ×24 h	30	30
		23℃ ×168 h	20	20
5	撕裂强度(kN/m)		≥30	≥25
6	脆性温度(℃)		≤ -45	≤ -45
7	热空气老化(70℃ ×168 h)	硬度变化(邵氏 A)	≤ +6 度	≤ +6 度
		拉伸强度(MPa)	≥12	≥10
		扯断伸长率(%)	≥400	≥400
8	耐碱性〔饱和 $Ca(OH)_2$ 溶液 23℃ ×168 h〕	硬度变化(邵氏 A)	≤ +6 度	≤ +6 度
		拉伸强度(MPa)	≥12	≥10
		扯断伸长率(%)	≥400	≥400
9	臭氧老化(50 ppm：20%，40℃，48 h)		无龟裂	无龟裂
10	钢边橡胶止水带橡胶与金属粘合		R 型破坏	

表 6.5.6 塑料止水带物理力学性能

序号	项目		EVA	ECB
1	拉伸强度(MPa)		≥16	≥16
2	扯断伸长率(%)		≥600	≥600
3	撕裂强度(kN/m)		≥60	≥60
4	低温弯折性(℃)		≤ -40	≤ -40
5	热空气老化(80℃ ×168 h)	100% 伸长率(外观)	无裂纹	无裂纹
		拉伸强度保持率(%)	≥80	≥80
		扯断伸长率保持率(%)	≥70	≥70
6	耐碱性〔饱和 $Ca(OH)_2$ 溶液 ×168 h〕	拉伸强度保持率(%)	≥80	≥80
		扯断伸长率保持率(%)	≥90	≥90

表 6.5.7 遇水膨胀止水条主要技术指标

项目		指标
硬度(邵尔 A)		42 度 ±7 度
拉伸强度(MPa)		≥3.5
扯断伸长率(%)		≥450
体积膨胀率(%)		≥200
反复浸水试验	拉伸强度(MPa)	≥3
	扯断伸长率(%)	≥350
	体积膨胀率(%)	≥200
低温弯折(-20℃ ×2 h)		无裂纹
防霉等级		≥2 级

表 6.5.8 钢板腻子止水带、聚硫密封胶及混凝土界面剂技术指标

序号	材料名称	技术指标
1	钢板腻子止水带	幅宽不小于 300 mm，厚 6 mm，拉伸强度大于等于 0.06 MPa，延伸率大于等于 1 000%，腻子胶与钢板粘结剪切强度大于等于 0.1 MPa，与混凝土粘结剪切强度大于等于 0.09 MPa，耐低温 -40°不脆裂，耐高温 150°不流淌
2	聚硫密封胶	密度为(1.6 ±0.1)g/cm^3，适用期为 2 ~6 h，表干时间小于等于 24 h，下垂度小于等于 1 mm，恢复率大于等于 80%，低温柔性为 -55℃，粘结强度大于等于 0.4 MPa，伸长率大于等于 500%，颜色接近混凝土
3	混凝土界面剂	白色乳液，黏度为 0.025 ~0.06 Pa·s，pH 值为 7 ~8.5，固体含量为 5.6% ~7%，抗拉粘结强度大于等于 0.2 MPa，剪切强度大于等于 0.4 MPa，干燥时间大于等于 2 h

4. 排水材料

1) 盲　管

常用的排水盲管有 HDPE 双壁打孔波纹管和硬质 PVC 排水管，其技术指标详见表 6.5.9 和表 6.5.10。

表 6.5.9 HDPE 双壁打孔波纹管技术指标

序号	项目	技术指标
1	外观	内壁均匀光滑，透水孔均匀地打在波谷高度的 1/2 以下，打在波谷高度 1/2 以上的孔数不大于总数的 10%
2	材质	PE80 混配料，密度为 0.941 ~0.965 g/cm^3
3	纵向回缩率(110℃)	小于等于 3.0%，管材无分层、开裂和起泡
4	熔体流动速率 MFR (5 kg，190℃，g/10 min)	0.2 ~1.1，管材、管件的 MFR 与原料颗粒的 MFR 相差值不应超过 0.2
5	静液压强度试验(80℃，165 h，4.6 MPa)	管材及管件 OIT≥20
6	管材环刚度	正洞使用时 S_R ≥8 kN/m^2，弃渣场使用时 S_R ≥12.5 kN/m^2
7	管件加热试验(110℃ ±2℃，1 h)	管件无分层、开裂和起泡
8	开孔	在开孔范围内开孔率不小于 40%，开孔为长条型，孔口的大小可为 10 mm ×1.5 mm ~30 mm ×1.5 mm，在开孔范围均匀分布
9	透水面积	≥45 cm^2/m
10	弯曲度	≤2%

表 6.5.10 硬质 PVC 排水管技术指标

序号	项目	指标
1	密度(g/m^3)	≤1.55
2	环刚度(kN/m^2)	≥8
3	维卡软化温度(℃)	≥79
4	冲击性能	TIR≤10%
5	环柔性	圆滑，无反向弯曲，无破裂
6	烘箱试验	无分层、开裂、起泡
7	蠕变比率	≤2.5

2）土 工 布

高速铁路隧道用土工布的技术指标见表 6.5.11。

表 6.5.11 土工布技术指标

序号	项目	技术指标	备注
1	单位面积质量(g/m^2)	≥350	
2	单位面积质量偏差(%)	7	
3	厚度(mm)	≥2.8	
4	幅宽偏差(%)	-0.5	
5	断裂能力(kN/m)	≥20.5	纵横向 MD/CD
6	断裂延伸率(%)	≥60	纵横向 MD/CD
7	CBR 顶破强力(kN)	≥3.5	
8	等效孔径 O_{90}(O_{95})(mm)	≥0.148	
9	垂直渗透系数(cm/s)	$K\times(10^{-1}\sim10^{-3})$，$K=1.0\sim9.9$	
10	撕破强力(kN)	≥0.56	纵横向 MD/CD
11	化学稳定性、生物稳定性	耐高温、抗冷冻、耐老化、耐腐蚀	

6.5.2 塑料防水板铺设工艺

高速铁路隧道防水板铺设质量决定着防水效果的好坏。根据相关规范要求，防水板采用无钉铺设法铺设。无钉铺设法是指先在喷混凝土面上用明钉固定缓冲层，然后将防水板焊接或粘合在缓冲垫层上，这样在防水板上就没有被穿透的钉孔，就像没有钉子一样。铺设工艺包括铺设准备、缓冲层铺设、防水板铺设、防水板焊接等环节。

1. 铺设前的准备

防水板铺设前应做好以下工作：

（1）检查喷混凝土基面的渗漏水，有水时应引排，保持基面无明显渗漏水。

（2）详细检查初期支护表面，清除钢筋头、网片、铁丝等凸出、尖锐的物体及编织袋等杂物，防止将防水板刺破、损坏。检查喷混凝土面是否平整，平整度应符合 $D/L\leq1/10$ 的要求（D 为喷混凝土基层相邻两凸面凹进去的深度，L 为基层相邻两凸面间的距离）。凹坑深宽比不满足要求时，应采用喷混凝土或抹水泥砂浆找平处理。

（3）清除转移妨碍防水板铺设的一切障碍，如电缆、水管等。

（4）目测检查防水板外观质量，两侧接缝焊接处留口是否满足要求。

2. 缓冲层铺设

土工布作为防水板的防刺破保护层和缓冲层并起一定的排水作用，其铺设过程如下：

（1）将土工布横向中线与隧道中线对齐重合。

（2）由拱顶向两侧墙进行铺设。

（3）采用与防水板同材质的 ϕ80 mm 专用塑料垫圈压在土工布上，使用射钉或胀管螺丝锚固。

（4）缓冲层搭接宽度为 5 cm。

（5）锚固点应垂直于基面并不得超出圆垫衬平面，锚固点呈梅花形布置。其间距，拱顶部分为 0.5～0.7 m，边墙为 1.0～1.2 m，在凹凸处适当增加锚固点。

3. 防水板铺设

防水板一般采用专用台车铺设，有条件时也可采用防水板自动铺设机铺设。铺设过程如下：

（1）先用台车将防水板固定到预定位置，然后用手动电热熔接器加热，使防水板焊接在土工布的专用热熔衬垫上。防水板铺设要松紧适度，使之能与土工布充分重合并紧贴在喷混凝土表面。防水板间搭接缝应与变形缝、施工缝等防水薄弱部位错开 1 m 以上，具体如图 6.5.1 所示，铺设现场情况如图 6.5.2 所示。

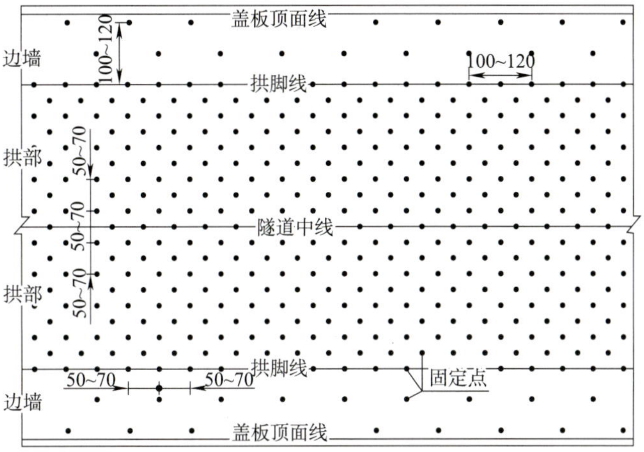

(a) 防水板铺设平面展示

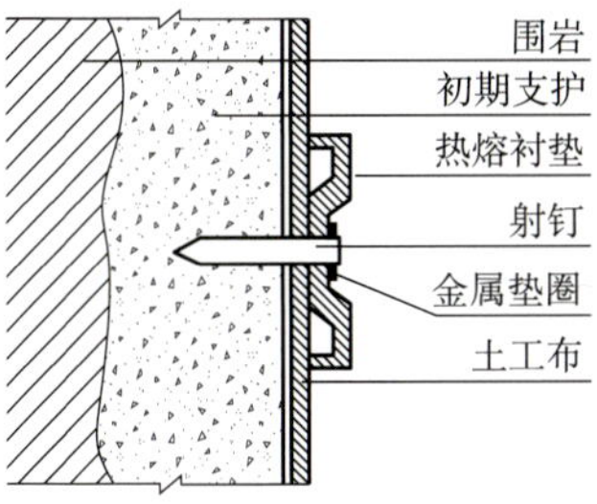

(b) 固定点土工布铺设

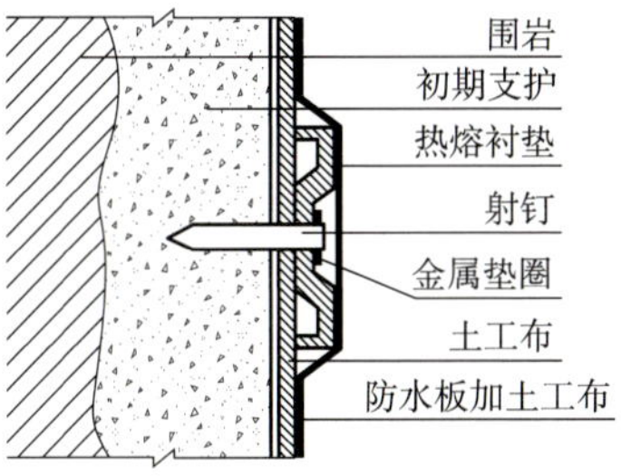

(c) 固定点防水板铺设

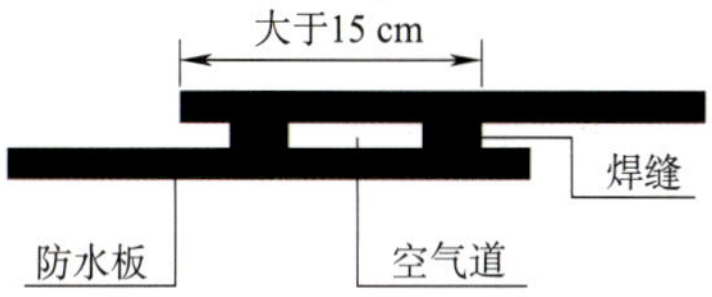

(d) 防水板焊接

图 6.5.1　防水板铺设工艺

(a) 土工布铺设

(b) 防水板铺挂效果

图 6.5.2　防水板铺设现场

（2）防水板间自动热熔焊接用自动双缝热熔焊接机按照预定的温度、速度焊接，单条焊缝的有效焊缝宽度不小于 1 cm。焊接前先除尽防水板表面的灰尘再焊接，防水板搭接宽度须大于 15 cm。

（3）焊接后两条缝间留一条空气道，用空气检测器检测焊接质量，标准是 0.25 MPa 压力保持 10 min 以上，若压力下降在 10% 以内则为焊缝合格。如焊缝不合格，须用检测液（如肥皂水）涂在焊缝上，找出漏气部位，再进行补焊，直至合格。充气检测的长度不宜大于 40 m。

（4）如发现防水板有破损，必须及时修补。先取一小块防水板，除尽两防水板上的灰尘后，将其置于破损处，然后用手动电热熔接器熔接。熔接质量用真空检测器检测，若不合格必须重新修补。

6.5.3 自粘式防水板铺设工艺

自粘式防水板的铺设方法有无钉铺设法、固定点吊挂铺设法和明钉铺设法三种。其中，无钉铺设法与普通塑料防水板相同，但由于防水板内表面的粘结层在热熔焊接时容易熔化，影响施工操作和防水效果，因而较少采用。

1. 固定点吊挂铺设法

铺设防水板之前，需进行防水板预铺。悬挂防水板时，先将厂家预制在防水板上的吊带打个结，然后在已铺设土工布的初期支护面上射入已加工好的射钉，射钉上面绑有铁丝，将铁丝穿过防水板已打好结的吊带，最后将防水板扭紧悬挂于射钉上，如图 6.5.3 所示。射钉间距根据已加工好的防水板背后的吊带的间距确定，一般拱部为 0.6 m，边墙为 1 m，呈梅花形布置。防水板要超前铺挂，即每一衬砌循环的防水板铺挂长度至少比该衬砌长度长 1 m。

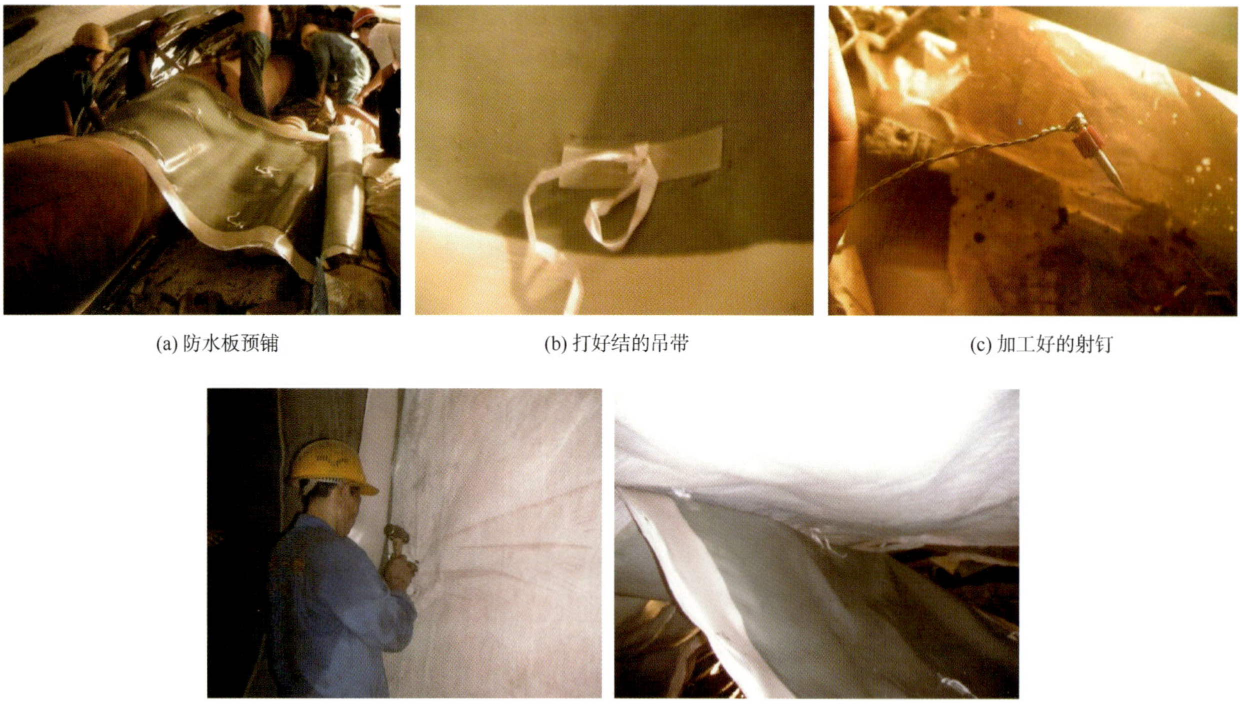

(a) 防水板预铺　(b) 打好结的吊带　(c) 加工好的射钉

(d) 钉入射钉　(e) 固定防水板

图 6.5.3 自粘式防水板固定点吊挂铺设法

采用固定点吊挂铺设法铺设时，防水板铺设从上到下、由拱部向边墙两侧同时进行。从拱部开始铺设时，需同时挂设三排固定点，防止因单排强度不够而将固定点拽掉。

从固定点吊挂铺设法现场铺设工艺试验结果看，其缺点如下：

（1）防水板背后吊带处易产生局部应力集中，会对防水板产生一定不利影响。

（2）防水板吊带固定到射钉上时，操作困难，仅能伸进一只手扭紧铁丝。此外防水板下沉量较大，特别是拱部最大下沉量可达 20 cm，以致影响二次衬砌的拱部钢筋绑扎。

（3）因吊带强度不够或吊带与防水板的固定强度不够，容易产生固定点脱落。特别是浇筑二次衬砌混凝土时，由于混凝土流动及振捣等容易将防水板固定点扯断。

（4）铺设效率低。根据现场试验，基本每铺设一组 7.8 m，需要 10 ~ 12 h。

（5）铺设成本高。由于防水板背后需要增设吊带，且需要大量铁丝，需增加大量的工费及材料成本费等。

2. 明钉铺设法

由于固定点吊挂铺设存在上述缺点，因此一般采用明钉铺设法，如图 6.5.4 所示。此法在铺设防水板之前，同样需进行防水板预铺。防水板铺设从上到下、由拱部向两侧边墙同时进行。射钉间距一般拱部为 0.6 m，边墙为 1 m，呈梅花形布置。射钉部位采用直径不小于 15 cm 的圆形双面自粘式防水板进行修补。

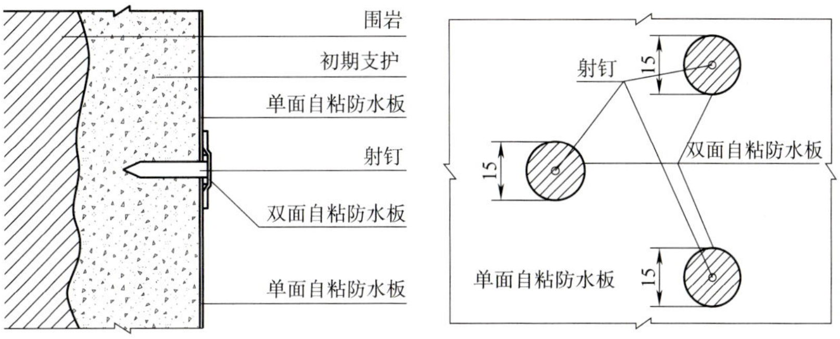

图 6.5.4　自粘式防水板明钉法铺设（单位：cm）

明钉铺设法的主要优缺点如下：

（1）操作简单、快捷。在预铺防水板后，可采用射钉将防水板直接固定在初期支护上。

（2）铺设效率高。铺设工艺试验时，基本每铺设一组 7.8 m，仅需 5 ~ 7 h。

（3）铺设成本低。不需要铁丝，减少了大量的工费及材料成本费等。

（4）射钉部位由于防水板被刺穿，修补工作量大，且地下水容易通过射钉部位的孔洞窜入防水板与二次衬砌之间，导致防水板局部失效。

6.5.4　止水带安装工艺

止水带是施工缝和变形缝的主要防水防线。止水带的长度应根据现场要求事先向生产厂家定制，一般长度为一环的长度，以尽量避免设置接头。当确需接头时，应采取搭接、复合连接、对接等方式处理，搭接和复合连接的连接长度不小于 10 cm，且连接部位应采用现场热硫化处理。

止水带安装应确保位置准确、固定牢靠。中埋式止水带的安装应利用附加钢筋、卡子、铁丝、模板等将止水带固定，宜采用专用钢筋套或扁钢固定。采用扁钢固定时，止水带端部应先用扁钢夹紧，并将扁钢与结构内钢筋焊接牢固。

中埋式止水带应固定在挡头模板上，先施工侧混凝土浇筑时，其端模应支撑牢固，严防漏浆。固定止水带时不能在止水带上穿孔打洞，不得损坏止水带本体部分，还应防止止水带偏移，以免缩短另一侧的长度，影响防水效果。安装止水带时，沿止水带每隔 0.5 ~ 1.0 m 在挡头模板上钻一个 ϕ12 mm 的钢筋孔，将预制的钢筋卡穿过挡头模板，内侧卡紧止水带的一半，另一半平靠在挡头板上，待混凝土凝固拆除挡头板后，将止水带拉直，然后弯钢筋卡紧止水带。浇筑另一端混凝土时，应采用箱形模板保护。中埋式止水带的固定方法如图 6.5.5 所示。

背贴式止水带安装时应与防水板焊接或粘结牢固，保证混凝土浇筑时不变形、不移位。

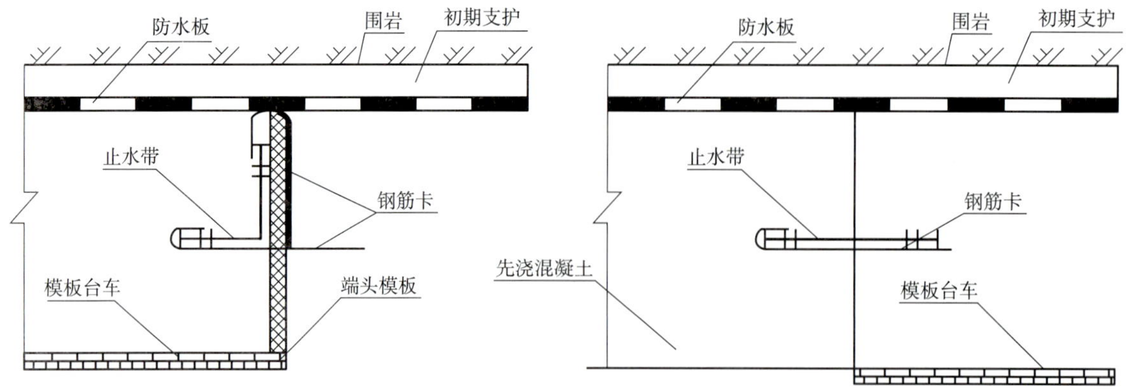

(a) 中埋式止水带的固定方法

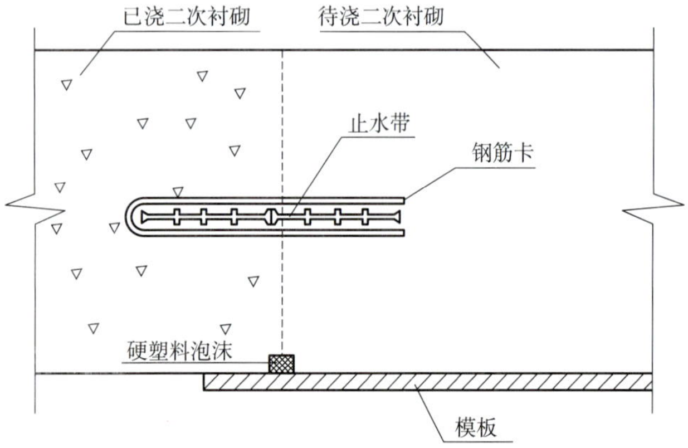

(b) 素混凝土中固定大样

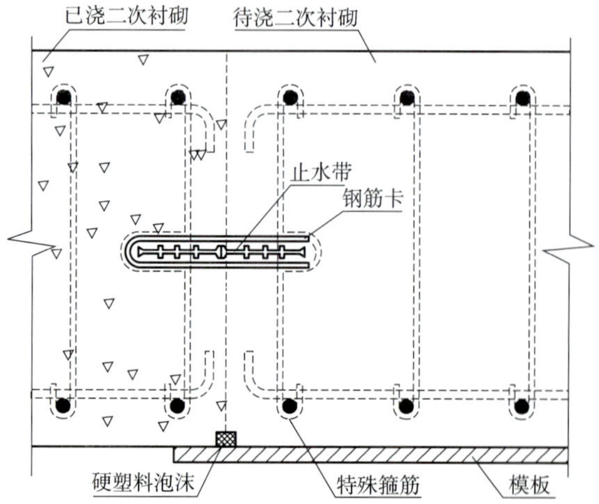

(c) 钢筋混凝土中固定大样

图 6.5.5 中埋式止水带的固定方法

参 考 文 献

[1] 国家铁路局. 高速铁路设计规范(TB 10621—2014)[S]. 北京: 中国铁道出版社, 2014.
[2] 中华人民共和国铁道部. 铁路隧道设计规范(TB 10003—2005)[S]. 北京: 中国铁道出版社, 2005.
[3] 中华人民共和国住房和城乡建设部, 中华人民共和国国家质量监督检验检疫总局. 地下工程防水技术规范(GB 50108—2008)[S]. 北京: 中国计划出版社, 2009.
[4] 中华人民共和国铁道部. 铁路隧道防水材料暂行技术条件 第1部分: 防水板(科技基〔2008〕21号)[S]. 北京: 中国铁道出版社, 2008.
[5] 中华人民共和国铁道部. 铁路隧道防水材料暂行技术条件 第2部分: 止水带(科技基〔2008〕21号)[S]. 北京: 中国铁道出版社, 2008.
[6] 铁道部经济规划研究院. 铁路隧道防排水施工技术指南(TZ 331—2009)[S]. 北京: 中国铁道出版社, 2009.
[7] 铁道部工程设计鉴定中心. 高速铁路隧道[M]. 北京: 中国铁道出版社, 2006.
[8] 铁道部第二勘测设计院. 铁路工程设计技术手册·隧道[M]. 北京: 中国铁道出版社, 1995.
[9] 肖明清. 防水型复合式衬砌隧道的设计要点[J]. 铁道工程学报, 2008, 119(8): 54-57.
[10] 铁道部经济规划研究院. 时速350公里客运专线铁路双线隧道复合式衬砌(通隧〔2008〕0301号)[S]. 2008.
[11] 中铁第四勘察设计院集团有限公司, 等. 武广客运专线隧道全封闭防水技术研究[R]. 2009.
[12] 中铁第四勘察设计院集团有限公司, 等. 高速铁路路桥隧工程技术总结[R]. 2014.

7 辅助坑道及附属构筑物

为改善隧道内排水、通风、运输等施工条件和增辟开挖面而设置的与隧道相连的坑道称为隧道辅助坑道，包括横洞、平行导坑、斜井、竖井、泄水洞等。为满足隧道交通运营、维修、人员待避等配套的构筑物称为隧道附属构筑物，通常包括沟槽、设备洞室等。辅助坑道及附属构筑物也是高速铁路隧道的重要组成部分。

7.1 辅助坑道设计

7.1.1 辅助坑道类型和设置原则

1. 辅助坑道类型

设置辅助坑道的目的主要是增加隧道施工的工作面以缩短工期，改善施工通风、排水条件，缩短独头运输距离，缓解隧道空气动力学效应等。辅助坑道一般为隧道的临时性附属工程，当作为运营及防灾服务使用(如运营通风风道、疏散救援通道、泄水洞、缓冲结构等)时，则成为隧道永久性附属建筑物。

隧道辅助坑道分为横洞、平行导坑(简称平导)、斜井、竖井四种，其类型及适用条件见表 7.1.1。

表 7.1.1 辅助坑道类型及适用条件

辅助坑道类型		适用条件
横洞	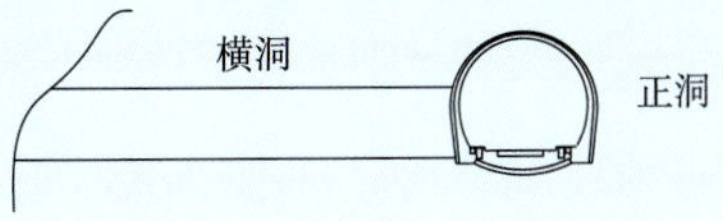	1. 隧道傍山、沿河 2. 桥隧相连，施工干扰大或进出口场地狭窄 3. 地质不良、公铁干扰，难以进洞时
平行导坑	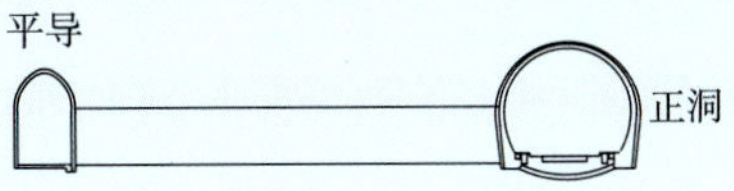	1. 较长的深埋隧道，不宜采用其他辅助坑道时 2. 有大量地下水，兼做排泄通道时 3. 远期计划增建二线或设计为运营维修养护、防灾救援的通道
斜井	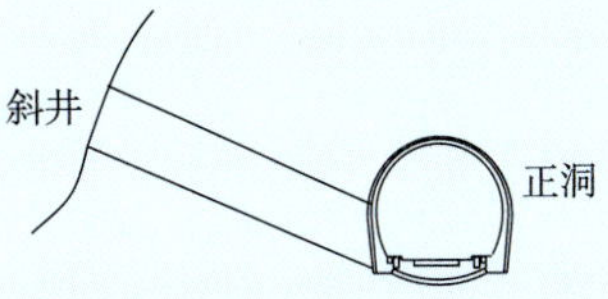	1. 隧道长，但隧道旁有低洼地形，并且地质条件允许设置坑道 2. 隧道长，无设置横洞条件
竖井	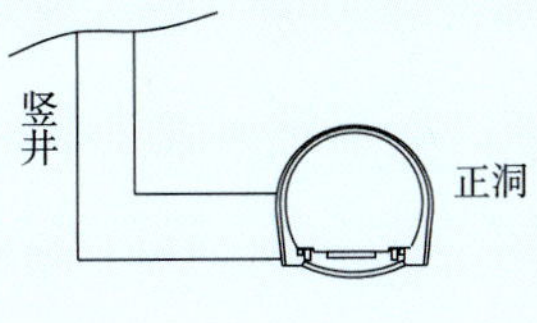	1. 隧道长，无设置横洞、斜井的条件 2. 洞顶地质条件较好，覆盖较薄 3. 用于通风时比较优越
泄水洞		1. 洞身穿越富含地下水的岩溶溶腔 2. 地下水发育，正常排水设施不能满足排水要求 3. 排水降压，运营隧道基底水害治理

1）横　　洞

当隧道沿河傍山、侧面覆盖较薄或洞口受地形及其他条件限制难以进洞时，可以考虑设置横洞，其掘进方向应根据正洞的主工作面方向确定，横洞中线与正洞连接处的平面交角一般不小于40°。横洞的纵向坡度应设计为向洞外不小于3‰的下坡，以利于施工排水。

横洞有利于施工中的排水，有利于隧道内安全，且纵坡小，施工效率高，可以达到以较小的投入形成高生产能力的目标。在隧道需要设置辅助坑道时，如有条件，应当优先考虑采用横洞。

2）斜　　井

斜井是隧道工程最常用的辅助坑道形式，可分为有轨运输斜井和无轨运输斜井。当隧道沿河傍山侧覆盖较薄或洞身位置有沟谷通过时，可以考虑设置斜井。对于越岭长隧道，在方案研究阶段，当工期难以满足要求时，多结合斜井的设置来选择越岭隧道位置，以保证工期目标的实现。

无轨运输斜井的技术难题是施工通风问题。在长斜井中，重载汽车尾气污染对通风的影响往往要大于爆破烟尘，在多工作面施工时，空气污染十分严重，必须设计有效、可靠的施工通风系统。无轨运输斜井的施工工区总长度不宜大于5 km。斜井布置要求如下：

（1）无轨运输斜井综合坡度不大于10%，最大坡度不大于12%。斜井轴线与隧道轴线一般采用正交形式，正交困难时可采用斜交形式，最小交角宜采用40°～45°。

（2）当斜井采用单车道断面时，斜井井身每隔200～300 m设一处错车段。错车段采用缓坡，坡度为2%～3%，长度为30 m。

（3）当斜井采用双车道断面时，为考虑运输安全，斜井井身每隔200～300 m设一处缓坡段，坡度为2%～3%，长度为30 m。对于长大斜井，如有条件，还应间隔1 km左右设置供制动失灵车辆使用的缓冲支洞。

3）平行导坑

深埋长隧道难于采用其他辅助坑道，或可能有大量地下水及瓦斯时，可采用平行导坑方案。平导能增加正洞的工作面，增加施工组织的灵活性，加快施工进度，协助正洞解决施工通风、排水和运输干扰问题，其超前正洞部分可作为超前地质探洞，为正洞进行超前地质预报。

（1）平行导坑宜设在地下水发育的一侧，宜设在地质条件较好、场地开阔、交通便利、便于弃渣的一侧。

（2）平行导坑一般与隧道中线平行。为争取较好的地形、地质条件，洞口段可采用与正洞斜交的形式。

（3）平行导坑与隧道之间应设横通道，其间距以500 m左右为宜，横通道位置可结合高速铁路隧道综合洞室位置确定。施工车行横通道中线与隧道中线交角宜为40°～60°，人行横通道中线与隧道中线交角宜为90°。为利用已成隧道作为运输通道，提高运输效率，每隔两个正向横通道宜设一个反向横通道。

（4）平行导坑纵向坡度一般与正洞一致，路面略低于正洞，以便正洞排水能力不能满足排水要求时引入平行导坑排出。

4）竖　　井

竖井是在隧道的上方或一侧设置的一种辅助坑道。竖井采用垂直提升，设备较复杂，安全性较差，特别应注意涌水对施工安全的影响。由于竖井施工效率相对较低，又需要专业化队伍施工，故一般隧道不考虑设置竖井，特别是不宜设置深竖井。

5）泄 水 洞

泄水洞根据隧道施工或运营期间排水的需要而设置。泄水洞一般与正洞平行设置，并且设置在地下水来水一侧，间距宜为20～25 m。泄水洞的底部高程应低于正洞排水沟高程2～3 m，以便引排正洞两侧沟以及中心水沟的流水。

2. 辅助坑道设置原则

（1）辅助坑道的设置，应根据隧道长度、工期、地形、地质、水文等条件，结合施工和运营期间通风、排水、防灾救援、气动效应、人员疏散及弃渣的需要，通过技术经济比较确定。辅助坑道可单个设置，也可多个组合设置。

（2）辅助坑道的洞口在使用期间应不受洪水威胁，要考虑施工场地布置，注重保护环境，要避免弃渣堵塞河道、影响水利、破坏农田等不良后果。

（3）辅助坑道的净空须满足施工期间的使用要求，包括出渣、材料运输、设备进洞、通风、排水及安全间隙等，兼顾运营服务的辅助坑道，尚应满足运营期间的使用要求。

（4）辅助坑道衬砌可根据需要采用喷锚衬砌、喷锚支护整体式衬砌或复合式衬砌等。

（5）特长隧道或长隧道辅助坑道的设置，应在隧道方案研究阶段结合工期进行系统的研究，通过满足工期目标的多种辅助坑道组合方案的经济技术比较，择优选择。在选定隧道位置时，应充分考虑辅助坑道设置条件。辅助坑道设置前，应进行详细的工程地质和水文地质勘测；在地下水发育的地层，设计中应充分考虑抽排水设备能力，在岩溶发育和地下水丰富地区，选用长大斜井和深竖井时应特别慎重。

3. 辅助坑道设置时应注意的几个问题

在进行辅助坑道方案研究时，必须注意以下问题：

（1）长或特长隧道在进行方案设计时，应结合工期综合考虑辅助坑道的设置条件；重点辅助坑道应设置在工程地质条件良好、地质资料明确的地段，否则应进行详细的勘察，查明辅助坑道所在地段的工程地质条件。

（2）在同样的埋深条件下，有轨运输斜井长度仅为无轨运输斜井长度的1/3左右，其优点是建井速度快，出渣能力较强，隧道内施工环境好，但其施工组织较为复杂，对系统的可靠性要求高，故有轨运输斜井最大长度可控制在700 m左右；无轨运输斜井出渣运输、进料能力强大，但施工环境较差，须加强通风，最大长度可控制在2000～2500 m以内，否则其建井时间太长，运输能力受限，宜谨慎设置。受施工通风制约，目前无轨运输斜井的独头施工最大长度可按不超过5000 m考虑(含辅助坑道长度)。

（3）当无轨运输斜井长度超过2000 m时，应与竖井和有轨运输斜井进行经济、技术比较。

（4）近年由于竖井建井技术有很大的发展，其机械化配套技术迅速提高，竖井建井速度可达80～120 m/月，提升能力也有很大提高，故提高了竖井在隧道辅助坑道比选中的价值。竖井深度宜控制在800 m以内。竖井的主要缺点是设备各环节的灵敏度高，需建立完整的检修保修机制。

（5）有轨运输斜井、深竖井进料对施工影响较大，在施工组织安排上正洞可以采用以导坑或部分断面掘进为主，以加快隧道贯通。

（6）对于无轨运输，随着辅助坑道施工设备机械化程度的提高，出渣能力明显加强，在辅助坑道长度适宜、施工进度指标适中的情况下，辅助坑道正反向施工能力之和可超过正洞独头掘进能力，甚至达到正洞独头能力的150%以上。

7.1.2 辅助坑道净空断面

1. 无轨运输辅助坑道断面

高速铁路隧道由于开挖断面大，出渣及进料量大，除竖井外的辅助坑道一般采用无轨运输辅助坑道。对于无轨运输的辅助坑道，其内净空应满足施工运输要求，综合地质条件、支护类型、机械设备、各种管线设置、人行道、安全间隙等因素，同时兼顾考虑通过大型挖装机、混凝土搅拌车等要求拟定。辅助坑道的衬砌断面形式应根据地质条件确定。地质条件好的地段可以采用直墙式，地质条件差的地段宜采用曲墙式。图7.1.1为某高速铁路隧道采用的辅助坑道断面布置，其主要考虑因素如下：

（1）通行净空高度不小于3.8 m，风管直径取1.5 m，风管与车辆间的安全间距为0.3 m。

（2）单车道辅助坑道总宽度为5.1 m，其组成为0.05 m富余量+0.75 m人行道+0.25 m路缘带+3.5 m车道宽+0.25 m路缘带+0.25 m余宽+0.05 m富余量。

（3）单车道辅助坑道的错车道段，坑道总宽度为7.35 m，其组成为0.05 m富余量+0.75 m人行道+0.25 m余宽+3.5 m车道宽+2.5 m停车道宽+0.25 m路缘宽+0.05 m富余量。

（4）双车道辅助坑道总宽度为7.6 m，其组成为0.05 m富余量+0.75 m人行道+0.25 m余宽+

3. 0 m 车道宽 +3. 0 m 车道宽 +0. 25 m 路缘带 +0. 25 m 余宽 +0. 05 m 富余量。

需说明的是，为利于施工，辅助坑道断面也可以实施标准化，通常净空高度取6. 0 ~6. 4 m，单车道坑道净宽取 5. 0 m，单车道坑道的错车道段和双车道坑道净宽取 7. 5 m。

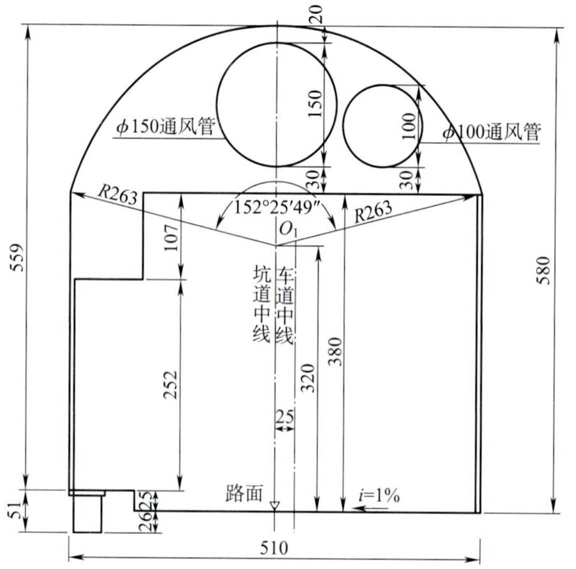

(a) 单车道断面

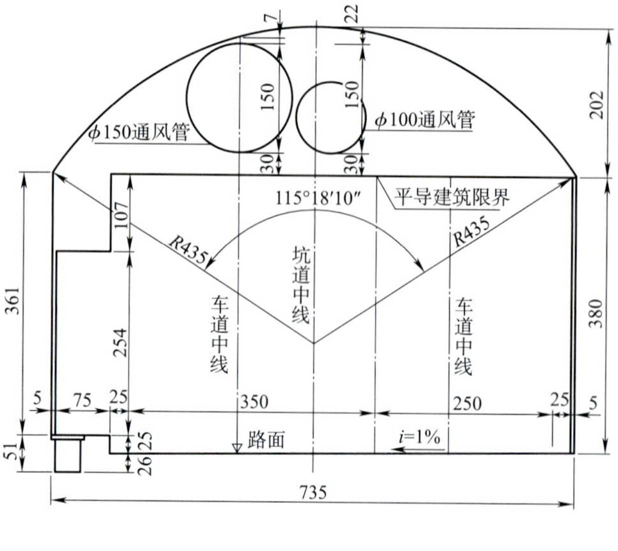

(b) 错车道断面

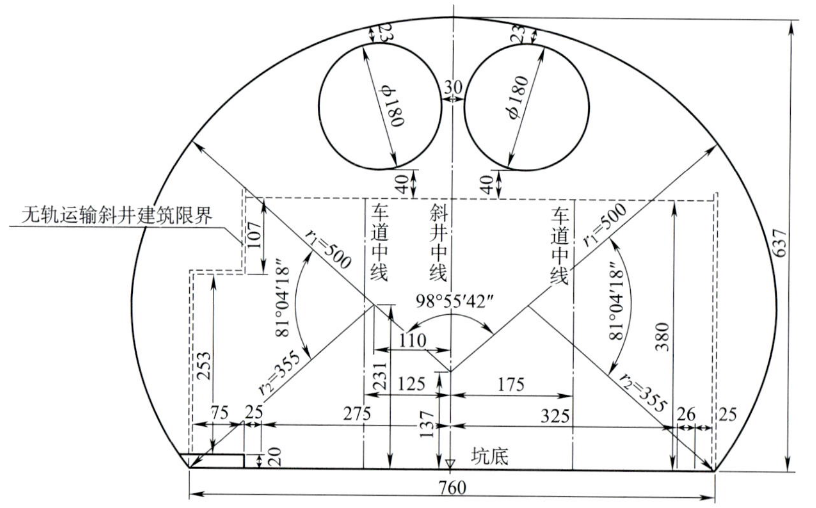

(c) 双车道断面

图 7. 1. 1　无轨运输辅助坑道断面(单位：cm)

2. 有轨运输辅助坑道断面

横洞、斜井、平导采用有轨运输时，其内轮廓的拟定应结合生产能力需要，轨道及风、水、电等管线的布置，生产设备，人行通道宽度等尺寸综合确定。断面布置时，运输车辆与两侧管道、电力线之间的安全距离(有人行道者另计)不得小于 20 cm；铺设双道时，两股道上运行车辆之间的间隙一般不得小于 50 cm。高速铁路隧道需要运输能力大，故一般采用四轨双线断面。图 7. 1. 2 为某隧道采用有轨运输的斜井断面，该断面满足 6 m^3 侧卸式矿车运输以及 H178 三臂台车进洞要求。

3. 竖井断面

竖井的断面形式可采用矩形或圆形。当井深较大时，宜采用圆形；当井深较小时，可以采用直接布置在正洞上方的矩形竖井。采用圆形断面时，井筒内径不宜小于 5 m；采用矩形断面时，其宽度宜大于正洞隧道的开挖宽度，沿隧道的长度宜不小于 6 m。

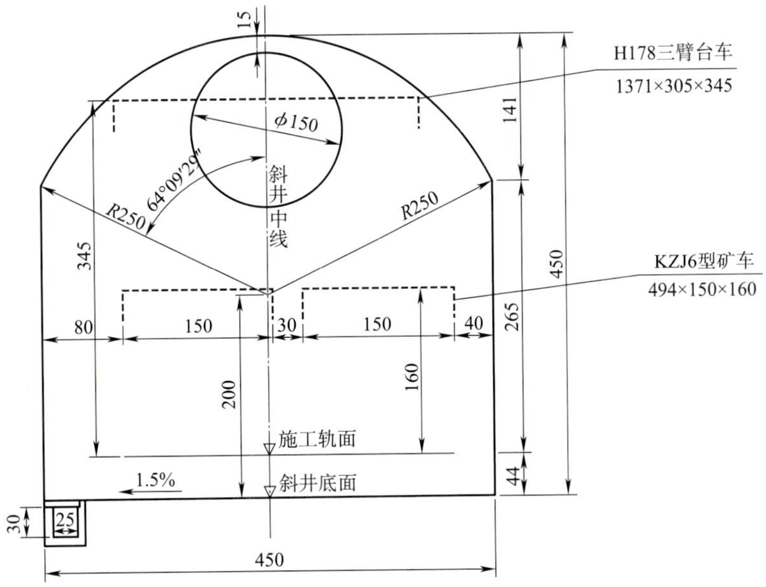

图 7.1.2　有轨运输辅助坑道断面(单位：cm)

7.1.3　支护结构

1. 支护类型及支护参数

辅助坑道一般采用喷锚支护整体式衬砌或喷锚衬砌，作为紧急出口时部分地段也可采用复合式衬砌。喷锚支护整体式衬砌一般用于地质条件较差的地段及辅助坑道与正洞的连接地段，喷锚衬砌一般用于地质条件较好的地段，各种衬砌类型的支护参数应根据工程地质、水文地质、坑道宽度、埋置深度、施工方法、运营服务功能等确定。一般情况下，横洞、斜井、平导等的支护参数可参照表 7.1.2 和表 7.1.3 选用，竖井的支护参数可参照表 7.1.4 选用。为提高工程结构的耐久性，喷混凝土应采用湿喷工艺，强度等级不低于 C25，模筑混凝土强度等级不低于 C25。

表 7.1.2　喷锚支护整体式衬砌设计参数

车道类别	围岩级别	喷混凝土厚度(cm)	模筑衬砌厚度(cm)	锚　杆			钢 筋 网	格栅钢架
				位　置	长 度(m)	间 距(m)		
单车道	Ⅱ	5	20	拱部局部	2	1.2×1.0	—	—
	Ⅲ	6	25	拱部	2	1.2×1.0	—	—
	Ⅳ	10	25	拱墙	2.5	1.0×1.0	拱墙设置	—
	Ⅴ	15～20	30	拱墙	3	0.8×1.0	拱墙设置	局部设置
双车道或错车道	Ⅱ	5	25	拱部局部	2	1.2×1.0	—	—
	Ⅲ	8	25	拱墙	2.5	1.2×1.0	拱部设置	—
	Ⅳ	12	30	拱墙	3	1.0×1.0	拱墙设置	局部设置
	Ⅴ	15～20	35	拱墙	3.5	0.8×1.0	拱墙设置	拱墙设置

表 7.1.3　喷锚衬砌设计参数

车道类别	围岩级别	喷混凝土厚度(cm)	锚　杆			钢 筋 网	钢　架
			位　置	长 度(m)	间 距(m)		
单车道	Ⅱ	8	拱部局部	2	1.2×1.0	—	—
	Ⅲ	10	拱部	2	1.2×1.0	拱部设置	—
	Ⅳ	15～20	拱墙	2.5	1.0×1.0	拱墙设置	必要时拱墙设置
	Ⅴ	18～22	拱墙	3	0.8×1.0	拱墙设置	拱墙、仰拱

续上表

车道类别	围岩级别	喷混凝土厚度(cm)	锚杆			钢筋网	钢架
			位置	长度(m)	间距(m)		
双车道或错车道	Ⅱ	8	拱部局部	2	1.2×1.0	—	—
	Ⅲ	12	拱墙	2.5	1.2×1.0	拱部设置	—
	Ⅳ	15～22	拱墙	3	1.0×1.0	拱墙设置	拱墙
	Ⅴ	18～25	拱墙	3.5	0.8×1.0	拱墙设置	拱墙、仰拱

表 7.1.4 竖井支护参数(直径5～7 m)

围岩级别	喷锚支护	喷锚支护整体式衬砌	
		喷锚支护	模筑衬砌
Ⅱ	喷混凝土厚度为5～10 cm，锚杆长度为2.0～2.5 m，局部设置，必要时加设混凝土圈梁		
Ⅲ	喷混凝土厚度为10～15 cm，锚杆长度为2.0～2.5 m，间距为1.0 m，配置钢筋网，必要时加设混凝土圈梁	喷混凝土厚度为10～15 cm，锚杆长度为2.0～2.5 m，间距为1.0 m，必要时配置钢筋网	25～30 cm
Ⅳ	喷混凝土厚度为20 cm，锚杆长度为2.5～3.0 m，间距为1.0 m，配置钢筋网，必要时加设钢筋混凝土圈梁	喷混凝土厚度为15～20 cm，锚杆长度为2.5～3.0 m，间距为1.0 m，配置钢筋网	30～40 cm
Ⅴ	不宜采用	喷混凝土厚度为20～25 cm，锚杆长度为3.0～3.5 m，间距为1.0 m，配置钢筋网，必要时加设混凝土圈梁	40～50 cm

2. 辅助坑道单层衬砌的应用

合武铁路大别山隧道全长13.256 km，是全线最长的隧道，也是全线的控制性工程。大别山隧道2号斜井位于线路右侧，采用双车道无轨运输，斜井长度为1 077 m，纵坡坡度为8.2%。隧道施工完成后，2号斜井作为运营期的紧急出口。

斜井地层主要为二长花岗岩，中细粒花岗岩，块状构造，岩体较完整，局部节理发育。井口地段岩层风化较严重，岩体破碎，节理发育。地下水为基岩裂隙水，不发育。井身存在节理密集带，岩体切割较破碎，构造裂隙水稍发育。按长度划分，斜井围岩级别为Ⅱ级813 m、Ⅲ级161 m、Ⅳ级73 m、Ⅴ级30 m。

大别山隧道的斜井采用以喷锚为主体的单层衬砌。

单层衬砌作为永久衬砌，必须对耐水性、耐久性等一并加以考虑。针对大别山隧道2号斜井的工程地质情况以及地下水发育程度，提出表7.1.5的单层衬砌支护参数，进行试验施工。

表 7.1.5 辅助坑道单层衬砌支护参数

序号	支护类型	衬砌支护参数	备注
1	Ⅱ-1	喷C25硅粉混凝土4 cm＋喷C25混凝土4 cm＋局部锚杆	Ⅱ级围岩一般衬砌
2	Ⅱ-2	喷C25聚丙烯硅粉混凝土4 cm＋模筑C25混凝土30 cm＋系统锚杆	Ⅱ级围岩的斜井与正洞交叉段
3	Ⅲ	喷C25聚丙烯硅粉混凝土5 cm＋喷C25混凝土10 cm＋系统锚杆	Ⅲ级围岩地段
4	Ⅳ-1	喷C25钢纤维硅粉混凝土10 cm＋喷C25聚合物混凝土5 cm＋喷C25钢纤维硅粉混凝土5 cm＋系统锚杆	Ⅳ级围岩地下水发育地段
5	Ⅳ-2	喷C25钢纤维硅粉混凝土8 cm＋喷C25聚合物混凝土4 cm＋模筑C25混凝土30 cm＋系统锚杆	Ⅳ级围岩地下水发育地段
6	Ⅳ-3	喷C25钢纤维硅粉混凝土12 cm＋模筑C25混凝土30 cm＋系统锚杆	Ⅳ级围岩地下水不发育地段
7	Ⅴ	喷C25钢纤维硅粉混凝土8 cm＋喷C25钢纤维硅粉混凝土8 cm＋模筑C25混凝土30 cm＋系统锚杆	Ⅴ级围岩地段

注：1. 锚杆全部采用ϕ22 mm全长粘结型砂浆锚杆；
2. 喷混凝土全部采用湿喷工艺。

在试验施工中，喷混凝土分别采用聚合物水泥喷混凝土(Polymer Cement Concrete，简称 PCC)和硅粉钢纤维喷混凝土。

聚合物水泥喷混凝土的参考配合比见表 7.1.6，现场施工时可根据实际材料进行配合比试验及优化。

表 7.1.6 聚合物水泥混凝土参考配合比

聚灰比(%)	水灰比	砂 率(%)	聚合物分散体用量(kg/m^3)	用水量(kg/m^3)	水泥用量(kg/m^3)	砂用量(kg/m^3)	石子用量(kg/m^3)	坍落度(mm)	含气量(%)
0	0.50	45	0	160	320	510	812	50	5
5	0.50	45	16	140	320	485	768	170	7
10	0.50	45	32	121	320	472	749	210	7

注：1. 聚合物为聚丙烯酸乙酯；
2. 聚灰比为聚合物与水泥之比，是聚合物水分散体对水泥固相组合的质量比；
3. 水灰比为聚合物水分散体中的水量和加水量之和与水泥的质量比。

聚合物性能指标：外观无粗颗粒、杂质和胶凝现象，非挥发物含量大于等于35%，乳液改性砂浆的弯曲强度大于等于5 MPa，抗压强度大于等于15 MPa，与水泥砂浆粘结强度大于等于1.0 MPa。

表7.1.7 是几个硅粉钢纤维喷混凝土的参考配合比。在实际应用中，应根据实际的骨料情况确定施工配合比。

表 7.1.7 硅粉钢纤维喷混凝土室内拌和试验参考配合比(单位：kg/m^3)

水 泥	砂(0~5 mm)	碎 石(5~10 mm)	水	水灰比	钢纤维	硅 粉	稠度稳定剂 Polyheed	速凝剂 TCC766
420	1 188	513	209.3	0.465	60	30	6	25
420	910~990	690~810	220~246	0.550	45	20~40	6	25
450	937	637	206	0.458	40	30	6	24

注：1. 硅粉的氧化硅含量大于等于85%，含水率小于等于3%，45 μm 筛余量小于等于10% 或比表面积大于等于15 m^2/g；
2. 钢纤维的长径比在50~75之间，抗拉强度不低于800 MPa。

7.1.4 防 排 水

辅助坑道应根据正洞和辅助坑道洞身的涌水量、坡段设置、施工组织安排、使用要求、使用期限及便利施工等因素确定合理的防排水措施，避免因辅助坑道大量出水引起正洞排水能力不足的问题。

1. 结构防排水

目前，对于辅助坑道的防水等级没有明确要求。根据国内外隧道初期支护及单层衬砌施工的效果，通过有效的堵排水措施可以满足二级防水要求。

采用喷锚支护的辅助坑道隧道中没有设置防水板，结构的防水靠衬砌材料的自防水来实现。由于衬砌与围岩之间紧密接触，成为一体，因此不应考虑水压力单独作用于衬砌，而应该由衬砌与围岩共同承担。

衬砌可以通过以下措施来提高其防水能力：

(1) 采用添加有硅粉等添加剂的喷混凝土。

(2) 在喷混凝土支护层中施作聚合物改性喷混凝土用作防水层。在聚合物改性喷混凝土中，聚合物能填充或封闭混凝土中较大的孔隙，且这种效应随着水灰比的提高而增大，所以其吸水性降低，不透水性提高；同时，聚合物改性混凝土与其他喷层粘结良好，具有很好的力学性能。

(3) 在喷混凝土不同层之间，可喷射与混凝土粘结的防水涂料层。

为提高衬砌的防水效果，可以采取以下辅助措施：

(1) 在地下水发育地段，采用堵、截水措施，如超前预注浆、开挖后径向注浆等，实现“大堵小排”。《铁路隧道防排水施工技术指南》(TZ 331—2009)规定，斜井或竖井单点涌水量大于50 m^3/h 时，应采取注浆等措施进行封堵。

(2) 内层衬砌设置排水通道，对股状水进行引排。

需注意的是，经过堵水注浆处理，地下水会通过积聚产生水压力，有时会产生较高的水压力。在长期的水压力作用下，衬砌在运营期有可能发生渗漏的情况。虽然这种渗漏是渐进的，而且可以通过运营期进一步的堵排水措施来处理，但可能会影响运营。此时，消除承压地下水是一项非常有效措施。常用的措施是引排衬砌背后的地下水，并在辅助坑道内设置纵向贯通的排水通道。

2. 接缝防排水

采用喷锚衬砌的辅助坑道，喷混凝土之间一般不设置施工缝，仅对先后喷混凝土之间进行处理。如果先喷混凝土表面没有被污染，则一般不会影响喷混凝土之间的粘结性能，只需在再喷射前清理掉回弹的混凝土即可；如果先喷混凝土表面被污染，则应该用高压水等清洗干净，有油污的地方应该凿除掉，以免影响混凝土之间的粘结性能。

喷混凝土厚度不足30 cm时不必设置变形缝，当厚度超过30 cm时，可以在需要设置变形缝的位置局部减薄衬砌厚度，起到变形缝的作用。

当辅助坑道采用喷锚支护整体式衬砌时，其变形缝和施工缝的设置与复合式衬砌中二次衬砌构造缝设置方式基本相同，但可根据防水要求减弱防水措施，在此不再赘述。

7.1.5 辅助坑道的处理

当辅助坑道需利用其作为运营期疏散救援、通风、排水或其他用途时，应根据其使用要求进行处理；不予利用时，可作封闭或回填处理，处理前应做好排水设施并满足排泄地下水的要求。

辅助坑道与正洞连接处及坑道洞口应根据运营需要设置进出门或封闭。如需封闭，可采用M7.5浆砌片石或C20混凝土封堵，封堵长度不小于2 m；如不能封闭，应做好安全门或铁栅栏，并在洞外设置看守设施，保证运营期间的安全。

7.2 沟槽及设备洞室

7.2.1 洞内沟槽

高速铁路隧道不管是双线隧道还是单线隧道，隧道内每侧均设置一个水沟、一个电力电缆槽和一个通信信号电缆槽。通信信号电缆槽靠近轨道侧布置，电力电缆槽靠近边墙布置，水沟布置于两个电缆槽之间。设置有砟轨道的隧道，两侧沟槽结构外壁距同侧线路中线距离不小于2.2 m，沟槽盖板面高出轨面0.3 m。此外，双线隧道还在隧道中线处设置一个中心排水沟(排水管或盖板沟)。所有沟槽均设置盖板，盖板厚度为6~8 cm。

1. 隧道内两侧沟槽

隧道内的沟槽(图7.2.1)包括电力电缆槽、通信信号电缆槽、水沟。电力电缆槽净宽30 cm，净深30 cm，槽道内电缆用粗砂填盖。通信信号电缆槽净宽35 cm，净深30 cm，槽道中间以 ϕ16 mm插筋分隔，插筋两侧分别布置通信电缆和信号电缆，槽内用粗砂填盖。水沟净宽30~35 cm，深度根据轨道结构类型的不同有所差异。两侧沟槽结构外壁应配置钢筋，以提高结构的抗振能力。电缆槽底部应设置通往水沟的泄水孔，以防积水。

2. 中心水沟

中心水沟有排水管和盖板沟两种形式。中心水沟采用排水管时，有400 mm和600 mm两种内径。排水管顶部在无仰拱地段应位于结构底板底面以下10 cm，在有仰拱地段应位于无砟轨道底座底面(第一次仰拱填充顶面)以下10 cm。中心水沟采用盖板沟时，其宽度为60 cm，沟底深度不小于40 cm。

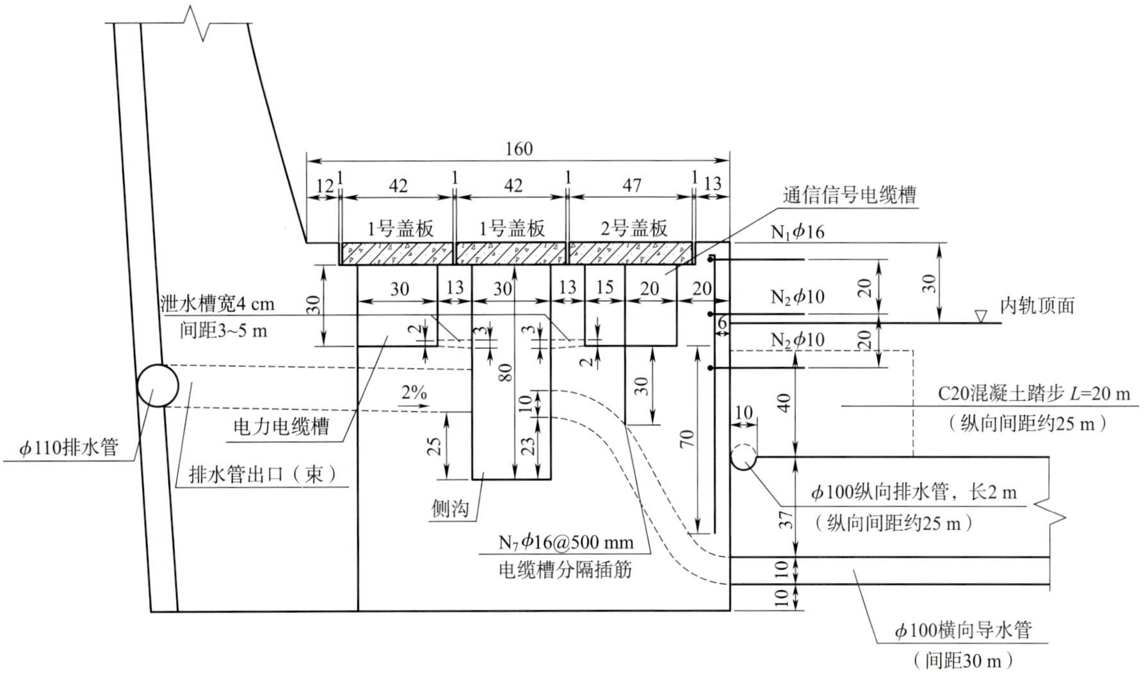

图 7.2.1　隧道内两侧沟槽布置(单位：cm)

3. 盖　　板

高速铁路隧道内的空气压力变化大，列车风大，盖板有可能被掀起，影响行车安全。如果通过加大盖板厚度或给盖板设置锚固螺栓的方式来提高盖板的稳定性，则明显不经济，因此采用消除盖板上下面压差的方式进行处理，即在盖板接缝面处设置一定宽度的开孔凹槽(兼作手孔)，使盖板上下面空气能快速连通(图 7.2.2)。

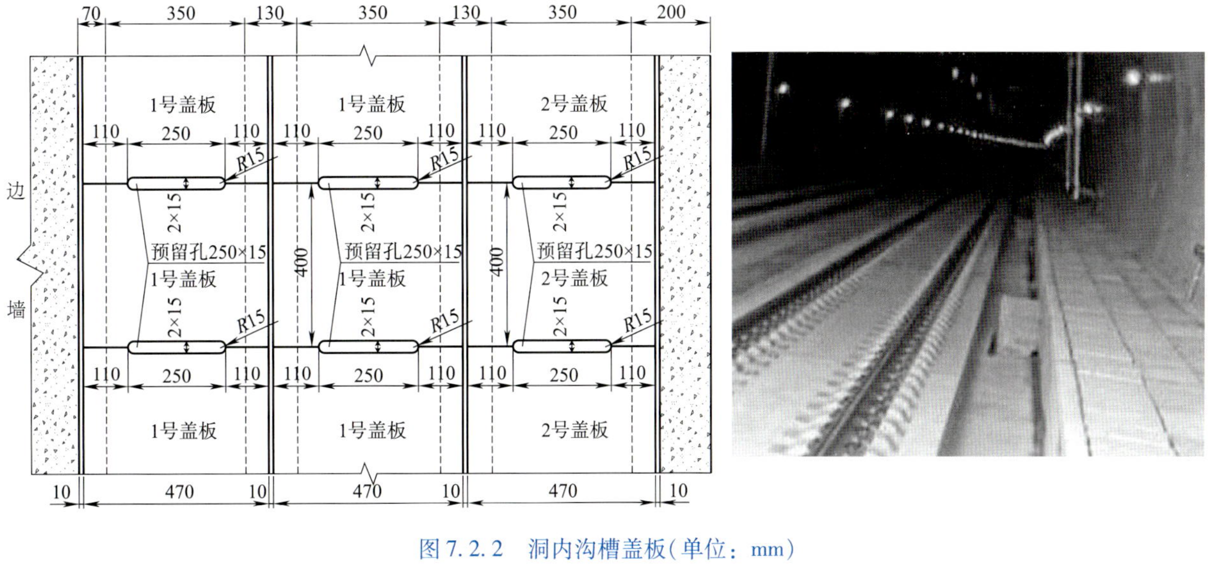

图 7.2.2　洞内沟槽盖板(单位：mm)

7.2.2　综合洞室

高速铁路隧道内列车正常运行时不允许有人员进入，因此不设置供养护维修人员使用的避车洞，但隧道内应设置用于运营设备安装的综合洞室。洞室不应设于衬砌断面变化处或变形缝处，并尽量设置在地质条件较好的地段。洞室底面应与沟槽盖板顶面齐平，以便行走。

长度大于 500 m 的隧道，单侧间距 500 m 设一处综合洞室，双侧交错设置。隧道长度为 500 ~

1 000 m 时，可只在中间设置一处综合洞室。洞室宽(沿线路方向)4 m、深 5 m，中心高 2.8 m，如图 7.2.3 所示。

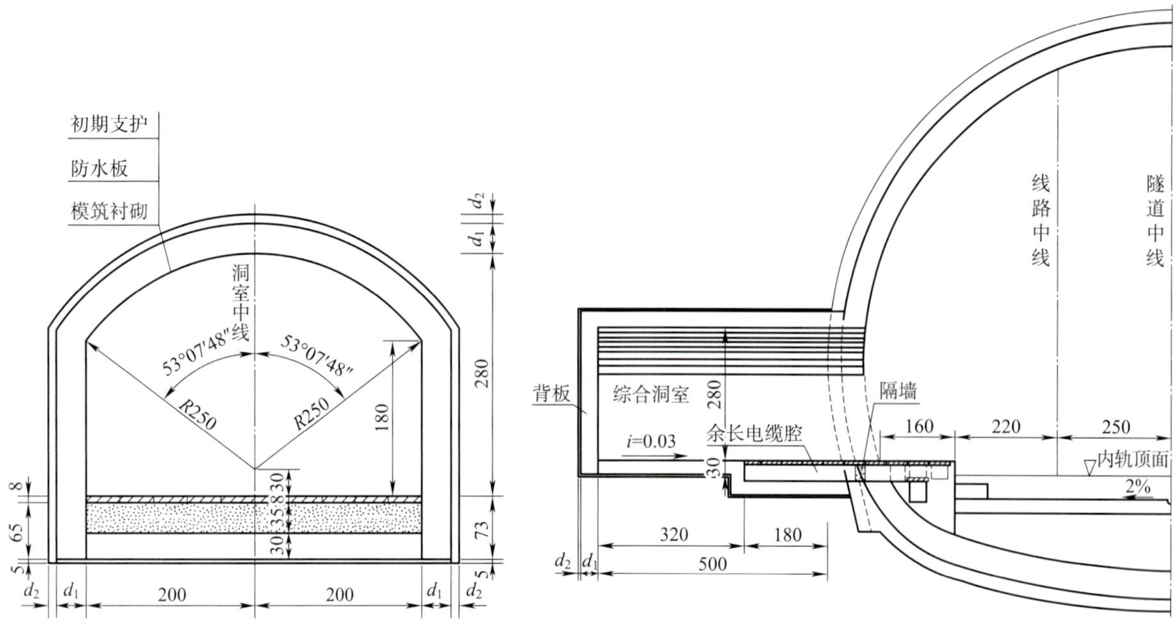

(a) 横断面　　　　(b) 纵剖面

图 7.2.3　综合洞室断面(单位：cm)

隧道长度大于 3 km 时，应在隧道中部电力电缆槽侧设变压器洞室(图 7.2.4)，洞室宽(沿线路方向)5 m、深 6 m，中心高 4.26 m，或根据相关专业要求确定。变压器洞室应根据要求做好接地、防水及防潮措施，要求洞顶、洞壁无湿渍。长隧道还应根据相关专业要求设置无线列调中继洞室，洞室尺寸同一般综合洞室或根据相关专业要求确定，达到不渗不漏的防水要求。

隧道内所有综合洞室及设备洞室均设置防护门(图 7.2.5)。防护门一般采用钢结构，其四周采用螺栓固定在洞室衬砌上，中间根据设备运输要求设置适当大小的门洞。防护门抗爆荷载应不小于 0.05 MPa，并能承受隧道内空气压力频繁变化的疲劳荷载作用。

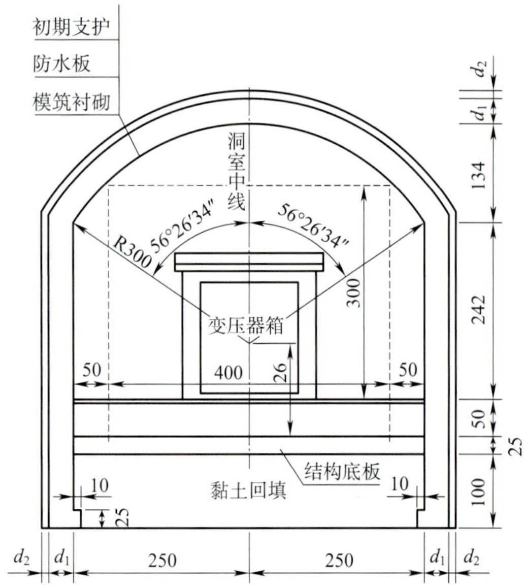

图 7.2.4　变压器洞室(单位：cm)

图 7.2.5　隧道内防护门

7.2.3 余长电缆腔

隧道长度大于500 m时，洞内应设置余长电缆腔。余长电缆腔设置在综合洞室内，其平面布置如图7.2.6所示。

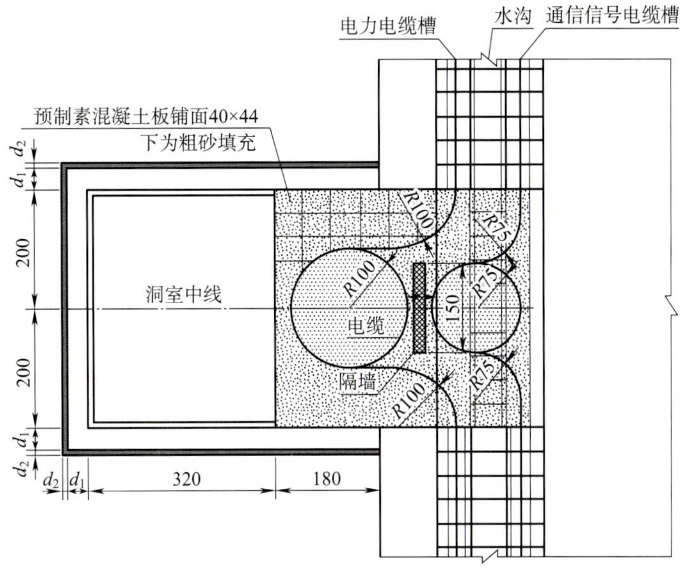

图7.2.6　余长电缆腔平面布置(单位：cm)

7.2.4 横 通 道

平行的两条隧道之间及因施工需要设置的平行导坑与正洞隧道之间，应设置供巡查、维修、疏散救援等使用的联络横通道。横通道间距应不大于500 m。

横通道设计应符合以下规定：

(1) 断面尺寸不宜小于4.0 m×3.5 m(宽×高)。

(2) 应设置便于开启的防护门，防护门的通行净宽不应小于1.5 m，通行净高不应小于2.0 m。

(3) 纵向坡度不宜大于1%，防护门开启范围内应为平坡段。

(4) 横通道的地面应平整、稳固、不积水。

横通道除用于运营期疏散救援外，在施工期间还具有开辟施工工作面、施工通风、施工防灾疏散等功能，因此其断面尺寸一般应满足施工期间运输车辆的通行要求。图7.2.7为高速铁路隧道典型横通道断面。

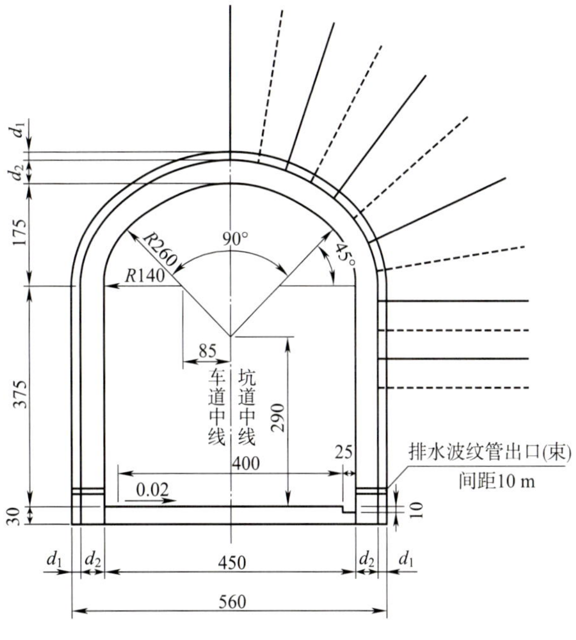

图7.2.7　高速铁路隧道典型横通道断面(单位：cm)

参 考 文 献

[1] 国家铁路局. 高速铁路设计规范(TB 10621—2014)[S]. 北京：中国铁道出版社，2014.

[2] 中华人民共和国铁道部. 铁路隧道设计规范(TB 10003—2005)[S]. 北京：中国铁道出版社，2005.

[3] 中华人民共和国铁道部. 铁路工程设计防火规范(TB 10063—2007)[S]. 北京：中国铁道出版社，2008.

[4] 中华人民共和国铁道部. 铁路隧道防灾救援疏散工程设计规范(TB 10020—2012)[S]. 北京: 中国铁道出版社, 2012.
[5] 铁道部工程设计鉴定中心. 高速铁路隧道[M]. 北京: 中国铁道出版社, 2006.
[6] 铁道部第二勘测设计院. 铁路工程设计技术手册·隧道[M]. 北京: 中国铁道出版社, 1995.
[7] 铁道部经济规划研究院. 时速350公里客运专线铁路双线隧道复合式衬砌(通隧〔2008〕0301号)[S]. 2008.
[8] 中铁第四勘察设计院集团有限公司, 等. 高速铁路路桥隧工程技术总结[R]. 2014.

8 隧道空气动力学效应

列车高速进入隧道时，原来占据的空气被排开，空气的黏性及隧道壁面和列车表面的摩阻作用使得被排开的空气不能像在明线那样及时、顺畅地沿列车两侧和列车表面形成绕流。于是，列车前方的空气受到压缩，列车后方则形成一定的负压。这就产生一个压力波动的过程。这种压力波动又以声速传播至隧道口，形成反射波，经回传、叠加，产生一系列复杂的空气动力学效应。本章主要介绍高速铁路隧道空气动力学相关问题及减缓措施。

8.1 空气动力学效应

高速列车驶入隧道的行为类似一个宽松的活塞，活塞风引起隧道内的空气剧烈流动，列车带动的空气被迫平行地流动于隧道轴线方向，大量空气被列车推到车头，形成压缩波(图 8.1.1)，这种压力波动即为瞬变压力。此波以近声速的速度沿隧道向前传播，在隧道出口洞门处，突然释放并向周围地区辐射形成微气压波，即列车在隧道中的空气动力学效应。相应地，空气动力学效应随着行车速度的提高而加剧。在车头和车尾处产生的压缩波和膨胀波，会引起车内的压力波动，给乘客的听觉造成不适；在隧道出口处，也会形成微气压波，产生爆炸声和车窗振动等不良效果，影响周围的环境。高速铁路隧道空气动力学效应及主要涉及的科学问题见表 8.1.1。

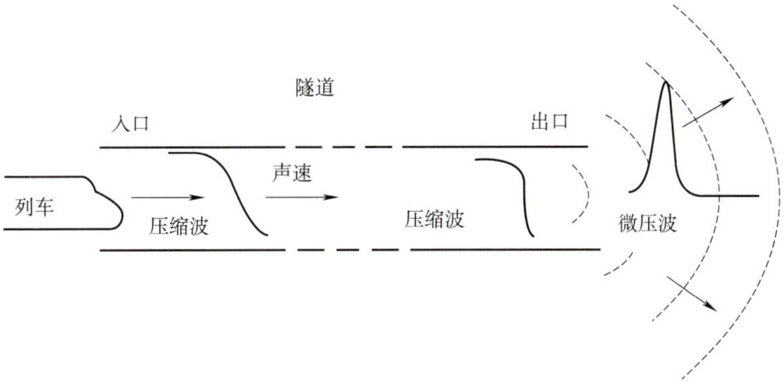

图 8.1.1 隧道内压缩波形成机理

表 8.1.1 高速铁路隧道空气动力学效应及涉及的科学问题

项目		特征值	意义	阈值	研究方法
瞬变压力	车内气压变化	特定时间内的气压单调变化	乘车舒适性	1.25 kPa/3 s	现场试验和数值计算
	隧道内压力峰值	p_{max}，p_{min}	衬砌和设施气动荷载		
	车内外压差	与车辆密封性有关	车辆结构气动荷载	4 000 Pa 6 000 Pa	
微气压波		p_{max}	隧道洞口环境	$(p_{max})_{r=20\ m} \leqslant 50$ Pa $(p_{max})_{建筑物处} \leqslant 20$ Pa	
行车阻力	平均阻力	$T_f = \dfrac{隧道空气阻力}{明线空气阻力}$	牵引计算		
	阻力过程	空气阻力最大值	限坡		

续上表

项　　目	特 征 值	意　　义	阈　　值	研究方法
隧道内活塞风	最大风速	隧道内人员与设施安全性	14 m/s	现场试验和数值计算
附属设施气动力	p_{max}，p_{min}		《高速铁路设计规范》	

高速列车突入隧道洞口时所产生的流场是三维、可压缩、非定常的紊流流场。这个流场的特殊之处在于，它是由无限边界向有限边界过渡的一个流场，既不同于风洞试验中的有限边界流场，也不同于火箭、飞机所在的无限边界流场，这就决定了该流场研究在理论上的复杂性。压力波动、出口微气压波以及洞内行车阻力的增大等，这些都是高速铁路隧道的显著特点，它们不仅对行车安全、乘车舒适度产生至关重要的影响，而且会危及隧道中作业人员和隧道设施的安全。所以，高速铁路隧道与普速铁路隧道最大的区别就是高速铁路隧道空气动力学效应问题，研究高速铁路隧道空气动力学效应的根本目的是用来指导高速铁路隧道的设计和运营管理。

8.2 瞬变压力及相关问题

8.2.1 瞬变压力产生机理

当列车高速进入隧道时，由于隧道边壁显著限制了空气的侧向流动和向上流动，从而使列车前方的空气受到压缩，即列车前方的空气压力增大。被列车排开的空气，一部分沿隧道向前流动，形成车前压缩波，它以当地音速沿隧道向前传播；另一部分则通过列车与隧道壁之间的环状空间向列车后方流动。随着列车进一步驶入隧道，环状空间的长度逐渐增大。在环状空间中流动的空气的阻力也增大，列车车前的空气压力继续升高，即压缩波强度继续增大，直到列车完全进入隧道为止。

当列车车尾进入隧道时，原先经过环状空间流出隧道进口的空气改为流到列车车尾的隧道中，但是经环状空间流到列车后面的空气量小于列车排开的空气量，于是在列车尾端就形成低于隧道口大气压的压力差，即产生膨胀波。它也是以当地音速沿环状空间向隧道出口方向传播。当此膨胀波传到环状空间的前端点(即列车的前端)时，它的一部分以压缩波的形式反射回来，另一部分则仍以膨胀波的形式继续沿隧道向出口方向传播，到达隧道出口时，又以压缩波的形式反射回来，沿隧道向隧道进口方向传播。这些波动对隧道壁面、列车、洞内设施等均产生瞬时的压力变化，通常理解为瞬变压力的变化。它反映出空气压缩波动在隧道内传播、反射和叠加的实态。

以上传播反射过程可用图 8.2.1 ~ 图 8.2.3 来表示。由于摩擦不断消耗波的能量，压缩波和膨胀波的强度均逐渐衰减，且波在隧道两端和环状空间两端的多次反射和传播，压缩波和膨胀波互相叠加，形成隧道中的压力场随时间的波动。列车在隧道中运行时(无相向行驶列车)，车上测得的最大压力波动发生在第一个反射波到达列车时，如图 8.2.1 所示。

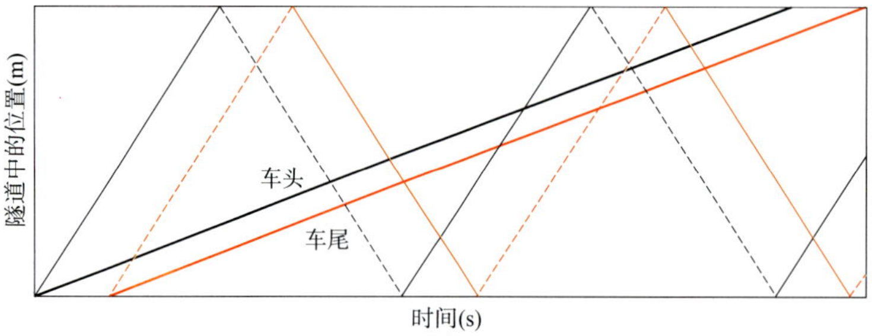

图 8.2.1　单列车通过隧道时的马赫波传播情况

当双线隧道中有两列不同方向列车相向行驶时，隧道内的压力波不仅具有单车行驶时的特性，而且还具有两列车相错前后引起压力波的特点，所产生的叠加情况则更加复杂。图 8.2.2 为两列车同时进入隧道时的马赫波传播情况，图 8.2.3 为列车 2 稍晚进入隧道时的马赫波传播情况。

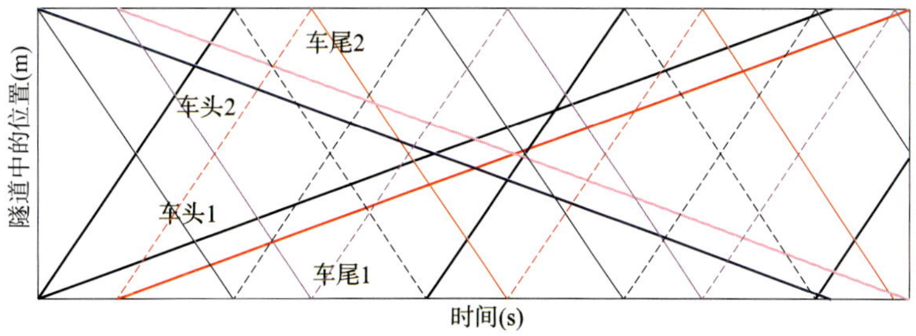

图 8. 2. 2　列车在隧道内交会时的马赫波传播情况(同时进入隧道)

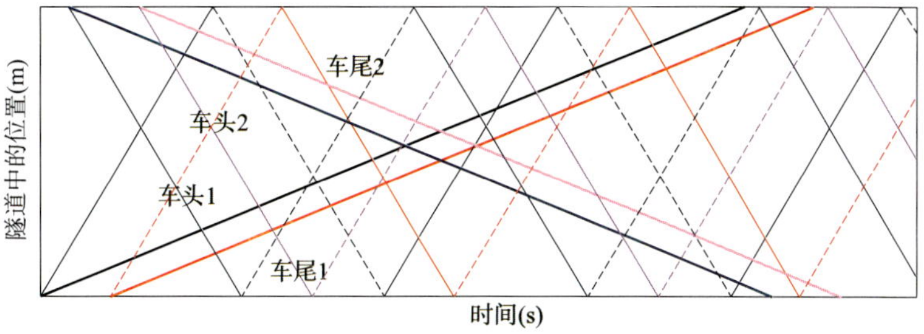

图 8. 2. 3　列车在隧道内交会时的马赫波传播情况(不同时进入隧道)

综上所述，列车进入隧道引起的压力变化是以下两部分的叠加：

(1) 列车移动时从挤压、排开空气到留下真空整个过程引起的压力变化；

(2) 列车车头进入隧道产生的压缩波以及车尾进入隧道产生的膨胀波在隧道两洞口之间来回反射产生的压力变化(马赫波)。

8. 2. 2　影响因素

影响瞬变压力的因素包括列车速度、列车长度、车形、列车横截面积、列车表面摩擦系数及隧道净空有效面积、隧道长度、隧道壁面摩擦系数等。

(1) 隧道面积的影响

研究表明，在诸多因素中，列车速度 v 和阻塞比 β 是具有最大影响的因素。

$$\beta = \frac{A_v}{A_t} \tag{8.2.1}$$

式中　A_t——隧道净空有效面积；

A_v——列车截面积。

由于列车截面积变化不大，因此隧道净空面积的影响是最大的。ORE 曾经系统地研究了各种因素对压力波动的影响，采用式(8. 2. 2)来表达列车速度 v 和阻塞比 β 的影响。

$$P_{max} = kv^2\beta^N \tag{8.2.2}$$

式中　P_{max}——3 s 内压力变化的最大值；

v——行车速度；

β——阻塞比；

N——单一列车在隧道中运行时，$N = 1.3 \pm 0.25$；考虑列车交会时，$N = 2.16 \pm 0.06$。

(2) 隧道长度的影响

对于长隧道，来回反射的周期相应较大。同时，在反射过程中的能量有所衰减。对于短隧道，马赫波反射的周期大为缩短。同时，在反射过程中的能量损失也较少，致使压力波动程度加剧。试验表明，压力波动绝对值并不随隧道长度的减小而减小。因此，对于高速铁路线上的隧道，有的虽然不长(例如长度在 1 km 左右)，其可能引起的行车时的压力波动仍然不能忽视。但是，当隧道长度短到使列车首尾不能同时在其中时，则马赫波的叠加不可能发生，压力波动程度当然随之缓解。当隧道长度为1 km时，压力波动明显加剧，而当隧道长度进一步增大到3 km时，压力波动则并无显著加剧，反而有缓解趋向。

(3) 辅助坑道的影响

合理设置辅助坑道(斜井、竖井和横洞)，能缓解压力波动的程度。计算表明，竖井位置对减压效果的影响很大，当列车前端进入隧道所产生的压缩波传播到隧道出口时，以膨胀波的形式沿隧道向隧道进口方向反射回来，但列车前端经过竖井时也要再产生一次压缩波，所以竖井的位置应能使初始压缩波反射回来的膨胀波与竖井处产生的压缩波正好在列车前端叠加。根据马赫波叠加情况，可以从理论上得到竖井的最佳位置为

$$\frac{4M^2}{(1-M)^2} < \frac{X}{L} < \frac{2M}{1+M} \tag{8.2.3}$$

式中 X——竖井距隧道进口的距离；

L——隧道长度；

M——马赫数，列车进入隧道时的速度与当地音速之比。

除了竖井位置之外，竖井横断面积也存在最佳值。无端加大竖井横断面积并不能取得理想的效果。

(4) 列车速度的影响

研究表明，压力波动基本与列车速度的平方成正比，其表达形式如式(8.2.2)所示。

(5) 列车交会的影响

对于双线隧道，列车在隧道中交会引起压力波动的情况十分复杂，与列车长度、隧道长度、列车进入隧道的时间差(会车位置)、车速等多种因素有关。根据对称性原则，当列车同类型、同速度时，最大压力变化产生于两列车进入隧道的时间差 $\Delta t_{1,2}=0$，即交会点在隧道中点的情况。

(6) 列车密封条件对车内压力波动的影响

车辆密封条件与旅客舒适度有直接关系。当列车车辆完全不密封，即车内外空气的质量交换完全无阻尼时，车外压力 P_a与车内压力 P_i相等。当车辆“完全密封”即车内外空气无质量交换，车体的刚度又较大时，车外的压力瞬变对车内无影响。只有当车体为“完全柔性”即刚度 $k=0$ 时，车内外的压力具有相同瞬变规律。实际上，上述两种极端情况都是不存在的。因此，有必要研究瞬变压力向车辆的传递规律。

在车辆密封情况下，假定车外压力 P_a为常数，车内压力 P_i 随时间的变化可以表达为

$$\frac{\mathrm{d}P_i}{\mathrm{d}t} = -\frac{1}{\tau}(P_i - P_a) \tag{8.2.4}$$

式中 τ——密封指数，用于衡量车辆的密封程度，如表8.2.1所示：“不密封车” $\tau=0\sim0.8$ s，一般取 $\tau=0.7$ s；“新一代密封车” τ 在17 ~25 s之间。

考虑 P_a为时间的函数，则有

$$P_i = \frac{1}{\tau}\mathrm{e}^{-\frac{t}{\tau}}\left[\int \mathrm{e}^{\frac{t}{\tau}}P_a(t)\,\mathrm{d}t + K\right] \tag{8.2.5}$$

内外压差为

$$P_a - P_i = P_a - \frac{1}{\tau}\mathrm{e}^{-\frac{t}{\tau}}\left[\int \mathrm{e}^{\frac{t}{\tau}}P_a(t)\,\mathrm{d}t + K\right] \tag{8.2.6}$$

计算结果表明，车辆的密封对于车内压力波动的影响可以归结为“缓解”和“滞后”两种效应。

表8.2.1 车辆密封指数

车 辆 类 型	密 封 指 数 τ
不密封车辆(例如用于支线)	$\tau<1$ s
最低密封性(例如Eurocity)	1 s $<\tau<$ 6 s
密封较好(例如CRH5)	6 s $<\tau<$ 10 s
密封很好(例如CRH380、CRH2及新一代标准动车组)	$\tau>$ 10 s

图 8.2.4 和图 8.2.5 所示分别为实测的车辆密封效果(压力波动图)及不同密封程度车辆对气压波动的缓冲效果。原铁道部 2001 年发布的《200 km/h 及以上速度级列车密封设计及试验鉴定暂行规定》将车内压力从 3600 Pa 降低到 1350 Pa 所需的泄漏时间定义为密封指数。密封指数分为静态密封指数和动态密封指数，其中静态密封指数通过全比例实车泄漏试验测定，动态密封指数通过 $\tau_{dyn}=(1/3\sim1/2)\tau_{stat}$ 进行估算。密封指数的物理意义为将车内外的压差降低到初始值的 38% 所需要的时间。

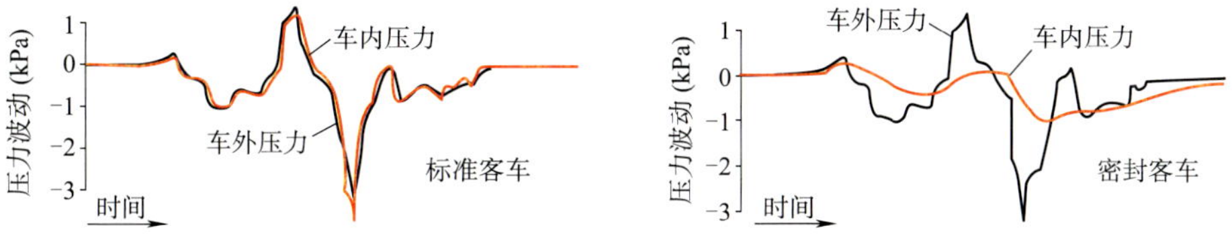

图 8.2.4　车辆密封效果(实测)

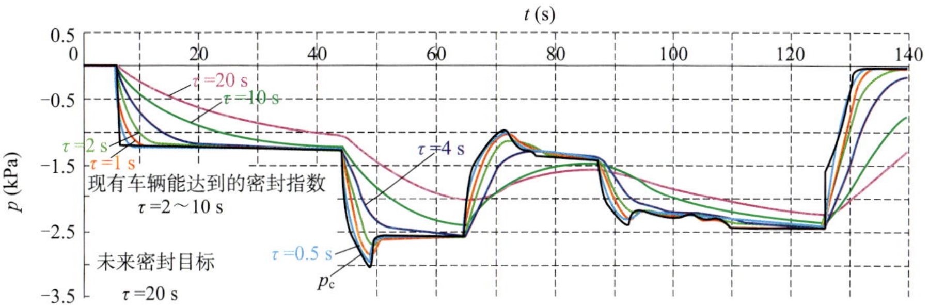

图 8.2.5　不同密封程度车辆对气压波动的缓冲效果

需要指出的是，考虑到列车交会的情况，就车外压力而言，洞口会车有时会成为最不利情况，然而在列车密封条件下，洞口会车并非最不利情况。由于“滞后”效应，车内压力来不及“响应”，列车就已经出洞。

8.2.3　舒适度控制标准

隧道内过大的压力波动和车辆较低的密封性，可使车内压力波动较大，使车厢内的旅客感到不舒适。为了解气压变化对人体舒适性的影响，英国、日本、德国等高速铁路发达国家对此展开大量的研究。最典型的方法是进行气密性试验。气密室是一个可容纳数人、室内压力可控的密闭室，不同年龄、性别的自愿者在气密室内进行气压变化人体感受试验。

目前气压变化环境下，人体的舒适度评价有两种方法：一种是通过压力变化幅值和压力变化率两个指标来评估；另一种是考核某个时间段内的压力变化幅值，这一时间段是根据人耳对外界气压变化完成自我调整所需的时间来确定的，由于这种评估方法不但考虑到压力变化的幅值和压力变化率，还考虑到人体生理的需求，已为大多数国家所采用。各国采用的人体舒适度评价标准见表 8.2.2 和表 8.2.3。

表 8.2.2　各国采用的人体舒适度评价标准(单一型)

国家或组织	铁路类型	线路类型	阈值				车速(km/h)	是否密封
			ΔP(kPa)	dP/dt(kPa/s)	ΔP/Δt(kPa/ns)			
					车内瞬变压力 n 秒变化值	n		
英国	城际铁路	交会			3.0	3	160	否
					4.0	4	200	
	海峡隧道联络线	单线			2.0	4	225～300	否
		双线			3.5	4		
美国	地铁			0.41	0.7	1.7	80～100	否

续上表

国家或组织	铁路类型	线路类型	阈值				车速(km/h)	是否密封
			ΔP(kPa)	$\mathrm{d}P/\mathrm{d}t$(kPa/s)	$\Delta P/\Delta t$(kPa/ns)			
					车内瞬变压力n秒变化值	n		
日 本	新干线	单车	1.0	0.20，可放宽到0.30			210/240/270	是
德 国		单车	1.0	0.20，可放宽到0.30～0.40			初期300，远期350	是
意大利	FS		1.5	0.5			高速	是
韩 国	HSR	单车			0.8	3	高速	
		交会			1.25	3		
瑞 士	Rail2000				1.5	4		
ERRI C218/RP1		单线			3.0	4		否
		双线			4.5	4		
中 国		单线			0.8	3	高速	
		双线			1.25	3		

表8.2.3 各国采用的人体舒适度评价标准(复合型)

国家或组织	铁路类型	线路类型	阈值		车速(km/h)	是否密封
			$\Delta P/\Delta t$(kPa/ns)			
			车内瞬变压力n秒变化值	n		
德国ICE	DB	单车	0.5	1	240～280	是
			0.8	3		
			1.0	10		
UIC660		单车	0.5	1	高速	是
			0.8	3		
			1.0	10		
			2.0	60		
UIC779-11		交会	1.0	1	高速	是
			1.6	4		
			2.0	10		
ERRI C218/RP1		交会	1.0	1	高速	是
			1.6	4		
			2.0	10		
			3.0	60		
荷 兰		单车	0.50	1	高速	
			0.85	4		
			1.40	10		
			2.00	20		
			2.40	30		
			2.80	40		
			3.20	50		

续上表

国家或组织	铁路类型	线路类型	阈值		车速(km/h)	是否密封
			$\Delta P/\Delta t$(kPa/ns)			
			车内瞬变压力 n 秒变化值	n		
荷兰		交会	0.85	1	高速	
			1.35	4		
			2.10	10		
			3.00	20		
			3.60	30		
			4.20	40		
			4.80	50		

8.2.4　车内瞬变压力波动计算

列车通常都不是完全密封的，隧道内的压力波动会传入车厢内；车厢有一定的密封性能，会缓解和滞后车内压力变化，使车厢内的压力波动幅值小于车外。列车内外压力及压力差值同样按式(8.2.4)~式(8.2.6)计算。

8.2.5　减缓措施

为减小隧道内瞬变压力，进而减小车内压力波动，增加旅客乘坐舒适度，目前主要有列车和隧道两方面的措施。前者主要有减小车辆的横断面积、改善车头形状和增加车辆密封性；后者有增大隧道净空面积、设置缓冲结构及辅助坑道等。

8.3　隧道口微气压波控制标准及相关问题

8.3.1　产生机理

如前所述，高速列车一旦突入隧道，即在车前形成初始压缩波，该压缩波以当地声速向前传播，到达隧道出口处，大部分能量以膨胀波的形式被反射回隧道内，少部分以低频脉冲波的形式向外辐射，形成冲击波。如果该冲击波的强度足够大，则会在隧道出口处产生声爆现象，并使得附近房屋的窗框、百叶窗等急剧振动，此脉状冲击波即为微气压波。

从微气压波产生过程看，微气压波的形成机理包括三个方面，即列车高速驶入隧道产生的初始压缩波，该初始压缩波沿隧道向前传播，最后传播到隧道出口向外辐射形成微气压波。典型的微气压波波形如图8.3.1所示。

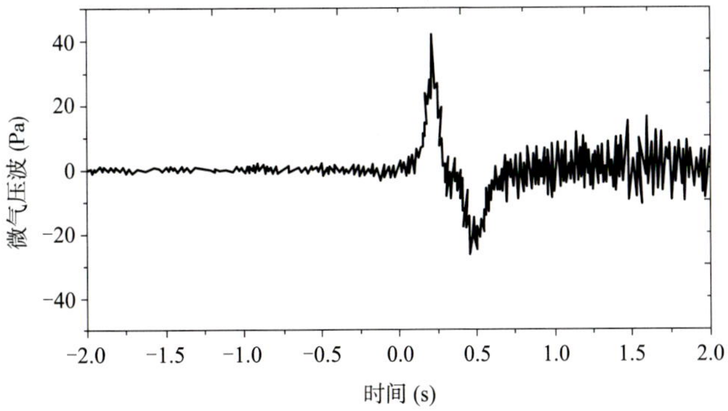

图8.3.1　典型微气压波波形

试验数据表明，微气压波问题实际上是一个低频振动和噪声问题。微气压波的压力峰值通常在500 Pa以内，其中频率在20 Hz以上的部分主要形成人耳可听到的炮轰声，而20 Hz以下的部分则主要使得隧道出口附近的轻型结构(如窗户的玻璃等)产生剧烈振动。微气压波的能量通常集中在100 Hz以下。图8.3.2是对微气压波的频域分析。由图8.3.2可见，当列车速度较低(167 km/h)时，微气压波的能量主要集中在13 Hz以内；当列车速度提高到一定程度(197 km/h)时，微气压波在各个频率的增长都比较大，这主要是由于无砟轨道对压缩波的激化作用使得压缩波波前梯度变陡引起，但其能量仍然主要集中在100 Hz以内。

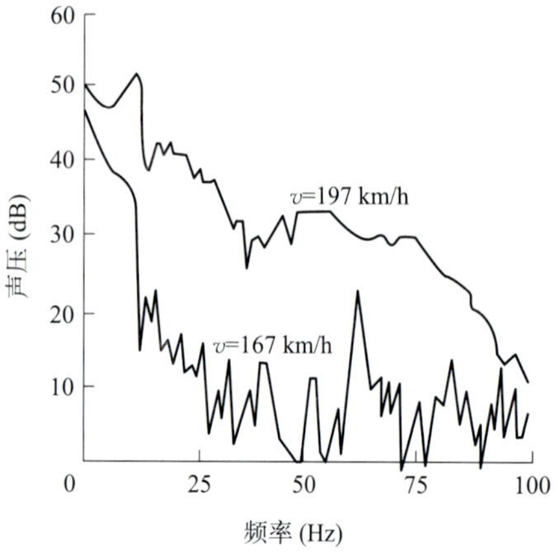

图8.3.2　微气压波压力值的频域分析

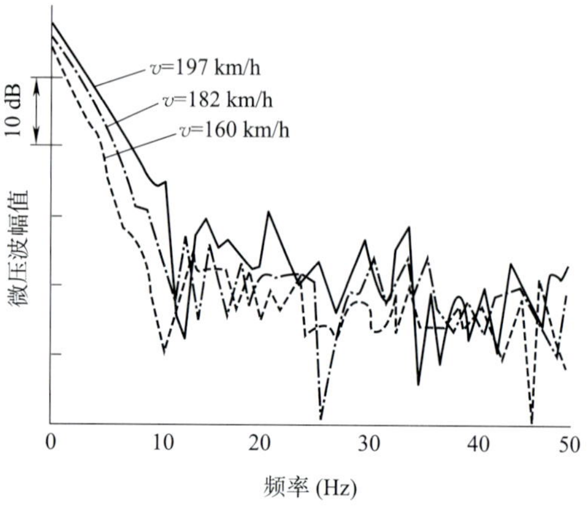

图8.3.3　加登隧道东口微气压波的频谱分析

日本曾对米神、大仓山、南乡山、加登、尾道、备后、新关门等隧道进行实际量测分析。图8.3.3为加登隧道(长482 m，板式道床)洞口微气压波的频谱分析结果。分析可知，微气压波的幅值随着频率的增加而下降，下降梯度大体上与列车速度成正比。对于短隧道来说，有砟轨道和无砟轨道的差别不大，微气压波的幅值随着频率的增加而呈线性减小。对于无砟轨道隧道，速度为200 km/h时的微气压波幅值在0～13 Hz范围内呈线性减小，并在13 Hz处骤减，且隧道越长其减小的梯度越小。该频率与微气压波主脉冲后产生的压力变动频率是一致的。

8.3.2　影响因素

微气压波的影响因素主要有列车进入隧道的速度、列车头部形状、列车头部的长细比、隧道的阻塞比、隧道长度、隧道内部条件(如轨道结构及有无竖井、斜井和横通道等)和隧道出口处的地形等。其中，列车进入隧道的速度、隧道的阻塞比是最为重要的两个影响因素。

8.3.3　洞口微气压波控制标准

日本、德国、中国等均制定了高速铁路隧道洞口微气压波控制标准。中国目前执行的洞口微气压波控制标准见表8.3.1。

表8.3.1　洞口微气压波控制标准

条　　件		微气压波峰值 P_{max}
洞口有建筑物	无特殊环境要求	建筑物处 P_{max}≤20 Pa
	有特殊环境要求	按设计要求
洞口无建筑物(或住宅距洞口超过50 m)	有特殊环境要求	距洞口20 m处 P_{max}＜50 Pa

8.3.4　减缓措施

由于微气压波的大小与压缩波到达隧道出口时的波前梯度成正比，因此现行各种减缓微气压的措施的基本思路即是在压缩波形成或传播阶段减小其压力梯度。减缓的措施主要有列车方面的优化措施和隧道方面的改造措施，前者包括改善列车头部形状、增大列车头部的长细比和缩小列车断面积（即减小阻塞比）等。通常情况下，列车方面的改造受各种因素的制约，且随着列车速度的提高，由列车头部优化带来的作用是相当有限的，所以微气压波的减缓主要还是通过隧道方面的改造来实现，主要包括增大隧道横截面积、在隧道入口增设适当形式的缓冲结构、在隧道内铺设碎石道床及利用斜井、竖井和横通道等。

另外，还有一些方法，如通过洒水、喷水雾、注射高温蒸气等手段，使隧道内一定区域自上而下的空气密度或者温度形成梯度，从而消减隧道上部的冲击波，使得下部的冲击波变大，同时通过在隧道底部采取消减措施来消除下部的冲击波，以达到消减隧道出口微气压波的效果。这些方法在试验中都取得了较好的效果，但是在实际操作中都具有其自身的缺点，需要进行进一步的深入系统研究。

8.4 减缓隧道空气动力学效应的技术措施

高速铁路隧道空气动力学效应减缓措施很多，主要可分为列车方面及隧道方面。列车方面主要通过提高车体密封性、改善车头形状、增大车头长细比等措施来达到目的；隧道方面可通过增大隧道净空面积、洞口设置缓冲结构、设置辅助坑道等措施来达到目的。

8.4.1 列车方面

1. 提高列车的密封性

动车组可被看成有多个泄漏处（诸如车窗、脚蹬门、车辆连接部、端墙门、空调设备和厕所设备等）的弹性封闭容器，当列车高速通过隧道及在隧道内交会时，车体表面将承受正负数千帕的瞬时压力变化。如果容器内部压力和外部压力之间存在差异，则会出现车体变形和由于泄漏而造成的内外压力平衡两种情况。

如果列车不密封，则压力波会传到车厢内，旅客会感到不舒服。高速动车组所采取的密封措施主要涉及车体结构、车窗、车门（侧门、端墙门）、通过台、空气系统和厕所设备。因此，减小气动压力对车体的影响的措施主要有以下几方面：

（1）增大车体强度及密封性

增大车体强度可以减少列车通过隧道时的车体变形，进而降低气动压力对车体的影响。现代高速动车组车体的总体结构是由铝合金大型挤压型材制成的，车体由底板、侧墙和车顶组成，三部分焊接在一起，从设计上就是整体密封的，因此，车体的密封主要取决于焊接工艺，在车体的结构焊接完成后要进行漏气检查和气密性试验，来保证车体的密封性要求。直通车下的管路和电缆穿孔等也要采取密封措施。根据《动车组密封设计及试验规范》（TB/T 3250—2010），车体应能承受规定的压力为 ±6 000 Pa。

（2）加强列车门、窗及通过台的密封性

由于车厢内压力密封，因此高速动车组车窗不需要考虑开关问题。车窗采用粘合剂将玻璃粘到窗框中去。车窗玻璃是顺着压力的方向，从外向里安装，然后用螺栓拧紧。螺栓的缝隙最后用有弹性的填料充填盖严，同时要求车窗在规定的压力下不变形、不损坏。

现代高速动车组的侧门一般采用塞拉门，必须具有良好的密封性能。与常用的斜面密封塞拉门不同，高速动车组采用高压密封塞拉门，头、尾的端门采用可充压缩空气的橡胶条，通过台风挡采用橡胶大风挡，并处理好渡板处的密封问题。

（3）空调装置密封

空调环控设备需设立压力控制，如在车厢进排气风口安装压力保护阀，在排气风道装设排风机，安装压力保护通风机等，主要目的是既保证正常通风换气又保证压力变化控制在限值之内。

（4）排水等管路密封

厕所、洗脸室的水不采用直排式，而是通过密封装置排到车外；对直通车下的管路和电缆孔采取密封措施。

2. 车头形状的流线型化

典型的列车头部形状主要有四类，依次为扁宽形、椭球形、梭形和钝体头形。

列车头部形状需要通过外形控制参数和控制型线来实现。控制参数包括流线型头部长度、宽度、高度、倾斜角等；控制型线主要有纵向、横向、水平剖面最大轮廓线，又分为主控制型线和辅助控制型线，其中主控制型线包括纵向对称面最大控制型线、俯视最大控制型线和车体截面外廓型线。

（1）列车空气动力性能及流线型头部长度

研究表明，流线型头部越长，列车交会压力波幅值越小，增加列车流线型头部长度对降低交会压力波非常有效，列车交会压力波幅值的减小与流线型头部长度的增加属非线性关系。随着流线型头部长度的不断增加，列车交会压力波幅值的下降幅度减小。因此，为了降低列车交会压力波而无限制增加流线型车头部长度并非是一种有效办法。

头车及尾车的阻力系数、升力系数的绝对值均随流线型头部长度的增加而减小。而头车、尾车的阻力系数越小，同样编组情况下的列车总阻力就越小，能耗也越少；对于轮轨系统列车，如果正升力过大，将使列车轮轨接触力降低，导致列车产生“漂”现象，容易引起列车脱轨；若负升力过大，将增加列车动态轴重，使列车对钢轨的动力冲击加剧，也就是说希望列车空气阻力尽量小，气动升力尽可能接近于零。因此，列车流线型头部长度越长，对改善列车气动性能越有利。

（2）列车空气动力性能及头部纵向剖面形状

单拱头车与双拱尾车组合的列车气动阻力最小，反之最大。头车、尾车皆为单拱头型或头车、尾车皆为双拱头形的列车气动阻力介于中间，即当列车的头车是单拱头形且尾车是双拱头形编组方式时，列车气动阻力最小。对于减小列车气动阻力来说，这种编组方式非常有利，但由于作为固定编组的动车组，在列车运行时，有时作为列车头部，有时作为列车尾部，所以，综合考虑列车头车、尾车的头形，最好采用统一形式。因此，作为头车，单拱头形的气动阻力优于双拱头形；作为尾车，双拱头形的气动阻力优于单拱头形。对于整列车，在减小气动阻力方面，单拱头形稍优于双拱头形。

因此，纵向对称面最大控制型线从外凸到内凹，头车空气阻力略微增大，尾车空气阻力稍有减小，整列车空气阻力基本不变。

列车空气升力通过列车表面压力沿垂向的积分得到，由车体上部和下部的压力差和黏性摩擦力构成，上部和下部的压力差起主要作用。由于车体底部由转向架等形状不规则的外形组成，而车体底部流场的流动现象非常复杂，车体底部与上部流场又相互交叉干扰，空气升力受车体底部流场影响较大，在流线型头部长度一定时，与复杂的车体底部外形相比，头形上部形状的小范围改变对二维垂向流场影响较小，因此，头部纵向对称面最大控制型线对空气升力影响较小。

3. 缩小车体横断面积

车体横断面积主要以阻塞比的形式表现出对隧道内压力变化的影响。隧道横断面积一定的情况下，列车横断面积越大，相应的阻塞比越大，其通过隧道时的气动效应越明显，因此，在隧道横断面积一定的情况下，可以通过减小列车横断面积来达到减少气动效应的目的，但车体横断面积不能无限减小，因此，通常需要协调控制车体横断面积与隧道净空面积之间的关系。

4. 车体外围部件的平滑化

车辆底部形状对空气阻力的影响很大。为了避免地板下部设备外露，采用与车身横断面形状相吻合的裙板遮住车下设备，以减少空气阻力，同时防止高速运行带来的沙石击打车下设备。车体表面光滑平整，减少凸出物，如侧门采用塞拉门，扶手选择内置式，脚蹬做成翻板式，使侧门关闭时可以包住它。两车辆连接处采用橡胶大风挡，与车身保持平齐，避免形成空气涡流。

8.4.2 隧道方面

1. 隧道有效净空面积

隧道横截面积主要以阻塞比的形式表现出对隧道内压力变化的影响。隧道阻塞比为通过隧道的列车与隧道有效横截面积之比。随着阻塞比的增大，隧道测点及车体壁面测点处压力增大，并且阻塞比越大，压力增加的幅度也越大，但压力变化曲线形状没有发生变化。

通过扩大隧道净空面积虽可有效缓解隧道气动效应，但隧道净空面积的扩大也意味着工程造价的提高。经济合理的隧道净空面积需要通过仿真计算予以确定。

我国现有高速铁路和城际铁路的线路等级分为 200 km/h、250 km/h、300 km/h 和 350 km/h 等，不同速度等级线路的线间距和隧道净空面积有不同的设计标准(表 8.4.1)。鉴于固定设施改造难度大，我国高速铁路线间距及隧道净空面积的选用都预留有一定的提速空间和发展余量。

表 8.4.1　不同速度等级铁路线间距及隧道净空面积

速度等级(km/h)	线间距(m)	双线隧道内轨顶面以上净空面积(m^2)
200	4.4	不应小于 80
250	4.6	不宜小于 90
300	4.8	不宜小于 100
350	5.0	不宜小于 100

2. 设置缓冲结构

缓冲结构的设置能够有效地降低隧道内的压力和压力梯度的最大值，原因在于缓冲结构会延长压缩波压力上升的时间，降低列车突入隧道时所形成的最大压力梯度。理论计算表明，不管何种形式的缓冲结构，压缩波压力梯度都是随着缓冲结构长度和横断面积的增加而减小，但缓冲结构长度超过隧道的等效水力直径时，缓冲结构长度的影响就变得很小。另外，在缓冲结构上开口，能够继续降低最大压力梯度。

不同类型洞口缓冲结构对微气压波的影响如下：

(1) 无开口的全封闭缓冲结构

日本针对备后隧道(长 8 900 m，无砟轨道，断面面积为 60.4 m^2)进行一系列较为完善的全封闭缓冲结构不同截面和不同长度的模型试验，研究了各种条件下的微气压波降低效果。

a. 微气压波最大值与缓冲结构长度的关系

就全封闭缓冲结构来说，若长度大于隧道水力直径，其效果基本上为一定值。

b. 微气压波最大值与缓冲结构断面积的关系

缓冲结构的截面积约为隧道的 1.55 倍时，便可使微气压波的第一波和第二波均呈较小值。

因此，对于没有开口的全封闭缓冲结构，取其截面积为隧道截面积的 1.55 倍，长度大于隧道直径即可。

(2) 有开口的缓冲结构

开口部分设在缓冲结构的侧面，为长方形。对于全长开口，随着开口面积的增加，微气压波第一波减小而第二波增加。

如果对不同开口长度条件下的微气压波最大值进行比较，则当其断面比为 1.62 时，几乎无差别；但当断面比为 1.04 时，1/2 长开口较全长开口为小，显示出其具有良好的降低微气压波效果。

在某一试验条件下，微气压波最大值比在缓冲结构开口率为 0 时约为 0.5，而在开口面积/隧道断面积为 0.2 且 1/2 长开口时为 0.3～0.35。

(3) 开槽式缓冲结构

开槽式缓冲结构是指断面与隧道断面相同而在其侧面沿全长设置一定宽度的开口(槽)。

开槽式缓冲结构的开口率不是指面积比，而是指开口弧长和缓冲结构周长之比。缓冲结构的长度一定时，必然存在着与之相应的最佳开口率，缓冲结构越长，效果越好，其长度 L 和隧道直径 D 之比 L/D 为 1.5 左右时，微气压波最大值比约为 1/2，而当 L/D 为 6 左右时，微气压波最大值比约为 1/4。

(4) 喇叭口型缓冲结构

以上的缓冲结构均是在主体隧道基础上的附加结构，而喇叭口型的缓冲结构则是靠改变主体隧道的入口形式来直接降低微气压波的大小。

直线型和曲线型多少有些差别，但具有共同的趋势。圆形断面条件下，缓冲结构长度/隧道直径为3.33、缓冲结构开口直径/隧道直径为2.5时的微气压波最大值为无缓冲结构时的0.2～0.3倍。

隧道洞口缓冲结构并不能解决列车在隧道内高速行走产生的压力变化给乘员带来的不适和压力过大而带来的耳鸣问题，但却可以通过降低列车进洞后第一阶段压缩波的波前梯度而有效地降低出口微气压波的大小，消除洞口的爆炸声响，减少微气压波对洞口环境带来的危害。

缓冲结构应综合考虑微气压波的大小和隧道的具体长度、断面尺寸、道床类型、辅助坑道的设置、洞口附近房屋等建筑物的性质及其他环境要求、地质地形地貌条件、工程难易程度、造价等。在有条件的隧道，还应考虑利用其他降低微气压波的措施，如采用洞壁贴吸声材料等措施。

3. 利用辅助坑道

隧道内的辅助坑道主要包括竖井、斜井、横通道、平行导坑等，能够对隧道内的瞬变压力波形成部分反射，对瞬变压力“气压波分散”和“气压波反射界面增加”情况较复杂，在隧道设计中须考虑和利用，尽量发挥其缓解压力波、降低气压变化幅度和频率的有利功能。国外一些高速铁路也曾充分利用辅助坑道对缓解气动效应的有利因素进行隧道优化设计，如瑞士马特斯泰滕至罗特里斯特之间的铁路干线的8座隧道中共使用了10个减压竖井和2条横通道，目标是在降低成本基础上实现较高的乘车舒适度。以埃莫昆朗隧道(1 633 m)为例(图8.4.1)，该隧道为单洞双线隧道，隧道净空断面积为76 m^2，使用了净空断面积为12.25 m^{2}的减压竖井。综合分析结果表明，如果没有减压竖井，那么隧道的截面净空面积将从76 m^{2}增加到105 m^2，才能实现同样的气压变化值和乘车舒适度。通过设置辅助坑道的措施能实质性地改善乘车舒适度，降低气压舒适度对车辆的要求。另外，它还能提供紧急出口、防火安全、气候改善、降低牵引消耗等其他功能，如图8.4.2所示。

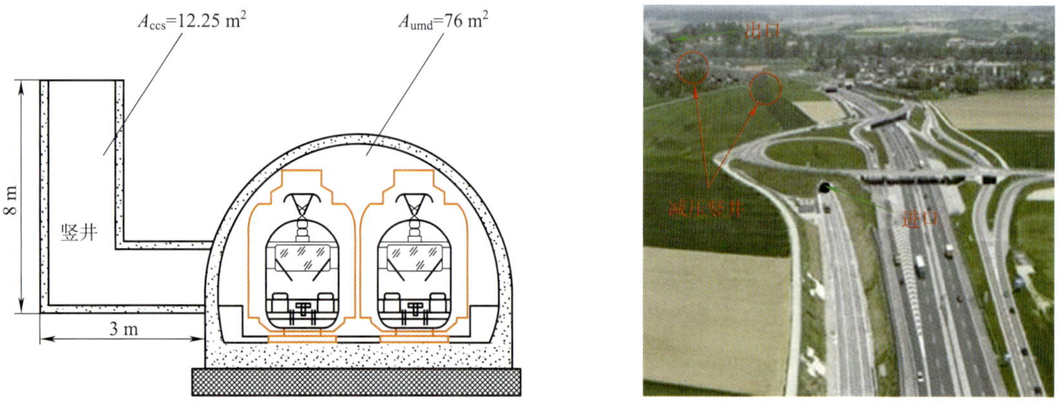

图8.4.1　埃莫昆朗隧道设计

图8.4.2　埃莫昆朗隧道减压竖井

(1) 影响瞬变压力最有利及最不利辅助坑道位置

对于列车车头瞬变压力，影响瞬变压力的长隧道中辅助坑道最有利位置为

$$x_s = \frac{2v}{c+v}l_t = \frac{2M}{1+M}l_t \tag{8.4.1}$$

影响瞬变压力的长隧道中辅助坑道最不利位置为

$$x_s = \frac{c(c+v)}{2v\ (c-v)}l_v = \frac{1+M}{2M(1-M)}l_v \tag{8.4.2}$$

式中 l_v——列车长度；

v——行车速度；

c——空气压力传播速度(声速)；

M——列车马赫数，$M = v/c$；

l_t——隧道长度。

(2) 辅助坑道面积

隧道长度为 10～20 km 时，若辅助坑道设置在最有利位置，当辅助坑道面积较小时，可以使列车车头瞬变压力降低 0～20%(v = 300、350 km/h)；当辅助坑道面积过大时，会将长隧道中的瞬变压力问题转变为两条中短隧道的瞬变压力问题，使列车车头瞬变压力增大 23%～52%(v = 300 km/h)、18%～36%(v = 350 km/h)。若辅助坑道设置在最不利位置，当辅助坑道面积较小时，可以使列车车头瞬变压力增大 0～45%(v = 300 km/h)、0～36%(v = 350 km/h)；当辅助坑道面积过大时，会将长隧道中的瞬变压力问题转变为最不利长度隧道中的瞬变压力问题，使列车车头瞬变压力增大 101%～150%(v = 300、350 km/h)。

同一隧道长度，若辅助坑道设置在最有利位置，当辅助坑道面积较小时，辅助坑道面积变化对列车车头瞬变压力的影响不大；若辅助坑道设置在最不利位置，辅助坑道面积越大，对列车车头瞬变压力的影响越大。

因此，当 v = 300～350 km/h 时，特长隧道中如设置辅助坑道，其面积不宜过大。

对于 10 km 以上的特长隧道，当 v = 300～350 km/h 时，将辅助坑道设置在最有利位置，最多可以使列车车头瞬变压力降低 20%，且随着隧道长度的增加，辅助坑道降低瞬变压力的效果越不明显；到隧道长度为 20 km 时，辅助坑道对瞬变压力的降低基本没有作用。而辅助坑道设置在最不利位置时，使瞬变压力显著增大。

因此，当 v = 300～350 km/h 时，10 km 以上长隧道通过辅助坑道来降低瞬变压力的作用不大。

(3) 多竖井、横通道缓解微气压波效果

多竖井、横通道降低微气压波的效果可用以下公式表示：

$$P_{降低}^{总} = 1 - \prod_{i=1}^{N^{竖井}}\left(1 - P_{i\ 降低}^{\ 竖井}\right)\cdot\prod_{j=1}^{N^{横通}}\left(1 - P_{j\ 降低}^{\ 横通}\right) \tag{8.4.3}$$

式中 $N^{竖井}$——竖井总数；

$P_{i\ 降低}^{\ 竖井}$——第 i 个竖井降低微气压波的效率；

$N^{横通}$——横通道总数；

$P_{j\ 降低}^{\ 横通}$——第 j 个横通道降低微气压波的效率；

$P_{降低}^{总}$——降低微气压波的总效率。

8.5 隧道空气动力学效应实车测试

8.5.1 高速铁路隧道气动效应测试技术概述

我国在修建高速铁路之前，对高速铁路隧道空气动力学的研究主要停留在理论分析、模型试验和数

值计算方面，自 2009 年石太、合武、武广、郑西、京沪等高速铁路相继开通后，我国对高速铁路隧道的气动效应研究上升到实车测试阶段。本节主要依据相关规范规定，结合中国铁道科学研究院多年来对 200 km/h、250 km/h、300 km/h、350 km/h 等各个速度等级下高速铁路隧道气动效应测试及研究经验，系统介绍高速铁路隧道气动效应测试方法、测试内容、测点布置、检测设备及数据分析方法等。

1. 试验方法

隧道气动效应测试中采用无线远程控制与集中监控技术，试验测试系统主要由传感器、IMC 集成测控数采系统、无线远程监控系统、无线远程数据传输系统和接收终端等部分组成，如图 8.5.1 和图 8.5.2 所示。

图 8.5.1 采集及无线传输系统

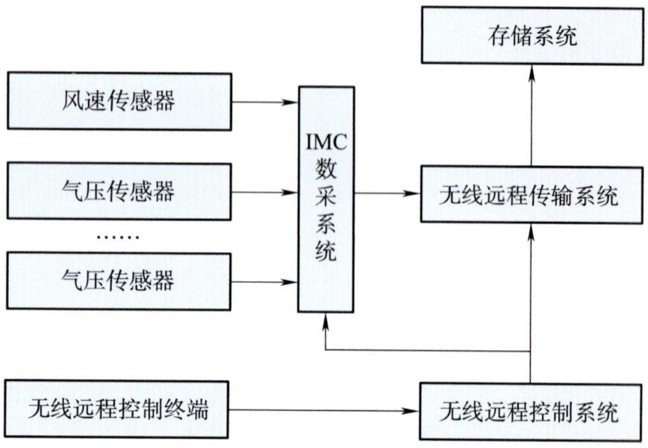

图 8.5.2 试验测试系统

2. 试验内容

（1）隧道内瞬变压力测试

在隧道内典型区域各断面拱脚及边墙位置安装气压传感器，测试断面边墙和拱腰位置布置 3 个测点，测试动车组通过及在隧道内交会时测点处的气压变化。图 8.5.3 为隧道气压测点布置情况。

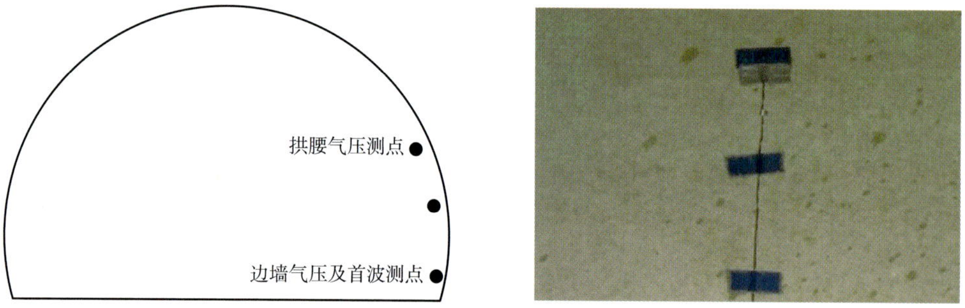

图 8.5.3 隧道气压测点横断面布置及传感器现场设置

（2）隧道洞口微气压波测试

在隧道洞口 10 m、20 m、50 m 位置安装微气压波传感器(图 8.5.4)，测试动车组通过隧道时在洞口产生的微气压波值，研究洞口微气压波随车速变化的规律。

图 8.5.4 隧道口微气压波测点现场布置

（3）列车风测试

在隧道内典型区域各断面边墙位置安装超声波风速仪，测试动车组通过时隧道内列车风随车速变化的规律。图 8.5.5 为隧道内列车风测点布置情况。

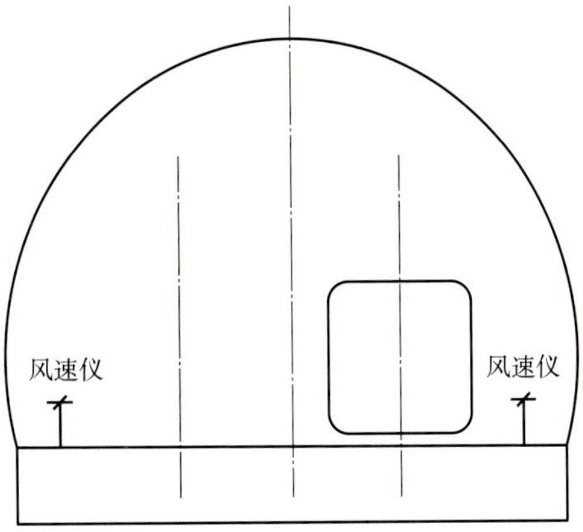

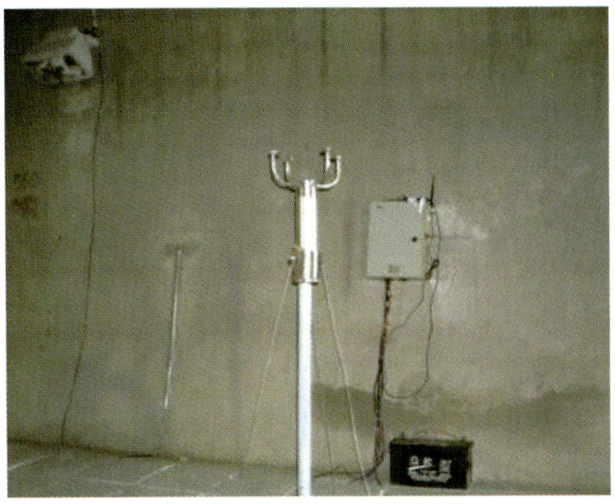

图 8.5.5 隧道内列车风测点布置及现场设置

表 8.5.1 为本节分析中选取的隧道长度及洞口缓冲结构形式。

表 8.5.1 隧道长度及洞口缓冲结构形式

隧道编号	长度(m)	隧道洞口缓冲结构形式
1 号	977	进口设置端墙式洞门，出口设置斜切式洞门
2 号	2 898	进出口均为斜切式洞门
3 号	2 812	进出口均为喇叭口式洞门，27 m，进出口两侧对称设五处空气动力学开孔结构
4 号	1 097	进出口均为斜切式洞门，10 m，隧道顶各设两处空气动力学开孔结构
5 号	1 905	进出口均为喇叭口式洞门，（进口 15 m，出口 27 m），进口两侧对称设两处空气动力学开孔结构，出口两侧对称设五处空气动力学开孔结构
6 号	13 256	进出口均为喇叭口斜切式洞门
7 号	1 005	进出口均为斜切式洞门
8 号	1 168	进出口均为喇叭口式洞门，15 m，进口两侧对称设两处空气动力学开孔结构，出口顶设一处空气动力学开孔结构
9 号	2 728	进出口均为喇叭口斜切式洞门
10 号	6 857	进出口均为喇叭口倒切式洞门
11 号	10 081	进出口均为喇叭口斜切式洞门

8.5.2 隧道气动效应测试分析

1. 隧道内瞬变压力

（1）列车速度与瞬变压力的关系

动车组以不同速度通过时，隧道内瞬变压力与速度的关系如图 8.5.6 所示。

由图 8.5.6 可见，当动车组以不同速度通过时，隧道内瞬变压力随着车速的增加而增大，瞬变压力(3 s 变化极值)基本与车速的平方成正比。综合分析合武、石太、武广、郑西、京沪高速铁路测试结果可见，不同类型动车组通过隧道时，隧道内瞬变压力(3 s 变化极值)基本与车速的平方成正比。

（2）车型与瞬变压力的关系

①CRH2-068C 与 CRH3-013C 动车组通过隧道时的瞬变压力对比

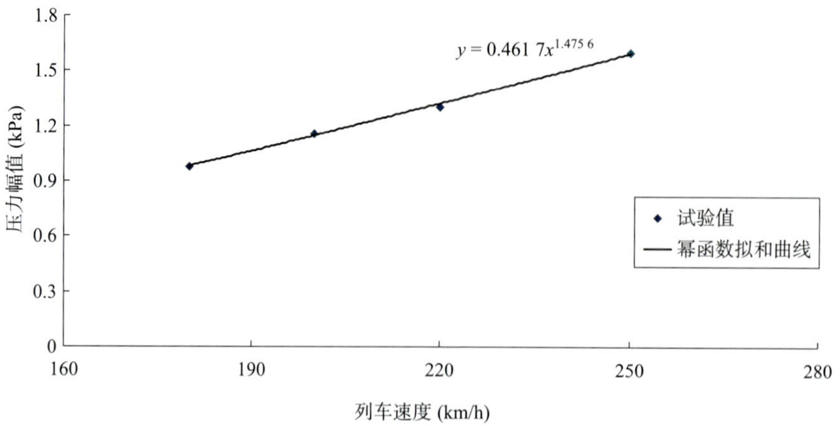

(a) 200~250 km/h线路

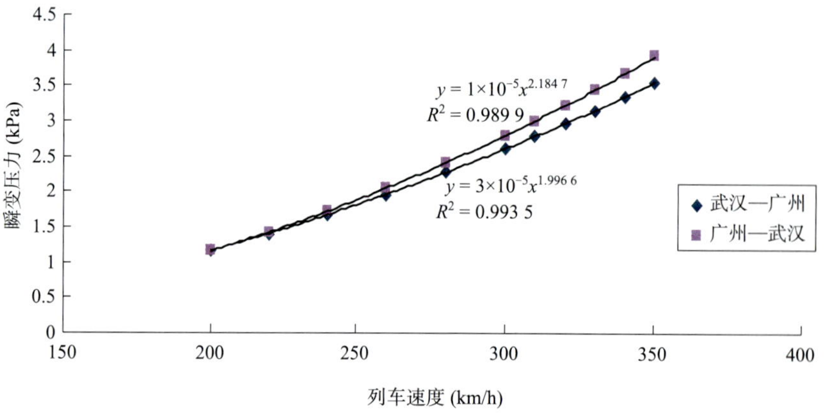

(b) 300~350 km/h线路

图 8.5.6　动车组通过隧道时瞬变压力与速度的关系

CRH2-068C、CRH3-013C 动车组通过 1 号及 2 号隧道时，隧道内瞬变压力典型时程曲线如图 8.5.7 所示。

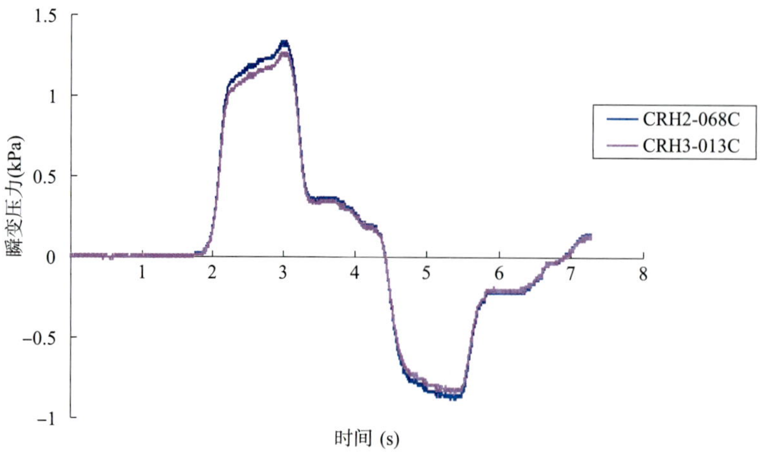

(a) 1号隧道 (977 m)

图　8.5.7

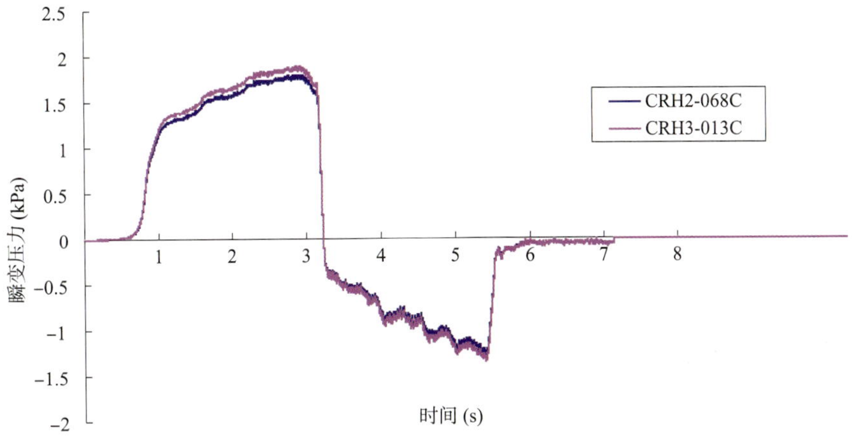

(b) 2号隧道 (2 898 m)

图 8.5.7 CRH2-068C、CRH3-013C 动车组通过隧道时的瞬变压力典型时程曲线

由图 8.5.7 可见，CRH2-068C、CRH3-013C 动车组通过时，隧道内同一测点瞬变压力的幅值基本一致，表明同为流线型车型情况下车型对隧道内瞬变压力的影响不显著。

②CRH2-150C 与 CRH380AL 动车组通过隧道时的瞬变压力对比

CRH2-150C、CRH380AL 动车组以相同速度通过 3 号隧道时，隧道内 200 m 处的测点瞬变压力典型时程曲线如图 8.5.8 所示。

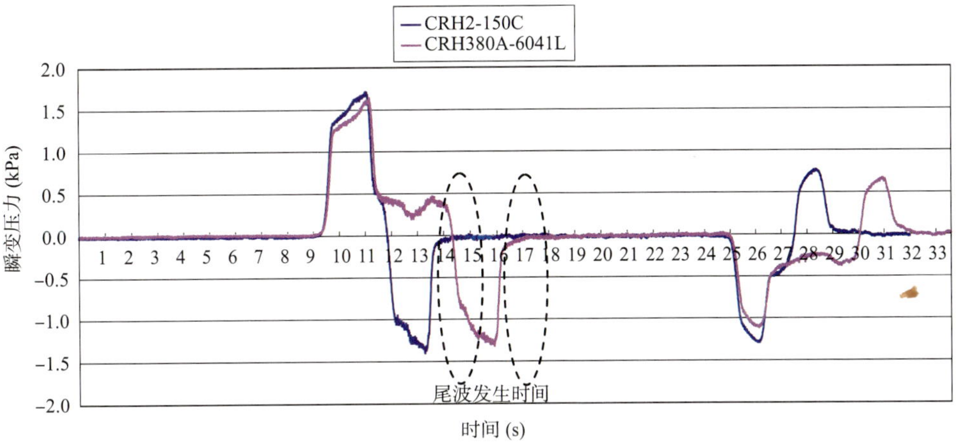

图 8.5.8 3 号隧道(2 812 m)内距进口 200 m 处测点气压变化对比曲线

由图 8.5.8 可见，车头形状一致、编组长度不同的 CRH2-150C、CRH380AL 动车组以相同车速进入隧道，车体进入隧道产生的气压增长相同，但尾波发生的时间不同，从而导致隧道内的瞬变压力测试数据及叠加规律也不相同。

③CRH2-061C 与 CRH380BL 动车组通过隧道时的瞬变压力对比

CRH2-068C、CRH380BL 动车组通过 4 号隧道时，隧道内 200 m 处的测点瞬变压力典型时程曲线如图 8.5.9 所示。

由图 8.5.9 可见，车头形状不一致、编组长度不同的 CRH2-068C、CRH380BL 两种动车组以同一车速进入隧道，车体进入隧道产生的气压增长和尾波发生时间均不同，导致隧道内的瞬变压力测试数据和叠加规律也不相同。

综上所述，横断面积相同的列车进入隧道产生的压力波动基本相当，由于车长不同，导致车体进入隧道产生的气压增长和尾波发生的时间不同，从而导致隧道内的瞬变压力测试数据和叠加规律也不相同。

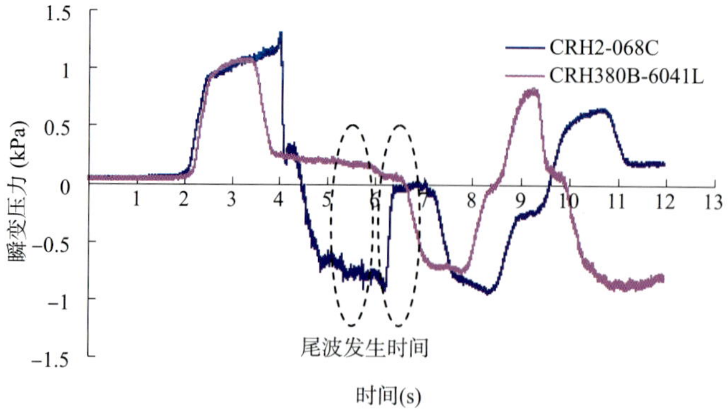

图 8.5.9　4 号(1 097 m)隧道内距进口 200 m 处测点气压变化对比曲线

(3) 交会对瞬变压力的影响

动车组在双线隧道内交会，会引起隧道内的压力波动叠加，列车交会时所产生的压力波动与列车长度、隧道长度、会车位置、车速等多种因素有关。

CRH2-150C 与 CRH380AL 动车组在 3 号、5 号隧道中心交会时，隧道北口内 200 m 处的瞬变压力典型时程曲线如图 8.5.10 所示。

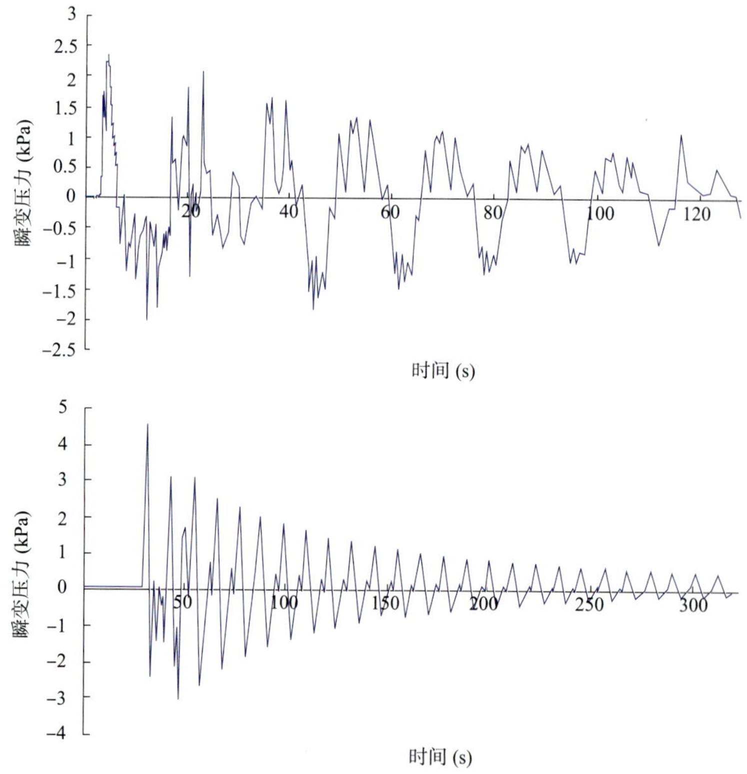

图 8.5.10　动车组在 3 号、5 号隧道交会时隧道北口内 200 m 处的瞬变压力典型时程曲线

CRH380AL 及 CRH2-150C 以不同速度在 3 号、5 号隧道内不同位置交会时，不同位置处测点测得的瞬变压力均较单列动车组通过时有所增加，最大分别增加了 238.5% 和 104.73%。

当动车组在隧道内同一位置附近交会时，隧道内瞬变压力 3 s 极值和峰对峰极值随着车速的增大而增大。当动车组在隧道中不同位置交会时，由试验数据和气压变化曲线可以看出，由于两列动车组进入隧道的时间不同，产生气压波的时间不同，因而导致隧道内的瞬变压力测试数据和叠加规律也不相同。

(4) 隧道长度对压力波的影响分析

综合分析合武、石太、武广、郑西、沪宁、京沪等线路动车组以不同速度通过测试隧道时洞内瞬变压力(3 s 变化极值)数据，得到瞬变压力与隧道长度关系曲线，如图 8.5.11 所示。

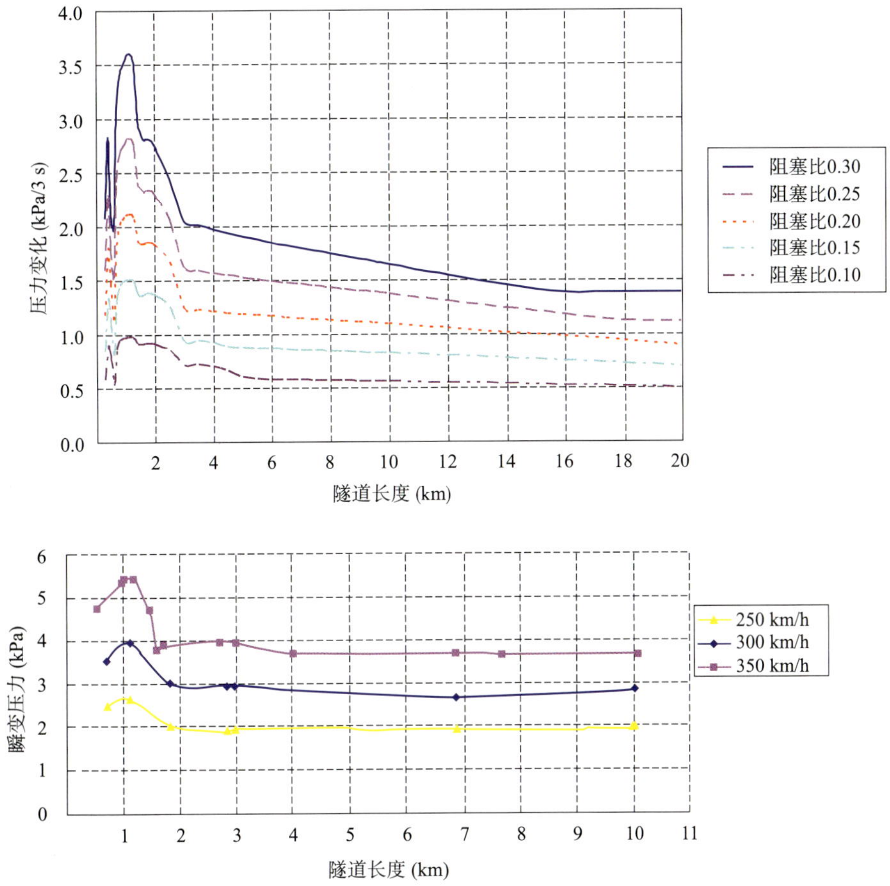

图 8.5.11 隧道长度对瞬变压力的影响(上为计算结果，下为实测结果)

由图 8.5.11 可见，针对不同速度级，隧道内瞬变压力(3 s 变化极值)在隧道长度接近 1 km 时有一个极值点，但随着隧道长度的进一步增加，隧道内瞬变压力(3 s 变化极值)变化不大，基本趋于稳定。对于短隧道，行车过程中所产生的瞬变压力并不比长大隧道小，尤其对于 1 km 及以下长度隧道，1 km 左右为最不利隧道长度。

(5) 辅助坑道对瞬变压力的影响

国内对某 250 km/h 客运专线长度为 13 256 m 的隧道(净空断面积为 92 m^2)进行了现场测试，并对辅助坑道位置和面积的影响进行了分析。

①辅助坑道位置对瞬变压力的影响分析

辅助坑道位置对隧道内的气压变化有一定影响，主要是辅助坑道增加了气压的反射界面，在反射界面处一部分气压会继续向前传递，一部分气压会向辅助坑道中传递，还有一部分气压以膨胀波的形式反射回来，形成更多次的反射和叠加。同时，辅助坑道的位置不同(即反射界面的位置不同)，会导致产生的膨胀波的叠加位置发生改变，这种叠加位置的改变对列车上气压波动会产生有利和不利两方面的影响。根据叠加原理，可以分析得到影响列车车头外瞬变压力的长隧道中辅助坑道最有利和不利位置。6 号隧道的试验结果印证了辅助坑道位置对气压波的反射和叠加，如图 8.5.12 所示。

②辅助坑道面积对瞬变压力的影响分析

辅助坑道面积越大，对继续向前传递的一部分空气压力削减越大，以膨胀波的形式反射回来的一部分空气压力也越大。

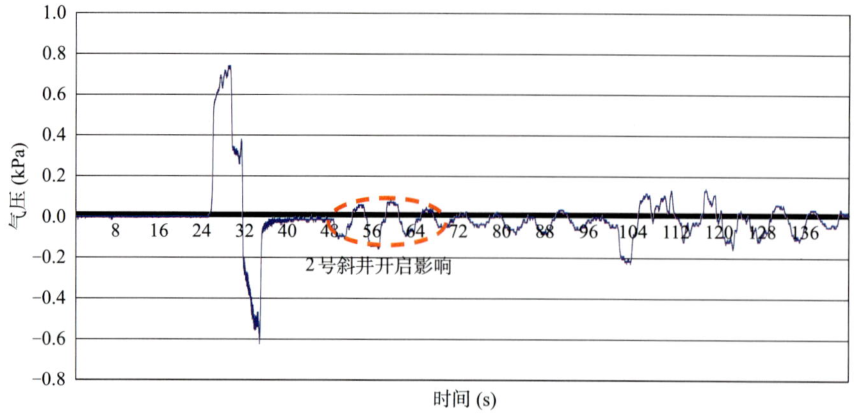

图 8.5.12 动车组通过时6号隧道距出口377 m处测点气压变化曲线(车速200 km/h，斜井开启，隧道长度为13 256 m)

辅助坑道设置在最有利位置，当辅助坑道面积较小时，可以使列车车头瞬变压力降低。辅助坑道设置在最不利位置，当辅助坑道面积较小时，可以使列车车头瞬变压力增大；当辅助坑道面积过大时，会将长隧道中的瞬变压力问题转变为最不利长度隧道中的瞬变压力问题，使列车车头瞬变压力增大。因此，长隧道中如设置辅助坑道，其面积不宜过大，5～10 m^2即可。6号隧道辅助坑道面积对瞬变压力影响试验数据印证了新生成膨胀波的幅值和未经辅助坑道削减空气压力的幅值之比基本和辅助坑道面积与主隧道面积之比基本相同。

2. 隧道洞口微气压波

(1) 列车速度与微气压波的关系

动车组通过隧道时，洞口微气压波与车速的关系曲线如图8.5.13所示。

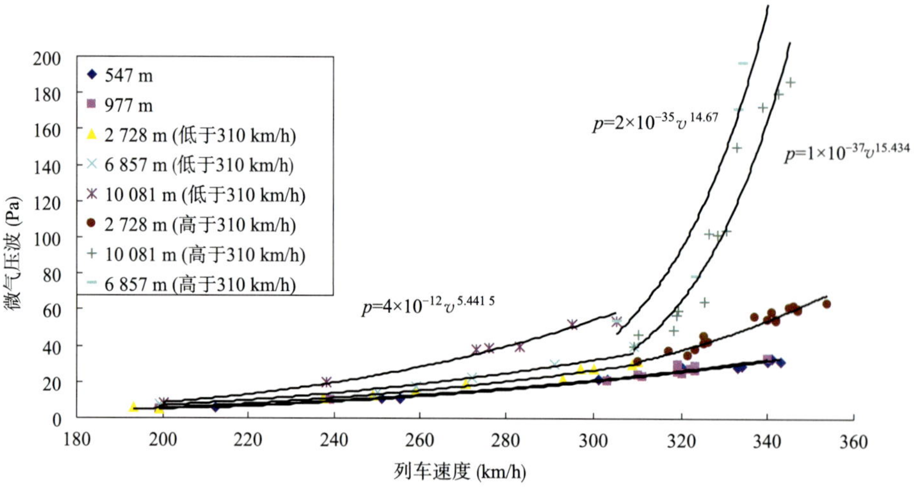

图 8.5.13 动车组通过隧道时洞口微气压波与车速的关系

综合分析武广、郑西、京沪高速铁路测试数据，动车组速度在310 km/h以下时，洞口20 m处微气压波值基本与车速的3～5次方成正比；若速度在310 km/h以上，隧道长度超过3 km时，微气压波增长显著，与车速的6～15次方成正比。

(2) 车型与微气压波的关系

由图8.5.14可见，CRH380AL与CRH2-150C车体断面积和头型相同，两者测试结果基本一致，两种车型通过时对洞口微气压波的影响不大。

(3) 隧道长度与微气压波的关系

根据武广、郑西、沪宁、京沪高速铁路现场调研及理论分析，对数据做归一化处理，得出阻塞比在

0.11 左右时隧道净空 100 m^2情况下隧道长度与洞口微气压波最大值的关系，如图 8.5.15 所示。

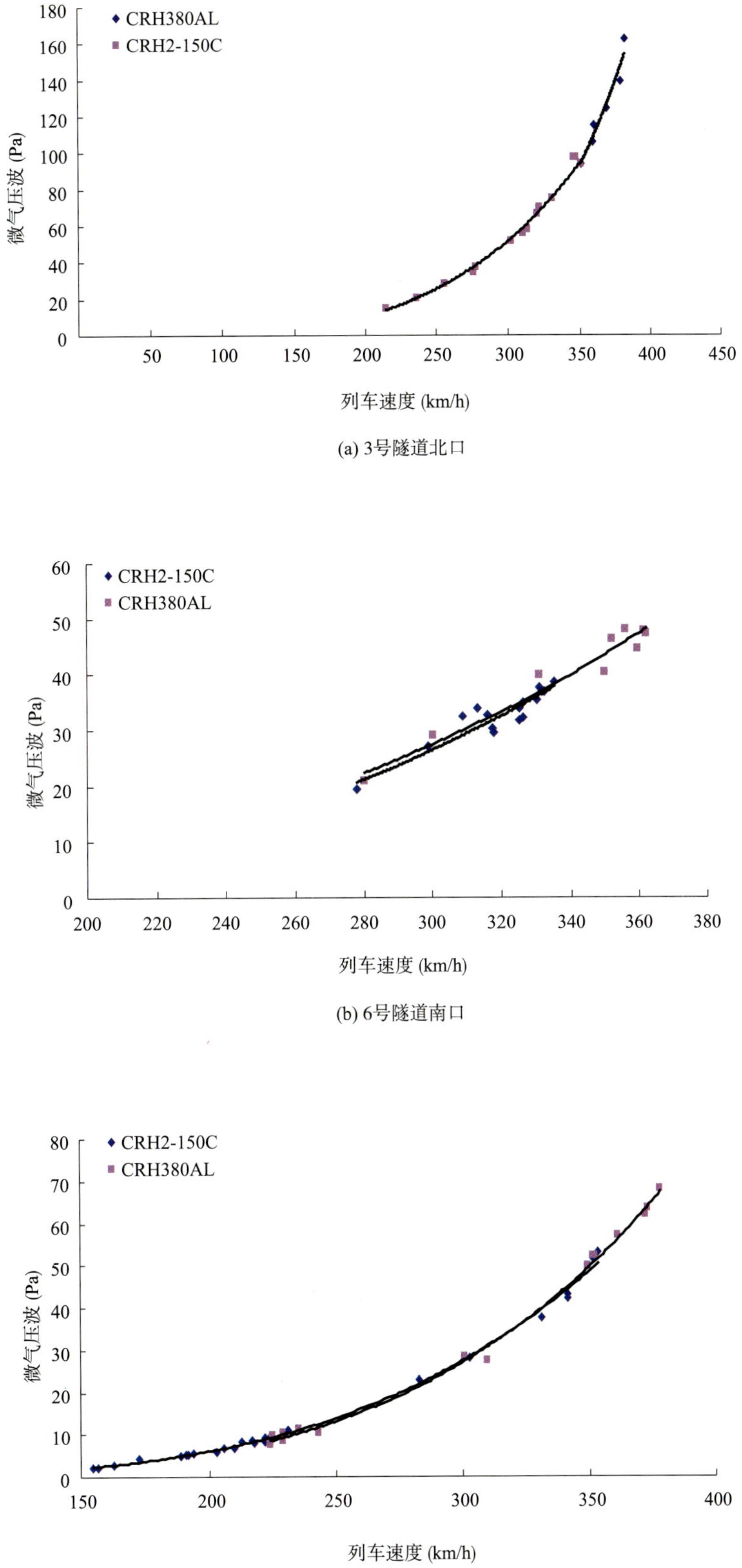

(c) 8号隧道南口

图　8.5.14

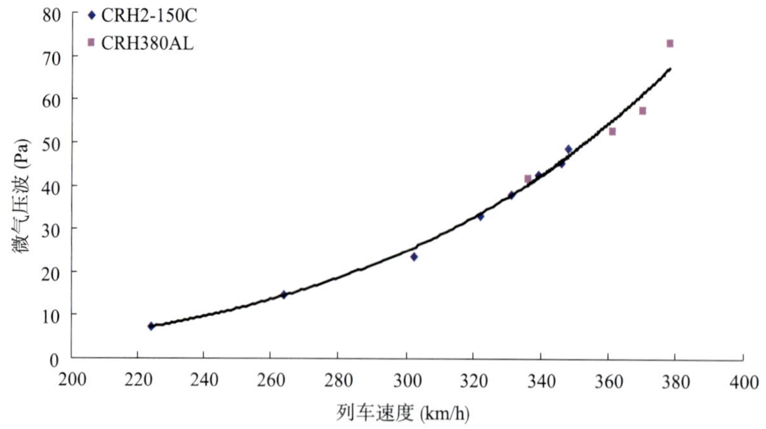

(d) 5号隧道北口

图 8.5.14 不同车型通过时洞口 20 m 处微气压波与车速关系曲线

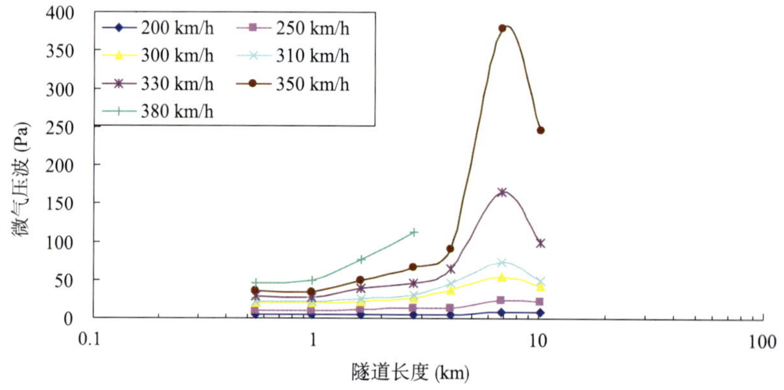

图 8.5.15 隧道长度与微气压波关系曲线

在洞口空间立体角不小于 $3\pi/2$、隧道断面面积为 100 m^2 及阻塞比为 0.11 的情况下，当动车组分别以 350 km/h 和 380 km/h 的速度通过时，洞口外 20 m 处微气压波值小于 50 Pa 的隧道临界长度分别为 1.6 km 和 1.0 km。对于无砟轨道，随着隧道长度的增加，微气压波相应增加，当隧道长度达到 4 km 后增长明显，达到某一长度后会达到最大值(目前的测试数据表明，这一隧道长度约为 7 km)，其后随着长度的增加逐渐减小。

(4) 空间立体角对隧道洞口微气压波的影响

图 8.5.16 为 3 号隧道进、出口微气压波与车速的关系。由于 3 号隧道进、出口缓冲结构形式(缓冲结构长度、开孔位置、开孔大小及数量)完全一致，因此，影响洞口微气压波的主要因素为空间立体角。3 号隧道进口空间立体角约为出口处的 2 倍。由图 8.5.16 可知，3 号隧道进口 20 m 处微气压波较出口 20 m 处约大 1 倍，与理论结果一致。5 号、7 号、8 号隧道的测试数据均说明，隧道洞口微气压波的幅值与空间立体角成反比。

(5) 不同缓冲结构对隧道洞口微气压波的影响分析

缓冲结构的设置能够有效地降低隧道内的压力梯度，原因在于缓冲结构延长了压缩波压力上升的时间，降低了列车突入隧道时所形成的最大压力梯度。

①隧道壁泄压孔对微气压波的减缓效果分析

为验证隧道壁泄压孔对洞口微气压波的缓解作用，对比分析了 3 号隧道泄压孔打开及封闭情况下洞口微气压波的变化情况，如图 8.5.17 所示。图 8.5.18 为动车组通过 3 号隧道时洞口微气压波与车速关系曲线。由图 8.5.17 可见，北口泄压孔打开较关闭情况下微气压波值要小，表明北口泄压孔打开有利

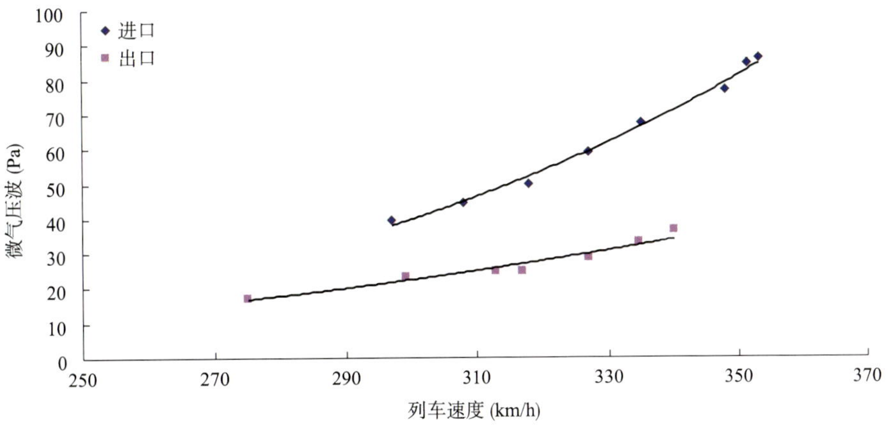

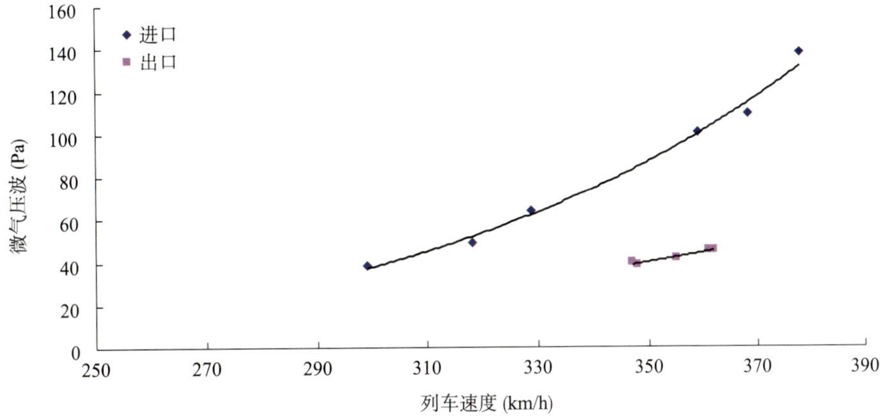

图 8.5.16　3 号隧道进、出口微气压波与车速的关系

于北口微气压波的缓解。在 350 km/h 车速条件下，封闭北口泄压孔情况下，隧道北口微气压波较打开北口泄压孔增大 15%；距洞口距离越小，缓解效果越明显，距洞口大于 50 m 后，开孔的缓解效果逐渐消失。北口泄压孔打开及关闭情况下，南口微气压波值接近，表明在目前北口缓冲结构设计参数情况下，其泄压孔开闭对南口微气压波的影响不明显。

(a) 打开　　(b) 封闭

图 8.5.17　3 号隧道北口缓冲结构泄压孔打开及封闭情况

②不同缓冲结构形式进洞波前梯度分析

对测试的 6 座隧道洞口压力梯度进行比较，其中 9 号隧道进口无扩大断面，可认为无缓冲结构，而 3 号、4 号、5 号、7 号、8 号隧道均设置了缓冲结构。表 8.5.2 为不同缓冲结构形式进洞波前梯度的变化对比。

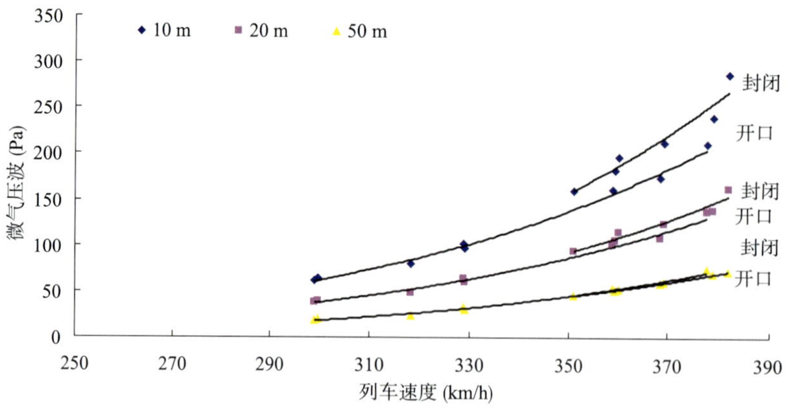

(a) 隧道北口

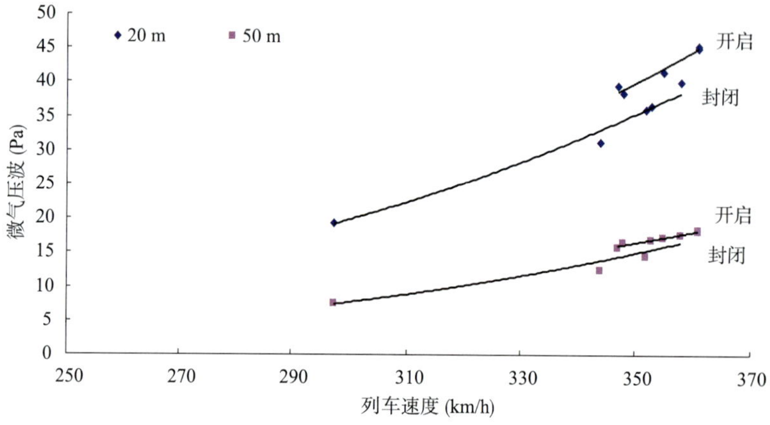

(b) 隧道南口

图 8.5.18 CRH380AL 动车组通过 3 号隧道时洞口微气压波与车速的关系

表 8.5.2 不同缓冲结构形式进洞波前梯度变化

车速(km/h)	9 号隧道进口	3 号隧道出口	变化	5 号隧道进口	变化	8 号隧道进口	变化	4 号隧道出口	变化	7 号隧道出口	变化
300	6.40	5.08	0.79	5.29	0.83	5.21	0.81	3.33	0.52	4.02	0.63
325	8.06	6.43	0.80	6.76	0.84	6.67	0.83	4.19	0.52	5.04	0.63
350	9.98	7.99	0.80	8.49	0.85	8.40	0.84	4.98	0.53	6.45	0.65

由表 8.5.2 可知，洞口为喇叭口式洞门(长27 m)，两侧对称设五处空气动力学泄压孔的缓冲结构形式时，3 号隧道进出口进洞波前梯度缓解程度约为 20%；洞口为喇叭口式洞门(长15 m)，两侧对称设两处空气动力学泄压孔的缓冲结构形式时，8 号隧道进口、5 号隧道进口进洞波前梯度缓解程度约为 15%；洞口为斜切式洞门(长15 m)，顶部设一处空气动力学泄压孔的缓冲结构形式时，7 号隧道进出口进洞波前梯度缓解程度约为 35%；洞口为斜切式洞门(长10 m)，顶部设两处空气动力学泄压孔的缓冲结构形式时，4 号隧道进出口进洞波前梯度缓解程度约为 47%。

③不同缓冲结构形式下测试值比较分析

将隧道洞口未设缓冲结构情况下洞口微气压波理论计算值与空间立体角转化 $3\pi/2$ 后有缓冲结构的测试值进行对比分析，如表 8.5.3 所示。

将实测数据与理论数据对比，可得出不同缓冲结构下洞口微气压波的缓解效果：

(a) 测试结果表明，隧道洞口缓冲结构对微气压波的减缓作用显著，其中 3 号隧道进口减缓为 17.6% ~27.5%，4 号隧道出口减缓为 24.1% ~27.6%；8 号隧道出口减缓为 17.6% ~25.1%；5 号隧道进口减缓为 1.4% ~35.7%，出口减缓为 6.6% ~23.5%；3 号隧道进口减缓为 30.6% ~36.4%，出口减缓为 18.3% ~41.5%。

表 8.5.3 高速铁路隧道缓冲结构缓冲效果对比分析

隧道长度(m)		微气压波(Pa)						备注
		无缓冲结构计算值			有缓冲结构测试值			
		300 km/h	330 km/h	350 km/h	300 km/h	330 km/h	350 km/h	
7 号隧道(1 005 m)	进口	20.43	28.58	34.97	16.08	22.64	29.37	数据均为转化成 3π/2 的空间立体角下数据
4 号隧道(1 097 m)	出口	20.90	30.69	37.93	15.16	22.54	28.79	
8 号隧道(1 168 m)	出口	21.39	32.93	41.07	17.62	26.01	33.08	
5 号隧道(1 905 m)	进口	24.19	41.55	58.79	23.86	34.17	42.66	
	出口				26.25	38.79	49.36	
3 号隧道(2 812 m)	进口	27.47	47.15	68.27	19.07	31.71	43.40	
	出口				22.44	32.04	39.91	

(b) 3 号、5 号及 8 号隧道采用喇叭口式扩大断面对洞口微气压波均有较大缓解效果，而采用斜切式洞口的 7 号隧道洞口则缓冲效果不明显，表明喇叭口式扩大断面对洞口微气压波的缓解效果较斜切式明显。

(c) 3 号及 5 号隧道均采用 27 m 喇叭口式扩大断面，而 8 号隧道采用 15 m 喇叭口式扩大断面。测试结果表明，3 号及 5 号隧道洞口微气压波缓解效果较 8 号隧道好，表明缓冲结构的长度对于洞口微气压波具有较大影响。

(d) 4 号隧道缓冲结构较 7 号隧道长，开孔数量较 7 号隧道多，缓冲效果较 7 号隧道明显，表明缓冲结构长度及开孔面积对微气压波具有较大影响。

(6) 辅助坑道对微气压波的影响分析

竖井(斜井、横通道)的存在会缓解压力波动的程度，进而能缓解隧道出口的微气压波。当隧道设有辅助坑道时，列车进入隧道产生的空气压缩波到达辅助坑道与隧道的连接部位时，由于断面积的变化，产生膨胀波，并在隧道内产生更为复杂的波的叠加现象，消减了隧道出口微气压波的峰值。

采用三维有限体积法进行数值模拟(图 8.5.19)的结果表明，单个横通道位置的不同对隧道出口微气压波的影响不显著；横通道的长度对于隧道出口微气压波的影响显著，但当横通道的长度超过 30 m 时，可忽略长度增加的减压效果，且设置于隧道入口的横通道越长越好，而设置于隧道出口的横通道，越短反而有越好的减压效果；随着横通道的增多，降压效果越加显著，当设置 4 条横通道时，微气压波降低了 41.6%。

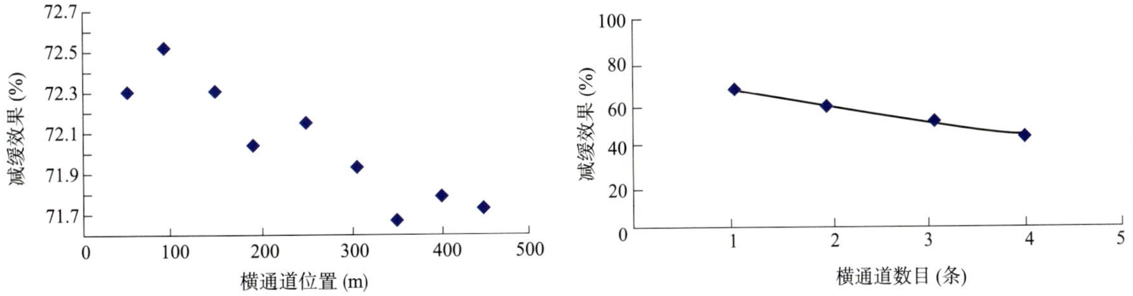

图 8.5.19 横通道位置及数目对洞口微气压波的影响

对长度为 6 857 m 的 10 号隧道和 10 081 m 的 11 号隧道进行了辅助通道开启及关闭对微气压波的影响测试研究。当动车组以 340 km/h 的速度通过长度为 6 857 m 的 10 号隧道时，辅助坑道开启及关闭情况下，洞口外 20 m 处微气压波值分别为 114.0 Pa 及 247.9 Pa，横通道的开启比关闭削减了约 54%。当动车组以 310 km/h 的速度通过长度为 10 081 m 的 11 号隧道时，800 m 处辅助坑道开启及关闭情况下，洞口外 20 m 处微气压波值分别为 46.09 Pa 及 58.11 Pa，辅助坑道开启比关闭消减了约 26.1%。

综合分析可知，辅助坑道对长大隧道微气压波具有显著消减作用。

（7）单列动车组通过隧道及交会时洞口微气压波与车速的关系

当动车组在11号、3号隧道内通过与交会时，洞口20 m处微气压波与车速关系曲线如图8.5.20所示。

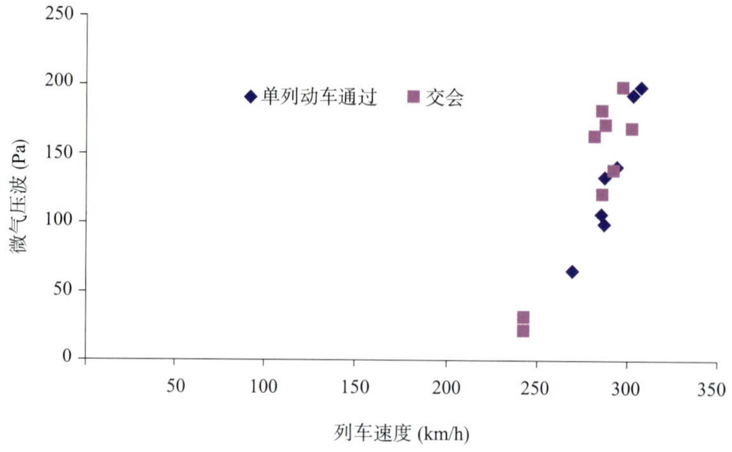

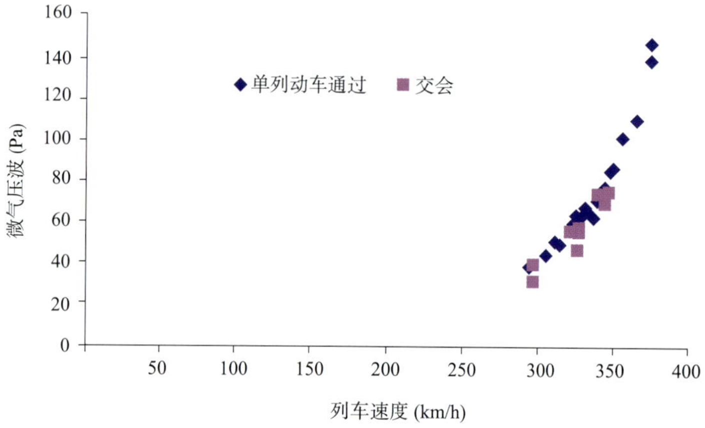

图8.5.20　动车通过及交会时11号、3号隧道洞口微气压波与车速的关系

对比分析动车组通过11号、3号隧道及在隧道内交会的数据可以看出，动车组交会时和单列动车组运行时，洞口微气压波测试值及规律基本一致，交会对微气压波的影响很小。

3. 列 车 风

由于列车速度的提高，使得列车运行时所产生的列车风对线路两侧设施的气动作用力也逐渐增大，该作用力的强度取决于列车行驶速度、距列车侧面的距离以及列车的外形等，该作用力较大时可能危及附属设施的安全。

动车组通过高速铁路隧道时，隧道内的列车风风速与车速的关系曲线如图8.5.21所示。

隧道列车风测试结果表明，动车组单列或重联通过隧道时，隧道内列车风风速与列车运行速度呈线性关系。同等速度下，重联动车组通过隧道时列车风风速比单列动车组大，即列车编组越长，列车风风速越大；流线性好的动车组产生的列车风风速明显低于钝形普通旅客列车。

4. 隧道内附属设施气动效应

为研究列车高速通过及在隧道内交会时隧道内辅助设施受到的气动力，在3号、7号隧道内辅助设施上布置了测点，测量列车通过及在隧道内交会时辅助设施受到的气动力。隧道内辅助设施典型测点布置如图8.5.22所示。

图8.5.23和图8.5.24分别为CRH2-150C及CRH380AL动车组以不同速度通过3号、7号隧道时辅助设施所受气动力与速度的关系。

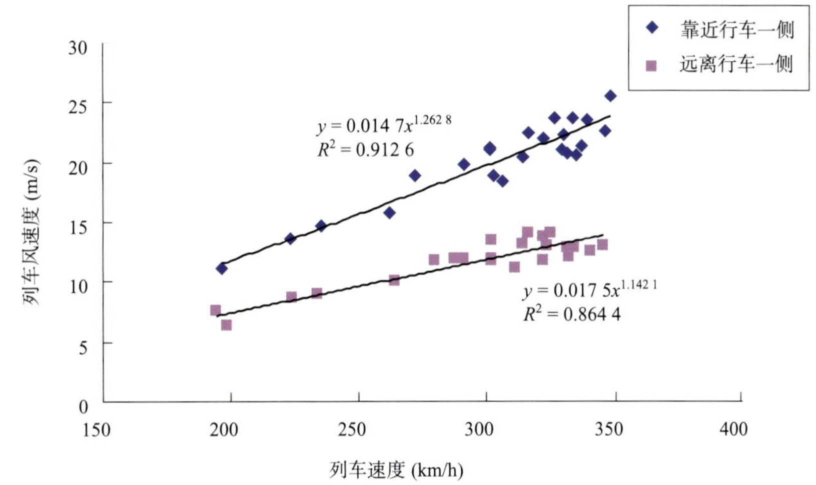

(a) 5号隧道 (1 905 m)

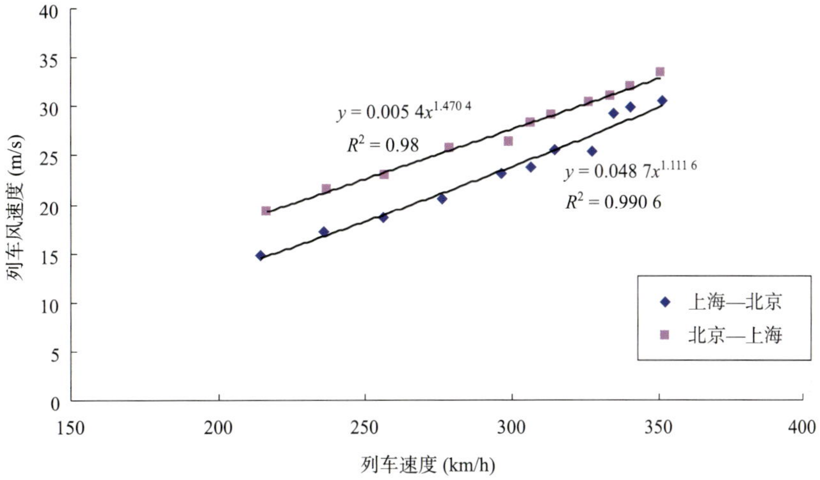

(b) 3号隧道 (2 812 m)

图 8.5.21　动车组通过时隧道内列车风风速与车速关系曲线

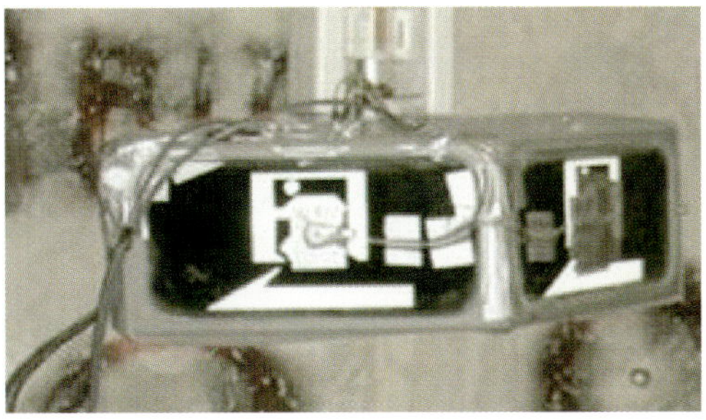

(a) 隧道指示灯测点布置

(b) 隧道下锚坠陀

图 8.5.22　辅助设施测点布置

CRH2-150C 动车组以 380 km/h 的速度单列通过 3 号、7 号隧道时，水沟盖板受到的最大垂向气动力分别为 151.3 N 和 136.2 N，水沟盖板受到的垂向气动力与自身重力的比值分别为 0.50 和 0.45。CRH380AL 动车组以 380 km/h 的速度单列通过 3 号、7 号隧道时，水沟盖板受到的最大垂向气动力分别为 161.2 N 和 144.1 N，水沟盖板受到的垂向气动力与自身重力的比值分别为 0.53 和 0.47，满足安全运营要求。

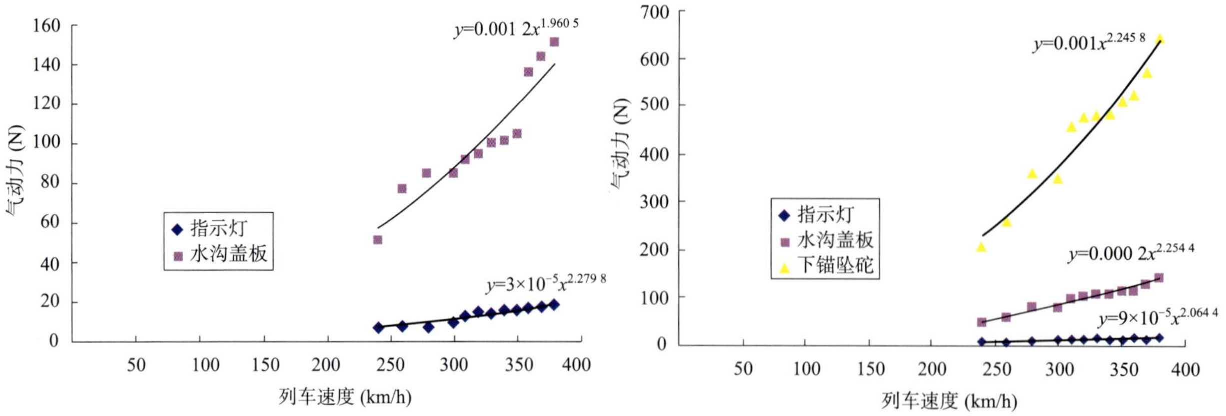

图 8.5.23　CRH2-150C 单列以不同速度通过 3 号、7 号隧道辅助设施气动力

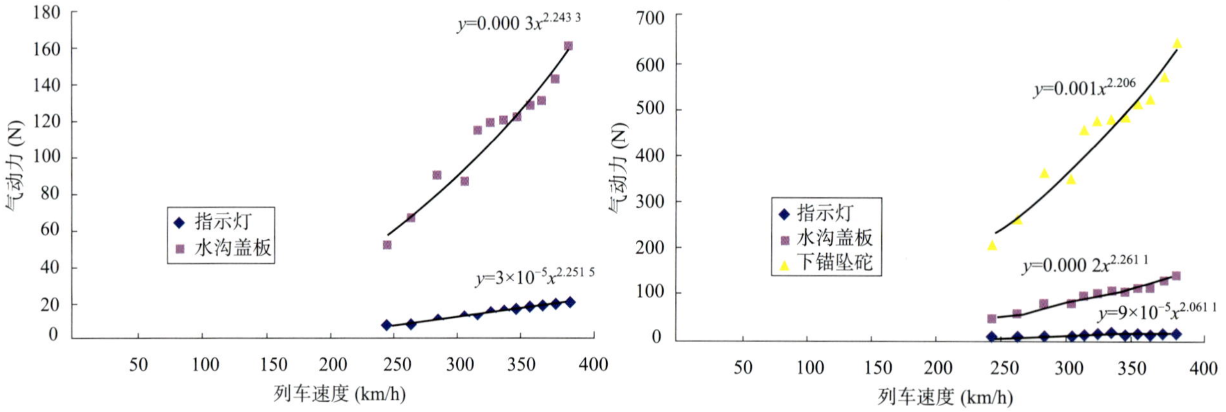

图 8.5.24　CRH380AL 单列以不同速度通过 3 号、7 号隧道辅助设施气动力

参 考 文 献

[1] 铁道部工程设计鉴定中心．高速铁路隧道[M]．北京：中国铁道出版社，2006.

[2] 中国铁道科学研究院，等．武广客专隧道气动效应研究试验研究报告[R]．2009.

[3] 国家铁路局．高速铁路设计规范(TB 10621—2014)[S]．北京：中国铁道出版社，2014.

[4] 王建宇，吴剑，万晓燕．车辆的密封性及瞬变压力向列车内传递规律[J]．现代隧道技术，2009，46(3)：12-16.

[5] 王建宇，万晓燕，吴剑．高速铁路隧道内瞬变气压和乘车舒适度准则[J]．现代隧道技术，2008,(2)：4-8，13.

[6] 王建宇，万晓燕，吴剑．隧道长度对瞬变压力的影响[J]．现代隧道技术，2008，45(6)：1-4.

9 洞口缓冲结构设计

洞口缓冲结构设计必须结合隧道洞口的具体条件及隧道长度等因素统筹考虑。根据理论计算分析、现场试验和模型试验可知，缓冲结构的主要参数为结构长度、断面大小、开孔个数、开孔间距及大小。理论上，缓冲结构的设置应按“一隧一算”的原则处理，但在不追求最优效果的条件下，也可以适当加以标准化。本章以 CRH3 型动车组为研究对象，针对各种缓冲结构基本形式拟定不同的设计参数，然后分别计算其效果，并与不设置缓冲结构的初始情况进行对比，最后提出各种缓冲结构形式的适用长度范围和较优的设计参数。

9.1 洞口缓冲结构设置条件

如第 8 章所述，减小隧道洞口微气压波峰值的方法可以是在洞口设置缓冲结构或利用洞身的辅助坑道，但辅助坑道只有当其位置和面积符合特定要求时才能起到好的效果，而辅助坑道位置往往是根据施工组织要求确定的，从空气动力学角度来说并一定是最佳位置。因此，当需要控制洞口微气压波时，一般在隧道进出口处设置缓冲结构，故也称洞口缓冲结构。隧道洞口缓冲结构设置应达到的目的是减小列车进入隧道时所产生压缩波的压力梯度值。国外的现场测试和模型试验结果都表明，缓冲结构，尤其是开孔型缓冲结构，显著削减了微气压波的高频部分(尤其是频率高于20 Hz 的人耳可听到的那一部分)的能量，从而消除了隧道出口的声爆问题。同时，它还使得隧道附近房屋轻型结构(如窗户、百叶窗等)产生突然移动的低频部分也得到有效消减。

一般情况下，隧道洞口可不设置缓冲结构。但是，当隧道洞口附近有建筑物或特殊环境要求时，则需要设置缓冲结构。根据武广、京沪等高速铁路运营情况、现场测试数据及相关研究成果，当仅按距洞口 20 m 处微气压波峰值不超过 50 Pa 控制时，时速 350 km 单线隧道、时速 350 km 双线隧道需要设置缓冲结构的最短隧道长度见表 9. 1. 1。当隧道长度短于表 9. 1. 1 中所列数值但洞口有特殊环境要求时，也可设置缓冲结构。对于时速 250 km 的隧道，根据有关研究及现场测试，不管是单线隧道还是双线隧道，洞口微气压波峰值均未超出允许值，可以不设置缓冲结构。这是因为，双线隧道的净空面积相对较大(达 92 m^2)，微气压波问题自动得到缓解；单线隧道虽然净空面积只有 58 m^2，但由于只有特长隧道才采用双洞单线方式，而洞口微气压波峰值在隧道超过一定长度后又会明显减小，因此一般也不会超出允许值。当然，当隧道洞口有特殊要求时，时速 250 km 的隧道也可以参照时速 350 km 隧道的缓冲结构进行设计。

表 9. 1. 1　需要设置缓冲结构的隧道最短长度

速度目标值	隧道面积	隧道最短长度	
		单线隧道	双线隧道
350 km/h	单线 70 m^2，双线 100 m^2	1 000 m	1 600 m

9.2 洞口缓冲结构形式及选择

9.2.1 缓冲结构气动效应参数计算

1. 计算方法

研究隧道洞口缓冲结构参数时，将隧道内距离隧道进出口较远的区域简化为一维、可压缩、非定常流动进行计算，未考虑洞口山体等地形环境对微气压波的影响。

在数值模拟中，将整个区域划分为隧道进口三维计算区域、隧道内一维计算区域和隧道出口三维计算区域等三个子区域。计算区域划分和边界条件如图 9. 2. 1 所示。

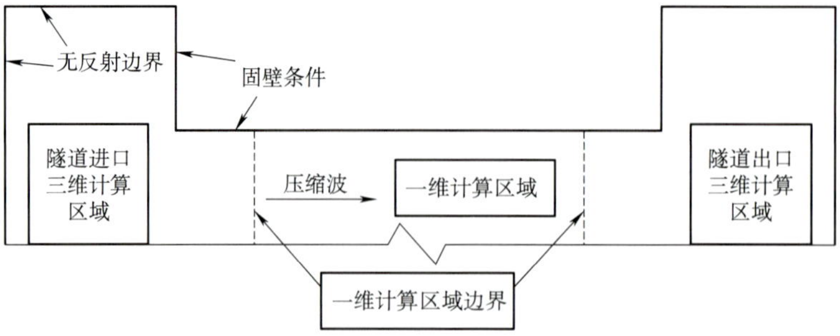

图 9. 2. 1　数值模拟区域划分和边界条件

1）典型隧道参数条件下典型车型在隧道进口段产生的初始压缩波的压力场时空分布

在大型流体力学软件 Fluent6. 2 基础上进行二次开发，通过计算得到在典型隧道参数条件下高速铁路典型车型在隧道进口段产生的初始压缩波和其他相关数据。将三维计算区域边界处的流场数据简化为一维结果，作为一维计算区域的边界条件。

2）初始压缩波在隧道内传播时产生的非线性变形机制

整理计算得到的初始压缩波在隧道内传播时的非线性变形机制，得到一维计算区域靠近隧道出口一侧的边界处的压缩波峰值及梯度，作为隧道出口三维计算区域的初始和边界条件。

3）隧道出口区域微气压波压力场时空分布规律

将一维计算区域靠近隧道出口一侧边界处的计算数据，作为隧道出口三维计算区域的初始和边界条件，计算得到隧道出口微气压波压力场分布情况。

除计算外，针对特定隧道，模型试验也是获得较优缓冲结构的一种研究手段，如武广高速铁路浏阳河隧道和广深港高速铁路狮子洋隧道等。

2. 主要计算参数

1）基本参数

机车类型按 CRH3 型列车考虑，列车横断面积为 11. 6 m^2，列车速度为 350 km/h。隧道净空面积取 100 m^2，阻塞比为 0. 116。

2）隧道洞门和缓冲结构参数

按所拟订的多种缓冲结构方案和帽檐切削式隧道洞门结构方案的具体尺寸进行分析，其中帽檐切削式洞门的斜切面坡率分别考虑为 1∶1 和 1∶1. 25，帽檐夹角取 115°。

9. 2. 2　双线隧道缓冲结构形式拟定

为进行时速 350 km 高速铁路双线隧道设计，对等截面开孔型、扩大断面不开孔型、扩大断面开孔型、洞口平导型等四种缓冲结构形式进行了系统研究。为适应不同地形地质条件，对间缝式缓冲结构也进行了研究。

1. 扩大断面不开孔型缓冲结构

扩大断面不开孔型缓冲结构是在隧道洞口设置一段不开孔的扩大结构段作为缓冲结构。扩大断面分为拱形和矩形两种，扩大段的断面大小根据计算确定，其净空面积一般取为正洞隧道净空面积的 1. 55 倍。双线隧道扩大断面形式如图 9. 2. 2 和图 9. 2. 3 所示。该型缓冲结构适用于洞口地形较陡但前方有低矮长路基的情况。拱形断面除了适用于洞口有长路基段外，还适用于洞口地质条件好(围岩为Ⅱ、Ⅲ级或Ⅳ级硬岩)、可以进行大断面开挖的情况。

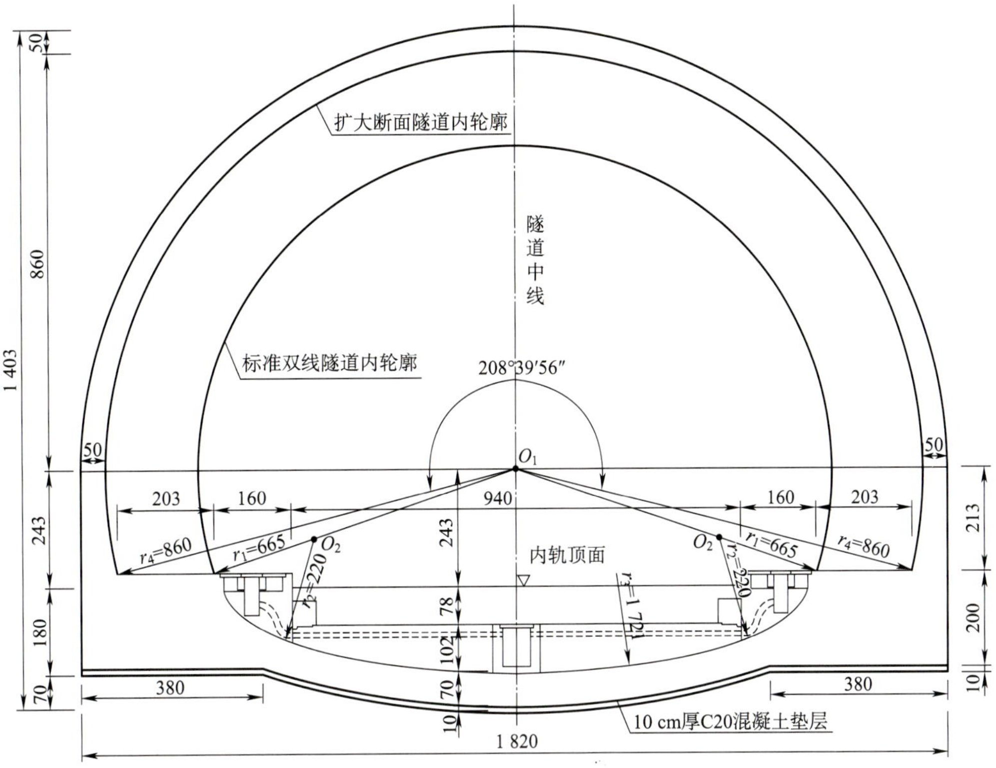

(a) 拱形断面内轮廓 (单位：cm)

(b) 缓冲结构现场应用

图 9.2.2 拱形扩大断面不开孔型缓冲结构

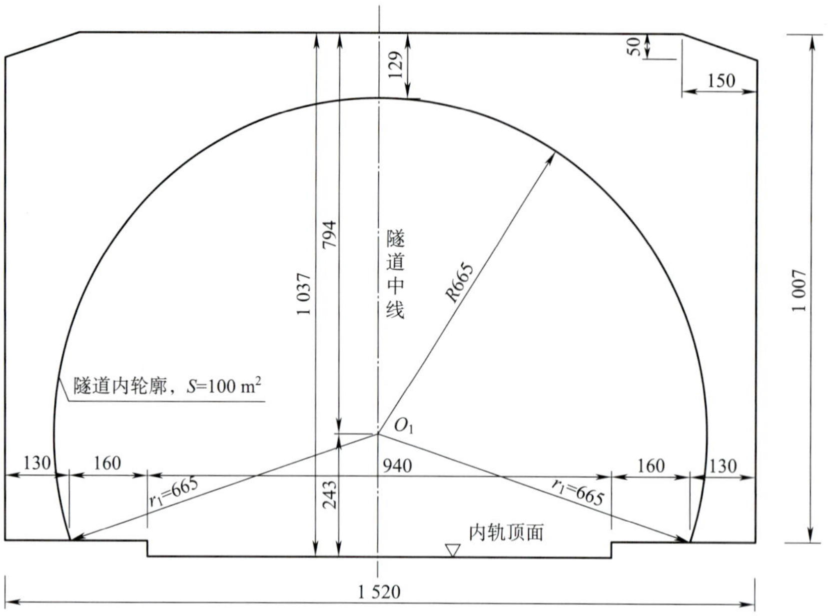

图 9.2.3　矩形扩大断面不开孔型缓冲结构内轮廓(单位：cm)

2. 等截面开孔型缓冲结构

等截面开孔型缓冲结构的内净空面积(内轮廓可以是拱形，也可以是矩形)与隧道正洞相同，但在其顶部或侧壁局部设置一个或多个外通的开孔来降低压缩波梯度。开孔大小及个数根据隧道正洞的长度经计算确定。开孔一般采用矩形孔，沿隧道洞顶轴线布置，当侧壁有条件时，也可设置在侧壁。该型缓冲结构适用于洞口有较长明洞段或暗洞顶部覆土小于5 m、适合设置开孔的情况。图 9.2.4 为部分工程案例。

(a) 拱形断面开五孔型　　(b) 矩形断面开五孔型

(c) 外接双孔型　　(d) 斜切洞门接双孔型

图 9.2.4　等截面开孔型缓冲结构

3. 扩大断面开孔型缓冲结构

扩大断面开孔型缓冲结构结合了扩大断面和开孔型的双重特点，在扩大断面的基础上设置开孔。该型缓冲结构适用于洞口地形较陡而路基段较短的情况，如图 9.2.5 所示。

图 9.2.5 扩大断面开孔型缓冲结构

4. 洞口平行导坑型缓冲结构

洞口平行导坑型缓冲结构也称回路型缓冲结构，是在隧道洞口一侧或双侧设置一段平行导坑，并通过横通道与正洞连接。该型缓冲结构适用于正洞洞口地形很陡、没有缓冲结构设置场地，或本身设置有平导可加以利用的情况。对于双洞单线隧道，可以在两孔隧道之间设置局部平导或在洞口段加密横通道，作为缓冲结构使用。为保证缓冲效果，双线隧道平导净空面积不宜小于 50 m^2，横通道净空面积不小于 35 m^2，其内轮廓如图 9.2.6 所示。

5. 间缝式缓冲结构

间缝式缓冲结构是等截面开孔型缓冲结构的一种变化形式，即将隧道主体结构适当外延，在该外延段结构上设置一道或多道宽度为 0.5 ~ 1.0 m 的缝隙作为缓冲结构，简称间缝式缓冲结构(图 9.2.7)。该型缓冲结构适用于洞口段结构接长条件受限的地形条件。由于该种形式的缓冲结构总长度较短，因此一般只适用于隧道长度不超过 3 km 的隧道。当需要用于较长的隧道时，可与其他形式的缓冲结构组合使用。

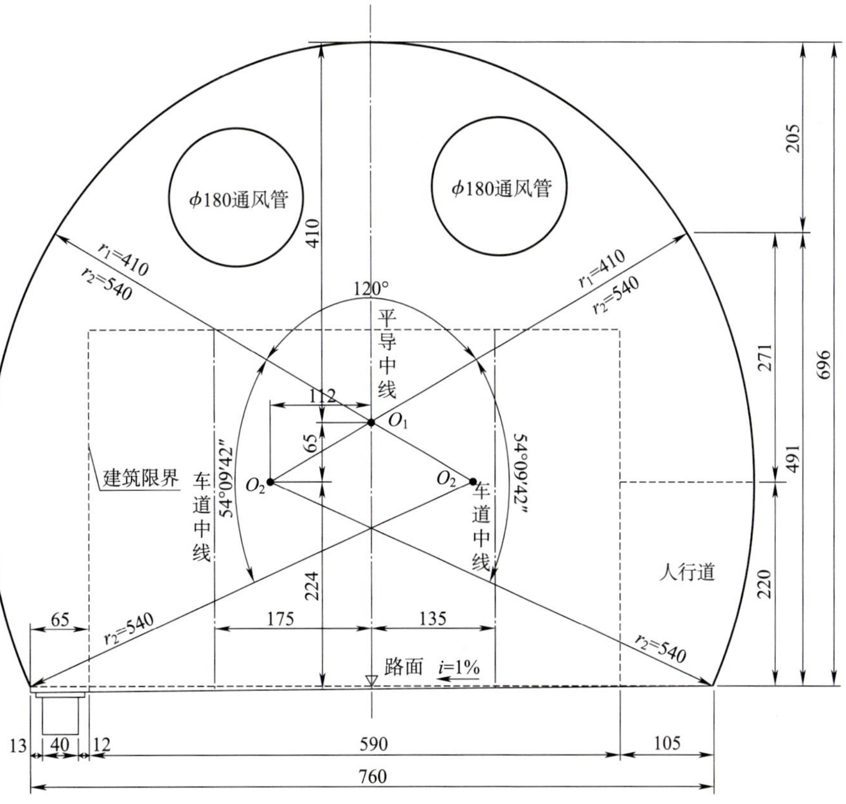

(a) 平导内轮廓 (面积为50.54 m^2)

图 9.2.6

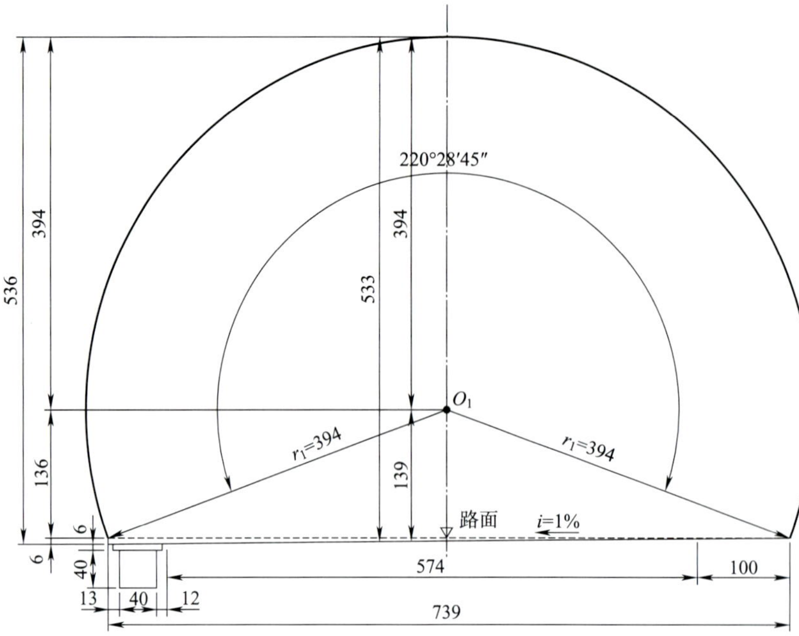

(b) 横通道内轮廓 (面积为35.11 m²)

图 9.2.6 双线隧道洞口平导型缓冲结构及横通道内轮廓(单位：cm)

(a) 两间缝式　　(b) 三间缝式

图 9.2.7 间缝式缓冲结构

9.2.3 双线隧道缓冲结构形式选择

根据对缓冲结构形式及开孔方案的研究，并考虑不同施工方法(明挖或暗挖)及回填方式(有回填、无回填)，设计了多种缓冲结构方案，其适用范围详见表 9.2.1。

表 9.2.1 双线隧道各种缓冲结构适用隧道长度汇总

序号	缓冲结构形式		结构布置	双线隧道长度(km)		
				1.6～3.0	3.0～6.0	>6.0
1	扩大断面不开孔型	现浇拱形不回填结构	扩大断面，长 13.5 m	√		
2	扩大断面不开孔型	暗挖拱形复合衬砌结构		√		
3	扩大断面不开孔型	现浇矩形不回填结构		√		
4	等截面开孔形式一	1 个开孔明洞结构	等截面，长 12 m，开孔大小8 m×6 m	√		
5	等截面开孔形式一	1 个开孔浅覆土暗洞结构		√		

续上表

序号	缓冲结构形式		结构布置	双线隧道长度(km)		
				1.6~3.0	3.0~6.0	>6.0
6	等截面开孔形式二	2个开孔明洞结构	等截面，长18 m，开孔大小：孔1为6 m×4 m，孔2为4 m×4 m		√	
7	等截面开孔形式二	2个开孔浅覆土暗洞结构			√	
8	等截面开孔形式三	3个开孔明洞结构	等截面，长28 m，开孔大小：孔1为8 m×4 m，孔2为5 m×4 m，孔3为3 m×3 m			√
9	等截面开孔形式三	3个开孔浅覆土暗洞结构				√
10	等截面开孔形式四	4个开孔明洞结构	等截面，长37 m，开孔大小：孔1为8 m×4 m，孔2为6 m×4 m，孔3为4 m×3 m，孔4为3 m×3 m			√
11	等截面开孔形式四	4个开孔浅覆土暗洞结构				√
12	扩大断面开孔形式一	1个开孔现浇拱形不回填结构	扩大断面，长10 m，开孔大小6 m×2 m	√		
13	扩大断面开孔形式一	1个开孔暗挖拱形复合衬砌结构		√		
14	扩大断面开孔形式一	1个开孔现浇矩形不回填结构		√		
15	扩大断面开孔形式二	2个开孔现浇拱形不回填结构	扩大断面，长17 m，开孔大小：孔1为6 m×2 m，孔2为4 m×2 m		√	
16	扩大断面开孔形式二	2个开孔暗挖拱形复合衬砌结构			√	
17	扩大断面开孔形式二	2个开孔现浇矩形不回填结构			√	
18	扩大断面开孔形式三	3个开孔现浇拱形不回填结构	扩大断面，长30 m，开孔大小：孔1为8 m×2 m，孔2为5 m×2 m，孔3为3 m×2 m			√
19	扩大断面开孔形式三	3个开孔暗挖拱形复合衬砌结构				√
20	扩大断面开孔形式三	3个开孔现浇矩形不回填结构				√
21	洞口平导形式一	三横洞结构	距洞口30 m，等间距25 m布置横通道3座	√		
22	洞口平导形式二	四横洞结构	距洞口30 m，等间距25 m布置横通道4座		√	
23	洞口平导形式三	五横洞结构	距洞口30 m，等间距25 m布置横通道5座			√
24	洞口平导形式四	六横洞结构	距洞口30 m，等间距25 m布置横通道6座			√

注：1. 表中“√”表示适用；
2. 适用于长度较大隧道的缓冲结构同样适用于长度较短的隧道。

从方便施工角度出发，双线隧道各种缓冲结构形式选择的原则是首选等截面开孔型，次选扩大断面型（开孔或不开孔），最后选洞口平导型。此外，也可根据具体条件采用不同形式组合的缓冲结构，如间缝式缓冲结构与开孔型缓冲结构组合等。在同一种缓冲结构中，对于长度6 km以上的隧道，有条件时应尽量选择多开孔的方式，但应根据现场实测情况对第三个孔及后续开孔尺寸进行现场调整，以获得更优的缓冲效果。

9.2.4 单线隧道缓冲结构设置

单线隧道由于净空面积远小于双线隧道，堵塞比更大，因此其洞口微气压波问题更为突出。目前已运营的时速300 km以上的高速铁路中，采用双孔单线型的仅有广深港高速铁路狮子洋隧道，因此以下仅对该隧道的缓冲结构进行介绍。狮子洋隧道洞口缓冲结构采用等截面开孔型，利用隧道洞口明挖段设置，开孔位于结构顶板部位，并在中隔墙上预留开孔条件(初期运营速度为300 km/h时封闭，远期运营速度为350 km/h时打开)，如图9.2.8所示。

图9.2.8　狮子洋隧道洞口缓冲结构

1. 列车进口段缓冲结构

在每孔隧道列车进口段的顶部及中隔墙依照隧道空气动力学规律布置多个不同尺寸的方形或圆形开孔，见表9.2.2。由于开孔沿隧道纵向的长度对缓解效果有明显影响，因此在开孔的长度方向设置滑板，以便运营期可以根据实测情况调节开孔长度。该措施可以在初始压缩波的形成阶段降低其最大压力梯度，减小出口微气压波压力峰值。

表9.2.2　列车进口段隧道缓冲结构开孔位置及尺寸

位　　置	开孔序数	开孔位置	开孔尺寸(m)	开孔中心距离隧道进口距离(m)
广州侧进口	1	顶　板	8×3.2(长×宽，下同)	7
	2		8×2	18
	3		6×2	31
	4		5×2	42.5
	5		4×2	53
	6	中墙(预留，暂封闭)	3.2(直径，下同)	66.6
	7		2.7	80.05
	8		2.2	93.5
深圳侧进口	1	顶　板	8×1(长×宽，下同)	7
	2		8×3.2	127
	3		8×2	138
	4		6×2	151
	5		5×2	162.5
	6		4×2	173
	7	中墙(预留，暂封闭)	3.2(直径，下同)	186.6
	8		2.7	200.05
	9		2.2	213.5

2. 列车出口段缓冲结构

在每孔隧道列车出口段的顶部及中隔墙依照隧道空气动力学规律布置多个不同尺寸的方形或圆形开孔，见表9.2.3。开孔处同样设置滑板，以便运营期根据实测结果进行调整。该措施使得压缩波传播至隧道出口附近以后，一部分从开孔处分流出去，从而降低压缩波的最大压力梯度，减小出口微气压波的压力峰值。

表9.2.3　列车出口段隧道缓冲结构开孔位置及尺寸

位　置	开孔序数	开孔位置	开孔尺寸(m)	开孔中心距离隧道出口距离(m)
广州侧出口	1	顶　板	7×1.6(长×宽，下同)	6.5
	2		8×1.6	18
深圳侧出口	1	顶　板	8×1	7
	2		7×1.6	126.5
	3		8×1.6	138

9.2.5　双线隧道帽檐切削式洞门缓冲效果分析

采用上述计算方法对帽檐切削式洞门不同斜切面坡率对微气压波的缓解效果进行计算分析，并与双侧挡墙式洞门进行对比，结果见表9.2.4和表9.2.5。其压力、压力梯度和微气压波曲线分别如图9.2.9和图9.2.10所示。受计算机硬件条件的限制，计算中取隧道长度为1 000 m(不考虑隧道长度对于压缩波的非线性效应)，列车(CRH3型)长度为200 m。

表9.2.4　帽檐夹角对气动效应的影响(洞门斜率取1∶1.25)

帽檐夹角	压力梯度峰值(kPa/s)	20 m处微气压波压力峰值(Pa)	斜切洞门降低效果
双侧挡墙式洞门	15	66.2	—
115°	10.5	46.9	减小29.2%

表9.2.5　斜切洞门斜率变化对气动效应的影响(帽檐夹角取115°)

斜切洞门斜率	压力梯度峰值(kPa/s)	20 m处微气压波压力峰值(Pa)	斜切洞门降低效果
双侧挡墙式洞门	15	66.2	—
1∶1	11.3	49.7	减小24.9%
1∶1.25	10.5	46.9	减小29.2%

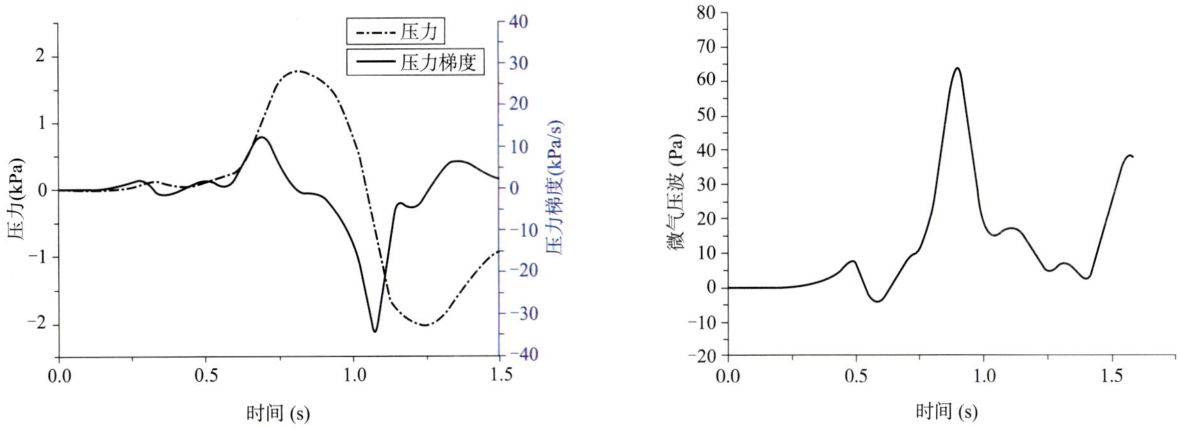

(a) 压力和压力梯度曲线　　(b) 微气压波压力曲线 (隧道出口外20 m处)

图9.2.9　双侧挡墙式洞门情况下的压力、压力梯度和微气压波—时间曲线

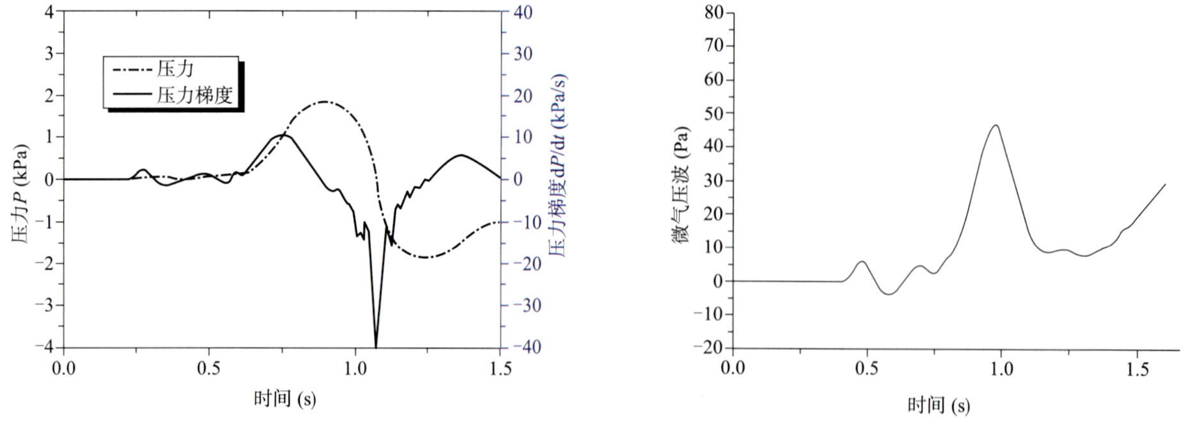

(a) 压力和压力梯度曲线　　(b) 微气压波压力曲线 (隧道出口外20 m处)

图 9.2.10　帽檐切削式洞门情况下的压力、压力梯度和微气压波—时间曲线

由以上图表可见，帽檐切削式洞门情况下的压力梯度峰值仅为双侧挡墙式洞门情况下的 70% 左右，表明切削式洞门能够发挥比较好的微气压波缓解作用。根据微气压波计算理论，在测点位置一定的情况下，隧道出口附近的压力梯度峰值与隧道出口的微气压波峰值近似成正比。据此理论，帽檐切削式洞门与双侧挡墙式洞门情况下的压力梯度峰值之比和微气压波峰值之比应该近似一致。

根据进一步的分析，当隧道进口和出口均采用帽檐切削式洞门时，对于长度短于 2.5 km 的双线隧道，洞门可兼作缓冲结构使用；当隧道进口采用帽檐切削式洞门而出口采用墙式洞门时，对于长度短于 1.5 km 的双线隧道，洞门可兼作缓冲结构使用。

9.3　等截面开孔型缓冲结构设计参数

9.3.1　等截面开单孔型

等截面开单孔型缓冲结构只开 1 个孔，共研究了以下四种开孔方案：

方案Ⅰ　开孔尺寸为长 6 m、宽 4 m，边线距洞口 3 m；缓冲段总长度为 10 m；

方案Ⅱ　开孔尺寸为长 8 m、宽 4 m，边线距洞口 3 m；缓冲段总长度为 12 m；

方案Ⅲ　开孔尺寸为长 8 m、宽 4 m，边线距洞口 1 m；缓冲段总长度为 10 m；

方案Ⅳ　开孔尺寸为长 24 m、宽 3 m，边线距洞口 3 m；缓冲段总长度为 28 m。

通过对上述四种开孔方案的压力及压力梯度峰值比较可以得出，在设置 1 个开孔的情况下，压力梯度能降低到无缓冲结构时的 70% 左右，其中以方案Ⅱ的效果最佳，压力梯度能降低到无缓冲结构时的 62.2%，因此等截面开单孔时可采用方案Ⅱ对应的参数。该型缓冲结构多适用于长度为 1.6 ~ 3.0 km 的隧道。

图 9.3.1 和图 9.3.2 为方案Ⅱ对应的计算结果。

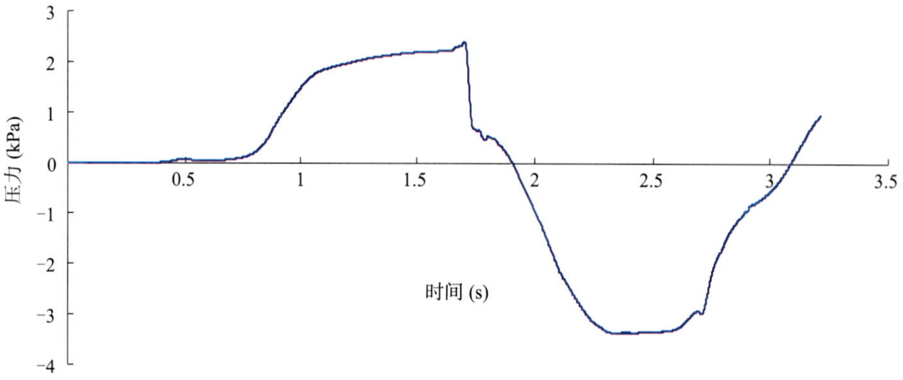

图 9.3.1　等截面开单孔型方案Ⅱ压力曲线（100 m 处测点，v = 350 km/h）

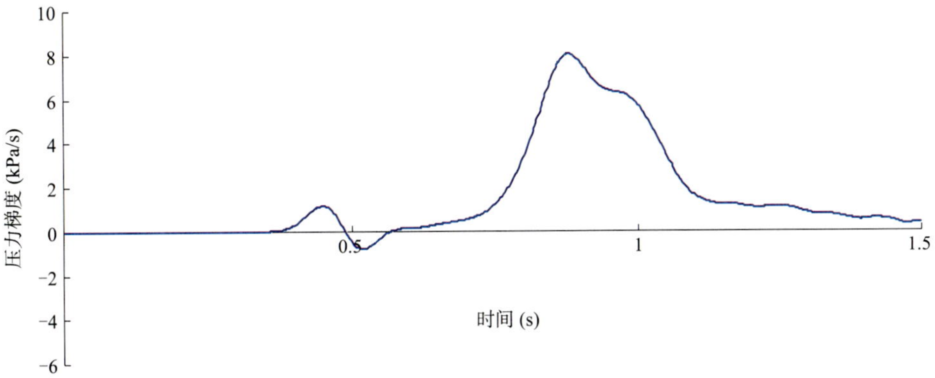

图 9.3.2 等截面开单孔型方案Ⅱ首波压力梯度曲线(100 m 处测点，v = 350 km/h)

9.3.2 等截面开双孔型

等截面开双孔型缓冲结构开 2 个孔，从洞口向洞身依次编号为孔 1 和孔 2，共研究了以下三种开孔方案：

方案Ⅰ 孔 1 尺寸为 6 m×4 m，边线距洞口 3 m；孔 2 尺寸为 4 m×4 m，与孔 1 净距为 4 m，缓冲段总长度为 18 m；

方案Ⅱ 孔 1 尺寸为 6 m×4 m，边线距洞口 3 m；孔 2 尺寸为 5 m×4 m，与孔 1 净距为 3 m，缓冲段总长度为 18 m；

方案Ⅲ 孔 1 尺寸为 6 m×4 m，边线距洞口 1 m；孔 2 尺寸为 6 m×4 m，与孔 1 净距为 4 m，缓冲段总长度为 18 m。

通过对上述三种方案的压力及压力梯度峰值比较可以得出，在设置 2 个开孔的情况下，压力梯度能降低到无缓冲结构时的 50%~60%，尤以方案Ⅰ的效果最佳，压力梯度峰值能降低到无缓冲结构时的 51.3%，因此等截面开双孔时可采用方案Ⅰ对应的参数。该型缓冲结构多适用于长度为 3.0~6.0 km 的隧道。

图 9.3.3 和图 9.3.4 为方案Ⅰ对应的计算结果。

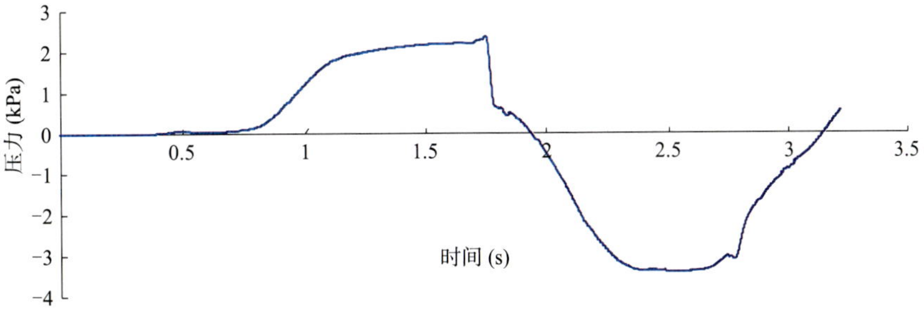

图 9.3.3 等截面开双孔型方案Ⅰ压力曲线(100 m 处测点，v = 350 km/h)

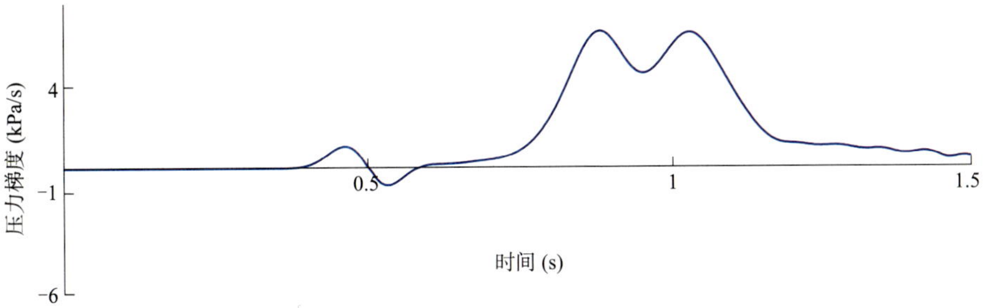

图 9.3.4 等截面开双孔型方案Ⅰ首波压力梯度曲线(100 m 处测点，v = 350 km/h)

9.3.3 等截面开三孔型

等截面开三孔型缓冲结构开3个孔，从洞口向洞身依次编号为孔1、孔2和孔3，共研究了以下四种开孔方案：

方案Ⅰ 孔1尺寸为8 m×4 m，边线距洞口3 m；孔2尺寸为5 m×4 m，与孔1净距为4 m；孔3尺寸为3 m×3 m，与孔2净距为4 m；缓冲段总长度为28 m；

方案Ⅱ 孔1尺寸为6 m×4 m，边线距洞口3 m；孔2尺寸为5 m×4 m，与孔1净距为4 m；孔3尺寸为4 m×4 m，与孔2净距为4 m；缓冲段总长度为28 m；

方案Ⅲ 孔1尺寸为6 m×4 m，边线距洞口3 m；孔2尺寸为5 m×4 m，与孔1净距为3 m；孔3尺寸为6 m×4 m，与孔2净距为3 m；缓冲段总长度为28 m；

方案Ⅳ 孔1尺寸为8 m×4 m，边线距洞口1 m；孔2尺寸为5 m×4 m，与孔1净距为5 m；孔3尺寸为3.5 m×4 m，与孔2净距为4.5 m；缓冲段总长度为28 m。

通过对上述四种方案的压力及压力梯度峰值比较可以得出，在设置3个开孔的情况下，压力梯度能降低到无缓冲结构时的50%~60%，尤以方案Ⅰ效果最佳，压力梯度峰值能降低到无缓冲结构时的53.6%，因此等截面开三孔时可采用方案Ⅰ所对应的参数。该型缓冲结构多适用于长度大于6 km但缓冲结构设置条件相对困难(如洞口无足够长度的明洞或暗洞段孔深较大等)的隧道。

图9.3.5和图9.3.6为方案Ⅰ对应的计算结果。

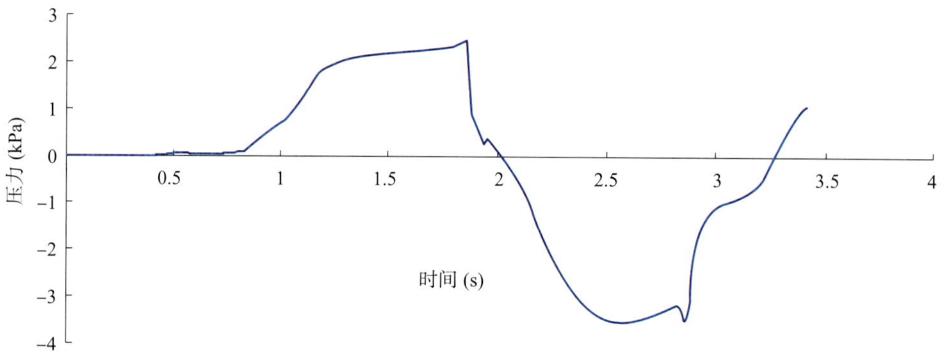

图9.3.5 等截面开三孔型方案Ⅰ压力曲线(100 m处测点，v=350 km/h)

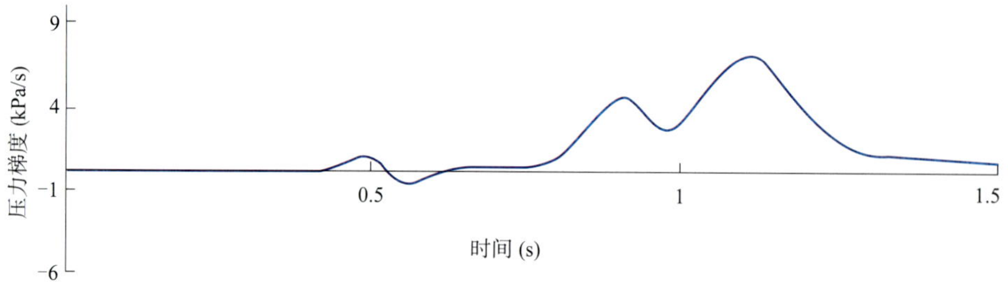

图9.3.6 等截面开三孔型方案Ⅰ首波压力梯度曲线(100 m处测点，v=350 km/h)

9.3.4 等截面开四孔型

等截面开四孔型缓冲结构开4个孔，从洞口向洞身依次编号为孔1、孔2、孔3和孔4，共研究了以下两种开孔方案：

方案Ⅰ 孔1尺寸为8 m×4 m，边线距洞口3 m；孔2尺寸为6 m×4 m，与孔1净距为5 m；孔3尺寸为4 m×3 m，与孔2净距为4 m；孔4尺寸为3 m×3 m，与孔3净距为3 m；缓冲段总长度为37 m；

方案Ⅱ 孔1尺寸为6 m×4 m，边线距洞口3 m；孔2尺寸为5 m×4 m，与孔1净距为5 m；孔3尺寸为4 m×4 m，与孔2净距为4 m；孔4尺寸为3 m×4 m，与孔3净距为3 m；缓冲段总长度为37 m。

通过对上述两种方案的压力及压力梯度峰值比较可以得出，在等截面开四孔的情况下，压力梯度能降低到无缓冲结构时的 50% ~ 60%，尤以方案Ⅰ效果较佳，压力梯度峰值能降低到无缓冲结构时的 52.1%，因此等截面开四孔时可采用方案Ⅰ所对应的参数。该型缓冲结构多适用于长度大于 6 km、缓冲结构设置条件较好的隧道。

图 9.3.7 和图 9.3.8 为方案Ⅰ对应的计算结果。

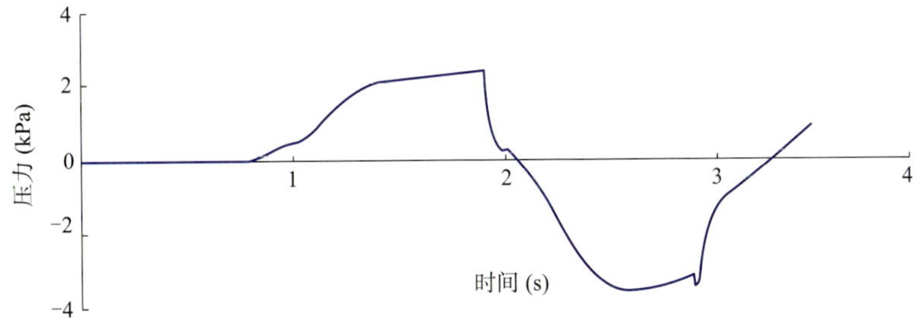

图 9.3.7　等截面开四孔型方案Ⅰ压力曲线（100 m 处测点，v = 350 km/h）

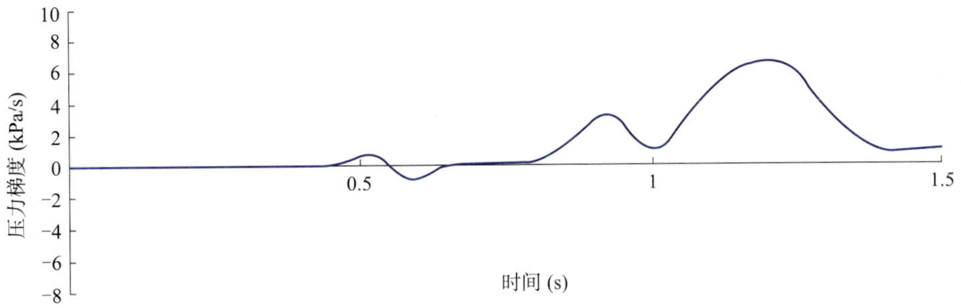

图 9.3.8　等截面开四孔型方案Ⅰ首波压力梯度曲线（100 m 处测点，v = 350 km/h）

9.3.5　缓冲结构设置方案比较

通过以上对各开孔方案的洞内测点处压力梯度峰值比较，可以得出以下结论：

（1）仅开单孔的情况下，压力梯度能降低到无缓冲结构时的 70% 左右，降低效果相对较差。

（2）缓冲结构开孔会延迟压力增长，在压力梯度曲线上形成一个波谷。研究发现，设置多个开孔时，随着开孔数的增多，降低效果没有明显的提高，反而有些开孔方案下的压力梯度有一定程度的增大。这与所采用的开孔尺寸、间距和计算方法有关，使结果不理想。由于缓冲结构的优化计算非常复杂，且工作量巨大，因此，在设置三个及以上开孔时，应根据现场测试情况调整开孔尺寸。

（3）综合比较多种开孔方案下压力梯度的降低情况，以两个开孔方案的降低效果最佳。

9.4　扩大断面型缓冲结构设计参数

9.4.1　扩大断面不开孔型

对于扩大断面不开孔型缓冲结构，研究了结构长度分别为 10 m、13.5 m 和 17 m 时的情况。通过对距离洞口 100 m 测点处压力梯度值及对应压力值比较可以得出，在未设置缓冲结构的情况下，隧道内距离进口 100 m 处测点的首波压力梯度峰值为 12.87 kPa/s，对应压力值为 946 Pa。在设置扩大不开孔缓冲结构后，隧道内距离进口 100 m 处测点的首波压力梯度可以降低到未设置缓冲结构时的 60% ~ 65%，且降低效果随缓冲长度有一定区别，以缓冲结构长度为 13.5 m 时的降低效果最佳。该型缓冲结构多适用于长度为 1.6 ~ 3.0 km 的隧道。

图 9.4.1 和图 9.4.2 为缓冲结构长度为 13.5 m 时的计算结果。

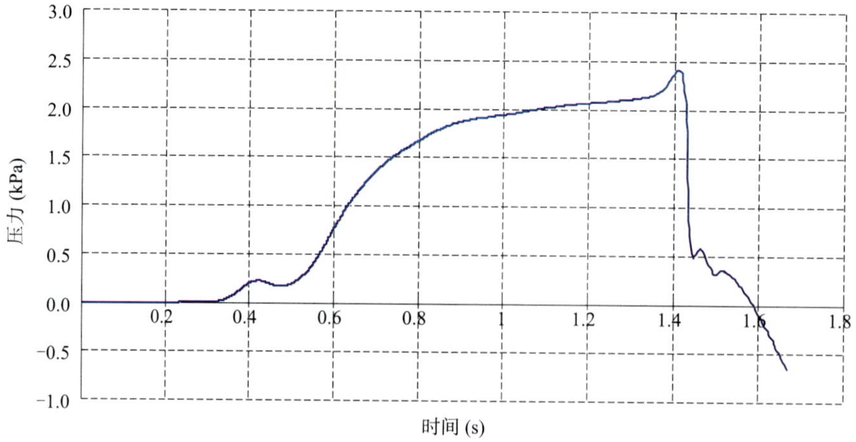

图 9.4.1　扩大断面不开孔型压力曲线（100 m 处测点，v = 350 km/h）

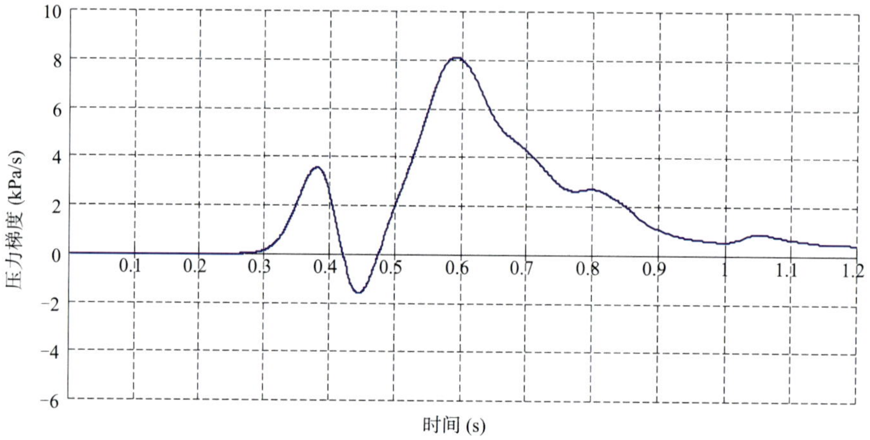

图 9.4.2　扩大断面不开孔型首波压力梯度曲线（100 m 处测点，v = 350 km/h）

9.4.2　扩大断面开单孔型

对于扩大断面开单孔型缓冲结构，主要研究了以下两种开孔方案：

方案 Ⅰ　开孔尺寸为长 6 m、宽 2 m，边线距洞口 3 m；扩大段总长度为 10 m；

方案 Ⅱ　开孔尺寸为长 6 m、宽 2.5 m，边线距洞口 3 m；扩大段总长度为 10 m。

通过对扩大断面开单孔时各方案的压力及压力梯度峰值比较可以得出，在设置单孔的情况下，压力梯度能降低到无缓冲结构时的 60% 左右，尤以方案 Ⅰ 效果较佳，压力梯度峰值能降低到无缓冲时的 56.7%，因此扩大断面开单孔时可采用方案 Ⅰ 所对应的参数。该型缓冲结构多适用于长度为 1.6 ~ 3.0 km 的隧道。

图 9.4.3 和图 9.4.4 为方案 Ⅰ 对应的计算结果。

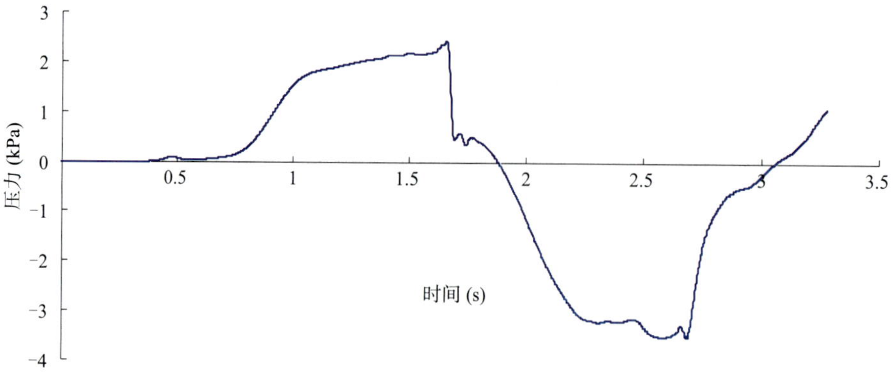

图 9.4.3　扩大断面开单孔型方案 Ⅰ 压力曲线（100 m 处测点，v = 350 km/h）

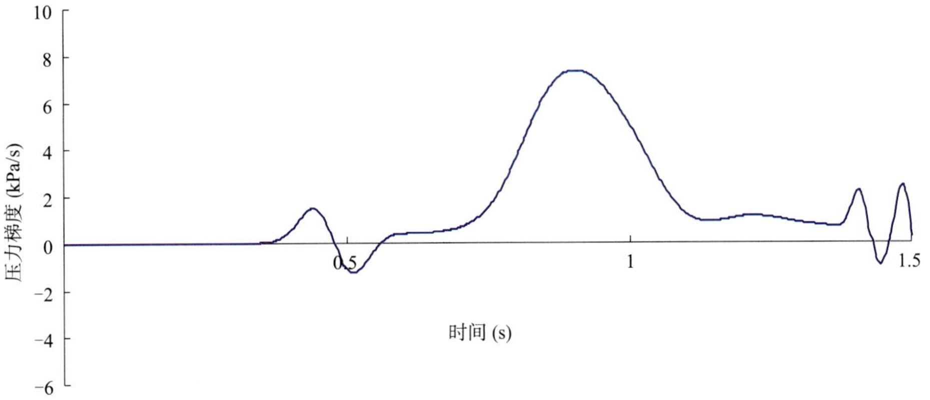

图 9.4.4 扩大断面开单孔型方案 I 首波压力梯度曲线（100 m 处测点，v = 350 km/h）

9.4.3 扩大断面开双孔型

扩大断面开双孔型缓冲结构开 2 个孔，从洞口向洞身依次编号为孔 1 和孔 2，主要研究了以下两种开孔方案：

方案 I 孔 1 尺寸为 6 m × 2 m，边线距洞口 3 m；孔 2 尺寸为 4 m × 2 m，与孔 1 净距为 3 m；扩大段总长度为 20 m；

方案 II 孔 1 尺寸为 6 m × 2.5 m，边线距洞口 3 m；孔 2 尺寸为 4 m × 2.5 m，与孔 1 净距为 3 m；扩大段总长度为 20 m。

通过对扩大断面开双孔时各方案的压力及压力梯度峰值比较可以得出，在设置双开孔的情况下，压力梯度能降低到无缓冲结构时的 46% ~ 60%，尤以方案 I 效果较佳，压力梯度峰值能降低到无缓冲结构时的 45.8%，因此扩大断面开双孔型可采用方案 I 所对应的参数。该型缓冲结构多适用于长度为3.0 ~ 6.0 km 的隧道。

图 9.4.5 和图 9.4.6 为方案 I 对应的计算结果。

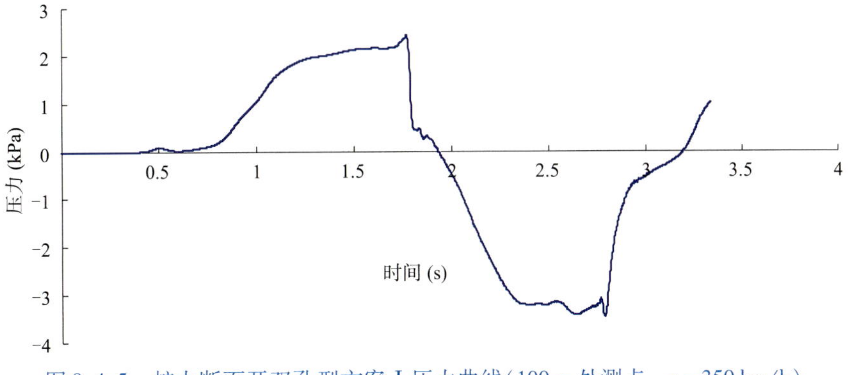

图 9.4.5 扩大断面开双孔型方案 I 压力曲线（100 m 处测点，v = 350 km/h）

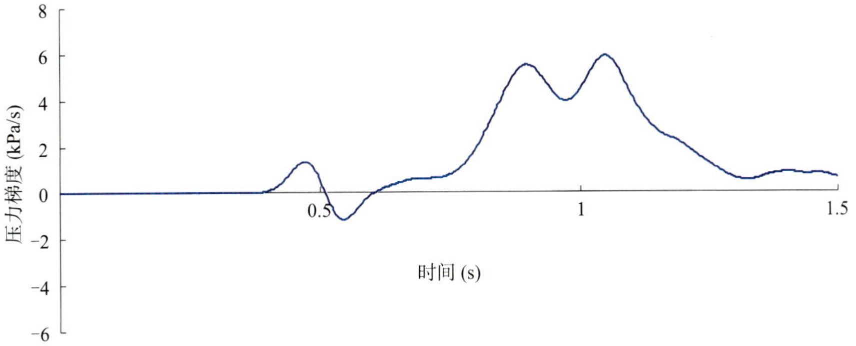

图 9.4.6 扩大断面开双孔型方案 I 首波压力梯度曲线（100 m 处测点，v = 350 km/h）

第二篇 勘察设计

9.4.4 扩大断面开三孔型

扩大断面开三孔型缓冲结构开 3 个孔，从洞口向洞身依次编号为孔 1、孔 2 和孔 3，主要研究了以下五种开孔方案：

方案Ⅰ 孔 1 尺寸为 6 m×2 m，边线距洞口 3 m；孔 2 尺寸为 5 m×2 m，与孔 1 净距为 4 m；孔 3 尺寸为 4 m×2 m，与孔 2 净距为 4 m；扩大段总长度为 30 m；

方案Ⅱ 孔 1 尺寸为 5 m×2 m，边线距洞口 5 m；孔 2 尺寸为 4 m×2 m，与孔 1 净距为 5 m；孔 3 尺寸为 3 m×2 m，与孔 2 净距为 4 m；扩大段总长度为 30 m；

方案Ⅲ 孔 1 尺寸为 4 m×2 m，边线距洞口 3 m；孔 2 尺寸为 5 m×2 m，与孔 1 净距为 4 m；孔 3 尺寸为 6 m×2 m，与孔 2 净距为 4 m；扩大段总长度为 30 m；

方案Ⅳ 孔 1 尺寸为 5 m×2 m，边线距洞口 3 m；孔 2 尺寸为 5 m×2 m，与孔 1 净距为 4 m；孔 3 尺寸为 5 m×2 m，与孔 2 净距为 4 m；扩大段总长度为 30 m；

方案Ⅴ 孔 1 尺寸为 5 m×3 m，边线距洞口 3 m；孔 2 尺寸为 5 m×3 m，与孔 1 净距为 4 m；孔 3 尺寸为 5 m×3 m，与孔 2 净距为 4 m；扩大段总长度为 30 m。

通过对扩大断面开三孔型缓冲结构各方案的压力及压力梯度峰值比较可以得出，在开三孔的情况下，压力梯度能降低到无缓冲结构时的 50%～70%，尤以方案Ⅰ效果最佳，压力梯度峰值能降低到无缓冲结构时的 50.5%，因此扩大断面开三孔时可采用方案Ⅰ所对应的参数。该型缓冲结构多适用于长度大于 6.0 km 的隧道。

图 9.4.7 和图 9.4.8 为方案Ⅰ对应的计算结果。

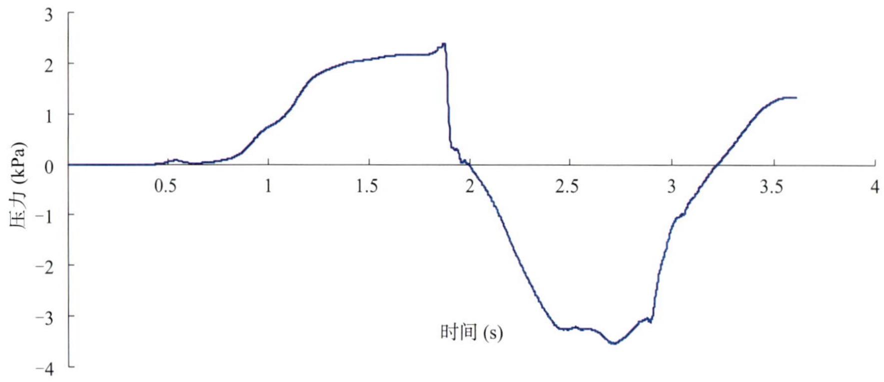

图 9.4.7 扩大断面开三孔型方案Ⅰ压力曲线（100 m 处测点，v = 350 km/h）

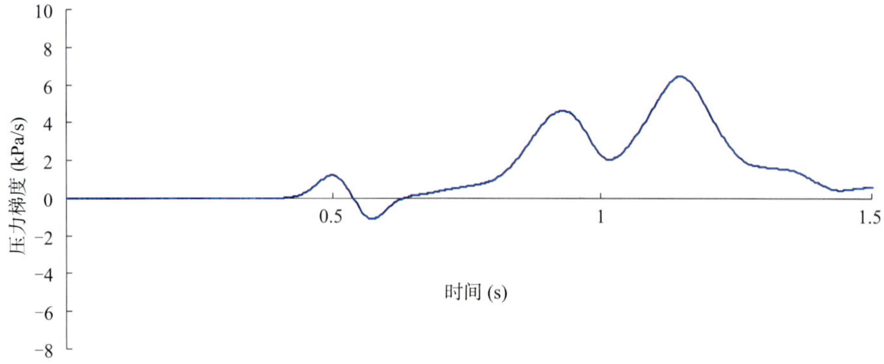

图 9.4.8 扩大断面开三孔型方案Ⅰ首波压力梯度曲线（100 m 处测点，v = 350 km/h）

9.4.5 缓冲结构设置方案比较

通过以上各种扩大断面型缓冲结构的隧道内测点处压力梯度值比较，可以得出以下结论：

（1）不开孔的情况下，压力梯度能降低到无缓冲结构时的60%～65%左右，降低效果相对较差。

（2）缓冲结构开孔会迟滞压力增长，在压力梯度曲线上形成一个波谷。研究发现，在三种开孔方案下，随着开孔数的增多，降低效果没有明显的提高，一个开孔与三个开孔对压力梯度的降低效果相差不大。这与所采用的开孔尺寸、间距和计算方法有关，使结果不理想。由于缓冲结构的优化计算非常复杂，且工作量巨大，因此，在设置三个及以上开孔时，应根据现场测试情况调整开孔尺寸。

（3）综合比较三种开孔情况下压力梯度的降低情况，以两个开孔形式的降低效果最佳。

9.5 洞口平行导坑型缓冲结构设计参数

9.5.1 导坑布置

平行导坑布置在隧道左侧或右侧均可，可以利用施工平导，无施工平导时可专门设置。专门设置平行导坑时，平导长度为60～120 m，与正洞的净间距为10～20 m；横通道与隧道基本呈正交，个数为3～6个(图9.5.1)。平导可采用双车道无轨运输断面，断面积不小于50 m^2。横通道断面积不小于35 m^2。

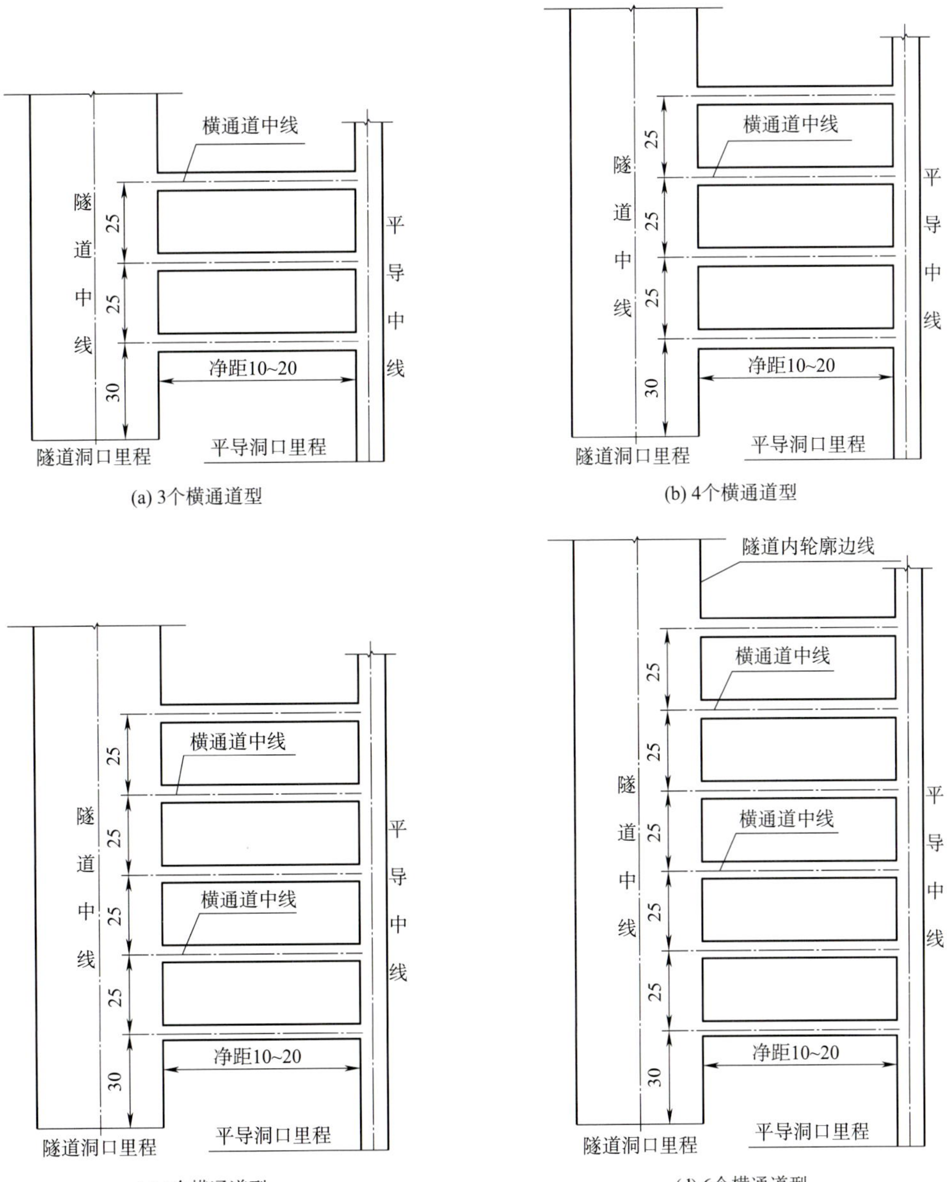

(a) 3个横通道型　(b) 4个横通道型

(c) 5个横通道型　(d) 6个横通道型

图9.5.1　洞口平行导坑型缓冲结构导坑布置(单位：m)

9.5.2 数值计算分析

1. 计算工况

为了解洞口平导型缓冲结构的效果，针对行车速度为 350 km/h 的双线隧道进行了大量的探索性计算，具体计算的缓冲结构形式如下：

形式Ⅰ 在距离隧道进口 30 m 处，靠近列车进口侧设置一个长 10 m 的横通道，横通道断面积为 25 m^2。

形式Ⅱ 在距离隧道进口 30 m 处，靠近列车进口侧设置一个长 30 m 的横通道，横通道断面积为 25 m^2。

形式Ⅲ 在距离隧道进口 30 m 处，靠近列车进口侧设置一个长 50 m 的横通道，横通道断面积为 25 m^2。

形式Ⅳ 在距离隧道进口 30 m 处，靠近列车进口侧设置一个长 70 m 的横通道，横通道断面积为 25 m^2。

形式Ⅴ 在距离隧道进口 30 m 处，靠近列车进口侧设置一个长 50 m 的横通道，横通道断面积为 15 m^2。

形式Ⅵ 在距离隧道进口 30 m 处，靠近列车进口侧设置一个长 50 m 的横通道，横通道断面积为 35 m^2。

形式Ⅶ 在距离隧道进口 30 m 处，靠近列车进口侧设置两个长 50 m 的横通道，横通道断面积为 25 m^2。

形式Ⅷ 在距离隧道进口 30 m 处，靠近列车进口侧设置三个长 50 m 的横通道，横通道断面积为 25 m^2。

以上各形式的测点布置如图 9.5.2 所示。

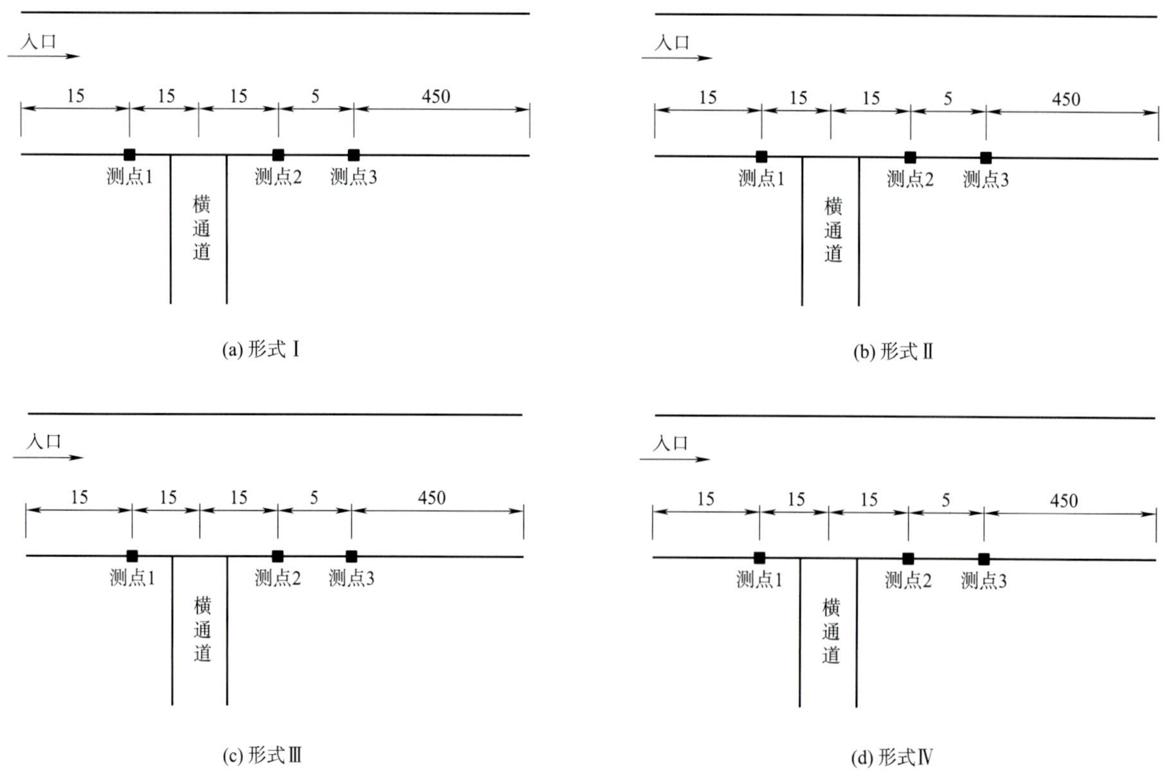

图 9.5.2

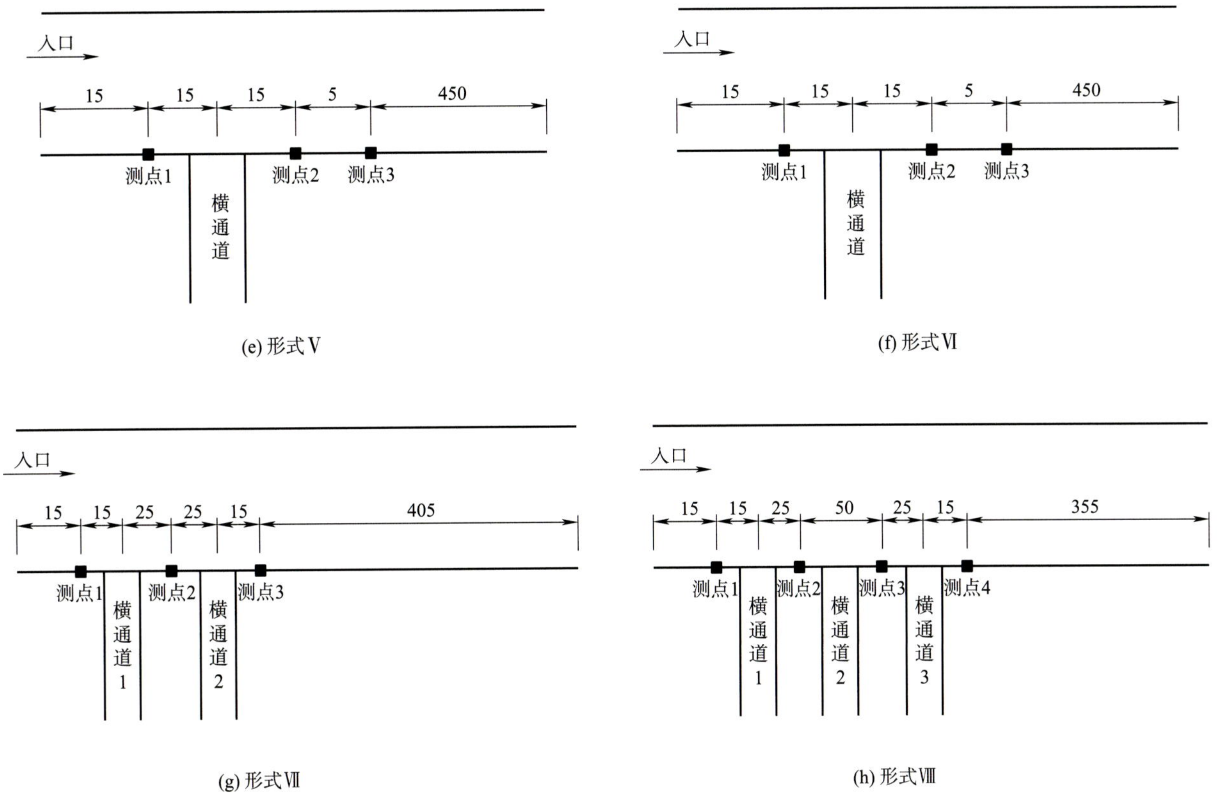

图 9.5.2　各计算工况测点布置(单位：m)

2. 数值计算结果分析

1）各测点处压力梯度峰值比较

几种形式下隧道各测点处的首波压力梯度峰值比较见表 9.5.1。

表 9.5.1　几种形式下各测点处首波压力梯度峰值比较

项　　目	压力梯度值(kPa/s)			
	测点 1	测点 2	测点 2 与测点 1 的比值	测点 3
一个横通道长 10 m，$S=25\ m^2$	14.2	11.5	80.9%	11.4
一个横通道长 30 m，$S=25\ m^2$	14.3	11.9	83.2%	11.8
一个横通道长 50 m，$S=25\ m^2$	14.3	12.3	86%	12.2
一个横通道长 70 m，$S=25\ m^2$	14.3	12.3	86%	12.2
一个横通道长 50 m，$S=15\ m^2$	14.3	12.7	88.8%	12.6
一个横通道长 50 m，$S=35\ m^2$	14.3	11.9	83.2%	11.8

由表 9.5.1 可以看出：

（1）在列车进口段设置一个横通道，列车速度为 350 km/h，但横通道长度和断面积均不同时，横通道之前测点 1 处的压力梯度基本不变，横通道之后测点 2、测点 3 处的压力梯度值有微小波动；经过横通道之后，压力梯度基本能降低到之前的 80%。

（2）在列车进口段设置一个横通道时，随着横通道长度的增长，横通道之后测点 2 处的压力梯度值增大，且长度大于 50 m 时，增大效果不变。

（3）在列车进口段设置一个横通道时，随着横通道断面积的增大，横通道之后测点 2 处的压力梯度值减小，横通道的效果较明显。

2）各测点处首波压力梯度峰值比较

几种形式下各测点处的首波压力梯度峰值比较见表 9.5.2。

表 9.5.2 几种形式下各测点处首波压力梯度峰值比较

项 目	压力梯度值(kPa/s)					
	一个横通道，$L=50$ m	比 值	两个横通道，$L=50$ m	比 值	三个横通道，$L=50$ m	比 值
测点 1	14.2	—	14.3	—	14.4	—
测点 2	11.5	80.9%	12.1	84.6%	12.1	84.0%
测点 3	—	—	10.5	86.7%	10.4	85.9%
测点 4	—	—	—	—	9.0	86.5%

注：表中所列比值均为所对应测点与前一个测点的压力梯度值之比。

由表 9.5.2 可见：

（1）在列车进口段设置一个、两个或者三个横通道时，第一个横通道前测点处的压力梯度值大致相等。

（2）在列车进口段设置一个、两个或者三个横通道时，压力波每经过一个横通道后，压力梯度值均可以降低到横通道之前测点处的 80%。

综上所述，在采用洞口平导型缓冲结构时，应综合考虑隧道所处地形、地质、施工难度、经济指标等多个影响因素，有条件时应适当增加横通道的数量。

参 考 文 献

[1] 国家铁路局. 高速铁路设计规范(TB 10621—2014)[S]. 北京：中国铁道出版社，2014.
[2] 中华人民共和国铁道部. 铁路隧道设计规范(TB 10003—2005)[S]. 北京：中国铁道出版社，2005.
[3] 铁道部工程设计鉴定中心. 高速铁路隧道[M]. 北京：中国铁道出版社，2006.
[4] 王英学，高波，等. 高速铁路隧道空气动力效应控制技术[M]. 北京：科学出版社，2012.
[5] 肖明清，邓朝辉，赵勇. 高速铁路水下隧道研究与设计[M]. 北京：中国铁道出版社，2015.
[6] 铁道部经济规划研究院. 时速 350 公里客运专线铁路双线隧道复合式衬砌(通隧〔2008〕0301 号)[S]. 2008.
[7] 中铁第四勘察设计院集团有限公司，等. 高速铁路隧道缓冲结构设计研究[R]. 2014.

10 耐久性设计

矿山法隧道与一般工程结构物在性质上的最大区别在于，隧道是一个隐蔽性工程，可维修性较差。在要求设计使用寿命100年的前提下，如果支护结构的耐久性不足，不仅会增加使用过程中的维修管理费用，影响工程的正常使用，甚至会降低结构的使用年限，造成资源浪费。虽然结构耐久性设计方法目前还不够成熟，但高速铁路隧道设计中已结合工程的使用环境和作用等级、施工条件和实践经验进行了一些耐久性设计的尝试。本章重点对隧道结构劣化规律、隧道工程环境类型和等级划分、隧道结构体系耐久性保障措施和耐久性设计方法进行介绍。

10.1 隧道支护结构劣化规律

隧道结构体系是由围岩、初期支护和二次衬砌构成的整体。隧道开挖后的围岩受其自身特性、地下水和施工扰动等方面的影响，在隧道整个寿命期内会出现劣化。对于大多数隧道来说，围岩的变异对其影响并不大，因此在隧道结构体系耐久性的研究中，围岩劣化不作为一个重点。本节重点研究矿山法隧道初期支护、二次衬砌混凝土和底部结构的劣化规律。

10.1.1 初期支护劣化规律

1. 喷混凝土劣化规律

喷混凝土是借助喷射机械，利用压缩空气或其他动力，将一定比例配制的拌和料通过管道输送并以高速喷射到受喷岩面上凝结硬化而成的一种混凝土。由于喷混凝土特殊的施工工艺，在材料构成上与模筑混凝土稍有不同。喷混凝土紧靠岩面，受地下水等环境的影响非常明显，所以喷混凝土的劣化主要与材料组成、结构特点、冻融破坏、硫酸盐侵蚀、钢筋网锈蚀等因素有关。

喷混凝土处于围岩与二次衬砌之间相对密闭的空间里，受环境大气影响较小，所以喷混凝土发生碳化的概率很小，喷混凝土劣化中可不考虑碳化的影响。喷混凝土的劣化主要考虑硫酸盐腐蚀和冻融作用条件。

（1）硫酸盐腐蚀劣化规律。混凝土硫酸盐腐蚀是一个复杂的物理化学过程，其侵蚀破坏的实质是硫酸盐溶液通过混凝土的连通孔隙（或裂缝）侵入到混凝土内部，在孔隙的内部停留并与孔隙周围的水化产物反应，形成具有膨胀性的石膏和钙矾石，产生内部膨胀，膨胀的结果使混凝土的孔隙或裂缝扩大，侵蚀液沿着新的裂缝深入，膨胀物积聚，当膨胀应力达到一定程度时就会产生新的裂纹，侵蚀液由裂缝和疏松区又快速地进入其他孔隙和裂缝，在混凝土内部造成膨胀性开裂破坏。

（2）冻融作用劣化规律。喷混凝土是一种多毛细孔隙材料，处于饱水状态的混凝土受冻时，其毛细孔壁同时承受膨胀压和渗透压两种压力，当这两种压力超过混凝土的抗拉强度时混凝土就会开裂。在反复冻融循环后，混凝土中的裂缝会互相贯通，其强度也会逐渐降低，最后甚至完全丧失，使混凝土由表及里遭受破坏。

李金玉等调查了我国不同地区混凝土室内外冻融循环次数之间的关系，得出以下混凝土冻融作用寿命预测计算公式：

$$T = \frac{kN}{M} \tag{10.1.1}$$

式中　T——混凝土结构使用寿命（年）；

k——冻融试验系数，即室内一次快速冻融循环相当于室外自然冻融循环次数的比例，平均值一般可取 12；

N——相对动弹模为 0.6 时的混凝土冻融循环次数；

M——混凝土结构在实际环境中一年内可能经受的自然冻融循环次数(次)，我国典型地区年平均冻融循环次数见表 10.1.1。

表 10.1.1　我国典型地区年平均冻融循环次数

寒冷地区	华北地区	东北地区	西北地区
自然条件下年平均冻融循环次数 M	64	96	88
隧道环境下喷混凝土年平均冻融循环次数 M	10	18	16

注：初期支护喷混凝土位于模筑混凝土与围岩夹层中间，受外界环境影响甚微，可不做过多抗冻要求。若需考虑冻融作用，可将自然条件下年平均冻融循环次数大幅折减。

根据每一配方混凝土冻融劣化方程求出混凝土极限冻融循环次数，由式(10.1.1)就可预测混凝土使用寿命(年限)T。

2. 锚杆劣化规律

隧道中锚杆大多采用水泥砂浆包裹其外表面，其作用主要体现在两个方面：其一是可以很好地握裹钢筋，增加锚杆和围岩体之间的摩阻力；其二是水泥砂浆具有一定的防水功效，锚杆表面包裹水泥砂浆可有效阻止地下水对锚杆的腐蚀作用。但是，由于锚杆施作时很难保证被水泥砂浆完全包裹，围岩中地下水富含时易腐蚀锚杆。

锚杆的劣化速度与锚杆所处的环境条件和施工质量有密切关系。仇文革等通过对不同类型锚杆在不同环境中劣化试验数据的分析以及试验观察，得到以下结论：

(1) 环境不同，锚杆的腐蚀速度也不同，具体腐蚀速度表现为氯盐—氯盐 + 硫酸—浸泡—硫酸盐的规律递减。

(2) 施工条件对锚杆劣化的影响起重要作用，裸锚杆劣化程度最高，施工不良条件下劣化程度其次，施工条件良好条件下劣化程度较低。

(3) 按照室内试验结果推算自然环境下锚杆使用寿命，即使施工良好的锚杆，其使用寿命也就 80 年左右，不能保证 100 年的使用寿命，若要保证 100 年的使用寿命，需要进行特殊处理。

3. 钢架劣化规律

隧道施工时，钢架往往是最先架设的，由于内侧钢架的遮挡，喷混凝土不易完全包裹靠围岩侧的钢架，因此紧贴围岩一侧的钢架混凝土保护层厚度难以得到保证，地下水易腐蚀钢架；同时初喷混凝土施工缺陷，钢架架设处喷混凝土很难施作密实，抗渗性能差，钢架易被地下水腐蚀。

仇文革等模拟隧道初期支护真实环境做了钢架腐蚀试验，通过为期 283 d 的试验观察和测试得知，所有钢架都受到不同程度腐蚀，但其腐蚀速度各不相同，具体腐蚀速度表现为靠围岩侧钢架腐蚀速度最快，其次是靠防水板侧初期支护钢架；施工条件对钢架腐蚀有较强影响，施工条件不良钢架的腐蚀较严重；混凝土保护层对防止钢架劣化有一定的作用，但不能完全依赖保护层，如采用型钢钢架时，可不考虑钢架内侧喷混凝土保护层厚度的影响。

10.1.2　二次衬砌混凝土劣化规律

1. 开裂劣化规律

隧道二次衬砌通常采用混凝土或钢筋混凝土结构，引起结构劣化的主要因素是混凝土的裂缝。

混凝土结构中的裂缝一般分为两种，即因荷载作用产生的荷载裂缝和因混凝土变形产生的裂缝。隧道中二次衬砌混凝土主要作为安全储备，是非承载结构，变形引起的裂缝可能占全部裂缝的 80% 以上，其中又以与环境湿度和表面暴露情况有关的早期收缩裂缝占主导。

2. 腐蚀劣化规律

大量工程实践证明，在钢筋混凝土结构中，钢筋的锈蚀是影响钢筋混凝土结构耐久性的主要因素，其次是硫酸盐的腐蚀。

钢筋锈蚀所产生的结构损伤主要表现在三个方面：引起钢筋截面减小和强度降低；钢筋锈蚀后体积发生膨胀(约2~4倍)，导致混凝土保护层沿筋开裂甚至脱落，从而使衬砌结构截面产生损伤；钢筋锈蚀使混凝土与钢筋之间的粘结性能退化。

混凝土硫酸盐腐蚀是一个复杂的物理化学过程，其侵蚀破坏的实质是硫酸盐溶液通过混凝土的连通孔隙(或裂缝)侵入到混凝土内部，在孔隙的内部停留并与孔隙周围的水化产物反应，形成具有膨胀性的石膏和钙矾石，产生内部膨胀，其结果是使混凝土的孔隙或裂缝扩大，侵蚀液沿着新的裂缝深入，膨胀物积聚，当膨胀应力达到一定程度时，就会产生新的裂缝，侵蚀液由裂缝和疏松区又快速地进入其他孔隙和裂缝，在混凝土内部造成膨胀性开裂破坏。

3. 冻融劣化规律

混凝土是一种多孔性材料，在拌制混凝土时，为了得到必要的和易性，加入的拌和水总要多于水泥的水化水，这部分多余的水便以游离水的形式滞留于混凝土中，形成连通的占有一定体积的毛细孔，这种孔隙中的自由水就是导致混凝土遭受冻害的主要因素。另外，过冷水迁移渗透的结果必然是使毛细孔中冰的体积不断增大，从而形成更大的膨胀压力，当混凝土受冻时，这两种压力会损伤混凝土的内部微观结构，在经过反复多次冻融循环后，损坏逐步积累、不断扩大，最后发展成相互连通的大裂缝，使混凝土的强度逐渐降低，最后混凝土结构由表及里遭受破坏。

10.1.3 底部结构劣化规律

底部结构包括底板和仰拱。一般地说，底部结构是确保隧道构造耐久性的重要构件。因此，高速铁路隧道要求在构造上加强底部结构，必须设置底板或仰拱。影响隧道底部结构使用寿命的因素可归结为三个方面。

(1) 服役条件：服役条件包括环境介质和荷载特性两个方面。对于隧道底部结构而言，环境介质因素主要是指地下水作用，荷载特性因素主要是指列车振动荷载的反复作用。大量的现场调查、模型试验及理论分析均表明，地下水是引起隧道底部病害产生，降低隧道底部结构疲劳寿命的根本原因。地下水对隧道底部结构疲劳寿命的影响体现在以下几个方面：其一，隧道基底地下积水赋存于围岩裂隙及围岩与隧道底部结构接触面之间的空隙中，水的补充和消散通道只有基岩和隧道底部混凝土结构(包括水沟)开裂后的裂隙，因此基底积水处于一种相对封闭状态。在没有列车荷载作用时，隧道基底地下水处于一种静水压力状态。当有列车经过时，在列车高速冲击荷载作用下，处于隧道基底的地下水来不及消散，将产生较高的孔隙水压力，列车速度越快，基底孔隙水压力越大，这种孔隙水压力与列车冲击荷载叠加，并共同作用于隧道底部混凝土结构上，将加速隧道底部结构疲劳裂纹的形成和扩展。另外，当列车通过后，基底地下水又来不及快速补充，使得基底孔隙处于负压状态。因此，在列车往复冲击荷载作用下，隧道底部结构将不断受到正负交变的孔隙水压力作用，这样必将加速底部结构的破坏过程，降低其使用寿命。其二，地下水对隧道基底基岩有一定的侵蚀软化作用，特别在列车往复加载、卸载作用下，一方面表层基岩逐渐磨损形成小颗粒或逐渐浆化，另一方面这些微小围岩颗粒或浆液被水带走，使得隧道底部与基岩接触面的不平整度逐渐加剧，模型试验也很好地证实了这种情况。由前述分析可知，接触面越不平整，隧道底部结构局部的应力集中程度越高，底部结构裂纹的形成和扩展速度越快。因此，隧道基底地下水的存在会恶化隧道底部结构的工作环境，从而降低其使用寿命。其三，在隧道基底处于积水状态时，隧道底部混凝土与基岩之间的粘结力会明显降低，这也会相应降低隧道底部结构的使用寿命。

(2) 结构受力状态：隧道底部结构与基岩之间的接触状态或粘结程度是影响隧道底部结构疲劳寿命(即耐久性)的另一个重要因素。以往的隧道底部病害调研结果表明，出现底部病害的隧道，基底上普遍有浮渣存在。隧道底部构件单元累积变形试验也表明，浮渣层的存在会显著加速隧道底部的变形发展。一旦隧道底部与基岩之间存在浮渣层，由于列车荷载碾压和地下水的冲刷作用，隧道底部结构与基岩之间从原始的连续受力及变形状态变为非连续受力及变形状态，隧道底部结构的支承条件发生变化，隧道底部结构应力高度集中，将加剧隧道底部结构的振动响应和损伤，而结构振动响应和损伤的加剧反过来又会进一步恶化基底受力状态，两者形成恶性循环。

(3) 材料：对于素混凝土材料，可以认为是各向同性的，即没有主受力方向；而对于钢筋混凝土材料，配筋方向与主受力方向一致才能保证配筋的效果。因此，对于钢筋混凝土，其主配筋方向是很重要的。目前，高速铁路隧道仰拱配筋基本上都是满足设计要求的。材料内部缺陷是指组成材料的介质晶粒之间存在微观裂隙。对于隧道底部混凝土结构，内部缺陷主要是施工过程中混凝土材料由于水化作用、骨料不规则和质量不均匀，或施工质量等原因引起的结构空洞或微裂隙等缺陷，即初始损伤。从前面的数值分析来看，初始损伤会加速结构性能的劣化。

10.2 隧道工程环境类型及等级划分

隧道一般是采用钢筋和混凝土为主要材料的结构，与其他地面结构有着很大的相似性，但是由于隧道所处环境的特殊性，其环境对结构的作用相对于地面结构有较大的差别。

10.2.1 隧道工程的环境条件

一般混凝土结构的环境类别分为碳化环境、氯盐环境、冻融环境、化学侵蚀环境、盐类结晶破坏环境及磨蚀环境六类，按其侵蚀的严重程度，分为 3 ~4 个环境作用等级。

1. 碳化环境

混凝土中的 $Ca(OH)_2$在空气中 CO_2、H_2O 的作用下，会反应生成 $CaCO_3$，也就是通常所说的碳化过程。碳化会造成混凝土碳化层的不密实，如果达到钢筋的位置，钢筋就开始产生锈蚀，影响结构的承载能力。

碳化的影响主要是钢筋混凝土。对于素混凝土，碳化的影响仅限于混凝土表层的承载能力损失，可以看作是作用截面的减小，这个承载力损失并不大。因此，对于隧道这种主要采用素混凝土的结构，碳化对其影响有限。但对于采用钢筋混凝土的二次衬砌，则仍然需要考虑碳化的影响。所以，单纯考虑耐久性的问题，铁路隧道的二次衬砌宜优先采用素混凝土结构，而不是采用钢筋混凝土结构。

2. 氯盐环境

在以海水作用的潮汐区和浪溅区、盐湖地区或海边滩涂区露出地表的毛细吸附区，氯盐的影响较大，但是隧道结构很少在这些区域选址建造。对于素混凝土结构，氯盐的影响并不大，因此隧道结构从整体上来说，氯盐的作用并不是特别明显。

3. 化学侵蚀环境

在以化学侵蚀为主的环境中，混凝土的腐蚀程度与环境水和土中侵蚀物质种类、浓度、环境温度、土的渗透性及混凝土表面干湿交替程度等有关。酸对混凝土的腐蚀作用主要是中和水泥水化产物中的氢氧化钙，不仅会降低混凝土的碱度，还会引起硬化体稳定性降低。当混凝土处于 pH 值小于 6 的环境中时，混凝土就有遭受酸腐蚀的可能。低水胶比高密实性混凝土能够抵抗弱酸的腐蚀，但作为碱性体系的硅酸盐水泥混凝土，不能长期承受高浓度酸环境的作用。当混凝土结构处于 pH 值小于 4 的环境中时，其耐久性技术措施必须经过专门试验论证。

由于隧道结构处于岩土包裹中，地下水中离子会直接作用于隧道的初期支护层或透过初期支护及防水板后作用在二次衬砌混凝土上，因此，隧道工程要考虑酸的作用。大多数隧道的地下水中离子含量达不到化学侵蚀的条件，一般对隧道结构的影响不大，但设计中要重视化学侵蚀的影响。

4. 盐类结晶破坏环境

在以盐类结晶破坏为主的环境中，混凝土腐蚀程度与环境水和土中硫酸浓度、环境温度以及混凝土表面干湿交替程度等有关。与化学侵蚀破坏相比，盐类结晶破坏更加严重，多发生在露出地表的毛细吸附区和隧道的衬砌部位，破坏很明显，要严加控制。

由于盐类结晶破坏和湿度、风速、温差等环境条件有关，而且其破坏都是由表及里发展的，如果混凝土衬砌厚度一定，并保证一定的密实性，盐类扩散的速度就会减慢，达到结构破坏的时间就会显著延长。同时，洞内的湿度、风速、温差较洞外要稳定得多，其破坏也肯定不及洞外破坏得快，需要对其进行折减。对于复合式衬砌而言，如果防水层做得好，则衬砌背后的地下水就不会引起盐类结晶破坏。

5. 冻融环境

冻融环境作用主要与环境的最低温度、混凝土饱水度和反复冻融循环次数有关。在相同条件下，含氯盐水体的冻融破坏作用更大。隧道结构不同于地面结构，其洞内温度受岩土体初始状态、围岩温度、大气温度、洞身长度、风速风向等多重作用的影响，并非单一大气温度。同时，地下水也是一个重要的影响因素，需要认真考虑。

隧道结构的冻融破坏，不只是简单的冻害，还有衬砌背后围岩形成冻融圈所产生的冻胀力，也就是说，衬砌混凝土要受到自身内部冻融以及冻胀力的双重作用，是相对比较复杂的一个过程。因此需要根据隧道结构的特点，对冻融环境下隧道结构的抗冻害设计进行特殊考虑。

6. 磨蚀环境

在以磨蚀破坏为主的环境中，混凝土结构物遭受磨蚀的程度主要与风或水中夹杂物的数量及风速、水流速度有关。夹杂物越多，速度越快，磨蚀就越严重。但隧道结构大多处于地下，受到大风或水流冲击的可能性并不大，这一环境在隧道结构中并不会引起较大程度的劣化，因此在隧道结构的环境作用中不将磨蚀环境作为考虑因素。

10.2.2 隧道环境划分中应考虑的因素

综上所述，隧道环境划分中需要重点考虑以下几个方面因素：

1. 地 下 水

在隧道环境中，地下水是普遍存在的，环境造成的结构劣化直接或间接地与地下水有关，因此需要以地下水作为基本分类指标对隧道普遍环境进行划分，其他环境划分都以此为基础进行，这是隧道环境独有的特点。

2. 围岩岩性

围岩作为隧道结构体系的环境，不同的围岩对隧道结构体系的作用是不一样的，这主要体现在围岩的岩性上。

不同岩性的围岩在隧道寿命历程中的劣化性能是不一样的，比如存在明显流变性质的软岩，其后期的变异程度以及变异时间会很长，对隧道结构的作用程度就会加剧。同样，如果是较为稳定并且不易变异的花岗岩，则后期的变异就较小，对隧道结构的作用程度也就会较弱。

3. 混凝土的软水侵蚀和盐类结晶

人们普遍认为混凝土是抗渗材料，但实际上，混凝土并非不渗水，且在一定条件下混凝土中的产物还会溶于水，因此有地下水普遍存在的隧道结构，初期支护喷混凝土直接与地下水接触，其溶蚀的问题不容忽视。

对于隧道衬砌结构来说，二次衬砌如果受到硫酸盐腐蚀破坏，必定是化学侵蚀和结晶侵蚀共同作用的结果，也就是说迎水面一侧为化学侵蚀，背水面一侧为侵蚀结晶破坏。在实际情况中，存在以下两种情况：

（1）如果衬砌达到一定的密实度及厚度，且衬砌没有裂缝，盐类离子就很难穿透衬砌到达背水面一侧形成结晶，化学侵蚀是主要存在的形式，而侵蚀结晶是很难出现的，如果出现，则表明混凝土的强度已经出现较大的损失。

（2）如果衬砌出现裂缝，则盐类离子就会沿裂缝到达背水面一侧，在毛细吸附作用下，沿混凝土表面扩展，极易造成结晶破坏。

因此，对于隧道衬砌来说，有无裂缝决定了衬砌的破坏形式。比较而言，盐类结晶的破坏程度要远远高于化学侵蚀的破坏，因此在设计中应增加必要的措施，尽量防止盐类结晶破坏形式的出现。

4. 隧道冻融

隧道衬砌的冻害表现为以下两种形式：

（1）隧道衬砌混凝土在冻融作用下，混凝土内部产生冻胀力，当冻胀力大于混凝土抗拉强度时，混凝土先产生微裂纹，进而扩展形成裂缝，从而降低混凝土强度，直至结构失效。

（2）衬砌背后富含地下水或局部存水围岩在冻结情况下，体积膨胀产生的冻胀力作用在衬砌结构上，当冻胀力足够大时，将使衬砌结构破坏失效。

由以上两种冻害形式可以看出，混凝土发生冻害与大气温度的相关性比较大，围岩的冻融圈与围岩温度、围岩的地质情况有很大的关系，在耐久性设计中必须予以关注。

10.2.3 隧道环境分类及等级划分

根据以上关于隧道环境的分析，将隧道环境分为三大类，即普遍环境、侵蚀环境和冻融环境。

1. 普遍环境

普遍环境以地下水、围岩岩性和洞内湿度为主要指标，对围岩变异、碳化和溶蚀作用进行等级划分。其中，洞内湿度条件主要针对二次衬砌的钢筋混凝土，地下水处于存在静止饱和或流动饱和时，混凝土会发生溶蚀。普通环境作用等级划分见表 10.2.1。

表 10.2.1 普遍环境作用等级划分

环境等级	环境因素		
	地下水	洞内湿度条件	围岩岩性
P1	结构处于干燥状态	<60%	变异性较小的花岗岩、玄武岩、石英岩等
P2	结构处于湿润状态或静止饱和状态	≥60%	有一定变异性的沉积岩，如页岩、砂岩、泥岩、灰岩
P3	结构处于干湿交替或流动饱和状态	干湿交替	有较大变异性的岩体，如会出现大变形的膨胀岩等

注：1. P2 和 P3 考虑混凝土溶蚀作用，水中 Ca^{2+} 浓度超过 1.3 g/L 时可不考虑溶蚀作用；
2. 环境湿度只针对二次衬砌采用钢筋混凝土的情况；
3. 二次衬砌背后有流动地下水时，按 P3 考虑；
4. 结构处于干燥、湿润或干湿交替时，应根据隧道当地的围岩及地下水发育情况综合确定；
5. 围岩岩性处于 P2 和 P3 环境中的，需要对围岩等级降低一级采用。

2. 侵蚀环境

侵蚀环境包括化学侵蚀和盐类结晶侵蚀。根据《铁路混凝土结构耐久性设计规范》(TB 10005—2010)和《混凝土结构耐久性设计规范》(GB/T 50476—2008)的取值划分的环境作用等级见表 10.2.2。

表 10.2.2 侵蚀环境作用等级划分

环境等级	环境因素					
	水中 Cl^- (mg/L)	水中 SO_4^{2-} (mg/L)	土中 SO_4^{2-} (mg/kg)	水中 Mg^{2+} (mg/L)	水中 pH 值	水中 CO_2 (mg/L)
H1	长期浸没于海水中，或大于等于 100 但小于 500	大于等于 200 但小于 1 000	大于等于 300 但小于 1 500	大于等于 300 但小于 1 000	大于等于 5.5 但小于 6.5	大于等于 15 但小于 30
H2	大于等于 500 但小于 5 000	大于等于 1 000 但小于 4 000	大于等于 1 500 但小于 6 000	大于等于 1 000 但小于 3 000	大于等于 4.5 但小于 5.5	大于等于 30 但小于 60
H3	大于等于 5 000	大于等于 4 000 但小于 10 000	大于等于 6 000 但小于 15 000	大于等于 3 000	小于 4.5	大于等于 60 但小于 100

注：1. 若地下水处于 P1 环境，降低一级取用；
2. 若围岩环境为弱透水性岩体或土体，等级降低一级取用；
3. 二次衬砌只有处于 P3 环境中时，才考虑侵蚀；
4. 二次衬砌在硫酸盐腐蚀环境中，H1 和 H2 环境需提高一级设计，H3 环境中需专门研究和论证；
5. 当环境中的离子浓度超出上述环境中最大限值时，需专门研究和论证；
6. 水和土中侵蚀性离子浓度的测定方法应符合《铁路工程水质分析规程》(TB 10104) 和《铁路工程岩土化学分析规程》(TB 10103) 的规定。

3. 冻融环境

冻融环境以隧道所在位置、大气温度、地下水情况及隧道长度为主要指标进行环境等级划分，见表 10.2.3。

表 10.2.3 冻融环境作用等级划分

环境等级	环境因素
D1	微冻地区受雨淋的洞口段
	寒冷、严寒干燥隧道
	常年处于冻结状态的隧道
	寒冷地区 P3 环境的隧道洞身段
D2	寒冷地区受雨淋的洞口段
	施工时引起围岩融化的多年冻土隧道
	严寒地区 P2 环境的隧道洞身段
	寒冷地区频繁接触氯盐地下水的隧道洞身段
D3	严寒地区受雨淋的洞口段
	严寒地区 P3 环境的隧道洞身段
	严寒地区频繁接触氯盐地下水的隧道洞身段

注：1. 严寒地区、寒冷地区和微冻地区是根据其最冷月的平均气温划分的。严寒地区、寒冷地区和微冻地区最冷月平均气温分别为 $t \leq -8℃$，$-8℃ < t < -3℃$ 和 $-3℃ \leq t \leq 2.5℃$，温度的确定以距隧道最近的三个气象站观测的结果经高度修正后取用；
2. 二次衬砌需考虑频繁冻融和冻胀力的双重作用；
3. 洞身长度超过 1 000 m 时，距洞口 500 m 以外的洞身段，冻融破坏等级降低一级取用；
4. 洞口处于向阳侧，需提高洞口混凝土的设计指标。

10.2.4 隧道环境综合等级划分

隧道环境分类及等级划分之后，存在 P1、P2、P3、H1、H2、H3、D1、D2 和 D3 九个等级，其中有些等级对隧道结构的作用效果是相同的，因此将这些分类的等级进行综合等级划分，以简化隧道耐久性设计。

综合等级的划分，以对隧道结构作用造成的结果危害程度，将上面的等级归分为五级，见表 10.2.4。

表 10.2.4 隧道环境综合等级划分

环境综合等级	A	B	C	D	E
环境等级	P1	P2，P1 + H1	P3，P1 + H2，P1 + H3，P2 + H1，D1	P2 + H2，D2	P3 + H2，P2 + H3，P3 + H3，D3

表 10.2.4 中，由于隧道中普遍环境是广泛存在的，而侵蚀环境和冻融环境只是个别存在的，因此必然存在组合的情况。

10.3 隧道结构体系耐久性技术对策

要提高隧道结构体系的耐久性，保证隧道结构的安全和正常运营，以使其在建设、运营、维修等整个周期的费用最低，必须对影响隧道结构体系耐久性的原因进行分析，提出解决隧道衬砌混凝土耐久性的主要对策。

10.3.1 影响隧道结构体系耐久性的因素

影响隧道结构体系耐久性的因素，既有设计方面的因素，也有施工方面的因素，更有维修管理方面的因素。

1. 设计方面的影响因素

（1）材料方面：胶凝材料成分单一、级配差、密实度不足、原材料品质不足。

（2）结构方面：隧道结构体系设计时，对初期支护不做更多的耐久性要求，轻初支重衬砌，衬砌厚度普遍偏厚，刚度过大，易发生脆性破坏。

（3）缺乏针对隧道结构耐久性设计的细则或规范。

2. 施工方面的影响因素

施工质量会直接影响隧道衬砌混凝土的耐久性。施工质量好，养护得当，混凝土内部结构就密实，其耐久性就好；若施工质量差，养护不到位，混凝土表面就会出现蜂窝、麻面、裂纹及内部结构不密实等缺陷，给含有腐蚀性物质的地下水提供侵蚀通道，导致混凝土劣化、降低耐久性。若对混凝土施工质量控制不严，保障措施不力，隧道衬砌结构耐久性就差。目前，山岭隧道衬砌混凝土耐久性不足在施工方面的原因主要包括：

1）原材料控制不严

混凝土的密实度不仅取决于胶凝材料的微观级配和各组分材料的品质，还取决于砂、石料的宏观级配和减水剂的类型及品质。砂、石料质量控制得好，不仅可以减少胶凝材料的用量，还可以保证混凝土的性能。此外，减水剂的性能和质量尤为关键，好的减水剂不仅可以提高混凝土的工作性能，还可以降低水胶比，提高混凝土的性能。

2）混凝土开裂

隧道内结构混凝土养生不及时、不到位，混凝土胶凝材料成分单一，水胶比偏高，水化热也高，二次衬砌混凝土拆模早，都会造成混凝土产生早期裂纹。混凝土的裂缝将严重影响隧道结构的耐久性。因此，控制早期裂纹的发生和发展至关重要。

3）灌注、振捣工艺不完善

隧道衬砌混凝土在灌注时，往往由于操作不当造成衬砌混凝土灌注、振捣不密实，特别是拱顶混凝土的灌注工艺不易控制，表面易产生蜂窝麻面，混凝土局部形成空洞，影响衬砌结构的耐久性。因此，应该改进拱顶混凝土灌注工艺，加强对混凝土的振捣。

4）拆模时间过早

若初期支护变形尚未完全收敛，造成衬砌混凝土过早受力，若混凝土还没有硬化完全，这时二次衬砌过早地受力就会损伤混凝土，使衬砌混凝土过早开裂，严重影响其耐久性。因此，二次衬砌混凝土应选择合理的拆模时间。

5）养护环节严重缺失

在我国大多数山岭隧道中，衬砌结构均没有条件进行特别的养护，一般都采用同条件养护方法。长大隧道洞口段和洞内温湿度变化较大，短隧道受外界环境温湿度影响较大，很难满足标准养护条件，故隧道结构混凝土的质量难以保证。隧道修建时，混凝土结构会不同程度地出现初裂，隧道衬砌结构耐久性问题突出。因此，对隧道结构混凝土应采用适当的养护方法。

3. 运营维修养护影响因素

铁路隧道一般处在山区，地质条件比较复杂，特别是有些隧道受地下水影响较大，隧道运营中如果养护维修不及时到位，可能会造成一些排水管道的堵塞，从而引起水压的上升，隧道内可能出现严重的渗漏水、衬砌开裂、基底结构破损或者设施故障等情况，会影响高速列车的运营安全。

10.3.2 提高隧道结构体系耐久性的技术对策

1. 设计方面的技术对策

1）采用多元复合胶凝材料配制高性能混凝土和喷混凝土

大量试验及实践证明，以单一的普通硅酸盐水泥配制隧道结构混凝土，耐久性问题突出，而采用高品质复合胶凝材料配制高性能隧道结构混凝土，能很好地解决混凝土耐久性问题。

复合胶凝材料在水化过程中，不同粒径的胶凝材料颗粒互相填充，能减少颗粒间的空隙，从而进一步减少复合胶凝材料硬化后的总孔隙率，提高混凝土的密实性。另外，类似矿粉、粉煤灰、硅灰等颗粒尺寸较小的胶凝材料，保水性好，可抑制骨料周围水膜的形成，从而改善界面过渡区的结构，使得胶体—骨料界面的粘结力增强，提高混凝土的强度。

矿粉颗粒不规则且表面粗糙，其掺入混凝土中可能会降低新拌混凝土的流动性；粉煤灰颗粒表面光滑，呈球状玻璃体，可改善混凝土的流动性；硅灰的颗粒呈球状玻璃体，且粒径最小，比表面积最大，需水量较大。矿粉、粉煤灰和硅灰的复合可达到取长补短，起到一定增塑减水作用，有益于混凝土密实结构的形成。

2）降低混凝土的水化热，减少温度裂缝

早期混凝土由于水泥水化时会产生热量使其内部温度升高，而混凝土导热性能差，因此施作初期易造成内外的大温差。随着龄期的增长，混凝土又会逐渐降温而发生体积收缩，这样的温度变化会产生温度应力，若温度应力大于混凝土抗拉强度，将导致混凝土产生裂缝。

高性能混凝土水胶比偏低，为了使低水胶比混凝土具有足够的流动性，就需要使用较多的水泥，这样就会产生较大的温升，即使是对于截面厚度只有 30 cm 左右的二次衬砌混凝土，其早期开裂大约也有 60% 来自温度应力。如果掺入矿物掺合料，由于水泥熟料相应减少，水泥水化总热量就会减少，从而可降低混凝土的温升，减少温度裂缝。大量试验证明，水泥中掺入矿物掺合料可减少混凝土中的 $Ca(OH)_2$的形成，并抑制 $Ca(OH)_2$晶体在界面区的生长，降低水化热，减少碳化和可溶成分的析出。

因此，高速铁路隧道衬砌混凝土中应采用水泥、粉煤灰、矿粉和硅灰组成多元复合胶凝材料，喷混凝土中采用水泥、粉煤灰、矿粉、硅灰和石灰石粉组成多元复合胶凝材料。

3）混凝土中添加适量纤维

为了提高二次衬砌混凝土的韧性，可在混凝土中加入纤维。试验研究认为，在混凝土中加入纤维后，混凝土受弯时荷载—挠度曲线更为缓和，变形过程中会吸收更多的能量，可有效提高混凝土的韧性。各种纤维混凝土在达到荷载峰值以前，荷载与挠度呈线性关系，而达到荷载峰值以后，各种混凝土的受弯破坏曲线均出现不同程度的倾斜，其中钢纤维和粗纤维的峰后效应明显，表现出很好的柔性和韧性。基准混凝土达到荷载峰值以后，荷载急剧下降，受弯试件突然断裂，表现出明显的脆性，而纤维混凝土达到荷载峰值以后则相对缓和，特别是粗纤维和钢纤维混凝土在整个破坏过程中试件依然藕断丝连，表现出很好的延性。

2. 施工方面的技术对策

1）严格控制原材料性能

（1）水泥：高性能混凝土一般选用硅酸盐水泥或普通硅酸盐水泥，而不直接采用矿渣硅酸盐水泥、火山灰质硅酸盐水泥、粉煤灰硅酸盐水泥和复合硅酸盐水泥，必要时可采用特种水泥。

（2）矿物掺合料：只有在混凝土中掺加粉煤灰、矿粉、硅灰和天然沸石等矿物掺合料时，才具有高性能混凝土的品质。由于硅灰和天然沸石用量较少，大量应用的还是粉煤灰和矿粉。

（3）骨料：粗骨料应采用坚硬耐久的碎石或卵石。喷混凝土中的石子粒径不宜大于 10 mm，模筑混凝土中的石子粒径不宜大于 25 mm，骨料级配宜采用连续级配。细骨料应采用坚硬耐久的中粗砂及细度模数宜大于 2.5 的规定，不仅是为了有足够的水泥包裹细骨料，有利于获得足够的混凝土强度，同时还可减少粉尘和硬化后混凝土的收缩。砂的含水率宜控制在 5% ~7%，主要是为了减少具有活性的水泥颗粒的损失，减少粉尘，也有利于水泥的充分水化。

（4）外加剂：为提高混凝土的工作性并减少拌和用水量，可采用聚羧酸减水剂；为提高混凝土的早期强度，可掺加早强剂；为使喷混凝土速凝，可掺加速凝剂；为减少喷混凝土回弹及粉尘，可掺加增粘剂等。混凝土外加剂的掺入，应对混凝土的强度及与围岩的粘结力基本无影响，对混凝土和钢材无腐蚀作用，对混凝土的凝结时间影响不大（除速凝剂和缓凝剂外），吸湿性差，易于保存，不污染环境，对人体无害。

（5）水：水质应符合工程用水的相关标准要求，水中不应含有影响水泥正常凝结及硬化的有害杂质。不得使用污水、pH 值小于 4 的酸性水和含硫酸盐量（按 SO_4^{2-} 计）超过水质量 1% 的水。

2）选用合适的混凝土搅拌工艺

混凝土的搅拌过程不仅存在物理作用，而且存在水化反应等化学作用。混凝土的搅拌一般在较短的时间内就可达到均匀，并保证混凝土具有良好的工作性能。特别是在高性能混凝土中，胶凝材料中掺入多种矿物掺合料，如何保证多元复合胶凝材料、粗细骨料和水均匀地分散而不会结团，选择合适的搅拌工艺尤为关键。

对一次投料和二次投料不同的搅拌方式进行对比试验，其中二次投料又分为三种，分别是水泥裹砂法、先拌水泥砂浆法和先拌水泥净浆法。试验结果表明，采用水泥裹砂法搅拌工艺的混凝土试件，各龄期抗压强度均最高，其次是先拌水泥砂浆法搅拌工艺，再次是先拌水泥净浆法搅拌工艺，最差的是一次投料搅拌工艺。

3）采用低水胶比和高性能减水剂

（1）采用低水胶比

采用低水胶比，可减少多余水分的蒸发，降低混凝土凝结后孔隙率和孔隙尺寸，还可以降低混凝土的水化热，减少混凝土的初裂，提高混凝土的密实性，可以有效提高混凝土的强度和耐久性。

（2）采用高性能减水剂

在满足高性能混凝土工作性的条件下，尽量减少用水量，可抑制混凝土的干缩，增加骨料与水泥界面的粘结力。同时，若水胶比一定时，用水量的减少还可以节约胶凝材料用量，降低工程成本。要实现低用水量，必须采用高性能减水剂，高性能减水剂能有效提高混凝土的耐久性能和工作性。

4）采用先进的灌注、振捣工艺

隧道二次衬砌混凝土灌注前，应采用与混凝土同样配合比的水泥砂浆对运送和灌注设备进行涮膛；灌注时，应在台车两侧分层对称进行，灌注要连续；注意仰拱和边墙的灌注缝、边墙和拱部的灌注缝连接；泌浆水应从设在堵头板上的排水孔处排除。从检查窗进行灌注时，可从邻接的检查窗和上面的检查窗进行捣固，采用高频振捣器振实，遵循“快插、慢拔”的原则，且垂直点振，不得平拉；采用高流动性混凝土灌注拱顶，避免产生空隙；混凝土灌注中断时，应设置水平灌注缝（插钢筋）；灌注混凝土时，应完全清除旧混凝土面上的杂物、品质差的混凝土及松动的骨料颗粒等，并充分洒水。

5）采用合理的养生技术

目前，国内外隧道二次衬砌混凝土养生方法主要有标准养生、汽雾养生、自然养生和同条件养护。由于隧道内的环境条件千变万化，对二次衬砌混凝土采用适宜的养生方法对控制混凝土的初裂、提高混凝土的力学和耐久性能非常必要。

为比较各种养生技术的效果，仇文革等曾对拟配 C30 混凝土分别在同条件养生、洒水自然养生、喷雾养生和标准养生条件下各龄期的抗压强度进行试验，混凝土配合比为：P·O 42.5 水泥 380 kg，水灰比为 0.42，砂率为 41%，聚羧酸减水剂为 8.2%。试验结果如图 10.3.1 所示。

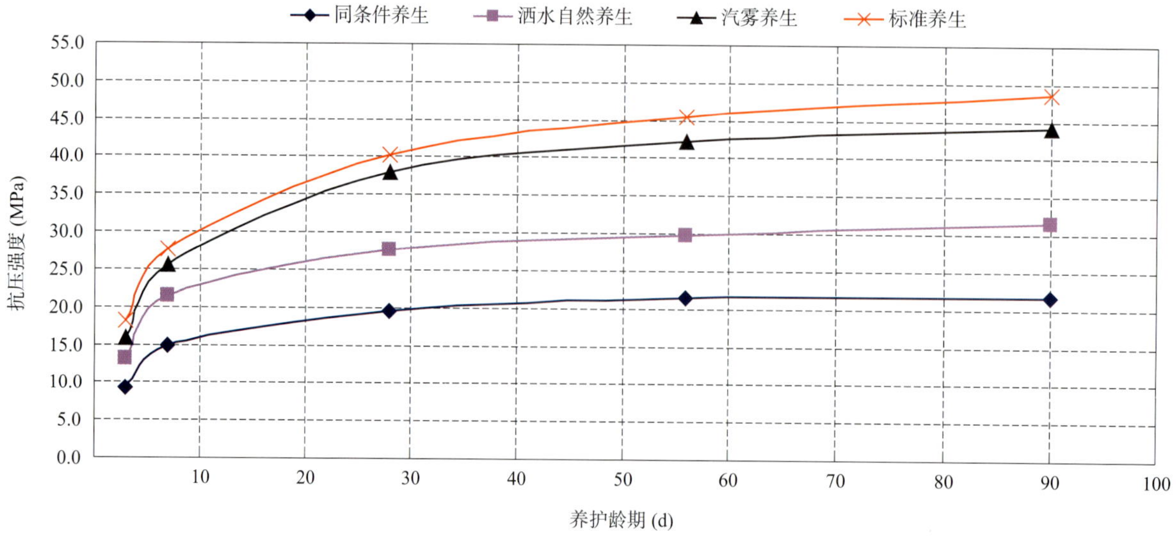

图 10.3.1　采用不同养生方法混凝土各龄期抗压强度对比曲线

由图 10.3.1 可见，混凝土在不同龄期的抗压强度，喷雾养生比标准养生略低，其次是洒水自然养生，最差的是同条件养生。由此可见，隧道混凝土在一般环境下，不采取养生措施会大幅降低混凝土的性能。

由于我国山岭隧道分布地域较广，隧道内环境条件差异较大，采用标准养生难度大，也不经济，因此隧道内二次衬砌混凝土最好采用密闭衬砌表面汽雾养生技术。

密闭衬砌表面的养生方法是在衬砌模板后方连接一个相当于三个衬砌环节的移动式养生台架，在台架的两端设充气膜，台架内侧安装保温隔热材料，使混凝土在一定时间内温度控制在 20℃左右，混凝土表面处于湿润状态进行养生的方法。

6）确定合理拆模和养生时间

（1）拆模时间

二次衬砌混凝土应尽可能推迟拆模时间并做到模板的保湿，以免混凝土过早暴露于空气之中，避免上、下部位因混凝土凝固时间的不同而产生干缩裂缝。另外，混凝土由于水化热产生热胀变形，衬砌模板会为混凝土提供预压力，可减少混凝土的热变形，同时模板拆除之前二次衬砌混凝土处于三向密闭空间内，推迟拆模时间有利于混凝土早期保湿养生，模板拆除后混凝土收缩变形相应减少，进而控制混凝土的初裂。

至于拆模的准确时间，应该通过隧道施工现场试验并结合混凝土初裂试验来确定。一般来说，承重模板如曲墙和单线隧道的拱圈等，达到设计强度的 70% 以上时方可拆模；围岩压力很大的单线、双线和多线隧道的拱圈，都应达到设计强度的 100% 才能拆模。高速铁路隧道主体结构要求 50 年免维护，因此，要求衬砌混凝土拆模时间为 2 d，有条件时最好延长至 3 d。

（2）养生时间

为了研究一般隧道环境下二次衬砌混凝土的养生时间，仇文革等在丹东海工水泥有限公司混凝土试验室进行了针对性的试验。为了模拟隧道内的一般环境，特选在 8 月份雨期，室内温度为 14 ~ 30℃、湿度为 70% 左右，选用两种基准配合比分别做标养和标养 7 d 同条件养生混凝土性能试验。试验混凝土配合比见表 10.3.1，其性能试验结果见表 10.3.2。

表 10.3.1　选用混凝土配合比

试 件 编 号	水泥(kg)	水灰比	砂率(%)	减水剂(%)
基 1	360	0.43	36	1.6
基 2	400	0.43	36	1.2

表 10.3.2　不同养生条件下混凝土性能试验结果

试件编号	养 生 条 件	抗压强度(MPa)			56 d 电通量(C)
		3 d	7 d	28 d	
基 1	标养	25.0	31.1	39.3	1 774
	标养 7 d	25.0	31.1	46.6	1 317
基 2	标养	25.2	35.7	43.7	1 767
	标养 7 d	25.2	35.7	47.4	1 199

由表 10.3.2 可知，混凝土试件在标养 7 d 后同条件养生，其抗压强度和电通量值均优于标准养生 28 d，说明在一般隧道环境下对二次衬砌混凝土标养 7 d 是可行的。

研究分析和实践均证明，标准养生 7 d 的混凝土，其各龄期的干缩基本相同，浇水养生时间过长，并不能保证混凝土性能的持续提高，而且由于水泥水化程度的提高，反而可能使混凝土的不可逆收缩增大；水泥凝胶中如若水泥全部水化，其生成物在使混凝土强度增长的同时，还会使其产生极大的收缩，严重时甚至可引起开裂，降低混凝土的强度和耐久性。特别是高性能混凝土，水胶比较小，虽需及早加强外部补水供给，但浇水保湿养生的持续时间不宜太长。

若衬砌混凝土采用简易台架进行汽雾养生，养生台架由若干个与衬砌台车同长度短台架编组而成，究竟需要几节台架，取决于混凝土的养生时间和拆模时间。若养生时间最长定为7 d，则不同拆模时间所需要的养生台架节数见表10.3.3。

表10.3.3 不同养生时间和拆模时间所需要的简易台架节数

养生时间＼拆模时间	1 d	2 d	3 d
3 d	2	1	1
7 d	6	4	3

10.4 隧道耐久性设计

10.4.1 隧道结构体系耐久性设计原则

由于隧道工程地质及围岩的不确定性，特别是Ⅳ～Ⅵ级围岩中泥岩、页岩、板岩以及碳质软岩在地下水作用下长期渗透软化，产生较大的形变压力，不仅在施工期间时空效应明显，构成独特的施工过程力学(初期支护和二次衬砌结构承担荷载按时间分配)，而且在使用期间(长期)也存在着时空效应，构成使用过程力学(初期支护和二次衬砌结构承担荷载按刚度分配)，两者构成隧道结构体系寿命全过程力学。围岩、初期支护和二次衬砌三层支护体系应按先时间后刚度的受力原则进行设计，充分考虑隧道结构安全性和耐久性问题，进行隧道结构体系耐久性设计，所设计的隧道结构具有易维修、易加固的特点，同时要求所设计的结构体系不仅受力良好，防水效果也好。

10.4.2 隧道结构体系耐久性设计模式

传统的设计采用较厚的二次衬砌形式，在后期结构劣化、变异、温度应力等影响下，二次衬砌结构有较大的承载能力，可保证隧道结构的稳定，不可能达到承载能力极限状态，具有较大的安全系数保证，是用安全换耐久的模式。

传统的设计并没有预留变形和维修加固的空间，二次衬砌在外来荷载影响下，开裂和变形是常态，常常会出现因变形侵限造成结构达到正常使用极限状态而失效，此时结构的承载能力还远远没有得到发挥，同时因没有预留维修空间，维修也是不容易的。

传统的设计中，对于二次衬砌的检算，荷载是按照坍落拱荷载的60%～70%选取的，通过数值模拟和现场试验发现，二次衬砌所承担的荷载远没有那么大，可见设计是相当保守的。同时，隧道结构体系的部分构件的劣化，会造成二次衬砌所承担的荷载的增加，衬砌的厚度越厚，二次衬砌所增加的荷载越多，可见增加隧道的衬砌厚度并不意味着隧道结构安全度的增加。

因此，高速铁路隧道结构的耐久性解决方案应从“降刚”、“增韧”和“留空”三方面来考虑：

“降刚”就是通过适当减薄二次衬砌厚度，使其整体刚度降低；

“增韧”就是增加二次衬砌的韧性，防止脆性破坏的发生，采用添加纤维的方式；

“留空”就是预留空间，这个空间有两方面的作用，一方面是给二次衬砌以变形的空间，防止侵限，另一方面是预留维修加固的空间。

从前面研究的结论来看，保证模筑混凝土和喷混凝土的耐久性是完全可以做到的，初期支护中的锚杆和钢架也是可以通过一定的防腐措施来保障的，因此高速铁路隧道可选择以下具体设计模式：

保证模筑混凝土和喷混凝土的完全耐久，锚杆在裂隙岩体中保证其耐久性，钢架不考虑其完全耐久，后期由于钢架或锚杆的失效而增加的荷载由二次衬砌承担。

高速铁路隧道二次衬砌的厚度根据隧道的跨度和地质状况按30～45 cm取值。

预留空间根据围岩级别分别按照Ⅵ级20 cm、Ⅳ和Ⅴ级15 cm、Ⅱ和Ⅲ级10 cm选取。

10.4.3 隧道结构体系耐久性设计基本要求

1. 隧道结构体系耐久性设计重点

隧道结构体系耐久性设计可分为优化结构设计和提高材料耐久性设计两个方面，其设计目的和内容见表10.4.1。

表10.4.1 隧道结构体系耐久性设计内容

项目		目的	设计内容
隧道结构体系耐久性设计	优化结构设计	在运营期出现的各种劣化、变异及偶然因素作用下，使结构体系不出现某个或某些构件的过早破坏而产生危及结构稳定或行车安全的情况	在设计之初考虑到结构体系各部件应有足够的可靠性，并尽可能使各部件在寿命期内具有相同或相近的失效率，以保证结构体系整体的耐久性
	提高材料耐久性设计	使材料在设计使用寿命期内不出现过分劣化，并满足结构构件使用要求	通过划分环境类别和等级，针对环境条件，提出材料的设计指标和构造保障措施

（1）提高材料耐久性、优化结构都可以达到提高结构体系整体耐久性的目的。

（2）使用高耐久性的材料可以提高构件的耐久性，并不一定会提高结构体系的整体耐久性。

（3）若不提高材料的耐久性，只优化结构体系可以部分提高结构体系的耐久性。

（4）要想有效提高结构体系的整体耐久性，必须从提高材料耐久性和优化结构两个方面入手。

因此，隧道结构耐久性设计的重点主要是结构设计和材料设计两大内容。

2. 隧道结构体系耐久性设计一般原则

（1）采用的结构类型、结构布置和结构构造应尽可能有利于阻挡或减轻环境对结构的作用，便于施工并有利于保证施工质量，便于工程在今后使用过程中的检查和维修。

（2）选用质量稳定并有利于改善混凝土密实性和抗裂性的水泥和骨料等原材料，尽可能降低混凝土的拌和水用量和水胶比，并在混凝土组成中掺入适宜的矿物掺合料、高效减水剂和引气剂。

（3）注重防水、排水和密封等构造措施，尽可能避免水和氯盐等有害物质接触混凝土表面，尽可能防止混凝土在使用过程中遭受干湿交替作用。

（4）从隧道结构耐久性出发，提出隧道施工质量的要求。

（5）对于严重环境作用下的工程，采取多重防护对策。

3. 隧道结构体系耐久性设计

1）隧道结构体系耐久性设计内容

（1）耐久材料的选用。比如提出混凝土原料选用（水泥品种及等级、掺合料种类、骨料品种及质量要求等）、混凝土配合比的主要参数（最大水胶比、最小水泥用量、最小胶凝材料用量等）及引气等要求，根据需要提出混凝土的氯离子扩散系数或抗冻等级等具体指标；在设计施工图和相应说明中，必须标明水胶比等耐久混凝土相关的重要参数和要求；锚杆、钢架钢材的品质要求等。

（2）隧道结构体系耐久性的检算。通过计算，对隧道的设计参数进行调整，达到安全、经济、合理、有效的目的。

（3）与结构耐久性有关的结构构造措施及裂缝控制措施。

（4）为结构使用过程中的检测、维修或部件更换，设置必要的通道和空间。

（5）与结构耐久性有关的施工质量要求，特别是混凝土的养生方法（包括温度和湿度控制与养生期限）及保护层厚度的质量控制及质量保证措施；在设计施工图上应标明钢筋的混凝土保护层厚度的施工允许误差及混凝土施工养生要求。

（6）结构使用阶段的定期维修及检测要求。

（7）当环境作用非常严重或极端严重时，应考虑是否需要采取防腐蚀附加措施，如局部采用环氧涂层钢筋等。此外，还可考虑在混凝土浇筑成型中采用特殊的织物衬里透水模板，以有效提高表层混凝土的密实性。

2）隧道结构体系耐久性设计措施

（1）正确选择混凝土材料，针对具体环境条件选用具有一定耐久性的混凝土材料。衬砌结构混凝土原材料品质、配合比参数限值以及耐久性指标要求，按《铁路混凝土结构耐久性设计规范》(TB 10005)要求执行。结构的主要部件初期支护采用C25喷混凝土或C30喷混凝土，二次衬砌采用C30、C35混凝土或C35、C40钢筋混凝土。

（2）衬砌结构钢筋净保护层厚度为50 mm，当氯盐环境为L3、化学侵蚀环境为H4、冻融破坏环境为D4时钢筋净保护层厚度不小于55 mm。模筑混凝土及钢筋混凝土的抗渗等级应不小于P10。

（3）控制结构裂缝：二次衬砌混凝土表面裂缝不大于0.2 mm，当氯盐环境为L3、化学侵蚀环境为H3、盐类结晶破坏环境为Y3和Y4、冻融破坏环境为D3和D4、磨蚀环境为M3时，表面裂缝不大于0.15 mm。

（4）隧道设计二次衬砌拱墙部位采用外包防水层，隧道施工缝及变形缝均采用综合防水措施，尽量隔绝环境水土中侵蚀介质对主体结构的作用。

（5）温差控制：混凝土浇筑期间，混凝土与钢模、邻近的已硬化混凝土或岩土介质间的温度差不得大于15℃；混凝土养护期间，混凝土芯部温度与表面温度、表面温度与环境温度之差均不应大于20℃，混凝土表面温度与养护水温度之差不得大于15℃，混凝土芯部温度不宜超过60℃，最大不得超过65℃；混凝土拆模时，混凝土芯部与表面、表面与环境之间的温差不大于20℃，混凝土芯部开始降温之前不得进行拆模作业。

（6）钢架应在开挖或初喷混凝土后及时架设，钢架应与喷混凝土形成一体，钢架与围岩间的间隙用喷混凝土充填密实，格栅钢架应全部被喷混凝土覆盖，保护层厚度不得小于4 cm；二次衬砌采用钢筋混凝土时，钢筋的净保护层厚度不小于5 cm。

（7）锚杆耐久性要求：适当加大锚杆钻孔直径，锚杆应带置中器，使锚杆砂浆的保护层厚度不小于10 mm；采取措施保证锚杆的注浆饱满(如ϕ22 mm组合中空锚杆等)；锚杆止浆塞与垫板之间无法采用砂浆保护的部位应进行防腐处理。

（8）防水材料的耐久性要求：防水材料除应满足规范要求的物理力学指标外，还应进行耐久性测试，防水层材料通过1.5% NaOH、1.5% KOH溶液浸泡90 d后老化系数是否大于0.90来判断其耐久性。橡塑材料以长期始终浸泡下的树脂抑出率(168 d，≤5.0%)，及反复干湿循环下拉伸强度、延伸率、膨胀率的变化率(如40次，≤3%)来认定其耐久性。

（9）注浆材料的耐久性：预注浆、径向注浆、补注浆及局部注浆的材料可选择普通水泥、超细水泥或其他特种浆液，慎用水玻璃，提高注浆浆液材料的耐久性。

4. 其他隧道构造耐久性措施

（1）隧道衬砌宜采用曲墙结构形式，衬砌表面应光滑平整。带仰拱衬砌的隧道边墙与仰拱应连接圆顺。

（2）隧道拱墙、仰拱、设备洞室、辅助坑道、附属设施等的防排水设置应符合铁路隧道防排水设计规范的有关规定。

（3）隧道防水混凝土结构的厚度应不小于300 mm。

（4）当隧道衬砌采用素混凝土结构时，应对混凝土采取有效防裂措施。

（5）衬砌中的埋设件宜采用预埋或预留孔(槽)方式，连接部位应采取有效的密封和防渗漏处理措施，外露部件应进行防腐蚀处理。

（6）隧道地表水和地下水应按照完整统一的要求设置防排水系统。洞内排水系统与洞外排水系统应合理顺接，洞口高端应设置横向盲沟，防止洞外雨水等流入隧道。

（7）当隧道水沟内排水含腐蚀性介质时，应对水沟采取相应的防腐蚀措施。

（8）隧道衬砌结构的施工缝、变形缝应按一级防水要求采取可靠的防水措施。

（9）最冷月平均气温低于－5℃地区隧道的有水地段，宜设置保温水沟、中心深埋沟或防寒泄水洞等。

5. 检查及维修

设计中应对结构在设计使用年限内的检查和维修提前做出规划，明确运营期间跟踪、检查内容。设计中应明确具有侵蚀性的具体工点、具体段落和具体环境作用等级，对于严重腐蚀环境下的混凝土结构，应定期实测材料劣化数据和保护层厚度变化，对结构的剩余寿命做出评价。

参考文献

[1] 西南交通大学，等. 铁道部重大研究计划项目：隧道围岩稳定性及其控制技术研究(2009G005)——隧道结构体系耐久性及其设计方法研究报告[R]. 2012.

[2] 中华人民共和国铁道部. 铁路混凝土结构耐久性设计规范(TB 10005—2010)[S]. 北京：中国铁道出版社，2011.

[3] 王海彦，仇文革，满帅，等. 提高山岭隧道主体结构耐久性设计对策研究[J]. 现代隧道技术，2013,(6)：8-13.

[4] 王海彦，仇文革，冯冀蒙. 提高侵蚀环境下山岭隧道衬砌混凝土耐久性施工对策研究[J]. 现代隧道技术，2011,(6)：17-21.

[5] Wang Haiyan，Qiu Wenge，Chen Xuefeng. Research on the Solutions to the Concrete Durability of Newly-built Tunnel Structure[J]. Advanced Materials Research，2011，243-249：3663-3669.

[6] 王海彦，仇文革，杜立峰，等. 隧道衬砌混凝土抗硫酸盐侵蚀耐久寿命预测模型研究[J]. 现代隧道技术. 2014，51(3)：91-96.

[7] 冯冀蒙，仇文革，王航. 隧道复合式衬砌初期支护极限状态模型试验研究[J]. 岩土力学，2012,(11)：3345-3351.

[8] 仇文革，冯冀蒙，陈雪峰，等. 深埋硬岩隧道初期支护劣化过程衬砌力学特性试验研究[J]. 岩石力学与工程学报，2013,(1)：72-77.

[9] 王海彦，仇文革. 基于模糊决策理论的衬砌混凝土胶凝材组成优化研究[J]. 硅酸盐通报，2012，31(6)：1599-1605.

[10] 仇文革，王海彦. 山岭隧道主体结构混凝土养生方法试验研究[J]. 材料导报，2012，32(12)：76-81.

[11] 王海彦，仇文革，满帅，等. 基于复合胶凝材配制隧道衬砌高性能混凝土试验研究[J]. 工业建筑，2013，42(9)：111-115.

[12] 王海彦. 胶凝材电通量和氯离子扩散系数之间关系研究[J]. 混凝土，2013，279(1)：44-47.

[13] 王海彦，宓荣三，龚仑. 隧道主体结构混凝土耐久性的探讨[J]. 中国铁路，2011,(2)：76-79.

[14] 仇文革，冯冀蒙，王海彦，等. 从既有隧道耐久性不足谈新建隧道耐久性对策[J]. 高速铁路技术，2011(增刊)：105-110.

[15] 冯冀蒙，仇文革，王玉锁，等. 既有隧道病害分布规律及围岩环境等级划分研究[J]. 现代隧道技术，2013，50(4)：35-40.

11 防灾疏散救援及通风设计

高速铁路通行的全部为旅客列车，速度高、运量大，对列车的运营安全要求高，一旦发生灾害，应满足快速疏散和救援的要求。本章重点介绍高速铁路隧道的防灾疏散救援及通风设计的主要问题，其中包括铁路隧道灾害类型和隧道群划分标准、隧道火灾规模和烟流特征、火灾模式下的人员疏散时间、隧道防灾疏散救援设施结构形式、隧道防灾疏散救援工程设计及运营通风和防灾通风。

11.1 铁路隧道灾害类型及特征

11.1.1 隧道灾害类型

隧道在运营过程中，受地质、环境、隧道结构、运营列车、乘客等多方面的影响，可能发生多种灾害。根据既有隧道发生灾害的情况，隧道灾害按形成灾害的原因分为自然灾害、人为原因灾害、列车原因灾害和隧道原因灾害四类。

1. 自然灾害

自然灾害主要是指风、雨、雪、水灾和地震。

（1）风灾：主要包括在洞口段吹翻车辆、引起接触网断线，危及行车安全。

（2）水灾：主要包括洪水及大雨引起的各种危害，如隧道积水、泥石流、滑坡、洪水冲垮洞口等。

（3）雪灾：主要指积雪区段的雪附着在高速运行的车辆底板下面车体上而引发事故，附着的雪块到暖和的地方落下，导致车辆底板下部破损。此外，大雪还可能在隧道口路堑段形成堆积，封堵住隧道洞口，影响线路的安全。

（4）地震：地震会破坏线路结构，有可能使正在行驶的列车出轨。

（5）其他灾害：由于列车振动等外力作用，使隧道变形、掉块、隆起等。

2. 人为原因灾害

人为原因灾害是指由于乘客个体、群体行为或者铁路工作人员的不当操作影响铁路正常运营，包括在列车上发现可疑物品或接到恐吓、纵火、爆炸、乘客跳窗自杀、乘客误操作紧急停车按钮或乘客聚众闹事等。

3. 列车原因灾害

列车原因灾害主要有列车故障、牵引供电系统故障、照明供电系统故障、信号系统故障、列车相撞、列车脱轨、列车追尾、列车脱节、失火等。

4. 隧道原因灾害

隧道原因灾害主要有隧道掉块、隧道内基床下陷、隧道坍塌、隧道渗水、隧道内通风不畅、隧道内照明设施故障、隧道内电器设备出现故障、轨道线路出现故障、钢轨超期使用产生断裂，如结构掉块等导致影响铁路正常运营造成列车脱轨、颠覆、碰撞等。

11.1.2 铁路隧道灾害的特征

以上各种原因引起的灾害对于高速铁路隧道的运营来讲，具有五个共同特征。

1. 灾害的突发性

突发性是任何突发事件最重要的特性，铁路隧道灾害的发生毫无征兆，产生的结果却出人意料，尽管科学技术的发展使得某些预报成为可能，但对某些突发事件的预测预报还是受到制约。

2. 灾害的不确定性

铁路隧道灾害的不确定性主要体现在发生时的状态的不确定性以及事态发展状况的不确定性，受信息的完善性和准确性的限制，人员的决策也是非程序化，这些不确定性给应急救援带来很大的难度。

3. 危害的多重性

灾害的危害性来自五个方面，即对公众生命构成威胁、对公共财产造成损失、对各种环境造成破坏、对社会秩序造成紊乱和对公众心理造成障碍。高速铁路隧道内运行的旅客列车人数多，影响范围广，一旦发生灾害，造成的社会影响更是严重。

4. 危害的严重性

列车内装有人和货物，而且受隧道自身结构限制，特别是长大隧道和隧道群，一旦发生灾害，救援难度会格外大，这些因素势必会加大突发事件的危害性。

5. 救援难度大

长大隧道空间狭长、封闭，远离城市，这些因素进一步加大了救援难度。

11.1.3 铁路隧道的主要灾害

铁路隧道灾害类型非常多，但有些灾害发生概率小，如果对所有灾害采用统一的处理方式，势必造成设计上的冗余。通过对铁路隧道灾害的风险源可能造成的后果进行分析，可获得影响隧道安全的主要灾害类型。

表 11.1.1 为不同风险源可能造成灾害的后果。

表 11.1.1 灾害可能造成的后果

灾害分类	原因(风险源)描述	灾害后果	
		影响形式	主要影响对象
碰撞	列车与列车碰撞	中断运营	乘客伤亡
	列车与掉(置)在轨道上的物体碰撞	中断运营	乘客伤亡
	列车与在轨道上的人碰撞	中断运营	乘客伤亡
	列车与限界碰撞	中断运营	运营秩序
	列车与列车段人员碰撞	中断运营	运营秩序
脱轨	轨道不平顺产生脱轨	中断运营	乘客伤亡
	列车超速产生脱轨	中断运营	乘客伤亡
	道岔不到位产生脱轨	中断运营	乘客伤亡
	轨道上有物体导致脱轨	中断运营	乘客伤亡
	转向架(车轮)断裂导致脱轨	中断运营	乘客伤亡
触电	隧道乘客紧急撤离时造成触电	中断运营	运营秩序
	触网维修或检查时造成维修检查人员触电	中断运营	运营秩序
	变电站维修或检查时造成维修检查人员触电	中断运营	运营秩序
	擅自进入隧道者触电	中断运营	运营秩序
爆炸	乘客携带的易爆品爆炸	中断运营	乘客伤亡
	列车上压缩汽缸爆炸	中断运营	运营秩序
	变压器(整流器)爆炸	中断运营	运营秩序
火灾	列车上工作人员办公使用的电器着火	局部影响	局部影响
	列车上乘客携带的易燃品着火	中断运营	乘客伤亡

第二篇 勘察设计

续上表

灾害分类	原因(风险源)描述	灾害后果	
		影响形式	主要影响对象
火灾	列车内乘客或员工吸烟引起着火	中断运营	乘客伤亡
	轨道上道岔电器着火	中断运营	运营秩序
	变电站供电开关着火	中断运营	运营秩序
烧伤、烫伤	列车运行着火产生烫伤	延误运营	乘客受伤
窒息	运行列车内人员窒息	中断运营	乘客伤亡
机械伤害	水泵、鼓风机、风扇对维修检查人员的击伤	延误运营	维修检查人员受伤
	列车关门时对乘客的挤伤	延误运营	乘客受伤
	道岔转辙对维修人员的挤伤	延误运营	维修检查人员受伤
刺伤	列车运行时尖锐物体对乘客的刺伤	延误运营	乘客受伤
	应急撤离时轨道对人员的刺伤		乘客受伤
	列车设备尖锐物体对乘客的刺伤		乘客受伤
摔伤、扭伤	乘客掉下轨道摔伤	延误运营	乘客受伤
	列车晃动或启动(制动)使乘客摔伤		乘客受伤

由以上分析可见，有些灾害对运营及乘客伤害影响较小，如扭伤、摔伤；也有些灾害可以通过日常的维护使其发生的可能性降至最低，如轨道不平顺引起的脱轨。近年来，随着铁路运营管理水平的提高，许多风险源在不断的治理中得到控制，取得很大的进步。考虑到铁路运行过程中通过管理制度能将一些突发事故控制在最小的程度，且突发性的灾害可能由其他因素间接产生，因此对于高速铁路隧道工程，火灾是引起因素最多，最难控制的、也是造成人员伤亡和社会影响最大、后果最严重的一种灾害。本章主要介绍针对列车火灾事故开展的铁路隧道防灾疏散救援体系的研究。

11.2 铁路隧道群分类

前已述及，高速铁路隧道防灾救援疏散的原则是，当旅客列车在隧道内发生火灾时，尽量控制着火列车驶出洞外，在洞外组织防灾疏散和救援。但山区铁路中，有些隧道洞口与洞口之间距离很近，当发生火灾事故时，难以满足安全疏散和救援的条件，通常将两洞口间距小于一列客车长度的相邻隧道，称为隧道群。本节将对隧道群进行分类，根据隧道群的特点，针对性制定防灾救援方案。考虑隧道外火灾烟气的流动规律，着火列车停靠在两隧道间时，烟气扩散可能影响到两座隧道的安全。下面根据烟气在隧道洞口间的流动规律研究铁路隧道群的划分标准。

11.2.1 影响铁路隧道群分类的主要因素

王明年等为了有针对性地进行隧道防灾疏散救援设施的设计，在考虑列车火灾烟气影响范围、列车安全停车距离及相邻隧道洞口间距等主要因素的基础上，曾对铁路隧道群进行了分类研究。

1. 列车火灾烟气影响范围及停车安全距离

若两相邻隧道洞口间距很小，火灾列车停在此处时，一般存在以下两种安全隐患：

(1) 因洞口间距很小，火灾车厢不能更加准确地停在外露段，一旦火灾车厢停在隧道内部，则火灾烟气对人员疏散存在很大影响。

(2) 因洞口间距很小，火灾燃烧的高温烟气更加容易燃及周围植被等易燃物体，造成火灾进一步扩大，甚至引起山林火灾等严重后果。

因此，考虑到火灾烟气的影响范围及火灾列车的安全停车距离，设置紧急停车处的区域对应的洞口间距应控制在一定范围之外。

一般停车安全距离可按下式确定：

$$S_a = A + 0.5v_0 \tag{11.2.1}$$

式中　A——安全距离基本值，站内紧急制动控制取 20 m；

v_0——列车的实际速度，事故列车按 80 km/h 取值。

因此，事故列车在紧急救援站处停车的安全距离为 60 m。

2. 相邻隧道洞口间距

为明确相邻隧道洞口间距对火灾烟气规律的影响，对其开展了试验研究和数值模拟。

1）列车火灾烟流模型试验

（1）火灾烟流对隧道内的温度影响

自然风对火灾烟气在隧道内扩散的影响对比如图 11.2.1 所示。

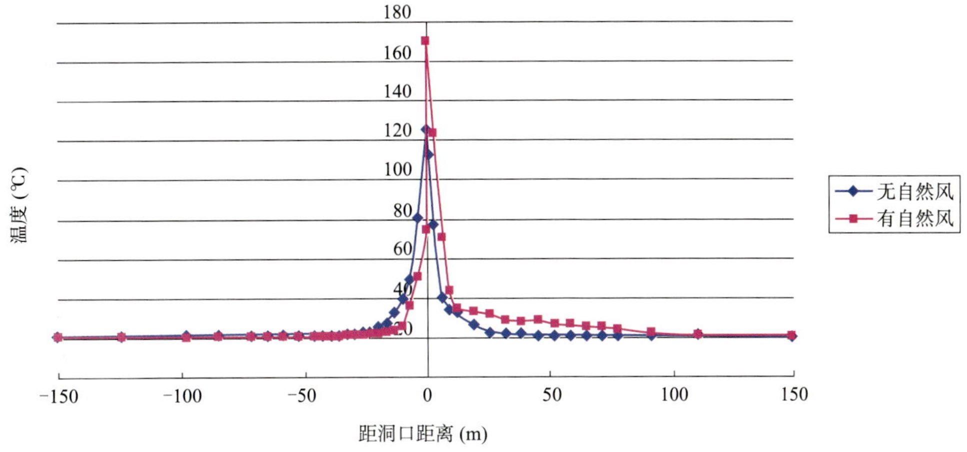

图 11.2.1　自然风对隧道拱顶温度影响对比

由图 11.2.1 可知，在自然风作用下，火源处下游隧道内，拱顶温度（约170℃）远大于无自然风时的温度（约110℃），而远离火源的上游隧道内，拱顶温度（约80℃）小于无自然风时的温度（约130℃）。

另外，不同火源规模时的拱顶温度变化对比如图 11.2.2 所示。

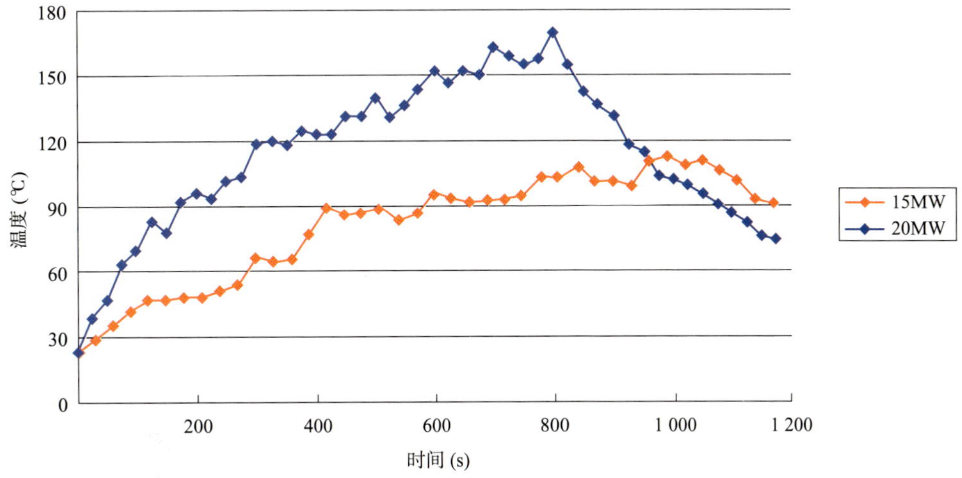

图 11.2.2　拱顶温度变化对比

由图 11.2.2 可知，15 MW 火源规模时，温度上升比较平缓，最高温度大约为 110℃；20 MW 火源规模时，温度上升比较急速，最高温度大约为 170℃。

当洞口间距不同时，下游隧道内拱顶温度曲线对比如图 11.2.3 所示。

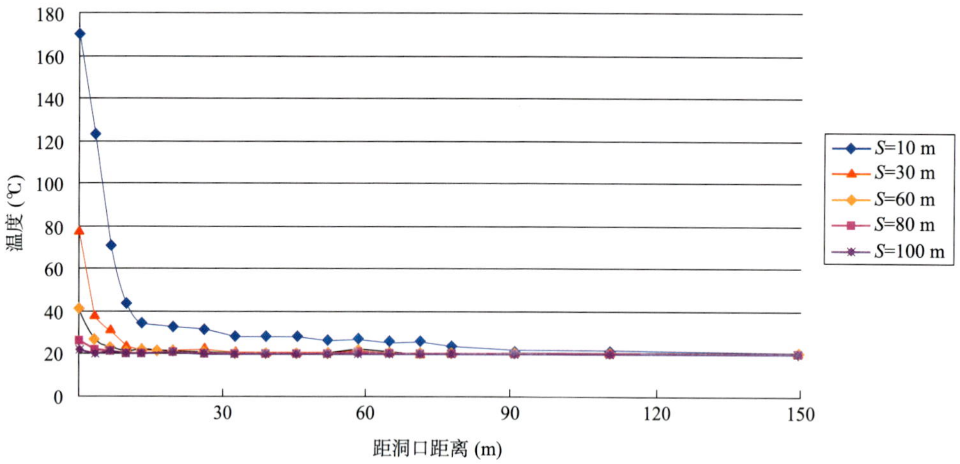

图 11. 2. 3　下游隧道拱顶温度

下游隧道内人眼特征高度处温度对比如图 11. 2. 4 所示。

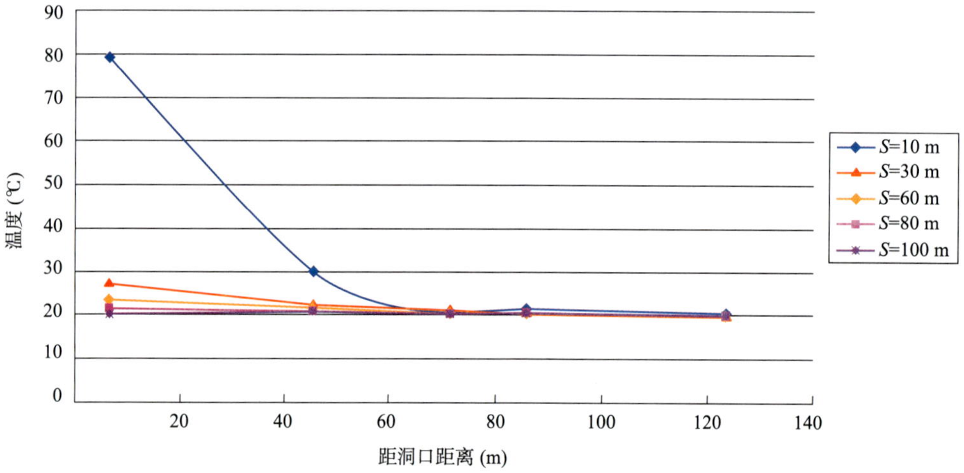

图 11. 2. 4　下游隧道人眼特征高度温度

由图 11. 2. 3 和图 11. 2. 4 可知，当隧道群间距小于 60 m 时，火灾对下游隧道的影响较明显；当间距大于 100 m 时，火灾烟气几乎不影响隧道内部环境。

（2）火灾烟流对隧道内可视度的影响

火灾烟流对隧道内可视度的影响如图 11. 2. 5 所示。

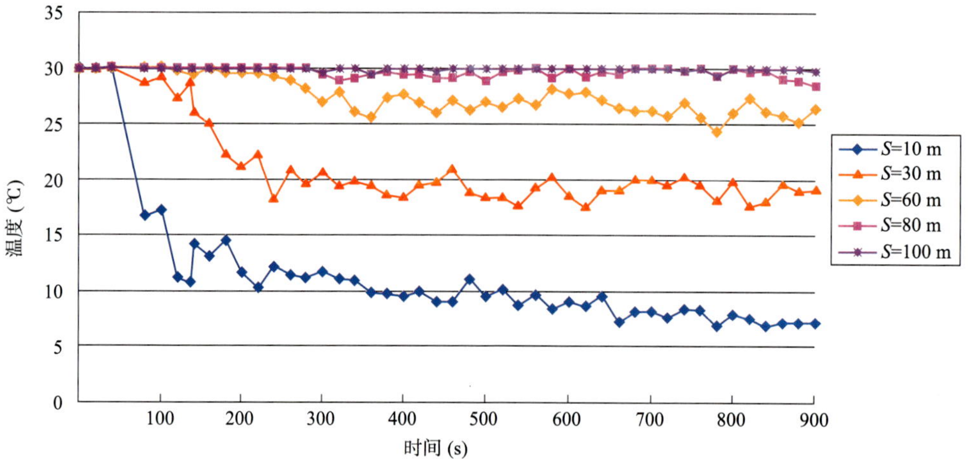

图 11. 2. 5　下游隧道洞口处人眼特征高度可视度

由图 11.2.5 可知，当隧道群间距小于 60 m 时，人眼特征高度处可视度受烟气影响较明显；当隧道群间距大于 60 m 时，烟气对隧道内的环境影响不明显。

（3）数值模拟和试验结果对比

试验温度结果与数值模拟温度结果对比如图 11.2.6 所示。

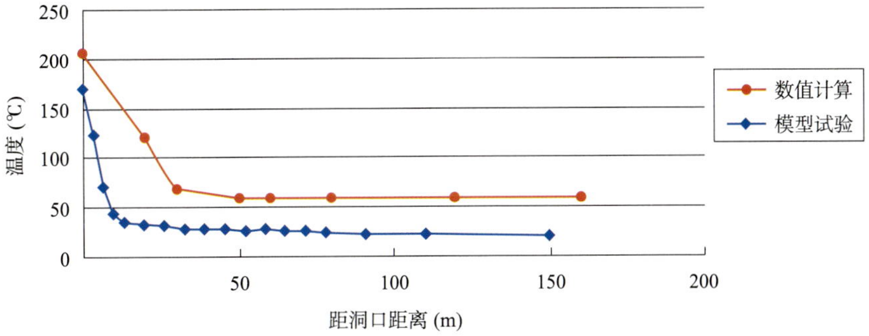

图 11.2.6　下游隧道拱顶高度处温度对比

由图 11.2.6 可知，数值计算结果与模型试验结果温度分布规律较吻合，数值上相差 20℃左右，主要原因是模型所采用材料为钢板，散热较大，温度有一定的损失。因此，通过比较可知，数值模拟的结果较安全可靠，试验结果较满意，能够满足研究的需要。

2）列车火灾烟流数值模拟

（1）不同间距隧道群火灾烟流计算

建立不同相邻隧道洞口间距的隧道群火灾模型，分析在 2.5 m/s 自然风条件下，主洞坡度为 20‰时，烟气对下游隧道内环境的可视度及温度的影响。

建立隧道群模型（图 11.2.7），火灾车厢停在两隧道之间，隧道群模型隧道群连接处局部放大如图 11.2.8 所示。

图 11.2.7　隧道群模型

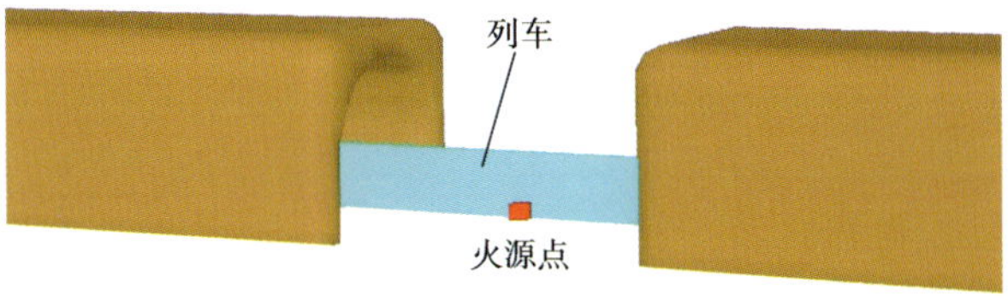

图 11.2.8　隧道群连接处局部放大

不同洞口间距时的拱顶可视度及温度对比如图 11.2.9 和图 11.2.10 所示。

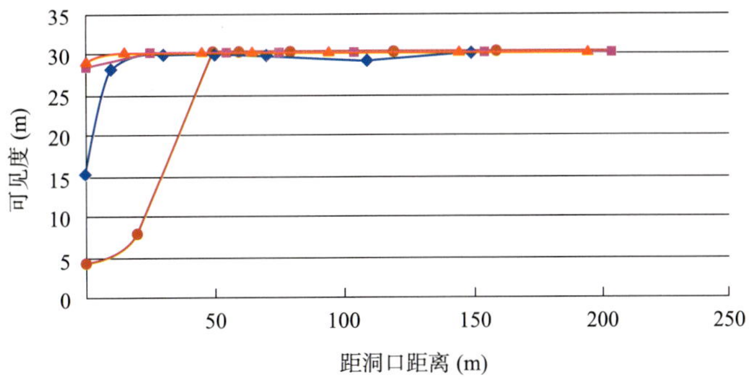

图 11.2.9　下游隧道内拱顶处可视度曲线

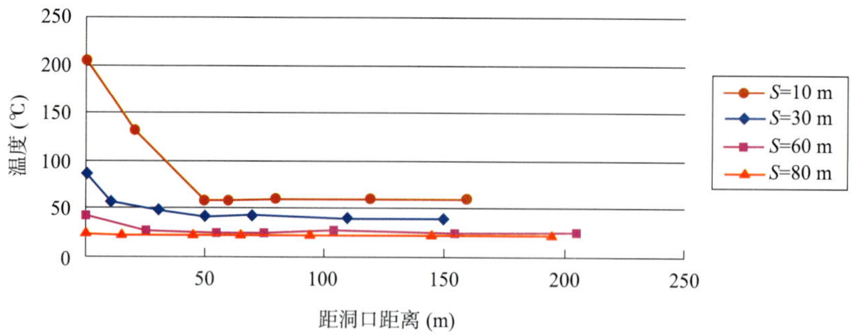

图 11. 2. 10　下游隧道内拱顶处温度曲线

人眼特征高度处可视度及温度对比如图 11. 2. 11 和图 11. 2. 12 所示。

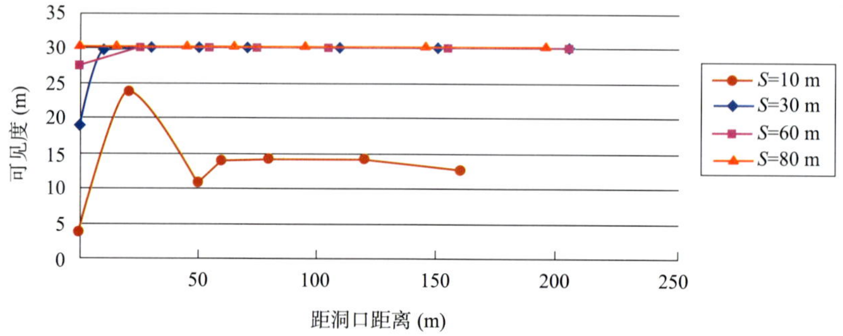

图 11. 2. 11　下游隧道内人眼位置处可视度曲线

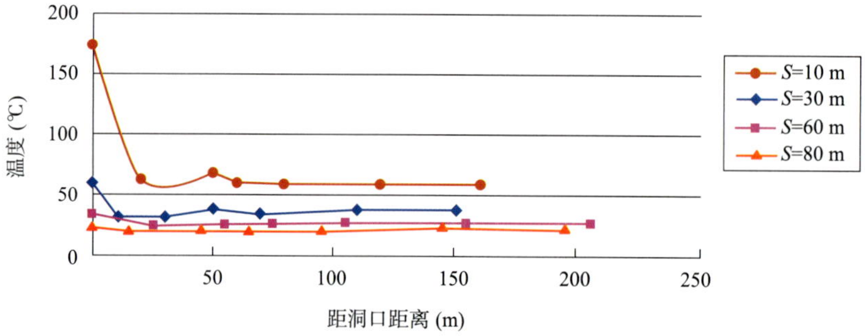

图 11. 2. 12　下游隧道内人眼位置处温度曲线

由图 11. 2. 9 ~ 图 11. 2. 12 可知，当隧道间距小于 30 m 时，火灾车厢停在洞外，对下游隧道内环境的影响仍较为严重；当隧道群间距大于 60 m 时，火灾车厢停在洞外，对下游隧道内环境几乎无影响。

（2）外露区域列车火灾烟流模拟

建立外露区域列车火灾模型，假设列车端部车厢着火。计算模型如图 11. 2. 13 所示。局部放大的火灾车厢如图 11. 2. 14 所示。

计算得到下游 10 m 高度处可视度曲线如图 11. 2. 15 所示。

10 m 高度处温度曲线如图 11. 2. 16 所示。

如图 11. 2. 15 和图 11. 2. 16 所示，当距火源点 50 ~ 55 m 范围以外，列车火灾烟气的温度基本在 40℃以下，可视度基本无变化，对疏散的人员基本无危害。

图 11. 2. 13　敞开区域火灾列车模型

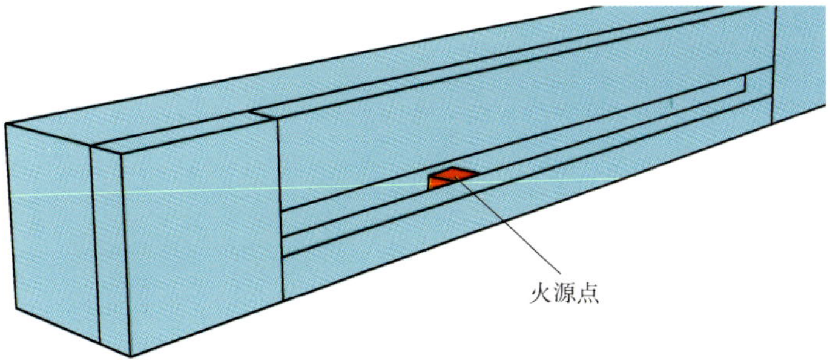

图 11.2.14　火灾车厢局部放大

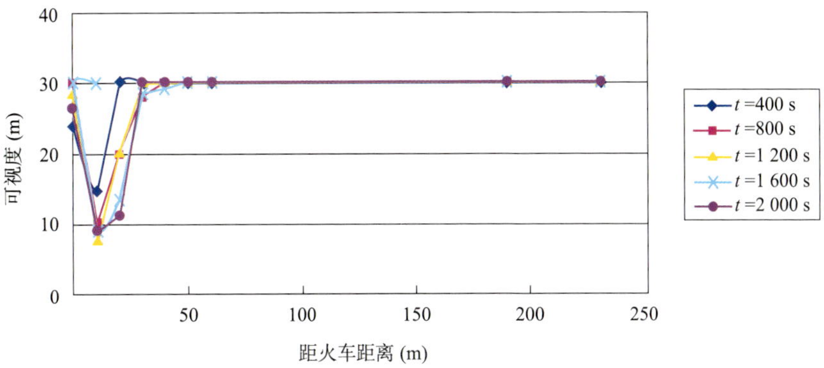

图 11.2.15　下游 10 m 高度处可视度曲线

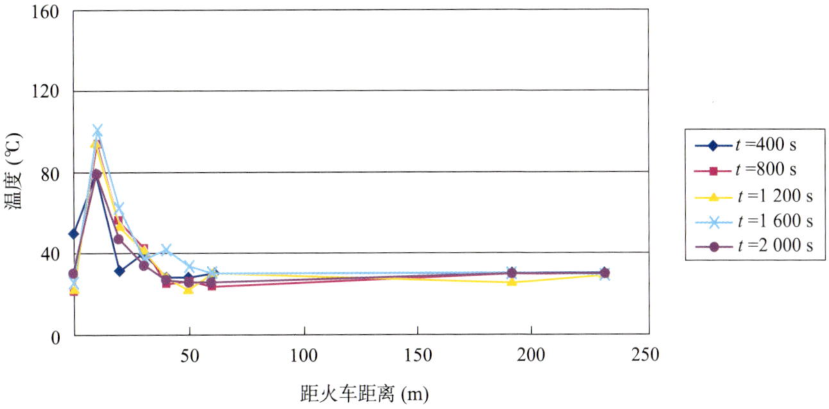

图 11.2.16　下游 10 m 高度处温度曲线

综上分析可知，当两相邻铁路隧道的间距小于 60 m，即隧道洞口距离火源点小于 30 m 时，火灾烟气对邻近隧道的环境有较大影响，并且火灾列车不易准确停在隧道间外露段；当隧道洞口距离火源点大于 55 m 时，列车火灾烟气基本对环境无影响。

11.2.2　铁路隧道群分类

1. 根据烟流特征分类

根据以上研究可以看出，停车安全距离为 60 m，烟气影响范围约为 55 m，两端共 110 m。考虑最不利情况，当火灾列车运行至铁路隧道紧急救援站时，火灾已蔓延到相邻车厢，共三节车厢，约 80 m。因此，当相邻隧道洞口间距为 60 + 110 + 80 = 250(m)时，火灾的烟气对隧道内的环境基本无影响。

为此，将两相邻隧道洞口间距 250 m 作为隧道群分类标准，分为需要考虑防灾设施的隧道群和不需要考虑防灾设施的隧道群。当长度大于等于 250 m 时，列车停靠在两隧道之间，着火列车停靠在明线上，烟气不会扩散到两端隧道内，不需要在隧道内设置防灾通风、专用疏散辅助坑道等设施。当长度小于250 m时，着火列车停靠在两隧道之间，烟气可能扩散到两端隧道内，需要考虑防灾通风，并需设置专用的疏散横通道、辅助坑道等设施。

2. 根据线路特征分类

根据隧道线形变化，将铁路隧道群分为单洞铁路隧道群、双洞铁路隧道群和单—双洞铁路隧道群三种类型，根据隧道与隧道之间的连接方式又可将铁路隧道群分为隧道—桥梁—隧道类型和隧道—路基—隧道类型两种，如图11.2.17～图11.2.19所示。

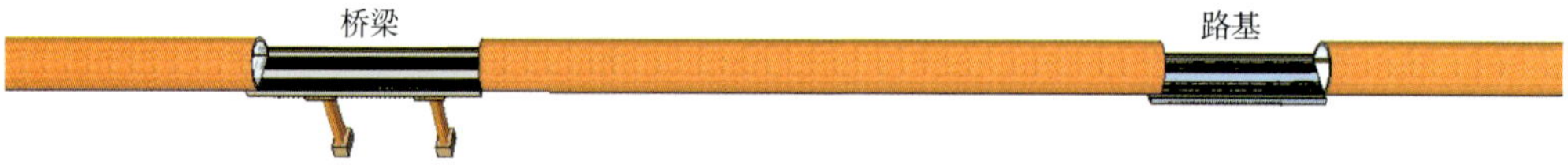

图11.2.17　单洞铁路隧道群

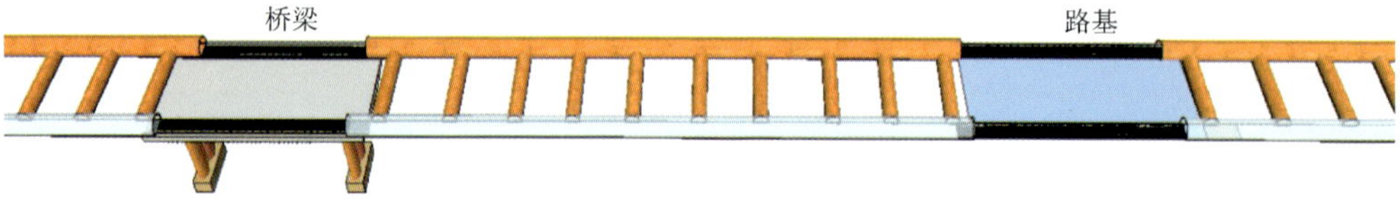

图11.2.18　双洞铁路隧道群

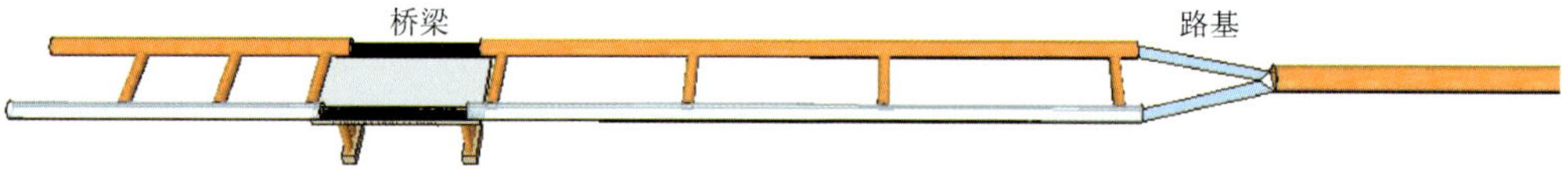

图11.2.19　单—双洞铁路隧道群

11.3　隧道火灾规模及烟流特性

确定隧道的火灾规模，搞清隧道内火灾情况下烟气运动的规律，对于设置高速铁路隧道的防灾设施、合理控制列车停靠位置、制定旅客疏散方式等都具有重要作用。

11.3.1　火灾规模

1. 列车火灾规模

火灾规模与火灾中可燃物组成成分及燃烧是否充分等诸多因素有关，火灾场景不同，火灾的热释放速率也不相同。目前，列车火灾全尺寸试验的开展非常困难，有关客运列车火灾热释放速率的公开数据也很少，已调研到的不同国家的地铁和铁路的热释放速率峰值见表11.3.1。

表11.3.1　国内外列车火灾热释放率峰值

国　家	地铁/铁路线路	热释放速率峰值(MW)
新加坡	南北线(NSL)	24(2节车厢)
	东西线(EWL)	24(2节车厢)
	东北线(NEL)	15(2节车厢)
	环线(CCL)	10(2节车厢)
中　国	香港东涌线	5
	香港机场快线	10
澳大利亚	新南线	10
泰　国	曼谷地铁线(MRT)	7

续上表

国　家	地铁/铁路线路	热释放速率峰值(MW)
希　腊	雅典地铁	10
英　国	伦敦圣保罗线	16
美　国	匹兹堡黎巴嫩山轻轨隧道	13.2
	特拉克纽约城市隧道	31.1
	对于华盛顿 WMATA 系统的系统升级研究	23.1

列车火灾热释放速率与列车种类、材料、内部可燃物数量和种类以及外界环境等条件有关。由表11.3.1可见，各国在研究时的取值有差异，但多集中在5～30 MW之间。

国内外对地铁列车的火灾热释放速率的取值见表11.3.2。

表11.3.2　地铁列车火灾最大热释放速率数据

研究人员或部门	出　处	类型	最大热释放速率(MW)
美国国家防火协会	条文规定	火车	20
瑞士及挪威	条文规定	火车	15～20
Miclea 和 Mckinney	采用区域模式的隧道火灾模拟	地铁	10
深圳福田站	性能化设计报告	地铁	16
程远平	火灾过程中火灾热释放速率模型及其试验测试方法	地铁	23.8
冯炼	地铁火灾烟气控制的数值模拟	地铁	13.6
王艳飞，张建文	地铁列车火灾烟气流动及传热的数值模拟	地铁	10.5
王迪军，罗燕萍，等	地铁隧道火灾疏散及烟气控制	地铁	5～15
顾正洪，程远平，等	地铁车站火灾时事故通风量的研究	地铁	7.5～15
陈涛，杨锐，等	地铁车站安全疏散模拟计算及性能化分析	地铁	10.2
杨晙，曹丽英	地铁火灾场景设计探讨	地铁	10
Miclea P C	铁路隧道火灾的发展、烟雾控制及逃生	列车	10
Liu Y，Liu X，Paroz B	采用 CFD 辅助的铁路隧道火灾可靠度评估	列车	6～15

可见，对地铁列车火灾热释放速率的取值多为5～20 MW。

考虑到火灾热释放速率与列车材料、尺寸等有着较密切的关系，因此对常用的三种类型列车进行对比，见表11.3.3。

表11.3.3　三种类型列车参数

列车类型	高速列车	城际列车	地铁列车
长×宽×高	26.4×2.96×4.05(车厢内高2.4 m)	26.4×2.96×4.05(车厢内高2.4 m)	18×2.9×3.55(车厢内高2.35 m)
材　料	不锈钢	不锈钢	铝
内装类型	较为现代	符合 IC 标准	座椅的可燃性和燃烧特性属于较为现代的设计，其他内装则较为老式
总火灾荷载	62 480 MJ	76 890 MJ	41 360 MJ
可 燃 物	包括聚氨酯泡沫等座椅材料、芯板材地板、地毯、PVC 线缆等	包括 Lenzing 纤维、起绒织物等座椅材料、芯板材地板、地毯、PVC 线缆等	包括聚氨酯泡沫等座椅材料、喷涂软木地板和侧墙、芯板材侧墙材料、PVC 线缆等
最大热释放速率	19 MW	13 MW	25 MW
达到最大热释放速率的时间	80 min	25 min	5 min

对高速铁路 CRH1 型列车车厢内可燃物类别的统计结果见表 11.3.4。

表 11.3.4 CRH1 型动车内可燃物类别

位　置	种　　类	材　　料	防火标准
车厢内	座　椅	坐垫：聚氨酯发泡 蒙面：涤纶	阻燃性能：难燃级
	地　毯	聚　酯	阻燃性能：难燃级
	地板布	氯乙烯树脂地板布	阻燃性能：难燃级
	窗　帘	涤　纶	阻燃性能：难燃级
	门胶条、门板芯材、内部门上窗户、内装垫板、前灯罩等	各种橡胶材料、纸蜂窝材料、PVC 垫板、尼龙、聚碳酸酯	阻燃性能：难燃级

由表 11.3.4 可见，我国铁路列车内采用了大量的阻燃材料，因此火灾规模较地铁要低。

2. 列车火灾燃烧速率

火灾发展速率的计算需要综合考虑可燃物、外界环境的影响。在美国消防协会的分类中，将火灾的发展分为超快速、快速、中速和慢速四个等级。不同火灾发展级别的火灾发展速率，以及与典型可燃材料的对应关系见表 11.3.5。

表 11.3.5 火灾增长系数 α 参考值

火灾发展等级	典型可燃材料	α(kW/s^2)
慢　速	粗木条、厚木板制成的家具	0.002 931
中　速	无棉制品聚酯床垫	0.011 27
快　速	塑料泡沫、堆积的木板、装满邮件的邮袋	0.046 89
超快速	油池火、轻质窗帘、快速燃烧的软垫座	0.187 6

天津消防所曾对旅客所带行李数量及重量进行了调研，并开展了试验研究，获得旅客携带行李的燃烧发展速度曲线。经比对，行李的燃烧速率为慢速，如图 11.3.1 所示。

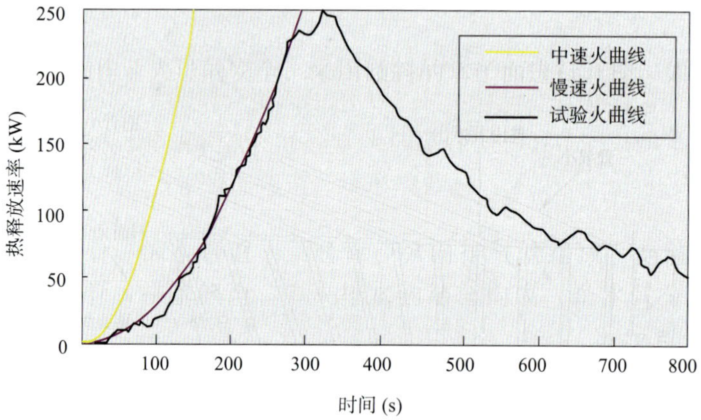

图 11.3.1　旅客行李燃烧发展速率

3. 火灾规模与最高温度及燃烧速率的关系

（1）火灾规模与最高温度的关系

对于隧道火灾拱顶最高温度的研究，以日本的 Kurioka 等人的研究最具代表性。Kurioka 等人通过不同尺寸模型对不同纵向通风速率下隧道火灾时火源区域附近的温度进行研究，通过对试验所得数据的拟合分析，得到预测隧道火源上方拱顶处最高温度的理论模型，即

$$\frac{\Delta T_{\max}}{T_{\mathrm{a}}}=\gamma\left(\frac{Q^{*2/3}}{Fr^{1/3}}\right)^{\varepsilon} \tag{11.3.1}$$

式中 Q^*——无量纲的火源热释放速率；

ΔT_{max}——隧道拱顶处的烟气最高温度；

T_a——发生火灾前隧道内空气的温度；

Fr——无量纲的弗劳德数；

γ,ε——系数，

$\frac{Q^{*2/3}}{Fr^{1/3}}<1.35$ 时，$\gamma=1.77$，$\varepsilon=6/5$；$\frac{Q^{*2/3}}{Fr^{1/3}}\geq 1.35$ 时，$\gamma=2.54$，$\varepsilon=0$。

（2）火灾规模与燃烧速率的关系

为获得不同列车的火灾规模，可基于试验温度曲线反推火灾规模及火灾发展速度。为此，运用 FDS 软件进行数值模拟。模型尺寸为宽 8 m、高 9 m、长 900 m，各类车厢尺寸按车厢长 26.7 m、宽 3 m、高 3.8 m 计算，所用材料为不锈钢，火源位置位于车厢中部，计算工况见表 11.3.6。隧道无通风，以火源位置前后 200 m 的拱顶温度为监测点。

表 11.3.6 火灾规模与燃烧速率关系计算工况

工　况	火　灾　规　模	燃　烧　速　率
1	5 MW	慢速增长，即 $\alpha=0.002\,931$
2	10 MW	
3	15 MW	
4	20 MW	
5	5 MW	中速增长，即 $\alpha=0.011\,72$
6	10 MW	
7	15 MW	
8	20 MW	
9	5 MW	快速增长，即 $\alpha=0.046\,89$
10	10 MW	
11	15 MW	
12	20 MW	

通过计算得到的不同燃烧速度下的温度曲线如图 11.3.2 所示。

根据以上结果可见：

图 11.3.2(a)所示的慢速燃烧速率下，随着火灾规模的增大，温度逐渐升高。火灾规模为 5 MW 时，火源点位置拱顶最高温度达到近 550℃；火灾规模为 10 MW 时，火源点位置拱顶最高温度达到近 850℃；火灾规模为 15 MW 时，火源点位置拱顶最高温度达到近 900℃；火灾规模为 20 MW 时，火源点位置拱顶最高温度稍高于 1 000℃。

图 11.3.2(b)所示的中速燃烧速率下，也有类似的规律。火灾规模为 5 MW 时，火源点位置拱顶最高温度达到近 600℃；火灾规模为 10 MW 时，火源点位置拱顶最高温度约为 1 000℃；火灾规模为 15 MW 时，火源点位置拱顶最高温度约为 1 200℃；火灾规模为 20 MW 时，火源点位置拱顶最高温度约为 1 250℃。

图 11.3.2(c)所示的快速燃烧速率下，规律相似。火灾规模为 5 MW 时，火源点位置拱顶最高温度约为 650℃；火灾规模为 10 MW 时，火源点位置拱顶最高温度约为 1 150℃；火灾规模为 15 MW 时，火源点位置拱顶最高温度约为 1 250℃；火灾规模为 20 MW 时，火源点位置拱顶最高温度约为 1 350℃。

由以上分析可见，不同燃烧速率条件下，火灾产生的温度和火灾规模之间的关系比较相似；但是在同一种燃烧速率下，随着火灾规模的增大，火源点位置的拱顶最高温度也在增加。

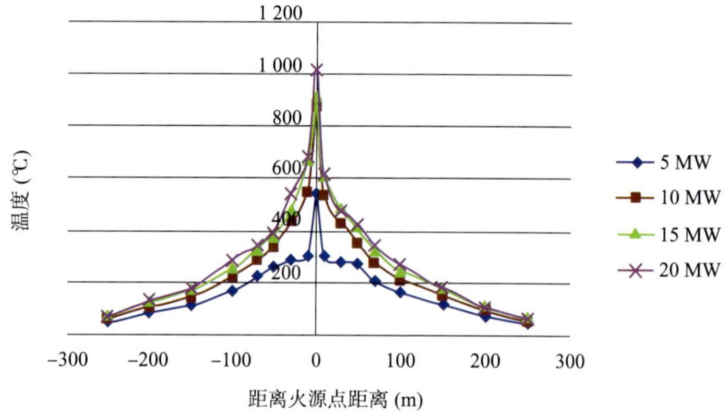

(a) 慢速

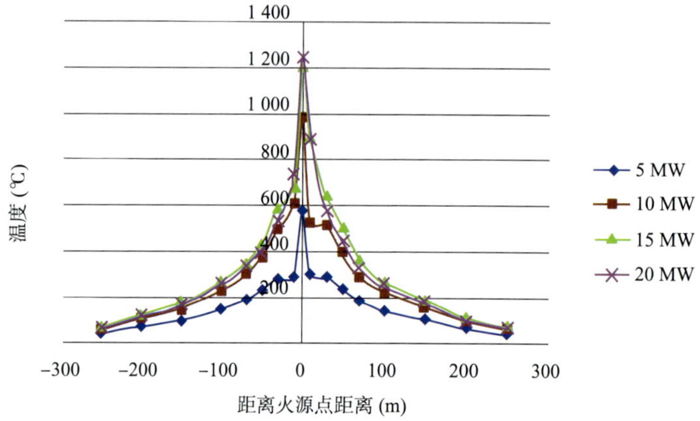

(b) 中速

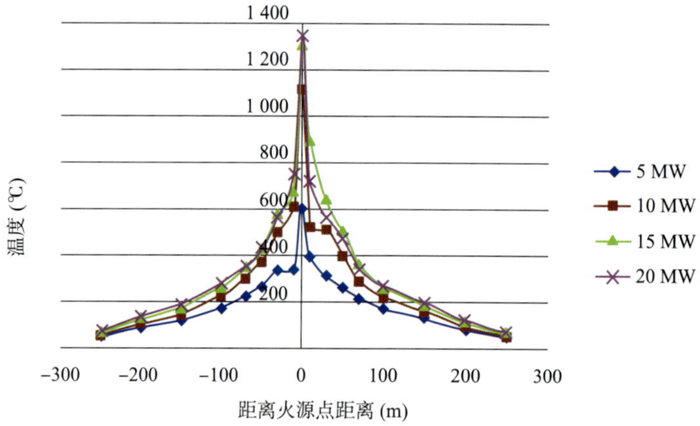

(c) 快速

图 11. 3. 2　不同火源参数下拱顶最高温度分布

4. 火灾规模的确定

根据国外现场试验的结果(图 11. 3. 3)，可以确定城间快铁燃烧的最高温度达到 700℃，列车范围内温度变化范围为 30 ~ 700℃；确定钢制列车燃烧的最高温度达到 850℃，列车范围内温度变化范围为 100 ~ 850℃；确定 1/2 铝制列车 + 1/2 普通列车燃烧的最高温度达到 1 000℃，列车范围内温度变化范围为 180 ~ 1 000℃。

如图 11. 3. 3 所示，以 1/2 铝制列车 + 1/2 普通列车组成的列车，燃烧最为剧烈，顶板范围的温度最高近 1 000℃，其次是钢制列车和城间快车，最高温度分别是 800℃和 750℃。

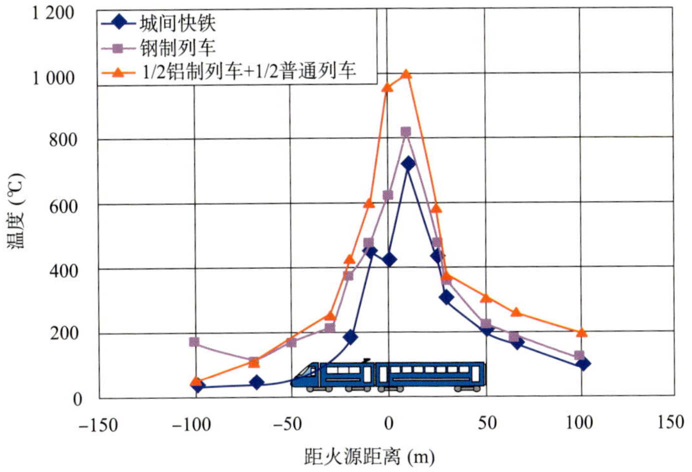

图 11.3.3　不同材质列车着火最高温度随至着火点距离温度分布

根据已有的隧道火灾最高温度与火灾规模的关系，结合列车火灾实验曲线，对数值计算和现场试验进行对比，如图 11.3.4 和图 11.3.5 所示。

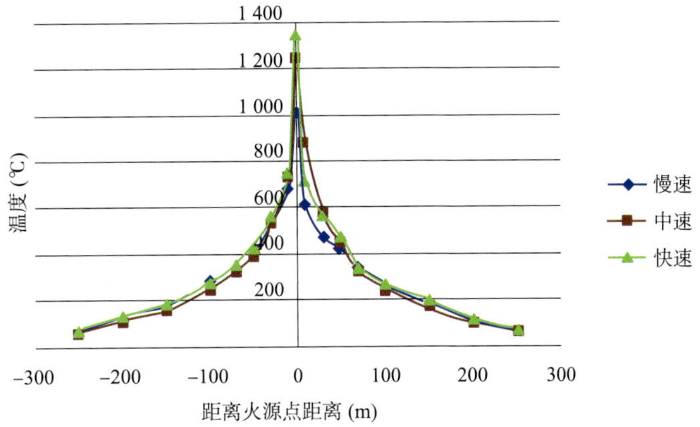

图 11.3.4　20 MW 时不同燃烧速率温度分布

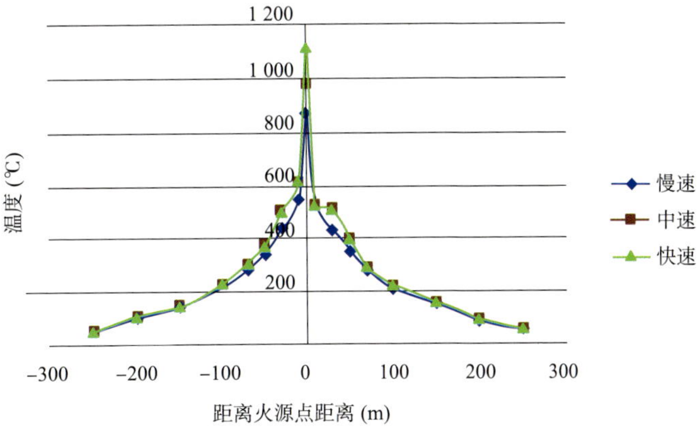

图 11.3.5　10 MW 时不同燃烧速率温度分布

由图 11.3.4 和图 11.3.5 可见：

（1）20 MW 慢速情况下，在距离火源点 50 m 的位置，拱顶温度在 360℃左右；距离火源点 100 m 的位置，拱顶温度在 220℃左右。

（2）10 MW 中速情况下，在距离火源点 50 m 的位置，拱顶温度在 400℃左右；距离火源点 100 m 的位置，拱顶温度在220℃左右。

根据火灾规模与温度的关系以及现场试验与数值模拟的对比可以发现，15～20 MW慢速的火灾最高温度与现场客车列车试验的符合性较好。结合目前我国旅客列车所用材料及乘车人的特征，不同列车类型下的火灾规模建议值见表11.3.7。

表11.3.7 不同类型列车火灾规模

列 车 类 型	火 灾 规 模
特快（钢制）、动车	10～15 MW
普通客运列车	15～20 MW

综上所述，动车组列车的隧道内火灾规模为15 MW，普通旅客列车的火灾规模为20 MW。

11.3.2 火灾烟流特性

1. 火灾温度变化规律

隧道内发生火灾时，燃烧从一个点或面开始，随着时间的推延，火焰向周围蔓延，火区延烧成一个区域，随着参与燃烧的可燃物数量逐渐增多，热量集聚增加，火灾烟流的温度也随之升高。

通过试验分析可以发现，发生火灾时，隧道内温度的变化并不是按照标准温度—时间曲线逐渐上升，而是有一个急剧增加的过程，如图11.3.6所示。

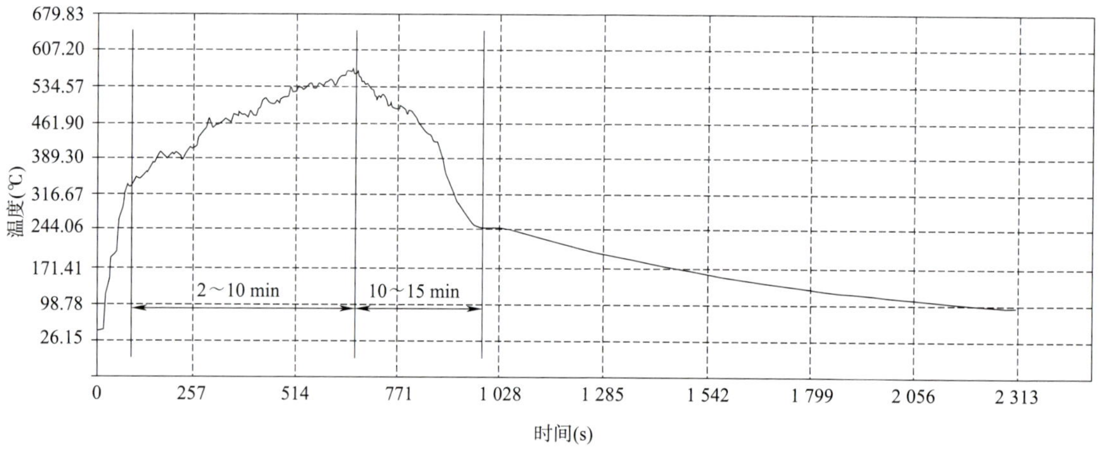

图11.3.6 火区温升曲线

由图11.3.6可见，铁路隧道内的温度一般在起火后的2～10 min内即达到最高。其中，温度的最高值与燃烧物种类、数量、燃烧延续时间、燃烧速度以及隧道本身的特征有关。

火灾进入稳定燃烧阶段后，其持续时间随火灾规模、通风风速及燃料自由表面积的大小而变化。在同等条件下，火灾规模越大，火灾的持续时间越长；燃料的自由表面积越大，燃烧速度越快，火灾的持续时间越短。同时，在同等条件下，随着通风风速的增大，火灾的持续时间缩短。

对旅客列车来说，主要燃烧物是旅客行李及衣物，因此燃烧达到最高温度的时间较长。

（1）火灾时纵向温度分布特征及变化规律

由于燃烧引起的冷热空气对流和隧道壁面对于流经的高温烟流的冷却作用，使得高温烟流的热量被空气及非燃烧物质（主要是隧道壁面）所吸收而使其温度沿程下降。因此，温度场在隧道纵断面方向的分布规律是随着到火源点距离的增加，温度降低，如图11.3.7所示。

通风风速和火灾规模对温度的纵向分布有很大影响。在同等条件下，随着通风风速的增大，火灾区附近的温度下降，沿程温度上升。同等条件下，随着火灾规模的增大，温度场纵向影响范围也增大；随着距火区距离的增加，火灾规模对温度场分布的影响减弱。

火灾是一个动态变化的过程，因此其纵向温度分布也随着时间的变化而不断变化。可以发现，发生火灾后，随着时间的推移，隧道内各个断面的温度都在逐渐上升。当火源点温度达到最高时，隧道内各

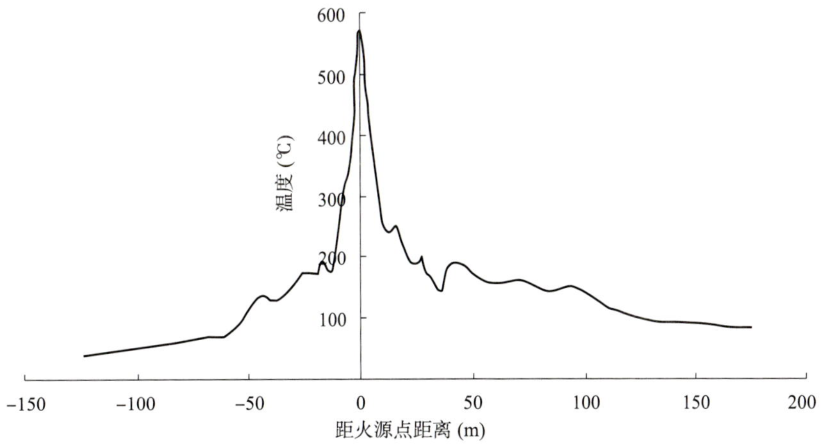

图 11.3.7　隧道纵向温度分布曲线

点的温度也基本达到最高。之后，随着时间的持续，温度逐步下降。整个变化过程中，火源点的温度梯度较火区下游大，且随着远离火区，温度梯度有逐渐减小的趋势。

（2）火灾时横向温度分布规律

不通风状态下发生火灾时，隧道断面上部为高温烟流向两端洞口移动，断面下部为外界新鲜空气向洞内流入补充，断面中部则为高低温气流进行热传导和对流的紊流层。由于高温烟流较轻而上升，隧道底部有相对较冷的空气补充。因此，其温度的横向分布规律是拱部最高，拱腰、边墙次之，底部最低，如图 11.3.8 所示。

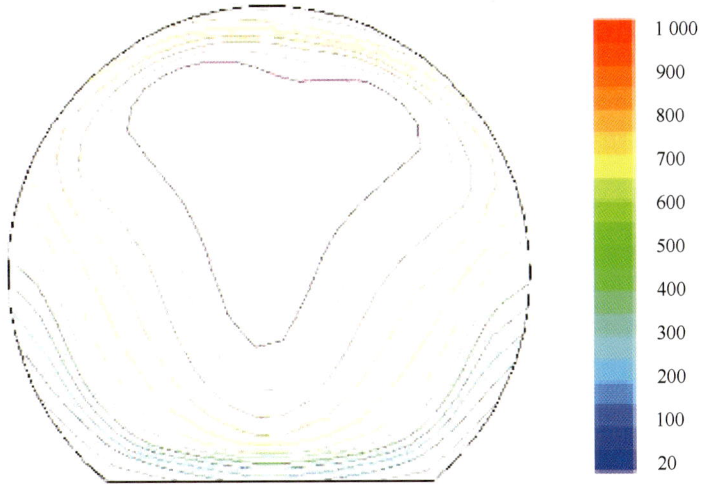

图 11.3.8　隧道横断面温度分布

在机械通风状态下，当通风风速大于等于 2.0 m/s 时，由于火焰被吹倾斜，火区下游附近一段距离内断面底部受火焰的烧烤，温度急剧上升，断面温度横向分布呈底部高、拱顶最低的规律。随着远离火区，由于高温烟气逐渐上升，断面温度的横向分布变为拱部最高、拱腰及边墙次之、底部最低。同时，随着到火区距离的增加，横断面上温度的分布渐趋均匀。

在火区，随着通风风速的增加，断面底部温度逐渐增高，断面温度分布呈底部最高、拱部最低的规律；火区下游，不论通风风速大小，温度分布都呈拱顶高、底部低的规律。随着火灾规模的增大，沿隧道纵向，各断面的温度均有升高，但温度横向分布规律不变。

2. 火灾压力变化规律

1）不通风时火灾压力变化规律

隧道火灾的燃烧过程极其不稳定，旅客列车燃烧时产生的高温火焰，使得液体燃料被蒸发，同时固体燃料分解释放出挥发性易燃气体。这些易燃气体在上升过程中会与空气混合而成为火焰，而火焰在升腾时又与周围空气发生剧烈的混合。因而，由于燃烧时火焰的升腾和紊动，隧道内的压力分布也呈现出一种紊动的状态。可以发现，隧道内压力紊动的强弱与火灾规模及火焰燃烧的剧烈程度有关。火灾规模越大、火焰燃烧越强烈，压力紊动越强烈。火灾初期，随着火势的逐渐增大，压力紊动逐渐增大；稳定阶段，压力紊动也趋于稳定。当燃料逐渐燃完，随着火势逐渐减小，压力的紊动渐趋平缓。

同时，随着火势的增大，隧道内火区及火区下游的全压和动压较火灾前明显增大，而静压变化相对较小。随着火势的减弱，压力的增幅渐渐变小。图 11.3.9 为火灾试验中火区下游全压及动压随时间的变化规律。

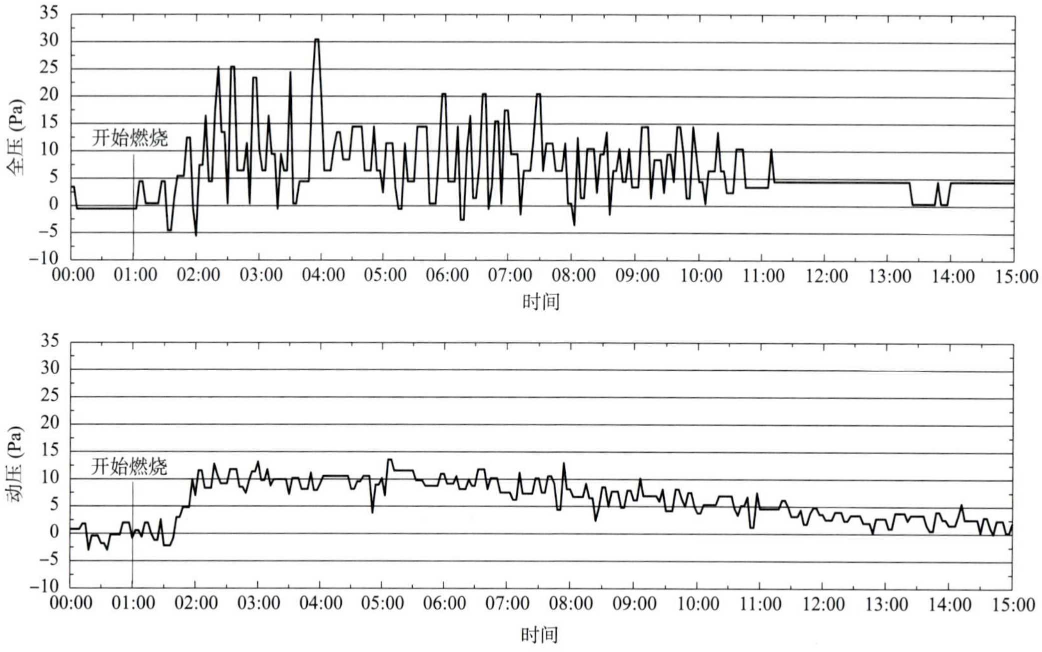

图 11.3.9 火区下游全压、动压随时间的变化

2）通风时火灾压力变化规律

火灾烟流在纵向坡度的隧道中流动时，由于流动过程中烟流温度不断下降，烟流密度不断增大，烟流位压也较火灾前风流位压发生很大的变化，因而产生浮力效应，形成对烟流的作用力。这种发生在有纵向坡度的隧道，由于火灾前的风流密度与火灾时期的烟流密度不同而引起的对火灾烟流的附加作用，称为火灾烟流的浮力效应。由于浮力效应所引起的烟流阻力习惯上称为火风压。

火风压是随着通风风速的增大而增加的，其增长梯度随着通风风速的增大而减小。当通风风速不高时，其对火风压的影响较大。火风压随着火区温度的增大而增大，其增长梯度随着火区温度的增大而减小。在火灾发展阶段，火区温度对火风压的影响比较大，当火区温度较高时，对火风压的影响变小。

火风压是隧道坡度的一个单值递增函数。火风压随着隧道坡度的增大而增大，其增长梯度随着隧道坡度的增大而减小。发生火灾隧道两端的高程差是影响火风压大小的一个关键因素，对于平坡隧道，火风压为零。而对于长大隧道，即使坡度很小，如果不能很好地控制烟流的蔓延，则火灾时产生的火风压也是相当大的。

火风压随着隧道中烟流蔓延长度的增加而增加，其增长梯度随着蔓延长度的增大而减小。当烟流蔓延到一定距离后，由于烟流温度下降到接近常温，此时火风压基本为一定值，不再随蔓延长度的增长而增加。因此，发生火灾时，控制烟气的蔓延长度，对于减弱火风压对通风系统的影响是很关键的。

火灾试验的结果验证了以上关于火风压的论述。图 11.3.10 为火灾试验中，当通风风速为 3.0 m/s 时，沿上坡方向火区下游 6 m 和火区下游 80 m 全压差 ΔP 随时间的变化规律。其中，全压差 $\Delta P = P_{下游6\ m} - P_{下游80\ m}$。

可见，随着火灾规模的增大，表现为火区最高温度的增高，火风压在增大。在火灾稳定段，火源规模为 2.5 MW 时，火风压值约为 4 Pa；火源规模为 20 MW 时，火风压值约为 6 Pa；火源规模为 100 MW 时，火风压值约为 10 Pa。

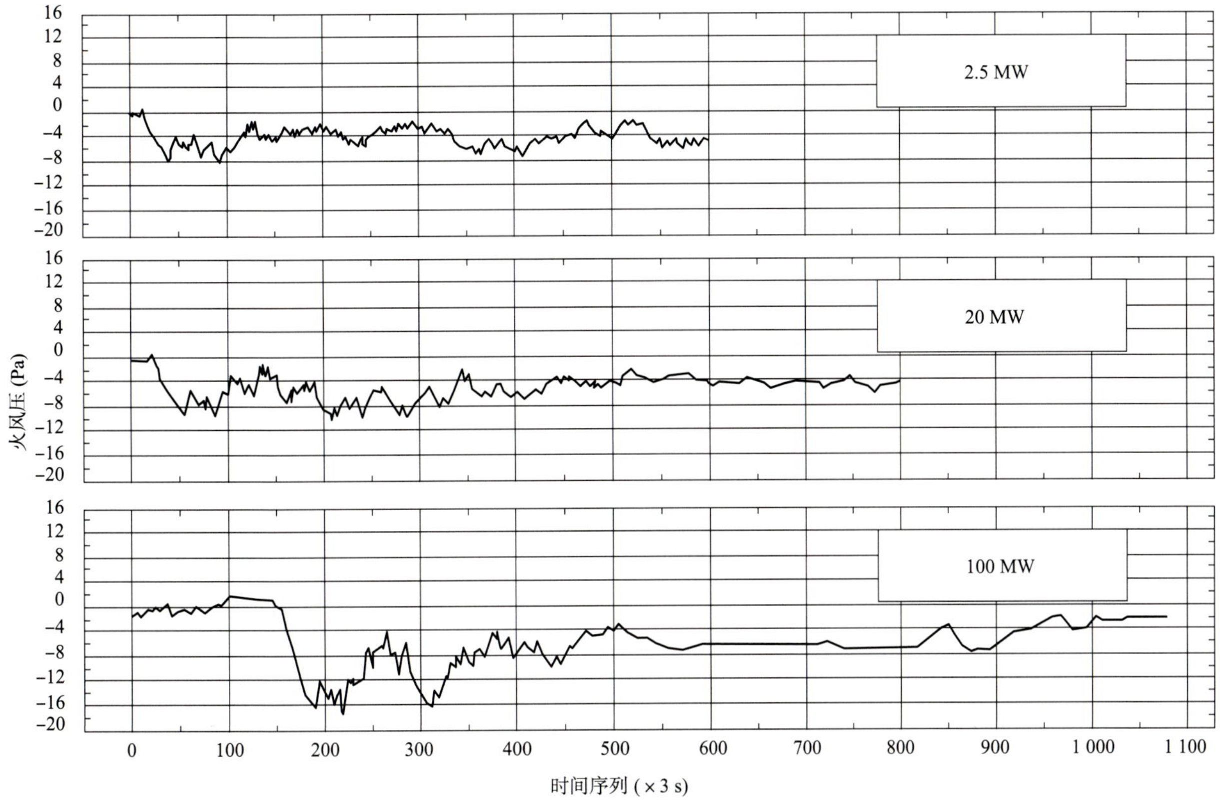

图 11.3.10　沿上坡通风时火风压随时间的变化

图 11.3.11 为下坡试验中，在 5.0 m/s 通风风速时，火区下游 10 m 和火区下游 26 m 全压差 ΔP 随时间的变化规律。其中，全压差 $\Delta P = P_{下游10\ m} - P_{下游26\ m}$。

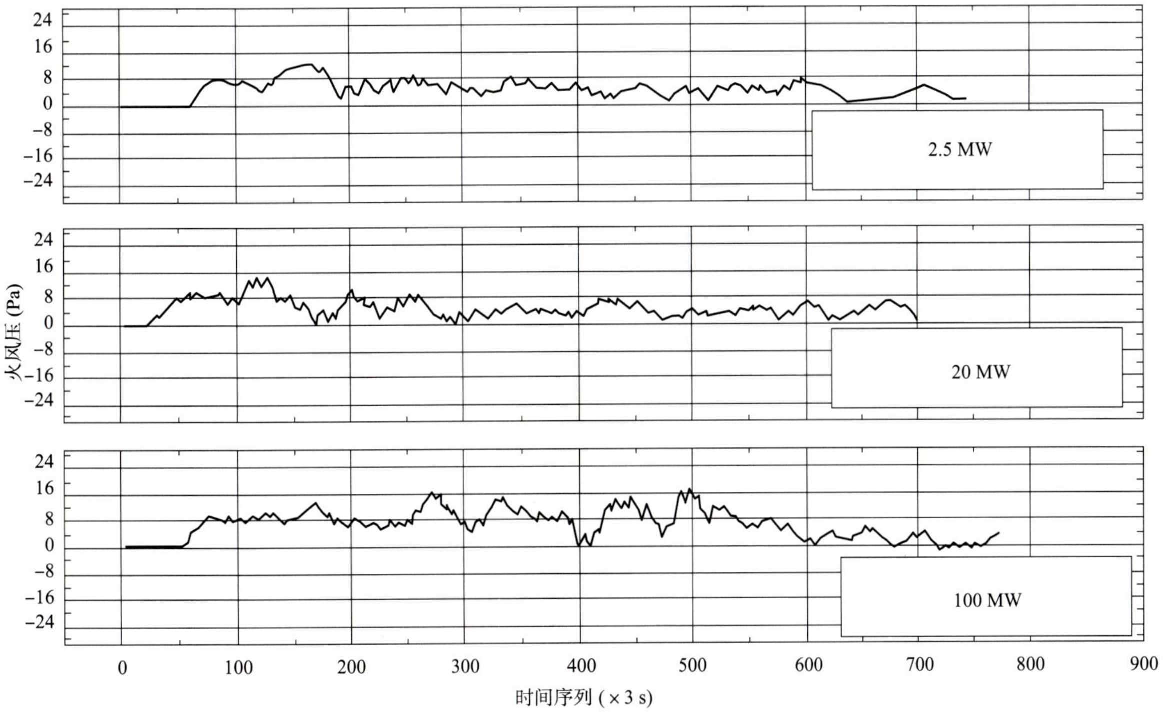

图 11.3.11　沿下坡通风时，火风压随时间的变化

可见，沿上坡方向通风时，在火区下游，火风压的作用是推动烟流流动，而当沿下坡方向通风时，在火区下游，火风压作为阻力出现，会阻碍烟流的流动。

总的压力场分布规律是：在同一隧道断面中，顶部的压力最大，拱腰和拱脚次之，边墙和底部则较低。对于隧道纵向来说，越靠近火区的温度越高，压力变化越大，反之越远离火区越靠近隧道洞口则温度越低，压力变化越小。

3. 火灾烟雾扩散规律

1）发展阶段烟流状态

在火灾发展阶段，烟流中含有大量的有毒有害气体，随着时间的增加，烟流最高温度逐渐升高，烟流中的氧气浓度下降，二氧化碳、一氧化碳、氢气、甲烷等有毒有害气体的浓度增大。

在火区下风侧沿程断面上，烟流的平均温度随着时间的增加而升高。发展阶段的燃烧状态不稳定，风流流动状态为非稳定状态，所以沿程烟流温度随烟流最高温度的变化规律不明显。由于火区烟流的节流效应、浮力效应等作用，火区的烟流阻力增大。当外部通风条件不变时，火区入风端的风速较火灾前低。火灾过程中，燃烧生成的气体进入流过火区的风流，风流经火区后受热膨胀，所以火区回风端的烟流速度大于入风端的风速，火区两端的静压差也随之增大。

2）稳定阶段烟流状态

火灾稳定阶段，烟流最高温度不变，烟流在流动中的热交换便决定了火区下风侧烟流温度的变化，其变化规律为：

（1）随着与火区距离的增加，火区下风侧断面上的烟流温度下降。

（2）距火区较近的一段，随着火灾时间的增加，沿程烟流的温度梯度增大。距火区较远处，随着火灾时间的增加，沿程烟流的温度梯度减小。

由于节流效应、浮力效应等对烟流的作用，火区的烟流阻力比火灾前相同段内的风流阻力大，因此，当向火区的供风动力不变时，火区入风端的风速较火灾前低。风流流过火区时受热膨胀，所以当火区入、回风端的断面面积不变时，火区回风端的烟流速度大于入风端的风流速度。在火灾过程中，由于风流流过火区的温度变化量恒定，因此烟流热膨胀系数基本不随时间的变化而变化。随着时间的增加，火区两端的静压差下降。

3）衰减阶段烟流状态

在衰减阶段，烟流的最高温度不断下降。由于火焰的热辐射效应和烟流与其周围物质间的不稳定换热系数随时间的不断变化，火区下风侧沿程烟流温度的变化规律为：随着与火区距离的增加或火灾时间的增加，烟流的温度和沿程烟流的温度梯度减小。由于火区的节流效应和浮力效应对风流作用的减弱，火区两端的静压差和烟流的热膨胀系数都随时间的增加而下降。

隧道发生火灾时，在火灾区域形成高温烟气火场。如果氧气供给不足，物质燃烧不充分，将产生大量的固体微粒，同时，热空气比重较周围空气低，所以形成明显的上升气流，尤其在隧道的区间隧道内，随着气流移动，使高温高热烟流快速在隧道内扩散和蔓延。

影响隧道火灾中烟气流动的主要因素是烟气层本身的流动性和隧道内的空气流动。一般情况下，靠近火场的地方烟气层本身的流动性占支配地位，而远离火场的地方，隧道内空气流动的影响巨大。

所以，隧道火灾烟气一般会受烟囱效应、热浮力效应、热膨胀效应及通风的影响。其中，烟囱效应是由隧道内部空气温度差造成的，在隧道内垂直通路的空气产生上升即为烟囱效应。火焰上方的高温气体与周围冷空气的密度差，烟气的密度较低，则相对于烟气就产生了向上的浮力作用，即烟气的热浮力效应。燃烧产生高温，气体在高温环境下体积膨胀，即产生气体的热膨胀效应。此外，机械通风改变隧道内部空气流动情况，在火灾工况下，机械通风会影响烟气本身的流动特性，有效通风能够组织火灾烟气的流动，控制烟气蔓延。

11.4　火灾模式下人员疏散时间

由于隧道内的环境特殊，光线相对暗淡，疏散通道不够平顺，局部路面可能存在湿滑情况。在火灾情况下，考虑旅客心理因素，为保证人员安全疏散，火灾模式下人员疏散时间的研究显得极为重要。本节重点介绍火灾模式下停车模式、疏散路径和人员安全疏散时间。

11.4.1　火灾模式下人员疏散安全准则

隧道发生火灾后，人员能否安全疏散主要取决于两个特征时间：一是火灾发展到对人员构成危险所需的时间，即可用安全疏散时间 ASET；另一个是人员疏散到安全区域的时间，即必需安全疏散时间 RSET。如果人员能在火灾达到危险状态之前全部疏散到安全区域，便可认为该隧道结构的防火安全设计对于火灾中的人员疏散是安全的。

目前，铁路隧道内发生火灾时的疏散模式有两种：

一种是列车继续运行至紧急救援站停车疏散，即所谓的“定点”停车，此时的人员疏散包括车上的人员疏散及停车后的人员疏散，如图 11.4.1 所示。

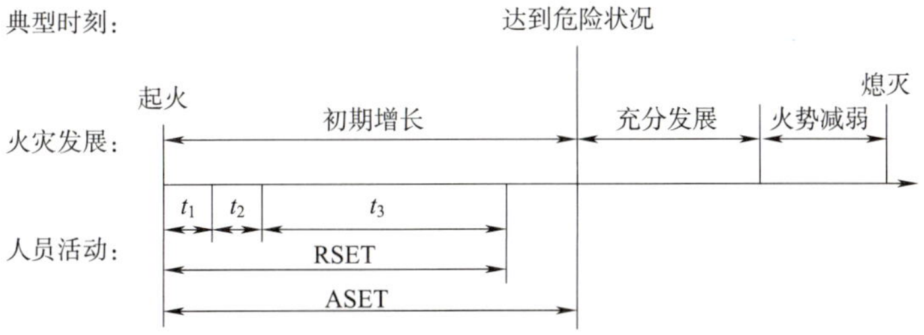

图 11.4.1　“定点”停车火灾发展及人员疏散时间线

另一种情况是，列车发生故障或事故后失去动力，不能运行至“定点”停车，因此，要考虑随机停车进行疏散，此时的疏散包括停车后的人员疏散，如图 11.4.2 所示。

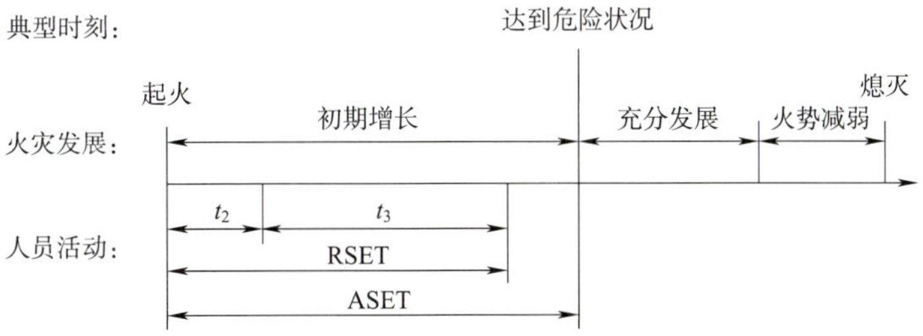

图 11.4.2　随机停车火灾发展及人员疏散时间线

1. 必需安全疏散时间

RSET 表示人员安全疏散必需时间，即从火灾发生开始到列车中所有人员疏散至安全场所需要的时间。在“定点”停车时的必需安全疏散时间包括车上人员疏散时间 t_1、停车后人员下车时间 t_2 及隧道内人员疏散时间 t_3。随机停车时的必需安全疏散时间包括停车后人员下车时间 t_2 及隧道内人员疏散时间 t_3。影响必需安全疏散时间的主要因素有人员密度、人员移动速度、横通道宽度等。

2. 可用安全疏散时间

ASET 为可用安全疏散时间，即从着火列车停车开始至火灾发展到对人员安全构成危险所需的时间。影响可用安全疏散时间的主要因素有辐射热、对流热、可视度、毒性等。

1）辐 射 热

在温度为常量的无限烟气层中，辐射是由温度产生的，可用式(11.4.1)表示。

$$E_f = 5.67 \times 10^{-8} \times \varepsilon_r \times T^4 (W/m^2) \qquad (11.4.1)$$

式中 ε_r——辐射率；

T——烟气温度(K)。

辐射的程度取决于烟气的温度及其辐射率。当烟气层中的温度不是常量时，辐射的程度则需要通过积分来计算。根据对人体辐射热耐受能力的研究，人体对烟气层等火灾环境的辐射热的耐受极限是 2.5 kW/m²，相当于上部烟气层的温度达到 180～200℃。人体耐受时间见表 11.4.1。

表 11.4.1　辐射热与人体耐受时间的关系

热辐射强度(kW/m²)	<2.5	2.5	5	10
耐受时间(min)	>30	30	10	4

2）对流热

试验表明，在潮湿环境下，对流热与人体耐受时间的关系如图 11.4.3 所示，具体表达式为

$$T_{in}(min) = e^{5.1849 - 0.0273T} \qquad (11.4.2)$$

式中 T_{in}——温度(℃)。

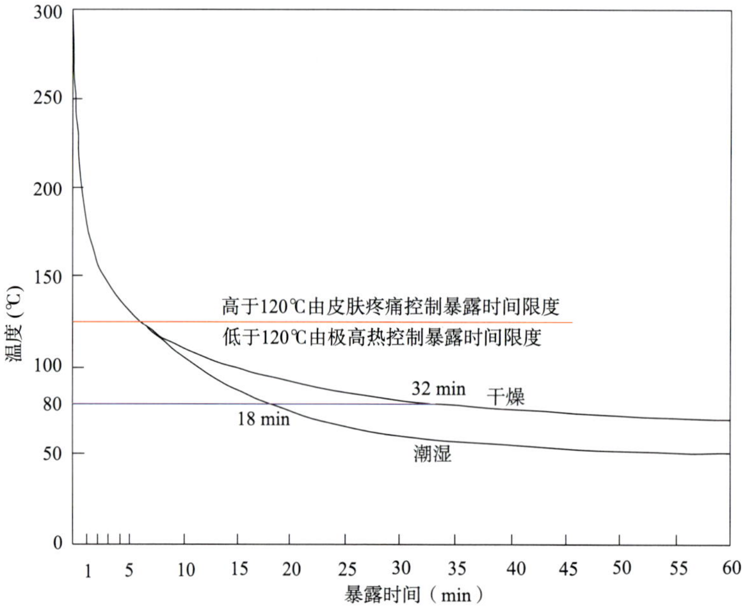

图 11.4.3　耐受时间与对流传热的关系

世界道路协会委员会编制的《公路隧道火灾烟气控制》中指出，若空气温度高达 100℃，一般人只能忍受几分钟，且根据人体对对流热耐受能力的研究，人体对火灾环境对流热的耐受极限是 80℃，具体见表 11.4.2。

表 11.4.2　人体对对流热的耐受极限

温度和湿度条件	<60℃(水分饱和)	80℃(水分含量小于 10%)	180℃(水分含量小于 10%)
耐受时间(min)	>30	15	1

3）可 视 度

一般烟气体积分数较高则可视度降低，使得逃生时确定逃生途径和做决定所需的时间都将延长。烟气的性质通常可以用可视度、光学密度或者衰减系数(也称消光系数)等来表示。

烟气的可视度 T 定义为

$$T = l_x / l_0 \qquad (11.4.3)$$

式中 l_x——烟气初始光强度；

l_0——烟气通过路径长度后所保持的光强度。

美国国家消防协会 2002 年编制的《消防工程手册》(Handbook of Fire Protection Engineering)依据建筑火灾时期人员的紧张不安情绪和不熟悉建筑物环境的情况下，通过试验数据统计，获得刚好能看清安全出口的可接受可视度参考值约为 13 m。

澳大利亚《消防工程师指南》根据统计研究，大空间环境下人员相对于小空间环境需要看得更远才能找准疏散方向，因此，要求可视度更大。铁路隧道结构狭长，人员需要看得更远，具体可视度临界值参见表 11.4.3，隧道内疏散可视度可按 10 m 考虑。

表 11.4.3　建议可采用的人员可以耐受的可视度界限值

参　数	小　空　间	大　空　间
光密度(OD/m)	0.2	0.08
可视度(m)	5	10

4）毒　　性

美国国家消防协会 2002 年编制的《消防工程手册》(Handbook of Fire Protection Engineering)中表明，火灾中的热分解产物及其体积分数因燃烧材料、建筑空间特性和火灾规模等的不同而有所区别。

各种组分的热解产物生成量及其分布比较复杂，不同组分对人体的毒性影响也有较大差异，在消防安全分析预测中很难比较准确地定量描述。因此，工程应用中通常采用一种有效的简化处理方法：如果烟气的光密度不大于 0.1 OD/m，则视为各种毒性燃烧产物的体积分数在 30 min 内将不会达到人体的耐受极限，通常以 CO 的体积分数为主要定量判定指标。而通过研究，CO 的浓度达到危险值时所对应的人眼特征高度的可视度值约为 11 m。

综上所述，火灾工况下人员安全的环境要求是辐射热造成的环境温度不大于 180 ~ 200℃，对流热造成的人眼特征高度的温度不大于 80℃，隧道内的人眼特征高度的可视度不低于 10 m，烟气毒性危险的临界值转化成人眼特征高度的可视度值为 11 m。因此，逃生可用时间的判定标准如下：

(1) 隧道内人眼特征高度 2.0 m 处，烟气温度不超过 80℃；

(2) 人眼特征高度 2.0 m 处，可视度不小于 10 m。

3. 安全疏散时间控制标准

铁路隧道由于其狭长的筒状空间有别于一般的建筑物，人员疏散时间的计算也因此而存在显著差异。铁路隧道内人员疏散时，可用时间 ASET 是关于位置的函数，因此人员安全疏散必需时间 RSET 的确定必须结合不同位置来考虑。此时，RSET(x)不是单值，应是位置 x 处最后一个人离开该位置的时间，而安全疏散可用时间 ASET(x)也是位置 x 处达到危险状态的时间。因此，人员安全疏散救援时间标准为

$$\mathrm{RSET}(x) < \mathrm{ASET}(x)$$

式中　x——位置参数。

11.4.2　紧急救援站设置间距研究

1. 列车性能对间距的要求

列车性能对间距的要求体现在三方面，即列车残余运行速度、列车残余运行时间和列车残余运行能力。

对列车残余运行速度，根据相关研究成果可知，即使 4 M + 4 T 动车组丧失了 1/2 的动力，在 12‰ 的直线坡道上仍能够维持一定的运行能力，并且动车组在两处动力内同时发生火灾的概率非常小，防灾救援研究只按照在同一段时间内，同一列列车只有一处动力车发生火灾，也就是动车组丧失 1/4 的动力。

根据《高速铁路设计规范》(TB 10621—2014)的规定，区间正线最大坡度不宜大于 20‰，因此在动车组丧失 1/4 的动力后，列车仍然能够维持 100 km/h 以上的速度。

列车残余运行时间可参考瑞士对圣哥达隧道的研究确定。于2016年建成的圣哥达隧道全长57 km，位于瑞士中南部格劳宾登州，研究人员对着火列车的剩余运行能力进行了模拟分析，如图11.4.4所示。

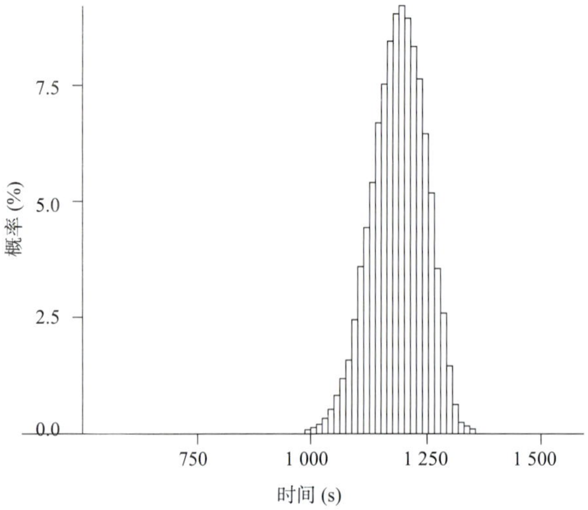

图11.4.4　瑞士圣哥达隧道列车火灾后残余的运行时间

由图11.4.4可见，列车发生火灾后的残余运行时间主要集中在1 000～1 400 s之间，考虑一定的安全富裕度，将列车着火后继续运行的时间定为15～20 min。

通过以上分析可以看出，列车发生火灾后的运行速度约为80 km/h，时间约为15 min。由此，列车发生火灾事故后的残余运行能力约为20 km。

2. 不能到达紧急救援站的概率和风险

圣哥达隧道对列车不能到达紧急救援站的概率进行了分析，结果见表11.4.4。

表11.4.4　圣哥达隧道紧急救援站长度和列车不能到达的概率

紧急救援站数量(座)	紧急救援站间距(km)	出事客车不能到达紧急救援站或者出口的可能性(%)
1	30	30
2	20	0.01
4	12	0.002 5

由表11.4.4可见，紧急救援站的设置间距对旅客疏散救援的影响显著。当紧急救援站的间距为30 km时，列车出事后不能到达紧急救援站的概率是30%；当间距为20 km时，则该概率下降到0.01%；当间距为12 km时，虽然不能到达的可能性仍然存在，但是和间距为20 km时相比，则差距不是非常明显。因此，考虑到工程造价和疏散救援的概率，存在一个较优的紧急救援站间距。

综合以上对各因素的分析，可以得到如下结论：长度20 km及以上的铁路隧道或隧道群，应设置紧急救援站，且紧急救援站之间的距离不应大于20 km。

11.5　隧道防灾疏散救援设施结构形式

隧道的防灾疏散救援设施主要包括紧急救援站、紧急出口、避难所、疏散通道、横通道等。紧急救援站应满足火灾和非火灾事故列车停车后人员疏散要求；紧急出口、避难所及横通道应满足非火灾事故列车人员疏散要求。疏散救援设施的结构形式各不相同，确定其结构形式是进行合理结构设计的前提。

11.5.1　铁路隧道紧急救援站结构形式

1. 隧道内紧急救援站结构形式

1）加密横通道型(适用于双洞单线隧道)

对于双洞单线铁路隧道，多采用加密横通道的紧急救援站结构形式。这种结构形式是在隧道中部利用横通道将两座隧道相连，每条横通道均设置防火门，形成隧道之间互救、联络的防灾疏散救援格局。

不带有避难空间的加密横通道型隧道内紧急救援站结构形式如图 11.5.1 所示。

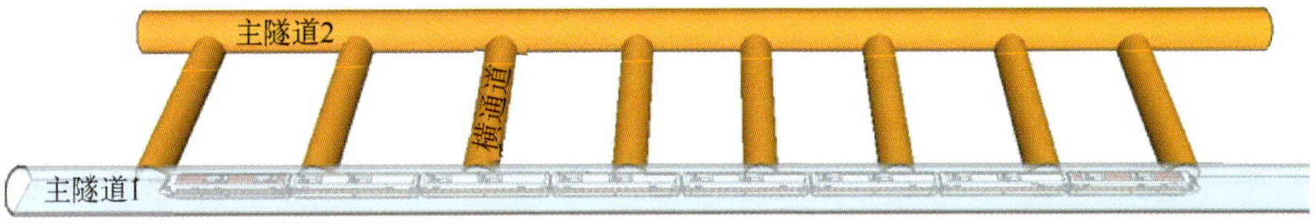

图 11.5.1 加密横通道型隧道内紧急救援站结构形式(无避难空间)

带有避难空间的加密横通道型隧道内紧急救援站结构形式如图 11.5.2 所示。

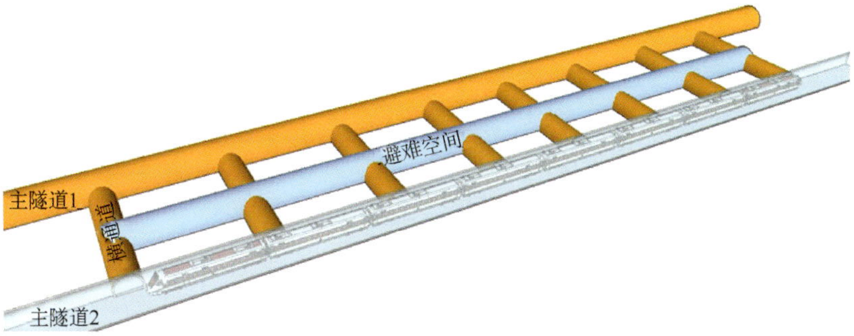

图 11.5.2 加密横通道型隧道内紧急救援站结构形式(有避难空间)

2）两侧平导型(适用于单洞双线隧道)

单洞双线隧道一般在隧道两侧新建连通主隧道的平行导坑，同时将施工辅助坑道的斜井或者横洞作为紧急救援站的进风风道和疏散通道，与加密横通道区域的平行导坑相连。

两侧平导型隧道内紧急救援站结构形式如图 11.5.3 所示。

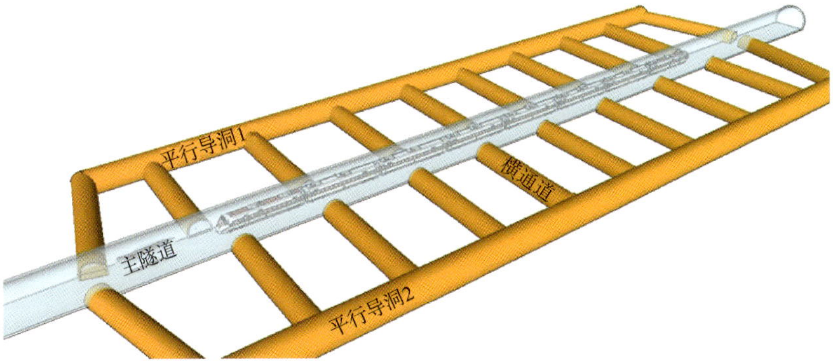

图 11.5.3 两侧平导型隧道内紧急救援站结构形式

3）单侧平导型(适用于单洞单线隧道)

对于单洞单线隧道，一般在隧道一侧新建连通主隧道的平行导洞。

单侧平导型隧道内紧急救援站结构形式如图 11.5.4 所示。

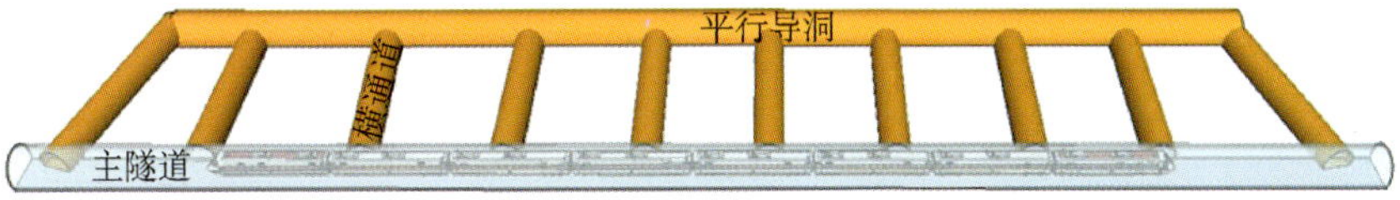

图 11.5.4 单侧平导型隧道内紧急救援站结构形式

2. 隧道口紧急救援站

1）洞口及辅助坑道型

洞口及辅助坑道型隧道口紧急救援站需要考虑防灾通风问题，其结构形式为救援站设置在隧道间的外露段，单双洞均可使用，如图 11.5.5 所示。根据外露段隧道连接形式，救援站又可分为隧道—桥梁—隧道形式救援站和隧道—路基—隧道形式救援站两类。

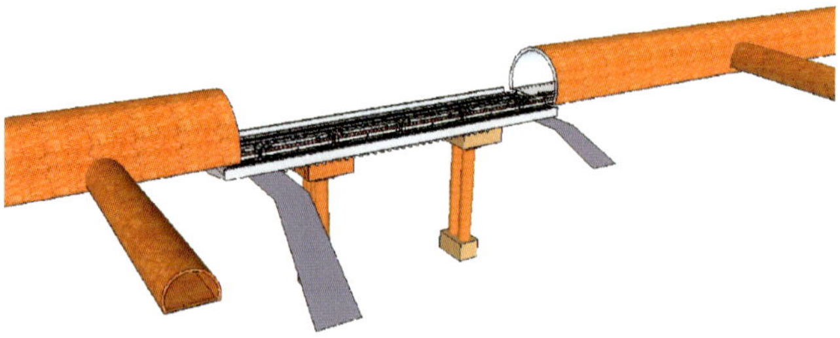

(a) 隧道—桥梁—隧道形式

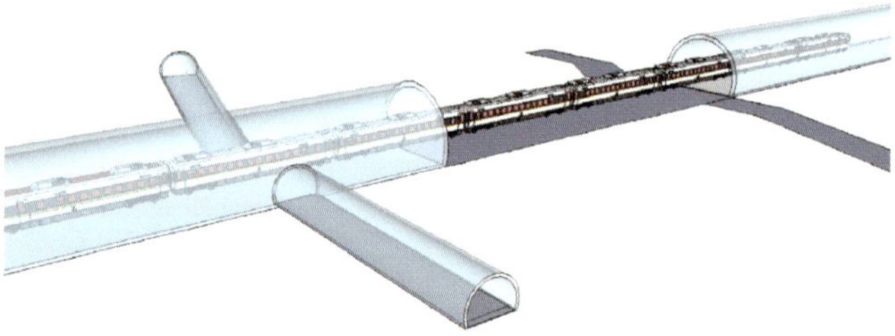

(b) 隧道—路基—隧道形式

图 11.5.5　洞口及辅助坑道型隧道口救援站结构形式

2）洞口及横通道加密型

洞口及横通道加密型隧道口紧急救援站需要考虑防灾通风问题，适用于双洞隧道群，如图 11.5.6 所示。根据明线段隧道连接形式，救援站又可分为隧道—桥梁—隧道形式救援站和隧道—路基—隧道形式救援站两类。

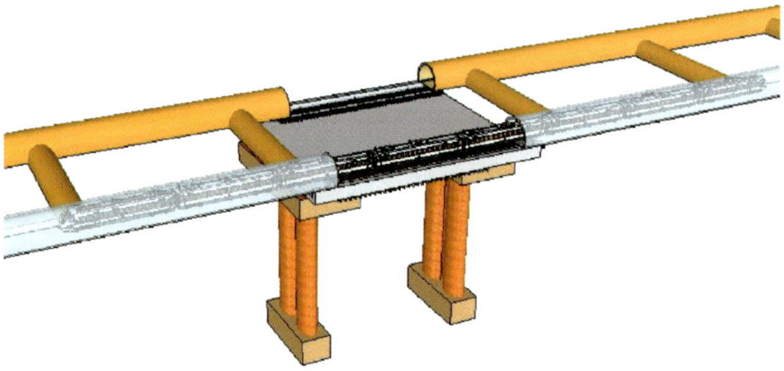

(a) 隧道—桥梁—隧道形式

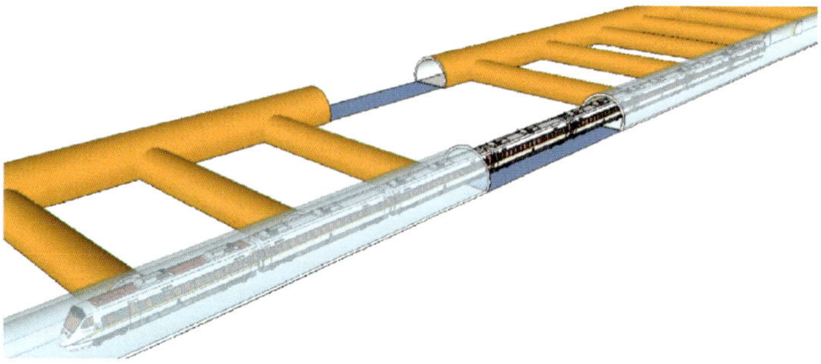

(b) 隧道—路基—隧道形式

图 11.5.6　洞口及横通道加密型隧道口紧急救援站结构形式

3）洞口疏散型

洞口疏散型救援站适用于明线段长度大于 250 m 的隧道群，可不考虑防灾通风问题。但并不表明明线段长度大于 250 m 的隧道群只能采用洞口疏散型，也可使用上述两种形式或其他形式。

11.5.2　紧急出口结构形式

通常情况下，单洞双线隧道多设置紧急出口，而双洞单线隧道则多采用横通道的形式作为疏散救援设施。紧急出口的结构形式中，以斜井式、横洞式和出入口平导式紧急出口居多，也有在隧道侧壁开口作为紧急出口的形式。

斜井式紧急出口如图 11.5.7(a)所示。斜井式紧急出口的特点是利用斜井作为紧急出口。斜井具有一定的上坡坡度，因此在斜井式紧急出口的设计中，要考虑斜井坡度对人员疏散的影响。斜井式紧急出口的关键设计参数包括斜井入口防护门的宽度、斜井入口段的坡度等。

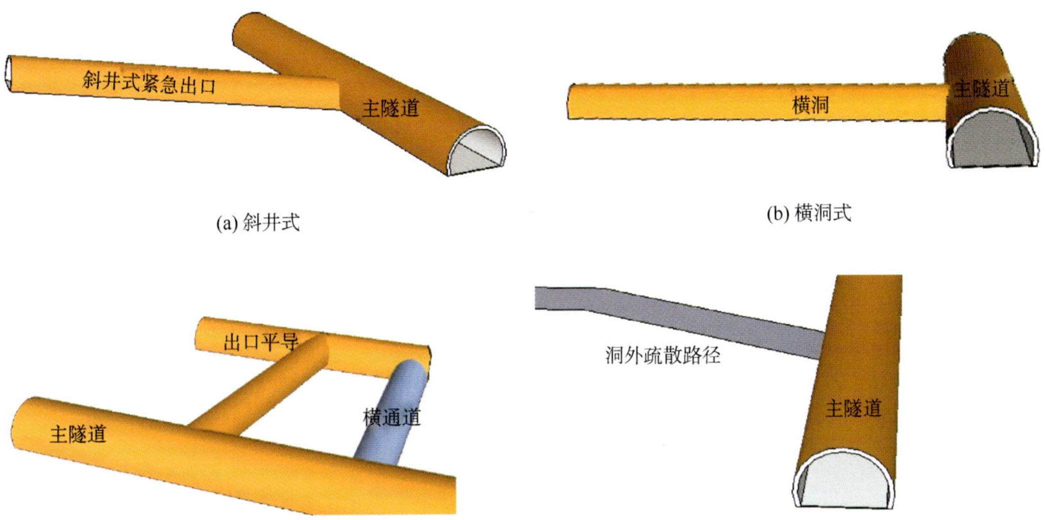

(a) 斜井式　(b) 横洞式　(c) 平导式　(d) 侧壁开口式

图 11.5.7　紧急出口结构形式

横洞式紧急出口如图 11.5.7(b)所示。横洞式紧急出口的特点是利用横洞作为紧急出口。横洞一般上坡坡度很小或为下坡坡度，因此在横洞式紧急出口设计中，不需要考虑坡度对人员疏散速度的影响。横洞式紧急出口的关键设计参数包括横洞入口的防护门宽度和横洞宽度等。

平导式紧急出口如图 11.5.7(c)所示。平导式紧急出口的特点是利用隧道洞口的平导作为紧急出口。一般情况下，采用横通道连接主洞与平导的方式来增加紧急出口的数量，以增大人员安全的可靠性。平导式紧急出口的关键设计参数包括横通道入口防护门宽度和横通道的宽度。

隧道侧壁开口式紧急出口如图 11.5.7(d)所示。隧道侧壁开口式紧急出口的特点是利用隧道壁处山体薄或其他有利直接在隧道侧壁开口通往隧道外的条件，在隧道侧壁开口作为紧急出口。一般情况下，在开口外设置疏散路径通往安全区域。

11.5.3　避难所结构形式

当隧道受到埋深较大、施工辅助坑道较长或围岩性质不稳定等特殊复杂的地形地质条件限制，无法设置紧急出口时，需要在隧道内或疏散通道内设置避难所，作为人员暂时休息、等待外界救援的场所。

通常，避难所的结构形式有斜井式和横洞式两种，且多设置在单洞隧道中，如图 11.5.8 所示。

无论是斜井式还是横洞式避难所，均是利用长度过长或坡度过大的施工辅助坑道作为救援通道。因此，考虑到人员体力等问题，一般在通道中还要设置避难空间。

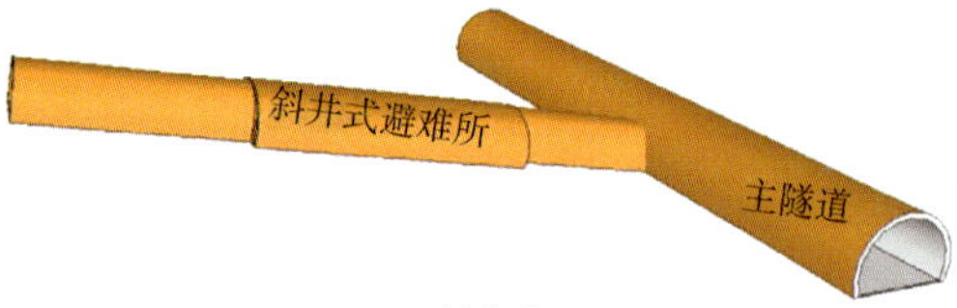

(a) 斜井式

(b) 横洞式

图 11.5.8　避难所结构形式

11.6　隧道防灾疏散救援工程设计

11.6.1　防灾疏散救援工程设计原则

列车在隧道内发生火灾时，应控制列车驶出隧道进行疏散。如果列车不能驶出隧道，应控制列车停靠在紧急救援站进行疏散和救援。

铁路隧道防灾疏散救援工程设计应遵循“以人为本，方便自救，安全疏散，利于救援”的原则。

11.6.2　铁路隧道紧急救援站结构设计

根据对铁路隧道紧急救援站结构形式的研究可知，铁路隧道救援站分为隧道口紧急救援站和隧道内紧急救援站。

1. 隧道口紧急救援站结构设计参数确定

由前面的分析可知，长度大于 20 km 的铁路隧道群需要设置隧道口紧急救援站。救援站设置在两相邻隧道洞口之间的外露区。

1）紧急救援站疏散救援通道数量

当明线段长度大于等于 250 m 时，着火车厢停靠在明线上，烟气不会影响到相邻隧道，所以隧道内的人员下车后可以步行至隧道口进行疏散，这种情况下，隧道内可以利用既有疏散通道进行疏散，不需增设专用疏散通道，但是当洞口地形较陡，不具备疏散条件时，应在洞内设置通向洞外的专用通道，以满足洞内车厢人员安全疏散到安全空间的条件。当明线段长度小于 250 m 时，着火车厢停靠在明线上，烟气可能影响到相邻隧道洞内，这种情况下，除洞口已有的疏散通道外，还应在隧道洞内设置通向隧道外面的专用通道。

对于单洞双线隧道，每侧均应设置一处平行导坑，两隧道口应设置四处。对于单洞单线隧道，每个隧道口设置一处平行导坑即可，共需设置两处。对于双洞隧道，可利用横通道互为疏散救援通道，然后通过非事故列车停靠的隧道口进行安全疏散，这种情况下，可以不设置专用洞内通道，如果洞口地形没有疏散条件，应根据具体地形情况设置必要的专用疏散救援通道，设置数量结合具体情况确定。

2）紧急救援站长度

隧道口紧急救援站的长度应包括明线段及两端洞口段长度之和，且明线段与任意一端隧道长度之和不小于列车长度，如图 11.6.1 所示。

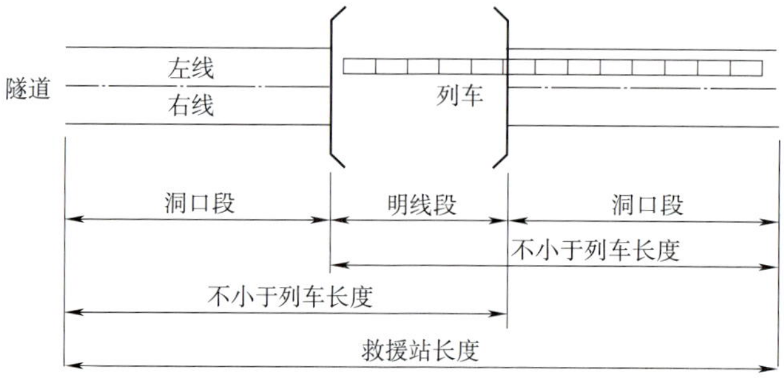

图 11.6.1　隧道口紧急救援站布置

3）紧急救援站站台高度

瑞典隆德大学的 Anders J. Noren 和 Joel Winer 对地铁车辆人员在不同台阶高度情况下人员下车速度的测试结果见表 11.6.1。

表 11.6.1　人员在不同站台高度情况下的下车速度

车厢地板到站台的处置距离(m)	人员速度(人/s)
0	1.59
0.3	0.8
0.7	0.73
1.2	0.5

站台具体高度设计应根据具体线路运输特点确定。站台面高于轨面一定高度才能满足快速疏散要求。当站台面高于轨面 30 cm 时，即可满足普通客车、CRH1、CRH5 等带车门台阶的列车疏散人员的快速疏散要求。当站台面高于轨面 95 cm 时，CRH2、CRH3 动车组人员可方便疏散。

考虑各线通行列车标准不同，《铁路隧道防灾疏散救援工程设计规范》(TB 10020—2012)要求，救援站站台面高于轨面应不小于 30 cm。

4）紧急救援站站台宽度

紧急救援站站台宽度值与必需安全疏散时间有关。隧道口紧急救援站的疏散方式，主要考虑控制着火车厢停靠在隧道口的明线上，只要控制烟气不侵入隧道内，对于必需疏散的时间没有具体要求，所以，对隧道口紧急救援站站台的宽度也不需作具体要求，利用隧道内设置的疏散通道，能够满足乘客从列车上下到隧道的疏散通道上即可，一般不小于 0.75 m。

2. 隧道内紧急救援站结构设计参数

隧道内紧急救援站的结构是在紧急救援站范围内加宽站台，并加密横通道，其结构设计参数见表 11.6.2。

表 11.6.2　计算参数选取

防灾疏散救援设施	结构形式	设计参数	
		数量	具体设计内容
隧道内紧急救援站	加宽紧急救援站站台+加密横通道	6 个	容量
			横通道间距
			横通道宽度
			站台长度
			站台高度
			站台宽度

1）紧急救援站容量

当采用加密横通道设置紧急救援站时，应根据具体横通道的数量及宽度进行设计，原则上应保证 0.5 人/m^2。

2）紧急救援站疏散横通道间距和宽度

为得到紧急救援站内疏散横通道的间距及宽度，通过调整横通道的间距及宽度得到人员在不同组合下的紧急救援站进行紧急疏散的必需安全疏散时间，从而以必需安全疏散时间不再增加为判断标准，确定出最合适的横通道间距与宽度组合。

研究选取横通道间距分别为 50 m、60 m、70 m 和 80 m，横通道宽度则分别为 2 m、2.5 m、3 m、3.5 m和 4 m 进行人员疏散组合仿真计算，共 20 组计算值。四种横通道间距的紧急救援站的人员疏散模型如图 11.6.2 所示。

不同横通道间距及宽度组合情况下人员疏散完毕的必需安全疏散时间和人员聚集时间见表 11.6.3。

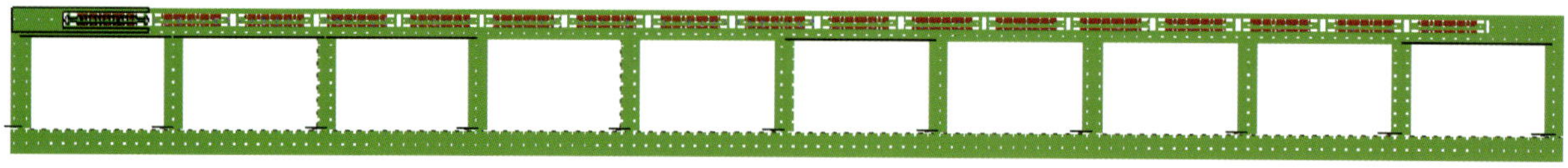

(a) S=50 m

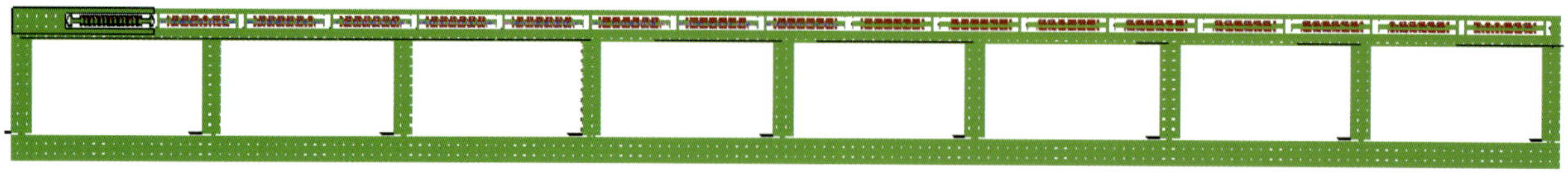

(b) S=60 m

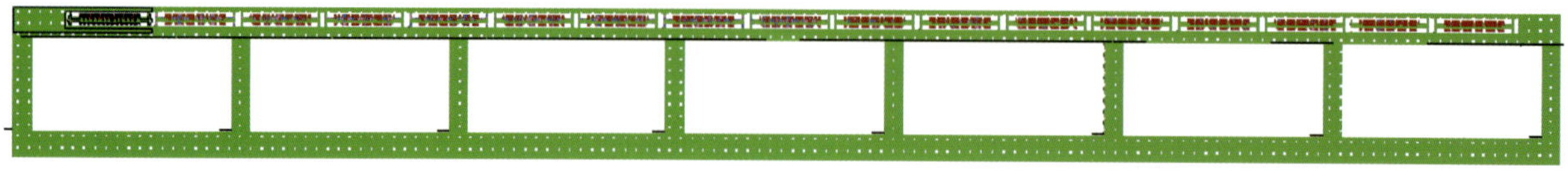

(c) S=70 m

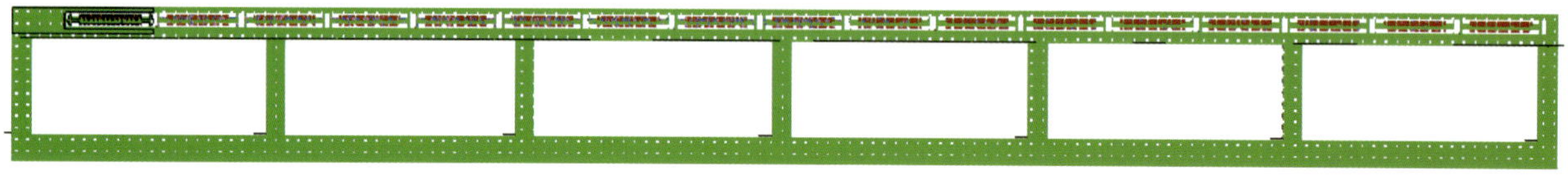

(d) S=80 m

图 11.6.2　紧急救援站模型

表 11.6.3　不同横通道间距和宽度组合下人员疏散时间

工　况	横通道间距(m)	横通道宽度(m)	聚集时间(s)	疏散时间(s)
1	50	2	61	224
2	50	2.5	34	212
3	50	3	10	198
4	50	3.5	0	198
5	50	4	0	198
6	60	2	103	248
7	60	2.5	83	223
8	60	3	48	215
9	60	3.5	16	215
10	60	4	0	215
11	70	2	117	264
12	70	2.5	95	249
13	70	3	52	236
14	70	3.5	18	236
15	70	4	0	236
16	80	2	194	332
17	80	2.5	108	281
18	80	3	57	265
19	80	3.5	23	265
20	80	4	0	265

横通道入口处人员聚集情况见表 11.6.4。

表 11.6.4 不同横通道间距和宽度组合下人员聚集情况

宽度(m) \ 间距(m)	50	60	70	80
2	一般	一般	一般	较严重
2.5	短暂	一般	一般	一般
3	短暂	短暂	短暂	短暂
3.5	不聚集	短暂	短暂	短暂
4	不聚集	不聚集	不聚集	不聚集

横通道宽度与人员必需安全疏散时间的关系如图 11.6.3 所示。横通道宽度与人员聚集时间的关系如图 11.6.4 所示。

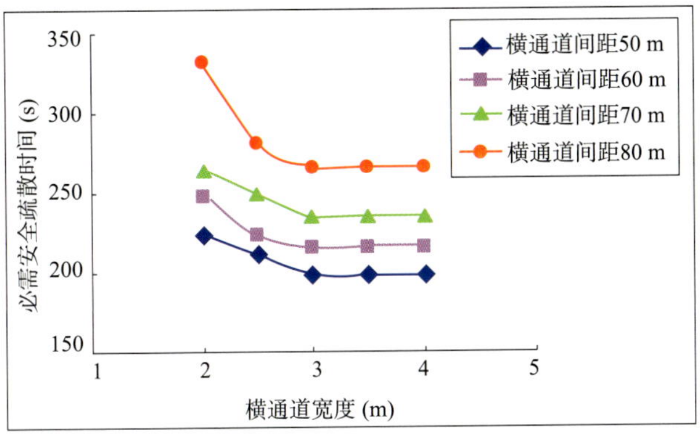

图 11.6.3 横通道宽度与必需疏散时间的关系

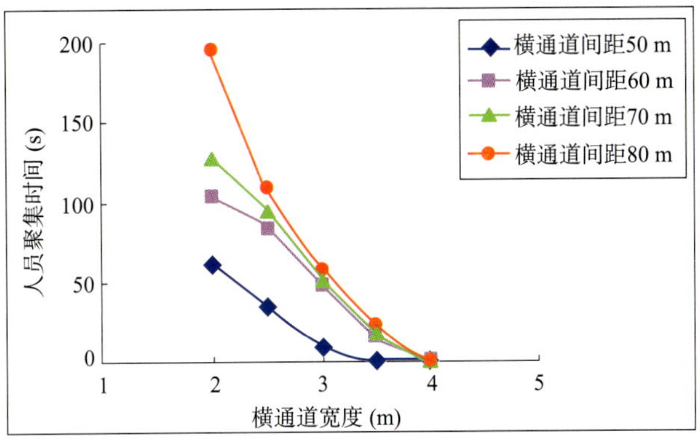

图 11.6.4 横通道宽度与人员聚集时间的关系

通过以上分析可见，随着横通道间距的增大，人员疏散时间和聚集时间均增大。当横通道间距为 60 m、70 m 和 80 m 时，人员疏散时间较小；通道宽度为 3 m 时，聚集时间短暂。当横通道间距为 50 m 时，人员疏散时间达到最小；通道宽度为 3.5 m 时，聚集时间短暂。

因此，当横通道间距为 50 m 时，横通道的宽度最小为 3 m；当横通道间距为 60 m、70 m 和 80 m 时，横通道的宽度最小为 3.5 m。

3）紧急救援站站台长度、高度和宽度

隧道内紧急救援站的站台长度应为旅客列车编组长度加一定余量，高速铁路一般可取 450 m。

紧急救援站的站台高度与隧道口救援站一致，为 0.3 m。

分别选取 2 m、2.5 m、3 m、3.5 m 和 4 m 五种站台宽度进行计算，不同紧急救援站站台宽度下人员疏散完毕的必需安全疏散时间和聚集时间见表 11.6.5。

表 11.6.5 不同紧急救援站站台宽度下人员疏散时间

工况	横通道间距(m)	横通道宽度(m)	站台宽度(m)	聚集时间(s)	疏散时间(s)
1	50	3	2	68	213
2	50	3	2.5	21	208
3	50	3	3	10	201
4	50	3	3.5	10	198
5	50	3	4	10	198
6	60	3.5	2	74	247
7	60	3.5	2.5	29	230
8	60	3.5	3	16	219

续上表

工 况	横通道间距(m)	横通道宽度(m)	站台宽度(m)	聚集时间(s)	疏散时间(s)
9	60	3.5	3.5	16	215
10	60	3.5	4	16	215
11	70	3.5	2	91	282
12	70	3.5	2.5	63	251
13	70	3.5	3	37	240
14	70	3.5	3.5	18	236
15	70	3.5	4	18	236
16	80	3.5	2	112	308
17	80	3.5	2.5	84	285
18	80	3.5	3	54	273
19	80	3.5	3.5	23	265
20	80	3.5	4	23	265

紧急救援站站台上人员聚集情况见表 11.6.6。

表 11.6.6 不同横通道间距和宽度组合下人员聚集情况

站台宽度(m) \ 间距/宽度(m)	50/3	60/3.5	70/3.5	80/3.5
2	一般	一般	一般	一般
2.5	短暂	短暂	一般	一般
3	短暂	短暂	短暂	一般
3.5	短暂	短暂	短暂	短暂
4	短暂	短暂	短暂	短暂

紧急救援站站台宽度与人员必需安全疏散时间的关系如图 11.6.5 所示。紧急救援站站台宽度与人员聚集时间的关系如图 11.6.6 所示。

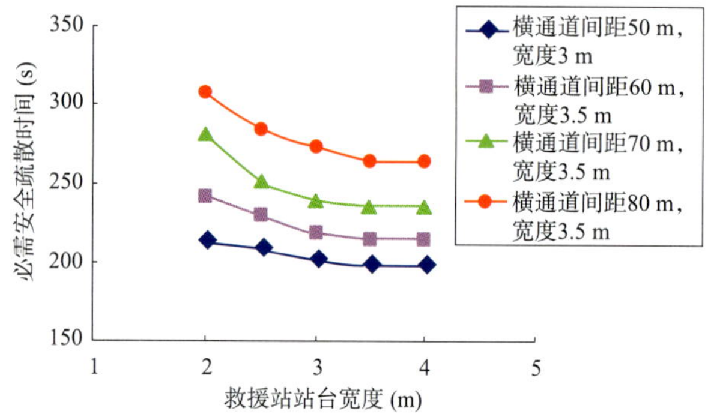

图 11.6.5 站台宽度与必需安全疏散时间的关系

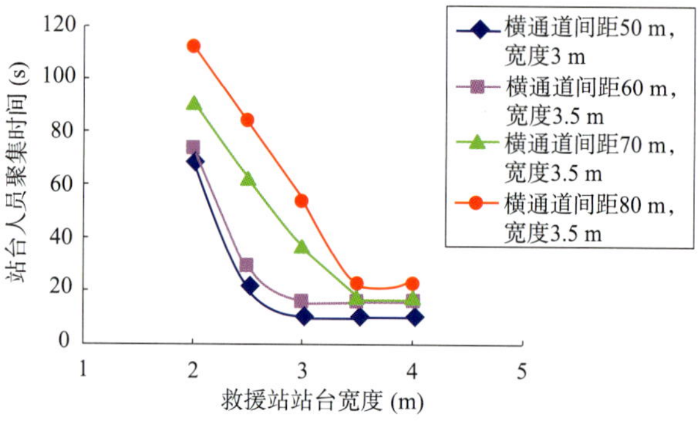

图 11.6.6 站台宽度与人员聚集时间的关系

由以上分析可见，当横通道间距大于 60 m 时，紧急救援站站台的宽度要达到 2.3～3 m 才能满足人员疏散过程中不出现长时间的聚集情况。

因此，综合考虑人员疏散距离、密度和经济因素，单体隧道的紧急救援站横通道间距应不大于 60 m，横通道宽度应不小于 3.5 m，紧急救援站站台的宽度为 2.3 m。

3. 铁路隧道紧急出口、避难所结构设计参数

隧道紧急出口及避难所只要求满足非火灾事故列车人员疏散要求，故其对人员疏散时间没有要求。

紧急出口及避难所结构参数只要求满足人员能够顺序通过到达洞外，故防护门净宽定为两个人行通道宽度，即 0.75 m×2 = 1.5 m，净高与紧急救援站高度相同，取为 2 m。

考虑到特长山岭隧道地形起伏大，紧急出口条件恶化，当辅助施工坑道作为紧急出口使用，其条件又不满足设置紧急出口要求时，则在辅助坑道内设置避难所，部分体质较虚弱的疏散人员可在避难所等待救援，故避难所内应设置待避区，待避人均面积采用 0.5 m^2/人，同时应设置坐席区、简易卫生间等。

11.7 隧道通风设计

11.7.1 运营通风和防灾通风设计原则

（1）隧道运营通风方式应根据技术、经济条件，考虑维修、防灾救援等因素综合比选确定。通常，高速铁路隧道长度大于 20 km 时，应设置机械通风。隧道防灾通风应与运营通风统筹考虑。

（2）隧道内温度、湿度、粉尘及有害气体最高允许值应满足运营隧道空气卫生及温湿度环境标准要求。

（3）隧道通风应在天窗时间进行，正常运营通风的需风量应按以挤压为主的理论计算，并考虑列车通过隧道的活塞作用和自然风影响。

（4）隧道通风方案应综合考虑隧道洞口高差、自然风风向风速以及辅助坑道设置、洞口环境等条件。

（5）维护工况时，隧道内的最大风速不宜大于 8 m/s。

（6）隧道内风机设备及其安装设施应考虑列车风作用影响。

11.7.2 通风方案

高速铁路隧道通风一般采用全纵向射流通风或结合救援站排烟采用分段纵向式通风。

1. 纵向射流通风

当隧道中部附近不具备设置通风井条件时，采用全纵向射流通风方式。全纵向射流通风时间一般按天窗时间的 1/2 ~ 1/4 确定，以保证一定的维修养护作业时间。通风需风量按式(11.7.1)计算。

$$Q = K_i \cdot \left(1 - \frac{v_m}{v_T}\right) \cdot \frac{FL_T}{t_q} \tag{11.7.1}$$

式中 Q——隧道通风量(m^3/s)；

K_i——活塞风修正系数，可取 1；

v_m——活塞风速度(m/s)；

v_T——列车速度(m/s)；

F——隧道净空断面积(m^2)；

L_T——隧道长度(m)；

t_q——通风排烟时间(s)。

隧道内宜在洞口附近设置扩大断面段(简称风机段)，集中布置风机，如图 11.7.1 所示。风机段设置如下：

（1）风机段应尽量避开平面曲线段，风机段与风机段之间以及至隧道洞口距离一般不小于 150 m。

（2）风机应摆放在风机段两侧，一般采用 4 ~ 6 台一组(左右两侧每侧 2 ~ 3 台)，风机段断面大小应根据所布置的风机确定，并考虑维修养护空间的需要。

（3）风机外周距衬砌混凝土以及疏散通道的距离 d 不小于 0.5 m，与疏散通道之间应采用铁丝网分隔。

（4）风机段包括扩大段和两端渐变段，扩大段及渐变段长度根据风机大小设置，分别不小于 30 m 和 15 m。

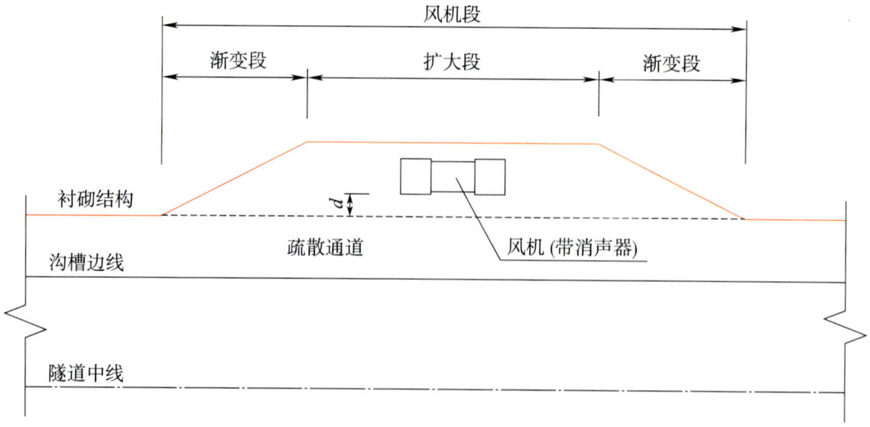

图 11.7.1　风机段布置

(5) 隧道通风方向应根据列车活塞风方向和当地自然风方向确定。当大气压差形成的洞内自然风速大于 3 m/s 且与活塞风方向不同时，宜按自然风方向通风，否则按活塞风方向通风。

2. 分段纵向式通风

当隧道中部附近具备设置通风井条件时，特长隧道宜采用分段纵向式通风方式。分段纵向式通风结合救援站在中部设置排风井进行排风，通风需风量按式(11.7.1)计算，并根据相关通风规范计算左右线活塞风。隧道通风时间一般按天窗时间的 1/2～1/4 确定，以保证一定的维修养护时间。

分段纵向式通风风机包括进出口射流风机和风井轴流风机。进出口射流风机布置与全纵向射流通风相同(参照图 11.7.1 布置)，风井一般设置在上坡段，轴流风机布置在风井出口处或井底风机房，风井风道与左右线的连接采用上跨设置横通道的方式。横通道一般设置在Ⅱ、Ⅲ级围岩地段，其与隧道之间的净距不小于 6 m，设置通风竖井连接，竖井井口设置电动可调式风阀。分段纵向式通风平面布置如图 11.7.2 所示，通风竖井风道剖面如图 11.7.3 所示。

轴流风机排风量根据总需风量和通风时间确定，并考虑一定漏风系数，轴流风机风压应考虑在风阀口形成一定负压。

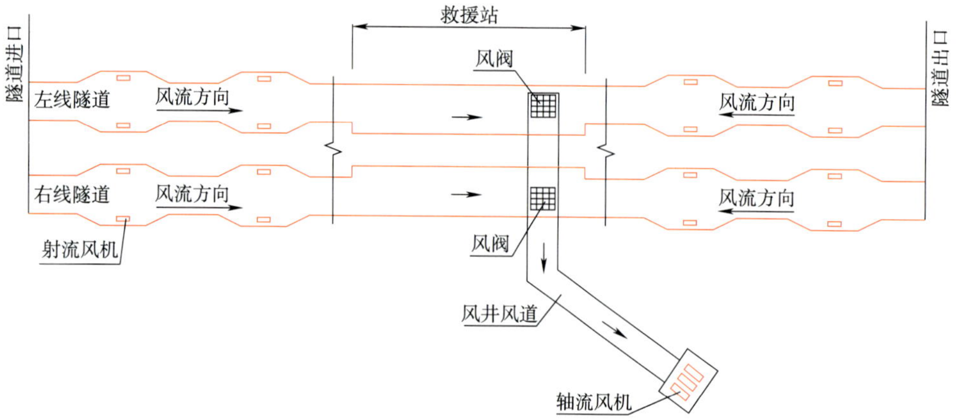

图 11.7.2　分段纵向式通风平面布置

11.7.3　防灾通风

紧急救援站疏散通道和横通道入口应采取防烟措施，包括通风排烟和入口防烟，并考虑疏散人员新风供给和增压排烟的需要。

隧道排烟方向应与疏散方向相反，或采用顶部排烟，以减缓烟雾下降时间或避免烟雾下降威胁逃生人员生命安全；隧道内新风风向应与人员疏散方向相反，即迎面送风，为疏散人员提供新风，并起到增

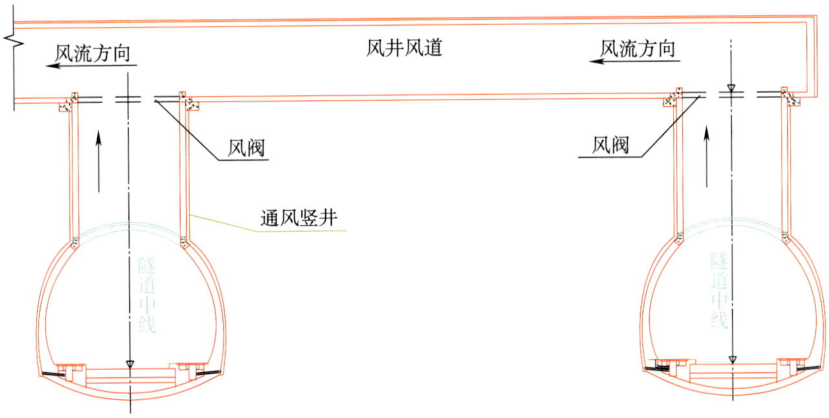

图 11.7.3　通风竖井风道剖面

压排烟和为疏散人员提示疏散方向的作用。

送风系统应在疏散通道入口形成正压以避免烟雾进入，避难所送风量应满足 10 m^3/(人·h) 的最小新风量要求。

暴露在火灾现场的风机及相关部件、设备应满足在 250℃ 烟气中正常工作不小于 1 h 的防火要求，排烟风机的排烟量应考虑 10% ~20% 的漏风率。

排烟井应充分利用辅助坑道，风机出口应设置在扩散效果良好的地带并考虑对周围环境的影响；射流风机应采用堆放式或壁龛式，风机应设置在建筑限界之外，距离疏散通道不小于 0.5 m，风机段应设置安全防护网，其安装支架应接地，并保证风机运转和列车风作用下的安全。

防灾通风设备、管道及配件应采用不燃材料，设备的布置不得占用隧道净空以及疏散通道，并考虑安装及方便维修、养护的需要。

参 考 文 献

[1] 西南交通大学，等. 长大及大规模隧道群的防灾救援技术研究总报告[R]. 2015.

[2] 中铁二院工程集团有限责任公司. 新建铁路成都至兰州线成都至川主寺段补充初步设计隧道防灾救援疏散工程设计说明书[R]. 2015.

[3] 中铁第一勘察设计院集团有限公司，等. 新建铁路成都至兰州线成都至川主寺段补充初步设计隧道防灾救援疏散工程设计技术咨询成果报告[R]. 2015.

[4] 王艳飞，张建文. 地铁列车火灾烟气流动及传热的数值模拟[J]. 消防科学与技术，2007，26(5)：485-488.

[5] 王迪军，罗燕萍，李梅玲. 地铁隧道火灾人员疏散与烟气控制[J]. 消防科学与技术，2004，23(4)：345-347.

[6] 陈俊敏，姚小林，阎刚，等. CRH1 型动车组一等座车厢火源热释放速率研究[J]. 中国安全生产科学技术，2014，10(1)：5-10.

[7] 中华人民共和国铁道部. 铁路隧道运营通风设计规范(TB 10068—2010)[S]. 北京：中国铁道出版社，2010.

12 工程接口设计

高速铁路站前工程相互之间、站前工程与站后工程之间的衔接和接口设计是高速铁路建设的重点之一。与普通铁路相比，高速铁路接口问题多，而且要求精度高，这些接口问题涉及站前与站后不同施工单位之间、不同专业之间、各种技术之间、铁路行业与其他行业之间等的相互关系处理，接口工作覆盖了设计、施工、安装、调试、试运行等各阶段。接口设计既要充分考虑站后工程对接口的技术要求和各种结构物本身的技术要求，也要考虑工程接口施工可能对结构物本身施工质量的影响，做到两者都能均衡照顾，彼此协调。本章对接口设计的主要内容、隧道与相邻工程接口、隧道与机电设施接口、隧道与轨道结构接口设计等进行简单介绍。

12.1 接口设计的主要内容

与隧道有工程接口设计关系的站前专业有桥梁、路基、轨道，站后专业主要有通信、信号、电力、接触网、环境工程等，包括隧道综合接地及防闪络、隧道内过轨、接触网预埋槽道、隧道内电缆槽、设备洞室等。接口工程与主体工程应同时设计，并和土建工程一并建成。

1. 电 缆 槽

信号、通信、电力电缆槽在线路两侧均设，且贯通全线设置。电力电缆槽布置在最外侧，信号电缆槽设于最靠近线路侧，一般情况下，信号与通信电缆合槽设置，槽底预埋倒 U 形钢筋分隔各自所需宽度。

电缆槽（含过轨管、槽）及结合部要求平顺，设计的弯曲半径应符合相关专业要求。电缆槽（含过轨管、槽）应考虑排水措施。

2. 电缆过轨

信号、通信、电力电缆及 PW 线、供电线等有横向过轨需求，需要设横向过轨通道，隧道内一般通过敷设管道实现。

3. 综合接地

综合接地贯通地线在线路两侧均设，隧道内一般与电缆槽合用。

4. 接触网悬挂基础

隧道内洞顶预埋接触网滑道，与隧道二次衬砌整体浇筑。

5. 设备洞室

根据站后相关专业设备布设要求，在隧道内指定地点设置综合洞室或专用洞室，洞室与隧道主体工程一并完成。

12.2 隧道与相邻结构物接口设计

12.2.1 洞口边仰坡防护

隧道洞口边仰坡防护应与路基边坡防护、洞口周边环境相协调，以便洞口防护形式的统一和利于洞口景观，如图 12.2.1 所示。

图 12.2.1 洞口边仰坡防护与路基协调设计

12.2.2 隧桥、隧路的过渡段

隧桥、隧路相邻处应设置过渡段(图 12.2.2)，包括结构物的过渡和沟槽的过渡。隧道洞内排水沟与路基排水沟应顺畅衔接，保证隧道内地下水能顺利排出；隧道内的电缆槽向路基、桥梁范围的电缆槽过渡时其转弯半径应满足电缆铺设要求。

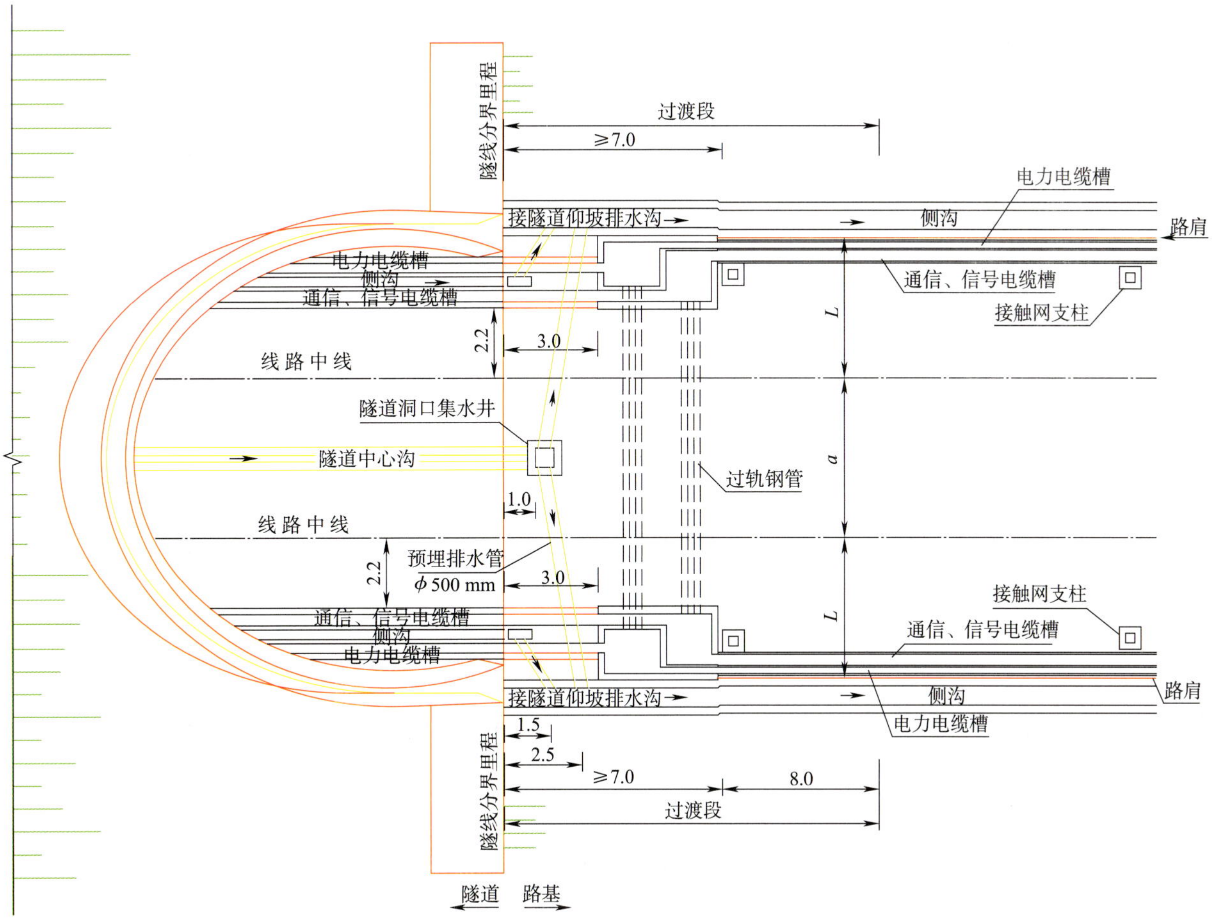

图 12.2.2 隧路过渡段设计(单位：m)

注：a 为线间距，L 为线路半宽(含加宽值)。

桥梁与隧道相连时，隧道内的疏散通道与桥梁人行道应平顺连接，如图 12.2.3 所示。

图 12.2.3　桥隧相连地段人行道平顺过渡

12.3　隧道与四电工程接口设计

12.3.1　隧道内综合接地

隧道衬砌结构应考虑接触网下锚、综合接地等专业的安装要求。设备安装不应对隧道结构安全和防水效果产生不良影响。

隧道施工时应完成隧道内接地装置的设置，主要包括初期支护接地锚杆和接地钢筋、二次衬砌内接地钢筋、底板接地钢筋等之间及与贯通地线间的可靠连接；同时还应完成隧道洞室内接地端子、隧道内接地端子的预埋，与电缆槽外缘纵向接地钢筋的连接以及接触网槽道基础的接地连接。

1. 总体技术要求

(1) 综合接地系统由贯通地线、接地装置(或接地极)、引接线、接地端子及接触网闪络保护接地装置等构成。

(2) 沿铁路上、下行线各敷设一根贯通地线，贯通地线采用截面为 35 mm^2 的耐腐蚀并符合环保要求的接地铜缆。

(3) 综合接地系统的贯通地线的任意点处的接地电阻应不大于 1 Ω。

(4) 接地端子的设置应便于设备、设施就近接入综合接地系统和工程实施。在工程允许的情况下，接地端子应根据设备、设施的接地需要来确定设置里程，以达到最佳接地性能并方便工程实施和管理。

(5) 结构内兼有接地功能(含连接)的结构钢筋和专用接地钢筋应满足：接触网短路电流不大于 25 kA 时，钢筋截面不小于 120 mm^2(或直径不小于 14 mm)；接触网短路电流大于 25 kA 时，钢筋截面不小于 200 mm^2(或直径不小于 16 mm)。当结构钢筋的截面不满足要求时，可将相邻两根钢筋并接使用(不需要改变间距)或局部更换为满足直径要求的钢筋。

2. 隧道内综合接地技术要求

隧道内综合接地布置如图 12.3.1 所示。

(1) 隧道内贯通地线铺设在两侧的电力电缆槽内，并采取砂防护措施。

(2) 在两侧通信信号电缆槽的线路侧外缘各设一根纵向接地钢筋，每 100 m 断开一次，用于隧道内接地极、接触网断线保护接地及接地钢筋间的等电位连接。

(3) 二次衬砌内接地钢筋设置

对于二次衬砌中有结构钢筋的隧道，利用二次衬砌的内层纵、环向结构钢筋作为接触网断线保护接地钢筋。接触网线垂直向上在拱顶的投影线两侧，以 0.5 m 为间隔，各选三根纵向结构钢筋作为接地钢

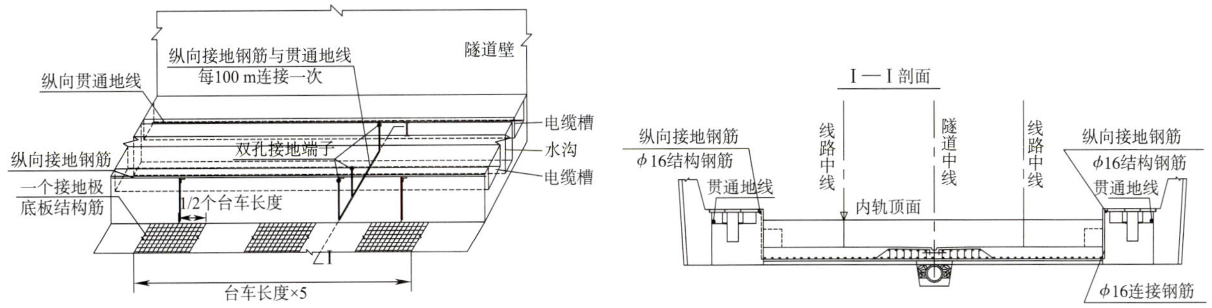

(a) 隧底板和拱墙综合接地

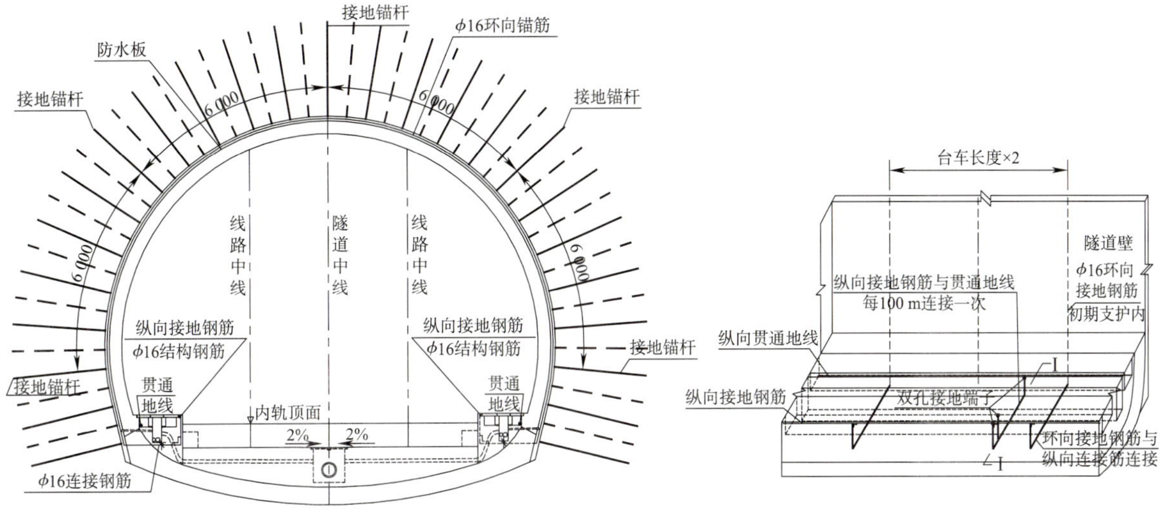

(b) 仰拱和拱墙综合接地

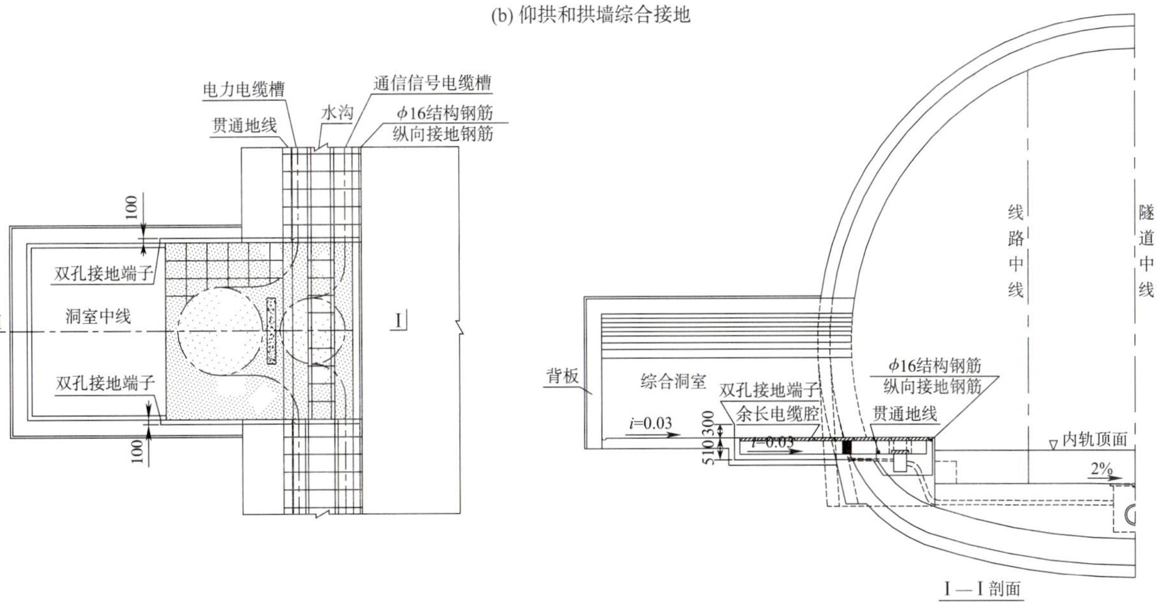

(c) 综合洞室综合接地

图 12.3.1　隧道内综合接地(单位：mm)

筋，上述投影线两侧各 1.5 m 外的其他位置，以 1 m 为间隔，选择纵向结构钢筋作为接地钢筋。在每循环衬砌模板台车位(作业段)中部选一根环向结构钢筋作为环向接地钢筋，环、纵向接地钢筋间可靠焊接，纵向接地钢筋在作业段间可不连接。每个作业段内的环向接地钢筋与两侧通信信号电缆槽靠线路侧外缘的纵向接地钢筋连接。

对于二次衬砌中无结构钢筋的隧道，除接触网吊柱基础接地外，不需要单独设置接地钢筋。

线路两侧的贯通地线通过隧道内环向接地钢筋实现横向连接。

（4） 隧道接地极设置

对于一般拱墙设防水板的隧道，应充分利用隧道的初期支护锚杆、钢架、钢筋网或底板钢筋设置接地极：Ⅰ、Ⅱ级围岩有底板钢筋的隧道和明洞地段，利用底板和明洞仰拱下层的结构钢筋作为接地极；Ⅲ级围岩隧道利用锚杆和专用环向接地钢筋作为接地极；Ⅳ、Ⅴ级及以上围岩隧道，利用锚杆、钢架（或钢筋网片）作为接地极。隧道底板接地极按照 1 m 间隔选用底板结构钢筋，即在底板底层形成一个 1 m×1 m 的单层钢筋网，中部十字交叉的两根钢筋上的网格节点要求施以 L 形焊接，其他节点绑扎；底板接地钢筋网按照一个台车位的长度考虑，间隔一个台车位设置一处。锚杆接地极以约一个台车长度为间隔设置，用作接地极的锚杆环向间距要求为 2 倍锚杆长度；接地锚杆与钢筋网片、钢架或专用环向接地钢筋可靠焊接。

（5） 接地钢筋间的连接

隧道内的锚杆接地极、底板接地极和二次衬砌内的接地钢筋等接地装置均应通过连接钢筋与两侧电缆槽靠线路侧外缘的纵向接地钢筋连接。

（6） 接地端子设置

隧道内每间隔 50 m 在两侧通信信号电缆槽靠线路侧外缘内各预埋 1 个接地端子；每间隔 100 m 在两侧电力电缆槽内预埋 1 个接地端子，并与贯通地线相连接。在每个专用洞室、变压器洞室两侧壁下部设置接地端子，供洞室内设备、设施接地。所有接地端子均通过连接钢筋与电缆槽外缘的纵向接地钢筋连接。当接触网槽道基础采用预埋方式时，需将基础与二次衬砌内的环向或纵向钢筋焊接；当采用后植入安装方式时，需在安装位置预埋接地端子，并与二次衬砌内环向或纵向钢筋焊接。

3. 工艺要求

（1） 接地端子应直接灌注在电缆槽内，接地端子采用不锈钢制造，不锈钢的成分应满足：Cr≥16%、Ni≥5%、Mo≥2%、C≤0.08%，如 GBOOCr17Ni14Mo2。接地端子的端子孔规格为 M16，并应配置防异物堵塞的端子孔塞，方便开启。

（2） 贯通地线的接续、横向连接和 T 形分支引接采用铜质 C 形压接件进行连接；电缆槽内贯通地线与接地端子间的连接采用 L 形连接器连接。C 形压接压力不小于 120 kN，并且 C 形压接处应采取防腐措施。贯通地线要求尽可能直，禁止形成环状；隧道与洞外结构物间的过渡地段贯通地线应平顺连接。

（3） 接地钢筋的焊接要求：双边焊接时长度不小于 55 mm，单边焊接时长度不小于 100 mm，焊缝厚度不小于 4 mm。钢筋间十字交叉时采用直径 14 mm（$I_K \leq 25$ kA）或 16 mm（$I_K > 25$ kA）的 L 形钢筋焊接。

（4） 对施工中外露的接地钢筋进行防腐处理，采用外裹素混凝土的方式。

12.3.2 管线过轨

隧道内过轨管应采用预埋方式，管径不宜大于 100 mm，并应埋入隧道底部混凝土内足够深度以下，避免受力变形或损坏。过轨管根数、材质及转弯半径应满足相关专业要求，过轨管一般采用高密度聚乙烯（HDPE）双壁波纹管或钢管。强弱电过轨管之间的距离应不小于 40 cm。

1. 洞口部位过轨管

每个洞口处（在隧道内距离洞口2 m 处）布置信号、通信、电力电缆过轨管各 2 根，并预留维修、盘存手孔；每个专用洞室处布置信号、通信、电力电缆过轨管各 2 根；每个变压器洞室处布置电力过轨管线 6 根。

2. 洞内过轨管

1） 平面布置

每个洞室电缆过轨管从一侧电缆槽与线路平面成 45°夹角布设，按八字形排列下穿中心水沟，两边各并行埋置若干根过轨管线，管线间距 60 cm，下穿电缆过轨管同仰拱内缘线净距为 17 cm，其弯曲半径不小于 100 cm，无仰拱地段采用与有仰拱段同曲率办理。

2）侧面布置

Ⅲ～Ⅴ级围岩衬砌段洞室电缆过轨管在中心水沟底下以同仰拱的曲率弯曲通过，电缆过轨管的位置在仰拱填充内；Ⅱ级围岩衬砌段管线在中心水沟底下以同仰拱段的曲率弯曲通过，管线埋在底板以下的岩石中，需要开槽埋管，并用 C20 混凝土回填。洞室处电缆过轨如图 12.3.2 所示。

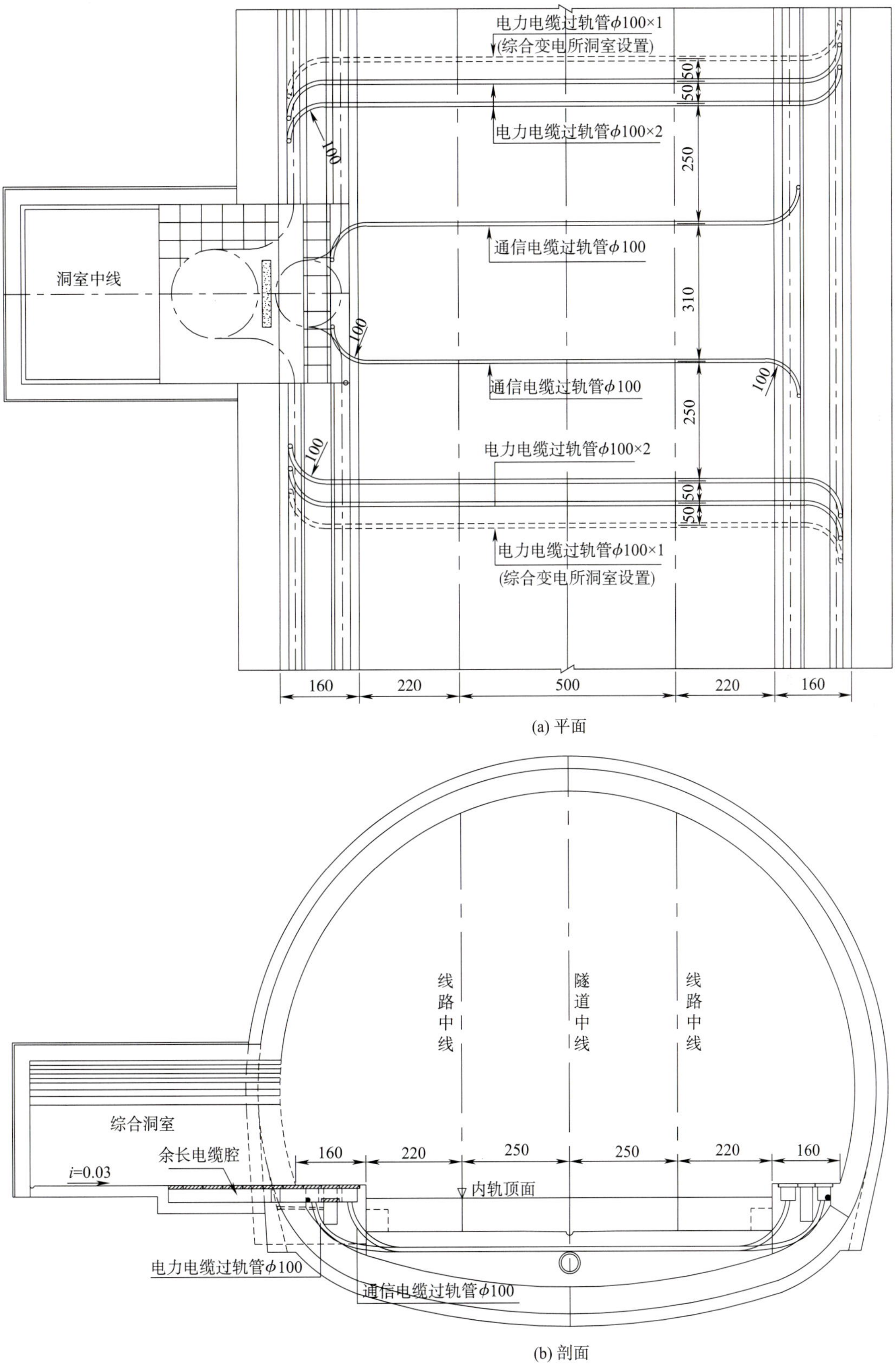

图 12.3.2　洞室处电缆过轨布置(单位：cm)

12.3.3 接触网下锚与滑道

当隧道长度大于2 000 m时，可根据接触网设计要求在洞内设置下锚区段。时速250 km隧道内下锚段衬砌为满足安设张力补偿器的要求一般需要加宽、加高，时速300～350 km隧道内下锚段衬砌不需要加宽加高。下锚区段宜布置在地质条件较好的地段。

接触网滑道有1.5 m、2.0 m和2.5 m三种长度规格，根据接触网专业提供的滑道规格和设置里程进行预埋，并根据隧道结构设计情况确定是否需采取二次衬砌加强措施。

Ⅱ、Ⅲ级围岩隧道二次衬砌一般采用素混凝土，这些地段对接触网下锚段及预埋槽道位置在二次衬砌内采取三肢钢架和单层钢筋网进行加强处理(图12.3.3)。Ⅳ、Ⅴ级围岩隧道及明洞中二次衬砌为钢筋混凝土结构，不进行另外的加强。

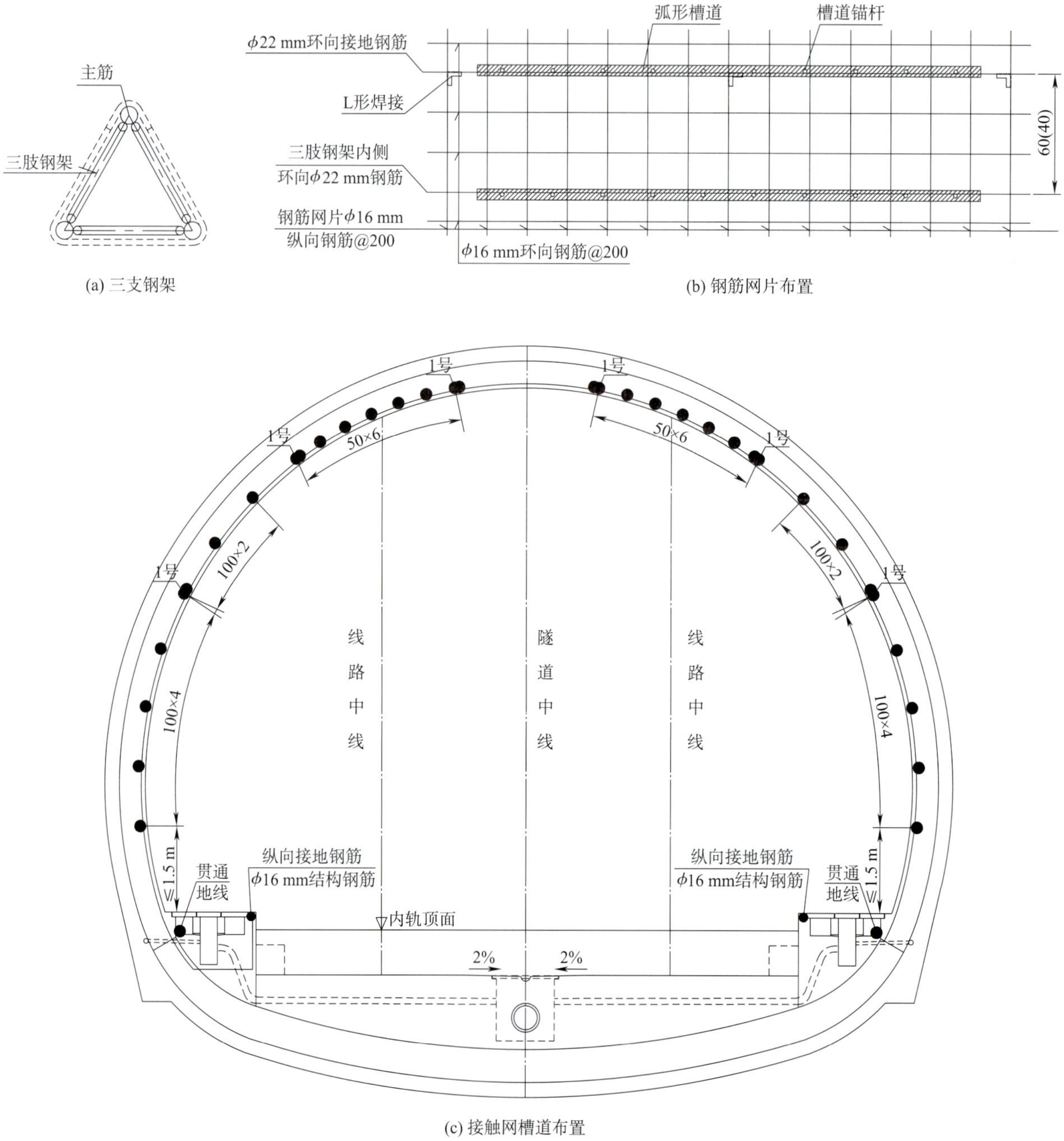

图 12.3.3

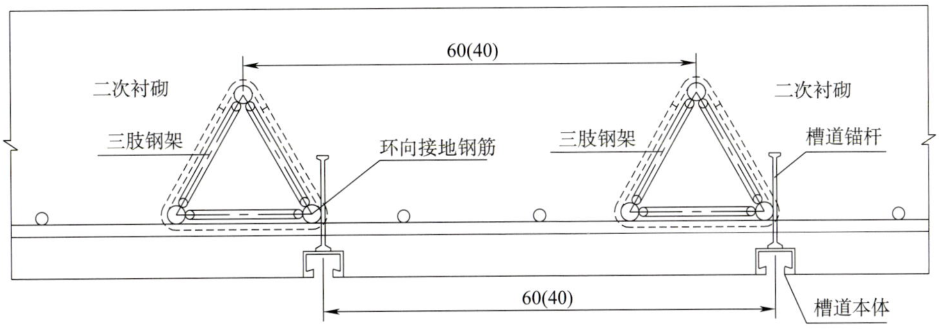

(d) 槽道预埋

图 12.3.3　接触网滑道段衬砌加强(单位：cm)

12.4　隧道与无砟轨道接口设计

高速铁路隧道内的无砟轨道类型主要有双块式无砟轨道和板式无砟轨道两种。无砟轨道底座应设置在牢固的基础之上，隧道底板、仰拱填充应与无砟轨道底座结合设置。隧道施工完成后应对隧道结构的沉降与变形进行观测，并对隧道底部结构进行检测；无砟轨道铺设前应对隧道底部结构进行全面的综合评估，评估合格后方可铺设无砟轨道。

12.4.1　双块式无砟轨道

双块式无砟轨道结构高度一般为 515 mm，直接利用隧道的仰拱填充混凝土或底板作为其底座(图 12.4.1)。

对于有仰拱地段，隧道仰拱填充应分二层施作，最上面的 30 cm 作为无砟轨道的底座，在轨道施工前浇筑。混凝土浇筑前应按结构施工缝的要求，将已浇筑的仰拱填充面清洗干净，不得留有虚渣，且道床板宽度范围内的仰拱填充面应进行拉毛处理，确保底座与仰拱填充混凝土可靠粘合。

对于底板地段，隧道底板的施工要求同有仰拱地段的底座，底板浇筑前应先清理干净底部的虚渣和积水，然后采用混凝土找平后，再绑扎底板钢筋。

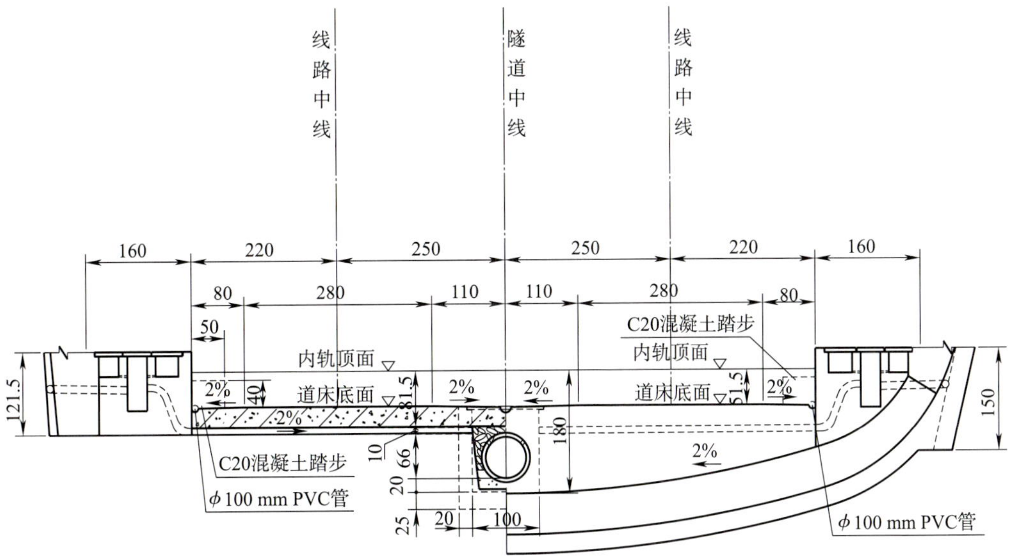

图 12.4.1　双块式无砟轨道隧底结构(单位：cm)

12.4.2 板式无砟轨道

不同类型的板式无砟轨道有不同的结构高度。有仰拱地段，仰拱填充浇筑面至轨面的高度应满足轨道结构高度要求，无砟轨道的底座在铺设轨道板时浇筑。底座浇筑前，仰拱填充面的清洗、拉毛等要求同双块式无砟轨道。无仰拱地段，隧道底板直接作为无砟轨道的底座，在铺设轨道板时浇筑。Ⅱ型板式无砟轨道隧底结构如图 12.4.2 所示。

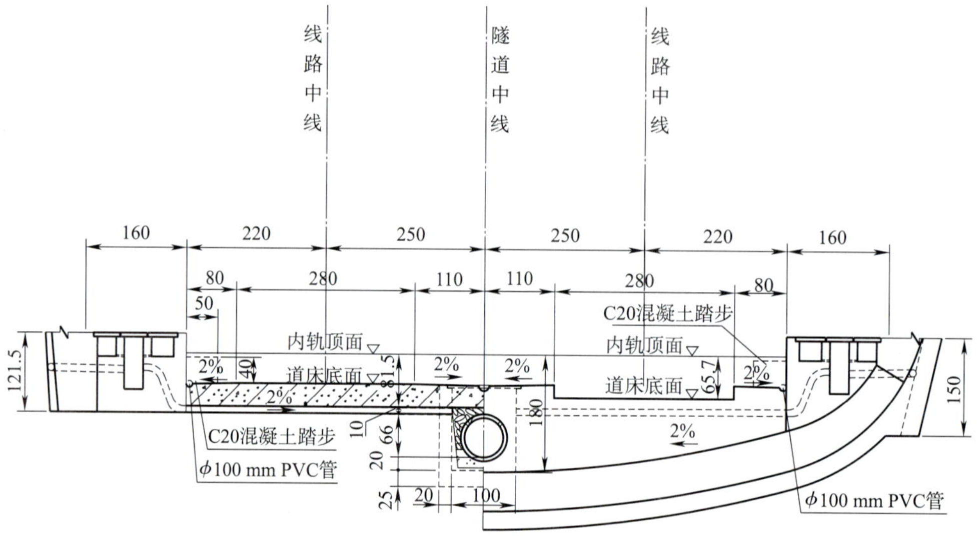

图 12.4.2 Ⅱ型板式无砟轨道隧底结构(单位：cm)

参 考 文 献

[1] 国家铁路局. 高速铁路设计规范(TB 10621—2014)[S]. 北京：中国铁道出版社，2014.
[2] 铁道部工程设计鉴定中心. 高速铁路隧道[M]. 北京：中国铁道出版社，2006.
[3] 铁道部经济规划研究院. 时速 350 公里客运专线铁路双线隧道复合式衬砌(通隧〔2008〕0301)[S]. 2008.
[4] 铁道部经济规划研究院. 铁路综合接地系统(通号〔2009〕930)[S]. 2009.

第三篇　施工技术

13 主要施工方法

中国高速铁路隧道采用的施工方法主要有明挖法、矿山法、全断面岩石掘进机法、盾构法等。通常明洞施工采用明挖法施工，一般山岭隧道采用矿山法施工，地质条件较好、辅助坑道条件困难的长大山岭隧道采用全断面岩石掘进机法施工，浅埋城市隧道和水下隧道采用盾构法施工。因中国99%的铁路隧道是采用矿山法修筑的，因此本章将以矿山法为重点说明我国采用的主要施工方法的特点和经验。

13.1 矿山法

13.1.1 概　述

中国矿山法施工隧道按照一次开挖断面的大小，通常分为全断面法、台阶法和分部开挖法。按照爆破震动大小，通常分为一般钻爆法、微震爆破开挖法和非爆破开挖法。台阶法包括两台阶开挖法、三台阶七步开挖法、台阶临时仰拱开挖法，分部开挖法包括中隔壁法（CD法）、交叉中隔壁法（CRD法）、双侧壁导坑法等。

矿山法主要施工原则如下：

（1）隧道进出洞施工坚持“早进晚出”的原则，洞口排水及防护工程及早完善，保证洞口安全。

（2）隧道开挖前进行超前地质预报，以便采取合理有效的开挖方法和支护措施。进洞前应对洞顶地表进行踏勘、测量，了解浅埋、偏压等不利地形，制定合理的技术方案及应对措施。洞内、洞外进行“双预控”。

（3）软弱破碎岩层或土质隧道，须进行超前支护，洞口段一般采用大管棚超前支护，洞身地段一般采用超前小导管支护，洞身特殊地段也可采用大管棚超前支护。

（4）岩石隧道采用控制爆破技术，采取弱爆破，减少对围岩的扰动；土质隧道采用挖掘机开挖，人工配合修整围岩面。

（5）软弱围岩开挖，应尽量缩短台阶长度，确保初期支护尽快闭合成环，仰拱及时跟进，尽早形成稳定的支护体系。

（6）在隧道施工过程中，及时进行监控量测，及时反馈量测信息，为采取有效的支护措施、制定合理的施工方案提供依据。

13.1.2 全断面开挖法

全断面开挖是将隧道掌子面一次开挖成形的施工方法，工艺循环进尺须根据隧道断面、围岩地质条件、机械设备能力、爆破振动限制、循环作业时间等情况合理确定。

1. 适用条件

全断面开挖施工适用于Ⅰ、Ⅱ级围岩双线隧道，Ⅲ级围岩单线隧道。Ⅲ级围岩双线隧道如果岩体相对完整，亦可采用全断面法。

2. 施工要点

采用凿岩台车钻孔，装药、起爆，挖掘机、装载机、挖装机配合自卸汽车出渣。

爆破采用光面爆破技术，钻孔时须按钻爆设计要求严格控制钻孔的间距、深度和角度。掏槽眼的眼口间距和深度允许偏差为5 cm；周边眼的间距允许偏差为5 cm，外插角必须符合钻爆设计要求，孔底不得超出开挖轮廓线 15 cm。全断面开挖断面如图 13.1.1 所示。

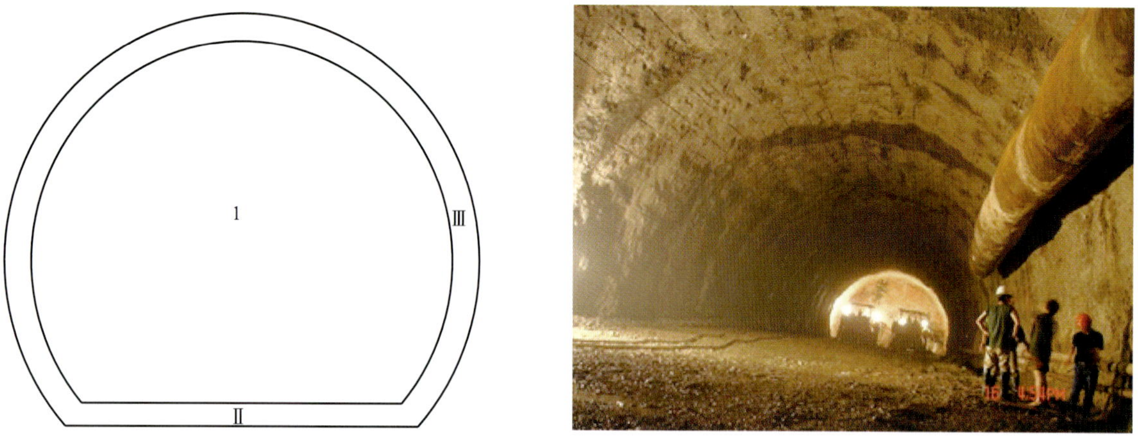

图 13.1.1　全断面开挖断面

3. 含仰拱全断面开挖施工方法

含仰拱的全断面开挖与目前不带仰拱的全断面开挖主要区别在于：钻爆开挖时将隧道仰拱同时测量放线、同时装药起爆、同时装运出渣，并将仰拱初期支护与拱墙初期支护一并施作；仰拱初期支护施工完成后，暂未施工仰拱地段再用洞渣回填(掌子面附近需留凿岩台车推进梁钻眼位置)，后期仰拱施工时将虚渣转运走再施工仰拱及填充。

全断面(含仰拱)法施工工序如图 13.1.2 所示。

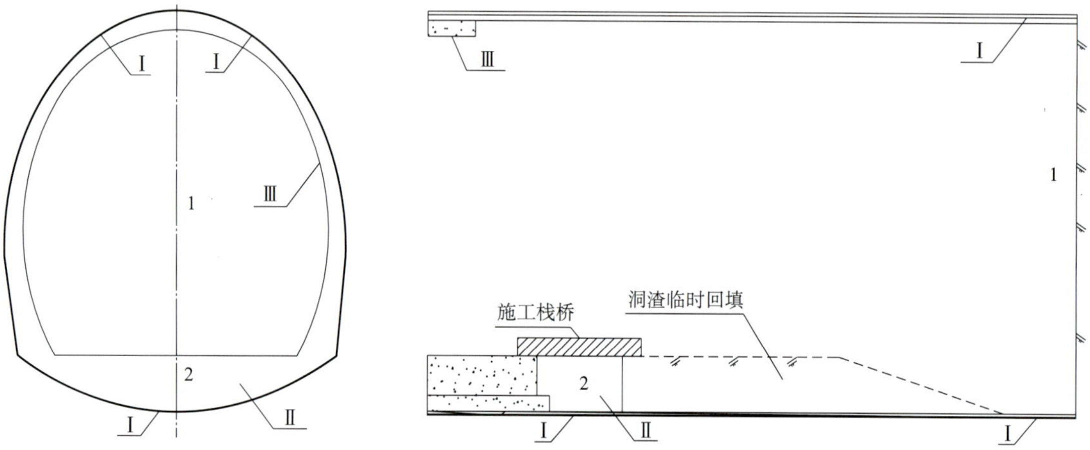

图 13.1.2　全断面(含仰拱)法施工工序

1—开挖；Ⅰ—初期支护；2—仰拱虚渣开挖清理；Ⅱ—仰拱填充混凝土；Ⅲ—拱墙混凝土

全断面(含仰拱)法开挖应符合以下要求：

(1) 施工时应配备钻孔台车或台架机械设备，以尽量缩短循环时间，各道工序应尽可能平行交叉作业，提高施工进度。

(2) 长及特长隧道应采用大型施工机械，各种施工机械设备应合理配套，充分发挥机械设备的综合效率。

(3) 初期支护必须严格按照设计及时施作，初期支护仰拱应快挖、快支、快速封闭，爆破开挖仰拱初期支护应于 12 h 内完成开挖、架设拱架、喷射混凝土封闭作业。

(4) 全断面开挖时，应控制一次同时起爆的炸药量，减少爆破振动对围岩的影响。

(5) 全断面法开挖需在围岩满足前文所述工程适用条件的情况下采用，否则需采取有效措施稳定开挖工作面后采用，或选用其他开挖方法。

13.1.3 台 阶 法

1. 两台阶开挖法

两台阶法开挖是先开挖上半断面，待开挖至一定长度后再开挖下半断面，上、下半断面同时并进的施工工艺。

1）适用条件

两台阶法开挖适用于Ⅲ级和Ⅳ级围岩隧道的施工，台阶长度必须根据隧道断面跨度、围岩地质条件、初期支护形成闭合断面的时间要求、上部施工所需空间大小等因素确定，台阶长度应缩短，宜为5 m左右。

2）施工要点

（1）根据围岩条件合理确定台阶长度，台阶长度一般不宜超过1倍开挖洞径，台阶高度根据地质情况、隧道断面大小和施工机械设备情况确定。

（2）上台阶施作钢拱架时，采用扩大拱脚和锁脚锚杆（管）等措施，控制围岩和初期支护变形，必要时施作临时仰拱。

（3）下台阶在上台阶喷射混凝土达到设计强度70%以上时开挖。初期支护要紧跟下台阶及时封闭。

（4）施工中应解决好上下台阶的施工干扰问题，下部施工应减少对上部围岩、支护的扰动。

（5）下台阶施工时要保证初支钢架整体顺接平直，螺栓连接牢固。

两台阶法开挖断面如图13.1.3所示。

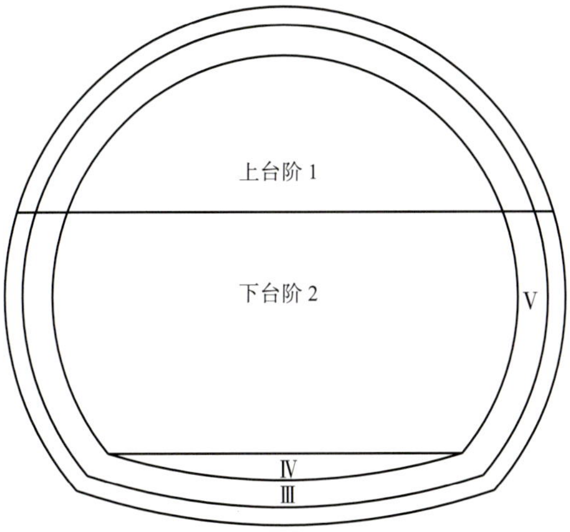

图13.1.3　两台阶法开挖断面

2. 三台阶七步开挖法

三台阶七步开挖法是以弧形导坑开挖留核心土为基本模式，分上、中、下三个台阶七个开挖面，各部位的开挖与支护沿隧道纵向错开、平行推进的隧道施工方法。

1）适用条件

三台阶七步开挖法适用于浅埋大断面Ⅳ级围岩和具备一定自稳条件的Ⅴ级围岩地段隧道的施工。采用三台阶七步开挖法应尽量缩短台阶长度，台阶长度一般为3～5 m，确保初期支护尽快闭合成环，仰拱和拱墙衬砌及时跟进，尽早形成稳定的支护体系。

2）施工要点

（1）紧凑施工工序，尽量减少围岩暴露时间。初期支护及时封闭成环，全断面初期支护闭合时间控制在15 d左右，距掌子面的距离控制在30 m以内。

（2）在满足作业空间和台阶稳定的前提下，尽量缩短台阶长度，核心土长度控制在3～5 m，宽度宜为隧道开挖宽度的1/3～1/2。

（3）隧道周边部位预留 30 cm 人工开挖，其余部位宜采用机械开挖，局部需要爆破时采用弱爆破，不得超挖。

（4）中下台阶左右侧开挖应错开，错开距离宜为 3 ~ 5 m，严禁对开施工。

（5）施工中可采用增加锁脚锚杆（管）、大拱脚、槽钢垫板等措施增强拱（墙）承载力，控制围岩变形。三台阶七步开挖断面如图 13.1.4 所示。

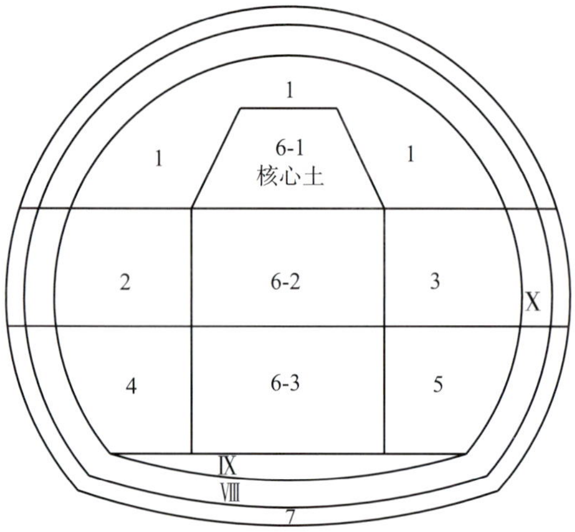

图 13.1.4　三台阶七步开挖断面

3. 台阶临时仰拱开挖法

台阶临时仰拱开挖法是开挖时在上台阶增设临时仰拱支撑（必要时中台阶同时增设临时仰拱），有效控制围岩收敛变形的开挖方法，待全断面初期支护完成后，拆除临时仰拱。

1）适用条件

台阶临时仰拱开挖法适用于Ⅴ级围岩浅埋、偏压段及洞口段的施工。

2）施工要点

采用挖掘机配合人工开挖，挖掘机、装载机配合自卸汽车出渣；需爆破时，采用弱爆破，严格按钻爆设计参数及要求施作。

拆除临时仰拱时尽量避免对已完初期支护的二次扰动。尽量缩短台阶长度，台阶长度不大于 5 m；台阶高度以 3 ~ 4 m 为宜；中下台阶左右侧相错开挖，错开不少于 2 榀钢架。台阶临时仰拱开挖法断面如图 13.1.5 所示。

13.1.4　分部开挖法

1. 中隔壁法（CD 法）开挖

中隔壁法（CD 法），采用自上而下分 2 ~ 3 步开挖隧道的一侧，完成初期支护和中隔壁；再进行另一侧的开挖及支护，形成带有中隔壁支护的左右洞室；最后拆除中隔壁，施作仰拱及拱墙衬砌。

1）适用条件

中隔壁法（CD 法）适用于Ⅴ级围岩浅埋、偏压及洞口段的施工。

2）施工要点

（1）左右部的台阶开挖高度根据地质情况及隧道断面大小而定。

（2）左、右两侧洞体施工纵向拉开间距不大于 15 m。

（3）台阶开挖长度 3 ~ 5 m，及时施作初期支护和中隔壁临时支护。各工作面每循环进尺为 1 榀拱架的距离。

（4）根据监控量测信息，初期支护稳定后拆除中隔壁临时支护，拆除长度应根据量测结果确定，但一次拆除长度不宜超过 15 m，并加强监控量测。

（5）临时支护拆除后及时施作隧道仰拱和二次衬砌。

中隔壁法（CD 法）开挖断面如图 13.1.6 所示。

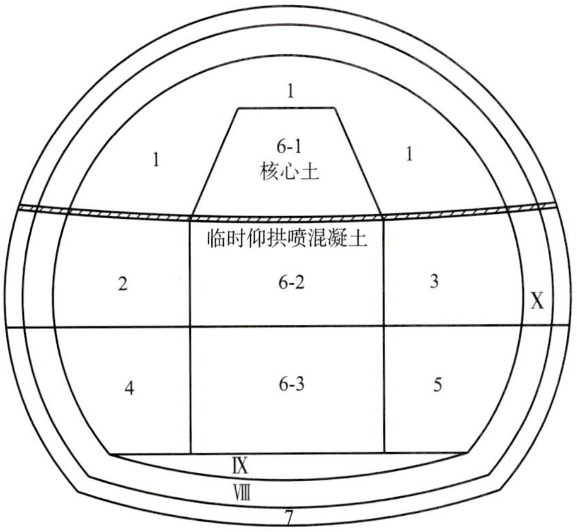

图 13.1.5 台阶临时仰拱开挖法断面

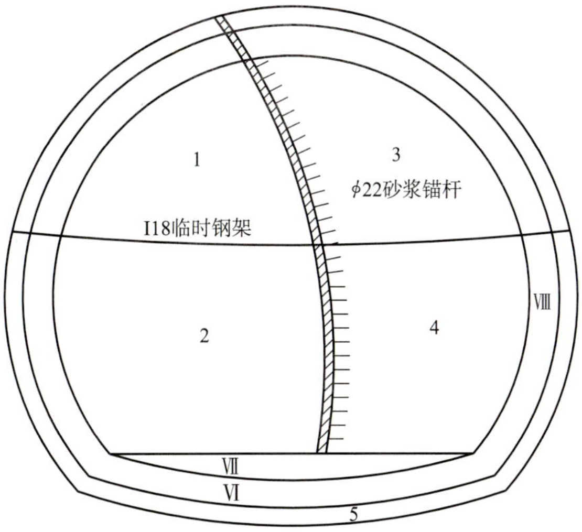

图 13.1.6 中隔壁法（CD 法）开挖断面

2. 交叉中隔壁法（CRD 法）开挖

交叉中隔壁法（CRD 法），采用自上而下分 1～2 步开挖隧道的第一侧上中部，完成初期支护，施作中隔壁和横隔板；再进行第二侧的上中部开挖支护；最后依次开挖第一侧、第二侧的底部，完成初期支护和中隔壁、临时仰拱，形成带有中隔壁和 1～2 层水平支撑的网格状支护系统；最后拆除支护，施作仰拱、拱墙衬砌。CRD 法的每部开挖均形成钢支撑和喷射混凝土结构的环形封闭支护体系。

1）适用条件

交叉中隔壁法（CRD 法）适用于Ⅴ～Ⅵ级围岩浅埋偏压、洞口段及不良地质地段的施工。

2）施工要点

（1）隧道按左右部和上下部分块实施开挖，每块小断面开挖高度根据地质条件和施工设备而定，各工作面每循环进尺为 1 榀拱架的距离。

（2）每块小断面开挖长度 3～5 m，及时设置临时仰拱封闭、步步成环，尽量缩短成环时间。必要时进行掌子面临时支护。

（3）根据监控量测信息，初期支护稳定后拆除临时支护，拆除长度应根据量测结果确定，但一次拆除长度不宜超过 15 m，并加强监控量测。

（4）临时支护拆除后及时施作隧道仰拱和二次衬砌。

交叉中隔壁法（CRD 法）开挖断面如图 13.1.7 所示。

3. 双侧壁导坑法

双侧壁导坑法是先开挖隧道两侧的导坑，并进行初期支护，再分部开挖剩余部分的施工工艺。

1）适用条件

双侧壁导坑法适用于Ⅴ～Ⅵ级围岩浅埋偏压、洞口段及不良地质地段，并且对沉降要求较高的隧道施工。

2）施工要点

（1）侧壁导坑形状应近似椭圆形，导坑断面宽度一般为整个断面的 1/3。

（2）两侧侧壁导坑超前中部 10～20 m，可独立同步开挖支护，中部采用台阶法开挖，保持平行作业。

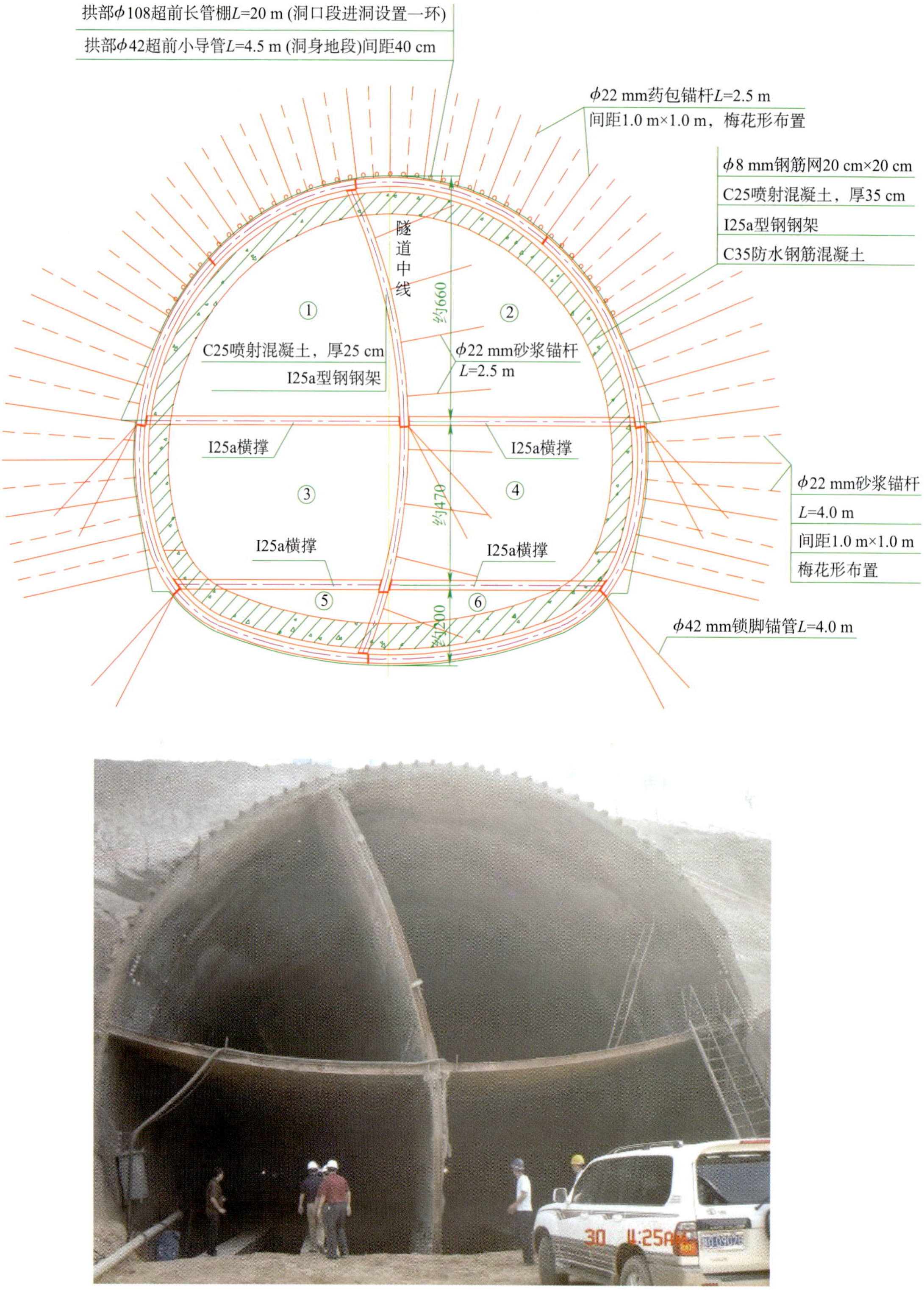

图 13.1.7　交叉中隔壁法(CRD 法)开挖断面(单位：cm)

（3）导坑开挖后应及时进行初期支护及临时支护，设置锁脚锚杆，并尽早封闭成环。

（4）为了稳定工作面，经常和超前预注浆等辅助施工措施配合使用。

（5）根据监控量测，初期支护稳定后，拆除或倒换临时支护，一次作业长度宜为 6 ~ 12 m，并加强监控量测。

双侧壁导坑法开挖断面如图 13.1.8 所示。

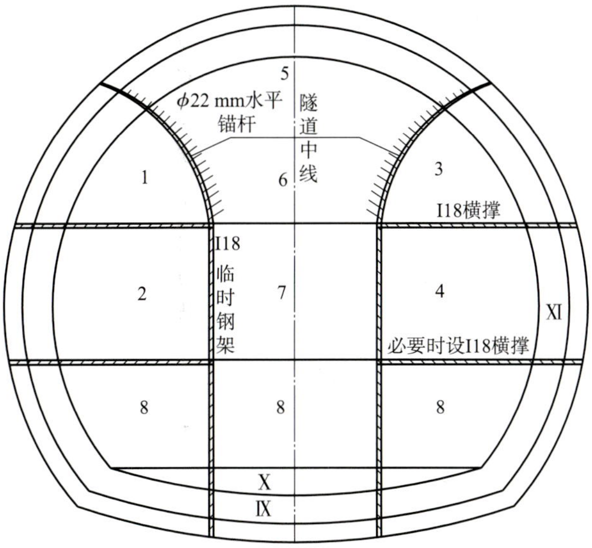

图 13.1.8 双侧壁导坑法开挖断面

13.2 微震控制爆破施工方法

采用钻爆法修建复杂环境下隧道时，确保围岩稳定性及近接建(构)筑物的安全性是钻爆法施工的关键问题，而微震爆破技术是其中的关键技术。采用非电雷管(导爆管雷管)起爆时，主要采用缩短爆破进尺和分部开挖来实现，严重影响了施工效率。如果利用应力波叠加原理进行干扰降振，因非电雷管延时误差较大，难以达到理想效果。近些年电子雷管的出现，使原来不能进行爆破施工或缩短爆破进尺、分步开挖的隧道工程，可以实现整个断面一次爆破，加快施工进度，电子雷管也因此被誉为“工程爆破的一场技术革命”。本节重点介绍电子雷管及其起爆系统、电子雷管减振机理、非电和电子雷管微震爆破技术。

13.2.1 电子雷管及起爆系统

电子雷管，又称数码雷管，是一种可以任意设定并准确实现延期发火时间的新型电雷管，延期精度可以达到 1 ms，同时具有很高的安全性。其本质是采用一个微电子芯片取代普通电雷管中的化学延期药与电点火元件，不仅显著地提高了延时精度，而且控制了通往引火头的电源，从而保证了雷管的安全。电子雷管从设计上完全颠覆了传统工业雷管的组成结构。电子雷管与起爆系统如图 13.2.1 所示，电子雷管结构与传统雷管的比较如图 13.2.2 所示。

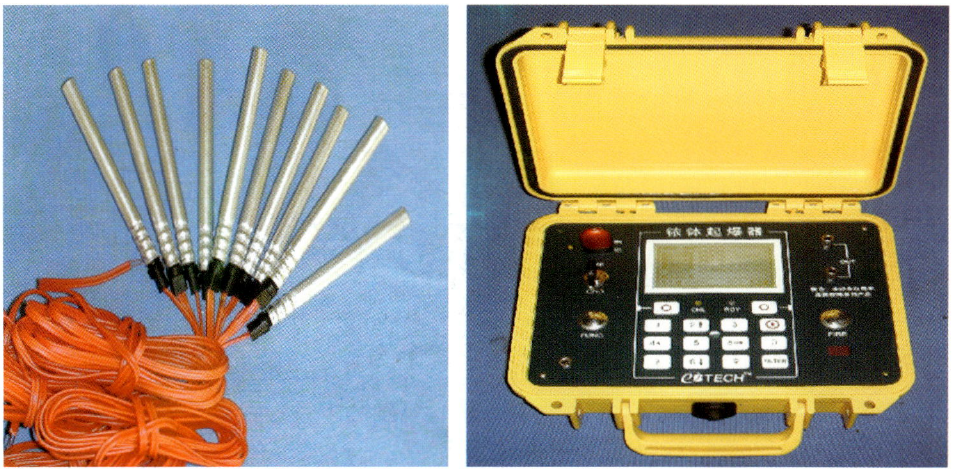

图 13.2.1 电子雷管与起爆系统

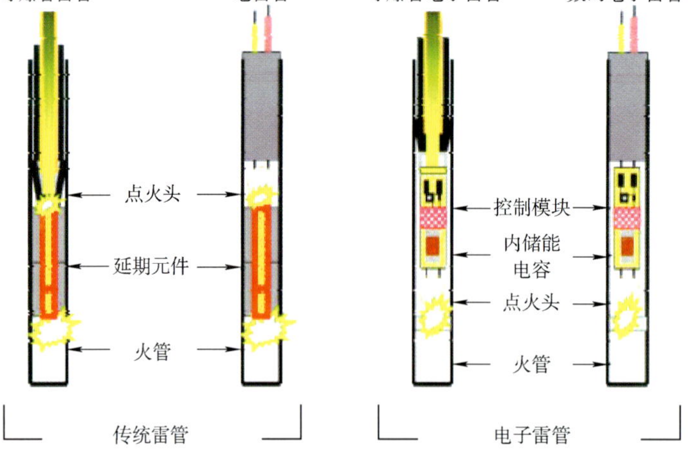

图 13.2.2 电子雷管与传统雷管结构

数码电子雷管的主要技术指标见表 13.2.1。每发电子雷管都有自己的 ID 码，具有电子安全保险功能。专用电子起爆装置起爆，不会被一般的交/直流电源、电池或传统起爆设备起爆，具有有效防止雷管被非法使用的可能性。

表 13.2.1 数码电子雷管主要技术指标

项 目 名 称	指 标
延期精度	0～100 ms，偏差小于 1 ms；101～16 000 ms，偏差小于 1%
延期范围	0～16 000 ms 范围内，最小时间间隔 1 ms
编程方式	在线可编程
检测方式	孔内在线全功能监测
起爆方式	双密码起爆：起爆器登录密码、起爆授权密码
通信方式	两线制双向无极性组网通信
抗外电性	抗直流 50 V、抗交流 220 V，抗静电 25 kV，抗射频及杂散电流
防水性能	30 m
高温耐油	-35 号柴油，80℃，72 h
使用温度	-40～+80℃

电子雷管一般分为三种类型：一种是电起爆可编程的电子雷管，延期时间在爆破现场按爆破工程师要求设定，并在现场对整个起爆系统起爆时序实施编程，如 I-Kon 电子雷管和隆芯 1 号电子雷管；第二种为电起爆非编程的电子雷管，在工厂预先设定固定延期时间，如 AEL 公司 EletroDet 电子雷管；第三种为非电起爆的非编程的电子雷管，可以用导爆管或低能导爆索等非电起爆器材引发电子延期体再起爆，固定延期时间在工厂预先设定，如瑞典 ExploDet 公司的电子雷管和美国 Ensign-Bickford 公司开发的 DIGIDETTM 电子起爆系统。

铱钵起爆系统如图 13.2.3 所示，是隆芯 1 号数码电子雷管的专用起爆系统，主要由隆芯 1 号数码电子雷管、铱钵表和铱钵控制器三部分组成。铱钵表和铱钵控制器配套使用，可实现对多发数码电子雷管上线注册、查询、在线检测、延期编程以及组网通信等功能。每台铱钵起爆器可带载 26 台铱钵表，每台铱钵表可带载 200 发电子雷管，从而组建高达 5 200 发的爆破网路。

这种电子雷管和电爆网路相比，在环境中有外电存在情况下，因为电子雷管有抗交直流、抗射频、抗静电、抗杂散电流性能，不存在早爆、误爆的危险；其次，由于电子雷管不受段位影响，在大规模爆破工程中，不存在重段现象，能实现微差逐孔起爆从而有效降低单响起爆药量，且网路设计简单易行；此外，由于所有的雷管是以并联的方式连接的，电子雷管施工不存在支路电阻不匹配问题。另一优势主

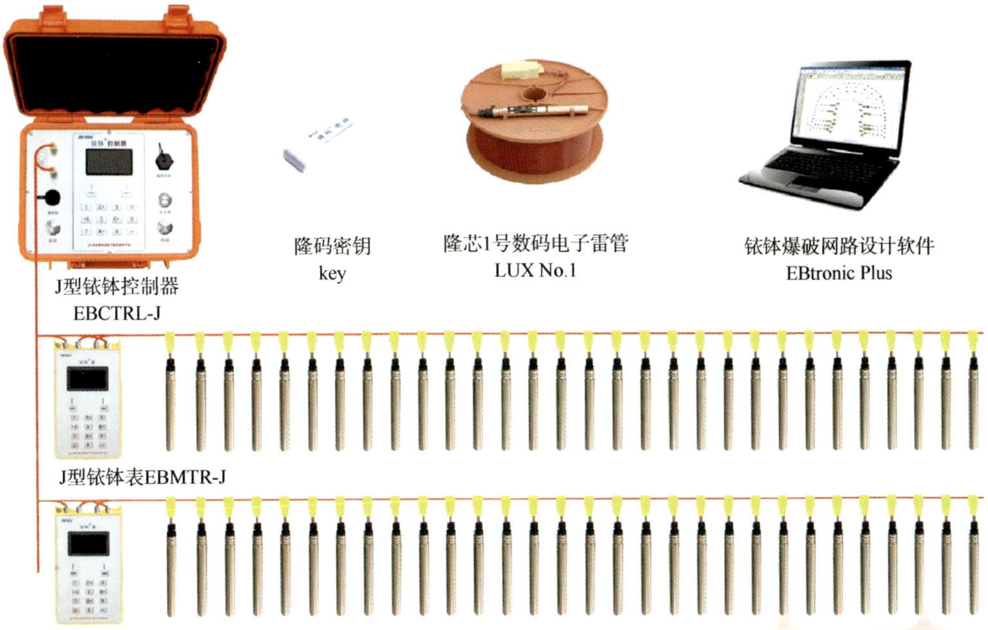

图 13.2.3　铱钵起爆系统

要体现在爆破网路及雷管的可检查性。当起爆网路连接好之后，所有的施工人员撤离到安全距离以外，通过专用设备可对爆破网路连接的可靠性进行“一键检测”，对连接不可靠的雷管进行准确定位，既安全又高效。

13.2.2　电子雷管降振机理

电子雷管降振原理就是可以单孔起爆，减少实现同一时间内爆破药量，另外精准控制爆破时间，实现错峰或峰谷干扰降振。在实现单孔起爆时，隧道不同部位炮孔间延时间隔的确定非常重要。例如，隧道掏槽部位必须实施单孔起爆以降低爆破产生的振动，但是，如果掏槽孔之间的延时间隔过长，消除了炮孔间破碎岩石的相互作用，炮孔利用率比较低，影响隧道爆破的进尺；如果炮孔间的延时间隔过短，错峰或峰谷干扰降振效果不明显，降振效果差。

例如某隧道单孔爆破在某一位置围岩中产生的波形如图 13.2.4 所示。爆破振动最大速度为 2.13 cm/s，周期为 11 ms。

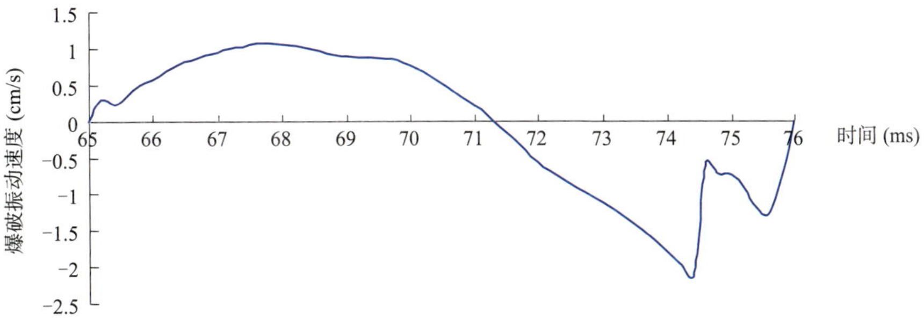

图 13.2.4　电子雷管单孔爆破振动波形

单孔爆破振动波形，由于岩石性质的影响，上升的半周期与下降的半周期时间不等，振动速度并不对称，波峰与波谷叠加后振动速度不可能为零。此工况采用爆破振动波峰与波谷叠加抵消措施时，炮孔间延时间隔可取 5.5 ms，叠加后爆破振动最大速度变为 1.22 cm/s，振动波形如图 13.2.5 所示。

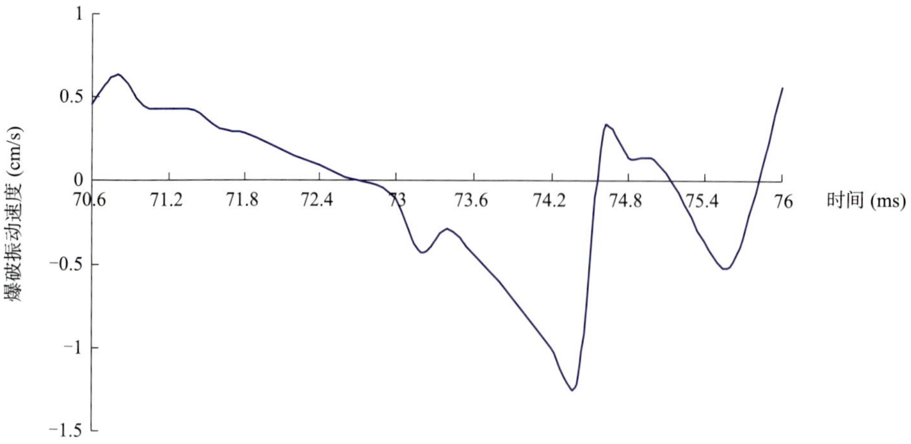

图 13.2.5　电子雷管多孔爆破振动波峰与波谷叠加后波形

采用错开爆破振动峰值措施时，炮孔之间的延时间隔必须大于单孔爆破振动周期，即大于 11 ms，振动波形如图 13.2.6 所示。

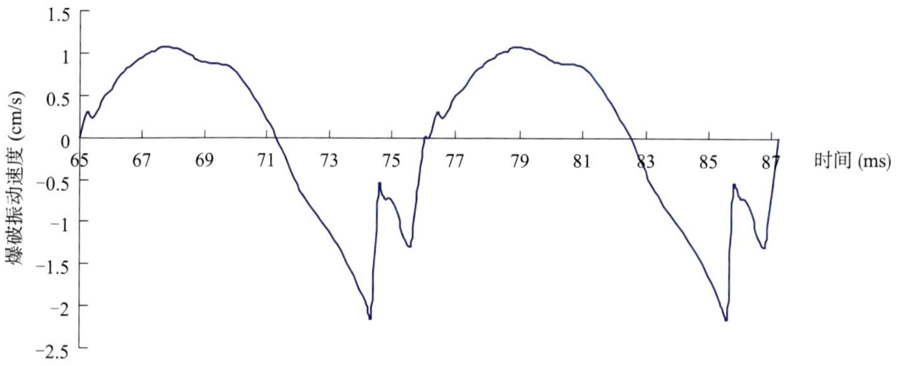

图 13.2.6　电子雷管多孔爆破振动错峰后波形

13.2.3　非电雷管微震爆破技术

非电雷管采取控制化学药剂燃烧速度来实现延期，由于受工艺水平的影响，延期误差为 ±10 ~ ±150 ms，一般为 15 ~ 20 个段位，并且前 10 个段位通常跳段使用，以避免串段。由于受段位限制，微震爆破通常用于分部开挖爆破。

例如某铁路隧道，全长 4.466 km，为铁路双线隧道，其中，浅埋下穿水库、城市道路、隧道、立交桥、高楼、别墅等重要建筑物的地段长度为 2 085 m。建筑物地面与隧道拱顶间的覆盖层厚度最小为 27 m，隧道围岩主要为Ⅳ级围岩。采用非电雷管进行微震爆破开挖时，把上半断面采用分部爆破开挖方法，即一次钻孔、一次装药、分次爆破，首先爆破掏槽部位，再爆破扩槽部位、压槽部位和压顶部位，分四次爆破。炮眼布置如图 13.2.7 所示。对楼房地面的振速基本控制在《爆破安全规程》(GB 6722—2003)规定的 3 ~ 5 cm/s 之内。

13.2.4　电子雷管微震爆破技术

结合某城市区高速铁路隧道实例，介绍电子雷管的微震控制爆破技术。

1. 隧道内采用电子雷管降振试验

第一试验段上部环境如图 13.2.8 所示，隧道拱顶距楼地下室地面 30 m。第二试验段上部为正在通车的公路隧道。

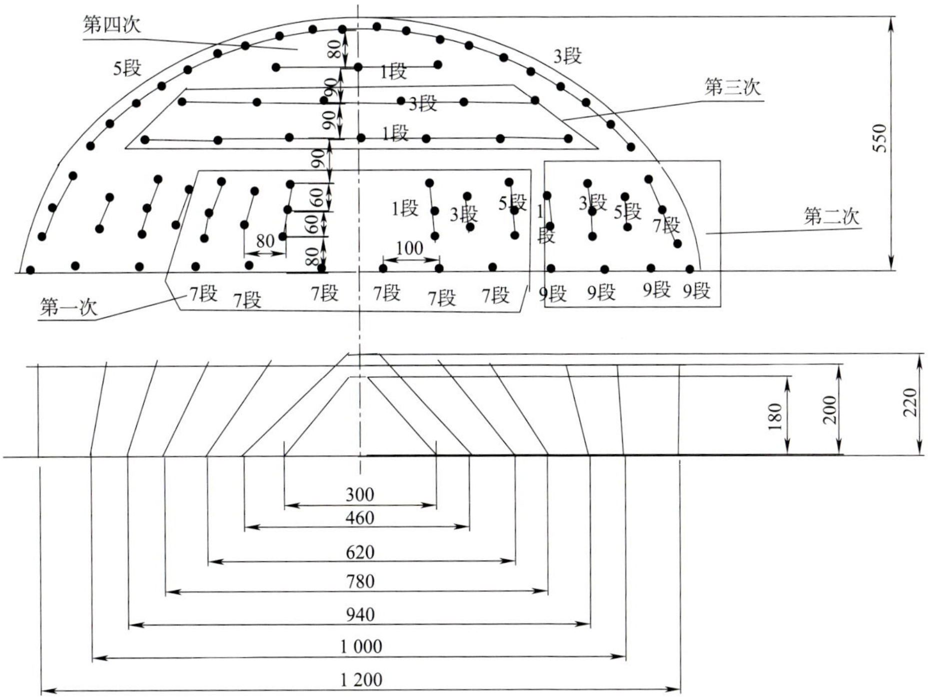

图 13.2.7　一次钻孔装药四次爆破降振炮眼布置(单位：cm)

图 13.2.8　试验段隧道地表高层建筑

试验所用电子雷管为 eDevTM，是专门针对隧道及地下工程而设计的，提供了准确和灵活的延时间隔，并在隧道掌子面处使用方便。该系统包括电子雷管、扫描仪、网路检测仪、起爆器导线，并且还有先进方便的软件来进行隧道爆破设计和雷管的延时设计。

试验内容：在钻孔、装药不变情况下，非电雷管换成电子雷管，改变炮孔之间的延时时间，研究电子雷管的降振和爆破效果。

隧道电子雷管单孔连续起爆技术炮眼起爆顺序及延时时间如图 13.2.9 所示。

试验结果表明，隧道电子雷管单孔连续起爆降振技术，与隧道非电雷管爆破相比，在爆破进尺不变的情况下，爆破振动降低 80% 以上。如图 13.2.9 所示，采用非电雷管时，第一级掏槽孔的 10 个炮孔同时起爆，而采用电子雷管单孔连续起爆技术时只有一个炮孔同时起爆，因此爆破振动会降低很多。

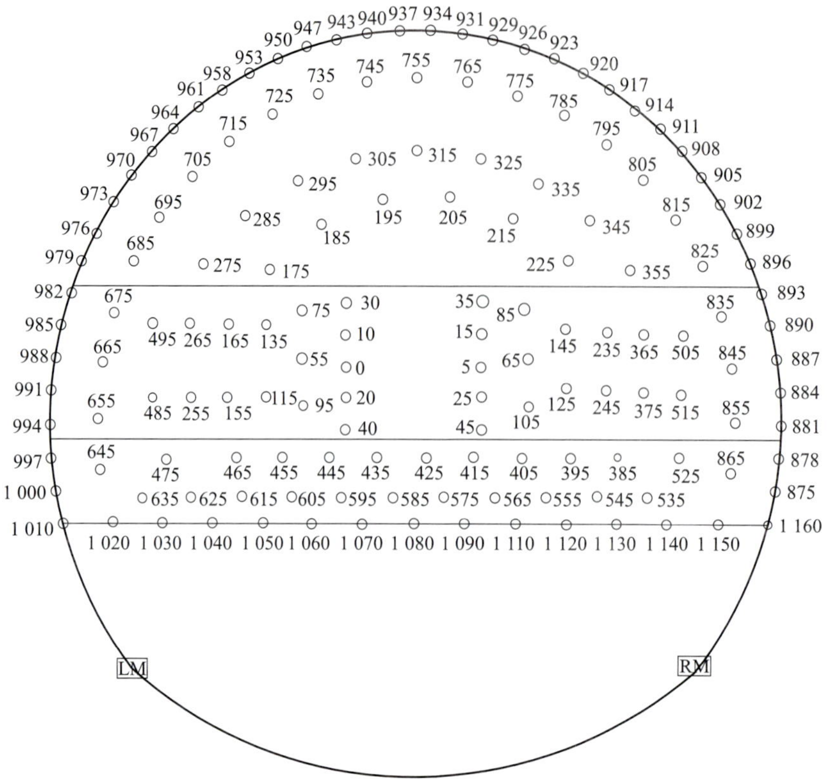

图 13. 2. 9　隧道电子雷管单孔连续起爆顺序及延时时间(单位：ms)

为了降低隧道爆破成本，傅洪贤等开发了隧道电子雷管与非电雷管联合降振技术。在隧道掌子面上的周边眼、底板眼和部分辅助眼内装高段位非电雷管，利用这些高段位非电雷管自身的延时误差来降振；掏槽眼和部分辅助眼内装电子雷管。隧道电子雷管与非电雷管联合降振技术起爆及连接如图 13. 2. 10 所示。

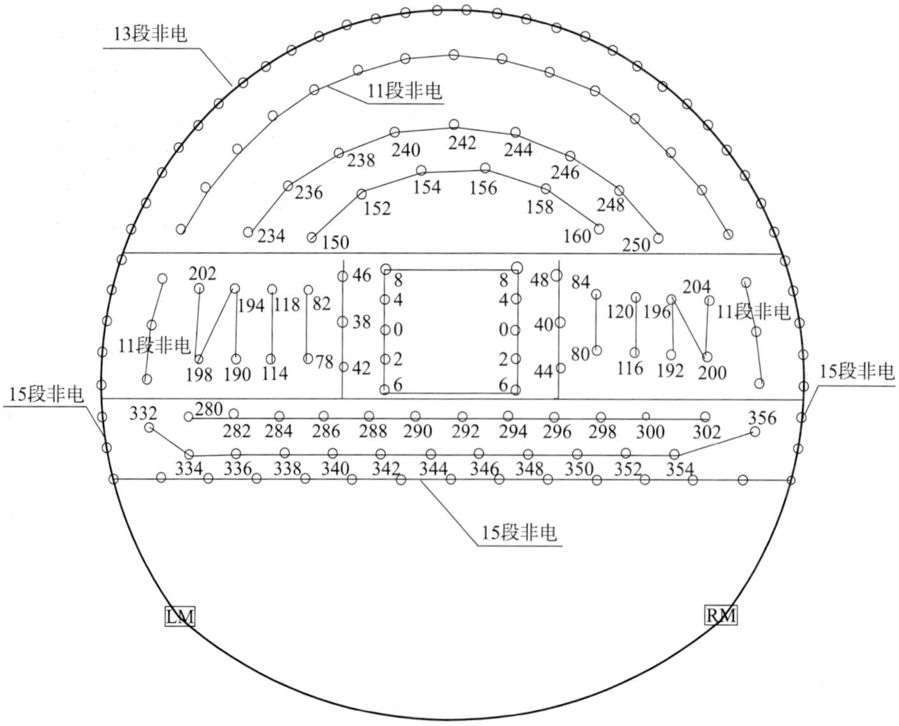

图 13. 2. 10　隧道电子雷管与非电雷管联合网路起爆及连接(单位：ms)

爆破振动测试显示，隧道电子雷管与非电雷管联合降振技术，与隧道非电雷管爆破相比，在爆破进尺增加 25% 的情况下，爆破振动降低 40% 以上。

2. 电子雷管降振爆破工程实例

成渝高速铁路新红岩隧道位于重庆市区，地面建筑物密集，隧道最小覆盖层厚度不足 10 m，隧道开挖断面 102 m^2，其中上台阶开挖断面为 70 m^2，下台阶及仰拱共 32 m^2，围岩岩性主要以泥岩夹砂岩为主，泥岩质软，遇水易软化，岩石抗压强度在 33 ~ 39 MPa 之间，但围岩节理不发育，整体性较好。本隧道采用电子雷管爆破主要是为解决上台阶爆破振速超标问题。

为有效解决爆破冲击波叠加问题，确保在覆盖层 20 ~ 30 m 的建筑物密集段落下方安全通过，上台阶全部使用数码雷管，并一次性起爆。每循环采用数码雷管 170 发，炸药 76 kg。上台阶电子雷管爆破参数见表 13.2.2，上台阶电子雷管炮孔布置如图 13.2.11 所示。

电子雷管现场联线如图 13.2.12 所示，爆破典型波形如图 13.2.13 所示。

表 13.2.2　上台阶电子雷管爆破参数

炮眼形式	雷管类别	雷管段别(ms/段位)	炮孔深度(m)	炮孔个数(个)	单孔药量(kg)	同段药量(kg)
掏槽眼	电子雷管	0 ~ 65	1.5	14	0.6	8.4
掏槽眼	电子雷管	95 ~ 134	1.3	14	0.6	8.4
辅助眼	电子雷管	184 ~ 229	1.2	16	0.6	9.6
	电子雷管	279 ~ 324	1.2	16	0.6	9.6
	电子雷管	374 ~ 413	1.2	14	0.4	5.6
	电子雷管	473 ~ 485	1.2	5	0.6	3
	电子雷管	535 ~ 565	1.2	11	0.6	6.6
	电子雷管	615 ~ 648	1.2	12	0.4	4.8
底板眼	电子雷管	718 ~ 768	1.2	16	0.6	9.6
周边眼	电子雷管	823 ~ 976	1.2	52	0.2	10.4
总计				170		76

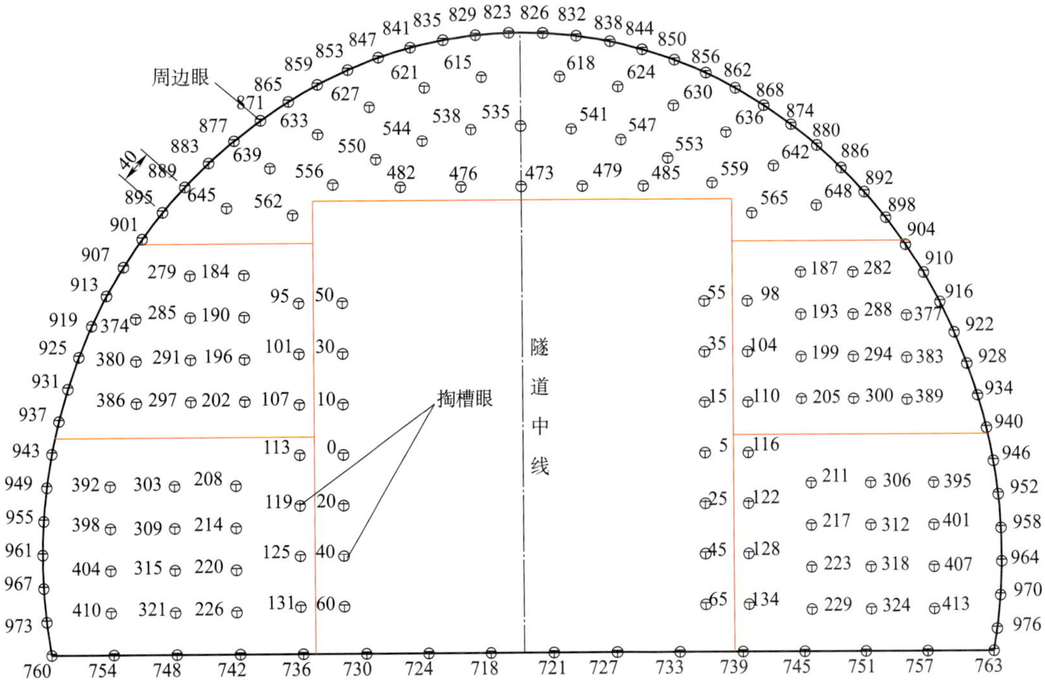

图 13.2.11　上台阶电子雷管炮孔布置(单位：ms)

图 13.2.12 电子雷管联线现场

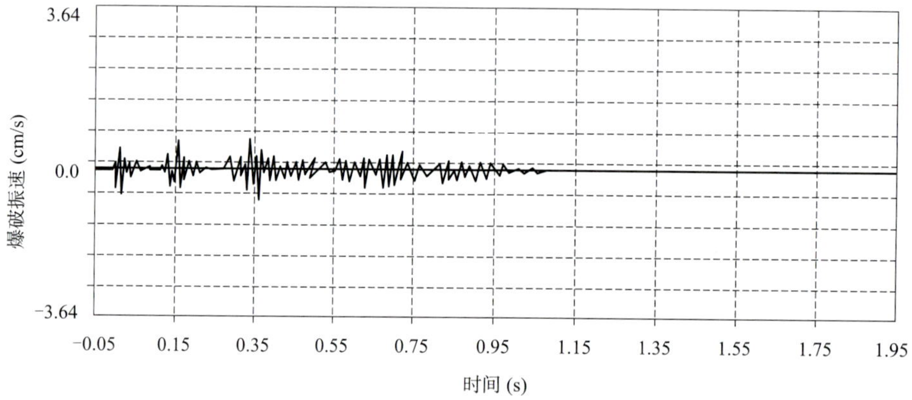

图 13.2.13 电子雷管典型振波波形

通过爆破监测结果表明，在单循环开挖进尺为 1 m 的情况下，爆破振速为 0.77～0.92 cm/s；单循环进尺 2 m 时爆破振速为 0.99～1.37 cm/s，成功通过城市楼房密集区。试验证明全断面采用数码电子雷管可有效解决爆破冲击波叠加现象。

13.3 水压爆破施工方法

13.3.1 水压爆破原理

隧道水压爆破是往炮眼中的一定位置放入一定量的水袋，然后用炮泥回填堵塞，如图 13.3.1 所示。由于炮眼中水袋具有压缩性极小、变形能低、热能损失小等特性，在水中传播的水激波能够按照水的“液压”作用，较均匀、几乎无损失地把能量传递到围岩中。被爆炸气体冲击压缩的高压水挤入爆生裂隙中，形成“水楔”，这种“水楔”的尖劈作用加剧了裂隙的延伸和扩展，使破碎块度更均匀；同时，炮眼中的水在高温高压下被雾化，吸收气体及粉尘，起到雾化降尘的作用，降低粉尘对环境的污染，改善洞内空气质量。

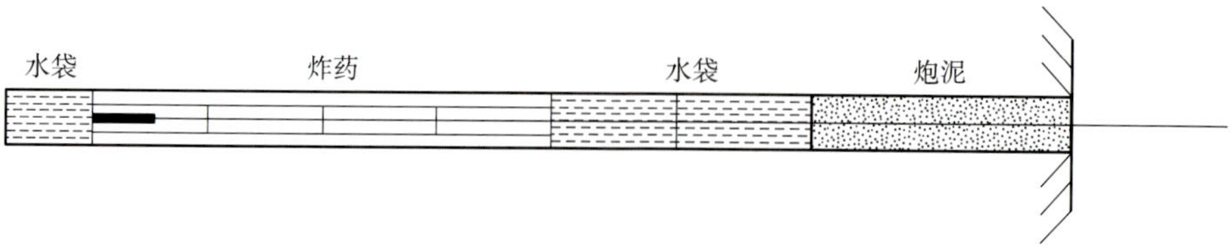

图 13.3.1 “水压爆破”炮眼装药结构

13.3.2 水压爆破的优缺点

优点："三提高、两减少、一保护"，即提高循环进尺、提高光面爆破效果、提高炸药利用率；减少洞渣大块率、减少对周边围岩扰动；粉尘含量降低，保护作业人员健康。

缺点：装药、装水袋时间较常规装药时间长；水袋、炮泥需用专用设备生产；水袋的放置数量和位置需根据炮眼的长度、作用以及地质条件等确定。

13.3.3 水压爆破在高速铁路隧道施工中的应用情况

近年来,"水压爆破"技术正在高速铁路隧道施工中逐步推广应用，取得较好的效果，如云桂客运专线老格山隧道等数百座隧道工程。

1. 隧道掘进水压爆破的钻爆设计

在老格山隧道Ⅱ级围岩开挖施工中通过现场光爆(非水压)试验选定的各光爆参数详见图13.3.2和表13.3.1。采用水压爆破时在掏槽形式，炮眼布置、数量、深度，起爆顺序和时间间隔等的设计与常规爆破相同，不同的是在每个炮眼中增加了水袋和炮泥，装药量和装药结构也有所不同。水压爆破装药参数见表13.3.2。

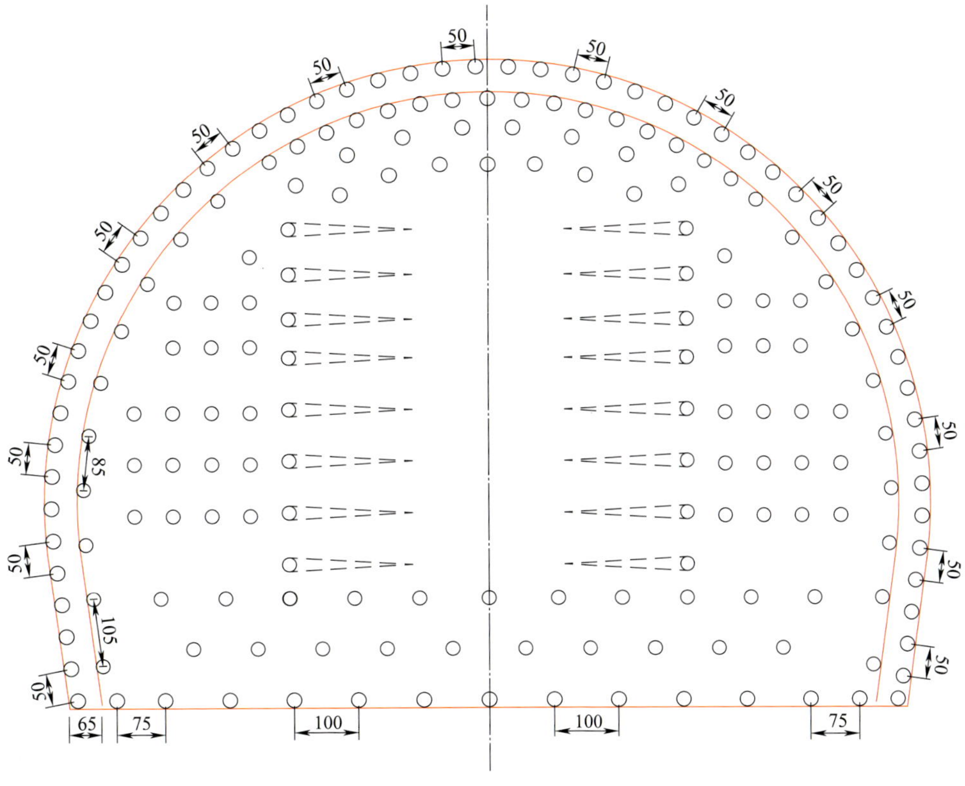

图13.3.2 炮眼布置(单位：cm)

表13.3.1 非水压爆破装药参数

序 号	炮眼名称	段 号	眼深(m)	眼 数	炸药类型(kg/条)	单孔条数(条)	单孔药量(kg)	单段药量(kg)	装药长度(m)	装药系数(%)
1	掏槽眼	1	5.0	14	0.2	15	3.0	42.0	3.0	60.00
2	扩槽眼	3	3.7	27	0.2	15	3.0	81.0	3.0	81.08
3	辅助眼	5	3.7	13	0.2	14	2.8	36.4	2.8	75.68
4	辅助眼	7	3.7	13	0.2	14	2.8	36.4	2.8	75.68
5	内圈眼	11	3.7	36	0.2	10	2.0	72.0	2.0	54.05

续上表

序　号	炮眼名称	段　号	眼深(m)	眼　数	炸药类型(kg/条)	单孔条数(条)	单孔药量(kg)	单段药量(kg)	装药长度(m)	装药系数(%)
6	周边眼	13	3.7	57	0.2	3	0.6	34.2	0.6	16.22
7	底板眼	15	3.7	12	0.2	11	2.2	26.4	2.2	59.46
合　计				172				328.4		
爆破断面	总装药量(kg)	前几段各段装药量(kg)						最大单段药量(kg)		钻孔数量(个)
		1	3	5	7	9	11			
116.7	328.4	42	36.4	81	36.4	—	2.0	81.0		172
设计爆破进尺(m)		钻孔延米(m)		炮眼密度(个/m²)		雷管单耗(个/m³)		炸药单耗(kg/m³)		装药箱数
3.5		654.6		1.47		0.42		0.80		13.68

表 13.3.2　水压爆破装药参数

序　号	炮眼名称	段　号	眼深(m)	眼　数	炸药类型(kg/条)	单孔条数(条)	单孔药量(kg)	单段药量(kg)	装药长度(m)	装药系数(%)
1	掏槽眼	1	5.0	14	0.2	15	3.0	42.0	3.0	60.00
2	扩槽眼	3	3.7	27	0.2	14	2.8	75.6	2.8	75.68
3	辅助眼	5	3.7	13	0.2	13	2.6	33.8	2.6	70.27
4	辅助眼	7	3.7	13	0.2	13	2.6	33.8	2.6	70.27
5	内圈眼	11	3.7	36	0.2	9.5	1.9	68.4	1.9	51.35
6	周边眼	13	3.7	57	0.2	3	0.6	34.2	0.6	16.22
7	底板眼	15	3.7	12	0.2	10	2.0	24	2.0	54.05
合　计				172				311.8		
爆破断面	总装药量(kg)	前几段各段装药量(kg)						最大单段药量(kg)		钻孔数量(个)
		1	3	5	7	9	11			
116.7	311.8	42.0	33.8	75.6	33.8	—	1.9	75.6		172
设计爆破进尺(m)		钻孔延米(m)		炮眼密度(个/m²)		雷管单耗(个/m³)		炸药单耗(kg/m³)		装药箱数
3.5		654.6		1.47		0.42		0.76		12.99

经过试验确定，老格山隧道水压爆破的装药结构与常规爆破相比，扩槽眼、辅助眼和底板眼每孔减少装药 0.2 kg，内圈眼平均减少装药 0.1 kg；每循环总共节省炸药 16.6 kg。

2. 水压爆破装药方法

采用人工用木制炮棍装药，由施工人员将药卷逐个装入炮孔，并用炮棍轻轻捣实，避免药卷之间间隔较大，影响传爆。在装药过程中严禁大力用炮棍捣实炸药，防止用力过猛后使水袋破裂或使装药密度过大，造成炸药压死拒爆。

3. 隧道掘进水压爆破的炮孔装药结构

1）周 边 眼

采用空气间隔、不耦合装药，采用导爆索起爆，将导爆索插入空底药卷内，炸药均匀分布装入炮孔内。为克服底部炮眼的阻力，一般将底部药量稍微加大。在装药前先在炮眼孔底装入长约 20 cm 的一节水带，并在装药结束后距孔口 80 cm 再装入 2 节水袋，再进行炮泥堵塞。其结构如图 13.3.3 所示。

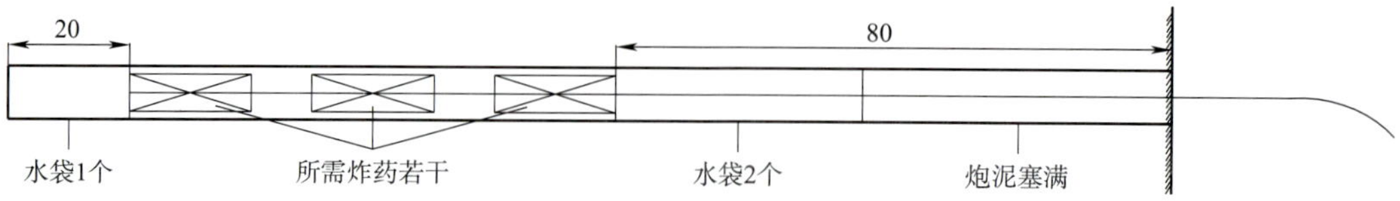

图 13.3.3　周边眼装药结构(单位：cm)

2）掏 槽 眼

掏槽眼采用斜眼掏槽，与开挖面间的夹角 $\alpha=70°$左右。采用连续耦合装药，雷管埋入孔底药卷，聚能穴朝孔口方向。在装药前先在炮眼孔底装入长约 20 cm 的一节水带，并在装药结束后再装入 4 节水袋，再进行炮泥堵塞。其结构如图 13. 3. 4 所示。

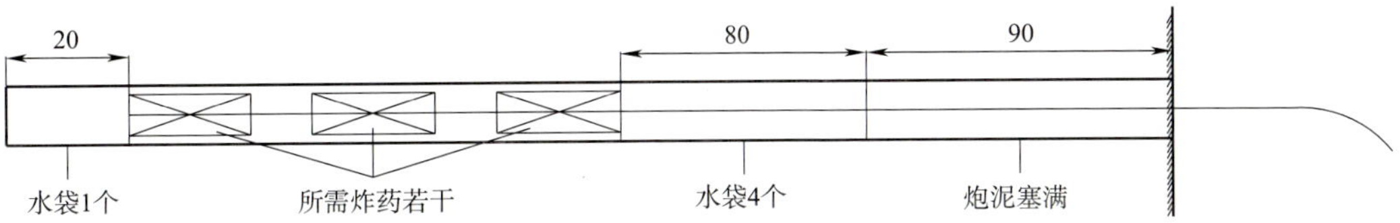

图 13. 3. 4　掏槽眼装药结构(单位：cm)

3）扩槽眼、辅助眼、底边眼等

采用连续耦合装药，雷管埋入孔底药卷，聚能穴朝孔口方向。在装药前先在炮眼孔底装入长约 20 cm 的一节水带，并在装药结束后再装入 3 节水袋，再进行炮泥堵塞。其结构如图 13. 3. 5 所示。

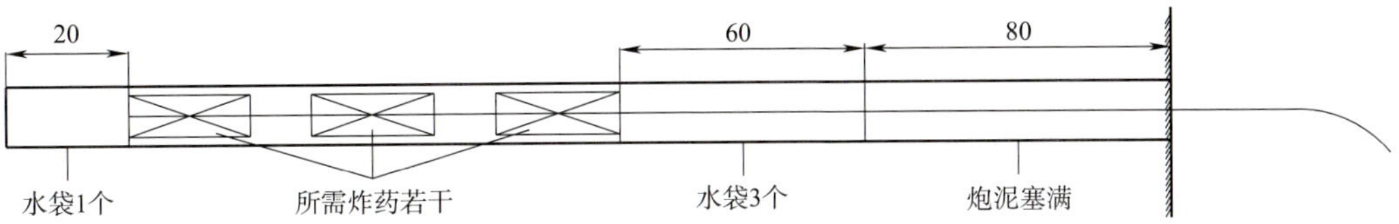

图 13. 3. 5　扩槽眼、辅助眼、底边眼装药结构(单位：cm)

4. 施工工艺流程

水压光面爆破施工工艺流程如图 13. 3. 6 所示。

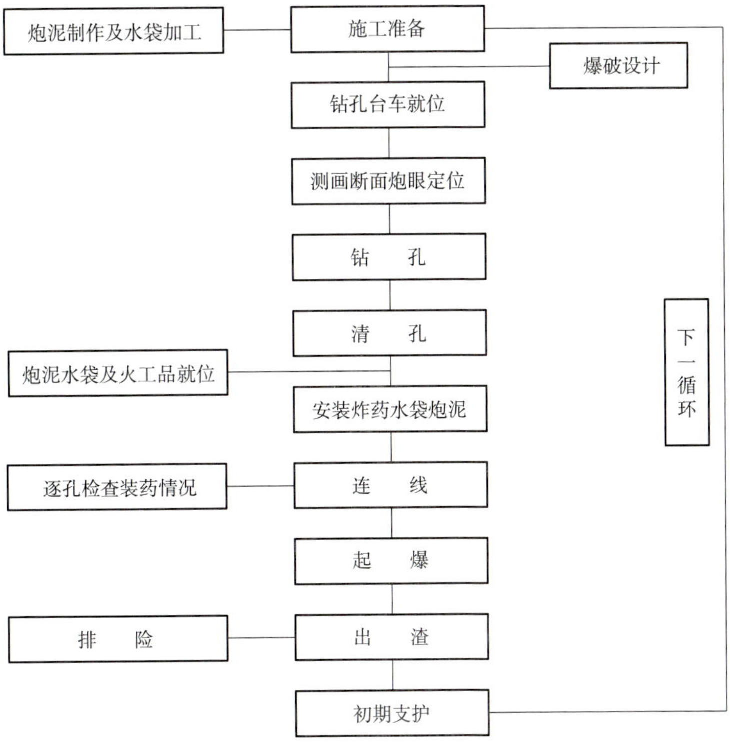

图 13. 3. 6　水压光面爆破施工工艺流程

5. 水压爆破粉尘和振动速度的监测

1）粉尘监测

粉尘监测采用 P-5L2C 型便携式微电脑粉尘仪，在爆破后 5 min，距掌子面 20 m 位置进行粉尘浓度的监测。通过对连续 5 个循环常规爆破和 5 个循环水压爆破的监测，统计见表 13. 3. 3。

表 13.3.3 常规爆破和水压爆破对粉尘浓度的影响统计对比表

测定地点	工种及状态	监测次数	常规爆破粉尘含量(mg/m³)	水压爆破粉尘含量(mg/m³)	减低的百分率
距掌子面 20 m 处	爆破后 5 min,未通风	1	15.75	7.29	54%
		2	15.9	7.06	56%
		3	16.2	7.33	55%
		4	16.1	7.12	56%
		5	15.95	7.13	55%
平　　均			15.98	7.19	55%

常规爆破粉尘含量平均为 15.98 mg/m³，水压爆破后粉尘含量为 7.19 mg/m³，比常规爆破粉尘浓度降低了 55%，有明显的降尘效果。

2）振动速度监测

采用 TC-4850 型爆破测振仪对距离掌子面 50 m 位置的四组常规爆破数据和四组水压爆破数据的监测，统计详见表 13.3.4。

表 13.3.4 常规爆破和水压爆破对爆破振动速度的影响统计对比表

序　号	常规爆破(cm/s)			水压爆破(cm/s)			振动速度降低的百分率		
	x 值	y 值	z 值	x 值	y 值	z 值	Δx%	Δy%	Δz%
1	6.987	7.431	3.184	2.051	2.539	1.509			
2	5.149	7.169	3.454	2.239	2.983	1.625			
3	5.987	7.131	2.884	3.029	2.859	1.638			
4	4.749	7.369	3.166	2.959	2.639	1.524			
平均	5.718	7.275	3.172	2.570	2.755	1.574	55.06%	62.13%	50.38%

从表 13.3.4 可见，通过对振动速度的测定，使用隧道掘进水压爆破比常规爆破振动速度降低 50%，效果十分明显。

6. 效果分析

常规爆破的炮眼利用率为 80.72%，而水压爆破的利用率达到 98.12%。单位耗药量降低了 0.075 kg/m³，爆破振动速度降低了 50.5%，粉尘浓度下降了 55%，通风排烟由过去 35 ~ 45 min 缩短为 15 min 以内。由此可见，水压爆破在节省炸药、加快进度、缩短通风时间、改善洞内施工环境方面的优势是十分明显的。

13.4 非爆破施工方法

13.4.1 概　　述

目前，非爆破开挖技术主要有全断面掘进机法(TBM)、盾构法、悬臂掘进机法、铣挖机法、液压冲击锤法、劈裂法等几种。

1. 全断面掘进机法和盾构法

采用 TBM 或盾构施工具有快速、安全、有利于环境保护和节省劳动力等优点，但设备价格昂贵，运输及运行成本高。某隧道洞口组装 TBM 现场如图 13.4.1 所示。研究认为，TBM 法施工隧道长度与直径之比大于 600 时才经济可行，通常用于特长隧道施工。盾构法隧道主要应用于城市浅埋隧道，周边环境复杂，沉降控制要求高，工程和水文地质条件较差，用常规矿山法难以实施。

图 13.4.1　某隧道洞口组装 TBM 现场

2. 悬臂掘进机、铣挖机

悬臂掘进机对围岩扰动小，可连续开挖作业、超挖小。悬臂掘进机在煤矿巷道中大量使用，设备成熟，地层适应性较强。铣挖机也在部分铁路隧道辅助开挖中有过应用。悬臂掘进机示意如图 13.4.2 所示。

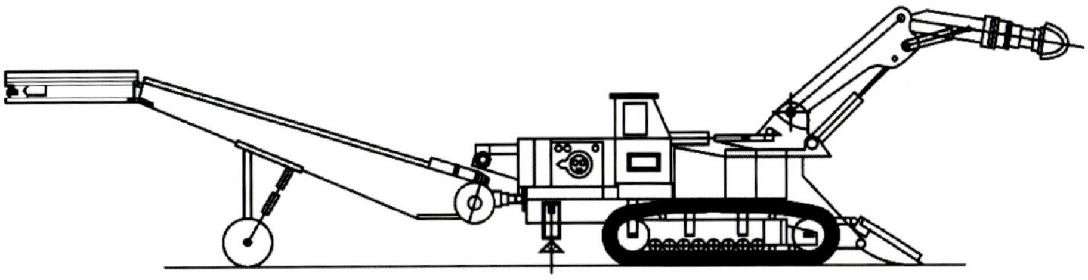

图 13.4.2　悬臂掘进机

3. 劈 裂 法

劈裂法采用劈裂机是以高压油为能量源，应用斜楔原理，使劈裂力达到几百吨，这样就可以将巨石劈裂开，从而使岩石从围岩中分离。该方法设备小，操作灵活，但是工效低，不适用大体积开挖。劈裂法现场如图 13.4.3 所示。

图 13.4.3　劈裂法

4. 液压冲击锤法

采用挖掘机携带的液压冲击锤进行分部凿岩开挖，适用于节理发育岩层，层理分明岩层以及层理和节理之间有软弱夹层的坚硬岩层。液压冲击锤法现场如图 13.4.4 所示。

第三篇　施工技术

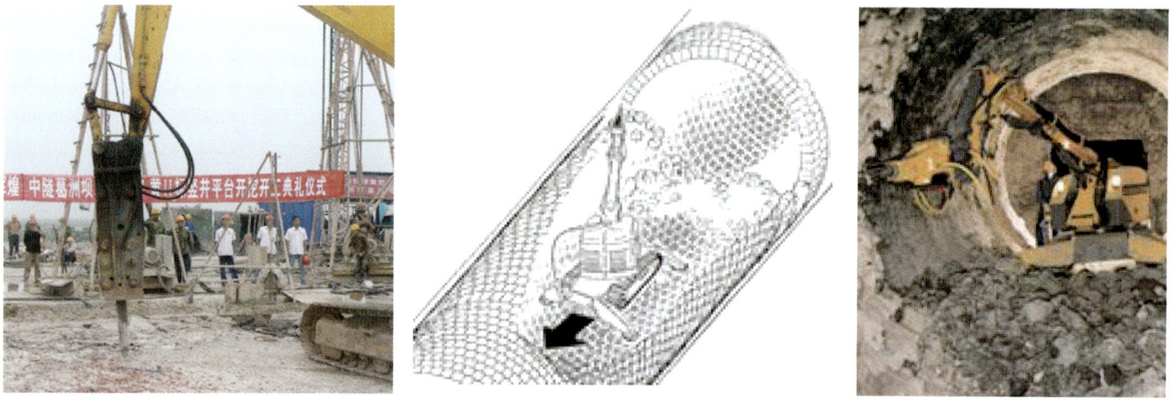

图 13.4.4　液压冲击锤法

13.4.2　掘进机法

（1）掘进机设备的选型应符合以下要求：

根据地质条件、施工环境、工期要求、经济性等因素确定掘进机的类型；根据隧道设计参数及地质条件确定主机的主要技术参数。

选型时重点考虑岩石的可掘性、开挖面稳定性、围岩稳定性、断层带长度、挤压性地层等因素。

在发挥掘进速度的前提下，掘进机适用的地质范围：

①开敞式掘进机主要适用于岩石整体较完整～完整，有较好自稳性的硬岩地层(50～150 MPa)；当采取有效支护手段也可适用于软岩隧道，但掘进速度应予以限制。

②双护盾掘进机主要适用于较完整，有一定自稳性的软岩～硬岩地层(30～90 MPa)。

③单护盾掘进机主要适用有一定自稳性的软岩地层(5～60 MPa)。

（2）组装场应位于洞口附近，地基基础应满足承载力要求；当洞口组装场地不能满足整机组装要求时，应设置组装预备洞。

（3）开敞式掘进机施工应设置始发洞，长度按掘进机主机长度确定，并应采用钢筋混凝土衬砌。

（4）管片(仰拱块)拼装完成后，应及时对衬砌背后进行豆砾石等材料充填，并注浆固结。

（5）对不适宜采用掘进机法施工的以下不良地质地段，应结合辅助坑道进行钻爆法施工：

①地应力高、塑性变形大的软弱围岩；

②具中等及以上膨胀性的围岩；

③宽大断层破碎带及软弱破碎带、强岩爆地段；

④涌水、突水严重的地段；

⑤岩溶发育地段；

⑥高瓦斯及瓦斯突出地段。

（6）掘进过程中遇突发地质情况无法施工时，可开挖超前迂回导坑进行处理。

13.4.3　盾 构 法

（1）根据隧道设计参数、地质条件、施工环境以及对地层变形的控制要求，结合施工安全、工期要求、经济性等因素，综合分析确定盾构机的类型。

（2）工作井设计应符合以下要求：

①始发工作井的长度应大于盾构主机长度 3 m，宽度应大于盾构直径 3 m；

②接收工作井的平面内净空应满足盾构接收、解体或整体移位的要求；

③始发、接受工作井的井底板宜低于进、出洞洞门底标高不小于 700 mm；

④工作井预留洞门直径应满足盾构始发和接收的要求；

⑤始发工作井洞口应设置密封装置。

(3) 当洞口段土体不能满足盾构始发或接收对防水、防坍安全要求时，必须采取加固措施。

(4) 盾构穿越浅覆土段、重要或有特殊保护要求的建(构)筑物时，应根据需要采取必要的保护措施。

(5) 管片脱离盾尾后，应及时进行同步注浆，必要时根据周边环境要求、地层变形情况施作二次注浆。

13.4.4 机械开挖施工案例

新建铁路长沙至昆明客运专线丫口寨隧道位于安顺～关岭区间，双线隧道，左右线线间距为5 m，隧道进口里程为D2K845 +478，出口里程为D2K849 +975，全长4 497 m；速度目标值为350 km/h，客运专线双线隧道设计。

隧道洞身穿越碳酸盐岩广泛分布区域，具有构造剥蚀～溶蚀槽谷地貌特点，下伏基岩为白云岩、灰岩、泥质白云岩、泥岩夹砂岩。隧道进口紧邻克地坝陵河特大桥昆明端桥台，D2K845 + 885 ～ D2K846 +295 段隧道埋深较浅，最小埋深为22 m，且下穿河流，河宽15～20 m，深1.5～3 m，上游有水库补给水源。

隧道2号井与进口间间距为551 m，埋深30～50 m，覆盖层极浅，基岩为灰岩，下穿布依族村寨。村寨房屋古旧，部分为木瓦结构，抗震性差。原设计采用钻爆法开挖，因振动太大引起村民阻工。后经变更设计采用非爆破开挖以及非爆与爆破扩挖结合的方法，成功解决这一难题。

该处围岩为灰岩，完整无节理，未风化，抗压强度为80～110 MPa。单臂掘进机于2014年8月份正式掘进，采用开挖4 m×4 m中导洞，进尺为4 m，然后控制爆破扩挖方案，平均月进尺为60 m。采用机械开挖施工，开挖引起的振动大幅降低，施工进展非常顺利。丫口寨隧道铣挖施工情况如图13.4.5所示。

图13.4.5 丫口寨隧道铣挖施工情况

参 考 文 献

[1] 意大利特莱维集团. 意大利 ADECO-RS 施工法. 中国高速铁路隧道国际学术研讨会，2006.
[2] 中华人民共和国铁道部. 铁路隧道钻爆法施工技术要点手册[M]. 北京：中国铁道出版社，2010.
[3] 中华人民共和国铁道部. 客运专线铁路隧道工程施工技术指南(TZ214—2005)[S]. 北京：中国铁道出版社，2005.
[4] 中华人民共和国铁道部. 铁路隧道全断面岩石掘进机法技术指南(铁建设〔2007〕106 号)[S]. 北京：中国铁道出版社，2007.
[5] 中国铁路总公司. 高速铁路隧道工程施工技术规程(Q/CR 9604—2015)[S]. 北京：中国铁道出版社，2015.
[6] 中铁十局集团有限公司. 云桂客专老格山隧道水压爆破工程试验资料[R]. 2013.
[7] 魏祥龙. 机械开挖法科研资料[R]. 2014.
[8] 傅洪贤，赵勇，谢晋水，等. 隧道爆破近区爆破振动测试研究[J]. 岩石力学与工程学报，2011，30(2)：335-340.
[9] 傅洪贤，沈周，赵勇，等. 隧道电子雷管爆破降振技术试验研究[J]. 岩石力学与工程学报，2012，31(3)：597-603.

14 主要施工工艺

施工工艺是隧道施工质量、安全和提高施工效率的重要保证。本章重点介绍超前支护与加固、初期支护、防排水系统、仰拱、二次衬砌等高速铁路隧道主要施工工艺。

14.1 超前支护与加固施工工艺

在高速铁路隧道施工中，采用最多的超前支护是超前大管棚和小导管，局部采用掌子面喷混凝土及玻纤锚杆，含水砂层等特殊地层采用超前水平旋喷，富水断层、破碎围岩等采用帷幕注浆加固地层。

14.1.1 超前大管棚

大管棚是在隧道开挖前，沿隧道开挖轮廓线外利用钻机或夯管按一定角度打入长度大于20 m的钢管，通过钢管注浆预加固隧道拱部围岩，并将钢管内采用砂浆充填密实以减少围岩沉降的超前支护与加固方法。

暗挖隧道洞口以及Ⅴ级围岩浅埋、下穿建(构)筑物等地段采用较多。

1. 机　　具

大管棚钻孔采用套管管棚钻机(能在水平方向360°范围内钻孔，有导向架)，采用高压双液注浆泵注浆，如图14.1.1所示。

图14.1.1　超前管棚钻机作业

2. 施工工艺

钢花管上钻注浆孔，呈梅花形布置，尾部留不钻孔的止浆段150 cm。

钻孔放样后，固定钻机进行钻孔，钻至设计要求孔深度；钻孔完毕，将套管内孔注水清洗干净，然后将钻杆拔出，套管仍留在孔内护孔；事先加工好带有注浆眼的钢管插入套管内，钢管节与节之间用丝扣连接，钢管终端密封；管插进后，取出套管；采用上述步骤将其余管棚施钻安插完毕，然后施作止浆墙；用高压泵将水泥浆压入钢管内，浆液通过钢管注浆眼压注入孔壁的缝隙内，采用导管编号注浆，先注“单”号孔，固结后再注“双”号孔，注浆压力0.5～2 MPa；注浆结束后用M5水泥砂浆充填钢管。

14.1.2 超前小导管

超前小导管是在隧道开挖前，沿隧道拱部开挖轮廓线外按一定角度打入直径为32～60 mm，长度3～5 m的钢管，必要时利用钢管注浆或与钢架连成一体进行围岩加固的超前支护方法。

多用于隧道Ⅳ级围岩、深埋Ⅴ级围岩地段拱部超前预支护。

1. 小导管制作

小导管采用外径ϕ42 mm，壁厚3.5 mm的热轧无缝钢管，小导管在构件加工厂制作。钢管前端作成尖锥状，尾部焊接ϕ8 mm加劲筋箍，以防打设小导管时端部开裂，影响注浆管连接，尾部长度50～100 cm作为不钻孔的止浆段。管壁四周钻ϕ6 mm孔，孔间距15 cm，呈梅花形布置，3.5 m小导管大样如图14.1.2所示。

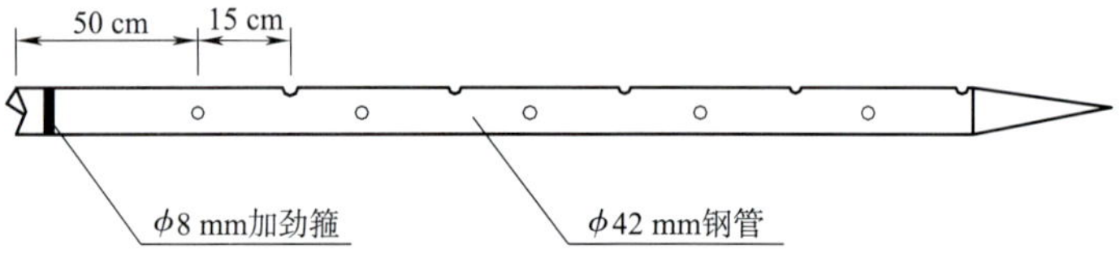

图14.1.2 超前小导管构造

2. 小导管安装

（1）测量放样，标记孔位，用风动凿岩机钻孔，孔径较设计导管管径大3～5 mm。如遇砂层地段，可先进行喷锚封闭并预留超前小导管施作孔位后再用风动凿岩机直接顶进。

（2）钻孔需沿隧道纵向开挖轮廓线向外以10°～15°外插角钻孔（可根据实际情况调节角度），钻孔完毕将小导管沿孔打入，保证插入深度不能小于总长的90%。

（3）风动凿岩机钻孔后，将小导管按设计要求插入孔中，外露20 cm支撑于开挖面后方钢架上，与钢架焊接组成预支护体系。

3. 密　封

小导管打入后，先采用吹管法清孔。然后将注浆泵的高压胶管与管口连通，并且用棉纱等将管口处的缝隙塞紧，以保证注浆时不至于渗漏浆液。管路接通后先要压水检查密封性，达到要求后方可注浆。

4. 注　浆

（1）压注水泥砂浆压力为0.5～1 MPa。注浆工艺严格按设计和施工规范进行，注浆顺序由下向上，浆液先稀后浓、注浆量先大后小，注浆压力由小到大进行。一般可采用以下注浆参数：

注浆压力为0.5～1.0 MPa；水泥采用P·O42.5普通硅酸盐水泥；注浆材料为水泥浆液，水灰比为1∶1（质量比）。

（2）注浆结束标准。当压力达到设计压浆终压并稳定10～15 min，注浆量达到设计注浆量80%以上时，可结束该孔注浆。

14.1.3 水平旋喷

1. 机　理

采用水平定向钻机钻孔，钻至设计深度后，边拔钻杆边把浆液喷射到土体内，借助流体的冲击力切削土层，改变土体结构。钻杆一边低速（20 r/min）旋转，一边徐徐（速度15～30 cm/min）外拔，使土体与水泥浆充分搅拌混合，胶结硬化后形成直径比较均匀，具有一定强度（0.5～8.0 MPa）的桩体，从而使地层得到加固。

当旋喷桩相互咬接后，便以同心圆形式在隧道拱顶及周边形成封闭的水平旋喷帷幕体。水平旋喷桩不仅具有梁效应、拱效应和土体改良加强效应，能够起到防流沙、抗滑移，保证隧道掘进安全，同时在旋喷过程中，水泥浆液能沿着地层的缝隙渗透扩散，尤其在涌水量较大的地层中，水泥浆液扩散填充缝隙后起到止水效果。

2. 适用条件

流塑状、孔隙率小、开挖后自稳能力极差的地层，如含水砂层、淤泥地层、含水全风化地层、第三系含水未成岩地层等。

3. 施工装备及工艺

在隧道内应用高压水平旋喷桩可采用国外先进成套设备，也可采用国内自行研发设备，两者都已在国内多个工程中使用。国外先进成套设备价格高，但施工效率高，进度快，适合大断面作业；国内自行研发的设备价格低，作业灵活，单台设备施工速度较慢，综合造价较低。

(1) 施工准备

设备进场及检验；测量放线定桩位；钻机安装，平整工作平台，安装油泵、高压泵；对孔位，设备安装好后，按技术交底调整钻机角度、方位，对准孔位，孔位误差控制在 ±50 mm 以内；制浆液，根据施工方案和技术交底要求的配比配制水泥浆，浆液搅拌必须均匀。

(2) 钻　　进

为确保钻孔质量，应首先打设 1 ~ 2 个探孔，查明地层变化情况及地层对钻孔角度的影响，然后根据探孔情况确定旋喷桩钻孔的打设角度。

(3) 高压旋喷

进行高压喷浆前应检查高压注浆泵，检查钻杆接头处是否漏气，喷嘴是否堵住；在孔底高压喷浆时应停留一定时间，然后再缓慢外拔钻杆，同时高压喷浆；当钻杆拔至孔口 0.50 m 时停止注浆，关闭浆液通道，再缓慢拔出钻杆，进行封孔作业；每根高压旋喷钻杆拔出后应立即用清水高压冲洗干净，避免残留浆液凝固，避免下次旋喷时残留颗粒物堵喷嘴；一般可采用如下喷浆参数：浆液水灰比一般为1∶1，注浆压力一般为 35 ~ 40 MPa。

(4) 封　　孔

喷浆至孔口掌子面 0.50 m 时停止喷浆，卸下孔口管最外端的密封装置，关闭循环液排出口，快速拔出钻杆和钻头，关闭大球阀，补注浆。

(5) 清洗管道及设备

每根桩施工完毕后都应用清水高压冲洗管道及设备，确保管道内不留残渣，清洗完毕后移至下一桩位。

4. 应用实例

近年来随着工艺、技术的提高，设备的改进，高压水平旋喷加固技术已基本成熟，在兰渝铁路桃树坪、大西客运专线上白、厦深客运专线梁山等铁路隧道中应用取得了非常好的效果。如图 14.1.3 ~ 图 14.1.5 所示。

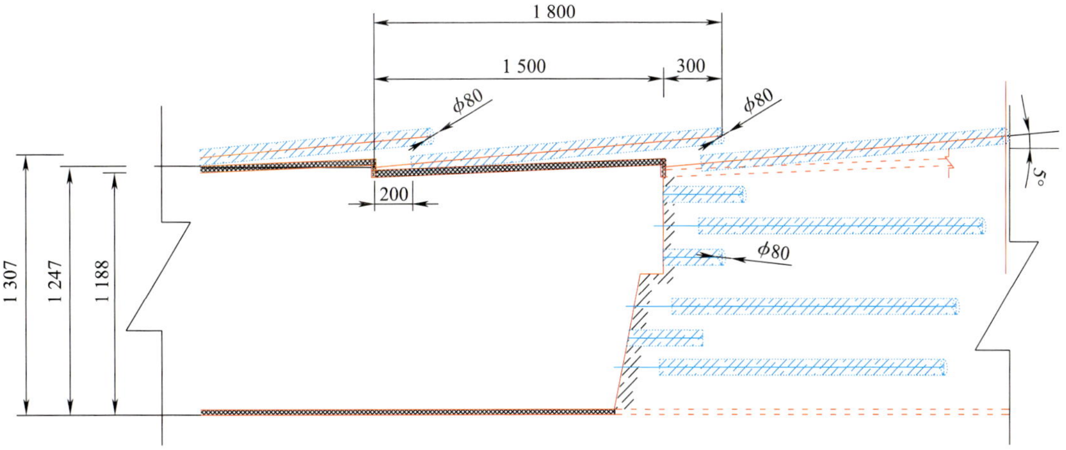

图 14.1.3　桃树坪隧道水平旋喷桩加固纵断面(单位：cm)

第三篇　施工技术

图 14.1.4 桃树坪隧道旋喷钻机

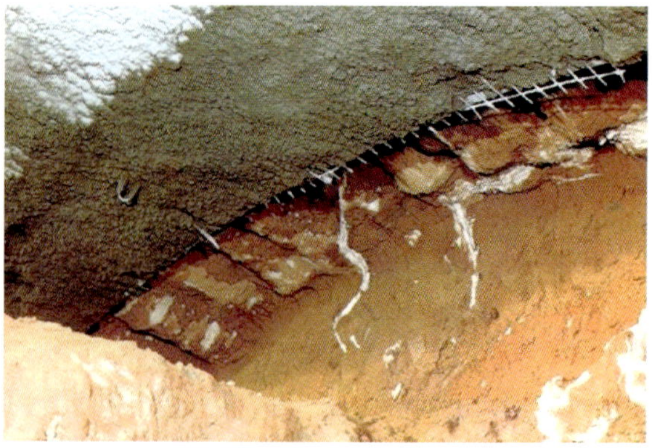

图 14.1.5 上白隧道旋喷效果

14.1.4 帷幕注浆

帷幕注浆的目的是堵水和加固围岩。当隧道经过含水软弱地层、断层破碎带、充填性溶洞时，地面环境要求不允许排水或排水施工不能保证隧道施工安全时，采用帷幕注浆的辅助施工措施。

1. 工艺参数

（1）布孔。注浆孔布置时要遵循均匀布孔、梅花形布孔、两圈孔、方便施工等原则。

（2）止浆墙厚度。止浆墙厚度的可以采用抗压计算、抗剪计算，以及经验法确定，按经验法确定时可参考表 14.1.1。

表 14.1.1 止浆墙厚度选取经验数值(单位：m)

参数值	注浆帷幕加固圈厚度(m)		
	3	5	8
平导	0.8～1.0	1.0～2.0	
正洞		1.5～2.0	2.0～3.0

（3）帷幕厚度。注浆范围的选取，应综合考虑地质条件、水压力、注浆效果、注浆成本和注浆工期等确定，一般采用平导 3 m、正洞 5 m 或平导 5 m、正洞 8 m。

（4）注浆段落长度。注浆段长度($L_{注}$)与地质条件、钻机能力、注浆工艺有关，根据国内的施工现状，一般取 20～30 m，搭接长度($L_{留}$)一般可取帷幕厚度(B_1)，如图 14.1.6 所示。

（5）扩散半径。在扩散半径选取时，要选择多数条件下可达到的数值，而不是平均值。扩散半径的主要影响因素有注浆压力、地层渗透能力、注浆时间、浆液等。经验值：中细砂层、粉质黏性土中 0.5～0.8 m，中粗砂、砂卵石层中 0.8～1.2 m，断层破碎带 1.5～2 m。

（6）终孔间距。当采取单排(圈)孔时，注浆孔布孔间距 = 1.5 倍扩散半径；当采取多排(圈)孔时，采用梅花形等边三角形布置，注浆孔布孔间距 = 1.73 倍扩散半径。

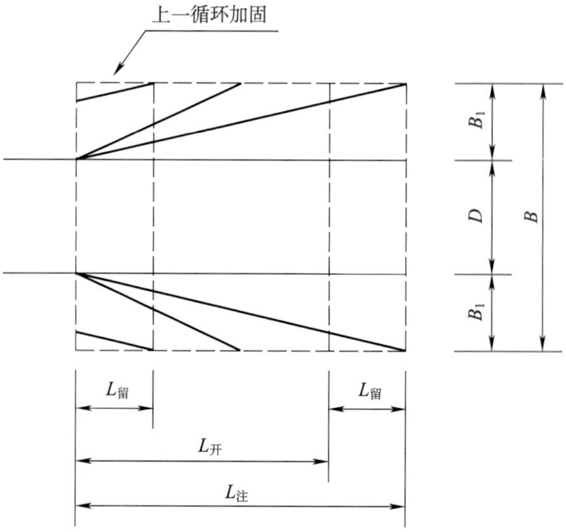

图 14.1.6 注浆加固范围

2. 施工工艺

（1）后退式分段注浆。后退式分段注浆是指按设计将注浆钻孔完成，在钻孔内放入袖阀式注浆管，然后，将止浆塞及其配套装置放入注浆管中，首先对底部一个注浆分段段长进行注浆施工，第一分段注浆完成后，后退一个分段长度进行第二分段注浆，如此下去，直到将整个注浆段完成。后退式分段注浆方式模式如图 14.1.7 所示。

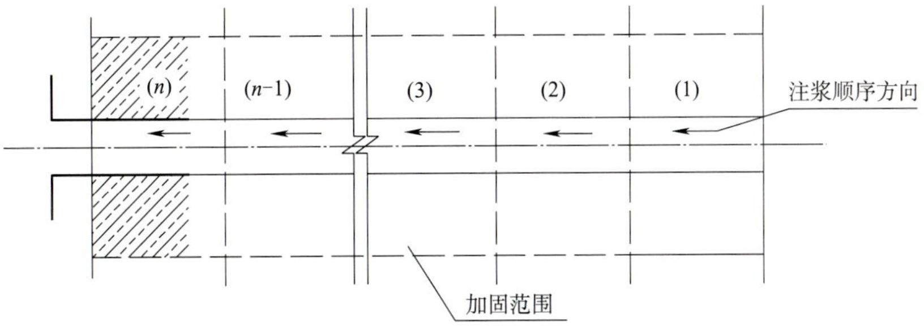

图 14.1.7　后退式分段注浆方式模式

（2）前进式分段注浆。前进式分段注浆是采取钻、注交替作业的一种注浆方式，即在施工中，实施钻一段、注一段，再钻一段、再注一段的钻、注交替方式进行钻孔注浆施工。

每次钻孔注浆分段长度 3 ~ 5 m。前进式分段注浆可采用水囊式止浆塞或孔口管法兰盘进行止浆。前进式分段注浆一般采取孔口管进行孔口连接和止浆。前进式分段钻孔注浆施工模式如图 14.1.8 所示。

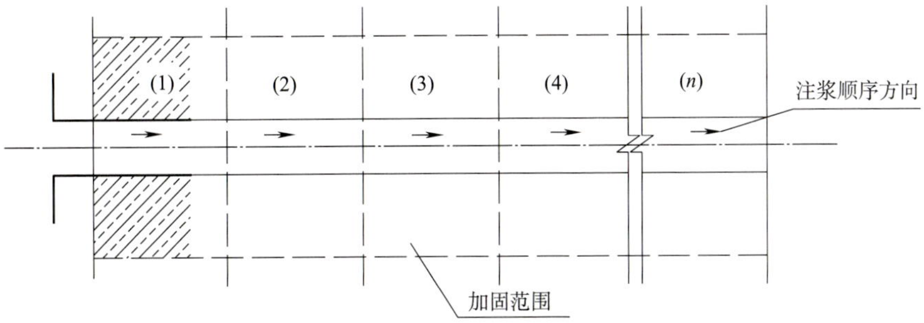

图 14.1.8　前进式分段钻孔注浆施工模式

3. 注浆材料

（1）普通水泥浆。简称 C 浆，适用于渗透系数大于 10^{-2} cm/s 的地层，当地层富含水，或地下水流速大于 80 ~ 100 m/d 时，不宜采用普通水泥浆进行注浆堵水。浆液水灰比不宜大于 1∶1，使用普通搅拌机时，浆液搅拌时间不应短于 3 min，使用高速搅拌机时，不应短于 30 s。浆液应随用随配，搅拌时间大于 4 h 的浆液不宜使用，应做废弃处理。

（2）改性水玻璃浆。将水玻璃与硫酸混合，使水玻璃改性，形成酸性浆液，称改性水玻璃浆，简称 S 浆。浆液适用于无水或潮湿的粉细砂地层中。

（3）普通水泥—水玻璃双液浆。简称 C—S 浆液，适用于渗透系数大于 10^{-2} cm/s 的地层。常用于水压较高、水流速度较快的破碎带注浆堵水中。水泥浆与水玻璃体积比不宜小于 1∶1，注浆时先注水泥浆，待确定管路及地层吸浆正常时，再开始注水泥—水玻璃双液浆，结束注浆时，改注水泥浆约 3 min，之后，注水。注水时间根据管路长度，通过试验确定，以确保水不注入地层。

（4）超细水泥浆。简称 MC 浆，适用于渗透系数为 10^{-2} ~ 10^{-4} cm/s 的中细砂层中，在粉细砂层和粉质黏性土层中，采取袖阀式分段注浆工艺，能取得较好的劈裂注浆效果。

（5）超细水泥—水玻璃双液浆。简称 MC—S 浆，适用于动水粉细砂层的注浆堵水及加固。

（6）TGRM 浆。TGRM 浆以硫铝酸盐水泥为主要材料，通过添加不同类型的外加剂，从而具备在水中具有较强的抗分散性和早强性特点，以满足注浆堵水和快速加固要求。注浆材料无毒、无污染，属单液浆，可操作性强。适用于高压动水地层的注浆堵水及加固。根据工程需要，TGRM 有防水型、超细型、加固型和双液型四种产品。

4. 配套机械

注浆机械包括钻机、注浆泵、搅拌机，以及配套的混合器、高压胶管、压力表。钻机优先选用钻孔、注浆一体的快速多功能钻机。注浆应配备高压力、大流量注浆泵，且注浆压力和流量可调，以满足注浆工艺和保证注浆质量的要求。常用注浆泵技术参数见表14.1.2。

表14.1.2 常用注浆泵主要技术参数表

参数名称	HFV-5D	PH15	KBY-50/70	YZB-130/14	GZB-YS	2TGZ-60/210	ZJB(BP)-30
最大流量(L/min)	70×2	180	50	130	60	60	110
最高压力(MPa)	10	7.5	7	14	21	21	30
电机功率(kW)	22	22	11	15	20	7.5	55
质量(t)	1.2	1.53	0.3	0.58	1.25	1.05	1.35
外形尺寸(长/宽/高)(m)		2.3/1.23/1.4	1.3/0.72/0.7		2/1.05/0.75	1.75/0.945/1.12	1.982/1.056/0.9
产地	日本	法国	中国河北	中国镇江	中国辽宁	中国辽宁	中国西安

14.2 初期支护施工工艺

隧道初期支护通常包括系统锚杆、钢架、钢筋网和喷射混凝土组成。初期支护应紧跟开挖面及时施作，尽量减少围岩暴露时间，抑制围岩变形，防止围岩在短期内松弛剥落。

钢架、钢筋网和锚杆在洞外构件厂加工，利用钢架架设机械、人工配合安装钢架，挂设钢筋网，锚杆台车或专用锚杆钻机施作系统锚杆，喷射机械手湿喷混凝土。

14.2.1 系统锚杆

中国高速铁路隧道初期支护的系统锚杆一般拱部采用带排气装置的ϕ25 mm中空注浆锚杆，边墙采用ϕ22 mm砂浆锚杆；当围岩成孔条件较差或有特殊要求时，可采用自进式锚杆。锚杆端头设置垫板，锚杆孔灌浆应密实，系统锚杆材质的断裂伸长率不得小于16%，垫板采用A3钢，尺寸不小于150 mm×150 mm×6 mm。在Ⅳ、Ⅴ级围岩及特殊地质围岩中开挖隧洞时应先喷混凝土再安装锚杆，在膨胀性等围岩中宜采用摩擦式锚杆。

1. 中空锚杆

中空注浆锚杆适合在拱部应用，图14.2.1为组合中空注浆锚杆。注浆时砂浆经中空锚杆体的中空内孔从连接套上的出浆口进入锚孔，锚孔内的砂浆由外向里充盈，锚孔内的空气从排气管排出，注浆完成后应立即安装堵头。

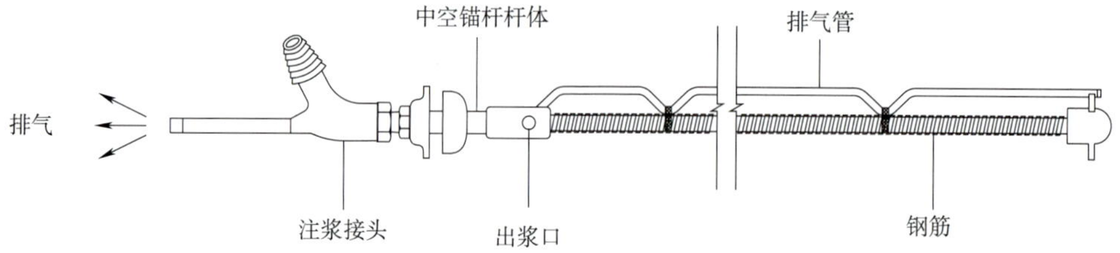

图14.2.1 组合中空注浆锚杆

组合锚杆体应有居中措施。

2. 全长粘结型锚杆施工

(1) 水泥砂浆锚杆的原材料及砂浆配合比应符合以下要求：

①锚杆杆体使用前应平直、除锈、除油。

②宜采用中细砂，粒径不应大于2.5 mm，使用前应过筛。

③砂浆配合比：水泥比砂宜为1:1～1:2(质量比)，水灰比宜为0.38～0.45。

(2) 砂浆应拌和均匀，随拌随用，一次拌和的砂浆应在初凝前用完，并严防石块、杂物等混入。

(3) 注浆作业应遵守以下规定：

①注浆开始或中途停止超过30 min时应用水或稀水泥浆润滑注浆罐及其管路。

②注浆时，注浆管应插至距孔底50～100 mm，随砂浆的注入缓慢匀速拔出。杆体插入后若孔口无砂浆溢出，应及时补注。

(4) 杆体插入孔内长度不应小于设计规定的95%。锚杆安装后，不得随意敲击。

3. 端头锚固型锚杆施工

(1) 树脂锚杆的树脂卷贮存和使用应遵守下列规定：

①树脂卷宜存放在阴凉、干燥和温度在+5～25℃的防火仓库中。

②树脂卷应在规定的贮存期内使用，使用前应检查树脂卷质量，变质者不得使用，超过使用期者，应通过试验合格后方可使用。

(2) 树脂锚杆的安装应遵守以下规定：

①锚杆安装前，施工人员应先用杆体量测孔深，做出标记，然后用锚杆杆体将树脂卷送至孔底。

②搅拌树脂时，应缓慢推进锚杆杆体。

③树脂搅拌完毕后，应立即在孔口处将锚杆杆体临时固定。

④安装托板应在搅拌完毕15 min后进行，当现场温度低于5℃时，安装托板的时间可适当延长。

(3) 快硬水泥卷的贮存应严防受潮，不得使用受潮结块的水泥卷。

(4) 快硬水泥卷锚杆的安装应符合以下要求：

①水泥卷浸水后，应立即用锚杆杆体送至孔底，并在水泥初凝前将杆体送入，搅拌完毕。

②连续搅拌水泥卷的时间宜为30～60 s。

③安装托板和紧固螺帽必须在水泥石的强度达到10 MPa后进行。

(5) 安装端头锚固型锚杆的托板时，螺帽的拧紧扭矩不应小于100 N·m，托板安装后应定期检查其紧固情况，如有松动，及时处理。

4. 自钻式锚杆的施工

(1) 自钻式锚杆安装前，应检查锚杆体中孔和钻头的水孔是否畅通，若有异物堵塞，应及时清理。

(2) 锚杆体钻进至设计深度后，应用水和空气洗孔，直至孔口返水或返气，方可将钻机和连接套卸下，并及时安装垫板及螺母，临时固定杆体。

(3) 锚杆灌浆料宜采用纯水泥浆或1:1水泥砂浆，水灰比宜为0.4～0.5，采用水泥砂浆时，砂粒径不应大于1.0 mm。

(4) 灌浆料应由杆体中孔灌入，水泥浆体强度达5.0 MPa后可上紧螺母。

14.2.2 钢筋网

钢筋网预先在洞外加工厂加工成型。安装搭接长度为1～2个网格。钢筋网随受喷面起伏铺设，与受喷面的间隙一般不大于3 cm。与锚杆或其他固定装置连接牢固。开始喷射时，缩短喷头至受喷面的距离，并调整喷射角度。

14.2.3 钢架

钢架预先在洞外加工厂加工成型，在洞内用螺栓连接成整体。

1. 制作加工

钢架加工的焊接不得有假焊，焊缝表面不得有裂纹、焊瘤等缺陷。每榀钢架加工完成后放在水泥地面上试拼，周边拼装允许误差为±3 cm，平面翘曲小于2 cm。钢架在开挖或初喷混凝土后及时架设。

2. 钢架架设要求

安装前清除底脚下的虚渣及杂物。钢架安装允许偏差：钢架间距、横向位置和高程与设计位置的偏差不超过 ±5 cm，垂直度误差为 ±2°。

沿钢架外缘每隔 2 m 用钢楔或混凝土预制块楔紧。

钢架底脚置于牢固的基础上。钢架尽量密贴围岩并与锚杆焊接牢固，钢架之间按设计纵向连接。

分部开挖法施工时，钢拱架拱脚打设锁脚锚杆（管），锚杆（管）长度不小于 4 m，数量为 2 ~4 根。下半部或三台阶的下台阶开挖后钢架及时落底接长，封闭成环。

钢架与喷混凝土形成一体，钢架与围岩间的间隙用喷混凝土充填密实。

14.2.4 喷混凝土

喷射混凝土采用洞外自动计量拌和站拌和，湿喷法施工。喷前对设备进行检查和试运转，在受喷面、各种机械设备操作场所配备充足照明及通风设备。

喷射混凝土的现场配比应适当提高其强度等级，以确保附着在围岩面上的喷混凝土层实际强度满足要求。

全断面或大断面隧道应采用喷射机械手进行施工。

1. 喷射混凝土机械设备选型

湿喷机械手、混凝土运输车 2 ~3 辆（湿喷混凝土由搅拌站拌制）。

2. 混凝土配合比选定

喷射混凝土的配合比设计根据原材料性能、混凝土的技术条件和设计要求通过试验选定，初期强度满足 24 h 强度达到 10.0 MPa。水胶比不大于 0.5，水泥用量不小于 400 kg/m^3，试验室在室内进行配合比设计。

3. 喷混凝土施工注意事项

（1）喷射作业时喷头宜垂直于受喷面，喷头距受喷面的距离为 0.8 ~1.2 m。喷头做连续、缓慢移动，使喷层厚度均匀，当岩面有较大凹洼时先将凹处喷平，根据喷射效果随时调整喷头距受喷面的距离和角度等参数，以达到最佳喷射效果。

（2）喷射作业应分段分片依次进行，喷射顺序应自下而上，分段长度不宜大于 10 m；分层喷射时，后一层喷射应在前一层混凝土终凝后进行，若终凝 1 h 后再进行喷射时，应先用风、水清洗喷层表面。复喷混凝土的一次喷射厚度：拱部为 50 ~100 mm，侧壁为 70 ~150 mm。

（3）喷射作业宜连续施工。

（4）喷射混凝土养护应在喷射混凝土终凝 2 h 后进行喷水养护，时间不得少于 14 d。喷水次数以能保持混凝土具有足够的湿润状态为度。当围岩条件不允许喷水养护时，以采用喷雾养护为宜，防止喷水过多软化下部围岩。

14.3 防排水系统施工工艺

14.3.1 基面检查处理

基面处理主要对初期支护表面的渗漏水，外露的突出物及表面凹凸不平处进行处理。

（1）对基面渗漏水，采用回填注浆进行堵水，以保持基面无明显漏水。对初期支护表面外漏的锚杆头，钢筋头等硬物进行割除，再用砂浆进行抹平。对初期支护表面凹凸不平处采用喷射混凝土补喷平顺。

（2）对基面处理质量进行检查，并应满足以下要求：

①初期支护表面无明显渗漏水，无空鼓、裂缝、酥松等现象。

②初期支护表面平整，平整度符合规范要求。

③初期支护表面无尖锐突出物。

14.3.2 洞内盲管安装

洞内排水盲管主要包括环向排水盲管、纵向排水盲管、横向排水盲管，三者排水功能不同但形成完整的排水系统。排水盲管的安装应满足可维护的要求，任一点堵塞时，均具备从管口使用高压水冲洗的条件。

1. 环向排水盲管施作方法

在隧道初期支护与防水板间设透水环向盲管，在泄水孔高程处与隧道两侧排水沟相连通。环向盲管间距按照设计、规范要求进行布设，在水量较大地段适当加密。环向盲管采用在预安装位置打孔装入小木楔铅丝绑扎固定。

2. 纵向排水盲管施作方法

纵向排水盲管的设置及坡度应按照设计要求安设，并与环向盲管、侧沟、横向盲管形成一个完整的排水系统。沿线钻孔，定位孔间距在 30 ~ 50 cm。将膨胀锚栓打入定位孔或用锚固剂将钢筋头预埋在定位孔中，固定钉安在盲管的两侧。用无纺布包住盲管，用扎丝捆好；用卡子卡住盲管，然后固定在膨胀螺栓上。间距 10 ~ 30 m 与隧道两侧排水沟连通。

3. 横向排水盲管的安装

横向排水盲管是连接侧沟与中心排水管(沟)的水力通道，通常间距 30 ~ 50 m 设置一道，或与检查井配套设置。采用硬质塑料管，其设置应符合设计要求，在仰拱及填充混凝土施工时，埋设在仰拱填充层中。

4. 排水盲管的施工质量要求

(1) 盲管材料质量、直径、透水孔的大小、间距应满足设计要求。

(2) 盲管应尽量与初期支护混凝土壁密贴。

(3) 管内无泥砂等杂物堵塞，泄水孔通畅。

14.3.3 防水板铺设

防水板施工作业在基面处理、排水盲管设置完成后进行，主要包括铺设准备、防水板固定、防水板焊接、质量检查等环节。

1. 铺设准备

洞外检查防水板材料、质量、各项指标。

2. 铺设缓冲层

缓冲层材料根据设计选用，一般采用射钉固定，如图 14.3.1 所示。

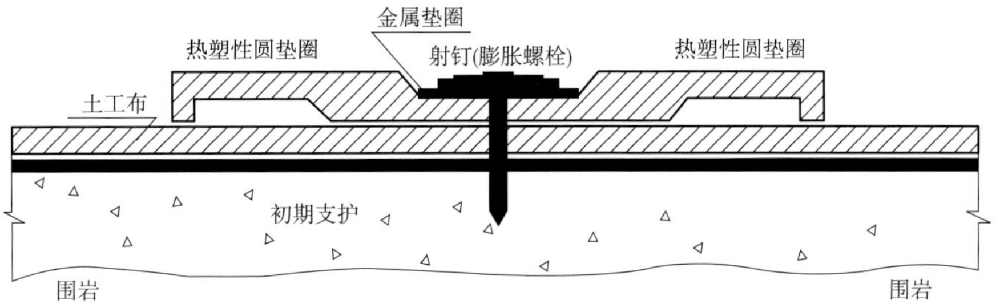

图 14.3.1 缓冲层铺设

铺设步骤如下：

(1) 先在隧道拱部标出纵向中线。

(2) 使缓冲层垫衬基本与洞室轴线直交，留足基面凹凸部位的富余量，由两边墙向拱部铺设。

(3) 用带热塑性圆垫圈的射钉将缓冲层平整顺直地固定在基层上，固定点间距：一般拱部 0.5 ~ 0.8 m，边墙 0.8 ~ 1.0 m，底部 1 ~ 1.5 m，呈梅花形排列，并左右、上下成行固定。

(4) 缓冲层接缝搭接宽度不得小于 50 mm，一般仅设环向接缝。当长度不够时，设轴向接缝应确保上部(靠近拱部的一张)应用下部(靠近底部的一张)缓冲层压紧，并使缓冲层与喷混凝土表面密贴。

3. 铺设防水板

防水板采用无钉环向铺设方法，由二衬作业面向掌子面方向纵向铺设。防水板之间搭接宽度不小于15 cm，在基面上打入塑料垫片，采用热熔焊接方法进行固定。

4. 防水板焊接

防水板接缝采用热合机自动焊缝形成，采用双焊缝热烙焊接，焊缝宽度不小于1.5 cm，焊接严密，不得焊焦、焊穿、漏焊和假焊。焊接完后的卷材表面留有空气通道，用以检测焊接质量。当纵向接缝与环向接缝成十字交叉时(十字形接缝)，事先对纵向接缝外的多余搭接部分齐根削去，将台阶修理成斜面并整平。

5. 防水板焊接质量检查

防水板焊接完毕后要严格对焊接质量进行检查。

1) 目测及尺量检查

检查防水板有无烤焦、焊穿、漏焊和假焊，焊缝宽度是否符合设计，焊缝是否均匀连续，表面平整光滑，有无波形断面。

2) 充气检查

对焊缝进行压力充气检查，并用肥皂水涂在焊缝上，对出现气泡处进行重新补焊，直到合格为止。

6. 防水板保护

要保持防水板接头处的洁净、干燥，注意钢筋的运输及绑扎过程中可能对防水板产生的损伤，发现层面有破损及时修补。

7. 防水板铺设台车的应用

防水板铺设台车改变了以往完全由人工操作的方式，结构简单、紧凑并且合理，安装方便快捷，连接可靠，显著降低了施工人员劳动强度，提高了工作效率，改善了防水布铺设效果，并节约了成本，保证了防水效果和隧道的总体施工质量，易于使用推广。

1) 工艺特点

采用固定式工作平台以便于施工；旋转平台随爬行装置在弧形轨道上的运动，平台可以始终保持在水平状态以便人员施工；铺设装置的伸缩臂高度可调，满足需铺设隧道半径的变化；防水板卷可快速地安装。

2) 工艺原理

防水板安装方式及铺设工作原理如图14.3.2所示。其中伸缩臂的滚轴穿过防水板后其顶点与隧道内表面接触，通过该装置的移动而完成防水板的铺设工作。伸缩臂其高度可调，其调节方式为丝杆调节，为两级调整。爬行小车采用两台0.75 kW电机，轮直径为150 mm，走行速度为2.9 m/min。传动方式为链传动。

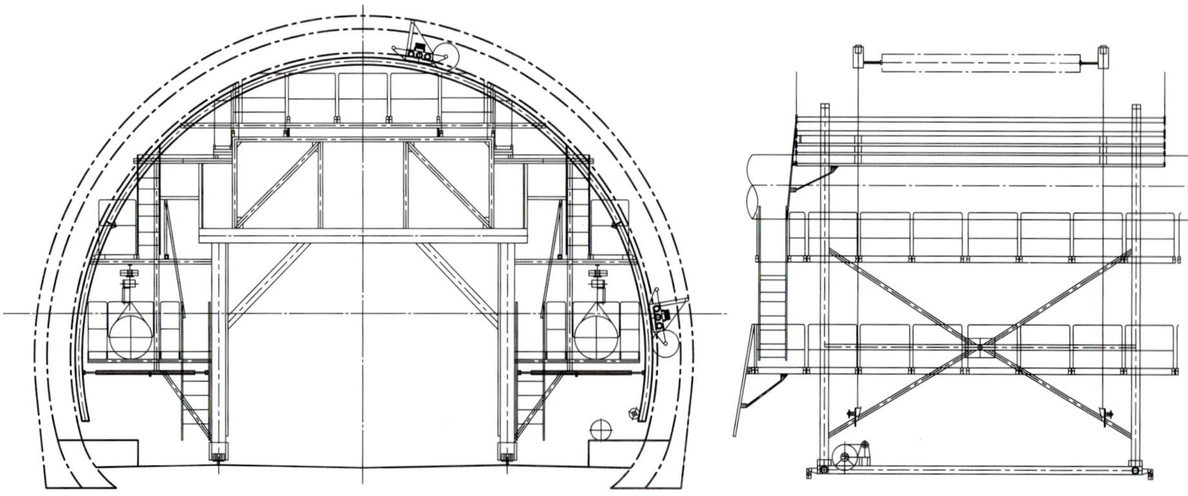

图14.3.2 防水板安装方式及铺设工作原理

台车底部设有行走装置，防水布铺设装置在铺设轨道支架上移动，轨道调整杆和电缆卷筒均和轨道支架连接。

3）工艺流程及操作要点

（1）工艺流程

将台车停靠在合适位置后，将穿料管穿过防水板（或土工布）芯孔；起动提升装置，将穿料管安装在爬行装置上，并将防水板穿过伸缩臂顶部布料轴；调整伸缩臂高度，同时调整防水板在料管上的左右位置；通过手柄按钮启动爬行装置，进行铺设；操作工人进入旋转平台，将安全杆固定好，系好安全带，通过手柄按钮启动旋转平台至合适位置停止，开始进行防水板的焊接工作；爬行装置停止后，将旋转平台停靠在合适位置后，方可进行防水板的焊接或操作。

铺设一周结束后，操作旋转平台手柄后退按钮，旋转平台退回原位，拆除旋转平台安全杆；操作铺设装置手柄后退按钮，铺设装置退回。

（2）施工操作要点

防水板表面平顺，无褶皱、无气泡、无破损等现象。

当基面轮廓凸凹不平时，要预留足够的松散系数，使其留有余地，并在断面变化出增加悬挂点，保证缓冲面与混凝土表面密贴。

防水板搭接用热焊器进行焊接，接缝为双焊缝，焊接温度应控制在200～270℃为宜，并保持适当的温度即控制在0.1～0.15 m/min范围内。

焊缝若有漏焊、假焊应予补焊；若有烤焦、焊穿处以及外露的固定点，必须用塑料片焊接覆盖。

防水板铺设台车采用固定式工作平台以便于施工；旋转平台随爬行装置在弧形轨道上的运动，平台可以始终保持在水平状态以便于人员施工；铺设装置的伸缩臂高度可调，满足需铺设隧道半径的变化；防水板卷可快速地安装等都是它优于以往的普通防水板台车。

4）材料与设备

本设备主要有台架、行走装置、横移装置、铺设装置、旋转平台、提升装置等几部分组成。

（1）台架：为本设备主要受力结构件。保证了足够的刚度和强度，其台架前后两侧设置有固定式平台，该平台随隧道洞壁形状设置，充分体现人性化设计理念。

（2）行走装置：用于台车整体沿隧道方向的前后移动工作。其采用双驱动动力装置，即采用两台2.2 kW电机，走行速度为3.05 m/min。大车轮直径为300 mm。传动方式为链传动。行走轮为钢轨式，适用钢轨为P50，下垫枕木高度为200 mm。

（3）横移装置：位于行走装置上部，其调整范围为±150 mm，调整方式采用液压方式。

（4）爬行装置：本设备的主要工作部件，主要用于完成防水板的铺设工作。通过该装置沿铺设轨道的移动，完成防水板沿隧道断面方向的铺设。其轨道与隧道断面内表面为等距圆弧。

（5）提升装置：用于防水板的提升，以方便防水板安装到铺设装置中。本提升装置采用的PK型双速环链葫芦，具有体积较小、外形美观、性能可靠等特点。

14.3.4 止水带安装

止水带主要布置在隧道施工缝、变形缝处。止水带施工作业包括制作专用卡件、止水带安装、接头位置处理、混凝土浇筑。

在仰拱与拱墙施工缝处设纵向止水带，二衬环向施工缝部位设环向背贴式止水带或中埋式止水带。

1. 水平施工缝

水平施工缝在混凝土浇筑完毕后进行止水带的安装，采用钢筋卡卡在止水带外露部位将其进行固定，混凝土凝固后，取下钢筋卡，拆除模板后，采用钢丝刷清除混凝土上部虚渣，再进行下一步混凝土浇筑。

2. 环向施工缝

环向施工缝采用在端头模板上安装金属卡件对止水带进行固定，再进行混凝土浇筑。混凝土凝固后，拆除端头模板后，拉直金属卡件。

3. 背贴式止水带施工

1） 位置确定

外贴式止水带设置在衬砌结构施工缝、变形缝的外侧，施工时按设计要求先在需要安装止水带的位置放出安装线。

2） 基面处理

对于直接设置在岩壁或初期支护找平层的外贴式止水带，设置的部位须预先用氯丁胶乳砂浆进行抹平处理，防水砂浆抹面的宽度应大于外止水带宽度 20 cm 以上。对于设计有防水板的，则须对接缝处擦洗干净。

3） 止水带固定

施工缝处设计有防水板的，如止水带材质与防水板相同，则采用双焊缝热焊机将止水带固定在防水板上，对于设计为橡胶止水带时，则采用粘接法将其与防水板连接，如图 14. 3. 3 所示。

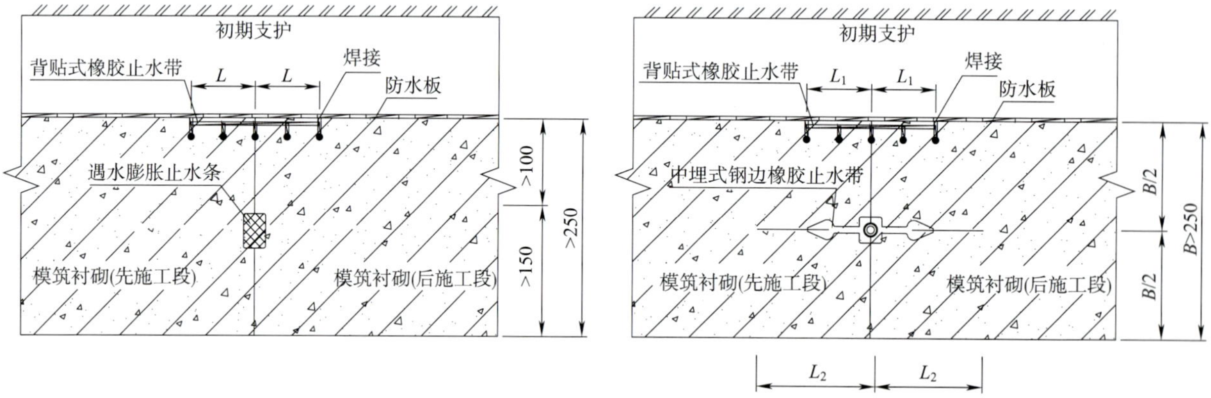

图 14. 3. 3　止水带、止水条施工

4. 中埋式止水带施工

一是利用钢筋卡具沿衬砌环线每隔 0. 5 ~ 1. 0 m，在端头模板上钻一个 ϕ12 mm 的钢筋孔。将制成的钢筋卡穿过挡头模板，内侧卡紧止水带一半，另一半止水带平靠在挡头板上，待混凝土凝固后拆除挡头板，将止水带拉直，然后弯钢筋卡紧止水带。

二是衬砌台车上直接安装弧形钢模，将止水带固定在弧形钢模上，钢模与防水板之间用木模封堵。

5. 止水带施工控制要点

（1） 止水带埋设位置应准确，中间空心圆环与变形缝重合。

（2） 中埋式止水带应固定在挡头模板上，先安装一端，浇筑混凝土时另一端应用箱形模板保护，固定时只能在止水带的允许部位上穿孔打洞，不得损坏止水带本体部分。

（3） 固定止水带时，应防止止水带偏移，以免单侧缩短，影响止水效果。

（4） 止水带定位时，应使其在界面部位保持平展，不得使橡胶止水带翻滚、扭结，如发现有扭结不展现象应及时进行调整。

（5） 止水带的长度应根据施工要求事先向生产厂家定制（一环长），尽量避免接头。

（6） 橡胶止水带接头必须粘接良好，不应采用不加处理的“搭接”。

（7） 止水带粘接前应做好接头表面的清刷与打毛，接头处选在衬砌结构应力较小的部位，粘接可采用热硫化连接的方法，搭接长度不得小于 10 cm，焊接缝宽不小于 50 cm。冷接法应采用专用粘结剂，冷接法搭接长度不得小于 20 cm。

（8） 设置止水带接头时，应尽量避开容易形成壁后积水的部位，宜留设在起拱线上下。

14.4 仰拱施工工艺

隧道仰拱由初期支护仰拱、二次衬砌仰拱和仰拱填充组成，作为隧道施工承前启后的一道工序，起到了闭合结构体，稳定初期支护的作用。

14.4.1 工艺特点

（1）紧跟初支支护，可以及时使隧道封闭成环，保证掌子面安全。

（2）施工分三部分，即初期支护、仰拱二衬、仰拱填充。

（3）仰拱必须整幅施工，根据围岩情况随时改变开挖与浇筑长度。

14.4.2 仰拱施工工艺

（1）较为坚硬的地段采用光面爆破配合挖掘机开挖仰拱，较为松软的地段，尽量避免采用爆破，可以采用破碎锤或铣挖机完成仰拱开挖，减少对临空面的扰动；出渣采用移动栈桥配合自卸车出渣。

（2）出渣结束后，对基底进行检查，不允许出现欠挖。

（3）将上循环仰拱混凝土接头凿毛处理，按设计要求安装仰拱钢筋，并预留与边墙衬砌连接筋。

（4）采用混凝土输送车运输灌注，插入式振动棒捣固。为能尽早行车，可采用早强型混凝土。

14.4.3 工艺要点

（1）施工前，应将隧底虚渣、杂物、泥浆、积水等清除，并用高压风将隧底吹洗干净，超挖应采用同级混凝土回填。

（2）仰拱超前拱墙二次衬砌，其超前距离保持 3 倍以上衬砌循环作业长度。

（3）底板、仰拱的整体浇筑采用防干扰作业平台保证作业空间；仰拱成型采用浮放模板支架。

（4）仰拱、底板混凝土整体浇筑，一次成型。

（5）填充混凝土在仰拱混凝土终凝后浇筑。仰拱拱座与墙基同时浇筑，排水侧沟与边墙同时浇筑。

（6）仰拱施工缝和变形缝作防水处理。

（7）膨胀岩地段，仰拱要进行加强，并增设锚杆或锚固桩等。

（8）填充混凝土强度达到 5 MPa 后允许行人通行，填充混凝土强度达到设计强度的 100% 后允许车辆通行。

14.4.4 下挂式仰拱模板施工工艺

下挂式仰拱模板主要用于大断面隧道的仰拱施工，使用此类下挂式模板可有效减少施工成本，提高仰拱施工质量和工作效率，如图 14.4.1 所示。

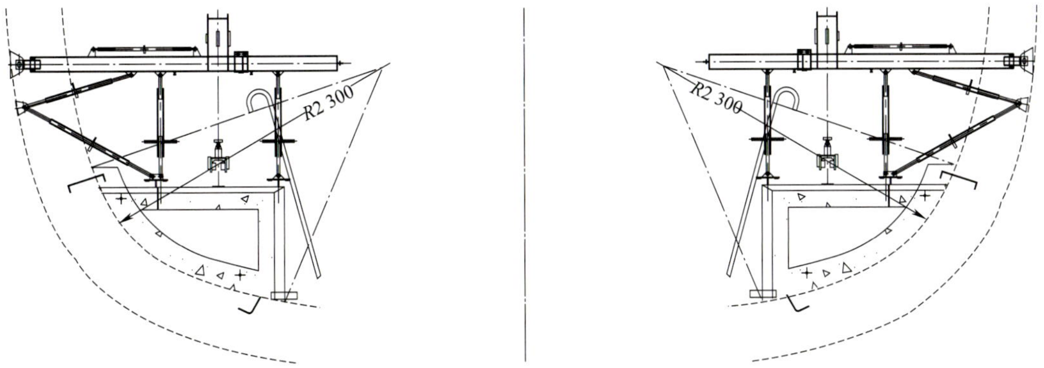

图 14.4.1　下挂式仰拱模板

第三篇　施工技术

1. 工艺特点

该模板主要由模具本体、可伸缩横梁、滑套装置、调节装置、提升装置和滑动装置等部分组成，具有结构简单、组装方便等特点。

下挂式仰拱模板主要用于仰拱分层浇筑。该模板为模块化设计，模板单位长度为1 m，可根据仰拱施工长度决定模板的数量，下挂式仰拱模板组装方便，仅需一次组装，无需重复，每次浇筑仰拱时仅需安装可伸缩横梁用于固定模板，大大降低了工人劳动强度，待全部仰拱施工完成后拆卸。挡头采用弧形定位模板固定中埋式止水带。

2. 工艺要点

（1）根据仰拱施工特点，模板均是悬空安装，故安装时主要针对模板容易横向移位和上浮的特点对模板进行加固。

（2）通过施工边墙锚钉，并安装横向可伸缩横梁解决横向位移问题，模板竖向高度必须精确，确保弧形与设计一致。

（3）混凝土浇筑施工。混凝土浇筑可使用输送泵或溜槽进行施工，施工时注意各部分混凝土的浇筑顺序。首先应完成对内模以下的混凝土浇筑，由于浇筑时间较长，待完成下部的浇筑振捣后，靠近内模底部的混凝土基本初凝，此时再对内模内的部分进行浇筑，可以减轻混凝土对模板的压力及上浮力，减小模板上浮和横向位移，降低跑模风险。

（4）中埋式止水带安装控制。由于采用定型弧形模板安装，安装时应注意止水带高度，定位不准确可能造成止水带埋入仰拱填充施工范围。仰拱二衬顶面外露的止水带（环向与二衬相连接），施工时应确保其不移动，并且配置专人在混凝土初凝之前检查其是否松动，止水带露出是否居中。

3. 材料与设备

（1）主要材料设备见表14.4.1。

表14.4.1 主要材料设备表

序号	名　称	备　注
1	下挂模板本体	单块模板长度1 m，面板厚度4 mm
2	可伸缩横梁	安装在隧道内壁上，为模板其余部分提供支架，起到固定模板的作用
3	滑套装置	用于粗调模具本体的横向位置，保证衬砌的精度
4	调节装置	用于精调模具的横向、纵向位移
5	提升装置	用于模板成型面高程的调节
6	滑动装置	用于纵向位移的调节
7	混凝土运输罐车	运送仰拱混凝土
8	混凝土搅拌站	生产仰拱混凝土
9	振动棒	振捣仰拱混凝土
10	中埋式止水带	宽度不小于300 mm，拉伸强度≥15 MPa，断裂延伸率≥380%，撕裂强度≥30 kN/m，硬度为60±5
11	背贴式止水带	宽度不小于300 mm，拉伸强度≥15 MPa，断裂延伸率≥380%，撕裂强度≥30 kN/m，硬度为60±5

（2）模板结构形式详见图14.4.2。

14.4.5 自行式移动仰拱栈桥施工工艺

1. 工艺特点

（1）采用悬臂式结构，可跨越开挖仰拱就位。

（2）智能化操作，自动化控制。采用触摸屏操作系统及PLC自动控制系统。

（3）采用滑靴行走方式，可实现纵向、横向移动及转弯等动作。

自行式移动仰拱栈桥工作原理：以往使用的栈桥走行结构形式无法跨越已开挖仰拱前进后退，导致

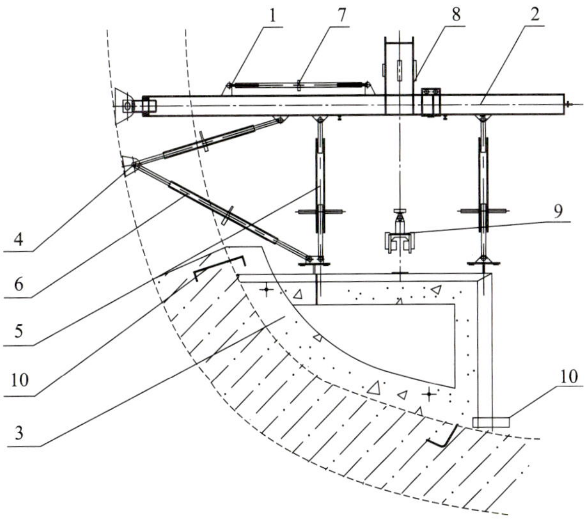

图 14.4.2 下挂式仰拱模板总体结构

1—主梁滑杆；2—滑套；3—模具本体；4—水平调整支撑；5—高度支撑；6—横向支撑；
7—横向调整系统；8—提升滑轮组；9—滑行滚轮；10—锚固件

仰拱施工程序繁琐，针对这一缺点，将栈桥设计为悬臂结构。在栈桥后端增加配重，将走行系统设计在栈桥中后端，使栈桥前端悬空，使用这样的结构形式，栈桥就能够实现跨越已开挖仰拱前进后退。栈桥配重放在后坡桥内，有效减少了配重的重量。使用液压系统为栈桥走行提供动力，采用滑靴式走行方式。栈桥共设计有 4 个纵向移动滑靴和 4 个横向移动滑靴。通过滑靴栈桥可以实现纵向及横向行走。开挖仰拱需要爆破时，栈桥后退至安全距离，出渣或需要恢复洞内交通时，栈桥前行跨越仰拱。在出渣过程中，栈桥可以横向移动，配合挖掘机出渣。

2. 工艺要点

坚硬围岩仰拱一次施工长度为 6 m 或 8 m，钻杆长度只有 4 m 或 5 m，所以开挖一组仰拱需要爆破两次到三次，施工过程中需要栈桥反复前进或后退。

（1）填充面平整度误差不超过 2 cm，否则栈桥行走时会出现剧烈颠簸。

（2）栈桥到位后，前端虚渣必须垫平、压实。

（3）装渣时防止大型石块掉到栈桥上砸坏栈桥。

（4）栈桥移动时有专人指挥行走方向。

3. 材料与设备

主要机械设备配备见表 14.4.2。

表 14.4.2 主要机械设备配备表

序 号	机 械 名 称	型 号	单 位	数 量	备 注
1	挖掘机		台	1	装 渣
2	自行式移动仰拱栈桥	MIB-L11Y	台	1	
3	自卸汽车		台	3	运 渣

4. 使用效果

（1）显著提高安全性

使用简易栈桥施工仰拱，一旦车辆在栈桥上发生意外，很可能造成群死群伤的特大事故，是隧道施工中的一大安全隐患。使用改进栈桥，消灭了安全隐患，确保了栈桥上行驶设备及栈桥下施工人员的安全。

（2）缩短施工时间

使用自行式移动仰拱栈桥之后，栈桥上各种车辆设备正常通行，不影响掌子面施工，桥下可同时进行隧道的仰拱开挖、钢筋绑扎、仰拱浇筑等作业，实现掌子面开挖与仰拱施工平行作业，仰拱作业不占用循环时间，显著节约了施工时间，提高了隧道施工整体效率。

14.5 二次衬砌施工工艺

二衬的质量决定着整个隧道的质量，高速铁路二次衬砌的混凝土要求具备高性能、耐久性等特性，施工后要求二次衬砌零修补。

拱墙二次衬砌采用整体钢模衬砌台车一次性浇筑，混凝土搅拌运输车运输，泵送混凝土入模，振捣器捣固，左右对称浇筑，挡头模采用钢模与木模。混凝土生产采用自动计量拌和站拌和，混凝土拌和站设置应满足冬期、夏期施工要求。

14.5.1 施工测量

在防水板上标示出钢筋安装控制点，并在下组台车定位里程内仰拱填充面上提前设置高程、隧道中心控制点。

14.5.2 仰拱边墙施工缝处理

拱墙钢筋安装前对仰拱边墙混凝土顶面进行凿毛处理，并按设计涂水泥基渗透结晶型防水涂料。

14.5.3 钢筋安装

在作业台架上拱顶、起拱线、边墙部位设置定位筋，定位筋位置由测量组测量确定。环向主筋接头一端采用冷挤压套筒连接，一端采用绑扎搭接，套筒连接与绑扎搭接在边墙处按梅花形，左右侧分开间隔布置；纵向连接采用绑扎连接。冷挤压套筒连接效果如图 14.5.1 所示。

图 14.5.1 冷挤压套筒连接效果

14.5.4 台车定位、环向止水带及端头模板安装

1. 台车定位

定位前检查电气、液压、行走系统，将台车模板清理干净并涂抹脱模剂。横移或升降油缸手柄，使台车模板中轴线精确对准隧道中线，根据测量台车顶模两侧模板铰接位置的平面位置及高程，调整到符合尺寸位置，关闭油缸截止阀；根据测量校核尺寸操作边模油缸手柄，边模调整至要求位置后，关闭油缸截止阀防止移动；操作脚模油缸调整脚模至要求位置。测量模板定位后旋紧边模所有丝杆，保证底部丝杆可靠支撑在地面上。

2. 拱墙环向止水带及端头模板安装

拱墙环向中埋式止水带安装采用自制定位夹具固定安装，拱墙环向背贴式止水带安装采用端头模板紧贴防水板固定。拱墙环向止水带布置如图 14.5.2 所示。拱墙环向止水带布置效果如图 14.5.3 所示。

14.5.5 拱顶竖向排气注浆管安装

（1）拱顶纵向注浆排气软管安装和竖向排气管布置关系如图 14.5.4 所示。

（2）纵向注浆软管三通连接如图 14.5.5 所示。

（3）每台模板台车安装 4 个排气、1 个注浆孔固定装置，均采用法兰式固定装置。台车竖向注浆排气管固定装置布置如图 14.5.6 所示。

（4）模板台车上安装的法兰式固定装置。法兰式排气（注浆）管固定装置效果如图 14.5.7 所示。

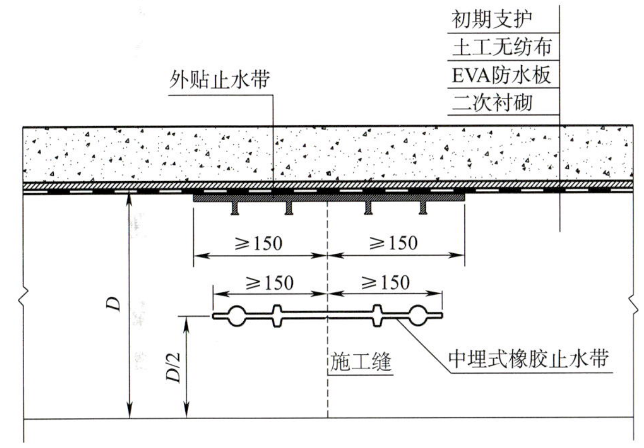

图 14.5.2 拱墙环向止水带布置(单位：mm)

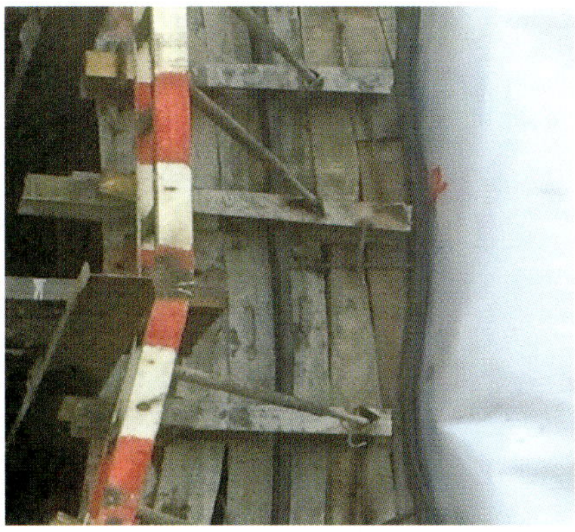

图 14.5.3 拱墙环向止水带布置效果

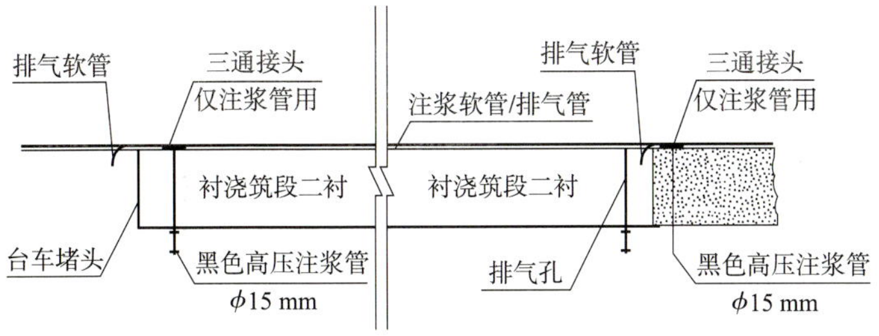

图 14.5.4 纵向注浆、排气管和竖向排气管布置关系

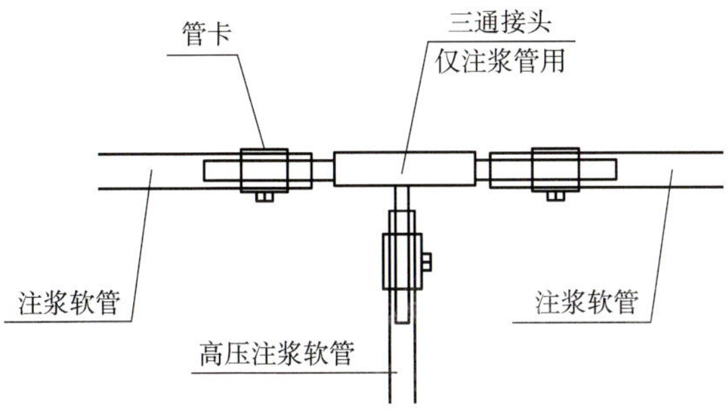

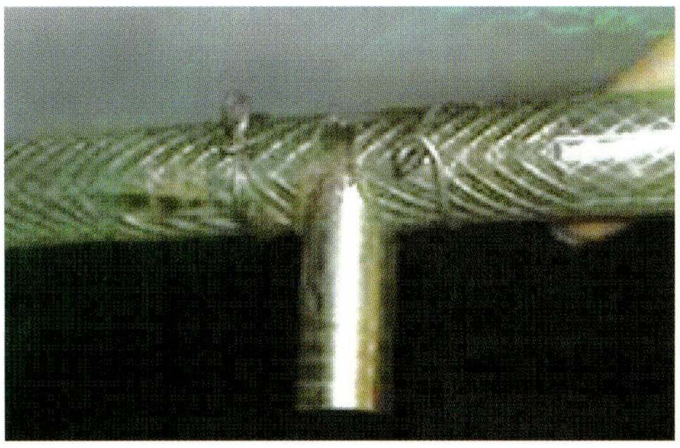

图 14.5.5 纵向注浆管三通连接

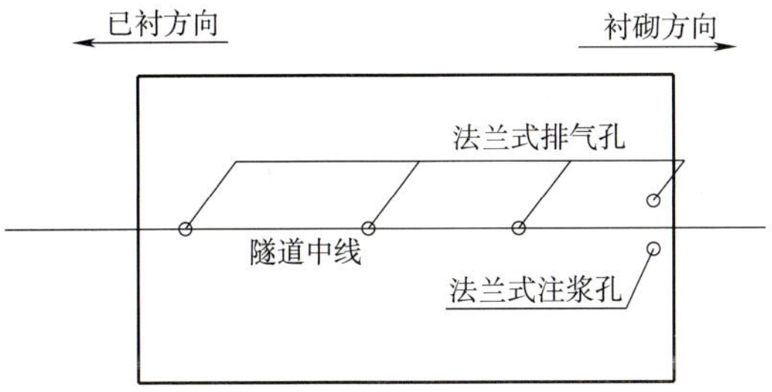

图 14.5.6 台车竖向注浆排气管固定装置布置

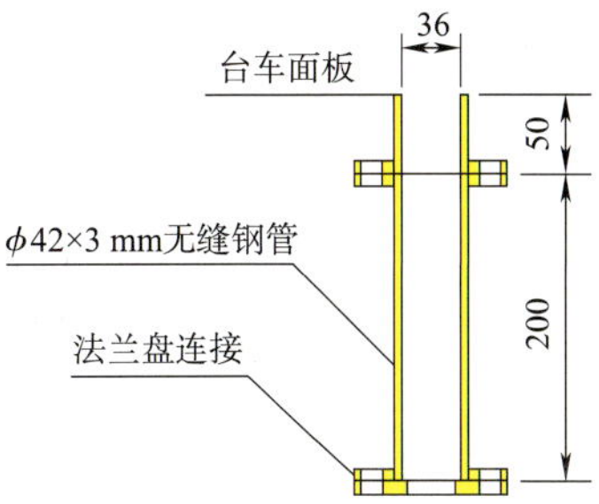

图 14.5.7 法兰式排气(注浆)管固定装置效果(单位：mm)

(5) 排气管安装时利用固定法兰式装置将 ϕ32 mm × 1.5 mm PVC 管固定，其上端开口，并紧顶拱顶防水板(防水板紧贴基面)。安装时打开固定装置的下层法兰盘，测量并用手持切割机截取要求长度的 PVC 管，从固定装置下方穿入后，关闭法兰盘固定装置并锁紧。脱模时将上层的法兰盘拆除，并手持

切割机将 PVC 管沿法兰盘截断。排气、注浆管安装效果如图 14.5.8 和图 14.5.9 所示。

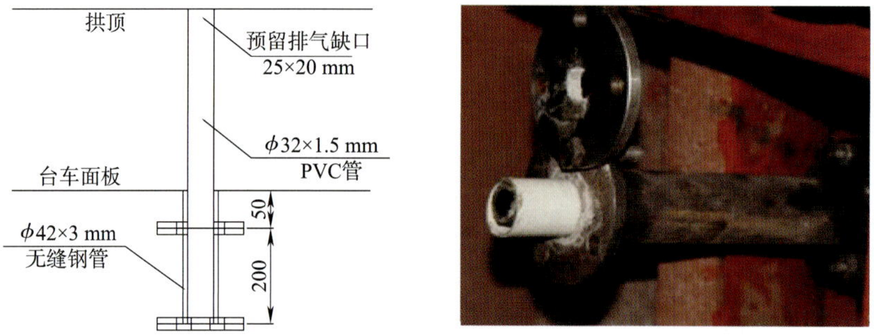

图 14.5.8　排气、注浆管安装效果(一)(单位：mm)

图 14.5.9　排气、注浆管安装效果(二)

14.5.6　拱墙混凝土施工

拱墙混凝土在混凝土拌和站集中拌制，混凝土运输车运至施工现场，混凝土输送泵泵送入模。

(1) 混凝土自台车窗口灌入，由下向上，对称分层，倾落自由高度不超过 2.0 m，左右侧混凝土高差宜控制在 50 cm 以内。

(2) 混凝土浇筑连续进行。当因故间歇时，其间歇时间应小于前层混凝土的初凝时间，否则按施工缝处理。

(3) 控制混凝土浇筑速度，不得让混凝土顺防水板流至浇筑位置，以防混凝土离析。

(4) 采用插入式振动棒和小功率附着式平板振捣器进行振捣。采用插入式振动器振捣混凝土时，与侧模应保持 50 ~ 100 mm 的距离，并避免碰撞钢筋、模板、预埋件等。

(5) 拆模时应符合以下要求：①初支稳定后施作的二次衬砌，混凝土强度应达到 8.0 MPa 以上方可拆模。②初支未稳定提前施作的二次衬砌，混凝土强度应达到设计强度的 100% 后方可拆模。③拆模时混凝土内部与表层、表层与环境之间的温差不得大于 20℃，结构内外侧表面温差不得大于 15℃；混凝土内部开始降温前不得拆模。

14.5.7　养　　护

混凝土浇筑完毕后 12 h 内开始对混凝土进行养护，养护 14 d。混凝土养护期间，混凝土内部温度与表面温度之差、表面温度与环境温度之差不大于 20℃，养护用水温度与混凝土表面温度之差不得大于 15℃。养护采用养护台架。浇水次数保持混凝土处于湿润状态。当环境气温低于 5℃ 时不应浇水。养护台架效果如图 14.5.10 所示。

14.5.8　回填注浆

衬砌背后回填注浆严格纳入工序管理，衬砌混凝土强度达到设计强度 100% 后开始回填注浆。注浆采用预留的高压注浆管、套丝式注浆孔进行。拱顶回填注浆效果如图 14.5.11 所示。注浆材料采用水泥单液浆(1∶1)，注浆压力控制在 0.2 MPa 以内。

图 14.5.10　养护台架

图 14.5.11　拱顶回填注浆效果

参 考 文 献

[1] 铁道部工管中心. 铁路隧道钻爆法施工技术要点手册[M]. 北京：中国铁道出版社，2010.

[2] 中华人民共和国铁道部. 铁路隧道喷锚构筑法技术规范(TB 10108—2002)[S]. 北京：中国铁道出版社，2002.

[3] 中华人民共和国铁道部. 客运专线铁路隧道工程施工技术指南(TZ 214—2005)[S]. 北京：中国铁道出版社，2005.

[4] 中国铁路总公司. 高速铁路隧道工程施工技术规程(Q/CR 9604—2015)[S]. 北京：中国铁道出版社，2015.

[5] 中华人民共和国铁道部. 中空锚杆技术条件(TB/T 3209—2008)[S]. 北京：中国铁道出版社，2008.

[6] 中铁十二局集团有限公司. 中埋式止水带端头钢模板施工资料[R]. 2012.

[7] 云桂铁路云南有限责任公司. 防水板机械辅助铺设及超声波焊接施工资料[R]. 2012.

[8] 贵广铁路有限责任公司. 机械化施工科研资料[R]. 2012.

[9] 中国铁路总公司工管中心. 铁路隧道二次衬砌预防拱顶空洞实施意见(工管桥隧函〔2015〕199号)[S]. 2015.

15 施工装备及机械化配套技术

工欲善其事，必先利其器。在高速铁路隧道的修建中，大型机械的采用、配套技术的完善，隧道施工机械化程度不断提高，可对有效加快施工进度、减少洞内作业人员、保障工期和施工安全、实现工厂化施工起着重要的作用。本章重点介绍高速铁路隧道施工的主要施工装备、机械化配套选型和配套方案。

15.1 隧道主要施工装备

高速铁路隧道主要施工装备包括超前钻探装备、开挖装备、喷锚支护装备、装渣运输装备、仰拱施工装备、防水板铺设装备和二次衬砌装备，以及水沟电缆槽施工装备、洞内车辆掉头平台等辅助装备。

15.1.1 超前钻探设备

超前钻探设备主要指用于掌子面施工超前地质预报、超前注浆钻孔等功能的专用设备。高速铁路隧道施工中通常应用的超前钻探设备是多功能钻机，不仅可以钻探、取芯，还可以施作超前管棚、超前深孔注浆止水、仰拱基础处理等。如RPD-180CBR和RPD-150C钻机配有MWD传感记录系统，利用12种传感器记录钻探数据，同步反映和记录地质软硬、空洞、空间距离、裂隙、破碎、涌水等信息，还可用于注浆施工管理。

当前常用的多功能钻机主要是日本矿岩RPD系列和意大利萨格兰地系列及国内的坑道超前钻机和风动潜孔锤旋转钻机等，如图15.1.1～图15.1.3所示。

图15.1.1　矿岩RPD180钻机

图15.1.2　C6多功能钻机

图15.1.3　GL6000S钻机

15.1.2 开挖设备

高速铁路隧道钻爆法施工的主要开挖大型设备是钻孔台车，小型机具主要有风动凿岩机(风枪)、风镐等；采用非钻爆法开挖的设备主要包括TBM、盾构、单臂掘进机等。下面重点介绍常用的钻孔台车和单臂掘进机。

1. 钻孔台车

钻孔台车施工效率高、开挖质量好、环保性能好、安全可靠。按照其作业臂数，钻孔台车可以分为单臂、双臂、三臂、四臂台车等；按照其走行方式，则可以分为轮胎式和轨道式台车；按照操作方式，可分为人工控制台车和电脑自动控制台车。

目前常采用的设备来自瑞典阿特拉斯公司三臂手控台车(图 15.1.4)及日本古河公司凿岩台车，2016 年 3 月中国铁建重工集团联合国外公司生产的全电脑三臂台车(图 15.1.5)也成功下线，实现了大型钻孔台车的国产化。

图 15.1.4　阿特拉斯三臂凿岩台车

图 15.1.5　ZYS113 全电脑三臂台车

2. 单臂掘进机

单臂掘进机是集切割、行走、装运、喷雾于一体的硬岩掘进设备，具有机身矮、结构紧凑、可靠性高、工作稳定、适用于隧道掘进的特点。这种机械操作简单，可控性高，在中低硬度及以下的岩层可以直接用于隧道的掘进施工。开挖过程无振动，适用于邻近营运线、管线、重要建筑物或其他需要控制振动噪声的工况中。EBZ260 或更高型号的掘进机可以开挖硬度在 100 MPa 以上的岩石，在破碎岩层等中，开挖速度较快。其开挖工况如图 15.1.6 所示。

图 15.1.6　EBZ260 型单臂掘进机和开挖工况

单臂掘进机掘进隧道可以根据现场工况要求，采用全机械开挖或结合爆破开挖方案。按 160 m^2 隧道为例，采用全机械开挖单洞月进尺 25 ~ 30 m；如果结合爆破，160 m^2 断面的隧道单洞月进尺可达到 60 m。

15.1.3　喷锚支护设备

隧道喷锚支护设备主要包括混凝土湿喷机、喷射混凝土机械手、锚杆钻机、钢架安装机等。

1. 喷混凝土设备

喷混凝土设备主要是混凝土喷射机和喷射机械手。混凝土喷射机按照喷射工艺不同，分为干式喷射机和湿式喷射机，简称干喷机和湿喷机。2005 年之前，我国铁路隧道多采用干喷机进行喷射混凝土施工，当前高速铁路隧道喷混凝土主要采用湿喷技术，湿喷工艺多采用喷射混凝土机械手进行喷射作业。湿喷机和喷射机械手结合在一起形成了混凝土喷射台车。

当前使用比较多的混凝土喷射台车主要有德国 PM 和瑞典 ALIVA 公司联合生产的喷射台车(图 15.1.7)和意大利 CIFA 公司生产的喷射台车(图 15.1.8)。

图 15. 1. 7　PM 混凝土喷射台车

图 15. 1. 8　CSS-3 混凝土喷射台车

随着湿喷混凝土市场的需要，国内生产喷射台车的厂家也越来越多，主要有中国铁建重工集团生产的 HPS 系列混凝土喷射台车(图 15. 1. 9)、成都岩峰公司生产的 TKJ-15 喷射混凝土机械手系列(图 15. 1. 10)、长沙五新公司生产的 GHP 混凝土喷射台车系列等。

图 15. 1. 9　铁建重工 HPS3016 喷射台车

图 15. 1. 10　岩峰 TKJ-15 喷射机械手

2. 钢架安装机

钢架安装机是用于安装隧道钢架的设备。与传统的人工安装钢拱架相比，显著提高工效、节约人工、有效保证施工安全。目前，法国、芬兰、日本等国家都已研制钢架安装机。图 15. 1. 11 为法国 MANITOU 钢拱架安装机。国内也已研制出 JC3B1250 型拱架安装机，主要功能针对型钢钢拱架、格栅拱架安装，同时也能实现挂网、锚杆安装、隧道内电线、通风架设等辅助功能。拱架安装机的使用，使立拱作业人员由 15 人降至 4 人，作业时间减少一半，显著降低了工人劳动强度，工作效率大幅提高。该钢架安装机采用普通履带底盘，带有方便快捷的空中作业吊篮，突破了进口设备的成本障碍，性价比高，如图 15. 1. 12 所示。JC3B1250 型拱架安装机主要技术参数见表 15. 1. 1。

图 15. 1. 11　MANITOU 钢拱架安装机

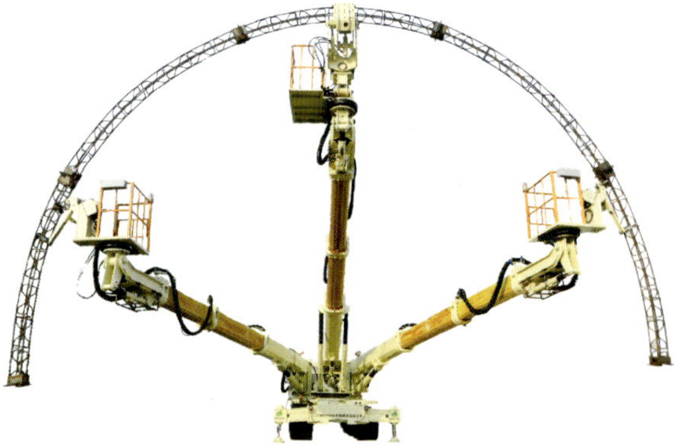

图 15. 1. 12　JC3B1250 型拱架安装机

表 15.1.1　JC3B1250 型拱架安装机主要技术参数

项　　目	技术参数	项　　目	技术参数
最大举升高度	15 m	最大平伸度	13 m
最大开口	300 mm	最大抓举重量	4 000 kg
电动机额定功率	90 kW	履带爬坡能力	12°
柴油机功率	145 kW	设备总重	48 t

3. 锚杆钻机

国内生产锚杆台车的厂家较少，多为小型矿用钻机，不能满足高速铁路大断面隧道锚杆施工的需要。国外锚杆台车在国内应用较多的是瑞典 Atlas(阿特拉斯)系列锚杆台车和芬兰 Sandvik(山特维克)矿山机械厂生产的系列锚杆台车。其中阿特拉斯的锚杆台车(图 15.1.13)是一款大型的全机械化锚杆台车，采用直接液压控制系统，精确度和生产效率高；可安装锚杆长度为 1.5～6.0 m，有效工作高度可达 13 m，同时可选装挂网臂和服务平台；这款钻机配备用于定位、钻孔和锚固的台车控制系统(RCS)和专用于打锚杆孔的液压凿岩机。

图 15.1.13　Atlas Boltec Ec 型锚杆台车

15.1.4　装渣运渣设备

1. 装渣设备

由于高速铁路隧道作业面比较大，通风容易，通常采用无轨运输方案。隧道施工无轨装渣设备种类繁多，目前较常用的有挖掘机、装载机、挖掘装载机等设备，如图 15.1.14、图 15.1.15 所示。

图 15.1.14　装载机和挖掘机

图 15.1.15　挖掘装载机

表 15.1.2 是国产 WZ330B 型隧道挖装机主要技术参数。与国外同类产品比较，装载能力更高，适应能力更强。通过加宽输送机的宽度和刮板运行速度，使设计装载能力提高 15% 左右；通过加长输送带长度，提高卸渣高度，使我国目前隧道施工用的自卸汽车均能与本机配套使用。

表 15.1.2 WZ330B 型隧道挖装机主要技术参数

项 目	技术参数	项 目	技术参数
整机质量(t)	34	装载能力(m^3/h)	330
整机尺寸(长/宽/高)(mm)	15 600/2 500/2 700	扒取宽度(mm)	8 500
扒取高度(mm)	6 500	卸渣高度(mm)	3 500
下挖深度(mm)	1 000	履带接地比压(MPa)	0.09
最大爬坡度(°)	20	最小离地间隙(mm)	20
行走速度(km/h)	0~2.7	刮板链速(m/s)	0.6
电机功率(kW)	90	柴油机功率(kW)	167

2. 运渣设备

在隧道施工中，无轨运渣设备主要为自卸汽车，通常根据隧道断面、纵坡、运输条件等选择载重量大、爬坡能力强、污染小的自卸汽车。

15.1.5 仰拱施工设备

仰拱施工主要设备为仰拱栈桥，目前使用最多的仰拱栈桥为简易栈桥和液压移动式仰拱栈桥。移动式隧道仰拱栈桥能够实现隧道施工过程中车辆运输及仰拱施工同步进行。

移动式仰拱栈桥由主体结构、行走系统、液压系统和电气系统四部分组成，可自行实现纵向与横向移动作业。其中，栈桥主体结构由主桁、前坡道桥、后坡道桥、前墩、后墩组成，该系统是主要的受力结构。全液压移动式仰拱栈桥如图 15.1.16 所示。

图 15.1.16 全液压移动式仰拱栈桥

某高速铁路隧道选用的 MIB-HJ18 型移动式隧道仰拱栈桥主要技术参数见表 15.1.3。

表 15.1.3 MIB-HJ18 型移动式隧道仰拱栈桥技术参数表

项 目	技术参数	项 目	技术参数
一个循环最大施工长度(m)	12	适应仰拱施作厚度(m)	1.3~2.0
可适应主桥最大跨度(m)	18	行车道宽度(m)	3.8
前坡桥长度(m)	4.0	后坡桥长度(m)	4.0
前、后坡桥坡度(可适应)(°)	0~10	仰拱栈桥全长(m)	26.6
仰拱栈桥施工过程中最大总宽度(m)	6.0	允许通过的最大质量(t)	50
仰拱顶面至栈桥桁梁顶面高度(m)	2.0	整机纵横向移动方式	轨道式电动驱动自行
栈桥桁梁底面至仰拱顶面净空(m)	0.20	整机及坡道升降方式	液压驱动
栈桥移动速度(纵/横向)(m/min)	3	输入动力	380 V/50 Hz
整机功率(kW)	3	车辆过桥限速(km/h)	5
单元构件最大长度(m)	6.5	单元构件最大质量(t)	1.9

采用全液压移动式栈桥进行仰拱施工，解决了仰拱施工而不影响其他工序正常施工的问题，车辆通过时的安全也得到保证。

15.1.6 防水板铺设设备

以前隧道防水板铺设多数采用人工 + 铺设台架的铺设方法，由于防水板整体铺装重量大，劳动强度大，难以保证防水板铺挂质量，2010 年以后，研制出防水板铺设台车，实现了隧道防水板机械化铺设。

防水板铺设台车主要用于断面较大的高速铁路隧道，其主要由台车主体、走行装置、横移装置、铺设装置及旋转平台等部分组成。该台车具有轨行式走行系统，由走行电机提供动力，通过齿轮齿条传动，带动台车移动，其轨距与二衬台车轨距相同；台车主架下部装有 4 个横移油缸，可以横向调节以适应不规则的隧道初支面；爬行小车带动布料杆沿爬行轨道做周向运动，完成防水板的铺设；布料杆径向可调，适应性强；采用旋转平台和固定平台结合的方式，其中旋转平台为工作平台，固定平台是为检修及紧急避险所用。旋转平台可根据所处位置的不同，自动调节至水平，如图 15.1.17 所示。其主要技术参数见表 15.1.4。

图 15.1.17 防水板铺设台车

表 15.1.4 防水板铺设台车主要技术参数

项目	技术参数	项目	技术参数
整机外形尺寸(长×宽×高)(mm)	10 721×13 193×9 765	行走轨距(mm)	8 400 可调节（与衬砌台车轨距相同）
行走速度(m/min)	3.2	行走功率(kW)	2×4
门架净空高度(mm)	5 994	铺设行走速度(m/min)	3.5
铺设行走功率(kW)	4	适用卷材幅宽(mm)	2 000～4 000

15.1.7 二次衬砌施工设备

二次衬砌施工设备除通用的混凝土拌和站和混凝土运输车辆外，专用设备主要是模板台车和混凝土养护台车。

1. 模板台车

模板台车有传统的门架式液压模板台车以及无门架新型模板台车。

门架式模板台车具有整体稳定、行走方便、脱模容易、技术成熟、改装容易等优点。但门架式模板台车的门架在隧道作业中会使模板台车形成隧道通风瓶颈，对隧道内排风形成阻滞作用，是多年来一直困扰隧道作业的一个难题。因此，门架式模板台车适用于隧道断面大或通风距离较短的隧道内使用，如图 15.1.18 所示。

无门架式模板台车是近年来开发的新型模板台车。新型模板台车利用模板系统与底部平台形成三角形自稳定结构，使整体刚度、强度提高；净空面积增加，改善了隧道通风条件。无门架隧道衬砌模板台车不仅能够实现全液压立模、脱模、自动行走，而且具有衬砌表面光洁度高，衬砌效率显著提高，如图15.1.19所示。

图15.1.18　门架式液压模板台车

图15.1.19　无门架模板台车

2. 衬砌混凝土养护台车

衬砌混凝土养护台车主要适用于断面较大的铁路隧道，台车主要由台车主体、行走装置、密封装置、与二衬台车连接装置、加温和加湿系统、监测装置等组成，台车主体分为固定部分和可伸缩部分，固定部分为台车两端的独立台架，由型钢制成，其上固定环面支架。可伸缩部分由环面支架及连接环面支架的剪刀撑组成。密封装置分为端面径向密封和环面纵向密封。端面径向密封采用气囊，环面纵向密封采用防水板。两端台架底部两侧各装设节能型电加热蒸汽发生器1台(共4台)，用于增加温度和湿度，对混凝土进行养护。密封空间内安装有温度、湿度监测探头，及时对环境温度、湿度进行调整保持恒温恒湿，如图15.1.20所示。

图15.1.20　衬砌混凝土养护台车

15.2　机械化配套设备选型

15.2.1　设备选型原则

1. 因地制宜原则

高速铁路隧道施工机械化配套方案选择除考虑隧道的长度、断面大小、交通条件、施工方法外，还应考虑隧道所处的地质条件、自然环境、施工环境、辅助坑道等实际情况因地制宜地进行确定。

2. 经济适用原则

以满足施工需要为出发点，在保证安全、经济、快速的条件下，选择合适的设备。投入设备的规格和能力应满足实际需要。

3. 统一性原则

同一隧道或统一标段隧道的设备选型尽量统一，以便维修养护，更加有利于配件的存储和设备厂家的服务。

4. 技术先进性原则

选用的设备应符合国家强制标准，对于同种设备产品的选择，应选用非技术淘汰型产品，对于产品的操控性，应尽量选择自动化程度高、操作人员少的设备。

5. 动态性原则

隧道施工是动态性施工，其设备的配置也应动态进行。隧道施工设备配置的方案在实施过程中应随着隧道施工的进展而从数量及设备种类上进行动态调整，保持设备配置与施工进度、安全、质量的需求相吻合，防止设备过剩或者不足而影响施工、影响成本。

6. 节能环保原则

选择能耗低、排放合理的设备。特别是内燃设备的选型上，除需要满足国家对设备的排放和能耗的强制性标准外，还应从对作业人员在隧道内的施工及隧道施工中其他设备的影响方面进行考虑。

15.2.2 隧道施工作业线划分

隧道施工作业线通常按照从开挖掌子面至后方成洞全过程的施工工序划分，包括超前地质预报作业线、开挖作业线、喷锚支护作业线、装渣运输作业线、仰拱施工作业线、防水板施工作业线和二次衬砌等主要作业线，其他还有通风除尘、供电照明、注浆加固、给排水、水沟电缆槽等辅助作业线。本节重点介绍主要作业线的机械化配套。

1. 超前地质预报作业线

超前地质预报是确保隧道工程施工安全、提高施工效率的重要保障。在高速铁路隧道施工中，超前地质预报作为一个工序已纳入了隧道施工组织管理中。

超前地质预报的方法很多，其中超前地质钻探是最直接、最直观、最有效的方法。实施中，常采用长距离和短距离钻探预报结合的方法进行。

2. 开挖作业线

在隧道钻爆法施工中，开挖作业线包含钻孔、装药、爆破、清理危石、通风除尘等作业。钻孔作业是隧道钻爆法施工的关键工序，它是直接影响进度指标的关键。

根据地质条件、断面开挖尺寸的不同，高速铁路隧道施工在确保工作面稳定的前提下，宜尽量采用全断面法和台阶法施工。

3. 喷锚支护作业线

锚喷支护作业线主要包括初喷混凝土、打设安装锚杆、安装拱架、安装网片、复喷混凝土等作业。

4. 装运作业线

装运作业线主要包含隧道装渣、运渣、清渣作业。隧道装运作业工序也是影响隧道施工进度的一个重要工序，是隧道掘进作业循环的一个重要环节。重点解决隧道装运作业设备配套数量和能力的匹配问题，建立装运作业线设备配套模式。

5. 仰拱施工作业线

仰拱施工作业线主要包括仰拱开挖、仰拱初期支护喷射混凝土施工、仰拱结构混凝土浇筑、仰拱填充混凝土的施工。

6. 防水板施工作业线

防水板作业包括土工布的铺设、防水板的铺设和焊接。

7. 二次衬砌作业线

二次衬砌作业就是通过模板台车就位后与支护作业面形成混凝土浇筑空间，通过输送泵将混凝土输送到浇筑空间的过程。二次衬砌作业包含混凝土的生产、运输、泵送入模、捣固、初凝、拆模、养护等过程。

15.2.3 作业线设备选型

1. 超前预报作业线设备选型

超前地质预报作业线设备主要指隧道地质超前钻探专用设备，采用多功能钻机作为隧道长距离钻孔探孔设备或采用较为普通的坑道地质钻机。多功能钻机钻进速度快，同时具备取芯、探测岩石强度、预报出水量和水压情况，另外还可以进行打设注浆孔、管棚施工钻孔等作业。多功能钻机经过技术改进，还可以实现钻注一体化作业，如图 15. 2. 1 所示。普通坑道钻机如图 15. 2. 2 所示。

图 15. 2. 1　多功能地质钻机

图 15. 2. 2　普通坑道钻机

在采用凿岩台车施工的隧道，一般可采用凿岩钻机作为短距离钻孔探孔设备，同时经过技术改进的凿岩台车具有施工锚杆、管棚、注浆等功能。

2. 开挖作业线设备选型

不同的钻爆设备适应不同的工程项目环境和工况。

采用气动式凿岩机需要空气压缩机、空压机房、变压器增大容量、高压风输送管路、开挖作业台架、高压供水设施等。由于采用气腿式凿岩机进行钻爆作业涉及环节多，因此出现故障的可能性也高，需要投入的配套作业人员也越多。因此，其配套设施及配套施工人员的规模相对庞大，环节多，如图 15. 2. 3 所示。

图 15. 2. 3　气腿式风动凿岩机开挖作业工况

在硬岩隧道中凿岩台车的效率优势可以充分发挥，但在软岩隧道中，通常采用台阶法或分部开挖法，受作业空间和施工工序的限制而得不到充分发挥。对于高速铁路隧道，一般隧道开挖断面较大，施工作业需要进行超前地质预报，实现快开挖、早封闭等要求，可充分利用凿岩台车钻超前孔进行短距离超前地质预报；另外通过对凿岩台车的改进，可以增加锚杆施工功能，增加小导管注浆功能；通过技术改进还可以增加大管棚施工的功能；通过对软弱围岩隧道前方进行预支护，加固和改善掌子面前方围岩稳定性，可以采用全断面法或台阶法施工，采用钻孔台车机械化施工，可以显著提高软弱围岩隧道的作业效率，减少劳动强度，提高安全性。这是今后高速铁路隧道机械化施工发展的方向。图 15. 2. 4 为三臂钻孔台车作业场景。

图 15.2.4　三臂钻孔台车作业场景

3. 喷锚支护作业线设备选型

主要介绍喷射混凝土作业、钢架安装作业和锚杆施工作业设备选型。

（1）喷射混凝土作业设备选型

以前隧道喷射混凝土施工中，多采用转子活塞式干喷机。普通干喷机工作效率比较低，生产能力为 $3\sim5\ m^3/h$ 左右，粉尘大、劳动强度大、施工效率低。对于部分临时工程，开挖岩面地下水较多的地段，也可使用干式喷射机进行少量作业。

高速铁路隧道目前采用的湿喷机，基本为活塞泵送式，集中泵送、储存、喷射于一体，即所谓的三联机，自动化程度较高，喷射能力强，生产能力在 $15\sim30\ m^3/h$ 之间。

（2）钢架拼装机选型

单臂单篮的钢架安装机由于工作自由度少，仅限于型钢钢架的安装，如图 15.2.5 所示。两臂以上钢架拼装机工作能力强，能实现多个作业，既能进行整榀钢拱架的安设，还可以实现钢架分段安装。由于两臂以上的钢架安装机能实现空中对接和调整拱架中线，因此安装钢架的掌子面空间较小，能安装贴近掌子开挖面的钢拱架。另外两臂以上的钢架安装机能克服钢架的挠度变形，特别是在安设格栅拱架时，如不采用双臂进行拱架的夹取，则会造成钢架的挠度变形和扭曲变形，如图 15.2.6 所示。

图 15.2.5　单臂拱架安装机

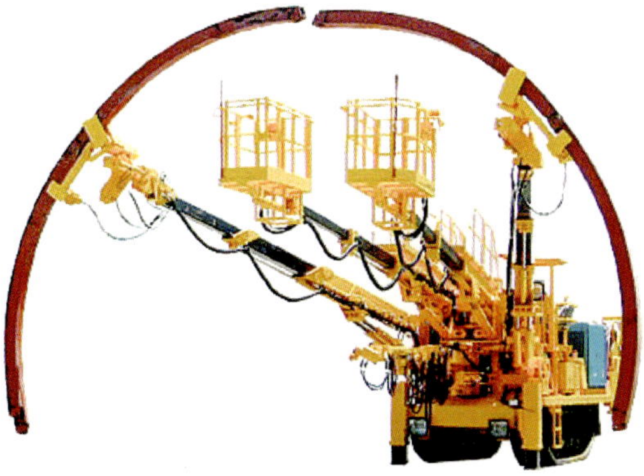

图 15.2.6　双臂拱架安装机

综合双臂钢架安装机的优点，结合钢架安装的施工实际情况，双臂以上的钢拱架拼装机适用于铁路隧道全断面法和台阶法施工条件下的格栅拱架、型钢拱架及防护网片的安装。

4. 装运作业线设备选型

隧道施工运输设备配套方式分为有轨运输和无轨运输。有轨运输方式主要应用于单线长隧道和坡度较大的斜井运输，具有占用空间小、环境污染低、操作简单等优点，但是有轨运输作业效率低，施工干扰大。无轨运输主要应用于大断面隧道施工，便于各种施工设备的通行，作业效率高，由于高速铁路隧道断面一般比较大，通常采用无轨运输方式。装渣运输设备主要分为装渣设备和运渣设备。

（1）装渣设备选型

隧道施工无轨装渣设备的种类繁多，目前较常用的有挖掘机、装载机、履带装岩机、挖掘装载机等设备。在平行导坑和单车道无轨运输斜井或横洞中，由于洞室宽度受限，通常采用挖掘装载机进行装渣。

高速铁路隧道内通常采用侧翻装载机装渣，单线隧道断面可采用一台装载机，双线大断面隧道可采用两台侧翻装载机同时装渣，提高作业效率，如图 15.2.7 所示。

图 15.2.7　侧翻装载机在洞内装渣方式

在台阶法施工中，上半部分由于台阶长度较短，使用挖掘机在下台阶将上台阶渣翻到下台阶，由装载机进行装渣。一般配套一台挖掘机和一台装载机。采用挖掘机配合装渣，能保证隧道出渣作业面装渣干净。

挖掘装载机采用双动力驱动，行走采用内燃动力，装渣时采用电力驱动。适用于矿山、隧道、地下工程的挖掘和装载作业。后配套的运渣设备可以是有轨运输，也可以时无轨运输。挖装机的外形尺寸约为 10 450 mm × 2 650 mm × 3 600 mm，其宽度和高度能满足单线隧道施工需要。另外其装渣能力强，其理论最大生产能力达到 500 m^3/h。

国内现使用较多的进口挖装机为德国产 ITC312 型。目前国产的挖装机有洛阳一拖集团生产的 LT320 型挖装机、石家庄铁道大学和解放军 6411 工厂联合研制的 WZ330 系列挖装机，如图 15.2.8 和图 15.2.9 所示。

图 15.2.8　LT320 型挖装机

图 15.2.9　WZ330 型挖装机

（2）运渣设备选型

在隧道施工中，无轨运渣设备主要指自卸汽车。隧道内运渣设备选择，应结合隧道运渣特点进行。隧道爆破渣的特点是块状大，料质不均匀，装渣时对货厢的冲击大。在高速铁路单线隧道中，由于宽度受限，一般自卸式汽车不方便掉头，可以选用前后双向行驶的自卸载重汽车，如瑞典 VOLVO 隧道用运输车，具有爬坡能力大、不需掉头可双向行驶、污染小等优点，如图 15. 2. 10 所示。

图 15. 2. 10　隧道用运输车辆

5. 仰拱作业线设备选型

仰拱栈桥作为隧道掌子面设备通过仰拱施工段的简易梁式结构，在选型时必须保证掌子面施工的设备正常通过仰拱栈桥，保证足够的仰拱施工空间，以便进行仰拱开挖、仰拱混凝土浇筑等。另外仰拱栈桥还要考虑移动方便、结构高度尽量降低、安全稳固、通行车辆爬坡方便等因素。栈桥应设置护栏，安全警示标志等设施。图 15. 2. 11 为仰拱栈桥作业示意。

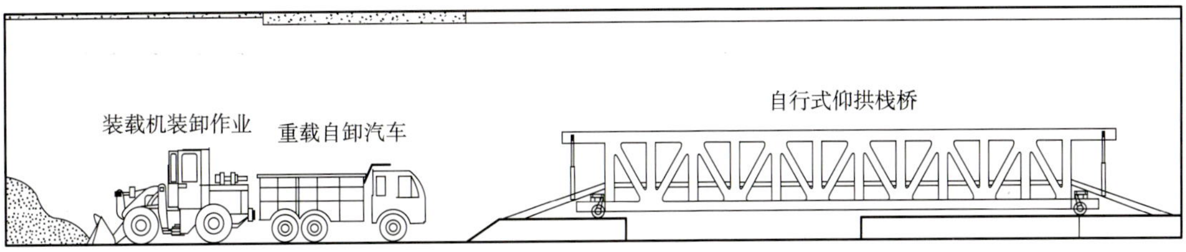

图 15. 2. 11　仰拱栈桥

6. 防水板作业线设备选型

(1) 防水板铺设装置的选型要求

防水板铺设作业在较长时期采用全人工作业，存在作业人数多、劳动强度大、铺设质量不稳定等缺点，因此有必要采用防水板自动铺设装置作为防水板铺设的设备。

(2) 防水板铺设装置的选用

为了提高防水板铺设效率，各施工单位不断研究设计新型的防水板铺设装置，如图 15. 2. 12 和图 15. 2. 13 所示。防水板铺设作业可以实现连续不间断作业，不受其他工序的干扰影响，不成为隧道施工的关键工序。

图 15. 2. 12　防水板台车样机

图 15. 2. 13　防水板台车铺设作业

由于防水板铺设作业的独立性，其作业连续性决定每台模板台车前配置一台防水板铺设装置即能满足施工需要。

7. 二次衬砌作业线设备选型

二次衬砌作业包括混凝土的生产、运输、泵送。其设备涉及混凝土搅拌站、混凝土输送车、混凝土输送泵、模板台车。

（1）混凝土输送泵的选型和配置

在隧道施工中，由于混凝土泵的能耗较大，且内燃驱动的混凝土输送泵尾气排放会污染隧道内空气，一般采用电力驱动的混凝土输送泵；而且，由于隧道施工的混凝土料不全采用河砂，其碎石的粒状不均匀，使用“S”管形输送泵会造成混凝土堵管理，因此多采用闸板阀型混凝土输送泵。

（2）模板台车的选型和配置

隧道施工用模板台车的选用，考虑因素主要有：隧道的断面尺寸、衬砌的类型、隧道线路的曲线半径等其他情况。通常使用的模版台车有门架式模板台车和无门架式模板台车。

门架式模板台车具有整体稳定、行走方便、脱模容易、技术成熟、改装容易等优点。但门架式模板台车的门架在隧道作业中会使模板台车形成隧道通风瓶颈，对隧道内排风形成阻滞作用，是多年来一直困扰隧道作业的一个难题。

无门架隧道衬砌模板台车不仅能够实现全液压立模、脱模、自动行走，而且具有衬砌表面光洁度高，衬砌效率快，改良了隧道通风的特点。

从两种形式的模板台车的优缺点来看，在铁路长大隧道中，无门架模板台车更适用。

15.3 施工机械设备配套方案

15.3.1 隧道施工机械设备配套分级

高速铁路隧道施工设备配套分级主要根据隧道长度、断面大小、围岩级别、施工工期、隧道地质情况等因素综合确定。在选择机械化配套方案时，也应考虑配套的形式与全隧道地质条件的适用性。

机械设备配套按照隧道类型(单、双线)、施工方法(全断面法、台阶法)及进度指标分为3级(Ⅰ～Ⅲ级)。其中Ⅰ级配套，施工进度要求最高，隧道长，难度大，往往是控制工期的工程，各工序均需要实现效率最大化；Ⅱ级配套隧道规模一般，施工进度要求比Ⅰ级配套稍差，对部分工序和作业条件适宜的工作面进行大型机械的配套；Ⅲ级配套隧道通常是一般规模相对较小的隧道，不控制工程工期，难度相对较小，采用常规机械即可满足施工作业要求的隧道。

15.3.2 隧道施工机械化配套

1. 双线隧道全断面法施工Ⅰ级机械化配套(S-Q-Ⅰ)

（1）适用范围

适用于进度要求高，隧道围岩较好，机械化要求高的重点高速铁路双线隧道项目。

（2）设备配置

机械化配套设备配置见表15.3.1。

表15.3.1 双线铁路隧道全断面法施工Ⅰ级机械化配套设备配置

作业工序	设备名称	规格	数量	备注
超前地质预报	多功能钻机	RPD180或C6	1台	可长距离地质预报
开挖作业线	三臂凿岩台车		2台	兼顾锚杆和管棚作业
	变压器	S11-500	1台	
支护作业线	湿喷混凝土机械手	≥20 m^3/h	1台	
	混凝土输送车	≥6 m^3	2台	与二衬共用

续上表

作业工序	设备名称	规格	数量	备注
支护作业线	混凝土搅拌站	120 m^3/h	1 台	与二衬共用
	拱架安装机	两臂 + 辅助臂	1 台	
	锚杆钻机		1 台	
装渣运渣作业	装载机	≥3 m^3	2 台	备用 1 台
	自卸汽车	≥25 t	5 台	根据运距增加
仰拱作业线	自行式仰拱栈桥	有效工作长度 20 m 以上	2 台	
	挖掘机	1 m^3	1 台	
	自卸车	25 t	2 台	
	混凝土输送车	≥6 m^3		与二衬共用
	仰拱纵向滑模	自制	2 套	
	混凝土输送泵	60 m^3/h	1 台	
防水板作业	铺设台车	满足 2 ~ 4 m 幅宽防水板	2 台	
混凝土衬砌作业	模板台车	长 12 m	2 台	
	混凝土输送泵	60 m^3/h	2 台	
	混凝土输送车	≥6 m^3	5 台	根据运距增加
	混凝土拌和站	≥120 m^3/h	1 台	
	养护作业台架	自制	2 台	

（3）应用案例

贵广铁路三都隧道全长 14 598 m，隧道出口主要以Ⅱ、Ⅲ级围岩为主，围岩较好，长度约为 4 598 m，具备快速施工条件，采用Ⅰ级机械化配套方案进行施工。经过一年多的实践，该项目施工效率高，最高开挖进度达到 300 m/月，成本可控，作业人员投入少，达到预期效果。

渝利铁路长洪岭隧道全长 13 294 m，在进口采用Ⅰ级机械化配套方案施工作业，组织了以凿岩台车、混凝土喷射机械手、液压移动栈桥、衬砌模板台车等机械化流水线作业的配套设备并成功运用取得良好效果，创造了单口月最高开挖 306 m、常态化月开挖进尺 240 m 以上的渝利铁路全线纪录。

2. 双线隧道全断面法施工Ⅱ级机械化配套（S-Q-Ⅱ）

（1）适用范围

不控制工期的常规双线铁路隧道，采用全断面快速施工，应用范围较广，在Ⅰ、Ⅱ、Ⅲ级围岩隧道中均适用。

（2）设备配置

机械化配套设备配置见表 15. 3. 2。

表 15. 3. 2　双线铁路隧道全断面法施工Ⅱ级机械化配套设备配置

作业工序	设备名称	规格	数量	备注
超前钻探作业	多功能钻机	RPD150 或 C6	1 台	长距离超前预报
	工程钻机	MK-5	1 台	短距离
开挖作业线	电动空压机	总风量 110 m^3/min		
	手持钻机	TY	30 台	（含备用）
	多功能台架	根据断面自制	1 台	
支护作业线	湿喷机械手	≥20 m^3/h	1 台	
	混凝土输送车	≥6 m^3	2 台	与二衬共用
	混凝土拌和站	120 m^3/h	1 台	与二衬共用
	拱架安装机	两臂	1 台	

续上表

作业工序	设备名称	规格	数量	备注
装渣运渣作业	装载机	≥3 m^3	2台	
	自卸汽车	≥15 t	6台	根据运距增加
仰拱作业线	自行式栈桥	有效工作长度20 m以上	2台	
	挖掘机	1 m^3	1台	
	自卸汽车	15 t以上	2台	
	混凝土输送车	≥6 m^3	2台	与二衬共用
	仰拱纵向滑模	自制	1套	
	混凝土输送泵	60 m^3/h	1台	
防水板作业	铺设台车	自制	1台	
二衬作业	模板台车	12 m	2台	
	混凝土输送泵	60 m^3/h	2台	
	混凝土输送车	≥6 m^3	4台	根据运距增加
	混凝土拌和站	120 m^3/h	1台	
	养护作业台架	自制	2台	

(3) 应用案例

贵广铁路天平山隧道出口工区、同马山隧道进1号斜井和出口工区均采用该形式的机械化配套方案。同马山隧道全长13 931 m，为单洞双线隧道。其1号斜井正洞工区2 740 m，月平均进度达到152 m；天平山隧道出口每月隧道开挖进度在120～150 m之间。

3. 双线铁路隧道全断面法开挖Ⅲ级机械化配套(S-Q-Ⅲ)

(1) 适用范围

在常规铁路双线隧道施工中，Ⅲ级机械化配套方案目前应用较普遍；适用于中长及短隧道，不控制工程工期，属于一般施工进度情况下的施工机械化配置。

(2) 设备配置

机械化配套设备配置见表15.3.3。

表15.3.3 双线铁路隧道全断面施工Ⅲ级机械化配套设备配置

作业工序	设备名称	规格	数量	备注
超前地质预报	工程钻机	MK-5	1	短距离超前地质预报
开挖作业线	电动空压机	100 m^3/min		
	手持钻机	TY	30台	(含备用)
	多功能台架	自制	1台	
支护作业线	普通湿喷机	5～15 m^3/h	2台	
	混凝土输送车	≥6 m^3	2台	与二衬共用
	混凝土拌和站	90 m^3/h	1台	与二衬共用
	多功能台架	自制	1台	与开挖共用
装渣运渣作业	装载机	≥3 m^3	2台	
	自卸汽车	≥15 t	6台	根据运距增加
仰拱作业线	自行式栈桥	有效工作长度20 m以上	1套	
	挖掘机	0.8～1 m^3	1台	
	混凝土输送车	≥6 m^3	2台	与二衬共用
防水板作业	铺设台车	自制	1台	

续上表

作业工序	设备名称	规格	数量	备注
二衬作业	模板台车	12 m	1台	
	混凝土输送泵	60 m^3/h	1台	
	混凝土输送车	≥6 m^3	2台	
	混凝土拌和站	90 m^3/h	1台	
	养护作业台架	自制	1台	

（3）应用案例

该配套方案是铁路隧道目前施工最常用的配套方案，其配置设备单机价值低，配套设备为常规作业设备，已经得到广泛的应用，技术成熟，管理难度低，因而在铁路双线隧道的施工中大量应用。但由于其需要投入的作业人员数量众多，其安全性影响因素增加，技术含量低，施工效率低，机械化程度低，在长大隧道中逐步减少使用此方案，而以机械化程度、效率高的配套方案所替代。目前在施工的各大铁路隧道施工中均在应用，不再举例说明。

4. 双线铁路隧道台阶法施工Ⅰ级机械化配套（S-T-Ⅰ）

（1）适用范围

该配套方案是高速铁路双线隧道台阶法施工的最高配置，适用于双线铁路隧道中施工进度要求较高的重点控制工程。

（2）设备配置

机械化配套设备配置见表15.3.4。

表15.3.4 双线铁路隧道台阶法施工Ⅰ级机械化配套设备配置

作业工序	设备名称	规格	数量	备注
超前钻探、支护	三臂凿岩台车		1台	与开挖共用，短距离用
	多功能钻机	RPD150或C6	1台	长距离用
开挖作业线	三臂凿岩台车		2台	
支护作业线	湿喷机械手	≥20 m^3/h	1台	
	钢拱架拼装机	双作业臂	1台	
	混凝土输送车	≥6 m^3	2台	
	混凝土拌和站	≥90 m^3/h	1台	与二衬共用
	锚杆台车		1台	
装渣运渣作业	装载机	≥3 m^3	2台	
	自卸汽车	≥15 t	6台	根据运距增加
	挖掘机	1 m^3	1台	共用
仰拱作业线	自行栈桥	有效工作长度20 m以上	1台	
	挖掘机	1 m^3	1台	
	自卸车	15 t以上	2台	
	混凝土输送车	≥6 m^3	2台	与二衬共用
防水板作业	铺设台车	自制	1台	
二衬作业	模板台车	12 m	1台	
	混凝土输送泵	60 m^3/h	1台	
	混凝土输送车	≥6 m^3	2台	
	混凝土拌和站	≥90 m^3/h	1台	
	养护作业台架	自制	1台	

5. 双线铁路隧道台阶法施工Ⅱ级机械化配套(S-T-Ⅱ)

(1) 适用范围

适用于铁路双线中、长隧道台阶法施工基于较高的施工进度情况下的设备配套。

(2) 设备配置

机械化配套设备配置见表 15. 3. 5。

表 15. 3. 5 双线铁路隧道台阶法施工Ⅱ级机械化配套设备配置

作业工序	设备名称	规格	数量	备注
超前钻探、支护	工程钻机	TK-5		满足钻探
	注浆机			满足需要
开挖作业线	电动空压机	80 m^3/min		
	手持钻机		20～28 台	
	上断面开挖台架	自制	1 台	
支护作业线	湿喷机械手	≥20 m^3/h	1 台	
	钢拱架拼装机		1 台	
	混凝土输送车	≥6 m^3	2 台	与二衬共用
	混凝土拌和站	90 m^3/h	1 台	
装渣运渣作业	装载机	≥3 m^3	2 台	
	自卸汽车	≥15 t	6 台	根据运距增加
	挖掘机	1 m^3	1 台	
仰拱作业线	自行栈桥	有效工作长度 20 m 以上	1 台	
	挖掘机	1 m^3	1 台	
	自卸车	15 t 以上	2 台	
	矮边墙滑移模板	自制	1 台	
	混凝土输送车	≥6 m^3	2 台	
防水板作业	铺设台车	自制	1 台	
二衬作业	模板台车	12 m	1 台	
	混凝土输送泵	60 m^3/h	1 台	
	混凝土输送车	≥6 m^3	2 台	
	混凝土拌和站	90 m^3/h	1 台	
	养护作业台架		1 台	

(3) 应用案例

南广铁路五指山隧道 2 号斜井、贵广铁路三都隧道进口均采用铁路双线隧道台阶法Ⅱ级机械化配套方案。

南广铁路五指山隧道全长 12 208 m，其中 2 号斜井施工管段全长 3 800 m，隧道洞身穿越加里东期花岗岩、寒武系砂岩、千枚岩、页岩等地层，其中Ⅳ级围岩 986 m、Ⅴ级围岩 110 m。该项目Ⅳ级、Ⅴ级围岩采用台阶法Ⅱ级机械化配套方案施工，保证了隧道施工安全与质量，加快了施工进度，减轻了对环境的污染，改善了工人的工作环境，体现出以人为本的原则。

6. 双线铁路隧道台阶法施工Ⅲ级机械化配套(S-T-Ⅲ)

(1) 适用范围

双线隧道台阶法施工机械化配套最低配置；适用于长大隧道中需要投入施工设备较少，施工条件较差，施工无法快速掘进的情况。

(2) 设备配置

机械化配套设备配置见表 15.3.6。

表 15.3.6　双线隧道台阶法施工Ⅲ级机械化配套设备配置

作业工序	设备名称	规格	数量	备注
超前钻探、支护	工程钻机		1 台	满足需要
	注浆机		2 台	满足需要
开挖作业线	电动空压机	100 m^3/min		移动
	手持钻机		20～28 台	
	上断面多功能台架	自制	1 台	
	挖掘机	1 m^3	1 台	
支护作业线	湿喷机	5～13 m^3/h	2 台	
	混凝土输送车	≥6 m^3	2 台	与二衬共用
	混凝土拌和站	90 m^3/h	1 台	
装渣运渣作业	装载机	≥3 m^3	1 台	
	自卸汽车	≥15 t	6 台	根据运距增加
仰拱作业线	简易栈桥	有效工作长度 12 m	≥2 套	
	挖掘机	1 m^3	1 台	
	混凝土输送车	≥6 m^3	2 台	与二衬共用
防水板作业	铺设台车	自制	1 台	
二衬作业	模板台车	12 m	1 台	
	混凝土输送泵	60 m^3/h	1 台	
	混凝土输送车	≥6 m^3	3 台	
	混凝土拌和站	90 m^3/h	1 台	
	养护作业台架	自制	1 台	

7. 单线隧道全断面法施工Ⅰ级机械化配套(D-Q-Ⅰ)

(1) 适用范围

适用于单线铁路隧道围岩级别为Ⅰ、Ⅱ、Ⅲ级时的全断面快速施工配套。

(2) 设备配置

机械化配套设备配置见表 15.3.7。

表 15.3.7　单线隧道全断面施工Ⅰ级机械化配套设备配置

作业工序	设备名称	规格	数量	备注
超前钻探、支护作业	三臂凿岩台车		1 台	与开挖共用短距离
	多功能钻机	RPD150 或 C6	1 台	长距离超前预报
开挖作业线	三臂凿岩台车		1 台	
锚喷支护作业线	湿喷机械手	≥20 m^3/h	1 台	
	混凝土输送车	≥6 m^3	2 台	与二衬共用
	混凝土拌和站	90 m^3/h	1 台	与二衬共用
	锚杆台车		1 台	
装渣运渣作业	挖装机	≥300 m^3/h	1 台	或装载机
	自卸汽车	≥12 t	6 台	根据运距增加
仰拱作业线	简易栈桥	有效工作长度 12 m	4 套	
	挖掘机	≤0.6 m^3	1 台	
	混凝土输送车	≥6 m^3	4 台	与二衬共用

续上表

作业工序	设备名称	规格	数量	备注
防水板作业	铺设台车	自制	2 台	
二衬作业	模板台车	12 m	2 台	
	混凝土输送泵	60 m^3/h	2 台	
	混凝土输送车	≥6 m^3	2 台	
	混凝土拌和站	90 m^3/h	1 台	
	养护作业台架	自制	2 台	

(3) 应用案例

龙厦铁路象山隧道为双洞单线铁路隧道，左右线分别长为 15.898 km，单洞设计开挖断面68.14 m^2，为全线的控制性工程之一。围岩主要为Ⅱ级，1 号斜井正洞工区向进口方向按全断面Ⅰ级机械化配套方案进行施工，采用三臂凿岩台车开挖，湿喷机械手喷射混凝土，大型自卸车运渣，挖装机装渣，快速、高效地完成了象山隧道的施工任务，取得了良好的经济效益和社会效率。

8. 单线隧道全断面法施工Ⅱ级机械化配套(D-Q-Ⅱ)

(1) 适用范围

适用于中、长单线铁路隧道快速施工、投入较小的快速机械化施工。

(2) 设备配置

机械化配套设备配置见表 15.3.8。

表 15.3.8 单线隧道全断面施工Ⅱ级机械化配套设备配置

作业工序	设备名称	规格	数量	备注
超前钻探	多功能钻机	RPD150 或 C6	1 台	长距离预报
开挖作业线	电动空压机	70 m^3/min		
	手持钻机	YT28	20 台	
	多功能作业台架	自制	1 台	
支护作业线	湿喷机械手	≥20 m^3/h	1 台	
	混凝土输送车	≥6 m^3	1 台	与二衬共用
	混凝土拌和站	60 m^3/h	1 台	与二衬共用
装渣运渣作业	挖装机(或装载机)	≥200 m^3/h	1 台	
	自卸汽车	≥12 t	6 台	根据运距增加
仰拱作业线	简易栈桥	自制	2 套	
	挖掘机	≥0.8 m^3	1 台	
	混凝土输送车	≥6 m^3	2 台	与二衬共用
防水板作业	铺设台车	自制	2 台	
二衬作业	模板台车	12 m	1 台	
	混凝土输送泵	60 m^3/h	1 台	
	混凝土输送车	≥6 m^3	3 台	
	混凝土拌和站	90 m^3/h	1 台	
	养护作业台架		1 台	

9. 单线铁路隧道全断面法施工Ⅲ级机械化配套(D-Q-Ⅲ)

(1) 适用范围

适用于单线隧道全断面施工进度要求较低，设备配置要求低的项目。

(2) 设备配置

机械化配套设备配置见表 15.3.9。

表 15.3.9 单线隧道全断面施工Ⅲ级机械化配套设备配置

作业工序	设备名称	规格	数量	备注
超前钻探	多功能钻机		1 台	
开挖作业线	电动空压机	60 m^3/min		
	手持钻机		20 台	
	多功能作业台架	自制	1 台	
支护作业线	湿喷机	5～13 m^3/h	2 台	
	混凝土输送车	≥6 m^3	2 台	与二衬共用
	混凝土拌和站	90 m^3/h	1 台	与二衬共用
装渣运渣作业	装载机	≥2 m^3	1 台	
	自卸汽车	≥12 t	6 台	根据运距增加
仰拱作业线	简易栈桥	有效工作长度 12 m	2 套	
	挖掘机	0.6 m^3	1 台	
	混凝土输送车	≥6 m^3	2 台	与二衬共用
防水板作业	铺设台车	自制	1 台	
二衬作业	模板台车	12 m	1 台	
	混凝土输送泵	60 m^3/h	1 台	
	混凝土输送车	≥6 m^3	3 台	
	混凝土拌和站	90 m^3/h	1 台	
	养护作业台架	自制	1 台	

10. 单线铁路隧道台阶法施工Ⅰ级机械化配套(D-T-Ⅰ)

(1) 适用范围

适用于单线铁路隧道台阶法施工围岩封闭快，掘进速度较快，对机械化要求高的项目。

(2) 设备配置

机械化配套设备配置见表 15.3.10。

表 15.3.10 单线隧道台阶法施工Ⅰ级机械化配套设备配置

作业工序	设备名称	规格	数量	备注
超前钻探、支护	三臂凿岩台车		1 台	与开挖共用
	工程钻机			满足需要
	注浆机			满足需要
开挖作业线	三臂凿岩台车		1 台	
支护作业线	湿喷机械手	≥20 m^3/h	1 台	
	钢拱架拼装机		1 台	
	混凝土输送车	≥6 m^3	2 台	与二衬共用
	混凝土拌和站	60 m^3/h	1 台	与二衬共用
装渣运渣作业	挖装机(或装载机)	200 m^3/h	1 台	
	自卸汽车	≥12 t	6 台	根据运距增加
仰拱作业线	仰拱栈桥	有效作业长度 12 m	2 套	
	挖掘机	0.6 m^3	1 台	
	混凝土输送车	≥6 m^3	2 台	与二衬共用
防水板作业	铺设台车	自制	1 台	

续上表

作业工序	设备名称	规格	数量	备注
二衬作业	模板台车	12 m	1 台	
	混凝土输送泵	60 m^3/h	1 台	
	混凝土输送车	≥6 m^3	3 台	
	混凝土拌和站	60 m^3/h	1 台	
	养护作业台架	自制	1 台	

11. 单线铁路隧道台阶法施工Ⅱ级机械化配套(D-T-Ⅱ)

(1) 适用范围

适用于台阶法施工单线铁路隧道施工速度较快，对机械化配套程度没有特殊要求的项目。

(2) 设备配置

设备配置见表 15.3.11。

表 15.3.11 单线隧道台阶法施工Ⅱ级机械化配套设备配置

作业工序	设备名称	规格	数量	备注
超前支护	工程钻机		1 台	满足需要
	注浆机		2 台	满足需要
开挖作业线	电动空压机	60 m^3/min		
	手持钻机		15 台	
	上断面多功能台架	自制	1 台	
锚喷支护作业线	湿喷机械手	≥20 m^3/h	1 台	
	钢拱架拼装机		1 台	
	混凝土输送车	≥6 m^3	2 台	与二衬共用
	混凝土拌和站	60 m^3/h	1 台	与二衬共用
装渣运渣作业	挖装机	200 m^3	1 台	
	挖掘机	0.6 m^3	1 台	
	自卸汽车	≥12 t	6 台	根据运距增加
仰拱作业线	简易栈桥	有效作业长度 12 m	2 套	
	挖掘机	0.6 m^3	1 台	
	混凝土输送车	≥6 m^3	2 台	与二衬共用
防水板作业	铺设台车	自制	1 台	
二衬作业	模板台车	12 m	1 台	
	混凝土输送泵	60 m^3/h	1 台	
	混凝土输送车	≥8 m^3	3 台	根据运距增加
	混凝土拌和站	60 m^3/h	1 台	
	养护作业台架	自制	1 台	

(3) 应用案例

兰渝铁路木寨岭隧道围岩分级为Ⅲ级 2 955 m 占 15.5%；Ⅳ级 9 260 m 占 48.7%；Ⅴ级 6 805 m 占 35.8%。出口隧道Ⅳ、Ⅴ级围岩居多，因此，在出口采用台阶法施工，采用Ⅱ级机械化配套方案，达到了安全、快速施工的要求。

12. 单线铁路隧道台阶法施工Ⅲ级机械化配套(D-T-Ⅲ)

(1) 适用范围

单线铁路隧道台阶法施工的最低设备配置方案，主要是各作业线采用低机械化作业方案。

（2）设备配置

机械化配套设备配置见表 15. 3. 12。

表 15. 3. 12　单线隧道台阶法施工Ⅲ级机械化配套设备配置

作业工序	设备名称	规格	数量	备注
超前钻探、支护	工程钻机		1 台	满足需要
	注浆泵			满足需要
开挖作业线	电动空压机	60 m^3/min		
	手持钻机		15 台	
	上断面多功能台架	自制	1 台	
锚喷支护作业线	湿喷机	5～13 m^3/h	2 台	
	混凝土输送车	≥6 m^3	2 台	
	混凝土拌和站	60 m^3/h	1 台	
装渣运渣作业	挖装机	200 m^3	1 台	
	挖掘机	0. 6 m^3	1 台	
	自卸汽车	≥12 t	6 台	根据运距增加
仰拱作业线	简易栈桥	有效作业长度 12 m	1 台	
	挖掘机	0. 6 m^3	1 台	与装渣共用
	混凝土输送车	≥6 m^3	2 台	
防水板作业	铺设台车	自制	1 台	
二衬作业	模板台车	12 m	1 台	
	混凝土输送泵	60 m^3/h	1 台	
	混凝土输送车	≥6 m^3	2 台	
	混凝土拌和站	60 m^3/h	1 台	
	养护作业台架	自制	1 台	

参 考 文 献

[1] 中国铁路总公司．铁路隧道工程施工机械配置技术规程(Q/CR 9226—2015)[S]．北京：中国铁道出版社，2015.

[2] 中铁隧道局集团公司，等．隧道围岩稳定性及其控制技术研究(2009G005)：隧道施工机械化配套技术与装备研究报告[R]．2012.

[3] 贵广铁路有限责任公司．机械化施工科研资料[R]．2012.

16 施工地质超前预报

由于隧道地质条件的复杂性、多变性，在勘察阶段要准确无误地确定围岩的状态、特征，并准确预测隧道施工中可能引发的地质灾害的位置、规模及性质是十分困难的。在高速铁路隧道施工阶段，重视和加强地质超前预报，最大限度地利用先进的地质超前预报技术，预测开挖工作面前方的地质情况，对于安全施工、提高工效、缩短施工周期、避免事故损失具有重大意义。

16.1 地质超前预报内容

地质超前预报包括隧道所在地区地质分析与宏观地质预报、隧道洞身不良地质及灾害地质超前预报和重大施工地质灾害临警预报。

1. 地质分析与宏观地质预报

预报开挖面前方的围岩级别和稳定性，及时修改设计，调整支护类型；预报洞内涌水量大小和变化规律及对环境地质与工程的影响。

2. 不良地质及灾害地质超前预报

预报开挖面前方岩性变化和不良地质体的范围、规模、性质，以及突水、突泥、坍塌、岩爆、有害气体等灾害地质的发生概率，提出施工预防措施。预报断层的位置、宽度、产状、性质、破碎带物质状态、充水情况、稳定程度等，提出施工对策。

3. 重大施工地质灾害临警预报

针对开挖面前方有可能引发的大规模突水、突泥、坍塌、冒落、变形、瓦斯爆炸等重大地质灾害建立临警预报系统，主要预报隧道洞身所通过的深大富水断裂、富水向斜的核部、富水砂层、软土、极软岩、煤系地层等，评判其危害程度，提出施工方案对策。

16.2 地质超前预报方法

高速铁路隧道施工地质超前预报方法主要有传统地质分析法、超前平行导坑预报法、超前水平钻孔法、物理探测法等。施工地质超前预报是一项系统性工作，需纳入施工工序。

1. 地质分析法

地质调查与推断是隧道地质超前预报最基本的方法，其他预报方法的解释应用，都是在地质资料分析判断基础上进行的。

通过对洞内开挖面涌水量动态变化的长期观测记录，掌握地下水初期涌水量、衰减涌水量和稳定涌水量的变化规律，综合分析地层、断层等构造以及基岩裂隙水的运动特点，查明地下水的补给、径流及排泄途径，预报未开挖段水文地质情况。

2. 超前平行导坑预报法

在隧道内或隧道一侧超前开挖一平行的小断面导坑，综合分析其地层岩性、地质构造、水文地质情况，预测相应段隧道的工程地质和水文地质条件。超前平行导坑法最为直观，精确度很高，缺点是成本高。

3. 超前水平钻孔法

用钻探设备向开挖面前方钻探，直接揭示隧道开挖面前方几十米至上百米的地层岩性、岩体结构和构造、地下水、岩溶洞穴充填物及其性质、岩体完整程度等资料，还可通过岩芯试验获得岩石强度等定量指标，适用于已经基本认定的主要不良地质区段。超前水平钻孔的方向控制和钻探工艺有一定的技术难度，对施工干扰较大。

4. 物理探测法

采用物探技术进行超前地质预报的优点是快速、超前探测距离大、对施工干扰相对小、可以多种技术组合应用。物探方法的应用受环境及经验的影响，准确解译物探资料具有一定的技术难度。物探技术存在一定局限性，在地质超前预报中应进一步结合地质理论，提高物探成果解译水平。工程中常用的方法介绍如下：

(1) TGP12 隧道地质预报系统

TGP12 隧道地质预报系统可预报隧道前方约 200 m 的岩性变化、断层、破碎带、岩溶发育带、空洞等，并能计算出上述范围内围岩的纵波与横波速度、波速比，泊松比，相应岩体的动弹模量和剪切模量等岩石力学参数。

TGP12 仪器动态范围大，可通过改变偏移距离和激发能量来实现增加预报距离。

(2) TSP 超前预报系统

TSP 系统是利用地震波反射原理，能长距离地预报隧道施工前方的地质变化，如断层破碎带和其他不良地质带，其准确预报范围为掌子面前方 100 ~ 150 m。其解译技术是 TSP 实现超前地质预报的最关键技术，也是难度最大的技术。TSP 系统一方面要求解译人员具有丰富的解译经验，另一方面，也是更重要方面，要求解译人员具有丰富的地质实践经验。高水平的 TSP 解译必须与地面地质调查、隧道内的地质前兆定量预测法紧密结合。

(3) 水平声波反射法

利用钻孔台车在打完开挖面炮眼后，在开挖面后方一定距离(2 m 左右)的隧道两侧底部分别打若干个测试孔(6 ~ 12 个)，孔深 1 ~ 3 m 下倾 20° ~ 40°，孔间距根据探测距离大小按 1 ~ 3 m 布置。将发射源及接收换能器分别置于测试孔内，测试孔充水作为耦合剂，发射孔孔底采用雷管或电火花作振源，发射及接收孔孔口均采用棉纱等堵塞，防止空气中的声波干扰。此外还有其他变通布置方式，视具体探测的难易程度而有所变化。

(4) 地质雷达法

探测距离一般小于 30 m，在潮湿含水层中小于 10 m。该方法主要是配合地震反射法，通过测定与岩溶含水性有关介电常数的变化来探测充水地质体，如含水的断层、岩性界面和溶洞等。试验表明，采用地质雷达对隧底、边墙、隧顶外围岩的不良地质探测效果最好，在超前平行导坑中应用可对正洞起到超前地质预报的作用。

(5) 红外探水法

地下水的活动会引起岩体红外辐射场强的变化，探测开挖面或洞壁四周这种变化，可以推测是否有隐伏的含水体。该方法测量快速，施工干扰小，有较高的定性判别准确率，但无法预报水量和含水体前方具体位置等定量指标。

5. 特殊灾害地质的预测方法

特殊灾害地质的预报方法采用专门仪器进行。例如当确定隧道接近或通过煤系地层、储气构造时，可采用沼气氧气两用报警仪，在隧道内进行长期跟踪量测，根据数据的积累统计分析，对开挖面前方的有害气体进行预测，为隧道安全施工提供依据。

16.3 地质超前预报设计

16.3.1 基本要求

高速铁路隧道应进行超前地质预报设计，预报方法的选择应与施工方法相适应。超前地质预报设计前，应根据隧道的工程地质与水文地质条件、地质因素对隧道施工影响程度及诱发环境问题的程度等，对隧道分段进行地质复杂程度分级。根据不同的地质复杂程度分级，针对不同类型的地质问题，选择不同的方法和手段及其组合进行，并贯穿于施工全过程。

16.3.2 预报长度

超前地质预报可采用长距离预报、中长距离预报和短距离预报，预报长度的划分和预报方法的选择一般遵循下列规定：

（1）长距离预报，预报长度100 m以上，可采用地质调查法、地震波反射法及100 m以上的超前钻探等。

（2）中长距离预报，预报长度30～100 m，可采用地质调查法、弹性波反射法及30～100 m的超前钻探等。

（3）短距离预报，预报长度30 m以内，可采用地质调查法、弹性波反射法、电磁波反射法（地质雷达探测）、红外探测及小于30 m的超前钻探等。

16.3.3 设计内容

超前地质预报设计应编制超前地质预报设计文件，主要应包括地质复杂程度分级；预报方案、分段预报内容、技术要求、安全措施、工作量、占用工作面的时间、概预算等。

16.4 地质超前预报实施

16.4.1 基本要求

实施超前地质预报应全面了解隧址区地质情况，分析和掌握存在的主要工程地质问题、主要地质灾害隐患及其分布范围等，核实地质复杂程度分级、超前地质预报方案的内容。

采用综合超前地质预报方法时，应将各预报手段所获得的资料进行综合分析与判断，并编制地质综合分析成果报告。

施工过程中应将实际开挖的地质情况与预报结果进行对比分析，及时总结经验教训，指导和改进地质预报工作。

16.4.2 断层预报

（1）应探明断层的性质、产状、富水情况、在隧道中的分布位置以及断层破碎带的规模、物质组成等。

（2）应以地质调查法为基础，以弹性波反射法探测为主，必要时采用红外探测、高分辨直流电法探测断层带地下水的发育情况及超前钻探法验证。

（3）断层预报可按以下步骤进行：

①根据区域地质资料、工程地质平面图与纵断面图及必要的地表补充地质调查，进一步核实断层的性质、产状、位置与规模等。

②采用弹性波反射法确定断层在隧道内的大致位置和宽度。

③必要时采用红外探测、高分辨直流电法探测断层带地下水的发育情况。

④必要时采用超前钻探预报断层的确切位置和规模、破碎带的物质组成及地下水的发育情况等。

⑤采用隧道内地质素描、地质作图及断层趋势分析等手段预报断层的分布位置。

⑥地质综合判析，提交地质综合分析成果报告。

16.4.3 岩溶预报

（1）探明岩溶在隧道内的分布位置、规模、充填情况及岩溶水的发育情况。

（2）以地质调查法为基础，以超前钻探法为主，结合多种物探手段进行综合超前地质预报，并应采用宏观预报指导微观预报、长距离预报指导中短距离预报的方法。

（3）岩溶预报可按以下步骤进行：

①研究隧址区岩溶发育规律

充分收集、分析、利用已有区域地质和工程地质资料，辅以工程地质补充调绘，查明隧址区工程地质与水文地质条件，分析岩溶发育的规律，宏观掌握区域地质条件。应着重查明和分析以下方面的内容：

a. 地质构造：分析地质构造与岩溶发育的关系及不同构造部位岩溶发育特征和发育程度的差异性，划分岩溶发育带。

b. 岩溶地下水：地下水的埋藏、补给、径流和排泄情况、水位动态及水力连通情况，分析隧道受岩溶地下水影响的程度。

c. 根据隧道线路高程、穿越山区地形、地表岩溶发育情况、区域和隧址区侵蚀基准面等，判断隧道处于岩溶垂直分带的部位。

d. 依据岩溶发育的垂直分带性、隧道高程和地下水季节的变化，判断可能与隧道相遇的溶洞、暗河的储水量。

e. 岩溶形态：岩溶形态的类型、位置、大小、分布规律、形成原因及与地表水、地下水的联系，以及地表岩溶形态和地下岩溶形态的联系。

f. 结合有利于岩溶发育的岩层层位和构造位置，在大小封闭的洼地内、当地河流岸边或其他部位，查明大型溶洞或暗河的入口、出口的位置及高程，并结合可能成为暗河通道的较大断层或较紧闭背斜褶皱的核部位置、产状，推断暗河大致通道，确定能否与隧道相遇或与隧道的大概空间位置关系。

②隧道内地质素描

根据隧道内地质素描结果，验证、调整地质复杂程度分级和超前地质预报方案。

③物探探测

根据地质条件，可采用弹性波反射法进行长、中长距离探测，以探明断层等结构面和规模较大、可足以被探测的岩溶形态；采用高分辨直流电法、红外探测进行中长、短距离探测，可定性探测岩溶水；采用地质雷达进行短距离探测，以查明岩溶位置、规模和形态。

④地质超前钻探

根据地质复杂程度分级、隧道内地质素描、物探异常带进行地质超前钻探预报和验证，对富水岩溶发育地段，地质超前钻探必须连续重叠式进行。超前钻探揭示岩溶后，应适当加密，必要时采用地质雷达及其他物探手段进行短距离的精细探测，配合钻探查清岩溶规模及发育特征。

⑤加深炮孔探测

岩溶发育区必须进行加深炮孔探测。

⑥地质综合判析，提交地质综合分析成果报告。

（4）岩溶地区应开展岩溶重点发育地段隧道周边隐伏岩溶探测工作。

（5）岩溶地区隧底应进行隐伏岩溶洞穴的探测，并应符合以下要求：

①采用综合物探查明隧底隐伏岩溶洞穴的位置、规模；

②根据物探资料布置验证钻孔；

③根据钻探验证结果修订物探异常成果图，作出预测隐伏岩溶图。

16.4.4 煤层瓦斯预报

（1）探明煤层分布位置、煤层厚度，测定瓦斯含量、瓦斯压力、涌出量、瓦斯放散初速度、煤的坚固性系数等，判定煤的破坏类型，分析判断煤的自燃及煤尘爆炸性、煤与瓦斯突出危险性，评价隧道瓦斯严重程度及对工程的影响，提出技术措施建议等。

（2）以地质调查法为基础，以超前钻探法为主，结合多种物探手段进行综合超前地质预报。

（3）煤层瓦斯预报可按以下步骤进行：

①根据区域地质资料、工程地质勘察报告、工程地质平面图与纵断面图、煤层地表钻探资料和必要的地表补充调查，通过地质作图进一步核实煤层的位置与厚度等。

②采用物探法确定煤层在隧道内的大致位置和厚度。

③采用洞内地质素描，利用地层层序、地层厚度、标志层和岩层产状等，通过作图分析确定煤层的里程位置。

④接近煤层前，必须对煤层位置进行超前钻探，标定各煤层准确位置，掌握其赋存情况及瓦斯状况，并应符合以下规定：

a. 应在距煤层 15～20 m（垂距）处的开挖工作面钻 1 个超前钻孔，初探煤层位置。

b. 在距初探煤层 10 m（垂距）处的开挖工作面上钻 3 个超前钻孔，分别探测开挖工作面前方上部及左右部位煤层位置，并采取煤样和气样进行物理、化学分析和煤层瓦斯参数测定，在现场进行瓦斯及天然气含量、涌出量、压力等测试工作。

c. 按各孔见煤、出煤点计算煤层厚度、倾角、走向及与隧道的关系，并分析煤层顶、底板岩性。

d. 掌握并收集钻孔过程中的瓦斯动力现象。

⑤揭煤前应进行瓦斯突出危险性预测，并应符合以下规定：

a. 在瓦斯突出工区施工时，应在距煤层垂距 5 m 处的开挖工作面打瓦斯测压孔，或在距煤层垂距不小于 3 m 处的开挖工作面进行突出危险性预测。

b. 瓦斯突出危险性预测应从瓦斯压力法、综合指标法、钻屑指标法、钻孔瓦斯涌出初速度法、“R”指标法等五种方法中选用两种方法，相互验证。石门揭煤可采用瓦斯压力法、综合指标法或钻屑指标法，对于煤巷掘进宜采用钻孔瓦斯涌出初速度法、钻屑指标法或“R”指标法。

c. 突出危险性预测方法中有任何一项指标超过临界指标，该开挖工作面即为有突出危险工作面。其预测时的临界指标应根据实测数据确定，当无实测数据时，可参照表 16.4.1 中所列突出危险性临界值。

表 16.4.1　突出危险性预测指标临界值

序号	预测类型	预测方法	预测指标	突出危险性临界值
1	石门揭煤突出危险性预测	瓦斯压力法	P(MPa)	0.74
		综合指标法	D	0.25
			K	20（无烟煤），15（其他煤）
		钻屑指标法	Δh_2(Pa)	160（湿煤），200（干煤）
			K_1[mL/(g·min$^{1/2}$)]	0.4（湿煤），0.5（干煤）
2	煤巷开挖工作面突出危险性预测	钻孔瓦斯涌出初速度法	Q	4
		“R”指标法	R_m	6
		钻屑指标法	Δh_2(Pa)	160（湿煤），200（干煤）
			K_1[mL/(g·min$^{1/2}$)]	0.4（湿煤），0.5（干煤）
			最大钻屑量(kg/m)	6

d. 钻孔过程中出现顶钻、夹钻、喷孔等动力现象时，应视该开挖工作面为突出危险工作面。

⑥综合分析，提交地质综合分析成果报告。

（4）隧道在煤系地层、压煤地段及其他可能含瓦斯地层开挖施工时，应加强瓦斯检测，瓦斯浓度超过规定指标时，应立即采取措施，确保安全，并上报有关部门，查明瓦斯来源，分析可能带来的危害程度，制定下一步地质预报工作的方案和措施，并做好瓦斯检测记录存档备查。

参考文献

[1] 中国铁路总公司. 铁路隧道超前地质预报技术规程(Q/CR 9217—2015)[S]. 北京：中国铁道出版社，2015.
[2] 铁道部宜万铁路建设指挥部. 宜万铁路隧道超前地质预报科研资料[R]. 2008.
[3] 刘志刚，赵勇. 隧道隧洞施工地质技术[M]. 北京：中国铁道出版社，2001.

17 监控量测

监控量测是隧道施工的关键环节，其主要目的是，及时掌握围岩、支护变形情况，预测可能出现的施工隐患，保证围岩稳定和施工安全；作为提供判断围岩和支护系统稳定性的依据，确定二次衬砌施作时间；依据量测资料调整确定预留变形量，采取相应工程措施；同时通过监控量测对施工可能产生的环境影响进行全面监控。本章将简要介绍高速铁路隧道中监控量测的项目、设备配置，量测断面和测点布置，量测频率和量测方法等。

17.1 监控量测项目及设备配置

监控量测分必测项目和选测项目。必测项目是为保证周边环境和围岩稳定及施工安全，而必须进行的日常监控量测项目。选测项目是根据工程规模、地质条件、隧道埋深、开挖方法及其他特殊要求，在局部地段进行的监控量测项目。具体监控量测项目及采用仪器见表 17.1.1 和表 17.1.2。

表 17.1.1 监控量测必测项目及采用仪器

序 号	监控量测项目	常 用 仪 器	备 注
1	洞内、外观察地质和支护状况	数码相机、罗盘仪	(1)开挖面围岩自稳性；(2)岩质破碎带、褶皱节理等情况；(3)核对围岩类别及风化变质情况；(4)地下水情况；(5)支护变形开裂情况；(6) 洞口浅埋地表下沉情况
2	拱顶下沉	精密水准仪、全站仪等	监视拱顶下沉值，了解断面变化情况，判断拱顶的稳定性，防止坍方
3	拱脚下沉	全站仪	拱脚沉降是反映围岩稳定性的重要指标
4	水平净空变化	收敛仪、全站仪等	根据收敛情况判断：(1)围岩稳定性；(2)支护设计和施工方法的合理性；(3)模筑二次衬砌
5	地表下沉	精密水准仪、全站仪	浅埋地段、破碎带、岩堆、下穿建筑物(判断隧道开挖对地表产生的影响及防止沉降措施的效果)
6	掌子面挤出位移	多点位移计	

表 17.1.2 监控量测选测项目及采用仪器

序 号	监控量测项目	常 用 仪 器	备 注
1	围岩压力	压力盒	
2	钢架内力	钢筋计、应变计	
3	喷混凝土内力	混凝土应变计	
4	二次衬砌内力	混凝土应变计、钢筋计	
5	锚杆轴力	钢筋计	
6	围岩内部位移	单点、多点位移计	软岩变形段
7	水 量	三角堰、流量计	可能出现涌水的地段
8	孔隙水压力	水压计	饱和黄土段
9	爆破振动	振动传感器、记录仪	滑坡、下穿段或临近建筑物
10	隧道隆起	全站仪、水准仪等	膨胀性围岩段

17.2 监控量测断面及测点布置

17.2.1 洞内监控量测项目布点

（1）洞内监控量测的两大必测项目(拱顶下沉、净空变化)，不同断面的测点应布在相同部位，测点应尽量对称布置，以便相互验证。基本布点原则见表 17.2.1 和图 17.2.1 量测断面布置。

表 17.2.1 净空变化量测测线

开挖方法	一 般 地 段	特 殊 地 段
全断面法	一条水平测线	—
台阶法	每台阶一条水平测线	每台阶一条水平测线，两条斜测线
分部开挖法	每分部一条水平测线	CD 或 CRD 法上部、双侧壁导坑法左右侧部，每分部一条水平测线，两条斜测线，其余部分一条水平测线

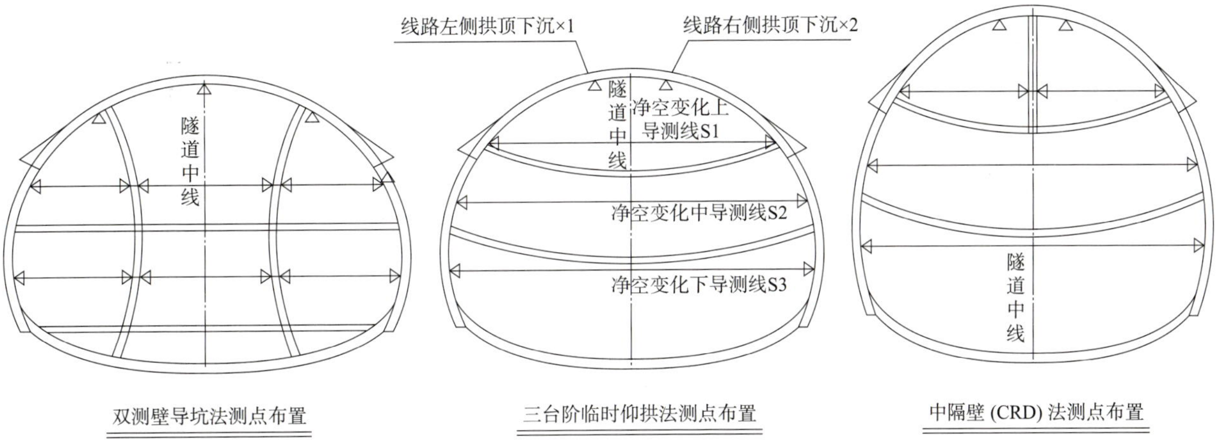

图 17.2.1 监控量测布点

△—拱顶下沉测点；◁—周边收敛测点

（2）不同的围岩级别量测断面间距不同。量测断面、间距测点数量及测试精度见表 17.2.2。

表 17.2.2 监控量测断面间距

围岩级别	断面间距（m）	水平净空变化			拱顶下沉		
		每断面测点数量	观测仪器	测试精度	每断面测点数量	量测仪器	测试精度
Ⅱ	100	1 条测线	收敛仪、全站仪	0.1 mm	1 个测点	精密电子水准仪、全站仪等	0.5 ~ 1 mm
Ⅲ	30 ~ 50	1 条测线			1 个测点		
Ⅳ	5 ~ 10	1 条测线			1 ~ 3 个测点		
Ⅴ ~ Ⅵ	5	1 ~ 2 条测线			1 ~ 3 个测点		

（3）拱顶下沉与净空变化两必测项目洞内测点应在开挖后及时布设完成。拱顶下沉与净空变化初始应在开挖(初支喷射混凝土)作业完成后 3 ~ 6 h 内完成，其他量测应在每次开挖后 12 h 内取得起始读数。

（4）同一处拱顶下沉、周边收敛量测应设在同一断面，测点应尽量对称布置，以便于整个量测形成信息体系，相互印证。每个量测断面都要悬挂围岩量测标示牌，标示牌上应注明点号、里程、围岩级别、埋设日期等情况。

（5）测点应尽可能地靠近工作面埋设，并且测点应牢固可靠，易于保护、识别。

17.2.2 地表监控量测项目布点

（1）洞外监测的重点为洞口段和洞身浅埋段、山间洼地、岩堆、破碎带、岩溶漏斗区域及偏压洞口的地表开裂、下沉和隧道洞口边、仰坡的稳定状态、地表渗、流水等情况。

地表下沉的量测点必须在隧道开挖之前布设。浅埋地段的地表量测点与洞内拱顶沉降点及水平净空收敛点均布置在同一断面里程上。其测点布置如图 17.2.2 所示。

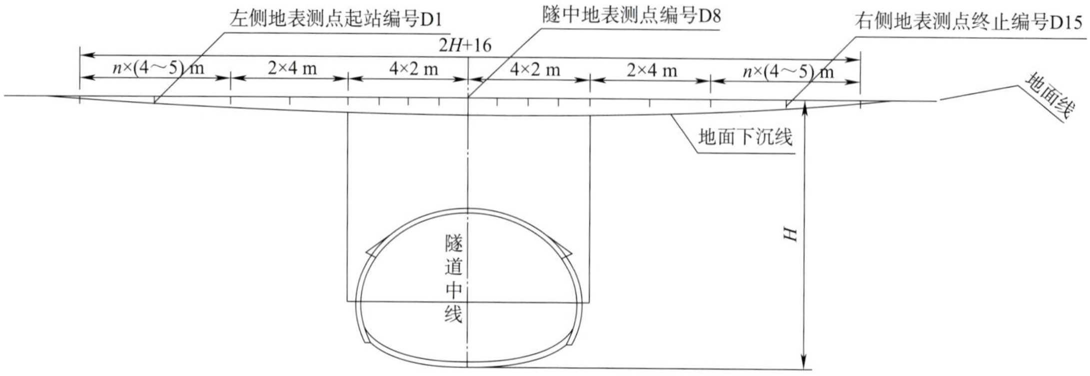

图 17.2.2 地表沉降横向测点布置示意

（2）地表沉降测点纵向间距应按照表 17.2.3 的要求布置。

表 17.2.3 地表沉降测点纵向间距

隧道埋深与开挖宽度	纵向测点间距(m)	横向间距(m)
$2B < H_0 < 2.5B$	20～50	(1)横向间距 2～5 m (2)隧道中线两侧范围不应小于 H_0+B (3)地表有建筑物时，量测范围应适当加宽
$B < H_0 \leq 2B$	10～20	
$H_0 \leq B$	5～10	

注：H_0 为隧道埋深，B 为隧道开挖宽度。采用精密电子水准仪或全站仪测量。

17.3 监控量测频率

结合现场实际情况根据位移速度或开挖宽度对隧道安全的影响程度设定不同的量测频率。洞内、外观察每日一次定时检查并记录。地表进行的量测项目应测至二次衬砌施作后不小于 1 个月时间。具体量测频率见表 17.3.1。

表 17.3.1 监控量测频率

位移速度(mm/d)	测断面距开挖工作面的距离(m)	量测频率
≥5	<1B	2 次/d
1～5	(1～2)B	1 次/d
0.5～1	(1～5)B	1 次/(2～3)d
0.2～0.5	(2～5)B	1 次/3d
<0.2	>5B	1 次/7d

注：B 表示隧道开挖宽度。由位移速度决定的监控量测频率和由距开挖面距离决定的监控量测频率之中，原则上采用较高的频率值。

17.4 监控量测方法

隧道洞内监控量测方法分为巡视目测、接触量测和非接触量测。

巡视目测能及时发现质变的前兆，对现象做出定性结论，巡视人员肉眼观察掌子面和支护结构外观，查看其壁上是否产生裂缝、流沙或其他变形，观察所有锚杆、锚头、钢拱架外观，看其是否有异常现象；观察支撑体系及其端头的支护结构是否有变形、裂缝等破坏现象；查看隧道洞顶周围土体及建筑，看地面是否有沉陷、裂缝、滑移、隆起等现象，地面建筑物是否有裂缝。

接触量测采用收敛仪每天直接读取读数取得，非接触量测(图 17.4.1)采用 1 s 以上高精度全自动测量机器人通过测量各观测点的反射膜片取得数据。

图 17.4.1 非接触量测

17.4.1 洞内位移量测

（1）洞内水平净空收敛实测主要采用数显收敛仪法和非接触量测法完成。数显收敛仪法为传统量测方法，非接触量测法具体操作要点如下：

①快速埋设测点。隧道进洞后测试断面一般设置在距开挖面 2 m 范围内，测点用反射片作为测点靶标，靶标粘附在预埋件上。量测方法包括自由设站和固定设站。

②测试元件应具有良好的防震、防冲击波能力，保证能在埋设后能长期有效地工作。

③测试数据须准确可靠。采用全站仪自由设站或固定设站的方式观测洞内监控量测点，每个量测点正倒镜各测量三个测回。

（2）拱顶下沉量测应与水平净空变化观测在同一量测断面内进行，当下沉量或偏压明显时，除观测拱顶下沉量外，还应观测拱腰下沉和基底隆起量。

（3）掌子面挤出位移，采用多点位移计进行量测。

（4）水平净空变化、拱顶下沉量、基底隆起量必须持续到基本稳定 2 ~ 3 周后结束。对于膨胀性和挤压性围岩，位移长期没有减缓趋势时，应适当延长观测时间。

17.4.2 地表沉降观测

地表沉降的主要影响范围在 3 倍洞径范围内，见表 17.4.1。

表 17.4.1 地表沉降量测时段

埋　深	重 要 性	测 量 与 否
$2B<H<3B$	一般	最好测量
$B<H<2B$	重要	必须测量
$H<B$	非常重要	必须列为主要测量项目

注：B 为隧道直径，H 为隧道埋深。

17.4.3 选测项目量测

（1）地层与初期支护之间接触压力。采用振弦式双膜压力盒配合频率接收仪的二次仪表。在埋设之前测试一次其频率读数，埋设后，再测读一次传感器频率。

（2）喷混凝土应力。采用埋入式振弦混凝土应变计配合频率接收仪。

（3）初期支护与二次衬砌之间接触压力。初期支护与二次衬砌之间接触压力采用振弦式双膜压力盒配合频率接收仪。在防水板铺设之前，在初期支护喷混凝土表面凿出圆形槽，深2 cm，用水泥钉及细铁丝固定好压力盒，再铺设防水板，浇筑二次衬砌。

（4）型钢钢架应力。型钢钢架应力采用表面粘贴式应变计配合频率接收仪。在立拱架之前，在拱架的内翼缘用环氧树脂或电焊的方式将支架固定，卸掉定位杆，安装应变计。

（5）二衬混凝土的应力。二衬混凝土的应力采用埋入式混凝土应变计配合频率接收仪。利用已经架立的二次衬砌钢筋笼来定位，用细铁丝将应变计固定在钢筋之间，使应变计方向平行于主筋方向。

（6）为了保护传感器的引线，把电缆线置于劈开的蛇纹塑料管内。在传感器埋设一周之内每天监测两次，一周之后每天监测一次，或根据数据变化情况适当调节监测频率。

17.5 围岩与支护变形控制基准

17.5.1 监控量测控制标准

1. 按位移变化速率判定

一般拱顶下沉、净空变化速度持续7 d达5 mm/d或累计达100 mm时，应停止掘进，分析原因，采取处理措施。在浅埋地段及膨胀性、挤压性围岩等情况下，标准另行制定。

2. 按位移时态曲线的形态来判别

将量测数据进行处理和分析，目前，国内主要选用以下三种非线性曲线函数中精度最高者进行回归分析，观测数据不宜少于25个：

对数函数　　$u = A + B/\lg(1+t)$

指数函数　　$u = Ae^{-B/t}$

双曲函数　　$u = t/(A+Bt)$

式中　u——变化值（mm）；

A,B——回归系数；

t——监测时间（d）。

回归结果表明，对数函数用于初期支护变形可取得较高的回归精度；初支基本稳定后因对数函数为发散型函数，与实测值有较大偏差，而此时采用指数函数可获得较满意的结果；而双曲函数则可预计最终位移值 $U_{\infty} = 1/B$。一般情况下会出现两种时间—位移特征曲线，如图17.5.1所示。

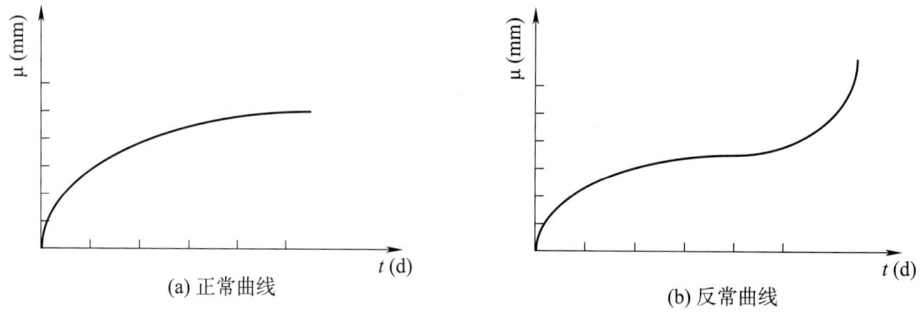

图17.5.1　时间—位移特征曲线

图17.5.1(a)表示绝对位移值逐渐减小，支护结构趋于稳定，可施作模筑混凝土衬砌。

图17.5.1(b)表示位移变化异常，反弯点喷锚支护出现严重变形，这时应及时通知施工管理人员，对该段支护采取加强措施。

17.5.2 位移控制基准值

可根据测点距开挖面的距离，由初支极限相对位移按表 17.5.1 确定。

表 17.5.1 位移控制基准

类　别	距开挖面 $1B(U_{1B})$	距开挖面 $2B(U_{2B})$	距开挖面较远
允许值	$65\%\ U_0$	$90\%\ U_0$	$100\%\ U_0$

注：B 为隧道开挖宽度；U_0 为极限相对位移值。

17.5.3 监控量测的警戒值

报警值取设计极限值的 70%，警戒值取设计极限值的 80%；位移管理分三个等级，当量测点达到或超过报警值时应及时向有关部门报警，见表 17.5.2。

表 17.5.2 位移管理等级

管 理 等 级	距开挖面 $1B$	距开挖面 $2B$	施 工 状 态
Ⅲ	$U < U_{1B}/3$	$U < U_{2B}/3$	正常施工
Ⅱ	$U_{1B}/3 \leqslant U \leqslant 2U_{1B}/3$	$U_{2B}/3 \leqslant U \leqslant 2U_{2B}/3$	报警，应加强支护
Ⅰ	$U > 2U_{1B}/3$	$U > 2U_{2B}/3$	暂停开挖，采取特殊措施

注：U 为实测位移值；U_{1B}、U_{2B} 为相应最大允许位移值。

17.6 量测信息与反馈

17.6.1 量测成果的分析

量测数据分析应包括以下主要内容：

（1）根据量测值绘制时态曲线。

（2）选择回归曲线，预测最终值，并与控制基准进行比较。

（3）对支护及围岩状态、工法、工序进行评价。

（4）及时反馈评价结论，并提出相应工程对策建议。

17.6.2 信息反馈

在每次监测后立即进行日常资料的整理，包括原始数据的记录、检验和监测物理量的换算以及填表、绘图、初步分析和异常值判别等日常工作。

（1）监控量测信息反馈应根据监控量测数据分析结果，对工程安全性进行评价，并提出相应工程对策与建议。

（2）监控量测反馈程序应贯穿于整个施工全过程。

（3）在施工过程中应进行监控量测数据的实时分析和阶段分析。

①实时分析：每天根据监控量测数据，分析施工对结构和周边环境的影响，发现安全隐患及时采取措施；实时分析一般采用日报表形式。

②阶段分析：经过一段时间后，根据大量的监控量测数据及相关资料等进行综合分析。阶段分析一般采用周报、月报形式，或根据工程施工需要不定期进行。

17.6.3 监控量测安全管理标准化系统

为确保施工安全，规范铁路隧道监控量测标准化管理，中国铁路总公司建立了适用于喷锚构筑法修建的隧道非接触量测标准化管理系统，实现了监控量测数据采集、传输分析、预警发布与处理全过程信息化管理。

（1）建设单位是监控量测管理的责任主体，施工单位是监控量测的实施主体。

（2）采用变形总量和变形速率对隧道安全进行等级管理。

位移管理等级见表 17.6.1，位移管理措施见表 17.6.2。

表 17.6.1　位移管理等级

变形量(mm) \ 安全等级		正常(绿色)	预警二级(黄色)	预警一级(红色)	备　注
围岩级别	Ⅲ	<40	40～80	>80	不包括高地应力软岩和膨胀岩隧道
	Ⅳ	<50	50～100	>100	
	Ⅴ，Ⅵ	<75	75～150	>150	

表 17.6.2　位移管理措施

安　全　等　级	处　理　措　施
正常(绿色)	正常施工
预警二级(黄色)	加强监测，必要时采取网喷混凝土等措施进行补强
预警一级(红色)	暂停施工，加强支护，调整施工方法，增加施工辅助措施等

（3）测点位移速率大于等于 5 mm/d 时，由监理工程师组织施工现场分析原因并采取处理措施；当速率连续两天大于等于 10 mm/d 时，由监理单位组织施工单位分析原因和制定措施并上报建设单位批准；当速率大于等于 15 mm/d 时，由建设单位组织设计、监理和施工单位分析原因和制定措施。

（4）变形总量应控制在管理等级范围内，当变形总量未达到控制基准值时，采用变形速率的大小对稳定状态进行判断和控制。

（5）每次量测后应及时通过网络将数据上传至服务器。数据处理应通过专用软件进行分析处理，自动生成时态曲线图进行回归分析，预测可能出现的最大值，并与位移管理等级进行比较。当出现红色预警时，由建设单位组织设计、监理、施工单位研究制定相应措施。

参 考 文 献

[1] 中国铁路总公司．铁路隧道监控量测技术规程(Q/CR 9218—2015)[S]．北京：中国铁道出版社，2015.

[2] 中国铁路总公司工管中心．铁路隧道监控量测标准化管理实施意见(工管办函〔2014〕92号)[S]．2014.

18 复杂地质隧道施工技术

在高速铁路隧道建设过程中，经常遭遇地质条件极为复杂、施工风险极大的隧道，这些隧道由于地质条件特殊、围岩特性不同，其施工技术，各有特色。本章重点介绍软弱围岩隧道、岩溶和瓦斯隧道施工技术。

18.1 软弱围岩隧道施工技术

软弱围岩隧道在施工中通常表现为围岩变形大，甚至发生坍塌等安全事故；变更设计多，投资难以控制；施工进度缓慢，严重制约工程的工期等。特别是高速铁路隧道，由于开挖断面积较大，软弱围岩隧道的变形控制更加困难。

18.1.1 隧道软弱围岩的含义与变形特征

1. 隧道软弱围岩的含义

隧道工程的软弱围岩，通常是指包括软弱、破碎、富水等不良地质条件下的围岩。从围岩级别上看，这类围岩基本上属于Ⅴ、Ⅵ级围岩，对高速铁路大断面和特大断面隧道，也包括一部分Ⅳ级围岩在内。

简单地说，隧道软弱围岩就是用通常的初期支护及简易的小导管支护不能控制开挖后的围岩变形，而需要采用“有针对性的控制变形对策”(即所谓的辅助工法)的围岩。

2. 隧道软弱围岩的变形特征

围岩变形是评价隧道围岩稳定性的重要指标，也是隧道设计的基本准则之一。隧道开挖后，围岩变形稳定性大致经历三个阶段：弹性变形阶段；弹性变形和塑性变形共存阶段；以流变为主，流变、塑性变形共存，同时围岩发生损伤、断裂、挤出及膨胀耦合作用阶段。坚硬围岩以弹性变形和塑性变形为主，而软弱围岩则以塑性变形和流变变形为主。

1）变形量大

隧道开挖后，能够产生显著的塑性变形是软弱围岩最主要的显性特征。实测数据表明，软弱围岩洞壁位移可达数十厘米，甚至超过100 cm，往往表现为初期支护严重破裂，如喷混凝土开裂脱落、钢架扭曲，甚至引起二衬混凝土的开裂。软弱围岩的大变形已在很多隧道中发生，如青藏线新关角隧道Ⅰ线隧道最大水平收敛变形达460 mm，Ⅱ线隧道最大水平收敛变形达410 mm，最大拱顶下沉367 mm；兰渝线两水隧道最大拱顶下沉达757. 4 mm，最大水平收敛达498. 85 mm。

2）初期变形速度快

软弱围岩隧道开挖后，变形速率较大，如关角隧道、两水隧道隧道变形速率最大分别达50 mm/d、60 mm/d。

3）变形持续时间长

软弱围岩不仅初期的变形速度快，而且延续时间长，具有明显的流变特征。例如页岩、泥岩等软弱岩石的蠕变变形非常明显。10 MPa的应力和室温下，页岩、砂岩和花岗岩的典型蠕变曲线如图18. 1. 1所示。由此可见，软岩的蠕变特性对隧道围

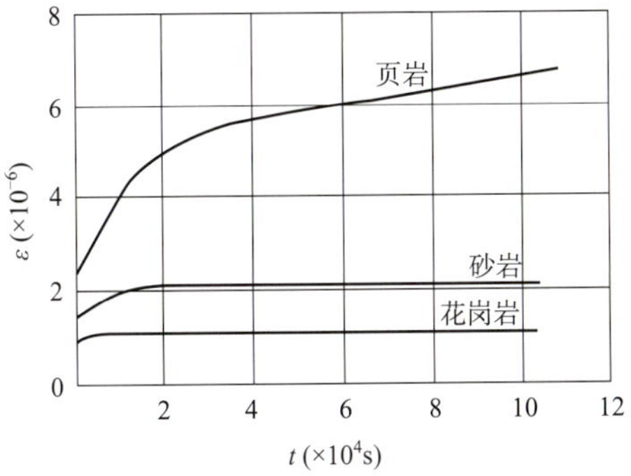

图18. 1. 1　坚硬围岩与软弱围岩蠕变特征的区别

岩的变形及其稳定性影响显著。

4）围岩破坏范围大

软弱围岩隧道周边的塑性区扩大，特别是支护不及时或结构刚度、强度不足时围岩破坏范围更大。

5）压力增长快

围岩压力随开挖时间而迅速增大，在很短的时间内，围岩即与支护结构接触，产生较大的围岩压力。如果施工方法和支护措施得当，支护封闭后变形就应得到控制。反之，即使支护封闭后，变形还会发展，以致支护发生破坏。因此，掌握施工阶段大变形的发展规律和控制技术，是软弱围岩隧道施工的关键。

18.1.2 隧道软弱围岩变形控制技术

1. 隧道围岩变形控制理念

软弱围岩变形控制一般采取刚柔结合的控制理念，即允许围岩发生变形，但其变形不能超过围岩变形允许值，即把围岩变形控制在允许范围之内。刚柔结合的控制理念主要采用初期支护控制围岩变形，对于自稳时间很短，初期支护来不及施作就可能坍塌的围岩，则采取超前支护措施预先控制围岩荷载的释放，使围岩荷载控制在初期支护能够承受的范围之内。由此可见，刚柔结合的控制理念是要让初期支护承担围岩释放的全部荷载，让超前支护控制围岩荷载的释放程度。

刚柔结合的控制理念符合软弱围岩的变形规律，是比较科学的软弱围岩控制理念。

2. 隧道围岩变形控制方法

1）控制掌子面超前变形的方法

对于稳定性较差的围岩，隧道开挖后，围岩的自稳时间很短，初期支护来不及施作，围岩变形就可能超过其容许范围，此时需采用超前支护措施，事先减轻开挖后可能释放的荷载。

超前支护通常采用钢管、高压喷射改良围岩等。

2）控制掌子面挤出变形的方法

控制掌子面挤出位移的方法主要有改变掌子面形状、留核心土、掌子面喷混凝土、掌子面加锚杆、掌子面前方围岩注浆加固。

（1）改变掌子面形状

为了提高掌子面稳定性和作业人员的安全，采用倾斜的掌子面进行开挖，如图 18.1.2 所示。

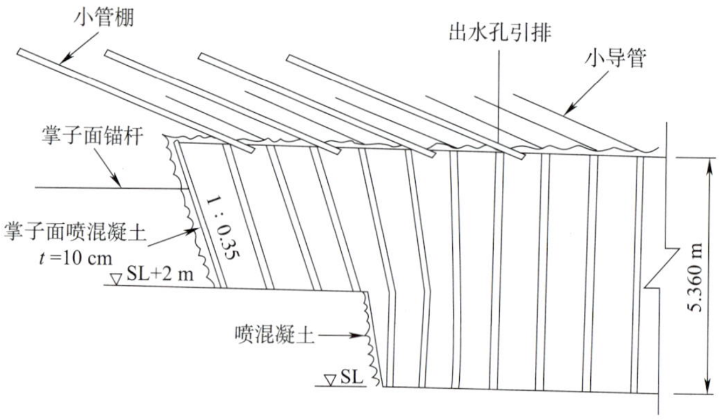

图 18.1.2 倾斜掌子面

（2）留核心土

开挖时把掌子面中央部留下，稳定掌子面，多与掌子面喷混凝土和掌子面锚杆组合在一起使用。拱部开挖采用弧形开挖，可用反铲、液压铲、自由断面掘进机等开挖，开挖后立即喷混凝土。

（3）掌子面喷混凝土

在开挖后的掌子面喷射 5 ~ 10 cm 的混凝土。该方法多与留核心土和掌子面加锚杆并用，如图 18.1.3 所示。

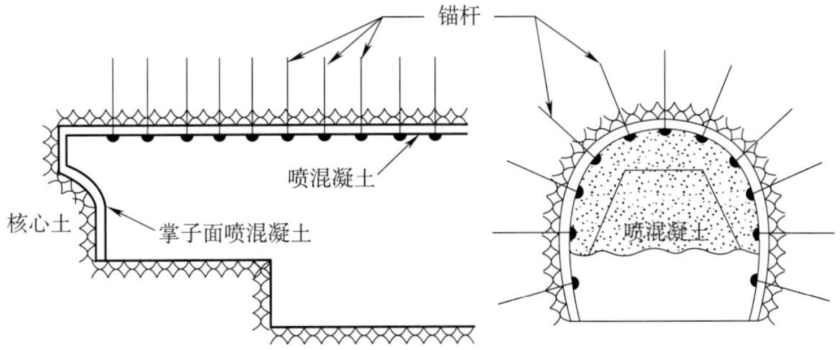

图 18.1.3　掌子面喷混凝土

（4）掌子面加锚杆

掌子面加锚杆在掌子面流坍显著、有塌陷风险的小埋深等场合采用，可采用短或长锚杆。短锚杆长度多采用 2 ~ 6 m。为确保连续的补强效果，锚杆全长的 1/2 的残余长度作为搭接长度。锚杆的材料要考虑开挖时易于切断，多采用玻璃纤维锚杆。

3）控制掌子面后方变形的方法

当围岩所具有的自稳时间足以保证初期支护能够顺利施作时，均可采用变形控制的理念来控制围岩的变形。从开挖和支护两个方面来控制围岩开挖后的变形。

（1）开挖方法优化

调整隧道开挖荷载释放的节奏是通过调整开挖方法和施工工艺来实现的，全断面法其荷载释放速度较快，开挖完成后荷载一次释放完毕，而台阶法、分部开挖法等施工方法，因为围岩是分部逐步开挖，因此围岩荷载也是逐步释放。即使是同一种开挖方法，其荷载释放过程也随着施工工艺的不同而各异，如全断面法可通过改变循环进尺的长度来调整一次开挖荷载释放的大小，而台阶法可以通过台阶的高度、长度、循环进尺等参数来控制荷载的释放速度。

开挖方法及施工工艺的选择不仅影响着荷载的释放过程，同时也影响着隧道施工的速度、安全及成本。因此，需要合理选择开挖方法并对施工工艺进行优化。

台阶法工法简单、灵活，施工效率相对较高，没有复杂的临时支撑，因此成为隧道施工中最为常用的工法。

（2）多重支护

多重支护控制变形技术就是在隧道开挖时留出充分的变形富裕量，先释放一部分变形，进行第一次支护，继续释放变形，一次支护达到极限状态后，再继续施作第二次支护，必要时，可继续施作第三次支护，最终将变形控制在容许范围之内的一种多重支护施工的方法。

多重支护容许第一次支护损伤，第二次支护应在一次支护变形到一定程度后进行实施。第一次支护变形小的场合，可以不进行第二次支护。

（3）喷射高性能混凝土

初期高强度喷混凝土主要特征就是要求强度出现早。高强度喷混凝土可减薄厚度、提高进度。在膨胀性围岩中，由于喷射后能够发挥很高的支护性能而获得控制变形的效果。

初期高强度喷混凝土是在基本混凝土中添加高强度混合材和采用超速硬性的粉体速凝剂，而在喷射 10 min 后就可获得 2 ~ 3 MPa 的强度。

（4）长锚杆(索)

在高地应力软岩隧道中，围岩塑性区范围较大，采用穿过塑性区范围的长锚杆(索)对控制围岩变形十分有效。

（5）高规格钢支撑

钢支撑是沿隧道开挖面设置的拱形的型钢支护构件，架设的同时就能够发挥其功能。为优化支护效果，减少喷射混凝土的厚度，可采用低高度、高强度的型钢钢架。

18.1.3 软弱围岩隧道施工技术发展方向

（1）机械化是隧道修建技术的发展方向，也是软弱围岩隧道修建技术的发展方向。机械化是加快施工速度、提高施工效率、保障施工安全的重要措施，也是隧道施工技术进步的体现。

（2）隧道由于其特殊的施工作业环境，往往成为控制工期的关键工程，而软弱围岩隧道尤其如此，快速施工是软弱围岩隧道修建技术的发展目标。软弱围岩的蠕变特性，使其变形持续时间长，如果施工速度缓慢，支护形成封闭的时间长，就很容易出现大的变形甚至过度松弛而塌方，因此，快速施工是提高软弱围岩隧道稳定性的基本要求，也是软弱围岩隧道的施工原则。

（3）软弱围岩隧道变形的一个主要特征是掌子面前方围岩变形较大，因此采用超前支护(预加固)控制掌子面前方先行位移是必要的。我国隧道修建过程中对超前支护重视程度不够，往往是出现较大变形后才加强支护措施，这些措施多是掌子面后方的，补救性的支护措施。对于软弱围岩来说，加强掌子面前方围岩预加固技术的研究和开发，是当前软弱围岩隧道施工技术研究的主流。

（4）针对软弱围岩变形特点，提高和改进量测和超前地质预报技术的作用，充分利用其数据，指导设计和施工。

18.2 岩溶隧道施工技术

第3章中已经介绍，我国西南山区修建的高速铁路中，有大量的岩溶隧道，由于水量大、水压大，岩溶溶腔发育的不规律性等特点，很难在勘察设计阶段查清岩溶的形态、规模等，需要在施工阶段加强探查等综合处置。

18.2.1 岩溶隧道处治的基本原则

岩溶隧道所处岩层地质成因复杂，灾害具有突发性，对隧道施工危害极大，若处理措施不当，也会给后期运营留下隐患。

隧道岩溶处治应遵循“先探测、后处治”的原则。为避免在隧道开挖过程中突然遇到岩溶，必须对隧道岩溶情况进行提前探测，即在隧道施工至岩溶发育地带时，采用地质超前预报，对掌子面前方的岩溶发育情况进行探测，根据探测到的岩溶发育情况，提前制定处治方案。

岩溶处治应严格遵从“保证施工安全、确保结构稳定、保障安全运营”为主导的基本宗旨。岩溶处治大致可归纳为围岩及支护结构变形、岩溶水的处治、洞穴堆积物和坍塌的处治几大类。由于岩溶发育的规模各异，施工措施应结合工程实际，根据岩溶对隧道的不同影响及具体施工条件，采取不同的综合整治措施。

1. 保证溶洞洞壁的稳定和衬砌结构的安全

隧道内溶洞处理首要问题是保证溶洞洞壁的稳定，从而保证支护结构的安全，保证在施工和运营期间不会因为溶洞的坍塌而危及隧道的安全。

2. 妥善处理岩溶水

隧道的修筑切断了原有的过水通道，改变了原来的地下径流。如果对这部分岩溶水处理不当，在隧道修筑过程中可能由于涌水恶化施工条件、危及施工人员和机械的安全、破坏初期衬砌、造成工期滞后等；在运营期间出现衬砌漏水，有的甚至因为岩溶水的大量排放而造成隧道所在区域水井干涸，植被枯萎，严重影响当地的生态环境和群众的生活。因此岩溶水的处理妥当与否直接影响到隧道的运营安全与场区的生态环境。

3. 岩溶塌陷物的处理

隧道在开挖过程中，有时会穿越岩溶塌陷物地段，塌陷物常为碎石土夹软塑、流塑状黏性土，这类堆积物常呈松散状，易塌陷，自稳性极差，不但增加了隧道的开挖支护难度，而且由于隧底松散塌陷物的存在会造成日后隧道衬砌整体下沉，给隧道的运营安全带来隐患。隧道通过岩溶富水段接触带时，施工中有可能产生突水、突泥危害。

18.2.2 突水、突泥高风险地段施工

1. 突水高风险地段施工

洞内突水对隧道施工的危害很大，施工中必须采取相应的超前预报措施和防水、排水降压措施。根据预测突水量的大小，提前疏排或封堵，同时做好应急准备，一旦发生突涌水，迅速排出，以防淹井造成危害。

1）突涌水预测方法

物探定性，超前定点精确钻探定量，辅以地质分析。

2）施工方案

施工中加强地质调查，进行超前钻孔探测，采用综合物探手段预测预报，判明水源补给、涌水量和突出水压等情况，有针对性地采取帷幕注浆、周边注浆或管道引排等方案。

3）施工要点

（1）加强地质预探、预报。在开挖即将进入设计富水地段时，加强工作面前方的地质预探、预报工作，准确掌握前方地下水含量、压力、分布，并结合预测结果设置超前探水孔，判断是否有发生涌水的可能。

（2）根据水源补给、涌水量和水压等预测预报情况，采取超前钻孔、导坑引排，帷幕注浆、周边注浆措施等，排除部分地下水，减少水量，降低水压，加固围岩。

（3）采用上部弧形导坑预留核心土法、台阶法等开挖方法，并辅之以超前支护、预注浆等穿越突水段。按顺序分部开挖隧道断面，施作支护。根据渗漏水的情况，在各渗漏水处钻眼引水，设置排水管。在大面积淋水或水流量仍很大的情况下，设置多层排水管，通过排水管将水引入墙脚纵向排水管，流入排水沟将水排出洞外。

（4）铺设排水式防水板，全断面模筑防水钢筋混凝土。

（5）富水地段备足抽水设备，加强施工用水、排水管理，防止拱脚和基底浸泡。

2. 突泥高风险地段施工

较厚断层泥或溶洞充填物在高水压作用下往往导致突泥，造成坍方，而且使隧道周围岩体产生空隙以至大体积的空洞。

施工中，首先要依靠地质超前预报作出判断，根据断层或溶洞规模及填充物的性质，提前采用超前帷幕注浆或超前小导管预注浆进行封堵，以加固地层并堵水。出现突泥时，必须尽快将口堵住，喷混凝土封闭，并将周围洞身加固；然后沿开挖面周边设超前长钢管支护，必要时两层、三层重叠，以增大其抵抗松散地层压力的能力。同时在此断面附近设置监控量测点，监测围岩和结构的变形情况。

18.2.3 溶洞处理案例

根据溶蚀洞穴的发育规模，总体可分为“小型溶洞”和“大型溶洞”两类。“小型溶洞”一般指出露于隧道拱顶上方、边墙侧部及底板下方，且发育有限（溶洞洞径小于1/2隧道开挖洞径或溶洞洞径小于6 m）。“大型溶洞”一般指洞穴深浚（溶洞洞径大于等于1/2隧道开挖洞径或溶洞洞径大于等于6 m），难于回填或不宜填塞的溶蚀洞穴。根据溶洞充填物特征，可将溶洞分为充填型、半充填型和无充填型三类。

对溶洞的处治，应根据不同类型的溶洞特征，制定不同的处治措施。岩溶水通常伴随溶洞的出现而出现。因此，在进行溶洞处治设计时均应考虑岩溶水的处理。设计的基本原则是：确保隧道的衬砌结构有足够的安全保证，在可预见期内洞穴的稳定性有保证，原有水流通道不会被阻断，经济适用。

1. 小型溶洞的处治

1）无充填或半充填型小型溶洞

对于无充填或半充填型岩溶洞穴，首先应清除溶洞表面浮土或洞穴内的充填物，然后对岩溶洞穴采取回填处理。

（1）出露于隧道拱部上方的小型溶洞，应清除洞内充填物，如有条件，宜对溶穴腔壁进行适当的喷锚防护，根据溶洞大小，在其四周施作约 1.2 m×1.2 m 间距的锚杆，锚杆长 $L \geqslant 2.5$ m，锚杆深入围岩长度不小于 1.0 m，以避免回填混凝土对二次衬砌局部产生过大压力。在隧道喷射混凝土和钢筋网等初期支护施工后，采用泵送 C15 或 C20 混凝土回填，如图 18.2.1 所示。

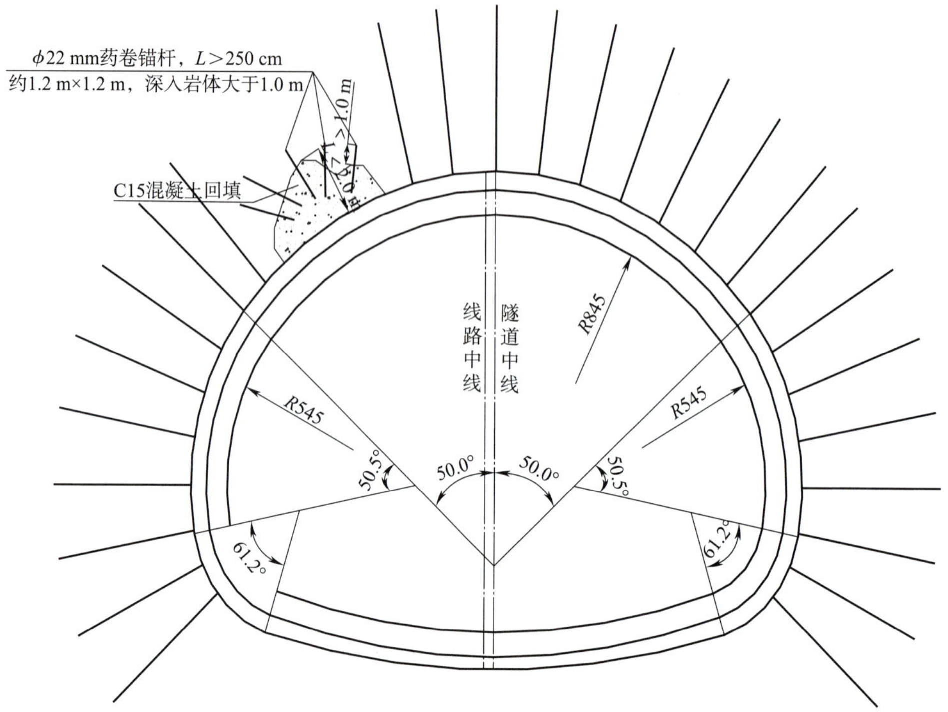

图 18.2.1　拱部上方小型溶洞处理(单位：cm)

（2）出露于隧道边墙侧部的小型溶洞，应采用 C15 片石混凝土或 M7.5 浆砌片石护墙回填，厚度不小于 1.5 m；每隔 2 m 设置一处 φ100 mm HDPE 透水管与侧水沟相连，透水管设置 2% 的坡度，以防止淤沙堵塞，如图 18.2.2 所示。

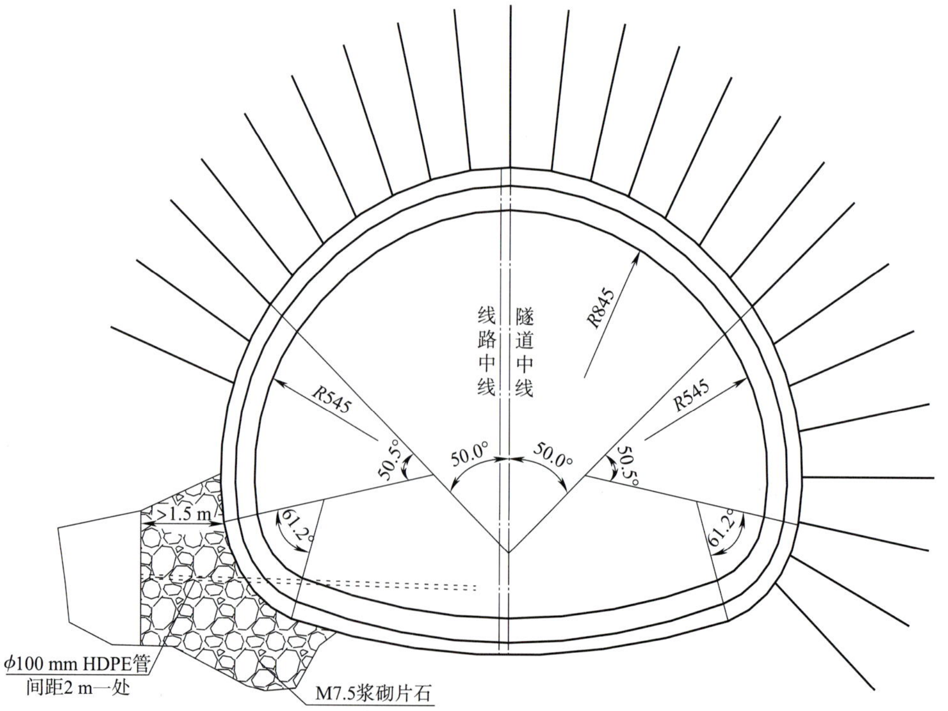

图 18.2.2　边墙小型溶洞处理(单位：cm)

第三篇　施工技术

（3）出露于隧道底板(仰拱)下方的小型溶洞，应在隧道底板(仰拱)浇筑前，先清除溶蚀充填物，并自下而上以干砌片石、C15片石混凝土换填；每隔2 m设置一处 ϕ100 mm HDPE透水管相通，透水管设置2%的坡度，如图18.2.3所示。

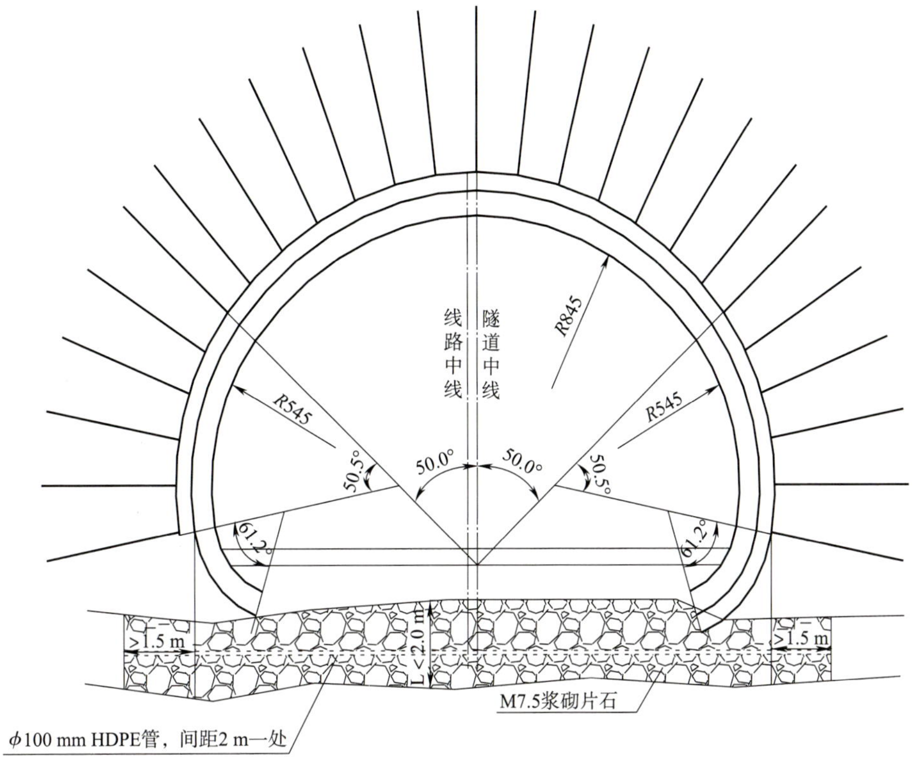

图18.2.3　仰拱或底板以下小型溶洞处理(单位：cm)

2）充填型小型溶洞

对于充填型小型溶洞，应根据溶洞的所处位置及方便现场施工，采取相应的换填或加强防护措施。

（1）当岩溶洞穴位于隧道拱部和边墙位置时，若施工过程中岩溶洞穴内充填物已发生滑落，在岩溶洞穴内充填物清除后，采用喷射C25混凝土或水泥砂浆回填；若施工过程中岩溶洞穴充填物未发生滑落，在岩溶洞穴位置采取喷锚网防护。

（2）当岩溶洞穴位于隧道基底位置时，在清除岩溶洞穴内的充填物后，采用混凝土回填密实。若洞穴内有水流动时，则填充不应阻断地下水的过水通道；若洞穴内为松散或软塑状的黏土或砂黏土沉积物，隧道底部的处理可采用注浆加固措施进行加固。

2. 大型溶洞的处治

对于发育于隧道周边不同部位的大型溶洞，原则上应因地制宜，利用“梁、柱、墙、桩”等结构，采用“引、堵、越、绕”等措施进行处理。

1）大型干溶洞

对洞体充填丰满或难于回填或不宜填塞的大型干溶洞，应因地制宜进行处理。

（1）拱腰以上大型干溶洞处置措施

出露于隧道拱部上方的大型干溶洞，沿开挖轮廓线外浇筑钢筋混凝土套拱，厚度不小于50 cm，两侧嵌入岩石内不小于50 cm并施作锚杆；同时，在套拱外(上)侧采用轻质材料回填，如图18.2.4所示。

（2）基底不同发育特点大型干溶洞的处治

①型钢混凝土＋板跨

当隧道基底处的溶洞深度很深，同时溶洞纵向跨度不大(一般小于3 m)时，采用隧道弃渣回填量大，并有可能影响地下水通道，宜采用型钢混凝土＋板跨处治方案。型钢多采用钢轨、工字钢等强度较高的钢材。

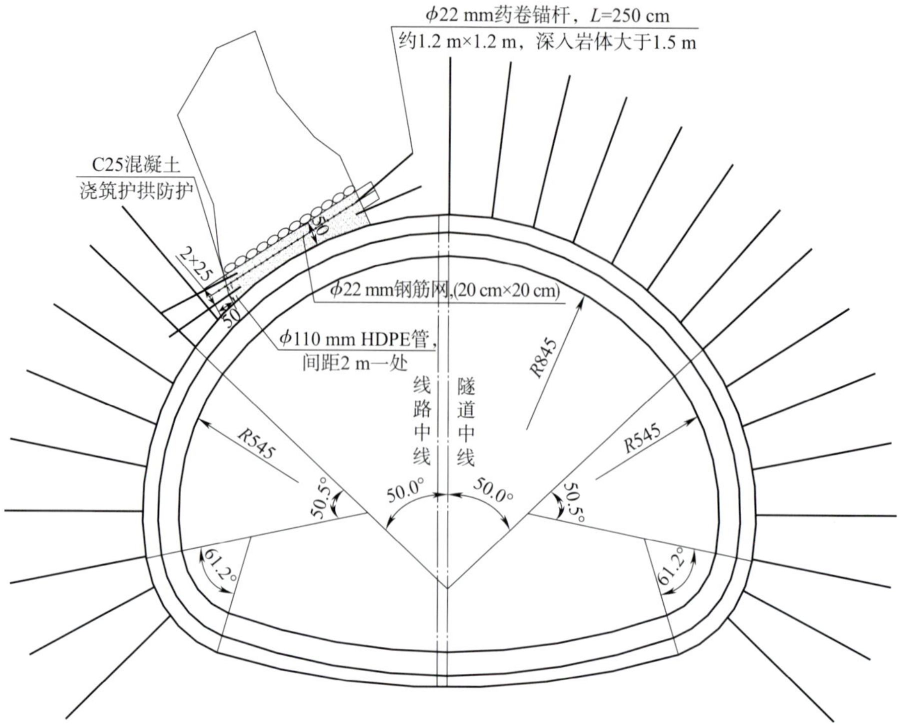

图 18.2.4　拱腰以上大溶洞处理(无填充物或可清除)(单位：cm)

②托梁 + 板跨

隧道基底处的溶洞，可采取洞渣回填后，采用“托梁 + 钢筋混凝土板”的跨越结构处治溶洞，托梁断面一般采用宽 1 ~ 1.5 m、高 1 ~ 1.8 m，托梁两端置于完整基岩上的长度不小于 2 m，钢筋混凝土板厚度一般为 0.8 ~ 1.5 m，如图 18.2.5 所示。

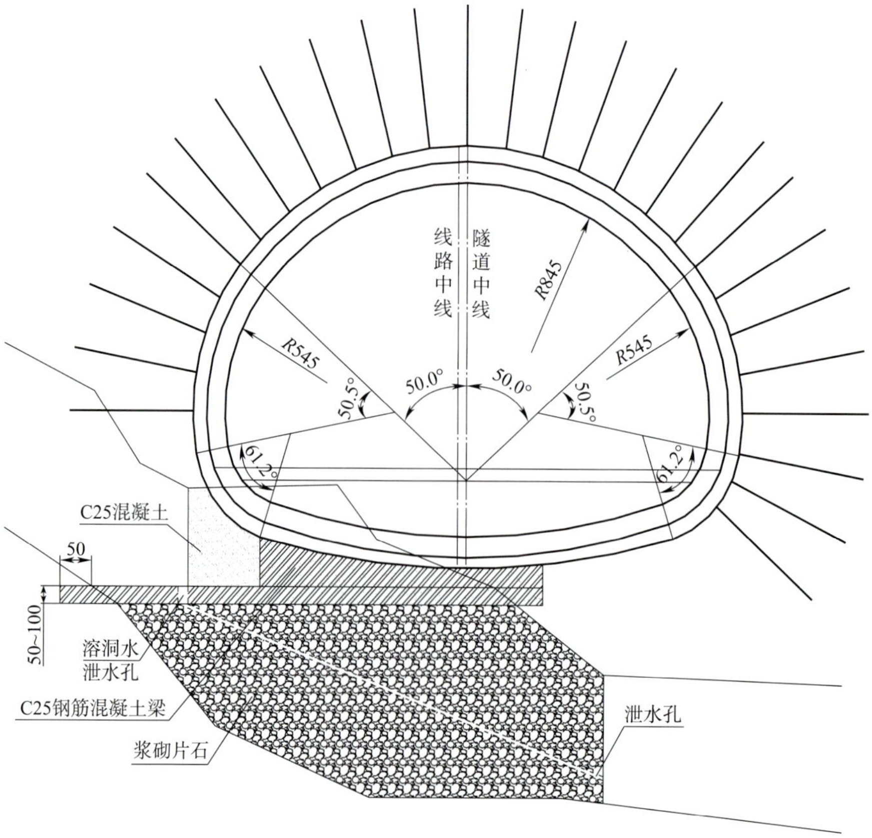

图 18.2.5　梁 + 板跨的溶洞处理(单位：cm)

第三篇　施工技术

③钢管群桩

当隧道基底处的溶洞深度较深(5 ~ 20 m)时，宜采用钢管群桩加固处治方案。

④桩基 + 承台

当隧道基底处的溶洞纵向发育范围较大，基底深度较深(20 ~ 30 m)时，宜采用桩基托梁处治。在制定处治方案时，首先要对溶洞的地质情况做详细的调查，先对溶洞做一定的防护处理后，再采用桩基托梁处治方案。具体设计时，要计算桩的承载力，通过计算，确定桩基布设方案和承台厚度，如图 18. 2. 6 所示。

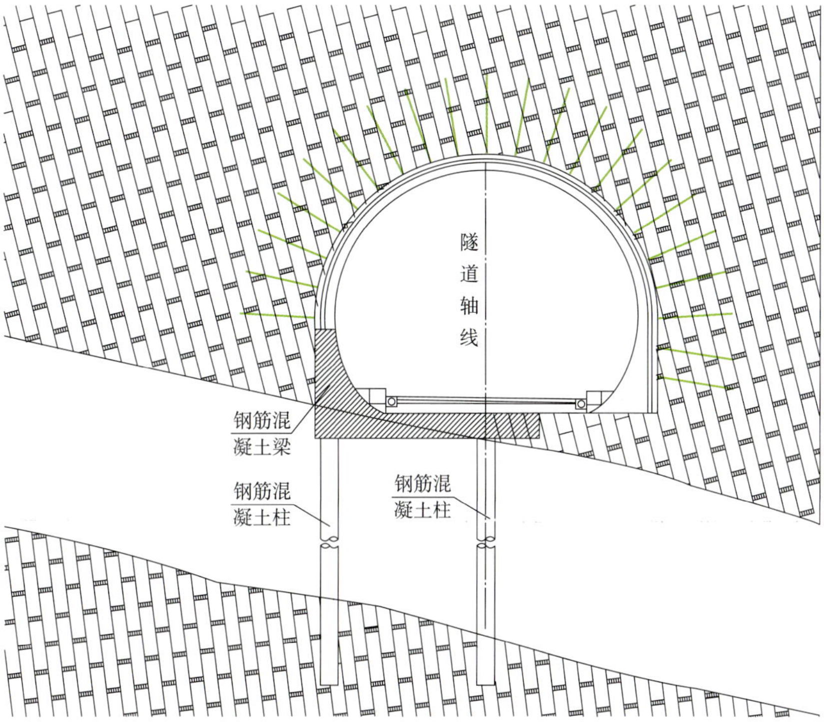

图 18. 2. 6 桩 + 承台溶洞处治

⑤填筑方案

当隧道基底处的溶洞规模大，发育深度很深(≥30 m)时，宜采用填筑方案，可采用路基或桥梁的形式通过。施工填筑时，要填筑密实，可采用分层填筑夯实或灌注混凝土的方案。

2) 大型充填型溶洞

对大型充填型溶洞应根据充填物的性质，采取不同的处治技术，如图 18. 2. 7 和图 18. 2. 8 所示。

(1) 充填淤泥型

当探测到前方存在大型充填淤泥质溶洞时，应停止施工，封闭掌子面。采用超前预注浆加固淤泥质地层及超前大管棚支护，上下台阶留核心土或侧壁导坑法开挖。开挖后及时进行径向补充注浆，及时施作加强型二次衬砌结构。

(2) 充填粉质黏土型

鉴于粉质黏性土层有一定的自稳能力，对于拱部及边墙的溶洞可采用超前小导管支护，必要时在隧道拱部设大管棚超前支护，分步开挖，钢架支撑的处治方案。开挖后及时进行径向加固注浆。基底的溶洞可采取钢管群桩或高压旋喷桩进行加固处治。加固后及时施作二次衬砌结构，根据水压力测试结果确定是否采取抗水压二次衬砌结构形式。

(3) 充填粉细砂型

采用全断面超前预注浆加固粉细砂层及超前大管棚支护，采用预留核心土法或侧壁导坑法开挖，径向补充注浆。根据水压力测试结果，确定是否采用抗全水压二次衬砌结构形式。

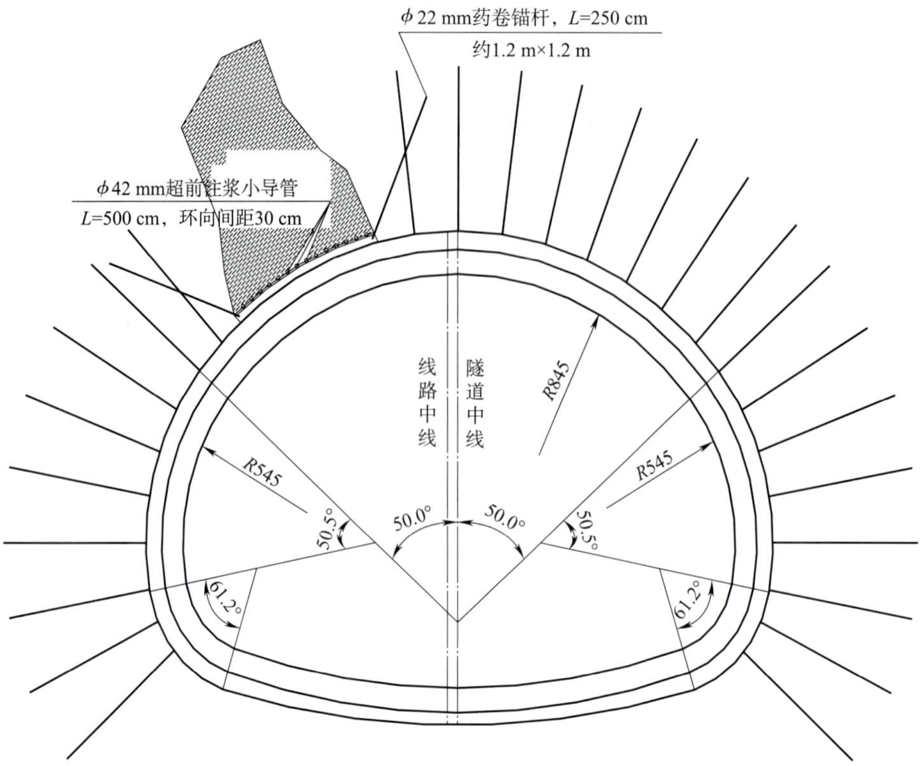

图 18.2.7　拱腰以上大型填充型溶洞处理（单位：cm）

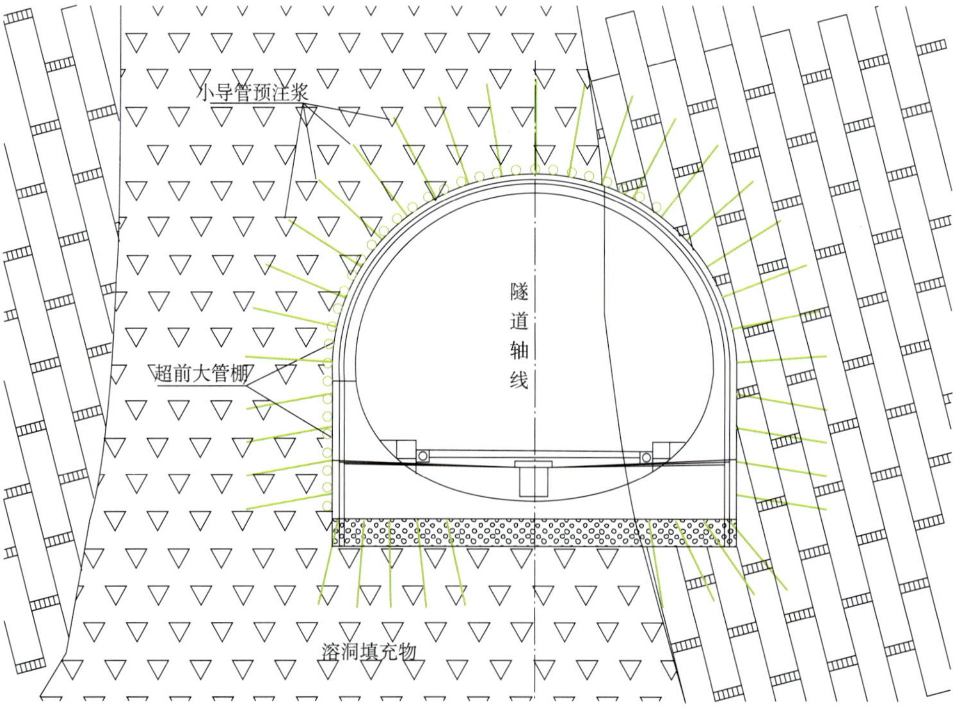

图 18.2.8　基底大型充填型溶洞处理

（4）充填块石土型

采用全断面超前预注浆加固及超前大管棚支护，预留核心土或侧壁导坑法开挖，加强初期支护，二次衬砌采用钢筋混凝土结构。

3）大型含水型溶洞

在隧道建设中，经常会遇到含水型溶洞，为保证施工及隧道建成后运营的安全，施工中应根据溶洞中含水量的大小，采取相应的处治措施。

（1）充水型溶洞（溶槽）

受地质构造影响，在不同岩性之间，有时会出现层间宽张裂隙，张裂隙内充填有大量的岩溶水。如岩层的溶隙、软弱夹层的局部有股状涌水现象，出水比较清澈，受大气降雨影响不大，其处理方法有直接封堵法和间接封堵法。

①直接封堵法

对于涌水压力 $P \leqslant 0.5$ MPa 的股状出水点，如来水方向可以确定，可采用直接封堵法进行处理。沿着出水部位和出水方向直接钻孔，孔间距应控制在 0.5～1.0 m，钻孔深度应为开挖轮廓线外（0.5～1.0）D，如孔内的出水部位距离孔口较远，可安设和钻孔长度一样的注浆花管；如孔内的出水部位距离孔口较近，可安设 2.0 m 左右的孔口管，每根注浆管前端应开花孔，保证水从管中排出。管口均应安装球阀，管外壁和孔壁之间的空隙用锚固剂填充，注浆管安设完毕后，应进行挂网，网格外侧应用 ϕ20 mm 的钢筋将注浆管焊成整体，然后喷混凝土 20 cm 作为止浆墙。注浆材料应选用普通水泥浆、超细水泥浆，如局部出现漏浆可采用水泥—水玻璃浆液进行封堵。

注浆前应做压水试验，以确定注浆压力，注浆压力应大于 2～3 倍涌水压力。由于注浆压力较高，注浆管和注浆泵之间应采用丝扣连接。注浆泵应选用中、低压力的注浆泵（压力大于2.0 MPa）。注浆顺序应从上到下，当发生未注浆的管子串浆时，应及时关闭球阀，直到将最后一根流水的注浆管堵住为止。

②间接封堵法

对于涌水压力 $0.5\ \text{MPa} < P \leqslant 1.0$ MPa 的股状出水点，或来水方向不能明确判断的出水部位，可采用间接封堵法进行处理。在围岩表面距离出水部位 0.5～1.0 m 处，向出水方向钻斜孔，孔间距控制在 0.5～1.0 m，钻孔深度与直接注浆法类似，大部分孔应穿过出水岩层，将水引出。其注浆材料、注浆工艺、注浆结束标准和直接注浆法类似。该方法的特点是，钻孔受水的影响较小，且钻孔容易探到出水部位，同时对围岩加固效果好。

注浆机械应选用中等压力的注浆泵，其泵压应大于 5.0 MPa。注浆的顺序为：先堵出水最小的孔，再依次封堵出水较大的孔，如哪根管子串浆，可将孔口阀门暂时关闭，待其他孔注浆完成后，再打开串浆管的阀门，如流水或流浆，应继续进行注浆。

当涌水压力大于 1.0 MPa 时，且出水点和与该出水点连通的管道距离孔口较远（一般情况下应大于 3.0 m），可选用高压泵（压力大于 10.0 MPa），利用水压或气囊式止浆塞深入孔内进行注浆。但注浆过程中一定应加强对围岩和支护结构变形的监测，防止局部突然破坏，影响施工安全。上述情况也可采用以下两种方法进行处理：第一种方法是采用 C20 混凝土将出水部位及附近的隧道空间完全填充，进行超前注浆处理；第二种方法是预留排水管，待抗水压衬砌完成后进行处理。后一种处理方法带有相当大的风险，一旦封堵后，水压过高，可能导致二次衬砌破坏。

（2）过水型溶洞（暗河）

过水型溶洞，多为该隧道所在位置的地下水水系的一部分，如果堵塞，将破坏该位置的地下水水系，同时也给隧道衬砌上附加了很大的水压力，因此，对于过水型溶洞，处治的原则是“宜疏不宜堵”。常用的形式是泄水洞、梁跨（拱跨）、迂回导坑等。

①泄水洞方案

泄水洞应设置为上坡，坡度应结合地形条件设置，一般为 1%～3% 为宜。泄水洞断面应能满足排水要求，断面的设置应按水文地质条件进行估算。泄水洞断面尺寸原则上按照满足现场机械配置和施工通风的要求进行确定。采取无轨运输时宜不小于 4.5 m×4.6 m（宽×高），采用有轨运输时宜为 3.5 m×4.2 m（宽×高）。如图 18.2.9 所示。

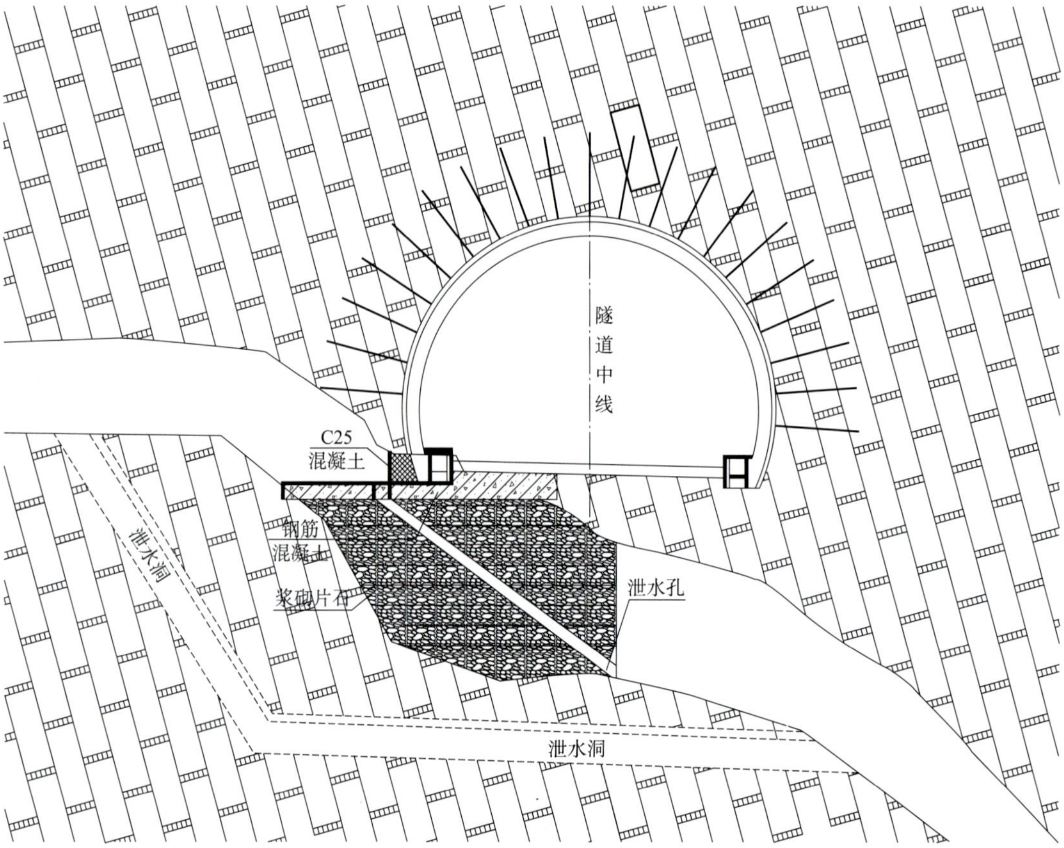

图 18.2.9　设置泄水洞的溶洞处理

②梁跨或者拱跨方案

对于大跨度过水型溶洞，溶洞周围岩体相对完整时，可根据溶洞的具体地质条件，采用隧道内梁(拱)桥跨越的处治方案。

③迂回导坑方案

对涌水量大的溶洞或岩溶带等复杂情况，一时难以处理，为使开挖工作不致停顿，可采取迂回导坑绕避溶洞，继续进行隧道前方开挖。同时在溶洞两端进行探测，借以查明溶洞大小或岩溶带的分布范围、岩溶水补给来源等，再研究确定相应的处理方案。

18.2.4　施工防灾

结合宜万铁路高风险岩溶隧道总结的施工防灾经验，简单介绍如下，供部分岩溶发育的高风险隧道施工参考。

1. 应急报警、逃生系统

(1) 设置雨量观测器观测降雨量，使安全预警人员随时监测洞内各出水点因降雨影响而发生的变化。

(2) 在横通道设置安全门。

(3) 突水段施工时，掌子面施工作业人员配备救生衣，遇突水时，按应急预案设计的逃生路径撤出危险地段。

(4) 当掌子面出现突水时，涌水量在正常排水能力内，由专职安全人员排查事故源并24 h监控。

(5) 当遇到50 m^3/min的突水量时，降雨量超过安全预警值时，安全预警人员立即遥控拉响红色警报器，并通过洞内通信通知洞外值班室立即断电(这时各横通道口安设的应急灯会自动启动，警报系统会蜂鸣)，同时相互通知洞内管理及施工人员空手沿线路侧边安全救援绳索逃生(洞内各作业人员已配备救生衣、浮块、竹筏等救生用品)。

（6）当出现人员伤亡时，启动“安全事故报告和现场保护”程序。

（7）当没有人员伤亡，积水下降时，由现场专职安全预警人员对积水浸泡段、隧道初期支护进行检查，由现场组织作业队对有裂纹、松动处拱墙及时进行处理，避免初期支护因长时间浸泡软化产生脱落伤及作业人员。

2. 报警设施和启动条件

（1）报警设施。在正洞和平导口设置联动报警触发装置，每个横通道口和两个横通道之间各设置一套联动报警装置，间距150～200 m，可通过安全监控中心联动报警服务器自动报警或手动报警；在正洞、平导、高位泄水洞掌子面附近各设置一个监控摄像头，通过设置在调度值班室的可视监控系统及时发现，通过调度值班电话及时报警；设置在开挖、注浆施工作业面的专职安全员发现重大安全隐患现场报警，及时组织人员撤离。

（2）报警启动条件(风险征兆)。在注浆、开挖、出渣、支护施工过程中发现掌子面围岩大量出水、听到地下水声、围岩松软垮塌、支护混凝土开裂掉块严重、止浆墙严重开裂变形、漏水严重等异常情况，可能导致大型突泥涌水、塌方等重大地质灾害，危及现场施工人员生命财产安全，立即启动报警系统报警，组织人员迅速撤离。

3. 应急设施

（1）逃生应急平台和爬梯。正洞和平导开挖作业面后面3个横通道范围内设置应急平台和爬梯。正洞和平导每个横通道口设置一个应急平台，两个横通道之间设置一个应急平台，距离约每200 m，每个平台左右两侧设置不少于两个爬梯。应急平台采用钢管脚手架搭设，周边采用锚杆固定在围岩上。每个平台上配备不少于30套救生衣和30个救生圈，5桶饮用纯净水及一些食物，以备应急之需。逃生爬梯和救援平台如图18.2.10所示。

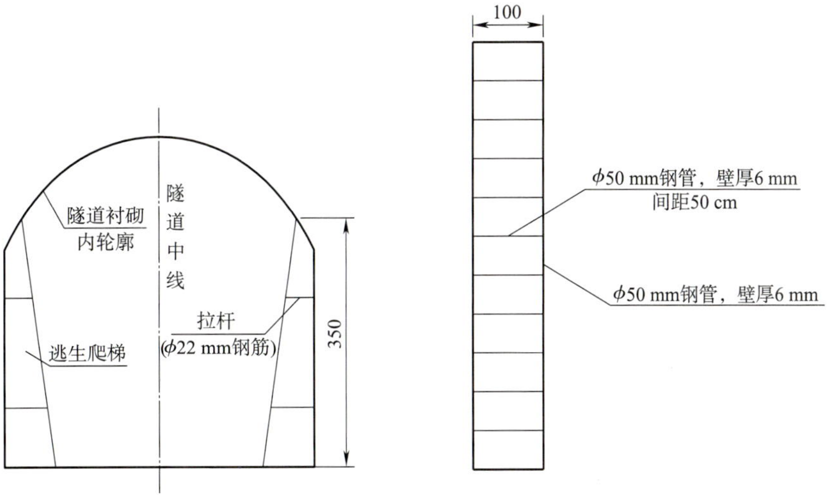

(a) 平导逃生爬梯　(b) 逃生爬梯正面

图18.2.10　逃生爬梯(单位：cm)

（2）逃生车辆。配置专用逃生车辆，停放在距开挖掌子面100 m左右的横通道或错车道内备用。

（3）应急牵拉绳。所有可能发生突水突泥的隧道及通道侧壁均设通长 ϕ50 mm 棕绳作为应急牵拉绳，由正洞或辅助坑道布设至洞口，高1.5 m，每15 m采用锚杆固定一道。

（4）救生衣和救生圈。开挖作业面后50 m以及横通道内和横通道之间每处配备不少于30套救生衣和30个救生圈，开挖作业面附近配备不少于施工人数的救生衣和救生圈。

（5）应急灯和指示灯箱。施工隧道或辅助坑道内每间隔20～30 m设一台KLV-4型断电应急灯，横通道两端和中部各设置一台应急灯，横通道口设一指示灯箱。

（6）排水沟。正洞、横通道和平导排水沟联系起来，保持畅通。

（7）应急竹筏。在每处横通道、错车道和应急平台上设置5～10块竹筏。

4. 人员逃生救援路径

根据各隧道的特点和施工组织情况，应制定针对性的人员逃生救援路径，当发生突发地质灾害时，疏散引导隧道正洞及辅助坑道内的施工人员、机械设备安全撤离。

18.3 瓦斯隧道施工技术

隧道内任一施工工区有瓦斯逸出的隧道均视为瓦斯隧道。由于瓦斯容易燃烧或爆炸，特别是高瓦斯隧道施工风险更大，隧道施工一定要严格按照瓦斯隧道施工的相关规定执行。

18.3.1 瓦斯隧道分类及瓦斯地段等级划分

瓦斯隧道分为微瓦斯、低瓦斯、高瓦斯及瓦斯突出隧道四种，瓦斯隧道的类型按隧道内瓦斯工区的最高级确定。

瓦斯隧道工区分为非瓦斯、微瓦斯、低瓦斯、高瓦斯、瓦斯突出工区共五类。

微瓦斯工区、低瓦斯工区和高瓦斯工区可按绝对瓦斯涌出量进行判定。当全工区的瓦斯涌出量小于 $0.5\ m^3/min$ 时，为微瓦斯工区；大于等于 $0.5\ m^3/min$ 小于 $1.5\ m^3/min$ 时为低瓦斯工区；大于等于 $1.5\ m^3/min$ 为高瓦斯工区。

瓦斯隧道只要有一处有突出危险，该处所在的工区即为瓦斯突出工区。

18.3.2 瓦斯隧道施工关键技术

1. 瓦斯隧道超前探测及预报

1）瓦斯隧道超前地质预报的主要方法

（1）地质调查法，包括隧道地表补充地质调查和隧道内地质素描等。

（2）超前钻探法，包括超前地质钻探（分为取芯和不取芯两种，属于长孔探测）和加深炮孔探测（属于短孔探测）。

（3）物探法，包括弹性波反射法和电磁波反射法。

（4）超前导坑预报法。

2）瓦斯隧道地质预报的主要内容

根据瓦斯隧道的特点及瓦斯储存的条件，以及瓦斯的运移、涌出特点，瓦斯隧道超前地质预报的主要内容有以下几方面：

（1）地层岩性的预报

主要是对软弱夹层、破碎地层、煤层及特殊岩土的预测预报。

（2）地质构造预测预报

主要是对断层、节理密集带、褶皱轴等影响岩体完整性的构造发育情况的预测预报。

（3）不良地质预测预报

主要是对岩溶、人为坑洞、瓦斯等发育情况进行预测预报。

（4）地下水预测预报

主要是对岩溶水及富水断层、富水褶皱轴、富水地层中的裂隙水等发育情况进行预测预报。

3）瓦斯隧道超前地质预报方法组合

由于超前地质预报多种方法原理不同，效果各有千秋，单一的探测手段很难准确预报前方的不良地质情况。因此，在实际应用中应合理选择、组合，以达到对不良地质条件的准确预测。

4）瓦斯突出危险性分析预测

（1）相关规定

在瓦斯突出工区施工时，应在距煤层垂距 5 m 处的开挖工作面打瓦斯测压孔，或在距煤层垂距不小于 3 m 处的开挖工作面进行突出危险性预测。

瓦斯突出危险性预测应从以下五种方法中选用两种方法相互验证。对于石门揭煤，可采用瓦斯压力法、综合指标法或钻屑指标法；对于煤巷掘进，宜采用钻孔瓦斯涌出初速度法、钻屑指标法或“R”指标法。

突出危险性预测方法中有任何一项指标超过临界指标，该开挖工作面即为有突出危险工作面。其预测时的临界指标应根据实测数据确定。

钻孔过程中出现顶钻、夹钻、喷孔等动力现象时，应视该开挖工作面为突出危险工作面。

(2) 瓦斯超前探孔的设计

超前钻孔在上台阶布设三个，钻孔直径 110 mm，每个钻孔深度 80 m，其中孔 1 为水平钻孔，孔 2、孔 3 钻孔为倾斜钻孔，孔 2、孔 3 钻孔终孔点超出隧道开挖轮廓线 10 m，前后两循环钻孔搭接长度为 5 m，如图 18.3.1 和图 18.3.2 所示。

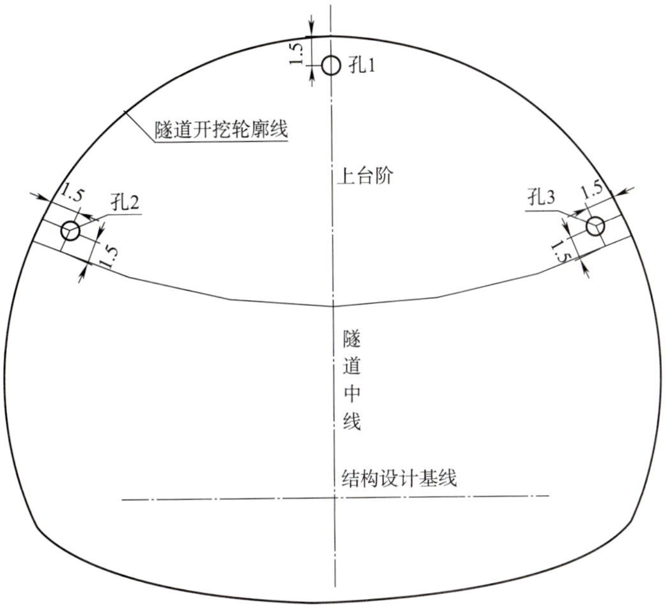

图 18.3.1　超前瓦斯探孔开孔横断面(单位：m)

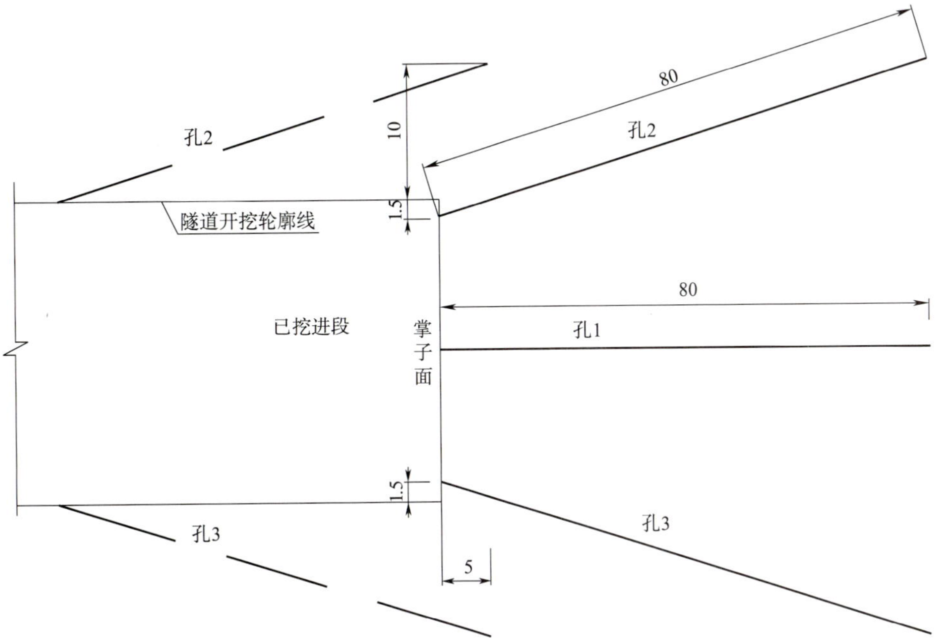

图 18.3.2　超前瓦斯探孔平面布置(单位：m)

各探孔施工应满足以下条件：

每个探孔应穿透煤层并进入顶(底)板不小于0.5 m；正式探测孔应取完整的岩(煤)芯，进入煤层后宜用干钻取样；各探孔直径不宜小于76 mm；钻孔过程中应观察孔内排出的浆液、煤屑变化情况，并作好记录；每一个超前钻孔施工完成后采用专用封孔器设备对前方围岩的瓦斯压力、钻孔瓦斯涌出量、钻孔瓦斯涌出衰减系数进行测定，并计算在隧道开挖过程中瓦斯涌出量，根据瓦斯涌出量核定施工工区的瓦斯等级。

2. 瓦斯监测

瓦斯隧道可采用人工检测与自动检测相结合的方式，两者监测的数值相印证。

1) 人工监测

人工监测由瓦斯检查员进行，专职瓦斯检查员必须使用光干涉式甲烷测定器检查瓦斯，同时检测CH_4(甲烷)和CO_2(二氧化碳)两种气体浓度。

2) 自动监测

自动监测采用便携式甲烷检测报警仪和瓦斯自动遥测系统进行监测。

对便携式甲烷检测报警仪监测有以下要求。

(1) 携带人员：进入掌子面和隧道内的以下人员必须携带便携式甲烷检测报警仪连续监测工作地点瓦斯浓度：

放炮员、班组长、现场值班负责人、到隧道检查的各级管理人员(每一行人至少携带一台)、流动作业的检修人员、各类机车驾驶员、其他相关人员；

(2) 便携式甲烷检测报警仪报警点的设置：报警点一律设置为CH_4浓度0.3%。

3) 便携式甲烷检测报警仪必须由监测组专人统一管理，连续使用8 h必须缴回仪器室充电。每7 d必须进行一次调校，每半年必须送专业机构检定一次，合格方可使用，以保证仪器灵敏、可靠。

3. 施工通风

1) 瓦斯隧道施工通风控制标准

依据《铁路瓦斯隧道技术规范》(TB 10120—2002)：瓦斯隧道需要的风量，必须按照爆破排烟、同时工作的最多人数以及瓦斯绝对涌出量分别计算，并按允许风速进行检验，采用其中的最大值。瓦斯隧道施工中防止瓦斯积聚的风速不宜小于1 m/s。

2) 瓦斯隧道施工通风方式

通风方式根据隧道长度、施工方法和设备条件确定，按风道类型一般分为巷道式和管道式两种，其中后者按送风方式不同又可分为压入式、吸出式和混合式三种。

通风方案宜采用巷道式通风，横通道间距不大于300 m。

3) 瓦斯隧道施工通风管理

(1) 通风机安装支架稳固，避免运转时振动摇晃。风机出口设置刚性风筒连接，风机和风筒接口处法兰间加密封垫。刚性风管与软风管接合处绑扎三道，以减小局部漏风和阻力。

(2) 通风机经验收合格后方可投入使用，通风机必须执行专人管理制度，如实填写各种记录。严禁随意停开，并实行挂牌管理。

(3) 通风机应实现“三专”，即专用变压器、专用线路和专用开关。通风机应设两路电源，当一路停止供电时，另一路应在15 min内接通，保证风机正常运转。

(4) 在施工期间，应实施连续通风。因检修、停电等原因停风时，必须撤出人员，切断电源，并在各入口处设置栅栏、警示牌。恢复通风前，必须检查瓦斯浓度。当停风区瓦斯浓度不超过1%，并在通风机及其开关地点附近10 m以内风流中的瓦斯浓度不超过0.5%时，方可人工开动通风机。当停风区中瓦斯浓度超过1%时，必须制定排除瓦斯的安全措施，回风系统平导内还必须停电撤人。

(5) 风管必须采用抗静电、阻燃的风管。

(6) 风管吊挂和维护每班应明确专人负责。每班必须对全部风管进行检查，发现破损等情况及时处理，损坏的风管必须及时更换。风管百米漏风率不应大于2%。

（7）挂设风管要平、顺、直。在作业时，按洞内管线布置图测设风管中线位置，每隔5 m打眼安装高强膨胀螺栓。

（8）通风值班人员必须审阅瓦斯班报，掌握瓦斯变化情况，发现问题，及时处理，并向调度室汇报。

18.3.3 瓦斯隧道结构设防关键技术

1. 瓦斯地段结构处理措施

瓦斯地段可分为三级、二级与一级三种含瓦斯地段，并分别采用不同的衬砌结构。一级、二级瓦斯地段应采用复合式衬砌，其初期支护和二次衬砌按全封闭原则进行设计。

瓦斯隧道的衬砌结构应有防瓦斯措施，宜按表18.3.1选用。

表18.3.1 衬砌防瓦斯措施

封闭措施	瓦斯地段等级		
	三级	二级	一级
围岩注浆	—	—	选用
喷射混凝土中掺气密剂	—	选用	采用
设置瓦斯隔离层	—	采用	采用
模筑混凝土中掺气密剂	采用	采用	采用
模筑混凝土中掺钢纤维	—	—	选用
施工缝气密处理	采用	采用	采用

2. 对初期支护及模筑混凝土的施工要求

（1）含瓦斯地段的喷射混凝土厚度不应小于15 cm，模筑混凝土衬砌厚度不应小于40 cm。

（2）喷射混凝土中掺用气密剂后，透气系数不应大于10^{-10} cm/s，模筑棍凝土中掺用气密剂后，透气系数不应大于10^{-11} cm/s。模筑棍凝土衬砌施工缝应进行气密处理，其封闭瓦斯性能不应小于衬砌本体。

（3）掺气密剂的混凝土施工材料应符合以下规定：

①水泥宜选用强度等级为32.5级的硅酸盐水泥和普通硅酸盐水泥；

②砂的细度模数$M_x \geqslant 2.7$，含泥量不大于3%，不得使用细砂；

③石子的最大粒径$D_{max} \leqslant 40$ mm，级配宜为2～3级，含泥量不大于1%；

④气密剂掺量应符合设计要求，气密剂为硅灰、粉煤灰及高效减水剂的复合剂。

（4）掺气密剂的混凝土施工应符合以下要求：

①C20混凝土配合比宜为1:2.5:3.5，水灰比宜取0.48；

②原材料应按以上配合比进行称量，水的允许偏差为±1%，水泥及气密剂的允许偏差为±2%，砂石允许偏差为±3%；

③原材料应按采用强制式搅拌机搅拌，不得采用人工拌和；水泥、气密剂及砂应先干拌1～1.5 min，达到颜色均匀后，再加入石子及水搅拌1.5～2.0 min，形成均匀的拌和物；

④混凝土拌和物从搅拌机卸出至灌注完毕所需时间宜为40～60 min；

⑤连续养护时间不得少于28 d，并应避免在5℃以下施工。

（5）当衬砌内设置瓦斯隔离层时，其垫层应采用闭孔型泡沫塑料，厚度不应小于4 mm。

（6）全封闭防瓦斯地段有地下水时，宜采取在左右边墙下部外侧铺设纵向透水管，将地下水引离含瓦斯地段的排水措施。透水管终点宜设置气水分离装置，分离出的瓦斯气体可用管道引出洞外在高处放散。

（7）从隧道内引出瓦斯的金属管，其上端管口距地面不应小于10 m，并应妥善接地，防止雷击。瓦斯放空管的接地电阻不得大于5 Ω，其周围20 m内禁止有明火火源及易燃易爆物品。

(8) 当隧道内含瓦斯地段较长且初始瓦斯压力大于 0.74 MPa 时，宜在衬砌背后预埋通向大气的降压管；有平行导坑时，可从平行导坑向正洞施钻瓦斯降压孔，防止隧道建成后瓦斯压力回升。

3. 气密性混凝土衬砌施工缝处理及质量控制

施工缝是隧道耐腐蚀气密性混凝土的薄弱环节，是能否到达防止瓦斯渗漏的重要环节之一，瓦斯设防段的衬砌施工缝处理不好，就可能成为瓦斯向外泄漏的通道，必须严格按设计要求进行处理。

1) 施工缝及沉降缝处理措施

(1) 纵向施工缝浇筑混凝土前，应将其表面浮浆和杂物清除，刷水泥净浆或涂混凝土界面处理剂，然后再安装止水条。

(2) 环向施工缝同样在浇筑混凝土前，应将其表面浮浆和杂物清除，刷水泥净浆或涂混凝土界面处理剂，然后再安装背贴式止水带及中埋式止水带。背贴式止水带安装在施工缝的迎水面，与防水板焊接在一起。中埋式止水带安装在衬砌厚度一半的位置，其中间空心圆环应与变形线重合。

(3) 沉降缝处理措施同环向施工缝，同样采用中埋式止水带处理。

2) 双组分聚硫密封膏嵌缝

衬砌拱墙内侧嵌缝槽应平直，槽身尺寸(宽×深)为 20 mm×20 mm，嵌缝前应将其表面浮浆各杂物清除干净；嵌缝材料采用双组分聚硫密封膏(渗出指数小于等于 4，低温柔性为 −30℃，最大拉伸强度大于等于 1.2 MPa，最大伸长率大于等于 100%，恢复率大于等于 90%，加热失重小于等于 10%)嵌缝，每一环向施工缝设一道。

3) 质量控制

(1) 所用的粘结剂、丙烯酸酯乳液等原材料的品质应经试验检验合格方可使用。

(2) 粘结剂水泥浆液、丙烯酸酯乳溶液及丙烯酸酯乳水泥砂浆溶液的配置，应严格按质量比，其计量误差不超过 ±1%。

(3) 施工缝的外观检测，用肉眼和简便工具检查接缝处是否密实、平整。若有缺陷，应采取必要的补救措施。

(4) 无损检测：在混凝土硬化后，用超声波检测仪测定沿施工缝普查检测。

(5) 试件检查：每 5 条施工缝或每 100 延米(纵缝)制作一组六块检查试件，材料施工工艺变化时，应增加一组。

(6) 耐腐蚀性合格标准

满足腐蚀系数 $K>0.8$。

4. 瓦斯隧道水气分离装置施工

1) 装置组成

水气分离装置由双 U 形管、灌水管道、三通管、纵向排气管组成，与隧道排水系统纵向排水管、环向排水管、横向泄水管、排水侧沟、中央排水沟结合构成一个水气分离系统，如图 18.3.3 所示。

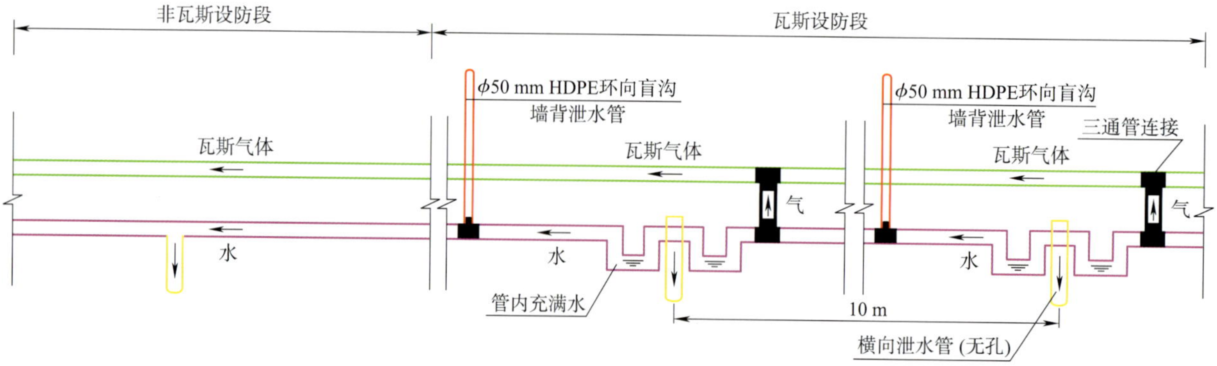

图 18.3.3　水气分离装置沿隧道纵向布置

2）施工工艺

（1）预留横向排水管槽

横向排水管安装前，首先要进行隧道仰拱及填充的施工。在填充施工时预留管槽，该道工序在填充施工完成时，将自制模具横向放置在填充层顶面，按设计要求压入一定深度。在混凝土初凝后，再将模具拆除。

（2）纵向排水管、排气管定位

仰拱填充施工完成后，在安装排水系统前，首先要对纵向排水管、排气管进行定位。用水准仪或水准管测量几个高程点，并做好标记。排水管与排气管的间距根据三通管的长度来确定，不宜过大，以免纵向管道失稳。两根管道间距一般为 20 cm 左右。

（3）安装纵向排水管及双 U 形管

纵向排水管根据隧道涌水量的大小，一般选用直径 10 cm 的波纹管，具体施工步骤如下：

①找出定位标志，用冲击钻按纵向排水管的直径上下各打一个孔。

②用自制的钢筋卡套在纵向排水管上，并将两头插入孔洞内，将排水管牢牢地固定在标定位置处，该固定卡一般按每 2 m 左右布置一个。

③纵向排水管在与环向盲管相接处安装一个三通管便于与环向盲管连接。纵向排水管在指定位置与双 U 形管连接，在双 U 形管的进水端(高端)安装三通管与纵向排气管相连接，在瓦斯气体随水进入双 U 形管之前就可通过连通管进入纵向排气管。

④将预制好的双 U 形管(PVC)安装在指定位置后，注意与横向泄水管的位置关系。双 U 形管中部(两个单 U 形管之间)设置连通接头便于与横向泄水管连接。接头在管底偏上，原理是当水量小时，涌水只通过纵向排水管排出，当水量大时，纵向排水管不满足要求时，涌水便可通过横向泄水管排至侧沟或中心排水沟内。当管道连接完成后，调整好双 U 形管的高度及角度，然后用钢筋卡进行固定。固定完成后用胶带及胶水将接头处密封，以避免发生漏水。最后往 U 形管内注满水(目的是阻止气体流出)。双 U 形管按设计间距安装。

（4）安装环向盲管、纵向排气管

纵向排水管及双 U 形管安装完成后，其余管道的位置也就相应的确定了。

①环向盲管选用直径 5 cm 的波纹管，周围预先打孔。环向盲管间距一般为 5 ~ 10 m，根据隧道涌水量的大小及涌水位置设置，涌水量大的地段可以适当加密，间距可缩小至 3 ~ 5 m，有集中涌水部位，可单独设置一条。环向盲管与纵向排水管通过三通连接，安装完成后，采用钢筋卡固定。

②纵向排气管与排水管材料，直径相同，选用直径 10 cm 的波纹管，通过三通管与纵向排水管连接，排气管与排水管间距 25 cm，排气管在上，排水管在下。同样采用钢筋卡固定。

③二衬混凝土施工前先预留横向排水管接口，以便后期横向泄水管的安装。

（5）灌水管道安装

灌水管道采用直径 5 cm 的可折金属管，管道应从检修道上方引出，通过三通管与纵向排水管连接。隧道建成后应定期通过灌水管道向墙背纵向排水管内灌水，以保证双 U 形管内一直都有水。管道位置在隧道中部两侧各设置一根，也可多设几组，以方便灌水。

18. 3. 4 瓦斯突出应急预案

采取“四位一体”防突综合措施，包括突出危险性预测、防治突出措施、防治突出措施的效果检验，以及安全防护措施。

1. 突出危险性预测

1）突出危险性预测指标

（1）采用以瓦斯压力 P 值为主，结合综合指标 D、K 值作为瓦斯突出危险性预测的定量指标。突出危险性预测方法中有任何一项指标超过临界指标，该开挖工作面即为有突出危险工作面。其预测时的临界指标可参照表 18. 3. 2 所列突出临界值。

（2）如钻孔过程中出现顶钻、卡钻及喷孔等动力现象时，应视该开挖工作面为突出危险工作面。

表 18.3.2 突出危险预测指标临界值

预 测 类 型	预 测 方 法	预 测 指 标	突出危险性临界值
开挖工作面突出危险性预测	瓦斯压力法	P(MPa)	0.74
	综合指标法	D	0.25
		K	20(无烟煤)、15(其他煤)

2）突出危险性预测手段

采用超前钻孔方法预测工作面突出危险性。若预测前方可能出现煤与瓦斯异常涌出或突出，全断面超前瓦斯预测钻孔超前安全距离保持 10 m 以上，严禁超掘。

2. 防治突出措施

一般采用钻孔排放处治煤与瓦斯突出。瓦斯排放(检验)钻孔到超前探测钻孔的距离不大于 2 m，瓦斯排放效果检验采用与预测相同的方法。

3. 防治突出措施的效果检验

检验结果其中有任何一项指标，或在打检验孔时发生顶钻、卡钻及喷孔等动力现象时，应认为防突措施无效，必须采取补充防突措施(如采用抽放或水力冲孔等)。如经效果检验测量瓦斯情况在指标控制范围内，则可以在安全防护措施条件下进行隧道工程其他工序作业。

4. 安全防护措施

安全防护措施主要有远距离放炮、横通道设反向风门后作为避难洞室、施工人员必须配备自救器、加强超前支护与结构支护等措施。

（1）经预测有突出危险工作面，采取防突措施并经效果检验有效后，隧道放炮作业除必须按照瓦斯隧道爆破安全的有关规定外，还必须采用远距离放炮作业，开挖工序中任何一步放炮时，隧道内所有人员必须全部撤离到隧道外或另一条隧道的最后一条横通道上风端，且隧道中的所有车行横通道和人行横通道都必须设置方向风门(按要求设置反向风门和配备必要的自救器)。

（2）隧道开挖一般采用全断面法或台阶法。

（3）预留足够的施工安全距离，保证距突出煤层最小法向距离不小于 5 m。

（4）加强隧道结构措施。

（5）加强通风，确保隧道工作面供风量。

（6）加强隧道内所有电器设备和照明线路及机具管理，必须采用矿用安全防爆电器设备，并安装风电及瓦斯闭锁设施，随时有专人检查维修，不得失爆。

（7）加强瓦斯检测，保证工作面瓦斯浓度不大于 1%，距工作面后方 20 m 回风流中的瓦斯浓度不大于 0.75%，隧道中无瓦斯积聚。

参 考 文 献

[1] 中华人民共和国铁道部. 铁路瓦斯隧道技术规范(TB 10120—2002)[S]. 北京：中国铁道出版社，2002.
[2] 关宝树，赵勇. 软弱围岩隧道与施工技术[M]. 北京：人民交通出版社，2011.
[3] 张梅，等. 宜万铁路岩溶断层隧道修建技术[M]. 北京：科学出版社，2010.
[4] 申志军. 复杂岩溶山区宜万铁路修建技术[M]. 北京：中国铁道出版社，2013.
[5] 朱永全，李文江，赵勇. 软弱围岩隧道稳定性变形控制技术[M]. 北京：人民交通出版社，2012.
[6] 肖广智. 不良、特殊地质条件隧道施工技术及实例(一)[M]. 北京：人民交通出版社股份有限公司，2015.
[7] 肖广智. 不良、特殊地质条件隧道施工技术及实例(二)[M]. 北京：人民交通出版社股份有限公司，2015.
[8] 国家铁路局. 铁路隧道设计规范(TB 10003—2016)(报批稿)[S].

第四篇　建设与运营管理

19 隧道风险管理

隧道与其他工程相比，其隐蔽性、施工复杂性、围岩条件和周围环境的不确定性极为突出，特别是高速铁路隧道开挖断面大、特长隧道多，更加大了施工难度和建设的风险。因此，加大风险管理的力度，势在必行。从高速铁路隧道建设一开始，我们就把风险管理作为主要环节，在隧道的规划、调查、设计、施工中予以实施，以达到有利于决策科学化，有利于减少工程事故的发生，达到控制风险，减少损失的目的。

19.1 概　　述

风险管理就是将各种风险因素进行识别评估，有针对性地制定降低风险和控制风险的对策，从而实现风险的最小化。所以，风险管理首先要进行风险评估，然后根据风险管理的相关要求进行风险控制。

19.1.1 风险评估原则

（1）风险识别应确定风险的来源并分类，建立适合的风险指标体系，提出风险指标体系和风险清单等成果。风险识别方法可采用核对表法、专家调查法、头脑风暴法和层次分析法等。

（2）风险估计和评价应建立合理、通用、简洁和可操作的风险评价模型，并按以下基本程序进行：

①对初始风险进行估计，分别确定各风险因素对目标风险发生的概率和损失；

②分析各风险因素对目标风险的影响程度；

③评价初始风险等级；

④根据评价结果制定相应的风险处理方案或措施；

⑤对风险进行再评价，提出残留风险。

19.1.2 风险管理原则

（1）风险管理是动态的过程，应根据工程环境的变化、工程的推进及时进行修正、登记及监测检查，定期反馈，随时与相关单位沟通。

（2）风险管理应首先针对工程特点、上阶段风险评估成果、接受准则等制定风险管理计划。

（3）风险处理应符合以下规定：

①根据项目的风险评估结果，按照风险接受准则，提出风险处理措施。风险处理基本措施包括风险接受、风险减轻、风险转移、风险规避。

②根据风险处理结果，提出风险对策表。风险对策表的内容应包括初始风险、设计或施工应对措施、残留风险等。

（4）风险监测应符合以下规定：

①制订风险监测计划，提出监测标准；

②跟踪风险管理计划的实施，采用有效的方法及工具，监测和应对风险；

③报告风险状态，发出风险预警信号，提出风险处理建议。

（5）在施工期间对可能发生的突发风险事件，应划分预警分级。根据突发风险事件可能造成的社会影响性、危害程度、紧急程度、发展势态和可控性等情况，分为四级，即Ⅰ级（特别严重）、Ⅱ级（严重）、Ⅲ级（较严重）和Ⅳ级（一般）。

19.2 铁路隧道风险评估

19.2.1 基本规定

（1）铁路隧道风险评估应根据各阶段信息建立风险指标体系（表 19.2.1），体系可按风险因素与风险事件关系的层状或树状结构建立，也可采用核对表形式。对风险评估目标有特殊要求的隧道，还需在本指标体系基础上进行专项评估。

表 19.2.1 铁路隧道风险评估指标体系框架

项目阶段	施工方法	目标风险	风险因素或风险事件
可行性研究阶段	矿山法 掘进机法 盾构法	安全、环境、质量、投资、工期、第三方	地质因素
			隧道技术因素
			其 他
初步设计阶段 施工图设计阶段	矿山法 掘进机法 盾构法		塌 方
			瓦 斯
			突水（泥、石）
			大变形
			岩 爆
			设备风险
			掘进风险
			进出洞风险
			其 他
施工阶段	矿山法		塌 方
			突水（泥、石）
			瓦 斯
			大变形
			岩 爆
			其 他
	明挖法		山体开裂变形
			坍 塌
			其 他
	掘进机法		设备风险
			掘进风险
			其 他
	盾构法		设备风险
			掘进风险
			进出洞风险
			其 他

（2）铁路隧道风险评估应结合各阶段工作特点和内容，确定风险评估对象和目标，进行评估工作，提出相应的风险处理措施。当风险产生的后果可能为突发性事故（瓦斯爆炸、突水、突泥、突石等）时，风险处理必须明确设计措施和预案、施工工序、注意事项、监控要求和施工应急措施等，并进行有效的风险管理。

（3）安全风险是铁路隧道风险评估的首要目标，需在保证安全的前提下，进行其他目标风险（环境、质量、投资、工期、第三方）的评估。

（4）当初始的安全风险评价为高度或极高等级时，必须高度重视，采取切实有效的措施。当残留的安全风险评价为高度等级时，必须报业主审查；当评价为极高等级时，必须规避并上报业主及上级主管部门。

19.2.2 铁路隧道风险分级和接受准则

（1）铁路隧道风险分级包括事故发生概率的等级标准、事故发生后果的等级标准和风险的等级标准。

（2）隧道风险等级应综合考虑隧道工程地质、投资、工期和技术难度等因素确定。

（3）事故发生概率的等级分成五级，见表19.2.2。

表19.2.2 事故发生概率等级标准

概率范围	中心值	概率等级描述	概率等级
>0.3	1	很可能	5
0.03～0.3	0.1	可能	4
0.003～0.03	0.01	偶然	3
0.0003～0.003	0.001	不可能	2
<0.0003	0.0001	很不可能	1

（4）事故发生后果的等级分成五级，各种后果的等级标准见表19.2.3～表19.2.6。

①经济损失是指风险事故发生后造成工程项目发生的各种费用的总和，包括直接费用和事故处理所需的各种费用，见表19.2.3。

表19.2.3 经济损失等级标准

后果定性描述	灾难性的	很严重的	严重的	较大的	轻微的
后果等级	5	4	3	2	1
经济损失（万元）	>1000	300～1000	100～300	30～100	<30

②人员伤亡是指在参与施工活动过程中人员所发生的伤亡，依据人员伤亡的类别和严重程度进行分级，见表19.2.4。

表19.2.4 人员伤亡等级标准

后果定性描述	灾难性的	很严重的	严重的	较大的	轻微的
后果等级	5	4	3	2	1
人员伤亡数量（人）	$F>9$	$2<F\leq9$ 或 $SI>10$	$1\leq F\leq2$ 或 $1<SI\leq10$	$SI=1$ 或 $1<MI\leq10$	$MI=1$

注：F＝死亡人数，SI＝重伤人数，MI＝轻伤人数。

③工期延误是指工程风险事故引起的工程建设时间延长。对不同性质的工程和建设工期，采用不同的绝对延误时间，见表19.2.5。

表19.2.5 工期延误等级标准

后果定性描述	灾难性的	很严重的	严重的	较大的	轻微的
后果等级	5	4	3	2	1
延误时间1（控制工期工程）（月/单一事故）	>10	1～10	0.1～1	0.01～0.1	<0.01
延误时间2（非控制工期工程）（月/单一事故）	>24	6～24	2～6	0.5～2	<0.5

④环境影响是指隧道施工对周围建（构）筑物破坏或损害、环境污染等，根据其影响程度进行分级，见表19.2.6。

表 19.2.6 环境影响等级标准

后果定性描述	灾难性的	很严重的	严重的	较大的	轻微的
后果等级	5	4	3	2	1
环境影响描述	永久的且严重的	永久的但轻微的	长期的	临时的但严重的	临时的且轻微的

（5）根据事故发生的概率等级和后果等级，将风险等级分为五级，见表 19.2.7。

表 19.2.7 风险等级标准

概率等级 \ 后果等级		轻微的	较大的	严重的	很严重的	灾难性的
		1	2	3	4	5
很可能	5	高度	高度	极高	极高	极高
可　能	4	中度	高度	高度	极高	极高
偶　然	3	中度	中度	高度	高度	极高
不可能	2	低度	中度	中度	高度	高度
很不可能	1	低度	低度	中度	中度	高度

（6）铁路隧道风险接受准则与采取的风险处理措施见表 19.2.8。

表 19.2.8 风险接受准则

风险等级	接受准则	处　理　措　施
低　度	可忽略	风险较小，不需采取风险处理措施和监测
中　度	可接受	风险次之，一般不需采取风险处理措施，但需予以监测
高　度	不期望	风险较大，必须采取风险处理措施降低风险并加强监测，且满足降低风险的成本不高于风险发生后的损失
极　高	不可接受	风险最大，必须高度重视并规避，否则要不惜代价将风险至少降低到不期望的程度

19.2.3 可行性研究阶段风险评估

（1）可行性研究阶段应对工程的安全、工期、投资、环境有重大影响的控制性隧道工程进行风险评估。

（2）可行性研究阶段风险因素识别可参照表 19.2.9 进行。

表 19.2.9 可行性研究阶段风险因素核对表

风险因素类别	风　险　因　素
地质因素	区域地形、地貌、地质对隧道方案影响程度
	不良地质、特殊岩土对隧道方案影响程度
	地质勘察的不确定性程度
	其　他
隧道技术因素	工法选择(矿山法、掘进机法、盾构法)
	类似工程可参考程度
	技术难度
	结构设计
	监控量测设计
	特长隧道的线路情况
	辅助坑道
	其　他
其　他	

(3) 可行性研究阶段应先评估地质风险，确定初始风险等级，提出相应的勘察设计措施。其主要工作包括：

①初步选定隧道线路比选方案。

②评估初始风险(地质)，选择设计方案。

③根据不同的设计方案进行再评估，确定残留风险。

④对极高等级的残留风险应上报业主及上级主管部门，业主必须采取放弃或修改线路方案等措施。

⑤对高度等级的残留风险，设计单位应加强监测，在初步设计阶段加强地质勘探，加深线路方案及隧道技术方案的研究。

⑥对中度等级的残留风险，设计单位应予以监测。

19.2.4 初步设计阶段风险评估

(1) 初步设计阶段应根据可行性研究阶段评估结果，结合本阶段的勘察资料和设计原则，对采用矿山法施工的塌方、瓦斯、突水(泥、石)、岩爆、大变形等典型风险进行评估，对采用掘进机法和盾构法施工的设备、掘进过程、盾构进出洞等典型风险进行评估。

(2) 初步设计阶段风险因素识别可参照表19.2.10和表19.2.11进行。

表19.2.10 矿山法施工风险因素核对表

风险因素 \ 风险事件		塌方	瓦斯	突水(泥、石)	大变形	岩爆	其他
地形	偏压	★					
地质	岩性及风化程度	★		★	★	★	
	构造(单斜、向斜、背斜、断层)	★	★	★	★	★	
	地下水	★		★	★		
不良地质	滑坡	★					
	岩堆	★					
	顺层	★					
	岩溶			★			
	煤层及矿藏采空区	★	★	★			
	挤压性地层				★		
特殊岩土	膨胀岩、土、冻土、软土				★		
设计情况	常规设计	★	★	★	★	★	
	特殊设计	★	★	★	★	★	
	监控量测设计	★	★	★	★	★	
隧道	断面	★	★	★	★	★	
	长度	★	★	★	★	★	
	埋深	★	★	★	★	★	
辅助坑道	类型		★	★			
	长度		★	★			
	位置		★	★			
	坡度		★	★			
	断面大小		★	★			
其他							

注：其中打“★”表示该风险因素对风险事件有影响(以下各表同)。

表 19.2.11 掘进机和盾构法施工风险因素核对表

风险因素 \ 风险事件		设备风险	进出洞风险	掘进风险	其　他
地　质	岩性及风化程度	★	★	★	
	构造(单斜、向斜、背斜、断层)	★	★	★	
	地下水	★	★	★	
不良地质	顺　层	★		★	
	岩　溶	★		★	
	煤层及矿藏采空区	★		★	
	挤压性地层	★		★	
特殊岩土	膨胀岩、土、冻土、软土	★	★	★	
设计情况	常规设计	★	★	★	
	特殊设计	★	★	★	
	监控量测设计	★	★	★	
	设备选型	★		★	
隧　道	断　面	★	★	★	
	长　度	★	★	★	
	埋　深	★		★	
建(构)筑物		★	★	★	
下穿江、河		★	★	★	
其　他					

注：进出洞风险为盾构法施工风险。

(3) 初步设计阶段应根据隧道地质纵断面情况分段评估，确定初始风险(典型风险)等级，提出相应的设计措施。其主要工作包括：

①分段评估初始风险，选择设计措施。

②根据设计措施进行再评估，确定残留风险。

③对极高等级的残留风险应上报业主及上级主管部门，业主必须采取放弃或修改线路方案等措施。

④对高度等级的残留风险，设计单位应加强监测，在施工图阶段补充地质勘探。

⑤对中度等级的残留风险，设计单位应予以监测。

19.2.5　施工图阶段风险评估

(1) 施工图阶段应根据初步设计审查意见，对设计方案需进行重大修改的隧道进行评估。

(2) 对高度等级的残留风险，设计单位应提出风险减缓措施，减低风险到中度及以下。

(3) 对中度等级的残留风险，应在施工图注意事项中明确，在施工阶段予以监测。

19.2.6　施工阶段风险评估

(1) 施工阶段应在施工图阶段的风险评估结果基础上，结合实施性施工组织设计，对所有隧道进行评估。其中采用矿山法施工的隧道侧重于安全，对塌方、瓦斯、突水(泥、石)、岩爆、大变形等典型风险进行评估；采用掘进机法和盾构法施工的隧道，对设备、掘进机、盾构进出洞等典型风险进行评估。

(2) 矿山法施工隧道典型风险因素识别可参照表 19.2.12 进行。

(3) 掘进机施工隧道典型风险因素识别可参照表 19.2.13 进行。

表 19.2.12　矿山法施工风险因素核对表

风险因素 \ 风险事件		塌　方	瓦　斯	突水(泥、石)	大变形	岩　爆	其　他
开挖情况	开挖方式	★	★	★	★	★	
	循环进尺	★	★	★	★	★	
	瓦斯预抽放		★				
	爆破器材检查和落实	★	★	★	★	★	
	预留变形量				★		
	掌子面减压措施					★	
	应力释放措施					★	
	地下水处理	★	★	★			
	爆破方法	★	★	★	★	★	
	隧道超挖情况	★		★	★		
	进　洞	★					
	落　底	★		★			
	挑　顶	★		★			
	断面变化处或工法转化处	★					
	其　他						
揭煤、防突情况	资料收集情况		★				
	常规地质法情况(地质素描)		★				
	超前地质预报情况		★				
	石门开启方法		★				
	安全岩柱留设		★				
	震动或远距离爆破		★				
	瓦斯泄压与排放		★				
	浆封闭瓦斯		★				
	其　他						
通风情况	通风系统		★				
	通风设备		★				
	通风质量		★				
	其　他						
施工期防排水	注浆堵水措施						
	排水措施						
	降水措施						
	其　他						
火源控制措施	洞口火源检查		★				
	焊接切割等危险作业规章制度及执行		★				
	进洞人员禁穿化纤服装		★				
	其　他						
支护及衬砌情况	支护刚度	★			★		
	超前支护	★		★	★		
	预注浆			★			
	隔离措施		★				

续上表

风险因素 \ 风险事件		塌　方	瓦　斯	突水(泥、石)	大变形	岩　爆	其　他
支护及衬砌情况	气密性混凝土		★				
	施工缝沉降缝处理		★				
	地层与加固与改良	★					
	支护时机	★	★	★	★		
	支护方法	★	★	★	★		
	支护质量	★	★	★	★		
	闭合成环周期	★		★	★		
	其　他						
防护情况	机械设备防护		★	★		★	
	人员防护		★	★		★	
	其　他						
电器设备与作业机械	电缆选型		★				
	设备选型		★				
	电器与保护情况		★				
	风电闭锁		★				
	其　他						
监控量测	水　量			★			
	水　质			★			
	水　压			★			
	掌子面稳定情况	★	★	★	★		
	量测器材及布置	★	★	★	★	★	
	量测频率	★	★	★	★	★	
	规范要求监测项目	★	★	★	★	★	
	监控量测制度	★	★	★	★	★	
	信息反馈及处理	★	★	★	★	★	
	瓦斯(浓度、压力)		★				
	其　他						
其　他							

表 19.2.13　掘进机施工风险因素核对表

风险因素 \ 风险事件		设备风险	掘进风险	其　他
设备情况	刀头、刀盘		★	
	主轴承		★	
	液压系统		★	
	控制系统		★	
	其　他			
掘进机选型	主要技术参数	★		
	适应性	★		
	可靠性	★		
	其　他			

续上表

风险因素 \ 风险事件		设备风险	掘进风险	其他
机械操作	姿态控制		★	
	止水注浆		★	
	预加固		★	
	其他			
支护情况	掌子面处理		★	
	支护形式		★	
	支护时机		★	
	支护质量		★	
	管片后注浆		★	
	其他			
监控量测	速度		★	
	变形及沉降情况		★	
	线型		★	
其他				

（4）盾构施工隧道典型风险因素识别可参照表 19. 2. 14 进行。

表 19. 2. 14　盾构施工风险因素核对表

风险因素 \ 风险事件		设备风险	进出洞风险	掘进风险	其他
盾构选型	主要技术参数	★	★	★	
	适应性	★	★	★	
	可靠性	★	★	★	
	其他				
机械安装和吊装	人员		★		
	操作		★		
	设备		★		
	其他				
盾构进出洞	姿态控制		★		
	土层加固		★		
	洞口密封		★		
	反力支架		★		
	其他				
设备情况	刀头、刀盘		★	★	
	主轴承		★	★	
	前仓防水		★	★	
	平衡系统		★	★	
	密封系统		★	★	
	液压系统		★	★	
	控制系统		★	★	
	其他				

续上表

风险因素 \ 风险事件		设备风险	进出洞风险	掘进风险	其他
操作	姿态控制		★	★	
	盾构机施工参数		★	★	
	注浆		★	★	
	其他				
近接辅助措施	既有建构筑物保护措施		★	★	
	盾构隧道内辅助措施		★	★	
	中间地层辅助措施		★	★	
监控量测	压力		★	★	
	管片		★	★	
	设备		★	★	
	构(建)筑物变形		★	★	
	其他				

（5）铁路隧道其他风险因素识别可参照表19.2.15进行。

表19.2.15　其他风险因素核对表

风险事件	风险因素
交通事故	司机
	运输设备
	交通管理
	道路状况
	通风照明情况
	洞外天气
	其他
用电事故	用电设计
	施工组织
	设备状况
	用电管理
	其他
火灾事故	火源及传播途径
	消防教育
	消防措施
	消防器材
	人员管理
	其他
其他	

（6）施工阶段根据设计阶段风险评估结果，依据施工地质、资源配置及实施方案进行再评估，提出相应的施工措施，着重于施工管理、措施评价和落实。其主要工作包括：

①在施工过程中，根据施工揭示地质情况对风险进行动态评估，对中度等级的风险予以监测。若采用原设计方案不能有效减低风险等级到设计要求的水平，应及时上报业主，经业主决策后采取相应措施；

②根据施工流程按核对表法对其他风险进行识别，结合风险评估结果，按不同的评估目标(安全、工期、投资等)确定应对措施；

③施工中对风险跟踪管理，定期反馈。

19.3 风险管理

19.3.1 管理体制及管理职责

(1) 风险管理采用建设管理层和实施主体层两层管理。

(2) 建设管理层包括第一管理者、主管风险管理的负责人、风险管理职能部门及相关部门。实施主体层包括设计单位、施工单位、监理单位等，各实施主体应分别建立风险管理小组。

(3) 建设管理层对风险管理全面负责，设计单位、施工单位、监理单位等在建设单位指导下对风险进行评估。

(4) 建设单位的主要职责是制定风险评估和风险管理工作实施办法；督导设计单位、施工单位风险评估工作；负责对高度和极高风险等级进行审查。

(5) 设计单位的主要职责是制定设计阶段风险评估工作实施细则；进行设计阶段的风险评估工作；提出风险评估结果，纳入设计文件；向施工单位进行有关风险的技术交底和资料交接。

(6) 施工单位的主要职责是制定施工阶段风险评估工作实施细则；进行施工阶段的动态风险评估工作；根据风险评估结果提出相应的处理措施，报业主批准后实施；在施工期间对风险实时监测，定期反馈，随时与相关单位沟通。

(7) 监理单位的主要职责是参与制定施工阶段风险评估工作实施细则；参与和监督施工单位风险评估与管理工作，并侧重于安全风险和环境风险；检查施工单位风险处理措施的落实情况。

19.3.2 可行性研究阶段风险管理

1. 风险管理目标

通过对风险分析和初步评价，进行线路和隧道多方案比选，提出各方案存在的风险，明确风险等级，形成风险评估报告。规避重大风险，对选用的方案确定降低风险的初步措施，为可研决策提供依据。

2. 风险管理内容

(1) 设计单位成立风险管理小组，统筹地质、线路、隧道等相关专业，在业主和各级管理部门的配合下提供隧道的相关基础资料。

(2) 风险识别由建设单位的风险管理职能部门组织，设计单位风险管理小组负责实施。风险识别动态进行，在识别过程中进行持续的检查和修改。

(3) 对识别出的风险因素进行筛选，将较易发现风险、通过一般措施就可以有效控制的或事故发生概率小且无严重后果的风险剔除。评价剩余风险因素的发生概率和后果等级，并最终确定初始风险的等级。

(4) 针对初始风险，相关专业研究降低初始风险的处理措施和对策，进行方案设计，并对投资进行比较。结合风险对策措施对残留风险进行评估，确定残留风险的等级，根据风险接受准则确定残留风险是否在可接受范围以内。

(5) 原则上极高风险应规避，当受勘察阶段的影响而无法判断的风险可作为残留风险，需在文件中明确，并提出下阶段工作的建议和措施。

19.3.3 初步设计及施工图阶段风险管理

1. 风险管理目标

初步设计阶段对上一阶段所确定的残留的风险和新识别的风险进行评估，对影响安全的风险进行专项初步设计。施工图设计阶段对风险进一步识别，优化设计方案，提出合理的施工方法、切实可行的工程措施、指导性施工组织设计，为施工阶段的风险管理创造条件。

2. 风险管理内容

（1）建设单位首先对设计单位的质量保证体系和各级技术责任制度进行审查。

（2）设计单位根据上一阶段风险评估与管理的成果，更新风险信息和相关控制措施，编制本阶段风险管理实施细则。

（3）设计单位建立风险跟踪机制。内容包括设计风险交底，设计标准审查和管理，专业之间协调检查等。

（4）编写风险管理报告，在技术交底文件中提出风险管理的注意事项。

19.3.4 施工阶段风险管理

1. 风险管理目标

根据设计阶段风险评估结果、施工地质、资源配置及实施方案进行再评估，提出相应的施工措施，注重施工管理、措施评价和落实，保证施工安全和减少损失。

2. 风险管理内容

（1）建设单位组织设计单位进行风险的技术交底。

（2）施工单位核对图纸与现场实际情况是否相符，提出有关风险（特别是安全风险）的质疑，由设计单位在设计技术交底时解答。

（3）施工单位在施工前制定风险管理实施细则，进行人员培训。

（4）施工单位在施工前结合设计文件对工程影响范围内的建（构）筑物、公路、地下管线、居民生产生活用水等周边环境及地质条件进行全面核查，并形成正式报告，经监理单位审核签认后，报送业主备案。

（5）监理单位审核施工方案中风险处置原则和风险应急措施。

（6）施工中施工单位在设计阶段风险评估的基础上，结合环境和地质条件、施工工艺、设备、施工水平、经验和工程特点等，对新出现的风险进行识别，提出风险处理措施供业主决策，对已识别的风险进行监测。

（7）施工单位在施工现场公示识别的风险，其内容包括风险描述、监测方案、应急预案、责任人等。

（8）监理单位对施工过程中风险分级调整清单进行审核，经项目总监签认后报送建设单位。

（9）施工过程中风险的监测包括施工监测、工况和环境巡视、作业面状态描述、风险处置过程和发展趋势等内容；施工单位在施工过程中应将地质超前预报、监控量测纳入施工的重要工序，按照设计要求编制施工监测的实施方案，对工程自身结构及环境风险进行全面监测；提前识别和预测地质风险因素，保证施工安全。

（10）施工中参建单位应建立风险的预警、响应及信息报送机制。根据实时监测数据、工况、环境巡视和作业面异常状态等，施工单位确定预警级别，形成异常状况报告；对可能发生重大突发风险事件的预警状态，施工单位应立即启动相关预案，组织处理。

（11）监理单位在收到施工单位提交预警异常状况报告后应立即组织施工单位进行分析，审批施工单位报送的预警状态处理措施，审查消警建议报告并报总监、建设单位和设计单位。

（12）建设单位根据预警异常状况报告、监测数据及分析成果、巡视信息，及时审核、分析并确认风险预警级别，采取有针对性的风险处理措施。

19.4 施工安全风险预测及规避对策

在高速铁路隧道施工中，常见的施工风险有不良地质、地质灾害、有害气体及高温、惯性事故等。

其中，不良地质多指浅埋、滑坡、危岩、落石等；常见的地质灾害有岩爆、岩溶、突(涌)水等；常见的有害气体多为可以燃烧和爆炸的瓦斯与天然气，以及有毒的硫化氢气体等；隧道高温是因隧道较长、埋深较深所产生的比正常高的温度；惯性事故多指隧道坍塌、爆破作业、施工用电及爆破后危石伤人等。

隧道施工中的风险预测及规避对策，其实质就是安全管理中的风险规划与控制，即确定隧道施工中的风险项目与风险评估后，对隧道施工中的风险进行规避及控制，以尽可能地控制和避免安全事故的发生。

1. 不良地质

不良地质安全风险预测及规避对策见表 19.4.1。

表 19.4.1　隧道不良地质风险预测及规避对策

序号	风险项目	风险预测	规避对策
1	浅埋	(1) 地表覆盖层厚度小于隧道跨度时，即覆跨比小于 1 (2) 隧道洞口段，部分浅埋洞身段，也有全隧为浅埋的隧道	(1) 开挖前先施工超前锚杆或超前管棚，地质情况较差、围岩破碎时应先进行超前加固 (2) 必要时采用分部开挖方法，如三台阶法、CD 法、CRD 法或双侧壁导坑法 (3) 采用控制爆破，掌握控爆的临界振动速度
2	洞口顺层滑坡	(1) 滑坡上缘裂缝或错落距增大，不连续的裂缝贯通 (2) 地面变形速度明显加快 (3) 地面构筑物或建筑物等移位、变形，树木歪斜，池塘、水田渗漏 (4) 渗出水变浑浊，开挖面岩层出水冒泥	(1) 顺层滑坡宜安排在旱季施工。在滑坡点上设置桩点，观测滑体变化 (2) 做好滑坡体内、外的排水工程 (3) 对滑坡体进行预加固，设置抗滑桩、锚索桩或桩间挡土墙等 (4) 开挖前，先施作 30 ~ 50 m 长管棚，并进行注浆，填塞滑坡体内的裂缝 (5) 施工中密切监测拱顶、边墙和支护的变形情况，发现新的裂纹或异状时，要及时加强支护
3	危岩落石	(1) 地形地貌多为深切的 V 形或 U 形河谷山坡，上部陡崖或倒悬危崖 (2) 地形陡峻，山坡凹凸不平，裂隙节理发育，岩石破碎，易形成落石 (3) 地表水及地下水活动，使岩层裂隙充水，破坏岩体结构	(1) 施工前，检查洞顶坡面，有无松动岩石，自上而下，分段清除松浮易动的石块 (2) 做好防排水，地表水截水引排。填塞岩石裂缝，以防地表水渗入岩层内部，引起落石 (3) 拦截危石，在洞顶上方修建拦石网、拦石墙等 (4) 将洞顶边坡刷方，并改造地形，不使坡面有危石出现

2. 地质灾害

地质灾害安全风险预测及规避对策见表 19.4.2。

表 19.4.2　隧道地质灾害安全风险预测及规避对策

序号	风险项目	风险预测	规避对策
1	岩溶	当隧道通过可溶性的岩层时，可能产生以下风险： (1) 突水突泥 (2) 地表出现陷坑、失水、建筑物破损等 (3) 大型溶腔，需特殊处理	(1) 加强预测预报：洞内超前预报、平行导坑超前探明地质情况，分析岩溶情况 (2) 小型溶洞处理：位于隧底的小溶洞，采用换填、浆砌片石回压填实；位于边墙部位时，采用浆砌片石、混凝土封堵；拱部以上的溶洞，视溶洞的岩石破碎程度，采用锚喷支护加固，加设护拱防护，拱顶回填浆砌片石或干砌片石压浆固结 (3) 规模较大溶洞处理：采用路基、桥梁跨越、支顶加固等 (4) 加强隧道周边，特别是隧道底部的岩溶探查
2	突(涌)水	(1) 淹没工作面，人员伤亡和设备损坏 (2) 运营期间高水压破坏衬砌、无砟轨道隆起	(1) 超前探孔探测 (2) 超前引排水，释能降压 (3) 顺坡施工，减小风险

3. 有害气体及高温

有害气体及高温安全风险预测及规避对策见表19.4.3。

表19.4.3　隧道有害气体及高温安全风险预测及规避对策

序号	风险项目	风险预测	规避对策
1	瓦斯及可燃气体	风险为瓦斯燃烧和爆炸，预测方法如下： (1) 仪器检测法：可快速检测是否含有瓦斯以及瓦斯浓度的大小 (2) 瓦斯突出危险性预测：通常采用钻屑指标法，即通过钻粉量的变化判定突出危险性，用煤粉倍率表示，即 $N = S_{max}/S$ 式中，N 为煤粉倍率；S_{max} 为最大钻粉量(kg/m)；S 为正常钻粉量，一般取2.5 kg/m。 判定指数： $N<2.5$　无突出危险性 $2.5 \leqslant N \leqslant 3.5$　一般突出危险性 $N>3.5$　严重突出危险性 (3) 作业环境瓦斯容许浓度 作业地点　允许浓度(%) 便携瓦检仪测量点　<1.0 光电测距仪使用范围　<1.0 钻眼处20 m范围内　<1.0 防水板焊接作业范围　<0.5 电动机及开关范围　≤0.5 洞内局扇吸入风流　<0.5 放炮后15 min开挖工作面　<1.0 停风区　≤1.0	(1) 隧道内所有的固定、移动设备，电器开关，照明装置均采用防爆型 (2) 瓦斯隧道内，不得有明火作业，洞内、洞口严禁吸烟，进洞人员穿棉制品 (3) 瓦斯防突出：钻孔排放、水力冲孔、震动性放炮渗出、深孔松动爆破、岩层或煤层注水 (4) 瓦斯排放：瓦斯引排、抽放瓦斯、自然排放等 (5) 封堵瓦斯：注水泥浆或其他材料堵塞岩层或煤层裂隙，阻止瓦斯渗入，及时对开挖面进行喷射混凝土封闭，尽快采用气密性混凝土二次衬砌 (6) 揭煤施工：当煤层厚度大于0.3 m，有瓦斯突出危险性时，必须进行揭煤施工。①揭煤前先进行超前探孔，探测煤层的层位、倾角、厚度、岩性以及地质构造等地质情况；②在掘进工作面距煤层适当距离时，至少打两个穿透煤层全厚的预测孔，预测有无瓦斯突出的危险性；③瓦斯排放后，打两个与预测孔相同的检验孔，检查瓦斯排放情况；④揭煤施工采用震动爆破一次揭开煤层；不能一次揭开煤层全厚时，对剩余部分采取防突措施；⑤揭煤后及时施作初期支护，防止冒顶 (7) 加强通风和瓦斯检测
2	硫化氢气体	(1) 嗅觉判断：硫化氢气体有难闻的腐卵臭味(俗称臭鸡蛋味道)，当空气中含有的硫化氢气体达到：①0.03～0.2 ppm时，为嗅觉界限；②20～30 ppm时，有难闻气味；③50～100 ppm时，刺激呼吸道；④100～200 ppm时，失去嗅觉 (2) 仪器检测法：可快速检测是否含有硫化氢气体及浓度 (3) 空气中硫化氢的容许浓度：10 mg/m³	(1) 隧道内施工人员佩戴防毒面具，防毒剂由干木碳、碳酸氢钠组成 (2) 隧道内喷洒碳酸氢钠溶液，使用毒气体分解 (3) 及时封闭开挖面，减少硫化氢气体的渗入 (4) 加强通风 (5) 对渗入量较大的地段，尽快采用气密性混凝土衬砌封闭
3	高　温	高温热害影响作业人员健康，降低作业效率和设备效率，预报方法如下： (1) 超前探孔测温 (2) 洞内温度跟踪监测	(1) 加强隧道通风 (2) 洞内爆破作业要求：①装药前测量工作面和孔底温度；②距离工作面10 m内洒水降温；③炸药与孔壁不直接接触，须用石棉织物或其他绝热材料严密包裹；④装药至起爆时间不超过1 h；⑤岩体温度达到60℃以上时，采用耐高温的爆破器材 (3) 洞内设置降温的冷却站，采用喷雾洒水降温 (4) 采用综合劳动保护措施

4. 惯性事故

惯性事故安全风险预测及规避对策见表19.4.4。

表19.4.4　隧道惯性事故安全风险预测及规避措施

序号	风险项目	风险预测	规避对策
1	围岩失稳	(1) 在碎裂结构地层中，岩块间相互挤压，开挖后失稳，局部掉块、坍塌 (2) 喷层大量开裂，喷射混凝土质量、厚度未达到设计要求 (3) 薄层岩体在构造运动作用下，形成小褶曲、错动，岩层层状劈裂，层理、节理缝或裂隙变大、张开	(1) 采用围岩“预加固”技术，即通过打超前管棚、预注浆加固围岩，提高围岩的性能指标；或者采用水平旋喷桩、预衬砌，减少围岩变形 (2) 做好排水。施工前或施工中，均应采取可行的防排水措施，尽可能将地表水引排，不渗入隧道中 (3) 选择正确的开挖工法，如台阶法、CD法、CRD法、双侧壁导坑法等

续上表

序号	风险项目	风险预测	规避对策
1	围岩失稳	(4) 岩层软弱相间或有软弱夹层，有地下水作用，软弱面强度降低或软弱层泥质充填物较多 (5) 隧道穿越断层或各种堆积体，开挖后容易引起坍塌 (6) 由于地下水的浸泡、软化等作用，加剧岩体的失稳而坍塌 (7) 洞内围岩变形异常，变形速度加大	(4) 加强初期支护：①增加喷射混凝土厚度；②加密加长锚杆；③增设钢筋网或使用钢纤维混凝土；④适当加密钢拱架间距 (5) 加强围岩量测：发现围岩变形或异常时，及时采取应急措施处理，并优化初期支护和二次衬砌参数，确保结构安全
2	爆破作业	(1) 爆破器材受潮或失效 (2) 起爆方法不正确 (3) 爆破网路连接不正确 (4) 瓦斯隧道采用常规爆破作业	(1) 选用安全的爆破器材 (2) 采用毫秒雷管微差爆破 (3) 瓦斯隧道内采用电力起爆，使用防爆型起爆器作为起爆电源。毫秒爆破的总延时控制在130 ms内，使瓦斯来不及泄出即爆破完成 (4) 瞎炮处理：①距盲炮炮口间距不小于30 cm处，另打平行炮眼，重新装药爆破；②用木制或竹制工具，将盲炮炮眼的大部分填塞物掏出，用聚能药包起爆；③若起爆网路未受破坏，导爆索或导爆管正常，仍能起爆者，可连线起爆；④所用炸药为非抗水类炸药时，向孔内灌水，使炸药失效；⑤当电力起爆发生盲炮时，须立即切断电源，将爆破网路短路
3	施工用电	(1) 电压突然降低 (2) 电压忽高忽低，不稳定 (3) 电气设备不能正常工作 (4) 用电常见的事故为漏电、短路触电等事故，发生率较高，危害较严重	(1) 编制临时用电方案，确定变压器容量、导线截面和电器开关类型等 (2) 采用“三相五线制”线路，动力线与照明线分别设置 (3) 电力线路与建筑物的距离要符合最小安全距离的规定 (4) 变配电场所及自备发电机要按规范要求做好安全防护、接地和防雷防护 (5) 机电设备安装漏电保护器，或接零保护 (6) 施工用电的安装、维修或拆除等由专业电工完成，并与用电的技术复杂程度相适应
4	爆破危石	(1) 隧道通过断层或破碎带，开挖后易形成危石 (2) 爆破作业不当，装药量过多 (3) 处理危石不当，引起坠落，可牵动岩层坍塌	(1) 每排炮后清理岩层表面局部松动的块石 (2) 施作径向锚杆，进行围岩岩层加固 (3) 及时喷射混凝土封闭，避免岩层暴露时间过久，引起围岩松动、风化 (4) 重点部位进行监控量测

参考文献

[1] 中国铁路总公司. 铁路建设工程风险管理技术规范(Q/CR 9006—2014)[S]. 北京：中国铁道出版社，2014.

[2] 中华人民共和国铁道部. 铁路隧道风险评估与管理暂行规定(铁建设〔2007〕200号)[S]. 北京：中国铁道出版社，2007.

20 安全技术和环境管理

高速铁路隧道建设精细化管理是指在铁路建设的立项、勘察设计、工程实施各阶段，尤其是在实施阶段，围绕工作目标展开的系统化、程序化、标准化管理的总和，是标准化管理的升级。本章重点介绍安全管理、技术管理和环境管理。

20.1 安全管理

安全管理是通过生产过程中涉及的计划、组织、监控、调节和改进等一系列致力于生产安全所进行的管理活动。

精细化安全管理是围绕安全目标，进行系统化、程序化、标准化的安全管理，应建立管理流程，明确分工，落实责任，强化检查，严格考核，确保安全生产受控。

20.1.1 安全目标和要求

1. 安全目标

高速铁路隧道安全管理目标是实现高速铁路隧道安全生产、控制事故发生要达到的指标。如杜绝职工因工死亡事故、年重伤率控制在6‰以下、年轻伤率控制在5‰以下、无重大塌方事故、无等级火灾事故、无机械行车和交通责任事故、无爆破事故、无爆破物品丢失事故等。

2. 安全总体要求

安全目标是安全管理的基本要求，一切安全管理工作都要围绕实现这个目标进行系统规划、设计管理流程、严格落实。安全管理应按照“领导是关键、教育是前提、设施是基础、管理是保证”的思想，建立健全各级安全生产管理机构、安全生产责任制、安全生产管理制度，制定切合实际的安全管理方案和行之有效的安全技术措施，加强安全生产过程控制，开展安全标准工地建设和安全生产检查活动。

20.1.2 安全管理过程控制

1. 确定安全管理目标

依据国家法律、法规的有关规定，结合“目标管理”的方法，科学界定建设、设计、监理和施工单位安全责任，从而确定参建各方的安全管理目标，各单位、各层级结合有关规定分解、细化安全管理职责，实现参建各方全员安全控制。

2. 建立安全生产责任制

参建各方都必须建立安全生产责任制。各单位、各级管理人员、各职能部门、技术人员以及操作人员均应认真贯彻执行国家劳动保护政策、法令、法规，认真落实安全生产责任制。各单位第一管理者为本级第一责任人，逐级负责，确保万无一失。应做到领导认识到位、管理到位、责任到位，对其职责范围内的安全生产工作负责。明确规定各职能部门、各级人员在安全管理工作中所承担的职责、任务和权限，形成一个“人人讲安全、事事为安全、处处要安全”的良好建设管理氛围。

3. 制定安全技术措施

对生产过程中的不安全因素，用技术手段加以消除和控制，并用文件的方式表达出来，这是落实“预防为主”方针的具体体现，是进行项目建设管理安全控制的指导性文件。

安全技术措施应针对工程特点、施工环境、施工方法、劳动组织、作业方法、使用的机械、动力设备、变配电设施以及各种安全防护措施等，制定切实可行的安全技术措施。

（1）施工安全技术措施必须在开工前编制，并经过审批后实施。

（2）经过批准的安全技术措施具有技术法规作用，在施工中必须严格执行。

（3）安全技术措施中的各种安全设施、防护设置的实施列入施工任务单，责任落实到班组或个人，实行验收制度。

（4）技术负责人、安全技术人员经常深入工地检查安全技术措施的实施情况，及时纠正违反安全技术措施的行为和问题。

（5）对于爆破开挖、岩溶隧道超前探水、瓦斯隧道揭煤等施工风险较高的施工工序应制定安全管理细则，细化每一步序的安全管理标准和要求。

4. 强化安全教育

许多事故主要出在工作人员思想上重视不够，疏忽大意。隧道建设管理过程中必须加强全员安全教育，树立安全第一、施工必须安全、安全才能施工的安全意识，使施工人员在施工中能自觉地遵守各种安全规章制度和施工作业规程，这是减少事故发生的最根本、最有效的措施。

隧道建设管理过程中必须加强全员安全教育和技术培训考核；加大安全教育培训力度。加强全员的安全教育和技术培训考核，使各级干部和广大职工认识到安全生产的重要性、必要性，掌握安全生产的科学知识，牢固树立“安全第一、预防为主”的思想，克服麻痹思想，自觉地遵守各项安全生产法规和制度，严格执行操作规程。

5. 严格安全检查

安全检查的主要目的是督促落实安全措施。检查的依据：一是经过批准的安全技术措施，二是安全法规和各项安全规章制度。主要检查内容：一是思想认识，检查各级单位的第一负责人及相关人员对安全的认识是否正确，是否能正确处理好施工与安全的关系，是否认识贯彻安全施工的方针政策和法律、法规，是否经常把安全工作放在重要的日程上；二是查职工的安全意识，主要检查施工中是否执行制定的安全措施，是否按操作规程操作等；三是查隐患，如隧道初期支护的变形开裂，掌子面是否稳定，火、尘、毒是否可能发生等。

安全检查分定期检查和不定期抽查两种方式。主要查安全隐患、查事故苗头，消除不安全因素。通过安全检查增加广大干部职工的安全意识，促进各单位对劳动保护和安全生产方针、政策、规章制度的贯彻执行，解决安全生产上存在的问题。

6. 坚持持证上岗制度

安全员、质检员、试验员等管理人员和特殊工种操作人员佩戴胸牌并持证上岗。

20.2 技术管理

20.2.1 工作目标

现场技术管理工作的主要目标是使生产管理层和作业层掌握设计意图，明确作业标准、提高人员素质、总结提高技术水平，为现场施工技术保障。

20.2.2 主要工作内容

1. 现场调查

施工单位中标铁路隧道工程项目后，应立即组织专业技术和管理人员进行现场调查，主要是对现场实地踏勘，收集施工信息，掌握现场情况，为施工图核对、施组编制、施工方案制定以及后序项目管理工作提供依据。

2. 施工图核对

一是结合现场调查对现场施工条件与设计内容一致性进行核对，二是对施工图进行检查，及时发现可能存在的“差、错、漏、碰”问题。

1）核对内容

（1）隧道中线、高程与线路的平纵断面是否一致，隧道结构几何尺寸、施工图表、工程数量、标准图、通用图和设计说明是否有差漏。

（2）工程地质和水文地质资料是否齐全，能否满足需要。

（3）技术难度大的项目施工方案是否可行。

（4）重点工程项目、工点设计方案、施工组织方案和主要施工技术措施是否合理。

（5）设计文件中有关协议是否齐全。

2）核对要求

（1）建设单位应指导施工单位结合现场实际组织施工图核对，了解设计意图、设计标准，熟悉设计内容，对设计文件提出修改意见和优化建议，使其更加完善合理。

（2）施工单位要对施工核对留存记录，形成书面资料。

（3）监理单位要参与施工图核对工作，并对核对记录进行审核确认。

（4）设计单位应对施工单位提出的问题或建议及时回复。

3. 专项方案

对达到一定规模的安全风险较大的分部、分项工程编制专项施工方案，并进行安全检算。

1）编制主要内容

编制依据和范围；工程概况；施工方法、作业程序、施工注意事项等；风险分析资料（含安全检算内容）；资源（人员、设备、材料、资金）配置；风险控制措施和应急预案；安全、质量、环水保保证措施等。

2）相关要求

（1）施工单位应按照高风险管理实施细则编制高风险工点专项施工方案，经施工单位技术负责人审定后报总监理工程师审查，高风险工点的专项施工方案报建设单位批准。

（2）对重点工程主体、重大危险工程的专项施工方案要组织比选、专家论证，严格执行方案审核与审批程序。

（3）营业线施工应严格执行营业线施工的各项规章制度。

（4）对施工中涉及沉降和位移变形监测的项目，应编制监测方案。

4. 工艺设计

隧道工程施工组织设计和专项施工方案得到批准后，施工单位现场技术负责人应及时组织相关人员对隧道的施工工艺进行设计，将隧道的施工全过程分解每道工序，明确每道工序的主要目标、施工方法和步骤、劳动力组织、机械设备配备、质量标准及检验要求、安全注意事项以及相关保证措施等，形成作业指导书。其主要的工序包括但不限于以下内容：

（1）超前地质预报工艺。

（2）洞身开挖工艺。

（3）初期支护工艺。

（4）仰拱及填充层施工工艺。

（5）结构防排水作业工艺（应列入关键工序管理）。

（6）二次衬砌施工工艺（含拱顶空洞预防，列入关键工序管理）。

（7）洞口段及防护施工工艺。

5. 技术交底

施工技术交底应分级进行：施工单位（标段）项目经理部总工程师对所属各分部技术主管、同级生产管理人员及相关人员进行技术交底；各分部技术主管对作业队技术负责人、分部生产管理人员、质量安全管理人员进行技术交底；作业队技术负责人对班组长及作业人员进行技术交底。

1）交底内容

施工单位项目经理部总工程师交底，以设计文件、施组设计、主要方案、工程操作规程、质量标准为重点。施工单位项目经理部总工程师交底主要内容包括：工程概况、设计图纸、实施性施工组织设计、总体施工顺序及主要节点进度计划；施工现场调查情况、施工场地布局、大临设施及过渡工程方案；主要施工技术方案、工艺方法，采用的新技术、新结构、新材料和新的施工方法；工程的重难点、主要危险源；主要工程材料设备、主要施工装备、劳动力安排及资金需求计划；工程技术和质量标准、重大技术安全环保措施；变更设计内容、施工中应注意的问题等。

项目分部技术主管交底主要内容包括：总体施工组织安排、施工工艺设计(作业指导书)、分部分项工程交底；作业场所、作业方法、操作规程及施工技术要求；采用新技术、新工艺的有关操作要求；工程质量、安全环保等方面的具体措施和标准；有关施工详图和加工图，包括设备加工图和拼装图、模板制作设计图、钢筋配筋图、基坑开挖图、工程结构尺寸大样图、隧道支护设计图等；试验参数及配合比；测量放样桩橛、测量控制网、监控量测等；爆破设计；重大危险源的应急救援措施；成品保护方法及措施；施工注意事项等。

作业队技术负责人向班组长及作业人员的技术交底，以作业指导书、技术交底为重点，侧重于施工步骤、每步骤应进行的作业内容、工程数量、质量标准、作业分工、需使用的工具和材料、安全事项的具体操作。作业队技术负责人向班组长及作业人员的技术交底主要内容包括：结构物的几何尺寸、高程，施工工艺流程及施工先后顺序；作业标准、质量验收标准，施工技术、安全措施；工程材料、工艺、质量、安全、环保、进度要求；施工工艺细则、操作要点、质量问题预防及注意事项；出现紧急情况下的应急救援措施、紧急逃生措施等。

2）相关要求

（1）施工技术交底结束后，应由参加交底人和所有被交底人签字确认。

（2）施工方案及施工工艺发生变化时，及时进行补充交底。

（3）施工技术交底纪要应累计留存编号，装订成册，由技术部门负责保存，工程竣工时纳入工程档案。

6. 教育培训

教育培训的主要任务是向一线人员宣贯作业标准、施工工艺、作业纪律等，目的是强化一线人员的标准化作业意识、技能和习惯。一是在设计交底、作业交底的基础上，按照施工图和作业标准要求，对作业和管理人员开展强化培训。二是依据专项施工方案和施工岗位管理要求，组织好重难点关键技术及岗位技能或资格培训(如高风险隧道监测技术、火工品保管员上岗培训等)，有效规范作业管理和防范质量安全风险。三是结合首件评估工作，通过现场作业演示、经验介绍、样板工程观摩等，对作业标准、施工工艺、工装配置等进行较为系统的宣贯培训。

7. 技术总结

工程施工结束后，施工单位现场技术负责人应及时组织撰写技术总结，主要总结隧道施工中的宝贵经验，为今后类似工程提供参考。

20.3　环境管理

环境保护是我国的基本国策，可持续发展是人类的共同目标，也是铁路建设项目必须遵循的基本原则。国家可持续发展的有关政策、法规一定要认真贯彻执行。在铁路隧道建设管理的全过程中，应自始至终高度重视，务必达到国家有关规范规定的要求，不折不扣地实现项目环境保护目标。

20.3.1　铁路项目对环境影响分析

新建铁路建设项目对环境影响主要包括三个方面：一是对生态环境的影响；二是施工期的环境影响；三是运营期的环境影响。

20.3.2 对生态环境的影响控制

铁路项目建设管理中，应认真贯彻落实《中华人民共和国环境保护法》和《中华人民共和国水土保持法》，把环境保护和水土保持工作贯穿于项目管理全过程。

1. 执行环境影响评价制度

铁路建设项目必须编制环境影响报告书，对项目建设产生的污染和对环境的影响作出评价，制定防治措施，经项目主管部门预审并依照规定程序报环境保护行政主管部门批准。

2. 保护生态环境

具有代表性的各种类型的自然生态系统区域，珍惜、濒危野生动植物自然分布区域，重要水源涵养区域，具有重大科学文化价值的地质构造、著名溶洞和化石分布区、冰川、火山、温泉等自然遗迹，以及人文遗迹、古树名木等，应当采取措施加以保护，严禁破坏。

3. 建立环境保护计划

建设过程中必须把环境保护工作纳入计划，建立环保责任制度，采取有效措施，防治在生产建设或者其他活动中产生的废气、废水、废渣、粉尘、恶臭气体、放射性物质及噪声、振动、电磁波辐射等对环境的污染和危害。

4. 执行"三同时"制度

建设项目防治污染的设施，必须与主体工程同时设计、同时施工、同时投入使用。防治污染的设施必须经原审批环境影响报告书的环境保护行政主管部门验收合格后，该建设项目方可投入运营或者使用。

20.3.3 施工阶段对环境影响的控制

施工阶段对现场环境影响的控制主要应做好四个方面的工作。

1. 固体废弃物处理

施工中产生的废弃机具、配件、包装物等各类固体废物，应集中收集、封装，运至垃圾场进行处理或回收利用。隧道施工弃渣应弃至指定位置，并采取挡护措施，过期、失效及工程剩余的爆破物品必须交由当地公安部门处理。

2. 水污染防治

不得将有毒有害物质和固体垃圾堆放在河流、水库、沟渠等水体附近，更不得向水体排放；砂石料冲洗、砖石砌体及混凝土养护、拌和站及运输设备冲洗等作业产生的施工污水应经沉淀池处理后排放；隧道涌水必须经洞口沉淀池沉淀、去油，达标后排放。

3. 大气污染防治

施工场地、临时便道应定时洒水，防控施工扬尘对大气、地表植被、农作物产生不利影响；运输易产生扬尘的建筑材料时，运输车辆应装料适中，并采用篷布覆盖严密；禁止焚烧油毡、橡胶、塑料、皮革等易产生有毒、有害气体的物体。

4. 噪声污染控制

邻近居民区、学校和医院等噪声敏感地段的施工，须采取措施严格控制机械作业噪声；调整爆破作业时间，尽可能在白天爆破，并预先通知；噪声大的施工作业应尽量安排在白天；采用低噪声设备、优化施工工艺、加强机电设备保养等措施，尽量降低噪声产生的强度；混凝土拌和站等高噪声作业场所设置应尽量避开居民集中区；施工车辆通过城区、村庄时应减速慢行，减少鸣笛。

20.3.4 运营期的环境保护

建设项目中防治污染的设施没有建成或者没有达到国家规定的要求而投入生产或者使用的，应暂缓项目开通，待配套设施全部建成达标后，同时投产。

20.3.5 其他要求

1. 文物保护

（1）因铁路工程建设特别需要而必须对文物进行迁移或者拆除的，应根据文物保护单位的级别，经该级人民政府和上一级文化行政主管部门同意。全国重点文物保护单位的迁移或者拆除，由省、自治区、直辖市人民政府报国务院决定。

（2）对于大型基本建设项目，建设单位要事先会同省、自治区、直辖市人民政府文化行政主管部门在工程范围内有可能埋藏文物的地方进行调查或者勘探工作。调查、勘探中发现文物，应当共同商量处理办法。遇有重要发现，省、自治区、直辖市人民政府文化行政主管部门必须及时报请国务院文化行政主管部门处理。工程建设中，任何单位或者个人发现文物，应立即采取保护措施并报告当地文化行政主管部门。

2. 地下水保护

（1）因隧道排水导致地下水位下降、枯竭或者地面塌陷，对其他单位或者个人的生活、生产造成损失的，建设单位应当采取补救措施，赔偿损失。

（2）项目建设管理需要使用地下水的，应申报取水许可，建设单位在报送设计任务书时，应当附有审批取水申请的机关的书面意见。

（3）对原有灌溉用水、供水或者航道水量有不利影响时，建设单位应采取补救措施或者予以补偿。

3. 水土保持要求

（1）应当尽量减少植被破坏；废弃的砂、石、土必须运至规定的专存放地堆放，不得向江河、湖泊、水库和专门存放地以外的沟渠倾倒。

（2）铁路隧道弃渣场的选址要征得地方环保、水保部门和当地地方政府的同意，尽量少占耕地、林地，对于弃渣场应采取可靠挡护措施，工程竣工后，弃渣场必须种树、植草，防止水土流失。

（3）在山区、丘陵区、风沙区修建铁路时，在建设项目环境影响评价书中，必须有水行政主管部门同意的水土保持方案。

（4）在水土流失区建设的水土保持设施和种植的林草，由县级以上人民政府组织有关部门检验验收。

参 考 文 献

[1] 中国铁路总公司. 铁路建设工程风险管理技术规范(Q/CR 9006—2014)[S]. 北京：中国铁道出版社，2014.
[2] 中国铁路总公司. 铁路工程施工组织设计规范(Q/CR 9004—2015)[S]. 北京：中国铁道出版社，2015.
[3] 卢春房. 铁路建设项目标准化管理[M]. 北京：中国铁道出版社，2013.

21 隧道质量检测及评价技术

21.1 隧道质量检测技术

高速铁路隧道质量检测技术主要包括断面检测技术(激光断面仪检测技术)、初期支护质量检测技术(砂浆锚杆饱满度检测和喷射混凝土强度检测技术等)、混凝土衬砌质量检测技术(包括混凝土强度检测、地质雷达检测技术和混凝土缺陷检测技术等)。

21.1.1 激光断面仪检测技术

高速铁路隧道在各个施工阶段(隧道开挖、初期支护和二次衬砌)的净空尺寸主要采用激光断面仪或全站仪进行检测。

1. 开挖质量

隧道开挖后，采用激光断面仪对开挖轮廓进行检测，对实测数据进行分析处理，得出隧道实际开挖轮廓断面，与设计开挖轮廓断面相比较，可以评价隧道开挖的超欠挖情况，对隧道的开挖质量进行评价。

2. 喷射混凝土

隧道开挖后，喷射混凝土前后采用激光断面仪在相同断面作两次净空断面测量，通过两次测量结果的差值，可以准确判断喷射混凝土的厚度。

3. 二次衬砌

二次衬砌施作前后两次断面的净空尺寸的测量，除了可以准确得出二衬混凝土厚度值以外，还可以利用二衬后实际轮廓断面和设计二衬轮廓断面的比较，判断二次衬砌施作是否侵限。

21.1.2 隧道初期支护质量检测技术

我国高速铁路隧道初期支护中用量最多的锚杆为砂浆锚杆。施工中若钻孔成水平或向下，则锚杆孔的砂浆注满度容易保证；若钻孔上仰，特别是垂直向上，则锚杆孔较难用砂浆注满。因此，对于砂浆锚杆，施工检测中应重点注意砂浆注满度或密实度。

1. 现场检测及数据分析

(1) 进行现场检测前，应调查、收集待检工程及受检锚杆的相关技术资料和施工记录。包括：锚杆类型、尺寸、施工工艺、地质状况、设计参数、施工过程及异常情况记录等信息，并做好记录。

(2) 将待检锚杆端头打磨平整，编号并记录自由端长度。

(3) 每根锚杆记录至少 3 ~ 6 个波形，要求波形一致性好，便于分析。分析界面如图 21.1.1 所示。

(4) 通过软件对采集数据进行分析，形成检测结果报告。结果应包括单根锚杆的检测长度、缺陷范围及程度、砂浆密实度、砂浆锚杆饱和度总体评价等。

由图 21.1.1 可以看出，锚杆设计 2.5 m，在 2.5 m 处有一较弱的反射波，锚固质量优。

2. 锚杆质量评定标准

对于杆体长度不小于设计长度的 95%，且不足长度不超过 0.5 m 的锚杆，可评定锚杆长度合格。当锚杆空浆部位集中在底部或浅部时，应降低一个等级；当锚固密实度达到 C 级以上，且符合工程设计要求时，应评定锚固密实度合格。单根锚杆锚固质量无损检测分级评价等级划分如表 21.1.1 所示。

测试编号	GD-DIK153+633
测试位置	拱顶

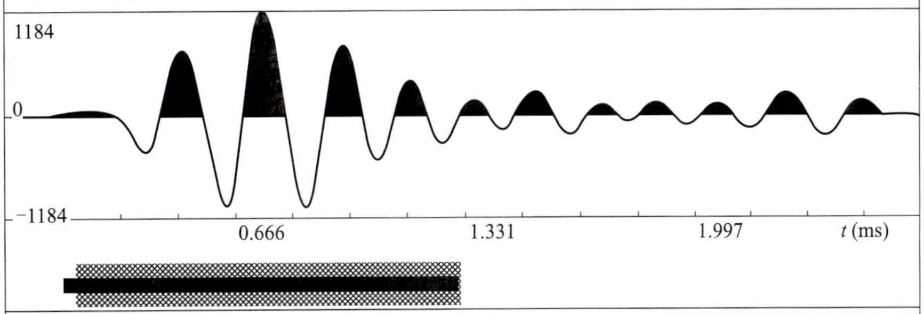

中空注浆锚杆，设计长度：2.50 m，实测长度：2.50 m，外露长度：0.10 m，
锚固长度：2.40 m，密实度：90.0%，锚固质量：Ⅰ类

图 21.1.1　砂浆锚杆物探检测图

表 21.1.1　单根锚杆锚固质量无损检测分级评价表

锚固质量等级	评价标准
Ⅰ	密实度为 A 级（密实度≥90%），且长度合格
Ⅱ	密实度为 B 级（密实度为 90%～80%），且长度合格
Ⅲ	密实度为 C 级（密实度为 80%～75%），且长度合格
Ⅳ	密实度为 D 级（密实度＜75%），或长度不合格

21.1.3　隧道衬砌混凝土质量检测技术

1. 衬砌混凝土强度检测技术

混凝土强度的检测方法很多，如钻芯法、拔出法、压痕法、射击法、回弹法、超声法、回弹超声综合法、超声衰减综合法、射线法和落球法等。其中回弹法、超声回弹综合法是应用最为广泛的无损检测方法。

隧道二次衬砌宜采用回弹法或超声回弹综合法结合少量钻芯取样进行检测。

1）回弹法检测技术

（1）现场检测

①施工单位应提供工程相关参数和资料，主要包括混凝土龄期和设计强度，并确保所选检测里程段内混凝土龄期大于 56 d。

②每板混凝土为 1 个构件，每个构件检测 10 个测区，测区应符合以下规定：

a. 测区可选在一侧或两侧边墙；

b. 相邻两测区的间距应控制在 2 m 以内，测区离构件端部或施工缝边缘的距离不宜大于 0.5 m，且不宜小于 0.2 m；

c. 测区宜选在使回弹仪处于水平状态检测混凝土浇筑侧面；

d. 测区的面积不宜大于 0.04 m^2，并用粉笔画上方格，从 1～10 编号；

e. 测区表面应采用砂轮或砂纸打磨，露出混凝土面。

③检测时，回弹仪的轴线应始终垂直于衬砌混凝土检测面，缓慢施压，准确读数，快速复位。

④测点宜在测区范围内均匀分布，相邻两测点的净距一般不小于 20 mm，测点距衬砌边缘或外露钢筋、预埋件的距离一般不小于 30 mm。测点不应在气孔或外露石子上，同一测点只允许弹击一次。每一测区应记取 16 个回弹值，每一测点的回弹值读数精确至 1。

（2）碳化深度值测量

①回弹值测量完毕后，应选择不少于衬砌的 30% 测区数在有代表性的位置上测量碳化深度值。

②碳化深度值测量时，可用合适的工具在测区表面形成直径约为15 mm的孔洞，其深度大于混凝土的碳化深度。然后除净空洞中的粉末和碎屑，不得用水冲洗。立即用浓度为1%的酚酞酒精溶液滴在孔洞内壁的边缘处，再用深度测量工具测量已碳化与未碳化混凝土交界面到混凝土表面的垂直距离多次，取其平均值，该距离即为混凝土的碳化深度值。每次读数精确至0.5 mm。

（3）回弹值计算

计算测区平均回弹值时，应从该测区的16个回弹值中剔除3个最大值和3个最小值，然后将余下的10个回弹值按下式计算：

$$R_m = \frac{\sum_{i=1}^{10} R_i}{10} \tag{21.1.1}$$

式中 R_m——测区平均回弹值，精确至0.1；

R_i——第i个测点的回弹值。

回弹仪非水平方向检测混凝土浇筑侧面时，应按下式修正：

$$R_m = R_m^\alpha + R_a^\alpha \tag{21.1.2}$$

式中 R_m^α——非水平方向检测时测区的平均回弹值，精确至0.1；

R_a^α——非水平方向检测时回弹值的修正值，按《铁路工程结构混凝土强度检测规程》（TB 10426—2004）附录D采用。

（4）混凝土强度计算

结构或构件的混凝土强度换算值的平均值可根据各测区的混凝土强度换算值计算。当测区数为10个及以上时，应计算测区混凝土强度换算值的标准差。平均值及标准差应按下式计算：

$$m_{f_{cu}^c} = \frac{\sum_{i=1}^{n} f_{cu,i}^c}{n} \tag{21.1.3}$$

$$S_{f_{cu}^c} = \sqrt{\frac{\sum_{i=1}^{n} (f_{cu,i}^c)^2 - n(m_{f_{cu}^c})^2}{n-1}} \tag{21.1.4}$$

式中 $m_{f_{cu}^c}$——衬砌混凝土强度平均值（MPa），精确至0.1 MPa；

n——对于单个检测的衬砌环节，取一个环节的测区数；对于批量检测的衬砌环节，取抽取测区数之和；

$S_{f_{cu}^c}$——衬砌混凝土强度标准差（MPa），精确至0.1 MPa。

2）超声回弹综合法检测技术

超声波回弹综合法是指采用超声仪和回弹仪，在结构混凝土同一测区分别测量声时值及回弹值R，然后利用已建立起来的测强公式推算该测区混凝土强度f_{cu}的一种方法。与单一回弹或超声法相比，综合法可弥补相互之不足。回弹值R主要以表层砂浆的弹性性能来反映混凝土强度，当混凝土强度较低、塑性变形较大时，这种反映就不太敏感。当构件截面尺寸较大或内外质量有较大差异时，就很难反映混凝土的实际强度，弹性指标变化幅度较小，相应其声速随强度变化的幅度也不大，其微小变化往往被测试误差所掩盖，所以对于强度大于35 MPa的混凝土，其f_{cu}—v相关性较差。

采用回弹法和超声法综合测定混凝土强度，既可内外结合，又能在较低或较高的强度区间相互弥补各自的不足，能够较全面地反映结构混凝土的实际质量。

（1）现场检测

①测试前应收集的资料

a. 水泥的品种、强度等级和用量，砂石的品种、粒径，外加剂或掺合料的品种、掺量和混凝土配合比等；

b. 模板类型，混凝土浇筑、养护情况和成型日期。

②检测数量规定

a. 按单个构件检测时，应在构件上均匀布置测区，每个构件上测区数量不应少于 10 个；

b. 同批构件按批抽样检测时，构件抽样数不应少于同批构件的 30%，且不应少于 10 件；

c. 对某一方向尺寸不大于 4.5 m 且另一方向尺寸不大于 0.3 m 的构件，其测区数量可适当减少，但不应少于 5 个。

③测区布置

a. 在条件允许时，测区宜优先布置在构件混凝土浇筑方向的侧面；

b. 测区可在构件的两个对应面、相邻面或同一面上布置；

c. 测区宜均匀布置，相邻两测区的间距不宜大于 2 m；

d. 测区应避开钢筋密集区和预埋件；

e. 测区尺寸宜为 200 mm×200 mm；采用平测时宜为 400 mm×400 mm；

f. 测试面应清洁、平整、干燥，不应有接缝、施工缝、饰面层、浮浆和油垢，并应避开蜂窝、麻面部位。必要时，可用砂轮片清除杂物和磨平不平整处，并擦净残留粉尘。

④测试注意事项

a. 结构或构件上的测区应编号，并记录测区位置和外观质量情况。

b. 对结构或构件的每一测区，应先进行回弹测试，后进行超声测试。

c. 计算混凝土抗压强度换算值时，非同一测区内的回弹值和声速值不得混用。

（2）测区回弹值和声速值计算

测区回弹值的计算见前述“回弹值计算”。

超声测点应布置在回弹测试的同一测区内，每一测区布置 3 个测点。超声测试宜优先采用对测或角测，当被测构件不具备对测或角测条件时，可采用单面平测；超声测试时，换能器辐射面应通过耦合剂与混凝土测试面良好耦合；声时测量应精确至 0.1 μs，超声测距测量应精确至 1.0 mm，且测量误差不应超过 ±1%。声速计算应精确至 0.01 km/s。

当在混凝土浇筑方向的侧面时，测区混凝土中声速代表值 v 应根据该测区中 3 个测点的混凝土中声速值，按下式计算：

对测法、角测法
$$v=\frac{1}{3}\sum_{i=1}^{3}\frac{l_i}{t_i-t_0} \tag{21.1.5}$$

平测法
$$v=\frac{\lambda}{3}\sum_{i=1}^{3}\frac{l_i}{t_i-t_0} \tag{21.1.6}$$

式中 v——测区混凝土中声速代表值(km/s)；

l_i——第 i 个测点的超声测距(mm)；

t_i——第 i 个测点的声时读数(μs)；

t_0——声时初读数；

λ——平测声时修正系数，宜采用同一构件的对测声速 v_d 与平测声速 v_p 之比求得，即 $\lambda=v_d/v_p$。

当在混凝土浇筑的顶面或底面测试时，测区声速代表值 v_d 应按公式 $v_d=\beta v$ 进行修正。采用对测或斜测时，$\beta=1.034$；采用平测法时，顶面平测 $\beta=1.05$，底面平测 $\beta=0.95$。

（3）结构混凝土强度换算及推定

结构或构件中第 i 个测区的混凝土抗压强度换算值，可由测区回弹值和声速代表值，优先采用专用测强曲线或地区测强曲线换算而得。

用混凝土试块的抗压强度与无损检测的参数之间建立起来的关系曲线，称为测强曲线。超声回弹综合法测强曲线，是以混凝土试块的抗压强度与超声声速值、回弹值，选择相应的数学来拟合它们之间的相关关系。建立适合自己的测强曲线，采用本地区(或以某一工程为对象)具有代表性的混凝土原材料、成型养护工艺和龄期为基本条件，制作一定数量的试块，进行非破损测试后，再进行破损试验建立的测强曲线。这样建立起来的测强曲线其现场适应性和强度测试精度均优于统一的测强曲线。

当无专用和地区测强曲线时，可按全国统一测区混凝土抗压强度换算表换算，也可按以下全国统一测区混凝土抗压强度换算公式计算：

粗骨料为卵石时 $$f^{c}_{cu,i}=0.0056v_{ai}^{1.439}R_{ai}^{1.769} \tag{21.1.7}$$

粗骨料为碎石时 $$f^{c}_{cu,i}=0.0162v_{ai}^{1.656}R_{ai}^{1.410} \tag{21.1.8}$$

式中 $f^{c}_{cu,i}$——结构或构件第 i 个测区混凝土抗压强度换算值(MPa)，精确至0.1 MPa。

结构或构件混凝土抗压强度推定值$f_{cu,e}$，应按以下规定确定：

（1）当结构或构件的测区抗压强度换算值中出现小于10.0 MPa的值时，该构件的混凝土抗压强度推定值$f_{cu,e}$取小于10 MPa。

（2）当结构或构件中测区数少于10个时，$f_{cu,e}=f^{c}_{cu,min}$。式中，$f^{c}_{cu,min}$为结构或构件最小的测区混凝土抗压强度换算值(MPa)，精确至0.1 MPa。

（3）当结构或构件中测区数不少于10个或按批量检测时，$f_{cu,e}=m_{f^{c}_{cu}}-1.645S_{f^{c}_{cu}}$。式中，$m_{f^{c}_{cu}}$为结构或构件测区混凝土抗压强度换算值的平均值(MPa)，精确至0.1 MPa；$S_{f^{c}_{cu}}$为结构或构件测区混凝土抗压强度换算值的标准差(MPa)，精确至0.1 MPa。

3）钻芯法

钻芯法作为一种验证性直接检测方法，是无损检测方法的辅助手段，能够直观反映混凝土强度。钻芯法适用于除预应力混凝土结构外的混凝土强度检测，如图21.1.2所示。

图21.1.2 现场取芯

芯样试件直径应为100 mm或150 mm，且不宜小于骨料最大粒径的3倍，芯样试件的高度与直径之比应为1~2。

钻芯取样时钻头直径符合钻芯要求；当钢筋保护层较浅时，宜采用钢筋扫描仪探测钢筋位置，尽量避开钢筋；钻芯时钻机必须牢固固定；设备精度应满足规范要求；筒型钻头不得存在肉眼可见的裂缝、缺边、少角、倾斜及喇叭口变形；钻取速度应均匀，并根据混凝土强度采用相应的推进速度，以免对混凝土造成损伤。

芯样试件应在与被测结构或构件混凝土湿度基本一致的条件下进行试验。当结构所处环境比较干燥时，芯样试件应在室内自然干燥3 d后进行试验；当结构所处环境比较潮湿时，芯样试件应在20℃±5℃的清水中浸泡40~48 h，从水中取出后立即进行试验。

芯样试件的混凝土强度换算值是指钻芯法测得的芯样强度，换算成相应测试龄期的边长150 mm立方体试块的抗压强度。高度和直径均为100 mm或150 mm芯样试件的抗压强度测试值，直接作为混凝土的强度换算值。芯样高径比大于1但小于2时，强度换算值为抗压强度测试值乘以按照《铁路工程结构混凝土强度检测规程》(TB 10426—2004)表4.5.2强度换算系数。

单个构件或单个构件局部区域的混凝土强度值可取芯样试件强度换算值中的最小值。

2. 地质雷达检测技术

衬砌混凝土厚度及衬砌背后缺陷可采用地质雷达无损检测来进行。利用地质雷达法对高速铁路隧道二次衬砌进行检测，可以达到以下目的：

检测隧道初期支护钢架和二次衬砌钢筋的分布情况；检测隧道衬砌厚度；检测隧道衬砌背后的空洞和密实情况；检测隧道基底(仰拱)部分的密实情况。

1) 测线布置

高速铁路一般为双线隧道，沿隧道纵向布置7条测线。其中，拱顶1条，左、右侧拱腰各1条，左、右侧边墙各1条，仰拱左线和右线各1条。边墙测线布置在内轨顶面1.5 m以上。此外，根据现场情况，每隔一段距离要布置一定数量的环向测线加以补充，同时进行速度标定。纵向测线布置如图21.1.3所示。

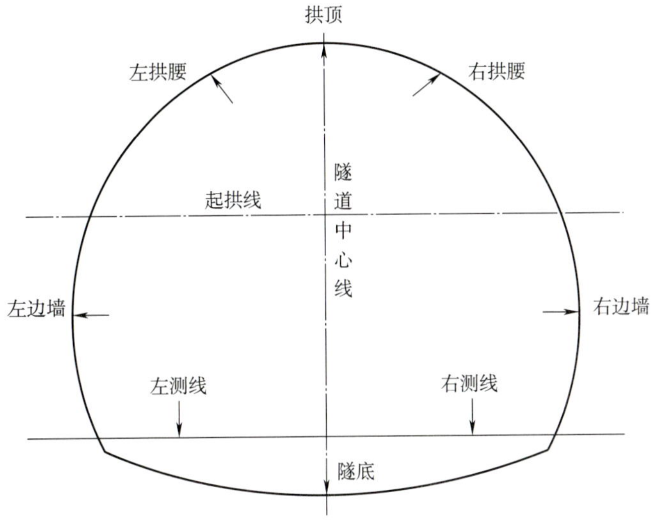

图21.1.3 地质雷达测线布置图示

2) 检测前期准备工作

(1) 施工单位需提供资料

施工单位按测线布置位置准备受检隧道设计衬砌厚度(其中边墙衬砌设计厚度按内轨顶面以上1.0 m计)，格栅、拱架设计区段及间距，围岩类型等资料，供现场数据采集参数设置和后期资料处理使用。

(2) 隧道里程标记线标志

提前准确标记检测位置里程。标记确定采用逢10 m打双标，每2 m打单标的里程标记方式。记录标记里程与现场标记里程允许误差为±10 cm。

(3) 检测台车的搭建

①未铺轨隧道采用5 t以上车体，已铺轨隧道采用轨道车或平板车搭建平台。

②工作平台搭在车厢上方，平台顶面与地面平行，既要保证检测平台在工作中能方便地检测到拱顶和拱腰位置，同时不和隧道衬砌面发生摩擦碰撞。

③平台下部需固定在车厢上，保证平台在行进过程中保持稳定。

④平台顶面用厚木板铺满，保证平台上4~5人行走及工作。

⑤平台四周安装可方便拆装的护栏，护栏高出平台1.2 m左右。

⑥平台采用脚手架圆钢管扣件搭接。

3) 现场检测工作

(1) 现场检测人员要保证雷达天线密贴衬砌表面行进。

(2) 现场检测人员密切配合，保证天线实际检测位置与标记线位置吻合。

(3) 检测天线应移动平稳、速度均匀、考虑仪器扫描速度与实测条件，天线移动速度宜为3~5 km/h匀速前进。

(4) 现场记录要保证记录测线号、方向、标记间隔及天线类型等，随时记录现场产生电磁波干扰的物体(如电缆、铁架等)及其位置。

4) 数据处理与解译工作

(1) 雷达探测的所有记录数据，在现场回放并转储在计算机硬盘上，室内使用微机进行分析处理。

（2）数据与资料的处理基本可以分为两个阶段：一是将记录数据处理成图像，从图像上进行巡视，确定标志层与异常，分析异常处的相位特征、频率特征等参数；二是用专用软件包对所确定的异常进行处理。

处理及分析过程包括零时间的设置、随机漂移的去除、增益处理(包括AGC、函数、线形、指数、手动等增益处理)、能量补偿处理、道平均处理、一维和二维滤波、反褶积、小波变换、预测水平滤波、二维谱分析、时深转换、空间预测滤波、奇异点去除、信号及能量校正等主要模块。

数据资料分析内容应包括：

①结合衬砌结构资料和现场记录，准确区分有效异常和干扰异常；

②根据反射信号强弱、频率变化等情况确定衬砌界面；

③根据信号反射波幅强弱等特征，判定衬砌背后是否存在脱空或不密实；

④根据反射信号的形状判定初支钢架和衬砌内钢筋位置分布。

典型地质雷达检测图像及检测常见缺陷如图21.1.4～图21.1.9所示。

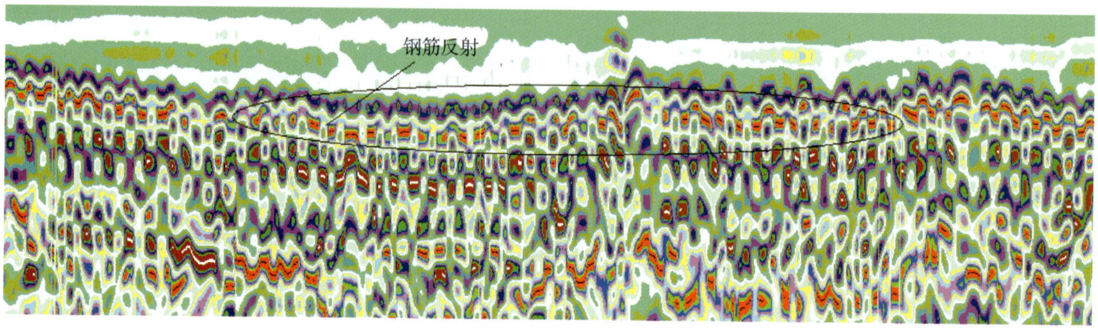

图21.1.4　地质雷达检测衬砌钢筋

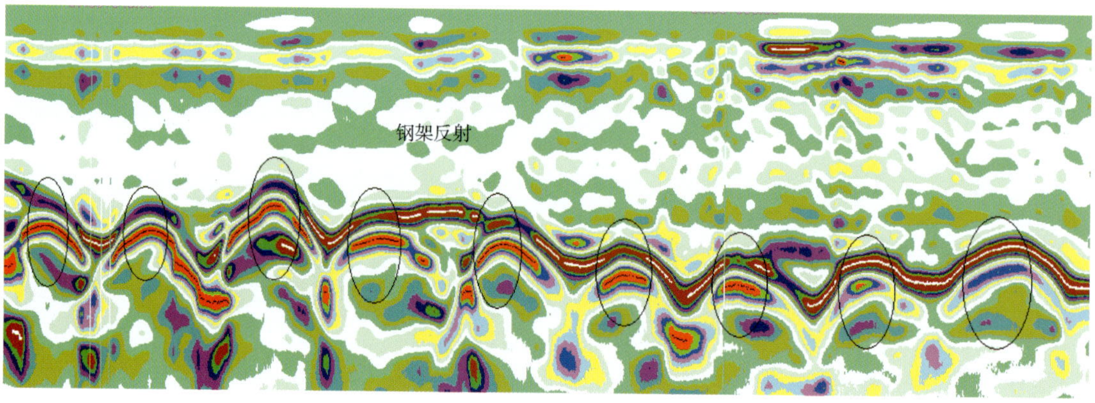

图21.1.5　地质雷达检测初支钢架

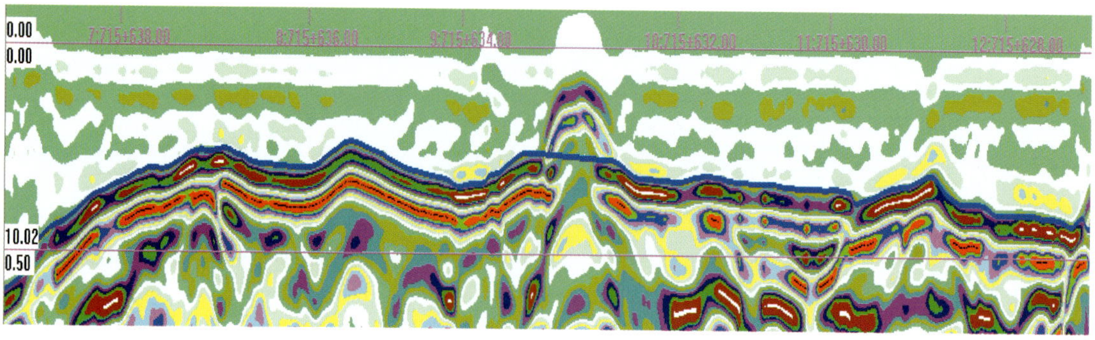

图21.1.6　地质雷达检测厚度分析

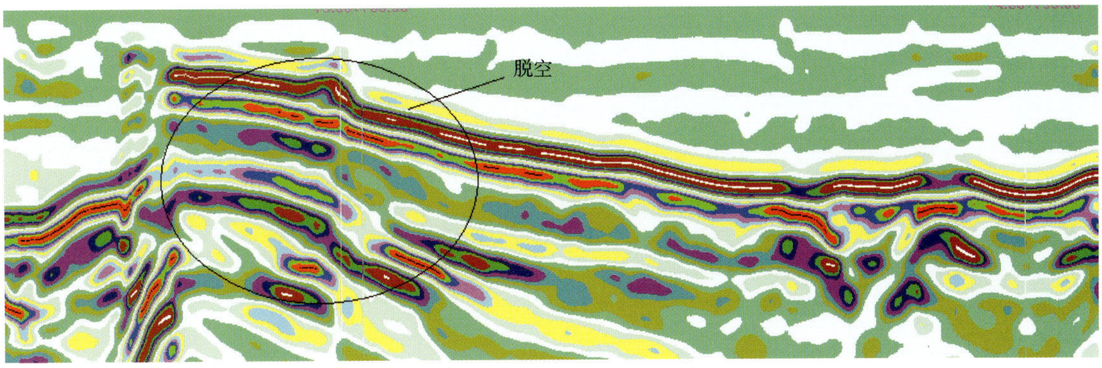

图 21. 1. 7　地质雷达检测衬砌背后脱空

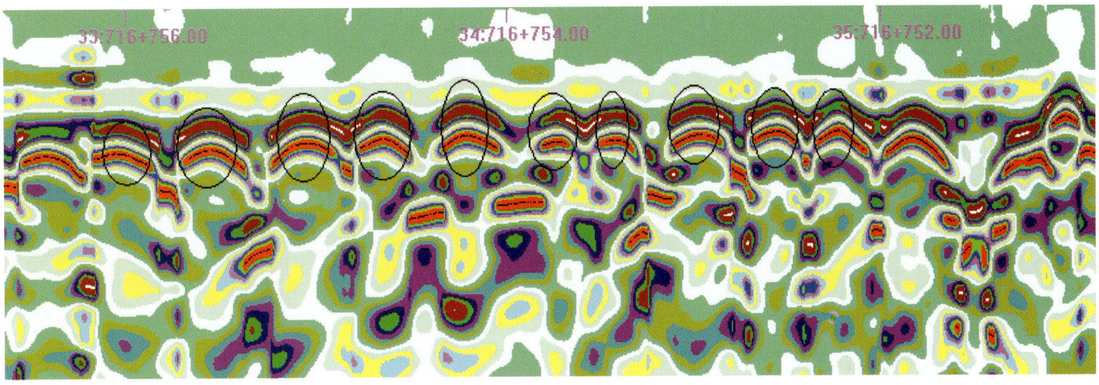

图 21. 1. 8　地质雷达检测衬砌钢筋布置稀疏(2 m 范围内仅布置 5 根，设计应布置 10 根)

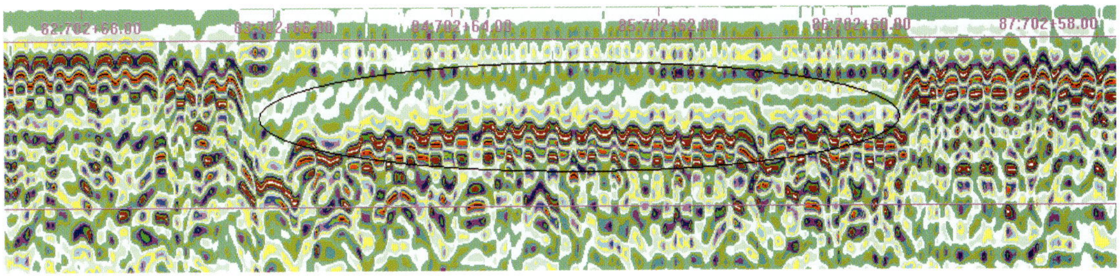

图 21. 1. 9　地质雷达检测衬砌内仅布置单层钢筋(椭圆形黑框内)

21. 2　隧道质量评价技术

21. 2. 1　概　　述

隧道质量评价重点是指对衬砌混凝土质量的评价。

一般衬砌质量和主要功能核查方法和数量符合以下规定：

(1) 衬砌混凝土强度检测采用无损检测，每 100 m 检测一次；

(2) 衬砌混凝土厚度、背后回填密实度检测采用无损检测，拱顶设置一条测线，左右拱腰、左右边墙各设置一条测线，隧底设置两条测线，全隧全测。

根据保证隧道衬砌正常使用和行车安全的要求，衬砌状态可分为完好、缺陷和病害三类。

隧道衬砌状态完好是指隧道衬砌结构状态符合设计要求，无任何缺陷或病害。

隧道衬砌缺陷是指隧道交付运营时业已存在的可见的或隐蔽的质量缺陷，主要指衬砌厚度不足、衬砌混凝土强度不足、衬砌钢筋缺失、衬砌背后有空洞或回填不密实、基底不密实等。

隧道衬砌病害是指隧道交付运营时业已存在的或运营期间出现的影响衬砌使用寿命或行车安全的劣化状态，主要指衬砌漏水、衬砌位移或裂纹、衬砌变形、净空不足、衬砌压溃或剥落、衬砌腐蚀、整体道床裂损、仰拱或底板裂损、基床软化及翻浆等。

对于高速铁路隧道，在未交付运营单位之前，隧道衬砌状态主要有完好和缺陷两类。因此制订高速铁路隧道衬砌质量缺陷量化评价指标，准确评定隧道衬砌质量缺陷对衬砌的影响，可进一步提高隧道的施工质量水平。

隧道衬砌存在缺陷及病害时，为了病害整治与工程质量评定的需要，可按隧道衬砌缺陷与病害项目以及严重程度划分为轻微、较严重、严重、极严重四个等级。

21.2.2 隧道衬砌厚度评价指标

隧道衬砌厚度缺陷评价指标见表21.2.1。

表21.2.1 隧道衬砌厚度缺陷评价指标

缺陷项目		缺陷等级			
		1	2	3	4
		轻微	较严重	严重	极严重
衬砌厚度不足	$1>h_1/h\geq 0.90$	L_c不限	—	—	—
	$0.90>h_1/h\geq 0.75$	$L_c<5$	$L_c\geq 5$	—	—
	$0.75>h_1/h\geq 0.60$	—	$L_c<5$	$L_c\geq 5$	—
	$h_1/h<0.60$	—	—	$L_c<5$	$L_c\geq 5$

注：1. 检测衬砌厚度当相邻测线三条及以上均连续不足时，其缺陷等级应提高等一级；
2. 表中数据用于双线及多线铁路隧道时，应适当修正测线连续长度；
3. L_c为检测衬砌厚度不足地段的测线连续长度。

21.2.3 隧道衬砌混凝土强度评价指标

隧道衬砌混凝土强度缺陷评价指标见表21.2.2。

表21.2.2 隧道衬砌混凝土强度缺陷评价指标

缺陷项目		缺陷等级			
		1	2	3	4
		轻微	较严重	严重	极严重
衬砌混凝土强度不足	$1>q_1/q\geq 0.85$	L_q不限	—	—	—
	$0.85>q_1/q\geq 0.75$	$L_q<5$	$L_q\geq 5$	—	—
	$0.75>q_1/q\geq 0.65$	—	$L_q<5$	$L_q\geq 5$	—
	$q_1/q<0.65$	—	—	$L_q<5$	$L_q\geq 5$

注：1. 检测断面衬砌混凝土的最低强度当低于平均值的0.85时，其缺陷等级应提高一级；
2. 表中数据用于双线及多线铁路隧道时，应适当修正测线连续长度；
3. L_q为检测衬砌混凝土强度不足地段的连续长度(m)。

21.2.4 隧道衬砌脱空或基底不密实缺陷评价指标

隧道衬砌脱空或基底不密实缺陷评价指标见表21.2.3。

21.2.5 隧道渗漏水病害评价指标

隧道渗漏水病害评价指标见表21.2.4。

表 21.2.3　隧道衬砌背后有空洞或回填不密实、基底不密实的量化指标

缺陷项目	缺陷等级			
	1	2	3	4
	轻　微	较严重	严　重	极严重
衬砌背后有空洞	$kL_c \leqslant 1$	$1 < kL_c \leqslant 3$	$3 < kL_c \leqslant 5$	$kL_c > 5$
回填不密实	$sL_c \leqslant 3$	$3 < sL_c \leqslant 9$	$9 < sL_c \leqslant 15$	$sL_c > 15$
基底不密实	$dL_c \leqslant 3$	$3 < dL_c \leqslant 9$	$9 < dL_c \leqslant 15$	$dL_c > 15$

注：1. kL_c为衬砌背后回填有空洞地段测线连续长度（m）；
2. sL_c为衬砌背后回填不密实地段的测线连续长度（m）；
3. dL_c为基底不密实地段的测线连续长度（m）。

表 21.2.4　隧道衬砌渗漏水病害的量化指标

病害项目	病害等级			
	1	2	3	4
	轻　微	较严重	严　重	极严重
衬砌漏水	拱部有季节性滴水，边墙有季节性淌水	拱部有滴水，边墙有淌水	拱部滴水呈线，边墙淌水流泥，隧底涌水、结冰侵限	拱部漏水直击接触网，影响正常运营

21.2.6　隧道开裂病害评价指标

隧道开裂病害评价指标见表 21.2.5。

表 21.2.5　隧道衬砌开裂病害的评价指标

病害项目	病害等级			
	1	2	3	4
	轻　微	较严重	严　重	极严重
衬砌裂纹	衬砌有收缩裂纹或环向裂纹	裂纹多于三条、有交叉；裂纹长度小于 5 m、宽度小于 3 mm	裂纹呈网状、有剥落掉块可能；裂纹长度 5～10 m，宽度 3～5 mm；裂纹错位长度小于 5 m、宽度小于 3 mm	裂纹呈网状、有剥落掉块；裂纹长度大于 10 m、宽度大于 5 mm；裂纹错位长度大于 5 m、宽度大于 3 mm

注：1. 衬砌裂纹均指尚在发展中的裂纹。当裂纹已稳定，其病害程度应降低一级；当裂纹发展较快，其病害程度应提高一级。
2. 衬砌裂纹呈密集状态、平行裂纹多于三条或出现大量环向非施工缝裂纹时，其病害程度应提高一级。衬砌裂纹如以斜向受力裂纹为主，其病害等级应提高一级。

参 考 文 献

[1] 中华人民共和国铁道部. 高速铁路隧道工程施工质量验收标准（TB 10753—2010）[S]. 北京：中国铁道出版社，2010.
[2] 中华人民共和国铁道部. 铁路桥隧建筑物修理规则（TG/GW 103—2010）[S]. 北京：中国铁道出版社，2011.
[3] 卢春房. 铁路建设项目标准化管理[M]. 北京：中国铁道出版社，2013.

22 工程验收

工程验收是高速铁路隧道建设过程的最后一道程序。本章主要介绍高速铁路隧道工程验收标准、静态验收和动态验收的有关规定。

22.1 工程验收标准

中国正式行文发布的高速铁路隧道验收标准共计两部。第一部验收标准是《客运专线铁路隧道工程施工质量验收暂行标准》(铁建设〔2005〕160号),第二部验收标准是《高速铁路隧道工程施工质量验收标准》(TB 10753—2010)(以下简称《验标》)。

《客运专线铁路隧道工程施工质量验收暂行标准》是我国第一部高速铁路隧道验收标准,是当时为满足国内即将大规模开工的客运专线铁路建设的需要而编制的,适用于旅客列车设计行车速度200~350 km/h的标准轨距客运专线铁路隧道工程施工质量的验收。作为国内第一部高铁隧道验收标准,全部内容均为强制性条文。在编制《客运专线铁路隧道工程施工质量验收暂行标准》的过程中,以国内既有线隧道建设的经验为依据,参考了国外高铁隧道施工的标准,强调了验评分离和无损检测。

《高速铁路隧道工程施工质量验收标准》在《客运专线铁路隧道工程施工质量验收暂行标准》的基础上,充分吸纳武广、郑西、合宁、合武、石太、东南沿海、沪宁等高速铁路建设、运营经验编制而成,充分考虑了高铁隧道建成后对运营的影响,目标更明确、更切合运营的需要。本标准不仅适用于旅客列车设计行车速度250~350 km/h的高速铁路隧道工程施工质量的验收,时速250 km以下客运专线、城际铁路隧道工程施工质量验收也可参照执行。

2013年我国颁布了《高速铁路工程静态验收技术规范》(TB 10760—2013)及《高速铁路工程动态验收技术规范》(TB 10761—2013),这两套规范对隧道工程的动态验收及静态验收的要求做了相关规定及说明,作为指导验收要求的指导说明。

22.2 静态验收

22.2.1 基本规定

(1) 静态验收的内容包括内业检查和外业检查两部分。内业检查对内业资料的完整性、全面性进行检查,并对有关内业资料进行重点抽查;外业检查包括观感质量检查、主要功能和实体质量检查等。

(2) 静态验收主要功能和实体质量抽查应符合以下规定:

①抽查项目、数量应有可操作性,应根据内业检查和观感质量检查的结果确定。

②抽查项目应结合工程项目所处高原、高寒、特殊地质和气候条件等具体情况,反映本工程或系统的关键工程质量,并应有明确的检查标准和检查方法。

③抽查数量不应小于规范的抽查数量。

(3) 隧道工程静态验收应具备以下条件:

①隧道主体工程及其配套工程(包括外部配套工程、边仰坡支挡、防护及截水、排水工程)竣工测量等已完工,并经检查合格。

②栅栏、疏散通道和其他防护设施设备齐全有效,并符合相关规定。

③上跨结构物已移交完毕。

22.2.2 内业检查

（1）检查内业资料清单、目录，审查资料是否齐全、完整。

（2）检查内业资料签字、盖章是否完备。

（3）对控制隧道工程质量的以下资料进行检查，检查记录按表22.2.1填写。

表22.2.1 隧道工程静态验收内业资料检查记录

工程名称/里程			
施工单位			
序　号	资　料　名　称	存在问题	检查意见
1	施工图现场核对情况，设计变更、图纸会审、洽商记录		
2	工程定位测量、放线记录		
3	原材料出厂合格证及进场检(试)验报告		
4	试验报告		
5	成品及半成品出厂合格证或试验报告		
6	施工记录		
7	工程质量事故及事故调查处理资料		
8	施工现场质量管理检查记录		
9	检验批、分项工程、分部工程、单位工程质量验收记录		
10	新材料、新工艺施工记录		
11	监控量测资料		
12	隧道风险评估报告、安全评估报告		
13	防灾救援系统施工资料		
14	第三方检测报告		
15	首段(首件)工程评估资料		
…	……		
综合意见： 专业验收组组员： 专业验收组组长： 年　月　日			

（4）内业检查按表22.2.2所列项目重点抽查并填写记录，每标段内业重点抽查数量不少于单位数的20%。

表22.2.2 隧道工程静态验收内业资料重点项目检查记录

工程名称/里程			
施工单位			
序　号	资　料　名　称	存在问题	检查意见
1	衬砌厚度、背后回填密实度检测		
2	地质条件与设计图对比情况		
3	关键及重要过程的记录		

续上表

序　号	资　料　名　称	存在问题	检查意见
4	特殊地段隧道基底加固资料		
5	隧道特殊岩土及不良地质处理施工资料		
6	隧道限界实测资料		
…	……		
综合意见： 专业验收组组员： 专业验收组组长： 年　月　日			

22.2.3　观感质量

（1）观感质量按表22.2.3进行检查并填写记录。

（2）检查方式：全线目测检查，重点路段现场实地检查，发现问题进行测量或测试、拍照、录像等。

表22.2.3　隧道工程静态验收观感质量检查记录

工程名称/里程				
施工单位				
序　号	项　目　名　称		存在问题	检查意见
1	洞　门	端　墙		
		挡翼墙		
		排水、截水设施		
		铭牌、号标		
		检查梯、扶手		
		排水沟出口		
		斜切洞门顶部状态		
		边仰坡防护		
		……		
2	洞　身	拱　部		
		边　墙		
		隧　底		
		电缆沟槽		
		洞壁粉尘		
		应急通道		
		洞内无砟轨道底座板、道床板裂缝		
		洞身渗水、漏水		
		施工缝、沉降缝、变形缝修补		
		隧道照明		
		……		

续上表

序　号	项　目　名　称		存在问题	检查意见
3	防排水效果	衬　砌		
		沟　槽		
		排水沟		
		盲　管		
		……		
4	弃渣防护工程			
…	……	……		
综合意见： 专业验收组组员： 专业验收组组长： 年　月　日				

（3）观感质量合格标准

①洞门观感质量合格标准

a. 混凝土帽檐、斜切洞门和边仰坡、挡土墙表面平整，色泽均匀，接茬处无明显错台、跑模现象。局部蜂窝麻面已修补，外形整体轮廓清晰，线角基本顺直。

b. 边、仰坡开挖面无裸露，地表植被恢复及水土保持良好，无冲刷痕迹。

c. 洞门排水设施排水通畅，无淤积。洞口防护设施和警示标志齐全。

d. 变形缝缝身竖直、缝宽基本均匀，填塞密实无漏水。

e. 检查梯及隧道名牌、号标的设置美观大方。

②洞身观感质量合格标准

a. 拱部、边墙及隧底衬砌表面色泽均匀、曲线圆顺，整体轮廓清晰。

b. 混凝土接茬处无较大错台、跑模现象。无蜂窝麻面或局部蜂窝麻面已修补。洞内沟槽线条顺直美观。沟槽盖板无破损，安装牢固、平顺。

③防排水观感质量合格标准

a. 正洞和设备洞室衬砌不渗水，道床无积水，设备安装孔眼不渗水。洞身范围内无湿渍。

b. 洞内外水沟流水坡面平顺，水流畅通，不积淤堵塞。泄水孔排水畅通。

④弃渣工程质量观感合格标准

弃渣挡墙平顺，墙体表面砂浆饱满、砌缝整齐，表面勾缝美观大方，沉降缝垂直、上下贯通。弃渣堆表面平整，已按要求完成绿化或造田。弃渣场排水设施齐全，与周围环境排水沟渠连接良好，排水顺畅。

22.2.4　主要功能和实体质量

（1）按表 22.2.4 进行重点抽查并填写记录。

（2）抽样检查数量、抽查频率可根据内业检查和观感质量检查情况确定，每标段不少于一个单位工程，每个抽样单位工程中检查长度不得少于 300 m（隧道小于300 m 的除外）。

（3）检查方法：

①钢筋混凝土中钢筋间距、直径和保护层检测采用满足精度要求的钢筋探测仪或雷达仪，每 100 m 检查一次，每次 10 个检查点。

②衬砌混凝土强度检测采用无损检测，每 100 m 检查一次。

③衬砌表面裂缝和渗水情况检查采用观察或刻度放大镜检查，全部检查。

④衬砌内轮廓检测采用断面仪测量，每 100 m 检查一次。

⑤衬砌混凝土厚度检测采用无损检测，拱顶设置一条测线，左右拱腰、边墙各设置一条测线，隧底二条测线，全部检查。

表 22.2.4　隧道工程静态验收主要功能和实体质量抽查记录

工程名称/里程			
施工单位			
序　号	资　料　名　称	存 在 问 题	检 查 意 见
1	钢筋混凝土中钢筋间距、直径和保护层厚度检测		
2	衬砌混凝土强度检测		
3	衬砌渗水情况检查		
4	衬砌内轮廓检测		
5	衬砌表面裂缝检查		
6	背后回填密实度检测		
…	……		
综合意见： 专业验收组组员： 专业验收组组长： 年　月　日			

22.2.5　静态验收记录及附表

（1）工程静态验收内业资料检查记录。

（2）工程静态验收内业资料重点项目检查记录。

（3）工程静态验收观感质量检查记录。

（4）工程静态验收主要功能和实体质量抽查记录。

（5）高速铁路静态验收问题库记录(表 22.2.5)。

（6）高速铁路静态验收问题及整改情况汇总(表 22.2.6)。

（7）高速铁路静态验收相关数据和试验报告。

表 22.2.5　高速铁路静态验收问题库记录表

序　号	检　查　情　况					问题类别	整改建议	备　注
	检查日期	地　点	问题描述	影像文件名	检查人			

运营单位：　　建设单位：　　设计单位：　　监理单位：　　咨询单位：

表 22.2.6　高速铁路静态验收问题及整改情况汇总表

序　号	工程名称	存在问题描述	问题类别	整改方案	整改时限	责　任　单　位				整改情况	结　论
						施工单位	监理单位	设计单位	建设单位		

注：根据存在问题的影响程度，影响联调联试及危及行车安全的问题为 A 类问题，其他不影响联调联试及危及行车安全的问题为 B 类问题。

22.3　动态验收

22.3.1　隧道动态检测内容

高速铁路隧道工程专项检测主要包括车内瞬变压力、隧道内列车风、附属设施气动力、洞口微气压波等。

22.3.2　隧道动态检测相关要求

（1）隧道动态检测指标要求：

①列车通过隧道时车内瞬变压力小于 1.25 kPa/3 s。

②附属设施气动力应符合设计要求。

③隧道两端洞口微气压波应符合表 22.3.1 的要求。

表 22.3.1　隧道洞口微气压波

建筑物至洞口距离	隧道洞口有无特殊环境要求	基　准　点	微气压波标准
<50 m	有	建筑物	按要求
	无		≤20 Pa
≥50 m	有	距洞口 20 m 处	<50 Pa

（2）隧道检测点选取原则和数量要求：

①选取原则

a. 隧道长度大于 1.6 km 的隧道，特别是长度在 4 km 以上的隧道；

b. 洞内或洞口有特殊缓冲措施的隧道；

c. 隧道洞口附近有建筑物的隧道；

d. 洞口附近有特殊环境要求的隧道。

②检测隧道抽样数量

根据隧道分布，每 200 km 正线选取有代表性的隧道 1 ~ 2 座，适当增加长度大于 4 km 隧道的检测数量。

（3）微气压波应采用微气压波检测仪检测。当建筑物无特殊环境要求时，微气压波测点应布置在洞口距建筑物最近处；当建筑物有特殊环境要求时，微气压波测点应根据环境要求布置。

（4）微气压波、瞬变压力和附属设施气动力的采样频率不宜小于 1 000 Hz。

22.3.3 隧道动态检测实例

1. 检测点选取

武广高铁隧道内气动效应测试自 2009 年 7 月 2 日开始，2009 年 10 月 10 日结束，试验选取五尖大山隧道、浏阳河隧道、石门岭隧道、海棠隧道、九子仙隧道、银岭头隧道、蓝坪隧道和大瑶山 1 号隧道等 8 座隧道进行现场测试，8 座隧道基本情况见表 22.3.2。试验采用 CRH2-068C 动车组，试验速度级为 180 km/h、200 km/h、220 km/h、240 km/h、260 km/h、280 km/h、300 km/h、310 km/h、320 km/h、330 km/h、340 km/h、350 km/h。隧道交会试验速度级为 250/250 km/h、300/300 km/h、320/320 km/h、340/340 km/h、350/350 km/h。现场测试共分三个阶段进行，测试区段总体上位于咸宁北至乐昌东，测试里程为 K1309 + 900 ~ K1964 + 207。

表 22.3.2 测试选取隧道基本情况

隧道名称	里　程	长度(m)	平　纵　断　面	洞　口　形　式
五尖大山隧道	K1415 + 194 ~ K1422 + 053	6 857	本隧道线路平面除进口段为 R—9 000 m(左线)的曲线外，其余均为直线，隧道线路纵坡为人字坡，坡度分别为 5‰和 −5‰	进出口洞门形式均采用喇叭口倒切式
浏阳河隧道	K1565 + 972 ~ K1576 + 087	10 115	本隧道线路平面除进口和出口段均设有 R—9 000 m 的曲线外，其余均为直线，隧道线路纵坡有多处变坡点，分别为 K1566 + 227、K1567 + 467、K1569 + 993、K1571 + 785 和 K1573 + 556，坡度分别为 2.5‰、−12.2‰、−20‰、−5.01‰、+3‰和 +20‰	进口与路堑相接，洞门为斜切式；出口段设有 U 形槽，U 形槽上设有遮雨棚。隧道进口、出口两段设有缓冲结构，隧道顶分别设有 5 处空气动力学开孔结构
石门岭隧道	K1691 + 732 ~ K1693 + 436	1 704	本隧道线路平面在 R—9 000 的曲线上，隧道线路纵坡为单面坡，坡度为 4.31‰	隧道进口、出口两段设有缓冲结构，隧道顶分别设有两处空气动力学开孔结构。封闭开孔段长度为(15 + 3) m，斜切段长度为 10 m
海棠隧道	K1860 + 287.05 ~ K1863 + 185.05	2 898	本隧道位于曲线上，单面下坡，坡度分别为 −3‰和 −5.3‰，在 DK1835 + 865.5 ~ + 934.5 设圆曲线型竖曲线，竖曲线半径30 000 m	进口为斜切式洞门，出口设封闭开孔段缓冲结构
九子仙隧道	K1865 + 024.05 ~ K1867 + 752.05	2 728	本隧道进出口都位于直线上，下行为 8.26‰的上坡道	进出口均为喇叭口斜切式洞门
银岭头隧道	K1920 + 332.42 ~ K1921 + 309.42	977	本隧道位于直线上，纵向设人字坡，坡度分别为 11.14‰和 −20‰，变坡点为 DK1900 + 400，在 DK1900 + 010.75 ~ + 789.25 段设置圆曲线型竖曲线，竖曲线半径为 25 000 m	进口设封闭开孔段长度为(15 + 3) m，斜切段长度为 10 m 的缓冲结构，出口为斜切式洞门
蓝坪隧道	K1921 + 536.42 ~ K1922 + 083.42	547	本隧道位于直线上，单面下坡，坡度为 −20‰	进口设置斜切式洞门，出口设置端墙式洞门
大瑶山 1 号隧道	K1928 + 335.42 ~ K1938 + 416.42	10 081	全隧道平面均位于直线上；纵向设人字坡，坡度分别为 3‰、−15.5‰和 −3.1‰，其坡长分别为 2 579.5 m、6 420.5 m 和 1 200 m	进口洞门形式采用喇叭口斜切式，出口洞门形式采用单压式明洞门

2. 检测内容

1）瞬变压力

在隧道内各断面边墙位置安装气压传感器(图 22.3.1)测试气压变化曲线，分析瞬变压力的变化规律。

2）列 车 风

在隧道各断面及隧道口 20 m 处边墙位置安装风速传感器(图 22.3.2)测试列车风变化曲线，分析列车风的变化规律。

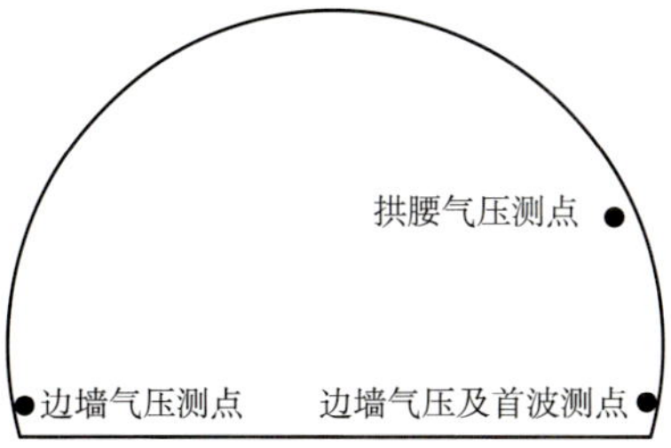

图 22.3.1　隧道气压测点横断面布置

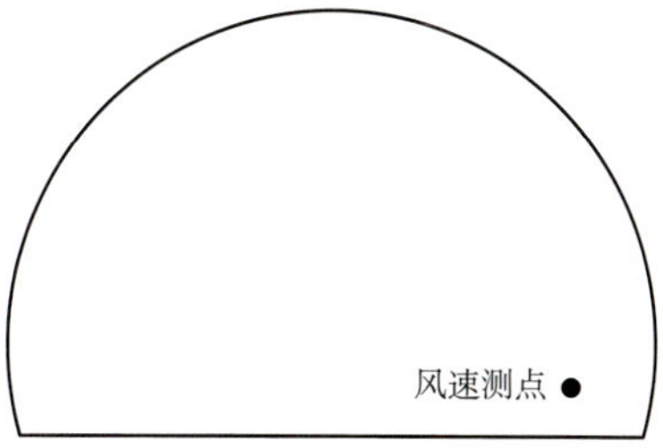

图 22.3.2　隧道风速测点横断面布置

3）附属设施气动力

分别在隧道内照明灯、指示灯、下锚坠砣、仪器箱等附属设施安装气压传感器进行测试。

3. 检测结果

通过对武广高铁五尖大山、浏阳河、石门岭、海棠、九子仙、银岭头、蓝坪、大瑶山 1 号隧道的现场气动性能实车测试，得到如下测试结论：

(1) 隧道壁瞬变压力值随动车组速度的增加而增加，约与列车速度的平方成正比。压缩波沿隧道壁向前传播的过程当中，空气的密度和温度随之增加，引起声速的提高，压缩波的后端比前端传播得更快，造成波前梯度会逐渐增加，波形变陡。

(2) 照明灯、下锚坠砣、指示灯、挡风板、仪器箱等附属设施受到的气动力均与列车速度平方成线性关系。附属设施受到的气动力在所能承受的气动荷载范围之内。

(3) 距隧道壁一定位置处的列车风速与列车运行速度呈线性关系。动车组以 350 km/h 速度级通过时，测得的隧道内列车风最大值为 42.5 m/s。

(4) CRH2-068C 动车组通过隧道过程中，车厢内外压差最大值为 2 974 Pa(345 km/h 通过银岭头隧道，动车组尾部)，满足《200 km/h 及以上速度级铁道车辆强度设计及试验鉴定暂行规定》(科教装〔2001〕21 号)中车内外压差小于 4 000 Pa 的要求；车内压力的 3 s 最大变化值为 1 064 Pa(345 km/h 通过银岭头隧道，动车组尾部)，满足《铁路隧道设计施工有关标准补充规定》(铁建设〔2007〕88 号)中双线隧道车内空气压力变化小于 1.25 kPa/3 s 的要求。

(5) 在隧道交会过程中，除 CRH2-068C 动车组出现过一次车内外压差最大值达到 4 134 Pa(交会速度 350/350 km/h，交会地点九子仙隧道内距隧道北出口 400 m 处)外，其他所有工况车内外压差最大值均低于 4 000 Pa，满足《200 km/h 及以上速度级铁道车辆强度设计及试验鉴定暂行规定》(科教装〔2001〕21号)的要求；车内压力的 3 s 最大变化值为 1 164 Pa，满足《铁路隧道设计施工有关标准补充规定》(铁建设〔2007〕88号)中双线隧道车内空气压力变化小于 1.25 kPa/3 s 的乘坐舒适度要求。

参 考 文 献

[1] 中华人民共和国铁道部. 高速铁路隧道工程施工质量验收标准(TB 10753—2010)[S]. 北京：中国铁道出版社，2010.
[2] 中国铁道科学研究院. 武广客专空气动力学检测、实验资料[R]. 2011.
[3] 中国铁路总公司. 高速铁路工程静态验收技术规范(TB 10760—2013)[S]. 北京：中国铁道出版社，2013.
[4] 中国铁路总公司. 高速铁路工程动态验收技术规范(TB 10761—2013)[S]. 北京：中国铁道出版社，2013.

23 运营隧道服役状态评估与维护技术

由于隧道工程穿越的地质条件复杂，施工过程中工序繁多，隧道建成后，难免会留下一些缺陷。这些缺陷如果不及时整治，随着长时间的列车高频振动或高速列车气动效应的反复作用，缺陷可能会发展成病害。另一个方面，隧道结构如同一个有机体，其排水系统需要保持正常的工作状态，结构的外部荷载变化要在结构设计承受范围，如果排水系统不畅，如部分盲管发生堵塞，可能造成水压的升高，结构防水的薄弱环节可能发生漏水，或者各种原因引起的隧道结构的应力提高，可能会导致隧道主体结构开裂、掉块，影响高速列车的运营安全。所以，高速铁路隧道在运营过程中也需要经常体检，评价其是否健康，也就是通常所说的服役状态评估，如果发现问题，应及时治疗，也就是要进行养护维修。本章重点介绍运营隧道的状态分类、检测与评估以及维护技术。

23.1 运营隧道状态分类

依据隧道衬砌正常使用与行车安全的要求，运营隧道状态可以分为衬砌完好、衬砌缺陷和衬砌病害三类。

23.1.1 衬砌完好

衬砌完好主要是衬砌厚度和强度、钢筋间距、拱架间距及隧底混凝土厚度等各项指标符合设计要求，衬砌及衬砌背后无任何缺陷及病害，隧道能够服役至预定的设计寿命。

23.1.2 衬砌缺陷

1. 衬砌及基底混凝土厚度不足

1）衬砌及基底混凝土厚度不足分布的特点

衬砌及基底混凝土厚度不足是常见的隧道缺陷类型，大量隧道无损检测结果表明，衬砌厚度不足大多分布在拱顶，其次是拱腰，边墙偶有分布；基底混凝土厚度不足主要呈现出由墙脚逐渐向隧道中心减薄的趋势。另外，衬砌及基底混凝土厚度不足多分布在洞身段，洞口段相对较厚。

2）衬砌及基底混凝土厚度不足的危害

衬砌混凝土厚度不足会恶化隧道衬砌结构受力，改变衬砌刚度，直接导致衬砌结构承载能力降低，在外界应力较大的情况下，使得隧道衬砌结构产生较大的变形，严重的情况下甚至会发生衬砌断裂、坍塌等灾难性后果。隧底混凝土厚度不足时，尤其是仰拱厚度不足时，导致二次衬砌不成拱形，难以发挥仰拱自身的抗压性能，另外，在列车的长期循环荷载作用下，基底容易出现裂损等病害。

3）衬砌及基底混凝土厚度不足的成因

隧道衬砌及基底混凝土厚度不足多为隧道施工质量所致。建设期间，由于施工单位技术参差不齐，加上部分施工单位偷工减料或者不严格按照设计进行施工，造成衬砌混凝土厚度不足；运营期衬砌材料劣化、剥落等情况也会导致衬砌及基底混凝土厚度不足。

2. 衬砌背后空洞及隧底吊空

1）衬砌背后空洞及基底吊空分布的特点

与衬砌厚度不足类似，衬砌背后空洞及隧底吊空在隧道内也经常遇见。检测结果表明，拱顶空洞所占比例最多，其次是两侧拱腰，两侧边墙所占比例最小；基底吊空在仰拱或底板下任何位置均可能有分布。

2）背后空洞及隧底吊空的危害

衬砌背后存在空洞时，二次衬砌的受力和围岩应力状态及调整过程均会发生改变，即由于空洞的存在，围岩失去应有的支护而松弛、变形，导致围岩失稳、脱落，严重时会发生突然性崩坍。大型空洞存在时，若上部围岩脱落，会产生集中荷载作用在衬砌上，导致衬砌结构开裂破坏。同时空洞也是地下水的存储空间及渗漏水的通道，是隧道渗漏水的隐患所在，在严寒地区还会发生积水冻胀，引起混凝土开裂掉块。隧底吊空后，仰拱受力明显增大，尤其在设置底板地段，列车的长期作用会导致基底混凝土发生疲劳破坏，进而影响行车安全。

3）背后空洞及基底吊空的成因

在隧道初支施工时，由于爆破效果不良，造成超挖，而又未进行回填作业或是回填未满，导致衬砌背后空洞存在。在二次衬砌施工时，因为泵送混凝土的压力不足，流动性不好等原因，混凝土往往难于灌注饱满，这是造成模筑混凝土背后空洞的主要原因之一。基底吊空多为施工期间基底虚渣未及时清理以及运营期间地下水的掏空作用进而导致的基底结构吊空。

3. 衬砌混凝土强度不足

1）衬砌混凝土强度不足分布的特点

衬砌混凝土强度不足在衬砌的任何部位均可出现，多为施工、养护等原因造成。

2）衬砌混凝土强度不足的危害

混凝土强度不足事故往往导致结构或构件的承载能力降低，主要表现在以下三个方面：一是降低结构强度；二是抗裂性能差；三是构件刚度下降。此外，混凝土强度不足还可能引起抗渗、抗冻及耐久性的降低。

3）衬砌混凝土强度不足的成因

造成混凝土强度不足的原因主要是三个方面的因素：

（1）首先是原材料质量差，外加剂质量不合格；

（2）混凝土拌和质量差，由于混凝土配合比是决定强度的重要因素之一，其中水灰比的大小直接影响混凝土强度，其他如用水量、砂率、骨灰比等也影响混凝土的各种性能，拌和质量不好造成强度不足；

（3）施工工艺不正确，搅拌不佳，时间过短或过长造成不匀。

浇筑时水泥浆漏失严重，混凝土假凝、初凝；振捣不实，养护不当；早期缺水干燥，受冻等。

4. 衬砌背后及基底不密实

1）衬砌背后及基底不密实分布的特点

衬砌背后及基底不密实在隧道内同样较为普遍，检测结果表明，拱顶、拱腰位置不密实所占比例最多，两侧边墙所占比例最小；基底不密实在仰拱或底板下任何位置均可能有分布。总体而言，轨下位置基底不密实相对较多。

2）衬砌背后及基底不密实的危害

衬砌背后存在不密实地段时，衬砌背后的围岩不能提供被动反力，在围岩压力的作用下导致衬砌结构受力增大，易导致结构开裂；在运营条件下，仰拱或底板作为道床的基础直接承受来自机车车辆的冲击荷载，当隧道仰拱或底板底部存在不密实时，会使基床破损，道床下沉，轨道几何尺寸变化异常，影响正常运输和行车安全。

3）衬砌背后及基底不密实的成因

（1）喷射混凝土表面平整度超标，凹凸不平的现象较普遍，防水板铺挂时富余量过大，与喷射混凝土面不够密贴，在浇筑混凝土时防水板挤压发生褶皱，造成二衬与初支间出现空隙；

（2）混凝土施工配合比水灰比偏大、混合料坍落度大、混凝土振捣不密实，混凝土因自重下沉，混凝土收缩徐变造成不密实现象；

（3）混凝土骨料含量偏大，混凝土和易性差，振捣后发生离析，造成混凝土内部不密实；

（4）用输送泵送混凝土时，拱顶面的混凝土在输送过程中把部分空气密闭在狭小的空间内无法排出，造成留有狭小的缝隙导致的不密实。

隧底的不密实在建设期主要是基底虚渣未及时清理造成的；在运营阶段，多为地下水的作用从而形成的基底不密实。

23.1.3 衬砌病害

1. 衬砌渗漏水

隧道衬砌渗漏水是围岩含水和衬砌存在缺陷的综合反映，是隧道工程的通病。渗漏水多发生在施工过程中的施工缝、变形缝、衬砌质量不良处以及发生裂损的薄弱部位。

1）渗漏水类型

衬砌渗漏水按照出水量的大小和形态，通常分为渗水、滴水、淌水及冒水。隧道渗漏水如图 23.1.1 所示。

图 23.1.1 隧道渗漏水

2）渗漏水危害主要表现

（1）电力牵引区段拱部漏水，会造成接触网跳闸、放电漏电，影响安全运营，造成人身伤害。

（2）寒冷和严寒地区隧道漏水会造成边墙结冰、拱部挂冰，侵入限界，影响隧道正常使用；还会造成衬砌冻胀裂损和洞内线路冻胀起伏不平等病害。

（3）洞内线路排水不良地段，造成土质和软岩地基的基底结构翻浆冒泥，整体道床下沉裂损病害，冒水多发生在衬砌及隧底，隧底的冒水易引起隧道底板上拱。导致道床不稳固线路轨距水平变形超限，影响运输及安全，增加养护维修工作量。

（4）洞内漏水潮湿，降低轮轨黏着力，加速钢轨扣件和管线的锈蚀，加速木枕和胶垫腐朽，缩短线路设备使用寿命。

（5）隧道内环境水中含有侵蚀性介质时，造成衬砌混凝土和砂浆腐蚀损坏，降低衬砌的支承能力，增加大维修费用。

（6）少数隧道暴雨后隧道衬砌或铺底破损涌水，淹没轨道，冲空道床，危害更严重。

3）渗漏水原因

（1）在隧道穿越含水地层时，地层中的一些固有的地下水通道被隧道截断，隧道本身所拥有的空间就成了此处地下水汇集的良好场所，处于此种环境中的隧道如果防排水系统处置不好，隧道极容易发生渗漏水。

（2）不良的地质环境。隧道穿越漂卵石类土、节理发育岩层、溶洞、暗河等，水量大、水压高，容易在防排水的薄弱处发生渗漏水。

（3）结构自身缺陷。防排水设计中勘察不详细、防排水材料性能差、混凝土抗渗等级低、防排水措施不完善等；防腐蚀设计时衬砌未作防腐设计，衬砌腐蚀破坏而漏水等。

（4）施工不良。施工时防水板破损；排水系统发生堵塞，造成排水失效，引起地下水位升高；材料方面骨料污染、拌和不良、水灰比控制不良；工艺上灌注混凝土捣固不良、模板漏浆、刹尖不良、背后空洞、“三缝”处理不良等。

2. 衬砌裂缝

1）衬砌裂缝类型

隧道衬砌是承受围岩地层压力、防止围岩变形坍落，以及阻挡地下水渗漏的结构物。由于隧道衬砌受地层压力、地下水压力、围岩膨胀性或冻胀性压力、腐蚀性介质和温度的作用以及施工中人为不良因素的影响等，致使隧道衬砌在运营中产生纵向、斜向、环向、月牙形及网状等开裂，影响隧道的正常使用，统称为隧道衬砌开裂病害。隧道典型衬砌裂缝情况如图 23. 1. 2 所示。

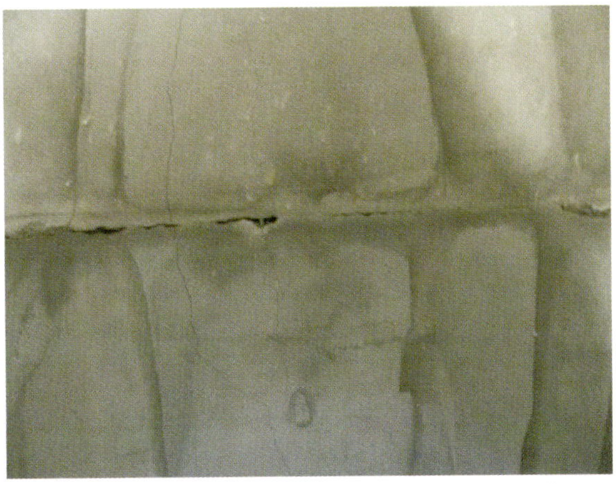

图 23. 1. 2　隧道衬砌裂损情况

2）衬砌裂缝危害

环向裂纹主要由纵向不均匀荷载、围岩地质变化、沉降缝等处理不当所引起，多发生在洞口或不良地质地带与完整岩石地层的交接处，一般对衬砌结构正常承载影响不大；纵向裂缝平行于隧道轴线，其危害性最大，发展可引起隧道掉拱、边墙断裂甚至整个隧道塌方；斜向裂缝一般和隧道纵轴呈 45°左右，也常因混凝土衬砌的环向应力和纵向受力组合而成的拉应力造成的，其危害性仅次于纵向裂缝，其降低衬砌结构对围岩的承载能力。

3）衬砌裂缝形成原因

隧道衬砌裂损产生的原因是复杂的、多方面的，裂损发展形式不同，其产生的原因也不相同。形变压力、松动压力作用、地层沿隧道纵向分布及力学性态的不均匀作用、温度和收缩应力作用、围岩膨胀性或冻胀性压力作用、腐蚀性介质作用、施工中人为因素、高速列车的循环荷载作用等，均可能是隧道衬砌结构物产生裂损的原因。

（1）衬砌外力作用。衬砌外力作用是指由于围岩及环境的变化而施加在衬砌上的作用力变化，主要包括松弛压力、偏压、膨胀性土压、水压力、温度应力、不均匀沉降产生的结构应力及车辆荷载、地震等其他荷载作用。

（2）衬砌材质的劣化。衬砌材质的劣化主要为混凝上碳化、冻害使混凝上产生麻面表面剥落及地下水的侵蚀等。

（3）施工工艺与质量控制效果差。施工工艺与质量控制效果差主要表现为施工没有处理好施工缝、变形缝（温度缝、沉降缝）；施工技术条件限制，施工质量管理松弛和不善，混凝土材料检验不力，施工配合比控制不严，水灰比过大，混凝土捣固质量不佳，拱部浇筑间歇施工形成工作缝，混凝土模板不平顺等因素，修成的隧道衬砌在施工缝处产生裂缝；施工欠挖、模板拱架支撑变形、塌方等原因，造成局部衬砌厚度偏薄或衬砌结构受力不对称，降低了衬砌承载能力等。

（4）设计因素。隧道设计时，因围岩级别划分不准、衬砌类型选择不当，造成衬砌结构与围岩实际荷载不相适应而引起衬砌裂缝病害；隧道穿过偏压地段时，没有采用偏压衬砌；隧道穿过断层破碎带、褶皱区等局部围岩松散压力或结构力较大的地段，衬砌结构没有相应地采取加强措施等。

（5）水文地质因素。地质因素对隧道衬砌裂缝的产生有很大影响。地质因素是一些纵向裂缝和斜向裂缝产生的主要因素。地质因素包括水的作用、复杂地质条件，如地震带、断裂带、滑坡及偏压等。纵向裂缝和斜向裂缝大多数出现在进出口处，进出口处衬砌裂缝主要是由于偏压、滑坡、水的作用等地质因素产生的。

3. 衬砌压溃与错台

衬砌压溃与错台是运营铁路隧道未曾预料到的外力引发的衬砌受挤压开裂部位，当外力继续增大时，衬砌将逐渐失去承载力，出现压溃及错台现象。继续发展下去，还会出现衬砌剥落，直至突然崩塌。由此可见，衬砌压溃及错台其实是某种衬砌开裂病害发展的结果，也可能是由于一些外力(如地震、山体滑动等)作用引起衬砌突然压溃。

1）压溃及错台类型

衬砌压溃及错台是在衬砌开裂部位出现的一种现象。衬砌在此处逐渐失去承载能力，裂缝两侧衬砌块体相向运动，接触面挤压出衬砌粉末、小粒和碎块，并由表及里，由接触面向两侧蔓延发展，一般按发生部位分为拱顶压溃、拱腰压溃错台及边墙压溃错台。

2）衬砌压溃及错台危害

（1）拱顶衬砌压溃后，一方面容易造成拱顶混凝土掉块，影响行车安全，另一方面，如压溃地段靠近接触网，压溃范围较大时，容易造成接触网掉落等重大事故。

（2）拱腰及边墙衬砌错台后，容易引发拱腰及边墙混凝土垮塌，影响隧道整体安全性。

3）衬砌压溃及错台原因分析

（1）松弛土压。松弛土压是围岩松弛、不能自持而作用在衬砌上的荷载。其发生机理，对于硬岩而言，系节理面的结合力因风化和水的作用而降低，最终导致围岩松弛；对软岩、土砂一类围岩，则因干湿的反复和冻结、融化的反复而松弛。以上松弛现象，当衬砌背后有施工留下的空洞或土砂流失形成的空洞时，更容易发生。

（2）偏压。衬砌出现偏压的情况很多，偏压对衬砌的破坏作用是严重的。别的不论，当两侧土压不同或不对称时，一侧拱肩附近是主动土压，迫使另一侧拱肩附近的断面上抬，压向围岩，由此产生被动土压的作用区域。从拱顶到拱肩断面上抬的部分，最易产生局部压溃现象。

（3）滑坡。铁路选线过程中，在给隧道定位时，对于长大隧道和短隧道在地质勘探中所给予的关注程度是非常不同的。长大隧道一定会避开尚处于活动期的滑坡，即使是已停止活动的大滑坡，也要尽可能绕避；短隧道则因地质勘探投入不足，虽不至于摆在处于活动期的大滑坡上，但完全可能部分穿过稳定滑坡体或正处于活动期的小滑坡体，也可能穿越未被认识到的大滑坡体内。

（4）膨胀性土压。膨胀性土压对衬砌的压力主要是侧向的。隧道断面从左右挤出的结果，拱顶多数上抬，此区域变为被动区域。如拱背后有空洞，围岩软弱时，拱顶会产生局部压溃。

（5）冻胀压力。冻胀压力对衬砌造成的破坏与膨胀性土压极其类似，也会使拱顶产生局部压溃。

（6）材质极度劣化。当衬砌材料因种种原因(如水泥质量不良、骨料不洁、碱—骨料反应、施工不当、养生不良、反复冻融、火灾、化学腐蚀等)引起劣化时，衬砌的承载能力会极度降低，在实际外荷载作用下，衬砌受到压力最大的部位有可能出现压溃现象。

（7）设计缺陷。设计对围岩级别及不良地质判断严重失误，致使设计衬砌类型不当、厚度严重不足，终因承载力不足出现压溃现象。

（8）施工不良。在地质不良处施工时，常因怕引发坍塌而存在局部严重开挖不足的情况，出现二衬厚度不足，此处就极易出现压溃，以及在开挖遭遇坍塌处，施工单位常为减少材料消耗故意不充分回填，有意在衬砌背后留下空洞，空洞处衬砌在出现未曾预料到的压力时常会出现压溃。

4. 衬砌掉块

1）衬砌掉块分布特点

调查结果表明，衬砌掉块大多分布在拱顶位置，拱腰其次。

2）衬砌掉块危害主要表现

（1）衬砌出现掉块后导致钢筋与防水板外露，后期易引起钢筋腐蚀。

（2）衬砌掉块后，影响行车安全，掉落范围较大时，影响隧道整体安全性。

（3）掉落位置靠近接触网时，容易造成接触网掉落等重大事故，严重影响行车安全。

3）衬砌掉块成因

（1）衬砌出现偏压时，当两侧土压不同或不对称时，容易导致拱腰一侧压溃掉块，当拱顶存在空洞时，拱顶容易发生大范围掉块。

（2）膨胀性土压作用于衬砌时，若拱顶存在有空洞或不密实缺陷时，拱顶会产生局部压溃导致掉块。

（3）当衬砌材料发生劣化时，衬砌的承载能力会极度降低，在实际外荷载作用下，衬砌受到压力最大的部位有可能出现压溃导致掉块。

（4）设计对围岩级别及不良地质判断严重失误，致使设计衬砌类型不当、厚度严重不足，终因承载力不足出现压溃导致发生掉块。

（5）施工质量存在缺陷，衬砌厚度不足，背后存在空洞，在列车振动和气动荷载的长期作用下，引起掉块。

5. 衬砌冻害

1）衬砌冻害类型

衬砌冻害对上部结构表现为：渗漏的地下水通过混凝土裂缝逐渐渗出，在渗出点出口处受低温影响积成冰柱，尤其在施工接缝处渗水点多，结晶明显，累积十至几十厘米厚的冰溜子（又称为挂冰）。如不清理，冰溜子越积越大，侵入限界，危及行车安全。衬砌冻害如图 23.1.3 所示。

图 23.1.3　衬砌冻害

对下部结构表现为：隧道排水沟槽设施，保温不良引起冰冻，导致水沟地下排水困难；因结冰堵塞，使水沟（管或槽）冻裂破损，地下水不易排走；衬砌周边因水结冰而冻胀，致使隧道内各种冻害接踵而来。

对围岩表现为：隧道砌筑在围岩良好地段，一旦衬砌壁后有空隙，渗透岩层的地下水，在排水不通畅时水就积在衬砌与壁后围岩间，结冰冻胀产生冰冻压力，传递给衬砌。

2）冻害危害

隧道冻害导致隧道拱部衬砌发生变形与开裂、隧道边墙变形严重、隧道内线路冻害、衬砌材料冻融破坏、隧底冻胀和融沉等。

3）冻害成因

（1）寒冷气温的作用。隧道冻害与所在的地区气温（低于0℃或正负交替）有直接关系。

（2）季节冻结圈的形成。沿衬砌周围各最大冻结深度连成一个圈叫作季节冻结圈。隧道的排水设备如埋在冻结圈内，冬季易发生冰塞。在冻结圈范围内的岩土，由于受强烈频繁的冻融破坏，风化破碎程度与日俱增，也是冻害成因之一。

（3）围岩岩性、隧道设计和施工等其他影响因素。

6. 基底下沉及翻浆冒泥

在以往修建的普速铁路隧道中，隧道仰拱及填充层因为本身施工质量缺陷，导致填充层内部出现空洞，容易引起隧道基床下沉，边沟倾斜，严重时边墙挤进，有地下水的地方，往往伴有翻浆冒泥发生。

1）基底下沉及翻浆冒泥类型

基底下沉主要表观特征为道床增厚、垫板无调节富余量以及轨道结构高程变化；基底翻浆冒泥主要表现在道床冒泥以及水沟内堆积淤泥。

2）基底下沉及翻浆冒泥危害

基底下沉及翻浆冒泥容易引起水沟盖板和挡渣墙的下沉，线路高程变化较快，列车通过时有不同程度的振动，严重时导致轨道几何形态发生较大变化，影响行车安全。

3）基底下沉及翻浆冒泥成因分析

隧道基底出现下沉及翻浆冒泥形成原因复杂，主要归纳总结为以下几方面：

（1）基底结构层状剥离、地下水的存在及大轴重列车重复作用是产生基底下沉及翻浆冒泥病害的主要原因。在列车动荷载长期频繁反复冲击下，加之地下水的存在，形成基底分层拍打及水力冲刷效应，基底软弱夹层中的细颗粒被地下水冲走，出现空洞，导致隧道基底结构脱空，形成简支结构，素混凝土底板开裂破损，导致基底下沉与翻浆冒泥。

（2）设计标准偏低是产生基底病害的另一个原因。由于大部分既有铁路隧道修建时期较早，设计标准偏低，部分地段未设置仰拱，而铺底一般情况下也只有 25 cm 厚的素混凝土，使基底结构承载能力储备不足。此外，隧道排水设施设置不够合理，如排水沟底设置过高等。

（3）施工质量问题也是产生基底病害的重要原因。隧道施工时，铺底或仰拱下部的部分余渣未完全清理干净，导致隧道铺底混凝土下部存在虚渣，虚渣及裂隙发育的岩体均有可能在列车动荷载反复作用下，因应力集中而破碎，从而引起不均匀沉降，导致底板开裂。

（4）养护维修不到位也加剧了隧道基底病害。由于受到经费、天窗时间、施工空间等条件的限制，部分既有铁路隧道从未进行过彻底的检修，致使水沟长期堵塞，地下水无法排出隧道外，沿混凝土薄弱部位、裂缝、泄水孔等进入道床，进一步加剧了底板破损。同时，当出现基底病害时也只进行注浆等临时补救措施，遗留问题较多，病害处理治标不治本。

7. 隧道底鼓

1）隧道底鼓类型

隧道底鼓（底板隆起）指洞室开挖后由于应力调整及水的作用，导致底板变形并向上隆起的现象。近年来，隧道发生底鼓开裂的情况较为频繁，且由于危害大、处理困难，给铁路运营带来较大的损失。图 23. 1. 4 为不同底鼓类型。

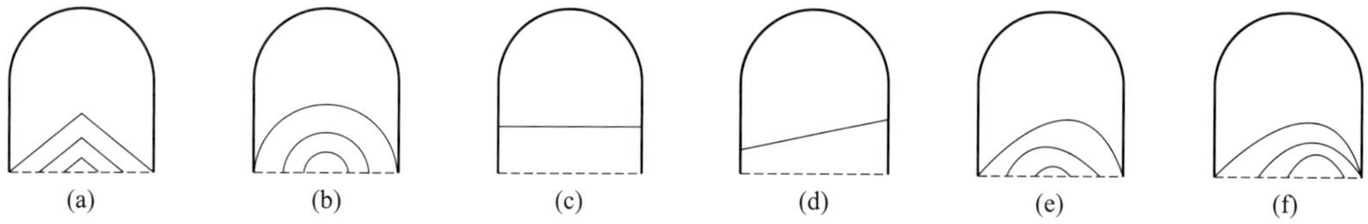

图 23. 1. 4　不同底鼓类型

2）隧道底鼓危害

隧道底鼓对隧道基底结构造成危害，加速隧道边墙的内部收敛，引起支护发生破坏，造成仰拱变形、开裂。隧道底鼓造成隧底上抬变形，不仅恶化和危及列车运营环境，更重要的是使隧道衬砌发生变形和破坏，严重时，破坏道床并有可能导致隧道整体失稳，时刻危及列车运行安全。

3）隧道底鼓成因分析

隧道底鼓产生的原因，一般按形成机制分为三类：一是开挖形成的应力重分布超过围岩强度而发生塑性化，即岩体开挖引起的应力重分布超过岩体强度时岩体不断屈服和破坏的结果，即挤压性变形产生的底鼓；二是岩石中的某些矿物和水反应而发生膨胀变形产生的底鼓；三是地下水压力过大造成的整体道床抬升。

23.2 隧道状态检测与评估

23.2.1 隧道状态检测方法

运营高速铁路隧道具有维护天窗时间短、操作空间有限、干扰因素多、检测精度要求高等特点，所以其对检测方法提出了更高的要求，除采用常规的检测方法(地质雷达法、回弹法、冲击回拨法、超声回弹法、瞬变电磁法、瑞雷波法、高密度电法等)外，随着检测技术的进一步发展，一些高效、高精度新型检测技术及方法被逐步应用于隧道状态的检测，譬如衬砌表面数码摄像、三维激光扫描、3D 雷达探测及三维体积扫描等检测技术。

1. 衬砌表面数码摄像技术

衬砌表面数码摄像技术原理主要是利用摄像设备快速获取被测物体表面的特征信息，然后采用图像处理技术对数据进行处理，从中提取有关物体表面的数据特征，并依据提取的特征，进行衬砌状态的评判。依据系统功能的要求，系统硬件由摄像设备、主机、输入输出设备三部分组成，软件部分由图像处理及评估分析两部分组成。其中，摄像设备用于图像采集，主机用于控制系统的执行，输出输入设备用于图像输入和图形输出，如图 23. 2. 1 所示。

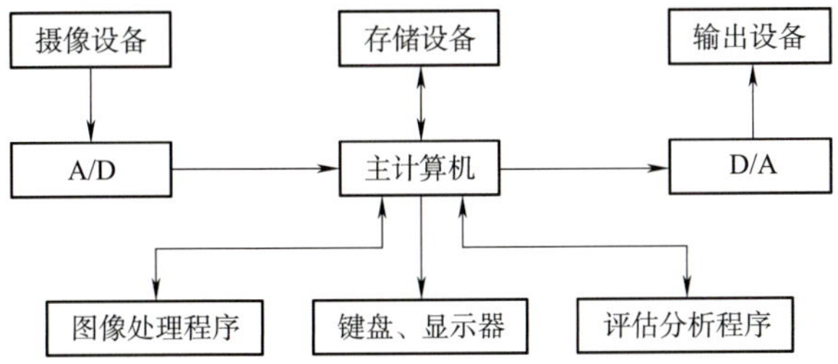

图 23. 2. 1　系统组成结构

从系统结构图中可见整个系统的实现过程，即 A(摄像设备采集图像)→B(A/D 转换)→C(变成计算机能够处理和识别的数字图像，并存储在存储设备中)→D(采用图像处理技术对图像进行处理，从中提取有关病害数据)→E(根据所提取的数据，对病害进行评估分析)→F(D/A 转换、输出文件)。

数码摄像技术可对隧道衬砌形变、挤出、开裂、移动、错位、腐蚀、炭化、剥落、剥离、压溃、渗水、漏水等异常现象的位置、长度、宽度、范围及状态进行记录。

2. 三维激光扫描技术

三维激光扫描技术的原理是利用激光扫描大量测量点，根据点坐标对其扫描环境生成精准的 3D 图像，产生复杂环境和几何结构的详细三维信息。三维激光扫描技术弥补了传统测量技术的缺陷，是测量领域向前跨出的一大步。随着三维激光技术的不断发展及完善，在隧道的测量监测方面，从三维数据采集到施工、运营等监测结果的生成，已经具备成熟的一体化解决方案。其适用于新建隧道超欠挖测量，运营隧道限界、病害等情况的检测。

三维激光扫描技术检测结果如图 23. 2. 2 所示。

3. “3D 雷达”检测技术

目前，“3D 雷达”技术逐步被应用于隧道检测中，由于其显示的是三维状态，故对衬砌背后不同状态的检测具有更大的实用性。“3D 雷达”检测技术如图 23. 2. 3 所示。

4. 三维空洞扫描技术

三维空洞扫描技术的原理是将激光探头沿钻孔深入到难以接近的空穴、地下空间及空腔内，激光头

图 23.2.2　FARO 三维激光扫描实物

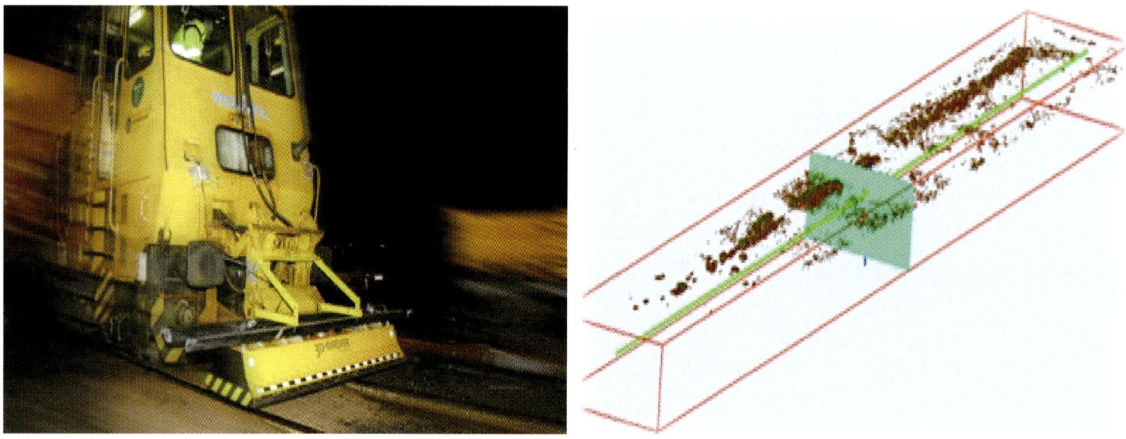

图 23.2.3　“3D 雷达”检测技术

便向外打开，开始扫描空洞的三维形态。三维体积扫描设备多采用马达驱动双轴扫描探头，可以保证仪器能作球形 360°扫描，以覆盖整个空洞，部分产品的最大扫描距离可达 150 m。在对隧道衬砌背后空洞测量时可利用轻便探测杆使仪器能够沿钻孔向上或水平探测。另外，部分产品内置钻探摄像头上装有指示灯，便于清楚地看到钻孔内部以及测量过程中遇到的各种障碍物。扫描过程中，可将测量数据传回地面的控制单元，并利用相关控制软件及电脑，可在屏幕上显示出摄像机捕获的镜头，并实时获取激光扫描生成的三维空洞图像。

23.2.2　隧道状态评估方法

与普速铁路和重载铁路的隧道不同，高速铁路对隧道结构状态的安全等级划分标准要求更加严格，对于普速铁路或重载铁路隧道来说较小的隧道缺陷或病害，在高速铁路隧道中可能会造成影响行车安全的灾难性后果，对高速铁路安全运营是极大的考验。普通铁路隧道可以在衬砌开裂、破损、下陷、渗漏水甚至线路出现翻浆、冒泥等病害时可以短暂地带病运行，而高铁安全运营是不允许隧道出现该类病害现象。因此，对高速铁路隧道进行安全评估尤为重要。

国外隧道状态评估方面，日本从 20 世纪 80 年代起引入健全度概念，对结构剩余寿命进行评估，获得了实质性进展，特别是将专家系统引入结构健全度的评定，铁路隧道养护技术标准是《铁道构造物维持管理标准》(2006)，主要由日本铁道综合技术研究所多年的研究成果编制而成，利用健全度将铁路隧道安全等级划分为四级。关于铁路隧道的检查分为初期检查和运营后的检查，即新竣工的隧道进行现状检查，建立数据库档案，运营后进行隧道的日常检查、定期检查与专项检查，与初期状态进行对比，对劣化的程度及其发展便有了判据。美国则以结构损伤度的概念，进行结构物损伤评估方法的研究，也取得了一定的进展。在欧洲，瑞士联邦铁路公司专门制定了隧道检查维修标准，隧道在使用过程中从普通的常规检查到定期的、不间断的检查，一直到实时的全过程跟踪监测，都有其相关的工作流程、反馈程序以及维修对策。国内评估技术多为定性评价，定量化的评价方法也融入更多的经验值，具体的评价参数及方法可参见第 21 章。

23. 3　隧道维修技术

23. 3. 1　衬砌渗漏水整治方法

1. 凿槽引排法

凿槽引排法主要原理是根据边墙裂缝渗漏水程度、衬砌背后空洞积水以及围岩富水情况，依次在渗漏水裂缝的拱脚、边墙中部、边墙下部以不同角度钻设 1 ~ 3 排集水孔。盲管外裹无纺布，外缠细铁丝固定，管两头以麻筋、破布塞紧，沿渗水裂缝处自上而下开凿倒梯形引水槽，内置入半圆形排水管并固定，防水砂浆填充管外槽体。用水泥基渗透结晶型防水涂料封槽，引排水流统一通过引排管进入隧道内侧沟，排出洞外。凿槽引排剖面布置如图 23. 3. 1 所示。该法适用于运营隧道边墙部竖向施工缝、变形缝及其他竖向裂缝出现“淌水”等严重渗漏水病害的部位。

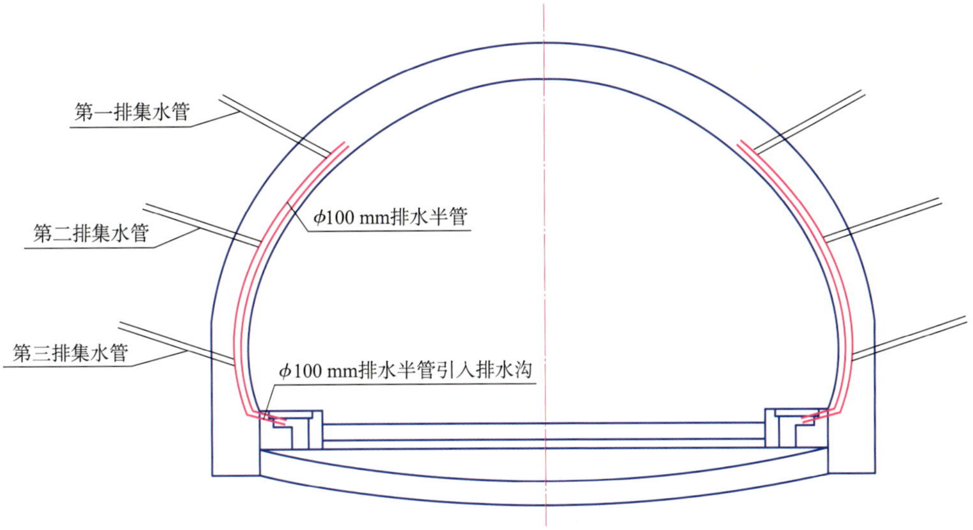

图 23. 3. 1　凿槽引排剖面布置

2. 锚固灌注法

锚固灌注法的基本原理是在裂缝两侧倾斜钻孔至结构体厚度之 1/2 深，孔距 20 ~ 30 cm 为宜，钻至最高处后再一次埋设止水针头，止水针头设置完成后，以高压灌注机注入单组分油溶性聚氨酯灌浆材料至发现发泡剂至结构表面渗出。灌注完成后，即可去除止水针头。若渗水情况依然无法改善时，再以单组分水溶性聚氨酯灌浆材料补修即可。灌注完成后，即可去除止水针头。锚固灌注法如图 23. 3. 2 所示。该法适宜于隧道拱顶、拱腰及边墙渗漏水裂缝。

3. 钻孔降压法

钻孔降压法基本原理是通过降压孔把隧道底板下水的压力释放出来达到降压的效果，从而防止水压过大造成隧道底板渗水或湿积。该法主要适用于隧道内道床板渗水，尤其对高压富水区隧道道床板渗水整治效果十分明显。同时，通过钻孔降压亦能缓解隧道整体结构承受的水压力，对隧道上部渗漏水的整治也能起到一定效果。施工完毕的降压孔如图 23. 3. 3 所示。

第四篇　建设与运营管理

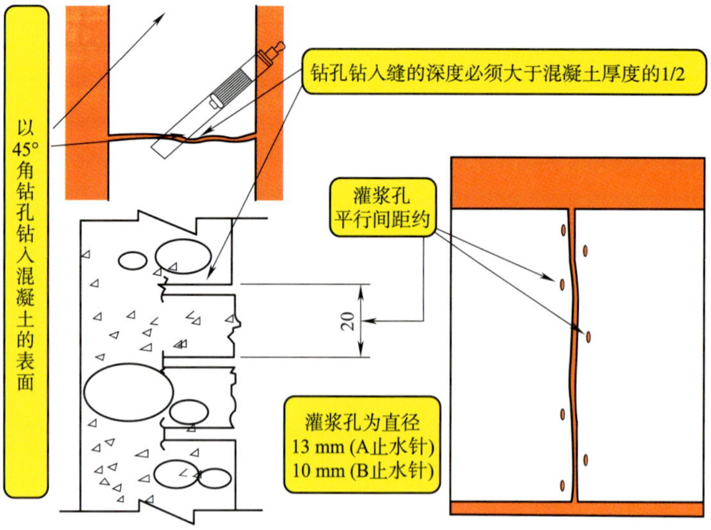

图 23.3.2　锚固灌注法(单位：cm)

图 23.3.3　施工完毕的降压孔

23.3.2　衬砌裂损整治技术

1. 衬砌干裂缝整治技术

(1) 普通干裂缝整治技术

针对衬砌受温度应力等较小应力作用导致开裂的普通干裂缝可采用注胶粘合法进行维修，注胶材料一般选择环氧类材料。

(2) 受力型干裂缝掉块整治技术

针对由围岩压力引起的衬砌混凝土纵向张拉裂缝可采用“裂缝修补 + 自进式注浆锚杆 + 粘贴碳纤维布”综合处理措施。

2. 衬砌掉块整治技术

(1) 衬砌小范围掉块采用“聚合物改性水泥基修补砂浆 + 挂网修补 + 玻璃纤维布”综合处理措施进行处理。

（2）由于地层压力引起的局部拱顶掉块，剥落等病害采用“内嵌格栅拱架 + 锚杆”支护系统进行加固。由于地层压力引起的大范围纵向贯通性裂缝，且衬砌背后存在的空洞，采用“内嵌 H 型钢拱架 + 锚杆”支护系统对隧道衬砌病害进行加固。由于型钢拱架刚度较大，适于承受较大地压荷载的情况。

（3）由于地层压力引起的大范围网状交叉裂缝病害采用“高强波纹板 + 锚杆”支护结构对隧道衬砌病害进行加固。波纹板是将不同材质的板面压成波纹（正弦、三角、矩形等）后，其抗弯刚度和抗压强度较圆管大幅增加，具有较强的抗震能力，而且能适应较大的沉降与变形，它建成后与隧道衬砌结构形成一种组合结构，共同受力，改善了隧道结构的受力特性。

（4）由于混凝土养护、局部地压引起的小范围剥落病害也可采用“W 钢带 + 锚杆”联合支护系统对隧道衬砌病害进行加固。“W 钢带 + 钢丝网 + 平钢带 + 锚杆”联合支护系统是将钢带与各种锚杆共同组合成锚杆支架，通过它可以把分散的多根锚杆连接起来，形成一个整体承载结构，显著地提高锚杆的整体支护效果，在不完整顶板岩层中，对处理不稳定围岩效果显著。同时，采用该技术加固隧道衬砌也使混凝土衬砌与钢带共同受力，从而有效地提高衬砌结构的抗弯、抗剪性能。

23.3.3 衬砌背后空洞整治方法

1. 轻型膨胀聚氨酯材料填充技术

轻型膨胀聚氨酯材料是一种低黏度、双组分合成高分子，采用高压灌注进行封堵时，当树脂和催化剂掺在一起时反应或遇水产生膨胀，本身反应或发泡生成多元网状密弹性体的特征，当它被高压推挤，注入岩层或混凝土裂缝（在高压作用下可以使煤岩层的闭合裂隙张开），可沿岩层或混凝土裂缝延展直到将所有裂隙（包括肉眼难以觉察的裂隙及在高压作用下重新张开的裂隙）充填。在封堵裂隙加固岩层时，岩层不含水时产品膨胀率也相应变小（膨胀倍数为 8 ~ 10 倍），高压推力将材料压入并充满所有缝隙，达到止漏目的，成品抗压介于 25 ~ 38 MPa；在遇水后（掺水）时产生关联反应，发生膨胀，在膨胀压力的作用下产生二次渗压（膨胀倍数为 20 ~ 25 倍），高压推力与二次渗压将材料压入并充满所有缝隙，从而达到填充空洞的目的。该类轻质发泡材料适宜于隧道拱顶大面积空洞的填充。

2. 泡沫混凝土填充技术

泡沫混凝土是在普通水泥浆液中加入一定比例的发泡剂搅拌均匀，浇筑成型；常被用于隧道空洞填充、车站顶板覆盖层以及其他工程项目。泡沫混凝土的密度在 200 ~ 1 600 kg/m^{3}之间，是普通混凝土的 1/5 ~ 1/8，属于轻质产品。根据不同的材料组成用量、不同的气泡率，可按工程需要调整密度和强度。泡沫混凝土密度与强度的相关性如图 23.3.4 所示。由于泡沫混凝土内部有无数独立的气泡，对于外力作用表现出软垫性，提高了抗震以及抗冲击性能，将压力分散至其他部位。泡沫混凝土强度较好，可随施工要求的强度按配合比进行配置。另外，其抗裂纹性较好，是普通混凝土的 8 倍；其属水泥类材料，具有更好的耐久性，同时对环境无污染，且可利用粉煤灰等工业废渣，具有优越的环保特性。该技术适用于隧道衬砌背后存在的较大空洞的填充。

23.3.4 隧道冻害整治技术

1. 上部衬砌挂冰电伴热整治技术

针对高寒地区隧道上部衬砌冬季挂冰问题，可采用电伴热半管排水技术进行处理（图 23.3.5）。由于电伴热半管集排水、保温为一体，不但可以很好地解决隧道上部衬砌挂冰的问题，而且可以降低冬期隧道因打冰所增加的费用。

2. 水沟结冰“电伴热面板 + 水沟保温”整治技术

针对高寒地区隧道水沟结冰问题，可采用“电伴热面板加热 + 水沟保温”的综合整治技术（图 23.3.6）。电伴热面板低压供电安全可靠，发热面积大、效率高，抗腐蚀能力强，施工安装方便，同时通过温度及融冰传感系统做到恒温自动控制。另外，水沟保温通过铺设聚氨酯保温材料及新型保温橡胶水沟盖板来实现，能很好地解决水沟冰害问题。

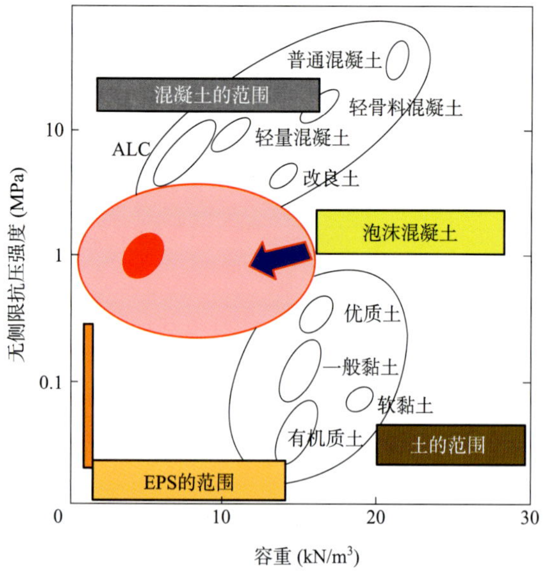

图 23.3.4　泡沫混凝土密度与强度的相关性

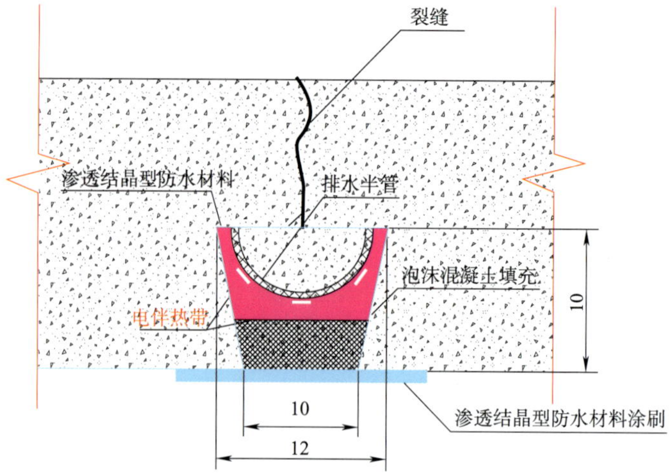

图 23.3.5　上部衬砌挂冰电伴热整治(单位：cm)

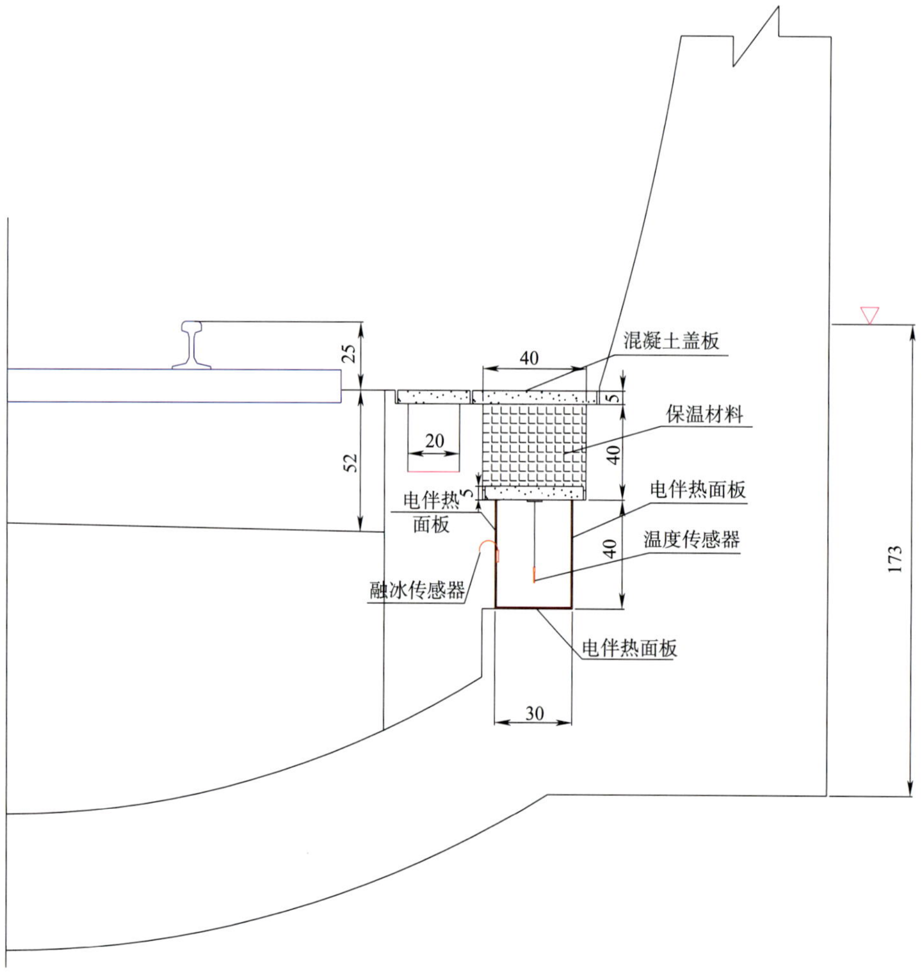

图 23.3.6　水沟电伴热面板系统布设剖面(单位：cm)

3. 衬砌冻胀喷射聚氨酯保温整治技术

针对高寒地区隧道衬砌冻胀破坏问题，可采用衬砌表面喷射聚氨酯保温技术，其施工工艺简单可行，保温效果明显。

隧道衬砌冻胀喷射聚氨酯保温现场施工如图 23.3.7 所示。

图 23.3.7　衬砌冻胀喷射聚氨酯保温现场施工

23.3.5　基底下沉及翻浆冒泥整治方法

1. 锚注一体化通用整治技术

注浆作为目前隧道最为常用的维修方法，由于其施工工艺简单、造价相对较低而饱受施工人员的青睐。但是由于材料性能、施工队伍技术参差不齐，导致注浆达不到预期的效果。

针对隧道基底下沉及翻浆冒泥等情况，可采用快速高效、不影响行车的隧道基底锚注一体化通用强化技术进行隧道基底维修。该技术的基本原理是一方面采用具有憎水、速凝、高强的高分子胶凝材料将基底地下水排挤、填充空洞、固结虚渣。另一方面，采用集锚固、注胶为一体的新型加固型锚杆将铺底结构、注胶填充层及围岩连成一体，增强隧道基底整体性，提高隧道基底承载能力。基底锚注一体化与其他强化措施相比，具有施工工艺简单，在既有铁路隧道基底强化及病害整治中具有极强的实施性。

基底锚固布置方式如图 23.3.8 所示。

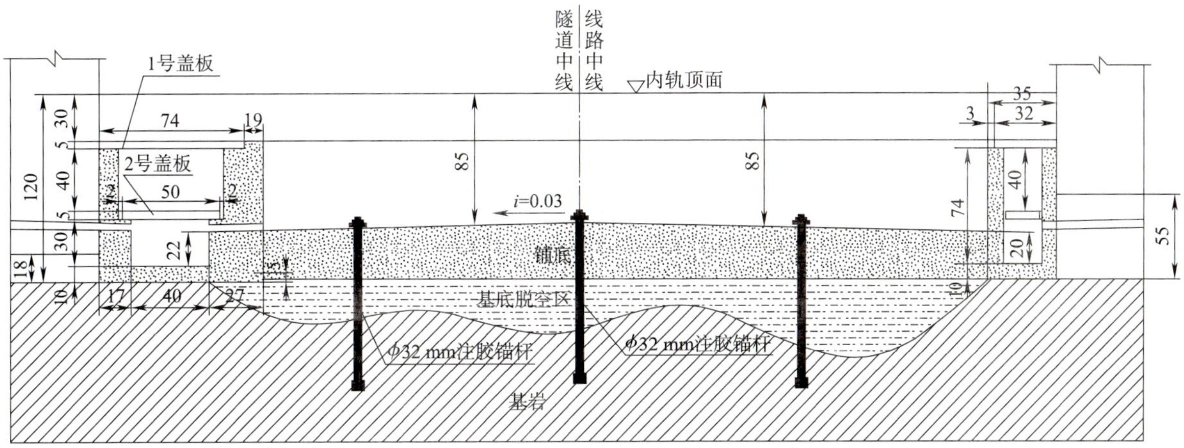

图 23.3.8　基底锚固剖面（单位：cm）

2. “轻型井点降水 + 注浆”复合式强化技术

“轻型井点降水 + 注浆”是一种人工降低地下水的方法，基本原理一方面是将井点管插入基底含水层内，井点管上部与总集水管连接，通过总集水管利用抽水设备将地下水从井点管内不断抽出，使原有地下水位降到基底仰拱或底板以下深度，保证基底干燥无水。同时注浆能填充基底空隙，提高基底的完整性，能有效提高基底承载能力。通过有针对性的降水及注浆复合式整治，能有效地控制病害的发展，该技术适宜于隧道基底翻浆冒泥整治。

井点降水系统的设置需综合考虑病害情况、施工工期、工程造价及现场环境等因素，一般为在隧道两侧降水＋注浆加固，即在隧道两侧均设置井点降水系统，如图 23. 3. 9 所示。

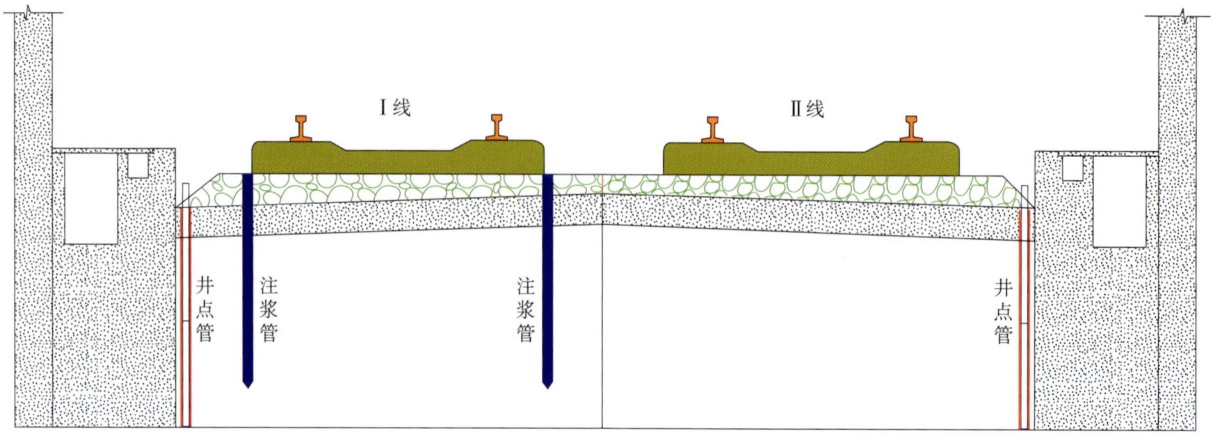

图 23. 3. 9　轻型井点降水现场设置

3. “密井暗管降水＋注浆”复合式强化技术

“密井暗管降水＋注浆”也是一种有效的整治既有铁路隧道基底翻浆冒泥和基底下沉的复合式整治技术。暗管排水降低了基底地下水水位，改善了全隧道的疏导排水系统，从而消除因地下水而引起的病害。注浆能起填充基底空洞，提高基底承载能力的作用。基本做法是加深两侧既有水沟至基底结构底部以下，布设排水暗管，间隔一定距离设置检查井，同时对隧道基底脱空区域进行注浆处理。

与轻型井点的点降水相比，密井暗管降水是线降水，降水效果较轻型井点明显，但是其破坏了隧道结构的整体性，恶化了隧道上部结构受力。因此在密井暗管法施工时，必须对隧道边墙脚进行锁脚处理，防止上部衬砌结构整体沉降。

此外，密井暗管法施工工艺复杂，工程量大，在运营铁路隧道中施工难度大，工期长。特别是在高速铁路隧道病害整治中应慎重选择。

23. 3. 6　隧道底鼓整治技术

针对隧道底鼓，目前常采用的整治技术主要有基底换拱、底板锚固及泄压降水等方法。

1. 基底换拱

一般产生底鼓区段，仰拱应发生结构性破坏，修复的难度较大，采用仰拱拆换，拆换后需加深仰拱，增大仰拱矢跨比，增强仰拱材料设计参数，提高仰拱抵抗底部围岩隆起变形的能力。这种技术需要中断行车，对高速铁路运营影响最大。基底换拱如图 23. 3. 10 所示。

2. 底板锚固

底板锚固能改善隧道基底结构受力，较好解决隧道底鼓问题，锚杆布置应与注浆孔间隔布置。底板锚固如图 23. 3. 11 所示。

3. 泄水降压或注浆堵水

针对地下水造成的底鼓，主要采用以“排”为主，以“堵”为辅的措施，“排”主要是结构外排水泄压，消除源头；“堵”是结构内，各结构层之间进行堵水，防止渗水对结构的破坏；同时对于须进行地下水排放量控制区域，换“排”为“堵”。通常采用的“排”措施是钻孔插管，或设置泄水洞引排；“堵”措施为注浆封堵。局部地区也配合地锚，对基底进行加固。注浆堵水设计如图 23. 3. 12 所示。

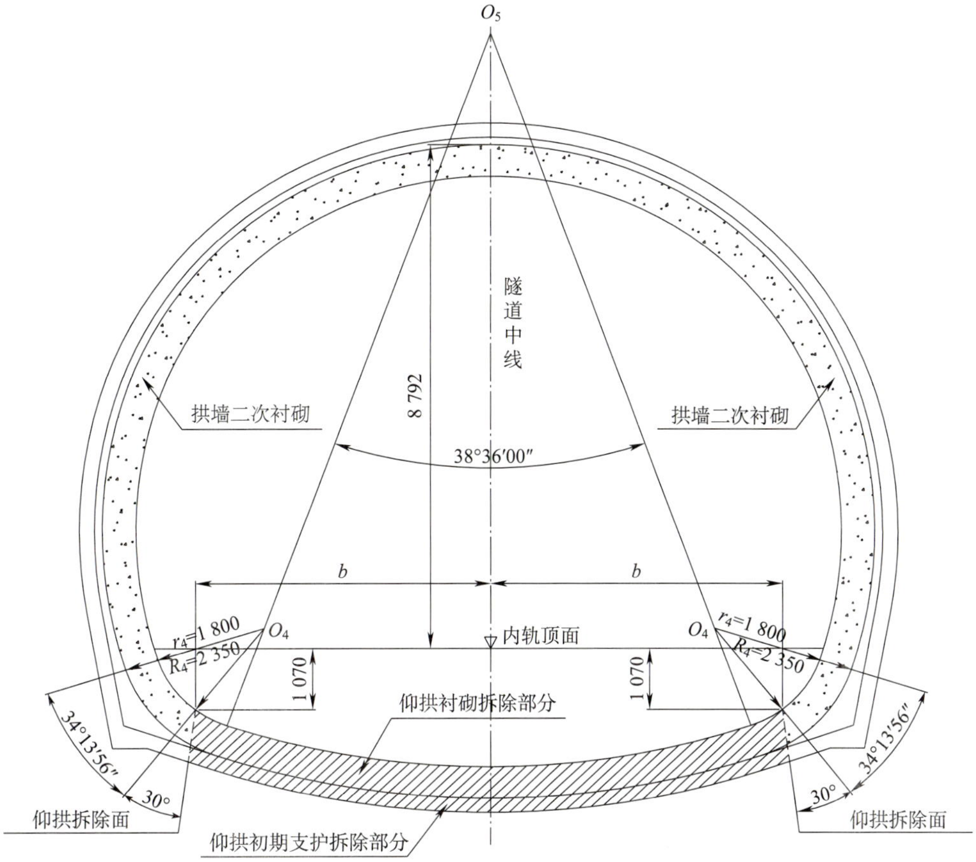

图 23.3.10　基底换拱(单位：mm)

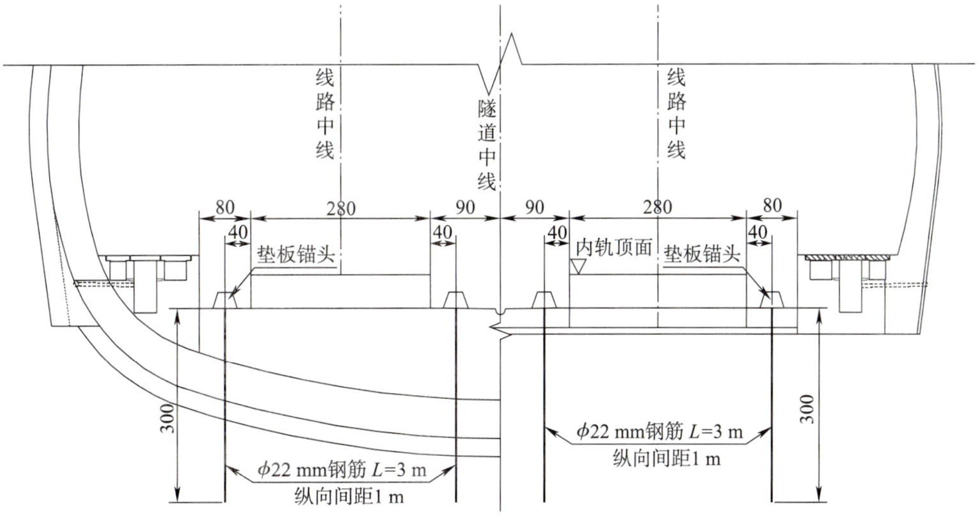

图 23.3.11　底板锚固设计(单位：cm)

对于地下水排水采用预埋管的方式，即在隧道侧沟、中心水沟中间隔预埋排水管，对地下水进行排泄。目前中国铁路隧道设计中尚未考虑仰拱底的排水问题。在将来的隧道设计中，提前进行泄水管预埋可以有效地解决地下水对底鼓的影响。如某隧道双侧水沟及中心排水管设置泄水降压管，间距 1 m/孔，深度至有仰拱地段应至仰拱下 50 cm，无仰拱地段应至水沟底 50 cm 处，采用粒径 10～15 mm 碎石填充，其双侧水沟泄水降压管设计同单线隧道。排水降压设计如图 23.3.13 所示。

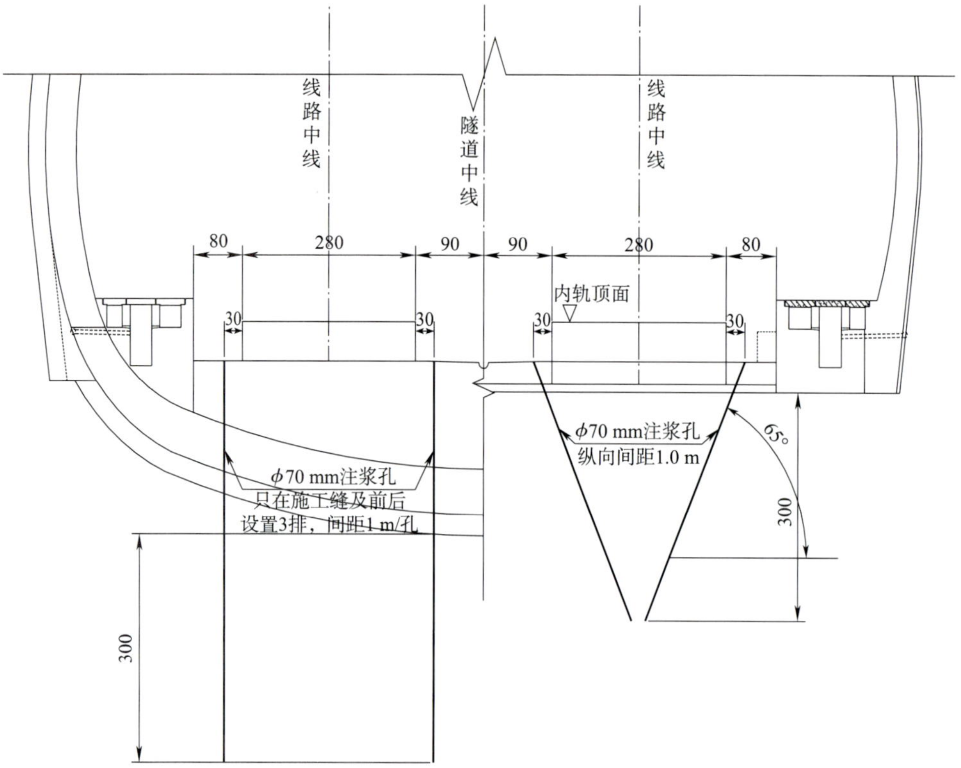

图 23.3.12　注浆堵水设计(单位：cm)

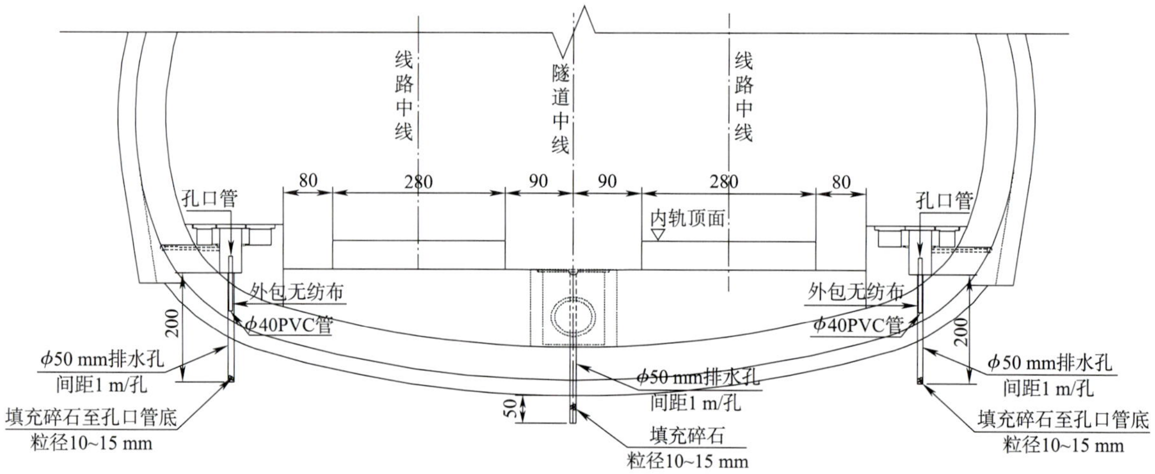

图 23.3.13　排水降压设计(单位：cm)

参 考 文 献

[1] 中华人民共和国铁道部. 铁路隧道设计规范(TB 10003—2005)[S]. 北京：中国铁道出版社，2005.

[2] 铁道部第二勘测设计院. 铁路工程设计技术手册·隧道[M]. 北京：中国铁道出版社，1995.

[3] 中华人民共和国铁道部. 铁路桥涵设计基本规范(TB 10002.1—2005)[S]. 北京：中国铁道出版社，2005.

[4] 杨春枝. 铁路桥隧维修管理手册[M]. 北京：中国铁道出版社，2006.

[5] 中华人民共和国铁道部. 铁路桥隧建筑物大修维修规则条文说明[S]. 北京：中国铁道出版社，2001.

[6] 申志军，李树枕，吴治家，等. 运营隧道缺陷与病害整治技术[M]. 北京：人民交通出版社股份有限公司，2016.

[7] 关宝树. 隧道工程维修管理要点集[M]. 北京：人民交通出版社，2004.

[8] 关宝树. 隧道工程设计要点集[M]. 北京：人民交通出版社，2003.

[9] AASHTO LRFD Bridge Design Specifications (SI Units, Third Edition)-2005 Interim Revisions [S]. American: American Association of State Highway and Transportation Officials, 2005.

[10] Akira Inokuma, Shigero Inano. Road Tunnels in Japan: Deterioration and Countermeasures [J]. Tunneling and Underground Space Technology, 1996, (11): 305-309.

[11] RICHARDS A. Inspection, Maintenance and Repair of Tunnels: International Lessons and Practice [J]. Tunneling and Underground Space Technology, 1998, (13): 369-375.

[12] American Highway and Rail Transit Tunnel Maintenance and Rehabilitation Manual [S]. American: U.S. Department of Transportation, 2004.

[13] 铁道部运输局基础部. 铁路隧道检测技术手册[M]. 中国铁道出版社，2007.

[14] 王哲龙，王起才，马丽娜. 探地雷达在隧道病害检测中的应用[J]. 水利与建筑工程学报，2009，7(4)：123-125.

[15] 张恩义. 地质雷达技术在隧道底部混凝土质量检测中的应用[J]. 铁道勘察，2009，(2)：38-40.

[16] 彭立敏，覃长炳，施成华，等. 铁路隧道基底病害整治现场试验研究[J]. 中国铁道科学，2005，26(2)：39-43.

[17] 彭立敏，覃长炳，等. 贵州多雨地区铁路路基隧道铺底病害整治综合技术研究 I [R]. 长沙：中南大学，2002.

[18] 卓益平. 某隧道病害原因分析及整治加固技术[J]. 公路交通技术，2010，(8)：114-116.

[19] 赖金星，张骞，董自超. 梁家山隧道病害成因综合勘察分析与处治措施[J]. 工程勘察，2010，(7)：27-29.

[20] 朱万听，李兰勤. 隧道基底病害现状及成因分析[J]. 现代隧道技术，2001，38(5)：42-44.

[21] 傅文志. 营业线隧道基床病害整治方法探讨[D]. 成都：西南交通大学，2011.

[22] 潘亚南. 带仰拱隧道密井暗管的新设计方法[J]. 铁道建筑技术，2010，(4)：59-62.

[23] 刘林昌，王金玉. 隧道翻浆冒泥的成因分析与治理[J]. 铁道标准设计，2002，(6)：52-53.

24 运营高速铁路隧道维修管理

隧道建筑物的修理工作分为检查、维修和大修，维修工作分为周期性保养和综合维修。隧道维修工作应按照“预防为主，预防与整治相结合”的原则进行，采取综合维修与周期性保养相结合的方式，修复既有缺陷，预防病害发生，保持隧道建筑物状态均衡完好，使列车能以规定的速度安全、平稳和不间断地运行。

24.1 高速铁路隧道维修管理现状

24.1.1 国外高速铁路隧道维修管理现状

目前世界上有多个国家已建成或正在修建高速铁路，其中在综合维修管理上比较成熟的国家有日本、法国和德国，这些国家在高速铁路的运营维护方面积累了不少宝贵的经验。

国外高速铁路维修工作的突出特点是管理、检测、维护、维修严格分开。他们在铁路维修机构方面的共性是维护维修由两部分组成：一是保养人员，二是维修人员。上述三个国家都在推进高速铁路维修的社会化，大的维修基本委托第三方机构进行。

国外高速铁路的维修机构侧重于管理。例如：法铁的基层维修班组由工程师领队，成立了由基础设施部门直接负责的维修监控中心。在各类信息的保障下，实现预防修和计划修，维持隧道完好技术状态，有效地减少意外事故和设施损伤的发生。德铁和日铁均采取客、货线共管的方式，尤其是 JR 东日本公司，维修基地间距平均为 43 km，与高速线、既有线间均有联络线，再加上站间横移停车装置，有效地保障了养路轨道机械的作业出行和行车避让。法铁和德铁则采取每隔 30 km 设置区间道岔的方式（反向行车），以解决维修轨道机械的作业出行和行车避让问题。

24.1.2 我国高速铁路隧道维修管理现状

我国高速铁路隧道运营的总里程已超过 3 100 km，2020 年后将超过 6 000 km，是一笔巨大的社会财富。管好、用好这笔财富，是维修管理的重要任务。因此，从设计阶段、施工阶段就开始考虑今后的维修管理问题，为运营阶段的维修管理工作创造良好的条件是非常重要的。目前，我国在高速铁路隧道维修管理方面有以下不足：

（1）缺乏早期发现高速铁路隧道缺陷或病害等变异现象的检查和检测方法，因此在日常检查中，充实、改进和完善检查和检测方法是当务之急。

（2）对运营高速铁路隧道功能状态的判定和评估方法有待进一步提高。

（3）必须改变“重工程、轻维护”、“重治理、轻检查”、“重晚期、忽视早期”等错误观念，建立“预防为主、早期发现、及时维护、对症下药”的基本理念。

（4）高速铁路隧道缺陷修复或病害整治方法落后，需将一些先进的材料、成熟的工艺和有效的措施等引入到高速铁路隧道的缺陷修复或病害整治方案之中。

24.2 高速铁路隧道维修管理组织形式

24.2.1 高速铁路隧道维修管理目的及基本原则

维修是指隧道混凝土结构物在使用期间，保持结构物性能在容许范围内的技术行为。即在合适的设计、施工和维修管理条件下，隧道结构物会具有良好的承载性、耐久性和满足耐久性要求的使用寿命。但如果设计、施工不当或对某些潜在的因素考虑不周，或维修管理不善，就会出现劣化现象或加速劣化的发展，从而造成结构物耐久性的降低或使用寿命的缩短。

高速铁路隧道维修管理的目的就是保证隧道良好的运营条件和结构物的使用功能，不断地延长结构物的使用寿命。

高速铁路隧道维修管理的基本原则是确保隧道的功能和运营环境的质量，而对影响隧道结构物安全性、耐久性的变异现象进行检查及调查，并采取适当的对策和措施。

24.2.2 国外高速铁路隧道的维修管理组织

1. 法国 TGV 高速铁路

法国 TGV 高速铁路由法铁总局管理，管理机构纵向分为总局、地区局及基层单位三级。法国高速铁路的维修工作由路外维修公司承担，维修公司配有大型养路机械，按照与工务部门签订的合同进行维修。工务段只负责隧道等设备的日常养护管理、检查、巡视和监督工作。工务段下设工区，平均每个工务段管辖双线线路 150 km 左右，每个工区管辖双线线路 70 ~ 80 km。

2. 日本新干线高速铁路

以东海道新干线为例说明日本高速铁路工务组织机构。日本东海道新干线由东海铁道公司负责管理。东海铁道公司下设东海道新干线铁道事业部，东海道新干线铁道事业部下设设施部，负责新干线的养护维修工作；设施部下设保线课，保线课管理 10 个保线所；每个保线所下设 3 个管理室，每个管理室负责双线 20 km 左右线路的维修作业。

3. 德国 ICE 高速铁路

德国铁路下设铁路局，铁路局下设总代办处、运营处、机务处及新线建设处。其中运营处下设工务段、房产段及电务段等机构，并负责管理沿线车站。工务段下设领工区，领工区下设若干工区。

法铁管理层次是：路局基础运营部维修处→基础设施段→专业工区→维修小组。日铁管理层次是：交通省→总社→支社→技术中心→派出。德铁管理层次是：路局路网维修部→地区分部→分区→组。由此可见，虽然现代管理和技术手段都有较大提高，但目前高速铁路分区域就近管理仍是常用模式。显然，上述 3 个国家的高速铁路隧道维修管理机构目前均维持在 3 个层级以上，具体见表 24.2.1。

表 24.2.1 国外高速铁路隧道维修管理机构汇总表

项 目	德 铁	法 铁	日 铁
中央级	路网公司维修部	铁路总局	交通省
地区级	维修分部(例 NOBI)	地区局	总社(例 JR 东日本)
全国数量	6	23	4
中 层	NOBI-Ⅰ	维修段	支社
管辖范围		按线 120 ~ 300 km	200 ~ 300 km
基 层	NOBI-Ⅱ		技术中心
管辖距离	30 ~ 100 km		80 ~ 120 km 基地间隔平均为 43 km
作业组		工班	派出

24.2.3 我国高速铁路隧道的维修管理组织

我国高速铁路隧道维修实行委托方式，委托铁路局组织实施。维修技术特别复杂，难度大且铁路局专业维修单位难以胜任的，经充分论证，按规定程序，可委托具备资质的公司实施。

中国铁路总公司下设 18 个铁路局(公司)，各铁路局下设工务(桥工)段(以下统称为设备管理单位)，一般工务段下设路桥检查车间，负责桥隧、路基设备的日常管理。在路桥检查车间下设路桥检查工区，未设路桥检查车间的，必须设置路桥检查工区。长大隧道或隧道群设置专门的检查工区。路桥检查车间的管辖营业长度一般在 300 km 左右，且不超过 400 km；路桥检查工区管辖营业线长度一般在 100 km 左右；山区路段可适当缩小管辖长度。路桥检查工区负责桥隧和路基设备、附属及安全检查设施的日常检查、观测及适量的保养工作。车间、工区按照专业化管理的需要配备相应的交通运输工具、动力机械、专用检测设备及作业机具、高处检查平台等。

24.3 高速铁路隧道保养管理

24.3.1 保养工作目的

高速铁路隧道保养工作的目的主要是及时消灭超限处所和临近超限处所，保持隧道设备状态经常均衡完好，确保行车安全平稳。

24.3.2 保养工作原则

隧道构筑物保养工作按照“预防为主，消灭超限”的原则，宏观上以周期控制、微观上以状态控制。

保养分紧急保养和周期保养。检查发现的超限处所，应立即安排紧急保养，消灭超限。周期保养为预防性保养，根据保养周期进行，可分区段进行。

24.3.3 保养工作范围

（1）隧道进出口坡面危石及隧道衬砌掉块的清理。

（2）隧道排水系统疏通，侧沟修补等。

（3）涵洞清淤，倒虹吸盖板或拦污栅修复补充。

（4）各种标志、标识的刷新和修补。

24.3.4 保养工作计划编制与实施

保养计划的编制与实施，应通过设备的周期性检查，除对发现的超限处所及时整修消除外，还应对临近超限处所进行预防性周期保养，编制季度保养计划，经上级部门批准后实施，并将实施情况、班前安全质量预想防控项点及措施记录在保养日计划及完成表内。

24.3.5 保养质量评定

定期评定工作应由设备管理单位组织有关人员，结合春检和秋检，每年对隧道设备进行一次保养质量评定。

每座隧道设备的保养质量评定根据该设备各部分存在的问题，按照《高速铁路桥隧建筑物保养质量评定标准》的规定，根据扣分情况评定保养质量。每座设备扣分总和，除以该设备的长度(取整数)即为该设备的保养质量平均分(取小数点后一位)。保养质量每米长度平均分在 5 分及以下且无单项质量扣 10 分者为合格，否则为不合格。

每次评定的情况，均应填写《高速铁路桥隧建筑物保养质量评定记录表》(高桥—10)。

设备管理单位应对保养质量和数量进行不定期的现场抽查核实。

24.4 高速铁路隧道维修管理

24.4.1 维修工作目的

高速铁路隧道建筑物综合维修工作主要是预防性修理，恢复各部件的功能，保持整座隧道设备质量均衡完好。

24.4.2 维修工作原则

高速铁路隧道建筑物维修工作按照“预防为主，防治结合，有病治病，治病除根”的原则，宏观上以周期控制、微观上以状态控制。一般以整座设备，全项目进行，特长隧道可分段进行。

24.4.3 综合维修工作范围

（1）整治少量的隧道漏水，修补小量衬砌圬工。

（2）隧道排水沟清理。

（3）隧道洞口边、仰坡危石处理，防护设施局部整修。

（4）隧道通风设施整修。

（5）各种防护设备的砌体勾缝修补。

（6）防护墙、作业通道、救援疏散通道、安全检查设备、抗震设施等的局部整修。

（7）各种标志的增设、修理和更换。

24.4.4 综合维修计划编制与实施

高速铁路隧道综合维修年度计划，由设备管理单位编制《高速铁路桥隧建筑物综合维修年度计划表》(高桥—11)，经铁路局批准后实施。其完成情况按月统计，逐级上报。

隧道设备的月度综合维修计划，按照设备管理单位下达的任务，根据综合维修的要求，以工作量调查结果为依据，编制《高速铁路桥隧建筑物综合维修月计划及完成表》(高桥—12)，经批准后执行。

承担综合维修的单位，按照批准后的综合维修计划，制订实施计划和措施，并根据计划进度要求，编制综合维修日计划，填写《高速铁路桥隧建筑物维修保养日计划及完成表》(高桥—9)，并组织实施。

高速铁路隧道综合维修作业应严格按照作业标准进行，实行质量控制，保证达到规定的质量要求。

24.4.5 综合维修作业质量验收

高速铁路隧道综合维修作业质量的验收，要严格执行逐级验收制，分级把关，异体监督，控制综合维修质量。

作业过程中，每天应在作业中及收工前进行质量自检、互检和回检，发现不符合标准的项目应及时返修达标。做到每项作业勤检细修一次达标。每次检查的情况都应填写在日计划及完成表内或施工记录上。

每座隧道综合维修作业全部完工后，应按《高速铁路桥隧建筑物修理作业验收标准》的有关规定进行质量验收评定。长大桥可分孔或分段进行验收。

每次维修验收时，应根据验收记录在《高速铁路桥隧建筑物综合维修验收证》(高桥—13)内填写验收质量评定结果。

综合维修作业质量评定分为合格、不合格两个等级。全部项目一次验收达到合格，可评为“合格”，否则为“不合格”。若出现不合格处所，经返修复验合格，评为“合格”。

24.5 高速铁路隧道大修管理

24.5.1 大修工作目的

高速铁路隧道建筑物大修是搞好隧道设备运营管理的一项重要措施，其作用是根据设备状态劣化程度和运输发展需要，恢复或改善设备功能，提高承载抗灾能力，最大限度地延长使用寿命。

隧道建筑物大修根据铁路运输需要和设备技术状态，有计划地对设备进行加固或改建，整治重大病害，恢复或提高设备承载、抗洪、抗震能力，改善建筑物限界，以充分发挥隧道建筑物的使用效能。

隧道建筑物大修必须认真执行检查、计划、作业、验收等基本工作制度，依靠科技进步，实行全面管理，不断提高工作效率和经济效益，力求以最经济的人力物力，取得最大的效果，提高大修工作质量。

隧道建筑物大修的计划、设计、施工和检查验收等工作，应严格按照《高速铁路桥隧建筑物修理规则(试行)》执行。

24.5.2 大修工作范围

桥隧大修按照设备状态劣化等级、工程性质、工程量大小和复杂程度，分为周期大修、重点大修和一般大修等。高速铁路隧道衬砌加固、洞口边仰坡整治、严重漏水整治等为重点大修，其他隧道病害整治大修为一般大修。高速铁路隧道大修工作范围如下：

（1）整治漏水，改善和增设排水设备。

（2）整治洞口边坡、仰坡。

（3）铺底成段整治。

（4）衬砌裂损整治。

24.5.3 大修计划编制

高速铁路隧道大修件名以每座建筑物为单位，将需要进行大修的各个工程项目，均安排在同一次大修件名内。

设备管理单位应根据设备技术状态，每年设备检查后，提出次年的《高速铁路桥隧建筑物大修项目建议书》(高桥—14)，报送铁路局和铁路公司审核。铁路公司会同铁路局，根据轻重缓急和投资能力，确定次年度大修任务计划。

对病害原因复杂的隧道大修项目，应对病害原因、程度、发展趋势和整治方案进行专家论证。

24.5.4 大修设计文件

每件高速铁路隧道大修工程均应进行设计，编制设计文件。周期大修和一般大修件名可直接进行设计。重点隧道大修工程可分两阶段进行设计，即先提出初步设计和概算，经铁路局和铁路公司审查确定后，再编制技术设计。设计文件是指导施工和进行经济核算的主要依据，应做到技术先进，经济合理。

隧道大修设计文件分为说明书、设计图表和预算三部分。

1. 说 明 书

说明书包括建筑物的技术状态和病害情况、设计依据、工程范围、技术标准、设计方案、施工方法、质量要求、安全措施及其他注意事项。重点大修工程还应有详细的施工图及说明。

2. 设计图表

设计图表包括隧址地形平面图、工程总布置图、纵横断面图、各种结构细节、基础地质柱状图等图纸及工程数量表、主要说明等。

3. 预 算

预算包括预算汇总表、单项工程预算表、材料数量和重量表、运输费用计算表、工程数量表和计算清单以及补充单价分析表、工费表等，计算费率按有关规定办理。

重点大修件名设计完成后，技术文件应由铁路局和铁路公司共同主持进行鉴定。设计单位根据鉴定提出的问题作修改后编成正式文件。凡列入隧道大修计划的件名，其设计文件编制完成后，均应经过铁路局和铁路公司审查批准。全年大修的设计文件应在当年的6月底前完成。在一季度至三季度内施工的件名，应在开工前60 d提出。对个别临时变更或追加的件名，设计文件最迟应在开工前20 d提出。

在施工过程中，如需变更原设计和预算时，应根据变更性质及程度，按以下规定办理：

（1）凡改变主要施工方案或增减较大的工程项目时，应由提议单位提出变更理由，报设计单位签注意见后，由原批准单位审查同意，交原设计单位变更设计及预算。

（2）如为原设计方案基础上的零小变更或仅为工作量的增减，可不变更设计，由施工单位提出理由，连同增减工程项目及数量报原设计和批准单位审查同意后，据以施工。

（3）由于工费、料费价值变更而影响预算总价时，可不变更原设计的预算表，仅将每件工程的材料工费差价列成汇总表，进行总的一次性调整。

24.5.5 大修施工管理

高速铁路隧道大修工程，必须有批准的设计、施工文件才能施工。

隧道大修原则上由专业施工单位施工，零小的一般大修或周期性大修工程，亦可由设备管理单位施工。

1. 隧道大修施工准备

施工单位在接到批准的设计文件后，应做好以下工作：

（1）详细了解设计文件内容，编制施工组织设计，以确定施工组织、施工方法、施工步骤、工程进度和安全防护措施，对施工较复杂的工程，必要时绘制施工网络图。

（2）充分做好施工前的准备工作，特别要做好施工计划，以及材料、机具和劳力等具体安排，保证大修任务按计划进行。

（3）每件大修工程开工前，应组织设计及有关人员向设备管理使用单位和施工人员进行技术交底。对重点大修工程，铁路局相关部门和单位必须严格按照施工等级规定确定现场监控人员，做好组织协调和安全监控。

2. 隧道大修监理制度

隧道大修工程的施工应视工程规模的大小、性质实施工程监理制度。工程的监理应严格执行铁路主管部门发布的《铁路建设工程监理规范》(TB 10402—2007)中的各项条款。

3. 隧道大修计划编制

隧道大修施工应编制年度分季、季度分月计划。

（1）年度分季计划由铁路局根据批准的年度大修计划编制，并下达施工单位实施。施工单位按照计划进度要求，提出材料申请和施工封锁计划等。

（2）季度分月施工计划，由施工单位根据下达的季度任务编制，报铁路局和铁路公司批准后执行，并每月向施工工班下达任务。

4. 隧道大修材料管理

隧道大修使用的主要材料应提供材质说明书和合格证，并按有关规定进行检验，检验合格并经监理或监护员审核签认后，才准领用和运往工地。使用代用材料时，应征得原设计单位同意。加强料具管理，建立和健全料具保管、领发盘点等制度，防止散失或受损；应特别注意对易燃、爆炸、有毒及受潮变质材料的保管工作，以及动力设备、施工机械、运输工具等主要生产机具的保养和管理工作。

5. 隧道大修注意事项

隧道大修工程竣工后应做好以下工作：

（1）由于施工影响拆除和受损部分，应全部恢复原状。

（2）及时清理工地，清理和回收遗存的材料、工具、备品。

（3）大修施工单位应将施工记录和竣工图等资料整理齐全。技术复杂，采用新技术、新工艺的大修工程，应做好施工技术总结，交付验收。

（4）建立施工安全质量负责制，严格按照设计文件和有关施工规范、规则、营业线施工安全管理的规定施工，保证行车安全、人身安全和工程质量。

（5）大修封锁施工，必须充分做好施工前的各项准备，施工前设计施工单位应将施工方案、施工步骤、封锁时间、人员分工、安全注意事项及质量要求，详细向设备管理使用单位及施工单位人员进行技术交底，保证安全正点，质量良好地进行施工。

（6）每日施工的工作内容、安全、质量、使用材料、施工方法及施工中发现的主要问题及处理情况等，施工负责人应详细记载在《高速铁路桥隧建筑物大修施工日志簿》(高桥—15)内。大修隐蔽工程应填写《高速铁路桥隧建筑物大修隐蔽工程检查记录表》(高桥—16)或相应的专门施工记录，由监理或设备管理单位主管工程师签认。

24.5.6　大修施工检查

高速铁路隧道大修施工应建立严格的检查制度，做好施工检查工作。施工负责人应在每日作业中、收工前，对当日作业质量和安全情况进行全面检查。严格执行《铁路营业线施工安全管理办法》的规定。施工单位应加强经常性技术指导，至少每月进行一次检查，尤其是封锁施工时，主管领导必须亲自检查。慢行施工，应派专人对线路变化情况进行检查，及时对线路不良处所进行整修和保养，并做好记录。

为保证大修工程质量，应做好质量监督工作：

（1）铁路局和铁路公司应指派专人认真检查大修工程的安全质量情况。设备管理单位应与施工单位密切配合，指派有关人员经常检查管内大修工程的安全质量。还应签订有关协议，明确安全责任。

（2）隐蔽部分的施工要求现场应旁站监理或监护。施工单位必须派技术人员临场监督，并应事先通知设备管理单位派员会验，检验合格方可继续施工并应详细填写《高速铁路桥隧建筑物大修隐蔽工程检查记录表》(高桥—16)。重大工程应通知铁路局和铁路公司进行监督。

24.5.7　大修竣工验收

高速铁路隧道大修验收以每件为单位，工程项目工作量较大的工程，亦可分项进行验收，但全部工程竣工后，须再进行一次总的质量评定。

隧道大修工程竣工验收程序如下：

（1）工程竣工后，应先由施工单位按设计文件、施工质量验收标准和《高速铁路桥隧建筑物修理作业验收标准》逐项检验施工质量，并作出检验记录及质量评定。如质量不合格或有漏项等缺陷，应及时整修完好，同时备齐竣工文件，报请铁路局和铁路公司验收，并通知有关设备管理单位。

（2）铁路局和铁路公司在接到施工单位申请办理正式验收的报告后，应立即组织验收，经验收合格，组织设备管理单位和施工单位办理验交手续。

（3）经验收人员检查认为工程内容符合设计文件，工程质量符合验收标准的要求、竣工文件齐全完整时，验收人即应签发《高速铁路桥隧建筑物大修竣工验收证》(高桥—17)。如检查认为不合要求时，应指出不合格处所和改正意见，由施工单位继续整修，限期完成，达到标准时，再行复验。

隧道大修工程的施工质量，以每件工程为单位综合评定，分为“合格”和“不合格”两个等级。合格是指全部工作项目的质量达到合格，不合格是指任何一项工作项目的质量未达到合格。若不合格项目返工整修，经复验达到合格，评为“合格”。

参考文献

[1] 中华人民共和国铁道部. 高速铁路桥隧建筑物修理规则(试行)(铁运〔2011〕131号)[S]. 北京：中国铁道出版社，2011.

[2] 朱宇仪. 铁路隧道的维修技术[J]. 铁道科技动态，1988,(11)：10-13.

[3] 关宝树. 铁路隧道的养护维修[J]. 学术动态导报，1992,(4)：18-22.

[4] 王贵棠. 日本铁路隧道的检查与维修[J]. 铁道知识，1995,(3)：31-41.

[5] 关宝树. 日本铁路隧道维修养护管理技术的现状[J]. 隧道丛译，1993,(6)：1-8.

[6] J. Benford，李定越. 联邦德国的铁路隧道维修[J]. 铁道建筑，1984,(11)：39-40.

第五篇　工程实绩

25 运营高速铁路隧道

在已经通车运营的60多条高速铁路中，隧道长度超过50 km的高速铁路有18条。其中贵广高速铁路隧道234座，总长464 km，成为我国拥有隧道最多的高铁线路。其他有些高速铁路虽然隧道比例不是太大，但比较有特色。本章将简要介绍"四纵"、"四横"以及隧道相对较多、有特色的高速铁路隧道工程实绩。

25.1 "四纵"高速铁路隧道

25.1.1 北京至哈尔滨和大连客运专线隧道

北京至哈尔滨和大连客运专线全长1 822 km，包括北京至天津城际铁路长118 km、天津至秦皇岛客运专线长288 km、秦皇岛至沈阳客运专线长405 km、哈尔滨至大连客运专线长921 km及盘锦至营口客专连接线长90 km。该通道隧道工程较少，共有隧道22座，总长20.9 km。其中，北京至天津段、秦皇岛至沈阳段、盘锦至营口段没有隧道工程；天津至秦皇岛段共有隧道14座，长度为11.1 km；哈尔滨至大连段共有隧道8座，长度为9.8 km。

1. 津秦客运专线隧道工程

1）线路概况

津秦客运专线是中国东北至华北、华东地区的主要通道。线路西起天津站，沿线经过天津市滨海新区、唐山市，止于秦皇岛市，新建正线全长257.432 km。工程于2008年11月8日开工，于2013年12月1日正式通车运营，最高设计速度为350 km/h。津秦客运专线线路平面如图25.1.1所示。

图25.1.1　津秦客运专线线路平面

2）隧道工程概况

全线新建隧道(双线)14座，总长11.117 km，占线路总长的4.3%。隧道集中分布在唐山至秦皇岛之间。其中最长隧道为葫芦山隧道，长3 800 m，轨上净空断面积为100 m^2。峰山隧道，长345 m，为确保运梁车安全快速通过采用扩大断面，内净空断面积为115 m^2。本线隧道总体情况相对简单，无重难点工程，施工比较顺利。隧道按长度汇总见表25.1.1。

表 25.1.1 津秦客专隧道长度分段汇总表

隧道长度 L(m)	$L<500$	$500\leqslant L<3\,000$	$3\,000\leqslant L<10\,000$	合　计
座数(座)	12	1	1	14
长度(km)	5.737	1.58	3.8	11.117

3）工程地质情况

本线隧道通过辉长岩、安山岩、花岗岩等地层。地下水主要为孔隙潜水、基岩裂隙水。隧道围岩级别统计情况汇总见表 25.1.2。

表 25.1.2 津秦客专隧道围岩级别汇总表

围岩级别	Ⅱ	Ⅲ	Ⅳ	Ⅴ	合　计
长度(km)	4.297	2.833	2.023	1.964	11.117
比例(%)	38.83	25.60	18.28	17.29	100

4）地震烈度及气象条件

沿线地震动峰值加速度(地震基本烈度)天津及唐山地区为 0.2g(Ⅷ度)，秦皇岛地区为 0.1g(Ⅶ度)。最冷月平均气温为 −4.8℃。

2. 哈大客运专线隧道工程

1）项目概况

哈大客运专线南起滨海城市大连，经辽宁省营口、鞍山、辽阳、沈阳、铁岭，吉林省四平、长春，终至黑龙江省会哈尔滨，线路纵贯东北三省，途经 3 个省会城市和 6 个地级市及其所辖区县，线路全长 903.945 km。工程于 2007 年 8 月开工，2012 年 12 月 1 日正式通车运营，最高设计速度为 350 km/h。本线沈阳至哈尔滨段没有隧道工程，隧道均分布在沈阳至大连之间，哈大高铁沈阳至大连段线路平面如图 25.1.2 所示。

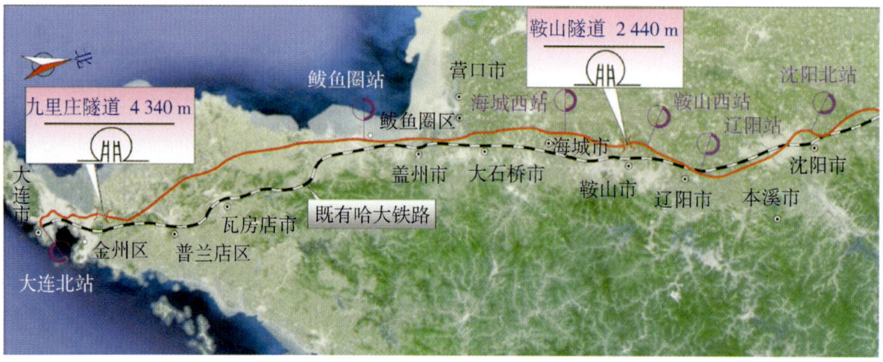

图 25.1.2 哈大高铁沈大段线路平面

2）隧道工程概况

全线共有隧道 8 座隧道，总计 9 776 m，均为双线隧道，其中九里庄隧道全长 4 340 m，鞍山隧道为 V 字形隧道，全长 2 440 m，其余 6 座隧道长度均在 1 km 以下。哈大客专隧道断面按照350 km/h 标准设计，隧道断面轨面以上内净空面积为 100 m^2；其中台山、笔架山隧道为满足运梁车通行，隧道断面轨面以上内净空面积为 134.66 m^2。隧道按长度汇总见表 25.1.3。

表 25.1.3 哈大高铁隧道长度分段汇总表

隧道长度 L(m)	$L<500$	$500\leqslant L<3\,000$	$3\,000\leqslant L<10\,000$	合　计
座数(座)	3	4	1	8
长度(km)	0.797	4.639	4.34	9.776

3）工程地质情况

沿线分布地层岩性复杂，其中鞍山隧道为平原隧道，穿越地层主要为黏性土、砂类土、碎石类土。隧道围岩分级为Ⅴ～Ⅵ级，地下水类型为第四系孔隙潜水，赋存于第四系粉土和砂类土的地下水具有微承压性，为微承压水。勘测期间微承压水稳定水位埋深为1.70～18.02 m(高程为+18.27 m～+2.21 m)。

其他7座隧道均为山岭隧道，其地层为灰岩、页岩、砂岩、白云质灰岩、泥灰岩以及千枚岩等。地下水主要为基岩裂隙水及岩溶水。隧道围岩级别统计情况汇总见表25.1.4。

表25.1.4　哈大高铁隧道围岩级别汇总表

围岩级别	Ⅱ	Ⅲ	Ⅳ	Ⅴ	Ⅵ	合　计
长度(km)	2.609	1.159	2.648	3.310	0.05	9.776
比例(%)	26.69	11.86	27.09	33.86	0.51	100

4）地震烈度及气象条件

沿线地震动峰值加速度(地震基本烈度)为0.15g～0.2g(Ⅶ～Ⅷ度)。最冷月平均气温为-3.9～-11.3℃。

5）重点工程概况

本线重点工程为鞍山隧道。

鞍山隧道位于辽宁省鞍山市宁远镇，是为满足军方要求而设的钻入地下的隧道，全长2 440 m，为双线隧道。隧道内线路最大埋深约20.5 m，最大覆土厚度约10.5 m。隧道位于冲积平原区，地形平坦、开阔。隧道多处通过高、低压供电线路和油管以及其他管线。

由于地理条件的特殊性，本隧道施工工法采用以明挖为主，下穿铁路专用线采用暗挖的方案。其中有1 890 m采用放坡明挖，中部基坑较深段共460 m采用钻孔灌注桩围护结构；下钻铁路专用线段共50 m采用暗挖法施工，超前管幕支护；隧道两端与路基U形槽封闭结构(带雨棚)相接。由于该隧道为V字坡，在隧道最低点处设置排水泵房和直通地面的检查井1处。

鞍山隧道明挖法施工图片如图25.1.3所示，管幕超前支护如图25.1.4所示，洞口U形槽雨棚结构如图25.1.5所示。

图25.1.3　鞍山隧道明挖法施工(铁三院提供)

图25.1.4　下穿铁路段管幕支护(铁三院提供)

25.1.2　北京至上海客运专线隧道

1. 项目概况

京沪高速铁路是世界上一次建成线路最长、标准最高的高速铁路，也是我国建国以来一次投资规模最大的建设项目，设计时速为350 km。线路由北京南站至上海虹桥站，全长1 318 km，纵贯北京、天津、上海三大直辖市和冀鲁皖苏四省，连接环渤海和长江三角洲两大经济区，全线设24个车站，于2008年4月18日正式开工，2011年6月30日通车。京沪高速铁路线路平面如图25.1.6所示。

图 25.1.5　鞍山隧道 U 形槽雨棚（铁三院提供）

图 25.1.6　京沪高速铁路线路平面

2. 隧道工程概况

全线共有隧道 25 座，总长 17.936 km，其中正线隧道 21 座，长度 16.098 km，隧线比为 1.36%。其中南京大胜关枢纽 6 座，共 3.084 km，正线隧道内净空断面积为 100 m^2。隧道按长度汇总见表 25.1.5。

表 25.1.5　京沪高速铁路隧道长度分段汇总表

隧道长度 L(m)	$L<500$	$500\leqslant L<3\,000$	$3\,000\leqslant L<10\,000$	$L\geqslant10\,000$	合　计
座数(座)	14	11	0	0	25
长度(km)	3.745	14.191	0	0	17.936

3. 工程地质情况

徐州以北隧道地形地貌为鲁中南低山丘陵区，低山起伏较大，大部分基岩裸露，主要为奥陶系的灰岩、寒武系的灰岩、页岩及太古界的花岗岩等。徐州以南隧道集中的区域主要有三叠系、二叠系、志留系地层，以灰岩、砂岩、页岩、泥岩为主。

隧道围岩级别统计情况汇总见表 25.1.6。

表 25.1.6　京沪高速铁路隧道围岩级别汇总表

围岩级别	Ⅱ	Ⅲ	Ⅳ	Ⅴ	合　计
长度(km)	1.334	3.570	5.879	7.153	17.936
比例(%)	7.44	19.90	32.78	39.88	100

4. 地震烈度及气象条件

沿线地震动峰值加速度在0.05g～1.0g之间。徐州以北隧道属暖湿带大陆季风气候类型，徐州至南京段属温带半湿润季风气候，为我国南北气候的过渡地带，南京至上海段属亚热带海洋性季风气候。

5. 重点工程概况

本线重点工程为金牛山隧道和韩府山隧道群两处。

(1) 金牛山隧道

金牛山隧道全长1 905 m，隧道内为3.0‰和12.0‰的上坡。隧道位于丘陵缓坡，地形起伏较大，隧道最大埋深35.37 m。隧道两处下钻京沪高速公路，下钻地段为高速公路路堑，隧道覆土(岩)厚度分别为9.28 m及12.05 m，下钻段路宽分别为16.5 m及37.5 m。隧道与高速公路小角度相交，分别是14.57°和36.73°。隧道区地层为太古代泰山群(Art)花岗片麻岩局部夹角闪片岩。在两次下钻京沪高速公路段，采取ϕ108 mm长管棚超前支护，隧道采取中导洞法开挖，保证隧道施工过程中高速公路地面沉降控制在允许沉降范围内。该隧道采用喇叭口式缓冲结构洞门，如图25.1.7所示。

图25.1.7　金牛山隧道出口（中国水电集团提供）

(2) 韩府山隧道群

韩府山隧道群位于南京市雨花区，共包含4座并行隧道，分别为韩府山1～4号隧道。其中1～3号相距较近，两相邻线路中线距离20～22 m，隧道净距6～10 m，为小净距隧道。该隧道群各隧道均为单洞双线，开挖断面均大于140 m^2。隧址区属剥蚀低山丘陵区，地形起伏较大，自然坡度10°～45°，植被很发育。隧道口为废弃采石场，人工开挖剖面高10～40 m高，开采边坡坡度45°～70°。

由于四座隧道沿洞口出露地层围岩级别差，主要为V级围岩，岩体极为破碎，浅埋、偏压极为严重，韩府山隧道群为(超)小净距隧道群，施工难度大，在爆破开挖过程中，相互干扰较大，危险性高，很容易引起坍塌等事故发生。设计采取合理的开挖顺序、开挖方法及相互间掌子面的纵向距离，把相互影响降到最低；通过合理的选择爆破参数，控制爆破进尺、爆破振速等措施来减小爆破对围岩及支护结构的影响；设计采用中空锚杆及注浆等措施加固隧道群间的岩体，确保开挖后隧道洞身的稳定。

韩府山隧道群靠近南京城区，隧道洞口结合周边的地形、地貌、地质条件等因素，进行景观设计，做到与周围自然环境的协调，如图25.1.8所示。

25.1.3　北京至广州至深圳客运专线通道隧道

北京至广州至深圳客运专线全长2 391 km，包括京石客运专线长281 km、石武客运专线长921 km、武广客运专线长1 079 km、广深港客运专线长110 km。共有隧道292座，全长269 km。京石段重点隧道主要为石家庄六线隧道，详见第27章。

图 25.1.8　韩府山隧道群洞口（京沪高铁公司提供）

1. 石武客运专线隧道

1）项目概况

石家庄至武汉铁路客运专线石家庄至郑州段没有隧道工程，郑州至武汉段位于河南、湖北两省境内，线路自郑州黄河公铁两用桥南端引出，经郑州市、许昌市、漯河市、驻马店市、信阳市、孝感市等市，终于武汉市天兴洲大桥北端，线路全长 472 km。全线隧道 38 座共 39.535 km，隧线比为 8.5%。

本项目于 2008 年 10 月开工，2012 年 9 月 28 日建成通车运营，最高设计速度为 350 km/h。

本线隧道工程均在郑州至武汉段，石武客运专线郑州至武汉段线路平面如图 25.1.9 所示。

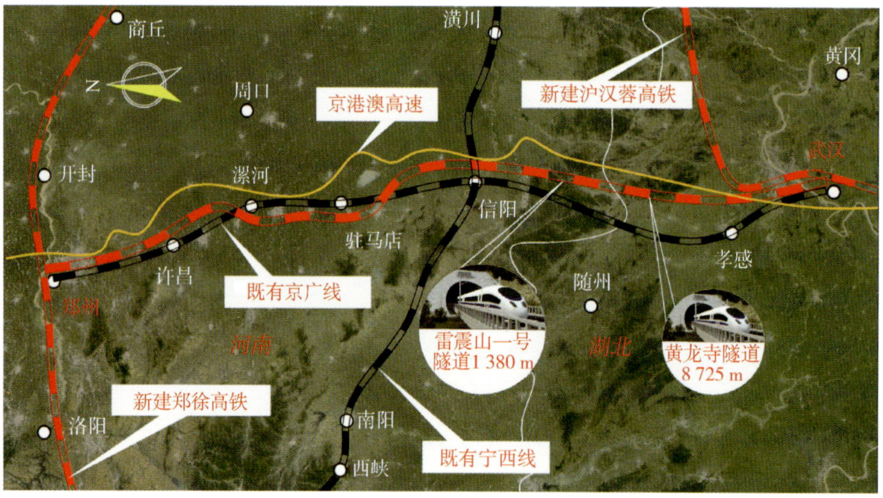

图 25.1.9　石武客运专线郑州至武汉段线路平面

2）隧道工程概况

石武客运专线郑武段新建隧道 38 座，总长为 39.535 km，占线路总长度的 8.49%；全部为单洞双线隧道，内净空断面积为 100 m^2。

本线最长隧道为黄龙寺隧道，位于河南省信阳市与湖北省大悟县境内，长 8 725 m。本段隧道分布见表 25.1.7。

3）工程地质情况

隧道沿线从北至南分别穿过石英岩夹云母石英片、片岩、角闪石英片岩、花岗岩、角闪片麻岩、云母片岩、石英片岩等地层。隧道围岩级别统计情况汇总见表 25.1.8。

表 25.1.7 石武客运专线郑武段隧道分布表

序号	省 别	线路长度(km)	隧道数量(座—m)				隧线比(%)
			$L<500$ m	500 m$\leqslant L<$3 000 m	$L\geqslant$3 000 m	合 计	
1	河南省	340.716	4—712	5—6 111	0.5—2 777	9.5—9 600	2.82
2	湖北省	131.223	15—3 932	12—15 310	1.5—10 693	28.5—29 935	22.81
合 计		471.939	19—4 644	17—21 421	2—13 470	38—39 535	8.37

表 25.1.8 石武客运专线隧道围岩级别汇总表

围岩级别	Ⅱ	Ⅲ	Ⅳ	Ⅴ	合 计
长度(km)	14.051	6.855	4.490	14.039	39.535
比例(%)	35.36	17.25	11.37	36.02	100

4）地震烈度及气象条件

隧道沿线地震动峰值加速度均小于等于 0.05g。

河南省境内，属暖温带亚湿润季风气候区，降水量年际变幅较大，夏季雨量过于集中，年平均降雨量 872.8 mm。

湖北省境内，春季阴雨多，初夏雨量集中，全年平均气温在 16 ~ 18℃之间，年平均降雨量为 1 000 mm 左右。

5）重点工程概况

本线重点工程为黄龙寺隧道。

黄龙寺隧道位于鄂豫交界处，隧道穿越大别山山脉，全长为 8 725 m。其中长 2 777 m 隧道段位于河南省信阳市鸡公山管理区，长 5 948 m 隧道段位于湖北省孝感市大悟县境内。隧道埋深一般为 100 ~ 200 m，最大埋深约 335 m。隧道设单面下坡。

隧道共设置辅助坑道 3 座，其中斜井 2 座，横洞 1 座，长度分别为 582 m、681 m 和 117 m，均采用无轨运输双车道断面。

黄龙寺隧道进口照片如图 25.1.10 所示，洞内结构如图 25.1.11 所示。

图 25.1.10 黄龙寺隧道进口(铁四院提供)

图 25.1.11 洞内结构(铁四院提供)

2. 武广客运专线隧道

1）项目概况

武广客运专线是中国修建的第一条长大高速铁路干线，线路穿越湖北、湖南、广东三省，属京广高速铁路南段，其承东启西，属路网骨干。线路起点位于我国中部重镇武汉市，向南依次经湖北咸宁、湖南岳阳、长沙、株洲、衡阳、郴州、广东韶关、清远、佛山等市，最后到达广州市，正线全长 968.3 km。工程于 2005 年 6 月开工，2009 年 12 月正式试运营，最高设计速度为 350 km/h。武广客运专线线路平面如图 25.1.12 所示。

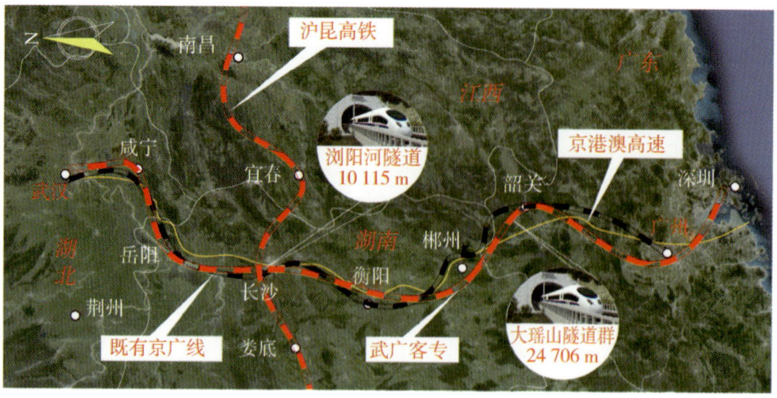

图 25.1.12　武广客运专线线路平面

2）隧道工程概况

全线共设计隧道 226 座，合计 177.662 km，隧线比为 18.35%，隧道全部采用单洞双线形式，内净空断面积为 100 m^2，隧道按长度汇总见表 25.1.9。

表 25.1.9　武广客运专线隧道长度分段汇总表

隧道长度 L(m)	$L<500$	$500\leqslant L<3000$	$3000\leqslant L<10000$	$L\geqslant10000$	合　计
座数(座)	155	57	12	2	226
长度(km)	34.416	61.793	61.257	20.196	177.662

3）工程地质情况

沿线地层岩性从元古界至新生界第四系地层出露齐全，包括震旦系板岩、粉砂质板岩、千枚状板岩、浅变质石英砂岩、长石石英砂岩，白垩系棕红色钙泥质粉砂岩、砂砾岩、泥岩，泥盆系和石炭系灰岩、白云质灰岩、泥质灰岩、白云岩、煤层灰岩、砂页岩、含砾石英砂岩、页岩、泥质细砂岩、燧石灰岩，二叠系含煤地层，燕山期花岗岩、细粒二云母二长花岗岩、黑云母花岗岩等。沿线地质构造较复杂，地下水主要为孔隙潜水、基岩裂隙水及岩溶裂隙水。隧道围岩级别统计情况汇总见表 25.1.10。

表 25.1.10　武广客运专线隧道围岩级别汇总表

围岩级别	Ⅱ	Ⅲ	Ⅳ	Ⅴ	合　计
长度(km)	25.577	45.086	38.453	68.546	177.662
比例(%)	14.40	25.38	21.64	38.58	100

4）地震烈度及气象条件

武广客专岳阳(含)至汨罗(含)段地震动峰值加速度为 0.1g，其余地段为 0.05g，地震动反应谱特征周期 0.35 s。区段横跨湖北、湖南和广东，气温差异较大，多年平均气温在 15.5～21.2℃之间。

5）重点工程概况

武广客运专线重点工程为浏阳河隧道和大瑶山特长隧道群。

（1）浏阳河隧道

浏阳河隧道位于湖南省长沙市东部，下穿浏阳河，河底段最小覆土深度约 19.1 m，为单洞双线隧道。隧道包括长 9 935 m 洞身段和 180 m 明挖 U 形槽段，总长 10 115 m。隧道内线路坡度自进口至出口为 −2.5‰、−12.2‰、−20‰、−5.01‰、3‰和 20‰。浏阳河隧道是国内第一座采用矿山法修建的铁路水下隧道和国内开挖断面最大的水下隧道，也是国内第一座采用全封闭防水抗水压衬砌的矿山法水下隧道和国内断面最大的防水型隧道。浏阳河隧道进口和出口分别如图 25.1.13 和图 25.1.14 所示。

图 25.1.13　浏阳河隧道进口(铁四院提供)

图 25.1.14　浏阳河隧道出口(铁四院提供)

全隧道共设置 3 座竖井和 1 座斜井(表 25.1.11)，3 座竖井施工完毕后进行回填封闭，斜井施工完毕后作为疏散通道使用，作为疏散通道的斜井宽 5.1 m，高 5.95 m，净空面积为 32.56 m^2。施工辅助坑道如图 25.1.15 所示。

表 25.1.11　浏阳河隧道辅助坑道设置一览表

编　号	对应线路里程	结构形式	断面尺寸(长×宽)	竖井中心位置	深(长)度(m)	备　注
1 号竖井	DIIK1563 +550	矩形井	16.8×8	隧道顶部	50.07	
2 号竖井	DIIK1564 +820	矩形井	16.8×8	隧道顶部	53.85	
斜　井	DIIK1566 +598	曲墙	5.1×5.95	—	672	DIIK1566 +398 ~ +798 段隧道中线两侧 40 m 各设置局部疏散通道
3 号竖井	DIIK1568 +350	矩形井	16.8×8	隧道顶部	51.03	

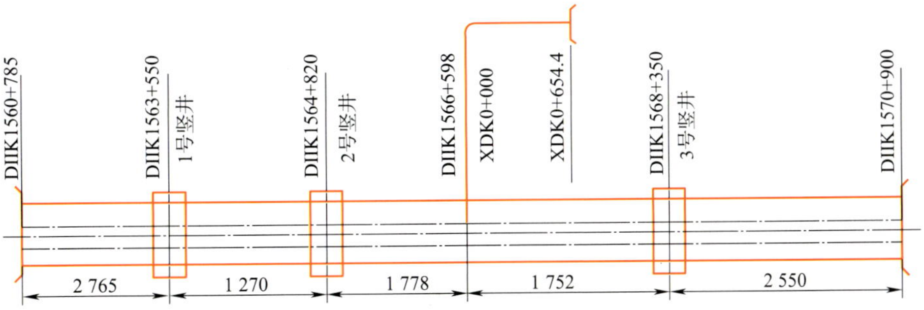

图 25.1.15　浏阳河隧道施工辅助坑道(单位：m)

隧道内设置防灾疏散定点一处(图 25.1.16),其中心位于隧道最低点处,前后各 200 m 范围内隧道中线两侧 40 m 各设置局部疏散通道,左右线在隧道侧壁各设置 3 个疏散口,右线疏散通道通过设置的下穿正洞左右线联络疏散通道接入左侧斜井,斜井出口为施工场地,接施工便道。

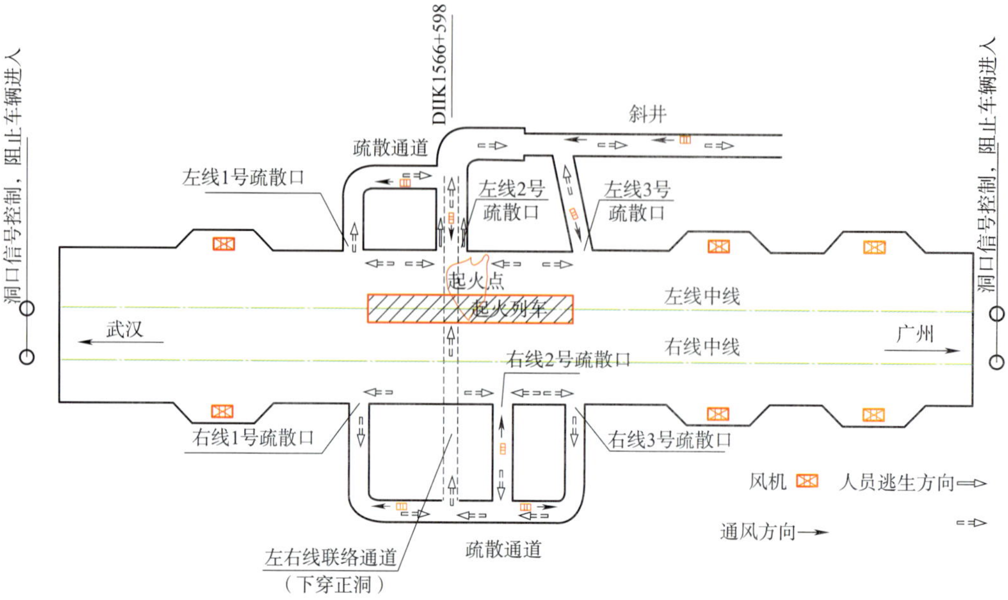

图 25.1.16　浏阳河定点疏散地下结构布置

(2)大瑶山特长隧道群

隧道群位于武广客运专线杨梅山至新乐昌之间瑶山山区,隧道群全长 24.706 km(1号隧道进口到3号隧道出口),受武水支流九峰水和大源河下切影响,该段分设大瑶山 1 号、2 号、3 号共 3 座单洞双线隧道,其中大瑶山 1 号隧道长 10 081 m,大瑶山 2 号隧道长 6 026 m,大瑶山 3 号隧道长 8 391 m。

该段隧道设置的辅助坑道包括:大瑶山 1 号隧道进口平导,中部横洞;2 号隧道进、出口横洞;3 号隧道进、出口平导,见表 25.1.12。

表 25.1.12　大瑶山隧道群辅助坑道设置一览表

隧道名称	辅助坑道名称	位置	长度(m)	备注
大瑶山 1 号隧道	进口平导	进口右侧	2 268	设置 3 处横通道
	中部横洞	中部左侧	888	交叉口 DK1915 +153
大瑶山 2 号隧道	进口横洞	进口右侧	341	交叉口距洞口较远
	出口横洞	出口右侧	320	交叉口距洞口较远
大瑶山 3 号隧道	进口横洞	进口左侧	86	
	出口平导	出口左侧	2 852	设置 5 处横通道

隧道群段设置防灾疏散设施,利用辅助坑道作为紧急出口,并在 1 号、2 号隧道之间设置疏散定点。大瑶山 1 号、2 号隧道之间长 170.07 m,包括长 157.4 m 的黄土湾大桥和长 12.67 m 的路基段。疏散定点设置段长 1 193 m,利用 1 号隧道的一个洞室外通出口(图 25.1.17)及 2 号隧道进口横洞(图 25.1.18)作为两端疏散口,并在区段中部黄土湾大桥两端设置下桥通道作为疏散口。整个防灾区段包括黄土湾大桥、小段路基以及两端隧道段(分别长 545 m 和 477.95 m)。

3. 广深港客运专线隧道

1)项目概况

广深港客运专线是一条连接广东省的广州、东莞和深圳以及香港的高速铁路,是京广高速铁路至深圳、香港的延伸线,其线路平面示意如图 25.1.19 所示。广深港客运专线广州南站至深港分界处的线路长度为 115. 873 km。深圳北站至香港西九龙站段最高设计速度为 200 km/h。广州南站至深圳北站段线路全长 104. 5 km，于 2005 年 12 月 18 日开工，2011 年 12 月 26 日开通运营，设计最高速度为 350 km/h；深圳北站至深港分界段（即内地段）线路全长 11. 373 km，于 2008 年 10 月开工，2015 年 12 月深圳北站至福田站段开通运营，福田站至香港西九龙段预计 2017 年开通运营。

图 25. 1. 17　大瑶山 1 号隧道紧急出口

图 25. 1. 18　大瑶山 2 号隧道紧急出口

图 25. 1. 19　广深港客运专线线路平面

2）隧道工程概况

全线共设计隧道 25 座，合计 42. 902 km，隧线比为 37%。其中，单洞双线隧道 22 座，总延长 21. 980 km，内净空断面积为 100 m^2；双洞单线隧道 1 座，即狮子洋隧道，长度为 10. 8 km，内净空断面积为66. 2 m^2；双线单洞 + 单洞双线隧道 1 座，即深港隧道深圳段，长度为 3. 886 km；深圳北站至福田站间隧道 1 座，长度为 6. 236 km。隧道按长度汇总见表 25. 1. 13。

表 25. 1. 13　广深港客运专线隧道长度分段汇总表

隧道长度 L(m)	$L<500$	$500\leq L<3\,000$	$3\,000\leq L<10\,000$	$L\geq 10\,000$	合　计
座数(座)	15	5	4	1	25
长度(km)	3. 638	8. 862	19. 602	10. 8	42. 902

3）工程地质情况

本线隧道通过了粉砂岩、砂岩、泥岩、花岗岩等地层。沿线地质构造较复杂，地下水主要为孔隙潜水、基岩裂隙水。隧道围岩级别统计情况汇总见表 25. 1. 14。

表 25. 1. 14　广深港客运专线隧道围岩级别汇总表

围岩级别	Ⅱ	Ⅲ	Ⅳ	Ⅴ	Ⅵ	合　计
长度(km)	11. 740	6. 098	6. 415	10. 468	8. 181	42. 902
比例(%)	27. 36	14. 21	14. 95	24. 40	19. 07	100

4）地震烈度及气象条件

沿线地震动峰值加速度(地震基本烈度)为 0. 10g(Ⅶ度)。本区属低纬度的南亚热带季风海洋性气候区，温暖湿润，四季分明，年平均气温 22. 4℃。

5）重点工程概况

本线重点工程为狮子洋水下隧道和益田路隧道。狮子洋隧道概况介绍详见第 27 章，本章仅简单介绍益田路隧道。

益田路隧道位于深圳北站至福田地下站之间，隧道全长 6 236 m，共设置了 1 座斜井、2 座竖井。隧道施工采用的工法为明挖法、钻爆法和盾构法。隧道进口至 1 号竖井段，除进口段位于全、强风化花岗岩地层外，其余主要位于微风化花岗岩地层，采用明挖法和矿山法施工；1 号竖井至 2 号竖井段隧道位于城市道路下方，两侧分布大量建筑物，隧道穿越较长的软硬不均花岗岩和变质砂岩复合地层，本段隧道采用 ϕ13. 23 m 气垫式泥水平衡盾构机进行施工，隧道管片外直径达 12. 8 m，是当时中国城市盾构直径最大的铁路隧道工程；2 号竖井至福田站段隧道位于全风化、强风化和弱风化花岗岩地层和变质砂岩地层，且下穿深圳地铁 3 号线，本段隧道采用矿山法施工。

隧道进口与厦深客运专线的梅林隧道出口共用洞门，如图 25. 1. 20 所示。大直径盾构机洞内始发如图 25. 1. 21 所示，盾构段结构如图 25. 1. 22 所示。

图 25. 1. 20　益田路隧道进口(铁四院提供)

图 25. 1. 21　盾构机洞内始发(铁四院提供)

图 25. 1. 22　盾构段结构(铁四院提供)

25.1.4 杭州至深圳客运专线隧道

该通道全长 1 464 km，包括杭甬客运专线长 155 km、甬台温铁路长 351 km、温福铁路长 211 km、福厦铁路长 234 km、厦深铁路长 513 km。共有隧道 243 座，全长 437 km。

1. 杭甬客运专线隧道

1）项目概况

杭甬客运专线杭州东(不含)至宁波(不含)线路全长 149. 890 km，其中新建钱江铁路线上工程 2. 222 km，新建正线长 141. 791 km，利用既有线 5. 877 km。工程于 2009 年 3 月 1 日开工，2013 年 7 月 1 日正式通车运营，设计速度为 250 km/h，预留进一步提速条件。杭甬客运专线线路平面如图 25. 1. 23 所示。

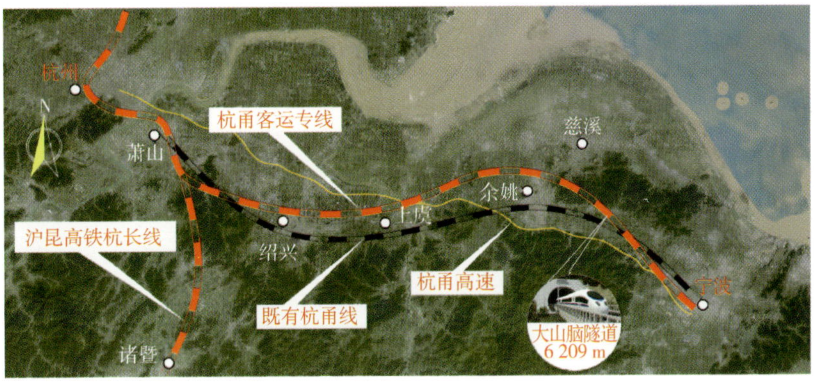

图 25. 1. 23 杭甬客运专线线路平面

2）隧道工程概况

全线共设计隧道 9 座，合计 12. 617 km，隧线比为 8. 42%；均为单洞双线隧道，内净空断面积为 100 m^2；最长隧道为大山脑隧道，长度 6 209 m，隧道按长度汇总见表 25. 1. 15。

表 25. 1. 15 杭甬客运专线隧道长度分段汇总表

隧道长度 L(m)	$L<500$	$500\leq L<3000$	$3000\leq L<10000$	合 计
座数(座)	4	4	1	9
长度(km)	0. 853	5. 555	6. 209	12. 617

3）工程地质情况

沿线出露有前震旦系、寒武系、泥盆系、石炭系、侏罗系上统、白垩系下统和第四系地层。燕山期岩浆岩活动比较频繁。前震旦系为一套变质岩系，寒武系、泥盆系、石炭系以陆相和海相的沉积岩系为主，侏罗系上统为陆相火山岩系，白垩系下统为火山—沉积岩系，燕山期岩浆岩主要为花岗岩、花岗斑岩。沿线低山丘坡表层及丘间谷地主要分布坡残积、坡洪积黏性土夹碎砾石土、砂砾石层，厚度从数米至数十米不等。隧道围岩级别统计情况汇总见表 25. 1. 16。

表 25. 1. 16 杭甬客运专线隧道围岩级别汇总表

围岩级别	Ⅱ	Ⅲ	Ⅳ	Ⅴ	合 计
长度(km)	5. 890	2. 775	1. 040	2. 912	12. 617
比例(%)	46. 68	22. 00	8. 24	23. 08	100

2. 甬台温铁路隧道

1）项目概况

甬台温铁路从宁波站与既有的北仑支线并行至宁波东站，从宁波东出岔，经奉化、宁海、三门、临海、台州、温岭、雁荡山、绅坊、乐清、永嘉、温州南。设计正线长 282. 39 km。工程于 2004 年 12 月动工，于 2009 年 9 月 28 日建成通车，最高设计速度为 250 km/h。甬台温铁路线路平面如图 25. 1. 24 所示。

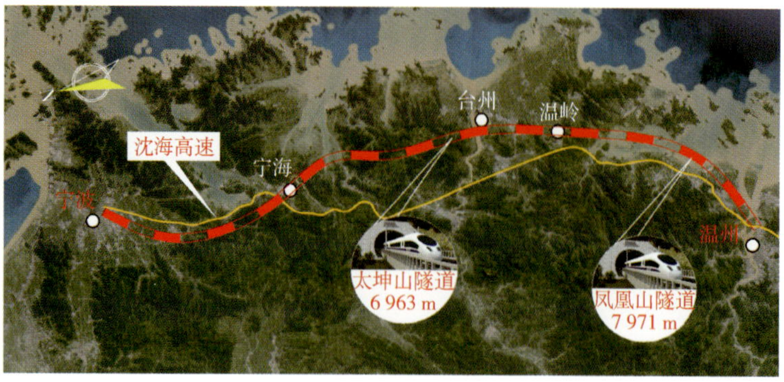

图 25. 1. 24　甬台温铁路线路平面

2）隧道工程概况

全线正线共设计隧道 58 座，合计 87. 928 km，隧线比为 31. 2%。其中单洞双线隧道 57 座，总延长 87. 424 km，内净空断面积为 92 m^2；单洞三线隧道 1 座，总延长 0. 504 km。本线长度小于 6 km 的隧道采用有砟轨道，某隧道洞门如图 25. 1. 25 所示。

图 25. 1. 25　前溪隧道铺设有砟轨道洞门

联络线共设计隧道 1 座，长度为 0. 142 km。

全线隧道按长度汇总见表 25. 1. 17。

表 25. 1. 17　甬台温铁路隧道长度分段汇总表

隧道长度 L(m)	$L<500$	$500\leqslant L<3000$	$3000\leqslant L<10000$	合　计
座数(座)	22	26	11	59
长度(km)	5. 452	31. 184	51. 434	88. 070

注：汇总表中含联络线隧道 1 座(长 0. 142 km)。

3）工程地质情况

本线隧道主要通过侏罗系上统火山碎屑岩、白垩系下统沉积碎屑岩、燕山期侵入岩等地层。沿线地质构造较复杂，地下水主要为孔隙潜水、基岩裂隙水及岩溶裂隙水。隧道围岩级别统计情况汇总见表 25. 1. 18。

4）地震烈度及气象条件

根据《中国地震动参数区划图》(GB 18306—2001)，测区地震动峰值加速度为 0. 05g。

表 25.1.18　甬台温铁路隧道围岩级别汇总表

围岩级别	Ⅱ	Ⅲ	Ⅳ	Ⅴ	合　计
长度(km)	44.424	26.477	10.076	7.093	88.070
比例(%)	50.44	30.07	11.44	8.05	100

5）重点工程概况

本线重点工程为凤凰山隧道，为全线最长隧道。

凤凰山隧道位于浙江省乐清市北西侧，隧道全长 7 979 m，洞身最大埋深约 534 m。隧道内设人字坡，其纵坡为 3‰与 −3‰。本隧道通过岩层为凝灰岩，以Ⅱ级围岩为主，地质条件好，故本隧道未设置辅助坑道。

3. 温福铁路隧道

1）项目概况

温州至福州铁路，北端起于浙江省的温州市，南至福建省省会福州市，东濒东海和台湾海峡，西靠南雁荡山、太姥山和鹫峰山东麓余脉。温福铁路正线全长 298.382 km，正线数目为双线，最高设计速度为 250 km/h。温福铁路线路平面如图 25.1.26 所示。

图 25.1.26　温福铁路线路平面

2）隧道工程概况

全线共设计隧道 65 座，合计 159.169 km，隧线比为 53.34%。其中三线隧道 1.5 座，总延长 0.776 km，双线隧道 59.5 座，总延长 151.303 km，内净空断面积为 92 m^2；单线隧道 4 座，总延长 7.090 km，内净空断面积为 60 m^2。其中，燕前 2 号隧道为三线喇叭口隧道，部分隧道为三线隧道，隧道总长 2 036 m，三线隧道部分长 576 m；荆山隧道为三线车站隧道，长 200 m。全线含特长隧道 1 座，即霞浦特长隧道，长度为 13.099 km。隧道按长度汇总见表 25.1.19。

表 25.1.19　温福客运专线隧道长度分段汇总表

隧道长度 L(m)	$L<500$	$500\leqslant L<3000$	$3000\leqslant L<10000$	$L\geqslant10000$	合　计
座数(座)	13	36	15	1	65
长度(km)	4.369	49.987	91.714	13.099	159.169

3）工程地质情况

本线隧道主要穿越低山丘陵地区，该地区山体出露有侏罗系上统火山碎屑岩、白垩系下统沉积碎屑岩夹火山岩、燕山期侵入岩等地层。洞身围岩主要为砂岩、凝灰岩及花岗岩等地层，工程地质条件总体尚好。但花岗岩风化深厚地区、断裂带及侵入岩与火山岩的接触带、不同时期侵入岩接触带及其附近，以及节理密集带均影响隧道围岩的稳定；碎裂结构岩体常形成崩坍、错落、岩堆等变形；切割岩体软弱结构面组合，影响边坡稳定，工程地质条件较差。个别隧道洞身局部受构造破碎带、断层破碎带及节理密集带等影响。

全线地处东部沿海地带，地下水主要是大气降水，局部地段海水也参与了地下水的活动。因而其水文地质条件也较复杂，沿线地下水主要有松散岩类孔隙水和基岩裂隙水等。隧道围岩级别统计情况汇总见表 25.1.20。

表 25.1.20　温福铁路隧道围岩级别汇总表

围岩级别	Ⅰ	Ⅱ	Ⅲ	Ⅳ	Ⅴ	合　计
长度(km)	4.4	108.348	27.852	7.959	10.61	159.169
比例(%)	2.76	68.07	17.50	5.00	6.67	100

4）地震烈度及气象条件

沿线地震动峰值加速度在 0.05g ~ 0.10g 之间。

本区属亚热带海洋性气候，植被茂盛，无霜期长，台风频繁等特征。年平均气温 13 ~ 19℃，极端最高气温 43.2℃，极端最低气温 −3.4 ~ −10.5℃。年均降水量 1 100 ~ 1 800 mm，年最大降水量 2 552.6 mm，最小降水量 905 mm。

5）重点工程概况

本线重点工程为霞浦隧道。霞浦隧道位于霞浦县西部山区，太姥山脉东麓，设计为单洞双线隧道，全长 13 099 m，隧道洞身最大埋深 550 m。隧道内纵坡为人字坡，从隧道进口至出口依次为 3.5‰上坡，坡长 6 651 m；−3.5‰下坡，坡长 6 448 m。

根据隧道施工组织需要，隧道设贯通平导和一座斜井，施工期间又增设一座斜井。

贯通平导位于线路前进方向右侧，平导全长 13 082 m。霞浦隧道施工辅助坑道如图 25.1.27 所示。

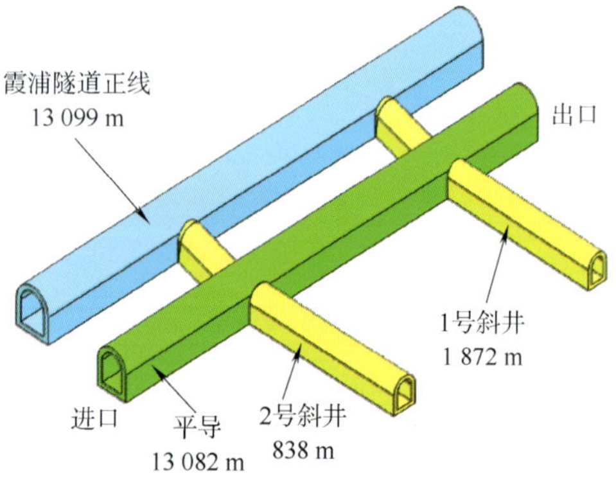

图 25.1.27　霞浦隧道施工辅助坑道布置

4. 福厦铁路隧道

1）项目概况

福州至厦门铁路全长 274.9 km，设计速度目标值为 250 km/h。福厦铁路沿线经过的福州、莆田、泉州、厦门四市属福建省闽东南经济带，是福建省经济发展水平最高、最具活力的地区，也是福建省的经济中心。福厦铁路于 2004 年 12 月开工建设，2010 年 4 月 26 日开通运营。福厦铁路线路平面如图 25.1.28 所示。

图 25.1.28　福厦铁路线路平面

2）隧道工程概况

全线共有隧道 40 座，隧道全长 43.07 km，占线路长度的 15.67%。其中福州枢纽内及联络线上隧道 5 座共计 2.987 km，正线隧道 35 座共计 40.083 km。除联络线上云山寺 1 号(518 m)、3 号(631 m)隧道为单线隧道外，其余隧道均为双线隧道。双线隧道内净空断面积为 92m^2。隧道按长度汇总见表 25.1.21。

表 25.1.21　福厦铁路隧道长度分段汇总表

隧道长度 L(m)	$L<500$	$500\leqslant L<3\,000$	$3\,000\leqslant L<10\,000$	$L\geqslant10\,000$	合　计
座数(座)	21	16	3	0	40
长度(km)	7.911	21.466	13.693	0	43.07

3）工程地质情况

本线隧道通过凝灰岩、凝灰熔岩、花岗岩等地层。火成岩地区差异性风化严重、富水全风化层分布广、洞身节理密集带及软弱夹层发育的特点。地下水主要为孔隙潜水、基岩裂隙水及岩溶裂隙水。隧道围岩级别统计情况汇总见表 25.1.22。

表 25.1.22　福厦铁路隧道围岩级别汇总表

围岩级别	Ⅱ	Ⅲ	Ⅳ	Ⅴ	合　计
长度(km)	21.807	7.146	5.899	8.218	43.07
比例(%)	50.63	16.59	13.70	19.08	100

4）地震烈度及气象条件

沿线地震动峰值加速度(地震基本烈度)在 0.10g～0.15g(Ⅶ度)之间。最冷月平均气温在6～13℃之间。

5）重点工程概况

本线重点工程为黄晶岭 2 号隧道。

黄晶岭 2 号隧道全长 5 735 m，隧道最大埋深 440 m，隧道洞口穿越富水全风化凝灰熔岩，洞身发育多条断层，围岩差异性风化严重，洞身软弱夹层发育，开挖过程中伴有岩爆现象。对于以上问题，该隧道在设计时采取有效的措施进行处理，通过施工的检验，比计划时间提前半年贯通。本隧道出口设置有洞口缓冲结构。

5. 厦深铁路隧道

1）项目概况

厦深铁路北起厦门，经漳州、潮州、普宁、汕头、汕尾、惠州引入深圳，全长 502.4 km，其中广东段全长约 357 km，福建段全长约 145 km。工程于 2007 年 11 月开工，2013 年 12 月正式通车运营，最高设计速度为 250 km/h。其线路平面如图 25.1.29 所示。

图 25.1.29　厦深铁路线路平面

2）隧道工程概况

全线共设计隧道 71 座，合计 134.454 km，隧线比为 26.7%。内净空断面积为 92 m^2；隧道按长度汇总见表 25.1.23。

3）工程地质情况

本线隧道通过了斑岩、砂岩、花岗岩、断层角砾岩等地层。沿线地质构造较复杂，地下水主要为孔隙潜水、基岩裂隙水。隧道围岩级别统计情况汇总见表 25.1.24。

4）地震烈度及气象条件

沿线地震动峰值加速度(地震基本烈度)在 0.05g～0.15g(Ⅵ～Ⅷ度)之间。最冷月平均气温在12～

15℃之间。

表 25.1.23　厦深铁路隧道长度分段汇总表

隧道长度 L(m)	$L<500$	$500\leqslant L<3000$	$3000\leqslant L<10000$	$L\geqslant 10000$	合　计
座数(座)	26	32	12	1	71
长度(km)	7.978	42.802	70.977	12.697	134.454

表 25.1.24　厦深铁路隧道围岩级别汇总表

围岩级别	Ⅱ	Ⅲ	Ⅳ	Ⅴ	Ⅵ	合　计
长度(km)	75.092	20.983	16.413	20.633	1.333	134.454
比例(%)	55.85	15.61	12.21	15.35	0.99	100.00

5）重点工程概况

本线重点工程为梁山隧道。

梁山隧道位于福建省漳浦县和云霄县境内，全长 9 888 m，为厦深线福建段最长隧道。隧道穿越低山地貌，地形起伏较大，洞身最大埋深 680 m。隧道主要穿越地层为燕山早期第四次侵入晶洞花岗岩及第二次侵入黑云母花岗岩，基岩中分布多次侵入辉绿岩和闪长玢岩，隧道分为进口、出口、1 号斜井、2 号斜井四个工区，于 2007 年 12 月开工，2012 年 11 月 24 日全隧贯通。

梁山隧道在 DK96 +505 处揭示软弱构造(L_7)，宽 20～25 m，先后发生 4 次突水涌泥灾害，总涌泥量约 3 万 m^3，导致 230 m 长正洞被涌泥半断面～全断面充填如图 25.1.30 和图 25.1.31 所示，同时地表发生塌陷(图 25.1.32)，给施工造成极大的困难。该软弱带具备深埋、富水、陡倾角等特点，其规模及复杂性在国内类似工程中均极为特殊和罕见。

图 25.1.30　洞内涌水

图 25.1.31　涌泥泥痕高度

经过多次专家研讨，后来采取超前旋喷支护、掌子面注浆加固(图 25.1.33)、高位迂回导坑等工程措施(图 25.1.34)，经过两年多时间，成功穿越该段不良地质。

图 25.1.32　地表塌陷

图 25.1.33　掌子面注浆加固

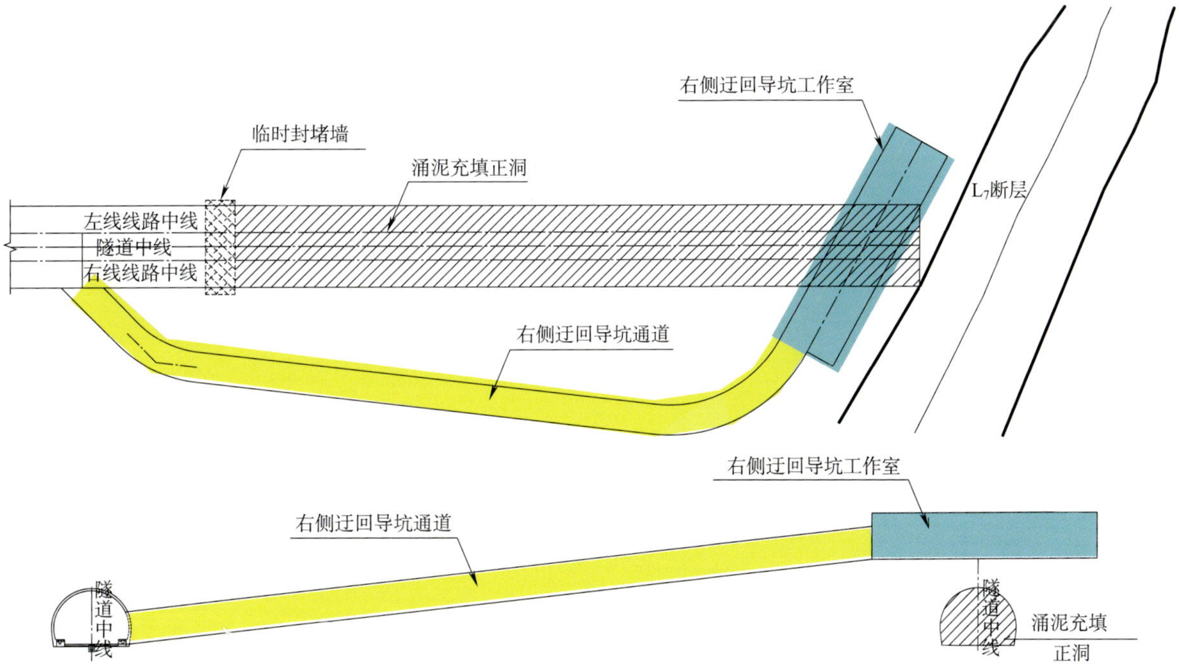

图 25.1.34　高位迂回导坑方案设置

25.2　"四横"高速铁路隧道

25.2.1　青岛至太原客运专线隧道

青岛至太原客运专线全长 943 km，包括胶济客运专线长 393 km、石济客运专线长 323 km、石太客运专线长227 km。由于胶济、石济客专没有隧道工程，以下重点介绍石太铁路客运专线隧道情况。

1. 项目概况

石家庄至太原客运专线，东端起于河北省会石家庄，西端连接山西首府太原，沿线途经河北省石家庄市市区、鹿泉区、井陉县、平山县和山西省阳泉市盂县、晋中市寿阳县、太原市阳曲县及太原市区，正线全长 225 km，其中新建线路全长 189.929 km。工程于 2005 年 6 月 11 日开工，2009 年 4 月 1 日正式通车运营，最高设计速度为 250 km/h。石太客运专线线路平面如图 25.2.1 所示。

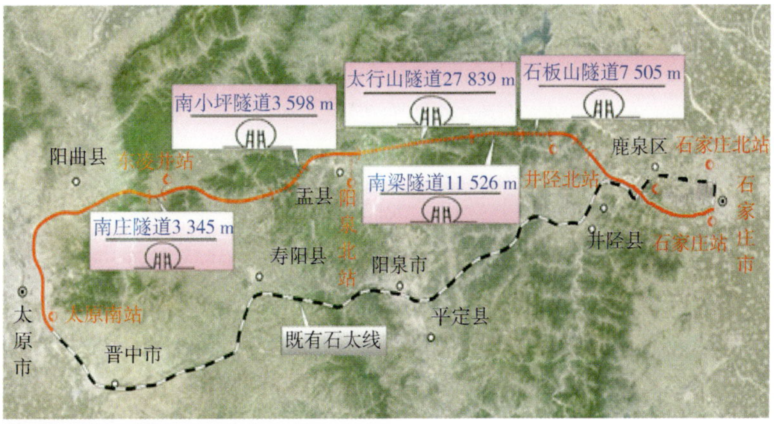

图 25.2.1　石太客运专线线路平面

2. 隧道工程概况

全线共设计隧道 32 座，合计 74.887 km，隧线比为 39.4%。其中，单洞双线隧道 30 座，总延长

35.522 km，内净空断面积为92 m^2；双洞单线隧道1座，即太行山特长隧道，长度为27.839 km，内净空断面积为60 m^2；双线单洞+单洞双线隧道1座，即南梁特长隧道，长度为11.526 km。隧道按长度汇总见表25.2.1。

表25.2.1 石太客运专线隧道长度分段汇总表

隧道长度 L(m)	$L<500$	$500\leqslant L<3000$	$3000\leqslant L<10000$	$L\geqslant 10000$	合　计
座数(座)	18	7	5	2	32
长度(km)	4.846	7.676	23.000	39.365	74.887

3. 工程地质情况

本线隧道通过了砾岩、砂岩、泥岩、灰岩、白云岩、凝灰岩、页岩、片麻岩等地层，太行山隧道还发育有膏溶角砾岩(角砾状泥灰岩，具软岩硬土特性)，寿阳以西分布大范围的黄土地层。沿线地质构造较复杂，地下水主要为孔隙潜水、基岩裂隙水及岩溶裂隙水。隧道围岩级别统计情况汇总见表25.2.2。

表25.2.2 石太客运专线隧道围岩级别汇总表

围岩级别	Ⅱ	Ⅲ	Ⅳ	Ⅴ	合　计
长度(km)	30.439	15.431	12.365	16.652	74.887
比例(%)	40.65	20.60	16.51	22.24	100

4. 地震烈度及气象条件

沿线地震动峰值加速度(地震基本烈度)在0.05g～0.20g(Ⅵ～Ⅷ度)之间。最冷月平均气温在-1.2～-7.9℃之间。

5. 重点工程概况

本线重点工程为太行山和南梁两座特长隧道。太行山隧道的工程情况详见第27章，以下仅介绍南梁隧道概况。

南梁隧道进口及洞身大部分位于河北省井陉县境内，出口部分地段位于山西省盂县境内，受太行山隧道设线间距35 m的两条单线隧道影响，南梁隧道内由线间距4.6 m的双线隧道过渡到线间距35 m的两条单线隧道，如图25.2.2所示。左线隧道全长11 526 m，右线全长11 536 m。隧道内线路坡度自进口至出口为13.4‰的单面上坡。南梁隧道设置4座无轨运输斜井，斜井总长度为3 351 m。

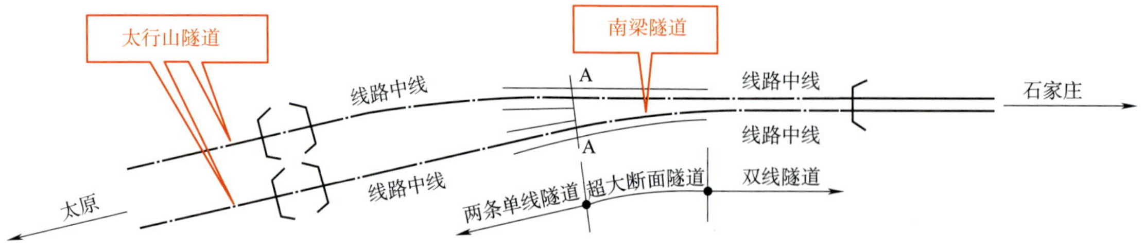

图25.2.2 南梁隧道内双线单洞隧道与两条单线隧道渐变过渡段平面

南梁隧道结构复杂，进口长5 315 m为双线隧道；中间长480 m为喇叭口隧道(线间距4.6～12.591 m)，最大开挖断面积达300 m^2，出口5 731 m左线隧道和5741右线隧道为单线隧道。其最大断面处隧道设计轮廓和施工完工后情形如图25.2.3所示。

25.2.2 徐州至兰州至乌鲁木齐客运专线隧道

徐州至兰州至乌鲁木齐客运专线全长3 230 km，包括郑徐客运专线长362 km、郑西客运专线长554 km、西宝客运专线长137 km、宝兰客运专线长401 km、兰新第二双线长1 776 km。共有隧道186座，总长538 km。该通道郑徐客专没有隧道工程，西宝客专仅有1座隧道，宝兰客专正在建设过程中。下面重点介绍郑西客运专线和兰新第二双线隧道情况。

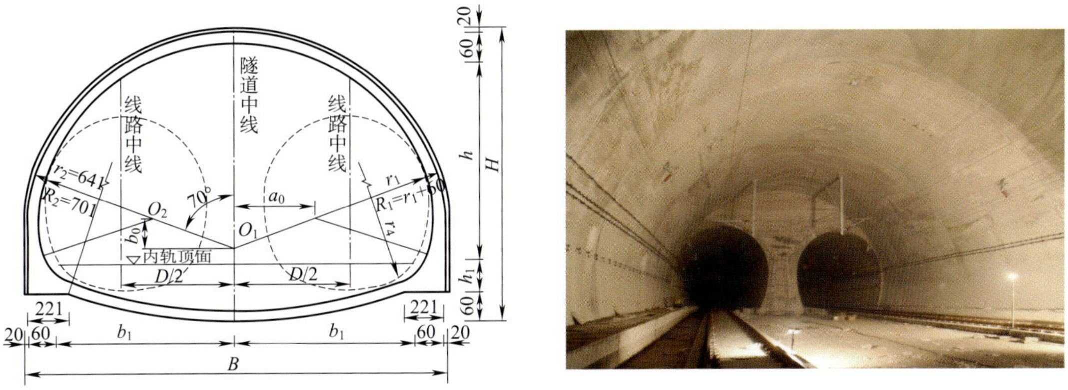

图 25. 2. 3　南梁隧道双线特大断面隧道直接过渡为两条单线隧道（单位：cm）

1. 郑西客运专线隧道

1）项目概况

郑州至西安客运专线是我国中长期铁路规划中“四横四纵”客运专线中的徐兰高速铁路（徐州—商丘—郑州—洛阳—西安—宝鸡—兰州）中最先开工的一段，是世界上在大面积湿陷性黄土地区修建的第一条时速350 km的高速铁路，线路全长458 km。郑西客运专线工程于2005年9月25日正式开工，2009年6月28日全线铺通，2010年2月6日正式投入运营。郑西客运专线线路平面如图25. 2. 4所示。

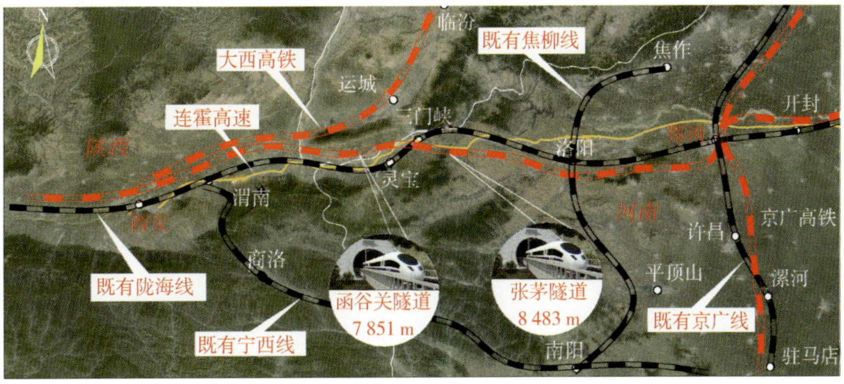

图 25. 2. 4　郑西客运专线线路平面

2）隧道概况

郑西客运专线新建隧道38座，总延长为77 km，其中黄土隧道28座，总长53 km，占全线隧道总长的69%。全线最长隧道为张茅隧道，长度为8 483 m，最长黄土隧道为函谷关隧道，长7 851 m，是目前世界上最长的黄土隧道。郑西客运专线隧道分布见表25. 2. 3。

表 25. 2. 3　郑西客运专线隧道分布

序号	段　　别	线路长度（km）	按隧道长度（L）分类的数量（座/m）				隧线比（%）
			$L\leqslant500$ m	500 m < $L\leqslant3000$ m	$L>3000$ m	合　计	
1	郑州至渑池段	164	5/1 369	1/557	4/18 303	10/20 229	12. 2
2	渑池至灵宝段	154	7/2 097	12/13 189	5/27 590	24/42 876	27. 8
3	灵宝至西安段	140	—	2/2 297	2/11 501	4/13 798	9. 9
合　计		458	12/3 466	15/16 043	11/57 394	38/76 903	16. 8

郑西客运专线隧道均为双线隧道，线间距5. 0 m，双线隧道净空有效面积为100 m^2。全线隧道均按铺设无砟轨道设计。

3）地质情况

郑西客运专线为双线，线路穿越豫西山地和渭河冲积平原，南倚秦岭，北临黄河，沿线80%区段为黄土覆盖，湿陷性黄土区施工技术是最大的技术难题。

4）重点工程概况

郑西客运专线重点隧道为函谷关隧道、张茅隧道和阌乡隧道，其中张茅隧道的概况见第27章，本章仅介绍函谷关隧道和阌乡隧道。

（1）函谷关隧道

函谷关隧道全长7 851 m，如图25.2.5所示，最大埋深224 m，开挖面积为160～170 m^2，是目前世界上最长的超大断面黄土隧道。在该隧道开展了大断面黄土隧道设计荷载的确定方法及合理支护参数试验研究。研究成果对我国黄土隧道修建技术的提升和发展起到了重要作用。

函谷关隧道下穿2号冲沟，隧道拱顶位于该冲沟沟底位置，连霍高速公路排水涵洞对该冲沟冲刷严重，威胁到冲沟下方隧道施工及运营安全。隧道上下游冲沟各设两排 ϕ1 m钻孔咬合桩，其上设钢筋混凝土明渠排水，如图25.2.6所示。

图25.2.5　函谷关隧道洞门

图25.2.6　冲沟处理排水明渠

（2）阌乡隧道

阌乡隧道全长770 m。该隧道下穿连霍高速公路（图25.2.7），具有地质条件差（砂质黄土）、隧道开挖断面大（175 m^2）、下穿距离长（270 m）、隧道埋深浅（10 m），隧道上方高速公路重载、超载车辆多、动载影响大等特点，路面不中断行车，施工安全风险大。下穿高速公路段平面及纵断面如图25.2.8所示。针对该隧道的难点，现场进行一系列科技攻关，通过试验测试分析，揭示土体沉降规律，制定了地表沉降控制的技术和工艺，取得了路面沉降控制在5 cm以内的成果，保证了连霍高速公路的正常通行，对超大断面浅埋黄土隧道修建技术的提升和发展起到重要作用。

图25.2.7　下穿连霍高速公路

2. 兰新第二双线隧道

1）项目概况

兰新第二双线行经甘肃省、青海省、新疆维吾尔自治区三省区。甘青段线路东起甘肃省省会兰州市，途经青海省民和县、乐都县、平安县至省会西宁市，而后折向北经大通县、门源县，穿越祁连山进入甘肃省河西走廊继续西行，经民乐县、张掖市、临泽县、酒泉市、嘉峪关市、玉门市至红柳河附近进入新疆境内接本线新疆段。线路全长1 776 km，其中甘肃省境内798.767 km，青海省境内266.982 km，新疆段线路全长709.924 km。工程于2010年1月开工，2014年12月26日开通运营。隧道工程最高设计速度为350 km/h。兰新客运专线线路平面如图25.2.9所示。

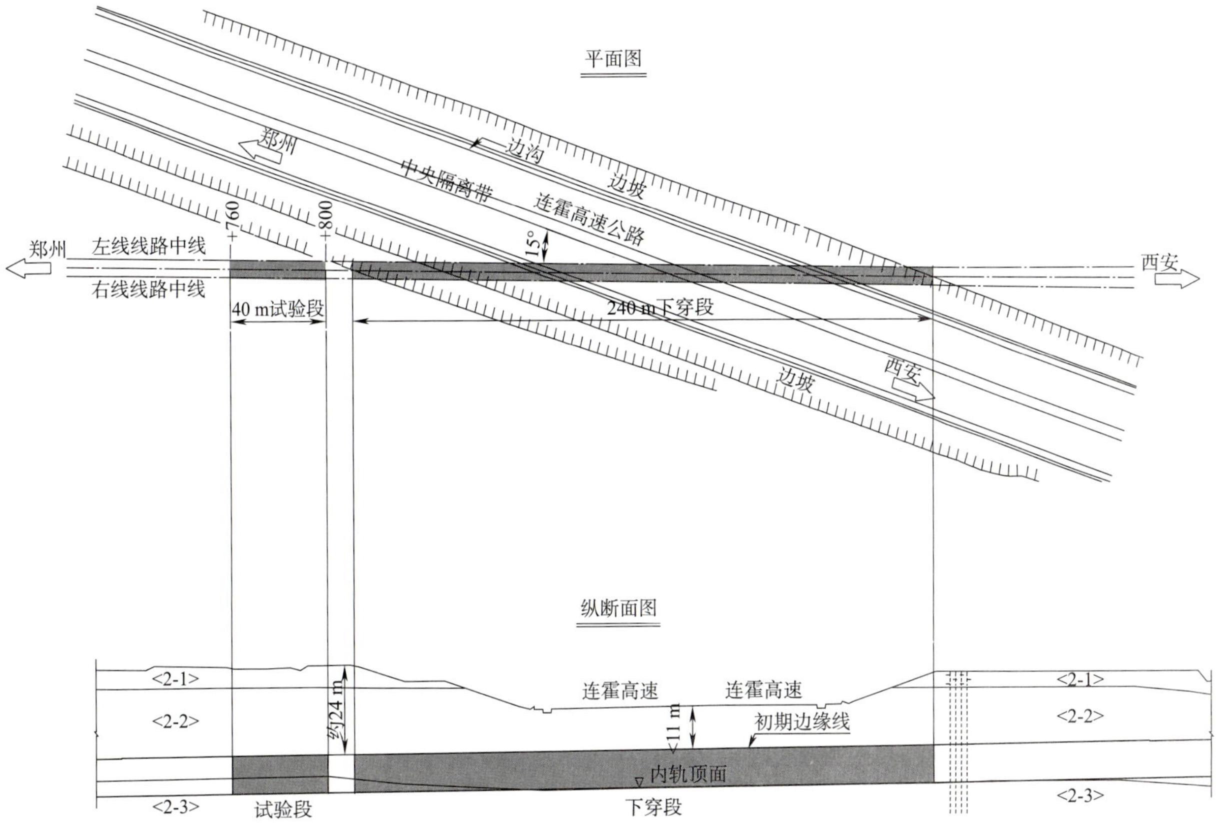

图 25.2.8　阌乡隧道下穿连霍高速公路段平面及纵断面

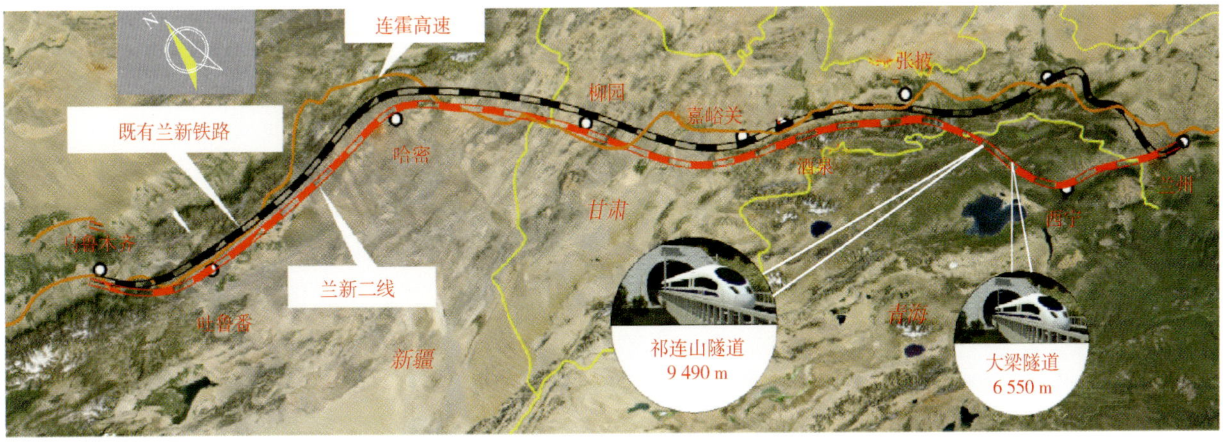

图 25.2.9　兰新客运专线线路平面

2）隧道工程概况

兰新第二双线隧道工程总计 74 座，总长 188.004 km。其中，甘青段隧道工程 49 座，总长 167.047 km，约占线路总长的 15.62%；新疆段隧道工程 14 座，总长 18.954 km，约占线路总长的 2.7%，均为双线隧道。另外，新疆段明洞渡槽 10 座，总长 0.854 km，防风明洞 1 座，长 1 149 m。隧道按长度汇总见表 25.2.4。

表 25.2.4　兰新客运专线隧道长度分段汇总表

隧道长度 L(m)	$L<500$	$500\leqslant L<3\,000$	$3\,000\leqslant L<10\,000$	$L\geqslant 10\,000$	合　计
座数(座)	17	37	17	3	74
长度(km)	2.348	52.288	94.250	39.118	188.004

3）工程地质情况

本线隧道通过地层岩性为黄土，砂岩、砾岩、泥岩、页岩、灰岩等沉积岩及片岩、片麻岩、大理岩、石英岩、角闪岩、千枚岩、板岩、变安山岩等中浅变质岩。沿线地质构造较复杂，地下水主要为孔隙潜水、基岩裂隙水及岩溶裂隙水。隧道围岩级别统计情况汇总见表25.2.5。

表25.2.5　兰新客运专线隧道围岩级别汇总表

围岩级别	Ⅱ	Ⅲ	Ⅳ	Ⅴ	Ⅵ	合　计
长度(km)	12.3	46.45	85.008	42.92	1.326	188.004
比例(%)	6.54	24.71	45.22	22.83	0.70	100

4）地震烈度及气象条件

沿线地震动峰值加速度(地震基本烈度)在0.05g～0.20g(Ⅵ～Ⅷ度)之间。最冷月平均气温在－1.2～－8.3℃之间。

5）重点工程概况

本线重点工程为祁连山隧道、大梁隧道以及新疆段防风明洞试验工程。

（1）祁连山隧道

祁连山隧道全长9.49 km，洞内纵坡为20‰单面下坡；位于甘青两省交界处，地处海拔3 500～4 300 m祁连山中高山区，自然条件恶劣，根据气象资料，工点处年平均气温1.8℃，空气中氧含量仅为内地的70%左右。进口洞门如图25.2.10所示。

图25.2.10　祁连山隧道进口洞门(铁一院提供)

隧道洞身通过地层为沉积岩和变质岩类，主要为二叠系、泥盆系砂岩，志留系板岩，石炭系页岩、灰岩等，断层带内分布有断层角砾。工点位于祁连山冷龙岭断层褶皱带，线路以大角度穿越F_6、F_7断层，受断裂影响，隧道通过区次级褶曲发育。

隧址区为中等富水区，隧道设计正常涌水量3.5万m^3/d，最大涌水量10.5万m^3/d。1号斜井设计正常涌水量848 m^3/d，最大涌水量2 544 m^3/d；2号斜井设计正常涌水量1.3万m^3/d，最大涌水量3.9万m^3/d。

祁连山隧道采用正洞＋2斜井＋出口平导施工组织方案，斜井长度分别为589 m和1 471 m，1号斜井距正洞进口940 m，2号斜井距正洞出口设置平导长度约3 550 m，两座斜井之间长5 000 m。

隧道进出口1 km范围初期支护背后采用压浆措施，防止积水引发冻害，设置双层保温衬砌结构，两端均设置防寒泄水洞排水，出口设置保温出水口。

（2）大梁隧道

大梁隧道全长6 550 m，单洞双线大断面隧道，轨面高程达3 607 m，洞身穿越奥陶系中统砂岩、灰岩、板岩，二叠系砂岩。地质构造复杂，新构造运动强烈，且经历了多次构造变形，褶皱、断裂发育。该隧道地下水类型主要为基岩裂隙水和构造裂隙水，隧道正常涌水量15 800 m^3/d，最大总涌水量45 860 m^3/d。中间设计一座斜井，长度1 070 m，井口高程3 720 m。

在施工过程中，多次发生涌水突泥状况，在该隧道中部长度2.5 km范围内发生严重大变形，变形持续时间长，不易收敛，初支不同程度出现喷混凝土开裂、剥落，钢架扭曲、压溃。实际测试隧道板岩的单轴抗压强度在10～40 MPa之间，最大水平主地应力最大值为25.1 MPa、最小水平地应力值为13.8 MPa，实测地应力系数均大于1，隧道区的水平地应力以构造应力为主，地应力相对板岩而言为极高地应力。

（3）防风明洞

兰新高铁沿途经过甘肃境内安西风区和新疆境内的烟墩风区、百里风区、三十里风区、达坂城风区五大风区。其中百里风区是我国乃至世界上铁路风灾最严重的地区之一，最大风速达60 m/s；每年大于8级风的大风天数超过200 d。既有铁路的大风灾害如图25.2.11所示。

图25.2.11　既有兰新铁路大风灾害

为了保证列车安全、快速运营，减少限速和停轮，在兰新高铁风区中设置了一座防风明洞，长度1 149 m。即大风区铁路路基上设置的上部封闭的防风结构，能够将外界大风环境与洞内行车环境相对隔离，从而大风不影响明洞内的列车运行安全，且能够有效减少清沙等运营养护成本。防风明洞的整体结构如图25.2.12和图25.2.13所示。

图25.2.12　防风明洞结构

图25.2.13　防风明洞洞口

明洞采用预制结构，预制构件之间的连接采用“型钢连接 + 后浇”的刚性连接技术，如图 25. 2. 14 和图 25. 2. 15 所示。

图 25. 2. 14 “型钢连接 + 后浇”刚性连接

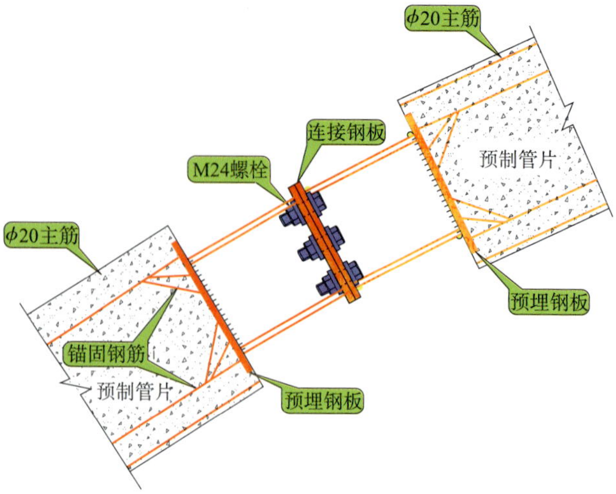

图 25. 2. 15 刚性连接

25. 2. 3 上海至成都客运专线隧道

上海至成都客运专线全长 2 003 km，包括沪宁城际长 324 km、合宁铁路长 148 km、合武铁路长 380 km、汉宜铁路长 292 km、宜万铁路宜昌至凉雾段长 289 km、渝利铁路长 265 km、成渝客运专线长 305 km；共有隧道 269 座，总长 468 km，其中沪宁城际、合宁铁路和汉宜铁路隧道工程项目较少，宜万铁路宜昌至利川段设计速度为 160 km/h，渝利铁路设计速度 200 km/h。下面重点介绍合武铁路和成渝客专隧道情况。

1. 合武铁路隧道

1） 项目概况

合武铁路位于安徽省中西部、湖北省东部，是沪汉蓉快速铁路通道的重要组成部分，东起合肥市，中穿大别山，途经六安市、黄冈市（麻城、红安），西止武汉市，线路全长 359. 361 km，设计速度 250 km/h。合武铁路于 2005 年 8 月 30 日开工，2009 年 4 月 1 日正式通车运营。

2） 隧道工程概况

全线共分布有隧道 36 座，总长 63. 853 km，共有特长隧道两座，分别是安徽省段金寨隧道全长 10 766 m，湖北省段大别山隧道全长 13 256 m。隧道按长度汇总见表 25. 2. 6。

表 25. 2. 6 合武铁路隧道分布汇总表

隧道长度 L(m)	$L<500$	$500\leq L<3000$	$3000\leq L<10000$	$10000\leq L$
单 位	座—延长米	座—延长米	座—延长米	座—延长米
数 量	20—4 178	10—13 719	4—21 934	2—24 022

3） 工程地质情况

沿线隧道通过了凝灰岩、凝灰熔岩、黑云母石英片岩、石英闪长岩、花岗岩、花岗闪长岩、花岗片麻岩等地层，沿线地质构造较复杂。地下水主要为孔隙潜水、基岩裂隙水。

隧道围岩级别统计情况汇总见表 25. 2. 7。

表 25. 2. 7 合武铁路隧道围岩级别汇总表

围岩级别	Ⅱ	Ⅲ	Ⅳ	Ⅴ	合 计
长度(km)	37. 837	14. 326	6. 257	5. 433	63. 853
比例(%)	59. 25	22. 44	9. 80	8. 51	100

4）地震烈度

根据《中国地震动参数区划图》(GB 18306—2001)，隧道所处测区地震动峰值加速度均为0.05g。

5）重点隧道概况

（1）大别山隧道

大别山隧道位于墩义堂站至三河站区间，隧道起讫里程为DK212+426~DK225+682，全长13 256 m，隧道最大埋深约530 m；大别山隧道是本线最长的隧道，也是全线控制工期的主要工程之一。大别山隧道进口如图25.2.16所示。隧道设置两座无轨运输双车道斜井，长度分别为646 m和1 077 m，如图25.2.17所示。

图25.2.16 大别山隧道进口（铁四院提供）

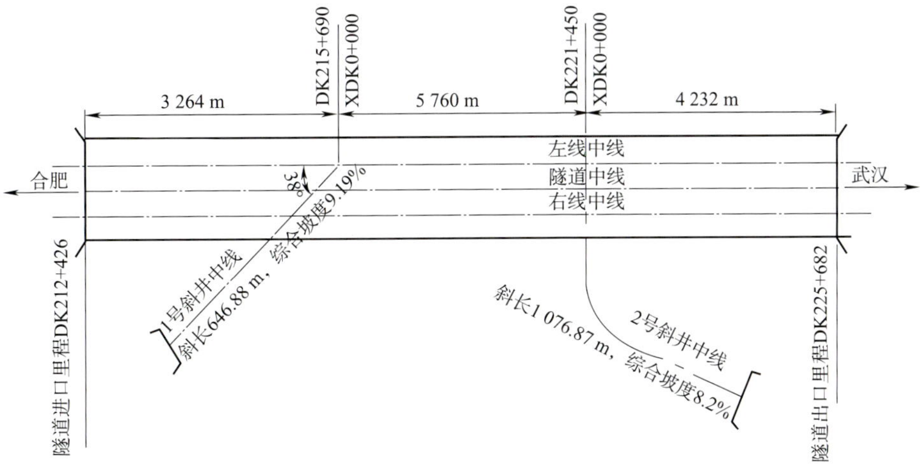

图25.2.17 大别山隧道施工辅助坑道

（2）金寨隧道

金寨隧道位于合武铁路金寨站和天堂寨站区间，紧邻金寨车站，全长10 766 m，洞身最大埋深350 m，最小埋深32 m。金寨隧道为单洞双线隧道，是合武铁路控制性工程之一。

受金寨车站影响，隧道线间距为4.6~5 m。隧道DK149+959~DK160+700段采用无砟轨道整体道床，DK160+700~DK160+725段采用碎石道床。隧道设无轨运输斜井1座，长482.26 m，如图25.2.18所示。

第五篇 工程实绩

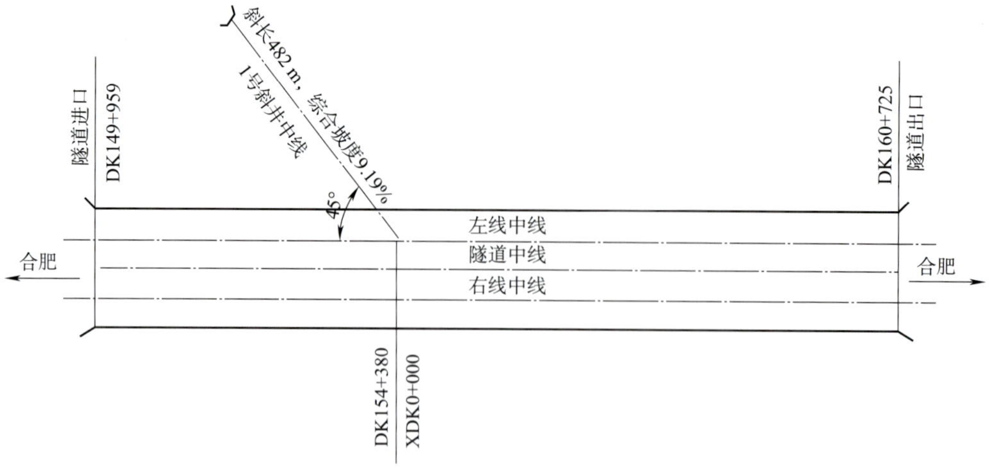

图 25.2.18　金寨隧道施工辅助坑道

2. 成渝客运专线隧道

1）项目概况

成都至重庆客运专线位于我国西南地区成渝经济圈，线路起自成都市的成都东客站出站，向东达本线设计终点重庆市的重庆站，线路全长 308.454 km，包括成都、重庆枢纽配套工程，设计速度为 350 km/h。成渝客运专线线路平面如图 25.2.19 所示。

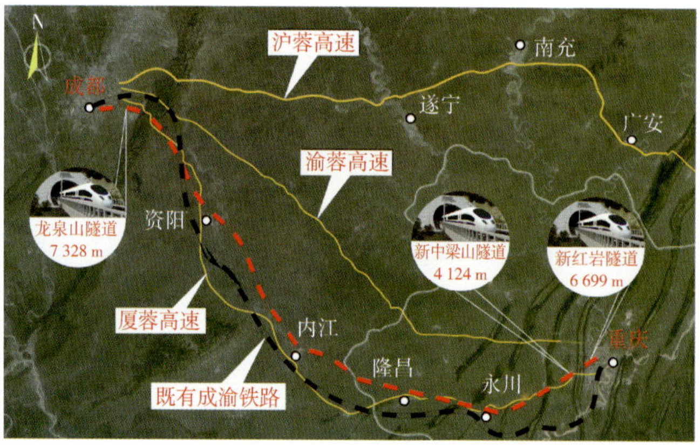

图 25.2.19　成渝客运专线线路平面

2）隧道工程概况

全段正线隧道 48 座计 52.874 km，其中双线隧道 46 座 44.631 km，单线隧道 2 座 8.243 km 计，折合占线路总长的 15.8%；最长隧道为龙泉山隧道全长 7.328 km。重庆枢纽联络线隧道 12 座计 11.662 km。正线设计时速 350 km 单洞双线隧道内净空断面积为 100 m^2；正线设计时速 250 km 双洞单线隧道内净空断面积为 60 m^2；正线及联络线设计时速小于 140 km 的隧道按普速断面设计。隧道按长度汇总见表 25.2.8。

表 25.2.8　成渝客运专线隧道长度分段汇总表

隧道长度 L(m)	$L<500$	$500\leqslant L<3000$	$3000\leqslant L<10000$	合　计
座数(座)	33	17	8	58
长度(km)	7.617	19.054	37.869	64.540

3）工程地质情况

本线隧道通过了砂岩夹泥岩、泥岩夹砂岩、压碎岩、泥岩夹砂页岩、灰岩等地层。沿线地质构造较复杂，地下水主要为孔隙潜水、基岩裂隙水及岩溶裂隙水。隧道围岩级别统计情况汇总见表 25. 2. 9。

表 25. 2. 9　成渝客运专线隧道围岩级别汇总表

围岩级别	Ⅲ	Ⅳ	Ⅴ	合　计
长度(km)	7. 895	26. 107	30. 538	64. 540
比例(%)	12. 24	40. 45	47. 31	100

4）地震烈度及气象条件

沿线地震动峰值加速度(地震基本烈度)在 0. 05g ~0. 10g。

5）重点工程概况

本线重点工程为龙泉山隧道、新中梁山隧道和新红岩隧道。

(1）龙泉山隧道

龙泉山隧道全长 7 328 m，为全线最长隧道。隧道穿越地层主要为泥岩夹砂岩，根据地质资料，综合判定本隧道为高瓦斯隧道。针对本隧瓦斯的特点，设计通过采用超前钻孔并辅以加深炮眼对瓦斯进行超前预测、预报的措施，洞内实时探测与洞外实时监控相结合的手段，合理高效的通风组织设计，确保隧道的施工安全。

龙泉山隧道的瓦斯检测如图 25. 2. 20 和图 25. 2. 21 所示。施工通风系统如图 25. 2. 22 和图 25. 2. 23 所示。有轨运输系统如图 25. 2. 24 和图 25. 2. 25 所示。隧道洞口如图 25. 2. 26 和图 25. 2. 27 所示。

图 25. 2. 20　瓦斯自动监测传感器

图 25. 2. 21　瓦斯人工检测

图 25. 2. 22　正洞通风管路

图 25. 2. 23　巷道式通风风门

图 25.2.24　1 号斜井轨道布置

图 25.2.25　矿用提升机

图 25.2.26　龙泉山隧道进口

图 25.2.27　龙泉山隧道出口

(2) 新中梁山隧道

新中梁山隧道采用左右线分修，左线隧道全长 4 124 m，右线隧道全长 4 119 m；设计时速为 250 km，本隧道为成渝客专控制工程。线路从隧道中部引出三条联络线接入重庆北及重庆西。隧道洞身多处与既有隧道立交，上跨既有隧道净间距为 1.1 ~ 16 m，为了确保既有隧道的安全，对既有隧道进行钢支撑加固，如图 25.2.28 所示。隧道主要穿越地层为泥岩夹砂岩、泥岩夹砂页岩及灰岩，隧道不良地质主要为瓦斯、岩溶及采空区。

图 25.2.28　既有隧道钢支撑加固

针对本隧岩溶发育的地质特点，隧道断面设计为圆形，在地下水发育段采用帷幕注浆、局部径向注浆及承受一定水压的加强衬砌，确保地表水及地下水环境的安全。对与既有隧道立交处，采取先期施工、拆换既有衬砌、大管棚及控制爆破等措施，确保既有工程安全。

(3) 新红岩隧道

新红岩隧道位于沙坪坝至重庆路段重庆市沙坪坝区，地表房屋建筑密集。穿越地层主要为泥岩夹砂岩，隧道沿既有单线隧道扩挖成双线隧道，部分段落新建双线绕行。

针对本隧道浅埋地表房屋密集特点，设计洞顶覆土 0～15 m 采用非爆破法开挖，洞顶覆土 15～30 m 采用控制爆破＋机械开挖，洞顶覆土 30～50 m 采用控制爆破法开挖，洞顶覆土 50 m 以上采用弱爆破法开挖。非爆破法开挖采用单臂掘进机，如图 25. 2. 29 所示。控爆开挖如图 25. 2. 30 所示，采取电子雷管全断面爆破，地表房屋可振动速度控制在 1 cm/s 以内。

图 25. 2. 29　单臂掘进机开挖

图 25. 2. 30　电子雷管爆破工作图

25. 2. 4　上海至昆明客运专线隧道

上海至昆明客运专线全长 2 222 km，包括沪杭客运专线长 173 km、杭长客运专线 911 km、长昆客运专线1 138 km。共有隧道 480 座，总长 647 km，其中沪杭客运专线没有隧道工程，以下重点介绍杭州至长沙和长沙至昆明客运专线隧道情况。

1. 杭长客运专线隧道

1）项目概况

杭州至长沙铁路客运专线是沪昆客运专线的东段，正线全长 933. 167 km。工程于 2010 年 5 月 1 日开工，2014 年 12 月 10 日全线通车运营，最高设计速度为 350 km/h。杭长客运专线线路平面如图 25. 2. 31 所示。

图 25. 2. 31　杭长客运专线线路平面

2）隧道工程概况

全线正线共设计隧道(明洞)98 座，合计 64. 987 km，隧线比为 6. 98%；右绕隧道 1 座，总延长 1. 16 km；联络线单线隧道 3 座，总延长 1. 784 km。正线和右绕隧道均为单洞双线隧道，隧道内净空面积 100 m^2；联络线隧道为单洞单线隧道，隧道内净空面积 30. 4 m^2。隧道按长度汇总见表 25. 2. 10。

表 25.2.10　杭长客运专线隧道长度分段汇总表

隧道长度 L(m)	$L\leqslant500$	$500<L\leqslant3000$	$3000<L$	合　计
座数(座)	62	36	4	102
长度(km)	15.195	38.000	14.738	67.933

3）工程地质情况

线路所经地区地层出露齐全，岩性复杂，出露太古界～第三系地层以及各期次的侵入岩和第四系松散沉积层。沿线最广泛分布的地层为白垩至第三系的红层沉积，岩性为含钙泥质粉砂岩、砂砾岩、泥岩、凝灰质粉砂岩、页岩等，分布在各中新生代断陷沉积盆地。沿线侵入岩出露较少，系多期岩浆活动产物，多沿深大断裂侵入，呈条带状、脉状，进贤、醴陵一带规模较大，呈岩基状侵入，风化层深厚，不均匀风化严重。本线隧道围岩级别统计情况汇总见表 25.2.11。

表 25.2.11　杭长客运专线隧道围岩级别汇总表

围岩级别	Ⅱ	Ⅲ	Ⅳ	Ⅴ	合　计
长度(km)	2.032	17.845	17.915	30.140	67.932
比例(%)	2.99	26.27	26.37	44.37	100

4）地震烈度及气象条件

沿线地震动峰值加速度(地震基本烈度)小于等于 0.05g。沿线年平均气温在 15.0～18.0℃之间。

5）重点工程概况

本线重点工程为青化山隧道。

青化山隧道工程位于浙江省杭州市萧山境内，洞身南北走向，处于海积平原与低山丘陵区的接触带附近。隧道全长 4 905 m。隧道最大埋深 399 m，为单洞双线隧道，线间距 5.0 m。隧区交通较为便利。

隧道设斜井 1 座，该斜井由洞身 DK30＋400 处引出，与洞身夹角 45°，斜井口位于 DK30＋800 左侧约 250 m 丘坡处。斜井斜长约 511.74 m，综合坡度约 8.06%。

2. 长昆客运专线湖南段隧道

1）项目概况

上海至昆明客运专线长沙南至新晃西段东起湖南省省会长沙市，线路自长沙南站引出后向西，跨湘江，经韶山、娄底，穿越雪峰山脉，至怀化，随后经芷江、新晃进入贵州省境内，正线全长 413.939 km。工程于 2010 年 12 月 1 日开工，2014 年 12 月 16 日正式通车运营，最高设计速度为 350 km/h。长昆客运专线线路平面如图 25.2.32 所示。

图 25.2.32　长昆客运专线线路平面

2）隧道工程概况

湖南段正线共有隧道(双线)122 座，总长 191.934 km，占线路总长的 46.4%。全线大于 10 km 的特长隧道 1 座，最长隧道为雪峰山 1 号隧道，长 11.670 km。正线隧道设计行车速度 350 km/h。隧道工程汇总见表25.2.12。该段部分隧道洞口缓冲结构采用环向开口形式，如图25.2.33所示。

表25.2.12　沪昆客专(长昆湖南段)隧道长度分段汇总表

隧道长度 L(m)	$L<500$	$500\leq L<3\,000$	$3\,000\leq L<10\,000$	$L\geq 10\,000$	合　计
座数(座)	52	48	21	1	122
长度(km)	15.196	59.513	105.555	11.670	191.934

图25.2.33　新吉坪隧道洞口缓冲结构

3）工程地质情况

线路由长沙引出西行，经邵涟盆地穿越雪峰山至怀化，经云贵高原斜坡后进入云贵高原。总体地势西高东低，明显向东倾斜。沿线地层从新生界至元古界均有出露，仅缺失上志留统。雪峰山以东相对地形略缓，地层主要为古生界碎屑岩及碳酸盐岩，基岩风化层及第四系覆盖层较厚，完整基岩出露较少；雪峰山区地形陡峭，地层主要为元古界浅变质岩，基岩出露较好；雪峰山以西地形较陡，地层主要为元古界浅变质岩及白垩系泥岩、砂岩等陆相碎屑岩地层，在河流阶地及丘间谷地分布了新生界第四系松散堆积层。

4）地震烈度及气象条件

沿线地震动峰值加速度(地震基本烈度)在0.05g(Ⅵ度)。湖南省属亚热带季风湿润气候，多年平均气温为16~18℃，最冷月平均气温为-2.25℃。

5）重点工程概况

本段重点隧道为雪峰山1号隧道。

雪峰山1号隧道全长11 670 m。隧道内设人字坡，隧道最大埋深约为750 m。隧道最大涌水量为136 796 m^3/d,隧道正常涌水量为75 499 m^3/d。

本隧道设置4座辅助坑道，采用3座斜井加1座横洞辅助坑道方案，辅助坑道全长5370 m，最长斜井长度为2 096 m。

本段属长度大于20 km的隧道群，结合雪峰山1号、2号隧道间明线条件设置紧急救援站防灾救援疏散工程，紧急救援站由停车区域、疏散站台、向外疏散通道和洞外疏散平台及洞外疏散道路组成。紧急救援站总长633 m。

隧道进出口照片如图25.2.34和图25.2.35所示。

3. 长昆客运专线贵州和云南段隧道

1）项目概况

贵州、云南段内沿线途经贵州省凯里市、贵阳市、安顺市、盘县、云南曲靖市及昆明市，正线全长744.74 km(其中贵州段长561.84 km，云南段182.90 km)；包括引入贵阳枢纽、昆明枢纽相关工程。新晃西至贵阳段工程于2010年10月开工，2015年6月18日正式通车运营，贵阳至昆明段于2010年12月开工，计划于2016年年底正式通车运营，最高设计速度为350 km/h。

图 25.2.34 雪峰山 1 号隧道进口(铁三院提供)

图 25.2.35 雪峰山 1 号隧道出口(铁三院提供)

2）隧道工程概况

本段共设计隧道 259 座，合计 388.937 km，隧线比约为 52%。其中单洞双线隧道 256 座，总延长 368.933 km，内轨顶面以上有效净空断面积为 100 m^2；双洞单线隧道 1 座，即中安隧道，长度为 1.275 km，内轨顶面以上有效净空断面积为 70 m^2；双线单洞 + 单洞双线隧道 2 座，即壁板坡特长隧道和凤凰山隧道，长度分别为 14.756 km 和 3.973 km。隧道按长度汇总见表 25.2.13。

表 25.2.13 长昆客运专线隧道长度分段汇总表

隧道长度 L(m)	$L<500$	$500\leq L<3\,000$	$3\,000\leq L<10\,000$	$L\geq 10\,000$	合 计
座数(座)	101	124	31	3	259
长度(km)	29.216	144.191	175.705	39.825	388.937

3）工程地质情况

沿线地层出露较为完全，自前震旦系至第四系地层皆有分布。岩性以灰岩、白云岩类可溶岩为主，相间分布板岩、泥岩、砂岩、页岩及煤系地层，局部地段有玄武岩分布。玉屏至凯里段为元古界震旦系、前震旦系变质岩和古生界寒武系碳酸盐岩、碎屑岩相间地层；凯里至贵阳段以古生界寒武系至新生界三叠系碳酸盐岩为主相间出露碎屑岩地层；贵阳至盘县段以三叠、二叠系碳酸盐岩为主相间出露碎屑岩、玄武岩地层；盘县至曲靖段以古生界泥盆系至新生界三叠系碳酸盐岩为主相间出露碎屑岩、玄武岩地层；曲靖至昆明段为古生界寒武系至二叠系碳酸盐岩和碎屑岩相间出露的地层，局部出露第三系碎屑岩。本线有多座隧道在施工过程中揭示多出溶腔、暗河，地下水较大，为保证运营安全，增设多处泄水洞。

隧道围岩级别统计情况汇总见表 25.2.14。

表 25.2.14 长昆客运专线(贵州、云南段)隧道围岩级别汇总表

围岩级别	Ⅱ	Ⅲ	Ⅳ	Ⅴ	合 计
长度(km)	31.111	140.001	97.224	120.601	388.937
比例(%)	8.00	36.00	25.00	31.00	100

4）地震烈度及气象条件

沿线地震动峰值加速度(地震基本烈度)在 0.05g 至≥0.40g(Ⅵ～Ⅸ度)之间。最冷月平均气温在 4.5～−9.8℃之间。

5）重点工程概况

本段重点工程为朱砂堡 2 号隧道、大独山隧道、岗乌隧道和壁板坡隧道四座隧道。

(1) 朱砂堡 2 号隧道

朱砂堡 2 号隧道位于沪昆客运专线贵州段玉屏东至三穗车站间，全长 505 m，最大埋深 49 m，洞身主要通过寒武系下统薄层灰岩，地表植被发育。原勘察设计发现隧道出口附近发育克麻塘暗河进口(图25.2.36)，并在线路右侧发现有暗河出口，且暗河水流量较大，虽采取物探和钻探等手段，但未发现隧道洞身存在大的物探异常。2011年5月隧道开挖时揭示距离进口50 m开始沿洞身长300 m段附近为一巨型溶洞(图25.2.37)，隧道靠近溶洞侧上方通过，溶洞底部纵向长约90 m、横宽约53 m、高约58 m，溶洞下方40 m还发育有暗河与落水洞，暗河顺线路方向延伸至D2K473+780与隧道相交，预测暗河最大流量为233万 m^3/d。针对特大溶腔，设计对采用桥式跨越、明挖回填路堤和混凝土圬工路堤结构等多方案比较，最终采用约55m高混凝土圬工路堤+明洞结构方案(图25.2.38)，溶腔底部设置泄水洞将暗河水排出洞外，为保证正洞正常施工，增设一迂回平导，在溶腔下部设置一施工导洞进行混凝土圬工的施工。迂回平导、施工导洞、泄水洞与线路及溶洞的平面关系如图25.2.39所示。建成后的隧道洞口如图25.2.40所示。

图25.2.36　暗河入口(铁二院提供)

图25.2.37　溶腔(铁二院提供)

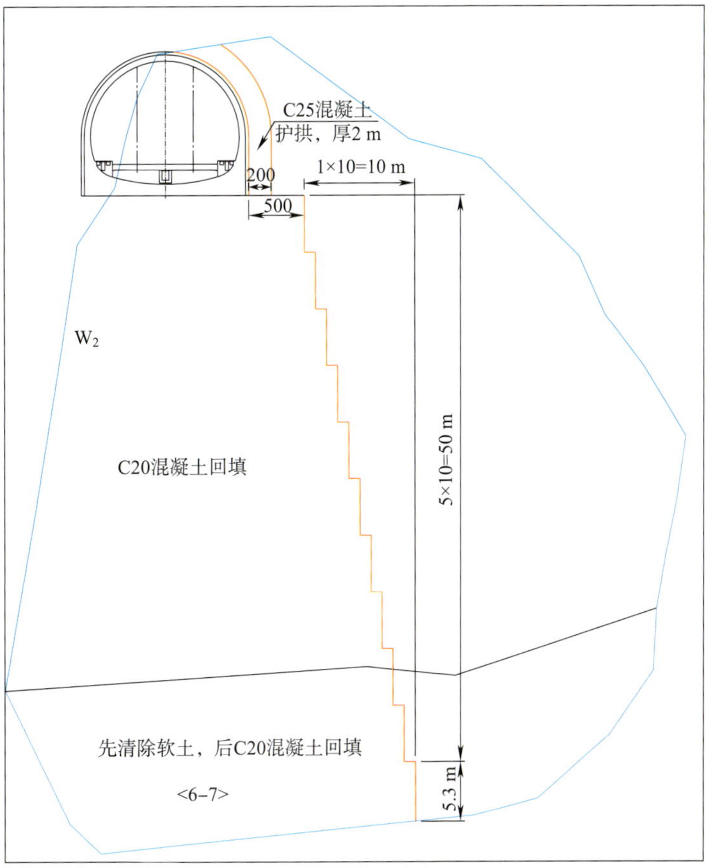

图25.2.38　D2K473+560断面整体混凝土圬工路堤+隧道结构(单位：cm)

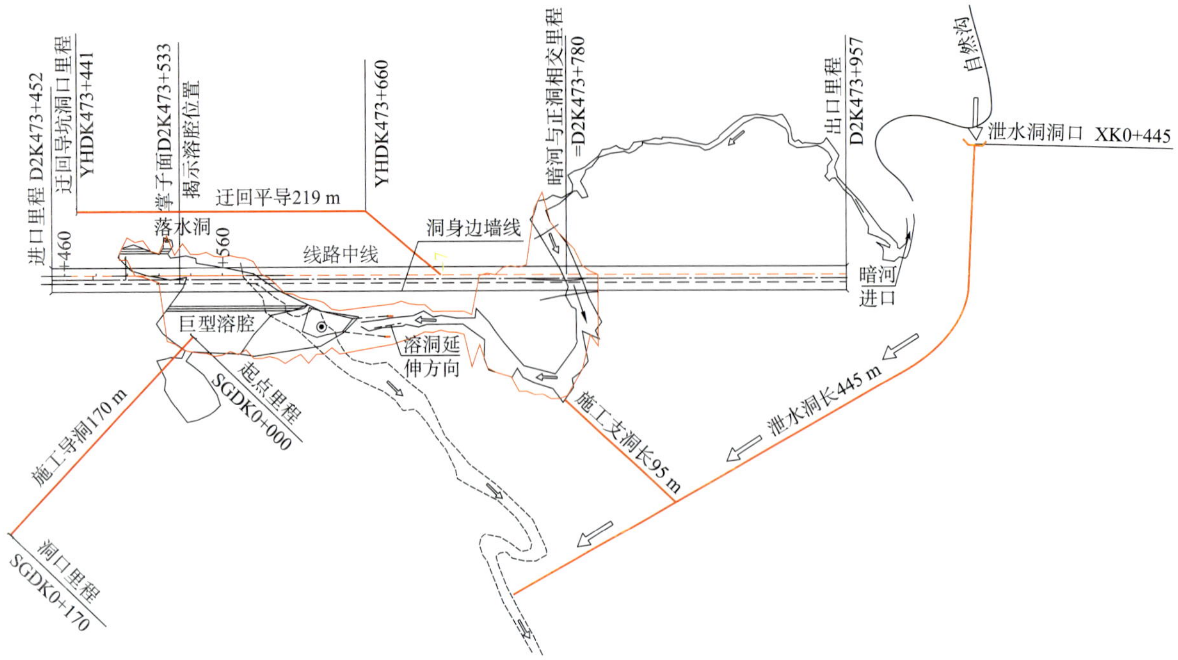

图 25. 2. 39　迂回平导、施工导洞、泄水洞与线路及溶洞的平面关系

图 25. 2. 40　朱砂堡 2 号隧道出口(铁二院提供)

(2) 大独山特长隧道

大独山隧道位于关岭至普安区间，隧道全长 11 882 m，全隧最大埋深 367 m。

大独山隧道共设两座横洞及一座贯通平导，1 号横洞长 1 043 m；2 号横洞长 1 361 m；贯通平导设置于线路左线右侧 35 m 处，全长 11 829 m，两座横洞及贯通平导均采用无轨单车道运输。

辅助坑道平面布置如图 25. 2. 41 所示。

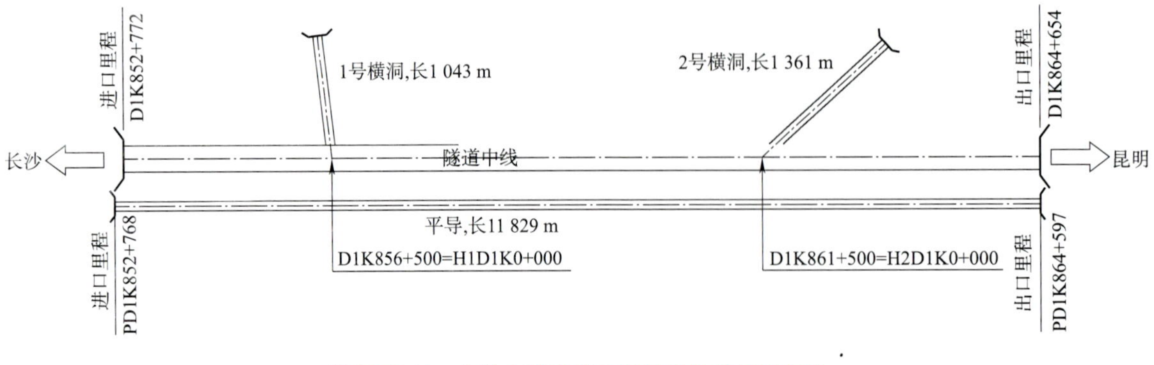

图 25. 2. 41　大独山隧道施工图辅助坑道平面布置

大独山隧道可溶岩局部隐伏岩溶较发育，主要为溶洞、岩溶裂隙、岩溶管道及溶蚀破碎带，地下岩溶水发育，如图 25.2.42 和图 25.2.43 所示。经统计，在施工过程中正洞出水段落共 15 段，主要出水点共 6 处，多为岩溶裂隙水及岩溶管道水，各出水点平时水量相对较小，到雨季水量暴增，且瞬间水量及水压较大，水质浑浊，估算 6 处最大涌水量达 137 万 m^3/d，如排泄不畅易在暴雨季节直接威胁高铁的运营安全。设计对于大的涌水段设置 4 处泄水洞，通过集水廊道将正洞涌水引入平导排出洞外，平行导坑、集水廊道和正洞横断面如图 25.2.44 所示。

图 25.2.42　D1K853 +051 溶腔突泥(铁二院提供)

图 25.2.43　D1K855 +998 处突水(铁二院提供)

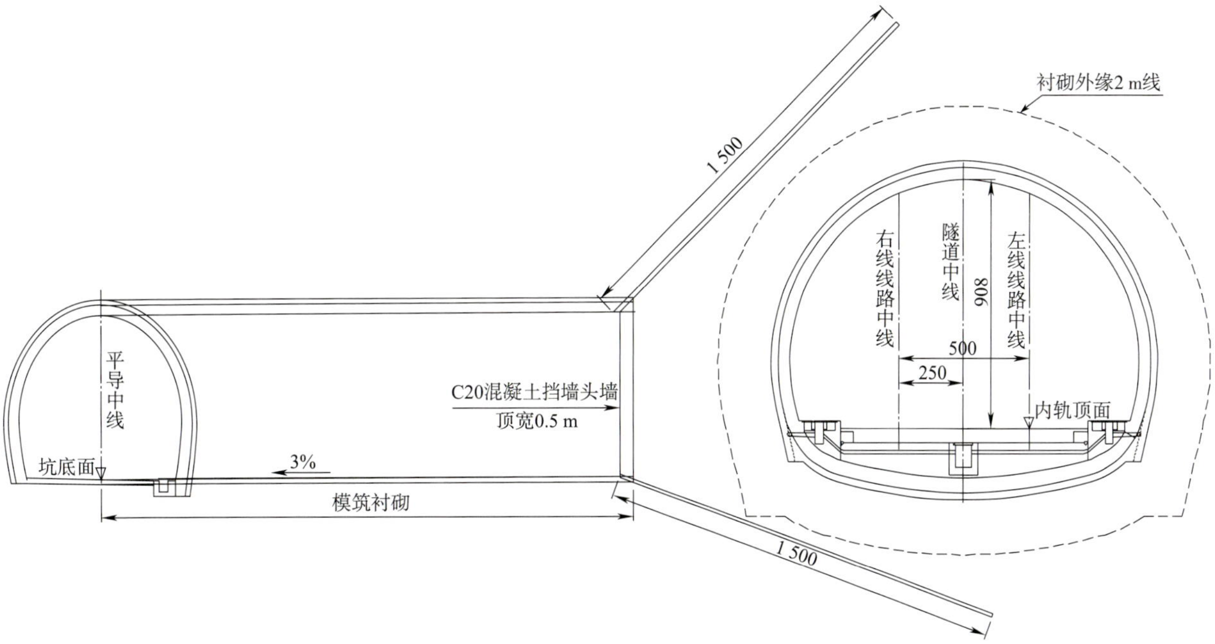

图 25.2.44　平行导坑、集水廊道、正洞断面(单位：cm)

(3) 岗乌特长隧道

岗乌隧道位于关岭至普安区间，隧道全长 13 187 m。全隧道最大埋深 544.5 m。该隧道设置 4 座横洞，辅助坑道布置如图 25.2.45 所示，其中 1 号横洞口如图 25.2.46 所示。

岗乌隧道在施工过程中，多处揭示可溶岩局部隐伏岩溶，主要为溶缝、溶槽、溶洞、岩溶裂隙、岩溶管道及溶蚀破碎带，岩溶极为发育，共计有 15 段(处)存在不同程度的出水情况，各出水点平时水量相对较小，但存在雨季水量暴增的隐患，且瞬间水量及水压较大，水质浑浊。揭示的溶腔及涌水情况如图 25.2.47 ~ 图 25.2.50 所示。

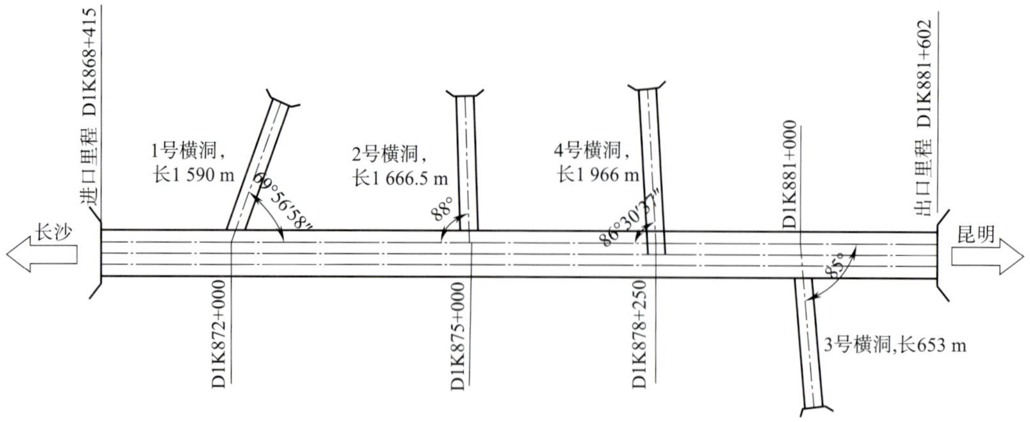

图 25.2.45 施工辅助坑道平面布置

图 25.2.46 岗乌隧道 1 号横洞(铁二院提供)

图 25.2.47 D1K868 +515 处溶洞(铁二院提供)

图 25.2.48 D1K871 +800 段溶洞(铁二院提供)

图 25.2.49 岗乌隧道出口出水(铁二院提供)

图 25.2.50 洞身段初期支护出水

第五篇 工程实绩

为有效解决该隧道的地下水影响，在建设过程中平行隧道增设 4 座泄水洞，总长 6 200 m，通过泄水洞打设集水廊道引排正洞的出水点。泄水洞与正洞横断面布置如图 25. 2. 51 所示。

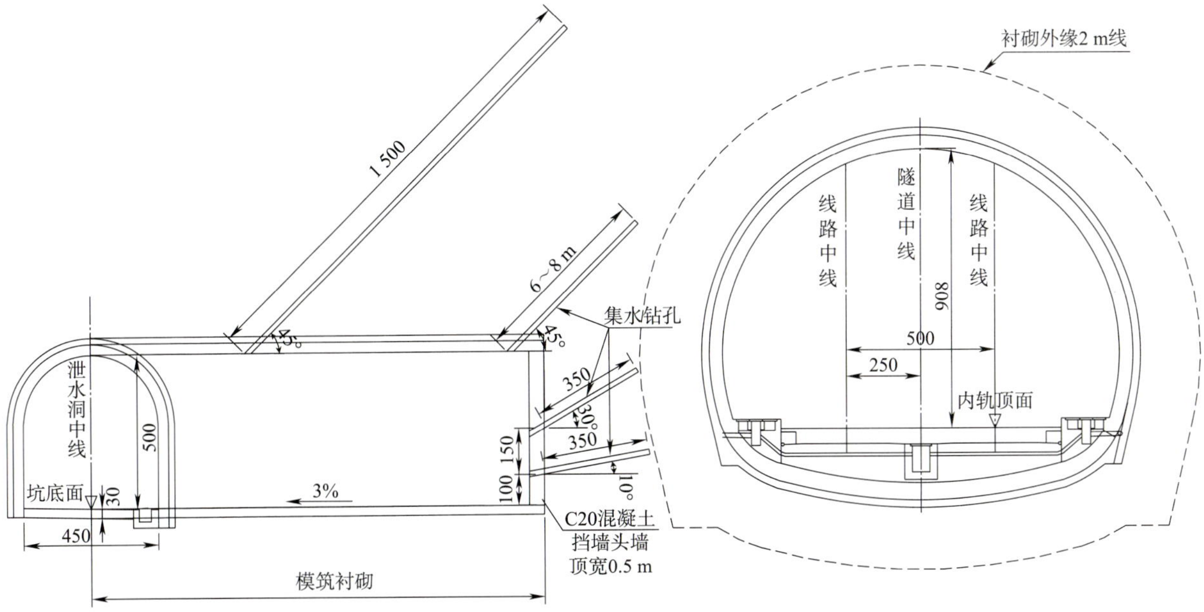

图 25. 2. 51　泄水洞、集水廊道、集水孔、正洞横断面布置(单位：cm)

(4) 壁板坡特长隧道

壁板坡隧道位于盘县至富源北区间，为分合修隧道(进口合修，出口分修)。进口段线间距为 5. 0 m，出口段线间距为 31. 5 m，最大线间距约为 167 m。全隧设计为人字坡，隧道全长 14 756 m，是沪昆客运专线最长隧道，最大埋深 735 m。该隧道为截至 2015 年底我国设计速度 350 km/h 的高速铁路隧道中唯一一座采用双洞分修的山岭隧道。

壁板坡隧道洞身主要为碳酸盐岩夹碎屑岩地层，可溶岩地段、可溶岩与非可溶岩接触带、断层破碎带中易出现较大涌水、突水、突泥，施工风险极大。进口两侧受采空区的影响，不具备分修条件，故设计正洞进口 1 363 m 为大断面单洞合修段(图 25. 2. 52)，出口 13 393 m 为双洞分修，出口洞门如图 25. 2. 53 所示。设计有全长 14 726 m 的贯通平导一座，施工期间作为施工辅助坑道提前探明地质，增加工作面使用，运营期间兼作永久排水及防灾救援通道使用。

图 25. 2. 52　壁板坡隧道进口(铁二院提供)

图 25. 2. 53　壁板坡隧道出口(铁二院提供)

壁板坡隧道采用“贯通平导”的辅助坑道方式。平导为无轨单车道贯通平导，平导全长14 651 m。

25.3 其他高速铁路隧道

其他投入运营隧道工程较多的客运专线主要有宁杭客运专线、合福客运专线、吉林至珲春铁路、贵广铁路、南广铁路、沈丹客运专线等。

25.3.1 宁杭客运专线隧道

1. 项目概况

新建铁路南京至杭州客运专线正线运营长度为253.871 km，上下行联络线共4条，总长12.696 km。工程于2008年12月27日开工，2013年7月1日正式通车运营，最高设计速度为350 km/h。宁杭客运专线线路平面如图25.3.1所示。

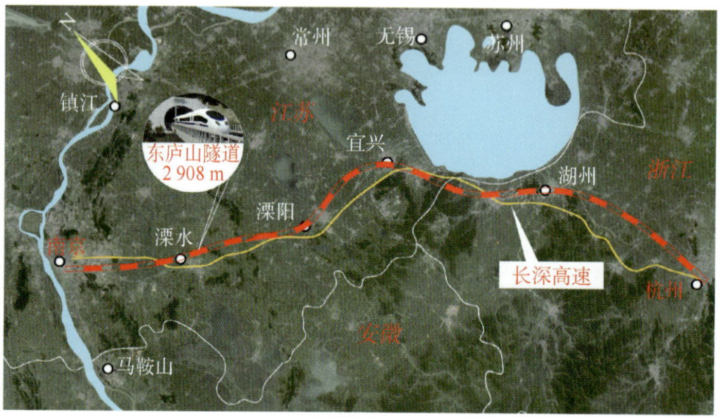

图25.3.1 宁杭客运专线线路平面

2. 隧道工程概况

全线共设计隧道16座，合计27.044 km，隧线比为10.65%，均为双线隧道，内净空断面积为100 m^2。隧道按长度汇总见表25.3.1。最长隧道为湖州隧道，长5 510 m。该线张坞隧道洞口地形困难，采用接长单压明洞结构洞门，如图25.3.2所示。

表25.3.1 宁杭客运专线隧道长度分段汇总表

省 别	起 讫 里 程	线路长度(km)	隧道数量(座—km)				隧线比(%)
			$L<500$ m	500 m$\leq L<3$ km	3 km$\leq L<10$ km	合 计	
江苏省	DK1 +852.41 ~ DK148 +000	146.148	3—0.514	4—6.974	—	7—7.488	5.1
浙江省	DK148 +00 ~ DK250 +097.266	107.723	2—0.584	5—10.427	2—8.543	9—19.556	18.2
合计	DK1 +852.41 ~ DK250 +097.266	253.871	5—1.098	9—17.401	2—8.543	16—27.044	10.65

图25.3.2 张坞隧道洞口单压明洞

3. 工程地质情况

本线隧道经过区域岩层主要为安山岩、凝灰岩、砂岩、花岗岩、砂质页岩及泥质砂岩等，局部地段为灰岩，有溶蚀现象。一般地段地下水主要为基岩裂隙水，不发育；在湖州隧道岩溶发育及构造带中地下水较发育。隧道围岩级别统计情况汇总见表 25.3.2。

表 25.3.2 宁杭客运专线隧道围岩级别汇总表

围岩级别	Ⅱ	Ⅲ	Ⅳ	Ⅴ	合计
长度(km)	9.189	8.694	4.978	4.183	27.044
比例(%)	33.98	32.15	18.40	15.47	100

4. 地震烈度及气象条件

南京至宜兴段地震动峰值加速度均为 0.1g，宜兴至杭州段地震动峰值加速度为 0.05g。全线多年平均降雨量为 1 027 ~ 1 600 mm，沿线河流 5 ~ 9 月为主汛期，一般由梅雨及台风雨形成。

25.3.2 合福客运专线隧道

1. 项目概况

合福客运专线是京福客运专线的重要组成部分，是沟通华中与华南地区的一条大能力客运通道。自合肥南站引出，经安徽巢湖、铜陵、绩溪、黄山，江西婺源、德兴、上饶，福建武夷山、南平，至福州站，线路全长 810 km。工程于 2010 年 1 月开工建设，2015 年 6 月通车运营，设计速度目标值为 350 km/h。合福客运专线线路平面如图 25.3.3 所示。

图 25.3.3 合福客运专线线路平面

2. 隧道工程概况

本线正线共分布有隧道 210 座，总长 340.6 km，隧线比 42.03%；其中安徽段 50.5 座、江西段 71.5 座、福建段 88 座；共有特长隧道 4 座，总长 47.6 km，分别为北武夷山隧道（闽赣省界）全长 14 629 m，是本线最长隧道，三清山隧道长 11 850 m，古田隧道长 10 633 m，闽清隧道长 10 518 m。安徽段最长的隧道为绩溪隧道（施工图名称为北山隧道），出口紧邻本线绩溪车站，隧道长 9 464 m。

本线正线隧道分布见表 25.3.3。

联络线共有隧道两座，共长 415 m，其中上行线隧道长 199 m，下行线隧道长 216 m。

3. 工程地质情况

本线隧道通过了砾岩、砂岩、泥岩、灰岩、凝灰岩、页岩、片麻岩等地层。沿线地质构造较复杂，地下水主要为孔隙潜水、基岩裂隙水及岩溶裂隙水。隧道围岩级别统计情况汇总见表 25.3.4。

表 25.3.3　合福客运专线隧道长度分段汇总表

省　别	线路长度(km)	隧道数量(座—km)						隧线比(%)
		$L \leqslant 500$ m	500 m < $L \leqslant$ 1 000 m	1 000 m < $L \leqslant$ 3 000 m	3 000 m < $L \leqslant$ 10 000 m	L > 10 000 m	合　计	
安徽省	343	21—5.615	15—11.709	7—12.399	7.5—36.785	—	50.5—66.508	19.35
江西省	183	36—9.130	15—10.358	12—20.191	6.5—28.641	2—20.016	71.5—88.336	48.23
福建省	284	34—10.185	19—14.213	13—23.931	20—109.824	2—27.614	88—185.767	65.5
合 计	810	91—24.930	49—36.280	32—56.521	34—175.250	4—47.630	210—340.611	42.03

表 25.3.4　合福客运专线隧道围岩级别汇总表

围岩级别	Ⅱ	Ⅲ	Ⅳ	Ⅴ	合　计
长度(km)	108.924	108.587	48.325	74.775	340.611
比例(%)	31.98	31.88	14.19	21.95	100

4. 地震烈度及气象条件

根据《中国地震动参数区划图》(GB 18306—2001)，地震动峰值加速度为 0.05g，地震动反射谱特征周期为 0.35 s。

5. 重点工程概况

合福铁路北武夷山隧道穿越福建与江西两省交界分水岭——武夷山脉，全长 14 629 m，最大埋深 1 110 m。隧道地质条件也十分复杂，分部多处断层破碎带和节理密集带，高地温、强富水和岩爆是该隧道的施工难点，属于高风险隧道。隧道进出口均为桥隧相连结构，隧道共设置 4 座辅助坑道和 3 座逃生救援通道，并在进口端设置救援站。北武夷山隧道进口如图 25.3.4 所示。

其他隧道如李峰隧道进口如图 25.3.5 所示，杨梅岩隧道进口如图 25.3.6 所示，古田隧道进口如图 25.3.7 所示。

图 25.3.4　北武夷山隧道进口(合福闽赣公司提供)

图 25.3.5　李峰隧道进口(姚云龙摄)

图 25.3.6　杨梅岩隧道进口(姚云龙摄)

图 25.3.7　古田隧道进口(合福闽赣公司提供)

25.3.3　吉图珲客运专线隧道

1. 项目概况

新建吉林至珲春铁路客运专线，西起吉林省吉林市，东至中俄朝三国交界地珲春市，连接图们、珲春口岸。新建正线全长360.602 km，工程于2010年10月30日开工，2015年9月20日通车运营，最高设计速度为250 km/h。吉图珲客运专线线路平面如图25.3.8所示。

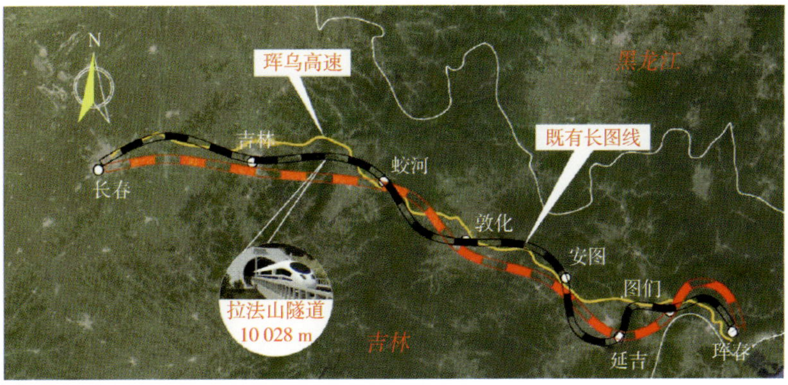

图25.3.8　吉图珲客运专线线路平面

2. 隧道工程概况

全线共新建单洞双线隧道85座，隧道长度合计为155.705 km，隧线比为43.1%，轨面以上内净空断面积为92 m^2；隧道按长度汇总见表25.3.5。

表25.3.5　吉图珲客运专线隧道长度分段汇总表

隧道长度 L(m)	$L<500$	$500\leqslant L<3000$	$3000\leqslant L<10000$	$L\geqslant10000$	合　计
座数(座)	16	53	15	1	85
长度(km)	5.517	71.795	68.365	10.028	155.705

3. 工程地质情况

本线隧道通过的地层主要为花岗岩、花岗闪长岩、闪长岩等，其次为变质粉砂岩、细砂岩、板岩等，部分地段发育有角砾岩、安山岩、安山质凝灰岩，局部地段分布砂岩及页岩和泥岩互层，页岩、泥岩具有膨胀性。地下水主要为孔隙水和基岩裂隙水。隧道围岩级别统计情况汇总见表25.3.6。

表25.3.6　吉图珲客运专线隧道围岩级别汇总表

围岩级别	Ⅱ	Ⅲ	Ⅳ	Ⅴ	Ⅵ	合计
长度(km)	25.955	59.562	25.509	44.128	0.551	155.705
比例(%)	16.7	38.2	16.4	28.3	0.4	100

4. 地震烈度及气象条件

沿线地震动峰值加速度(地震基本烈度)在0.05g～0.10g(Ⅵ～Ⅶ度)之间。最冷月平均气温在−10.3～−23.4℃之间。

5. 重点工程概况

本线重点工程为拉法山隧道。

拉法山隧道全长10028 m，为吉图珲客运专线全线最长隧道。隧道穿越老爷岭中低山区，最大埋深476 m，洞身地层主要为中～粗粒花岗岩及变质砂岩及板岩。地下水主要为孔隙潜水、基岩裂隙水两类，水量丰富。本隧道地处严寒地区，最冷月平均气温−23.4℃，土壤最大冻结深度1.92 m，为重度季节冻土区，隧道防寒保温是设计的重点。

本隧道采取了“以排为主，堵排结合，保温抗冻”的综合防排水、防寒抗冻设计工程措施。洞口

2.0 km 范围内设置中心深埋水沟+洞外保温出水口排水，环纵向盲沟集水按照“体外排水”的理念，通过隧底横向导水盲沟直接汇入中心深埋水沟，中心水沟上方设置保温层、加大衬砌背后盲管排水能力、检查井密封等措施。洞口 500 m 受冻胀影响地段设置保温层、钢筋混凝土加强衬砌、围岩径向注浆、二次衬砌背后回填注浆等措施提高抗冻胀能力，如图 25.3.9 和图 25.3.10 所示。

图 25.3.9　背带式保温板现场铺装

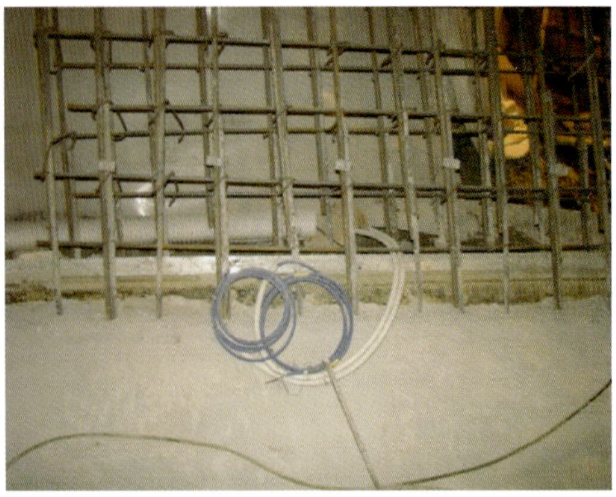

图 25.3.10　钢筋混凝土结构埋设测温电缆

为确保运营安全，对该隧道洞内局部气候条件进行建设期和运营期的温度测试和冻深测试。根据测试数据和实际运营情况调研，目前使用效果良好，如图 25.3.11 和图 25.3.12 所示。

图 25.3.11　洞内及岩温观测

图 25.3.12　洞外气象观测

25.3.4　贵广客运专线隧道

1. 工程概况

新建贵阳至广州铁路正线长度 861.17 km，设计速度目标值为 250 km/h 双线，预留 300 km/h 提速条件，线路起自贵阳北站引出，经龙里，穿斗篷山至都匀，而后由三都沿都柳江经榕江、从江进入广西，跨融江和焦柳铁路，经柳州市三江，穿天平山隧道经桂林后跨漓江，继续经恭城、钟山、贺州进入广东省境内，再经怀集，跨北江，经肇庆、三水、佛山进入广州枢纽广州南站。贵广客运专线线路平面如图 25.3.13 所示。

2. 隧道工程概况

贵广客运专线正线共新建隧道 234 座，总延长 464.207 km，隧道长度占线路长度的 53.9%。除佛山隧道为四线明洞外，其余隧道均为双线隧道。全线特长隧道共 9 座，总长 116.483 km，最长隧道为岩山隧道，长 14.693 km。隧道按长度汇总见表 25.3.7。

3. 工程地质情况

贵阳至三都间属于高原溶蚀、剥蚀中低山区。地层岩性为可溶岩与碎屑岩相间分布，穿过川黔经向

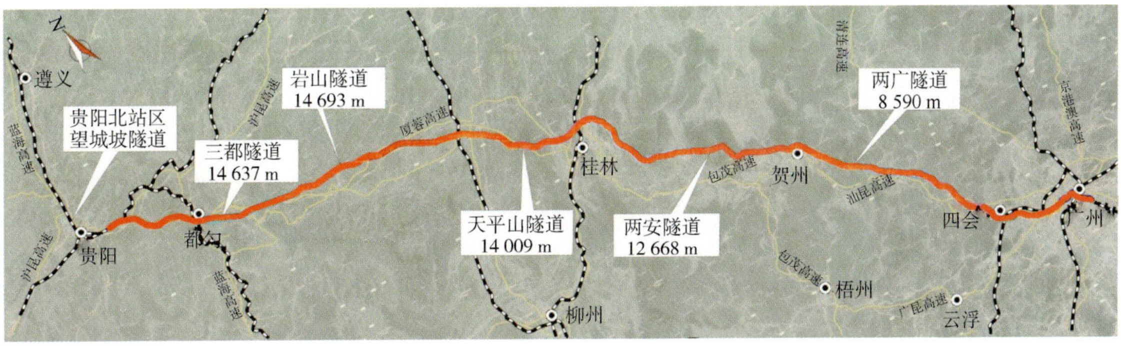

图 25.3.13　贵广客运专线线路平面

构造体系影响带，地下水以岩溶水为主，不良地质主要为岩溶、人为坑洞及有害气体。

表 25.3.7　贵广客运专线正线隧道长度分段统计表

隧道长度 L(m)	$L \leqslant 500$	$500 < L \leqslant 3\,000$	$3\,000 < L \leqslant 10\,000$	$L > 10\,000$	合　计
座数(座)	95	97	33	9	234
长度(km)	24.757	124.935	198.032	116.483	464.207

三都至五通间属于高原斜坡侵蚀、剥蚀中低山区。地层岩性以前震旦系浅变质岩为主，局部为砂页岩，穿过华夏构造体系影响带，地下水以基岩裂隙水为主，不良地质主要为危岩落石及滑坡。

五通至贺州间属于桂东北剥蚀中山及溶蚀低山丘陵区，地层岩性为可溶岩与碎屑岩相间分布，局部为花岗岩侵入体，穿过广西山字型构造体系和湘桂经向构造体系联合影响带，地下水以岩溶水为主，不良地质主要为岩溶、危岩落石及花岗岩蚀变风化带。

贺州至广州间属于南岭余脉的粤西中、低山丘陵区及珠江冲积平原区，地层岩性为可溶岩、浅变质岩、花岗岩等，穿过新华夏构造体系和中华夏构造体系影响带，地下水以岩溶水、基岩裂隙水、孔隙潜水为主，不良地质主要为岩溶、危岩落石及滑坡等。

4. 地震烈度及气象条件

沿线地震动峰值加速度均小于等于 0.05g。气候则由亚热带湿润季风气候逐渐过渡为亚热带湿热湿润型及亚热带湿热型气候。降水主要集中于 5～8 月。

5. 重点工程概况

本线重点隧道有岩山隧道、三都隧道、天平山隧道、两安隧道和佛山隧道，其中三都隧道详见第 27 章。

(1) 岩山隧道

岩山隧道位于贵州省榕江县境内，全长 14 693 m，最大埋深 640 m，为贵广客运专线第一长隧道。隧道穿越泥质砂岩、含砾泥质砂岩、变余砂岩、砂质板岩夹绢云母板岩和含砾砂岩等地层；洞身发育有 22 条断层及 5 个褶曲构造，地质条件极为复杂。地下水主要为基岩裂隙水及断层涌水，预测地下水水量达 114 400 m^3/d。隧道进口浅埋近接木材厂厂房；洞身先后三次浅埋下穿八匡河或寨蒿河，最浅处拱顶埋深仅 3 m，地表地形环境较为复杂。

图 25.3.14　岩山隧道洞门(铁二院提供)

隧道进口位于榕江车站出站端，洞门融入当地侗族建筑风格(图 25.3.14)，结构既安全稳定，又能与周围的自然环境、人文环境完美结合。进口浅埋近接木材厂厂房段，设计中通过反压回填制造人工地形后，暗挖控爆方案成功通过。浅埋下穿河流砂卵石地层段，采用河道内设置咬合桩结合抗浮压顶梁等新型结构，保证了隧道暗挖施工及结构的安全。洞身主要为板岩地层，由于年代古老，经历多期构造运动，岩体完整性变化较大，设计考虑板岩的性质、层厚、节理、软弱夹层等因素，进行了围岩亚级分级，并针对性地进行了锚杆、钢架布置方式及支护参数设计，安全经济地解决了古老板岩隧道易掉块、坍方问题。

岩山隧道为贵广客运专线控制性工程之一，设置了 3 座斜井、1 座横洞、1 座平导共 5 座无轨运输辅助坑道，并按大型机械化配套进行施工组织设计，针对开挖、出渣、初支、防水、二衬等作业线，配套相应的施工机械，形成快速施工能力，成为全线最早贯通的特长隧道。岩山隧道平导洞口如图 25. 3. 15 所示，喷射混凝土机械化作业如图 25. 3. 16 所示。

图 25. 3. 15　岩山隧道平导(铁二院提供)

图 25. 3. 16　岩山隧道机械化作业(铁二院提供)

(2) 天平山隧道

天平山隧道位于广西省龙胜县境内，全长 14 009 m，最大埋深 760 m，贵广客运专线第三长隧道。隧道穿越砂岩、砂岩夹页岩、页岩、炭质页岩等地层；洞身发育节理密集带和断层破碎多达 27 条，地质条件极为复杂。地下水主要为基岩裂隙水及断层涌水，预测地下水水量达 57 000 m^3/d。洞身约有 300 m 范围位于黄沙河下，其水位高于拱顶约 150 m，并有导水断层与隧道相交。由于天平山隧道存在高地应力软岩大变形、断层突水等问题，被列入贵广客运专线 I 级高风险隧道。

隧道出口洞门融入桂林山水意境，采用山水浮雕挡墙式洞门，如图 25. 3. 17 所示。洞身穿越富水或导水断层段，进行了综合超前地质预报及超前周边预注浆或帷幕注浆预设计，以防止突水突泥风险。对于洞身页岩、炭质页岩在变形段，设计阶段制定了详细预设计方案，并选用与正洞类似地质情况的 2 号斜井作为先行实验段，对施工过程软岩隧道空间变形规律及机制、围岩稳定性与支护结构承载力极限状态判别方法、变形控制基准、变形控制技术等方面进行研究，确定合理有效的支护参数，格栅钢架采用六肢主筋(图 25. 3. 18)，用以指导正洞段施工，保证结构安全。

图 25. 3. 17　天平山隧道出口(铁二院提供)

图 25. 3. 18　天平山隧道六肢格栅(铁二院提供)

天平山隧道为贵广客运专线控制性工程之一，设置5座双车道无轨运输斜井，并针对本隧道主要为台阶法施工的特点，进行机械化配套，其防水板铺设如图25.3.19所示，多功能钻孔台架如图25.3.20所示。

图25.3.19　防水板铺设台车(铁二院提供)

图25.3.20　多功能钻孔台架(铁二院提供)

(3) 两安隧道

两安隧道位于广西省桂林境内，全长12 668 m，最大埋深700 m，为贵广客运专线最长花岗岩隧道。全隧道均穿越花岗岩地层，洞身发育节理密集带和断层破碎多达11条。地下水主要为基岩裂隙水及断层涌水，预测地下水水量达70 400 m^3/d。由于存在长段花岗岩全风化层、构造发育、弱岩爆及高地温等不良地质，两安隧道成为全线重难点及控制性工程。

隧道进出口段均位于花岗岩全风化层中，稳定性差，基底承载力低。设计上进口段采用五跨桩基托梁通过，保证基底稳定，靠山侧设置8根预加固桩以保护正洞衬砌结构安全并降低边坡高度；出口段采用109 m明洞衬砌，明挖基坑运用"钢管桩+冠梁+锚杆+横撑"相结合的支护体系(图25.3.21)，保证临时基坑施工安全。

隧道施工存在高地温，洞内最高温度达43℃，设计综合采用了增设风机、加大通风量、增加通风时长等加强通风措施；喷雾洒水、出风口冰块降温、设置空调、局扇辅助降温设施(图25.3.22)；大型机械化配套施工，尽量减少人工作业；调整施工组织，缩短每班劳动工时，设置高温休息室等措施，有效解决了隧道高温施工难题。

图25.3.21　出口明挖基坑(铁二院提供)

图25.3.22　隧道降温措施(铁二院提供)

(4) 佛山隧道

贵广、南广铁路为避免对佛山军用机场导航台造成电磁等影响采用四线并行的明挖隧道方案，佛山隧道全长3 710 m，明挖基坑宽度30 m，基坑最大深度20 m，隧道位于佛山市南海区大沥镇境内，穿越地段为佛山市内涝区，地表民房、管线、沟渠密集，两次穿越地表排洪灌溉主渠道，特别在佛山军用机场起降影响范围，对施工机具高度有严格的限制要求。佛山隧道进口如图25.3.23所示，佛山隧道施工时飞机降落情景如图 25.3.24 所示。

图 25.3.23　佛山隧道进口

图 25.3.24　佛山隧道施工时飞机起降

25.3.5　南广铁路隧道

1. 项目概况

新建南宁至广州铁路，始自广西南宁，经贵港、梧州，广东省云浮、肇庆，至广州南止，线路全长 554.95 km。工程于 2008 年 11 月开工，2014 年 12 月正式通车运营，最高设计速度为 250 km/h。南广铁路线路平面如图 25.3.25 所示。

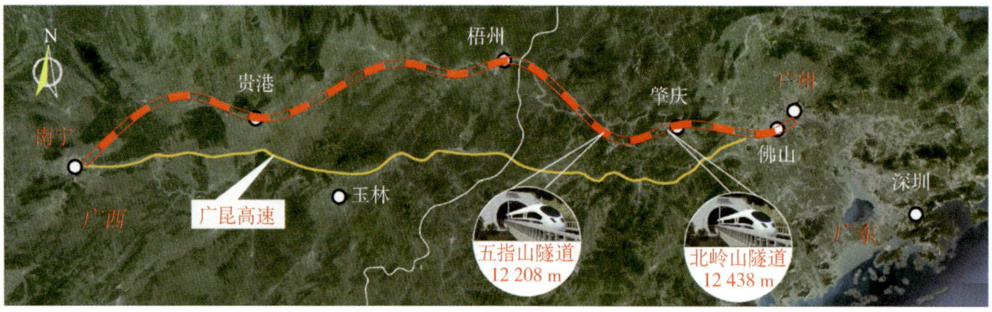

图 25.3.25　南广铁路线路平面

2. 隧道工程概况

全线隧道共设 120 座，全长 126.876 km，隧线比为 22.9%，均为单洞双线隧道，隧道轨面以上内净空断面面积为 92 m^2。全线最长隧道为北岭山隧道，长 12 438 m。隧道按长度汇总见表 25.3.8。

表 25.3.8　南广线隧道长度分段汇总表

隧道长度 L(m)	$L<500$	$500\leqslant L<3\,000$	$3\,000\leqslant L<10\,000$	$L\geqslant10\,000$	合　计
座数(座)	71	37	10	2	120
长度(km)	16.406	40.569	45.25	24.651	126.876

3. 工程地质及水文地质

沿线从古生界到新生界地层均有出露，沿线出露的侵入岩由新到老依次为燕山期中细粒黑云母花岗岩及华力西—印支期早石炭世二长花岗斑岩和加里东期早志留世黑云母花岗岩。

沿线地质构造较复杂，地下水主要为孔隙潜水、基岩裂隙水及岩溶裂隙水。隧道围岩级别统计情况汇总见表 25.3.9。

表 25.3.9　南广线隧道围岩级别汇总表

围岩级别	Ⅱ	Ⅲ	Ⅳ	Ⅴ	Ⅵ	合　计
长度(km)	25.382	38.464	27.47	35.355	0.205	126.876
比例(%)	20.01	30.32	21.65	27.87	0.16	100

4. 地震烈度及气象条件

沿线地震动峰值加速度（地震基本烈度）为 0.05g（Ⅵ度）。最冷月平均气温在 12.9 ~ 13.4℃之间。

5. 重点工程概况

本线重点隧道工程为五指山隧道、北岭山隧道和白云隧道。

（1） 五指山隧道

五指山隧道位于广东省云浮市境内，隧道全长 12 208 m，最大埋深 407 m。隧道进出口为斜切式洞门。根据隧道施工组织的需要，隧道洞身设置两处无轨运输斜井，1 号斜井斜长 935 m，2 号斜井斜长 779 m。

（2） 北岭山隧道

北岭山隧道位于广东省肇庆市境内，隧道全长 12 438 m，为全线最长隧道，最大埋深约 750 m。隧道设两座斜井，1 号斜井长 1 396 m，2 号斜井长 1 059 m。两座斜井与隧道采用斜交单联式，无轨运输双车道衬砌断面，井口采用端墙式洞门。

（3） 白云隧道

白云隧道位于广东云浮市境内，全长 2 285 m。隧道穿越地层主要为三叠系小云雾组砂质页岩、炭质页岩、石英砂岩，局部为砂质页岩夹炭质页岩。隧道正常涌水量 Q = 1 975 m^3/d。隧道发育两条断层，在建设过程中在两断层交汇处，曾发生突水涌泥事故，瞬间涌泥量达 2 500 m^3，喷涌长度 167 m，地面埋深 90 m 有塌陷，形成灾害。突泥段断面地质纵断面如图 25.3.26 所示，洞内突泥如图 25.3.27 所示，地面塌陷如图 25.3.28 所示。

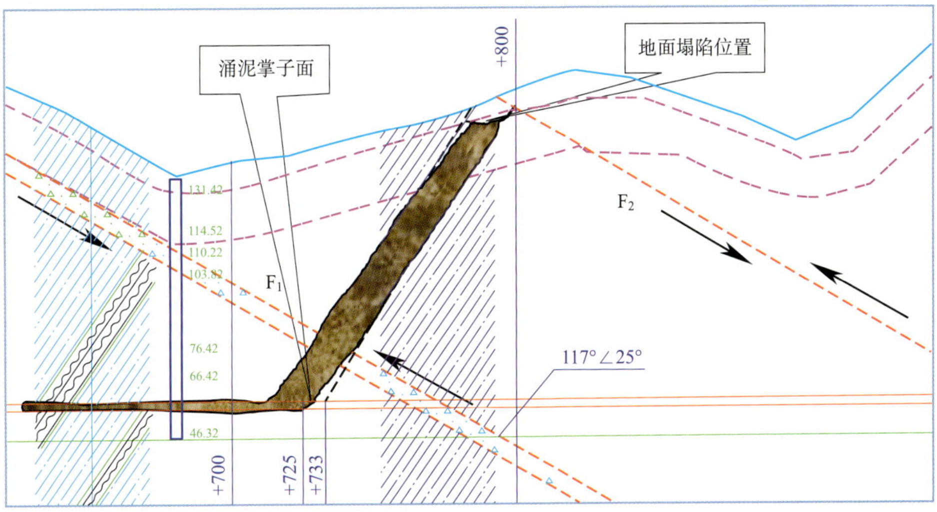

图 25.3.26 突泥段地质断面

图 25.3.27 洞内突泥

图 25.3.28 地表塌陷

后来通过在掌子面后方设置高位迂回导坑，至掌子面斜上方向正洞注浆、打设横向管棚，稳定掌子面，清淤后向掌子面前方注浆加固，然后开挖通过，如图 25.3.29 所示。

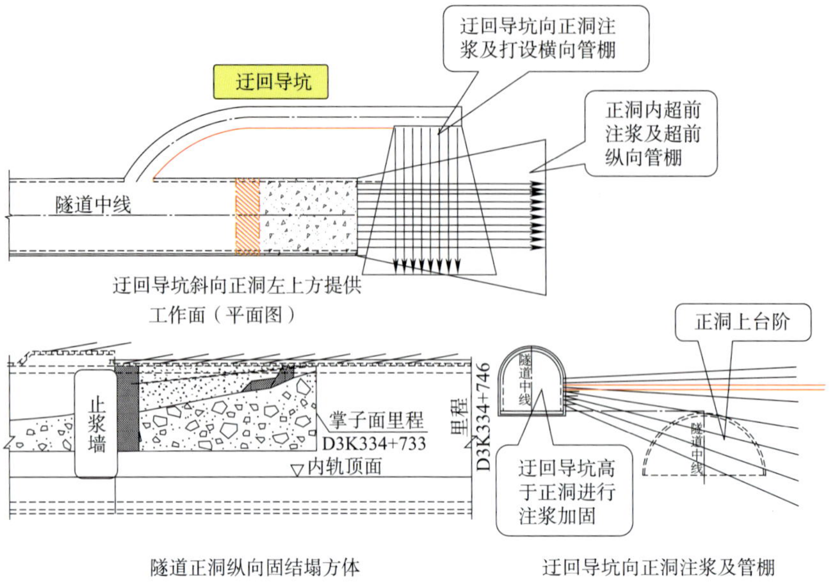

图 25.3.29　突水涌泥段整治方案

25.3.6　沈丹客运专线隧道

1. 项目概况

沈阳至丹东铁路客运专线，是东北地区快速客运路网的重要组成部分。线路自哈大客专沈阳南站引出，经本溪、南芬、通远堡、凤凰城、五龙背引入丹东站，正线全长 209 km，工程于 2010 年 4 月开工，于 2015 年 8 月 31 日正式通车运营，最高设计速度为 250 km/h。沈丹客运专线线路平面如图 25.3.30 所示。

图 25.3.30　沈丹客运专线线路平面

2. 隧道工程概况

全线共设计隧道 58 座，合计 90.153 km，隧线比为 43.1%，均为单洞双线隧道，内净空断面积为 92 m^2。隧道按长度汇总见表 25.3.10。

表 25.3.10　沈丹客运专线隧道长度分段汇总表

隧道长度 L(m)	$L<500$	$500\leq L<3000$	$3000\leq L<10000$	$L\geq10000$	合　计
座数(座)	14	37	7	0	58
长度(km)	4.022	49.663	36.469	0	90.153

3. 工程地质情况

本线隧道通过了混合岩、安山岩、页岩、泥灰岩、云母片岩、板岩、大理岩、变粒岩及花岗岩等地层。沿线地质构造较复杂，地下水主要为孔隙潜水、基岩裂隙水及岩溶裂隙水。隧道围岩级别统计情况汇总见表 25.3.11。

表 25.3.11　沈丹客运专线隧道围岩级别汇总表

围岩级别	Ⅱ	Ⅲ	Ⅳ	Ⅴ	合　计
长度(km)	24.133	21.440	27.198	17.382	90.153
比例(%)	26.77	23.78	30.17	19.28	100

4. 地震烈度及气象条件

沿线地震动峰值加速度(地震基本烈度)在 0.05g ~ 0.15g(Ⅵ ~ Ⅶ度)之间。最冷月平均气温在 −7.4 ~ −11.4℃之间。

5. 重点工程概况

本线重点工程为大顶山隧道与锦江山隧道。

(1) 大顶山隧道

大顶山隧道位于辽宁省本溪市境内，穿越辽东中低山区，沿线起伏较大，隧道全长 6 275 m。

大顶山隧道洞身穿越元古界青白口系页岩、泥灰岩地层，由于地层时代久远，且受多期构造运动影响，构造节理发育。岩体多呈薄层状，产状平缓近水平，在节理、层理结构面切割下，岩体破碎，层间结合力差，受地下水作用时，极易发生坍塌掉块。同时，隧址区域地质构造极其复杂，隧道洞身更是穿越 7 条断层破碎带。

大顶山隧道关键的风险点是 DK77 +660 ~ DK77 +760 段(100 m 长)浅埋下穿沈丹高速公路。下穿段隧道表层覆盖粉质黏土、碎石土，洞身穿越全 ~ 强风化页岩。高速公路路面距离隧道结构顶仅13 m，仅路面宽度超过 60 m，同时，下穿段隧道最大开挖断面更是达到 200 m^2。

(2) 锦江山隧道

锦江山隧道位于辽宁省丹东市境内，隧址区属低山及山间谷地，地表冲沟发育，地下水丰富，隧道全长 4 702 m。

锦江山隧道洞身小净距上跨新建丹大铁路的草莓沟 2 号隧道和盘道岭隧道，同时，隧道出口段浅埋下穿丹东市最大的综合性公园——锦江山公园。为降低铁路工程建设对周围的环境影响，将锦江山隧道出口段(双线)与丹大正线(双线)、金丹联络线(单线)、丹东站机务牵出线(单线)及中朝货场联络线(单线)共计 7 条线路采用明洞结构区域全覆盖，结构形式复杂多样。其中，明洞下穿山上街道路时段采用三跨矩形框架结构，断面宽度达 38 m，结构高度约 11 m，如图 25.3.31 所示。

图 25.3.31　锦江山隧道出口明洞远景

第五篇　工程实绩

参 考 文 献

[1] 中铁第一勘察设计院集团有限公司. 运营高铁隧道统计[R]. 2015.
[2] 中铁二院工程集团有限责任公司. 运营高铁隧道统计[R]. 2015.
[3] 铁道第三勘察设计院集团有限公司. 运营高铁隧道统计[R]. 2015.
[4] 中铁第四勘察设计院集团有限公司. 运营高铁隧道统计[R]. 2015.
[5] 中铁工程设计咨询集团有限公司. 运营高铁隧道统计[R]. 2015.
[6] 肖广智. 不良、特殊地质条件隧道施工技术及实例(一)[M]. 北京：人民交通出版社股份有限公司，2015.
[7] 肖广智. 不良、特殊地质条件隧道施工技术及实例(二)[M]. 北京：人民交通出版社股份有限公司，2015.
[8] 中铁二院工程集团有限责任公司. 长沙至昆明客运专线玉屏至昆明段岗乌隧道综合排水系统工程Ⅰ类变更设计说明书[R]. 2016.
[9] 中铁二院工程集团有限责任公司. 长沙至昆明客运专线玉屏至昆明段大独山隧道综合排水系统工程Ⅰ类变更设计说明书[R]. 2016.
[10] 中铁二院工程集团有限责任公司. 新建铁路长沙至昆明客运专线玉屏至昆明段朱砂堡二号隧道岩溶整治Ⅰ类变更设计说明书[R]. 2013.

第五篇 工程实绩

26 在建高速铁路隧道

截至 2015 年年底，在建的 28 条高速铁路和城际铁路中，隧道工程量最多的为云桂铁路百色至昆明段，共有隧道 118 座，总长 352 km。本章重点介绍几条隧道相对比较多的设计速度 250 km/h 以上的高速铁路隧道工程实绩。

26.1 设计速度 300 ~ 350 km/h 高速铁路隧道

26.1.1 京沈客运专线隧道

1. 项目概况

北京至沈阳客运专线，西端起于北京市，东端终至辽宁省沈阳市，沿线途经北京市怀柔区、密云县，河北省的兴隆县、承德市、平泉县和辽宁省的朝阳市、阜新市及沈阳市区，正线全长 697 km。先期开工段于 2014 年 3 月开工，河北、辽宁段于 2014 年 7 月开工，北京段于 2015 年 12 开工，最高设计速度为 350 km/h。京沈客运专线线路平面如图 26.1.1 所示。

图 26.1.1　京沈客运专线线路平面

2. 隧道工程概况

全线共设计隧道 94 座，合计 228.099 km，隧线比为 32.7%。其中单洞双线隧道 93 座，总延长 220.099 km，内净空断面积为 100 m²；双洞单线隧道 1 座，即望京隧道，长度为 8 km。全线最长隧道为辽西隧道，长度为 13.205 km。隧道按长度汇总见表 26.1.1。

表 26.1.1　京沈客运专线隧道长度分段汇总

隧道长度 L(m)	$L<500$	$500\leq L<3000$	$3000\leq L<10000$	$L\geq10000$	合　计
座数(座)	33	35	21	5	94
长度(km)	9.708	42.175	118.273	57.943	228.099

3. 工程地质情况

本线隧道通过砾岩、砂岩、白云岩、页岩、片麻岩、灰岩、正长岩、凝灰岩、泥岩、花岗岩、安山岩等地层。沿线地质构造较复杂，地下水主要为孔隙潜水、基岩裂隙水及岩溶裂隙水。隧道围岩级别统计情况见表26.1.2。

表26.1.2 京沈客运专线隧道围岩级别汇总

围岩级别	Ⅱ	Ⅲ	Ⅳ	Ⅴ	Ⅵ	合 计
长度(km)	50.761	80.593	38.269	49.276	9.2	228.099
比例(%)	22.25	35.33	16.78	21.60	4.04	100

4. 地震烈度及气象条件

沿线地震动峰值加速度(地震基本烈度)在0.05g～0.20g(Ⅵ～Ⅷ度)之间。最冷月平均气温在-11.3～-2.2℃之间。

5. 重点工程概况

本线重点工程为望京隧道及长度大于10 km的梨花顶隧道、东伍岭隧道、胡营西山隧道、北台子隧道、辽西隧道五座特长隧道，共六座隧道。

1）望京隧道

隧道位于北京市区东北五环至六环路之间，全长8 000 m，为双洞单线隧道，左右线隧道线间距为19.7～27.2 m，直线段线间距基本为23 m，隧道最大埋深约为36 m。本隧道下穿机场高速、机场轨道交通铁路、地铁15号线、机场南线高速公路等敏感工程，采用4台管片外径10.6 m的泥水平衡盾构机施工，管片厚度50 cm。

望京隧道共设置三座竖井，深度分别为24.4 m、40.8 m和24.2 m，其竖井平面布置如图26.1.2所示。竖井按永临结合考虑，施工期间，作为盾构施工工作井；运营期间，作为满足隧道使用功能要求的风井或设备房间。其中1号、3号竖井，在运营期间仅作为设备用房；2号竖井，在运营期间同时作为设备用房和防灾疏散通道。盾构段隧道共设置18处联络横通道，盾构区间的联络横通道断面如图26.1.3所示。

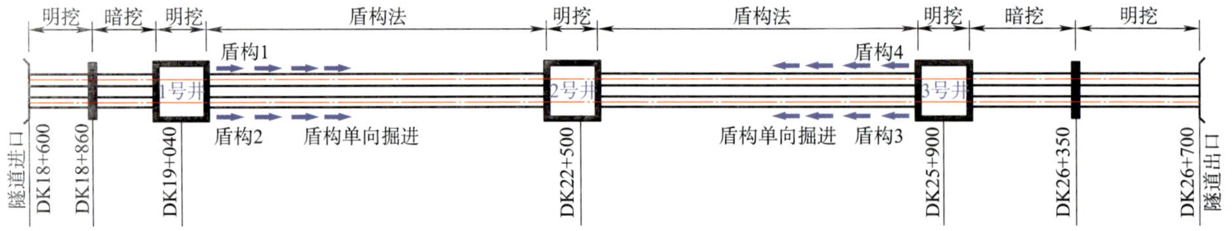

图26.1.2 望京隧道辅助坑道布置

2）梨花顶隧道

隧道全长12 243 m，为单洞双线隧道，最大埋深为542.77 m。隧道设置一座横洞及三座斜井作为辅助坑道，辅助坑道总长1 724 m，均采用双车道形式，其中2号斜井运营后作为避难所使用，4号斜井运营后作为紧急出口使用。

3）东伍岭隧道

隧道全长11 033 m，为单洞双线隧道，最大埋深为491 m。隧道设置一座横洞及两座斜井作为辅助坑道，辅助坑道总长1 605 m，均采用双车道形式，其中2号、3号斜井运营后作为避难所使用。

4）胡营西山隧道

隧道全长11 332 m，为单洞双线隧道，最大埋深376.5 m。隧道设置两座斜井作为辅助坑道，辅助坑道总长900 m，均采用双车道形式，其中1号斜井运营后作为紧急出口使用，2号斜井运营后作为避难所使用。

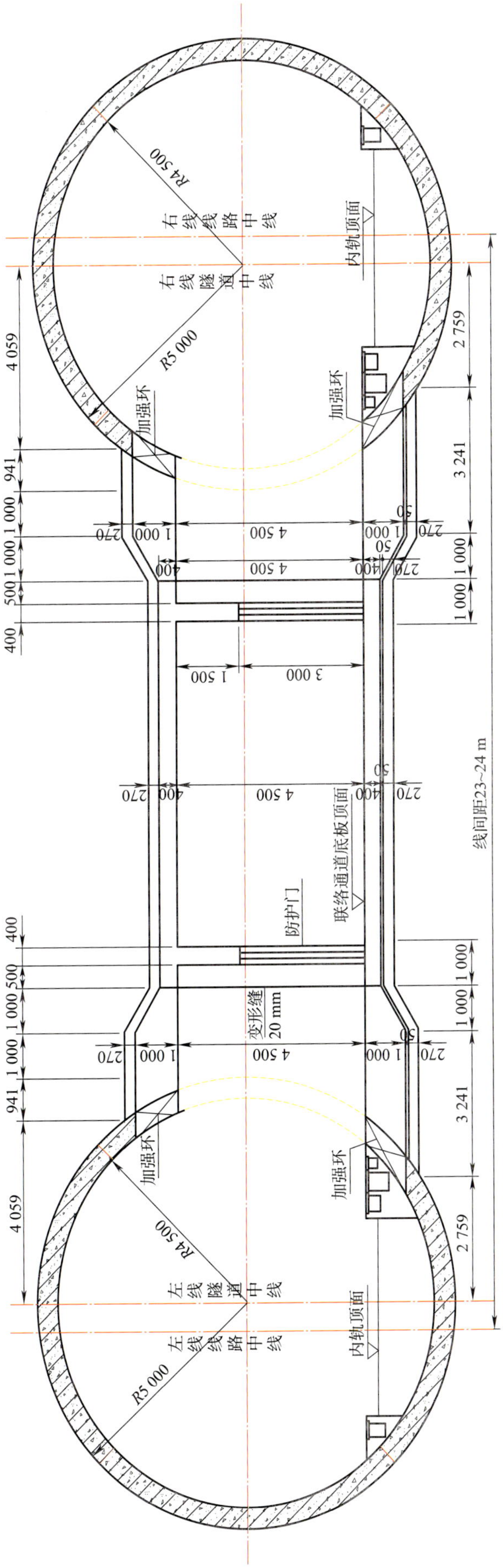

图 26.1.3　望京隧道联络横通道断面（单位：mm）

5）北台子隧道

隧道全长 10 130 m，为单洞双线隧道，最大埋深为 450 m。隧道设置两座斜井作为辅助坑道，辅助坑道总长 2 665 m，均采用双车道形式，两座斜井在运营后作为避难所使用。

6）辽西隧道

隧道全长 13 205 m，为单洞双线隧道，最大埋深 263 m。隧道设置三座斜井作为辅助坑道，辅助坑道总长 1 520 m，均采用双车道形式，其中 1 号、2 号斜井运营后作为避难所使用。

26.1.2 武汉至十堰铁路隧道

1. 项目概况

新建武汉经襄阳至十堰铁路(以下简称“汉十铁路”)位于湖北中部至西北部。线路自汉孝城际铁路孝感东站引出西行，经孝感市、云梦县、安陆市、随州市、随县、枣阳市、襄阳市、谷城县、丹江口市至十堰市，线路全长 399.126 km。

工程于 2015 年 12 月开工，计划于 2019 年 12 月通车运营，工期 4 年，最高设计速度为 350 km/h。武汉至十堰铁路线路平面如图 26.1.4 所示。

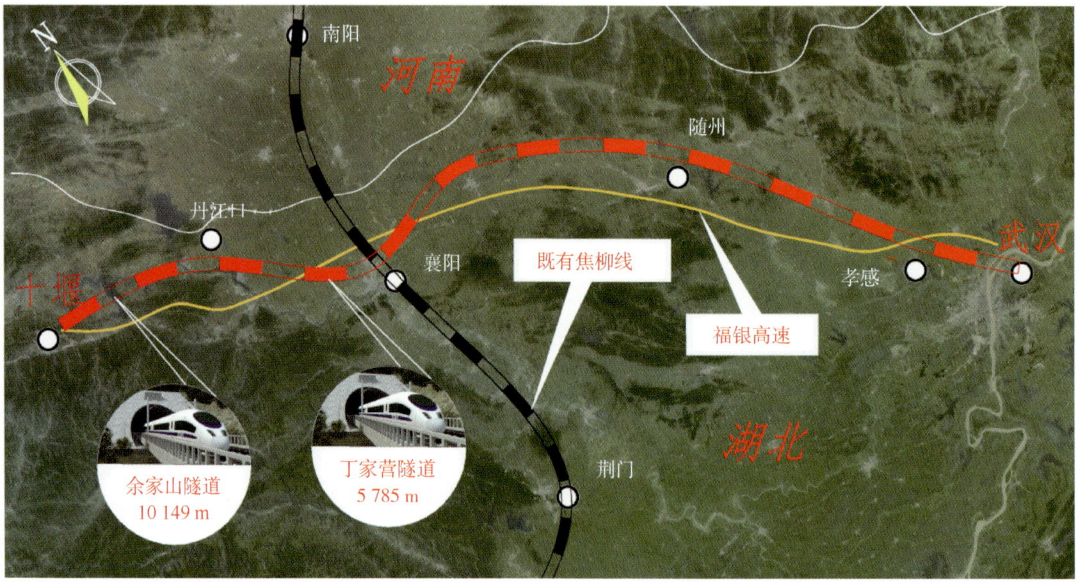

图 26.1.4 武汉至十堰铁路线路平面

2. 隧道工程概况

武汉至十堰铁路全线共设计双线隧道 46 座，合计 69.826 km，隧线比为 17.5%。内净空断面积为 100 m^2；其中余家山隧道(长10 149 m)是本线最长的隧道。武汉至十堰铁路隧道按长度汇总见表 26.1.3。

表 26.1.3 武汉至十堰铁路隧道长度分段汇总

隧道长度 L(m)	$L<500$	$500\leqslant L<3\,000$	$3\,000\leqslant L<10\,000$	$L\geqslant10\,000$	合　计
座数(座)	20	19	6	1	46
长度(km)	4.910	22.398	32.369	10.149	69.826

3. 工程地质情况

武汉至十堰铁路隧道通过了砾岩、砂岩、泥岩、灰岩、白云岩、凝灰岩、页岩、片麻岩等地层，沿线地质构造较复杂，地下水主要为第四系松散岩类孔隙水、基岩裂隙水和岩溶水。

隧道围岩级别统计情况汇总见表 26.1.4。

表 26.1.4　武汉至十堰铁路隧道围岩级别汇总

围岩级别	Ⅱ	Ⅲ	Ⅳ	Ⅴ	合　计
长度(km)	1.445	19.726	26.155	22.500	69.826
比例(%)	2.07	28.25	37.46	32.22	100

4. 地震烈度及气象条件

沿线地震动峰值加速度(地震基本烈度)为0.05g(Ⅵ度)。最冷月平均气温在 -9 ~ -18℃之间。

5. 重点工程概况

武汉至十堰铁路重点工程为余家山隧道。

余家山隧道位于湖北省十堰市境内，隧道最大埋深220 m，设计为单洞双线隧道。隧道全长10 149 m。出口紧邻十堰北站。隧道内线路坡度自进口至出口为3‰、19.334‰的上坡和3‰的下坡。

余家山隧道选择了两座施工斜井，斜井总长907 m，最长斜井长度为676 m。

26.1.3　郑万客运专线隧道

1. 项目概况

郑万客运专线自郑州东站引出，途经郑州市的经开区、航空港区，开封市的尉氏县，许昌市的长葛市、禹州市，平顶山市的郏县、宝丰县、新城区、鲁山县，南阳市的方城县、社旗县、宛城区、卧龙区、新野县，省直管的邓州市后进入湖北省境内，经襄阳市的襄州区、东津新区、襄城区、南漳县、保康县，神龙架林区，宜昌市的兴山县，恩施州的巴东县后进入重庆市境内，经巫山县、奉节县、云阳县至万州区接上在建的渝万客运专线。线路总长818 km，最高设计速度为350 km/h。郑万客运专线线路平面如图26.1.5所示。

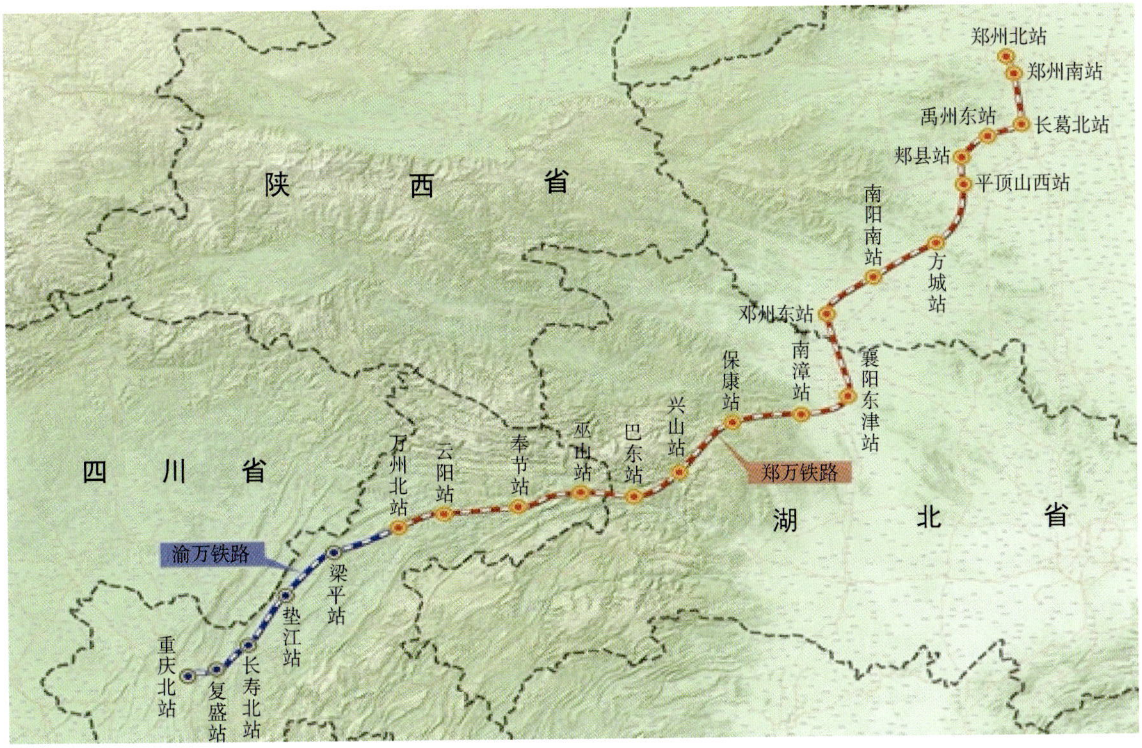

图26.1.5　郑万客运专线线路平面

2. 隧道工程概况

郑万客运专线全线共新建双线隧道64座，总长344.413 km，占线路总长度818 km的41.95%。最长隧道为小三峡隧道，长18.965 km。全线正线隧道座数及长度汇总见表26.1.5。

表 26.1.5　全线正线隧道分布

隧道长度 L(m)	$L<1\,000$	$1\,000\leqslant L<3\,000$	$3\,000\leqslant L<10\,000$	$L\geqslant 10\,000$	合　计
座数(座)	16	12	25	11	64
长度(km)	8.470	25.471	154.340	156.131	344.413

3. 工程地质情况

沿线地层出露较为完全，自元古界至新生界地层皆有分布。早元古界变质安山岩、变质砂岩、板岩、石英片岩等变质岩类地层主要分布在平顶山至南阳方城段以及兴山至保康段；晚元古界白云岩、砂岩、页岩分布在神农架新华一带；早古生界地层主要有寒武系碳酸盐岩、碎屑岩相间地层，奥陶系白云岩、灰岩等可溶岩，志留系页岩、砂岩，主要分布在兴山至南漳；兴山至巫山为二叠系、三叠系可溶岩及侏罗系碎屑岩；巫山至万州段以中生界三叠系、侏罗系碎屑岩为主，局部地段分布泥质灰岩，三叠系上统须家河组为该段主要的含煤地层。泥盆系、石炭系地层仅局部可见。白垩系、第三系地层主要分布于南漳附近和南襄盆地基底，岩性为碎屑岩。火成岩主要分布于鲁山、关庄及宜昌至兴山段。第四系各类成因的松散堆积物广布于沿线，以黄淮冲积平原、南襄盆地、低洼地带较为集中，黄淮冲积平原、南襄盆地覆盖层厚度一般大于 50 m，其余地段较薄。

4. 地震烈度及气象条件

沿线通过地区为小于Ⅵ度至Ⅶ度地震区，地震动峰值加速度为 $0.05g\sim0.15g$。地震动反应谱特征周期 0.35 ~ 0.40 s。

5. 重点工程概况

郑万客运专线重点工程为新华隧道、香炉坪隧道、小三峡隧道等特长隧道。

1）新华隧道

新华隧道全长 18 770 m，位于保康至神农架车站之间，其地质纵断面如图 26.1.6 所示。

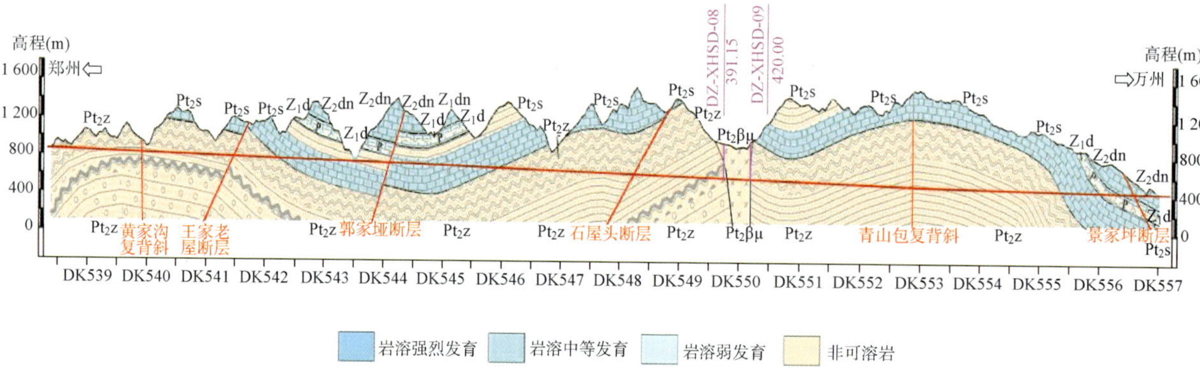

图 26.1.6　新华隧道地质纵断面

隧道除洞身 6 150 m 通过白云岩地层外，其余段大都通过变质砂岩地层。洞身穿越四处断层、两处背斜及一处向斜。本隧道主要不良地质为岩溶及危岩落石。全隧道通过可溶岩段长度 6 150 m，其中强烈发育段 850 m，弱至微弱发育段 5 300 m。通过岩溶垂直分带段落为季节变动带 1 370 m，水平径流带 4 780 m。岩溶水分布类型主要为岩溶裂隙水，最大水头高度为 40 m。

根据施工组织的需要，隧道采用“3 横洞 +1 斜井 + 出口平导”的辅助坑道方案，辅助坑道布置如图 26.1.7 所示。

2）香炉坪隧道

香炉坪隧道位于湖北省宜昌市兴山县境内，全长 15 145 m。隧道通过粉砂岩夹泥岩地层，最大埋深 1 111 m。洞身穿越香炉坪断层及其支断层姜家坡断层。香炉坪隧道工程地质纵断面如图 26.1.8 所示。

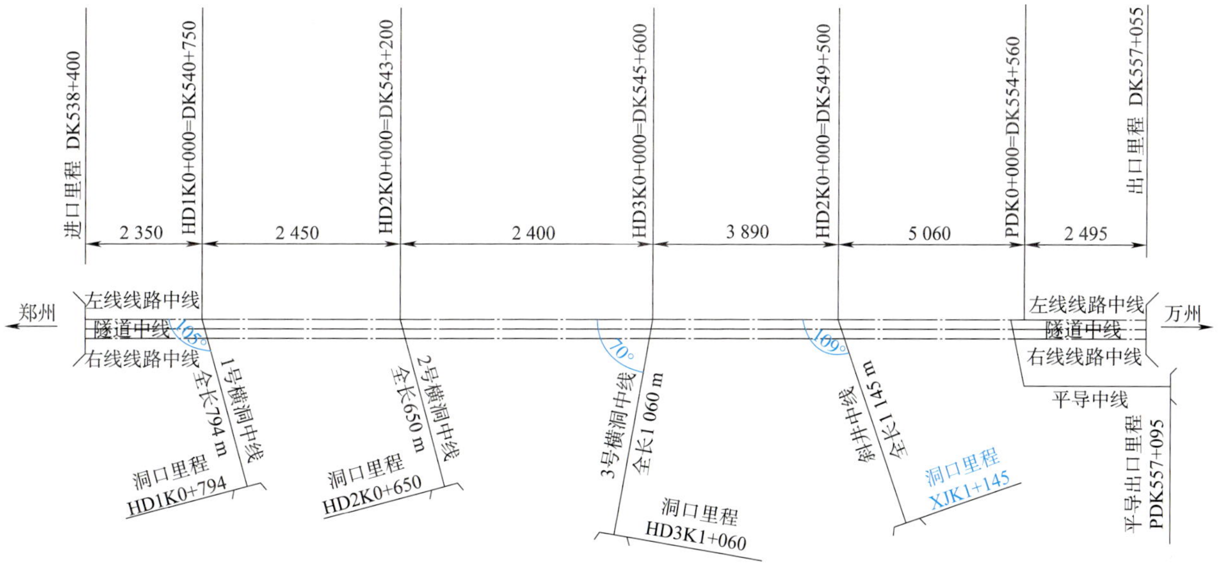

图 26.1.7　新华隧道辅助坑道设置(单位：m)

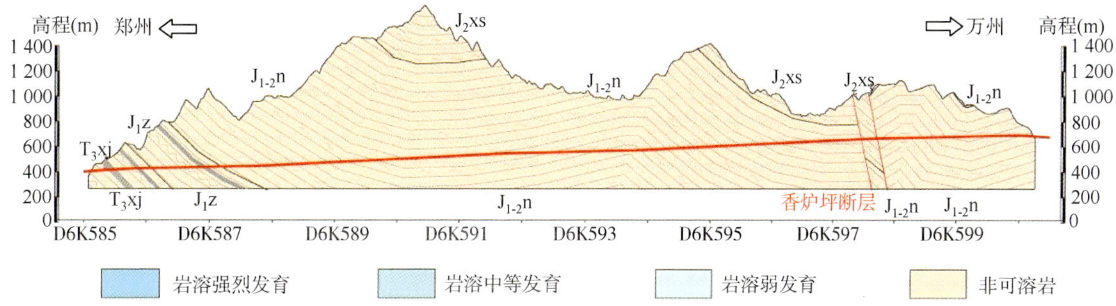

图 26.1.8　香炉坪隧道工程地质纵断面

香炉坪隧道地质条件相对较好，Ⅲ级围岩长 4 480 m，占比 30%；Ⅳ级围岩长 8 860 m 占比 59%；Ⅴ级围岩长 1805 m，占比 7%。由于本隧道埋置较深，设置辅助坑道条件差，设计采用“进口 5 km 平行导坑 + 中部设置 2 斜井带 1.5 km 平行导坑”施工，平行导坑的快速施工、超前开辟工作面是本隧道的重点和难点。辅助坑道设置如图 26.1.9 所示。

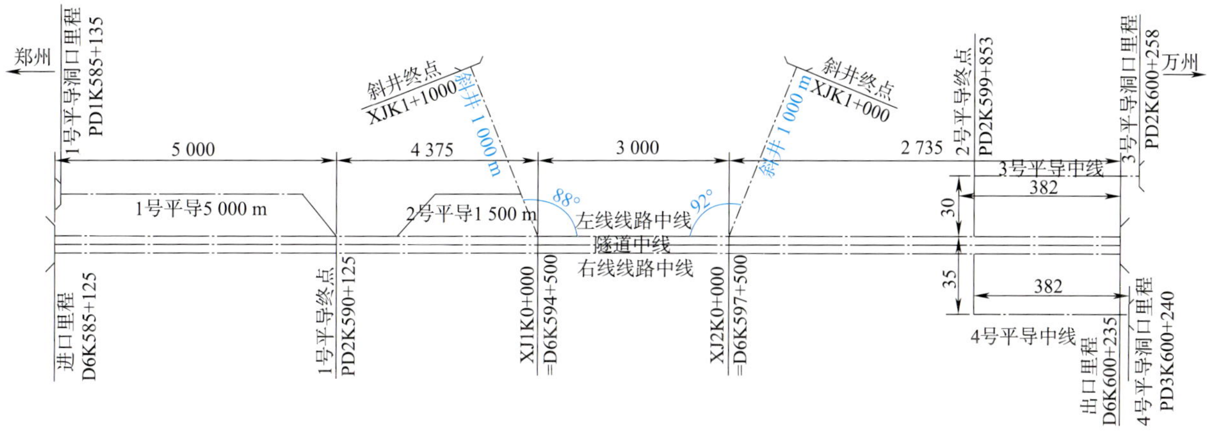

图 26.1.9　香炉坪隧道辅助坑道设置(单位：m)

3）小三峡隧道

小三峡隧道位于巫山至奉节区间，长 18 965 m，出口紧邻大宁河特大桥，是全线最长隧道。其地质纵断面如图 26.1.10 所示。

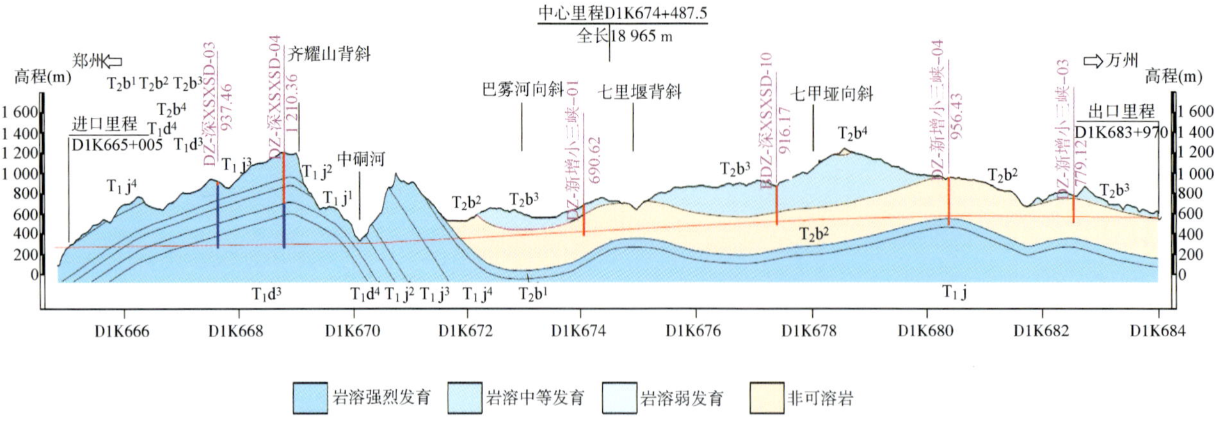

图 26.1.10 小三峡隧道工程地质纵断面

小三峡隧道跨越新华夏系第三隆起带和第三沉降带之接合部位，穿越齐耀山背斜的尾端。下伏基岩主要为三叠系上统须家河组碎屑岩；中统巴东组一段、三段碳酸盐岩，二段、四段碎屑岩；下统嘉陵江组及大冶组的碳酸盐岩夹薄层碎屑岩。穿越可溶岩长度为 7.29 km，其中岩溶强烈发育地段长 7.1 km。线路高程位于水平径流带内长度为 4.79 km，为岩溶强烈发育地层。岩溶水主要为岩溶裂隙水和岩溶管道水。根据排泄基准面高程推测，水位距离隧道底高程最大高差约 80 m。

小三峡隧道施工风险巨大。设计采用“3 横洞 +1 平导 +2 斜井”的辅助坑道方案，辅助坑道布置如图 26.1.11 所示。

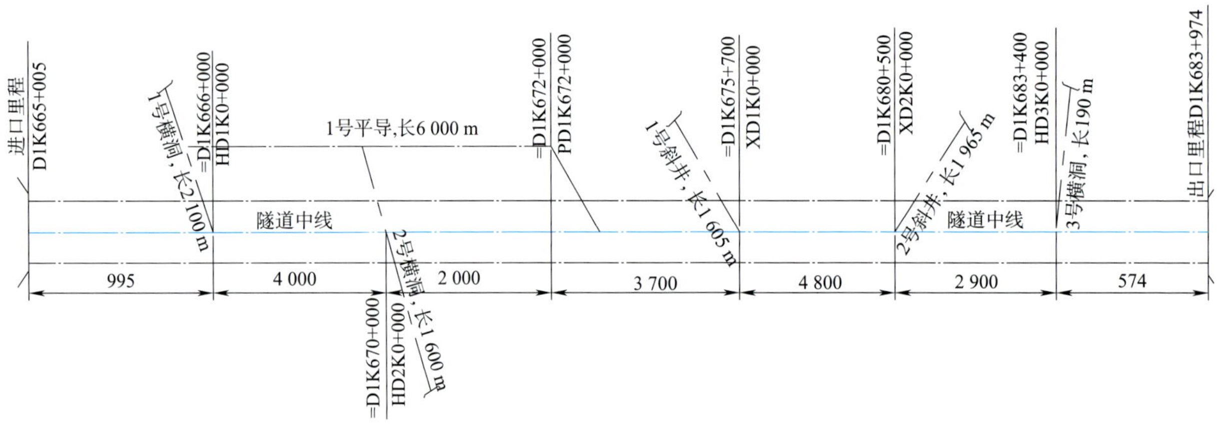

图 26.1.11 小三峡隧道辅助坑道设置(单位：m)

26.1.4 昌赣客运专线隧道

1. 项目概况

昌赣客运专线既是京九客运专线的重要组成部分和先期实施段，同时又是江西省以南昌为中心“十”字快速铁路网的重要组成部分。线路北起南昌市，经宜春市的丰城、樟树，吉安市的新干、峡江、吉水、吉安、泰和、万安，赣州市的兴国、赣县至赣州市，正线长 416 km，其中新建正线 398.482 km，利用既有线 17.252 km。工程于 2014 年 12 月 20 日开工，预计于 2019 年 12 月正式通车运营，最高设计速度为 350 km/h。昌赣客运专线线路平面如图 26.1.12 所示。

2. 隧道工程概况

昌赣客运专线全线共设计隧道 63 座，合计 68.513 km，隧线比为 16.5%。隧道均为单洞双线隧道，内净空断面积为 100 m^2。隧道按长度汇总见表 26.1.6。

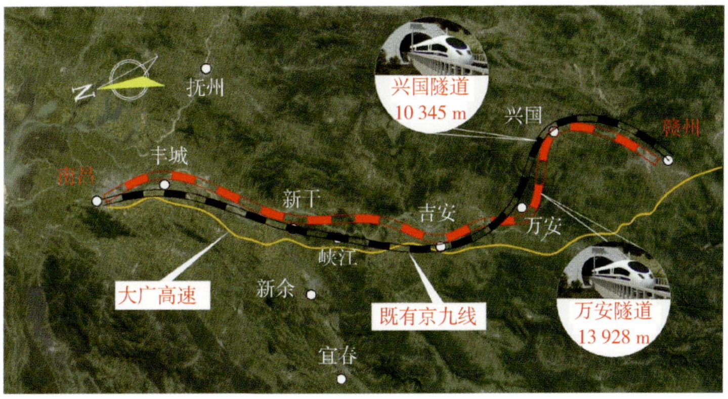

图 26.1.12　昌赣客运专线线路平面

表 26.1.6　昌赣客运专线隧道长度分段汇总

隧道长度 L(m)	$L\leqslant1\,000$	$1\,000<L\leqslant3\,000$	$3\,000<L\leqslant6\,000$	$L\geqslant10\,000$	合　计
座数(座)	50	8	3	2	63
长度(km)	17.75	14.12	12.37	24.27	68.51

3. 工程地质情况

昌赣客运专线隧道通过变质砂岩、板岩、千枚岩、砂岩、泥质砂岩、钙质砂岩、砂砾岩、泥岩、角砾岩、长石砂岩及玄武岩、花岗岩侵入体等地层，大部分地层为软质岩层。其中花岗岩主要分布于兴国县区域一带。沿线地质构造较复杂，地下水主要为孔隙潜水、基岩裂隙水及岩溶裂隙水。隧道围岩级别统计情况汇总见表 26.1.7。

表 26.1.7　昌赣客运专线隧道围岩级别汇总

围岩级别	Ⅱ	Ⅲ	Ⅳ	Ⅴ	合　计
长度(km)	10.894	22.596	11.844	23.179	68.513
比例(%)	15.90	32.98	17.29	33.83	100

4. 地震烈度及气象条件

沿线地震动峰值加速度(地震基本烈度)为 0.05g。最冷月平均气温在 3.5～5.0℃之间。

5. 重点工程概况

昌赣客运专线重点工程为万安隧道和兴国隧道。

1）万安隧道

万安隧道位于江西省万安县境内，最大埋深约为 719 m，设计为单洞双线隧道。隧道全长 13 928 m，是本线最长的隧道。

万安隧道设置三座斜井及一座出口横洞；其中双车道斜井两座，长度分别为 1 631 m 及 668 m；单车道加错车道斜井一座，长 333 m；出口横洞长 235 m，设置单车道加错车道。

2）兴国隧道

兴国隧道位于江西省兴国县境内，最大埋深约为 459 m，设计为单洞双线隧道，全长 10 345 m；隧道内纵坡为人字坡，分别为 3‰和 −3‰。

兴国隧道为本线先期开工隧道，隧道设置双车道斜井一座，长 763 m。

26.2　设计速度 250 km/h 高速铁路隧道

26.2.1　宝兰客运专线隧道

1. 项目概况

宝鸡至兰州客专是国家铁路“四纵四横”快速客运网的重要组成部分，是横贯西北地区与中、东部地区客运的主通道，东起陕西省宝鸡市，向西经甘肃省天水市、定西市后引入兰州市，全长约 401 km；其中陕西省境内约 46 km，甘肃省境内约 355 km。工程于 2012 年 10 月 19 日开工建设，计划于 2017 年通车运营。最高设计速度为 250 km/h。宝兰客运专线线路平面如图 26. 2. 1 所示。

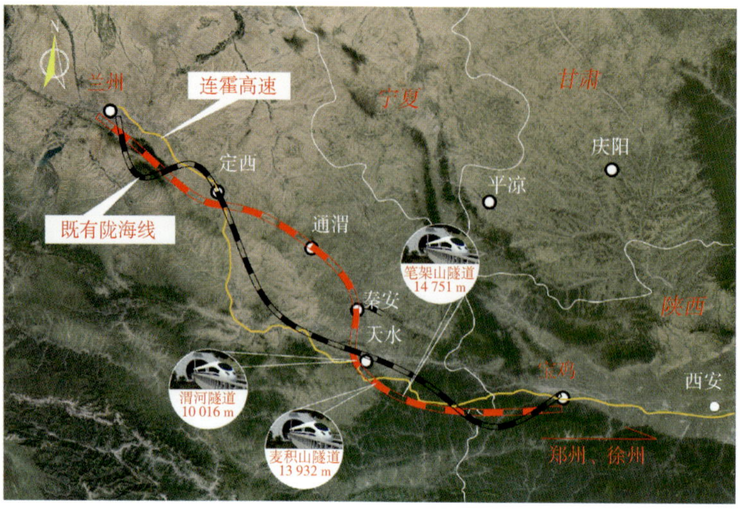

图 26. 2. 1　宝兰客运专线线路平面

2. 隧道工程概况

宝鸡至兰州客运专线隧道工程 73 座，总计 272. 144 km，隧线比为 68%。全线最长隧道为朱家山隧道，长度 14 950 m。隧道按长度汇总见表 26. 2. 1。

表 26. 2. 1　宝兰客运专线隧道长度分段汇总

隧道长度 L(m)	$L<1\,000$	$1\,000\leqslant L<3\,000$	$3\,000\leqslant L<10\,000$	$L\geqslant 10\,000$	合　计
座数(座)	15	24	28	6	73
长度(km)	7. 177	45. 257	145. 24	74. 47	272. 144

3. 工程地质情况

宝兰客运专线沿线地貌单元可划分关中(渭河)盆地区、南陇山与西秦岭北缘过渡带中山区、天礼盆地低山丘陵区、黄土高原沟壑梁峁区及黄河河谷兰州盆地区。隧道涉及地层主要包括花岗岩、片麻岩、片岩、砂岩、圆砾土、黄土、泥岩等。沿线地下水主要分为松散岩类孔隙水、黄土孔隙裂隙水和基岩裂隙水三种类型。隧道围岩级别统计情况汇总见表 26. 2. 2。

表 26. 2. 2　宝兰客运专线隧道围岩级别汇总

围岩级别	Ⅱ	Ⅲ	Ⅳ	Ⅴ	Ⅵ	合　计
长度(km)	51. 266	37. 669	110. 714	70. 531	1. 964	272. 144
比例(%)	18. 84	13. 84	40. 68	25. 92	0. 72	100. 00

4. 地震烈度及气象条件

沿线地震动峰值加速度(地震基本烈度)在 0. 15g ~ 0. 30g(Ⅶ ~ Ⅷ度)之间。最冷月平均气温在 −0. 7 ~ −7. 1℃之间。

5. 重点工程概况

宝兰客运专线重点工程为石鼓山隧道、渭河隧道和上庄隧道。

1）石鼓山隧道

石鼓山隧道位于宝鸡市渭滨区渭河南岸，隧道地处渭河南岸黄土残塬区，地面高程为 +624 m ~ +766 m，相对高差为 142 m。隧道全长 4 330 m，为单洞双线隧道。洞身纵坡为 3/1 720 m、5. 3/1 200 m 和 20/1 410 m 的单面上坡。

隧道采用两座斜井辅助施工，其中 1 号斜井长 356 m，2 号斜井长 199 m。辅助坑道设置情况如图 26. 2. 2 所示。

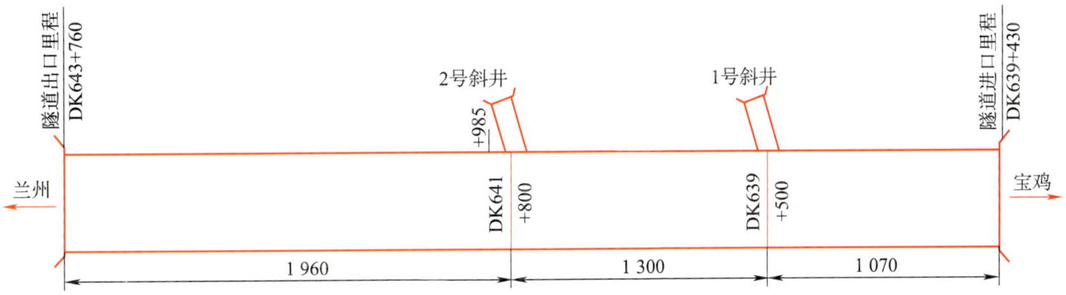

图 26. 2. 2　石鼓山隧道辅助坑道平面布置(单位：m)

隧道处于第四系地层与第三系地层接触面附近，洞身地层主要为第四系黄土、圆砾土、砂层和第三系泥岩。洞身浅埋下穿茵香河、张家沟、刘家河三条常年流水沟。隧道 Ⅴ、Ⅵ级围岩长度分别为 3 030 m 和1 300 m，分别占隧道总长的 70% 和 30%。隧道下穿茵香河和张家沟地段地表采用旋喷桩、注浆预加固后洞内采用台阶法暗挖通过，如图 26. 2. 3 和图 26. 2. 4 所示。

图 26. 2. 3　下穿茵香河段地表注浆

图 26. 2. 4　张家沟地表旋喷预加固

2）渭河隧道

渭河隧道位于宝兰客专天水南站出站端，地处天水市花牛镇至渭南镇境内。隧道全长 10 016 m，隧道最大埋深 350 m，最小埋深 36 m。隧道内纵坡分别为 −25‰/2 702 m、 −3‰/2 010 m、10‰/1 260 m、25‰/2 550 m 和 −3‰/1 494 m，除出口为顺坡外，隧道内纵坡呈 V 字形。

隧道采用两座无轨运输斜井 + 出口平导 + 三座竖井辅助施工。辅助坑道设置情况如图 26. 2. 5 所示。

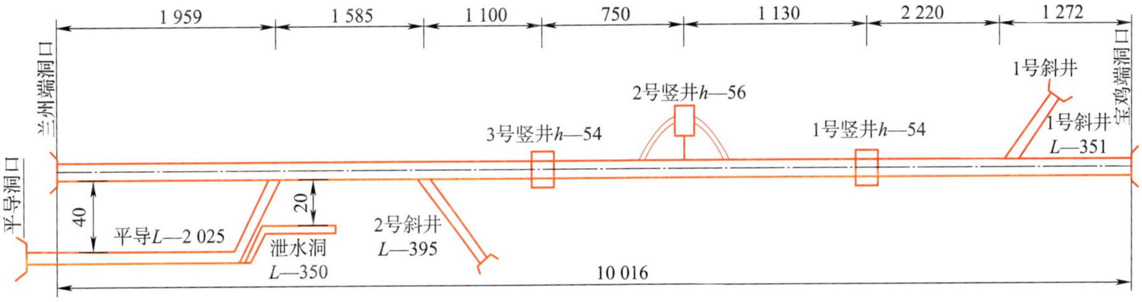

图 26. 2. 5　渭河隧道辅助坑道平面布置(单位：m)

第五篇　工程实绩

受北山滑坡和天水机场定向台影响，隧道采用8.5 km长的V形坡下穿藉河河谷区、天水市城区以及北山滑坡。隧道V形坡区段防排水按“全封闭不排水”原则设计，其余正洞区段按照一般排水型原则设计，并将本段富集地下水通过平导排出洞外。

3）上庄隧道

上庄隧道位于兰州市榆中县甘草店镇，地处黄土高原沟壑梁峁区，地面高程1 885 ~ 2 120 m。隧道全长4 064 m，为单洞双线隧道。洞身纵坡为4‰及3‰的单面下坡。

隧道洞身通过主要地层为第四系黄土和第三系上新统泥岩，土石界面附近分布有富水砂砾层。隧道Ⅳ、Ⅴ、Ⅵ级围岩长度分别为1 350 m、2 598 m和116 m，分别占隧道总长的33%、64%和3%。

隧道共设置三座斜井辅助施工，辅助坑道设置情况如图26.2.6所示。

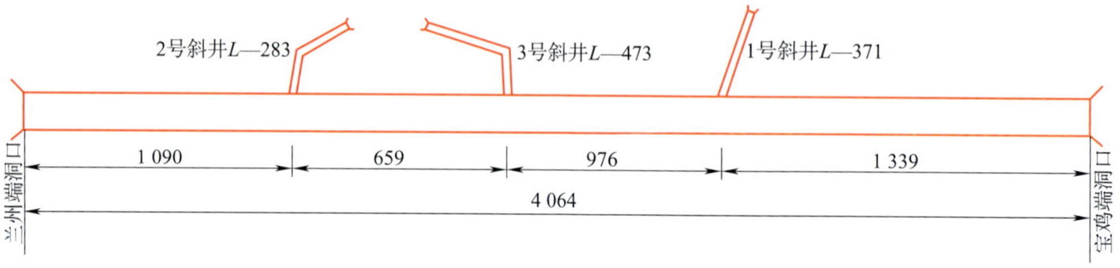

图26.2.6　上庄隧道辅助坑道平面布置(单位：m)

隧道施工期间部分区段揭示黄土含水率高，最大达31%，围岩稳定性很差，采用帷幕注浆加固后台阶法开挖通过，如图26.2.7所示。

(a) 正洞注浆图 (铁一院提供)

(b) 斜井注浆加固效果 (铁一院提供)

图26.2.7　上庄隧道正洞和斜井高含水率黄土帷幕注浆

26.2.2　西成客运专线隧道

1. 项目概况

西安至成都铁路客运专线北起西安，向南经咸阳、安康两市局部地区及汉中进入四川省境内，后经广元至江油与绵成乐客运专线相接抵成都。线路正线全长约643 km，其中西安至江油段长510 km，包括陕西省境内线路长度约344 km，四川省境内166 km。工程于2012年10月27日开工，计划于2017年完工。最高设计速度为250 km/h。西成客运专线线路位置如图26.2.8所示。

2. 隧道工程概况

西成客运专线全线隧道工程总计76座，总长约287 km，隧线比为53%。全部为单洞双线隧道，内净空断面积为92 m^2，最长隧道为秦岭天华山隧道，长15.988 km。隧道按长度汇总见表26.2.3。

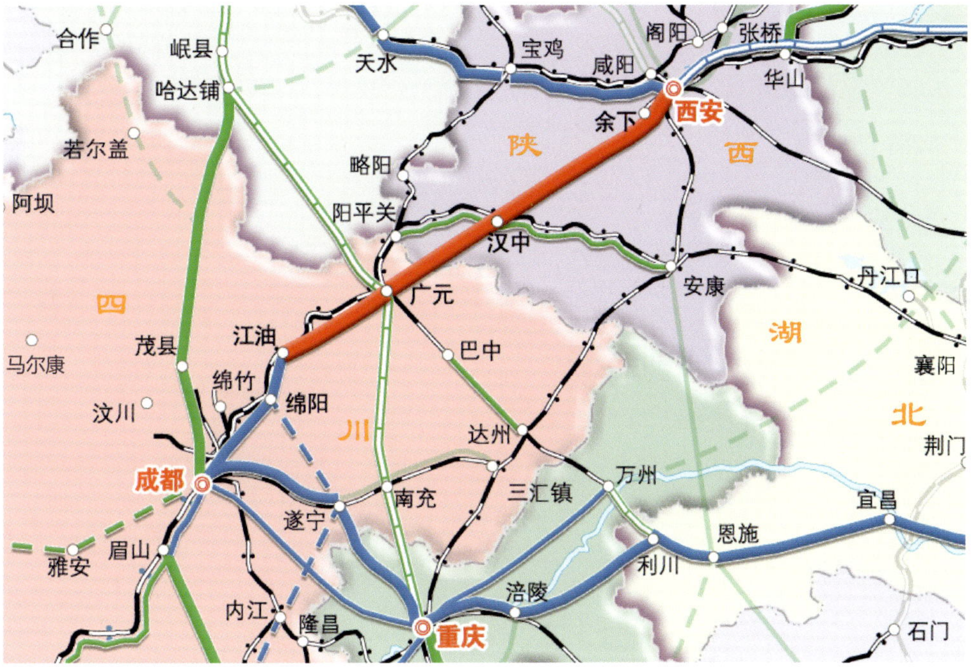

图 26.2.8　西成客运专线线路位置

表 26.2.3　西成客运专线隧道长度分段汇总

隧道长度 L(m)	$L<500$	$500\leqslant L<3000$	$3000\leqslant L<10000$	$L\geqslant 10000$	合　计
座数(座)	16	35	15	10	76
长度(km)	4.613	48.552	98.541	135.314	287.020

3. 工程地质情况

西成客运专线隧道通过秦岭山地区与大巴山地区，秦岭山地区主要分布一套变质岩系和岩浆岩地层，岩性包括片岩、云母石英片岩、变质砂岩、千枚岩、片麻岩、混合片麻岩、大理岩、角闪岩等；岩浆岩岩性包括花岗岩、闪长岩和辉长岩等。大巴山地区主要分布一套沉积岩地层，岩性有砂岩、泥岩、砂质泥岩、页岩、煤层(线)、砾岩、灰岩、泥质灰岩、泥灰岩、生物灰岩等。川陕省界至广元以灰岩、页岩为主，广元至江油以砂岩、泥岩为主。沿线地质构造较复杂，地下水主要为孔隙潜水、基岩裂隙水及岩溶裂隙水。隧道围岩级别统计情况汇总见表 26.2.4。

表 26.2.4　西成客运专线隧道围岩级别汇总

围岩级别	Ⅱ	Ⅲ	Ⅳ	Ⅴ	合　计
长度(km)	31.555	118.581	93.381	43.503	287.020
比例(%)	10.99	41.31	32.54	15.16	100.00

4. 地震烈度及气象条件

沿线地震动峰值加速度(地震基本烈度)在 $0.05g\sim0.20g$(Ⅵ～Ⅷ度)之间。最冷月平均气温在 $-4.9\sim3.3$℃之间。

5. 重点工程概况

西成客运专线重点工程为大秦岭隧道、秦岭天华山隧道、得利隧道、何家梁隧道和小安隧道。

1）大秦岭隧道

大秦岭隧道以秦岭东梁山岭脊为界，进口位于西安市户县涝峪乡，出口位于安康市宁陕县新场街乡，隧道范围平均高程为 +1300 m～+2638 m，最大埋深为 1185 m，洞身地表起伏较大，地表自然坡度为 30°～60°，山高坡陡，基岩裸露，沟壑纵横，地形复杂，植被茂密。隧道总长 14 846 m。隧道纵坡依

第五篇　工程实绩

次为25.00‰/13 917 m 和 -1.00‰/929 m。

隧道洞身通过主要地层为泥盆系变质砂岩夹千枚岩、燕山期花岗岩及闪长岩、华里西期辉长岩等，以及断层带中的碎裂岩。隧道Ⅱ、Ⅲ、Ⅳ、Ⅴ级围岩长度分别为3 430 m、6 845 m、3 545 m 和1 026 m，分别占隧道总长的23.1%、46.1%、23.9% 和6.9%。

大秦岭隧道采用两座斜井及出口平导辅助施工，辅助坑道设计参数见表26.2.5。各辅助坑道平面布置如图26.2.9 所示。

表26.2.5　大秦岭隧道辅助坑道设置

序　号	辅助坑道	与正洞交点里程	斜长(m)	综合坡度	左、右侧	单、双	结构性质	用　途
1	1号斜井	DgK087 +760	642.48	9.87%	右	单	临时	
2	2号斜井	DgK091 +360	1 746.5	8.84%	右	双	永久	避难所
3	出口平导	DgK94 +362	5 959.7		右	单	永久	紧急出口

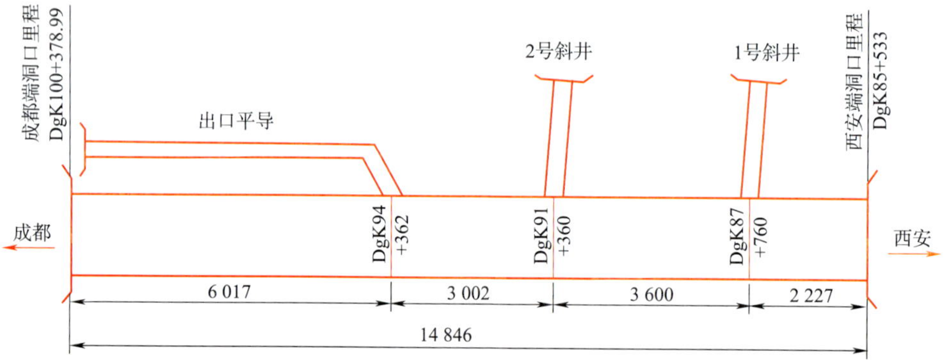

图26.2.9　大秦岭隧道辅助坑道平面布置(单位：m)

隧道DgK92 +060 ~ DgK96 +250 段埋深绝大部分超过700 m，最大埋深约为1 185 m，处于高地应力状态，局部地段存在极高地应力，施工过程中发生中等强度岩爆，通过打设超前应力释放孔并注水等其他安全防护措施施工通过。

2）秦岭天华山隧道

秦岭天华山隧道位于陕西省安康市宁陕县境内，为秦岭南麓低中山区，地形起伏较大，平均高程为 +1 300 m ~ +2 400 m，最高高程为 +2 420 m。地表自然坡度为40° ~70°，隧道沿线通过板房沟、庙沟、烂泥沟、小板房沟、南沟、七里沟及麻河较大沟谷，各沟内常年流水，水量较大。隧道整体埋深较大，一般埋深为300 ~500 m，最大埋深约为1 016 m，最浅埋深约为32 m。隧道全长15 988.6 m。隧道纵坡依次为 -23.00‰/15 311.6 和 -13.00‰/677 m。

隧道洞身通过主要地层为第四系全新统坡积块石土，泥盆系中统片岩夹大理岩、燕山期花岗岩及闪长岩，以及断层破碎带内的碎裂岩。隧道Ⅱ、Ⅲ、Ⅳ、Ⅴ级围岩长度分别为11 057 m、2 870 m、1 480 m 和581.6 m，分别占隧道总长的69.1%、18.0%、9.3% 和3.6%。

隧道采用三座斜井及一座出口横洞辅助施工，辅助坑道设计参数见表26.2.6。各辅助坑道平面布置如图26.2.10 所示。

表26.2.6　秦岭天华山隧道辅助坑道设置

序　号	辅助坑道	与正洞交点里程	斜长(m)	综合坡度	左、右侧	单、双	结构性质	用　途
1	1号斜井	DgK113 +050	1 970.641	8.52%	左	双	局部永久	避难所
2	2号斜井	DgK118 +500	2 035.77	7.20%	右	双	局部永久	避难所
3	3号斜井	DgK121 +325	1 387.75	10.20%	右	单	临时	
4	出口横洞	DgK124 +745	160.62	-8.77%	右	单	永久	紧急出口

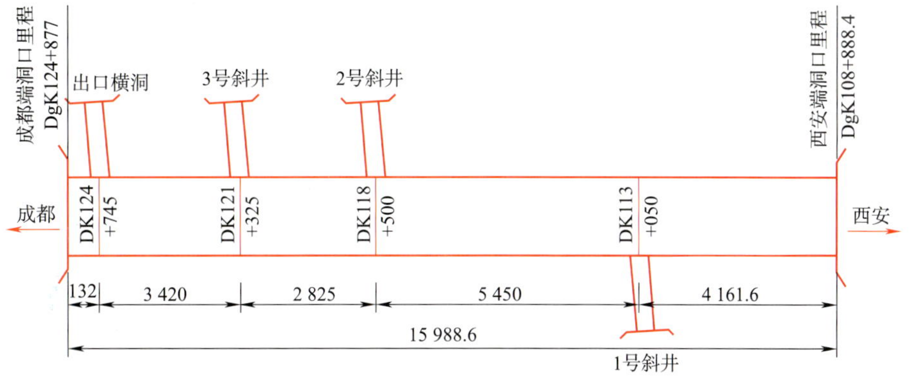

图 26.2.10　秦岭天华山隧道辅助坑道平面布置(单位：m)

隧道 DgK114 + 350 ~ DgK119 + 060 段埋深绝大部分超过 800 m，最大埋深为 1 030 m，处于高地应力状态，施工过程中发生较强烈岩爆，通过打设超前应力释放孔并注水、加强锚网喷等其他安全防护措施施工通过，如图 26.2.11 所示。

图 26.2.11　秦岭天华山隧道岩爆段施工(铁一院提供)

3）得利隧道

得利隧道位于陕西省汉中市佛坪县，区域为秦岭南麓中低山区，平均高程约为 +1 200 m，最高高程为 +1 790 m。洞身地表起伏较大，地表自然坡度为 30° ~ 50°，多为基岩峭壁。工点区域山高坡陡，基岩裸露，沟壑纵横，地形复杂，植被茂密。隧道最大埋深约为 1 030 m，最小埋深约为 22 m。隧道全长 14 167 m，进口佛坪站站线进入隧道，开挖断面为 300 m^2 以上，且位于膨胀土地段。隧道纵坡依次为 -1.00‰/537 m、3.00‰/4 800 m 和 18.00‰/8 830 m，隧道内进口段纵坡呈 V 字形。

隧道洞身通过主要地层为第四系膨胀土、细圆砾土、细角砾土、碎石土、块石土，片岩、石英岩、变粒岩夹片岩、片岩夹大理岩、片麻岩夹片岩、大理岩夹片麻岩等变质岩类和花岗岩、闪长岩等岩浆岩，以及分布在断层带内的碎裂岩等构造岩。隧道Ⅱ、Ⅲ、Ⅳ、Ⅴ级围岩长度分别为 5 639 m、5 176 m、2 420 m 和 932.05 m，分别占隧道总长的 39.8%、36.5%、17.1% 和 6.6%。

隧道采用三座斜井及一座进口横洞辅助施工，辅助坑道设计参数见表 26.2.7。各辅助坑道平面布置如图 26.2.12 所示。

2 号斜井斜 XDK0 +970 始出现较大涌水，局部掌子面稳定性差，施工采用加强超前支护通过后径向注浆堵水，如图 26.2.13 所示。

表 26.2.7　得利隧道辅助坑道设置

序　号	辅助坑道	与正洞交点里程	斜长(m)	综合坡度	左、右侧	单、双	结构性质	用　途
1	进口横洞	DK145 + 180	578.09	-1.75%	左	单	永久	排水用
2	1 号斜井	DK147 + 500	480.66	10.0%	左	单	永久	紧急出口
3	2 号斜井	DK150 + 700	1 908.45	10.37%	左	双	永久	避难所
4	3 号斜井	DK155 + 300	1 399.63	9.41%	右	单	永久	避难所

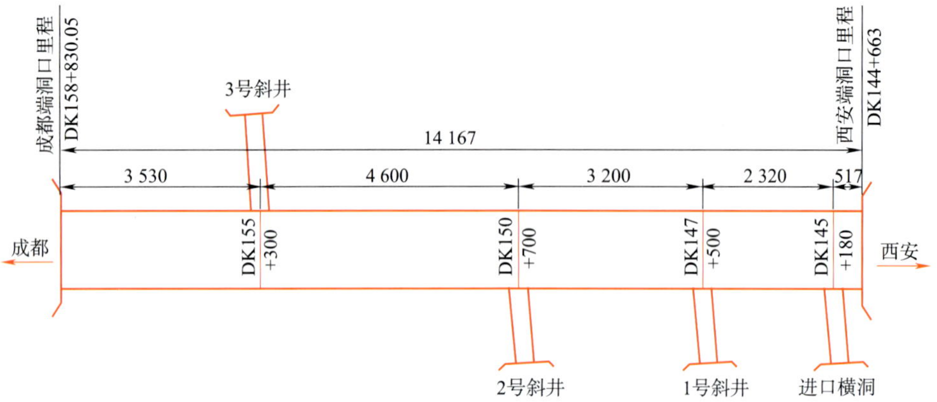

图 26.2.12　得利隧道辅助坑道平面(单位：m)

图 26.2.13　得利隧道 2 号斜井涌水及开挖支护施工

DK150 + 109 ~ DK150 + 137 段通过地层岩性为华力西期闪长岩与元古界变质岩接触带，华力西期闪长岩在形成过程中，与周围元古界变质岩形成包裹体，岩体软弱破碎，泥化夹层呈软塑状，地下水丰富，造成掌子面涌水涌泥，采用高位泄水洞排水、帷幕注浆加固并加强支护开挖通过，如图 26.2.14 所示。

图 26.2.14　包裹体涌水涌泥及帷幕注浆施工

4）何家梁隧道

何家梁隧道位于大巴山区陕西省勉县和宁强县境内，地面高程一般为 +670 m ~ +1 630 m。洞身范围内山高坡陡，基岩裸露，沟壑纵横，地形复杂，植被茂密，有众多基岩 V 形侵蚀沟谷，隧道洞身最大埋深为 750 m。隧道全长 12 406 m。隧道纵坡为 20.00‰的单面下坡。

隧道洞身通过主要地层为第四系全新统坡积膨胀土，洪积、坡积粗角砾土，志留系下统页岩，奥陶系中上统灰岩夹页岩，奥陶系下统砂岩夹砾岩。隧道Ⅲ、Ⅳ、Ⅴ级围岩长度分别为 5 990 m、5 120 m 和 1 296 m，分别占隧道总长的 48.3%、41.3% 和 10.4%。

隧道采用两座斜井及两座横洞辅助施工，辅助坑道设计参数见表 26.2.8。各辅助坑道平面布置如图 26.2.15 所示。

表 26.2.8　何家梁隧道辅助坑道设置

序　号	辅助坑道	与正洞交点里程	斜长(m)	综合坡度	左、右侧	单、双	结构性质	用　途
1	1 号斜井	DK301 +000	613.15	9.67%	右	单	临时	
2	2 号横洞	DK303 +400	1 438	-0.79%	右	单	永久	避难所
3	3 号斜井	DK307 +310	481.3	6.95%	左	单	永久	紧急出口
4	4 号横洞	DK308 +850	265	-1.00%	右	单	永久	排水用

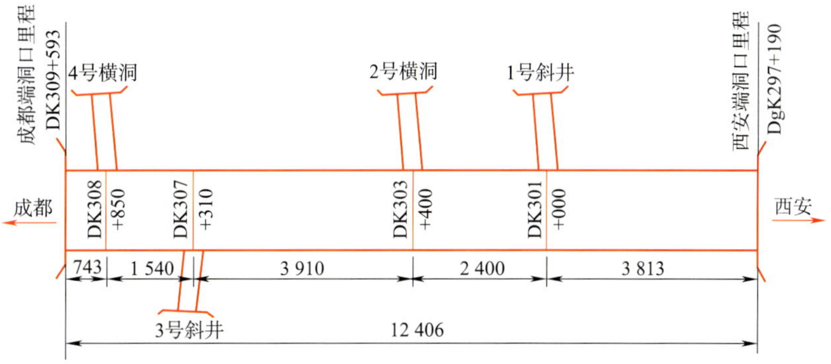

图 26.2.15　何家梁隧道辅助坑道平面(单位：m)

隧道长 3 340 m 段奥陶系下统砂岩局部夹砾岩段埋深绝大部分超过 500 m，最大埋深为 760 m，处于极高地应力状态，施工过程中在软弱、破碎等围岩地段，受高地应力的影响，发生隧道挤压变形，采用加强初期支护及二衬措施开挖通过。砂岩挤压变形段围岩及初支变形如图 26.2.16 所示。

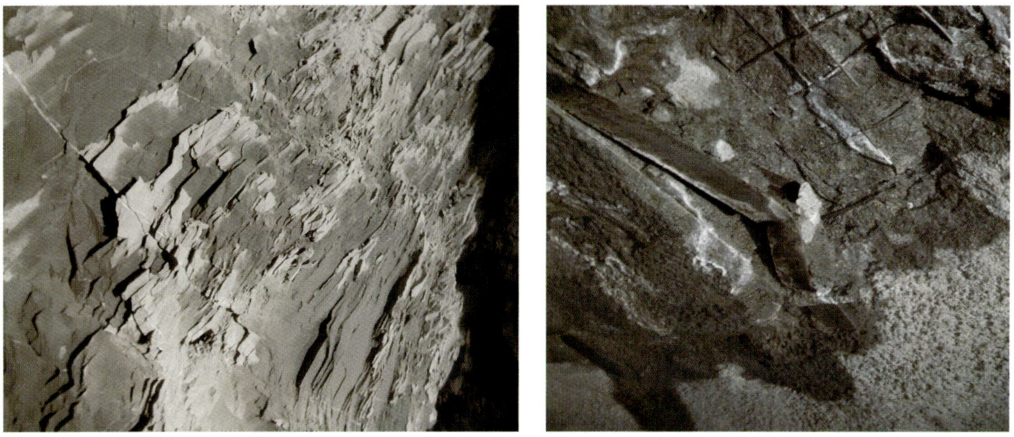

图 26.2.16　砂岩挤压变形段围岩及初支变形

5）小安隧道

小安隧道全长 13 430 m，隧道位于川陕省界—广元区间，该隧道为低瓦斯隧道，地下水化学侵蚀作用环境等级 H2。隧道最大涌水量为 92 898 m^3/d。隧道主要不良地质有岩溶、顺层、含煤地层及石膏地层。隧道选择了一座斜井、一座横洞和一座洞身平导辅助施工，其辅助坑道设置如图 26. 2. 17 所示。

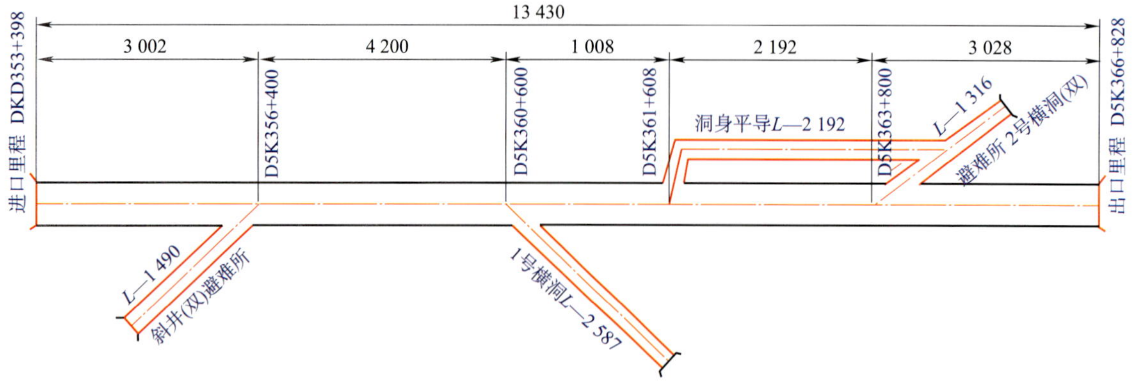

图 26. 2. 17　小安隧道辅助坑道(单位：m)

26. 2. 3　成贵客运专线隧道

1. 项目概况

成贵客运专线西起四川省的乐山市，向东经四川省的犍为县、宜宾市、长宁县、兴文县，云南省的威信县、镇雄县，贵州省的毕节市、大方县、黔西县，东至贵阳市，正线建筑长度为 515. 02 km。四川省境内为 258. 577 km，云南省境内为 79. 299 km，贵州省境内为 177. 144 km。工程于 2013 年 12 月开工建设，计划于 2018 年开通运营，最高设计速度为 250 km/h。成贵客运专线线路平面如图 26. 2. 18 所示。

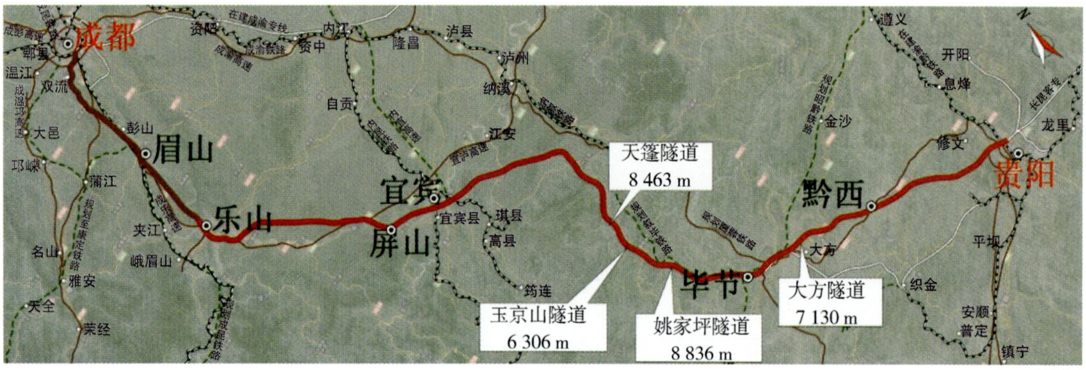

图 26. 2. 18　成贵客运专线线路平面

2. 隧道工程概况

成贵客运专线全线共新建隧道(含明洞)189 座，总延长为 240. 340 km。其中，乐山至白云(不含)正线段共新建设计时速 250 km 双线隧道(含明洞)183 座，总延长为 230. 934 km。成贵引入贵阳枢纽白云(含)至贵阳东(不含)段共新建设计时速 200 km 双线隧道 2 座，总延长为 3. 359 km；新建设计时速 200 km 单线隧道 2 座，总延长 2. 963 km；新建设计时速 200 km 燕尾式隧道 1 座，总延长为 0. 614 km；新建设计时速 200 km 喇叭口隧道 1 座，总延长为 2. 470 km。乐山(含)至白云(不含)段正线隧道总长占线路总长的 45%。全线最长隧道为姚家坪隧道，长 8 836 m。隧道按长度汇总见表 26. 2. 9。

表 26. 2. 9　成贵客运专线隧道长度分段汇总

隧道长度 L(m)	$L\leqslant 500$	$500<L\leqslant 3\,000$	$3\,000<L\leqslant 10\,000$	合　计
座数(座)	89	78	22	189
长度(km)	18. 178	103. 368	118. 795	240. 341

3. 工程地质情况

成贵客运专线地形地质条件极为复杂，具有“矿藏多、采空区多、天然气多(包括气田气、煤层气)，地质构造发育、岩溶发育、重力不良地质发育、岩盐发育”的“三多、四发育”特点。乐山至兴文段岩性以“红层”砂、泥岩为主；兴文至威信段岩性以可溶岩与非可溶岩互层为主；威信至贵阳段岩性以灰岩、白云岩为主。地下水以第四系孔隙水为主，含水量丰富。可溶岩中的岩溶水及砂泥岩中的基岩裂隙水次之，其中岩溶水较为丰富，暗河、岩溶泉发育。含煤层、石膏、岩盐及铁矿等地层中的地下水一般具有侵蚀性。

隧道围岩级别统计情况汇总见表 26. 2. 10。

表 26. 2. 10　成贵客运专线隧道围岩级别汇总(不含贵阳枢纽)

围岩级别	Ⅱ	Ⅲ	Ⅳ	Ⅴ	Ⅵ	合　计
长度(km)	6. 945	68. 925	80. 421	74. 393	0. 250	229. 934
比例(%)	3. 02	29. 98	34. 97	31. 92	0. 11	100

4. 地震烈度及气象条件

沿线地震动峰值加速度(地震基本烈度)在 0. 05g ~ 0. 1g(Ⅵ ~ Ⅶ度)之间。最冷月平均气温在4. 5 ~ －11. 9℃之间。

5. 重点工程概况

成贵客运专线重点工程为玉京山隧道和应山岩隧道两座长隧道。

1） 玉京山隧道

玉京山隧道位于新街—威信区间，按行车速度 250 km/h 客运专线双线隧道设计，采用 CRTS Ⅰ型双块式无砟轨道，全隧均位于 30‰的单面上坡。隧道全长 6 306 m，隧道出口紧邻扎西 1 号大桥，隧道最大埋深约 350 m。

玉京山隧道穿越地层复杂，主要为灰岩、白云岩夹泥质灰岩、泥岩、砂岩和煤、页岩、铝土岩夹煤和灰岩、火山碎屑岩、钙质泥岩和砂岩夹灰岩，可溶岩与非可溶岩互层。设计最大涌水量为 8. 25 万 m^3/d。主要不良地质为岩溶和瓦斯。揭露可溶岩地层长度约为 4 314 m，约占隧道全长的 67. 6%。穿越含煤地层及炭质页岩地层，合计长度约 1 230 m，占全长的 19. 2%，其中二叠系龙潭的含煤(P_2l)地层，全断面瓦斯涌出量为 7. 9 m^3/min，为瓦斯突出隧道。全隧地质纵断面如图 26. 2. 19 所示。

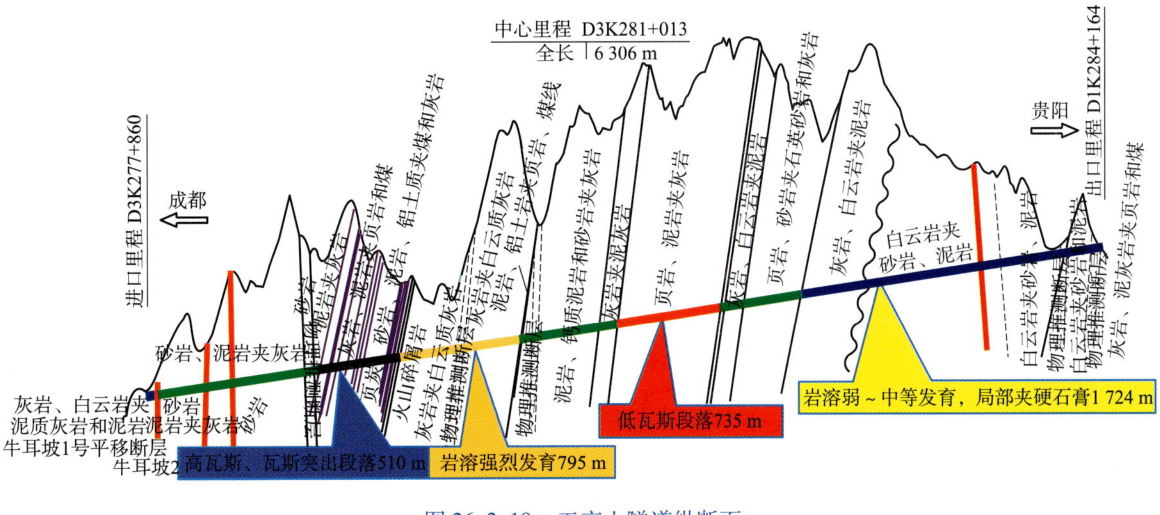

图 26. 2. 19　玉京山隧道纵断面

为加快施工进度，兼顾施工通风等问题，结合地形、地质条件，玉京山隧道辅助坑道模式采用“进口平导＋一座横洞”方案。施工辅助坑道如图 26. 2. 20 所示。

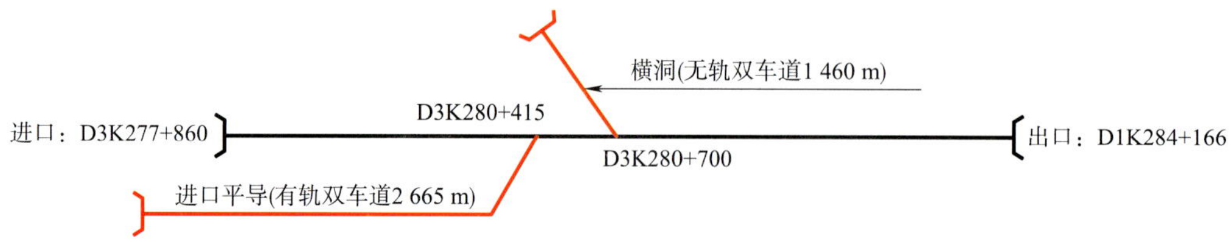

图 26.2.20 玉京山隧道施工辅助坑道

2）应山岩隧道

应山岩隧道位于兴文石海—新街区间，按行车速度 250 km/h 客运专线双线隧道设计，采用 CRTS Ⅰ型双块式无砟轨道，隧道位于人字坡上，进口端 25‰上坡(4 138 m)，出口端 3‰上坡(2 723 m)。隧道全长 6 861 m，隧道进口接路基工程，出口紧临新街车站 1 号大桥成都端台尾。隧道最大埋深约为 750 m。

洞身全段穿越雷口坡组(T_2l)及嘉陵江组(T_1j)的灰岩、白云岩、岩溶角砾岩夹泥页岩地层中，顶部为须家河组砂岩夹页岩、泥岩地层。岩层缓倾，岩溶强烈发育，构造发育，围岩节理裂隙密集发育，地下水丰富，约 5 km 段落位于地下水位线以下，设计最大涌水量为 10.03 万 m^3/d。全隧地质纵断面如图 26.2.21 所示。

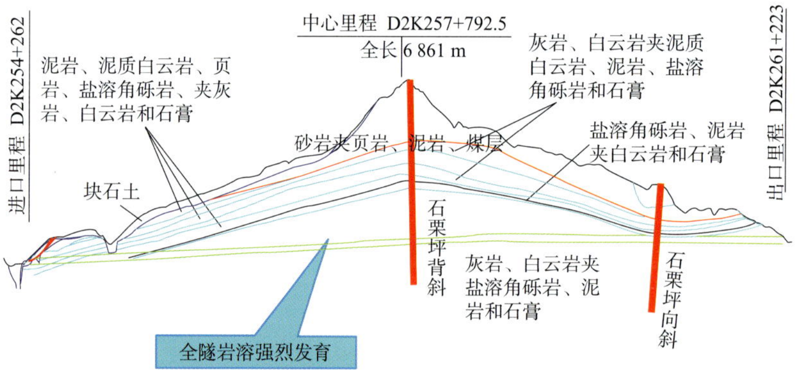

图 26.2.21 应山岩隧道纵断面

为加快施工进度，超前探明地质，满足施工通风和排水需要，兼顾运营期间防灾救援问题，于隧道进口端线路前进方向左侧 30 m 设置平导一座，长 2 164 m，采用无轨单车道运输。施工辅助坑道如图 26.2.22 所示。

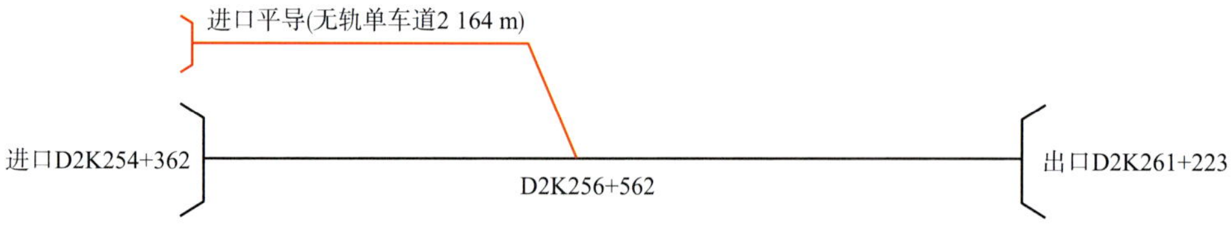

图 26.2.22 应山岩隧道施工辅助坑道

26.2.4 渝万客运专线隧道

1. 项目概况

重庆至万州铁路位于重庆市境内，线路由重庆北站引出，沿渝利铁路并行，向东北经江北、渝北、长寿、垫江、梁平至万州。线路正线长 247.256 km。全线设重庆北、复盛、长寿北、长寿湖、垫江、云龙(预留)、梁平南、三正北(预留)、万州北共 9 个车站。工程于 2012 年 12 月 25 日开工，计划于 2016 年 12 月竣工通车，最高设计速度为 250 km/h。渝万客运专线线路平面如图 26.2.23 所示。

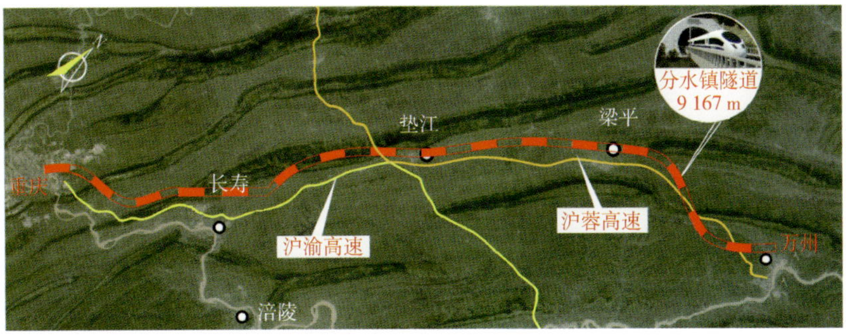

图 26.2.23 渝万客运专线线路平面

2. 隧道工程概况

渝万客运专线正线贯通方案全线共有双线隧道 55 座，合计 58.157 km，占线路总长 247.256 km 的 23.52%。全线最长隧道为分水镇隧道，全长 9 167 m；最短隧道为老院子隧道，全长 80 m。全线正线隧道座数及长度汇总见表 26.2.11。

表 26.2.11 渝万客运专线全线正线隧道分布

隧道长度(m)	$L \leqslant 1\,000$	$1\,000 < L \leqslant 3\,000$	$3\,000 < L \leqslant 6\,000$	$6\,000 < L \leqslant 10\,000$	$L > 10\,000$
座数(座)/延长(m)	38/11 693	12/22 561	4/14 736	1/9 167	—
合　计	55 座/58 157 m				

注：枢纽内正线黄豆堡隧道长 442.9 m，为速度目标值 120 km/h 双线隧道。

3. 工程地质情况

沿线出露有二叠系、三叠系、侏罗系及第四系地层，其中二叠系、三叠系较老地层主要分布于背斜山岭地带，为碎屑岩及碳酸盐类岩石，局部地段夹煤线及薄煤层，其余向斜谷地均为侏罗系“红层”内陆河湖相碎屑岩，以泥岩为主，夹砂岩。第四系松散层主要分布于长江及支流河谷、丘间沟槽以及小型山间盆地中，山体斜坡大多覆盖坡残积层，在部分陡崖下堆积崩坡积体。隧道围岩级别统计情况汇总见表 26.2.12。

表 26.2.12 渝万客运专线隧道围岩级别汇总

围岩级别	Ⅲ	Ⅳ	Ⅴ	合　计
长度(km)	18.355	23.446	16.356	58.157
比例(%)	31.56	40.32	28.12	100

4. 地震烈度及气象条件

据国家地震局颁布的 1∶4 000 000《中国地震动参数区划图》(GB 18306—2001)及《渝万铁路区域性地震区划报告》，沿线地震动峰值加速度为 0.05g(相应地震基本烈度为Ⅵ度)，动反应谱特征周期为 0.35 s。

5. 重点工程概况

渝万客运专线重点工程为分水镇隧道。

隧道长 9 167 m，最大埋深约为 600 m，洞身为人字坡。根据地质条件与施工组织等要求，分水镇隧道采用“中部斜井 + 出口横洞带平导”的辅助坑道方案。辅助坑道设置如图 26.2.24 所示。

中部斜井设置与 D1K212 + 650 处线路左侧，斜井长 1 185 m，最大坡度为 105‰。斜井采用双车道无轨运输。

出口横洞设于 D1K217 + 900 处线路右侧，横洞全长 362 m，坡度为 3‰。横洞采用双车道无轨运输。平导设置于出口横洞工区线路右侧约 35 m 处，平导(含横通道)全长 2 375 m。平导与横洞连接。平导与正洞对应设置纵坡，其坑底高程较对应里程正洞轨面设计高程低 1.5 m。平导采用单车道无轨运输，平导纵坡与正洞纵坡一致。

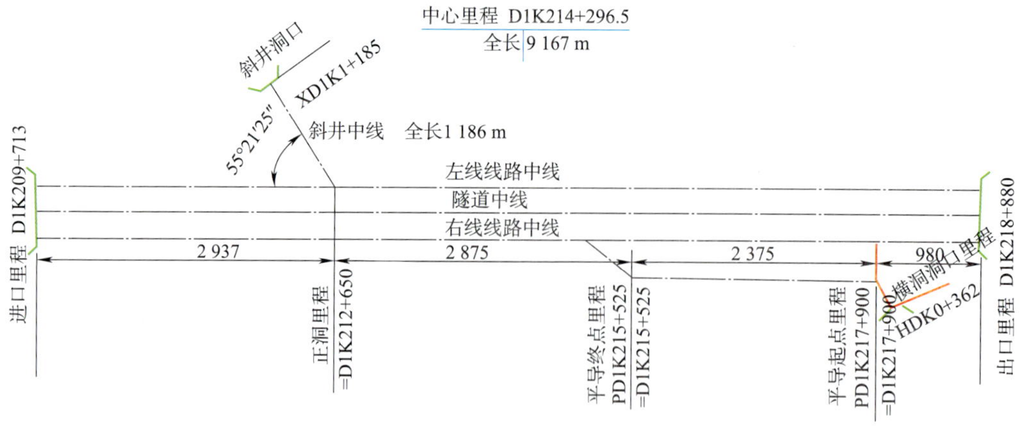

图 26.2.24 分水镇隧道施工辅助坑道(单位：m)

26.2.5 哈牡客运专线隧道

1. 项目概况

新建哈尔滨至牡丹江客运专线起自哈尔滨经阿城、尚志、海林至牡丹江，线路全长 292.994 km，最高设计速度为 250 km/h。工程于 2014 年 12 月开工，建设总工期为 4.5 年。哈牡客运专线线路平面如图 26.2.25 所示。

图 26.2.25 哈牡客运专线线路平面

2. 隧道工程概况

哈牡客运专线全线共设计隧道 39 座，合计 68.505 km，隧线比为 23.38%，均为单洞双线隧道。其中，山岭隧道 38 座，总延长为 65.565 km，内净空断面积为 92 m^2；城市隧道 1 座，长 2.94 km，内净空断面积为 76 m^2。隧道按长度汇总见表 26.2.13。

表 26.2.13 哈牡客运专线隧道长度分段汇总

隧道长度 L(m)	$L<500$	$500\leq L<3\,000$	$3\,000\leq L<10\,000$	$L\geq 10\,000$	合计
座数(座)	11	20	8	0	39
长度(km)	3.658	26.407	38.440	0	68.505

3. 工程地质情况

哈牡客运专线隧道通过了安山玢岩、片理化流纹斑岩、凝灰岩、板岩、花岗岩及大理岩，其中爱民隧道还穿越第三系玄武岩、泥岩、砂岩。沿线地质构造较复杂，地下水主要为孔隙潜水及基岩裂隙水。隧道围岩级别统计情况汇总见表 26. 2. 14。

表 26. 2. 14　哈牡客运专线隧道围岩级别汇总

围岩级别	Ⅱ	Ⅲ	Ⅳ	Ⅴ	Ⅵ	合　计
长度(km)	19. 87	17. 639	14. 831	14. 865	1. 3	68. 505
比例(%)	29. 01	25. 74	21. 65	21. 70	1. 90	100

4. 地震烈度及气象条件

沿线地震动峰值加速度(地震基本烈度)在 0. 05g ~ 0. 10g(Ⅵ ~ Ⅶ度)之间。最冷月平均气温在 －16. 9 ~ －19. 4℃之间。

5. 重点工程概况

哈牡客运专线重点工程为爱民隧道。

爱民隧道位于牡丹江市西郊，隧道长 2 940 m，最大埋深约为 60 m。隧道洞身长段落穿越第三系砂泥岩互层，膨胀性玄武岩地层；隧道出口 1. 05 km 段落位于牡丹江市城市中心区内，沿城市主干道下方穿越多条市政规划及既有道路，周边地表为工业、企业、苗圃温室、城市道路、居民楼等，建筑稠密，隧道影响范围内的市政管线密布，周边环境极其复杂。

根据隧道所处地形及地质条件，设计采用“矿山法 + 围护桩明挖法”相结合的施工方法。明挖基坑段针对不同的地层和周围环境采用了“钻孔桩 + 钢支撑”、“钻孔桩 + 锚索”以及土钉支护等多种围护结构。

隧道内设计为 V 字坡，防排水设计遵循“全封闭、不排水、可维护”原则的同时，全隧道衬砌采用“抗水压”衬砌，并考虑防寒抗冻措施。

26. 2. 6　杭州至黄山铁路隧道

1. 项目概况

杭黄铁路东起浙江省杭州市，西至安徽省黄山市，途经浙江省杭州市萧山区、富阳市、桐庐县、建德市、淳安县，安徽省宣城市绩溪县、黄山市。杭州东站至黄山北站运营长度为 287. 545 km，建筑长度 265. 150 km。工程于 2014 年 7 月 1 日开工，预计于 2018 年通车运营，最高设计速度为 250 km/h。杭黄铁路线路平面如图 26. 2. 26 所示。

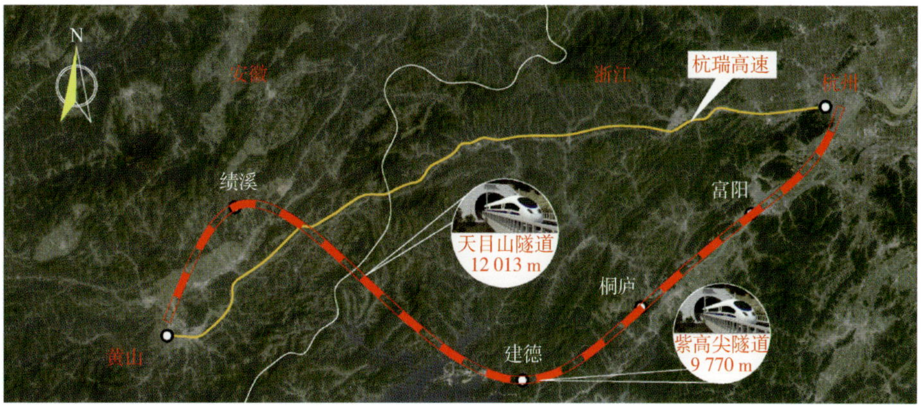

图 26. 2. 26　杭黄铁路线路平面

2. 隧道工程概况

杭黄铁路全线新建隧道共计 87 座，合计 139. 304 km，隧线比为 52. 7%。其中单洞双线隧道 86 座，总延长为 133. 549 km，内净空断面积为 92 m^2；双线单洞 + 单洞双线隧道 1 座，即毛蓬岗隧道，长度为 5. 755 km。隧道按长度汇总见表 26. 2. 15。

表 26.2.15 杭黄铁路隧道长度分段汇总

隧道长度 L(m)	$L≤1\,000$	$1\,000<L≤3\,000$	$3\,000<L≤10\,000$	$10\,000<L$	合计
座数(座)	54	20	12	1	87
长度(km)	20.995	38.799	67.497	12.013	139.304

3. 工程地质情况

沿线从元古界到新生界第四系地层均有出露，期间发生过多期岩浆岩侵入。元古界岩性主要为板岩、变质砂岩、千枚岩等变质岩，多分布于绩溪附近；震旦系岩性为砾岩、凝灰岩、凝灰质砂岩、硅质岩、流纹岩等，临岐至绩溪分布较广；寒武系岩性多以碳酸盐岩为主，夹页岩、泥岩等，主要分布于桐庐、临岐至杞辛里、绩溪至桂林一带；奥陶系岩性以碎屑岩为主，局部夹碳酸盐岩，主要分布于场口至建德、淳安、绩溪至临溪一带；志留系、泥盆系均为碎屑岩，主要分布于建德至文昌一带；石炭系至三叠系岩性多以碳酸盐岩为主，夹砂页岩，主要在建德附近零星出露；侏罗系岩性以碎屑岩及火山碎屑岩为主，主要分布于萧山至场口、淳安一带；白垩至第三系均为红色碎屑岩，广泛分布于绩溪、桂林至休宁等红色断陷盆地；区内燕山期多次岩浆侵入，岩性主要为花岗岩、花岗斑岩、闪长岩等，全线零星分布。第四系各类成因的松散堆积物广布全线，以平原、河谷阶地、谷地、盆地地带较为集中，厚度变化大。沿线地质构造较复杂，地下水主要为孔隙潜水、基岩裂隙水及岩溶裂隙水。隧道围岩级别统计情况汇总见表 26.2.16。

表 26.2.16 杭黄铁路隧道围岩级别汇总

围岩级别	Ⅱ	Ⅲ	Ⅳ	Ⅴ	合计
长度(km)	22.616	61.910	32.684	22.094	139.304
比例(%)	16.23	44.44	23.47	15.86	100

4. 地震烈度及气象条件

根据 1∶4 000 000《中国地震动参数区划图》(GB 18306—2001)，本线地震动峰值加速度最高为 0.05g，各方案所经过地区动反应谱特征周期均为 0.35 s。

5. 重点工程概况

杭黄铁路重点工程为天目山特长隧道。

天目山特长隧道全长 12 013 m，隧道位于浙皖两省交界处。隧道内设置人字坡，进口～DK206+800 为 3‰的上坡，DK206+800～出口为 8‰的下坡。

天目山特长隧道设置无轨双车道斜井三座，分别为徐家斜井(长436 m)、闻家斜井(长1 582 m)和金川斜井(长2 379 m)，三座斜井均采用无轨运输双车道衬砌断面。

参 考 文 献

[1] 中铁第一勘察设计院集团有限公司. 在建高铁隧道统计[R]. 2015.

[2] 中铁二院工程集团有限责任公司. 在建高铁隧道统计[R]. 2015.

[3] 铁道第三勘察设计院集团有限公司. 在建高铁隧道统计[R]. 2015.

[4] 中铁第四勘察设计院集团有限公司. 在建高铁隧道统计[R]. 2015.

[5] 中铁工程设计咨询集团有限公司. 在建高铁隧道统计[R]. 2015.

[6] 中铁二院工程集团有限责任公司. 新建铁路郑州至万州客运专线襄阳至万州段补充初步设计说明书[R]. 2016.

27 标志性高速铁路隧道

在中国已经投入运营的高速铁路隧道中，有标志性的隧道工程主要有石太客运专线的太行山隧道、广深港客运专线狮子洋隧道、郑西客运专线张茅隧道、京石客专石家庄六线隧道和贵广客运专线三都隧道等。太行山隧道是中国第一座长度大于20 km的高速铁路隧道，也是目前运营最长的高速铁路隧道；狮子洋隧道是中国第一座水下高速铁路隧道，也是世界上运营速度最高的水下铁路隧道；张茅隧道是中国最长的在黄土地区修建的高速铁路隧道，张茅隧道的建设，攻克了中国大断面黄土隧道建设的难题，具有历史意义；石家庄六线隧道是在城市区修建高速铁路的代表工程，是目前跨度最大的多线城市隧道工程；三都隧道是中国在岩溶地区修建的最长的高速铁路隧道。本章将重点介绍这些标志性工程。

27.1 太行山特长隧道

27.1.1 工程概况

太行山特长隧道位于石太客运专线井陉北车站和阳泉北车站之间，是该线的重点控制工程，隧道通过太行山山脉的主峰越宵山，最大埋深为445 m，设计为双洞单线隧道，两线线间距为35 m。隧道左线全长27 839 m，右线隧道全长27 848 m；设计速度目标值为250 km/h。太行山隧道是目前我国建成的最长高速铁路山岭隧道，也是亚洲最长的高速铁路隧道。

太行山隧道位于直线上，左线、右线隧道的纵向设计坡度基本一致，进口段长95 m的坡度为13.4‰的上坡、出口段长594 m的坡度为6‰的上坡，其余部分均位于14.3‰的上坡。

27.1.2 地质情况

太行山隧道区位于太行山脉中南段剥蚀中低山区及盂县—寿阳黄土盆地堆积区两大地貌单元内，隧道所经地区的地质条件极为复杂，隧道进口段通过可溶岩地层，其中的部分段落内地下水非常丰富，容易产生突水冒泥等灾害；隧道中部通过强度高、地应力大的花岗片麻岩地层，容易产生岩爆等危害。

太行山隧道穿越了6 800 m长的膏溶角砾岩地段，这种膏溶角砾岩主要集中分布在奥陶系峰峰组一段和上马家沟组一段，这种特殊的软岩硬土具有极其特殊的工程性状和物理力学性质，主要表现为物质成分上的不均一性、结构上的松散性、构造上的不均一性、低强度性和极强的水理性、膨胀性、腐蚀性以及可溶性等。

隧道通过了沁水块陷的娘子关—坪头坳缘翘起带、盂县坳缘翘起带、沾尚—武乡—阳成北北东向褶皱带等三个Ⅴ级构造单元，隧道通过的断层数目达到23条，其中含水的大断层及较大断层15个。隧道区地下水类型主要为松散岩类孔隙潜水、碎屑岩类裂隙孔隙水和碳酸盐岩类裂隙溶隙水。

隧道区地震动峰值加速度为0.10g(地震基本烈度为Ⅶ度)。

27.1.3 隧道设计

1. 隧道内轮廓

根据空气动力学计算结果，考虑隧道长度、隧道建筑限界、防灾疏散通道和维修等要求，按照隧道结构受力有利、施工简便、使用方便的目标进行设计，隧道内轨顶面以上有效净空面积采用60.42 m^2。

单线隧道内轮廓如图 27.1.1 所示。

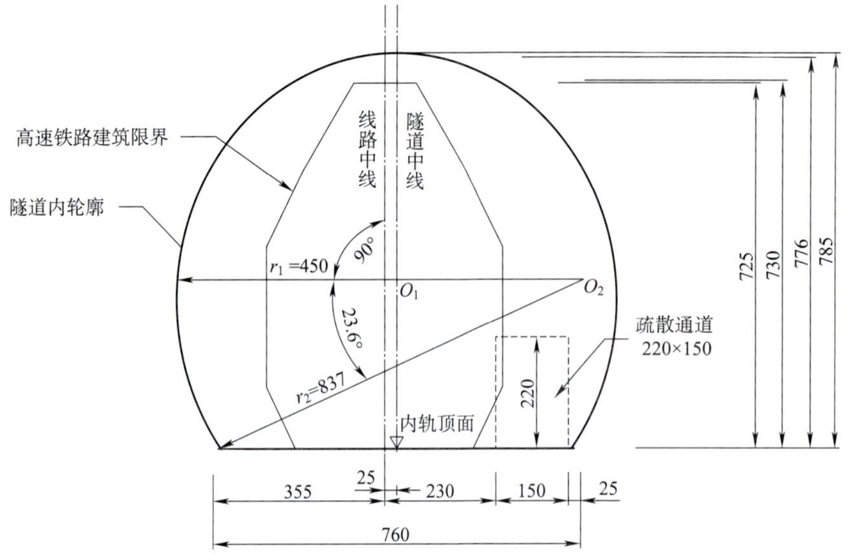

图 27.1.1　单线隧道衬砌内轮廓(单位：cm)

2. 复合式衬砌形式

Ⅲ级及以上围岩采用曲墙带仰拱的衬砌，仰拱内轮廓与曲墙圆顺连接；Ⅱ级围岩采用曲墙式不带仰拱衬砌。单线隧道衬砌结构形式如图 27.1.2 所示。施工后内轮廓断面如图 27.1.3 所示。

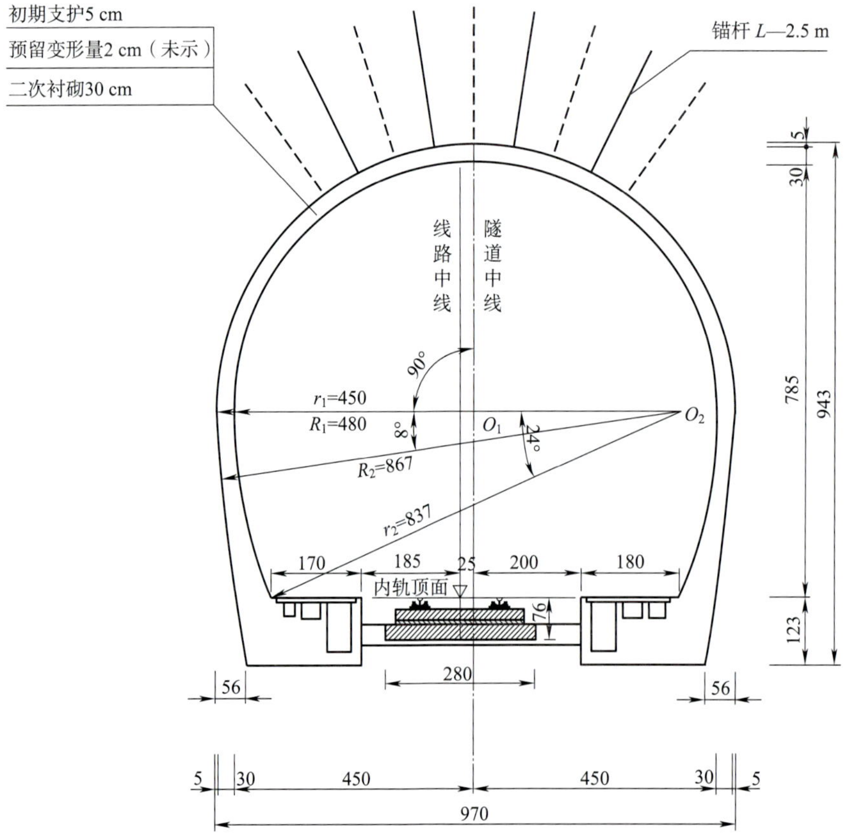

图　27.1.2

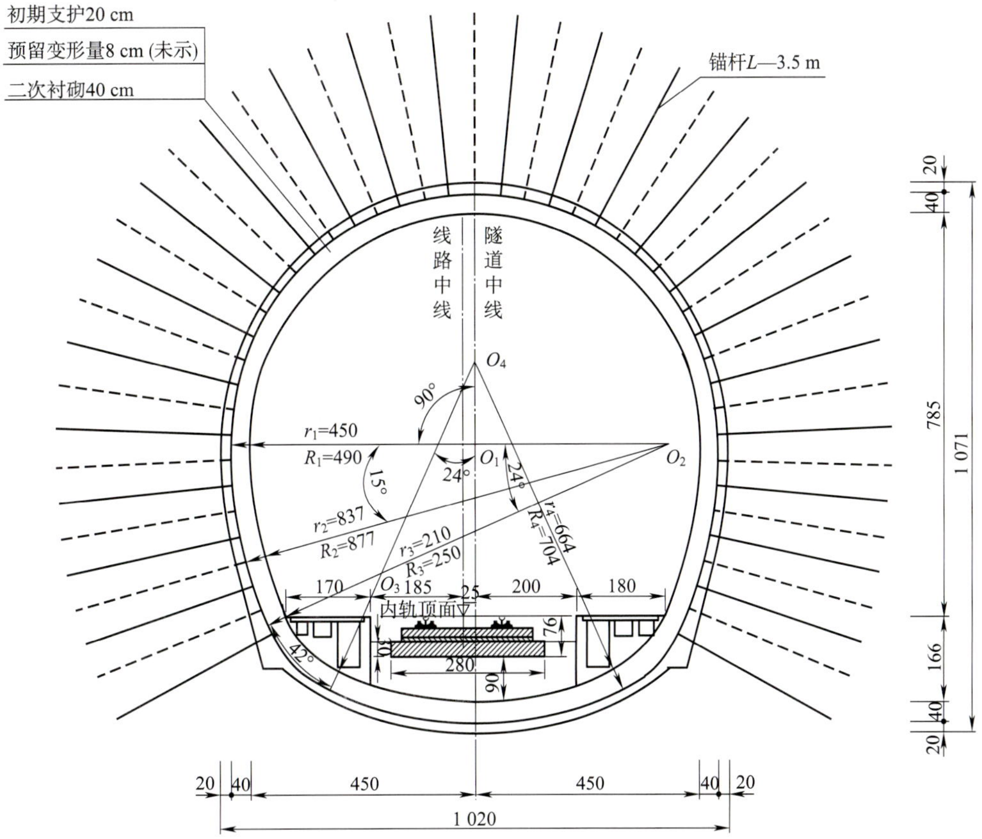

图 27. 1. 2　单线隧道Ⅱ级、Ⅴ级围岩衬砌断面(单位：cm)

图 27. 1. 3　单线隧道施工后情况

隧道开工后，针对膏溶角砾岩的特殊工程特性，采用了两段试验段研究确定不同含水率情况下的支护衬砌参数，试验段长度 50 m。分别选择在太行山隧道 7 号斜井工区无水膏溶角砾岩地层和 6 号斜井工区有水膏溶角砾岩地层。

在试验段内，按照不同支护方式(型钢钢架与格栅钢架、一次支护与多次支护、素喷混凝土与纤维喷混凝土等)试验，根据模拟计算分析并结合实际量测效果，确定膏溶角砾岩地层隧道复合式衬砌参数，见表 27. 1. 1。

3. 施工辅助坑道

根据辅助坑道的设置原则，经过比选和充分的论证，太行山隧道共选取 9 座辅助坑道。平面布置如图 27. 1. 4 所示。辅助坑道参数见表 27. 1. 2。

表 27.1.1　膏溶角砾岩段复合式衬砌主要参数

喷混凝土厚度(cm)	拱墙锚杆(长度/间距)(m)	钢筋网(直径/间距)(mm)	钢架间距(m)/型号	二次衬砌厚度(cm)/材料
拱墙、拱 25	4.0/1.0	ϕ6～8/150	拱墙、仰拱 1.0～0.75/I16	45～50/钢筋混凝土

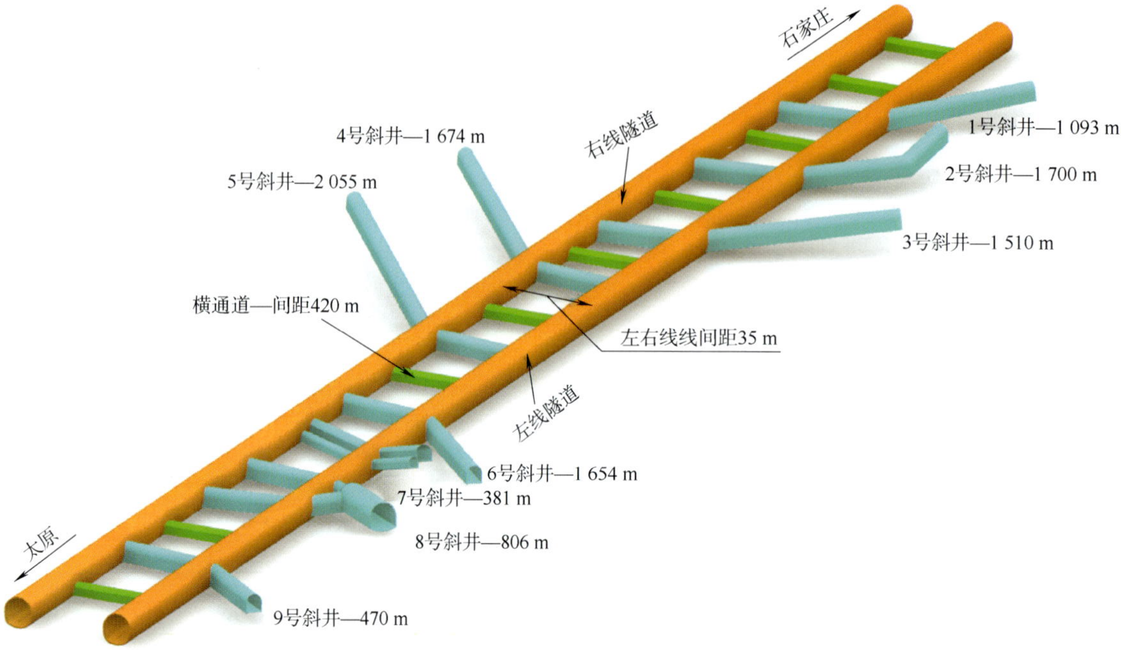

图 27.1.4　太行山隧道辅助坑道平面

表 27.1.2　太行山隧道辅助坑道参数表

斜 井 名 称	平面长度(m)	斜井长度(m)	井身倾角(°)	平面夹角(°)	运 输 方 式	备　注
1 号斜井	1 087	1 093.18	5.98	44.5	无轨运输	1 号
2 号斜井	1 690	1 700.24	6.11	35.0	无轨运输	2 号
3 号斜井	1 501	1 509.81	6.06	63.8	无轨运输	3 号
4 号斜井	1 660	1 673.56	7.20	39.0	无轨运输	4 号
5 号斜井	2 040	2 054.84	6.72	38.0	无轨运输	5 号
6 号斜井	1 645	1 654.47	5.99	34.9	无轨运输	6 号
7 号斜井	360	381.08	18.43	40.0	有轨运输	7 主井
	360	381.08	18.43	40.0	有轨运输	7 副井
8 号斜井	800	805.73	6.67	43.0	无轨运输	8 直联
9 号斜井	468	469.52	4.55	42.0	无轨运输	9 号

其中 7 号施工斜井采用有轨运输的方式，其余 8 座施工斜井均采用无轨运输的方式；7 号有轨运输施工斜井设计为主、副井，主井按小矿车双车道断面设计，副井按小矿车单车道断面设计；8 号无轨运输施工斜井按双车道断面设计，底部设双联单车道；其余 7 座无轨运输施工斜井按单车道设计，每隔不长于 250 m 的距离设置长 25 m 的错车道。

4. 隧道洞门及洞口缓冲结构

太行山单线隧道洞口均采用缓冲结构洞门。其中，进口由于地形陡峭，设计采用倒斜切缓冲结构洞门；出口地形较为平坦，设计采用正斜切缓冲结构洞门形式，如图 27.1.5～图 27.1.8 所示。

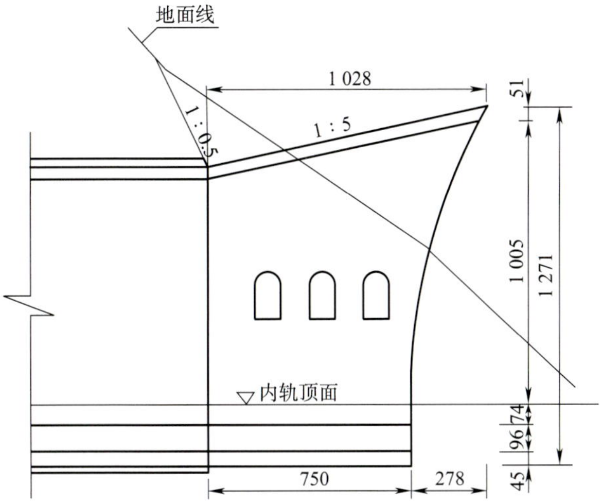

图 27.1.5　倒斜切缓冲结构洞门纵剖面(单位：cm)

图 27.1.6　太行山隧道进口

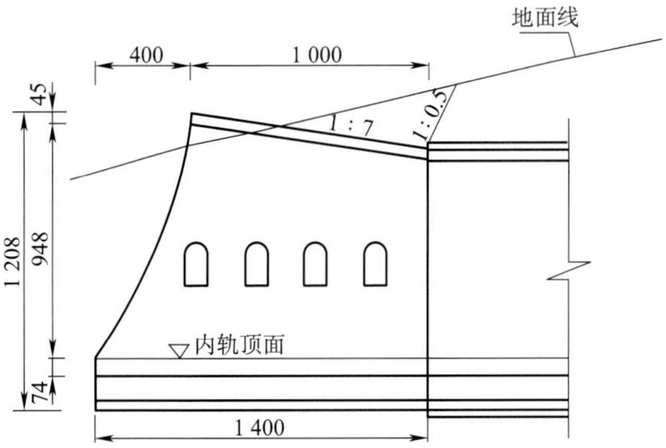

图 27.1.7　正斜切缓冲结构洞门纵剖面(单位：cm)

图 27.1.8　太行山隧道出口

5. 防灾救援设计

1) 隧道内设置“紧急救援站”

太行山、南梁隧道中间仅有一座长度约 188 m 的中桥，该隧道群总长约 40 km，共设置两个“紧急救援站”，每个“紧急救援站”长度为 550 m。其中，1 号救援站设在太行山隧道 5 号斜井与正洞交叉部位，救援站里程范围为 DK83 + 825 ~ DK84 + 375；2 号救援站设在太行山隧道进口端，救援站里程范围为 DK69 + 271 ~ DK69 + 821。图 27.1.9 所示为太行山、南梁隧道所设两个“紧急救援站”与隧道关系。

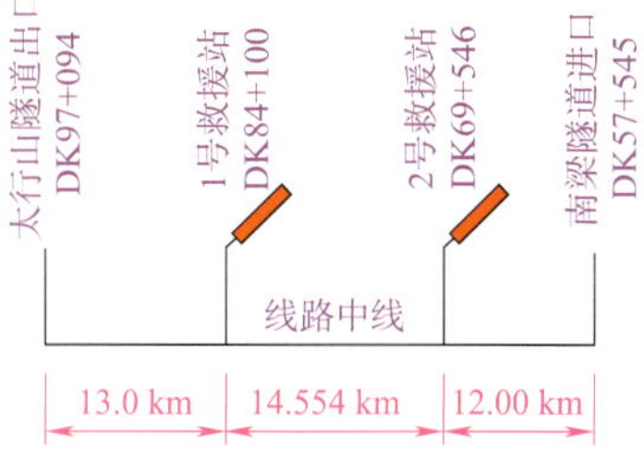

图 27.1.9　太行山、南梁隧道所设两个“紧急救援站”与隧道关系

2)“紧急救援站”的标准

设置在太行山、南梁隧道中的“紧急救援站”构造形式是最简单的，立足于两座单线隧道间互为救援,“紧急救援站”由正洞停车区域、疏散站台、横通道和横通道内等待区域组成(图 27.1.10)，其中横通道内等待区域是以横通道断面为基础扩大而成。

正洞停车区纵向长度设计 550 m；疏散站台总宽度 230 cm(其中通道宽度170 cm)；两座单线隧道间的横通道沿停车区域 60 m 设一处，每个救援站设 9 个横通道。1 号“紧急救援站”由于人员需要在隧道内等待救援列车的到来，因此在横通道内设置等待区域，等待区域采用加宽的横通道断面，宽6 m，如图 27.1.11 所示；2 号“紧急救援站”紧临洞口，人员通过横通道到达另一座隧道后直接疏散到隧道外，横通道内部不扩大。

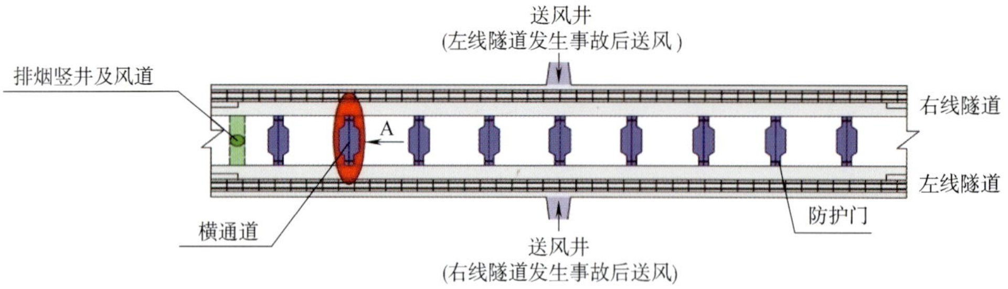

图 27. 1. 10　“紧急救援站”平面布置

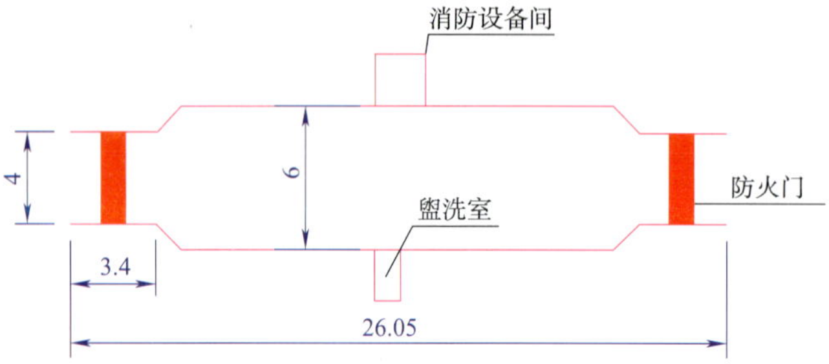

图 27. 1. 11　横通道内安全等待区域平面及断面(单位：m)

3）防 护 门

太行山、南梁隧道两座单线隧道之间间隔 420 m 设置一处垂直于线路中线的横通道，横通道两端设置“防护门”，开启宽度为 3. 0 m，高度为 2. 1 m(钢筋混凝土单扇平开门，质量为 3. 9 t)。

每个“紧急救援站”内设置 9 个横通道，横通道两端设置“防护门”，开启宽度为 3. 4 m，高度为 2. 1 m(钢筋混凝土单扇平开门，质量为 4. 2 t)。

所有“防护门”均应满足双向开启，防护门的抗爆荷载不应小于 0. 05 MPa，门扇启闭力小于等于 200 N。

4）排烟竖井

根据环控专业要求，在 DK84 + 570 两座单线隧道之间设排烟竖井一处，竖井内净空直径为 5. 0 m，竖井深度为 255. 96 m，竖井与正洞之间采用横通道连接。

排烟竖井采用复合式衬砌，一般石质地层采用 5 cm 厚喷射混凝土及 30 cm 厚模筑衬砌；当竖井位于土质地层、膏溶角砾岩地层或断层破碎带时，喷射混凝土加厚至 20 cm，并在喷射混凝土层内加设 I12. 6 钢圈梁。

5）防灾通风

列车发生火灾后停靠在 1 号救援站内时，开启送风机对横通道进行送风，开启救援站端部安全隧道一侧的射流风机进行辅助送风。打开排风机房内的自然排烟风阀，利用烟气浮力进行自然排烟。另外，为了避免大量高温烟气长时间阻滞在事故隧道内，可开启地面排风机房内的排风机辅助进行排烟。1 号救援站防灾通风设计原理如图 27. 1. 12 所示。

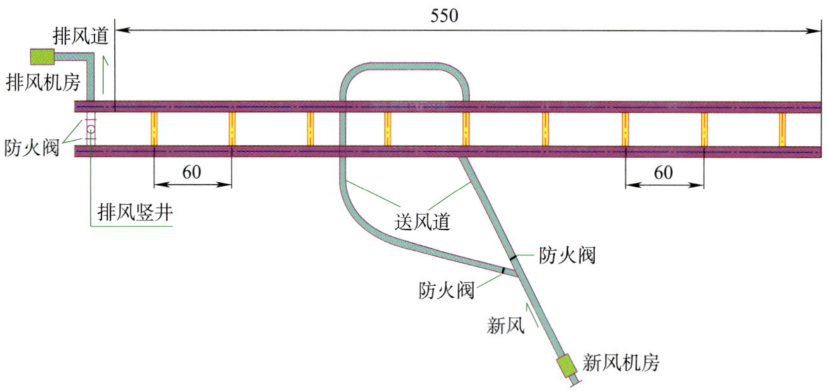

图 27. 1. 12　1 号救援站通风设计原理(单位：m)

第五篇　工程实绩

(1) 当列车发生火灾后停靠在右线，开启送风井内一台事故送风机向左线隧道内送风，左线隧道救援站两端各开启两组射流风机辅助送风。新风通过横通道由左线吹向右线，乘客迎着新风向左线安全隧道内疏散。右线通过排烟竖井自然排烟。另外，为了避免大量高温烟气长时间阻滞在右线事故隧道内，可开启地面排风机房内的排风机辅助进行排烟。

(2) 当列车发生火灾后停靠在左线，开启送风井内一台事故送风机向右线隧道内送风，右线隧道救援站两端各开启两组射流风机辅助送风。新风通过横通道由右线吹向左线，乘客迎着新风向右线安全隧道内疏散。左线通过排烟竖井自然排烟。另外，为了避免大量高温烟气长时间阻滞在左线事故隧道内，可开启地面排风机房内的排风机辅助进行排烟。

6) 其他隧道内附属设施

(1) 安全扶手

在全隧道疏散通道侧边墙以上 1 m 处，设置不锈钢安全扶手一道。

(2) 电光标志

①单线隧道行车方向右侧隧道边墙、双线隧道双侧边墙间隔约 100 m 设方向标志牌，为平面指示牌。

②横通道口上方设紧急出口标志牌，为立体指示牌(两个相对方向均可看见)。

③“紧急救援站”内两个横通道之间居中位置设紧急出口标志牌，指向两个到横通道的距离；“紧急救援站”站端设紧急出口标志牌，指向最近横通道口的距离，为平面指示牌。

④横通道内防护门正面安装电光标志，并标明“紧急出口”字样，为平面指示牌。

(3) 方向诱导线

在“紧急救援站”内，除了电光标志以外，还设置方向诱导线。方向诱导线采用反光材料制作，色彩选择天蓝色。

(4) 设备系统工程

设备系统工程包括防灾通风、应急照明、应急通信、设备监控、供电、消防等设施设备。其救援电话和消防细水雾如图 27. 1. 13 和图 27. 1. 14 所示。

图 27. 1. 13　紧急呼救电话

图 27. 1. 14　紧急救援站内消防细水雾

27. 2　狮子洋水下隧道

27. 2. 1　设计概况

1. 工程概况

狮子洋隧道位于广深港客运专线东涌站至虎门站之间，穿越珠江入海口的狮子洋，工程建设中面临一系列重大技术难题，是广深港铁路客运专线的控制性工程。隧址处狮子洋江面宽度为 6 100 m(含两个江心洲总宽为1 770 m)，隧道建筑全长 10. 8 km，暗洞段长 10. 49 km，最大水压力为 0. 67 MPa。基础设施按速度目标值350 km/h设计，最大纵坡坡度为20‰，隧道纵断面如图27.2.1所示。全隧道除出口段120 m为设中柱的单孔双线结构外，其余地段均由两条单线隧道组成。越江段采用盾构法施工，盾构段总长9 340双洞米；盾构隧道外径为10.8 m，轨面以上净空有效面积为66 m^2（局部设内衬段为60 m^2）。隧道内设置框架式板式轨道。轨道结构高度为656 mm。盾构段采用四台复合泥水平衡式盾构施工。四台盾构两两相向掘进，地中对接，洞内解体。单台盾构最大掘进长度为5 200 m。工程于2006年5月开工，2011年12月开通运营。

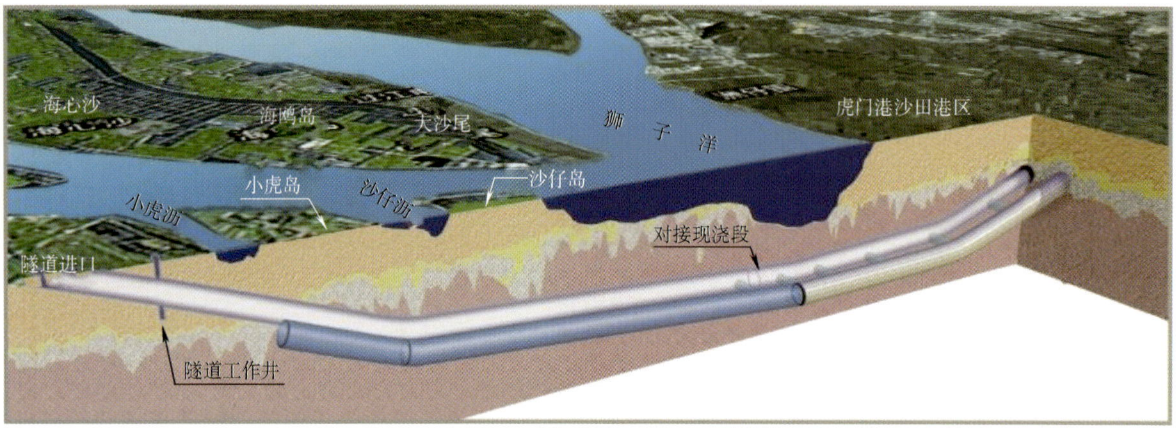

图27.2.1　狮子洋隧道纵断面

2. 桥隧论证及前期方案研究概况

广深港客运专线因虎门站、庆盛站站位控制，越江通道位置基本确定为南沙东风农场至东莞沙田。为确定科学合理、经济节约的建设方案，在前期设计过程中结合越江通道周边交通规划、珠三角城际铁路网络规划，对越江通道的桥梁、隧道方案进行了综合比较，最终确定推荐采用隧道方案下穿狮子洋。

从跨海隧道平面选址看，周边地形复杂，受周边城市建设影响较大，前期主要进行了通过海鸥岛和通过沙仔岛、小虎岛的隧址方案比较，最终选择了穿越沙仔岛、小虎岛的长隧道方案。隧道方案比选如图27.2.2所示。

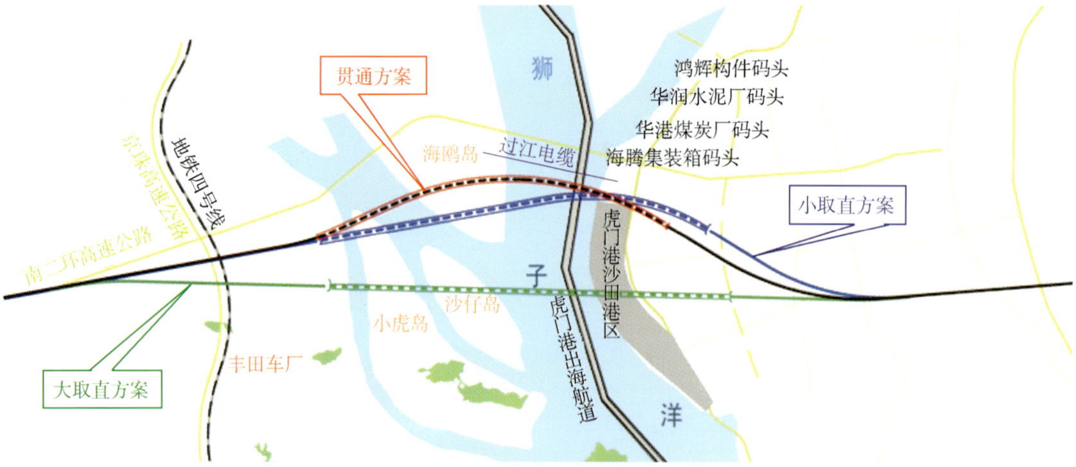

图27.2.2　隧址方案比选平面

3. 隧道限界及断面

盾构段隧道内径在满足建筑限界及各种沟槽与设备布置的基础上，同时考虑隧道施工误差、预留沉降、隧底砂土地层振动响应等因素的影响，结合国内外类似地层盾构隧道建设经验并考虑隧道需进行长距离掘进和地中对接，半径方向预留150 mm的富余空间。综合考虑以上因素，单线盾构隧道内径确定为9.8 m，轨面以上内净空有效面积（扣除防火保护层后的理论面积）为65.08 m^2。盾构隧道段横断面布置如图 27.2.3 所示。

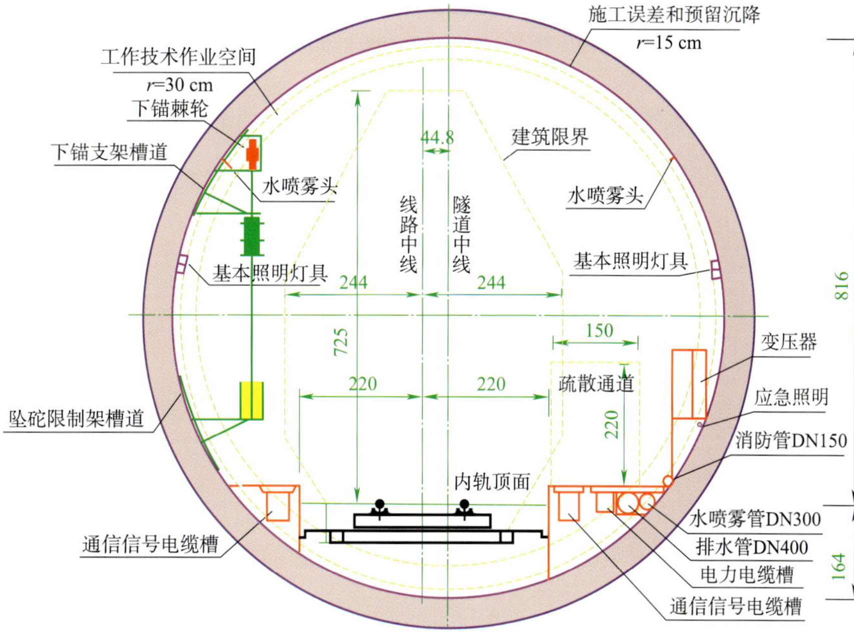

图 27.2.3　盾构隧道段横断面布置(单位：cm)

明挖暗埋段内净空有效面积按不小于 65 m^2 设计。轨面以上高度按满足限界高度、技术作业空间、施工误差等要求确定为 7.6 m，相应结构内净宽为 9.0 m。为满足疏散通道的连接要求，同时由于隧道净空宽度较大，明挖暗埋段每孔隧道内均设双侧疏散通道，线路中线至外侧边墙的距离均不小于4.1 m，如图 27.2.4 所示。

需安装射流风机的地段按通风要求进行加宽处理。

靠近进、出口工作井的明挖暗埋段局部地段根据盾构整体始发要求进行结构加宽与加深。

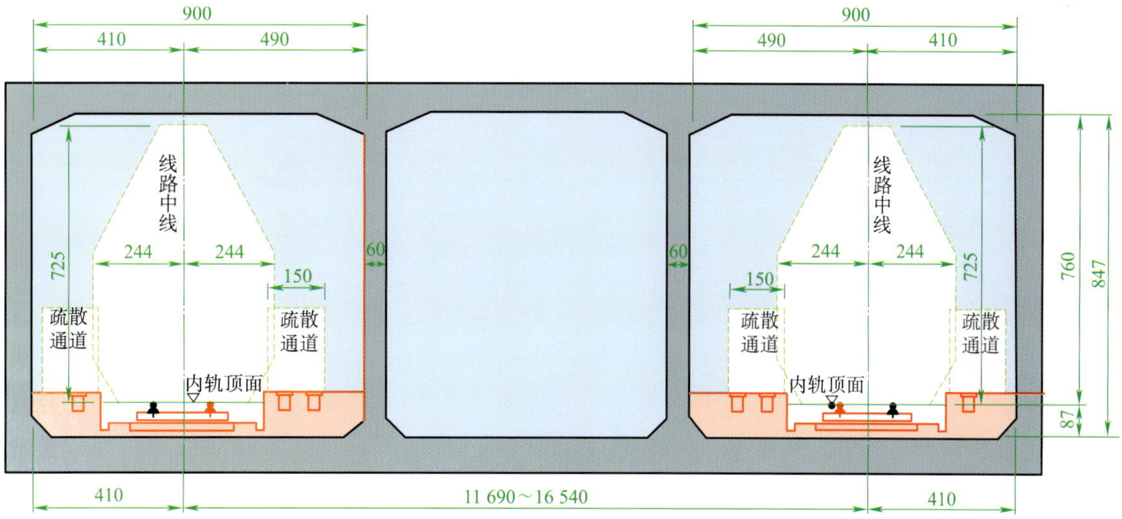

图 27.2.4　明挖隧道结构断面(单位：cm)

4. 隧道总体布置

1）盾构工作井位置

根据隧道的建设环境及工期目标，进行两个工作井 4 台盾构地中对接和四个工作井的方案比较。考虑减少工程建设对虎门港、广州港的影响及盾构机使用情况的预测，推荐采用两个工作井地中对接的总体方案，两工作井之间盾构段长度为 9 340 m。

2）联络通道设置

全隧道左右线之间共布置横通道20处，其中盾构段原设计19处(施工中因突水，施工难度太大取消了3个，实际为16个)，明挖段2处，工作井2处。

3）泵房及设备洞室设置

为避免雨水从洞口外流入隧道内，于隧道进、出口处各设置一座雨水泵房。进口雨水泵房里程为DIK33+140，出口雨水泵房里程为DIK43+610。

为排除隧道内少量的渗漏水、列车排水、隧道内生产用水及消防水，于隧道最低点处(DIK39+250)的联络横通道内设置一座废水泵房。

4）管理用房设置

考虑到隧道运营管理的需要，在盾构工作井上设置地面管理用房，用于隧道内通风、给排水等设备的养护维修人员使用。

5. 盾构法隧道段结构设计

为减少软土地层洞内火灾、列车脱轨撞击、爆炸等意外荷载对隧道结构的影响，以及减少运营期列车长期振动引起的隧道沉降，在狮子洋隧道进、出口软土地层段设置了钢筋混凝土管片衬砌+钢筋混凝土内衬的双层衬砌结构，其余地段采用单层钢筋混凝土管片衬砌。

衬砌环采用双面楔形通用环，标准环宽2.0 m，楔形量为24 mm。每环衬砌由封顶块(F)、邻接块(L1、L2)及标准块(B1～B5)等八块管片组成。管片采用C50高性能耐腐蚀混凝土，混凝土抗渗等级为P12。除联络横通道及施工中特殊情况外，管片环一般采用错缝拼装，如图27.2.5所示。

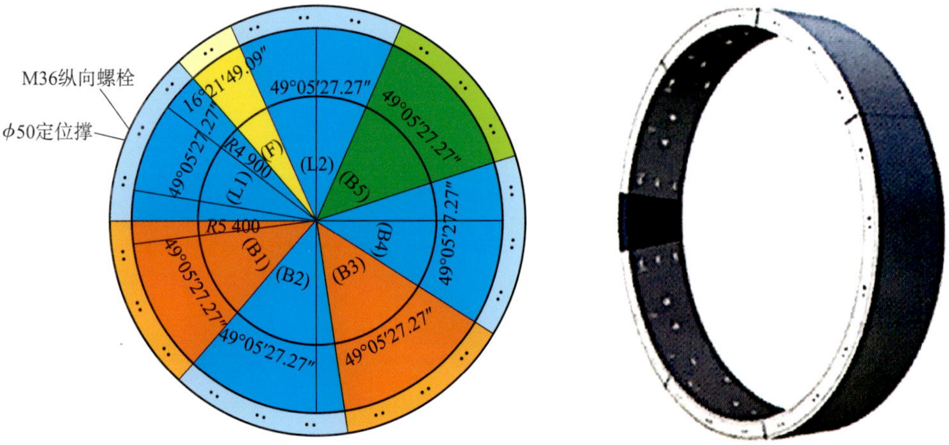

图27.2.5　狮子洋隧道衬砌环分块

6. 盾构地中对接设计

两台盾构相向推进，当第一台到达对接位置时停止推进，超前注浆加固对接地层，并等待第二台盾构到达。第二台盾构缓慢接近，并调整好施工误差，当两台盾构刀盘接触时停止掘进，超前注浆加固对接地层。在盾壳的保护下拆除盾构机，并在盾壳内浇筑钢筋混凝土衬砌，如图27.2.6所示。

7. 明挖法隧道段结构设计

1）明挖围护结构设计

结构采用明挖顺作，进口DIK33+130～+505、DIK33+633.62～+661.9段和出口DIK42+997.9～DIK43+027、DIK43+200～+620段的围护结构兼作运营阶段主体结构抗浮桩。基坑围护形式分别为

基坑开挖深度≤3 m：　　放坡开挖

基坑开挖深度3～6 m：　　钢板桩

基坑开挖深度 6 ~ 15 m：　　ϕ600 mm ~ ϕ800 mm 钻孔桩墙

基坑开挖深度≥15 m：　　600 ~ 1 000 mm 厚地下连续墙

2）明挖主体结构设计

明挖段结构包括进出口工作井、进出口明挖暗埋段及敞开段结构，明挖暗埋段采用现浇箱形钢筋混凝土框架结构，敞开段采用现浇钢筋混凝土 U 形槽结构。

隧道出口段由于线间距较小，对内侧墙至线路中线的距离不满足 4.9 m 的地段，通过加高隧道结构高度和采用大跨中间加柱的结构形式来满足隧道内净空有效面积的要求。其中 DIK43 + 400 ~ + 500 段隧道结构高度比标准段逐渐加高 0 ~ 0.7 m；DIK43 + 500 ~ + 620 段采用大跨中间加柱的结构形式，此段结构净高比标准段结构高 0.7 m，如图 27.2.7 所示。

图 27.2.6　盾构机洞内拆解

图 27.2.7　出口线间距较小段采用中柱大跨结构

进出口地段在靠近敞开段的明挖暗埋结构顶板和中隔墙上设置大小不均的空气动力学开孔，如图 27.2.8 所示。

为防止雨水流入隧道内，在敞开段设置雨棚，其中进口雨棚柱设置于隧道敞开段底板中部（图 27.2.9），出口雨棚柱设置于敞开段侧墙上，雨棚柱与接触网柱结合设置（图 27.2.10）。

图 27.2.8　进口段隧道顶板空气动力学开孔

图 27.2.9　隧道进口段雨棚

8. 盾构隧道接缝防水

狮子洋隧道的防水等级为一级，管片接缝采用双道密封垫防水。外侧密封垫材料采用三元乙丙橡胶，内侧密封垫采用遇水膨胀止水条。同时根据双道密封的特点，设置纵向分区防水分隔。管片接缝防水如图 27.2.11 所示。

图 27.2.10　隧道出口段雨棚

图 27.2.11　管片接缝防水

9. 洞口缓冲结构设计

为严格控制微压波问题所产生的影响，按 350 km/h 的列车运行速度制定微压波减缓措施。隧道进出口缓冲结构设置如下：

（1）广州侧隧道洞口附近线间距较大，左、右线隧道之间设置中隔墙；东莞侧隧道洞口附近线间距小，在洞口 120 m 范围内左、右线隧道之间设置纵向间隔 5 m 的中立柱。

（2）在列车入口一定长度范围内的顶部和中墙依照隧道空气动力学规律沿纵向连续布置多个不同尺寸的开孔，其中顶板为矩形开孔，中墙为圆形开孔。

（3）在列车出口一定长度范围内的顶部和中墙依照隧道空气动力学规律连续布置多个不同尺寸的开孔，中墙开孔位置和开孔尺寸与对应的入口段相同。

10. 横通道及海底泵房设计

1）联络通道

联络通道段衬砌管片采用特殊管片（钢管片或混凝土管片）。联络横通道如图 27.2.12 所示。

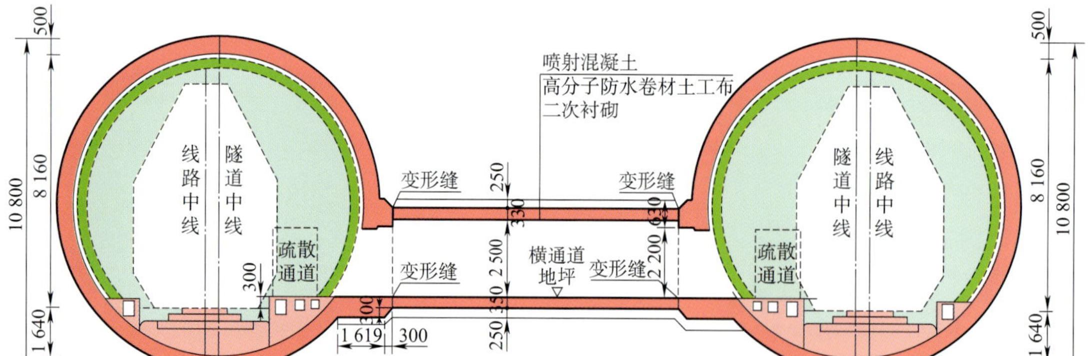

图 27.2.12　盾构隧道联络横通道（单位：mm）

横通道衬砌结构采用曲墙带仰拱全封闭防水的复合式衬砌。

2）海底泵房设计

根据狮子洋隧道及高速铁路运营特点，隧道最低点的海底泵房需有足够的有效容积。为有效确定海底泵房的容积，在狮子洋隧道建设后期实测了隧道渗漏水量，最终确定泵房集水池有效容积按 120 m^3 设计（水量主要来自矿山法施工的横通道的渗漏），以满足容纳 24 h 的积水要求。海底泵房设计如图 27.2.13 所示。

海底泵房段衬砌管片采用对配筋进行调整后的钢筋混凝土特殊管片。在全断面注浆加固地层后切割钢筋混凝土管片，矿山法施工海底泵房。泵房及通道采用直墙全封闭的复合式衬砌。

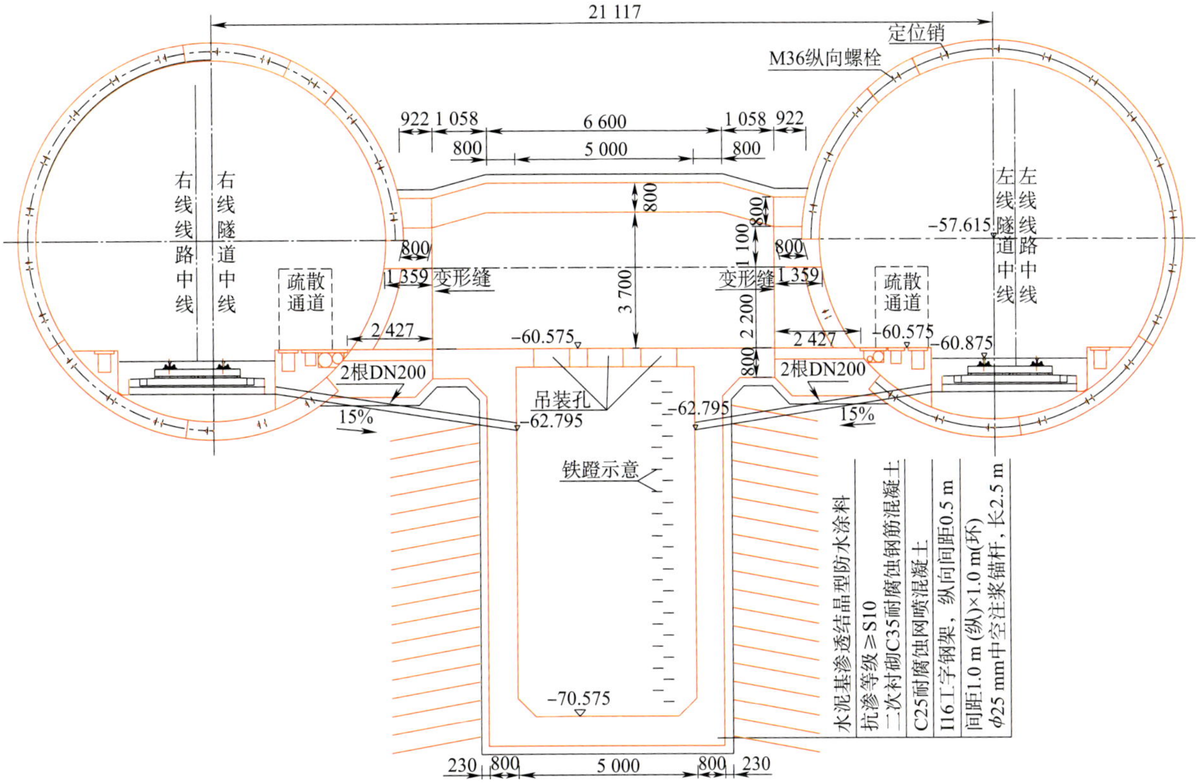

图 27.2.13　海底泵房设计(尺寸单位：mm)

11. 内衬结构

在软弱地层及软硬不均地层段和隧道最低处的疏散救援定点段，于管片衬砌结构内设置 C35 单层钢筋网混凝土内衬结构，内衬厚 250 mm。进、出口段设置段落总长 4 116.4 单洞米，疏散救援定点段设置段落总长 1 200 单洞米。设置内衬后隧道轨面以上有效净空面积为 60.8 m^2。断面设计如图 27.2.14 所示。

12. 通风与防灾设计

1）建筑防灾系统

（1）明挖隧道双侧设置贯通的疏散通道，盾构隧道内侧设置纵向贯通的疏散通道。

（2）隧道内横通道的间距不大于 500 m，其中明挖隧道和工作井利用中隔墙开孔设置防火门，各设两处横通道；盾构隧道段共设置 16 处联络横通道，其中轨面最低点前后各 1 倍车长范围内横通道间距加密至 300 m。

（3）横通道与正洞连接处设置防护门，以避免隧道灾害的相互波及，并避免烟气对人员逃生产生影响。

2）隧道防火技术

（1）针对洞内电缆、电器火灾：隧道内电缆槽均采用粗砂填埋，既保护电缆又可防止电缆着火；各种大型电器设备采用防火板或防火隔离门保护。

（2）针对主体结构防火保护：管片结构内掺加合成纤维，减少高温下混凝土爆裂；在软弱地层、软硬不均地层和疏散救援定点段，盾构隧道管片内侧设置 250 mm 厚钢筋混凝土内衬。

3）通风排烟系统

火灾通风按控制事故区段纵向风速不小于 3 m/s 计算，并考虑列车不同着火部位的通风转换要求，非火灾隧道实施风机加压，防止烟气通过横通道进入非火灾隧道。

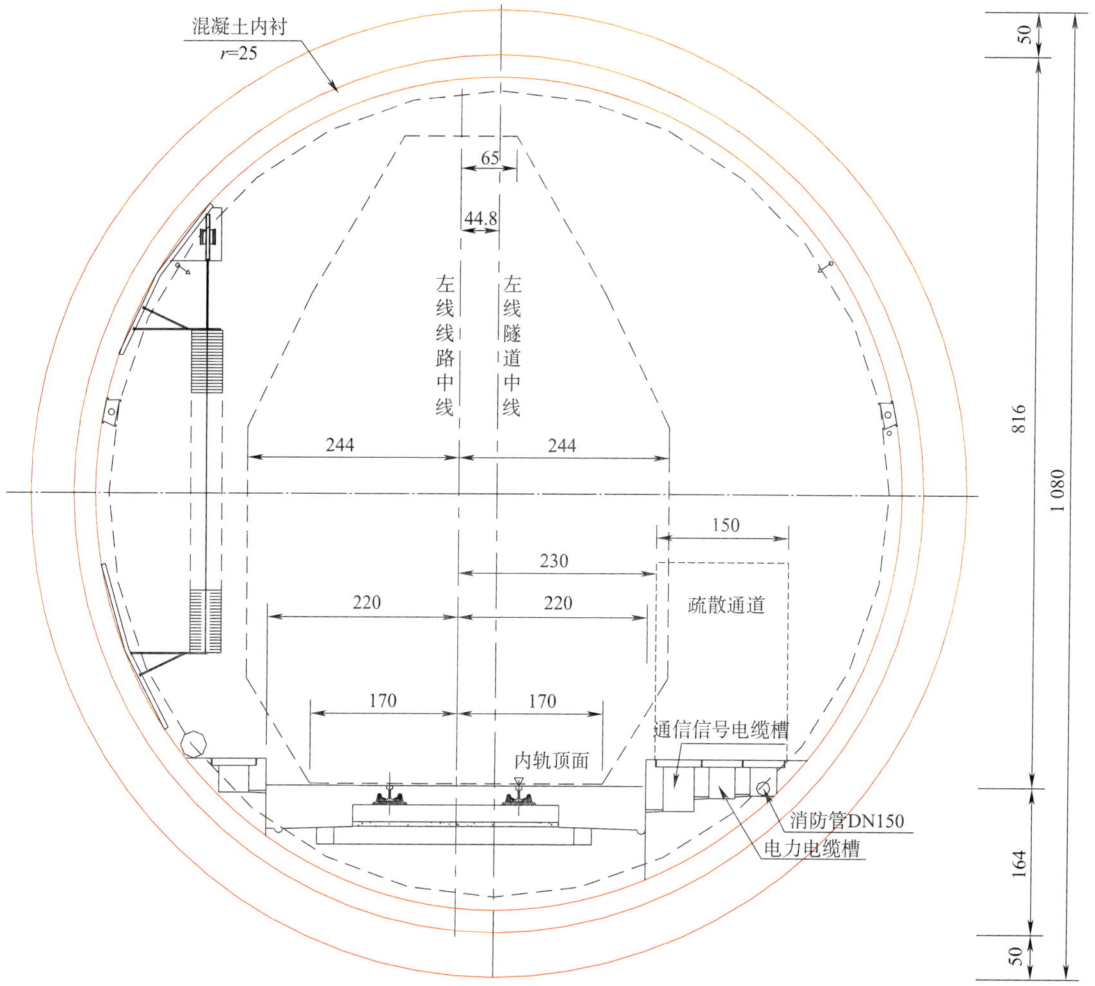

图 27.2.14　设置内衬后隧道断面布置(单位：cm)

4）给排水与消防系统

洞口雨水泵房应满足 50 年暴雨强度 15 min 的积排水能力要求。江中泵房容量满足隧道内渗漏水量和冲洗作业的要求，消防时允许隧道内道床短期积水。水泵的开启与停止应满足自动控制和手动控制的要求。

隧道内设置消火栓系统、灭火器系统，疏散救援定点处增设水喷雾系统。

5）通信、信号、照明与监控系统

(1）沿隧道内侧间隔 250 m 设置紧急呼叫电话。

(2）沿隧道内侧每隔 100 m 设图像文字标记，指示两个方向分别到下一个洞口或紧急出口的整百米数，并配备灯光显示方向。

(3）隧道内满足无线通信要求。

(4）隧道洞口及各横通道处设置电视监控。

(5）隧道内设固定的电力照明和应急照明设备，应急照明灯具安装间隔不大于 50 m，供电中断时能自动接通并能连续工作 2 h 以上。

(6）紧急呼叫电话处、紧急出口处和横通道内设置应急照明灯具。

(7）隧道内设置烟雾和温度探测设备，起到防灾报警作用。

6）通风设计方案

在左、右两线每洞进、出口明挖段各设置一组可逆转射流风机，每组风机布置 6 台(轨道左右侧各 3台)，风机选用 SDS(R)-12.5-4P-6-24°风机，风机内径为 1.25 m，功率为 45 kW。风机布置如图

27.2.15 所示。

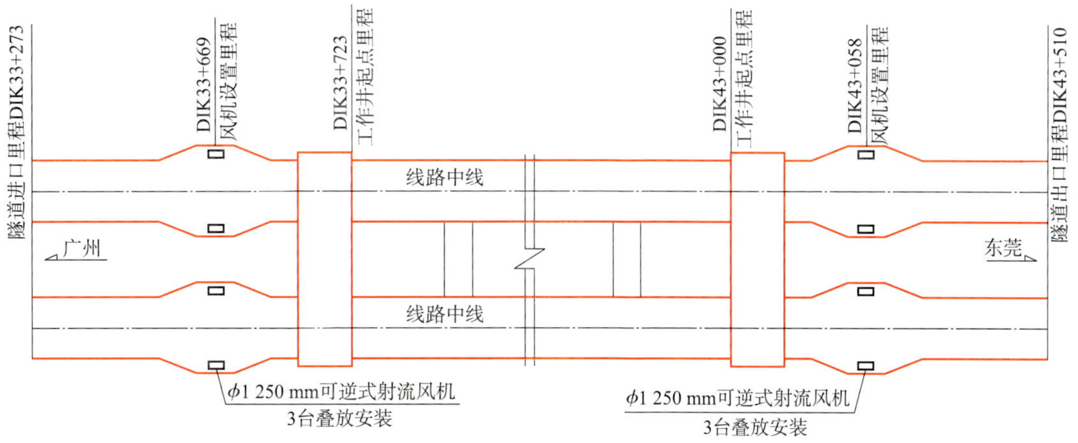

图 27.2.15　通风系统布置

27.2.2　施工概况

1. 盾构设备采购

考虑盾构机的设计与制造周期直接制约狮子洋隧道施工总工期，相关部门在隧道施工单位招标结束之前的 2006 年 3 月组织开展设备招标。NFM—沈阳重型机械厂联合体、海瑞克、三菱、川崎及石川岛等国内外多家盾构生产厂家参与投标，最终确定了其中一家来设计制造本隧道的 4 台泥水加压平衡盾构。

2006 年 5 月，狮子洋隧道进出口施工标招标完成后，中标单位分别与盾构机制造商签订了设备采购合同。在盾构设计制造期间，施工单位与盾构机厂商进行了多轮设计联络，并派员驻厂督造。经过设备制造商、施工单位共同努力，盾构设备先后到达现场，但各台盾构到场时间均出现不同程度延误。

2. 进口标段施工概况

进口段主要工作内容为进口明挖隧道、进口工作井至地中对接点之间的盾构隧道及相关附属工程。进口段计划完成盾构隧道 9 482.4 m。隧道开工日期为 2006 年 5 月 26 日，计划完工日期为 2009 年 4 月 25 日，计划工期共 35 个月。实际进度为：进口左线盾构到场时间 2008 年 5 月 4 日，始发时间 2008 年 8 月 20 日，施工结束时间为 2010 年 12 月 8 日，共完成掘进 2 070 环(每环宽度为 2 m，下同)；进口右线盾构到场时间 2007 月 11 月 18 日，始发时间 2008 年 2 月 18 日，施工结束时间 2011 年 3 月 12 日，共完成掘进 2 085 环。左线实际对接点里程为 DIK37 + 800；右线实际对接点里程为 YDIK37 + 830。

3. 出口标段施工概况

出口段的施工任务包括出口明挖隧道、地中对接点至出口工作井之间的盾构隧道及相关附属工程。出口段计划完成盾构隧道 9 197.2 m。隧道开工日期为 2006 年 5 月 26 日，计划完工日期为 2009 年 4 月 25 日，计划工期共 35 个月。实际进度为：出口左线盾构到场时间 2007 年 9 月 5 日，始发时间 2007 年 11 月 26 日，结束时间 2010 年 12 月 5 日，共完成 2 600 环掘进；出口右线盾构到场时间 2008 年 2 月 25 日，始发时间为 2008 年 4 月 25 日；因主轴承损坏，盾构在 2011 年 2 月 5 日结束掘进，等待进口右线盾构对接，共完成 2 584 环掘进。

4. 盾构施工情况

狮子洋隧道经过近 58 个月的施工顺利贯通，从整个盾构隧道施工过程来看，采用泥水平衡盾构施工是基本合适的，但是在施工中也出现诸多难题。

1）软硬不均地层掘进

盾构施工时因掘进断面地层软硬不均，使得盾构机在掘进方向上受力不均，姿态难控制。出渣岩石粒径大小不均，大块岩石极易堵塞破碎机、安全门、格栅、出浆泥浆泵等。堵塞破碎机、安全门、格栅后就会出现出浆管路负压，环流中断，频繁负压，对开挖面稳定控制十分不利，容易引起开挖面掉块，甚至局部塌方，同时也会给管路带来极大的伤害，减少使用寿命。

刀具异常磨损也是软硬不均地层存在的较严重问题。因断面底部基岩掘进需要，盾构刀盘采用滚刀掘进。在软硬不均地层因软土无法提供足够的摩擦扭矩转动滚刀，引起在基岩地层破岩过程中刀具偏磨等异常损坏。

2）全断面岩层掘进

盾构机掘进入全断面岩层后，洞身穿越地层主要为岩石弱风化带，岩性为泥质粉砂岩，间隔有砂砾岩、砂岩。岩石强风化、弱风化地层中石英含量较高，试验标准值分别为46.7%和40.7%。局部地层黏性含量较高，最高达31.9%。此外，局部地段岩石较为破碎。

在此地层中掘进施工，盾构机各设备基本正常运行，刀盘、主轴承、驱动系统、环流系统等各个系统可以正常工作，但需要经常维护，一些配件都需要进行多次更换。

在全断面基岩地层掘进时，根据岩石成分、强度和硬度不同，盾构刀具需按一定频率更换，滚刀刀圈、刀体消耗量及刮刀、切刀的消耗量较大。

盾构在基岩地层掘进过程中，为确保盾尾密封效果，需不断注入盾尾油脂，以使油脂压力较洞外泥水压力略高，否则泥水会损坏尾刷。

3）破碎基岩地层掘进

在破碎基岩地层，因地层被裂隙分割为块石状结构，在泥水作用下难以形成泥膜平衡的机制，掌子面及顶部的块石容易脱落、掉块直至塌方，给隧道掘进施工带来较大的困难。盾构机各系统处在极限工作状态，运行参数接近或已超过设备设计值，设备故障频发，掘进速度缓慢。同时刀具磨损非常快，周边滚刀和中心滚刀极易偏磨或非正常磨损，换刀频繁。

27.3 张茅黄土隧道

27.3.1 工程概况

张茅隧道全长8 483 m，是世界上最长的黄土隧道，也是世界上首座在地下水位线以下的饱和黄土地层修建的、铺设无砟轨道的超大断面高速铁路隧道工程。隧道出口3 200 m地段为位于地下水位线以下的第四系中更新统黏质黄土，黄土垂直节理发育，含丰富的孔隙水，天然含水率为23%，地下水水头高出拱顶约30 m。张茅隧道在施工过程中也是我国高铁首座完成预埋接触网滑槽、首座完成帽檐斜切式洞门的隧道。各施工洞口如图27.3.1所示。

(a) 进口洞门　　(b) 1号斜井　　(c) 2号斜井　　(d) 出口洞门

图27.3.1　张茅隧道各洞口

张茅隧道属低山丘陵及黄土台塬地貌，为郑西高铁最长隧道。进口5 283 m位于构造节理较发育的安山岩夹砂泥页岩和灰岩；出口3 200 m（最大埋深100 m）地段为位于地下水位以下的第四系中更新统黏质黄土，为Ⅴ级围岩。全隧道涌水量为18 990 m^3/d。

张茅隧道黄土围岩物理指标见表27.3.1。

张茅隧道具有以下工程难点：

（1）开挖断面积大。张茅隧道黄土段开挖面积170 m^2以上，为国内外开挖面积最大的黄土隧道。

（2）围岩稳定性差。位于地下水位线以下的饱和黄土隧道，局部流塑状，初期支护下沉大，易塌方。

（3）沉降控制困难。施工期间仰拱基础黄土泥化严重，运营期间动载易引起基础软化，沉降控制困难。

（4）防排水控制难。长期排水可能会带走土壤中的细颗粒而导致隧道结构和围岩之间产生空洞；排水系统也可能因为土壤中细颗粒的流失而阻塞、失效。

表 27. 3. 1　张茅隧道黄土围岩物理指标

时代成因	岩性	状态	天然密度 ρ (g/cm^3)	天然含水率 w (%)	天然孔隙比 e	孔隙率 n (%)	饱和度 (%)	液限 w_L (%)	塑限 w_p (%)	天然快剪	
										凝聚力 c (kPa)	内摩擦角 (°)
Q_2	黄土	硬塑	2. 0	23	0. 67	40. 2	95	37	22	60	21

针对郑西客运专线黄土隧道的特点和难点，原铁道部立项开展了“郑西客运专线大断面黄土隧道、合理支护参数及地表沉降控制技术研究”、“郑西客运专线大断面黄土隧道施工方法与监控技术研究”、“郑西客运专线大断面黄土隧道地基处理及防排水技术研究”、“富水大断面黄土隧道施工关键技术及地表裂缝控制措施研究”、“大断面黄土隧道建设成套技术研究”等课题。课题组自 2003 年至 2012 年，历时 10 年，对既有黄土隧道运营现状进行调研，对高速铁路大断面黄土隧道围岩分级、地表裂缝和沉降控制、深浅埋分界和设计荷载、支护结构设计体系、安全快速施工技术体系、黄土隧道位移控制基准、下穿构筑物变形控制、湿陷性黄土基地稳定性分析及处理、洞口边仰坡稳定性及防护等关键技术进行研究，形成了高速铁路大断面黄土隧道建设成套技术。其中有多项成果都是结合张茅黄土地段隧道研究形成的。

27. 3. 2　支护参数设计

根据研究成果和张茅隧道黄土地段的围岩物理参数和工程特点，设计拟定并采用表 27. 3. 2 所示支护参数。

表 27. 3. 2　张茅隧道饱和黄土段支护参数表

衬砌类型	初期支护														二次衬砌	
	喷层 (cm)	系统锚杆								ϕ8mm 钢筋网		钢架				
		位置	锚杆类型	长度 (m)	间距 (m)	位置	锚杆类型	长度 (m)	间距 (m)	位置	间距 (cm)	钢架类型	间距 (m)		拱墙 (cm)	仰拱 (cm)
Ⅳ级	30	拱部	药包	2. 5	1×1	拱墙	砂浆	3. 5	1×1	拱墙	20	I22a	0. 8		50	60
Ⅴ级	35		药包	2. 5	1×1		砂浆	4	1×1		20	I25a	0. 6		60	70

注：拱墙初期支护喷射混凝土掺加合成纤维，掺量为 1. 2 kg/m^3；二次衬砌均为钢筋混凝土，主筋采用每延米 5 根 ϕ22 mm 钢筋。

27. 3. 3　施工方法

三台阶七步开挖法就是首先在张茅隧道建设过程中创新形成的，后来在郑西高铁大断面黄土隧道中研究试用，最后形成了国家级工法、发明专利、技术指南等，在全国隧道施工中广泛推广应用，已经成为我国交通隧道软弱围岩主要的开挖方法。

该工法即在隧道开挖过程中，分七个开挖面，以前后七个不同的位置相互错开同时开挖，然后分部同时支护，形成支护整体，缩短作业循环时间，逐步向纵深推进的作业方法。三台阶七步开挖分部如图 27. 3. 2 所示。

27. 3. 4　对行业的贡献

通过对郑西高速铁路张茅隧道等 28 座黄土隧道的研究，形成关于大断面黄土隧道技术理论、设计、施工等成套技术体系，形成 8 项创新成果，以下简要介绍。

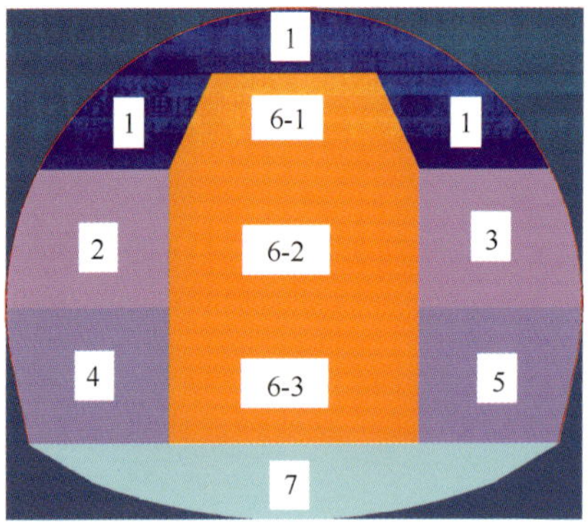

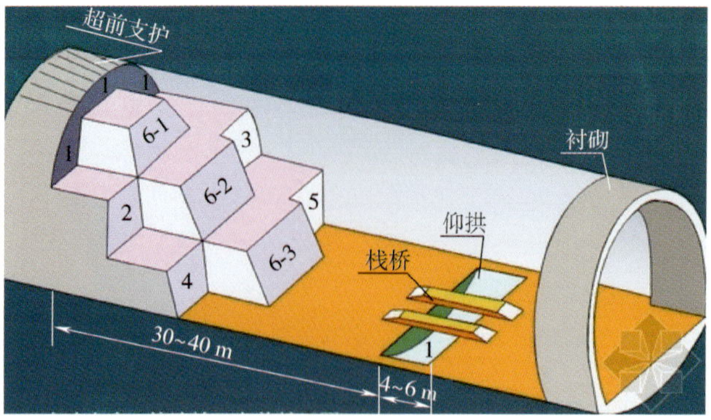

图 27.3.2　三台阶七步开挖法

1—拱部超前支护后，上弧导预留核心土短台阶开挖，开挖后及时进行喷、锚、网系统支护，架设工字钢架并复喷至设计厚度，形成较稳定的承载拱；2、3—分别开挖中导左右边墙，以一定的时间差进行中导边墙初期支护，使同一断面处暴露开挖面仅限于一侧；4、5—分段左右开挖下导，以一定的时间差施作下导初期支护；6—开挖中部上中下台阶预留土；7—下台阶开挖落底并及时施作仰拱初期支护及仰拱混凝土，及早封闭成环

1. 提出新的黄土隧道围岩分级方法及其对应的设计参数值

《铁路隧道设计规范》(TB 10003—2005)仅将黄土按照时代成因定性划分为Ⅳ级(老黄土 Q_1、Q_2)和Ⅴ级(新黄土 Q_3、Q_4)，分级满足不了设计施工的需求。随着黄土工程的增加，出现大量工程性质差异极大的黄土地层，为完善现有黄土围岩分级，在现有铁路隧道围岩分级基础上，按照黄土物理力学参数统计特征、影响因素，对规范中的黄土(Ⅳ、Ⅴ级围岩)进行亚级细分，并将饱和黄土定为需要特殊设计的Ⅵ级围岩，同时给出具体的设计指标。

2. 首次提出大断面黄土隧道深浅埋分界标准和设计荷载计算方法

大断面黄土隧道的变形动态与一般土的变形动态，基本上是相同的，但由于其构造特性和湿陷性的特点，显示出比一般土易于出现更大的沉降、地表易于出现裂缝和易于出现整体下沉的现象。

通过对郑西高速铁路大断面黄土隧道施工现场调查、综合物探、坑探测试、理论分析和模型试验等综合方法，初步揭示了黄土隧道施工地表裂缝的形成机理与裂缝规律。

郑西高速铁路黄土隧道现场调查统计结果显示，裂缝多发生埋深小于 60 m 的隧道段，在倾斜地形条件下部分埋深大于 60 m 的隧道地表也有出现；数值计算结果多发生在埋深小于 50 m 的地表；室内模型试验结果多在 57 m 以内。因此，认为大断面黄土隧道施工出现地表裂缝的隧道覆土埋深多在 60 m 以内。

通过对郑西高速铁路地表裂缝发生规律及现场量测数据的分析，首次建议黄土隧道的深浅埋分界深度为$(1.3\sim2.1)(H+B)$；新黄土(Q_3、Q_4)隧道可取上限$(2\sim2.1)(H+B)$，老黄土(Q_1、Q_2)隧道取下限$(1.3\sim1.7)(H+B)$。

根据大断面黄土隧道围岩与初期支护接触应力的现场实测数据的统计分析，推定黄土隧道围岩破坏模式，提出了确定大断面黄土浅埋隧道和深埋隧道的设计荷载的建议公式。

3. 创新大断面黄土隧道设计支护结构体系

根据黄土隧道围岩压力的特性和已建成黄土隧道经验与教训，经论证最终确定双线大断面黄土隧道内轮廓，在轨面以上按单心圆、边墙与仰拱采用圆顺连接、隧底结构设置仰拱的断面形式。

复合式衬砌结构具有防水性能好、能适应围岩变形和充分发挥围岩自身的承载能力、结构安全高的特点，大断面黄土隧道应采用复合式衬砌。

4. 研发以三台阶七步作业法为主体的大断面黄土隧道安全快速施工技术体系

“预支护、短进尺、短台阶、快封闭、适时衬砌”是大断面黄土隧道施工的基本原则。

预支护：开挖前采取如超前小导管、大管棚、掌子面或地表加固等对策，是提高围岩强度、确保掌子面稳定、控制可能发生的过大变形的基本对策。

短进尺：一方面可减小一次暴露土体的长度，提高空间效应；另一方面可减少一次开挖量和出渣量，缩短开挖与支护间的衔接时间，达到早闭合的目的。

短台阶：采用短台阶开挖，有利于上台阶及时出渣，加快进度，并有利于缩短支护封闭距离。实践表明，是一种行之有效的控制黄土围岩变形的对策。

快封闭：包括开挖后对掌子面立即进行初喷混凝土（浅埋砂质新黄土）、及时施作横撑（双侧壁、CRD）和仰拱（弧形导坑）以及及时封闭基底（CD）。

适时衬砌：判定变形是否收敛，如不收敛应适时施作衬砌。

通过试验段施工和量测，揭示出大断面黄土隧道施工中以下一些重要现象：

(1) 弧形导坑拱部下沉中，拱脚下沉尤为显著，浅埋时接近或达到拱顶下沉水平。这是大断面黄土隧道开挖后易于产生拱部围岩整体下沉现象的基本原因，因此必须采取控制脚部下沉的对策。

(2) 大断面黄土隧道在开挖初期和台阶开挖前后的位移速度很大，位移呈急剧增长的趋势。最大位移速率达到 35 ~ 40 mm/d，必须采取控制初期位移速度的对策，控制初期位移速度的增长。

(3) 量测表明，在各种工法中，钢架均显著承载，其中初期支护钢架以受压为主，采用型钢钢架时最大压应力达到或超过（深埋时）Q235 钢的屈服强度；这意味着，型钢钢架对控制急剧发生的变形的作用显著。

(4) 不管是锁脚锚杆，还是大拱脚，对提高拱脚附近围岩的承载力和控制拱脚下沉具有重要的作用。

5. 首次建立大断面黄土隧道位移控制基准

根据相关规范、实测资料统计及数值解析方法对大断面黄土隧道的预留变形量进行了研究，按黄土分级分别按特浅埋、浅埋、深埋提出隧道拱部下沉的限制值及基准值、地表面下沉的基准值等。

6. 研发隧道内湿陷性黄土基底处理技术

高速铁路隧道内铺设无砟轨道，要求隧道内线路的工后沉降不大于 15 mm，不同结构物间的差异沉降不应大于 5 mm。因此对具有湿陷性的黄土必须进行基底处理，提高其稳定性。

通过比较认为，冲击挤密水泥土桩法，施工方便、经济适用、质量可控性强。因此，在隧道内进行了采用水泥土挤密桩消除黄土湿陷性的试验研究，通过试验解决了挤密桩振动控制标准，桩径、桩间距及冲击能等关键技术，并提出隧道内挤密桩作业的成套设计方法和施工工艺。

7. 自主研发 DTS-1 型高速列车激振试验系统，评价富水黄土隧道基底稳定性

运用自主研发的 DTS-1 型高速列车激振试验系统，首次在黄土隧道内进行现场激振试验，掌握了富水黄土隧道及围岩在高速列车动载下的动力特性和变形规律，通过 230 万次激振试验，富水黄土隧道的运营安全性和长期稳定性得到了试验验证，得出了隧道工后沉降能满足高速铁路运营要求的结论。

8. 研发浅埋大断面黄土隧道下穿高速公路和运营铁路的沉降控制施工技术

郑西高速铁路黄土隧道多次下穿既有铁路和公路，隧道埋置深度不同，黄土地层性质不同，为保证既有铁路运营安全和快速施工需要，分别采取不同技术、方法实现了安全施工，取得了良好效果。

浅埋黄土隧道下穿既有铁路段，采用 ϕ159 mm 大管棚超前预支护、双层钢架喷混凝土支护、弧形导坑法施工、及时对线路整道的综合施工技术，使下穿施工既有线轨道沉降控制在安全范围。4 个月完成 90 m 下穿段施工，对比采用双侧壁导坑法，既保证了新建隧道施工工期，又缩短了施工对既有线铁路运营的影响时间。

浅埋黄土隧道下穿既有高速公路段，采用 ϕ89 mm 大管棚超前支护，CRD 法开挖施工，施工中隧道拱顶下沉量平均为 5 cm、最大下沉量为 6.9 cm，净空收敛值平均为 3 cm、最大收敛值为 4 cm，公路路面

下沉量平均为 4 cm、最大下沉量为 5.9 cm。

深埋黄土隧道下穿既有公路段，采用拱部 135°范围内以 ϕ159 mm 双层大管棚超前加强支护，台阶法开挖，双层钢拱架进行初期支护。施工实测路面最大下沉量为 2.9 cm，拱顶下沉量为 3.0 cm，收敛值为 2.0 cm，仰拱最大下沉量为 0.5 cm。

在黄土内管棚钻孔施工不能采用给水钻孔工艺，否则易塌孔或黄土湿陷软化而导致管棚下挠侵限，故下穿段采用“风动导向跟管钻进”一次成孔的施工方法进行管棚施工，即将 ϕ159 mm 钢管加工成每节 6 m 的钻杆，利用水平导向钻机将 ϕ159 mm 的钻杆分节钻入。钻孔时利用空气压缩机产生的高压空气将钻渣吹出孔外，利用有线导向仪器控制钢管的打设精度。

以上科研项目团队由原铁道部经济规划研究院、中铁二院、中铁一院、郑西铁路公司、中铁十二局、石家庄铁道大学、西南交大、北京交大、中铁西南院、兰州交大等十余家单位组成。在长达 10 年的时段内，先后有上百人参加了本项目的现场试验和理论分析工作。

成果极大地提高了高速铁路大断面黄土隧道的修建技术水平，保证了我国北方 63 万 km^2 的黄土地区建设大断面黄土隧道的技术可行和可靠性，为高速铁路的选线提供了技术支撑；编制的《铁路大断面隧道三台阶七步开挖法施工作业指南》、《铁路黄土隧道技术规范》两项标准已经在全国隧道工程中广泛应用；为我国高速铁路路网的形成做出了重要贡献，具有显著的社会效益和经济效益。

本项目研发的三台阶七步开挖施工工法已经推广应用到铁路行业大断面软弱围岩隧道工程建设中，其中仅中铁二院设计的贵阳至广州、重庆至成都、重庆至贵阳、成都至贵阳、成都至昆明、成都至兰州等西南地区新建铁路，应用该工法修建的隧道长度已超过 1 000 km，该工法已经成为我国铁路隧道软弱围岩的主要开挖方法，社会和经济效益显著。

27.4 石家庄六线隧道

27.4.1 工程概况

1. 隧道概况

石家庄六线隧道自北向南纵穿石家庄市主城区，是京广高速铁路引入石家庄枢纽的关键工程。工程地处石家庄市二环内，北起石纺路，南至槐安东路，线路基本沿既有京广线东侧敷设，是一条六线并行(局部七线)、普速与高速并存的庞大地下工程。隧道包含京石客运专线正线(双线)、改建京广线正线(双线)、石青客运专线正线(双线)、石太联络线(单线)，其中改建京广线、京石客运专线和石青客运专线，速度目标值分别为 160 km/h、350 km/h 和 160 km/h，隧道正线全长 4 980 m。

2. 地表环境概况

石家庄六线隧道穿越城市中心地带，周边建筑稠密、道路纵横交错、管线密布。隧道西侧紧邻运营中的京广线、石德铁路等既有铁路；下穿既有石太直通线高路堤；下穿石家庄市和平路、正东路、中山路、裕华路等四条东西向城市主干道；隧道影响范围内需拆迁改移的市政、铁路管线无数，周边环境极其复杂。

3. 地质条件

(1) 地层岩性

隧道场地岩性主要为新黄土、黏性土、粉土、砂类土及碎石土。隧道所处地层主要为黏性土及砂类土，全部为Ⅵ级围岩松软地层。

(2) 地下水情况

石家庄市区现状地下水水位埋深为 48.70 ~ 50.30 m(高程为 +23.28 m ~ +25.00 m)。抗浮设防水位为地下 6 m(高程为 +59 m)。

4. 施工方法

石家庄六线隧道除下穿既有石太直通线段(80 m)采用暗挖法施工、下穿市政道路段(218 m)采用盖挖法施工外，其他段落均采用明挖法施工，明挖基坑宽 26 ~ 50 m，深 9.5 ~ 21 m，为长大深基坑工程。其各种典型工法施工现场如图 27.4.1 ~ 图 27.4.4 所示。

图 27.4.1　下穿既有石太直通线段暗挖施工

图 27.4.2　下穿市政道路段盖挖施工

图 27.4.3　隧道明挖段施工(锚索段)

图 27.4.4　隧道明挖段施工(混凝土支撑 + 锚索段)

27.4.2　主要工程措施

1. 隧道建筑限界和主要断面轨上净空面积

石家庄六线隧道内京石客专建筑限界采用《新建时速 300 ~ 350 公里客运专线铁路设计暂行规定》(铁建设〔2007〕47号)中“客运专线铁路建筑限界”，改建京广线、石青客运专线和石太联络线的建筑限界采用 GB 146.2 中“电力牵引隧道建筑限界”。隧道典型断面限界如图 27.4.5 所示。

2. 隧道断面形式

石家庄六线隧道结构断面形式繁多，结构断面宽度为 26 ~ 50 m，结构高度约为 13 m，隧道最大埋深约为 22 m(至基坑底)。各种典型的隧道断面形式如图 27.4.6 ~ 图 27.4.9 所示。

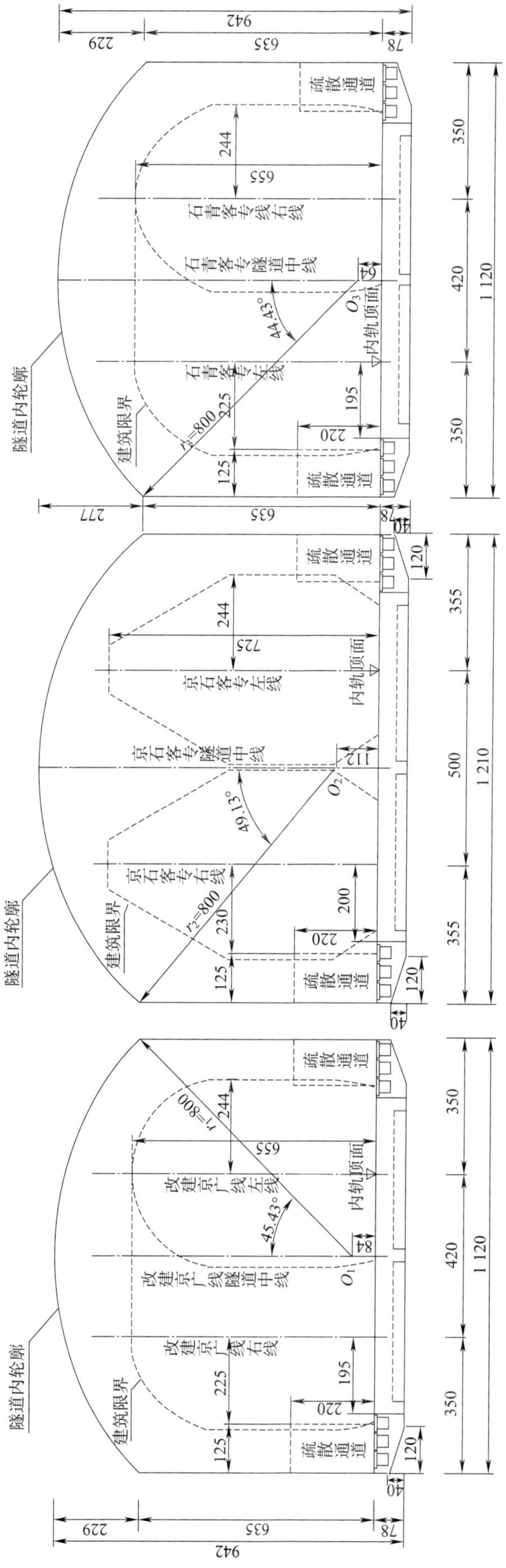

图 27.4.5　隧道典型断面限界(单位：cm)

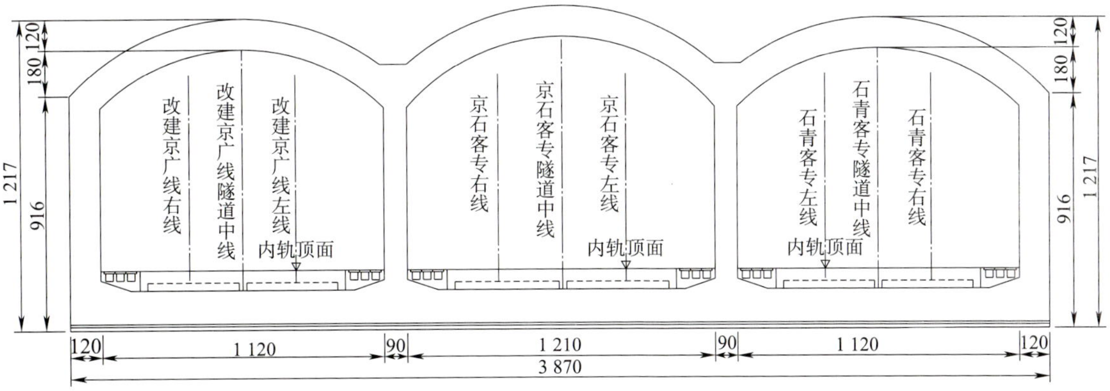

图 27.4.6　石家庄六线隧道三跨标准断面(单位：cm)

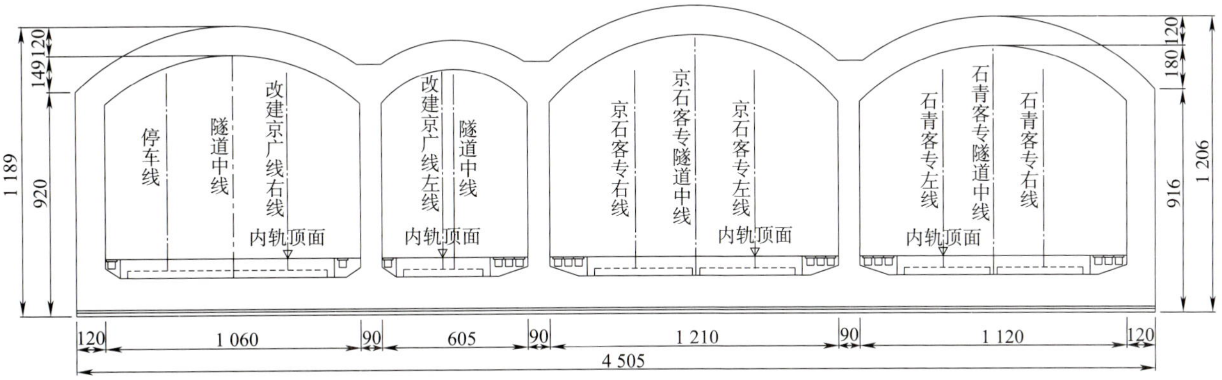

图 27.4.7　局部七线四跨标准断面(单位：cm)

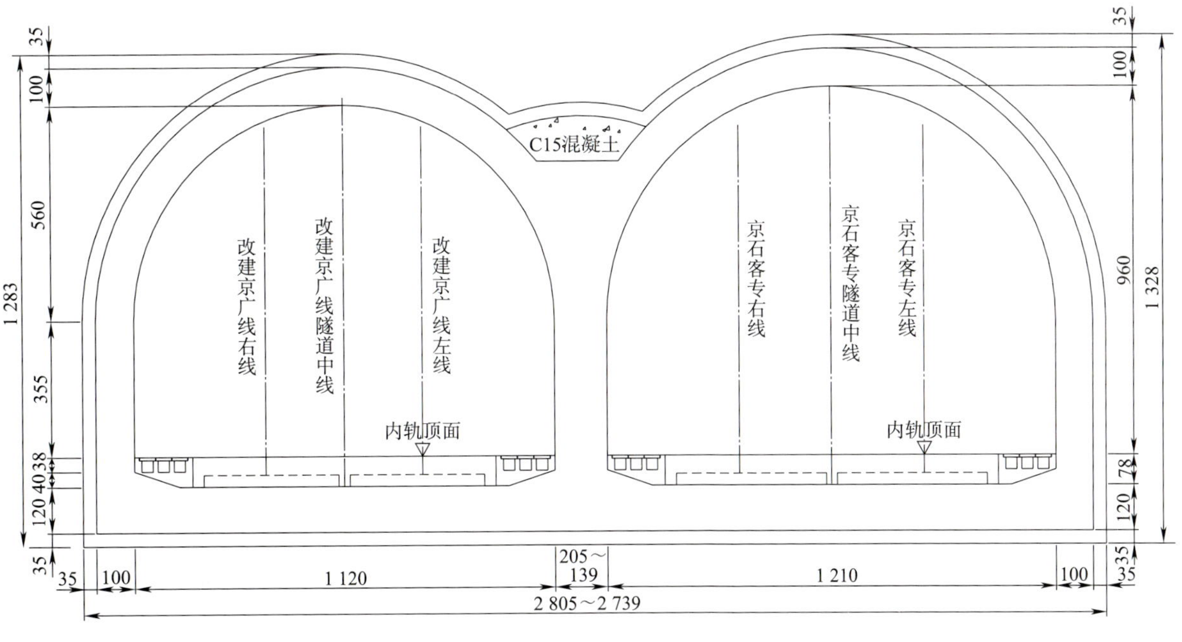

图 27.4.8　下穿既有石太直通线暗挖断面(石青客专未并入段)(单位：cm)

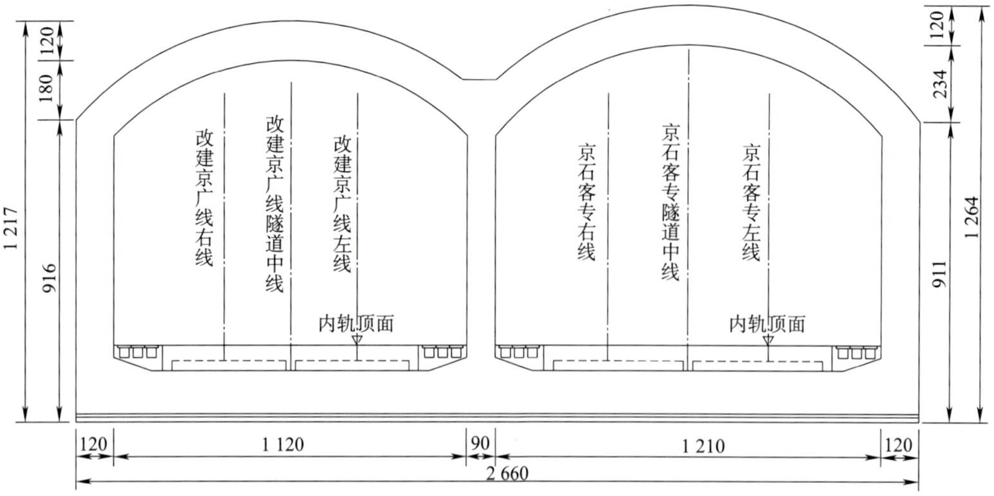

图 27.4.9　两跨标准断面(石青客专未并入段)(单位：cm)

3. 围护结构

明挖段基坑根据基坑与既有线距离的不同，主要采用的围护结构形式有两种：钻孔灌注桩 + 土钉墙 + 锚索围护结构体系(图 27.4.10)，适用于一般明挖基坑；钻孔灌注桩 + 混凝土支撑 + 锚索围护结构体系(图 27.4.11)，适用于紧邻既有繁忙干线铁路地段。

4. 洞门和洞口工程

石家庄六线隧道进出口位置配合路基 U 形槽高度确定。结构进、出口段高出原地面部分应满足 1 m 覆土，填土坡率为 1∶2，填土表面植草绿化。考虑洞口段景观 U 形槽及雨棚结构工程，隧道进出口段采用直切式洞门(图 27.4.12 和图 27.4.13)。

27.4.3　隧道重点难题及应对措施

石家庄六线隧道属于城市地下铁路多线合体工程，其规模与复杂程度在国内的地下隧道工程中尚属首例。设计及施工面临的挑战：连拱隧道下穿运营铁路安全防护、紧邻既有线带状基坑工程安全防护、宽体隧道下穿城市主干道施工、松软地层超宽基坑的围护。

1. 连拱隧道下穿运营铁路安全防护技术

京石客运专线及改建京广线双连拱隧道于 DK278 + 300 ~ DK278 + 380 间下穿既有石太直通线路堤(其平纵断面位置关系如图 27.4.14 所示)，隧道下穿既有石太直通线段落的双连拱隧道断面宽度约为 30 m，隧道距离既有线轨面高度约为 9 m，旁侧还有既有铁路桥，既有线路堤在 1996 年洪水期间曾被冲垮，抢险时内部填料相当复杂。隧道施工期间既有线需继续运营，该线车流量极大，因此隧道的施工方案、工程措施、既有线的加固等必须慎重研究，如若考虑不周，将造成工程失败和巨大人员、财产损失。

针对双连拱浅埋隧道暗挖下穿既有石太直通线段落，采用 CRD 法进行分步开挖施工，采用大管棚超前支护，同时对既有线路进行扣轨加固，对既有线路基及铁路桥桥台进行注浆加固，从施工方法到辅助措施等方面进行了详细设计，保证了工程顺利进行，同时也使沉降得到有效控制，确保既有线营运安全。现场施工情况如图 27.4.15 和图 27.4.16 所示。

2. 紧邻既有线带状基坑工程安全防护技术

整个六线隧道 4.98 km 范围全部位于京广线、石德铁路等既有运营中铁路的东侧(图 27.4.17)，其中中山路—裕华路段(原石家庄站，约 1 km)隧道基坑距离既有线路基的最近距离仅有 5 m(图 27.4.18)，因此隧道基坑的围护结构形式的选择、既有线一侧土体的加固措施、如何减少隧道施工过程中对既有线的沉降变形影响等尤为重要，稍有不慎将对既有线的运营和安全形成严重威胁。

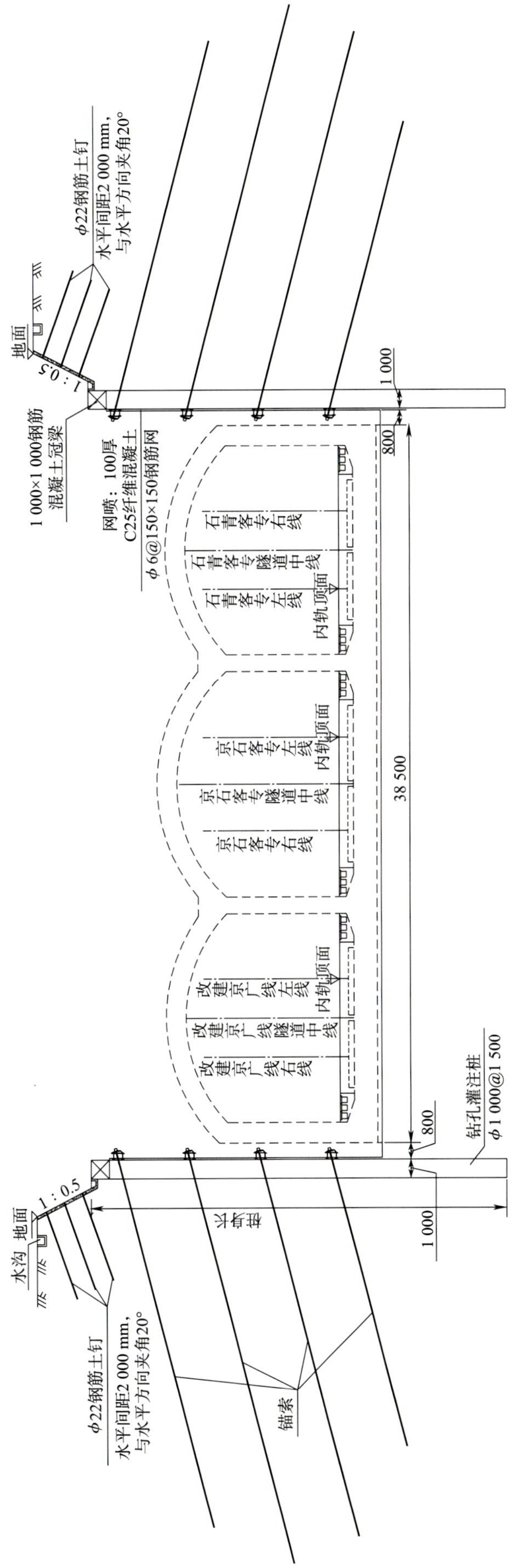

图 27.4.10 钻孔灌注桩＋土钉墙＋锚索围护结构体系(单位：mm)

第五篇 工程实绩

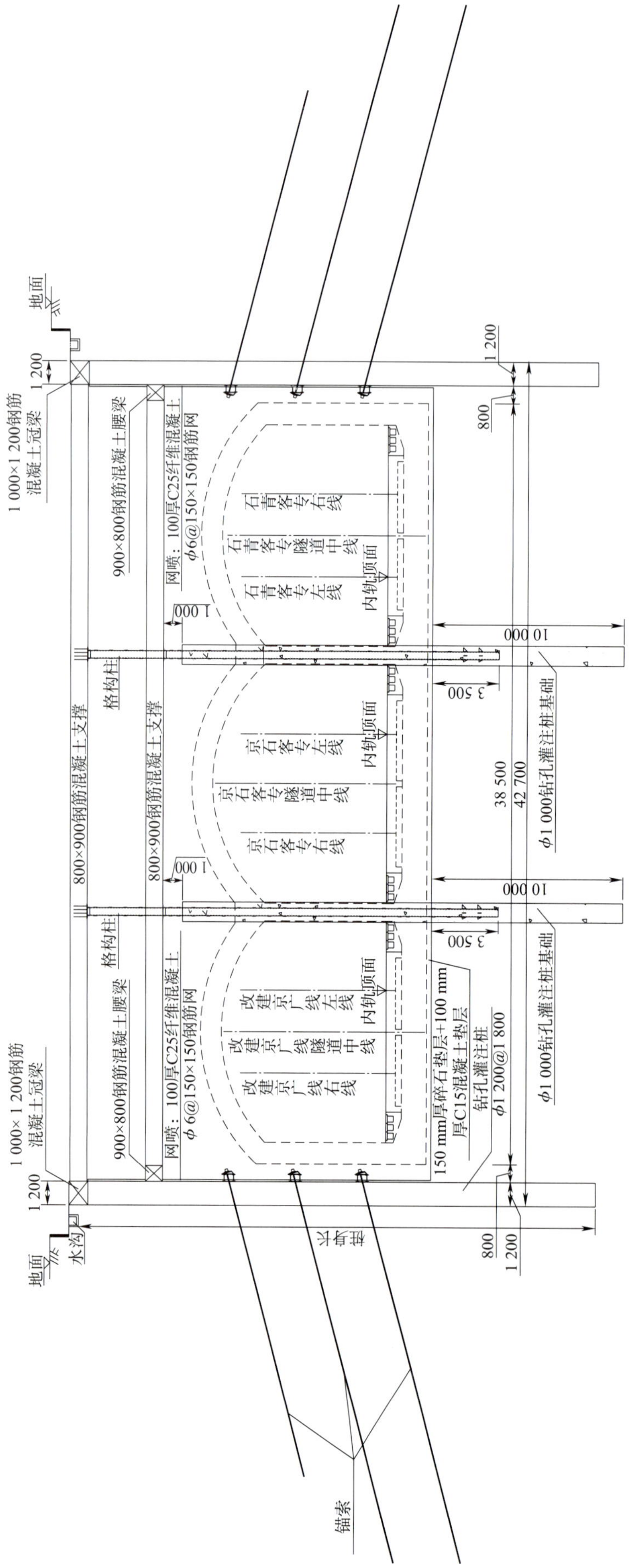

图 27.4.11　钻孔灌注桩＋混凝土支撑＋锚索围护结构体系（单位：mm）

图 27. 4. 12　隧道进口洞门(石青客专未并入段)

图 27. 4. 13　隧道出口洞门

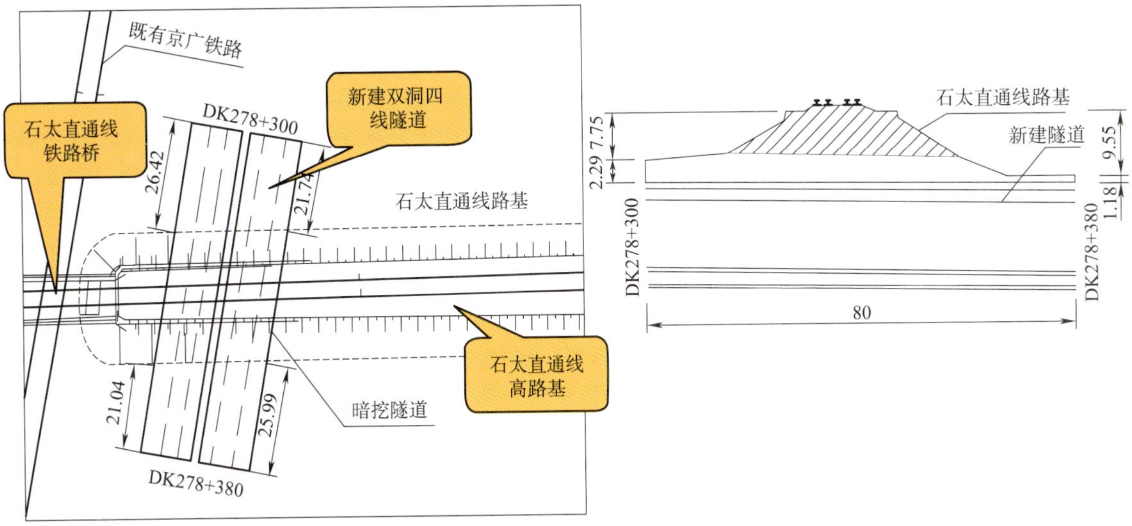

图 27. 4. 14　隧道下穿既有石太直通线平纵断面(单位：m)

图 27. 4. 15　隧道下穿既有石太直通线双连拱暗挖施工

图 27. 4. 16　既有石太直通线路基边坡注浆加固

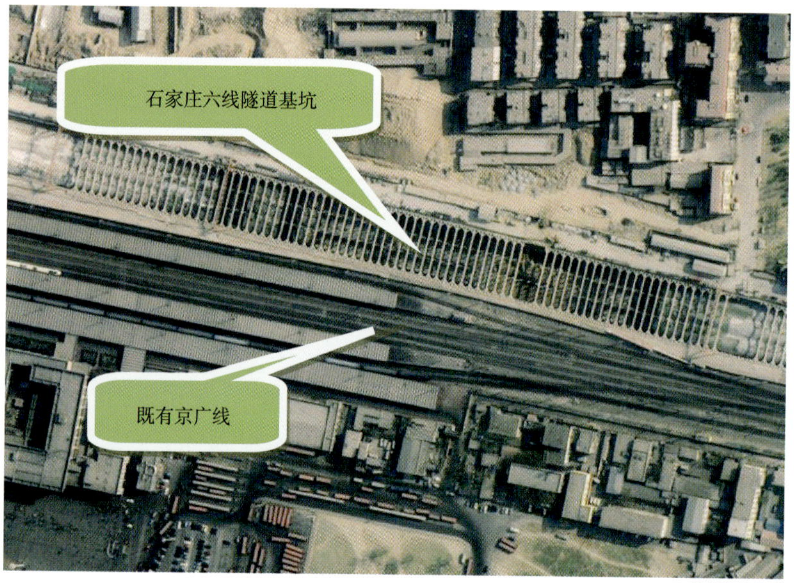

图 27. 4. 17　隧道紧邻京广线施工平面

图 27. 4. 18　隧道紧邻既有线施工

根据基坑与既有线距离设定三个基坑安全等级：基坑距既有线边缘净距≤0.75H（H为基坑深度）为特级基坑；0.75H<基坑距既有线边缘净距<H为一级基坑；基坑距既有线边缘净距≥H为二级基坑。针对不同安全等级采用不同的围护结构形式及加固措施，有效控制基坑变形，确保既有线营运安全。

（1）在基坑距既有线边缘净距≤0.75H时，采用ϕ1 200 mm@1 800 mm钻孔灌注桩+混凝土支撑+预应力锚索围护形式。靠近既有线一侧围护桩外，从地面往下采用袖阀管注浆加固地层，加固深度为地面下3 m至基坑底下2 m。

（2）在0.75H<基坑距既有线边缘净距<H的范围时，采用ϕ1 000 mm@1 500 mm钻孔灌注桩+预应力锚索（基坑上部约3 m放坡）的围护形式，靠近既有线一侧围护桩外从地面往下打设预留袖阀管，待基坑开挖时，根据监控量测结果，在必要时对地层进行加固，加固深度为地面下3 m至基坑底下2 m。

（3）基坑距既有线边缘净距≥H时，采用ϕ1 000 mm@1 500 mm钻孔灌注桩+预应力锚索（基坑上部约3 m放坡）的围护形式。

3. 宽体隧道下穿城市主干道施工技术

石家庄六线隧道在DK280+082、DK281+288、DK282+176处分别下穿和平路、中山路和裕华路，这几条市政道路是石家庄城区东西向主干道，车流量非常大，施工期间的交通疏解至关重要，为减少施工对市政道路交通的影响，同时考虑施工难易程度、工程造价，对暗挖施工及盖挖施工工法进行综合比选，最终确定隧道下穿市政道路段采用盖挖法施工。施工期间对道路进行半幅倒边施工，利用剩余半幅道路进行交通疏解，保证道路畅通。

4. 松软地层超宽基坑围护技术

隧道大部分段落采用明挖法施工，基坑宽度大部分都在40 m以上，隧道所处地层为砂、土地层，围护结构的方式选择尤为重要，合适的围护结构是影响基坑安全、结构安全、实施难度、施工工期、工程投资的关键所在。

围护结构主要采用钻孔灌注桩+预应力锚索为主的围护结构体系。基坑围护结构如图27.4.19和图27.4.20所示。

图27.4.19 钻孔灌注桩+锚索围护结构体系

图27.4.20 钻孔灌注桩+锚索+混凝土支撑围护结构体系

27.5 三都岩溶隧道

27.5.1 设计概况

三都隧道是贵阳至广州客运专线最长隧道，坐落于贵州省黔南州境内，隧道全长14 637 m，为Ⅰ级风险岩溶特长隧道，隧道正洞设计坡度为5‰~19.5‰的人字坡。全隧设置两座平导、两座横洞和一座通风竖井。隧道内轮廓宽度为12.2 m，高度为8.68 m，拱墙采用单心圆曲边墙形式。进、出口均采用斜切式洞门进洞，进口增加旋喷桩注浆加固进口土层，保证洞口的施工安全和顺利进洞。图27.5.1所示为三都隧道进口。

图 27.5.1　三都隧道进口

1. 隧道内轮廓

隧道限界及衬砌内轮廓按《时速 250 公里铁路双线隧道复合式衬砌》，线间距为 4.8 m，适用于新建贵阳至广州铁路贵阳至贺州段时速 250 km(预留提速为300 km/h 条件)客运专线电力牵引双线铁路隧道，满足客运专线铁路建筑接近限界，轨面以上净空面积为 92 m^2。

2. 隧道衬砌形式

隧道各级围岩采用曲墙带仰拱衬砌。隧道衬砌双侧设置沟槽，按一沟两槽形式布置，隧道中线处设置中心沟，侧沟宽度为 30 cm，电力电缆槽布置在靠边墙侧，30 cm(宽)×30 cm(高)，通信信号电缆槽布置在靠线路中线侧，30 cm(宽)×35 cm(高)。

3. 单洞双线和双洞单线方案比选

三都隧道在设计阶段，进行设置单洞双线(合修)和双洞单线(分修)方案的比较。如采用合修方案，单洞双线隧道长度约为 14598 m，隧道断面积为 92 m^2。辅助坑道为横洞两座，分别长 1096 m 和 1450 m；于进口及 1 号、2 号横洞处设 3 段平导，总长 6600 m，根据岩溶水发育情况，预留平导延长作为泄水洞条件(长3050 m)，采用人字坡，所有工区均为顺坡施工。

如采用分修方案，隧道长 13723 m，大跨段长 245 m，单洞双线合修段长 630 m，单线隧道断面积为 60 m^2，双线隧道断面积为 92 m^2，大跨段开挖面积达 293 m^2。辅助坑道方案为横洞两座同合修方案；于进口设置 470 m 平导，根据岩溶水发育情况，预留泄水洞条件(长9140 m)。纵坡为人字坡，所有工区均为顺坡施工，较合修方案增设两个 S 形反向弯道，线形较差。

三都隧道合修和分修方案比较见表 27.5.1。

表 27.5.1　三都隧道合、分修方案比较

比选条件	合修方案	分修方案
线路平面	合修方案不设置 S 形反向弯道，平面线形较好	分修方案需在右线设置两个 S 形反向弯道，平面线形较差
线路纵面	纵断面条件分、合修方案相当	纵断面条件分、合修方案相当
工程地质条件	合修方案采用人字坡、横洞结合平导排水组织方式实现了可溶岩段顺坡排水施工，规避了施工风险	分修方案，采用人字坡，另需设置平导，规避了施工风险
环境影响评价	隧道出渣量合修方案较分修方案少 28.3 万 m^3，减少了占地及水土流失；合、分修方案预测涌水量大致相当，均可能影响居民点生产生活用水	隧道出渣量分修方案较合修方案多 28.3 万 m^3，合、分修方案预测涌水量大致相当，均可能影响居民点生产生活用水
工程风险评估	对发生突水突泥、塌方等灾害时合修大断面易处理。合修方案中进口及中部平导布置于地层来水侧，坑底高程低于正洞 2.5 m，保证正洞遇暗河管道时，平导有足够的排水排淤能力，同时正洞处于平导的局部降水漏斗内，正洞基本无水作业，显著加快正洞施工效率	分修方案衬砌断面开挖面积小，发生突水突泥、塌方等灾害瞬时降压能力差，但后期较采用合修方案大断面易处理

续上表

比选条件	合修方案	分修方案
对施工的影响	合修方案断面大，便于洞内大型设备运作，施工条件优于分修。合修方案不设置大跨段，分修方需设置大跨段	分修机械化配套施工较为不便且洞口设置大跨段
防灾救援	合修平导可以作为救援通道	分修时可互为救援通道
工程及投资比较	合修方案较分修方案投资减少 21 341 万元	分修方案较合修方案投资增加 21 341 万元

经充分的经济技术比较，决定采用合修方案，设置平导解决施工及运营期间排水问题，既节约了投资，又有效控制了工期及施工安全等风险，为三都隧道的快速、安全贯通奠定了基础。

4. 辅助坑道设计

基于隧道施工工期、排水、通风及防灾救援等因素，于进口端线路前进方向左侧 30 m 设置进口平导，长 3 180 m，于洞身 D3K130 + 280 ~ D3K133 + 183 处左侧 30 m 设置中部平导，长 2 903 m；于 D3K133 +200 处设置 1 号横洞，长 1 107 m；于 D3K137 +000 处设置 2 号横洞，长 1 464 m；于线路前进方向左侧 D3K132 +975 处，设置通风竖井，长 55. 27 m，如图 27. 5. 2 所示。

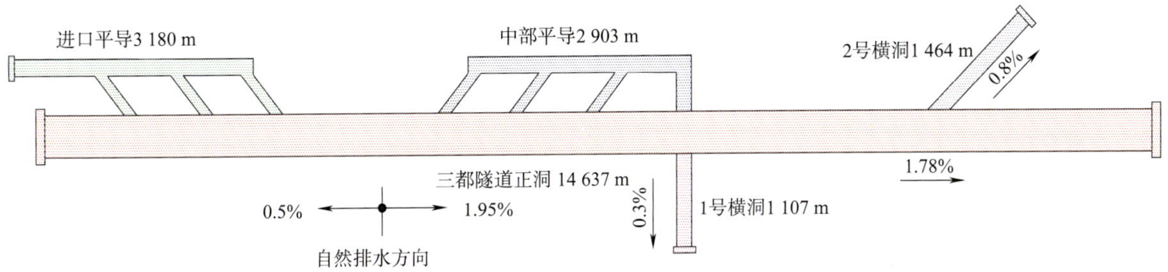

图 27. 5. 2　三都隧道辅助坑道布置

27. 5. 2　隧道施工

三都隧道施工组织采用大型机械化配套方案，对钻爆作业、装渣运输、拱架安装及锚喷支护、仰拱铺底及混凝土衬砌四条作业生产线进行重点机械配套，同时根据施工实际情况以地质预报、超前支护及围岩注浆进行辅助作业线的合理配置。

采用的超前钻孔和注浆一体化装备进行地质超前预报，有效提高作业效率，如图 27. 5. 3 所示。

图 27. 5. 3　钻注一体设备及作业

掌子面钻孔爆破采用两台三臂钻孔台车同时打眼，每循环钻孔作业时间可控制在 3 h 以内，如图 27. 5. 4 所示。初期支护喷射混凝土采用湿喷射混凝土机械手，效率高，效果好，如图 27. 5. 5 所示。仰拱施工采用自行式栈桥及新式模架，如图 27. 5. 6 所示。

图 27. 5. 4　凿岩台车及作业

图 27. 5. 5　湿喷设备及喷射效果

图 27. 5. 6　自行式栈桥及新式模架

隧道机械化配套施工，从施工的工效、施工质量、施工安全、施工环境等方面优势明显。一是加快了整体施工速度，确保各工序协调推进，提高了施工工效；二是缩短了初喷、复喷等工序衔接时间，增加了安全系数；三是钻孔精度高，湿喷速凝剂控制精确。四是降低了作业强度，减少了作业人数。

三都隧道出口工区成功采用机械化配套施工，为隧道测量放线、钻孔、装药、钻锚杆孔设备，减少了项目在空压机、变压器等辅助设备的投入，减少了人工开挖时需要投入的大量人力，提高了效率，减轻了操作人员劳动强度，开挖进度最高达到 280 m/月的单口掘进速度，施工环境、施工安全得到保障。

三都隧道出口工区成功采用湿喷机械手，解决了喷混凝土速度慢、回弹高、施工环境差、喷混凝土成本高的施工问题。挖掘机配合装载机装渣，大容量自卸汽车运渣的挖装作业线。隧道出渣速度得到提高，循环时间缩短近 20%。

27.5.3 结　语

三都隧道不仅实现了全隧道顺坡施工排水有效减小施工风险，也成功缓解长距离多工作面施工通风压力；针对岩溶地区施工防灾问题采用针对性设计措施防灾预案；过水结构实现了施工与运营期隧道排水、检修及逃生救援等多重功能；同时提出高速铁路大断面隧道大型机械化配套施工意见，提高施工效率，缓解了工期矛盾。三都隧道于 2014 年 12 月开通运营，总体效果良好，为今后艰险山区类似工程提供范例。

参 考 文 献

[1] 马志富，赵建峰，朱永全，等. 高速铁路太行山超长隧道群关键技术[J]. 隧道建设，2015，35(10)：1103-1112.

[2] 杨建民. 高速铁路黄土隧道群修建技术与应用——张茅大断面黄土隧道修建技术成果总结[J]. 隧道建设，2016，36(1)：113-122.

[3] 万清，李怀鉴，杜华林，等. 京广高速铁路石家庄六线隧道建设关键技术[J]. 隧道建设，2016，36(2)：241-250.

[4] 肖明清，邓朝辉，赵勇. 高速铁路水下隧道设计与研究[M]. 北京：中国铁道出版社，2015.

[5] 中铁二院工程集团有限责任公司. 贵广铁路三都隧道设计概况[R]. 2012.

[6] 中铁隧道集团有限公司，等. 铁道部重大研究计划项目(2009G005-F)隧道施工机械化配套技术及装备研究——长大铁路隧道快速施工机械化配套技术[R]. 2012.

中国高速铁路隧道大事记

1993 年

京沪高速铁路隧道修建技术开始研究。

2004 年

2004 年 12 月，中国第一条有隧道工程的高速铁路合肥至南京客运专线开工建设，共有 2 座隧道工程，分别是亭子山 1 号隧道长 370 m，亭子山 2 号隧道长 1 635 m，设计速度为 250 km/h。

2005 年

2005 年 6 月 4 日至 7 月 24 日，铁道部工程设计鉴定中心组织铁一院、铁二院、铁三院、铁四院、中铁咨询集团等单位的隧道技术人员，分别对 350 km/h 和 250 km/h 运营速度目标值的隧道断面结构进行了系统优化，编制了 3 套客运专线隧道通用参考图，成为中国高速铁路隧道标准体系的雏形。

2005 年 6 月 11 日，中国最长高速铁路特长隧道——太行山隧道开工建设。太行山隧道是石家庄至太原客运专线的控制性工程，全长 27 839 m。

2005 年 8 月，温福铁路最长隧道霞浦隧道（长13 099 m）开工建设，设计时速为 250 km，设置贯通的平行导坑作为辅助坑道，是我国东南沿海地区最长的隧道，是国内首次设置贯通平行导坑的高铁隧道。

2005 年 8 月，温福铁路燕前 2 号隧道（长2 036 m）开工建设，设计时速为 250 km，单洞双线并在洞内设两处岔线，一座隧道两处燕尾，燕尾处最大断面积为 300. 25 m^2，2009 年 6 月投入运营。它是国内首座洞内分岔、一洞变三洞高铁隧道，分岔段是当时国内开挖面积最大的铁路隧道，最小岩柱厚度为 1 m，为最小近距隧道之一。

2005 年 9 月 25 日，世界上黄土段长度最长、断面最大、埋深最深、设计时速最高的湿陷性黄土隧道——函谷关隧道开工建设。该隧道全长 7 851 m，开挖面积为 160 ~ 170 m^2，最大埋深为 224 m。

2005 年 9 月，合武铁路大别山隧道（长13 256 m）开工建设，设计时速为 250 km，是当时国内最长的单洞双线客运专线隧道，是国内首次在斜井内试验采用单层衬砌的隧道。

2005 年 10 月，武广客运专线大瑶山隧道群开工建设，全长 24 706 m，包括大瑶山 1 号隧道（长10 081 m）、大瑶山 2 号隧道（长 6 025. 53 m）和大瑶山 3 号隧道（长 8 391. 1 m）三座隧道。设计时速为 350 km，是国内最早设计和开工建设的时速 350 km 高铁隧道，是国内最长的时速 350 km 高速铁路隧道群。大瑶山 1 号隧道是我国首座时速 350 km 的特长隧道。

2005 年 12 月，结合太行山隧道特点，《膏溶角砾岩工程特性及隧道结构与施工安全对策研究》和《特长隧道防灾救援、安全疏散及通风技术研究》作为铁道部重大研究课题正式立项研究。

2006 年

2006 年 3 月，甬台温铁路西岙隧道为甬台温双线铁路和金温单线铁路并行的三线隧道开工建设，全长 504 m，隧道最大开挖断面积为 256. 62 m^2，设计时速为 250 km，2007 年 3 月贯通，2009 年 9 月通车，是国内首座高速铁路与普速铁路合建的隧道。

2006 年 5 月，广深港客运专线狮子洋隧道（全长10 800 m）开工建设，设计时速为 350 km，双洞单线。2008 年 1 月首台盾构始发，2010 年 12 月左线隧道对接贯通，2011 年 3 月右线隧道对接贯通，2011

年 12 月投入运营。该隧道是我国首座盾构法铁路水下隧道，是世界上行车速度最高、国内最长的水下隧道，是已投入运营的国内水压力最大的水下隧道，是国内首次进行地中对接施工的盾构隧道，是国内第一次使用内衬的盾构法隧道，是国内首次设置双洞隧道洞内紧急救援站的水下隧道，是国内首次设置洞口缓冲结构的双洞隧道。

2006 年 8 月，武广客运专线浏阳河隧道(长10 115 m)开工建设，设计时速为 350 km，该隧道是我国首座穿越城市、河流、高速公路的客运专线隧道，是国内第一条钻爆法铁路水下隧道，是国内开挖断面积最大(170 m^2)的钻爆法水下隧道，是国内第一座采用钻爆法修建的全封闭防水抗水压衬砌的超大断面隧道，是国内首次采用铣挖 + 弱爆破法开挖的隧道，是国内首次设置双线隧道洞内紧急救援站的水下隧道。

2006 年 10 月，武广客运专线金沙洲隧道(长4 429 m)开工建设，该隧道为首座高铁城市岩溶隧道和首座采用凹形纵坡的岩溶隧道。

2006 年 10 月，由铁道部工程设计鉴定中心编著的《高速铁路隧道》出版，是我国第一部系统介绍高速铁路隧道的专业书籍。

2007 年

2007 年 9 月，长度为 4 600 m 的海南东环线美兰机场隧道开工建设，是我国第一座设计速度为 250 km/h 的明挖车站隧道。

2007 年 12 月 21 日，长度为 27 839 m 的太行山特长隧道贯通，历时两年半。

2008 年

2008 年 2 月，“时速 250 km 客运专线铁路双线隧道复合式衬砌”通用参考图获全国优秀工程设计银奖。

2008 年 4 月，京沪高铁韩府山隧道群开工建设，包括 4 座并行隧道，每座隧道均为单洞双线布置，设计时速为 350 km，结构净距最小仅为 6 m，为小净距、大断面并行隧道。该隧道群为高铁并行线路最多的隧道群。

2008 年 5 月，东北严寒地区的第一条高速铁路——长春至吉林城际铁路最长隧道，龙嘉机场隧道(长3 028 m)开工建设。

2008 年 6 月，向莆铁路最长隧道——青云山隧道(左线长 22 175 m，右线长 21 843 m)开工建设。双洞单线，设计时速为 250 km，2011 年 9 月贯通，2013 年 9 月开通运营。该隧道是国内首座下穿 4A 级景区的特长隧道。

2008 年 8 月 11 日 ~ 8 月 18 日，“郑西客专黄土隧道基础处理及防排水研究”课题组在张茅隧道开展了我国高铁首次洞内模拟高铁运营的激振试验，累计激振次数为 230 万次。通过激振试验，验证了富水黄土地区基础沉降满足高铁运营要求。

2008 年 8 月，广深港客运专线福田站及相关工程的益田路隧道和深港隧道开工建设，全长 10 122 m，设计时速为 200 km，分段采用单洞双线和双洞单线，采用钻爆法和盾构法施工，单洞双线盾构隧道直径 12. 8 m。该隧道是目前国内已投入运营的最大直径铁路盾构隧道，是国内高铁隧道首次以小净距下穿运营地铁(以 3 m 净距下穿深圳地铁 1 号线，以 2. 5 m 净距下穿深圳地铁 3 号线)。

2008 年 11 月 8 日，津秦客运专线隧道正式开工建设。全线 14 座隧道，全长 11. 117 km，最长隧道为葫芦山隧道，长 3 800 m。

2008 年 12 月 ~ 2009 年 3 月，在原铁道部科技司领导下，铁科院组织中南大学、中铁西南院等单位在合武铁路进行了 200 ~ 250 km/h 速度下隧道气动效应试验。

2009 年

2009 年 3 月，在原铁道部科技司领导下，铁科院组织中南大学、中铁西南院等单位在石太客运专线进行了 200 ~ 250 km/h 速度下隧道气动效应试验。

2009 年 4 月 1 日，太行山特长隧道通车运营。

2009 年 4 月 18 日，京石客运专线石家庄六线隧道正式开工建设，采用明挖法施工。

2009 年 6 月 ~2009 年 11 月，结合武广客运专线联调联试首次进行了 300 ~ 350 km/h 速度等级下隧道气动效应实车试验。对列车高速通过隧道及在隧道内交会时隧道内瞬变压力、洞口微气压波、列车风、隧道内辅助设施气动力、车体表面以及车内空气压力变化等进行了系统测试。

2010 年

2010 年 3 月，大同至西安高速铁路运城至西安段马家庄隧道(长9 362 m)开工建设，也是目前已建成的最长的大断面双线黄土隧道。

2010 年 5 月 1 日，沈丹客运专线全线开工建设。共有 58 座隧道，全长 90. 04 km，全线最长隧道为南芬隧道，长 7 349 m。CRTSⅢ型板式无砟轨道首次应用于高速铁路隧道工程。

2010 年 5 月，合福铁路北武夷山隧道(长14 629 m)开工建设，设计时速为 350 km，2013 年 6 月贯通，2015 年 6 月 28 日正式开通运营。该隧道是目前国内最长的时速 350 km 单洞双线隧道。

2010 年 6 月 3 日，哈大客运专线最长隧道——九里庄隧道(长4 340 m)顺利贯通。

2010 年 11 月 ~2011 年 5 月，结合京沪高速铁路联调联试进行了 350 km/h 及以上速度等级下隧道气动效应试验，隧道内最高试验速度达到 406 km/h。

2010 年 12 月，长吉城际铁路龙嘉机场隧道(长3 028 m)开通运营，龙嘉地下站设置连廊与长春龙嘉国际机场互通，在国内首次实现铁路和空港间零换乘。

2011 年

2011 年 1 月，东北严寒地区隧道最多的客运专线——吉图珲客运专线开工建设，设计时速为 250 km，新建单洞双线隧道 85 座，总长 155. 704 km。该线最长的隧道为拉法山隧道(全长10 035 m)，采取了隧道“以排为主，堵排结合，保温抗冻”的防寒设计。

2011 年 2 月，太行山特长隧道获铁道部 2010 年度优秀设计一等奖、优秀勘察一等奖。

2011 年 3 月 20 日，京石客运专线石家庄六线隧道正线贯通，工期 23 个月。

2011 年 6 月，以吉图珲客运专线为依托，沈阳局科研所、中铁咨询等单位申请的《特殊环境条件下铁路工程建造关键技术深化研究——吉珲铁路隧道防冻害关键技术研究》铁道部重点科研课题获批，对严寒地区高速铁路隧道防冻害问题开始系统研究。

2012 年

2012 年 8 月 25 日，贵广铁路第一长隧道——岩山隧道(长14 693 m)贯通。贵广铁路是我国第一条设计时速 300 km 的山区高速铁路。

2012 年 11 月，百里风区防风明洞顺利施工完成。

2012 年 11 月 24 日，厦深铁路重点控制工程——梁山隧道贯通。该隧道全长 9 888 m，先后穿越多条断层破碎带及风华囊槽、蚀变带，施工中多次发生突水涌泥，并发生 270 m 埋深的地表塌陷，塌陷深度为国内外隧道建设史上所罕见；在施工中，创造性地采用了“长距离水平旋喷加固、十字交叉后拆施工工法、排清(水)留固(体)技术、三层衬砌结构等多种处理措施。

2011 年 12 月，《高速铁路隧道气动效应研究及工程实践》获得中国铁道学会科学技术奖一等奖。

2013 年

2013 年 9 月 ~2013 年 10 月，在中国铁路总公司科技管理部领导下，铁科院组织了京广高速铁路坪土隧道空气动力学现场试验，开展了单列及重联动车组以 200 ~ 350 km/h 速度通过及在隧道内交会时的套衬长度、位置、数量、厚度、过渡段方式、隧道长度等对隧道气动效应影响规律研究。

2013 年 10 月 21 日，长昆客运专线湖南段最长隧道——全长 11 670 m 的雪峰山 1 号隧道贯通。

2014 年

2014 年 1 月，兰新高铁最长隧道——大坂山隧道（15 918 m）顺利贯通。

2014 年 5 月，兰新高铁海拔最高（轨面高程为 +3 604 m、斜井口高程为 +3 720 m）隧道——大梁隧道顺利贯通，也标志着兰新第二双线全部隧道工程竣工。

2014 年 10 月，太行山超长隧道群工程获得 2014 年度 FIDIC 优秀工程项目奖。

2014 年 10 月，石家庄六线隧道《客运专线铁路穿越城区修建技术》荣获 2013 年度中国施工企业管理协会科学技术奖科技创新成果一等奖（中国施工企业管理协会颁发）。

2014 年 12 月 15 日，哈牡客运专线最长隧道——虎峰岭隧道（长8 755 m）开工建设。

2015 年

2015 年 5 月，石家庄六线隧道获得 2013 ~ 2014 年度铁路优秀工程设计一等奖（国家铁路局工程监督管理司颁发）。

2015 年 6 月，沪昆客运专线最长隧道——壁板坡隧道（长14 756 m）贯通。壁板坡隧道为我国第一条设计速度 350 km/h 铁路采取双洞单线的分修隧道，轨面以上有效净空断面积为 70 m^2。

2015 年 6 月 18 日，沪昆客运专线贵州东段朱砂堡 2 号隧道通车运营。该隧道为我国第一座在隧道内采用混凝土路基 + 明洞形成穿越特大溶腔的隧道。

2015 年 8 月 11 日，济青客运专线最长隧道——青阳隧道（长10 100 m）开工建设。

2015 年 9 月，我国第一条 350 km/h 速度有砟轨道高速铁路——京张铁路获国家发改委审批通过，设计时速为 250 ~ 350 km，新建单洞双线隧道 11 座，总长 48. 78 km。

2015 年 11 月 16 日，渝万高铁最长隧道——分水镇隧道（全长9 167 m）顺利贯通，标志着渝万铁路全部土建工程顺利完工。

2015 年 11 月 ~ 2016 年 3 月，在中国铁路总公司科技管理部领导下，铁科院组织赣龙线高速铁路线间距等速度适应性试验，研究隧道净空面积及线间距减小对列车及隧道气动效应的影响。在净空有效面积为 81. 37 m^2 的隧道中，成功实现 CRH380 动车组以 310 km/h 的速度实车交会。

2016 年

2016 年 1 月 8 日，《高速铁路大断面黄土隧道建设成套技术及应用》项目获国家科技进步二等奖。

2016 年 2 月 26 日，大同至张家口高速铁路大梁山隧道开工建设，隧道全长 13. 395 km。

2016 年 3 月，由铁三院主持的《复杂山区高速铁路隧道洞口工程系列技术》获得中国铁道学会科技进步二等奖。

2016 年 4 月，我国第一座包含地下车站的特长隧道——八达岭隧道（全长 12 010 m，含八达岭长城站）正式开工建设。

No.	项　　目	要　　点
6	被救援动车组	b. 按压解锁手柄使止动螺杆松开，并将手柄转至解锁位置，释放头罩锁，到位后释放解锁手柄以咬合止动螺杆
		c. 打开头罩(推、掰、推)并锁闭
		d. 确认头罩定位销到位
		2. 随车机械师关断救援动车组连挂端电气车钩气路阀门，并确认列车管截断塞门(CRH5 型 Z06)、总风管截断塞门(CRH5 型 Z05)处于“关”位；打开 Z30 阀门，将动车组受电弓切除
		3. 安装过渡车钩(模块 3)
		4. 安装过渡车钩(模块 2)，注意红线对齐，穿销安装到位
7	救援动车组	开头罩
		(1)电动开
		a. 投主控
		b. 确认闭合司机室配电盘内“联解控制”断路器
		c. 通知司机操作头罩打开
		d. 确认头罩打开，锁闭到位
		(2)手动开
		a. 拔主控
		b. 钻入司机室前舱，将“头罩开”、“头罩关”、“分并总”截门关闭
		c. 打开二道门，使用工具将卡簧顶出并设法卡住，下车将头罩手动搬开，确认卡簧卡入锁定位
8	开车准备	1. 被救援动车组随车机械师引导救援动车组以不大于 5 km/h 的速度进行连挂
		2. 被救援动车组随车机械师联控救援动车组司机进行试拉
		3. 被救援动车组随车机械师负责连接制动风管(避免运行打坏设备)，并确认连接状态良好
		4. 救援与被救援动车组随车机械师分别确认各自动车组列车管截断塞门处于“关”位，关闭好盖板
		5. 被救援动车组随车机械师负责切除本列空气制动和停放制动
		6. 被救援动车组司机投入主控钥匙，并将制动手柄置于“缓解”位，随车机械师通过司机室屏确认全列制动切除状态
9	制动试验	救援动车组司机进行简略制动试验，被救援动车组随车机械师联控救援动车组司机进行滚动试验，确认制动切除状态良好
10	运行监控	1. 救援列车开车，限速 60 km/h 运行
		2. 被救援动车组随车机械师负责监控蓄电池电压(CRH5 型动车组不低于 20 V)和总风压力(不低于 530 kPa)

No.	项　目	要　点
1	申请救援	1. 时间:动车组发生故障后,如果区间停车超过 20 min、站内停车超过 30 min后,仍无法判明故障原因或虽已判明故障原因,但短时间内难以处置修复时
		2. 随车机械师通知司机,由司机申请救援
2	确认命令	1. 抄记命令号及内容
		2. 确认救援动车组车型车号、来车方向、连挂方式(直接连挂或使用统型过渡车钩)
		3. 与司机共同到达救援连挂端
		4. 确认下车命令,确认临线限速(封锁)命令
3	防止亏电	当受电弓无法升起、主断不闭合或接触网无电时:断电、降弓、拔主控
4	设置防溜	1. 通知司机施加停放制动
		2. 停放制动失效,设置防溜
5	设置防护	1. 在仅运行动车组的线路上
		(1)与司机联系,要求司机收到救援动车组接近的联控时,立即告知随车机械师
		(2)救援动车组到来前,进行救援准备工作
		(3)接到司机通知后立即停止救援准备工作,按照规定进行防护
		a. 穿戴好防护背心、携带信号旗(白天)或手信号灯(夜间)到救援动车组开来方向,距离列车不小于 300 m 处,手信号拦停
		b. 非会车侧站立,防止侵限,注意人身安全
		c. 停车后,引导救援动车组再次启动到达救援位置停妥
		2. 在动车、客车混跑及既有线路上
		(1)与司机联系,要求司机收到救援动车组接近的联控时,立即告知随车机械师
		(2)在救援动车组来车方向,距离本列车不小于 300 m 处放置响墩
		(3)返回本车进行救援准备
		(4)接到司机通知后立即停止救援准备,到防护处准备引导
		a. 穿戴好防护背心、携带信号旗(白天)或手信号灯(夜间)到救援动车组开来方向,救援车停车后,与救援司机联控,撤除响墩
		b. 非会车侧站立,防止侵限,注意人身安全
		c. 引导救援车再次启动到达救援位置停妥,准备连挂
6	被救援动车组	1. 开头罩,伸出自动车钩
		(1)电动操作:通知司机电动开头罩
		(2)手动操作
		a. 将三通阀由主供风转至外部供风

No.	项　目	要　点
6	被救援动车组	d. 使用 16 mm 六角扳手将头罩锁闭装置解锁 e. 将抗旋转杆向上抬起 90°，锁闭开闭机构导流罩，防止其关闭 2. 随车机械师关断救援动车组连挂端电气车钩气路阀门，并确认列车管截断塞门(CRH3 系 Z13)、总风管截断塞门(CRH3 系 Z17)处于“关”位；打开 Z30 阀门，将动车组受电弓切除 3. 安装过渡车钩(模块 3) 4. 安装过渡车钩(模块 2)，注意红线对齐，穿销安装到位 5. 退出司机室占用，拔下占用钥匙；关断“蓄电池”开关；将“拖曳”开关置于“开”位 6. 非救援连挂端“信号灯”开关置于“红灯开”位 7. 注：CRH380CL 型动车组除上述操作外，需隔离 ASD 及 ATP；将头尾车电气柜内的 43F09 断路器断开；插入并打开主控钥匙，通过 BN2 蓄电池开关 32S03 启动蓄电池 BN2 供电，并拔出钥匙；断开各车各电气柜内 21F××、22F××、23F××、24F××、31F××、34F××、36F××、42F××、45F××、52F××断路器(目的是保证 BCU 持续 BN2 供电)
7	救援动车组	开头罩 (1)电动开 a. 投主控 b. 确认闭合司机室配电盘内“联解控制”断路器 c. 通知司机操作头罩打开 d. 确认头罩打开，锁闭到位 (2)手动开 a. 拔主控 b. 钻入司机室前舱，将“头罩开”、“头罩关”、“分并总”截门关闭 c. 打开二道门，使用工具将卡簧顶出并设法卡住，下车将头罩手动搬开，确认卡簧卡入锁定位
8	开车准备	1. 被救援动车组随车机械师引导救援动车组以不大于 5 km/h 的速度进行连挂 2. 被救援动车组随车机械师联控救援动车组司机进行试拉 3. 被救援动车组随车机械师负责连接制动风管(避免运行打坏设备)，并确认连接状态良好 4. 救援与被救援动车组随车机械师分别确认各自动车组列车管截断塞门处于“关”位，被救援动车组管好盖板 5. 被救援动车组随车机械师负责切除本列空气制动和停放制动 6. 被救援动车组司机投入主控钥匙，并将制动手柄置于“缓解”位，随车机械师通过司机室屏确认全列制动切除状态，确认良好后断蓄电池、拔取主控
9	制动试验	救援动车组司机进行简略制动试验，被救援动车组随车机械师联控救援动车组司机进行滚动试验，确认制动切除状态良好
10	运行监控	1. 救援列车开车，限速 60 km/h 运行 2. 被救援动车组随车机械师负责监控蓄电池电压(CRH3 系不低于96 V)和总风压力(不低于 530 kPa)

No.	项目	要点
1	申请救援	1. 时间：动车组发生故障后，如果区间停车超过 20 min、站内停车超过 30 min后，仍无法判明故障原因或虽已判明故障原因，但短时间内难以处置修复时
		2. 随车机械师通知司机，由司机申请救援
2	确认命令	1. 抄记命令号及内容
		2. 确认救援动车组车型车号、来车方向、连挂方式（直接连挂或使用统型过渡车钩）
		3. 与司机共同到达救援连挂端
		4. 确认下车命令，确认临线限速（封锁）命令
3	防止亏电	当受电弓无法升起、主断不闭合或接触网无电时：断电、降弓、拔主控
4	设置防溜	1. 通知司机施加停放制动
		2. 停放制动失效，设置防溜
5	设置防护	1. 在仅运行动车组的线路上
		（1）与司机联系，要求司机收到救援动车组接近的联控时，立即告知随车机械师
		（2）救援动车组到来前，进行救援准备工作
		（3）接到司机通知后立即停止救援准备工作，按照规定进行防护
		a. 穿戴好防护背心、携带信号旗（白天）或手信号灯（夜间）到救援动车组开来方向，距离列车不小于 300 m 处，手信号拦停
		b. 非会车侧站立，防止侵限，注意人身安全
		c. 停车后，引导救援动车组再次启动到达救援位置停妥
		2. 在动车、客车混跑及既有线路上
		（1）与司机联系，要求司机收到救援动车组接近的联控时，立即告知随车机械师
		（2）在救援动车组来车方向，距离本列车不小于 300 m 处放置响墩
		（3）返回本车进行救援准备
		（4）接到司机通知后立即停止救援准备，到防护处准备引导
		a. 穿戴好防护背心、携带信号旗（白天）或手信号灯（夜间）到救援动车组开来方向，救援车停车后，与救援司机联控，撤除响墩
		b. 非会车侧站立，防止侵限，注意人身安全
		c. 引导救援车再次启动到达救援位置停妥，准备连挂
6	被救援动车组	1. 开头罩，伸出自动车钩
		（1）电动操作：通知司机电动开头罩
		（2）手动操作
		a. 断开前车钩开闭机构电源 74-F13
		b. 打开左侧的总风管截断阀盖板
		c. 关闭开闭机构的压缩空气供给阀 Z07/2，关闭自动压缩空气供给

No.	项　目	要　　点	图　　示
5	真空断路器故障	2. 断开完毕，通知司机	
		3. 随车机械师逐个闭合“真空断路器”断路器，并通知司机依次进行 RS 复位按压“VCB 合”按钮	
		4. 通过此操作判断导致全列 VCB 不能闭合的故障单元	
		5. 断开该对应单元对应组合配电盘中的“真空断路器”断路器	
		6. 司机远程切除故障 VCB 单元，并闭合 ACK2 进行扩展供电	
6	过分相导致主断不闭合	1. 若动车组过分相区后全列 VCB 不能闭合，立即确认受电弓升起车厢对应组合配电盘中的“过分相 VCB 控制 1”、“过分相 VCB 控制 2”、“过分相装置电源”、“过分相控制 1”、“过分相控制 2”断路器是否处于闭合状态，若断开，则闭合	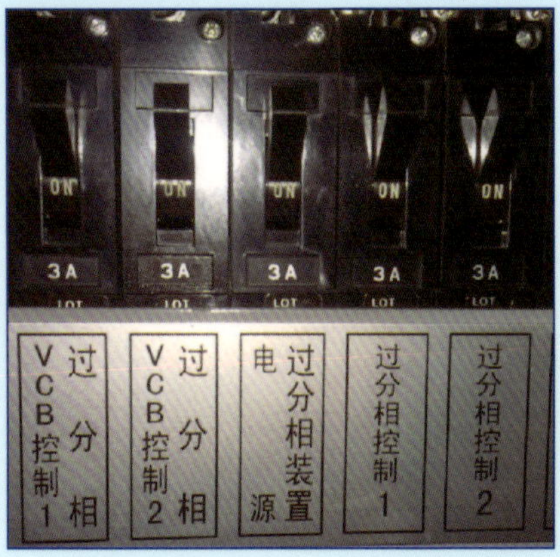
		2. 确认完毕通知司机	
		3. 若动车组过分相区后，全列 VCB 仍不能闭合，司机采取手动过分相	

No.	项　目	要　　点	图　　示
1	**按　　压“VCB 合”**	不停车，按压“VCB 合”按钮，若闭合则继续运行	
2	**检查“受电弓 · VCB”断路器**	若不闭合，确认主控端司机室配电盘“受电弓 · VCB”断路器状态是否处于闭合状态，若断开则闭合	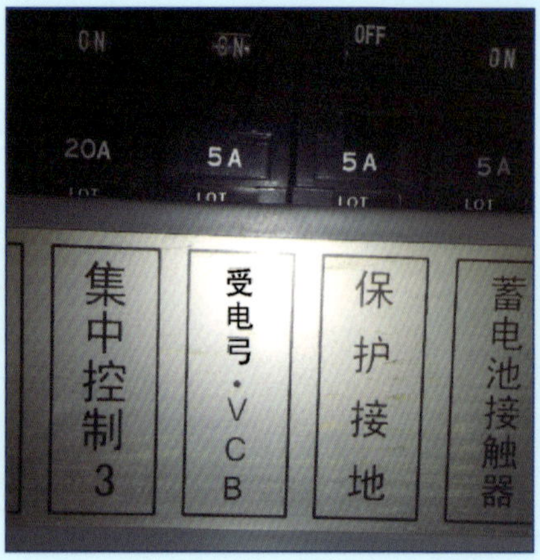
3	**准备未完**	1. 若“准备未完”显示灯亮，则右旋“辅助空气压缩机控制”旋钮保持 3 s，启动辅助空气压缩机打风，直到准备未完显示灯灭	
		2. 将方向手柄置于“关”位，按压“VCB 合”按钮	
4	**断开“受电弓断路器”断路器[(CRH380A(L)型/CRH2C 型]**	1. 立即断开 2、6 车(CRH380A 型、CRH2C 型)或 2、8、10、14 车(CRH380AL 型)组合配电盘中的“受电弓断路器”断路器	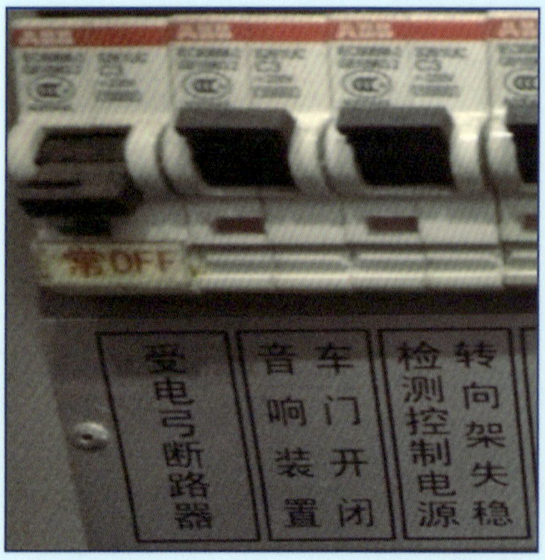
		2. 处理完毕，通知司机再次按压“VCB 合”按钮	
5	**真空断路器故障**	1. 如果主断仍不能闭合，断开 2、6 车(CRH2A 型)或 2、4、6 车(CRH2C 型、CRH380A 型)或 2、6、10、14 车(CRH2B 型、CRH2E 型)或 2、4、6、8、10、12、14 车(CRH380AL 型)配电盘中的“真空断路器”断路器	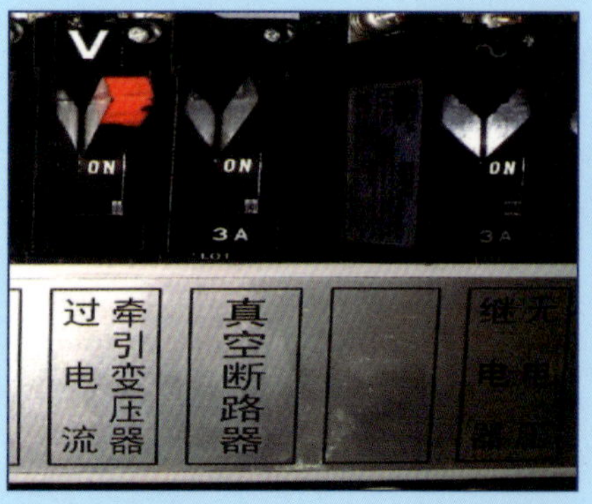

No.	项　目	要　　点	图　　示
4	3 车或 13 车辅助空压机调压器故障（适用于 CRH380AL 型）	3. 若“辅助空气压缩机”空开跳开，重新闭合	
		4. 若“辅助空气压缩机”空开未跳开，闭合 3 车或 13 车配电柜中辅助空压机调压器“应急短路开关”（正常在断开位），通知司机闭合 VCB 维持运行	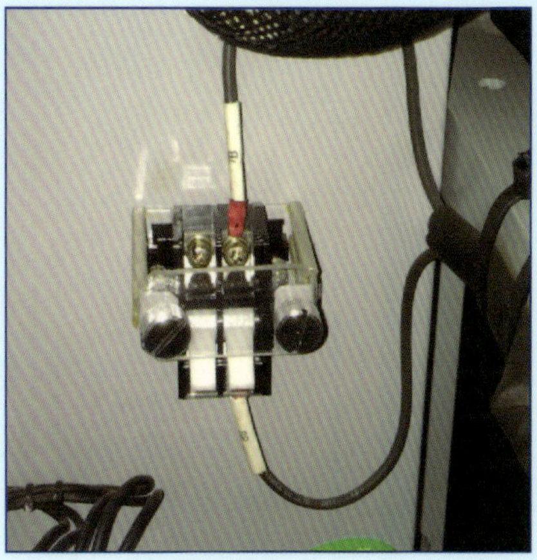
		5. 司机在运行中密切监控辅助空压机，风压需在 640 kPa 以上	
		6. 处理完毕后，禁止右旋“辅助空气压缩机控制”旋钮，启动辅助空气压缩机	

No.	项　目	要　点	图　示
3	**一次侧、三次侧故障**	5. 确认故障 VCB 对应单元的各 M 车配电盘中的“牵引变流器 1”断路器是否处于闭合状态，若断开，则闭合。确认完毕，通知司机	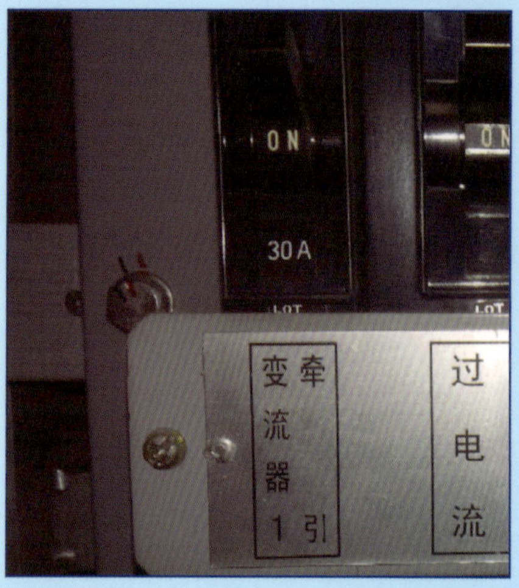
		6. 按压“VCB 合”按钮，若仍不能闭合，远程切除故障 VCB，闭合 ACK2 进行扩展供电	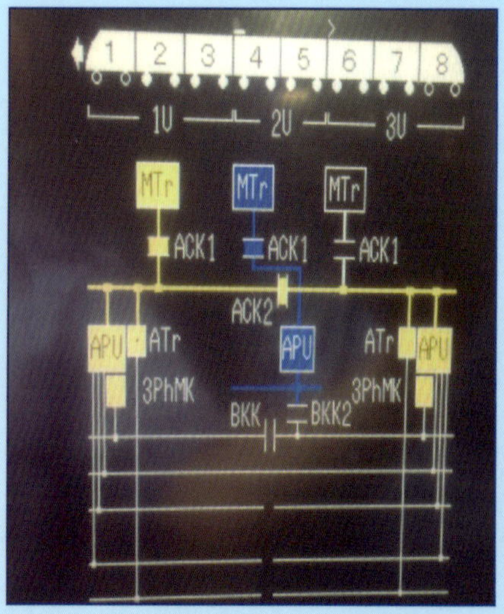
4	**3 车或 13 车辅助空压机调压器故障（适用于 CRH380AL 型）**	1. 2、4 车或 12、14 车 VCB 无法闭合，“准备未完”显示灯亮，总风压力为 780～880 kPa	
		2. 立即到 3 车或 13 车确认“辅助空气压缩机”空开状态	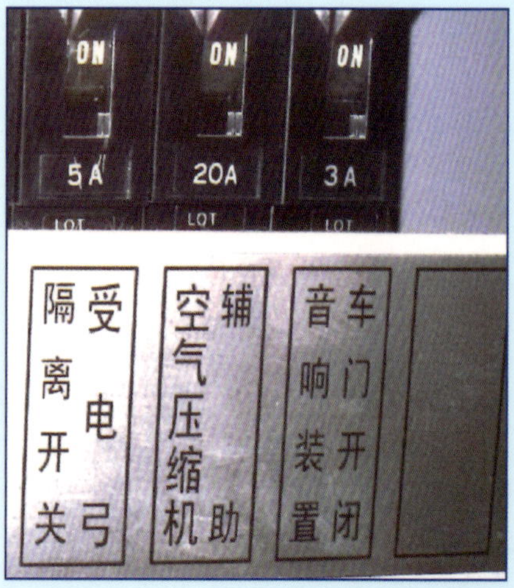

<table>
<tr><th>No.</th><th>项　目</th><th>要　　点</th><th>图　　示</th></tr>
<tr><td rowspan="2">3</td><td rowspan="2">一次侧、三次侧故障</td><td>3. 按压“VCB 合”按钮，若 VCB 仍不能闭合，通知随车机械师</td><td></td></tr>
<tr><td>4. 立即确认故障 VCB 对应车配电盘中的“牵引变压器油流”、“辅助电路过电流”、“牵引变压器过电流”、“真空断路器”、“扩展供电”断路器是否处于闭合状态，若断开，则闭合</td><td>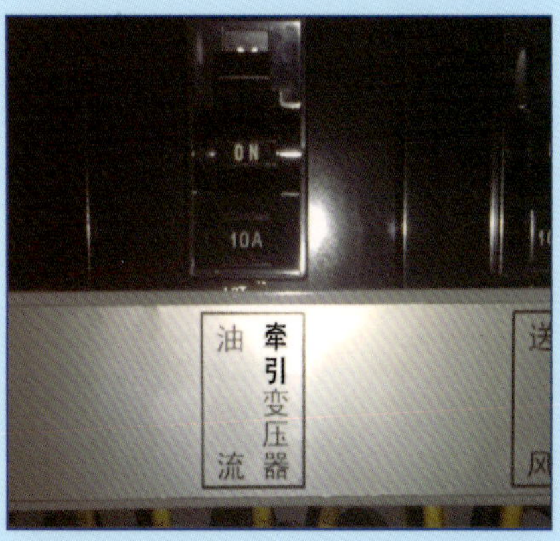
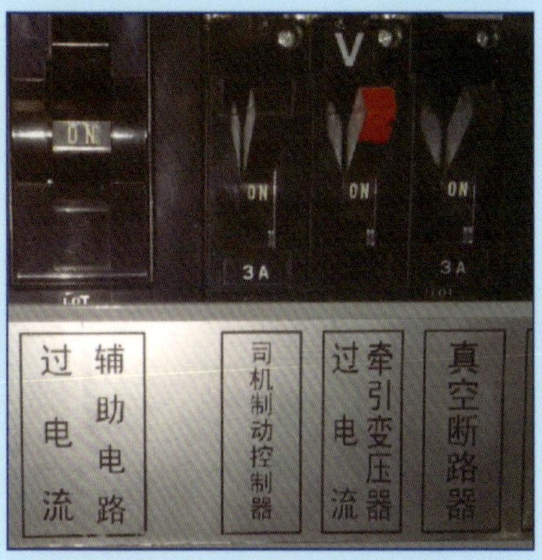
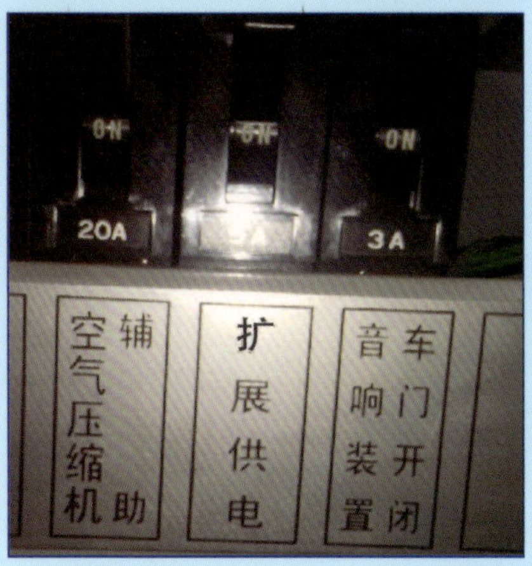</td></tr>
</table>

No.	项　目	要　　点	图　　示
1	**准备未完**	确认“准备未完”显示灯是否熄灭，若灯亮，则右旋“辅助空气压缩机控制”旋钮保持 3 s，启动辅助空气压缩机打风，直到“准备未完”显示灯灭	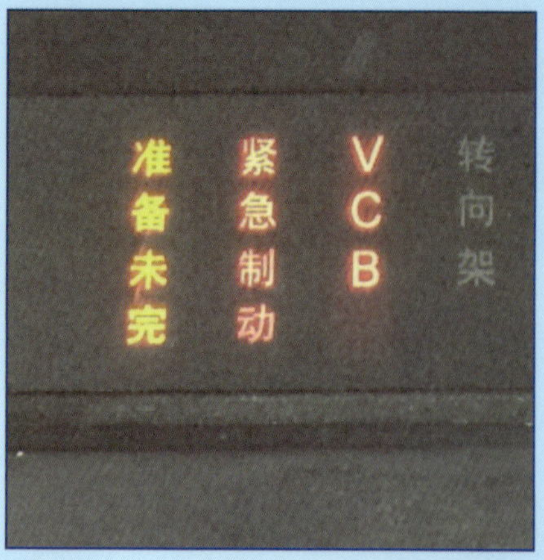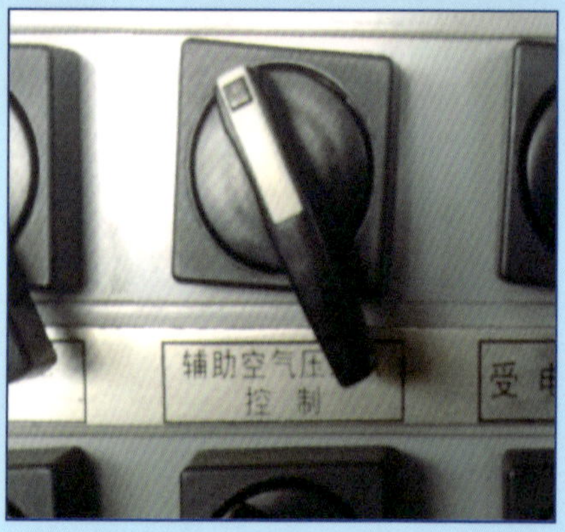
2	**VCB 被切除**	通过 MON 屏确认故障 VCB 是否远程切除，若切除，则恢复	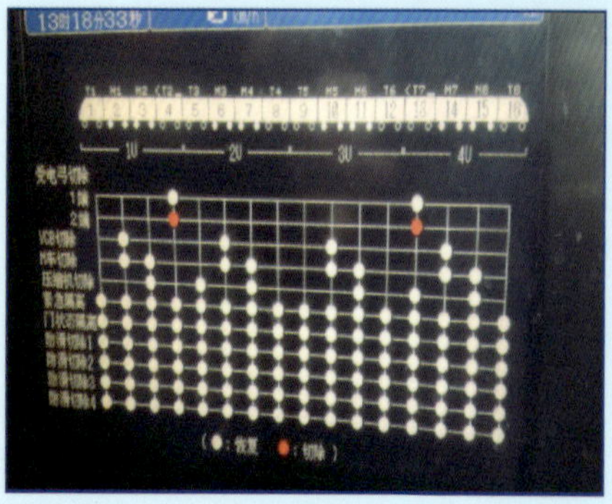
3	**一次侧、三次侧故障**	1. 通过 MON 屏检查相应车“配电盘信息”有无发生“主电路接地”、“CI 故障”、“MTr 油流”、“三次侧接地”、“三次侧过电流”	
		2. 若发生，则进行 RS 复位	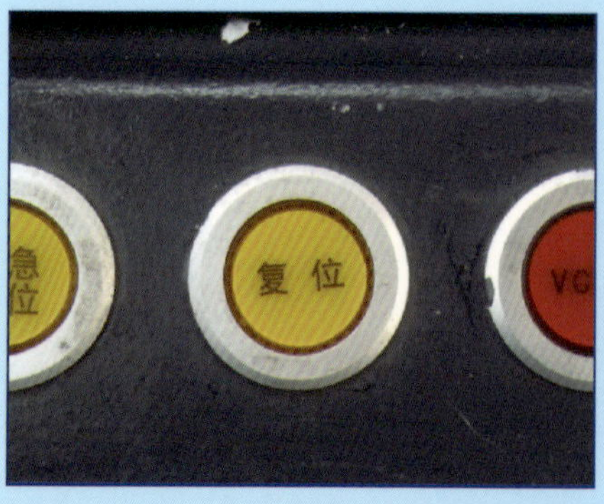

No.	项　目	要　　点	图　　示
2	**故障排查**	4. 若“配电盘信息”界面中全列 UVR 报红，随车机械师闭合主控端司机室总配电盘中应急短接开关 140～153。处理完毕通知司机	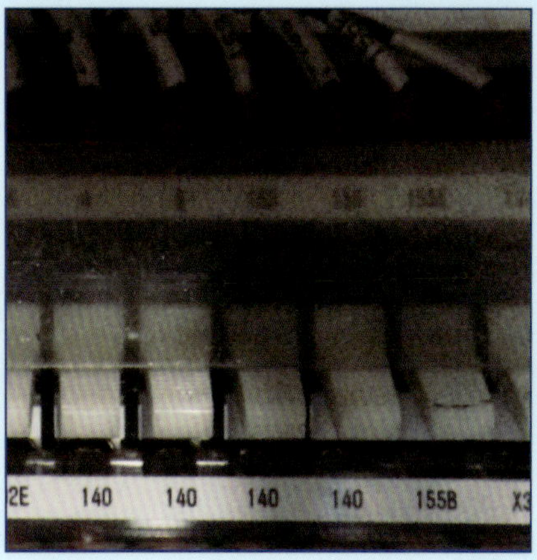
		5. 司机再次进行紧急制动复位操作，确认紧急制动缓解后，进行制动缓解试验，正常后维持运行	
		6. 实施短接后，维持运行到具备条件的车站换乘	
3	**监控运行**	操作应急短接开关后，密切关注 MON 屏“制动信息”界面列车总风缸压力、各车制动缸压力、各车配电盘紧急制动信息；同时关注紧急制动主故障等状态。发现异常，采用快速制动停车	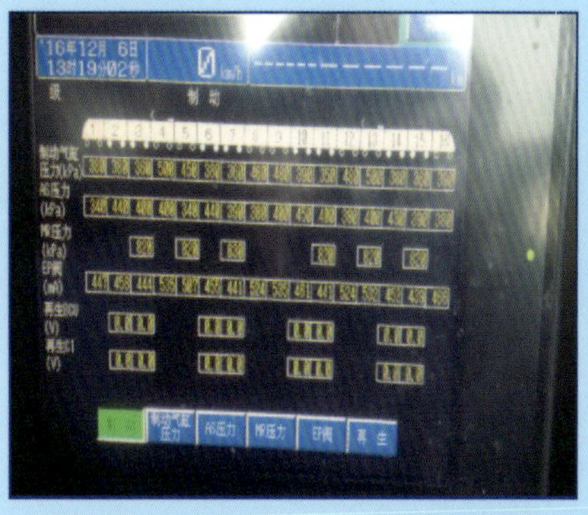
4	**短接恢复**	列车到站换乘或入库检修后务必及时将应急短接开关恢复至正常位	

No.	项　目	要　　点	图　　示
1	**紧急复位**	随车机械师确认总风管压力是否正常，进行紧急复位操作，紧急制动缓解后进行制动试验，制动试验正常，继续运行	
2	**故障排查**	1. 若紧急制动无法缓解，查看 MON 屏各车配电盘紧急制动信息	
		2. 若“配电盘信息”界面中仅主控端 JTR 变红，各车紧急制动信息正常，随车机械师闭合主控端司机室总配电盘中应急短接开关 3-154G1	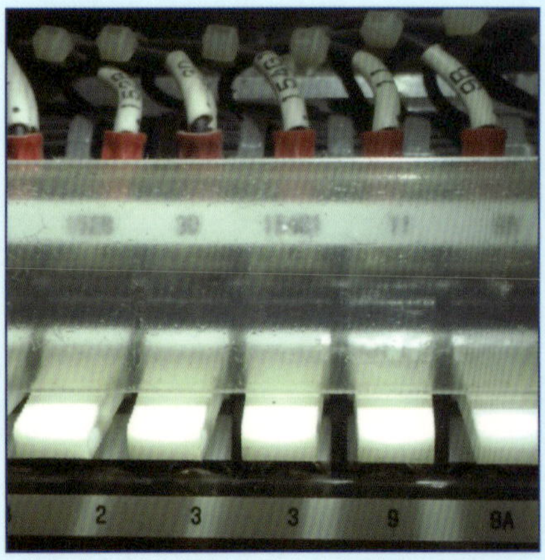
		3. 若“配电盘信息”界面中部分车辆 UVR 报红，将故障车做关门车操作	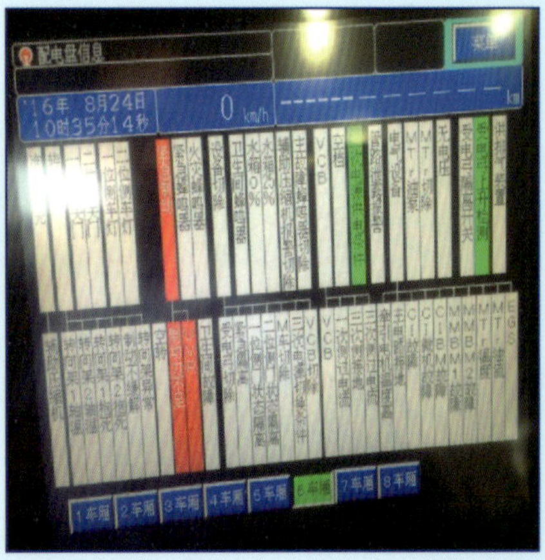

No.	项目	要点	图示
6	登顶处理	6. 对受损部位进行捆绑，无法使用绑扎器绑扎的使用铁丝进行绑扎。对于受损不便于捆绑的部件，进行拆卸处理	
		7. 确保受损受电弓离开接触网的距离大于 300 mm，无部件脱落危险，且距离车顶高压器件的距离大于 300 mm；处理完毕后，随车机械师清点作业工具材料、收回登顶梯，撤除临时接地装置。在司机手账上签认，通知司机使用良好受电弓，撤除防溜，正常运行	 
		8. 如经现场登顶确认全部受电弓受损严重，在所有受损受电弓捆扎完毕，确认受损受电弓、车顶其他部件离开接触网的距离大于 300 mm 后，通知司机请求救援	

No.	项　目	要　　点	图　　示
6	**登顶处理**	4. 在动车组两端外侧分别固定接地线挂接地杆	 
		5. 通过应急登顶梯或外风挡内的登顶梯登上动车组顶部处理	 

No.	项　目	要　　点	图　　示
5	受电弓外观状态检查	如前方站为非终点站时，随车机械师在停站后使用望远镜或其他手段进行进一步检查确认，如确认受电弓外观整体正常或不影响运行安全时，动车组以正常速度维持运行至终点站，启动热备动车组替换。如不能确认，则必须登顶检查 (2)如受电弓轻微损坏，且无部件脱落危险时，随车机械师通知司机换弓后以不高于120 km/h的速度运行至前方站停车。停车后，随车机械师下车进一步确认，如确认受电弓无脱落危险时，通知司机限速 160 km/h 运行 如发现受电弓损坏部位有扩展趋势，则必须按规定程序登顶检查处理	
		(3)如检查时发现受电弓刮弓或损坏较严重，有部件脱落危险时，随车机械师必须登顶处理	
6	登顶处理	1. 随车机械师应通知司机请求接触网停电、登顶作业命令，对动车组设置防溜	
		2. 在得到接触网已停电准许登顶作业的调度命令和列车调度员已发布邻线列车限速160 km/h 及以下调度命令指示后，升另一良好受电弓，与司机共同确认无网压。四方平台动车组须合接地装置实施放电	
		3. 穿戴好防护用品，使用验电器确认接触网停电	 

No.	项 目	要 点	图 示
1	确认故障	1. 随车机械师发现或接到司机通知受电弓自动降弓时，立即通知司机停车，切除故障受电弓，随车机械师在监控室或主控端司机室进行故障确认	
		2. 依据故障代码提示确认故障发生的车号	
		3. 装备有受电弓监控装置的动车组，随车机械师应立即通过受电弓视频监控装置确认受电弓外观状态，并通过视频回放查看降弓原因，经检查确认受电弓可见部分无明显异常或不超限、无脱落风险时，通知司机换弓正常运行	
		4. 未装备受电弓视频监控装置、受电弓视屏监控装置使用状态不良的动车组或无法确认受电弓状态时，随车机械师按规定申请下车检查、确认受电弓状态	
		5. 将故障情况及时上报	
2	申请下车命令	随车机械师向司机申请下车检查调度命令	
3	确认命令	1. 抄记命令号及内容，与司机相互签认	
		2. 确认下车命令，确认临线限速(封锁)命令	
4	下 车	1. 穿戴好防护用品，手动打开主控端头车非会车侧车门	
		2. 通知列车长安排人员对车门进行看护	
		3. 确认地面情况安全后下车	
5	受电弓外观状态检查	随车机械师赶到故障受电弓位置，检查受电弓状态	
		(1)若检查接触网正常，受电弓外观可见部分无明显异常或超限但未能判明降弓原因时，随车机械师应立即将检查情况报告司机，司机报告列车调度员。司机换弓运行，限速160 km/h运行至前方站。如前方站为终点站，启动热备动车组替换	

No.	项　目	要　点	图　示
1	确认故障	1. 随车机械师接到或发现车外异响时，立即通知司机停车	
		2. 将故障情况及时上报	
2	申　请 下车命令	随车机械师向司机申请下车检查调度命令	
3	确认命令	1. 抄记命令号及内容，与司机相互签认	
		2. 确认下车命令，确认临线限速（封锁）命令	
4	下　车	1. 穿戴好防护用品，手动打开主控端头车非会车侧车门	
		2. 通知列车长安排人员对车门进行看护	
		3. 确认地面情况安全后下车	
5	检　查	1. 检查相关车下裙板、底板有无异常，车下有无异物悬挂	
		2. 检查头罩、排障器有无击打等异常	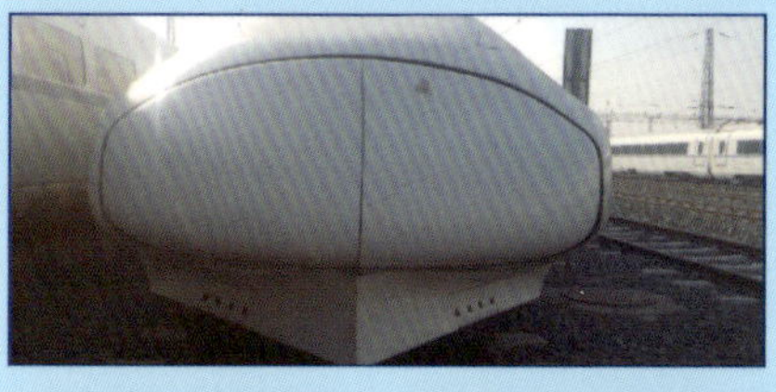
		3. 检查走行部各部件有无异常，车轮踏面有无擦伤、剥离等问题	
		4. 检查牵引电机通风机、变压器、变流器、空调、换气装置等旋转部件有无异振、异响。若有异常打开活门检查确认	
		5. 检查车顶设备有无异放电、异物等	
		6. 检查完毕，通知司机。随车机械师还应通知司机以不高于 5 km/h 的速度运行约 20 m，随车机械师在故障车动态检查各部位是否存在异常	
6	处　理	1. 若无异常，正常运行	
		2. 若有异常，按相关规定处理	

No.	项　目	要　点	图　示
1	确认故障	1. 随车机械师接到或发现车外异响时，立即通知司机停车	
		2. 将故障情况及时上报	
2	申　请 下车命令	随车机械师向司机申请下车检查调度命令	
3	确认命令	1. 抄记命令号及内容，与司机相互签认	
		2. 确认下车命令，确认临线限速（封锁）命令	
4	下　车	1. 穿戴好防护用品，手动打开主控端头车非会车侧车门	
		2. 通知列车长安排人员对车门进行看护	
		3. 确认地面情况安全后下车	
5	检　查	1. 检查相关车下裙板、底板有无异常，车下有无异物悬挂	
		2. 检查头罩、排障器有无击打等异常	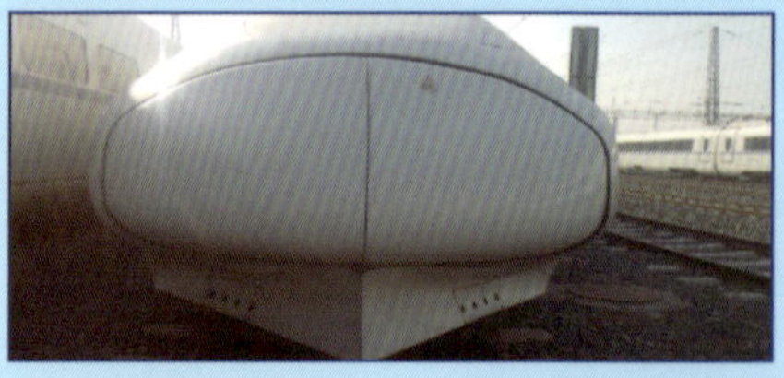
		3. 检查走行部各部件有无异常，车轮踏面有无擦伤、剥离等问题	 
		4. 检查牵引电机通风机、变压器、变流器、空调、换气装置等旋转部件有无异振、异响。若有异常，打开活门检查确认	
		5. 检查车顶设备有无异放电、异物等	
		6. 检查完毕，通知司机。随车机械师还应通知司机以不高于 5 km/h 的速度运行约 20 m，随车机械师在故障车动态检查各部位是否存在异常	
6	处　理	1. 若无异常，正常运行	
		2. 若有异常，按相关规定处理	

No.	项　目	要　　点	图　　示
1	故障确认	随车机械师发现或接到感烟探头火灾报警(401～424)时，立即赶往报警位置进行故障确认。需要下车确认火警火情或采取防溜、防护措施时，随车机械师办理相关手续后下车进行检查	
2	吸烟或误报	1. 若因旅客吸烟或系统误报，立即在监控室的烟火探测控制器上进行复位，正常运行	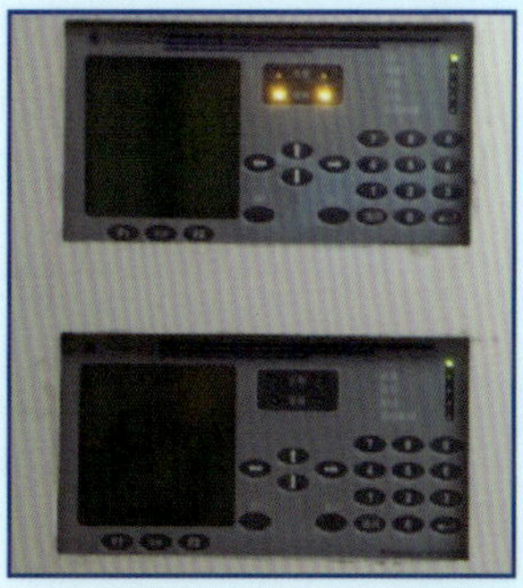
		2. 不能复位时，断开故障车辆配电盘“烟火报警装置”断路器，重点监控维持运行	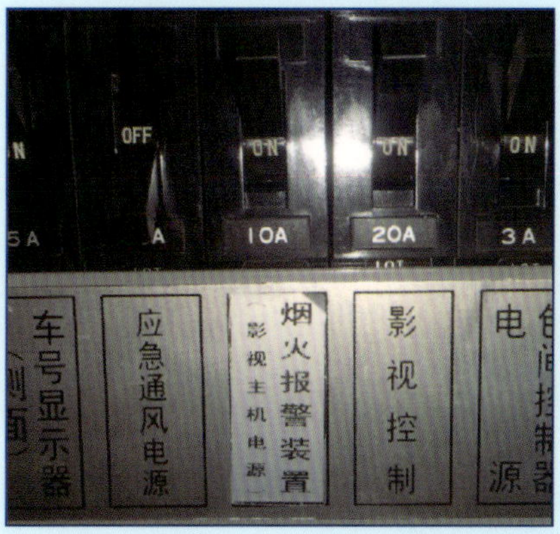
		3. 将情况及时上报	
3	发现火情	1. 若发现火情，应立即通知司机停车，断电降弓	
		2. 无制动停放装置的由随车机械师做好防溜、防护工作	
		3. 听从列车长指挥，进行火灾扑救、旅客疏散等工作	
		4. 随车机械师配合列车长组织事故车厢的旅客向安全车厢疏散	
		5. 待全部人员向安全车厢疏散完毕，火势仍未得到有效控制，需向地面疏散时，关闭通道阻火门，手动打开非会车侧车门，安装好应急梯，组织旅客向地面疏散	

No.	项　目	要　点	图　示
1	**故障确认**	随车机械师发现或接到感烟探头火灾报警(401～424)时，立即赶往报警位置进行故障确认。需要下车确认火警火情或采取防溜、防护措施时，随车机械师办理相关手续后下车进行检查	
2	**吸烟或误报**	1. 若因旅客吸烟或系统误报，立即在监控室的烟火探测控制器上进行复位，正常运行	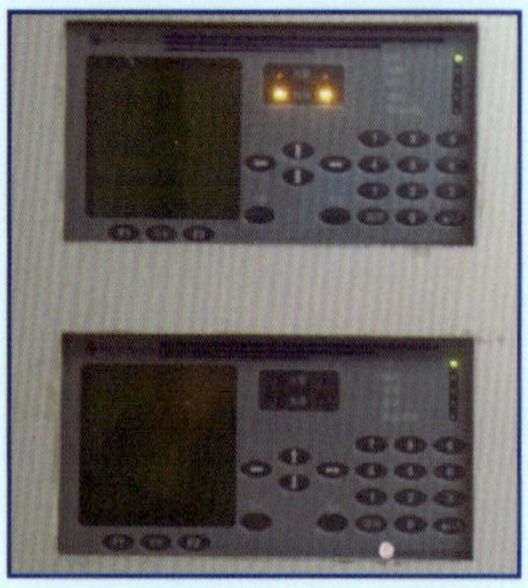
		2. 不能复位时，断开故障车辆配电盘“烟火报警装置”断路器，重点监控维持运行	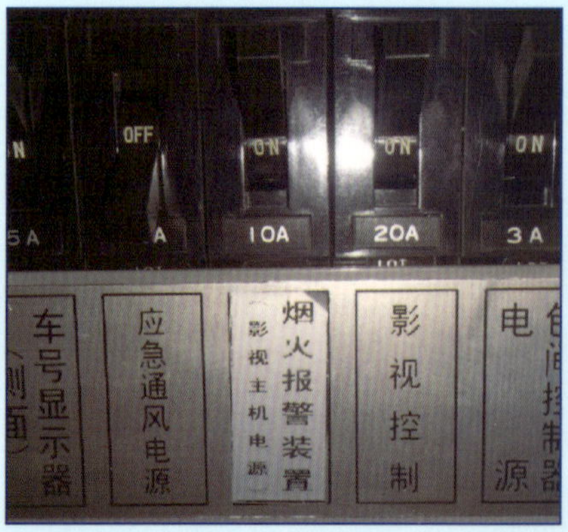
		3. 将情况及时上报	
3	**发现火情**	1. 若发现火情，应立即通知司机停车，断电降弓	
		2. 无制动停放装置的由随车机械师做好防溜、防护工作	
		3. 听从列车长指挥，进行火灾扑救、旅客疏散等工作	
		4. 随车机械师配合列车长组织事故车厢的旅客向安全车厢疏散	
		5. 待全部人员向安全车厢疏散完毕，火势仍未得到有效控制，需向地面疏散时，关闭通道阻火门，手动打开非会车侧车门，安装好应急梯，组织旅客向地面疏散	

No.	项 目	要 点	图 示
7	动态检查	联系司机升弓供电，撤除防溜装置，动车组以不高于 5 km/h 速度运行约 20 m，随车机械师目视确认该走行部是否出现真正抱死及异常响声	
8	救援或维持运行	若走行部未抱死，随车机械师通知司机通过 MON 屏对故障车进行“抱死切除”和“切除 M 车”操作，按照限速规定维持运行。随车机械师在故障转向架上方重点监控，若发现异音、异状等异常情况，立即通知司机停车下车检查。除必要巡视，必须在故障车监控。随车机械师向司机申请前方车停车检查。动车组到达折返站后，随车机械师需向当地局调度申请下车检查，再次对故障部位进行确认。若走行部抱死，申请救援	
9	前方站检查	制动切除恢复运行时，动车组随车机械师按规定申请前方站停车检查，对制动切除车厢制动盘进行点温，重点检查是否存在抱闸现象	

No.	项　目	要　　点	图　　示
6	静态检查	14. 身体匍匐至车端立板后背靠立板坐起。检查接地装置、大小齿轮箱电机侧箱体、大小齿轮箱电机侧轴承温度传感器（只有CRH380A统型、CRH2A统型、CRH2E统型动车组此处有轴承温度传感器）、齿轮箱箱体温度传感器外观是否异常。大小齿轮箱电机侧漏油重点检查项点有轴承点温处、温度传感器与箱体结合处、油位视窗、注油堵、排油堵、磁石式油塞。检查齿轮箱呼吸装置外观良好，呼吸帽无缺失，箱体顶部状态良好。对大小齿轮箱电机侧轴承点温，各自至少选取两点	 
		15. 原地检查大齿轮箱轮对侧箱体及大齿轮箱轮对侧轴承温度传感器外观是否异常（只有CRH380A统型、CRH2A统型、CRH2E统型动车组此处有轴承温度传感器）。大齿轮箱轮对侧漏油重点检查项点有轴承点温处、温度传感器与箱体结合处。对大齿轮箱轮对侧轴承点温，至少选取两点	
		16. 检查联轴节无异物击打和甩油痕迹，螺栓无松脱。联轴节两端与牵引电机和齿轮箱连接处状态良好，联轴节无过热痕迹	
		17. 检查牵引电机无异物击打痕迹，传动端和非传动端无油迹，非传动端速度传感器安装良好	
		18. 使用配备工装对制动夹钳缓解状态进行检查。将钩头勾在制动夹钳下端，来回进行拽拉。来回晃动证明该夹钳缓解状态良好。检查相应制动盘无异常磨耗，轮对踏面无擦伤	
		19. 从非会车侧钻出车底。检查故障轴（转向架）轴箱外观良好，无击打痕迹，速度（仅拖车）、温度传感器接线无松脱，探头安装良好。同时使用点温枪对轴端进行点温	

No.	项　目	要　　点	图　　示
		12. 身体背地匍匐至轴身底部，检查齿轮箱箱体、轴身、底板、车端立板是否有异物击打和甩油痕迹	
		13. 身体背地匍匐至齿轮箱油位视窗后检查齿轮箱油位是否正常	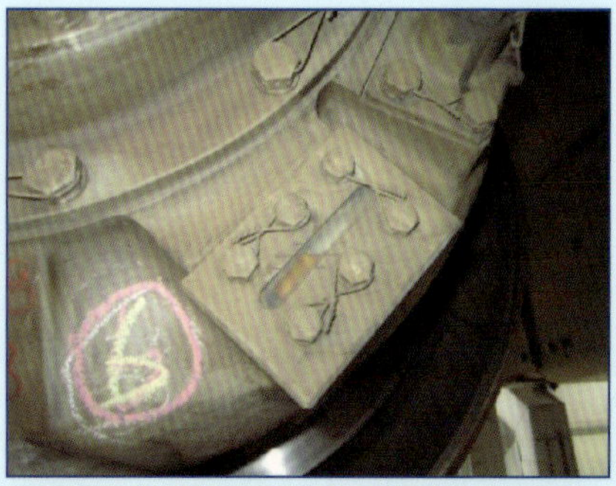
6	**静态检查**	14. 身体匍匐至车端立板后背靠立板坐起。检查接地装置、大小齿轮箱电机侧箱体、大小齿轮箱电机侧轴承温度传感器（只有CRH380A统型、CRH2A统型、CRH2E统型动车组此处有轴承温度传感器）、齿轮箱箱体温度传感器外观是否异常。大小齿轮箱电机侧漏油重点检查项点有轴承点温处、温度传感器与箱体结合处、油位视窗、注油堵、排油堵、磁石式油塞。检查齿轮箱呼吸装置外观良好，呼吸帽无缺失，箱体顶部状态良好。对大小齿轮箱电机侧轴承点温，各自至少选取两点	   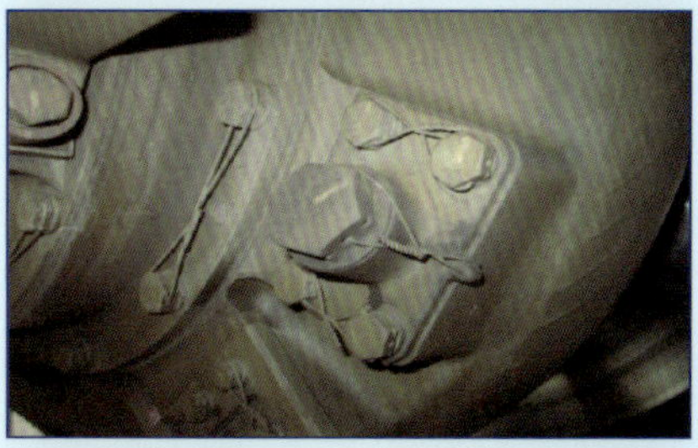 

No.	项　目	要　　点	图　　示
		5. 俯身检查故障轴(转向架)附近转向架各部件和裙板、底板、车端立板是否有异物击打和甩油痕迹	
		6. 从转向架两条轮对中间空隙处背部伏于地面钻入车底检查	
		7. 身体完全进入车底后检查故障齿轮箱、安全吊杆及螺栓和橡胶节点可见部分无松动、破损	
		8. 在原位置检查小齿轮箱轮对侧箱体及小齿轮箱轮对侧轴承温度传感器外观是否异常(只有 CRH380A 统型、CRH2A 统型动车组此处有轴承温度传感器)。小齿轮箱轮对侧漏油重点检查项点有轴承点温处、温度传感器与箱体结合处。对小齿轮箱轮对侧轴承点温,至少选取两点;在齿轮箱箱体壁任取两点点温。齿轮箱轴承座温度不超过 100 ℃且箱壁温度不超过 90 ℃	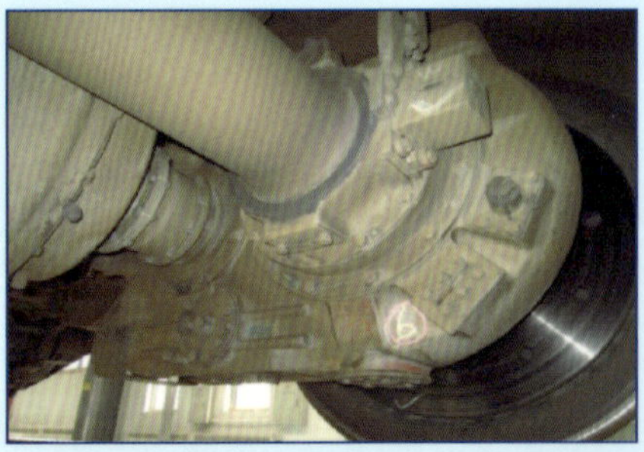
6	**静态检查**	9. 检查联轴节无异物击打和甩油痕迹,螺栓无松脱。联轴节两端与牵引电机和齿轮箱连接处状态良好,联轴节无过热痕迹	
		10. 检查牵引电机无异物击打痕迹、传动端和非传动端无油迹	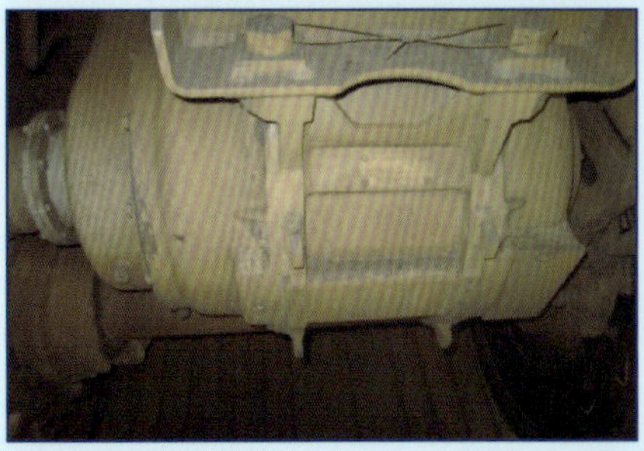
		11. 检查轮对踏面无擦伤	

No.	项　目	要　　点	图　　示
		2. 检查故障轴(转向架)轴箱外观良好,无击打痕迹,速度传感器(仅拖车)、温度传感器接线无松脱,探头安装良好	  
6	**静态检查**	3. 同时使用点温枪对轴端进行点温。轴箱温度不超过 80 ℃且与相邻车辆正常轴箱温差应在 20 K 范围内。轴箱的点温部位为轴箱体上部区域,选取轴箱体上至少两个距轴承位置最近的点。对牵引电机定子点温,定子铁芯表面最高温度不超过 170 ℃且同节车厢 4 台牵引电机温度差不超过 20 K	 
		4. 使用配备工装对制动夹钳缓解状态进行检查。将钩头勾在制动夹钳下端,来回进行拽拉。来回晃动证明该夹钳缓解状态良好。检查相应制动盘无异常磨耗(如无工具,则用手拽拉夹钳晃动检查)	 

No.	项　目	要　　点	图　　示
1	确认故障	1. 当 MON 屏主菜单页面闪现“故障发生信息”提示，并伴有声音报警时，司机触按左下方“故障详情”键，确认故障情况，立即停车，并通知随车机械师	
		2. 随车机械师立即赶到司机室确认故障信息，“抱死 1(151)”对应转向架 1，“抱死 2(152)”对应转向架 2。通过“上一页”、“下一页”检查是否伴随报出“制动控制装置 速度发电机断线”故障。“制动控制装置 速度发电机断线 1(060)”对应 1 轴，“制动控制装置 速度发电机断线 2(061)”对应 2 轴，“制动控制装置 速度发电机断线 3(062)”对应 3 轴，“制动控制装置 速度发电机断线 4(063)”对应 4 轴	
		3. 通过 MON 屏查看故障车是否有轴温报警信息	
		4. 将故障情况及时上报	
2	申　请下车命令	随车机械师向司机申请下车检查调度命令	
3	确认命令	1. 抄记命令号及内容，与司机相互签认	
		2. 确认下车命令，确认临线限速(封锁)命令	
4	车　上	在等待调度命令时赶往故障车厢进行关门车处理。CRH380A 统型(1 车、3 车、7 车、8 车)、CRH2A 统型(1 车、4 车、5 车、8 车)、CRH2E 统型(1 车、4 车、5 车、8 车、9 车、12 车、13 车、16 车)还需切除故障车厢的停放制动	
5	下　车	1. 穿戴好防护用品，手动打开主控端头车非会车侧车门	
		2. 通知列车长安排人员对车门进行看护	
		3. 确认地面情况安全后下车。按规定设置防溜装置，并通知司机降弓断电	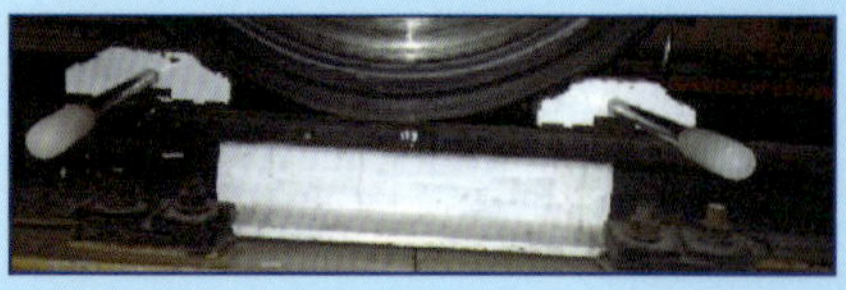
6	静态检查	1. 随车机械师从会车侧到达故障车厢，根据故障信息检查故障轴(转向架)，如报有“制动控制装置 速度发电机断线”故障只检查对应轴	

No.	项　目	要　　点	图　　示
5	点　　温	3. 对故障车故障转向架 2 个齿轮箱、4 个轴箱进行点温，并记录点温数据	 齿轮箱电机侧  小齿轮车轮侧  大齿轮车轮侧
		4. 对相邻车辆正常轴箱、齿轮箱进行点温，并记录点温数据	
6	限速运行	1. 如果轴箱温度超过 80 ℃或与相邻车正常轴箱温差超过 20 K；齿轮箱轴承温度座超过 100 ℃或箱壁温度超过 90 ℃。就地申请救援或限速 40 km/h 运行至前方站	
		2. 如果不超上述范围则为误报警，检查完毕通知司机。司机切除轴温报警信息，随车机械师右旋故障车配电盘内“轴温控车隔离 1”或“轴温控车隔离 2”旋钮至红点位，“轴温控车隔离 1”对应 1 位转向架，“轴温控车隔离 2”对应 2 位转向架。处理完毕，维持运行	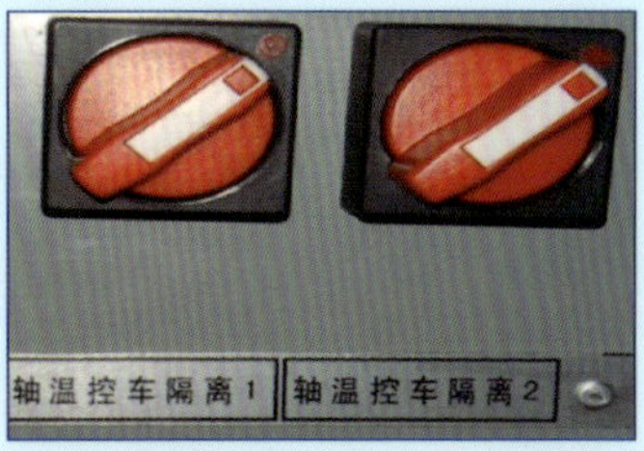
		3. CRH380AL 型动车组还需安装应急轴温无线检测装置，并对故障轴温实时监控	
		4. 随车机械师应在车内故障转向架上方加强巡视，若发现明显的异常振动、异音等情况，应立即通知司机停车检查，并向列车调度员汇报	
7	更换车底	1. 每个办客站由机械师下车点温	
		2. 若相邻两个办客站点温时间间隔超过 1 h，由司机联系列车调度员安排预设车站停车点温	
		3. 列车维持运行至具备更换车底条件的车站换车	

No.	项　目	要　点	图　示
1	确认故障	1. 立即停车，随车机械师在监控室或主控端司机室进行故障确认	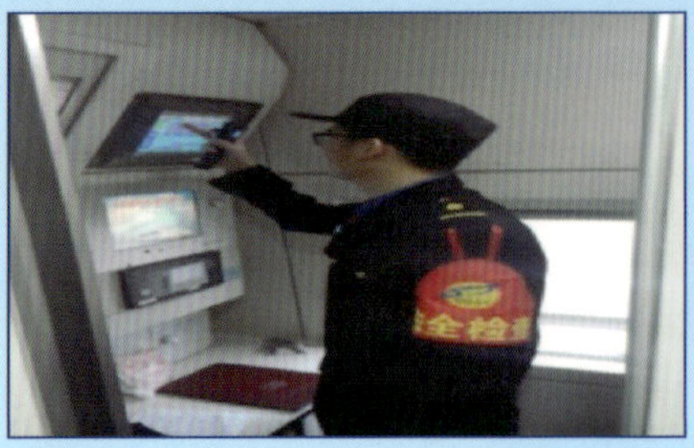
		2. 依据故障代码提示或轴温实时监控界面(仅加装实时轴温传感器的动车组)确认齿轮箱温度异常发生的车号、位置	
		3. 将故障情况及时上报	
2	申请下车命令	随车机械师向司机申请下车检查调度命令	
3	确认命令	1. 抄记命令号及内容，与司机相互签认	
		2. 确认下车命令，确认临线限速(封锁)命令	
4	下　车	1. 穿戴好防护用品，携带点温仪，手动打开主控端头车非会车侧车门	
		2. 通知列车长安排人员对车门进行看护	
		3. 确认地面情况安全后下车	
5	点　温	1. 随车机械师赶到故障车故障转向架，检查轴温传感器安装状态是否良好，接线有无破损、断裂	
		2. 检查轴箱体、齿轮箱外观状态、安装螺栓状态是否良好，有无漏油、渗油现象	
		3. 对故障车故障转向架 2 个齿轮箱、4 个轴箱进行点温，并记录点温数据	 轴箱

No.	项　目	要　点	图　示
5	点　温	3. 对故障车故障转向架 2 个齿轮箱、4 个轴箱进行点温，并记录点温数据	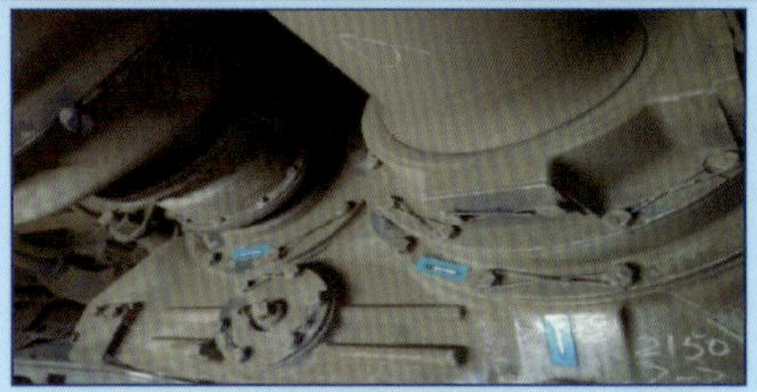 齿轮箱电机侧 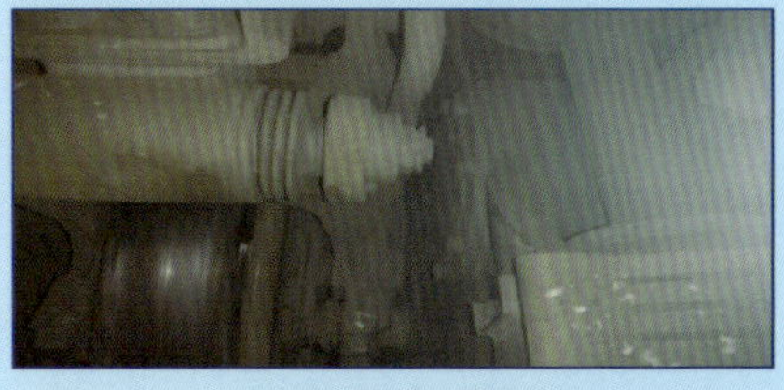 小齿轮车轮侧  大齿轮车轮侧
		4. 对相邻车辆正常轴箱、齿轮箱进行点温，并记录点温数据	
6	限速运行	1. 如果轴箱温度超过 80 ℃或与相邻车正常轴箱温差超过 20 K；齿轮箱轴承温度座超过 100 ℃或箱壁温度超过 90 ℃。就地申请救援或限速 40 km/h 运行至前方站	
		2. 如果不超上述范围则为误报警，检查完毕通知司机。司机切除轴温报警信息，随车机械师右旋故障车配电盘内“轴温控车隔离 1”或“轴温控车隔离 2”旋钮至红点位。“轴温控车隔离 1”对应 1 位转向架，“轴温控车隔离 2”对应 2 位转向架。处理完毕，维持运行	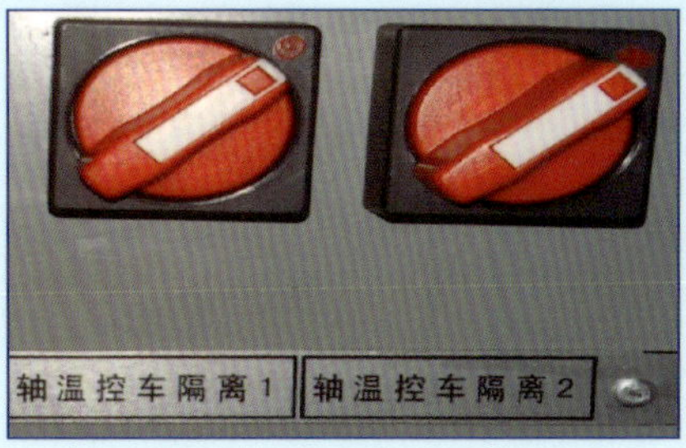
		3. 随车机械师应在车内故障转向架上方加强巡视，若发现明显的异常振动、异音等情况，应立即通知司机停车检查，并向列车调度员汇报	
7	更换车底	1. 每个办客站由机械师下车点温	
		2. 若相邻两个办客站点温时间间隔超过 1 h，由司机联系列车调度员安排预设车站停车点温	
		3. 列车维持运行至具备更换车底条件的车站换车	

No.	项　目	要　　点	图　　示
1	确认故障	1. 立即停车，随车机械师在监控室或主控端司机室进行故障确认	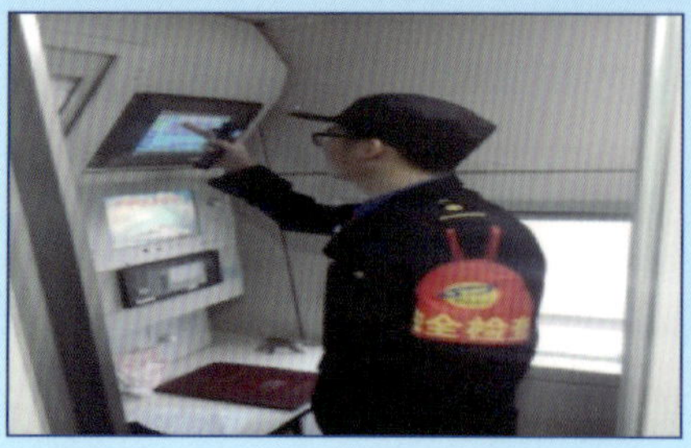
		2. 依据故障代码提示或轴温实时监控界面(仅加装实时轴温传感器的动车组)确认轴温异常发生的车号、位置	
		3. 将故障情况及时上报	
2	申　请下车命令	随车机械师向司机申请下车检查调度命令	
3	确认命令	1. 抄记命令号及内容，与司机相互签认	
		2. 确认下车命令，确认临线限速(封锁)命令	
4	下　车	1. 穿戴好防护用品，携带点温仪，手动打开主控端头车非会车侧车门	
		2. 通知列车长安排人员对车门进行看护	
		3. 确认地面情况安全后下车	
5	点　温	1. 随车机械师赶到故障车故障转向架，检查轴温传感器安装状态是否良好，接线有无破损、断裂	
		2. 检查轴箱体、齿轮箱外观状态、安装螺栓状态是否良好，有无漏油、渗油现象	
		3. 对故障车故障转向架 2 个齿轮箱、4 个轴箱进行点温，并记录点温数据	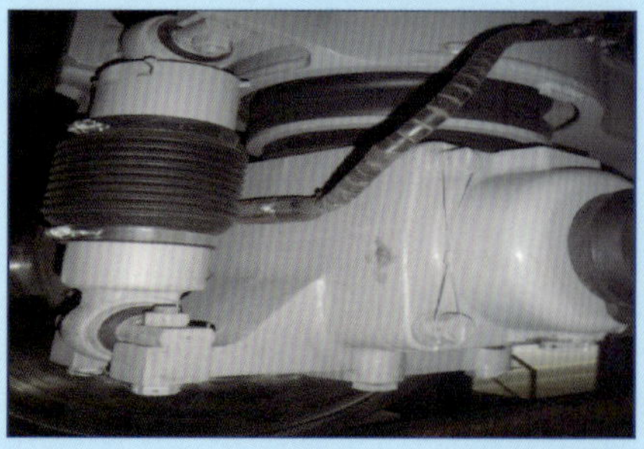 轴箱

No.	项目	要点	图示
6	连挂作业	(4)将救援端“救援转换装置”空开置于“闭合”位	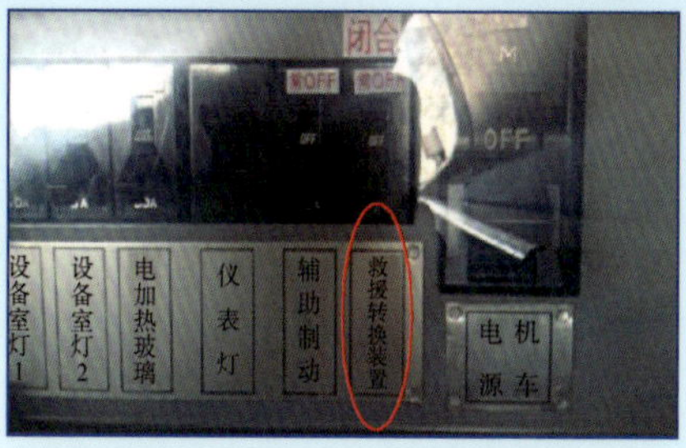
		(5)将两端司机室通道右侧配电柜内的153MR开关短接	
		(6)确认ATP处于“隔离”位	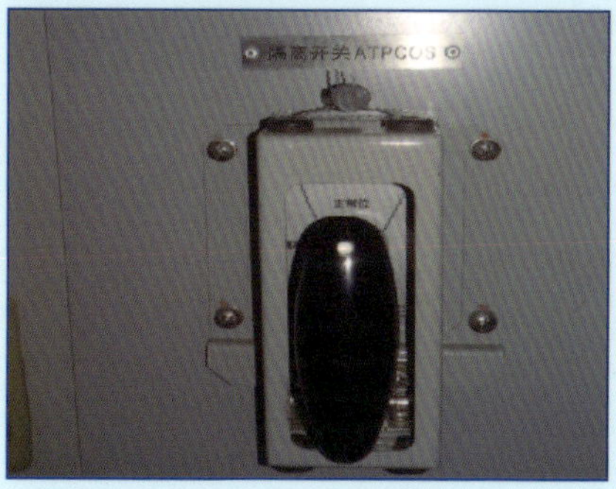
7	开车准备	1. 机车司机进行制动试验，随车机械师确认动车组制动施加、缓解情况	
		2. 正常后通知机车司机施加制动，撤除动车组防溜(如有)。确认所有防溜全部撤除后上车通知动车组司机连挂作业完毕	
8	开车后	运行中，随车机械师监控蓄电池电压(不低于87 V)和总风压力(不低于530 kPa)	

No.	项目	要点	图示
6	**连挂作业**	(2)固定孔"上二下三"	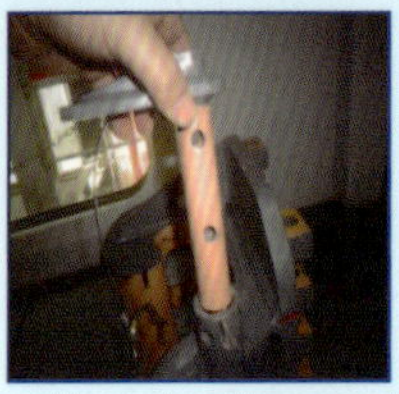 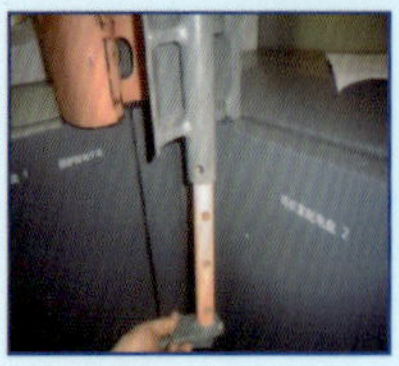
		(3)安装好防跳自锁销	
		7. 与救援机车连接风管	
		(1)随车机械师打开救援机车列车管折角塞门后检查漏风,然后打开动车组截断阀门(注意:防止风管分离造成击伤)	
		(2)若需重新连挂风管,先关闭动车组截断阀门,再关闭机车列车管折角塞门(注意:摘解时防止风管分离造成击伤)	
		8. 车上作业	
		(1)确认"救援帮助"手柄处于正常位,确认紧急开关处于正常位	
		(2)确认"MR 贯通"处于闭位	
		(3)关闭"救援旁通断"塞门(与管路垂直),打开"救援断"塞门(与管路平行)	

No.	项　目	要　　点	图　　示
6	连挂作业	(2)确认模块安装后，红线对齐	
		3. 安装风管	
		(1)安装前拆除 BP 管(粗管)防尘堵，折角塞门(上方)防尘堵	
		(2)检查接口密封圈良好	
		(3)BP 管缠绕生料带，防止漏风	
		(4)风管最终位置，连接器朝左(面向本车车钩方向)	
		(5)拆除防跳装置	
		4. 机车连挂	
		(1)随车机械师与司机联控，引导机车距动车组 3 m 以内再次停车	
		(2)确认机车车钩与动车组过渡车钩的对正状态，若偏差影响连挂及时调整	
		(3)确认动车组已降弓、断开主断，向机车司机确认具备连挂条件后引导机车以不超过 5 km/h 速度连挂动车组	
		(4)连挂后，随车机械师确认机车车钩和机车过渡车钩模块中心水平线高度差不超过 50 mm。若超限，调整过渡车钩高度	
		5. 连挂完毕，通知机车司机进行试拉	
		6. 安装防跳装置	
		(1)上下防跳压板朝向钩舌方向	

No.	项　目	要　点	图　示
6	连挂作业	c. 通知司机操作头罩打开	
		d. 确认头罩打开，锁闭到位	
		(2)手动开	
		a. 拔主控	
		b. 钻入司机室前舱，将"头罩开"、"头罩关"、"分并总"截门关闭	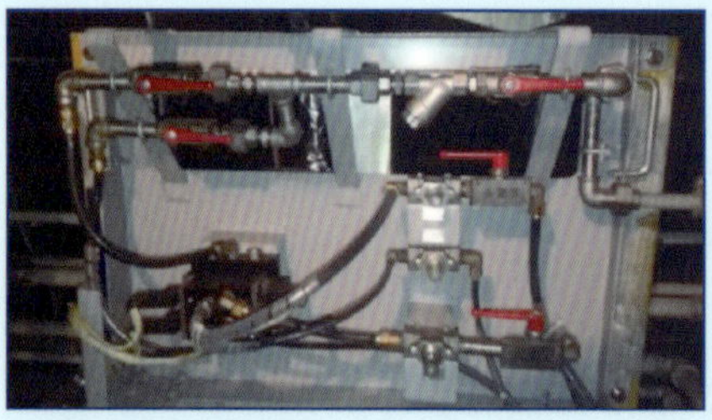
		c. 打开二道门，使用工具将卡簧顶出并设法卡住，下车将头罩手动搬开，确认卡簧卡入锁定位	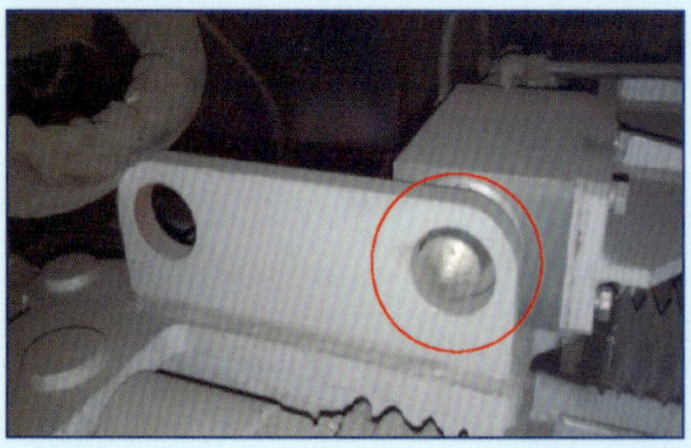
		2. 挂过渡钩	
		(1)关闭动车组截断塞门	

No.	项 目	要 点	图 示
5	设置防护	2. 在动车、客车混跑及既有线路上	
		(1)与司机联系，要求收到救援车接近的联控时，立即告知随车机械师	
		(2)在救援车来车方向，距离本列车不小于 300 m 处放置响墩	 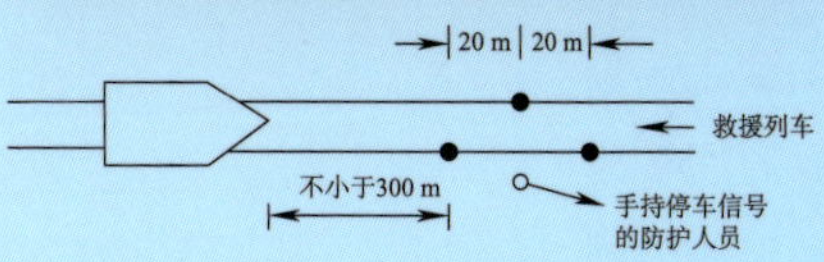
		(3)返回本车进行救援准备	
		(4)接到司机通知后立即停止救援准备，到防护处准备引导	
		a. 携带信号旗(白天)或手信号灯(夜间)到救援机车开来方向，救援车停车后，与救援司机联控，撤除响墩	
		b. 非会车侧站立，防止侵限，注意人身安全	
		c. 停车后，引导救援车再次启动到达距动车组 10 m 位置停妥	
6	连挂作业	1. 开头罩	
		(1)电动开	
		a. 投主控	
		b. 确认闭合司机室配电盘内“联解控制”断路器	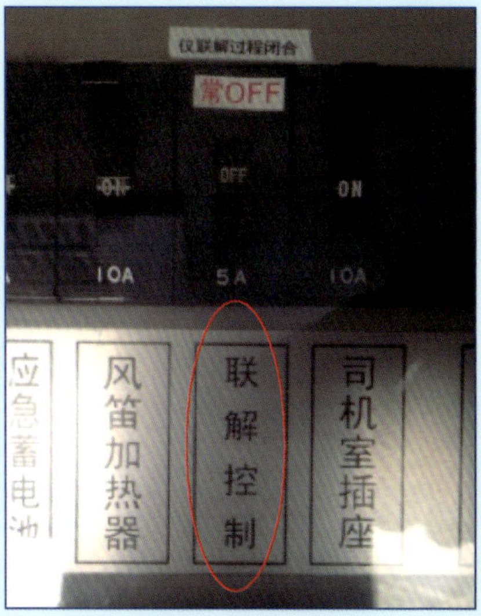

No.	项　目	要　　点	图　　示
1	申请救援	1. 时间：动车组发生故障后，如果区间停车超过 20 min、站内停车超过 30 min 后，仍无法判明故障原因或虽已判明故障原因，但短时间内难以处置修复时	
		2. 随车机械师通知司机，由司机申请救援	
2	确认命令	1. 抄记命令号及内容	
		2. 确认救援来车方向、救援方式	
		3. 与司机共同到救援连挂端	
		4. 确认下车命令，确认临线限速（封锁）命令	
3	防止亏电	当受电弓无法升起、主断不闭合或接触网无电时：断电、降弓、拔主控	
4	设置防溜	1. 若有停放制动，通知司机施加	
		2. 无停放制动（停放制动失效），设置防溜	
		（1）平直道（与司机确认）：救援端第一根轴非会车侧车轮两侧设置止轮器	
		（2）20‰以上坡道（与司机确认）：8 辆，自坡底端向上坡方向设置 6 个铁鞋，每轴 1 个、左右侧交叉设置，如图 1 所示 16 辆，列车两端分别向上坡方向设置 6 个铁鞋，每轴 1 个、左右侧交叉设置，共设置 12 个铁鞋，如图 2 所示	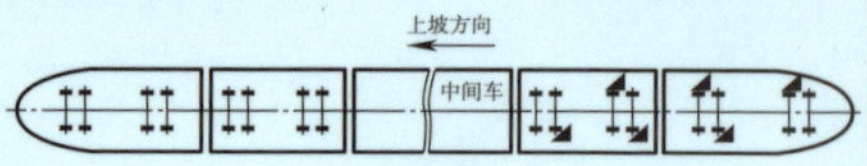 图 1 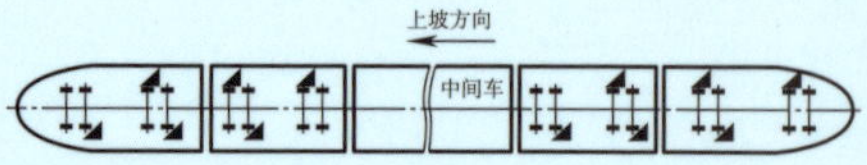 图 2
5	设置防护	1. 在仅运行动车组的线路上	
		（1）与司机联系，要求收到救援车接近的联控时，立即告知随车机械师	
		（2）救援车到来前，进行救援准备	
		（3）接到司机通知后立即停止救援准备，按照规定防护	
		a. 携带信号旗（白天）或手信号灯（夜间）到救援机车开来方向，距离列车不小于 300 m 处，手信号拦停	 
		b. 非会车侧站立，防止侵限，注意人身安全	
		c. 停车后，引导救援车再次启动到达距动车组 10 m 位置停妥	